Optimierung der Recherche mit den Tools von EBSCO

EBSCO unterstützt Bibliotheken und ihre Nutzer:innen jederzeit und überall mit optimierten Arbeitsabläufen für die Erwerbung und Verwaltung von Inhalten, intuitiven Recherchetools sowie relevanten und verlässlichen Informationen.

EBSCOs Produkte und Services:

 Eine umfangreiche Auswahl an **Fachdatenbanken** mit Volltexten, Indizierungen und Abstracts für verschiedene Fachbereiche

 E-Books und gedruckte Bücher ganz einfach finden, bestellen und verwalten mit **GOBI® Library Solutions**

 ***EBSCO Discovery Service*™**: Eine umfassende Suchlösung, um alle Ihre Ressourcen zu durchsuchen und relevante Ergebnisse zu erhalten

 Abonnements ganz einfach bestellen, erneuern und verwalten mit **EBSCOs Abonnement- und Zeitschriftenservices**

 Mehr als **2,4 Millionen *EBSCO eBooks*™** in verschiedenen Sprachen

 Medizinische Tools und Referenzressourcen für die klinische Entscheidungsunterstützung

 Digitale Magazine von ***Flipster*®**, EBSCOs digitalem Zeitschriftenkiosk

 ***Panorama*™** - eine moderne und optimierte Analyseplattform für Bibliotheken

 Implementierung, Hosting und Support für Bibliotheken, die FOLIO nutzen möchten, mit **EBSCOs FOLIO Services**

 Software-as-a-Service Produkte für Electronic Resource Management (ERM), Erstellung und Gestaltung von Websites, Authentifizierung und mehr

www.ebsco.de | info-berlin@ebsco.com

EBSCO

FAUST 9
Datenbank und mehr.

Archiv
Erschließung
Strukturierung
Ingest

Bibliothek
Katalogisierung
Ausleihe
Verwaltung

Museum
Inventarisierung
Ausstellungsplanung

iServer
Internet Präsentation
digitaler Lesesaal

Besuchen Sie uns im Netz: **www.land-software.de**

Land Software-Entwicklung, Magdeburger Str. 2, 90522 Oberasbach,
Tel: 0049–(0)911–69 69 11, info@land-software.de

Jahrbuch der Deutschen Bibliotheken

Band 69

HARTUNG & HARTUNG

Antiquariat · Auktionen

80333 MÜNCHEN · KAROLINENPLATZ 5a

Telefon (+) 49 - 89 - 28 40 34 · Telefax (+) 49 - 89 - 28 55 69

www.hartung-hartung.com

Illuminierte Handschriften – Inkunabeln
Holzschnittbücher – Kupferstichwerke – Schöne Einbände
Alte kolorierte Atlanten und Tafelwerke
Alte Medizin und Naturwissenschaften
Deutsche Literatur in Erstausgaben – Autographen
Illustrierte Bücher des 15. - 20. Jahrhunderts
Graphik – Städteansichten – Landkarten

AUKTIONEN

seit 1972, jeweils im Mai und November

Tradition und Erfahrung im ältesten Münchner Buchauktionshaus

Anmeldung von Beiträgen, möglichst unter vorheriger Einsendung von Listen, jederzeit erbeten. Besichtigung größerer Objekte an Ort und Stelle. Reich illustrierte Kataloge auf Anforderung gegen Unkostenbeitrag. Unverbindliche Beratung.

Jahrbuch der Deutschen Bibliotheken

Band 69
2021/2022

Herausgegeben vom
Verein Deutscher Bibliothekarinnen und Bibliothekare

2021
Harrassowitz Verlag · Wiesbaden

Das Jahrbuch erscheint alle zwei Jahre.

Redaktion: Dr. Petra Himstedt-Vaid
Email: jahrbuch@vdb-online.org
URL: https://vdb-online.org

Die Teile A–E erscheinen Open-Access.
Open Access: Dieses Buch wird unter der Creative Commons Namensnennung 4.0 Internationale Lizenz (http://creativecommons.org/licenses/by/4.0/deed.de) veröffentlicht, welche die Nutzung, Vervielfältigung, Bearbeitung, Verbreitung und Wiedergabe in jeglichem Medium und Format erlaubt, sofern Sie den/die ursprünglichen Autor(en) und die Quelle ordnungsgemäß nennen, einen Link zur Creative Commons Lizenz beifügen und angeben, ob Änderungen vorgenommen wurden.

Bibliografische Information der Deutschen Nationalbibliothek
Die Deutsche Nationalbibliothek verzeichnet diese Publikation in der Deutschen Nationalbibliografie; detaillierte bibliografische Daten sind im Internet über https://dnb.de abrufbar.

Bibliographic information published by the Deutsche Nationalbibliothek
The Deutsche Nationalbibliothek lists this publication in the Deutsche Nationalbibliografie; detailed bibliographic data are available on the Internet at https://dnb.de

Informationen zum Verlagsprogramm finden Sie unter
https://www.harrassowitz-verlag.de

© Otto Harrassowitz GmbH & Co. KG, Wiesbaden 2021
Das Werk einschließlich aller seiner Teile ist urheberrechtlich geschützt.
Jede Verwertung außerhalb der engen Grenzen des Urheberrechtsgesetzes ist ohne Zustimmung des Verlages unzulässig und strafbar. Das gilt insbesondere für Vervielfältigungen jeder Art, Übersetzungen, Mikroverfilmungen und für die Einspeicherung in elektronische Systeme.
Gedruckt auf alterungsbeständigem Papier.
Druck und Verarbeitung: Memminger MedienCentrum AG
Printed in Germany
ISSN 0075-2223
ISBN 978-3-447-11679-4
DOI 10.13173/9783447116794

Inhalt

	Vorwort..	7
Teil A	Verzeichnis der wissenschaftlichen Bibliotheken	9
Teil B	Einrichtungen für das wissenschaftliche Bibliothekswesen in Deutschland.....	287
	Deutsche Forschungsgemeinschaft (DFG)	289
	Kompetenznetzwerk für Bibliotheken (KNB)...........................	290
	Ministerien...	291
	Verbundzentralen...	295
	Ausbildungseinrichtungen...	300
Teil C	VDB – Verein Deutscher Bibliothekarinnen und Bibliothekare e. V.	311
	Satzung des VDB	313
Teil D	Bibliothekarische Vereinigungen und Zusammenschlüsse	327
	Bibliothek & Information Deutschland (BID)..........................	329
	Deutscher Bibliotheksverband e. V. (dbv)..............................	331
	Berufsverband Information Bibliothek e. V. (BIB)	336
	Sonstige bibliothekarische Zusammenschlüsse.........................	337
Teil E	Ausländische und internationale Verbände und Vereinigungen.............	343
	Einzelne Länder...	345
	International...	348
Teil F	Personenverzeichnis...	353
	Personen im wissenschaftlichen Bibliotheksdienst......................	355
	Neue VDB-Mitglieder (Juli 2021)......................................	527
	Verstorbene VDB-Mitglieder...	529
Abkürzungsverzeichnis..		531

Vorwort

Das Jahrbuch der Deutschen Bibliotheken erscheint 2021 in der 69. Auflage beim Verlag Harrassowitz. Auch in diesem Jahr wird der Institutionenteil wieder im Open Access frei zugänglich sein. Openness ist ein zentrales Prinzip der Verbandsarbeit des VDB – Verein Deutscher Bibliothekarinnen und Bibliothekare.

Das Jahrbuch der Deutschen Bibliotheken enthält nicht nur aktuelle Informationen und Kennzahlen der deutschen Bibliotheken, sondern ist zugleich auch ein Personenverzeichnis und das Mitgliederverzeichnis des VDB. Damit wird es nicht nur zu einem aktuellen Nachschlagewerk, sondern auch zu einer wertvollen Quelle. Mitglieder des VDB sind im Personenverzeichnis wie immer mit einem Stern vor ihrem individuellen Eintrag gekennzeichnet. Als gedrucktes Buch geht das Jahrbuch kostenfrei allen Mitgliedern des VDB zu. Außerdem sind die Mitgliederdaten für Mitglieder über das VDB-Intranet zugänglich. Zur elektronischen Veröffentlichung im Intranet muss die ausdrückliche Zustimmung des jeweiligen Mitglieds vorliegen.

Der Institutionenteil A ist sowohl im gedruckten Jahrbuch als auch in der Open-Access-Ausgabe enthalten, ebenso die Teile B, D und E, die über bibliothekarische Einrichtungen, über Vereinigungen und Zusammenschlüsse bzw. über ausländische und internationale Verbände und Vereinigungen informieren. In Teil C finden sich die grundlegenden Informationen über den VDB. Für die vorliegende Ausgabe wurden wiederum alle Angaben sorgfältig überarbeitet und aktualisiert.

Der Vorstand des VDB dankt allen im Jahrbuch vertretenen Bibliotheken, Organisationen und Einrichtungen für die pünktliche und vollständige Lieferung der Daten. Die Nutzungsdaten sowohl was die Ausleihe gedruckter Bücher, als auch die Volltextzugriffe angeht – sind durch die Covid19-Pandemie massiv beeinflusst. Die nächsten Ausgaben des Jahrbuchs werden zeigen, ob langfristige Trends gesetzt wurden.

Ein besonderer Dank gilt allen Angehörigen der bibliothekarischen Community, die ihre Daten für den Abdruck zur Verfügung stellen – auch unabhängig von einer Mitgliedschaft im VDB. Die redaktionelle Verantwortung lag erneut bei Dr. Petra Himstedt-Vaid, für die zuverlässige und schnelle Ausführung der Änderungen sei ihr sehr herzlich gedankt. Ein weiterer besonderer Dank geht an unser Vorstandsmitglied Burkard Rosenberger für die Programmierung der Workflows und die Pflege der Datenbanken sowie die Bereitstellung der Daten im VDB-Intranet.

Erlangen, im Juni 2021
Konstanze Söllner
Vorsitzende des VDB – Verein Deutscher Bibliothekarinnen und Bibliothekare e.V.

Teil A
Verzeichnis der wissenschaftlichen Bibliotheken

Das folgende Verzeichnis enthält die wissenschaftlichen deutschen Bibliotheken, sofern sie:
- der Redaktion gemeldet sind,
- mindestens 100.000 Bände besitzen oder
- über Bestände von besonderem wissenschaftlichen oder kulturhistorischen Wert verfügen,
- am Leihverkehr teilnehmen.

Die Bibliotheken sind unter ihren Orten verzeichnet (unter ihren Namen sind sie im Register zu finden). Innerhalb der Orte gilt die Reihenfolge:
- Staatsbibliotheken
- Landesbibliotheken
- Universitätsbibliotheken
- selbstständige universitäre Bibliotheken
- Stadtbibliotheken
- sonstige Bibliotheken alphabetisch nach dem Namen ihrer Institutionen bzw. ihrer Eigennamen, z. B. „Bibliothek des Robert Koch-Instituts" unter „R".

Die Eintragungen beruhen auf Meldungen der verzeichneten Bibliotheken, in Ausnahmefällen auch auf Internetangaben der Institutionen. Nähere Angaben zu den hier nur in Kurzform genannten Personen sind im Personenverzeichnis zu finden (Teil F).

*   Die mit Stern (*) gekennzeichneten Institutionen sind Mitglied im Deutschen Bibliotheksverband (dbv, Nr. 637)

⟨ ⟩   Zahlen in spitzen Klammern sind Bibliothekssigel.

🖃 Postanschrift, Hausanschrift

☎ Telefon, Fax

💻 E-Mail, Internetadresse

Anmerkungen, Kritik und Verbesserungsvorschläge sind stets willkommen.
E-Mail der Jahrbuchredaktion: jahrbuch@vdb-online.org

Aachen

1 * **Universitätsbibliothek der Rheinisch-Westfälischen Technischen Hochschule** ⟨82⟩

> ✉ RWTH Aachen, UB, 52056 Aachen; Templergraben 61, 52062 Aachen
> ☎ (0241) 80-94459, Fax (0241) 80-92273
> 💻 iz@ub.rwth-aachen.de, http://www.ub.rwth-aachen.de

Ausleihbibliothek
1.188.897 Bde., 38.508 elektron. Publ. – lfd. Zss.: 634 gedr., 25.682 elektron. – Sonderbestand: Normensammlung, dt. Patente, Auslege- u. Offenlegungsschriften u. europ. Patentschriften 552 Benutzerarbeitsplätze, darunter 22 Computerarbeitsplätze – Entleihungen: 185.097
Komm. Dir.: S. Bastian. – Wiss. D.: H. Arnold, C. Brückener, Y. Brzoska, R. Eschenbach, J. Han, K. Jirka, R. Rappmann, I. Reimann, S. Ruffert, D. Schmitz, U. Trautwein-Bruns, S. von der Ropp
Stellenplan: 106.4 VZÄ (13.1 hD, 48.31 gD, 44.99 eD/mD)
Träger: RWTH Aachen
Gesamtausgaben 2020: 10.970.431.–, davon 4.689.888.– für Erwerbung
Bes. Sammelgeb.: Allg. Technik, Ingenieurwiss.

Medizinische Bibliothek, Uniklinikum
✉ Pauwelsstraße 30, 52074 Aachen
☎ (0241) 80-88993, Fax (0241) 80-82493, 💻 medbibl@ub.rwth-aachen.de
https://www.ub.rwth-aachen.de/cms/UB/Bibliothek/~iiib/Medizinische-Bibliothek/
140 Benutzerarbeitsplätze, WLAN, 9 Internetarbeitsplätze, 3 Recherche-PCs

Patent- und Normenzentrum
✉ Templergraben 61 (3. OG), 52062 Aachen, ☎ (0241) 80-94480, Fax (0241) 80-92239
💻 pnz@ub.rwth-aachen.de
http://www.ub.rwth-aachen.de/cms/UB/Forschung/~hmui/Patent-und-Normenzentrum/

2 * **Stadtbibliothek Aachen** ⟨52⟩

> ✉ Couvenstr. 15, 52062 Aachen
> ☎ (0241) 432-38 000, Fax (0241) 432-38697
> 💻 bibliothek@mail.aachen.de, http://www.stadtbibliothek-aachen.de

Ausleihbibliothek: 1 ZB mit MusikB u. Kinder- und Jugendbibliothek, 2 Stadtteilbibliotheken, 1 Fahrbibliothek, 4 Nebenstellen
434.800 Medieneinheiten – lfd. Zss.: 183 gedr. – Sonderbestand: 7.878 Handschriften
272 Benutzerarbeitsplätze, darunter 53 Computerarbeitsplätze, davon 39 mit Internet – Entleihungen: 625.162
Leitung: Frau Reinwald, Stellv.: L. Kmoch
Stellenplan: 49.5 VZÄ, 57 Beschäftigte
Träger: Stadt Aachen – Gesamtausgaben 2020: 3.101.589.–, davon 221.625.– für Erwerbung
Bes. Sammelgeb.: Regionalliteratur Region Aachen.

3 * **Diözesanbibliothek Aachen** ⟨A 98⟩

> 🖃 Diözesanbibliothek im Katechetischen Institut, Eupener Str. 132, 52066 Aachen
> ☎ (0241) 60004-50, Fax (0241) 60004-59
> 💻 dioezesanbibliothek.ki@bistum-aachen.de, http://www.dioezesanbibliothek-aachen.de

Theologische Spezialbibliothek
ca. 250.000 Medieneinheiten, 250.000 Bde. – lfd. Zss.: 180 gedr.
LS m. 14 Benutzerarbeitsplätzen, davon 4 mit PC, WLAN für Leser-Laptops
Träger: Bistum Aachen
Bes. Sammelgeb.: Theologie, Philosophie, christliche Kunst, Literatur zu Pfarren und Priestern des Bistums.

4 * **Hochschulbibliothek der Fachhochschule Aachen** ⟨A 96⟩

> 🖃 Eupener Str. 70, 52066 Aachen, ☎ (0241) 6009-52057, Fax (0241) 6009-52287
> 💻 bibliothek@fh-aachen.de, https://www.fh-aachen.de/hochschule/bibliothek

Ausleih- u. Präsenzbibliothek. Einschichtiges Bibliothekssystem mit einer Bibliotheksverwaltung und 4 Bereichsbibliotheken
183.381 Bde., 67.178 elektron. Publ. – lfd. Zss.: 405 gedr., 25.037 elektron.
4 Bereichsbibliotheken mit insgesamt 548 Benutzerarbeitsplätzen, darunter 72 mit Computer – Entleihungen: 135.555
Leiterin: A. Stühn, Stellv.: K. Thormann.
Stellenplan: 20.16 VZÄ (2 hD, 6.77 gD, 11.39 mD)
Träger: Land NRW – Gesamtausgaben 2020: 2.193.326.–, davon 762.813.– für Erwerbung

Bereichsbibliothek Architektur und Bauingenieurwesen
🖃 Bayernallee 9, 52066 Aachen, ☎ (0241) 6009-51104, 💻 bibliothek@fh-aachen.de
LS mit 64 Benutzerarbeitsplätzen, darunter 16 PC-Arbeitsplätze

Bereichsbibliothek Elektrotechnik und Informationstechnik, Maschinenbau und Mechatronik, Luft- und Raumfahrttechnik, Wirtschaftswissenschaften
🖃 Eupener Str. 70, 52066 Aachen, ☎ (0241) 6009-52050, Fax (0241) 6009-52287
💻 bibliothek@fh-aachen.de
LS mit 248 Benutzerarbeitsplätzen, darunter 25 PC-Arbeitsplätze

Bereichsbibliothek Gestaltung
🖃 Boxgraben 100, 52064 Aachen, ☎ (0241) 6009-51507, 💻 bibliothek@fh-aachen.de
LS mit 24 Benutzerarbeitsplätzen, darunter 2 PC-Arbeitsplätze

Bereichsbibliothek Jülich – Chemie und Biotechnologie, Medizintechnik und Technomathematik, Energietechnik
🖃 Heinrich-Mußmann-Str. 3, 52428 Jülich, ☎ (0241) 6009-53414
💻 bibliothek@fh-aachen.de
LS mit 187 Benutzerarbeitsplätzen, darunter 29 PC-Arbeitsplätze

Bibliothek der Abt. Aachen der Katholischen Hochschule Nordrhein-Westfalen
siehe Köln (Nr. 326)

Altena

5 * **Landeskundliche Bibliothek und Archiv des Märkischen Kreises**

Bismarckstr. 15, 58762 Altena, ☎ (02352) 966-7053, Fax (02352) 966-7166
archivundbibliothek@maerkischer-kreis.de, http://www.maerkischer-kreis.de

Spezialbibliothek zur märkisch-westfälischen Geschichte
Präsenzbibliothek
ca. 70.000 Bde. – lfd. Zss.: 405 – Sonderbestand: 5.500 Frühdrucke, Adels-B v. Mellin, Fürstl. Wittgensteinsche B, Crollage Leichenpredigten-Sammlung.
18 Benutzerarbeitsplätze
AP: C. Todrowski, H. Bookmeyer
Träger: Märkischer Kreis
Bes. Sammelgeb.: Geschichte u. Landeskunde Südwestfalens, des Märkischen Kreises sowie d. ehem. westfälischen Grafschaft Mark, insbesondere Orts-, Familien-, Industrie- u. Technikgeschichte.

Amberg

6 **Ostbayerische Technische Hochschulbibliothek Amberg-Weiden** ⟨1046, 1047⟩

Postfach 1462, 92204 Amberg; Kaiser-Wilhelm-Ring 23, 92224 Amberg
☎ (09621) 482-3215
bibam@oth-aw.de, bibwen@oth-aw.de, http://bibliothek.oth-aw.de

Standort Weiden: Hetzenrichter Weg 15, 92637 Weiden, Tel. (0961) 382-1203
Wiss., öffentlich zugängliche Hochschulbibliothek, Ausleihbibliothek
74.530 Medieneinheiten, 73.523 Bde., 65.004 elektron. Publ. – lfd. Zss.: 170 gedr., 9.731 elektron.
187 Benutzerarbeitsplätze und 35 PC-Arbeitsplätze – Entleihungen: 18.527
Leitung: C. Michel, Stellv.: L. Fischer
Stellenplan: 1 A13, 1 A11, 1 A9, 1 E6, 1 E6, 1 E5, 6.89 VZÄ
Träger: Freistaat Bayern – Gesamtetat 2020: 918.076.–, Erwerbungsetat 2020: 279.206.–

7 * **Staatliche Bibliothek (Provinzialbibliothek)** ⟨54⟩

Malteserplatz 4, 92224 Amberg, ☎ (09621) 6028-0, Fax (09621) 6028-20
info@provinzialbibliothek-amberg.de, http://www.provinzialbibliothek-amberg.de

Ausleihbibliothek
ca. 138.500 Medieneinheiten – lfd. Zss.: ca. 100 gedr.
LS m. 36 Benutzerarbeitsplätzen, davon 12 Computer-APl. – Entleihungen: 12.546
Leiterin: S. Kurz.
Stellenplan: 4.5 Beschäftige.

Träger: Freistaat Bayern – Gesamtetat 2020: 194.397.– (ohne Personaletat), davon 57.976.– für Erwerbung
Bes. Sammelgeb.: Amberg und mittlere Oberpfalz.

Ansbach

8   * **Staatliche Bibliothek Ansbach (Schlossbibliothek) ⟨127⟩**

> Reitbahn 5, 91522 Ansbach, ☎ (0981) 95385-0, Fax (0981) 95385-27
> info@schlossbibliothek-ansbach.de, http://www.schlossbibliothek-ansbach.de

Ausleihbibliothek, Verw. d. Bibliothek d. Hist. Vereins f. Mittelfranken
141.120 Medieneinheiten, davon 1.537 elektron. Publ. – lfd. Zss.: 200 gedr. – Sonderbestand: 1.105 Handschriften und Inkunabeln
36 Benutzerarbeitsplätze, davon 4 mit Internet-Zugang – Entleihungen: 9.620
Leiterin: U. Kissling
Stellenplan: 4 VZÄ (1 E12, 1 A8, 1 A7, 1 A6)
Träger: Freistaat Bayern – Gesamtausgaben 2020 (ohne Personal): 100.747.–, davon 48.122.– für Erwerbung
Bes. Sammelgeb.: Franconia, Regionalia Mittelfranken, Markgrafengeschichte Ansbach.

Aschaffenburg

9   * **Hofbibliothek Aschaffenburg ⟨128⟩**

> Schloss Johannisburg, Schlossplatz 4, 63739 Aschaffenburg
> ☎ (06021) 44 63 99 - 0, Fax (06021) 44 63 99 - 15
> hofbibliothek@hofbibliothek-ab.de, fernleihe@hofbibliothek-ab.de
> http://www.hofbibliothek-ab.de

Wiss. Bibliothek, Ausleihbibliothek f. 375.000 Einw. d. Region Bayerischer Untermain. Verw. der Stifts-B. des Allgem. Schul- u. Studienfonds Aschaffenburg. Verw. des Hugo-Dingler-Archivs der H.-Dingler-Stiftung
143.440 Bde., 1.187 elektron. Publ. – lfd. Zss.: 103 gedr., 55 elektron. – Sonderbestand: 24.220 Bl. Graphikslg., 58 Hss, 162 Ink., Stifts-B.: 22.028 Bde., davon 83 Hss, 586 Ink.
27 Benutzerarbeitsplätze, darunter 6 Computerarbeitsplätze – Entleihungen: 8.674
Leiterin: K. L. Kuhn
Stellenplan: 1 A12, 0,5 A7, 0,5 E6, 0,5 E5, 1 A3
Träger: Freistaat Bayern – Gesamtetat 2020: 102.850.– (ohne Personaletat), davon 57.977.– für Erwerbung
Bes. Sammelgeb.: Geistes- und Sozialwiss., Reformationsflugschr., Mainzer Revolution, Wilhelm Heinse.
Veröff. unter: http://www.hofbibliothek-ab.de/literatur.htm

Augsburg

10 * **Universitätsbibliothek** ⟨384⟩

> Postfach, 86135 Augsburg; Universitätsstr. 22, 86159 Augsburg
> ☎ (0821) 598-5300 (Sekr. der Dir.)/ -5320 (Inf.), Fax (0821) 598-5354 (Sekr.)
> 📧 dir@bibliothek.uni-augsburg.de, https://www.uni-augsburg.de/organisation/bibliothek/

Präsenz- u. Ausleihbibliothek
2.803.886 Bde., 78.146 elektron. Publ. – lfd. Zss.: 1.977 gedr., 59.080 elektron. – Sonderbestand: 3.965 Handschriften und -fragmente
1.984 Benutzerarbeitsplätze, darunter 110 Computerarbeitsplätze – Entleihungen: 233.353
Dir.: U. Hohoff, Stellv.: P. Stoll – Wiss. Dienst: U. Barth, A. Biehl, H. da Silva Cardoso (IT-Referat), W. Kalkhoff (TB Naturwiss.), J. Kieselstein (Medienbearbeitung), A. Kosuch (Handschriften, Alte Drucke, Sondersammlungen), E. Krause (TB Medizin), K. Mayer (TB Sozialwiss.), P. Stoll (Benutzung), K. Süselbeck, K. Urch (TB Geisteswiss.), M. Völkl, A. Voß, B. Wolf-Dahm
Stellenplan: 100 Stellen (1 A16, 5 A15, 4 A14, 4 A13, 6 A12, 9.5 A11, 9.5 A10, 10 A9, 6.5 A8, 7.5 A7, 8 A6, 7 A5, 1 E14, 0.5 E9, 1 E8, 12.5 E6, 6 E5, 1 E4)
Träger: Freistaat Bayern
Gesamtausgaben 2020: 10.387.319.–, davon 3.528.131.– für Erwerbung
Veröff. unter: https://www.uni-augsburg.de/de/organisation/bibliothek/uber-uns/publikationen/
Teilbibliotheken: Geistes-, Sozial- und Naturwissenschaften, Medizin.

11 * **Staats- und Stadtbibliothek Augsburg** ⟨37⟩

> Postfach 11 19 09, 86044 Augsburg; Schaezlerstr. 25, 86152 Augsburg
> ☎ (0821) 71013-2739, Fax (0821) 71013-2732
> 📧 info@sustb-augsburg.de, https://www.sustb-augsburg.de

Ausleihbibliothek, Regional- und Forschungsbibliothek für Bayerisch-Schwaben
587.747 Medieneinheiten – lfd. Zss.: 1.331 gedr. – Sonderbestand: 4.111 Handschriften, 2.799 Inkunabeln
LS m. 28 Pl., Katalogsaal mit 12 Pl., 6 Computerarbeitsplätze – Entleihungen: 18.718
Leiter: K.-G. Pfändtner, Stellvertreter: B. Kreß
Stellenplan: 6.5 Beamtinnen und Beamte (1 A15, 1 A14, 1 A11, 2.5 A9/10, 1 A8) – 8 Beschäftigte (1.5 E9, 1.5 E6, 4 E5, 1 E3).
Träger: Freistaat Bayern
Gesamtetat 2020: 277.766.– (ohne Personaletat), davon 123.579.– Erwerbungsetat
Bes. Sammelgeb.: Augustana, Bayer. Schwaben, Selbstmord, Brecht, Mozart.
Pflichtex.: Seit 1.1.1987 aus d. Reg.-Bez. Schwaben, seit 1911 amtliche Druckschr. d. Reg.-Bez. Schwaben.
Veröff. unter: https://www.sustb-augsburg.de/ueber-uns/publikationen

12 * **Bibliothek der Hochschule Augsburg ⟨Aug 4⟩**

> ✉ Postfach 11 06 05, 86031 Augsburg; An der Hochschule 1, 86161 Augsburg
> ☎ (0821) 5586-3289, Fax (0821) 5586-2930
> 💻 bibliothek@hs-augsburg.de, https://www.hs-augsburg.de/bibliothek

Wissenschaftliche Ausleihbibliothek: 125.199 Bde., 234.031 elektron. Publ. – lfd. Zss.: 200 gedr., 27.501 elektron.
143 Benutzerarbeitsplätze, darunter 34 mit PC – Entleihungen: 52.995
Leiterin: A. Hofmockel-Orth. Stellenplan: 8.66 VZÄ (4.4 gD, 4.26 mD/eD), 1 stud. Hilfskraft.
Träger: Freistaat Bayern – Gesamtetat 2020: 978.318–, davon 500.327– Erwerbungsausgaben

Aurich

13 * **Landschaftsbibliothek ⟨Au 3⟩**

> ✉ Fischteichweg 16, 26603 Aurich, ☎ (04941) 1799-39
> 💻 bibliothek@ostfriesischelandschaft.de, https://www.ostfriesischelandschaft.de/4.html

Regionalbibliothek für Ostfriesland, Ausleihbibliothek
221.977 Bde. – lfd. Zss.: 556 gedr. – Sonderbestand: 9.548 Bde. „v.-Derschau-B" (16.–18. Jh.)
1 LS m. 30 Benutzerarbeitsplätzen, darunter 8 Computerarbeitsplätze – Entleihungen: 13.017
Leiter: P. Weßels, Stellv.: H. Immega. Stellenplan: 5 VZÄ (1 hD, 1 gD, 3 eD/mD)
Träger: Ostfriesische Landschaft
Gesamtausgaben 2020: 454.109.–, davon 47.997.– für Erwerbung
Bes. Sammelgeb.: Ostfrisica, Frisica.

Bad Elster

Zweigstelle der Fachbibliothek Umwelt des Umweltbundesamtes

siehe Dessau (Nr. 136)

Bamberg

14 * **Staatsbibliothek ⟨22⟩**

> ✉ Neue Residenz, Domplatz 8, 96049 Bamberg, ☎ (0951) 95503-0, Fax (0951) 95503-145
> 💻 info@staatsbibliothek-bamberg.de, https://www.staatsbibliothek-bamberg.de

Wissenschaftliche Präsenz- und Ausleihbibliothek, Regionalbibliothek für Oberfranken
561.019 Medieneinheiten – lfd. Zss.: 1.732 gedr. – Sonderbestand: 6.387 Handschriften, Urkunden und Autographen, 3.564 Inkunabeln, ca. 80.000 graphische Blätter.
30 Benutzerarbeitsplätze – Entleihungen: 43.787
Direktorin: B. Wagner, Stellvertreter: S. Knoch
Stellenplan: 16.0 Stellen
Träger: Freistaat Bayern – Gesamtausgaben 2020 (ohne Personal): 370.753, davon 160.448 für Erwerbung

Bes. Sammelgeb.: Bambergensien, Franconica, E. T. A. Hoffmann, Stammbücher und Poesiealben.
Pflichtex.: Seit 1.1.1987 aus dem Regierungsbezirk Oberfranken, seit 1911 amtliche Druckschriften des Regierungsbezirks Oberfranken.

15 *** Universitätsbibliothek Bamberg ⟨473⟩**

> 📧 Postfach 2705, 96018 Bamberg; Feldkirchenstr. 21, 96052 Bamberg
> ☎ (0951) 863-1501, Fax (0951) 863-1565
> 💻 universitaetsbibliothek@uni-bamberg.de, http://www.uni-bamberg.de/ub/

Universitätsbibliothek für 15.232 Universitätsangehörige, 11.240 externe Benutzerinnen und Benutzer. Zentralbibliothek mit 6 Teilbibliotheken
1.603.430, davon 1.153.713 elektron. Publ. – lfd. Zss.: 908 gedr., 75.967 elektron.
989 Benutzerarbeitsplätze, davon 163 Computerarbeitsplätze – Entleihungen 2020: 460.706
Dir: F. Franke, Stellv.: I. Gerike – Wiss. D.: A. Drechsler, S. Illig, H. Kempe, C. Pierer, L. Rumpf, I. Zech, B. Ziegler
49.5 Beamtinnen und Beamte (1 A16, 2 A15, 3 A14, 2 A13, 3 A12, 7 A11, 11 A10, 7,5 A9, 7 A8, 5 A7, 1 A6) – 22.3 Arbeitnehmerinnen und Arbeitnehmer (1 E10, 2 E9, 2 E8, 1 E7, 2.3 E6, 7 E5, 7 E3)
Träger: Freistaat Bayern – Gesamtetat 2020: 5.801.878.–, davon 2.015.535.– Erwerbungsausgaben
Veröff. unter: http://www.uni-bamberg.de/ubp/

16 **Bibliothek des Metropolitankapitels Bamberg ⟨Bb 24⟩**

> 📧 Domplatz 2, 96049 Bamberg, ☎ (0951) 502-2571/-2572, Fax (0951) 502-2579
> 💻 bibliothek.metropolitankapitel@erzbistum-bamberg.de
>   http://www.eo-bamberg.de/eob/dcms/sites/bistum/bildung/bibliothek/

Behördenbibliothek für das Erzbischöfliche Ordinariat Bamberg, Diözesanbibliothek
190.000 Bde., 125 Hss., 135 Inkun. – lfd. Zss.: 100 gedr.
2 Benutzerarbeitsplätze – Entleihungen: 16.500
Leiterin: M. Kunzelmann. Stellenplan: 2.5 Ang.
Träger: Metropolitankapitel Bamberg – Erwerbungsetat 2018: 45.000.–
Bes. Sammelgeb.: Kirchengeschichte, christl. Kunst, Regionalliteratur.

17 *** Bibliothek des Priesterseminars Bamberg ⟨Bb 23⟩**

> 📧 Heinrichsdamm 32, 96047 Bamberg, ☎ (0951) 8681-140, Fax (0951) 8681-300
> 💻 bibliothek.priesterseminar@erzbistum-bamberg.de
>   http://www.dioezesanbibliothek-bamberg.de

Ausleihbibliothek, Spezialbibliothek: 175.000 Medieneinheiten, davon 171.500 Bde. – lfd. Zss.: 110 gedr. – Sonderbestand: 70 Hss, 86 Inkunabeln.
19 Benutzerarbeitsplätze – Entleihungen: 18.000
Leiterin: G. Hasselhuhn. Stellenplan: 1.9 Angestellte
Träger: Erzbischöflich-Ernestinische Seminarstiftung – Erwerbungsetat 2020: 10.000.–
Bes. Sammelgeb.: Religionspädagogik, Katechetik.

Bautzen

18 * **Sorbische Zentralbibliothek ⟨Bn 1⟩**

> PF 1348, 02603 Bautzen; Bahnhofstr. 6, 02625 Bautzen, ☎ (03591) 4972-0, Fax -14,
> biblioteka-archiw@serbski-institut.de, http://www.serbski-institut.de

Präsenzbibliothek, Ausleihbibliothek
110.000 Medieneinheiten, davon 20.000 Zeitschriftenbände – lfd. Zss.: ca. 150
LS mit 4 Benutzerarbeitsplätzen
Leiter: W. Böhmak. Stellenplan: 4 Beschäftigte. Träger: Sorbisches Institut e. V.
Bes. Sammelgeb.: Sorbische u. d. Sorben betr. Literatur, Lusatica.

Bayreuth

19 * **Universitätsbibliothek ⟨703⟩**

> Postfach, 95440 Bayreuth; Universitätsstr. 30, 95447 Bayreuth
> ☎ (0921) 55-3402, Fax 55-3442 (Dir.), 55-5801 (Info, Fernl.)
> auskunft.ub@uni-bayreuth.de, http://www.ub.uni-bayreuth.de

Präsenz- u. Ausleihbibliothek f. 12.159 eingetr. Ben.: 2.346.968 Medieneinheiten, 1.817.600 Bde., 201.230 elektron. Publ. – lfd. Zss.: 1.249 gedr., 51.629 elektron.
1.823 Benutzerarbeitsplätze, darunter 101 Computer-APl. – Entleihungen 2020: 278.237
Dir.: R. Brugbauer. Stellv.: S. Herzog – Abt.-Ltr.: B. Vogt (Medienbearbeitung), F. Martens (Benutzungsdienste), S. Herzog (Digitale Dienste) – Wiss. Dienst: V. Butz, C. Engelhardt, H. Ochs, N. Pelka, M. Schütte., A. Winkler
Stellenplan: 60 Beamtinnen und Beamte (1 A16, 3 A15, 4 A14, 3 A13, 4 A12, 5 A11, 8 A10, 1 A9+AZ, 6 A9, 5 A8, 5 A7, 13 A6, 1 A5, 1 A4) – 18 Angestellte (10 E6, 7 E5/E3, 1 E3)
Träger: Freistaat Bayern – Gesamtetat 2020: 8.087.744.–, davon 4.181.203.– Erwerbungsetat
Bes. Sammelgeb.: Afrikastudien, Musiktheater.

ZB mit Teilbibliothek Geisteswissenschaften
> Universitätsstr. 30, 95440 Bayreuth, ☎ (0921) 55-3420, auskunft.ub@uni-bayreuth.de

Teilbibliothek Biologie/Chemie (TB NW I)
> Universitätsstr. 30, 95440 Bayreuth, ☎ (0921) 55-2496, tbn1@uni-bayreuth.de

Teilbibliothek Mathematik / Physik Informatik / Ingenieurwissenschaften (TB NW II)
> Universitätsstr. 30, 95440 Bayreuth, ☎ (0921) 55-3100, tbn2@uni-bayreuth.de

Teilbibliothek Geowissenschaften (TB Geo)
> Universitätsstr. 30, 95440 Bayreuth, ☎ (0921) 55-2225, tbgo@uni-bayreuth.de

Teilbibliothek Musiktheater (TB FIMT)
> 95349 Thurnau, ☎ (0921) 55-3446

Teilbibliothek Rechts- u. Wirtschaftswissenschaften (TB RW)
> Universitätsstr. 30, 95440 Bayreuth, ☎ (0921) 55-6187, tbrw@uni-bayreuth.de

20 * **Stadtbibliothek Bayreuth** ⟨183⟩

> RW21 Stadtbibliothek, Postfach 10 10 52, 95410 Bayreuth
> Richard-Wagner-Straße 21, 95444 Bayreuth
> ☎ (0921) 507038-30, Fax (0921) 507038-39, 🖥 stadtbibliothek@stadt.bayreuth.de
> http://www.stadtbibliothek.bayreuth.de und http://www.rw21.bayreuth.de

Öffentliche Bibliothek: 121.821 physische Medieneinheiten, davon 88.151 Bde., zusätzlich 55.913 elektron. Publ. (Verbund) – lfd. Zss.: 104 gedr., 91 elektron. – Sonderbestand: 1.140 Bde. zu Richard Wagner und den Bayreuther Festspielen.
255 Benutzerarbeitsplätze, davon 60 PC-Arbeitsplätze (38 m. Internet) – Entleihungen: 506.421 (2019)
Leiter: J. Weinreich, Stellv.: B. Hoffmann. Stellenplan: 17.09 Stellen.
Träger: Stadt Bayreuth – Ausgaben für Erwerbung 2020: 283.213.–

Bibliothek des Bundesarchivs, Lastenausgleichsarchiv Bayreuth

siehe Koblenz (Nr. 314)

21 **Nationalarchiv und Forschungsstätte der Richard-Wagner-Stiftung Bayreuth**

> Wahnfriedstr. 2, 95444 Bayreuth, ☎ (0921) 75728-0, Fax (0921) 75728-22
> 🖥 info@wagnermuseum.de, http://www.wagnermuseum.de

Präsenzbibliothek, Spezialbibliothek f. Musikalien u. Lit. über Leben u. Werk R. Wagners, Geschichte. d. Bayreuther Festspiele, Chamberlain B (allg. wiss.)
ca. 40.500 Bde. (inkl. Musikalien), Chamberlain-Bibliothek 12.000 Bde – Sonderbestand: zahlr. Hss. u. Autogr., AV-Medien (enthält u. a. Schallplatten, Kassetten, Tonbänder, CDs, DVDs, VHS), außerd. in Haus Wahnfried (Richard-Wagner-Str. 48) R. Wagners Dresdener B (408 Bde.) u. Wahnfried B (2301 Bde.)
2 Archivräume (1 Handschriftenzimmer, 1 Zimmer mit 2 Mikrofilmscannern), max. 5 APl.
Leiter: S. Friedrich. Träger: Richard-Wagner-Stiftung, Bayreuth

Benediktbeuern

22 * **Katholische Stiftungshochschule München, Abteilung Benediktbeuern** ⟨1949⟩

> Don-Bosco-Str. 5, 83671 Benediktbeuern, ☎ (08857) 88-542 (Infotheke)
> 🖥 bibliothek.bb@ksh-m.de, https://www.ksh-muenchen.de/hochschule/zentrale-einrichtungen-dienste/bibliotheken/

Ausleihbibliothek. Hochschulbibliothek der Katholischen Stiftungshochschule München
45.000 Medieneinheiten – lfd. Zss.: 180 gedr./elektron.
20 Benutzerarbeitsplätze, 1 Gruppenarbeitsplatz.
Leiter: Th. Mangold. Stellenplan: 4 Beschäftigte
Träger: Stiftung „Katholische Bildungsstätten für Sozialberufe in Bayern"
Bes. Sammelgeb.: Sozialwiss., Religionspädagogik.

Berlin

	Nr.
Abgeordnetenhaus	30
Akademie der Künste	31
Akademie der Wissenschaften	44
Alice Salomon Fachhochschule	32
Amerika-Gedenk-B (ehem.) s. ZLB	24
Archiv der Parteien und Massenorg. siehe Bundesarchiv Koblenz	314
Auswärtiges Amt	33
BereichsB Biologie im Botan. Museum	25
Berlin-Brandenb. Akad. d. Wiss.	34
Berliner StB (ehem.) s. ZLB	24
Beuth Hochschule für Technik	35
Bibliotheksverbund BE-BB (KOBV)	612
Bildungsgeschichtliche Forschung	50
Biologische Bundesanstalt s. JKI	61
Botanischer Garten u. Botan. Museum	25
Bundesanst. f. Materialforsch. u. -prüf.	36
Bundesinst. f. Risikobewertung (BfR)	37
Bundesministerium f. Arbeit u. Soziales	38
Bundesministerium der Finanzen	39
Bundesministerium der Justiz und Verbraucherschutz	40
Bundesministerium für Verkehr und digitale Infrastruktur	41
Bundesmin. für Wirtschaft und Energie	42
Bundesrat	43
Campusbibliothek Natur-, Kultur- und Bildungswiss., Mathematik, Informatik und Psychologie	25
Charité - Universitätsmedizin	29
Deutscher Bundestag	47
Dt. Archäologisches Institut (DAI)	48
Dt. Gesellschaft für Auswärtige Politik	44
Dt. Historisches Museum	49
Dt. Inst. f. Internationale Pädagogische Forschung	50
Dt. Messebibliothek	45
Dt. Musikarchiv, siehe DNB Leipzig	338
Dt. Patentamt	410
Dt. Rentenversicherung Bund	46

	Nr.
Dt. Staatsbibliothek	23
Diakon. Werk d. Ev. Kirche	52
Ethnologisches Museum	51
Ev. Werk f. Diakonie u. Entwicklung	52
FH für Sozialarbeit u. Sozialpädagogik	32
FH für Technik und Wirtschaft	57
FH für Wirtschaft und Recht	58
Freie Universität	25
Friedrich-Meinecke-Institut der FU	25
Fritz-Haber-Institut	53
Hahn-Meitner-Institut	55
Hochschule f. Musik „Hanns Eisler"	56
HS f. Technik und Wirtschaft (HTW)	57
HS f. Wirtschaft und Recht (HWR)	58
Humboldt-Universität	26
Ibero-Amerikanisches Institut	59
Institut f. Bibliotheks- u. Informationswiss. d. HU	616
Institut für Musikforschung	70
Joseph Wulf Mediothek	60
Kammergericht	62
KOBV Berlin Brandenburg	612
Kommission f. Alte Geschichte und Epigraphik d. Dt. Arch. Inst.	48
Kunstbibliothek	71
Kunsthistorisches Institut der FU	25
Kunsthochschule Berlin-Weißensee	63
Landesarchiv	64
Max-Delbrück-Centrum (MDC)	65
Max-Planck-Inst. f. Bildungsforschung	66
Max-Planck-Inst. für Wissenschaftsgeschichte	67
Molekulare Medizin (MDC)	65
Museum f. Ur- und Frühgeschichte TeilB Archäol. d. Kunstbibliothek	71
Musikarchiv (DNB), siehe Leipzig	338
Physikalisch-Technische Bundesanstalt	116
Presse u. Inf.-Amt. d. Bundesregierung	68
Robert Koch-Institut	69

	Nr.		Nr.
Römisch-Germanische Kommission (RGK) d. Dt. Arch. Inst. (DAI)	48	Universitätsbibliothek der FU	25
		Universitätsbibliothek der HU	26
SBB-PK	23	Universitätsbibliothek der TU	27
Senatsbibliothek, *siehe* ZLB	24	Universitätsbibl. d. Univ. d. Künste	28
Staatliche Museen zu Berlin	71	Univ.-Klinikum B. Franklin	29
Staatl. Inst. f. Musikforsch.	70	Universitätsmedizin	29
Staatsbibl. z. Berlin - Preuß. Kulturbes.	23	Wissenschaftskolleg	72
Stadtbibliothek (ehem.) s. ZuLB	24	Wissenschaftszentrum für Sozialforschung	73
Stiftung Archiv d. Parteien und Massenorganisationen	315	Zentral- und LandesB Berlin	24
Techn. Fachhochschule s. Beuth HS	35	Zentrales Dokumentationssystem, Pressearchiv	68
Technische Universität	27		
Theaterwiss. FachB	31		
Umweltbundesamt (Zweigstelle Berlin)	136		

23 Staatsbibliothek zu Berlin – Preußischer Kulturbesitz ⟨1, 1a⟩

Haus Unter den Linden: Unter den Linden 8, 10117 Berlin, Briefadresse: 10102 Berlin
Haus Potsdamer Straße: Potsdamer Str. 33, 10785 Berlin, Briefadresse: 10772 Berlin
☎ (030) 266-0 (Zentrale)
info@sbb.spk-berlin.de, http://www.staatsbibliothek-berlin.de

bpk - Bildagentur für Kunst, Kultur u. Geschichte: Märkisches Ufer 16–18, 10179 Berlin
☎ (030) 278792-0, Fax (030) 278792-39, kontakt@bpk-images.de

Eine der bedeutendsten Bibliotheken weltweit, Aufgaben der regionalen u. überregionalen Literaturversorgung, Ausleih- u. Präsenzbestand, diverse Sondersammlungen von internationalem Rang, Fachinformationsdienste für die Wissenschaft, Nationallizenzen

12.018.497 Bde. Monographien, Fortsetzungswerke, Zeitschriftenbände. 4.499 Inkunabeln, 226.472 Rara-Bde., 1.194.897 Karten und Pläne, 470.904 Musik- und Notendrucke, 256.671 Einblattdrucke, 14.489 laufend gehaltene gedruckte Ztgn. u. Zss. – Sondermat.: 2.158 Nachlässe, 452.669 Hss. u. Autogr. (davon 18.618 abendl. Hss., 42.600 orient. Hss., 66.768 Musikhss., 322.212 Autogr.) – 17.453.797 AV-Materialien, Mikromaterialien, Fotos, Dias, Postkarten, Porträts, Kunstdrucke. Elektron. Best.: 27.972 lfd. elektron. Zss., 5.458 Datenbanken, 1.025.742 digitale Einzeldokumente.

Verwaltung von ca. 40.000 Turfan-Fragm. für die Berlin-Brandenburgische Akademie der Wiss. Haus Unter d. Linden: Allg.-LS mit Informationszentrum: 334 Pl., HBB: 290.000 Bde., Rara-LS: 52 Pl., HBB: 30.000 Bde., Handschriften/Inkunabel-LS: 48 Pl. (+ 20 Pl. in Gruppenarbeitsraum), HBB: 30.000 Bde., Musik-LS: 77 Pl., HBB: 20.000 Bde., Karten-LS: 43 Pl. (+20 Pl. in Gruppenarbeitsraum), HBB: 20.000 Bde., Zeitungs-LS: 62 Pl., HBB: 10.000 Bde. Kinder- und Jugendbuch-LS: 16 Pl., HBB: 10.000 Bde., vier Gruppenarbeitsräume: 38 Pl. – Haus Potsdamer Str.: Allg.-LS: 530 Pl., HBB: 90.000 Bde., Sonder-LS für Osteuropa, Orient/Ostasien 190 Pl., HBB: 112.000 Bde., Gruppenarbeitsraum: 20 Pl. Bibliogr. HB: 70.500 Bde. – Entleihungen: 992.500

Gen. Dir.: A. Bonte – Ständiger Vertreter Gen. Dir.: R. Altenhöner – Abt.-Ltr.: R. Altenhöner (Zentralabt.), H. Busse (Inf. u. Datenmanagem.), A. Richter (Bestandsaufbau), J. Maas (Ben./Wiss. D.), N.N. (Hist. Drucke), H.-J. Lieder (Überreg. Bibliogr. D.), A. Mälck (Best.-Pflege u. Digitalisierung), E. Overgaauw (Hss.-Abt.), M. Rebmann (Musikabt.), W. Crom (Kt.-Abt.), O. Hamann (Osteuropa-Abt.), C. Rauch (Orient-Abt.), M. Kaun (Ostasienabt.), C. Pohlmann (Kinder- u. Jugend-Abt.), K. Tieth (Bildagentur) – Sonst. Wiss. Dienst: C. Albers, O. Annas, B. Aretz, M. Asch, K. Baierer, S. Baur, R. Beckmann, O. Berggötz, J. Bispinck-Roßbacher, I. Böhme, K. Böhme-Kaßler, G.-J. Bötte, H.-J. Bove, R. Breslau, A. Buchmann, J.-S. Cho, Y. Dehghani Farsani, P.-R. Dehnel, A. Dergal-Rautenberg, Ch. Dunkel, O. Duntze, N. Eichenberger, F. Eisermann, M. Federbusch, P. Figeac, U. Flache, M. Gerber, J.-Ch. Gero, R. Giel, F. Glaab-Kühn, C. Götze-Sam, S. Gräber, G. Gragert, J.-P. Grell, M. Greulich, C. Gumbrecht, E.-M. Haas-Betzwieser, T. Hanstein, U. Hartwieg, J. Haug, B. Heindl, I. Heinrich, M. Heinz, S. Henschel, A. Herm, K. Heydeck, T. Hinkel, H. I. Ho, M. Hoffmann-Ruf, M. Hollender, T.-K. Jacob, U. Jäcker, M. Jeske, B. Jopp, D. Kaiser, G. Kaiser, S. Kaiser, G. Kanbal, C. Koch, C. Kosmol, H. Krems, K. Labusch, J. Laczny, J. Lamble, M. Linder, C. Lindermann, M. Luniak, A. Lünsmann, R. Märker, S. Maier, E. Mateo Decabo, C. Mathieu, H. Meyer, R. Meyer, U. Meyer-Plieske, G. Müller, G. Nelson-Busch, C. Neudecker, J. Neumann, V. Neumann, F. Ostrowski, M. Pehlivanian, T. Pfuhl, L. Pithan, A. Pohl, D. Pompeu, J. Prellwitz, S. Putjenter, U. Reuter, V. Rezanezhad, A.-B. Riecke, M. Ritter, J. Rolschewski, E.-L. Rother, R. Schäfer, H. Scheerschmidt, M. Scheibe, M. Schieke-Gordienko, L. Schmid, B. Schmidt, R. Schmidt-Hensel, S. Schmitt, C. Schmitz, M. Seeger, L. Seidel, S. Sewing, M. Siebert, T. Siegmann, F. Siegmund, D. Skaric, U. Stanek, C. Stehr, R. Stockmann, A. Talke, K. Tasci, S. Teitge, S. Trojahn, R. Tulyasheva, I. Ulrich, I. Vogel, G. Wädow, S. Wallis, J. Weber, F. Willasch, M. Winkel, A. Wittenberg, T. Wollina, V. Zeman, F. Ziegler, A. Ziener.

Stellenplan: 328 Planstellen für Beamtinnen und Beamte (1 B5, 1 B2, 6 A16, 18 A15, 44 A14, 16 A13 h, 1 A13 g + Z, 8 A13 g, 30 A12, 47 A11, 76 A10, 40 A9 g, 2 A9 m, 8 A8, 16 A7, 14 A6 m) – 409 Stellen für Arbeitnehmerinnen und Arbeitnehmer nach TVöD (9 E14, 13 E13, 4 E12, 29 E11, 15 E10, 23 E9 c, 7 E9 b, 16 E9 a, 32 E8, 28 E7, 43.5 E6, 82 E5, 52.5 E4, 34 E3, 21 E2) – 8 Pos. BRef., 6 Pos. Auszub. – DFG finanziert: 8.95 Mitarb. (2.25 E14, 1.95 E13, 1 E12, 1.5 E11, 1.75 E9 c, 0.5 E8) – Weber-Gesellschaft: 1 Mitarb. (1 E13) – EU: 2 Mitarb. (1.5 E13) – BKM/KSL/BMBF: 7 Mitarb. (0.4 E14, 3 E13, 1 E9 c, 1 E9 b – Ernst von Siemens Musikstiftung: 1 Mitarb. (0.8 E 4).
Träger: Stiftung Preuß. Kulturbesitz, Bundesunmittelbare Stiftung des öffentlichen Rechts – Gesamtausgaben 2020: 75.403.804.–, davon 9.020.078.– für Erwerbung

Bes. Sammelgebiete: FID Rechtswiss., FID Asien, FID Slawistik, FID Kartographie und Geobasisdaten. – Weitere Schwerp.: Slg. dt. Drucke (1871–1912, f. Musikdr. u. kartogr. Drucke: 1801–1945), Wiss. Zss. (insbes. ausl.), Lit. aus u. über Osteuropa, Asien u. Afrika, abendl. Hss., orient. Hss., Musik-Hss., Musikdr., Autogr., Nl., Inkun., Seltene Drucke u. Einbde. nach 1500, Kt. u. Atlanten, Mendelssohniana, Kinder- u. Jugendbücher, Amtsdruckschr. d. Bundes u.d. Länder sowie v. ca. 30 ausl. Staaten.

Veröff. unter:
http://staatsbibliothek-berlin.de/die-staatsbibliothek/publikationen-der-staatsbibibliothek/

24 * **Zentral- und Landesbibliothek Berlin ⟨109⟩**

> Postfach 610179, 10922 Berlin; Breite Straße 30–36, 10178 Berlin
> (030) 90226-0/ -401
> info@zlb.de, vorstand@zlb.de, http://www.zlb.de
> Haus A: Amerika-Gedenkbibliothek, Blücherplatz 1, 10961 Berlin
> (030) 90226-0/ -401 (Auskunft)
> Haus B: Berliner Stadtbibliothek, Breite Straße 30–36, 10178 Berlin
> (030) 90226-0/ -401 (Auskunft) / -350 (Dir.) / -351 (Geschäftsstelle)

Stiftung des öffentlichen Rechts seit 1.10.1995. Zusammenschluss der Amerika-Gedenkbibliothek und der Berliner Stadtbibliothek. Die Senatsbibliothek Berlin ist seit 1/2005 Teil der Stiftung. Freihandbibliothek, LS, Mag.-Best., Leihverkehrszentrale f. Berliner Öff. BB, Verbund Öff. BB Berlins (VÖBB) – 61.235 aktive Ben.
3.8 Mio. Medieneinheiten, 3.180.932 Bde., 372.941 elektron. Publ. – lfd. Zss.: 3.949 gedr., 8.875 elektron. – Sonderbestand (Leihg.): 70.000 Bde. der B die Landesgesch. Vgg. Berlin für die Mark Brandenburg m. Nagel-Archiv d. märk. Ortsch., 15.000 Bde. der Slgn. des ehem. Berlinischen Gymnasiums zum Grauen Kloster (Streitsche Stift.) und 39.000 Bde. und 5.000 Karten der B d. Ver. für die Geschichte Berlins.
289 Benutzerarbeitsplätze (davon 72 Computerarbeitsplätze, davon 44 mit Internetzugang, 5 Arbeitsplätze für Sehbehinderte, 7 Audio/Video/DVD-Abspielplätze, 2 Plattenspieler, 1 Klavierübungsraum.
Entleihungen: 2.698.382
Generaldirektor, zugl. Vorstand der Stiftung: V. Heller, Stellvertretung des Vorstands: J. Fansa. Wiss. Dienst (aus datenschutzrechtlichen Gründen keine Nennung der Namen).
Stellenplan: 289.88 Stellen. 10 Auszubildende, 6.95 nichtplanmäßige Beschäftigungspositionen.
Träger: Land Berlin
Gesamtetat 2020: 35.089.937.–, davon 3.001.593.– für Erwerbung.
Bes. Sammelgebiete: Berlin, Kommunalwiss. (dt.-sprachiger Raum), Nicht-konventionelle Materialien zu Städtebau, Landesplanung, Raumordnung aus dem deutschsprachigen Bereich.
Pflichtex.: Seit 1.8.1965 Anbietungspflicht f. d. ehem. West-Berlin, 1960–1990 Pflichtex. f. d. ehem. Ost-Berlin, seit 1.1.1995 f. ganz Berlin.
Veröff. unter: http://www.zlb.de/publikationen

25 * **Universitätsbibliothek der Freien Universität Berlin ⟨188⟩**

> Postfach 330016, 14191 Berlin; Garystr. 39, 14195 Berlin
> (030) 838-54224 (Sekr.) / -51111 (Auskunft)
> auskunft@ub.fu-berlin.de, https://www.fu-berlin.de/sites/ub

Ausleihbibliothek f. 33.000 Studierende und ca. 2.840 HS-Lehr. und wiss. Mitarbeiterinnen und Mitarbeiter
ZB u. 9 Bibliotheksbereiche
ca. 6.270.000 Printmedien im Bibliothekssystem – ca. 1.700.000 E-Books – lfd. Zss.: ca. 3820 gedr. im Bibliothekssystem, ca. 54.000 lizensierte elektron. Zss und zusätzlich ca. 567.000 Open-Access-Ressourcen
Insgesamt 3.430 Benutzerarbeitsplätze, davon 164 Computerarbeitsplätze.

Direktor: A. Brandtner, Stellv. Direktorin: A. Tatai, Hauptabt.-Ltr.: M. Kowalak (Zugang), N.N. (EDV), N.N. (Benutzung) – Stellv.: M. Franke-Maier (Zugang), R. Narewski (komm. Ltr. Benutzung), A. Sabisch (komm. Ltr. EDV).
Gesamtausgaben (B-System) 2019: 20.185.345.–
Pflichtex.: Berlin 1965–1994, Depositar-B f. US-Government Publ. 1956 – Mitte 1970, Selective Depository Libr. f. Kanad. Amtsdrucks. seit Nov. 1954, Veröff. d. UNO u. d. EU (Europ. Dokumentationszentrum) bis 2020
Universitätsbibliographie: https://www.fu-berlin.de/sites/ub/service/unibibliografie,
Repository: https://refubium.fu-berlin.de/, Open Acces-Büro Berlin: http://www.open-access-berlin.de/akteure/oabb/index.html
Träger des gesamten Bibliothekssystems: Land Berlin / Freie Universität Berlin

Bibliotheksbereich 01

Campusbibliothek Natur-, Kultur- und Bildungswissenschaften, Mathematik, Informatik und Psychologie ⟨188/930⟩
Sitz: Fabeckstr. 23–25, 14195 Berlin
☎ (030) 838-56384 (Auskunft)
💻 auskunft@campusbib.fu-berlin.de, http://www.fu-berlin.de/sites/campusbib/
Multidisziplinäre Ausleih- und Präsenzbibliothek mit systematischer Freihandaufstellung, entstanden durch Integration verschiedener Instituts- und Fachbereichsbibliotheken (Altertums-, Orient-, Ostasienwiss., Religionen, Mathematik/Informatik, Naturwiss., Erziehungswiss., Psychologie, Fachdidaktiken)
rd. 900.000 Medieneinheiten – lfd. Zss. (Print): 738
LS mit 786 Benutzerarbeitsplätzen, 139 Arbeitsplätze in Einzel- und Gruppenarbeitsräumen, 14 PC-Arbeitsplätze
Sonstiges: 1 Einzelarbeitsraum für Blinde und Sehbehinderte, 1 Eltern-Kind-Raum für Eltern in Betreuungssituationen
Leitung: N.N., Stellv.: N. Johannsen – Wiss. Dienst: F. Wieland, H. Younansardaroud

Bibliotheksbereich 02

Bibliothek Rechtswissenschaft ⟨188/808⟩
Sitz: Van't-Hoff-Str. 8, 14195 Berlin-Dahlem
☎ (030) 838-52163, -55211 (Ltg.) / -52161 (Auskunft)
💻 bibliothek@rewiss.fu-berlin.de, http://www.jura.fu-berlin.de/bibliothek/
Ausleih- und Präsenzbibliothek
800.000 Medieneinheiten – lfd. Zss. (Print): 466
520 Leseplätze, Eltern-Kind-Raum mit Arbeitsplätzen und PCs für Eltern in Betreuungssituationen
Leiter: M. Schramm, Stellv.: U. Marzik
Bes. Sammelgeb.: Recht (Grundlagen), Bürgerl. Recht, Strafrecht, Öffentl. Recht, Europarecht, Völkerrecht, Internat. Privatrecht, Rechtsvergleichung, Privatrecht, öffentl. Recht u. Strafrecht des Auslandes.

Bibliotheksbereich 03

Wirtschaftswissenschaftliche Bibliothek ⟨188/820⟩
Sitz: Garystr. 21, 14195 Berlin
☎ (030) 838-52115
💻 fb-bib@wiwiss.fu-berlin.de, http://www.wiwiss.fu-berlin.de/bibliothek/
Ausleih- und Präsenzbibliothek
600.000 Medieneinheiten
290 Benutzerarbeitsplätze, 100 Gruppenarbeitsplätze
Bibliotheksleiterin: K. Reese, Stellv. H. Lennard
Bes. Sammelgeb.: Umfassender betriebswirtschaftlicher und volkswirtschaftlicher Grundbestand sowie Spezialliteratur.

Bibliotheksbereich 04

Bibliothek für Sozialwissenschaften und Osteuropastudien ⟨188/211⟩
Sitz: Garystr. 55, 14195 Berlin
☎ (030) 838-55797 (Auskunft), -52307 (Ltg.)
💻 bibliothek@polsoz.fu-berlin.de,
http://www.polsoz.fu-berlin.de/bibliothek/
Ausleih- und Präsenzbibliothek
950.000 Medieneinheiten
154 Benutzerarbeitsplätze, darunter 22 Computerarbeitsplätze und 15 Gruppenarbeitsplätze
Leiter: B. Blinten, Stellv.: M. Surkau
Bes. Sammelgeb.: Politikwiss., Kommunikations- und Medienwiss., Sozial- und Kulturanthropologie, Soziologie, Osteuropa.

Bibliothek des John-F.-Kennedy-Instituts für Nordamerikastudien ⟨188/144⟩
Sitz: Lansstr. 7–9, 14195 Berlin
☎ (030) 838-52862
💻 library@jfki.fu-berlin.de, http://www.jfki.fu-berlin.de/library/
792.000 Medieneinheiten, - lfd. Zss. (Print): 40
LS mit 116 Benutzerarbeitsplätzen, 36 PC-Arbeitsplätze
Leitung: M. Seyder
Bes. Sammelgeb.: Nordamerikastudien (Kanada, USA) in den Geistes- u. Sozialwiss., Fachinformationsdienst Anglo-American Culture (FID AAC) gemeinsam mit der SUB Göttingen.

Bibliotheksbereich 05

Philologische Bibliothek ⟨188/920⟩
Sitz: Habelschwerdter Allee 45, 14195 Berlin
☎ (030) 838-58888
💻 info@philbib.fu-berlin.de, http://www.fu-berlin.de/sites/philbib/
Ausleih- und Präsenzbibliothek
ca. 800.000 Medieneinheiten – lfd. Zss. (Print): 470

658 Benutzerarbeitsplätze, 2 Gruppenarbeitsräume (4 bzw. 8 Plätze), 1 Lerngruppen- und Schulungsraum (16 Plätze)
Leiter: K. U. Werner, Stellv.: M. Schade
Bes. Sammelgeb.: Niederlandistik, Neogräzistik.

Bibliothek des Instituts für Theaterwissenschaft ⟨188/819⟩, ⟨188/811⟩, ⟨188/815⟩
Sitz: Grunewaldstr. 35, 12165 Berlin
☎ (030) 838-50326
💻 thewibib@zedat.fu-berlin.de,
www.geisteswissenschaften.fu-berlin.de/we07/institut/bibliothek
Präsenzbibliothek mit beschränkter Ausleihe
ca. 55.000 Medieneinheiten - lfd. Zss. (Print): 40
70 Leseplätze
Leiter: K. U. Werner, Stellv.: M. Schade
Bes. Sammelgeb.: Theaterwissenschaft, Filmwissenschaft.

Bibliotheksbereich 06

Bibliothek des Friedrich-Meinecke-Instituts d. Fachbereichs Geschichts- und Kulturwissenschaften ⟨188/807⟩
Sitz: Koserstr. 20, 14195 Berlin
☎ (030) 838-53819 (Ltg.) / -53671 (Auskunft)
💻 bibliothek-fmi@geschkult.fu-berlin.de, http://www.geschkult.fu-berlin.de/e/fmi/bibliothek/
Ausleih- und Präsenzbibliothek, Freihandaufstellung, geschützte Bestände im Magazin
185.000 Medieneinheiten – lfd. Zss. (Print): 140
LS mit 100 Benutzerarbeitsplätzen, PCs mit Internet-Zugang.
Sonstiges: 1 Multimedia-Kabine, Eltern-Kind-Raum für Eltern in Betreuungssituationen, Stillraum
Leiterin: U. Tarnow
Bes. Sammelgeb.: Griech.-Röm. Geschichte, Mittelalterl. Geschichte, Neuere und Neueste Geschichte (einschl. Zeitgeschichte).

Bibliothek des Kunsthistorischen Instituts ⟨188/809⟩
Sitz: Koserstr. 20, 14195 Berlin
☎ (030) 838-53819 (Ltg.) / -53671 (Auskunft)
💻 khibib@zedat.fu-berlin.de, https://www.geschkult.fu-berlin.de/e/khi/ressourcen/bibliotheken
Ausleih- und Präsenzbibliothek, Freihandaufstellung, geschützte Bestände im Magazin
127.000 Medieneinheiten – lfd. Zss. (Print): 50
120 Benutzerarbeitsplätze (16 PC-Arbeitsplätze mit Internetzugang)
Sonstiges: 1 Multimedia-Kabine, Eltern-Kind-Raum für Eltern in Betreuungssituationen, Stillraum
Leiterin: U. Tarnow
Bes. Sammelgeb.: Abendländische Kunstgeschichte, Kunstgeschichte Süd- und Ostasiens, Kunst Afrikas, Kunstgeschichte islamischer Kulturen.

Bibliotheksbereich 07

Veterinärmedizinische Bibliothek ⟨188/846⟩
Sitz: Oertzenweg 19b, 14163 Berlin Zehlendorf
☎ (030) 838-62636
💻 info@library.vetmed.fu-berlin.de, https://www.vetmed.fu-berlin.de/bibliothek/
ca. 165.000 Medieneinheiten
Anzahl Leseplätze: 90, Gruppenarbeitsräume: 3, DV-Arbeitsplätze: 18 (PC-Pool mit 10 Arbeitsplätzen).
Sonstiges: Kinderzimmer, Aufenthaltsraum, Stillraum
Leiter: T. Ripp

Bibliotheksbereich 08

Bibliothek am Botanischen Garten und Botanischen Museum Berlin-Dahlem ⟨188/24, 188/827⟩
Sitz: Königin-Luise-Straße 6–8, 14195 Berlin
☎ (030) 838-50191
💻 library@bgbm.org, http://www.bgbm.org/BGBM/library/default.htm
Die Bibliothek umfasst die Bibliothek der Zentraleinrichtung Botanischer Garten und Botanisches Museum und die Bereichsbibliothek Biologie des Fachbereichs Biologie, Chemie, Pharmazie, Standort ZE BGBM.
450.000 Medieneinheiten – lfd. Zss.: 762
100 Benutzerarbeitsplätze
Leiter: N. Kilian, bibliothek. Leiterin: K. Oehme
Bes. Sammelgeb.: Syst. Botanik, Pflanzengeographie, Geschichte d. Botanik, Natur- u. Artenschutz, Nomenklatur, Angew. Botanik, Linneana, Mat. zu botan. Gärten u. anderen botan. Institutionen, Portr. u. Hss. von Botanikern.

Bibliotheksbereich 09

Geowissenschaftliche Bibliothek ⟨188/835⟩
Sitz: Maltesertstr. 74–100 Haus O, 12249 Berlin
☎ (030) 838-70 205
💻 geolib@zedat.fu-berlin.de, https://www.geo.fu-berlin.de/bibliotheken/geo
Ausleih- und Präsenzbibliothek, Freihandaufstellung, geschützte Bestände im Magazin
125.000 Medieneinheiten
90 Benutzerarbeitsplätze (10 PC-Arbeitsplätze mit Internetzugang), 4 Gruppenarbeiträume
Die Geowissenschaftliche Bibliothek auf dem Geo-Campus in Lankwitz betreut eine Kartensammlung mit einem Bestand von etwa 150.000 Karten (auch Schulwandkarten) und 3.000 Atlanten. Als Sondersammlung wird die „Bibliothek der Gesellschaft für Erdkunde" (B 66) mit ihrem Bestand ab 1945 im Magazin geführt: 10.000 Medieneinheiten, hauptsächlich Reihen und Zeitschriften
Leiterin: C. Kahlfeld
Bes. Sammelgeb.: Geographie, Geowissenschaften, Kartographie, Tourismus, Planetologie.

Bibliothek am Institut für Meteorologie ⟨188/832⟩
Sitz: Carl-Heinrich-Becker-Weg 6–10 Haus O, 12165 Berlin
☎ (030) 838-71163
🖥 bibliothek@met.fu-berlin.de, http://www.geo.fu-berlin.de/met/bibliothek
Ausleih- und Präsenzbibliothek, Freihandaufstellung, geschützte Bestände im Magazin
60.000 Medieneinheiten
10 Benutzerarbeitsplätze (2 PC-Arbeitsplätze mit Internetzugang)
Leiterin: C. Kahlfeld
Bes. Sammelgeb.: Meteorologie, Wetterkarten.

26 * **Universitätsbibliothek der Humboldt-Universität zu Berlin** ⟨11⟩

> Jacob-und-Wilhelm-Grimm-Zentrum, Postanschrift: Unter den Linden 6, 10099 Berlin
> Hausanschrift: Geschwister-Scholl-Str. 1–3, 10117 Berlin
> ☎ (030) 2093-99300 (Dir.)/ -99370 (Auskunft)
> Fax (030) 2093-99311 (Dir.)
> 🖥 info@ub.hu-berlin.de
> http://www.ub.hu-berlin.de/standorte/jacob-und-wilhelm-grimm-zentrum

ZB für folgende Fachgebiete: Archäologie und Kulturgeschichte Nordostafrikas, Bibliothekswissenschaft, Erziehungswissenschaften, Ethnologie, Gender Studies, Geschichte, Hochschulwesen, Klassische Philologie, Kulturwissenschaft, Kunst- und Bildgeschichte, Medienwissenschaft, Philosophie, Politik, Rehabilitationswissenschaften, Soziologie, Wirtschaftswissenschaften, Wissenschaftsgeschichte
Ausleihbibliothek, Einschichtiges Bibliothekssystem.
ZB u. 10 Zweigbibliotheken (Naturwissenschaften, Campus Nord, Zweigbibliothek Asien-/Afrikawissenschaften und Islamische Theologie, Fremdsprachliche Philologien/TB Großbritannien-Zentrum, Germanistik/Skandinavistik, Klassische Archäologie, Musikwissenschaft, Rechtswissenschaft, Theologie, Japanologie).
6.121.059 Medieneinheiten – lfd. Zss.: 2.528 gedr., 27.603 elektron.
Insgesamt 3.357 Benutzerarbeitsplätze, davon 710 Computerarbeitsplätze.
Entleihungen 2019: 1.548.726
Direktor: A. Degkwitz, Stellv. Direktorin: I. Hendrix, Abt.-Ltr.: F. Engels (Benutzung), K. Weiser (Verwaltung), I. Hendrix (Medienabt.), Y.-M. Rauch (Abt. Historische Sammlungen), A. Lehmann (EDV), C. Winterhalter (Abt. Zweigbibliotheken, Innovationsmanagement und Controlling) – Wiss. Dienst: K. Braschoß, A. Brochlos, P. Finke, U. Freiburger, N. Fromm, M. Harbeck, I. Hendrix, A. Herwig, C. Hilse, C. Hinz, A. Huth, Ch. Krätzsch, N. Krüll, A. Kullik, J. Kupke, I.-M. Mäder, A. Müller, A. Otto, A. Pawliczek, J. Plönzke, Y.-M. Rauch, J. Roeder, Ch. Rüter, K. Schank, U. Schenk, K. Seack-Frischkorn, H. Schippan, S. v. Schmädel, S. Schütte, Z. Sona, B. Stumm, U. Wassermann, A. Winter, K. Zäpke.
Stellenplan: 20 Beamtinnen und Beamte (3 A15, 3 A14, 1 A13, 2 A12, 4 A11, 4 A10, 3 A9) – 179.36 Angestellte TVL (1 AbtL(SV), 5 Eg14, 20.5 Eg13, 7.75 Eg11, 2 Eg10, 48.45 Eg9, 2 Eg8, 22.58 Eg6, 34 Eg5, 3.25 Eg4, 28.33 Eg3).
Gesamtausgaben (B-System) 2020: 19.614.866,30.–
Bes. Sammelgeb.: Deutschsprachige HS-Schriften, Portr.-Slg. Berliner HS-Lehrer, Fontane, Brüder Grimm, FID Erziehungswissenschaft und Bildungsforschung, FID Sozial- und Kulturanthropologie.

Zweigbibliotheken

Zweigbibliothek Asien- und Afrikawissenschaften und Islamische Theologie ⟨11/103⟩
Sitz: Invalidenstr. 118, Eingang über Schlegelstr. 26, 10115 Berlin,
TB Japanologie: Johannisstraße 10, 10117 Berlin
☎ (030) 2093-66093
💻 asa@ub.hu-berlin.de
https://www.ub.hu-berlin.de/de/standorte/zwbasienafrika
Asienwiss., Afrikawiss., Japanologie, Islamische Theologie
Ausleihbibliothek: 223.299 Bde. – lfd. Zss.: 240
104 Arbeitsplätze, davon 12 Computer-APl.
Leitung: U. Freiburger

Zweigbibliothek Campus Nord ⟨11/97⟩
Sitz: Hessische Straße 1–2, 10115 Berlin
☎ (030) 2093-99600, Fax (030) 2093-99601
💻 cano@ub.hu-berlin.de
https://www.ub.hu-berlin.de/de/standorte/zwbcampusnord
Agrarwissenschaften, Anglistik/Amerikanistik, Biologie, Sportwissenschaft.
Ausleihbibliothek: 424.384 Bde. – lfd. Zss.: 274
380 Arbeitsplätze, davon 28 Computer-APl.
Leitung: A. Müller

Zweigbibliothek Fremdsprachliche Philologien / TB Großbritannien-Zentrum ⟨11/131⟩
Sitz: Dorotheenstraße 65, 10117 Berlin
☎ (030) 2093-12377
💻 fremdphilo@ub.hu-berlin.de
https://www.ub.hu-berlin.de/de/standorte/zwbfrphilologien
Allgemeine und Vergleichende Sprach- und Literaturwissenschaft, British Studies, Hungarologie, Romanistik, Slawistik
Ausleihbibliothek: 279.964 Bde. – lfd. Zss.: 123
169 Arbeitsplätze, davon 24 Computer-APl.
Leitung: A. Otto

Zweigbibliothek Germanistik / Skandinavistik ⟨11/105⟩
Sitz: Dorotheenstraße 24, Eingang: Hegelplatz, 10117 Berlin
☎ (030) 2093-9782
💻 germ@ub.hu-berlin.de
https://www.ub.hu-berlin.de/de/standorte/zwbgermanistik
Allgemeine und Vergleichende Sprach- und Literaturwissenschaft, Germanistik, Skandinavistik
Präsenzbibliothek mit beschränkter Ausleihe: 163.094 Bde. – lfd. Zss.: 163
129 Arbeitsplätze, davon 33 Computer-APl.
Leiter: J. Plönzke
Angeschl.: TB Historisch-vergleichende Sprachwissenschaft ⟨11/135⟩

Zweigbibliothek Klassische Archäologie ⟨11/88⟩
Sitz: Unter den Linden 6, 10117 Berlin
☎ (030) 2093-2234
🖥 archaeologie@ub.hu-berlin.de
https://www.ub.hu-berlin.de/de/standorte/zwbarchaeologie
Präsenzbibliothek: 30.022 Bde. – lfd. Zss.: 50
50 Arbeitsplätze, davon 4 Computer-APl.
Leitung: K. Seack-Frischkorn

Zweigbibliothek Musikwissenschaft ⟨11/128⟩
Sitz: Am Kupfergraben 5, 10117 Berlin
☎ (030) 2093-2788, Fax 2093-2787
🖥 musikwissenschaften@ub.hu-berlin.de
https://www.ub.hu-berlin.de/de/standorte/zwbmusikwissenschaft
Präsenzbibliothek mit beschränkter Ausleihe: 41.569 Bde. – lfd. Zss.: 54
25 Arbeitsplätze, davon 4 Computer-APl.
Leitung: H. Schippan

Zweigbibliothek Naturwissenschaften ⟨11/87⟩
Sitz: Erwin Schrödinger Zentrum, Rudower Chaussee 26, 12489 Berlin
☎ (030) 2093-99725, Fax (030) 2093-99722
🖥 nawi@ub.hu-berlin.de
https://www.ub.hu-berlin.de/de/standorte/erwin-schroedinger-zentrum-zwbib-nawi
Chemie, Geografie, Informatik, Mathematik, Physik, Psychologie.
Ausleihbibliothek: 505.843 Bde. – lfd. Zss.: 141
466 Arbeitsplätze, davon 197 Computer-APl.
Leitung: I.-M. Mäder

Zweigbibliothek Rechtswissenschaft ⟨11/68⟩
Sitz: Bebelplatz 1, 10099 Berlin
☎ (030) 2093-3374
🖥 rewi@ub.hu-berlin.de
https://www.ub.hu-berlin.de/de/standorte/zwbrecht
Präsenzbibliothek mit beschränkter Ausleihe: 165.976 Bde. – lfd. Zss.: 263
570 Arbeitsplätze, davon 19 Computer-APl.
Leitung: N. Krüll, Z. Sona

Zweigbibliothek Theologie ⟨11/133⟩
Sitz: Anna-Louisa-Karsch-Str. 1, Zugang über Burgstr. 26, 10178 Berlin,
☎ (030) 2093-91800
🖥 theol@ub.hu-berlin.de
https://www.ub.hu-berlin.de/de/standorte/zwbtheologie
Präsenzbibliothek mit beschränkter Ausleihe: 341.818 Bde. – lfd. Zss.: 180
124 Arbeitsplätze, davon 16 Computer-APl.
Leitung: A. Winter

27 * **Universitätsbibliothek der Technischen Universität Berlin** ⟨83⟩

> Universitätsbibliothek, Fasanenstr. 88 (im VOLKSWAGEN-Haus), 10623 Berlin
> ☎ (030) 314-76053 (Sekr.)/ -76101 (Inform.)
> info@ub.tu-berlin.de, http://www.ub.tu-berlin.de

Ausleihbibliothek f. 36.958 HS-Mitgl. einschl. 33.631 Stud. u. 15.269 externe Ben.
Einschl. Bereichsbibliotheken: 2.530.000 Medieneinheiten (print). 1.431 Benutzerarbeitsplätze, darunter 225 Computerarbeitsplätze, 3 Freihandbereiche in der ZB, Zss.Freih.Mag. mit Jg. 1850–1999, Informationszentrum, DIN-Normen-Auslegestelle, Universitätsarchiv, Universitätsverlag, Architekturmuseum – Entleihungen 2019: 471.815.
Dir.: J. Christof, Stellv.: B. Golz (zugl. Leiterin Medienbearbeitung) – Hauptabt.-Ltr.: A. Quast. (Benutzungsdienste), M. Kuberek (Elektron. Dienste), B. Golz (Medienbearbeitung), D. Schobert (Publikationsdienste) – Wiss. D.: B. Allwang, S. Aust, K. Ebell, U. Golas, J. Hickmann, M. Jobb, H.-D. Nägelke, R. Porth, S. Proschitzki, I. Schwab, A. Schütrumpf, K. Selmikeit, T. Wurst.
Stellenplan: 152.5 (24 A/E13–E15/A16; 56.5 A/E9–A13; 72 E2–E9) – 2 BRef., 6 Auszubildende.
Träger: TU Berlin / Land Berlin – Gesamtausgaben 2019: 10.226.899.–, davon 2.475.119.– für Erwerbung
Bes. Sammelgeb.: Technik, Naturwiss., Wissenschafts- und Technikgeschichte, Architektur, Umwelt, Sondersammlungen: Architekturmuseum, Deutsche Gartenbaubibliothek.

Bereichsbibliothek Architektur und Kunstwissenschaft ⟨83/1003⟩

Straße des 17. Juni 152, 10623 Berlin, ☎ (030) 314-22414
architektur@ub.tu-berlin.de, http://www.ub.tu-berlin.de/architektur
138.400 Medieneinheiten – lfd. Zss.: 240
LS m. 116 Arbeitsplätzen – LBS – Entleihungen: 9.690

Bereichsbibliothek Physik ⟨83/1022⟩

Hardenbergstr. 36, 10623 Berlin, ☎ (030) 314-22675
physik@ub.tu-berlin.de, http://www.ub.tu-berlin.de/physik/
47.088 Medieneinheiten – lfd. Print-Zss.: 13 (elektron. Zss nur gesamt für die UB erfasst)
LS m. 93 Arbeitsplätzen – Entleihungen: 1.512

Sondersammlung Architekturmuseum ⟨83/1253⟩

Straße des 17. Juni 152, 10623 Berlin, ☎ (030) 314-23116
architekturmuseum@ub.tu-berlin.de, http://architekturmuseum.ub.tu-berlin.de
144.256 orig. Handzeichnungen, Drucke und Fotografien

Sonderabteilung Universitätsarchiv ⟨83/1020⟩

Straße des 17. Juni 135, 10623 Berlin
☎ (030) 314-78568 bis -78570
universitaetsarchiv@ub.tu-berlin.de, https://www.tu.berlin/ub/ueber-uns/sonderabteilungen-und-sammlungen/universitaetsarchiv/
2.900 lfm Akten, Fotos, Plakate, Flugblätter sowie museale Sammlungen.
LS m. 7 Arbeitsplätzen.

28 * **Universitätsbibliothek der Universität der Künste Berlin** ⟨B 170⟩

Postf. 120544, 10595 Berlin; Fasanenstr. 88 (im VOLKSWAGEN-Haus), 10623 Berlin
☎ (030) 314-76498, Fax (030) 3185-162826
🖳 bibliothek@udk-berlin.de, http://www.ub.udk-berlin.de

Freihand-Ausleihbibliothek
462.429 Medieneinheiten, davon 317.837 Bde., 119.556 elektron. Publ. – lfd. Zss.: 311 gedr., 18.408 elektron. – Sonderbestand: 64.292 Noten, 47.799 digitale AV-Materialien.
224 Benutzerarbeitsplätze, davon 44 Computerarbeitsplätze – Entleihungen: 144.395
Dir.: A. Zeyns, Stellv.: F. Kramer – Wiss. D.: B. Arnold, I. Burde, L. Koglin, A. Martinsohn, M. Moser
Stellenplan: 35.32 VZÄ (4.30 hD, 11.18 gD, 17.02 eD/mD)
Träger: Land Berlin – Gesamtausgaben 2020: 2.555.309.–, davon 268.706.– für Erwerbung

Zweigstelle Instrumente und Orchestermateriale ⟨B 170⟩

Fasanenstr. 1b, 10623 Berlin
☎ (030) 3185-2407

29 **Medizinische Bibliothek der Charité – Universitätsmedizin Berlin**

Charité - Universitätsmedizin Berlin, Medizinische Bibliothek, Augustenburger Platz 1, 13353 Berlin
☎ (030) 450-576172, Fax (030) 450-576927
🖳 medbib-direktion@charite.de, https://bibliothek.charite.de

Ausleihbibliothek f. 8.220 Studierende und 4.437 wiss. Mitarb. und externe Ben.
Fachgebiete: Humanmedizin, Zahnmedizin, Pflegewissenschaften und deren Grenzgebiete
308.366 Bde., 120.233 elektron. Publ. – lfd. Zss.: 90 gedr., 25.558 elektron.
336 Benutzerarbeitsplätze, einschl. 49 Computerarbeitsplätze. – Entleihungen 2020: 25.104
Leiterin: U. Flitner – Wiss. D.: J. Delasalle (Open Access), A. Genest (Erschließung, Monographienerwerbung), M. Gregor (Erwerbung), S. Grimm (Open Access u. E. Publ.), C. Mieck (Publikationsdienste), J. Taubitz (Benutzungsdienste)
Stellenplan: 33 VZÄ
Erwerbungsetat 2020: 2.046.588.–

Zentralbibliothek Campus Virchow-Klinikum ⟨578/3⟩

Postadresse: Augustenburger Platz 1, 13353 Berlin
☎ (030) 450-576333 (Ausl.), Fax (030) 450-576927
🖳 medbibcvk@charite.de

Zweigbibliothek Campus Charité Mitte ⟨578/2⟩

Philippstr. 11/12, 10115 Berlin
☎ (030) 450-576078 (Ausl.), Fax (030) 450-576920
🖳 medbibccm@charite.de

Zweigbibliothek Zahnmedizin ⟨578/821⟩

Aßmannshauser Str. 4–6, 14197 Berlin
☎ (030) 450-576265, Fax (030) 450-576965
🖳 medbibzmk@charite.de

30 Abgeordnetenhaus von Berlin, Bibliothek und Dokumentation ⟨B 785⟩

✉ Niederkirchnerstr. 5, 10117 Berlin
☎ (030) 2325-1256, Fax (030) 2325-1248
💻 bibliothek@parlament-berlin.de, http://www.parlament-berlin.de

Präsenzbibliothek u. Auskunftsdienst f. Abg., Bedienstete, Fraktionspersonal u. wiss. Dienst d. Parlaments, unbeschr. öff. Benutzung
140.242 Bde., 888 elektron. Publ. – lfd. Zss.: 1.373 gedr.
LS m. 24 Benutzerarbeitsplätzen, 2 Internetarbeitsplätze – Entleihungen: 21.560
Leiterin: K. Gutsche-Borck, Stellv.: E. Herzberg
Stellenplan: 10.65 VZÄ
Träger: Land Berlin – Erwerbungsausgaben 2020: 116.063.–
Bes. Sammelgeb.: Parl.-Druckschriften d. Bundestages u. -rates, d. Abg.-Hauses v. Berlin, Parlamentswesen, bes. Politik, Recht u.Verwaltung, Geschichte, Sozial- u. Wirtschaftswiss.

31 * Archiv der Akademie der Künste ⟨B 486⟩

✉ Pariser Platz 4, 10117 Berlin, ☎ (030) 20057-1608/ -3247 (LS), Fax (030) 20057-1606
💻 bibliothek@adk.de, http://www.adk.de/de/archiv/bibliothek

Spezialbibliothek m. teilw. eingeschr. Ausleihe: ca. 600.000 Bde. – lfd. Zss.: 200 gedr., 250 elektr.
LS Pariser Platz 4 m. 25 Pl.
Leiterin: S. Thier, Stellv.: S. Nagel
Stellenplan: 8.5 Angestellte TVöD (2 E14, 5 E10, 1.5 E6)
Träger: Akademie der Künste – Erwerbungsetat 2021: 55.000.–
Bes. Sammelgeb.: Literatur, bild. u. darst. Kunst, Musik, Film- u. Medienkunst, Baukunst d. 20. Jh., Literatur zum Expressionismus, Exillit. 1933–1945, Prim.– und Sek.-Lit. der Mitgl., Preisträger und Meisterschüler der Akad. d. Künste, Publ. d. Akad. d. Künste.
Angeschl.: Sondersammlung Theaterwissenschaftliche Fachbibliothek „Die Möwe" mit ca. 60.000 Bde.

32 Bibliothek der Alice Salomon Hochschule Berlin ⟨B 1533⟩

✉ Alice-Salomon-Platz 5, 12627 Berlin (Hellersdorf)
☎ (030) 99245-385/ -386
💻 bibliothek@ash-berlin.eu, http://www.ash-berlin.eu/bibliothek

Ausleih- und Präsenzbibliothek für 6.169 aktive Nutzerinnen und Nutzer
184.306 Medieneinheiten, 141.823 Bde., 28.971 elektron. Publ. – lfd. Zss.: 125 gedr., 1.935 elektron. – Sonderbestand: 10.393 ASH-Abschlussarbeiten
LS m. 96 Benutzerarbeitsplätzen, davon 35 PC-Arbeitsplätze (mit OPAC- und Internetzugang) – Entleihungen: 172.147
Leiter: O. Roth, Stellv.: A. Hoffer.
Stellenplan: 8.75 Stellen (VZÄ: 4.75 Stellen gD, 4.0 Stellen eD/mD).
Träger: Land Berlin – Erwerbungsausgaben 2020: 359.488.–

33 Bibliothek des Auswärtigen Amtes ⟨B 19⟩

> ✉ Postfach Auswärtiges Amt, Ref. 116, 11013 Berlin; Werderscher Markt 1, 10117 Berlin
> ☎ (030) 1817-1479/ -2208, Fax (030) 18175-1479/ -2208
> 💻 116-R@auswaertiges-amt.de, 116-information@auswaertiges-amt.de

Spezialbibliothek. Versorgung der Zentrale des Auswärtigen Amtes und der Auslandsvertretungen mit Medien und Informationsdiensten. Ausleihbibliothek für MA des AA, Zulass. fremder Ben. zur Präsenznutzung auf Antrag möglich.
300.000 Bde. – lfd. Zss.: 500 gedr., ca. 100 eJournals, ePaper und Datenbanken – Sonderbestand: 91.000 Kt. u. Atlanten, Amtsdruckschr.
40 Benutzerarbeitsplätze, Internet-APl.
Leiterin: K. Schmohl, stellv. Leiter: K. Chr. Olasz.
Stellenplan: 6 Beamte (2 A13, 2 A 11, 1 A10, 1 A7) – 8 Tarifbeschäftigte (1 E15, 2 E11, 2 E8, 1 E6, 1 E5, 1 E4)
Gesamtetat 2021: 1.400.000.–
Bes. Sammelgeb.: Recht (bes. Völkerrecht), Internat. Privatrecht, Staats- u. Verwaltungsrecht, Diplomatie u. Gesandtschaftsw., Politik (bes. Außenpolitik, Internat. Pol. u. Org.), Geschichte seit 1870, Wirtschaft, Landeskunde.

34 * Akademiebibliothek der Berlin-Brandenburgischen Akademie der Wissenschaften ⟨B 4⟩

> ✉ Postanschrift: Jägerstr. 22/23, 10117 Berlin,
>   Hausanschrift: Unter den Linden 8, 10117 Berlin
> ☎ (030) 20370-438 (Sekr.), Fax (030) 20370-476
> 💻 bib.benutzung@bbaw.de, https://bibliothek.bbaw.de/

Ausleihbibliothek, zzgl. Präsenzbestand in den HandBB der Akademienvorhaben
ca. 600.000 Bde. – lfd. Zss.: ca. 400 gedr., ca. 73.269 elektron.
20 Benutzerarbeitsplätze, zusätzlich 2 PC-Arbeitsplätze – Entleihungen: 1.121
Leiterin: M. Seidig
Stellenplan: 10 VZÄ. Träger: Berlin Brandenburgische Akademie der Wissenschaften.
Erwerbungsetat 2020: 42.000.–
Bes. Sammelgeb.: Schriften in- und ausländischer Akademien der Wiss., wiss. Gesellschaften sowie wissenschafts- und foschungsfördernder Einrichtungen und Organisationen.
Veröff. unter: https://edoc.bbaw.de/home

Teilbibliothek Griechisch-römische Altertumskunde ⟨B 4/556⟩

> ✉ Postanschrift: Jägerstr. 22/23, 10117 Berlin,
>   Hausanschrift: Unter den Linden 8, 10117 Berlin
> ☎ (030) 20370-262, Fax (030) 20370-476

Spezialbibliothek mit Präsenzcharakter (Ausleihe nur für Mitarbeiterinnen und Mitarbeiter der BBAW möglich)
ca. 84.300 Bde.

35 *** Bibliothek der Beuth Hochschule für Technik Berlin** ⟨B 768⟩

 Campus / Haus Bauwesen, Luxemburger Str. 10, 13353 Berlin
 (030) 4504-2316 (Leitung), Fax (030) 4504-2759
 behling@beuth-hochschule.de, http://www.beuth-hochschule.de/bibliothek/

Ausleihbibliothek für 9.287 aktive Benutzer/innen: 108.896 Bde. – lfd. Zss.: 232 gedr. Freihandaufstellung auf zwei Etagen, 167 Benutzerarbeitsplätze, darunter 22 Computerarbeitsplätze – Entleihungen: 70.059
Leiterin: M. Behling, Stellv.: I. Dubberke. Stellenplan: 12 VZÄ (6.5 gD, 5.5 eD/mD)
Träger: Land Berlin – Erwerbungsausgaben 2020: 356.248.–
Bes. Sammelgeb.: Bauwesen, Biotechnologie, Elektrotechnik, Gartenbau, Informatik, Maschinenbau, Medizintechnik, LebensmitteltechnologieGeoinformationswesen.

36 **Bibliothek der Bundesanstalt für Materialforschung und -prüfung** ⟨B 43⟩

 Unter den Eichen 87, 12205 Berlin, (030) 8104-2486, Fax (030) 8104-2486
 fachinfo@bam.de, http://www.bam.de

Ausleihbibliothek f. d. Mitarb. d. Anstalt u. Auswärtige: 95.500 Medieneinheiten, davon 64.000 Bde., 300 elektron. Publ. – lfd. Zss.: 250 gedr., 3.500 elektron.
LS mit 1 Computerarbeitsplatz – Entleihungen: 900
Ansprechpartner: J. Harloff-Puhr.
Stellenplan: 1 A13, 1 A11, 6 TVÖD, 2 stud. HK.
Träger: Bundesrepublik Deutschland
Bes. Sammelgeb.: Parlament/Behörde/Öffentliche Verwaltung, Naturwiss., Ingenieurwiss./Technik, Öffentlich-technische Sicherheit, Chemie, Materialtechnik.

37 *** Bibliothek des Bundesinstituts für Risikobewertung (BfR)** ⟨B 12⟩

 Postfach 12 69 42, 10609 Berlin; Diedersdorfer Weg 1, 12277 Berlin
 (030) 18412-90100, Fax (030) 18412-90199
 bibliothek@bfr.bund.de, http://www.bfr.bund.de/de/bibliothek-6902.html

Präsenzbibliothek: ca. 51.000 Bde. – lfd. Zss.: ca. 5.100 (gedr./elektron.)
1 LS mit 8 Benutzerarbeitsplätzen, 1 PC-Arbeitsplatz
Leiterin: B. Bert.
Träger: Bundesrepublik Deutschland – Erwerbungsetat 2021: 527.000.–
Bes. Sammelgeb.: Ernährungsmedizin, Lebensmittelhygiene und -sicherheit, Mikrobiologie, Toxikologie, Veterinärmedizin.

38 **Bibliothek des Bundesministeriums für Arbeit und Soziales** ⟨Bo 102⟩

 Postfach, 11017 Berlin; Wilhelmstr. 49, 10117 Berlin
 (030) 18527-2222 (Ltg.), (030) 18527-2406 (Ausl.), Fax 18527-1863
 bibliothek-berlin@bmas.bund.de, http://www.bmas.de

Vorgänger: Bundesministerium für Arbeit und Sozialordnung (1948–2002), Bundesministerium für Gesundheit und Soziale Sicherung (2002–2005)

Präsenzbibliothek für die Bediensteten des Ministeriums, Zulassung fremder Ben. auf Antrag.
127.000 Medieneinheiten, 2.526 elektron. Publ. – lfd. Zss.: 399 gedr., 431 elektron.
4 LS m. 27 Benutzerarbeitsplätzen, davon 5 mit Computer – Entleihungen: 5.232
Leiter: S. Bruns. Stellenplan: 2.3 A13gD, 3.6 A10mD, 1 EGr 10, 2 EGr 6, 1 Auszubildende.
Erwerbungsetat 2020: 600.000.–, 2021: 605.000.–
Bes. Sammelgeb.: Sozialrecht, Arbeitsrecht, Staatsrecht, Politik, Wirtschaftswiss.

Teilbibliothek Bonn

Rochusstr. 1, 53123 Bonn, ☎ (0228) 99527-2443, Fax (0228) 99527-2828
bilbiothek-bonn@bmas.bund.de
Präsenzbibliothek

39 **Bibliothek des Bundesministeriums der Finanzen** ⟨Bo 155⟩

Postfach, 11016 Berlin; Wilhelmstr. 97, 10117 Berlin
☎ (030) 18682-4213, Fax (030) 18682-884213
bibliothek@bmf.bund.de, http://www.bmf.bund.de

Präsenz- und Ausleihbibliothek f. ca. 1.970 Bedienstete, Zulass. fremder Benutzerinnen und Benutzer auf Antrag
65.000 Medieneinheiten
1 LS mit 20 Arbeitsplätzen, 3 PC-Arbeitsplätze, ca. 35.000 Bde. Freihandbestand.
Leiterin: C. Schirdewahn. Stellenplan: 2 Beamtinnen und Beamte (1 A13 gD, 1 A9 mD) – 4 Tarifbeschäftigte (1 EG9, 3 EG6)
Träger: Bundesrepublik Deutschland
Bes. Sammelgeb.: Finanz- und Steuerrecht, insb. Finanzverfassung, Finanzausgleich, Finanzverw., Europ. Finanz- und Haushaltsrecht, Öffentliches Haushalts-, Kassen- und Rechnungswesen, Zölle und Zollverw., Wirtschaftsrecht.

40 * **Bibliothek des Bundesministeriums der Justiz und Verbraucherschutz** ⟨B 69⟩

Postfach, 11015 Berlin; Mohrenstr. 37, 10117 Berlin
☎ (030) 18580-9079, Fax (030) 18580-9660
bibliothek-auskunft@bmjv.bund.de, http://www.bmjv.bund.de

Präsenzbibliothek
320.694 Medieneinheiten – lfd. Zss.: 442 gedr.
19 Computerarbeitsplätze
Leiterin: K. Schwärzel – Stellv.: M. Waclawczyk
Stellenplan: 9 Beamtinnen und Beamte (1 B3, 1 A15, 4.25 A13g, 1 A9m, 1 A5) – 7 Ang. (5 E6, 2 E5)
Träger: Bundesrepublik Deutschland – Erwerbungsetat 2020: 1.060.000.–

41 Bibliothek des Bundesministeriums für Verkehr und digitale Infrastruktur ⟨B 664⟩

Postfach, 11030 Berlin; Invalidenstr. 44, 10115 Berlin
(030) 18300-1181, Fax (030) 18300-1970
bibliothek-berlin-auskunft@bmvi.bund.de

Behördenbibliothek
ca. 180.000 Medieneinheiten – lfd. Zss.: ca. 400
10 Benutzerarbeitsplätze
Leiterin in Berlin: R. Schweter, Leiterin in Bonn: M. Morkovsky
Träger: Bundesrepublik Deutschland
Bes. Sammelgeb.: Staats- u. Verwaltungsrecht, Verkehrswesen, digitale Infrastruktur.

Bibliothek des Bundesministeriums für Verkehr und digitale Infrastruktur – Dienstsitz Bonn ⟨Bo 180⟩

Robert-Schuman-Platz 1, 53175 Bonn, (0228) 300-1192 und -1193
bibliothek-bonn-auskunft@bmvi.bund.de
Präsenzbibliothek

42 * Medien- und Informationszentrum des Bundesministeriums für Wirtschaft und Energie ⟨Bo 104⟩

Scharnhorststr. 34–37, 10115 Berlin, (030) 18615-5666
miz@bmwi.bund.de, http://www.bmwi.de

Bibliothek mit zwei Standorten (2. Dienstsitz: Villemombler Str. 76, 53123 Bonn).
Präsenzbibliothek, Zulass. externer Ben. nach Anmeldung
181.000 Medieneinheiten – Sonderbestand: DIN-Normen (Online-Zugang in Bonn)
Berlin: 1 LS mit 3 u. 1 LS mit 6 Pl. u. 2 PC-AP, Bonn: 1 LS mit 2 Pl. u. 1 PC-AP
Leiter: M. Walter, Stellv.: K. Ludwig
Bes. Sammelgeb.: Wirtschaft, Energie, Technologie.

43 Bibliothek des Bundesrates ⟨Bo 151⟩

Postfach, 11055 Berlin; Leipziger Str. 3–4, 10117 Berlin, (030) 189100-0
bibliothek@bundesrat.de, http://www.bundesrat.de

Wiss. Spezialbibliothek: 50.000 Bde. – lfd. Zss.: ca. 200

44 Informationszentrum der Deutschen Gesellschaft für Auswärtige Politik e. V. ⟨F 131⟩

Rauchstraße 17/18, 10787 Berlin, (030) 254231-0, Fax (030) 254231-16
iz@dgap.org, https://dgap.org/de/bibliothek/start

Spezialbibliothek zur deutschen Außen- und Sicherheitspolitik, Präsenzbibliothek
86.500 Bde., inkl. graue Literatur – lfd. Zss.: 176 gedr., 70 elektron.
Lesesaal mit 6 Benutzerarbeitsplätzen, davon 3 mit PC, 3 Leseplätze. Separate Büroräume für Gastwissenschaftler.
Leiterin: D. Eden
Träger: Deutsche Gesellschaft für Auswärtige Politik e. V.

45 * **Deutsche Messebibliothek** ⟨B 1534⟩

> Littenstraße 9, 10179 Berlin, ☎ (030) 24000-143, Fax (030) 24000-341
> messebibliothek@auma.de, http://www.auma.de/de/Institut/DeutscheMessebibliothek/

Spezialbibliothek, Präsenzbibliothek, Ausleihe auf Anfrage. Sammlung deutschsprachiger Literatur zu den Themen Messe, Kongress und Event – Sonderbestand: Zeitschriftenausschnitte, Messekataloge, 970 Diplomarbeiten und Dissertationen.
3 Internet-Arbeitsplätze
Kontakt: P. Boigk
Träger: Ausstellungs- und Messeausschuss der Deutschen Wirtschaft e. V. (AUMA)

46 * **Bibliothek der Deutschen Rentenversicherung Bund** ⟨B 198⟩

> Postfach, 10704 Berlin; Ruhrstr. 2, 10709 Berlin
> ☎ (030) 865-32400 (Leiter)/ -36002 (Stellv.)/ -33965 (Service)
> Fax 865-28579 (Leiter)/ -37397 (Service)
> bibliothek@drv-bund.de

Präsenzbibliothek für externe Kunden: 155.000 Bde. – lfd. Zss.: ca. 400 gedr., 450 elektron.
LS m. 15 Benutzerarbeitsplätzen
Leiter: C. Seibel, Stellv.: J. Riedel
Träger: Deutsche Rentenversicherung Bund
Bes. Sammelgeb.: Sozialrecht und Sozialversicherung mit Schwerpunkt Rentenversicherung sowie Sozialmedizin und Rehabilitation.

47 * **Bibliothek des Deutschen Bundestages** ⟨281⟩

> Platz der Republik 1, 11011 Berlin, ☎ (030) 227-33073
> bibliothek@bundestag.de, https://www.bundestag.de/dokumente/bibliothek

Dienstgebäude: Adele-Schreiber-Krieger-Str. 1, 10117 Berlin
Präsenzbibliothek
1.572.759 Medieneinheiten, davon 1.533.732 Bde., 39.339 elektron. Publ. – lfd. Zss.: 1.289 gedr., 1.807 elektron.
2 LSS m. ca. 100 Benutzerarbeitsplätzen – Entleihungen: 25.061
Leiter: H. Scheerer, Stellv.: D. Grote-Hesse (zugl. Leiterin d. Bereichs Erwerbung I und IT-Management) – Bereichsleiter: H. Odendahl (Erwerbung II), S. Eich (Erschl. u. Dokumentation), M. Piel (Benutzung und Information) – Wiss. D.: S. Bauer, K. Brinkmann, F. v. Essen, A. Hilpert, H. Lohmann, C. Poirrier, B. Vauteck, K. Velbinger
Stellenplan: 49 Beamtinnen und Beamte (1 B3, 4 A16, 8 A15, 12 A13g, 4 A12, 4 A11, 12 A9m, 1 A8, 3 A7) – 30 Beschäftigte (1 E15, 1 E 14, 2 E12, 6 E10, 1 E9a, 4 E8, 2 E7, 4 E6, 8 E5)
Träger: Bundesrepublik Deutschland – Erwerbungsetat 2020: 1.650.000.–
Bes. Sammelgeb.: In- und ausländisches amtliches Schrifttum, Parlamentaria, Schrifttum von Parteien, Verbänden und internationalen Organisationen.
Pflichtex.: Amtsdruckschriften des Bundes und der Länder
Veröff. unter: https://opac.bundestag.de/

48 Bibliotheken des Deutschen Archäologischen Instituts

> 📧 Postfach 330014, 14191 Berlin; Podbielskiallee 69–71, 14195 Berlin
> ☎ (030) 187711-123, Fax (030) 187711-191
> 💻 henriette.senst@dainst.de, http://www.dainst.org

11 Präsenzbibliotheken mit eingeschränkter Benutzung. 8 Historische Archive – 1.084.899 Bde., 10.480 elektron. Publ., lfd. Zss.: 4.736 gedr., 1411 elektron.
Dir.: H. Senst, Stellv.: N.N.
Stellenplan: 11 Beamtinnen und Beamte (1 A15, 1 A13, 7 A10, 2 A9) – 14 Beschäftigte: 3 E9, 2,5 E6, 2 E5, 2,5 E 3, 4 Boten. Bibliographien: 1 E6, 4 wiss. Hilfskräfte.
Träger: Auswärtiges Amt – Erwerbungsausgaben 2020: 634.024.–

Zentrale Berlin – Bibliothek ⟨B 99⟩

📧 Postfach 330014, 14191 Berlin, Podbielskiallee 69–71, 14195 Berlin
☎ (030) 187711-146, Fax (030) 187711-268
💻 bibliothek.zentrale@dainst.de, http://www.dainst.org/forschung/infrastruktur/bibliotheken
Präsenzbibliothek mit eingeschr. Öffentlichkeit: 96.255 Bde. – lfd. Zss.: 550
LS mit 34 Arbeitsplätzen
Wiss. Leiter: H. R. Goette, BLeiterin: S. Bartsch
Sachetat 2020: 45.000.–
Bes. Sammelgeb.: Klass. Altertumswissenschaften.

Abteilung Athen – Bibliothek

📧 Odos Fidiou 1, GR 10678 Athen
☎ (0030 +210) 3307-400 (Zentrale)/ -425/ -426, Fax (0030 +210) 3814-762
💻 bibliothek.athen@dainst.de, http://www.dainst.org/forschung/infrastruktur/bibliotheken
Präsenzbibliothek: 91.400 Bde. – lfd. Zss.: 480
LS mit 30 Arbeitsplätzen.
Wiss. Leitung: W. Kennedy, BLeiterin: K. Weiss. Sachetat 2020: 60.000.–
Bes. Sammelgeb.: Altertumswiss. mit Schwerpunkt Griechenland.

Abteilung Eurasien – Bibliothek ⟨B 523⟩

📧 Im Dol 2–6, 14195 Berlin, ☎ (030) 18 7711-335/ -336, Fax (030) 187711-313
💻 bibliothek.eurasien@dainst.de, http://www.dainst.org/forschung/infrastruktur/bibliotheken
Präsenzbibliothek: 90.615 Bde. – Außenstelle Teheran 10.718 Bde., Außenstelle Peking 1. 277 Bde, lfd. Zss. Eurasienabteilung: 300
LS mit 9 Arbeitsplätzen.
Wiss. Leiterin: M. Wagner, BLeiterin: N. Serova. Sachetat 2020: 45.000.–
Bes. Sammelgeb.: Vor- und Frühgeschichte Eurasien, Iranische Archäologie, Archäologie und Naturwissenschaften, Theorie und Methode der Archäologie.

Abteilung Istanbul – Bibliothek

📧 Inönü Caddesi 10, TR-34437 Istanbul
☎ (0090-212) 393-7600 (Zentrale)/ -7613/ -7615, Fax (0090-212) 393-7614/ -7640
💻 bibliothek.istanbul@dainst.org, http://www.dainst.org/forschung/infrastruktur/bibliotheken
Präsenzbibliothek: 72.000 Bde. – lfd. Zss.: 200
LS mit 32 Arbeitsplätzen

Wiss. Leiter: A. Schachner, BLeiterin: İ. Banu Doğan. Weitere Mitarbeiter: Eine Vollzeitstelle (M. Özkılınç) und zwei Halbzeitstellen (S. Demir, Ö. A. Okçuoğlu). Sachetat 2020: 50.024.–
Bes. Sammelgeb.: Klass. Archäologie, Vorderasiat. Archäologie, Kleinasien. Vorgeschichte, Byzantinistik, Stadtgeschichte Istanbul, Mittelmeerraum bis ins 15. Jh.

Abteilung Kairo – Bibliothek

- 31, Abu el Feda, 11211 Cairo-Zamalek, Egypt
- (0020-2) 273-51460, Fax (0020-2) 273-70770
- bibliothek.kairo@dainst.org, http://www.dainst.org/forschung/infrastruktur/bibliotheken

Präsenzbibliothek
48.770 Bde. – lfd. Zss.: 312
LS mit 19 Arbeitsplätzen
Wiss. Leiterin: C. Jeuthe, BLeiterin: I. Lehnert. Sachetat 2020: 34.000.–
Bes. Sammelgeb.: Ägyptologie, Klass. Archäologie, Vorderasiat. Archäologie, Arabistik, Vorderer Orient, Reiseliteratur.

Abteilung Madrid – Bibliothek

- Calle de Serrano 159, E-28002 Madrid, (0034-91) 561-0904, Fax (0034-91) 564-0054
- bibliothek.madrid@dainst.de, http://www.dainst.org/forschung/infrastruktur/bibliotheken

Präsenzbibliothek
86.290 Bde. – lfd. Zss.: 381
LS mit 32 Arbeitsplätzen
Wiss. Leiterin: D. Marzoli, BLeiterin.: S. Jakob. Sachetat 2020 : 45.000.–
Bes. Sammelgeb.: Archäologie der Iberischen Halbinsel und Marokkos vom Paläolithikum bis in das christliche und islamische frühe Mittelalter.

Abteilung Orient – Bibliothek

- Postfach 330014, 14191 Berlin, Podbielskiallee 71, 14195 Berlin
- (030) 187711-173/ -170, Fax (030) 187711-189
- bibliothek.orient@dainst.de, http://www.dainst.org/forschung/infrastruktur/bibliotheken

Außenstellen: Bagdad, Damaskus u. Sanaa.
Präsenzbibliothek: 67.336 Bde. (inkl. Außenstellen Damaskus, Sanaa und Bagdad) – lfd. Zss.: 206
LS mit 12 Arbeitsplätzen
Leiterin: M. van Ess, BLeiterin: E. Tens. weitere Mitarbeiter: A. Geyer. Sachetat 2020: 45.000.–
Bes. Sammelgeb.: Vorderasiatische Archäologie, Assyriologie, Islamkunde, Arabistik.

Abteilung Rom – Bibliothek

- Via Sicilia 136, I 00187 Roma, (0039-06) 488-814-1, Fax (0039–06) 488-4973
- bibliothek.rom@dainst.de, http://www.dainst.org/forschung/infrastruktur/bibliotheken

Präsenzbibliothek mit eingeschr. Öffentlichkeit: 233.474 Bde. – lfd. Zss.: ca. 715
LS mit 64 Arbeitsplätzen
Leiter: Th. Fröhlich. Sachetat 2020: 130.000.–
Bes. Sammelgeb.: Klass. Archäologie, Klass. Philol., Christl. Archäologie, Alte Geschichte, Numismatik, Epigraphik, Prähistorie, Frühchristl. u. byzant. Kunst des Mittelmeerraums bis zum Ende des 7. Jh.

Kommission für Archäologie Außereuropäischer Kulturen – Bibliothek ⟨Bo 405⟩
Dürenstr. 35–37, 53173 Bonn, ☎ (0228) 997712-0, Fax (0228) 997712-49
bibliothek.kaak@dainst.de, http://www.dainst.org/forschung/infrastruktur/bibliotheken
Präsenzbibliothek
55.546 Bde. – lfd. Zss.: 232
LS mit 12 Arbeitsplätzen
Wiss. Leiter: J. Moser, BLeiterin: C. Hölzemann. Sachetat 2020: 45.000.–
Bes. Sammelgeb.: Archäologie und ältere Kunstgeschichte Lateinamerikas, Afrikas und Asiens (bes. Ostasien, Süd- und Zentralasien) und Ozeaniens.

Kommission für Alte Geschichte und Epigraphik ⟨M 491⟩
Amalienstraße 73b, 80799 München
☎ (089) 286767-60, Fax (089) 286767-80
bibliothek.aek@dainst.de, http://www.dainst.org/forschung/infrastruktur/bibliotheken
Präsenzbibliothek: 47.000 Bde. – lfd. Zss.: 160
LS mit 18 Arbeitsplätzen, Bestand in B3Kat, Recherche über Opac: https://bit.ly/2Jlyywo
Leiterin: S. Killen, BLeiterin: R. Gruber. Sachetat 2020: 45.000.–
Bes. Sammelgeb.: Alte Geschichte einschl. Hilfswissenschaften.

Römisch-Germanische Kommission (RGK) – Bibliothek ⟨F 36⟩
Palmengartenstr. 10–12, 60325 Frankfurt a. M., ☎ (069) 975818-0, Fax (069) 975818-38
bibliothek.rgk@dainst.de, http://www.dainst.org/forschung/infrastruktur/bibliotheken
Präsenzbibliothek: 196.213 Bde. – lfd. Zss.: ca. 1.200
LS mit 25 Arbeitsplätzen
Wiss. Leiterin: G. Rasbach, BLeiterin: V. Szabo. Sachetat 2020: 90.000.–
Bes. Sammelgeb.: Vor- und Frühgeschichte, Archäologie der römischen Provinzen und Archäologie des Mittelalters in Europa, Alte Geschichte, Epigraphik, Numismatik, Naturwissenschaften in der Archäologie.

49 *** Bibliothek des Deutschen Historischen Museums** ⟨B 496⟩

Hinter dem Gießhaus 3, 10117 Berlin, ☎ (030) 20304-321, Fax (030) 20304-329
bibliothek@dhm.de, http://www.dhm.de

Wiss. Spezialbibliothek, Präsenzbibliothek, Sammlungsbereich f. Handschriften und alte und wertvolle Drucke d. Deutschen Historischen Museums
250.000 Medieneinheiten – lfd. Zss.: 106 – Sonderbestand: 15.800 Ausstellungskataloge
LS m. 16 Pl. – Entleihungen: 18.245
Leiter: M. Miller. Stellenplan: 5.66 Ang. (1 E14, 2.66 E9b, 2 E4)
Träger: Stiftung Deutsches Historisches Museum – Erwerbungsetat 2020/2021: je 85.000.–
Bes. Sammelgeb.: Dt. Geschichte, Alte u. wertvolle Drucke f. d. Präsentation in hist. Ausstellungen, Militaria, Ausstellungskataloge.
Gemeinsames Bibliothekssystem und OPAC mit den Bibliotheken der Stiftung Flucht, Vertreibung, Versöhnung und des AlliiertenMuseums Berlin.

50 * **BBF | Bibliothek für Bildungsgeschichtliche Forschung des DIPF | Leibniz-Institut für Bildungsforschung und Bildungsinformation** ⟨B 478⟩

> 📧 Postfach 028810, 10131 Berlin; Warschauer Straße 34–38, 10243 Berlin
> ☎ (030) 293360-0, Fax (030) 293360-25
> 💻 bbf@dipf.de, cramme@dipf.de, http://www.bbf.dipf.de/

Präsenz- u. Ausleihbibliothek m. Archiv, Forschungsbibliothek zur Bildungsgeschichte
772.000 Bde., mehr als 390.000 elektron. Publ. – lfd. Zss.: ca. 212 gedr. – Sonderbestand: Archiv, ca. 1.800 lfd. m, Schuljahresberichte, Pädagogische Lesungen der DDR, Lehrpläne
49 Benutzereinzelarbeitsplätze, 20 Gruppenarbeitsplätze
Direktorin: S. Reh, Bibliotheksleiter: S. Cramme, Archivleiterin: B. I. Reimers, Leiterin Forschungsbereich: K. Berdelmann, Wiss. Ang.: M.-A. Hanke, M. Mattes, L. Müller – Öffentlichkeitsarbeit: E. Schrepf
Stellenplan Bibliothek: 18.25 Beschäftigte (1 TV-H E15, 1 E14, 2 E13, 1 E12, 2 E10, 5.75 E9, 2.75 E8, 2.75 E6)
Träger: Stiftung des öffentlichen Rechts 76.000.– Erwerbungsetat
Bes. Sammelgeb.: Bildungsgeschichte, historische Sozialisationsforschung, Sozialgeschichte – DFG: Fachinformationsdienst Erziehungswissenschaft und Bildungsforschung.

51 **Bibliothek des Ethnologischen Museums und des Museums für Asiatische Kunst / Staatliche Museen zu Berlin Preußischer Kulturbesitz** ⟨3181⟩

> 📧 Arnimallee 27, 14195 Berlin, ☎ (030) 8301-280
> 💻 dahlem.bib@smb.spk-berlin.de, https://www.smb.museum/museen-einrichtungen/ethnologisches-museum/sammeln-forschen/bibliothek-und-archiv/

Wiss. Spezialbibliothek, Präsenzbibliothek: ca. 150.000 Medieneinheiten – lfd. Zss.: 290 gedr., 54 elektron.
10 Benutzerarbeitsplätze im LS
Leiterin: J. Billig. Stellenplan: 1 A11, 1 E9, 1 E5, 1 E4
Träger: Stiftung Preußischer Kulturbesitz – Erwerbungsetat 2019: 103.000.–
Bes. Sammelgeb.: Ethnologie, Anthropologie, Geographie, Musikethnologie; Kunstgeschichte, Archäologie und Kunsthandwerk Asiens, moderne Kunst der Welt.

52 **Bibliothek für Diakonie und Entwicklung** ⟨B 232⟩

> 📧 Caroline-Michaelis-Straße 1, 10115 Berlin
> ☎ (030) 65211-1137 bis -39, -42, Fax (030) 65211-3339
> 💻 bibliothek@ewde.de, http://www.diakonie-bibliothek.de

Wiss. Spezialbibliothek.
146.850 Bde. – lfd. Zss.: 558 gedr., 26 elektr. – Sonderbestände: Wichern-B m. ca. 8.000 Bdn. u. FachB d. Provinzialaussch. f. Innere Mission in d. Prov. Brandenburg m. ca. 6.000 Bdn, 300 entwicklungspolitische Filme
12 Benutzerarbeitsplätze – Entleihungen: 12.800

Leiter: M. Häusler, Mitarb.: E. Ebert, B. Spatz-Straube, C. Kögler, E. Kleinert. Stellenplan: 3.45 VZÄ
Träger: Evangelisches Werk für Diakonie und Entwicklung – Erwerbungsetat 2021: 65.000.–
Bes. Sammelgeb.: Diakoniewiss. u. Grenzgeb. (Theol., Wohlfahrtspflege, Sozialwiss., Geschichte, Päd. u. a.), Entwicklungshilfe – und -politik, Humanitäre Hilfe, Ev.-theol. Lit. d. DDR.

Bibliothek der Fachhochschule für Technik und Wirtschaft

siehe Bibliothek der Hochschule für Technik und Wirtschaft Berlin (Nr. 57)

Hochschulbibliothek der Fachhochschule für Verwaltung und Rechtspflege
Hochschulbibliothek der Fachhochschule für Wirtschaft

siehe Bibliothek der Hochschule für Wirtschaft und Recht Berlin (Nr. 58)

53 Bibliothek des Fritz-Haber-Instituts der Max-Planck-Gesellschaft ⟨B 113⟩

Faradayweg 4–6, 14195 Berlin, ☎ (030) 8413-3180, -3181, Fax (030) 8413-3155
siebeky@fhi-berlin.mpg.de, library@fhi-berlin.mpg.de http://www.fhi-berlin.mpg.de/bib/

Präsenzbibliothek f. d. Wissenschaftlerinnen und Wissenschaftler d. Instituts, auswärtige Benutzer nach Voranmeldung
ca. 50.500 Bde. – über 30.000 E-Journals (größtenteils zentral von der MPG lizenziert) – über 550.500 E-Books (größtenteils zentral von der MPG lizenziert)
LS, Internetarbeitsplätze, Online-Katalog, MPG.ReNa (Resource Navigator), MPG.PuRe (Publication Repository)
Leiterin: U. Siebeky – Mitarbeiterinnen: K. Dumke, K. Quetting. Stellenplan: 2 Ang.
Bes. Sammelgeb.: Physikal. Chemie, Physik, Chemie.
Veröff. unter: http://www.fhi-berlin.mpg.de/bib/

54 Bibliothek des Geheimen Staatsarchivs Preußischer Kulturbesitz ⟨B 41⟩

Archivstr. 12–14, 14195 Berlin, ☎ (030) 26644-1310, Fax (030) 26644-3126
gsta.pk@gsta.spk-berlin.de, https://gsta.preussischer-kulturbesitz.de/

Präsenzbibliothek: ca. 190.000 Bde. – lfd. Zss.: ca. 180 gedr.
60 Benutzerarbeitsplätze im LS (HB v. ca. 3.300 Bdn.)
Leiterin: G. Hoinkis. Stellenplan: 4 VZÄ.
Träger: Preuß. Kulturbesitz, Bundesunmittelbare Stift. d. öff. Rechts
Bes. Sammelgeb.: Preuß. Geschichte, Geschichte d. hist. dt. Ostgebiete, Hist. Hilfswiss.
Angeschl.: B des Vereins Herold

55 **Bibliothek des Helmholtz-Zentrums Berlin für Materialien und Energie GmbH** ⟨B 1505⟩

> Hahn-Meitner-Platz 1, 14109 Berlin, ☏ (030) 8062-42593, Fax (030) 8062-42953
> bibliothek@helmholtz-berlin.de
> https://www.helmholtz-berlin.de/zentrum/locations/bibliothek/index_de.html

Das Helmholtz-Zentrum Berlin für Materialien und Energie GmbH (HZB) ist 2009 aus der Fusion des Hahn-Meitner-Instituts Berlin (HMI) und der Berliner Elektronenspeicherring-Gesellschaft für Synchrotronstrahlung mbH (BESSY) hervorgegangen.
Spezialbibliothek: 60.000 Bde. – lfd. Zss.: 10 gedr., 20.000 elektron. – USAEC Depository Library bis 1968, bis 31.12.1984 weitergesammelt, ca. 1.000.000 Microcards/Mikrofiches/Papierreports.
Leiter: A. Tomiak – A. Friedrich, K. Steiner, J. Thunert. Stellenplan: 2.75 Ang. (ohne Leiter)
Träger: Bundesrep. Deutschland (90%), Land Berlin (10%) – Gesamtetat 2020: 450.000.–
Bes. Sammelgeb.: Material- und Solarenergieforschung.

Hochschulbibliothek der Hochschule der Künste Berlin

siehe Universitätsbibliothek der Universität der Künste Berlin (Nr. 28)

56 * **Bibliothek der Hochschule für Musik „Hanns Eisler"** ⟨B 464⟩

> Charlottenstr. 55, 10117 Berlin, ☏ (030) 688 305-895/ -896, Fax (030) 688 305-705
> bibliothek@hfm-berlin.de, https://www.hfm-berlin.de/bibliothek/allgemeine-informationen/,
> https://vzlbs3.gbv.de/DB=26/LNG=DU/

Präsenz- u. Ausleihbibliothek: ca. 79.500 Medieneinheiten (60.000 Noten, 10.000 Bücher, 5.000 CDs, 500 DVDs, 4000 Schallplatten). – 20 Zss., 5 Ztgn. – Naxos Music Library, MGG online, Digital Concert Hall, KdG
13 Benutzerarbeitsplätze (3 PC-Plätze, 3 AV-Plätze, 3 OPAC-Plätze)
Leiter: Th. Nierlin. Stellenplan: 1.5 VZÄ
Träger: Land Berlin – Erwerbungsausgaben 2017: 44.730,- Euro

57 * **Bibliothek der Hochschule für Technik und Wirtschaft** ⟨523⟩

> Treskowallee 8, 10318 Berlin, ☏ (030) 5019-2235
> bibliothek@htw-berlin.de, http://bibliothek.htw-berlin.de

Ausleihbibliothek, ZB Campus Treskowallee und Bibliothek Campus Wilhelminenhof
376.098 Bde. – lfd. Zss.: 525 gedr., 61.238 elektron.
589 Benutzerarbeitsplätze, darunter 99 Computer-APl. – Entleihungen: 126.807
Leiterin: K. Schmidt
Stellenplan: 21 VZÄ (1 hD, 7 gD, 13 eD/mD).
Träger: Land Berlin – Erwerbungsetat 2020: 660.000.–
Bes. Sammelgeb.: Bauingenieurwesen, Bekleidungstechnik, BWL, Elektronik, Elektrotechnik, Energiesysteme, Informatik, Maschinenbau, Mikrosystemtechnik, Nachrichtentechnik, Umwelttechnik.

Bibliothek Campus Wilhelminenhof

Wilhelminenhofstraße 75 A, 12459 Berlin, (030) 5019-3235
bibliothek@htw-Berlin.de
http://bibliothek.htw-berlin.de/standorte/bibliothek-campus-wilhelminenhof/
Präsenz- und Ausleihbibliothek, Freihandaufstellung: ca. 150.000 Bde. – lfd. Zss.: 396
LS mit 350 Arbeitsplätzen, PC-Arbeitsplätze, Rechercheplätze, Carrels, Gruppenarbeitsräume.

58 * **Bibliothek der Hochschule für Wirtschaft und Recht Berlin**

Die Fachhochschule für Wirtschaft (FHW) und die Fachhochschule für Verwaltung und Rechtspflege (FHVR) haben sich am 1. April 2009 zusammengeschlossen (HWR Berlin).

Hochschulbibliothek am Campus Schöneberg der HWR Berlin ⟨2070s⟩

Badensche Str. 52, 10825 Berlin, (030) 30877-1284
hsb.cs@hwr-berlin.de
https://www.hwr-berlin.de/hwr-berlin/serviceeinrichtungen/bibliotheken/bibliothek-am-campus-schoeneberg/

Ausleihbibliothek: 93.195 Medieneinheiten, 628.307 digitale Titel für beide Standorte
170 Benutzerarbeitsplätzen, darunter 24 Computer-APl. – Entleihungen: 16.964
Leiterin: C. Rupp, Stellv. Leiterin: J. S. Newell. Stellenplan: 7.7 VZÄ
Träger: Hochschule für Wirtschaft und Recht Berlin

Hochschulbibliothek am Campus Lichtenberg der HWR Berlin ⟨2070l⟩

Alt-Friedrichsfelde 60, 10315 Berlin, (030) 30877-2582
hsb.cl@hwr-berlin.de
https://www.hwr-berlin.de/hwr-berlin/serviceeinrichtungen/bibliotheken/bibliothek-am-campus-lichtenberg/

Ausleihbibliothek: 107.328 Medieneinheiten
190 Benutzerarbeitsplätze, darunter 28 Computer-APl. – Entleihungen: 28.265
Leiter: F. Wehrand, Stellv. Leiter: K. Skalweit. Stellenplan: 8.75 VZÄ
Träger: Hochschule für Wirtschaft und Recht Berlin

59 * **Bibliothek des Ibero-Amerikanischen Instituts Preußischer Kulturbesitz ⟨204⟩**

Postfach 1247, 10722 Berlin; Potsdamer Str. 37, 10785 Berlin
(030) 266-451500, Fax (030) 266-351550
iai@iai.spk-berlin.de, info@iai.spk-berlin.de, https://www.iai.spk-berlin.de

Ausleihbibliothek
2 Mio. Medieneinheiten, 1.5 Mio. Bde. – lfd. Zss.: 4.248 gedr., 5.679 elektron. – Sonderbestand: Phonothek, Plakatsammlung, Grafiksammlung, Filmsammlung, Kartensammlung, Zeitungsausschnittarchiv bis 2000, Nachlässe.
LS m. 74 Benutzerarbeitsplätzen, 23 APl. OPAC/Internet – Entleihungen: 38.000

Dir.: P. Altekrüger, Stellv.: Ch. Müller (Ltg. Digitale B u. IT-Infrastruktur) – Wiss. D.: U. Mühlschlegel (Ltg. Benutzung), R. Musser (Ltg. Medienref.), G. Wolff (Ltg. Nachlässe und Sondersammlungen)
Stellenplan: 28 Beamtinnen und Beamte, 17 Angestellte
Träger: Stiftung Preuß. Kulturbesitz, Bundesunmittelbare Stift. d. öff. Rechts – Erwerbungsetat 2020: 776.000.–
Bes. Sammelgeb.: Fachinformationsdienst Lateinamerika, Karibik und Latino Studies. Sammelauftrag: Lateinamerika, Karibik, Spanien, Portugal, Latino Studies.

60 **Joseph Wulf Bibliothek ⟨B 1525⟩**

Haus der Wannseekonferenz, Am Großen Wannsee 56–58, 14109 Berlin
(030) 805001-20, Fax (030) 805001-27
library@ghwk.de, https://www.ghwk.de/de/bibliothek

Haus der Wannseekonferenz
Öffentlich zugängliche Präsenzbibliothek
80.000 Bde., 120 lfd. Zss., 140 elektron. Zss., 450 E-Books, 12.600 Filme.
LS m. 30 Benutzerarbeitsplätzen, 7 Internetarbeitsplätze
Stellenplan: 2 Bibliotheksstellen, 1 FaMI.
Träger: Erinnern für die Zukunft. Trägerverein des Hauses der Wannsee-Konferenz e. V. – Erwerbungsetat 2020: 38.000.–
Bes. Sammelgeb.: Nationalsozialismus, Jüd. Geschichte und Kultur Europas, Verfolgung und Ermordung der europäischen Juden, Erinnerungskultur und Gedenkstättenpädagogik.

61 *** Bibliothek des Julius Kühn-Instituts, Bundesforschungsinstitut für Kulturpflanzen ⟨B 85⟩**

Königin-Luise-Straße 19, 14195 Berlin, (030) 8304-2114, Fax (030) 8304-2103
bibliothek@julius-kuehn.de, https://www.julius-kuehn.de/ib/

Die Dienststelle Informationszentrum und Bibliothek des Julius Kühn-Instituts (JKI – mit Sitz in Quedlinburg) versorgt Fachwiss. und die Öffentlichkeit an 3 Bibliotheksstandorten mit Fachliteratur und Informationen (Berlin, Braunschweig: siehe Nr. 115, Quedlinburg: siehe Nr. 478).
85.000 Bde. – lfd. Zss.: 400 gedr., 1.500 elektron.
LS m. 10 Benutzerarbeitsplätzen, 5 Internet-Arbeitsplätze – Entleihungen: 1.500
Leiter: O. Hering, BLeiter Berlin: V. Kappes
Träger: Bundesministerium für Ernährung, Landwirtschaft und Verbraucherschutz – Erwerbungsetat 2020 (Standort Berlin): 35.000.–
Bes. Sammelgeb.: Phytopathologie, Phytomedizin.
Veröff. unter: https://www.julius-kuehn.de/wissenschaftliche-publikationen/

62 Bibliothek des Kammergerichts ⟨B 177⟩

Elßholzstr. 30–33, 10781 Berlin, ☎ (030) 9015-2402/ -2403, Fax (030) 9015-2200
bibliothek@kg.berlin.de
https://www.berlin.de/gerichte/kammergericht/das-gericht/bibliothek/

Präsenzbibliothek mit beschränkter Ausleihe f. Richter, Ref. u. Rechtsanw., Zentral- u. Archivbibl. f. d. ges. ordentl. Gerichtsbark. im Land Berlin. Nichtjurist./externe Ben. a. Anfr.
278.329 Medieneinheiten – lfd. Zss.: 448, davon 31 elektron.
LS m. 62 Pl. – Entleihungen: ca. 15.000
Leiterin: K. Dühlmeyer, Stellv.: R. Kurta
Stellenplan: 1 A14, 1 A11, 1 A6, 4 E9, 3 E8
Träger: Land Berlin – Erwerbungsetat 2020: 480.000.–
Bes. Sammelgeb.: Festschriften, Dissertationen.
Angeschl.: Bibliothek in der Senatsverwaltung für Justiz, Verbraucherschutz und Antidiskriminierung (Zweigstelle seit 01.04.2010).

63 Bibliothek der Weißensee Kunsthochschule Berlin ⟨B 433⟩

Bühringstraße 20, 13086 Berlin, ☎ (030) 47705-225, Fax (030) 47705-290
bibliothek@kh-berlin.de
http://www.kh-berlin.de/hochschule/einrichtungen/bibliothek.html

Präsenzbibliothek mit eingeschr. Ausleihe
42.000 Medieneinheiten – lfd. Zss.: 43 Titel – Sonderbestand: Diplomarbeiten (seit 1953)
12 Benutzerarbeitsplätze (W-LAN/PC-Anschl., Web-OPAC, Buchscanner)
Leiter: A. Loebinger. Stellenplan: 1 VZÄ, 4 studentische Mitarbeiterinnen und Mitarbeiter (2.5 VZÄ-SHK).
Träger: Land Berlin / Weißensee Kunsthochschule Berlin – Erwerbungsetat 2018/2019: je 20.000.–

64 Bibliothek des Landesarchivs Berlin ⟨B 724⟩

Eichborndamm 115–121, 13403 Berlin, ☎ (030) 90264-0, Fax (030) 90264-201
info@landesarchiv.berlin.de, http://www.landesarchiv-berlin.de

Präsenzbibliothek, unbeschr. öff. Benutzung: ca. 100.000 Bde.
40 Arbeitsplätze für Benutzerinnen und Benutzer
AP: Herr Hallmann. Ausgaben im Archivetat enthalten.
Bes. Sammelgeb.: Berliner Gesch., Landeskunde, Verfassung u. Verw., Berliner Ztgn. d. 18.–20. Jh.

65 * Bibliothek des Max-Delbrück-Zentrums für Molekulare Medizin Berlin ⟨B 2225⟩

Robert-Rössle-Str.10, 13125 Berlin, ☎ (030) 9406-2150, Fax (030) 9406-3342
bibliothek@mdc-berlin.de
https://www.mdc-berlin.de/de/bibliothek

Präsenzbibliothek: 36.000 Medieneinheiten – lfd. Zss.: 10 gedr., ca. 2.820 elektron.
32 Benutzerarbeitsplätze, W-LAN
Leiterin: D. Busjahn – Wiss. Dienst: M. Eidt. Stellenplan: 4 VZÄ

Träger: Land Berlin (10%), Bund (90%)
Bes. Sammelgeb.: Kardiovaskuläre Krankheit, Onkologie, Medizinische Systembiologie, Erkrankungen des Nervensystems.

66 *** Bibliothek und Wissenschaftliche Information des Max-Planck-Instituts für Bildungsforschung ⟨B 1532⟩**

> Lentzeallee 94, 14195 Berlin, ☎ (030) 82406-230 (Sekr.)/ -217, Fax (030) 82499-39
> ausleihe@mpib-berlin.mpg.de, https://www.mpib-berlin.mpg.de/de/institut/bibliothek

Serviceeinrichtung für die Mitarbeiterinnen und Mitarbeiter des Instituts, Präsenzbibliothek für externe Ben.
229.213 Bde. – lfd. Zs.: 127 gedr., ca. 67.000 elektron. (einschließlich MPG-weiter Lizenzen)
LS m. 40 Arbeitsplätzen, 4 OPAC und Internet-Arbeitsplätze (PC + MAC)
Leiter: S. Nix, Stellv. Leiterin: N. Engelhardt. Stellenplan: 10 VZÄ
Träger: Max-Planck-Gesellschaft zur Förderung der Wissenschaften e. V.
Bes. Sammelgeb.: Erziehungswissenschaften, Neuere und Neueste Geschichte, Psychologie, kognitive Neurowissenschaften, Soziologie.

67 *** Bibliothek des Max-Planck-Instituts für Wissenschaftsgeschichte ⟨B 2226⟩**

> Boltzmannstr. 22, 14195 Berlin, ☎ (030) 22667-190, Fax (030) 22667-291
> library@mpiwg-berlin.mpg.de, http://www.mpiwg-berlin.mpg.de

Interne Präsenzbibliothek, freier Zugang für Mitarbeiterinnen und Mitarbeiter, eingeschränkte Öffentlichkeit
85.000 Bde. – lfd. Zss.: 110 gedr., 30.000 elektron. Sonderbestand: 25.000 Mikroformen, 10.000 Archivalien, 200.000 Digitale Quellen (ECHO).
Leiterin: E. Chen
Stellenplan: 8 Angestellte.
Träger: Max-Planck-Gesellschaft zur Förderung der Wissenschaft
Bes. Sammelgeb.: Wissenschaftsgeschichte, Geschichte d. Naturwiss. und Technik, Philosophie.

Bibliothek der Physikalisch-Technischen Bundesanstalt, Berlin Charlottenburg

siehe Braunschweig (Nr. 116)

68 **Bibliothek des Presse- und Informationsamtes der Bundesregierung ⟨Bo 153⟩**

> Postfach, 11044 Berlin; Dorotheenstr. 84, 10117 Berlin
> ☎ (030) 18272-2943, Fax (030) 18272-2949, bibliothek@bpa.bund.de

BPA-DOK, Pressearchiv, Bibliothek
Präsenzbibliothek
96.697 Medieneinheiten. – lfd. Zss.: 375 gedr.
15 Benutzerarbeitsplätze – Entleihungen: 1.229
Bibliotheksleitung: G. Windler
Träger: Bundesrepublik Deutschland – Erwerbungsausgaben 2019: 59.800.–, 2020: 57.530.–
Bes. Sammelgeb.: Kommunikation, Öffentlichkeitsarbeit, Publizistik.

69 *** Bibliothek des Robert Koch-Instituts (RKI) ⟨B 106⟩**

> Nordufer 20, 13353 Berlin
> ☎ (030) 18754-2468, Fax (030) 18754-2941, 💻 bibliothek@rki.de
> http://www.rki.de/DE/Content/Service/Bibliothek/bibliothek_node.html

Präsenzbibliothek, externe Benutzer/innen nur nach Voranmeldung
ca. 100.000 Bde. – lfd. Zss.: ca. 20 gedr., ca. 2.000 elektron.
6 Benutzerarbeitsplätze mit PC-Ausstattung
Leiter: J. Erling
Träger: Robert Koch-Institut

Robert Koch-Institut, Bibliothek Bereich Wernigerode ⟨We 2⟩

 Burgstr. 37, 38855 Wernigerode, ☎ (030) 18754-4232, Fax (03943) 679-207
Präsenzbibliothek, externe Ben. nur nach Voranmeldung.

Senatsbibliothek Berlin (in der Stiftung Zentral- und Landesbibliothek)

siehe Zentral- und Landesbibliothek Berlin (Nr. 24)

70 *** Bibliothek des Staatlichen Instituts für Musikforschung Preußischer Kulturbesitz ⟨B 763⟩**

> Tiergartenstr. 1, 10785 Berlin, ☎ (030) 254 81-155, Fax (030) 25481-172
> 💻 bibliothek@sim.spk-berlin.de, http://www.simpk.de/bibliothek/

Präsenz- u. Ausleihbibliothek, wiss. Spezialbibliothek: ca. 67.000 Bde. – lfd. Zss.: ca. 200.–
Sonderbestand: Autographensammlung, u. a. Briefe d. Joseph-Joachim-Nl., frühe Telemannabschr., 650 Musik-Hss. und über 6.000 Musikerbriefe.
LS m. 12 Benutzerarbeitsplätzen, 1 Computer-APl., 2 Carrell
Leiter: C. Schmidt
Träger: Stiftung Preußischer Kulturbesitz
Bes. Sammelgeb.: Musikinstrumentenkunde, Musikgeschichte, Musiktheorie, soziol. u. -psychol., Musikal. Akustik, Diskologie, Musikbibliographie.

71 **Kunstbibliothek der Staatlichen Museen zu Berlin. Stiftung Preußischer Kulturbesitz ⟨B 11⟩**

> Matthäikirchplatz 6, 10785 Berlin
> ☎ (030) 26642-4101, Fax (030) 266-42-4199
> 💻 kb@smb.spk-berlin.de, auskunft.kb@smb.spk-berlin.de
> https://www.smb.museum/museen-einrichtungen/kunstbibliothek/home/

Spezialbibliothek mit überregionalen Aufgaben, Präsenz- und Ausleihbibliothek für die Staatl. Museen zu Berlin: 593.602 Medieneinheiten, davon 551.333 Bde, 30.372 elektron. Publ. – lfd. Zss.: 1.376 gedr., 5.971 elektron.
104 Benutzerarbeitsplätze – Entleihungen: 75.512
Dir.: M. Wullen, Stellv.: J. Brand, Wiss. D.: M. Lailach (Slg. Buch- und Medienkunst). – E. Blauert (Slg. Architektur), M. Böhme (Archäologische B), L. Derenthal (Slg. Fotografie),

C. Kühn (Slg. Fotografie), S. Grexa (kunstwiss. B), Ch. Thomson (Slg. Grafikdesign), B. Bommert (Slg. Modebild)
Stellenplan: 8 Beamtinnen und Beamte und 56 Angestellte.
Träger: Stiftung Preußischer Kulturbesitz, Bundesunmittelbare Stiftung des öffentlichen Rechts. – Erwerbungsausgaben 2019: 475.000.–
Bes. Sammelgeb.: Zeichn. u. Stichwerke z. Architektur- u. Ornamentgeschichte, Architektur- u. Bühnenmodelle, Buchkunst, Gebrauchsgraphik, Plakatkunst u. Werbegraphik, Mode-, Uniform-, Trachten- u. Bühnenbilddarst., Fotografie.
Veröff. unter: https://lhiai.gbv.de/DB=2/SET=4/TTL=2/SMB_KUNSTBIBLIOTHEK

Kunstbibliothek: Archäologische Bibliothek ⟨B 11d⟩
 Geschwister-Scholl-Str. 6, 10117 Berlin
 (030) 266-425820
 auskunft.ab@smb.spk-berlin.de
https://www.smb.museum/museen-einrichtungen/kunstbibliothek/bibliotheken/archaeologische-bibliothek/
Archäologische Spezialbibliothek, Präsenzbibliothek
160.000 Bde. – Historische Buchbestände: ca. 6.000 Bde., 24 Benutzerarbeitsplätze
Leiter: M. Böhme. Erwerbungsetat 2019: 120.000.–
Bes. Sammelgeb.: Ägyptologie, Vorderasiatische Archäologie und altorientalische Philologie, Klass. Archäologie, Epigraphik, Literatur zu den prähistorischen Kulturen Europas und Vorderasiens bis ins Mittelalter, Papyrologie und Publikationen der Staatl. Museen zu Berlin.

Bibliothek des Museums für Vor- und Frühgeschichte, Staatliche Museen zu Berlin. Preußischer Kulturbesitz

Die Bibliothek des Museums wurde in die Archäologische Bibliothek (Nr. 71) integriert.

Fachbibliothek Umwelt des Umweltbundesamtes

siehe Dessau (Nr. 136)

72 * **Bibliothek des Wissenschaftskollegs zu Berlin** ⟨B 1594⟩
 Wallotstr. 19, 14193 Berlin
 (030) 8 90 01 144
 biblio@wiko-berlin.de, https://www.wiko-berlin.de/institution/bibliothek
Wissenschaftliche Spezialbibliothek für Angehörige und Fellows des Wissenschaftskollegs zu Berlin, eingeschränkte öffentliche Nutzung
Leiter: M. D. Hagel
Träger: Wissenschaftskolleg zu Berlin

73 * **Wissenschaftliche Information – Bibliothek des Wissenschaftszentrums Berlin für Sozialforschung** ⟨B 1543⟩

> ✉ Reichpietschufer 50, 10785 Berlin, ☎ +49 (0)30 25491-521, Fax +49 (0)30 25491-533
> 🖥 bibliothek@wzb.eu, https://www.wzb.eu/de/literatur-daten/bereiche/bibliothek

Wissenschaftliche Spezialbibliothek
ca. 166.000 Medieneinheiten, ca. 60.000 lizenzierte E-Books, ca. 18.400 liz. E-Journals – lfd. Zss.: 158 gedr., ca. 6.600 elektron.
LS m. 30 Pl., 7 Computer-APl., IVS.
Leiter: M. Fräßdorf
Stellenplan: 2020: 7.13 Ang. (0.5 TVÖD E15, 0.90 E13, 0.75 E12, 4.23 E11, 0.75 E8)
Träger: Wissenschaftszentrum Berlin für Sozialforschung gGmbH (WZB) – Erwerbungsetat 2019: 230.000.–, 2020: 225.000.–
Bes. Sammelgeb.: Soziologie und Politikwiss., Wirtschaftswiss, inhaltliche Schwerpunkte: Bildung, Arbeit, Lebenschancen, Markt und Entscheidung, Gesellschaft und wirtschaftliche Dynamik, Internationale Politik und Recht, Wandel politischer Systeme, Migration und Diversität.
Veröff. unter: http://www.wzb.eu/de/publikationen

Beuron

74 * **Bibliothek der Erzabtei St. Martin** ⟨Beu 1⟩

> ✉ Abteistr. 2, 88631 Beuron, ☎ (07466) 17-156, Fax (07466) 17-107
> 🖥 bibliothek@erzabtei-beuron.de, http://www.erzabtei-beuron.de

Präsenzbibliothek
440.318 Bde. – lfd. Zss.: 281
LS mit 8 Benutzerarbeitsplätzen und Handbibliothek
Leiter: Bruder Petrus Dischler OSB
Bes. Sammelgeb.: Theologie, Geschichte d. Mönchtums, Patrologie, Liturgiewiss., Hohenzollernsche Geschichte, Kunstgeschichte.

Bielefeld

75 * **Universitätsbibliothek** ⟨361⟩

> ✉ Postfach 100291, 33502 Bielefeld; Universitätsstraße 25, 33615 Bielefeld
> ☎ (0521) 106-4050/ -4051, Fax (0521) 106-4052
> 🖥 direktion.ub@uni-bielefeld.de, https://www.ub.uni-bielefeld.de

Ausleihbibliothek für ca. 26.500 aktive Benutzerinnen und Benutzer
2.322.371 Bde. – lfd. Zss.: 1.231 gedr., 25.789 elektron.
2.340 Benutzerarbeitsplätze, davon 160 Computer-APl. – Entleihungen: 1.010.972
Dir.: B. Knorn, Stellv.: D. Pieper – Dez.: S. Herb (Medienbearbeitung), B. Koeper (Bibliotheksverw.), S. Rahmsdorf (Benutzung) – Wiss. D.: F. Borkert, B. Hollmann, C. Kathke, J. Lechte, V. Peil, G. Pendorf, T. Rieß, E. Rimmert, L. Sembritzki, N. Taubert, J. Vompras, C. Wiljes
Stellenplan: 71 Beamtinnen und Beamte, 46.75 Tarifbeschäftigte

Gesamtausgaben 2019: 11.240.135.–, davon 3.959.479.– für Erwerbung
Veröff. unter: https://www.ub.uni-bielefeld.de/ub/about/publications

76 * **Stadtbibliothek** ⟨131⟩

> Postfach, 33597 Bielefeld; Neumarkt 1, 33602 Bielefeld
> ☎ (0521) 51-5000, Fax (0521) 51-3387
> stadtbibliothek@bielefeld.de, stadtbibliothek.information@bielefeld.de
> http://www.stadtbibliothek-bielefeld.de

Kavalleriestraße 17, 33602 Bielefeld (Verwaltungseingang)
Öffentliche Ausleihbibliothek, ZB und 8 Stadtteilbibliotheken
490.118 Medieneinheiten, 93.265 Onleihe-Medien. – lfd.Zss.: 446 gedr., ca. 8.000 elektron. – Sonderbestand: ca. 14.000 Noten, 592 Grafiken in der Artothek
95 Internetarbeitsplätze – Entleihungen: 1.019.296
BLeiterin: K. Bartlakowski, Stellv.: I. Capros. Stellenplan: 44.0 Planstellen (VZÄ)
Träger: Stadt Bielefeld – Gesamtausgaben 2020: 5.633.197.–, davon 367.600– Medienetat

77 * **Hochschulbibliothek der Fachhochschule Bielefeld** ⟨Bi 10⟩

> Bibliotheksverwaltung, Postfach 101113, 33511 Bielefeld
> Interaktion 1, 33619 Bielefeld
> ☎ (0521) 106-70701, bib.info@fh-bielefeld.de, http://www.fh-bielefeld.de/bib

Präsenz- und Ausleihbibliothek mit 3 Standorten für ca. 10.000 Studierende und ca. 250 Lehrende.
169.630 Bde. – lfd. Zss.: 421 gedr., 17.634 elektron.
ca. 508 Benutzerarbeitsplätze – Entleihungen: 181.031
Leiterin: K. Ilg, Stellv.: A. L. Simpson
Stellenplan: 4 Beamtinnen und Beamte (1 A15, 1 A13, 1 A11, 1 A10), 15 Angestellte
Träger: Land Nordrhein-Westfalen – Erwerbungsausgaben 2020: 622.366.–

Hochschulbibliothek Campus Bielefeld
> Interaktion 1, 33619 Bielefeld
> ☎ (0521) 106-70701
> bib.info@fh-bielefeld.de

Hochschulbibliothek Lampingstraße
> Lampingstraße 3, 33615 Bielefeld
> ☎ (0521) 106-7643
> bib.lampingstrasse@fh-bielefeld.de

Hochschulbibliothek Campus Minden
> Artilleriestr. 9, 32427 Minden
> ☎ (0571) 8385-106
> bib.minden@fh-bielefeld.de

78 * **Bibliothek der Kirchlichen Hochschule Wuppertal/Bethel ⟨Bet 1⟩**

> Bethelweg 8, 33617 Bielefeld, ☎ (0521) 144-2914
> nicke@diakoniewissenschaft-idm.de, http://www.diakoniewissenschaft-idm.de/bibliothek

Präsenz- u. Ausleihbibliothek, Spezialbibliothek f. Theologie und Diakoniewissenschaften
ca. 135.000 Bde. – lfd. Zss.: 28
1 Leseraum mit 6 Benutzerarbeitsplätzen, 1 PC-Arbeitsplatz.
Ltd. BDir.: Th. Moos – Bibliothekar: A. Nicke.
Stellenplan: 1 Vollzeitstelle
Träger: Ev. Kirche von Westfalen, Ev. Kirche im Rheinland, Zionsgemeinde Bethel
Bes. Sammelgeb.: Theologie, Diakoniewiss.

79 **Landesgeschichtliche Bibliothek Bielefeld ⟨Bi 5⟩**

> Postfach, 33597 Bielefeld; Neumarkt 1, 33602 Bielefeld
> ☎ (0521) 51-2471, Fax (0521) 51-6844
> stadtarchiv@bielefeld.de, soeren.bielke@bielefeld.de, http://www.stadtarchiv-bielefeld.de

Kavalleriestr. 17 (Lieferanschrift)
Spezial- und Ausleihbibliothek: 109.321 Medieneinheiten, davon 109.006 Bde, 315 elektron. Publ. – lfd. Zss.: 416 gedr.
LS m. 20 Benutzerarbeitsplätzen, gemeinsam mit der Stadtbibliothek 58 Internetplätze – Entleihungen: 5.834
Amtsleiter: J. Rath, Abt.-Leiter (LgB): S. Bielke.
Stellenplan: 2.5 Stellen
Träger: Stadt Bielefeld
Gesamtausgaben 2020: 13.772.–, davon 8.984.– für Erwerbung
Bes. Sammelgeb.: Schrifttum über Westfalen, insbesondere über Bielefeld und Ostwestfalen-Lippe.
Veröff. unter: http://www.stadtarchiv-bielefeld.de, https://historischer-rueckklick-bielefeld.com/

Billerbeck

80 **Bibliothek der Benediktinerabtei Gerleve ⟨Ger 1⟩**

> PF, 48727 Billerbeck; Gerleve 1, 48727 Billerbeck, ☎ (02541) 800-0
> p.daniel@abtei-gerleve.de, http://www.abtei-gerleve.de

Präsenzbibliothek, Klosterbibliothek für die Angehörigen der Abtei, Nutzung für wiss. Arbeitende nach Voranmeldung
ca. 250.000 Medieneinheiten – lfd. Zss.: 150 – Sonderbestand: ca. 3.000 Titel vor 1800
2 Computerarbeitsplätze, weitere APl. nach Absprache.
Leiter: D. Hörnemann OSB, Stellv.: J. Scavenius, C. Brüning (PC-Betreuung), E. Lüken, L. Sabottka

Bochum

81 * Universitätsbibliothek ⟨294⟩

Postadresse: 44780 Bochum, Hausanschrift: Universitätsstraße 150, 44801 Bochum
☎ (0234) 32-22350, Fax (0234) 32-14-736
✉ direktion-ub@ruhr-uni-bochum.de, http://www.ub.rub.de

Ausleihbibliothek f. 42.599 Studierende (davon 27.325 aktive Benutzerinnen u. Benutzer), 3.484 Wissenschaftlerinnen u. Wissenschaftler und 15.247 externe Ben.
1.763.700 Bde., 246.955 elektron. Publ. – lfd. Zss.: 377 gedr., 61.447 elektron. – Sonderbestand: 42.484 Normen, 3.201 Karten, 247 Noten
1.399 Benutzerarbeitsplätze, darunter 171 Computerarbeitsplätze mit Internetzugang, WLAN – Entleihungen: 489.727
Dir.: E. Lapp, Stellv.: J. Albrecht – Wiss. D.: O. Dohndorf, V. Josenhans, K. Lucht-Roussel, U. Müller, G. Ogasa, R. Rasel, C. Reuter, S. Rosenberger, V. Strotmann, J. Windeck.
Stellenplan: 75.18 Stellen insgesamt (VZÄ: 12.15 hD, 28.37 gD, 34.66 mD) – 7.68 VZÄ, studentische/wissenschaftl. Hilfskräfte
Träger: Ruhr-Universität Bochum – Gesamtausgaben 2020: 7.817.057.–, davon 3.220.994.– für Erwerbung

82 * Stadtbücherei ⟨132⟩

Gustav-Heinemann-Platz 2–6, 44777 Bochum
☎ (0234) 910-2480, Fax (0234) 910-2437
✉ stadtbuecherei@bochum.de, http://www.bochum.de/stadtbuecherei

Ausleihbibliothek für 365.587 Einw. (15.359 Benutzerinnen und Benutzer)
307.429 Medieneinheiten, davon 249.252 Bde. – lfd. Zss.: 477 gedr.
692 Benutzerarbeitsplätze, darunter 65 PC-APl. (40 mit Internet), Entleihungen: 1.166.428
Leiterin: M. Gürle, Stellv.: A. Kilfitt. Stellenplan: 79.5 (1 A11, TVÖD: 1 E15, 2 E14, 2 E13, 2 E12, 1 E11, 10 E10, 3 E9c, 6 E9b, 15 E9a, 4 E8, 8 E7, 24 E6, 2 E4, 1 E3)
Gesamtausgaben 2020: 6.793.449.–, davon 529.503.– für Erwerbung

83 Zentralbibliothek der Deutschen Rentenversicherung Knappschaft-Bahn-See ⟨Bm 2⟩

Dezernat VI.6.2-ZB, Postfach, 44781 Bochum; Knappschaftstraße 1, 44799 Bochum
☎ (0234) 304-66200, Fax (0234) 304-66290
✉ bibliothek@kbs.de, http://www.kbs.de

Fachbibliothek f. Mitarbeiterinnen u. Mitarbeiter d. KBS m. beschr. Teiln. am ausw. Leihverkehr
54.000 Bde. – lfd. Zss. u. Gesetzbl.: 280 gedr., 14 elektron.
5 Benutzerarbeitsplätze mit Internetzugang – Entleihungen: 1.800
Leiter: J. Zaiak, Stellv.: K. Schillings
Stellenplan: 1 Beamtenstelle, 6 Angestellte
Träger: Körperschaft des öffentlichen Rechts
Bes. Sammelgeb.: Sozialversicherung, Verwaltungsrecht, Med. in d. ZweigBB.

84 * **Hochschulbibliothek der Evangelischen Hochschule Rheinland-Westfalen-Lippe** ⟨956⟩

> 🖃 Immanuel-Kant-Str. 18–20, 44803 Bochum
> ☎ (0234) 36901-242, Fax (0234) 36901-100
> 💻 biblio@evh-bochum.de, https://bibliothek.evh-bochum.de/hochschulbibliothek.html

Ausleihbibliothek, wissenschaftliche Bibliothek für 2.652 Studierende, 82 hauptamtl. Lehrende, 145 Lehrbeauftragte, 30 Wiss. Mitarb., 292 externe Benutzer
81.010 Bde. – lfd. Zss.: 165 gedr., 103 elektron.
78 Benutzerarbeitsplätze, 24 Computerarbeitsplätze – Entleihungen: 116.101 (inkl. Verl.)
Leiterin: U. Belka, Stellv. Leiterin: E. Wybacz-Staworko
Träger: Ev. Kirche im Rheinland und in Westfalen, Lippische Landeskirche

85 * **Hochschulbibliothek der Hochschule Bochum** ⟨Bm 40⟩

> 🖃 Am Hochschulcampus 1, 44801 Bochum
> ☎ (0234) 32-10753/ -10754/ -10756 (Bibliotheksverwaltung), Fax (0234) 32-14220
> 💻 bibliothek@hs-bochum.de, https://www.hochschule-bochum.de/bib

Präsenz- u. Ausleihbibliothek für 2.445 aktive Benutzerinnen und Benutzer. Fachbibliothek Technik und Fachbibliothek Wirtschaft am Campus Bochum. Fachbibliothek Campus Velbert/Heiligenhaus im Aufbau
69.710 Bde., 43.883 elektron. Publ. – lfd. Zss.: 211 gedr., 13.350 elektron.
276 Benutzerarbeitsplätze (davon 24 Plätze auf der Literaturterrasse), davon 30 PC-Arbeitsplätze – Entleihungen: 53.394
Dir.: N.N., Stellv.: M. Schulte
Stellenplan: 10.48 VZÄ (6.22 gD, 4.25 eD/mD)
Träger: Land Nordrhein-Westfalen – Gesamtausgaben 2020: 1.145.638.–, davon 420.466.– für Erwerbung
Bes. Sammelgeb.: Ingenieurwesen, Wirtschaftswissenschaften.

86 **Bibliothek des Ruhrgebiets** ⟨Bm 3⟩

> 🖃 Clemensstr. 17–19, 44789 Bochum
> ☎ (0234) 32-26355, 💻 ausleihe-bdr@rub.de, http://www.isb.rub.de/bdr

Wiss. Spezialbibliothek. Ausleihbibliothek für 2.500 Benutzerinnen und Benutzer
450.000 Medieneinheiten – lfd. Zss.: 340 gedr.
LS m. 30 Benutzerarbeitsplätzen, 16 Internet-APl. – Entleihungen: ca. 22.500
Leiter: Chr. Winkler, Stellv.: B. Hepprich. Stellenplan: 6.75 Angestellte (1 TV-L 14, 2 TV-L 9, 1.75 TV-L 8, 1 TV-L 6, 1 TV-L 5), 2 stud. Hilfskräfte.
Träger: Stiftung Geschichte des Ruhrgebiets
Bes. Sammelgeb.: Ruhrgebiet, Bergbau in technischer, wirtschaftlicher, sozialer u. rechtlicher Hinsicht, Montangeschichte, Wirtschafts- u. Sozialgeschichte schwerindustrieller Ballungsräume, Geschichte u. Soziol. sozialer Bewegungen sowie allg. Sozialgeschichte seit dem 19. Jh.

87 * **Bibliothek der Technischen Hochschule Georg Agricola ⟨Bm 1⟩**

> Herner Str. 45, 44787 Bochum
> (0234) 968-3250, Fax (0234) 968-3255,
> bibliothek@thga.de, https://www.thga.de/studium/im-studium/bibliothek

Ausleihbibliothek f. 2.557 Studierende, Mitarbeiterinnen und Mitarbeiter und auswärtige Benutzerinnen und Benutzer

62.312 Bde. – lfd. Zss.: ca. 300 gedr.

50 Benutzerarbeitsplätze + 6 PC-APl. – Entleihungen 2020: ca. 7.000 (pandemiebedingt geringer als sonst)

Leiterin: T. Barkowski. Stellenplan: 4.75 VZÄ

Träger: DMT-Gesellschaft für Lehre und Bildung mbH. – Ausgaben für Erwerbung 2020: 85.573.–

Bonn

88 * **Universitäts- und Landesbibliothek ⟨5⟩**

> Postfach 2460, 53014 Bonn; Adenauerallee 39–41, 53113 Bonn
> (0228) 73-7350, Fax -7546
> sekretariat@ulb.uni-bonn.de, https://www.ulb.uni-bonn.de

Wiss. Ausleihbibliothek f. 38.000 Studierende, 550 Professorinnen und Professoren, 4.300 Wissenschaftlerinnen und Wissenschaftler, 330.000 Einw., Landesbibliothek für den Regierungsbezirk Köln

2.340.000 Medieneinheiten, 144.000 elektron. Publ. – lfd. Zss.: 4.300 gedr., 28.000 elektron. – Sonderbestand: 9.200 Hss., 1.300 Inkun.

1.004 Benutzerarbeitsplätze, W-LAN-Zugang – Entleihungen: 450.000

Dir.: U. Meyer-Doerpinghaus, Stellv.: C. Holtz (Benutzung) – Wiss. Dienst: V. Albrink (Landesbibliothek), C. Bittner, D. Grüter, A. Henneheuser, M. Herkenhoff (HS u. Altbestand), J. Kenter (Forschungsnahe Dienste), C. Keilholz, C. E. Kesper, E. M. Kopp, S. Läpke, C. Matlage, A. Rabeler (Bibliothekssystem), D. Rudolf, B. Sandmann, S. Schmall (Medien- und Lizenzmanagement), V. Simon, A. Specht (Digitale Dienste).

Stellenplan: 34.61 Beamtinnen und Beamte (3.45 A15, 1 A14, 4.3 A13, 1.5 A12, 7.61 A11, 5.48 A10, 8.52 A9, 0.5 A8, 2.25 A7) – 69.3 Ang (1 E15, 4 E14, 5.9 E 13, 7 E11, 3 E10, 20.5 E 9, 3.5 E8, 12.4 E6, 10 E5, 1 E3, 1 E2)

Träger: Land NRW – Gesamtetat 2020: 10.640.965.–, davon 3.083.469.– Erwerbungsetat

Bes. Sammelgeb.: Franz. u. Ital. Sprache und Literatur im Rahmen des Fachinformationsdienstes Romanistik.

Pflichtex.: Seit 1824, Regierungsbezirk Köln.

Veröff. unter: https://www.ulb.uni-bonn.de/de/die-ulb/publikationen-veranstaltungen

Abteilungsbibliothek für Medizin, Naturwissenschaften und Landbau ⟨5 N⟩

> Postfach 2460, 53014 Bonn, Friedrich-Hirzebruch-Allee 4, 53115 Bonn
> (0228) 73-3400, Fax (0228) 73-3281,

https://www.ulb.uni-bonn.de/de/die-ulb/oeffnungszeiten-zweigstellen/abteilungsbibliothek-mnl

Kooperation mit dem Bonner Standort „ZB MED – Informationszentrum Lebenswissenschaften" (Nr. 319) im selben Gebäude

Fachbibliothek Mathematik der Universität Bonn

- Endenicher Allee 60, 53115 Bonn
- (0228) 73-229
- bibliothek@math.uni-bonn.de, https://bib.math.uni-bonn.de/

89 * **Stadthistorische Bibliothek ⟨133⟩**

- Berliner Platz 2, 53103 Bonn
- (0228) 77-3684, Fax (0228) 77-9619648
- stadtarchiv@bonn.de, http://www.bonn.de

Wiss. Spezialbibliothek für Bonner Stadtgeschichte, rheinische Geschichte und Stadtgeschichtsforschung
Präsenzbibliothek mit beschränkten Ausleihmöglichkeiten
165.893 Medieneinheiten – lfd. Zss.: 500 gedr. – Sonderbestand: Zeitungsausschnittsammlung 2.000 Bde., 247.656 digit. Zeitungsausschnitte, ca. 1.700 Mikrofilme.
1 LS mit 16 Arbeitsplätzen, 1 Handbibliothek mit 10 Arbeitsplätzen, 5 PC-Arbeitsplätze – Entleihungen: 848
Leiter: N. Schloßmacher, Stellv.: Y. Leiverkus
Stellenplan: 0.1 A15, 0.1 A13, 0.125 A10, 0.25 A8, 2.1 E09, 0.10 E08, 0.875 E05, 1.615 E04
Träger: Stadt Bonn – Gesamtausgaben 2020: 549.564.–, davon 7.400.– für Erwerbung
Bes. Sammelgeb.: Bonnensia, Schrifttum über Ernst Moritz Arndt und Wilhelm Schmidtbonn.
https://www.bonn.de/themen-entdecken/bildung-lernen/stadtarchiv.php

90 **Bibliothek des Bundesinstitutes für Bau-, Stadt- und Raumforschung (BBSR) im Bundesamt für Bauwesen und Raumordnung (BBR) ⟨Rn 1⟩**

- Deichmanns Aue 31–37, 53179 Bonn
- (0228) 99401-2251, Fax (0228) 99401-2269
- bibliothek@bbr.bund.de, http://www.bbsr.bund.de

Spezialbibliothek für Raumordnung und Städtebau. Präsenzbibliothek
152.060 Medieneinheiten – lfd. Zss.: 149 gedr., 167 elektron.
LS m. 12 Benutzerarbeitsplätzen, darunter 2 OPAC-Arbeitsplätze
Leiterin: S. Simon
Stellenplan: 4.25 VZÄ
Träger: Bundesministerium des Innern, für Bau und Heimat.– Erwerbungsetat 2020: 84.090.–
Bes. Sammelgeb.: Raumordnung, Städtebau, Wohnungs- und Bauwesen.

91 Bibliothek des Bundesamtes für Naturschutz ⟨B 219⟩

Konstantinstr. 110, 53179 Bonn
(0228) 8491-3333, Fax (0228) 8491-9999
bibliothek-bonn@bfn.de, https://www.bfn.de/infothek/bibliothek.html

Hauptbibliothek in Bonn, 1 Außenstelle in Leipzig
Behördenbibliothek, Spezialbibliothek, Präsenzbibliothek
149.000 Medieneinheiten – lfd. Zss.: 794 gedr., mehrere Tausend elektron. – Sonderbestand: 10.000 Kt., 10.000 Sonderdrucke und Broschüren.
5 Benutzerarbeitsplätze
Leiter: T. Galetz, Stellv.: R. Koch
Träger: Bundesamt für Naturschutz – Erwerbungsetat 2019: 251.000.–, 2020: 169.000.–

92 Bibliothek der Bundesanstalt für Finanzdienstleistungsaufsicht (BaFin) ⟨B 196⟩

Postfach 1253, 53002 Bonn; Graurheindorfer Str. 108, 53117 Bonn;
Marie-Curie-Str. 24–28, 60439 Frankfurt a. M.
(0228) 4108-7660, Fax (0228) 4108-7600
bibliothek@bafin.de, bibliothekffm@bafin.de, http://www.bafin.de

Präsenzbibliothek, Ausleihbibliothek für die Mitarbeiterinnen u. Mitarbeiter der BaFin, Nutzung f. externe Benutzer nach vorheriger Anmeldung möglich
119.853 Medieneinheiten – lfd. Zss.: 250
LS m. OPAC, 2 Computerarbeitsplätze
Leiterin: A. Baum
Stellenplan: 7 Beamtinnen und Beamte, 4 Angestellte
Träger: Bund: Anstalt des öffentlichen Rechts.
Bes. Sammelgeb.: Finanzen, Recht, Bankwesen, Versicherungswesen, Wertpapierwesen, Kreditwesen.

93 Bibliothek des Bundesinstituts für Arzneimittel und Medizinprodukte (BfArM) ⟨B 1512⟩

Kurt-Georg-Kiesinger-Allee 3, 53175 Bonn, (0228) 207-3224, Fax (0228) 207-3636
bibliothek@bfarm.de, https://www.bfarm.de

Wiss. Spezialbibliothek, Präsenzbibliothek
638.436 Medieneinheiten, 28.915 Bde., 609.264 elektron. Publ. – lfd. Zss.: 257 gedr. Ungefähr 11.000 lizenziert, unbestimmte Anzahl an OA Zeitschriften durch EBSCO in den EDS eingespielt.
LS m. 21 Benutzerarbeitsplätzen, alle mit Stromanschluss; WLAN vorhanden – Entleihungen: 3.284
Leiterin: A. Sollmann
Bes. Sammelgeb.: Arzneimittelrecht, Analytische Chemie, Toxikologie, Pharmazie, Pharmakologie, Medizin und Medizinprodukte.

94 Bibliothek des Bundeskartellamts

Kaiser-Friedrich-Str. 16, 53113 Bonn
(0228) 9499-2216 (Ltg.), Fax (0228) 9499-168
bibliothek@bundeskartellamt.bund.de, https://www.bundeskartellamt.de/DE/UeberUns/Bundeskartellamt/Bibliothek/bibliothek_node.html

Spezialbibliothek für Kartell- und Wettbewerbsrecht, Präsenzbibliothek f. Juristinnen und Juristen
ca. 40.000 Medieneinheiten – lfd. Zss.: ca. 200 gedr., 6 elektron.
16 Benutzerarbeitsplätze, 6 Internet-APl.
Leiterin: W. Voges
Stellenplan: 1 E11, 1 E8, 1 E6
Träger: Bundesrepublik Deutschland – Erwerbungsausgaben 2020: ca. 170.000.–
Bes. Sammelgeb.: Nationales und internationales Kartellrecht.
Veröff./Neuerwerbungsliste unter: https://www.bundeskartellamt.de/DE/UeberUns/Bundeskartellamt/Bibliothek/Neuerwerbungen/neuerwerbungen_node.html

95 Bibliothek des Bundesministeriums für Bildung und Forschung (BMBF) ⟨Bo 111⟩

Heinemannstr. 2, 53175 Bonn
(0228) 9957-3070, Fax (0228) 9957-8-3070
leihstelle-bibliothek@bmbf.bund.de, http://www.bmbf.de

Weitere Adr.: Kapelle-Ufer 1, 10117 Berlin
Präsenzbibliothek
155.000 Bde., 4.000 elektron. Publ. – lfd. Zss.: 550 gedr.
LS m. 10 Benutzerarbeitsplätzen
Leiter: J. Karkossa
Träger: Bundesrepublik Deutschland
Bes. Sammelgeb.: Bildung, Berufsbildung, Schule, Hochschule, Weiterbildung, Bildungspolitik, Forschungspolitik, Biowiss., Nachhaltigkeit.
Pflichtex.: Veröff. d. Ministeriums.

96 Bibliothek des Bundesministeriums für Gesundheit ⟨Bo 177⟩

Rochusstr. 1, 53123 Bonn
(0228) 99441-1898, Fax (0228) 99441-4987
Andrea.Schmitz@bmg.bund.de, Bibliothek-Bonn@bmg.bund.de http://bmg.bund.de

Präsenzbibliothek f. d. Beschäftigten des Ministeriums, Zulass. fremder Ben. auf Antrag
ca. 30.000 Medieneinheiten – lfd. Zss.: ca. 300 gedr., ca. 300 elektron.
Träger: Bundesrepublik Deutschland
Bes. Sammelgeb.: Sozialrecht, Gesundheitsrecht, Medizin.

97 **Bibliothek des Bundesministeriums des Innern, für Bau und Heimat** ⟨Bo 109⟩

53117 Bonn; Graurheindorfer Str. 198, 53117 Bonn
(0228) 99681-13999, Fax (0228) 99681-13879
bibliothek@bmi.bund.de, http://www.bmel.de

Verwaltungsgemeinschaften mit der Beauftragten der Bundesregierung für Kultur und Medien (BKM, siehe Nr. 589), dem Statistischen Bundesamt (Destatis, siehe Nr. 563, Zweigstelle Bonn), dem Bundesinstitut für Sportwissenschaft (BISp), dem Bundesbeauftragten für den Datenschutz und die Informationsfreiheit (BfDI) sowie dem Deutschen Forum für Kriminalprävention (DFK) und dem Nationalen Zentrum für Kriminalprävention (NZK)
Alt Moabit 140, 10557 Berlin
Wiss. Spezialbibliothek (nicht öffentlich)
250.200 Bde., 9.293 elektron. Publ. – lfd. Zss. (gedr. + elektron.): 945
Bonn: LS m. 18 Benutzerarbeitsplätzen, Berlin: LS m. 13 Benutzerarbeitsplätzen
Leiterin: M. Hentges
Träger: Bundesrepublik Deutschland
Bes. Sammelgeb.: Staats- und Verfassungsrecht, Recht, Verwaltung, Öffentlicher Dienst, Politik, Öffentliche Sicherheit, Migration/Flüchtlinge, Gesellschaftlicher Zusammenhalt/Integration, Digitalisierung/Informationstechnik, Datenschutz, Kultur/Medien, Sport, Bauwesen/Stadtentwicklung, Statistik, Bevölkerungsschutz/Krisenmanagement, Zeitgeschehen/Geschichte.

98 **Bibliothek des Bundesministeriums für Ernährung und Landwirtschaft** ⟨Bo 152⟩

Postfach 140270, 53107 Bonn; Rochusstr. 1, 53123 Bonn
(0228) 99529-3448, Fax (0228) 99529-4469
BibliothekBonn@bmel.bund.de, BibliothekBerlin@bmel.bund.de

Ausleihbibliothek, Präsenzbibliothek für externe Nutzerinnen u. Nutzer (Zulassung auf Antrag)
114.249 Medieneinheiten, davon 110.079 Bde., 4.170 elektron. Publ. – lfd. Zss.: 568 gedr., 389 elektron.
8 Benutzerarbeitsplätze – Entleihungen: 6.505
Leiterin: H. Meinking-Schackmann
Stellenplan: 2 A13 gD, 2 A9 mD, 1 TVöD EG10, 2 EG8
Träger: Bundesminister f. Ernährung u. Landwirtschaft
Angeschl.: Zweigstelle am Dienstsitz Berlin.

Bibliothek des Bundesministeriums für Verkehr und digitale Infrastruktur, Außenstelle Bonn

siehe Berlin (Nr. 41)

99 * **Bibliothek des Bundesministeriums der Verteidigung ⟨Bo 110⟩**

> ⌨ Postfach 1328, 53003 Bonn; Fontainengraben 150, 53123 Bonn
> ☎ (0228) 12-15756 (Leitung)/ -15754/ -15757 (Auskunft, Ausleihe), Fax (0228) 12-45762
> 💻 BMVgBibliothek@bmvg.bund.de

Wiss. Spezialbibliothek (nicht öffentlich). Präsenzbibliothek
140.000 Medieneinheiten – lfd. Zss.: ca. 1.000 gedr.
40 Benutzerarbeitsplätze
Leiter: R. Düpow

100 * **Bibliothek des Deutschen Instituts für Erwachsenenbildung, Leibniz-Zentrum für Lebenslanges Lernen e. V. ⟨Bo 410⟩**

> ⌨ Heinemannstraße 12–14, 53175 Bonn
> ☎ (0228) 3294-148 (Ltg.)/ -240, Fax (0228) 3294-4148
> 💻 bibliothek@die-bonn.de, bongartz@die-bonn.de, https://www.die-bonn.de/institut/dienstleistungen/bibliothek

Präsenzbibliothek, wiss. Spezialbibliothek für Erwachsenenbildung
94.700 Bde., 5.700 elektron. Publ. – lfd. Zss.: 45 gedr., 2.950 elektron.
LS m. 20 formellen Benutzerarbeitsplätzen (2 Internet-APl., Web-OPAC), zudem informelle, flexible Arbeitsplätze – Entleihungen: 3.600
Leiterin: E. C. Bongartz. Stellen: 11.90 VZÄ
Träger: Bundesrepublik Deutschland (Bund und Bundesländer) – Erwerbungsetat 2021: 50.000.–
Bes. Sammelgeb.: Erwachsenenbildung, Weiterbildung, Lebenslanges Lernen.
Besondere Dienstleistungen: Forschungsdatenmanagement (FDM).
Drittmittelprojekte: Produktdatenbank Alphabetisierung und Grundbildung (PAG 2), Domain-Data-Protokolle für die empirische Bildungsforschung (ddp-Bildung)

101 * **Bibliothek der Friedrich-Ebert-Stiftung ⟨Bo 133⟩**

> ⌨ Godesberger Allee 149, 53175 Bonn
> ☎ (0228) 883-8202 (Sekr.)/ -9056 (Ausk.), Fax (0228) 883-9220
> 💻 archiv.bibliothek@fes.de, Karin.Pfaffenholz@fes.de (Sekr.), https://www.fes.de/bibliothek/

Wiss. Spezialbibliothek, Präsenzbibliothek: 1 Mio. Medieneinheiten – lfd. Zss.: 2.457 gedr., 1.044 elektron.
20 Benutzerarbeitsplätze
Gesamtleitung AdsD: A. Kruke, Referatsleitung „Erschließung, Beratung und Nutzung in Archiv und Bibliothek": H. Scholz, Teamleitung „Erwerbung und Erschließung Bibliothek": M. Sommerstange.
Stellenplan: 17 VZÄ, 1 Auszubildende FaMI
Träger: Friedrich-Ebert-Stiftung – Erwerbungsetat 2021: 174.000.–
Bes. Sammelgeb.: Nicht-konventionelle Literatur der Parteien und Gewerkschaften aus Europa und Nordamerika.

Angeschl.: Bibliothek d. Dt. Gewerkschaftsbundes, Bibliothek der Arbeiterwohlfahrt (AWO), Bibliothek des Karl-Marx-Hauses.

102 **Lounge – Bibliothek und Mediathek zur deutschen Zeitgeschichte** ⟨Bo 174⟩

Willy-Brandt-Allee 14, 53113 Bonn, ☎ (0228) 9165-236, Fax (0228) 9165-302
iz@hdg.de, https://www.hdg.de/haus-der-geschichte/lounge/

Präsenzbibliothek und -mediathek
260.000 Bde., 5.800 AV-Medien im Präsenzbestand, zusätzlich 60.000 AV-Medien mit eingeschr. Nutzungsrechten – lfd. Zss.: 140 – Sonderbestand: 76.000 Zeitschrifteneinzelhefte, integrierter Bestand der ehemaligen Bibliothek zur Geschichte der DDR, 380 Ztg. und 2.000 Zeitschriftentitel überw. DDR-Provenienz, Presseausschnittarchiv mit 3.5 Mio. Artikeln.
LS mit 40 Arbeitsplätzen, 4 PC-Arbeitsplätzen, freies WLAN.
Wiss. Leiterin: O. Griese, Leiterin Informationszentrum: M. Stadler. Träger: Stiftung Haus der Geschichte der Bundesrepublik Deutschland
Bes. Sammelgeb.: Politik-, Wirtschafts-, Sozial-, Kultur- und Alltagsgeschichte der Bundesrepublik Deutschland und der DDR, Biografische Schriften und AV-Medien, Visualisierung und materielle Kultur der Zeitgeschichte (Bildbände, Kataloge etc.), Bibliotheksgut mit musealem Objektcharakter.

103 * **Bibliothek der Hochschulrektorenkonferenz**

Ahrstraße 39, 53175 Bonn, ☎ (0228) 887-159, Fax (0228) 887-110
bibliothek@hrk.de, http://www.hrk.de/hrk/bibliothek/

Die Bibliothek der HRK verfügt über die größte hochschul- und wissenschaftspolitische Spezialsammlung in der Bundesrepublik Deutschland.
Wiss. Spezialbibliothek: 70.000 Medieneinheiten – lfd. Zss.: 800, davon 350 Hochschulzeitschriften – Sonderbestand: über 39.000 ausgewertete Aufsätze, Vorlesungsverzeichnisse aller deutschen Hochschulen seit 1945, 5.400 Gerichtsurteile.
Träger: Stiftung zur Förderung der Hochschulrektorenkonferenz
Bes. Sammelgeb.: Hochschulwesen, -politik, Forschungs- und Wissenschaftspolitik.

104 * **Bibliothek des LVR-LandesMuseums Bonn** ⟨Bo 1⟩

Bachstr. 5–9, 53115 Bonn, ☎ (0228) 2070-201, Fax (0228) 2070-299
RLM.Bibliothek@lvr.de, susanne.haendschke@lvr.de
http://www.landesmuseum-bonn.lvr.de/de/forschung/bibliothek/bibliothek_1.html

Bibliothek des LVR-Landesmuseums (zuvor: Rheinisches Landesmuseum Bonn) und des Vereins von Altertumsfreunden im Rheinlande e. V.
Wiss. Spezialbibliothek, Wochenendausleihe, Fernleihe (GBV)
ca. 200.000 Bde., 2.122 online-Publikationen (E-Journals und E-Books) – Sonderbestand: Auktionskataloge
16 Benutzerarbeitsplätze
Leiterin: S. Haendschke
Träger: Landschaftsverband Rheinland (LVR) und Verein von Altertumsfreunden im Rheinlande e. V.

Bes. Sammelgeb.: Vor- und Frühgeschichte, Provinzialröm. Archäologie, Epigraphik, Numismatik, Kunstgeschichte.

105 **Bibliothek des Max-Planck-Instituts zur Erforschung von Gemeinschaftsgütern** ⟨Bo 407⟩

> 🖃 Kurt-Schuhmacher-Str. 10, 53115 Bonn
> ☎ (0228) 91416-14, Fax (0228) 91416-55
> 💻 biblio@coll.mpg.de, https://www.coll.mpg.de/57318/library-details

Wiss. Spezialbibliothek, Präsenzbibliothek
ca. 68.000 Bde., 2.800 elektron. Publ. – lfd. Zss.: 125 gedr., ca. 100 elektron.
8 Internetarbeitsplätze – Entleihungen: 2.500
Leiterin: R. Goldschmitt. Stellenplan: 3,5 VZÄ
Träger: Max-Planck-Gesellschaft zur Förderung der Wissenschaft
Erwerbungsetat 2020: 160.000.–
Bes. Sammelgebiete: Rechtswiss., Ökonomie, Sozialpsychologie.

Bibliothek des Presse- und Informationsamtes der Bundesregierung (Zentrales Dokumentationssystem, Pressearchiv)

siehe Berlin (Nr. 68)

106 * **Streitkräfteamt, Fachinformationszentrum der Bundeswehr (FIZBw)** ⟨1073⟩

> 🖃 Gorch-Fock-Str. 7, 53229 Bonn, ☎ (0228) 845-101 / -410 / -334, Fax (0228) 845-185
> 💻 SKAFIZBw@bundeswehr.org (Geschäftszi.)
>   FIZBwInfo@bundeswehr.org (Info-Vermittlung)

Spezialbibliothek, Fachaufsicht über d. Fachinformationsunterstützung Bundeswehr (FachInfo UstgBw), Verbundzentrale d. bundeswehrinternen DV-Verbundes, Zentralkat. d. Bundeswehr: 887.986 Medieneinheiten, davon 57.173 Bde., 666.862 elektron. Publ. – lfd. Zss.: 547 gedr.
LS m. 2 Benutzerarbeitsplätzen – Entleihungen: 8.037
Leiterin: B. Schulte. 56 Dienstposten: 24 Beamte/Soldaten – 32 Arbeitnehmer.
Träger: Bundesrepublik Deutschland – Erwerbungsausgaben 2020: 267.261.–
Bes. Sammelgeb.: Bundeswehr, Militär u. Gesellschaft, Militärwesen, Militärwesen, Sanitäts- u. Gesundheitswesen (Militär), Sicherheitspolitik, Rüstungspolitik, Streitkräfte, Verteidigungswirtschaft, Wehrpsychologie, Wehrrecht, -verwaltung, -technik.
Pflichtex.: ab 1998: amtliche Veröff. im Geschäftsber. d. Bundesmin. d. Verteidigung (BMVg)

107 * **Bibliothek des Zoologischen Forschungsmuseums Alexander Koenig** ⟨Bo 127⟩

> 🖃 Adenauerallee 160, 53113 Bonn
> ☎ (0228) 9122-217 (Ltg.)/ -225 (Infotheke), Fax (0228) 9122-212 o. (0228) 91226-217
> 💻 bibliothek@leibniz-zfmk.de, t.bader@leibniz-zfmk.de
>   http://www.zfmk.de/de/forschung/bibliothek

Präsenzbibliothek, wiss. Spezialbibliothek für Zoologie
ca. 166.000 Medieneinheiten, 30.000 Monographien – lfd. Zss.: 650

LS m. 8 Benutzerarbeitsplätzen
Leiter: T. Bader
Träger: Leibniz-Gemeinschaft
Bes. Sammelgeb.: Systematik, Faunistik und Biodiversität d. Wirbeltiere u. Insekten, molekulare Biodiversitätsforschung, taxonomische Evolutionsforschung. Schwerpunkte: Afrotropis, Palaearktis u. Neotropis.

Brandenburg

108 * **Hochschulbibliothek der Technischen Hochschule Brandenburg** ⟨522⟩

> Magdeburger Str. 50, 14770 Brandenburg an der Havel
> ☎ (03381) 355-167, 🖳 bibliothek@th-brandenburg.de
> https://bibliothek.th-brandenburg.de/

Wissenschaftliche Ausleihbibliothek
67.300 Bde., 36.192 elektron. Publ. – lfd. Zss.: 19 gedr., 9.908 elektron.
113 Benutzerarbeitsplätze, darunter 12 Computer-APl., 2 Gruppenarbeitsräume – Entleihungen: 22.992
Leiter: M. Heinrich, Stellvertreterin: R. Kaepke
Stellenplan: 5 VZÄ (1 VZÄ hD, 3 VZÄ gD, 1 VZÄ mD)
Träger: Land Brandenburg – Erwerbungsausgaben: 2020: 223.695.–

Braunschweig

109 * **Universitätsbibliothek** ⟨84⟩

> 38092 Braunschweig; Universitätsplatz 1, 38106 Braunschweig
> ☎ (0531) 391-5011 (Geschäftszimmer), -5018 (Information), -5017 (Leihstelle),
> -5016 (Fernleihe), Fax (0531) 391-5836, -5002 (Bestandsentwicklung)
> 🖳 ub@tu-braunschweig.de, ub-direktion@tu-braunschweig.de,
> http://www.ub.tu-braunschweig.de

Führt das Universitätsarchiv, zugleich Bibliothek der Braunschweigischen Wissenschaftlichen Gesellschaft
Ausleihbibliothek
2.600.000 Medieneinheiten, davon 1.544.728 Bde., elektron. Publ. – lfd. Zss.: 827 gedr., 53.410 elektron. – Sonderbestand: 139.292 Normen, Slg. alter Kinder- und Jugendbücher m. 27.246 Bdn., ehem. Kollegiums-B, Kräuterbücher u. zoolog. Abb.-Werke, alte Architektur, alte technische Lit., Slg. Wolfgang Schneider, Privat-B von Theodor Geiger.
3 LSS mit 990 Benutzerarbeitsplätzen, davon 49 PC-APl., ca. 36% des Gesamtbestandes in Freihandaufstellung – Entleihungen: 249.303
Dir.: K. Stump, Stellv.: R. Strötgen. – Wiss. D.: C. Elsner, M. Evers, J. Hickmann, K. Keßler, C. Knoop, S. Kibler, J. Mersmann, C. Bei der Wieden, S. Wulle.
Stellenplan: 27 VZÄ Beamtinnen und Beamte, 42 VZÄ Ang.
Träger: Land Niedersachsen
Erwerbungsausgaben 2020: 2.858.949.–

Bes. Sammelgeb.: FID Pharmazie, Kinder- und Jugendbücher.
Veröff. unter: https://www.tu-braunschweig.de/ub/universitaetsarchiv/unsere-services
Weitere Standorte: Physikbibliothek, Instituts- und Seminarbibliotheken.

110 * **Stadtbibliothek Braunschweig** ⟨56⟩

> Postfach 3309, 38023 Braunschweig; Schloßplatz 2, 38100 Braunschweig
> (0531) 470-6801, Fax (0531) 470-6899
> stadtbibliothek@braunschweig.de, http://www.braunschweig.de/stadtbibliothek

Ausleihbibliothek: 650.372 Medieneinheiten – lfd. Zss.: 961 gedr. – Sonderbestand: 159 Handschriften, 426 Inkunabeln, Privatbibliothek des Schriftstellers Wilhelm Raabe.
295 Benutzerarbeitsplätze, darunter 32 Computer-Arbeitsplätze – Entleihungen: 1.655.112
Leitung: A. Haucap-Naß, Stellv.: C. Frappier-Dulski.
Stellenplan: 54.4 VZÄ, 63 Beschäftigte, 5 Auszubildende.
Träger: Stadt Braunschweig – Gesamtausgaben 2020: 4.281.204.–, davon 541.403 – für Erwerbung
Bes. Sammelgeb.: Stadt u. Land Braunschweig, Hanse, Stadtgeschichte, Niedersachsen, Dt. Landesgeschichte.
Angeschl.: 2 Zweigstellen

111 **Bibliothek des Zentrums für Informationsmanagement (ZI) des Thünen-Instituts, Bundesforschungsanstalt für Ländliche Räume, Wald und Fischerei**

Das Zentrum für Informationsmanagement (ZI) vereinigt unter seinem Dach die Bibliotheken, die Informations- und Dokumentationseinrichtungen sowie die Informationstechnologie des Thünen-Instituts.
Wissenschaftliche Spezialbibliotheken:
– Landbauforschung in Braunschweig (ZI Ländliche Räume, „Fachbibliothek Felder")
– Forst- und Holzwirtschaft in Hamburg-Bergedorf (ZI Wald, „Fachbibliothek Wälder")
– Fischereiforschung in Bremerhaven und Rostock (ZI Fischerei)
Zentrale Verwaltung in Braunschweig. Insgesamt ca. 471.000 Medieneinheiten
Leiterin des Zentrums für Informationsmanagement (ZI): B. Oerder
9 Mitarbeiter/innen im Bereich Fachinformation des ZI.
Träger: Bundesministerium f. Ernährung und Landwirtschaft (BMEL)
Veröff. unter: https://www.thuenen.de/de/ueber-uns/struktur/zentrum-fuer-informationsmanagement/fachinformation/

Bibliothek Braunschweig des Thünen-Instituts (TI), ZI Ländliche Räume ⟨253⟩

> Bundesallee 64, 38116 Braunschweig
> (0531) 596-1521 /-1526
> bibliothek-bs@thuenen.de, http://www.thuenen.de/

„Fachbibliothek Felder". Fachbereich Landbauforschung und Agrarökonomie
Präsenzbibliothek für Wiss. des TI, externe Benutzer nach telefonischer Anmeldung.
221.000 Medieneinheiten.
Ansprechpartnerin: A. Ewald
Bes. Sammelgeb.: Landwirtschaft und Agrarökonomie.

Bibliothek Bremerhaven/Rostock des Thünen-Instituts (TI)
ZI Fischerei ⟨Bibliothek Bremerhaven: H 140, Bibliothek Rostock: R 71⟩

> Bibliothek Bremerhaven, Herwigstr. 31, 27572 Bremerhaven
> Bibliothek Rostock: Alter Hafen Süd 2, 18069 Rostock
> ☎ (0381) 66099-109, Fax (0381) 66099-199
> bibliothek-hro@thuenen.de, http://www.thuenen.de/

„Fachbibliothek Meere". Fachbereich Fischereiforschung. Präsenzbibliothek. 100.000 Medieneinheiten. Ansprechpartnerinnen: A. Stilke (Hamburg-Bergedorf), M. Nickel (Rostock).
Bes. Sammelgeb.: Fischereibiologie, -technologie, Aquakultur, Meeresbiologie, Limnologie.

Bibliothek Hamburg-Bergedorf des Thünen-Instituts (TI), ZI Wald ⟨H 105⟩

> Leuschnerstraße 91, 21031 Hamburg
> ☎ (040) 73962-233 / -258, Fax (040) 73962-299
> bibliothek-hhb@thuenen.de, http://www.thuenen.de/

„Fachbibliothek Wälder". Fachbereich Forst- und Holzwirtschaft. Präsenzbibliothek. 150.000 Medieneinheiten. Ansprechpartnerin: A. Stilke, S. Jacobi.
Bes. Sammelgeb.: Forst- und Holzwirtschaft, Holzbiologie, Waldökologie, Holztechnologie.

Bibliotheks- und Informationswesen, Deutsches Zentrum für Luft- und Raumfahrt e. V. (DLR)

Informationen unter: https://www.dlr.de/zb/desktopdefault.aspx/tabid-8803/15192_read-37528/
Standortbibliotheken in: Berlin-Adlershof, Braunschweig, Göttingen, Köln-Porz, Lampoldshausen, Oberpfaffenhofen, Stuttgart. Zentrales Archiv zur Geschichte der Luft- und Raumfahrt in Göttingen.

Bibliothek der Fachhochschule Braunschweig/Wolfenbüttel

siehe Wolfenbüttel, Bibliothek der Ostfalia Hochschule (Nr. 572)

112 * Bibliothek des Georg-Eckert-Instituts – Leibniz-Institut für Internationale Schulbuchforschung ⟨Bs 78⟩

> Celler Straße 3, 38114 Braunschweig, ☎ (0531) 59099-130, Fax (0531) 59099-99
> bibauskunft@gei.de, http://www.gei.de/bibliothek

Forschungsbibliothek, Fachinformationsdienst (FID) Erziehungswiss. und Bildungsforschung 260.000 Medieneinheiten: Schulbuch- und Lehrplansammlung mit 180.000 Print- und Onlinemedien aus 175 Ländern, wiss. Sammlung mit 80.000 Print- und Onlinemedien – lfd. Zss.: 130 gedr., 25 elektron. Benutzerarbeitsplätze mit PCs und Internetzugang
Wiss. BLeitung: A. Hertling.
Träger: Leibniz-Gemeinschaft
Bes. Sammelgeb.: Schulbücher (inkl. Lehrerbd., Arbeitshefte, Begleitmat.) und Lehrpläne international, historisch und aktuell für die Fächer: Geschichte, Geographie, Sozialkunde/Politik, Religion, Werteerziehung. Fibeln international, Dt. Lesebücher, Publikationen zu Theorie und Methoden der Schulbuch- und Curriculumforschung sowie zu Unterricht, Methodik und Di-

daktik der genannten Fächer, darüber hinaus zum Bildungswesen, zu vergleichender und historischer Bildungsforschung.

113 Bibliothek des Herzog Anton Ulrich-Museums ⟨BS 75⟩

> 📧 Museumstr. 1, 38100 Braunschweig, ☎ (0531) 1225-2400, Fax (0531) 1225-2408
> 💻 bibliothek.haum@3landesmuseen.de, https://3landesmuseen-braunschweig.de/herzog-anton-ulrich-museum/das-museum/bibliothek

Präsenzbibliothek, kunstwiss. Spezialbibliothek
80.000 Medieneinheiten – lfd. Zss.: 120 gedr. – Sonderbestand: Auktionskataloge ab 19. Jh. bis 1999
LS mit 3 Benutzerarbeitsplätzen.
Kontakt: D. Hoffmann
Stellenplan: 1 TV-L.
Träger: Land Niedersachsen – Erwerbungsetat 2020: 26.000.–
Bes. Sammelgeb.: Kunstgeschichte von ihren Anfängen bis zur Gegenwart – Schwerpunkt: Italien, Niederlande, Frankreich, England, Spanien, Deutschland (16. bis 18. Jh.), Graphik und Handzeichnungen, Angewandte Kunst, Kunst in Südostasien, Numismatik.

114 * Bibliothek der Hochschule für Bildende Künste Braunschweig (HBK) ⟨834⟩

> 📧 Postfach 25 38, 38015 Braunschweig; Johannes Selenka Platz 1, 38118 Braunschweig
> ☎ (0531) 391-9243/ -44, Fax (0531) 391-9357
> 💻 bibliothek@hbk-bs.de, http://www.hbk-bs.de/einrichtungen/bibliothek/

Ausleihbibliothek: 65.300 Monografien, 34.730 AV-Medieneinheiten – lfd. Zss.: 133 gedr.
88 Benutzerarbeitsplätze, darunter 25 Computer-APl. – Entleihungen: 20.750
Leiterin: F. Stiller. Stellenplan: 8 VZÄ
Träger: Land Niedersachsen – Erwerbungsausgaben 2020: 61.438.–
Bes. Sammelgeb.: Zeitgenössische Kunst u. Design.

115 * Bibliothek des Julius Kühn-Instituts, Bundesforschungsinstitut für Kulturpflanzen ⟨Bs 66⟩

> 📧 Messeweg 11/12, 38104 Braunschweig, ☎ (0531) 299-3397/ -3392, Fax 299-3018
> 💻 bibliothek-bs@julius-kuehn.de, http://www.julius-kuehn.de

Das Julius Kühn-Institut (JKI – mit Sitz in Quedlinburg) versorgt Fachwiss. und die Öffentlichkeit an 4 Bibliotheksstandorten mit Fachliteratur und Informationen (Berlin: siehe Nr. 61, Braunschweig, Quedlinburg: siehe Nr. 478).
Wiss. Spezialbibliothek, Präsenz- u. Ausleihbibliothek: 100.000 Bde.
Ansprechpartner/innen: B. Ruf, M. Voigtländer
Bes. Sammelgeb.: Phytopathologie, Pflanzenschutz (einschl. Vorratsschutz), Pflanzengenetik, Pflanzenbau, Mykologie, Pflanzenernährung, Bodenkunde, Entomologie, Nematologie.

116 * **Bibliothek der Physikalisch-Technischen Bundesanstalt** ⟨Bs 68⟩

Postfach 3345, 38023 Braunschweig; Bundesallee 100, 38116 Braunschweig
☎ (0531) 592-8134, Fax (0531) 592-8137
bibliothek@ptb.de, http://www.ptb.de/cms/ptb/fachabteilungen/abtq/ref-q11.html

Präsenzbibliothek, Ausleihbibliothek für Mitarbeiterinnen u. Mitarbeiter der PTB: 171.241 Medieneinheiten, davon 160.582 Bde., 10.659 elektron. Publ. – lfd. Zss.: 430 gedr., 4.214 elektron.
8 Benutzerarbeitsplätze
Leiter: J. Meier. Stellenplan: 8.5 VZÄ
Träger: Bundesrepublik Deutschland – Erwerbungsetat 2020: 658.000.–
Bes. Sammelgeb.: Physik, Optik, Akustik, Elektrotechnik, Messtechnik.

Bibliothek der Physikalisch-Technischen Bundesanstalt, Berlin Charlottenburg ⟨B 108⟩

Hermann-von-Helmholtz-Bau, Abbestraße 2–12, 10587 Berlin
☎ (030) 3481-7517, Fax (030) 3481-7428
bibliothek-berlin@ptb.de, http://www.ptb.de/cms/ptb/fachabteilungen/abtq/ref-q11.html

Präsenzbibliothek, Ausleihbibliothek für Mitarbeiterinnen u. Mitarbeiter der PTB: 53.371 Medieneinheiten, davon 42.712 Bde., 10.659 elektron. Publ. – lfd. Zss.: 128 gedr., 4214 elektron.
2 Benutzerarbeitsplätze. Ansprechpartner: J. Meier. Stellenplan: 2 VZÄ
Träger: Bundesrepublik Deutschland – Erwerbungsetat 2020: 40.500.–
Bes. Sammelgeb.: Physik, Optik, Akustik, Elektrotechnik, Messtechnik.

117 **Bibliothek des Predigerseminars der Evangelisch-lutherischen Landeskirche in Braunschweig und „Sammlung Riddagshausen"** ⟨Bs 77⟩

Alter Zeughof 1, 38100 Braunschweig, ☎ (0531) 12054-17, Fax (0531) 12054-50
bibliothek.thz@lk-bs.de, https://www.thzbs.de/bibliothek/home/

Ausleihbibliothek: ca. 65.000 Medieneinheiten – lfd. Zss.: 38 – Sonderbestand: Riddagshäuser Klosterbibliothek, Sammlung Daum, 34 lfd. m Gesangbücher, 43 Inkunabeln
LS mit 4 Computer-Arbeitsplätzen.
Leiter (NA): D. Rammler. Bibliothek: K. A. Kröger. Stellenplan: 1 Ang.
Träger: Evangelisch-Lutherische Landeskirche in Braunschweig
Bes. Sammelgeb.: Praktische Theologie.
Seit April 1993 steht d. Stifts-B Gandersheim in d. B des Predigerseminars als Depositum (aus konservatorischen Gründen). Sie umfasst ca. 1500 Bde. (102 lfd. m). Der Bestand kann über einen alph. Bandkat. erschlossen werden.

Bremen

118 * Staats- und Universitätsbibliothek ⟨46⟩

Postfach 330160, 28331 Bremen; Bibliothekstraße 9, 28359 Bremen
☎ (0421) 218-59500 (Ausk.), (0421) 218-59401 (Sekr.)
suub@suub.uni-bremen.de, http://www.suub.uni-bremen.de

Landes- und Archivbibliothek. Die SuUB Bremen ist die größte und älteste wissenschaftliche Bibliothek Bremens. Als zentrale Bibliothek ist sie für die landesweite Literaturversorgung der staatlichen Hochschulen in Bremen und Bremerhaven zuständig.
Präsenz- und Ausleihbibliothek f. 31.100 Studierende, 2.776 hauptamtl. Prof. u. wiss. Mitarb. (VZÄ) u. 680.130 Einw. – 35.347 aktive Benutzerinnen und Benutzer.
3.491.103 Bde., 238.597 Dissertationen – lfd. Zss.: 4.326 gedr., 42.965 elektron. – Sonderbestand: 77.385 Noten, 70.760 AV-Mat.
1.619 Arbeitsplätze, davon 201 Internetarbeitsplätze, ca. 1.3 Mio. Freihandbestand – Entleihungen: 1.218.829 (inkl. Verlängerungen)
Dir.: M. E. Müller – Dez.: B. Ahlborn (Integr. Medienbearbeitung), C. Bodem (Benutzung), M. Blenkle (Digitale Dienste), P. Krüler (Allg.Verw.) – Wiss. d.: K. Bergert, J. Drews, E. Haake, M. Hermes-Wladarsch, S. Huesmann, P. Janssen, A. Joswig, U. Kemmer, D. Klages, M. Mehlberg, T. Schardelmann, E. Seiterich, U. Staroske, A. Winsmann.
Stellenplan: Beamtinnen und Beamte (1 B2, 2 A15, 1 A14, 2 A12, 2.35 A11, 1 A10), TV-L-Beschäftigte (1 E 15, 2.73 E14, 7.69 E13Ü, 3.89 E13, 1.51 E11, 5.05 E10, 31.03 E9, 11.35 E8, 22.40 E6, 14.80 E5, 2 E4) – TVöD (2.5 E5), 1.91 E13; 1 E10; 0.38 E 8 (DFG).
Träger: Freie u. Hansestadt Bremen – Gesamtausgaben 2020: 19.336.784.–, davon 8.326.359.– für Erwerbung
Bes. Sammelgeb.: Bremensien, DFG Presse, Publizistik, Journalismus 1969–1997.
Pflichtex.: Bremen seit 1934, Land Bremen seit 1965 (Presseges. v. 16.3.1965).
Veröff. unter: https://www.suub.uni-bremen.de/ueber-uns/
9 Bibliotheksstandorte (4 auf dem Uni-Campus, 5 an den Hochschulen). Teilbibliotheken unter: https://www.suub.uni-bremen.de/standorte/

Teilbibliothek Bremerhaven ⟨46a⟩

Karlsburg 7, 27568 Bremerhaven, ☎ (0471) 4823-250
tb-bhv@suub.uni-bremen.de, https://www.suub.uni-bremen.de/standorte/hs-bremerhaven/
Teilbibliothek an der Hochschule Bremerhaven
Ausleihbibliothek: 76.666. Bde., lfd. Zss.: 128
LS mit 71 Benutzerarbeitsplätzen, davon 24 PC-Arbeitsplätze
Leitung: M. Glaum
Erwerbungsausgaben 2020: 97.599.– (exkl. E-Medien)
Bes. Sammelgeb.: Lebensmitteltechnologie, Cruise industry management.

Teilbibliothek Kunst

Am Speicher XI Nr. 8, 28217 Bremen, ☎ (0421) 9595-1209
tb-kunst@suub.uni-bremen.de, http://www.suub.uni-bremen.de/standorte/kunst/
Teilbibliothek an der Hochschule für Künste

Präsenzbibliothek: 42.247 Bde.
LS mit 20 Benutzerarbeitsplätzen, davon 2 PC-Arbeitsplätze
Leitung: A. Knütter
Erwerbungsausgaben 2020: 30.861.– (exkl. E-Medien)
Bes. Sammelgeb.: Kunst-, Kulturgeschichte, Design.

Teilbibliothek Musik

- Dechanatstraße 13–15, 28195 Bremen, ☎ (0421) 9595-1509
- tb-musik@suub.uni-bremen.de, http://www.suub.uni-bremen.de/standorte/musik/

Teilbibliothek an der Hochschule für Künste
Präsenzbibliothek: 46.208 Bde., lfd. Zss.: 14
LS mit 17 Benutzerarbeitsplätzen, 8 PC-Arbeitsplätze
Leitung: V. Greuel
Erwerbungsausgaben 2020: 18.325.– (exkl. E-Medien)

Teilbibliothek Technik und Sozialwesen

- Neustadtswall 30, 28199 Bremen, ☎ (0421) 5905-3291
- hochschulbibliotheken@suub.uni-bremen.de

http://www.suub.uni-bremen.de/standorte/technik-und-sozialwesen/
Teilbibliothek an der Hochschule Bremen Ausleihbibliothek: 60.257 Bde. – lfd. Zss.: 266
LS m. 130 Benutzerarbeitsplätzen, 9 PC-Arbeitsplätze
Leitung: H. Kamp
Erwerbungsausgaben 2020: 73.430.– (exkl. E-Medien)

Teilbibliothek Wirtschaft und Nautik

- Werderstr. 73, 28199 Bremen, ☎ (0421) 5905-4120
- hochschulbibliotheken@suub.uni-bremen.de

http://www.suub.uni-bremen.de/standorte/wirtschaft-und-nautik/
Teilbibliothek an der Hochschule Bremen
Ausleihbibliothek: 60.256 Bde. – lfd. Zss.: 86
LS m. 145 Benutzerarbeitsplätzen, 6 PC-Arbeitsplätze
Leitung: I. Gaulke
Erwerbungsausgaben 2020: 84.735.– (exkl. E-Medien)
Gesamtausgaben der Teilbibiliotheken für elektronische Medien 2020: 271.802.–

119 Information Resource Center – Library ⟨579⟩

- Campus Ring 1, 28759 Bremen, ☎ (0421) 200-4601
- irc-library@jacobs-university.de, http://www.jacobs-university.de/library

Jacobs University Bremen gGmbH. Campus- und Ausleihbibliothek
ca. 60.000 Bde., ca. 300.000 E-Books – lfd. Zss.: ca. 10 gedr., ca. 30.000 elektron.
Das IRC deckt im Wesentlichen die Bedarfe der Studierenden und Studiengänge der Universität ab. Etwa 80% der Literatur ist englischsprachig.
Head of IT and IRC: A. Weste

120 * **Stadtbibliothek Bremen** ⟨478⟩

> Am Wall 201, 28195 Bremen, ☏ (0421) 361-4046
> direktion@stadtbibliothek.bremen.de, http://www.stabi-hb.de

Ausleihbibliothek: 536.897 Medieneinheiten, davon 339.207 Bde., 51.174 elektron. Publ. – lfd. Zss.: 521 gedr., 4.085 elektron. – Sonderbestand: Deutsche Krimibibliothek mit 6.310 Kriminalromanen seit 1965 aus Deutschland Ost und West.
871 Benutzerarbeitsplätze, darunter 89 Computer-APl., darunter 61 Internet-Terminals – Entleihungen: 3.159.751
Direktorin: B. Lison, 1. Stellv.+Bibl. Leitung: L. Werder, 2. Stellv. + Kaufm. Leitung: C. Kuhlmann – Lektorat: L. Werder (Leitung Medien und Information), K. Rudolph, C. Graf, G. Liebe-Ewald, G. Schwotzer
Stellenplan: 3.80 Beamtinnen und Beamte (1 B2, 1 A15, 0.9 A12, 0.9 A10), 100.95 Beschäftigte nach TVöD (1 EG 15, 1 EG14, 1.87 EG13, 4.82 EG12, 1.69 EG11, 16.63 EG10, 13.51 EG9b, 23.46 EG9a, 8.53 EG8, 10.42 EG7, 2.99 EG6, 12.90 EG5, 0.26 EG2, 1 Sonderbezahlung), 1.34 sonstige Mitarbeiterinnen und Mitarbeiter (Werkstudierende)
Träger: Stadtgemeinde Bremen – Gesamtausgaben 2020: 10.142.105.–, davon 1.100.271.– für Erwerbung
1 Zentralbibliothek, 6 Stadtteilbibliotheken, 1 Busbibliothek mit 25 Haltestellen, 1 Bibliothek in der JVA, 1 Bibliothekspunkt, 1 Partnerbibliothek im ZKH Bremen-Ost.

Bremerhaven

121 * **Bibliothek des Alfred-Wegener-Instituts Helmholtz-Zentrum für Polar- und Meeresforschung – AWI-Bibliothek** ⟨Bv 2⟩

> Postfach 120161, 27515 Bremerhaven; Am alten Hafen 26, 27568 Bremerhaven
> ☏ (0471) 4831-1276, Fax (0471) 4831-2342
> library@awi.de, https://www.awi.de/ueber-uns/service/bibliothek.html

Präsenzbibliothek für Mitarbeiter/innen und Gäste des Alfred-Wegener-Instituts: ca. 49.500 Monographien, 1.610 lfd. Meter Zss. – lfd. Zss.: 119 lfde. Kauf-Zss
1 PC-Arbeitsplatz f. Benutzer
Leiter: A. Walker, Stellv.: K. Leiding, A. Lüdke. Stellenplan: 1 A14, 8 Ang.
Träger: Bundesrepublik Deutschland, Freie u. Hansestadt Bremen, Brandenburg, Niedersachsen u. Schleswig-Holstein.
Bes. Sammelgeb.: Polarforschung, Meeresbiologie, Klimasystemforschung, Marine Ökosystemforschung, Marine Geosystemforschung.
Veröff. unter: http://epic.awi.de
Außenstellen: Helgoland, List (Sylt), Potsdam, Neumayer-Station, AWIPEV

Bibliothek an der Hochschule Bremerhaven

siehe Bremen, SuUB (Nr. 118)

Brühl

122 **Bibliothek der Hochschule des Bundes für öffentliche Verwaltung** ⟨1877⟩

Willy-Brandt-Str. 1, 50321 Brühl
(0228 99) 629-6224, Fax (0228 99) 629-9203
bibliothek@hsbund.de, uta.kauer@hsbund.de, https://bibliothek.hsbund.de

Ausleih- u. Präsenzbibliothek f. Studierende, Angehörige d. HS u. d. Bundesakademie f. öffentliche Verwaltung, Mitbenutzung durch Behörden u. Privatpersonen auf Antrag möglich, Zusammenarbeit mit den Bibliotheken der obersten Bundesbehörden und den Bibliotheken der 10 Fachbereiche der HS.
70.000 Bde. – lfd. Zss.: 163 gedr., 368 elektron. Medien
LS m. 50 Benutzerarbeitsplätzen, 11 Internet-APl. – Entleihungen: rd. 33.000 (inkl. Verlängerungen) + 1200 E-Book-Ausleihen
Leiterin: U. Kauer
Stellenplan: 1 A13, 1 A11, 1 A9, 2 EG8, 2 EG6
Erwerbungsetat 2020: 122.084.–

Bückeburg

123 **Fürstlich Schaumburg-Lippische Hofbibliothek** ⟨58⟩

Niedersächsisches Landesarchiv - Abteilung Bückeburg Schlossplatz 2, 31675 Bückeburg
(05722) 9677-30, Fax (05722) 9677-31
bueckeburg@nla.niedersachsen.de

Die Fürstlich Schaumburg-Lippische Hofbibliothek wird vom Niedersächsischen Landesarchiv – Abteilung Bückeburg – betreut.
Ausleih- und Spezialbibliothek
ca. 29.000 Bde. vorwieg. 17.–19. Jh., darunter 248 Sammelbände m. ca. 7.000 jur. Diss. d. 17. u. 18. Jh. – Kein Vermehrungsetat.
LS m. 20 Arbeitsplätzen im Niedersächsischen Landesarchiv – Abteilung Bückeburg. Fernleihwünsche und Anfragen via E-Mail: bueckeburg@nla.niedersachsen.de
Leiterin: I. Liebigke, 1 Ang.
Träger: SHD Alexander zu Schaumburg-Lippe.

Celle

124 **Bibliothek des Oberlandesgerichts in Celle und Bibliothek der Grupen'schen Stiftung** ⟨Ce 2⟩

Schloßplatz 2, 29221 Celle, (05141) 206-223/ -543, Fax (05141) 206-581
olgce-bibliothek@justiz.niedersachsen.de, https://oberlandesgericht-celle.niedersachsen.de/startseite/wir_uber_uns/bibliothek/bibliothek-des-oberlandesgerichts-celle-57492.html

Ausleihbibliothek f. Richter, Staatsanw. u. f. d. b. OLG zugelass. Ref. u. Stud. sowie für wissenschaftlich auf juristischen Gebiet Arbeitende, bzgl. Stiftung für Jedermann.

ca. 170.000 Bde., davon gehören ca. 110.000 Bde. der Grupen'schen Stiftung, 250 Hss., 60 Inkun., Grupens lit. Nl. – lfd. Zss. (einschl. Gesetzbl.): 130
3 LSS mit ca. 10 Benutzerarbeitsplätzen
Leiter der Behördenbibliothek: T. Landwehr, Leiter der Stiftungsbibliothek: E. Vorwerk
Stellenplan: 3 Angestellte. Träger: Land Niedersachsen
Bes. Sammelgeb.: Zivil- und Strafrecht, Rechtswiss. u. Nds. Geschichte.

Chemnitz

125 * **Universitätsbibliothek der Technischen Universität Chemnitz** ⟨Ch 1⟩

Postfach, 09107 Chemnitz; Straße der Nationen 33, 09111 Chemnitz
☎ (0371) 531-13100, Fax (0371) 531-13109
service@bibliothek.tu-chemnitz.de, https://www.tu-chemnitz.de/ub/

Wissenschaftliche Bibliothek
1.2 Mio. Medieneinheiten, davon 1.085.275 Bde., 110.927 elektron. Publ. – lfd. Zss 743 gedr., 71.050 elektron.
710 Benutzerarbeitsplätze, davon 154 PC-APl. mit Internetzugang – Entleihungen: 296.833
Direktorin: A. Malz – BereichsleiterInnen: S. Luther, Ch. Schmidt, D. Hesse – Wiss. D.: C. Ahnert, M. Jackenkroll, K. Knop, W. Lambrecht, S. Luther, K. Zehnder
Stellenplan 50.51 Stellen, davon 7.98 hD (inkl. 1 Beamte), 19.55 gD und 22.98 mD
Träger: Freistaat Sachsen – Gesamtausgaben 2020: 5.876.684.– davon 2.687.196.– für Erwerbung
Bes. Sammelgeb.: Maschinenbau, Informatik, Chemie, Mathematik, Elektrotechnik, Informations-, Verfahrens- und Automatisierungstechnik, Physik, Werkstoffwiss., Wirtschaftswiss., Recht, Geistes- und Sozialwiss., Sport, Sprach- u. Lit.-Wiss.
Veröff. unter: https://www.tu-chemnitz.de/ub/kontakt-und-wir/texte/presse.html#publikationen
Zentralbibliothek mit Universitätsverlag, Universitätsarchiv.

126 * **Stadtbibliothek** ⟨59⟩

Moritzstraße 20, 09111 Chemnitz, ☎ (0371) 488-4201/ -4222, Fax (0371) 488-4299,
information@stadtbibliothek-chemnitz.de, http://www.stadtbibliothek-chemnitz.de

Gehört seit dem 01.07.2015 zum Kulturbetrieb der Stadt Chemnitz.
Öffentliche Bibliothek: ZB, 4 Stadtteilbibliotheken, 2 Ausleihstellen.
455.307 Medieneinheiten, davon 358.722 Bde., 30.509 elektron. Publ. – lfd. Zss.: 415 gedr., 56 elektron.
450 Benutzerarbeitsplätze, darunter 67 PC-Arbeitsplätze, 3 Carrels – Entleihungen: 1.313.040
Direktorin: E. Beer. Bestandsmanagement: U. Rosner, Benutzungsmanagement: T. Goldammer.
Stellenplan: 57.6 VZÄ
Träger: Stadt Chemnitz – Gesamtausgaben 2020: 4.487.347.–, davon 411.000.– für Erwerbung
Bes. Sammelgeb.: Regionalkunde Chemnitz.

Clausthal-Zellerfeld

127 * **Universitätsbibliothek Clausthal** ⟨104⟩

> Leibnizstraße 2, 38678 Clausthal-Zellerfeld, ☎ (05323) 72-2301 (Ltg.), Fax (05323) 72-3639
> office@ub.tu-clausthal.de, info@ub.tu-clausthal.de, https://www.ub.tu-clausthal.de

Ausleihbibliothek für 5.000 aktive Nutzer
490.000 Bde., 412.356 elektron. Publ. – lfd. Zss.: 228 gedr., 49.197 elektron.
375 Benutzerarbeitsplätze, 36 PCs mit Internet-Zugang, 3 Gruppenarbeitsräume
Dir.: S. Frank (komm.), Stellv.: N.N. – Wiss. D.: K. Hilliger, F. Strauß
Stellenplan: 23.26 VZÄ (4.0 hD, 7.5 gD, 11.76 eD/mD)
Bes. Sammelgeb.: DFG bis 1974: Bergbau u. Markscheidewesen, einschl. Tiefbohrkunde, Erdölgewinnung u. Bergrecht.

Coburg

128 * **Landesbibliothek Coburg** ⟨70⟩

> Schloßplatz 1, 96450 Coburg, ☎ (09561) 8538-0, Fax (09561) 8538-201
> geschaeftsstelle@landesbibliothek-coburg.de, http://www.landesbibliothek-coburg.de

Hervorgegangen aus der Hof- und Staatsbibliothek des bis 1918/1920 selbständigen Herzogtums Sachsen-Coburg. Seit 1973 in Verwaltung durch den Freistaat Bayern. Die Bayerische Staatsbibliothek ist vorgesetzte, personal- und mittelverwaltende Stelle. Bestände teilweise im Eigentum der Coburger Landesstiftung (Unterhaltsträger bis 1972).
Regionale staatliche Bibliothek: 500.000 Medieneinheiten – lfd. Zss.: 658 gedr., 15.162 elektron. Zahlreiche Sonderbestände, u. a. Drucke und Handschriften 16. bis 18. Jh., Sammlungen der ernestinischen Kurfürsten und Herzöge von Sachsen, Lutherbibliothek, komplettes Spielmaterial des Coburg-Gothaischen Hoftheaters von 1827–1918, Privatdrucke und repräsentative Ausgaben des 19. Jahrhunderts aus dem Umfeld des europaweit vernetzten Herzogshauses Sachsen-Coburg und Gotha, Musikalien, Altkarten.
41 Benutzerarbeitsplätze, 14 Computer-APl.; WLAN – Entleihungen 2020: wegen der Corona-Pandemie nicht repräsentativ.
Direktorin: S. Pfister
Stellenplan: 6 Beamtinnen und Beamte (1 A15, 1 A11, 2 A10, 1 A8, 1 A5) – 4.5 Beschäftigtenstellen.
Träger: Freistaat Bayern – Gesamtausgaben 2020 (ohne Personaletat): 273.477,– davon Erwerbungsetat: 109.352.–
Bes. Sammelgeb.: Coburgensien, Almanache.

129 * **Hochschule Coburg, Hochschulbibliothek** ⟨858⟩

> Postfach 1652, 96406 Coburg; Friedrich-Streib-Str. 2, 96450 Coburg
> ☎ (09561) 317-240
> bibliothek@hs-coburg.de, http://www.hs-coburg.de/bibliothek.html

Ausleihbibliothek. Zentralbibliothek Campus Friedrich Streib und Teilbibliothek Campus Design
99.399 Bde. – lfd. Zss.: 170 gedr. – Sonderbestand: Normen-Infopoint.

54 Benutzerarbeitsplätze, davon 18 Computerarbeitsplätze – Entleihungen: 38.284
Leiter: M. Schmitt. Stellenplan: 4 Beamtinnen und Beamte, 3 Ang.
Träger: Freistaat Bayern – Erwerbungsetat 2020: 364.349.–

Cottbus

130 * **Universitätsbibliothek der Brandenburgischen Technischen Universität Cottbus-Senftenberg** ⟨634⟩

> Postfach 10 13 44, 03013 Cottbus; Platz der Deutschen Einheit 2, 03044 Cottbus
> ☎ (0355) 69-2372 (Servicepunkt)/ -2063 (Sekr. IKMZ), Fax (0355) 69-2277 (Sekr. IKMZ)
> Bibliothek+Service@b-tu.de, http://www.b-tu.de/bibliothek

Die BTU Cottbus-Senftenberg ist als Neugründung (2013) aus der Zusammenführung der BTU Cottbus und der Hochschule Lausitz (FH) in Senftenberg hervorgegangen. Standorte der Universität: Cottbus, Cottbus-Sachsendorf und Senftenberg.
Web-Portal: http://www.b-tu.de
Standorte: Universitätsbibliothek am Zentralcampus Cottbus, Standortbibliothek Senftenberg, Standortbibliothek Cottbus-Sachsendorf
Ausleih- und Präsenzbibliothek für 6.278 aktive Benutzerinnen und Benutzer, 6.778 Studierende, 538 Lehrende sowie die fachlich interessierte Öffentlichkeit.
1.337.211 Medieneinheiten, davon 762.157 Bde., 262.347 elektron. Publ. – lfd. Zss.: 496 gedr., 18.791 elektron. – Sonderbestand: 90.787 DIN-Normen und technische Standards
892 Benutzerarbeitsplätze, davon 166 Computer-Arbeitsplätze mit Internet – Entleihungen: 122.182
Leiter: J. Mittelbach, Abt-Ltr: J. Mittelbach (Medienzugang), S. Kossack (Ben.), K. Richter (Standortbibliotheken) – Wiss. D.: S. Kossack, K.-H. Kuhn, K. Woywod, C. Meixner, S. Schreiber, K. Richter
Stellenplan: 24.03 eD/mD, 15.53 gD, 7.0 hD
Träger: Land Brandenburg – Gesamtausgaben 2020: 4.287.497.–, davon 1.473.015.– für Erwerbung
Veröff. unter: https://opus4.kobv.de/opus4-btu/home

Darmstadt

131 * **Universitäts- und Landesbibliothek** ⟨17⟩

> Magdalenenstr. 8, 64289 Darmstadt, ☎ (06151) 16-76210, Fax (06151) 16-76201
> info@ulb.tu-darmstadt.de, http://www.ulb.tu-darmstadt.de

Standorte: ULB Stadtmitte, ULB Lichtwiese und voraussichtlich ab 2022: ULB Schloss
Wissenschaftliche Universalbibliothek
2.413.718 Bde., 516.250 elektron. Publ. – lfd. Zss.: 2.405 gedr. 51.159 elektron.
Insgesamt 1.150 Benutzerarbeitsplätze, davon 52 Computerarbeitsplätze – Entleihungen: 501.299
Dir. T. Stäcker, Stellv.: S. Streib – Wiss. D.: M. Fuhrmans, H. Gerlach, A. Göller, A. Hammer, B. Hammer, N. Hölzinger, G. Jagusch, M. Niebuer, S. Uhlemann, W. Vogt, R. Winkler
Stellenplan: 99.19 VZÄ (21.58 hD, 38.28 gD, 39.33 eD/mD)

Träger: Land Hessen
Gesamtausgaben 2019: 12.527.7301.–, davon 3.774.071.– für Erwerbung
Bes. Sammelgeb.: Theatersammlung, Kartensammlung, Patentschriften, Keyserling-Archiv, Georg-Büchner-Sammlung.
Pflichtex.: Pflichtexemplarbibliothek seit 1805, Region Südhessen.
Veröff. unter: http://www.ulb.tu-darmstadt.de/ulb/ueberuns/veroeffentlichungen_1/veroeffentlichungen_1.de.jsp
2 dezentrale Bibliotheken.

132 * **Bibliothek der Hochschule Darmstadt ⟨Ds 114⟩**

Haardtring 100, 64295 Darmstadt, ☎ (06151) 16-38781, Fax (06151) 16-38958
info.bib@h-da.de, leitung.bib@h-da.de, http://www.bib.h-da.de

Die Hochschulbibliothek besteht aus 4 Bibliotheken: ZB u. 3 Teilbibliotheken (TB Gestaltung, TB Sozialpädagogik und TB Dieburg)
ca. 890.000 Medieneinheiten – lfd. Zss.: ca. 800
400 Benutzerarbeitsplätze, darunter 40 Computerarbeitsplätze und 2 Sehbehindertenarbeitsplätze – Entleihungen: 192.029
Leiter: N.N., Stellv.: C. Gröninger. Träger: Land Hessen

Deggendorf

133 * **Bibliothek der Technischen Hochschule Deggendorf ⟨1050⟩**

Postfach 1320, 94453 Deggendorf; Dieter-Görlitz-Platz 1, 94469 Deggendorf
☎ (0991) 3615-700, Fax (0991) 3615-799
bib-leitung@th-deg.de, https://www.th-deg.de/de/studierende/bibliothek

Ausleihbibliothek – Hochschulbibliothek, zusätzl. Literaturversorgung für die Region im Bereich Wirtschaft, Technik, Gesundheitswesen (Fachberufe)
124.630 Bde Printbestand, 45.316 eBooks – lfd. Zss.: 108 gedr., 11.266 elektron.
2 LSS m. 177 Benutzerarbeitsplätzen, davon 36 PC-APl., 17 Carrels und 14 Gruppenarbeitsräume – Entleihungen: 38.272 (wiederholter Corona-Lockdown!)
Leiterin: M. Brumm, Stellv.: A. Quade, A. Weinmann. Stellenplan: 7 gD, 4.5 eD/mD, insgesamt 10.9 VZÄ.
Träger: Freistaat Bayern – Gesamtausgaben 2020: 1.177.902.–, davon 561.286.– für Erwerbung
Veröff. unter: https://www.th-deg.de/publikationsdatenbank

Dessau

134 * **Stadtarchiv Dessau-Roßlau, Anhaltische Landesbücherei Dessau (Wissenschaftliche Bibliothek)** ⟨111⟩

Heidestr. 21, 06842 Dessau-Roßlau, ☎ (0340) 204-2048, Fax (0340) 204-2948
wissenschaftliche.bibliothek@dessau-rosslau.de, http://www.stadtarchiv.dessau-rosslau.de

Öffentliche Ausleihbibliothek: 115.000 Medieneinheiten – lfd. Zss.: 50 gedr. – Sonderbestand: Fürst-Georg-Bibliothek / Herzogl. Hofbibliothek / Anhalt. Behördenbibliothek, Nachlässe / Anhaltinen und Kunstgeschichte, Künstlerbücher.
12 Benutzerarbeitsplätze, 1 PC-Arbeitsplatz
Leiter: F. Kreißler (Stadtarchiv), Wiss. Bibl.: M. Kreißler (Leiterin)
Stellenplan: 4 Beschäftigte
Träger: Stadt Dessau-Roßlau
Bes. Sammelgeb.: Anhaltinen, Kunstgeschichte.
Veröff. unter: http://www.stadtarchiv.dessau-rosslau.de

135 * **Stiftung Bauhaus Dessau Bibliothek** ⟨De 15⟩

Gropiusallee 34, 06846 Dessau
☎ (0340) 6508-216, -121, Fax (0340) 6508-226
bibliothek@bauhaus-dessau.de,
https://www.bauhaus-dessau.de/de/service/bibliothek-7.html

Präsenzbibliothek, öffentl. zugänglich, wiss. Spezialbibliothek
37.000 Bde. – lfd. Zss.: 34 gedr.
LS m. 14 Benutzerarbeitsplätzen, 4 Internet-APl. – ca. 2.100 (LS-Ben.)
Wiss. Leiter: W. Thöner. Stellenplan: 2 VZÄ
Träger: Bund, Land Sachsen-Anhalt u. Stadt Dessau.
Erwerbungsetat 2019: 13.000.–
Bes. Sammelgeb.: Bauhaus, Architektur, Design, Kunst.
Veröff. unter: https://www.bauhaus-dessau.de/de/stiftung/publikationen.html

Hochschulbibliothek der Fachhochschule Anhalt

siehe Köthen (Nr. 330)

136 **Fachbibliothek Umwelt des Umweltbundesamtes** ⟨B1514, B1514a, Els1⟩

> Postfach 1406, 06813 Dessau-Roßlau; Besucheradresse: Wörlitzer Platz 1, 06844 Dessau-Roßlau
> ☎ (0340) 2103-2467
> 🖥 bibliothek@uba.de
> https://www.umweltbundesamt.de/das-uba/fachbibliothek-umwelt, http://www.twitter.com/fabibumwelt
> Katalog: http://doku.uba.de und http://uba-eds.de

Behördenbibliothek / Wissenschaftliche Spezialbibliothek, Öffentliche Bibliothek
500.000 Medieneinheiten, 320.000 elektron. Publ. – lfd. Zss.: 500 gedr., 34.000 elektron. – Sonderbestand: Sammlung „Umwelterklärungen, Umwelt- und Nachhaltigkeitsberichte", Sammlung Erhard (Historische Sammlung zum Thema Abfallbeseitigung), Sammlung „Kinder- und Jugendliteratur zu Umweltthemen".
LS m. 30 Benutzerarbeitsplätzen, davon 10 Katalog-Arbeitsplätze mit Computer, 6 Lesekabinen – Entleihungen: 45.000
Leiter: O. Olesch
Stellenplan: 1 hD, 4.0 gD, 5.5 mD
Träger: Bundesrep. Deutschland – Erwerbungstetat 2020: 590.000.–
Bes. Sammelgeb.: Umweltrecht, Umweltschutz allgemein, Umwelterklärungen sowie Umwelt- und Nachhaltigkeitsberichte.
2 Zweigstellen:

Bibliothek Berlin
> Buchholzweg 8, 13627 Berlin
> ☎ (030) 8903-5478

Bibliothek Bad Elster
> Heinrich-Heine-Straße 12, 08645 Bad Elster
> ☎ (037437) 7-6258

Detmold

137 * **Lippische Landesbibliothek / Theologische Bibliothek und Mediothek** ⟨51⟩

> Hornsche Str. 41, 32756 Detmold, ☎ (05231) 92660-12, Fax (05231) 92660-55
> 🖥 auskunft@llb-detmold.de, http://www.llb-detmold.de

Ausleihbibliothek f. ca. 400.000 Einw.
786.987 Medieneinheiten, 661.230 Bde., 31.810 elektron. Publ. – lfd. Zss.: 1.118 gedr., 15.952 elektron. – Sonderbestand: 82.351 Noten, Sozial- und Zeitgeschichtliche Slg, Lippisches Literaturarchiv
LS mit 20 Benutzerarbeitsplätzen, 80 Arbeitsplätze im Freihandbereich, 18 PC-Arbeitsplätze – Entleihungen: 45.376
Dir.: J. Eberhardt, Stellv.: A. Grabow – Wiss. Dienst: C. Rühling (Ltg. Publikumsservice)
Stellenplan: 5 Beamtinnen und Beamte (1 A15, 1 A13, 1 A12, 2 A11), 15 Ang. TV-L (1 E13, 1 E10, 3.6 E9, 1 E8, 5 E6, 2.5 E5), 4 stud. Hilfskr.

Träger: Landesverb. Lippe m. Landeszuschuss – Gesamtausgaben 2018: 1.700.375.–, davon 176.032.– für Erwerbung
Bes. Sammelgeb.: Lippiaca, Westfalica, C. D. Grabbe, F. Freiligrath, G. Weerth, A. Lortzing, E. Bandel, ev. Theologie, Lemgoer Drucke.
Pflichtex.: Amtsdrucks. d. Reg.-Bez. Detmold seit 9.1.1969
Veröff. unter: http://www.llb-detmold.de/wir-ueber-uns/aus-unserer-Arbeit/texte.html

138 * **Bibliothek der Hochschule für Musik Detmold ⟨575⟩**

Neustadt 22, 32756 Detmold
Dienstgebäude: FORUM Musikbibliothek, Hornsche Str. 39, 32756 Detmold
☎ (05231) 975-707
bibliothek@hfm-detmold.de, http://www.hfm-detmold.de/bib

Ausleihbibliothek
158.060 Medieneinheiten, 60.992 Bde., 12.171 Digitale Bestände – lfd. Zss: 89 gedr. – Sonderbestand: 69.844 Noten, 6.445 Analoge AV-Medien, 6.096 Mikromaterialien
51 Benutzerarbeitsplätze, davon 28 Computerarbeitsplätze – Entleihungen: 55.279
Leiter: A. Klingenberg, Stellv.: C. Stratemeier
Stellenplan: 7.50 VZÄ (3.25 gD, 4.25 eD/mD)
Träger: Land Nordrhein-Westfalen

Bibliothek der Hochschule Ostwestfalen-Lippe
siehe Lemgo (Nr. 348)

Bibliothek des Max Rubner-Instituts, Bundesforschungsinstitut für Ernährung und Lebensmittel
siehe Karlsruhe (Nr. 295)

* **Theologische Bibliothek und Religionspädagogische Mediothek**

Die Lippische Landesbibliothek und die Theologische Bibliothek der Lippischen Landeskirche fusionieren ihren Buch- und Medienbestand. Das gemeinsame Angebot wird im Gebäude der Lippischen Landesbibliothek Detmold (siehe Nr. 137) präsentiert.

Dillingen (Donau)

139 * **Studienbibliothek Dillingen ⟨Di 1⟩**

Postadresse: 89401 Dillingen a. d. Donau
Kardinal-von-Waldburg-Str. 51, 89407 Dillingen a. d. Donau
☎ (09071) 2860
info@studienbibliothek-dillingen.de, http://www.studienbibliothek-dillingen.de

Ausleihbibliothek, Verw. d. alten Best. d. BB d. staatl. Gymn. v. Dillingen u. Günzburg u. d. Bibliothek d. Historischen Vereins Dillingen

174.897 Bde. – lfd. Zss.: 173 gedr. – Sonderbestand: 527 Hss., 826 Inkun.
15 Benutzerarbeitsplätze, darunter 2 Computer-APl. – Entleihungen: 6.142 (2019)
Leiter: R. May. Stellenplan: 1 A11, 1 A7, 1 A5
Träger: Freistaat Bayern
Erwerbungsausgaben 2019: 31.044.–, 2020: 25.213.–
Bes. Sammelgeb.: Nordschwaben (Landkreise Dillingen, Donau-Ries, Günzburg, Neu-Ulm).

Dortmund

140 * **Universitätsbibliothek** ⟨290⟩

> Postfach, 44222 Dortmund; Vogelpothsweg 76, 44227 Dortmund
> (0231) 755-4030 (Dir.)/ -4001 (Information)/ -4000 (Ausleihzentrum)/
> -4009 (Medienlieferung)
> sekretariat.ub@tu-dortmund.de, http://www.ub.tu-dortmund.de

ZB (Ausleihbibliothek) u. 3 BereichsBB für 47.943 aktive Benutzer.
1.551.817 Bde., 274.682 elektron. Publ. – lfd. Zss.: 1.003 gedr., 68.220 elektron. – Sonderbestand: Universitätsarchiv der TU Dortmund, Informationszentrum Technik und Patente, Verw. d. B d. Dt. Ges. f. Eisenbahngeschichte
Lesesäle mit 406 Benutzerarbeitsplätzen, davon 123 PC-Arbeitsplätze – Entleihungen: 442.012
Dir.: J. Kreische, Stellv.: N. Gövert - Wiss. Dienst: H.-G. Becker, A. Blomeyer, M. Dzyk, U. Helmkamp, K. Höhner, P. Kluth, L. Lerche, S. Marra, C. Ringel, S. Spiegelberg
Stellenplan: 51 Beamtinnen und Beamte (1 A16, 1 A15, 4 A14, 3 A13, 8 A12, 5 A11, 12 A10, 2 A9, 3 A8, 12 A7) – 42 Tarifbeschäftigte (1 E14, 5 E13, 1 E11, 4 E10, 20 E9, 3 E8, 5 E6, 3 E5)
Träger: Land Nordrhein-Westfalen.
Gesamtausgaben 2020: 8.851.209.–, davon 3.881.888.– für Erwerbung
Veröff. unter: http://www.ub.tu-dortmund.de/publikationen

141 * **Stadt- und Landesbibliothek** ⟨60⟩

> Postfach, 44122 Dortmund; Max-von der-Grün-Platz 1–3, 44137 Dortmund
> (0231) 50-23225, Fax (0231) 50-23199
> jborbach@stadtdo.de, http://www.bibliothek.dortmund.de

Ausleihbibliothek (Landesbibliothek: Ehrentitel)
886.722 Medieneinheiten – lfd. Zss.: 857 gedr., 114 elektron. – Artothek
490 Benutzerarbeitsplätze, darunter 117 Computer-APl., davon 66 mit Internet-Zugang – Entleihungen: 1.539.091
Dir.: J. Borbach-Jaene, Stellv.: H.-C. Wirtz – Abt.-Ltr./innen: S. Bernard, A. Heitkemper, N.N., H.-C. Wirtz
Stellenplan: 95.09 VZÄ, 105 Beschäftigte – 8 Auszubildende
Träger: Stadt Dortmund
Gesamtausgaben 2020: 10.582.692.–, davon 941.330.– für Erwerbung

142 * Bibliothek des Instituts für Zeitungsforschung der Stadt Dortmund ⟨Dm 11⟩

✉ Postfach, 44122 Dortmund; Max-von-der-Grün-Platz 1–3, 44137 Dortmund
☎ (0231) 50-23221
🖥 zeitungsforschung.dortmund@stadtdo.de, http://www.zeitungsforschung.de

Wiss. Spezialbibliothek, Präsenzbibliothek, Ausleihe von Monographien möglich
270.537 Medieneinheiten, davon 129.981 Bde. – lfd. Zss.: 147 gedr. (einschl. Zeitungen)
8 Benutzerarbeitsplätze, 6 im LS und 12 Lesegeräte einschl. 7 Mikrofilmscannern – Entleihungen: 4.239
Leitung: A. Blome, Stellvertreterin: C. Franzke.
Stellenplan: 10 Angestellte, davon 8 in Vollzeit.
Träger: Stadt Dortmund – Erwerbungsetat 2020: 49.497.–
Bes. Sammelgeb.: Deutschsprachige Presse, politische Plakate, journalistische Nachlässe, Fachzeitschriften und Monographien zum Thema „Massenmedien".
Veröff. (Dortmunder Beiträge zur Zeitungsforschung) unter: http://www.zeitungsforschung.de

143 * Hochschulbibliothek der Fachhochschule ⟨Dm 13⟩

✉ Postfach 105018, 44047 Dortmund; Emil-Figge-Str. 44, 44227 Dortmund
☎ (0231) 9112-4046, Fax (0231) 9112-4922
🖥 bibliothek@fh-dortmund.de, http://www.fh-dortmund.de/bib/

Ausleihbibliothek mit 3 Standorten für ca. 14.900 Stud. u. ca. 550 Wiss.
148.000 Bde. – lfd. Zss.: 319 gedr., 15.200 elektron.
269 Benutzerarbeitsplätze, davon 68 PC-APl. – Entleihungen: 66.600
Leiter: M. Hütte
Stellenplan: 5 Beamtinnen und Beamte (1 A15, 4 A11), 14 Ang.
Träger: Land Nordrhein-Westfalen.
Gesamtetat 2020: 2.070.000.–, davon 476.000.– für Erwerbung
Angeschl.: Bibliothek Emil-Figge-Str. 44, Bibliothek Sonnenstraße, Bibliothek Max-Ophüls-Platz

Bibliothek Emil-Figge-Str. 44
✉ Emil-Figge-Str. 40, 44227 Dortmund
☎ (0231) 9112-4917, Fax (0231) 9112-4922
Fachbereiche: Architektur, Informatik, Angewandte Sozialwiss., Wirtschaft

Bibliothek Max-Ophüls-Platz
✉ Max-Ophüls-Platz 2, 44139 Dortmund
☎ (0231) 9112-9441
Fachbereich Design

Bibliothek Sonnenstraße
✉ Sonnenstr. 96, 44139 Dortmund
☎ (0231) 9112-9135, Fax (0231) 9112-9666
Fachbereiche: Elektrotechnik, Maschinenbau, Informationstechnik

Dresden

144 * **Sächsische Landesbibliothek – Staats- und Universitätsbibliothek Dresden ⟨14⟩**

Postfach, 01054 Dresden; Zellescher Weg 18, 01069 Dresden
☎ (0351) 4677-123, Fax (0351) 4677-111
Generaldirektion@slub-dresden.de, info@slub-dresden.de, https://www.slub-dresden.de

Die Sächsische Landesbibliothek – Staats- und Universitätsbibliothek Dresden (SLUB) ist eine der größten und leistungsfähigsten wissenschaftlichen Bibliotheken in Deutschland. Sie ist Bibliothek der Technischen Universität Dresden, Landesbibliothek für Sachsen und ein bedeutendes Innovations- und Koordinierungszentrum im deutschen und europäischen Bibliothekswesen. Sie wurde 1996 aus der Sächsischen Landesbibliothek (gegründet 1556) und der Universitätsbibliothek der TU Dresden (gegründet 1828) errichtet.

Ausleihbibliothek mit 66.474 aktiven Benutzerinnen und Benutzern.

5.700.000 Bde. – lfd. Zss.: 3.364 gedr., 20.785 / elektron. – Sonderbestand: 5.200.000 Bilddokumente, 16.514 Bestandseinheiten im Handschriftenbestand, 194.757 Karten und Pläne.

2.336 Benutzerarbeitsplätze (alle Standorte) – Entleihungen: 1.100.000, Downloads lizenzierte Volltexte: 4.101.990

Generaldirektor: N.N., Stellv. des Generaldirektors: M. Rehm - J. Meyer, Landesbeauftragter für Bestandserhaltung: M. Vogel, Abteilungsleiter: H. Berthold, K. Bove, S. Georgi, J. Ilg, J. Kocourek, B. Kühnemann, B. Wiermann, M. Vogel.

Stellenplan: 283 Stellen, 29 Drittmittelstellen.

Träger: Freistaat Sachsen

Gesamtausgaben 2020: ca. 40.000.000.–, davon ca. 6.300.000.– für Erwerbung

Bes. Sammelgeb.: Saxonica, Musik (FID d. DFG), Kunst ab 1945, Design, Fotografie (FID d. DFG), Verkehrswissenschaft Pflichtex.: Freistaat Sachsen seit 1990 (vorher: Bez. Dresden, Karl-Marx-Stadt und Leipzig).

Veröff. unter: https://www.slub-dresden.de/veroeffentlichen/

5 dezentrale Standorte.

145 * **Städtische Bibliotheken Dresden ⟨106⟩**

Schloßstraße 2, 01067 Dresden
☎ (0351) 8648-101, Fax (0351) 8648-102
sekretariat@bibo-dresden.de, zentralbibliothek@bibo-dresden.de
http://www.bibo-dresden.de

Zentralbibliothek, Schloßstraße 2, 01067 Dresden, 19 Zweigstellen, virtuelle eBibo, mobile Bibliothek

Öffentliche Bibliothek: 754.408 Medieneinheiten, davon 721.581 Bde., 32.827 elektron. Publ. – Zss.: 1.478 gedr., 2.336 elektron. – Sonderbestand: 33.312 Noten

Insgesamt 69.638 Benutzer, 145 PC-APl., 73 Internet-APl. – Entleihungen: 4.518.273

Dir.: M. Kunis-Michel (komissarisch), Stellv. Dir.: R. Rabe. – J. Linke (Lektor Musik), K. Wendler (Leiterin Zentrale Bestandsdienste), S. Kindelberger (Lektorin Literatur + Sprachen), L. Schulz (Leiterin Zentralbibliothek), R. Putzke (Lektorin Kindermedien), H. Nitzschner

(Verwaltungsleiter), F. Schellenberger (Leiter EDV), D. Sitte-Zöllner (Lektorin Naturwiss. + Technik), M. Ungethüm (Lektorin Geisteswiss.), E. Ziegler (Leiterin Öffentlichkeitsarbeit).
Stellenplan: 164.2 VZÄ, 180 + 3 FSJler Beschäftigte.
Träger: Stadt Dresden – Gesamtetat 2020: 15.007.922.– davon 1.271.461.– für Erwerbung (gemäß Haushaltsplan)
Bes. Sammelgeb.: Musikalien, Musikliteratur.
Veröff. unter: http://www.bibo-dresden.de
1 Zentralbibliothek, Mobile Bibliothek mit 1 Sonderbibliothek (FahrBB), 19 Zweigbibliotheken, Soziale Bibliotheksarbeit mit Ausleihstellen und ehrenamtlichem Bücherhausdienst + eBibo.

146 Bibliothek der Hochschule für Musik Carl Maria von Weber ⟨D 117⟩

Wettiner Platz 13, 01067 Dresden, ☎ (0351) 49236-15, Fax (0351) 4923-657 (Verw.)
bibliothek@hfmdd.de, https://www.hfmdd.de/campus/bibliothek/

Wiss. Bibliothek, Freihandbibliothek
ca. 82.000 Medieneinheiten, 21.118 Bde., 6.536 elektron. Publ., ca. 55.000 Noten – lfd. Zss.: 62 gedr., 6 elektron.
13 Benutzerarbeitsplätze, 4 PC-Arbeitsplätze – Entleihungen: 26.000
Leiterin: A. Göhler. Stellenplan: 2.0 VZÄ.

147 * Bibliothek der Hochschule für Technik und Wirtschaft Dresden ⟨520⟩

Postfach 120701, 01008 Dresden; Friedrich-List-Platz 1, 01069 Dresden
☎ (0351) 462-3696
bibliothek@htw-dresden.de, ausleihe@htw-dresden.de, https://www.htw-dresden.de/bib/

Öffentliche wiss. Ausleihbibliothek für ca. 6.200 aktive, eingetr. Benutzerinnen und Benutzer.
355.757 Medieneinheiten, davon 175.312 Bde., 159.525 elektron. Publ. – lfd. Zss.: 252 gedr., 20.668 elektron.
LS in der ZB mit 48 Arbeitsplätzen, insgesamt 282 Arbeitsplätze, darunter 54 Computer-Arbeitsplätze – Entleihungen: 58.823
Leiterin: P.-S. Stenzel, Stellv.: R. Krentz. Stellenplan: 12 Angestellte
Träger: Freistaat Sachsen – Gesamtetat 2020: 1.288.095.–, davon 384.282.– für Erwerbung

148 * Kunstbibliothek Staatliche Kunstsammlungen Dresden ⟨D 13⟩

Residenzschloss Dresden, Taschenberg 2, 01067 Dresden, ☎ (0351) 4914-3248/ -3249
kunstbibliothek@skd.museum, gilbert.lupfer@skd.museum
http://www.skd.museum/de/museen-institutionen/institutionen/kunstbibliothek/

Zentralbibliothek der Staatlichen Kunstsammlungen
Wiss. Bibliothek. Präsenzbibliothek: 450.000 Bde., Freihandbereich mit PC-Arbeitsplätzen
Leiter: G. Lupfer
Träger: Land Sachsen
Bes. Sammelgeb.: Kunsthist. Literatur, Bestands- und Ausstellungskataloge, bes. Künstler-Kataloge.
Pflichtex.: Publ. d. Museen d. Staatl. Kunstslg. Dresden.

Düsseldorf

149 * **Universitäts- und Landesbibliothek** ⟨61⟩

> Postfach, 40204 Düsseldorf; Universitätsstr. 1, Gebäude 24.41, 40225 Düsseldorf
> ☎ (0211) 81-12030 (Dir.)/ -12900 (Ausk.), Fax (0211) 81-116-12030
> sekretariat@ulb.hhu.de, http://www.ulb.hhu.de

Präsenz- und Ausleihbibliothek für Studierende (37.526) und HS-Angehörige der Heinrich-Heine-Univ. Düsseldorf (3.996), 21.704 externe Ben., LB f. d. Regierungsbezirk Düsseldorf, Teiln. am B-Verbund Nordrhein-Westfalen

2.345.498 Bde. – lfd. Zss.: 2.592 gedr., 60.119 elektron. – Sonderbestand: 1.379 Handschriften u. Autographen, 1.002 Inkunabeln, 5.861 Rara

ZB mit 815 Benutzerarbeitsplätzen, 2 Verbund- und 2 Fachbibliotheken mit insgesamt 978 Arbeitsplätzen, Selbstlernzentrum mit 136 Arbeitsplätzen – insgesamt 202 Computerarbeitsplätze – Erstentleihungen: 212.689

Dir.: K. Kessen – Dez.: R. Matalla (Allgemeine Infrastruktur), N.N. (Medienbeschaffung & Medienmanagement), U. Olliges-Wieczorek (Landesbibliothek & Sonderbestände), C. Wilhelm (Benutzung) – Wiss. D.: M. Agethen, H. Ahrens, H.-P. Berg, I. Gedrath, F. Kling, T. Lemanski, A. Lopez, A. Nilges, M. Porzberg, J. Riks.

Stellenplan: 59 Beamtinnen und Beamte (1 A16, 4 A15, 5 A14, 2 A13 LG2.1, 8 A12, 11 A11, 12 A10, 11 A9, 2 A8, 2 A7, 1 A6) – 52 Besch. (3 EG14, 1 EG13, 1 EG11, 4 EG10, 7 EG9b, 10 EG8, 1 EG7, 9 EG6, 12 EG5, 4 EG4) – 4 Auszubildende – sonstige Drittmittel: 1.5 EG14, 1.5 EG13, 1 EG10, 4 EG9b, 2 EG4.

Träger: Land Nordrhein-Westfalen.

Gesamtausgaben (einschl. FachBB u. Med. Abt.) 2020: 13.909.537.–, davon 6.547.474.– für Erwerbung

Bes. Sammelgeb.: Rhein. Landeskunde, Medizin- u. Pharmaziegesch., Thomas-Mann-Sammlung, Kunst-, Kultur- u. Modegesch., Philosophie- u. Wissenschaftsgesch., Genealogie.

Pflichtex.: Behördenveröff. d. Reg.-Bez. Düsseldorf seit 1909, Pflichtex. aus d. Reg.-Bez. Düsseldorf seit 1994.

Veröff. unter: https://www.ulb.hhu.de/die-bibliothek/profil/publikationen

150 * **Stadtbüchereien Düsseldorf** ⟨362⟩

> Bertha-von-Suttner-Platz 1, 40227 Düsseldorf, ☎ (0211) 89-93543, Fax (0211) 89-33543
> stadtbuechereien@duesseldorf.de, http://www.duesseldorf.de/stadtbuechereien/

Öffentliche Bibliothek (1 Zentralbibliothek, 13 Stadtteilbibliotheken, 1 Sonderbibliothek) f. 619.294 Einw.

658.685 Medieneinheiten, davon 490.852 Bde., 138.859 elektron. Publ., 612 lfd. Zss. 91 Computerarbeitsplätze – Entleihungen: 3.169.417

Dir.: N. Kamp, Stellv.: H. Regier – Abt.-Ltr: K. P. Hommes

Stellenplan: 6 Beamtinnen und Beamte (1 B2, 1 A15, 1 A13hD, 1 A 10, 1 A8, 1 A7) – 147 Angestellte (1 E15, 1 E14, 2 E13, 9 E12, 3.5 E11, 23.5 E10, 22.5 E9, 9 E8, 46 E7, 27.5 E6, 2 E4)

Träger: Stadt Düsseldorf – Gesamtausgaben 2020: 11.062.400.–, davon 1.157.844.– für Erwerbung

151 * **Hochschulbibliothek der Hochschule Düsseldorf** ⟨Dü 62⟩

Münsterstraße 156, 40476 Düsseldorf
☎ (0211) 4351-9200/ -9241 (Leitung), Fax (0211) 4351-1-9299
bibliothek@hs-duesseldorf.de, https://bib.hs-duesseldorf.de/

Ausleih- und Präsenzbibliothek mit Bibliothekszentrale Standort Campus Derendorf, angegliedertes Hochschularchiv
386.000 Medieneinheiten, 155.000 Bde., 231.000 elektron. Publ. – lfd. Zss.: 290 gedr., 140.500 elektron. – DIN-Normen-Auslegestelle, Studienbibliothek Karl-Heinz Krug – Entleihungen: 146.421
Leiterin: E. Reher, Stellv.: C. Geick
Stellenplan: 7 Beamtinnen und Beamte (2 A11, 5 A10) – 21 Ang. (1 E14, 3 E11, 1 E10, 4 E9, 6 E8, 5 E6)
Träger: Land Nordrhein-Westfalen.
Gesamtetat 2020: 1.956.000.–, davon 586.000.– Erwerbungsetat

152 * **Bibliothek der Stiftung Gerhart-Hauptmann-Haus** ⟨Dü 59⟩

Bismarckstraße 90, 40210 Düsseldorf, ☎ (0211) 16991-29
bibliothek@g-h-h.de, https://www.g-h-h.de/bibliothek/bibliothek

Wiss. Spezialbibliothek
90.000 Medieneinheiten, davon 70.000 Bde. – lfd. Zss.: 198 gedr.
8 Benutzerarbeitsplätze – Entleihungen: 12.000
Leiterin: D. Horn
Stellenplan: 1 TV-L 10, 1 TV-L 5
Träger: Stiftung Gerhart-Hauptmann-Haus, Düsseldorf – Erwerbungsetat 2020/21: je 6.000.–
Bes. Sammelgeb.: Schrifttum über d. hist. dt. Ostgebiete u. d. dt. Volksgruppen in Ost- u. Südosteuropa sowie d. Länder Mittel- u. Osteuropas u. d. neuen Bundesländer, inkl. Belletristik u. literaturwiss. Forschung v. Autoren d. Gebiete, Ostpolitik, Völkerrecht, wirtsch., soziale u. kulturelle Eingliederung der Flüchtlinge, Vertriebene und Spätaussiedler, Lit. zu Gerhart Hauptmann, Lit. in russ. Sprache.

153 **Bibliothek des Goethe-Museums Düsseldorf** ⟨Dü 63⟩

Schloss Jägerhof, Jacobistraße 2, 40211 Düsseldorf
☎ (0211) 89-96269/ -96262, Fax (0211) 89-29144
bibliothek.goethe_museum@stadt.duesseldorf.de, regine.zeller@duesseldorf.de
http://www.goethe-museum.com

Präsenzbibliothek, Forschungs- und Museumsbibliothek
25.500 Bde., 2.700 Noten, 100 elektron. Publ. – lfd. Zss.: 17 – Sonderbestand: 35.000 Hss., Fotoarchiv, Theaterzettel, Stammbücher der Goethezeit. Außerdem Slg. zur Topographie u. Gesch. Weimars und ca. 15 Nachlässe, darunter Johann Peter Eckermann, Johannes Daniel Falk, Johann Nepomuk Hummel, Friedrich Heinrich u. Johann Georg Jacobi, Anton Kippenberg, Friedrich Wilhelm Riemer, Stephan Schütze, Karl Friedrich Zelter.
LZ m. 8 Benutzerarbeitsplätzen, Internet – Entleihungen: 500

Museum: Dir.: C. Wingertszahn, Stellv./Wiss. Dienst: H. Spies, BLeiterin: R. Zeller
Stellenplan: 1 VZÄ (Bibliothek)
Träger: Anton-und-Katharina-Kippenberg-Stiftung
Bes. Sammelgeb.: Goethe u. seine Zeit, einschl. Musikalien u. bildende Kunst, Faustliteratur, -illustrationen, -musik.

154 Bibliothek des Heinrich-Heine-Instituts ⟨710⟩

Bilker Str. 12–14, 40213 Düsseldorf, ☎ (0211) 89-95572, Fax (0211) 89-29044
heine-bibliothek@duesseldorf.de
https://www.duesseldorf.de/heineinstitut/archiv-bibliothek-dokumentation/bibliothek.html

Präsenzbibliothek, Spezialbibliothek zu Heinrich Heine, seiner Zeit u. d. Umkreis
45.000 Medieneinheiten, 300 neuere Hss., 10.000 Autogr., 140 lit. Nachl. und Slgn., Exlibris-Slg.
Inst.Leiterin: S. Brenner-Wilczek, BLeiterin: E. Camaiani
1 Dipl.-Bibl.
Träger: Stadt Düsseldorf
Bes. Sammelgeb.: H. Heine u. s. Umkreis, Lit. zu d. Slgn. bes. aus d. Düsseldorfer u. niederrhein. Raum, Rheinisches Literaturarchiv, Schumann-Sammlung.

155 Helmut-Sihler-InfoCenter ⟨Dü 50⟩

Postfach, 40191 Düsseldorf; Henkelstr. 67, 40589 Düsseldorf
☎ (0211) 797-3465, Fax (0211) 798-8928, helmut-sihler-infocenter@henkel.com

Unternehmensbibliothek: 70.000 Medieneinheiten, ca. 30 natur- und wirtschaftswiss. Datenbanken – lfd. Zss.: ca. 200 gedr., ca. 1.300 elektron.
Entleihungen: 87.000
Leiterin: K. Gronmayer
Träger: Henkel AG & Co. KGaA
Bes. Sammelgeb.: Tenside, Waschmittel, Fette, Klebstoffe, Kosmetik, Wirtschaftswiss.

156 * Bibliothek von Information und Technik Nordrhein-Westfalen ⟨Dü 60⟩

Postfach 101 105, 40002 Düsseldorf; Mauerstr. 51, 40476 Düsseldorf
☎ (0211) 9449-2324/ -2318, Fax (0211) 9449-8019
elke.messal@it.nrw.de, bibliothek@it.nrw.de
https://www.it.nrw/statistische-fachbibliothek

Spezialbibliothek für Statistik, Behördenbibliothek, Präsenzbibliothek, Ausl. an Mitarbeiterinnen und Mitarbeiter
Buchbestand: 51.427, 1.931 elektron. Publ. – lfd. Zss.: 207 gedr., 80 elektron.
2 Benutzerarbeitsplätze, 2 Plätze mit Internetzugang
Leiterin: E. Messal
Stellenplan: 2 E9 TV-L, 1 E8 TV-L
Erwerbungsausgaben 2020: Zeitschriften 39.101.–
Bes. Sammelgeb.: Statistik, Datenverarbeitung.

157 * Bibliothek und Archiv der Kunstakademie Düsseldorf ⟨Dü 18⟩

Eiskeller 1, 40213 Düsseldorf, Besucheranschrift: Reuterkaserne 1, 40213 Düsseldorf
☎ (0211) 1396-461/ -462, Fax (0211) 1396-225
bibliothek@kunstakademie-duesseldorf.de, www.kunstakademie-duesseldorf.de

Magazinbibliothek, LS mit 10.000 Bänden
Ausleihbibliothek f. ca. 700 Studierende u. 60 Lehrende, Präsenzbibliothek für externe Nutzer
ca. 130.000 Bde. – lfd. Zss.: 120 gedr. – Sonderbestand: 15 Handschriften
55 Benutzerarbeitsplätze, darunter 15 Internetarbeitsplätze
Leiterin: B. Blockhaus, Stellv.: K. Schumann
Stellenplan: 5.2 VZÄ
Träger: Land NRW – Erwerbungsetat 2020: 40.000.– zzgl. Sondermittel
Bes. Sammelgeb.: Bildende Kunst, Kunstwiss., Architektur, Fotografie, Kunstpädagogik.

Landeskirchliche Bibliothek

siehe Wuppertal (Nr. 581).

158 * Bibliothek der Landesregierung Nordrhein-Westfalen ⟨Dü 40⟩

Postfach, 40190 Düsseldorf; Jürgensplatz 1, 40219 Düsseldorf
☎ (0211) 837-1333, bibliothek@stk.nrw.de

Präsenzbibliothek: 111.224 Bde., 1307 elektron. Publ. – lfd. Zss.: 224 gedr., 152 elektron.
LBereich mit 8 Pl. – Leitung: H. Hansing
Stellenplan: 1 A13 Laufbahngruppe 2.1, 1 A12 Laufbahngruppe 2.1, 1 A11 Laufbahngruppe 2.1, 2 A9 Laufbahngruppe 1.2, 1 TVL12, 1 TV-L10, 1 TVL9, 1 TV-L 8, 1 TV-L 6
Träger: Land Nordrhein-Westfalen.
Erwerbungsetat 2021: 280.000.–
Bes. Sammelgeb.: Öff. Recht.

159 Hochschulbibliothek der Robert-Schumann-Hochschule Düsseldorf ⟨1972⟩

Georg-Glock-Str. 19, 40474 Düsseldorf (Besuchsadresse);
Fischerstraße 110, 40476 Düsseldorf (Postadresse)
☎ (0211) 4918-230
bibliothek@rsh-duesseldorf.de, jonas.lamik@rsh-duesseldorf.de
http://www.rsh-duesseldorf.de/musikhochschule/einrichtungen/hochschulbibliothek/

Ausleihbibliothek
ca. 120.000 Medieneinheiten, 52.000 Bde. Schrifttum (Titel), 28.000 Noten (Titel), 15.000 Tonträger – lfd. Zss.: 28 gedr. – Sonderbestand: Max-Bruch-Briefe + Notenautographen, Richard-Wagner-Rara, Filmmusiktonträger.
23 Benutzerarbeitsplätze, darunter 14 Computer-APl; 14 Carrel-APl; 2 Medien-/Schulungsräume (26 P.)
Leitung: J. Lamik, Stellvertreter: E. Tommasi
Stellenplan: 5.6 VZÄ (1 hD, 2 gD, 2.6 mD/eD)
Träger: Land Nordrhein-Westfalen

Duisburg

160 * **Universitätsbibliothek Duisburg-Essen ⟨465⟩**

> 📧 Postanschrift: 47048 Duisburg; Lotharstr. 65, 47057 Duisburg
> ☎ (0203) 379-2029 (Dir.)/ -2010 (Ausk.), Fax (0203) 379-2066
> 💻 ub@uni-due.de, http://www.uni-due.de/ub
>
> 📧 Postanschrift: 45117 Essen; Universitätsstr. 9, 45141 Essen
> ☎ (0201) 183-3699 (Dir.)/ -3727 (Ausk.), Fax: 183-3231
> 💻 ub@uni-due.de, http://www.uni-due.de/ub

Entstanden durch Fusion der Universitätsbibliothek Duisburg und der Universitätsbibliothek Essen in Folge der Fusion der Universitäten Duisburg und Essen am 1.1.2003.
Ausleih- und Präsenzbibliothek für 48.000 HS-Angeh., einschichtiges Bibliothekssystem mit 6 Fachbibliotheken an 6 Standorten, angegliedertes Universitätsarchiv. Teilnahme am Bibliotheksverbund mit HS-BB und HBZ des Landes Nordrhein-Westfalen.
2.340.000 Bde. – lfd. Zss.: 1.230 gedr., 35.831 elektron.
2.680 Benutzerarbeitsplätze, darunter 332 Computerarbeitsplätze, Freihandaufstellung – Entleihungen: 1.186.339 (2020 = Corona-Jahr), 1.557.445 (2019 = vor Corona)
Dir. N. Walger, Stellv.: D. Pohl, A. Sprick – Dez.-Leitung: A. Sprick (Benutzung), I. Züchner (Medienbearbeitung), F. Lützenkirchen (Digitale Bibliothek), D. Pohl (Betrieb und Organisation) – Leitung Universitätsarchiv: H. Friggemann – Wiss. D.: D. Bauer-Krupp, M. Bohlmann, H. Brockmann, H. Friggemann, D. Graf, Ch. Kläre, R. Kosche, F. Lützenkirchen, A. Petschenka, D. Pohl, S. Rehwald, F. Schmidt, U. Scholle, E. Spielberg, A. Sprick, I. Züchner
Stellenplan: 136.88 VZÄ (6.00 A15, 5.35 A14, 2.95 A13, 3.85 A13gD, 4.56 A12, 9.91 A11, 12.75 A10, 13.1 A9gD, 1.42 A9mD, 8.17 A8, 5.02 A7, 4.00 A6 – 0.60 E14, 3.55 E13hD, 2.60 E11, 1.00 E10, 7.93 E9gD, 5.81 E9mD, 6.75 E8, 21.50 E6, 7.00 E5, 3.00 E4) – 5.87 Sonstige – 6.00 Auszubildende.
Träger: Universität Duisburg-Essen – Gesamtausgaben 2020: 14.790.282.–, davon 5.678.727.– für Erwerbung
Bes. Sammelgeb.: Kinder- und Jugendliteratur, Ostasien, Türkische Literatur.

Campus Duisburg: Fachbibliothek BA
📧 Bismarckstr. 81, Gebäude B, 47057 Duisburg, ☎ (0203) 379-3261
Elektrotechnik, Angewandte Materialtechnik.

Campus Duisburg: Fachbibliothek LK
📧 Lotharstr. 65, Gebäude LK, 47057 Duisburg, ☎ (0203) 379-2010 (Zentrale Information)
Geistes-, Sozial- u. Wirtschaftswiss., Mathematik, Informatik.

Campus Duisburg: Fachbibliothek MC
📧 Lotharstr. 1, Gebäude MC 2, 47057 Duisburg, ☎ (0203) 379-2000
Naturwiss., Maschinenbau.

Campus Essen: Fachbibliothek GW/GSW
📧 Universitätsstr. 9, Gebäude R09–11, 45117 Essen
☎ (0201) 183-3727 (Zentrale Information)
Geistes- u. Gesellschaftswiss., Kunst, Sprachwiss., Wirtschaftswiss.

Campus Essen: Fachbibliothek Medizin
- Hufelandstr. 55, 45122 Essen
- (0201) 723-3332, Fax (0201) 723-3341
Leiterin: K. Wibker

Campus Essen: Fachbibliothek MNT
- Universitätsstr. 15, Gebäude V15, 45117 Essen
- (0201) 183-6010
Mathematik, Naturwiss., Technik.

161 * **Stadtbibliothek ⟨136⟩**

Postadresse: 47049 Duisburg; Steinsche Gasse 26, 47051 Duisburg
(0203) 283-2593, Fax (0203) 283-4294
j.barbian@stadt-duisburg.de, stadtbibliothek@stadt-duisburg.de
http://www.stadtbibliothek-duisburg.de

Ausleihbibliothek f. 499.854 Einwohnerinnen u. Einwohner, 31.121 eingetr. Ben. 577.357 Medieneinheiten, davon 430.689 Bde., 53.664 elektron. Publ. – lfd. Zss.: 1.197 gedr. Lesezonen mit 428 Plätzen, davon 110 Computerarbeitsplätze, 41 Internetplätze – Entleihungen: 1.870.279
Dir.: J. P. Barbian, Stellv.: M. Dubke (Stabsstelle ZB), J. Flaßhove (Abt.-Ltg.), E. Schmelnik-Tommes (Abt.-Ltg.)
Stellenplan: 5 Beamtinnen und Beamte (2 A13, 2 A12, 1 A9) – 130 Beschäftigte (2 EG15, 2 EG14, 5 EG13, 11 EG11, 3 EG10, 38 EG9, 12 EG8, 30 EG7, 10 EG6, 9 EG5, 1 EG3, 2 SV)
Gesamtausgaben 2020: 12.160.917.–, davon 1.198.695.– für Erwerbung
13 angeschl. Bibliotheken, 1 Fahrbibliothek mit 1 Bus

Abteilungsbibliothek Duisburg der Folkwang-Hochschule Essen

siehe Essen (Nr. 175)

162 **Bibliothek des Landesarchivs NRW, Abt. Rheinland**

Schifferstraße 30, 47059 Duisburg
(0203) 98721-224, annemarie.kluge@lav.nrw.de
https://www.archive.nrw.de/landesarchiv-nrw/abteilung-rheinland-duisburg

Wiss. Spezialbibliothek, Präsenzbibliothek: 230.000 Bde. – lfd. Zss.: ca. 400 LS mit 100 Benutzerarbeitsplätzen
Kontakt: A. Kluge
Träger: Land Nordrhein-Westfalen
Bes. Sammelgeb.: Geschichte des Rheinlands und angrenzender Länder, Geschichte Nordrhein-Westfalens, Archivwesen, Historische Hilfswiss., Amtliche Druckschriften und Druckschriften von Parteien, Verbänden u. ä.

Eberswalde

163 * **Hochschulbibliothek der Hochschule für nachhaltige Entwicklung Eberswalde** ⟨Eb 1⟩

> Schicklerstr. 5, 16225 Eberswalde, ☎ (03334) 657-201, Fax (03334) 657-202
> bibliothek@hnee.de, http://www.hnee.de/hochschulbibliothek

Hochschulbibliothek
175.500 Bde., 3.000 elektron. Publ. – lfd. Zs.: 224 gedr., 26 elektron.
143 Benutzerarbeitsplätze, davon 19 PC-APl., 7 Arbeitskabinen – Entleihungen: 23.000
Leiterin: C. Adler, Stellv. Leiterin: C. Beutel
Träger: Land Brandenburg – Erwerbungsausgaben 2020: 95.000.–
Bes. Sammelgeb.: Forstwirtschaft, Landschaftsnutzung, Regionalmanagement, KMU, Tourismus, Holztechnik, Umwelt.

Eggenstein-Leopoldshafen

164 **Literaturvermittlungsstelle von FIZ Karlsruhe – Leibniz-Institut für Informationsinfrastruktur GmbH**

> Postfach 24 65, 76012 Karlsruhe
> Hermann-von-Helmholtz-Platz 1, 76344 Eggenstein-Leopoldshafen
> ☎ (07247) 808-333, Fax (07247) 808-135
> autodoc@fiz-karlsruhe.de, http://www.fiz-karlsruhe.de, http://autodoc.fiz-karlsruhe.de

Die Bibliothek im FIZ Karlsruhe wurde 2002 aufgelöst. Der Bestand ist an die UB/TIB Hannover übergegangen. FIZ Karlsruhe betreibt aber weiterhin eine Literaturvermittlungsstelle, u. a. mit AutoDoc.
Leiterin: S. Rehme
Träger: Bundesrepublik Deutschland und Bundesländer

KIT-Bibliothek Nord (Karlsruher Institut für Technologie)

siehe Karlsruhe, KIT-Bibliothek (Nr. 290)

Eichstätt

165 * **Universitätsbibliothek Eichstätt-Ingolstadt** ⟨824⟩

> Postfach, 85071 Eichstätt; Universitätsallee 1, 85072 Eichstätt
> ☎ (08421) 93-21492 (Info)/ -21331 (Sekr.)
> bibliothek@ku.de, http://www.ku.de/bibliothek

Präsenz- u. Ausleihbibliothek, einh. Bibliothekssystem f. Buchbearb.-Betrieb – RegionalB u. LeitB im reg. Leihv.
1.968.793 Bde. – lfd. Zss.: 1.497 gedr., 21.185 elektron.
568 Benutzerarbeitsplätze, darunter 40 Computer-APl. – Entleihungen: 152.619

Direktorin: M. Löffler – Wiss. Dienst: C. Dittrich, R. Katzenberger, G. Lorenz, C. Maibach, H. Riedel-Bierschwale, M. Vogl
Stellenplan: 65 Beamtinnen und Beamte (1 A16, 1 A15, 4 A14, 1 A13, 5 A12, 5 A11, 7 A10, 6 A9, 10 A8, 10 A7, 12 A6, 2 A5, 1 A4) – 5 Ang. (4 TV-L E6, 1 TV-L E5)
Träger: Stiftung Katholische Universität Eichstätt – Gesamtausgaben 2020: 5.410.855.–, davon 1.815.700.– für Erwerbung
Bes. Sammelgeb.: Schrifttum d. Diözese Eichstätt.
Veröff. unter: https://edoc.ku.de/
1 ZB u. 3 TeilBB in Verw.-Einh. m. d. Staats- u. Bischöfl. Sem.-B u. 1 Zweig-B

Teilbibliothek 1
Pater-Philipp-Jenningen-Platz 6, 85072 Eichstätt
(08421) 93-21414 (Ausl.), heike.riedel@ku.de
Theologie, Philosophie, Musikwiss.

Teilbibliothek 2
Ostenstr. 1, 85072 Eichstätt
(08421) 93-21389 (Ausl.), christiane.maibach@ku.de
Geowiss., Journalistik, Mathematik/Informatik, Naturwiss., Pädagogik, Psychologie, Soziologie, Sport

Teilbibliothek 3 „Hofgarten", Historische Bestände, Ehemalige Staats- und Seminarbibliothek
Hofgarten 1, 85072 Eichstätt
(08421) 93-21327 (Ausl.), heike.riedel@ku.de
Hss., Inkun., Alte Drucke bis 1800, Graph. Slg., Hist. Tontr., Hist. Kt., Nl., Kunstgeschichte, Klass. Archäologie.

Wirtschaftswissenschaftliche Zweigbibliothek ⟨945⟩
Auf der Schanz 49, 85049 Ingolstadt
(0841) 937-21808 (Ausl.), ruth.katzenberger@ku.de
Wirtschaftswiss., Recht

Emden

166 * **Hochschulbibliothek der Hochschule Emden/Leer ⟨755⟩**

Constantiaplatz 4, 26723 Emden
(04921) 807-1770 (Ausl.)/ -1772 (Leitung), Fax (04921) 807-1775
bibliothek@hs-emden-leer.de
https://www.hs-emden-leer.de/hochschule/organisation/einrichtungen/bibliothek

Die FH Oldenburg/Ostfriesland/Wilhelmshaven wurde zum 1.09.2009 in zwei Hochschulen aufgeteilt: Hochschule Emden/Leer und Jade Hochschule Wilhelmshaven/Oldenburg/Elsfleth (Nr. 565).
Ausleihbibliothek f. 4.535 Studierende (darunter 316 externe Ben.)
121.758 Medieneinheiten, 104.774 elektron. Publ. – lfd. Zss.: 338 gedr., 44.144 elektron.
225 Benutzerarbeitsplätze, darunter 24 Computerarbeitsplätze – Entleihungen: 11.175

Leitung: S. Zimmermann, Stellv.: N. Lehmann
Stellenplan: 1 E11, 3,5 E9, 3.39 E6
Träger: Land Niedersachsen – Gesamtetat 2020: 1.021.822.–, davon 498.000.– für Erwerbung

Teilbibliothek Seefahrt Leer ⟨755/1⟩

Bergmannstr. 36, 26789 Leer

(0491) 92817-5014 (Ausl.) / (04921) 807-1772 (Leit.), Fax / (04921) 807-1775 (Leit.)

bibliothek.maritim@hs-emden-leer.de
https://www.hs-emden-leer.de/hochschule/organisation/einrichtungen/bibliothek
Ausleih- und Präsenzbibliothek
11.383 Medieneinheiten – lfd. Zss.: 46 gedr.
24 Benutzerarbeitsplätze, darunter 10 Computerarbeitsplätze – Entleihungen: 1.770

Teilbibliothek Wirtschaft Leer <755/1>

Kirchstraße 54, 26789 Leer

(0491) 92817-5214 (Ausl.) / (04921) 807-1772 (Leit.)

bibliothek.business@hs-emden-leer.de
https://www.hs-emden-leer.de/hochschule/organisation/einrichtungen/bibliothek
Ausleih- und Präsenzbibliothek
923 Medieneinheiten
10 Benutzerarbeitsplätze, darunter 2 Computerarbeitsplätze

167 Johannes a Lasco Bibliothek Große Kirche Emden ⟨Em 2⟩

Kirchstraße 22, 26721 Emden

(04921) 9150-0, Fax (04921) 9150-50, lasco@jalb.de, http://www.jalb.de

Wiss. Spezialbibliothek und Öffentl. Ausleihbibliothek: ca. 200.000 Medieneinheiten, ca. 150.000 Bde. – lfd. Zss.: 180 gedr. – Sonderbestand: 14.553 Drucke vor 1800, Handschriftensammlung, Archiv
LS m. 4 Benutzerarbeitsplätzen, OPAC/Internet, 2 Mikrofiche-Lesegeräte
Wiss. Vorstand: K. Daugirdas, Vorstand des kaufm. Bereichs: G. Plenter, wiss. Mitarbeiter: K.-D. Voß.
Stellenplan: 4 außertarifl. DFG-Projekt (wiss., bibliothekarische Mitarbeiter), 3 Bibliothekare (1 Vollzeit, 2 Teilzeit), sonstige Mitarbeiter.
Träger: Stiftung Johannes a Lasco Bibliothek Große Kirche Emden
Bes. Sammelgeb.: Reformierter Protestantismus, Konfessionsgeschichte der Frühen Neuzeit, Ostfriesische Landeskunde.

Erfurt

168 * Universitätsbibliothek Erfurt ⟨547⟩

Postfach 900222, 99105 Erfurt; Nordhäuser Str. 63, 99089 Erfurt
☎ (0361) 737-5500 (Sekr.)/ -5800 (Inf.), Fax (0361) 737-5509
💻 information.ub@uni-erfurt.de, http://www.uni-erfurt.de/bibliothek/

Universitätsbibliothek Erfurt
Präsenz- u. Ausleihbibliothek: 1.183.265 Bde., 38.619 Digitale Bestände, Zss: 905 gedr., 18.882 elektron. – Sonderbestand: 1.951 Hss.
559 Benutzerarbeitsplätze, darunter 129 Computerarbeitsplätze – Entleihungen: 250.405
Wiss. Dienst: T. Bouillon, K. Drechsel, G. Kuhles, N. Neute, K. Ott, R. Solle, F. Wein, S. Werner, S. Ziebarth
Stellenplan Erfurt: 54.52 VZÄ.
Träger: Freistaat Thüringen – Gesamtausgaben 2020: 4.622.350.–, davon 1.113.281.– für Erwerbung
Veröff. unter: http//www.uni-erfurt.de/bibliothek/wir/publikationen/

169 * Bibliothek der Fachhochschule Erfurt ⟨546⟩

Altonaer Straße 25, 99085 Erfurt, ☎ (0361) 6700-504 (Ltg.), Fax (0361) 6700-518
💻 bibliothek@fh-erfurt.de,
https://www.fh-erfurt.de/fhe/zentrale-einrichtungen/bibo/startseite/

Präsenz- u. Ausleihbibliothek, 2 Standorte (Zentrale Freihandbibliothek, Präsenzbibliothek Architektur): 327.6664 Bde., 26.409 elektron. Publ. – lfd. Zss.: 242 gedr., 12.931 elektron.
243 Benutzerarbeitsplätze, davon 98 Computer-APl. – Entleihungen: 56.527
Leiterin: A. Glöckner
Stellenplan: 11.00 VZÄ
Träger: Freistaat Thüringen – Erwerbungsausgaben 2020: 343.373.–

170 * Stadt- und Regionalbibliothek Erfurt (StuRB) ⟨63⟩

Stadtverwaltung Erfurt, Amt 40.03, 99084 Erfurt; Domplatz 1, 99084 Erfurt
☎ (0361) 655-1590, Fax (0361) 655-1599
💻 bibliothek@erfurt.de, http://www.erfurt.de/bibliothek

StuRB ist Abteilung im Amt für Bildung
Öffentliche Bibliothek: 4 469.210 Medieneinheiten – lfd. Zss. gedr. + elektron.: 490, davon 416 gedr., 74 elektron. – Sonderbestand: heimatkundl. Medien zu Nord- u. Mittelthüringen, historische Kinderbücher.
310 Benutzerarbeitsplätze, davon 48 Computer-APl. – Entleihungen: 841.498
Direktor: E. Kusber
Stellenplan: 59.25 Stellen – VZÄ gesamt: 56.03, davon 18.50 VZÄ Bibliothekare, 24.13 VZÄ FaMI, 2.60 VZÄ aus Förderprogrammen, 10.80 VZÄ sonstiges Personal.
Träger: Stadtverwaltung Erfurt – Gesamtausgaben 2020: 3.865.338.–, davon 344.345.– für Erwerbung

Bes. Sammelgeb.: heimatkundliche Medien zu Nord- und Mittelthüringen. Angeschl.: 1 Kinder- und Jugendbibliothek, 5 Zweigstellen, 1 Fahrbibliothek.

171 **Bibliothek des Bundesarbeitsgerichts ⟨Ef 29⟩**

> 📠 Postfach, 99113 Erfurt; Hugo-Preuß-Platz 1, 99084 Erfurt
> ☎ (0361) 2636-1710, Fax (0361) 2636-2003
> 💻 bibliothek@bundesarbeitsgericht.de, https://www.bundesarbeitsgericht.de/ihr-besuch-bei-uns/die-bibliothek/?highlight=bibliothek

Präsenzbibliothek f. d. Mitarb. d. BAG, beschr. Zul. externer Ben.
104.044 Medieneinheiten, 99.199 Bde., 1.845 elektron. Publ. – lfd. Zss.: 269 gedr., 35 elektron. – Sonderbestand: 87.389 Tarifverträge
31 Benutzerarbeitsplätze, 133 HBB im Dienstgeb. – Entleihungen: 3.165
BLeiter: S. Lieberknecht, Stellv.: S. Brinkmann
Stellenplan: 3 Beamte (1 A15, 1 A13, 1 A12), 6 Tarifbeschäftigte (0.64 E9, 4 E6, 1 E3), 1 Auszubildende/r.
Träger: Bundesrepublik Deutschland – Erwerbungsetat 2020: 370.747.–
Bes. Sammelgeb.: Rechtswiss. mit Schwerpunkt Arbeitsrecht.

Erlangen

172 * **Universitätsbibliothek Erlangen-Nürnberg ⟨29⟩**

> 📠 Postfach, 91051 Erlangen; Universitätsstr. 4, 91054 Erlangen
> ☎ (09131) 85-22150/ -22160 (Ltg.), Fax (09131) 85-29309
> 💻 ub-direktion@fau.de, https://ub.fau.de/

Ausleih- u. Präsenzbibliothek m. Hauptbibliothek, 3 Zweig- und 15 Teilbibliotheken an 131 Standorten f. 38.878 Studierende, 12.000 Mitarbeiterinnen und Mitarbeiter u. ganz Mittelfranken
5.387.871 Bde., 470.669 elektron. Publ. – lfd. Zss.: 2.470 gedr., 78.634 elektron. – Sonderbestand: 2.392 Hss., 2.136 Inkun. 20.293 Autograph., 22.950 Graphikblätter, 28.000 Münzen.
1.463 Benutzerarbeitsplätze, darunter 147 Computerarbeitsplätze – Entleihungen: 622.016
Dir.: K. Söllner, Stellv.: J. Hennecke (zugl. Leiter Teilbibliotheken) – Leiter d. ZweigBB: J. Rohrwild (Technisch-Naturwiss.), S. Kolbe (Wirtschafts- u. Sozialwiss.), J. Hofmann (Erziehungswiss.) – Wiss. Dienst: M. Ammon, J. Faust, P. Heermann, S. Heuser (Benutzung), C. Hofmann-Randall (Hss.), C. Jensen, V. Müller, R. Plappert (Medienbearbeitung), M. Putnings, I. Schenker (IT), T. Stoyanova, I. Zeisberger.
Stellenplan: 96 Beamtinnen und Beamte (1 A16, 5 A15, 5 A14, 9 A13, 10 A12, 10 A11, 16 A10, 8 A9, 7 A8, 7 A7, 15 A6, 2 A5) – 53 Beschäftigte (1 E14, 1 E11, 10 E9, 2.5 E8, 18.5 E6, 15.75 E5, 2.25 E4, 1 E2)
Träger: Freistaat Bayern – Gesamtausgaben 2020: 14.615.318.–, davon 7.002.088.– für Erwerbung
Bes. Sammelgeb.: Schulbücher – DFG: FID Erziehungswiss. u. Bildungsforschung.
Pflichtex.: seit 1743 aus d. Fürstentum Bayreuth, seit 1769 aus Ansbach-Bayreuth, seit 1844 aus Mittelfranken.
Veröff. unter: http://www.university-press.fau.de

Hauptbibliothek ⟨29⟩

Schuhstraße 1a, 91054 Erlangen

(09131) 85-23950 (Information), Fax (09131) 85-29309

ub-hb-info@fau.de,
https://ub.fau.de/ueber-uns/standorte-oeffnungszeiten/hauptbibliothek/

Ausleihbibliothek

LS mit Internetarbeitsplätzen

2.512.999 Bde. – (lfd. Zss.: 2.470 gedr., 78.634 elektron. im Bibliothekssystem)

Erwerbungsausgaben 2020: 5.115.289.–

Bes. Sammelgeb.: Erziehungswissenschaft und Bildungsforschung (FID DFG), Pflichtexemplare.

Erziehungswissenschaftliche Zweigbibliothek ⟨N 32⟩

Regensburger Str. 160, 90478 Nürnberg

(0911) 5302-571 (Ausl.), Fax (0911) 5302-733

ub-ezb-info@fau.de, https://ub.fau.de/ueber-uns/standorte-oeffnungszeiten/ezb/

Ausleihbibliothek, LS mit Internetarbeitsplätzen

Leiter: J. Hofmann

142.871 Bde.

Erwerbungsausgaben 2020: 78.966.–

Bes. Sammelgeb.: Historische und moderne deutsche Schulbücher.

Technisch-Naturwissenschaftliche Zweigbibliothek ⟨29 T⟩

Erwin-Rommel-Str. 60, 91058 Erlangen

(09131) 85-27468 (Ausl.)/ -27600 (Information), Fax (09131) 85-27843

ub-tnzb-info@fau.de, https://ub.fau.de/ueber-uns/standorte-oeffnungszeiten/tnzb/

Ausleihbibliothek

LS mit Internetarbeitsplätzen, Patent-Recherche-Station

Leiter: J. Rohrwild, Stellv.: M. Putnings

215.107 Bde.

Erwerbungsausgaben 2020: 416.780.–

Wirtschafts- und Sozialwissenschaftliche Zweigbibliothek ⟨N 2⟩

Lange Gasse 20, 90403 Nürnberg

(0911) 5302-318 (Ausleihe)/ -830 (Info), Fax (0911) 5302-852

ub-wszb-info@fau.de, https://ub.fau.de/ueber-uns/standorte-oeffnungszeiten/wszb/

Ausleihbibliothek

LS mit Internetarbeitsplätzen

Leiterin: S. Kolbe

176.274 Bde.

Erwerbungsausgaben 2020: 415.874.–

Universitätsbibliothek Essen

siehe Universitätsbibliothek Duisburg-Essen (Nr. 160).

173 * **Stadtbibliothek Essen ⟨64⟩**

> ✉ Postfach 10 36 62, 45036 Essen; Hollestraße 3 (Gildehof), 45127 Essen
> ☎ (0201) 8842-000, Fax (0201) 8842-003
> 🖥 info@stadtbibliothek.essen.de http://www.stadtbibliothek.essen.de

Öffentliche Bibliothek, Zentralbibliothek, Französische Bibliothek und 15 Stadtteilbibliotheken 685.355 Medieneinheiten, davon 407.343 Bde. – lfd. Zss.: 469 gedr., 53 elektron.
427 Benutzerarbeitsplätze, darunter 22 Computer-Arbeitsplätze mit Internet – Entleihungen: 2.168.135
Dir.: A. Flicker, Stellv.: R. Scherberich (zugl. Leiterin der Zentralbibliothek)
Stellenplan: 108.5 Beschäftigte, 3 Auszubildende
Träger: Stadt Essen
Gesamtausgaben 2020: 10.106.921.–, davon 727.432.– für Erwerbung
Bes. Sammelgeb.: Essen, Ruhrgeb. in Gesamtdarst.

Bergbau-Bücherei

siehe Bochum, Bibliothek des Ruhrgebiets (Nr. 86)

174 * **Medienforum des Bistums Essen ⟨E 9⟩**

> ✉ Zwölfling 14, 45127 Essen, ☎ (0201) 2204-442 / -274 (Leitung), Fax (0201) 2204-272
> 🖥 medienforum@bistum-essen.de
> https://www.bistum-essen.de/info/schule-bildung/medienforum

Sigel: 66 (kirchl. Leihverkehr)
Ausleihbibliothek: 168.345 Medieneinheiten – lfd. Zss.: 83 gedr.
4 Internet-Arbeitsplätze – Entleihungen: 28.877
Leiterin: V. Steinkamp. Stellenplan: 3.5 VZÄ
Träger: Bistum Essen – Erwerbungsetat 2018: 99.373.–
Bes. Sammelgeb.: Kath. u. Evang. Theologie, Religionspädagogik, Philosophische, Soziologie, Pädagogik, Geschichte, Kunst, Literatur.

175 * **Bibliothek der Folkwang Universität der Künste ⟨1156⟩**

> ✉ Klemensborn 39, 45239 Essen, ☎ (0201) 4903-240, Fax (0201) 4903-244
> 🖥 bibliothek@folkwang-uni.de, http://www.folkwang-uni.de/bibliothek

Ausleih- und Präsenzbibliothek. Neubau (2012) der Folkwang Bibliothek auf dem Campus Essen-Werden.
ca. 180.000 Medieneinheiten: 66.000 Bde. Schrifttum (Titel), 87.000 Noten (Titel), 24.000 Ton- und Bildtonträger – lfd. Zss.: 82 gedr., 13 elektron. – Sonderbestand: Alfried Krupp von Bohlen und Halbach-Schallplattensammlung.
44 Lese- und Arbeitsplätze, darunter 20 Computerarbeitsplätze und 8 Carrel-Arbeitsplätze. – Entleihungen 2020: 37.000
Leiterin: D. Heß
Stellenplan: 7.75 VZÄ.
Träger: Land Nordrhein-Westfalen – Gesamtetat 2020 (o. Personalkosten): 67.000.–
Bes. Sammelgeb.: Musikwiss., Erziehungswiss.

Campus Duisburg, Bibliothek
 Düsseldorfer Str. 19, 47051 Duisburg, ☎ (0203) 29588-13
 splittstoesser@folkwang-uni.de
25.000 Medieneinheiten
6 Computerarbeitsplätze

Esslingen

176 Hochschulbibliothek ⟨753⟩

 Flandernstraße 101, 73732 Esslingen
 ☎ (0711) 397-4103 /-4100 (Ltg.), Fax (0711) 397-4099, bibliothek@hs-esslingen.de
https://www.hs-esslingen.de/de/hochschule/service/bibliothek

Ausleihbibliothek: 114.000 Bde., 39.080 elektron. Publ. – lfd. Zss.: 356 gedr., 20.281 elektron.
228 APl., davon 29 PC-APl. – Entleihungen: 31.926
Leitung: N.N. Stellenplan: 7 VZÄ
Gesamtausgaben 2020: 948.634.–, davon 480.912.– für Erwerbung

Bibliothek Standort Göppingen
 Robert-Bosch-Str. 1, 73037 Göppingen, ☎ (07161) 679-1191, Fax: -2191
 bibliothek-goeppingen@hs-esslingen.de

Ettal

177 * Bibliothek der Abtei Ettal ⟨Et 1⟩

 Kaiser-Ludwig-Platz 1, 82488 Ettal, ☎ (08822) 74-6265, Fax (08822) 74-6268
 bibliothek@kloster-ettal.de, info@bibliothek-ettal.de,
http://bibliothek.kloster-ettal.de/index.php

Allg. wiss. und theologische Bibliothek: 191.000 Bände – lfd. Zss.: 190 – Sonderbestand: 97 Hss.
u. 14 Fragm., 7 Inkun., Byzant. Inst. mit ca. 4.650 Bänden.
LS u. HB f. d. Klosterangeh., 4 APl. f. externe Ben.
Entleihungen: 1.000
Leiter: Frater H. Kleindienst OSB, Ang.: M. Gabbe. Stellenplan: 1 Mitarb. d. Ordens, 1 Ang.
Träger: Benediktinerabtei Ettal – Erwerbungsetat (inkl. Einband) 2020: 30.700.–
Bes. Sammelgeb.: Patrologie, Theologie, Geschichte.

Eutin

178 * Eutiner Landesbibliothek ⟨138⟩

 Schlossplatz 4, 23701 Eutin, ☎ (04521) 788-770, Fax (04521) 788-771
 info@lb-eutin.de, http://www.lb-eutin.de

Präsenzbibliothek, Eutiner Forschungsstelle zur historischen Reisekultur

118.637 Medieneinheiten, davon 83.207 Bde. – lfd. Zss.: 54 gedr.
LS m. 10 Benutzerarbeitsplätzen, Internet-OPAC – Entleihungen: 1.359
Leiter: F. Baudach – Wiss. Dienst: A. Walter, A. Scharrenberg
Stellenplan: 1 A14, 1 TVöD 14, 6.81 Stellen ohne Tarifbindung.
Träger: Stiftung Eutiner Landesbibliothek – Gesamtetat 2019: 743.388.–, davon 13.000.– Erwerbungsetat
Bes. Sammelgeb.: Hist. Reiseliteratur, Literaturgeschichte 18./19. Jh., Regionalgeschichte Ostholstein.

Flensburg

179 * **Zentrale Hochschulbibliothek Flensburg ⟨Fl 3⟩**

Auf dem Campus 3, 24943 Flensburg, ☎ (0461) 805-2910, Fax (0461) 805-2900
info@zhb-flensburg.de, ausleihe@zhb-flensburg.de, http://www.zhb-flensburg.de

Ausleihbibliothek f. 11.834 eingetragene Benutzer/innen.
237.782 Bde., 26.371 elektron. Publ. – lfd. Zss.: 356 gedr., 26.665 elektron. – Sonderbestand: Schulbuchsammlung
508 Benutzerarbeitsplätze, 49 Computerarbeitsplätze – Entleihungen: 316.724
Leitung: U. Bödecker, Stellenplan: 17.9 VZÄ
Träger: Land Schleswig-Holstein – Erwerbungsausgaben 2020: 1.137.722.–
Bes. Sammelgeb.: Schulbücher aus Schleswig-Holstein u. Dänemark.

180 * **Dansk Centralbibliotek for Sydslesvig**

Postfach 1410, 24904 Flensburg; Norderstraße 59, 24939 Flensburg
☎ (0461) 8697-0, Fax (0461) 8697-200, dcb@dcbib.dk, https://www.dcbib.dk

Bibliothek für die dänische Minderheit in Schleswig-Holstein
Postboks 528, DK-6330 Padborg
Öffentliche Ausleihbibliothek
360.140 Medieneinheiten
Entleihungen: 270.133
Bibliotheksdirektor: J. M. Henriksen
Träger: Grænseforeningen e. V.
Angeschl.: 3 Filialen. Husum Bibliotek, Slesvig Bibliotek, Fællesbiblioteket Egernførde. 2 Bücherbusse.

181 * **Leihverkehrs- und Ergänzungsbibliothek ⟨455⟩**

Waitzstr. 5, 24937 Flensburg, ☎ (0461) 8606-200, Fax (0461) 8606-110
leihverkehrsbibliothek@bz-sh.de, http://www.bz-sh.de

Leitstelle für den Leihverkehr zwischen den ÖBB in Schleswig-Holstein, Ergänzungsbestand
139.217 Medieneinheiten – lfd. Zss.: 90 – Sonderbestand: 35.000 Bde. d. Alten Gymnasiums Flensburg, 3.000 Bde. d. Probstei-B Flensburg u. 400 Bde. d. St. Nikolai-B Flensburg, über 1.000 historische Karten.

Altbestand nach Absprache einsehbar.
Leiter: N. Simonsen
Stellenplan: 9.28 VZÄ, 11 Beschäftigte.
Träger: Büchereiverein Schleswig-Holstein

Florenz

182 **Bibliothek des Kunsthistorischen Instituts in Florenz (KHI), Max-Planck-Institut** ⟨Y 3⟩

> Via Giuseppe Giusti 44, I-50121 Firenze, ☎ (0039-055) 24911-1, Fax 24911-55
> info@khi.fi.it, https://www.khi.fi.it

Spezialbibliothek: ca. 360.000 Medieneinheiten, ca. 350.000 Bde. – lfd. Zss.: 1.002 gedr., 31.501 elektron. – Sonderbestand:: Rara ca. 8.500
100 Benutzerarbeitsplätze, Internet
Leiter: J. Simane, stellv. Leiterin: B. Steindl – Wiss. D.: A. Creutzburg, V. Gebhard, S. Hanke, L. Hanstein, A. Spagnolo-Stiff, B. Steindl
Stellenplan: 2 Beamte (1 A15, 1 A12), 7.5 Ang. (3.5 E13/E14, 4 E9), 5 Ortskräfte
Träger: Max-Planck-Gesellschaft zur Förderung der Wissenschaften e. V. – Gesamtetat 2020: 1.613.000.–, davon 300.000.– Erwerbungsetat
Bes. Sammelgeb.: Italienische Kunst von der Spätantike bis zur Gegenwart in ihren lokalen, regionalen, interkulturellen, transdisziplinären und globalen Kontexten, Fotografiegeschichte.
Veröff. unter: https://www.khi.fi.it/de/publikationen/index.php

Frankfurt (Main)

183 * **Deutsche Nationalbibliothek (Leipzig, Frankfurt a. M.)** ⟨101b⟩

> Adickesallee 1, 60322 Frankfurt a. M.
> ☎ (069) 1525-0/ -1002 (Sekretariat)/ -2500 (Information), -1900 (Dt. Exilarchiv 1933-1945)
> Fax (069) 1525-1010
> info-f@dnb.de, http://www.dnb.de

Zusätzliche Angaben zur Deutschen Nationalbibliothek in Leipzig: siehe Nr. 338.
Archivbibliothek aller dt. u. im Ausl. ersch. dt.-sprach. Medienwerke inkl. aller dt. Musikalien u. Musiktonträger seit 1913, nationalbibliografisches Informationszentrum der Bundesrepublik Deutschland, Präsenzbibliothek, Teilnahme am Leihverkehr nur bedingt.
Gesamtbestand: 41.369.428 Medieneinheiten, 9.266.115 Online-Publikationen, 1.884.764 Musiktonträger, 1.037.274 Noten, 572.216 Normen, 435.524 Hss. – lfd. Zss.: 65.677
12 LSS m. 877 Pl. an zwei Standorten, darunter 174 Computerarbeitsplätze, 77.880 Bde. – Entleihungen: 217.155, Zugriffe auf digitalisierte Inhaltsverzeichnisse: 8.238.023, Zugriffe auf Volltexte: 9.281.392
Personal (Frankfurt am Main): Gen. Dir.: F. Scholze, Ständ. Vertr. u. Dir. d. Dt. NationalB in Frankfurt am Main: U. Schwens – Fachb.Ltr.: P. Leinen (Informationsinfrastruktur), R. Gömpel (Benutzung u. Bestandserhaltung), U. Junger (Erwerbung u. Erschließung), D. Zechmann (Zentralbereich Verwaltung) – Abt.Ltr.: V. Henze (Inhaltserschließung), C. Schumann

(Erwerbung u. Formalerschließung), J. Räuber (Benutzung u. Bestandsverw.), K. Schneider (Digitale Dienste), S. Asmus (Deutsches Exilarchiv 1933–1945).
Wiss. Dienst: H. Alex, B. Althaus, C. Baumann, G. Bee, J. Bender, A. Büsken, A. Degen, E. Emsbach, P. Gröschel, J. Hasenclever, G. Jäkel, S. Jockel, H. Karg, J. Kett, P. Kitmeridis, K. Kocer, K. Köhn, R. Krause, M. Lösse, A. Meyer-Heß, E. Mödden, J. Nadj-Guttandin, R. Polak-Bennemann, P. Ratuschni, E. Rötlich, J. Rupp, E. Scheven, C. Schöning-Walter, S. Schrimpf-Blasberg, T. Seidel, T. Steinke, A. Vorndran, N. Walger, B. Woldering.
Stellenplan 2020 (gesamt): 349.7 Beamtinnen und Beamte (1 B6, 2 B3, 4 A16, 6 A15, 22 A14, 27 A13h, 13 A13g, 29 A12, 70.5 A11, 78.5 A10, 38.7 A9g, 3 A9m, 12 A8, 22 A7, 18 A6m, 2 A6e, 1 A4 – 224.8 Tarifliche Arbeitnehmerinnen und Arbeitnehmer (2 E15, 3 E14, 12 E13, 9 E12, 17 E11, 6 E10, 29.2 E9c, 9 E9a, 45.8 E8, 4.8 E7, 18 E6, 53.2 E5, 12.5 E4, 1.3 E3, 2 E2).
Träger: Bundesunmittelb. Anstalt des öffentlichen Rechts
Gesamtetat 2020: 55.971.000.–
Bes. Sammelgebiete:
Leipzig: fremdspr. Germanica u. Übers. deutschspr. Werke (seit 1913), Veröff. zur Gesch. d. dt. Arbeiterbew. (Sozialistica, ersch. vor 1913), Anne-Frank-Shoah-B., Patentschriften (1877–1990), fremdspr. Depotschriften u. a. Veröff. intern. Org. (mit dt. Mitgliedschaft) (1945–2004), Plakatslg. (1914–1961), „Exillit. 1933–1945", buch- u. mediengeschichtl. Zeugnisse im Dt. Buch- u. Schriftmuseum, B d. Dt. Reichsversammlung, B des Börsenvereins der Dt. Buchhändler zu Leipzig (bis 1945), Archiv u. B d. Börsenvereins des Dt. Buchhandels e. V.
Frankfurt a. M.: Lit. u. ungedr. Zeugnisse d. dt. Emigration 1933–1945 im Dt. Exilarchiv, fremdspr. Germanica u. Übers. dt. Autoren (1945–1996), ungedr. wiss. Schriften.
Pflichtexemplare: alle Veröff. d. Bundesrep. Dtld., Amtsdruckschr. d. Bundes u. d. Länder (ab 1990), Lizenzausgaben nach §14 (2) DNBG.
Leipzig: im Dt. Reich ersch. Veröff. (1935–1945), in Dtld. ersch. Musikalien (seit 1943), Musiktonträger (seit 1973), Druckwerke d. Sowj. Besatzungszone (1946–1949); alle Druckwerke d. DDR u. Amtsdruckschr. (1949–1990).
Frankfurt a. M.: alle Druckwerke aus d. Bundesrep. Dtld. u. Berlin (West) (1969–1990), Amtsdruckschr. d. Bundes u. – aufgrund d. Ländererlasse v. 1963–71 – Amtsdruckschr. aller Bundesländer (seit 1958).
Belegexemplare: Leipzig: freiw. Abgabe aller im Dt. Reich ersch. Veröff. u. Amtsdruckschr. (1913–1935, ab 1943 auch Musikalien u. Kunstbl.), freiw. Abgabe aus d. Bundesrep. Dtld. und Amtsdruckschr. d. Bundesländer in Ausw. (1949–1990), dt.-sprach. Schrifttum sowie Übers. dt.-sprach. Werke u. fremdsprach. Germanica weltweit (seit 1913), „Exillit. 1933–1945", Literatur zur Anne-Frank-Shoah-B, Medienwerke für das Dt. Buch- und Schriftmus., s. u. für das Dt. Musikarchiv.
Frankfurt a. M.: freiw. Abgabe aus den Besatzungszonen (1946–1949), freiw. Abgabe aus d. Bundesrep. Dtld. (1949–1968), freiw. Abgabe von Veröff. aus d. DDR (1949–1990), dt.-sprach. Veröff. aus Österr., d. Schweiz u. a. Ländern (1945–1996), Lit. d. dt. Emigration 1933–1945, Germanica, Übers. dt. Autoren (1945–1996), ungedr. wiss. Schriften.
Dt. Musikarchiv: freiw. Abgabe v. Tonträgern aus d. Bundesrep. Dtld. (1961–1972), freiw. Abgabe von Musikalien u. Musiktonträgern aus d. DDR (bis 1990), aus Österr. u. d. Schweiz (in Auswahl).
Veröff. unter: http://www.dnb.de

Deutsches Exilarchiv 1933–1945 <101e>

Adickesallee 1, 60322 Frankfurt a. M.

(069) 1525-1900

https://www.dnb.de/exil

334 Archive, Vor- und Nachlässe, 508.308 Einh. (davon 435.524 ungedruckte Archivalien), 33.293 Exilpublikationen, 34.636 Exilzeitschriftenbände und -hefte, 3 Handbibliotheken (Exil-Literatur in Frankfurt a. M. und Leipzig, Anne-Frank-Shoah-Bibliothek in Leipzig) mit 25.473 Publikationen.

Handschriften-LS mit 8 Pl.

Dauerausstellung „Exil. Erfahrung und Zeugnis" und wechselnde Ausstellungen zu Themen des Exils.

Leipzig: Deutsches Buch- u. Schriftmuseum <101d>

Deutscher Platz 1, 04103 Leipzig

(0341) 2271-324

dbsm-info@dnb.de, http://www.dnb.de/dbsm

1.205 Hss u. Inkun., 93.462 Buchdrucke, 483.008 Wasserzeichen, 69.079 buchhandelsgeschichtl. Archivalien, 31.309 papiergeschichtl. Archivalien, 41.950 Antiquariats- und Verlagskataloge, 13.911 Papierproben, 29.655 Buntpapiere, 47.534 graf. Slg., 6.217 Kulturhist. Slg., 38 Vor- und Nachlässe, Fachbibliothek mit 112.735 Publikationen, international.

LS mit 24 Pl.

Dauerausstellung „Zeichen – Bücher – Netze: Von der Keilschrift zum Binärcode" und wechselnde Ausstellungen zur Buch- und Medienkultur

Leipzig: Deutsches Musikarchiv <101c>

Deutscher Platz 1, 04103 Leipzig

(0341) 2271-150

info-dma@dnb.de, http://www.dnb.de/dma

Präsenzbibliothek, Archiv d. gesamten dt. Musikalien u. Musiktontr. seit 1913.

LS mit 18 Pl., Hörkabine

Ausstellung „Von der Edison-Walze zur Blu-ray"

184 * Universitätsbibliothek Johann Christian Senckenberg ⟨30⟩

Bockenheimer Landstr. 134–138, 60325 Frankfurt a. M.

(069) 798-39205 (Ausk.)/ -39230 (Sekr.)

Fax (069) 798-39062 (Dir.)/ -404 (Medien-Abt.)/ -095 (Fernl.)

direktion@ub.uni-frankfurt.de, auskunft@ub.uni-frankfurt.de
http://www.ub.uni-frankfurt.de

Universitätsbibliothek der Goethe Universität Frankfurt am Main für 46.119 Studierende u. 3.600 Lehrende u. Wissenschaftlerinnen und Wissenschaftler, Wiss. ZB f. Frankfurt a. M. und das Untermaingebiet, Schwerpunktbibliothek für die überregionale Literatur-Versorgung. 631.723 BBesuche (massiver Rückgang durch Covid19-Pandemie).

UB JCS (ZB+BereichsBB): 10,58 Mio. Medieneinheiten, 7,11 Mio. Bde., 2,76 Mio. elektron. Publikationen – lfd. Zss.: 34.194 elektron. – Entleihungen: 1.02 Mio.

Dir.: D. Poth, Stellv.: A. Hausinger – Wiss. D.: J. Blume, A. Brauer, N. Dworschak, J. Frohmann, D. Gärtner, M. Jehn, K. Junkes-Kirchen, G. Kasperek, A. B. Kersting-Meuleman, K. von der Krone, F. O. Lui, M. Luta, V. Michel, A. Müller, A. Othman, E. Picard, H. Renner-Westermann, T. Risse, C. Schaper, B. Tönnies, R. Wagner. Ref.: E. Gabrovska, G. Heim, M. Nüchter, H. Schlicht.
Stellenplan: 230 VZÄ, 24 Auszubildende, 14.5 Drittmittelstellen.
S. a.: https://www.ub.uni-frankfurt.de/ueber/organigramm.pdf
Gesamtetat 2020 (ZB und BereichsBB): 24.19 Mio., davon 5.53 Mio. für Erwerbung.
ZB: 5.850.000 Medieneinheiten, 4.730.000 Bde. – lfd. Zss.: 4.699 gedr. – Sonderbestand: 2.794 Inkunabeln, 45.741 Hss u. Autogr., 545 Nachlässe.
860 Benutzerarbeitsplätze, davon 89 PC-Arbeitsplätze – Entleihungen: 733.306
DFG-Fachinformationsdienste: FID Afrikastudien, FID Allg. und Vergl. Literaturwissenschaft, FID Biodiversitätsforschung, FID Darstellende Kunst, FID Germanistik, FID Jüdische Studien, FID Linguistik.
Sonstige Schwerp. und Sammelgebiete: Sammlung Deutscher Drucke 1801–1870, Francofurtensien, Literatur zu 1848, Flugschriften-Slg. G. Freytag, Elsass-Lothringen, Materialien zu Schopenhauer, zur Frankfurter Schule (Horkheimer, Löwenthal, Marcuse u. a.), zu Alex. Mitscherlich, Literaturarchive (Franz-Lennartz-Archiv), Musik- und Theatergeschichte.
Fachportale: Afrika (südl. d. Sahara): http://www.ilissafrica.de – Allgemeine und vergleichende Literaturwissenschaft: http://www.avldigital.de – Biodiversität: http://www.biofid.de – Darstellende Kunst: http://www.performing-arts.eu – Germanistik: http://www.germanistik-im-netz.de – Jüdische Studien: https://www.jewishstudies.de – Sprachwissenschaft: http://www.linguistik.de
Eigene Datenbanken: Bibliographie der deutschen Sprach- und Literaturwissenschaft (BDSL) http://www.ub.uni-frankfurt.de/bdsl/bdsl-start.html, Bibliography of Linguistic Literature DataBase / Bibliographie linguistischer Literatur Datenbank (BLLDB)
Pflichtex.: Seit 3.3.1950 aus dem Stadtkreis Frankfurt a. M.
Veröff. unter: http://www.ub.uni-frankfurt.de/publikationen/buecherstub.htm

Bibliothekszentrum Geisteswissenschaften (BzG)
  Postadresse: 60629 Frankfurt a. M., Norbert-Wollheim-Platz 1, 60323 Frankfurt a. M.
  (069) 798-32500, -32653 (Ausk.), -32837 (Leitg.), Fax (069) 798-32838
  bzg-info@ub.uni-frankfurt.de, http://www.ub.uni-frankfurt.de/bzg/
Das BzG ist zuständig für die Literaturversorgung in den Fachgebieten Evangelische- und Katholische Theologie, Philosophie und Geschichtswissenschaften, Sprach- und Kulturwissenschaften, Neuere Philologien. Ausleihbibliothek mit Präsenzbestand: 1.253.647 Medieneinheiten – lfd. Zss.: 786 gedr.
800 Benutzerarbeitsplätze, 73 PC-Arbeitsplätze – Entleihungen: 61.271
Leiterin: C. Schaper. Erwerbungsetat 2020: 296.447.–

Bibliothek Kunstgeschichte / Städelbibliothek und Islamische Studien
  Senckenberganlage 31, 60325 Frankfurt a. M.,   (069) 798-24979
  kunstbibliothek@ub.uni-frankfurt.de http://www.ub.uni-frankfurt.de/kunstbibliothek/
Die Bereichsbibliothek ist zuständig für die Literaturversorgung in den Fächern Kunstgeschichte und Islamwissenschaften.
Präsenzbibliothek: 137.552 Bde. – lfd. Zss.: 73 gedr.

LS m. 150 Benutzerarbeitsplätzen, dazu 6 PC-Arbeitsplätze – Entleihungen: 1.391
Leiterin: S. Olms. Erwerbungsetat 2020: 25.824.–
Bes. Sammelgeb.: Literatur zur Kunst der italienischen Renaissance.

Medizinische Hauptbibliothek (MedHB)

🖃 Theodor-Stern-Kai 7, 60596 Frankfurt a. M., ☎ (069) 6301-5058, Fax (069) 6301-7724
💻 medhb@ub.uni-frankfurt.de, http://www.ub.uni-frankfurt.de/medhb/
Die Bereichsbibliothek ist zuständig für die Literaturversorgung im Fach Medizin. Ausleihbibliothek mit Präsenzbeständen: 13.058 Bde. – lfd. Zss.: 9 gedr.
180 Benutzerarbeitsplätze, davon 28 PC-Arbeitsplätze – Entleihungen: 6.709
Leiter: R. Wagner. Erwerbungsetat 2020: ca. 555.000.–

Bibliothek Naturwissenschaften (BNat)

🖃 Otto-Stern-Zentrum, Ruth-Moufang-Str. 2, 60438 Frankfurt a. M.
☎ (069) 798-49105, Fax (069) 798-49217
💻 bnat@ub.uni-frankfurt.de, http://www.ub.uni-frankfurt.de/bnat/
Die Bereichsbibliothek ist zuständig für die Literaturversorgung in den Fächern Biochemie, Biowissenschaften, Chemie, Geowissenschaften, Pharmazie, Physik.
Ausleihbibliothek mit Präsenzbeständen: 146.573 Bde – lfd. Zss.: 53 gedr.
335 Benutzerarbeitsplätze, davon 14 PC-Arbeitsplätze, 11 Gruppen-ARR. mit 84 Arbeitsplätzen, PC-Pool mit 28 Arbeitsplätzen – Entleihungen: 22.090
Leiter: R. Wagner. Erwerbungsetat 2020: 677.300.–

Bibliothek Naturwissenschaften / Informatikbibliothek

🖃 Robert-Mayer-Str. 11–15, 60325 Frankfurt a. M.
☎ (069) 798-22287, Fax: (069) 798-28871
💻 informatikbib@ub.uni-frankfurt.de,
   http://www.ub.uni-frankfurt.de/bnat/informatik/home.html
Teilbibliothek der Bibliothek Naturwissenschaften, zuständig für die Literaturversorgung im Fach Informatik. Ausleihbibliothek mit Präsenzbeständen: 21.418 Bde – lfd. Zss.: 7 gedr.
42 Benutzerarbeitsplätze, 4 PC-Arbeitsplätze – Entleihungen: 770
Erwerbungsetat 2020: 13.050.–

Bibliothek Naturwissenschaften / Mathematikbibliothek

🖃 Robert-Mayer-Str. 8, 60325 Frankfurt a. M., ☎ (069) 798-23414
💻 mathebib@ub.uni-frankfurt.de, http://www.ub.uni-frankfurt.de/bnat/mathematik
Teilbibliothek der Bibliothek Naturwissenschaften, zuständig für die Literaturversorgung im Fach Mathematik. Ausleihbibliothek mit Präsenzbeständen: 66.478 Bde. – lfd. Zsn: 27 gedr.
53 Benutzerarbeitsplätze, davon 3 PC-Arbeitsplätze – Entleihungen: 5.658
Erwerbungsetat 2020: 92.300.–

Bibliothek Recht und Wirtschaft (BRuW)

🖃 Theodor-W.-Adorno-Platz 4, 60323 Frankfurt a. M., ☎ (069) 798-34965 (Info), Fax -34974
💻 bruw-info@ub.uni-frankfurt.de, http://www.ub.uni-frankfurt.de/bruw/
Die Bereichsbibliothek ist zuständig für die Literaturversorgung in den Fächern Rechts- und Wirtschaftswissenschaften.
Ausleihbibliothek mit Präsenzbeständen: 377.690 Medieneinheiten – lfd. Zss.: 331 gedr.

LSS m. 1.000 Pl., davon 56 PC-Arbeitsplätze – Entleihungen: 102.088
Leiterin: D. Gärtner (Wirtschaftswiss.), Erwerbungsetat 2020: 731.649.–

Bibliothek Sozialwissenschaften und Psychologie (BSP)

🖃 Theodor-W.-Adorno-Platz 6 (Gebäude PEG), 60323 Frankfurt a. M.

☎ (069) 798-35122 (Info)/ 798-35119 (Ltg.)

📧 bsp@ub.uni-frankfurt.de, http://www.ub.uni-frankfurt.de/bsp/

Die Bereichsbibliothek ist zuständig für die Literaturversorgung in den Fachgebieten Erziehungswissenschaften, Gesellschaftswissenschaften, Humangeographie und Psychologie.
Ausleihbibliothek mit Präsenzbeständen: 337.901 Medieneinheiten – lfd. Zss.: 359 gedr.
527 Benutzerarbeitsplätze, 40 PC-Arbeitsplätze – Entleihungen: 88.112
Leiterin: A. Müller. Erwerbungsetat 2020: 635.964.–

Bibliothek Sozialwissenschaften und Psychologie / Bibliothek Sportwissenschaften

🖃 Ginnheimer Landstr. 39, 60487 Frankfurt a. M., ☎ (069) 798-24521

📧 sportbib@ub.uni-frankfurt.de, http://www.ub.uni-frankfurt.de/bsp/sport/

Teilbibliothek der Bereichsbibliothek Sozialwissenschaften und Psychologie, zuständig für die Literaturversorgung des Fachs Sportwissenschaften.
Ausleihbibliothek: 22.113 Medieneinheiten – lfd. Zss.: 29 gedr.
12 Benutzerarbeitsplätze, 5 PC-Arbeitsplätze – Entleihungen: 2.452
Erwerbungsetat 2020: 20.000.–

185 * **Stadtbücherei Frankfurt am Main** ⟨277⟩

🖃 Postfach 160661, 60069 Frankfurt a. M.; Hasengasse 4, 60311 Frankfurt a. M.

☎ (069) 212-38080,

📧 info@stadtbuecherei.frankfurt.de, http://www.stadtbuecherei.frankfurt.de

Öffentliche Bibliothek: 545.508 Medieneinheiten (physisch), 271.883 elektron. Publ. (im Rahmen der Hessenonleihe) – lfd. Zss. u. Ztgn.: 708 gedr., 8.068 elektron. – in den Schulbibliotheken: 398.486 Medieneinheiten.
1.280 Benutzerarbeitsplätze, davon 199 Computer-Arbeitsplätze, darunter 95 Internet-Arbeitsplätze – Entleihungen: 1.595.451 (physische Medien), 2.135.197 (physische Medien u. Onleihe)
Dir.: S. Homilius – Abteilungsleitungen: N.N. (Verwaltung und Grundsatzangelegenheiten), H. Hofmann (Digitale Dienste und Medienservices), H. Sühl (Schulbibl. Arbeitsstelle), B. Lotz (Zentrale Bibliotheken), M. Staufer (Dezentrale Bibliotheken).
Stellenplan 2020: 10 Beamtinnen und Beamte (1 A16, 2 A13, 2 A12, 2 A11, 1 A10, 2 A9) – 176 Angestellte – 6 Auszubildende.
Träger: Magistrat der Stadt Frankfurt am Main
Gesamtetat 2020: 15.919.543.–, davon 913.116.– Erwerbungsetat in den öffentlichen Bibliotheken und 197.030.– Erwerbungsetat in den Schulbibliotheken
Zentralbibliothek mit Musikbibliothek, Zentrale Kinder- und Jugendbibliothek, 4 Bibliothekszentren, 12 Stadtteilbibliotheken, 1 Fahrbibliothek mit 2 Bussen und 116 Schulbibliotheken.

Bibliothek der Bundesanstalt für Finanzdienstleistungsaufsicht (BaFin), Außenstelle Frankfurt a. M.

siehe Bonn (Nr. 92)

186 Bibliothek der Deutschen Bundesbank ⟨F 59⟩

✉ Postfach 100602, 60006 Frankfurt a. M.; Wilhelm-Epstein-Str. 14, 60431 Frankfurt a. M.
☎ (069) 9566-3670, Fax 9566-3631
✉ bibliothek-zentrale@bundesbank.de,
https://www.bundesbank.de/de/bundesbank/bibliothek-und-archiv/bibliothek

Ausleihbibliothek behördenintern, Präsenzbibliothek f. fachwiss. arbeitende Außenstehende.
225.500 Medieneinheiten – lfd. Zss.: 2.752 gedr., 10.483 elektron. (lizenziert)
LS m. 16 Pl.
Leiter: M. Dornes
Stellenplan: 1.0 Sondervertrag, 4.2 Beamte (1 A12, 2.2 A11, 1 A8), 17.2 Tarifbeschäftigte (0.5 EG11, 5 EG10, 2 EG9, 8.7 EG8, 1 EG6)
Gesamtetat 2020: 2.398.000.– (ohne Personal), davon 2.122.000.– Erwerbungsetat
Bes. Sammelgeb.: Geld, Kredit, Währung, Makroökonomie, Ökonometrie, Notenbankwesen, Numismatik.
Zusätzlich 1 Fachhochschulbibliothek in Hachenburg/Westerwald und 9 Bibliotheken der Hauptverwaltungen der Deutschen Bundesbank in Berlin, Düsseldorf, Frankfurt/Main, Hamburg, Hannover, Leipzig, Mainz, München, Stuttgart.

187 * Bibliothek der Frankfurt University of Applied Sciences ⟨946⟩

✉ Nibelungenplatz 1, 60318 Frankfurt a. M., ☎ (069) 1533-3300
✉ bibl@bibl.fra-uas.de, http://www.frankfurt-university.de/bibliothek

Wiss. Bibliothek (Präsenz- u. Ausleihbibliothek)
294.843 Medieneinheiten, davon 212.854 Bde., 81.989 elektron. Publ. – Zss.: 345 gedr., 30.864 elektron.
326 Benutzerarbeitsplätze, darunter 26 Computerarbeitsplätze – Entleihungen: 165.377
Leiterin: D. Schmidt, Stellv.: B. Wagener
Stellenplan: 18.7 VZÄ
Träger: Land Hessen – Erwerbungsausgaben 2020: 639.364.–
Bes. Sammelgeb.: Historische Sondersammlung Soziale Arbeit und Pflege, Historischer Bestand zu Architektur und Technik.

188 * Frankfurter Forschungsbibliothek und Frankfurter Lehrerbibliothek – DIPF | Leibniz-Institut für Bildungsforschung und Bildungsinformation ⟨F 43⟩

✉ Postfach 900270, 60442 Frankfurt a. M.; Rostocker Straße 6, 60323 Frankfurt a. M.
☎ (069) 24708-424, Fax (069) 24708-444
✉ ausleihe@dipf.de, rettelbach@dipf.de
https://www.dipf.de/de/wissensressourcen/bibliotheken

Präsenz- u. Ausleihbibliothek, Institutsbibliothek, Spezialbibliothek

ca. 255.000 Medieneinheiten – lfd. Zss.: 396 gedr., ca. 2.840 elektron.
Sonderbestände: Zeitschriftenausschnittsammlung zum Thema Bildung mit ca. 200.000 Artikeln 1951–2015, Testbibliothek mit Schul-, Begabungs- und Entwicklungstests.
LS m. 20 Benutzerarbeitsplätzen, Gruppenarbeitsraum – Entleihungen: ca. 4.900
Leiter: S. Rettelbach, Stellv.: A. Gandak
Stellenplan: 11 Beschäftigte (1 TV-H14, 1 TV-H13, 1 TV-H11, 1 TV-H 10, 1 TV-H9b, 2 TV-H9a, 1 TV-H 8, 3 Auszubildende).
Träger: Leibniz-Institut für Bildungsforschung und Bildungsinformation
Bes. Sammelgeb.: Erziehungswissenschaft und Pädagogik, Bildungsforschung, Pädagogische Psychologie, Lehr- und Lernforschung, Lehrerbildungsforschung, Medienpädagogik, Informationswissenschaft.

189 Bibliothek des Freien Deutschen Hochstifts ⟨F 25⟩

Großer Hirschgraben 23–25, 60311 Frankfurt a. M.
(069) 13880-262, Fax (069) 13880-222, jseng@freies-deutsches-hochstift.de
https://freies-deutsches-hochstift.de/sammlung/bibliothek/bibliothek/

Präsenzbibliothek
ca. 130.000 Bde., ca. 30.000 Hss. – lfd. Zss.: ca. 20
LS mit 12 Benutzerarbeitsplätzen
Leiter: J. Seng
Stellenplan: 1 Wiss. Mitarbeiter, 1 Dipl.-Bibl., 0,5 Bibl.-Assistentin, 1 Restaur., 1 Buchb.
Bes. Sammelgeb.: Dt. Literatur v. ca. 1750–1850 (Primär- u. Sek.-Lit.), Almanache, Taschenbücher u. Noten d. Goethezeit, Wiederherstellung d. B v. Goethes Vater, ausgew. Werke aus Goethes Weimarer B, Francofurtensien, H. v. Hofmannsthal u. s. Kreis.

190 Bibliothek des Max-Planck-Instituts für Rechtsgeschichte und Rechtstheorie ⟨F 137⟩

Postfach 50 07 01, 60395 Frankfurt am Main; Hansaallee 41, 60323 Frankfurt a. M.
(069) 78978-130, Fax (069) 78978-169
bibliothek@lhlt.mpg.de, https://www.lhlt.mpg.de/bibliothek

Präsenzbibliothek für Institutsmitarbeiter/innen und Gäste
485.000 gedruckte Medieneinheiten – lfd. Zss.: 370 – Sonderbestand: Slg. v. ca. 62.000 jur. Diss. d. 16.–18. Jh., Slg. v. ca. 30.000 jur. Diss. 1870–1940, als Leihg. d. UB Frankfurt a. M.: ca. 25.000 jur. Diss. d. 17. u. 18. Jh., als Leihg. d. Diözese Limburg ca. 10.000 jur. Diss. d. 17. u. 18. Jh., Vielzahl elektronischer Informationsressourcen.
Benutzungsmodalitäten: siehe https://www.lhlt.mpg.de/bibliothek/benutzung
Leiterin: S. Amedick, Stellv.: M. Sommer
Bes. Sammelgeb.: Juristische Dissertationen 16.–20. Jh.

191 Bibliothek der Philosophisch-Theologischen Hochschule Sankt Georgen ⟨F 42⟩

Offenbacher Landstr. 224, 60599 Frankfurt a. M.
☎ (069) 6061-257, Fax (069) 6061-332
bibliothek@sankt-georgen.de, http://www.sankt-georgen.de/bibliothek

Präsenz- u. Ausleihbibliothek
468.249 Medieneinheiten, 45.000 elektron. Publ. – lfd. Zss.: 578 gedr., 43.000 elektron. Zss.
100 Benutzerarbeitsplätze, darunter 9 Computerarbeitsplätze – Entleihungen: 16.853
Dir.: N.N.
Stellenplan: 1 Dir., 3 Dipl.-Bibl., 1 BAss., 1 Restaur., 1 Ang.
Erwerbungsausgaben 2020: 155.161.–
Bes. Sammelgeb.: Theologie, Patrologie, Dogmengeschichte, Jesuitica.

Bibliothek der Römisch-Germanischen Kommission (RGK) des Deutschen Archäologischen Instituts (DAI)

siehe Berlin (Nr. 48)

192 Bibliothek des Städelschen Kunstinstituts und der Städtischen Galerie Frankfurt am Main ⟨F 10⟩

Dürerstr. 2, 60596 Frankfurt a. M., ☎ (069) 605098-117, Fax (069) 96206-148
ganzlin@staedelmuseum.de, bibliothek@staedelmuseum.de,
https://www.staedelmuseum.de/de/angebote/bibliothek-mediathek

Präsenzbibliothek
130.000 Medieneinheiten, 40.000 Auktionskat. – lfd. Zss.: 500 gedr.
Leiterin: E. Ganzlin, Mitarb.: M. Mohr.
Stellenplan: 2 Ang.
Träger: Städelsches Kunstinstitut und Städtische Galerie
Bes. Sammelgeb.: Klass. Archäologie (bes. Plastik), Kunsttheorie, Ikonogr., Mittl. u. Neuere Kunstgeschichte (bes. Graphik, Malerei, Plastik, Fotogr.), Kunst.

193 Ethnologische Bibliothek Leo Frobenius ⟨F 73⟩

Frobenius-Institut an der Goethe Universität Frankfurt a. M.
Norbert-Wollheim-Platz 1, 60323 Frankfurt a. M.
☎ (069) 798-33240, thubauville@em.uni-frankfurt.de, https://www.frobenius-institut.de/bibliothek.html, http://bibliothek.frobenius-katalog.de/

Ausleihbibliothek: 134.050 Bde. – lfd. Zss.: 463 gedr. – Sonderbestand: 2.114 Filme
6 Computerarbeitsplätze – Entleihungen: 2.949
Leiterin: S. Thubauville. Träger: Land Hessen
Bes. Sammelgeb.: Ethnologie, Felsbilder, Schwerpunkte: Afrika, Amerika, Süd- und Zentralasien, Indonesien, Ozeanien.

Frankfurt (Oder)

194 * **Universitätsbibliothek der Europa-Universität Viadrina ⟨521⟩**

   Postfach 1786, 15207 Frankfurt (Oder); Große Scharrnstr. 59, 15230 Frankfurt (Oder)
   (0335) 5534-3471 (Sekretariat), Fax (0335) 5534-3234
   unibibl@europa-uni.de, https://www.ub.europa-uni.de

Präsenz- u. Ausleihbibliothek: 719.731 Medieneinheiten, 165.047 elektron. Publ. – lfd. Zss.: 717 gedr., 42.336 elektron. – Sonderbestand: Dedecius Archiv.
1 LS mit 408 Benutzerarbeitsplätzen – Entleihungen: 58.430
Dir.: H.-G. Happel (EDV), Stellv. Dir.: H. Klauß (Kat.) – Wiss. D.: R. Berthold (Ben.), A. Waßmund (Erw.), H.-J. Hertz-Eichenrode.
Stellenplan: 1 E15Ü, 1 E15, 1 E14, 1 E13Ü, 1 A13, 1 E11, 1 E10, 11 E9, 1 E8, 9 E6, 3 E3.
Träger: Stiftung Europa-Universität Viadrina Frankfurt (Oder) – Gesamtetat 2020: 2.920.174.–, davon 934.600.– für Erwerbung.
Veröff. unter: https://www.ub.europa-uni.de/de/ueber_uns/veroeffentlichungen/

Freiberg / Sachsen

195 * **Universitätsbibliothek „Georgius Agricola" der TU Bergakademie Freiberg ⟨105⟩**

   Agricolastraße 10, 09599 Freiberg/Sachs.,
   (03731) 39-4360 (Ausk.)/ -2959 (Sekr.), Fax (03731) 39-3289
   unibib@ub.tu-freiberg.de, http://tu-freiberg.de/ze/ub/

Präsenz- und Ausleihbibliothek. Hauptbibliothek und 1 Zweigbibliothek, FID-Montan
700.942 Bde., 1.095.889 elektron. Publ. – lfd. Zss.: 315 gedr., 59.209 elektron. – Sonderbestand: ca. 26.104 Normen, 6.538 Handschriften u. Autographen, 210 Nachlässe.
339 Benutzerarbeitsplätze, darunter 32 Computerarbeitsplätze – Entleihungen: 111.014
Dir.: S. Kandler, Stellv.: S. Albani (zugl. Abt.-Ltg. Medienbearbeitung) – Wiss. D.: D. Kuhnert, (zugl. Abt.-Ltr. Fachreferate / Bestandsaufbau) P. Reichel, F. Sosinski, A. Stumm, S. Tesch, B. Wagenbreth.
Stellenplan: 28,72 VZÄ (davon 5.5 hD, 14.85 gD, 8.37 eD/mD)
Träger: Freistaat Sachsen – Gesamtausgaben 2020: 3.366.342.–, davon 1.222.471.– für Erwerbung
Bes. Sammelgeb.: Bergbau, Hüttenwesen, Geowiss.

Freiburg i. Br.

196 * **Universitätsbibliothek** ⟨25⟩

> Postanschrift:, Postfach 1629, 79016 Freiburg i. Br.
> Besucheranschrift: Platz der Universität 2, 79098 Freiburg i. Br.
> ☎ (0761) 203-3900 (Sekretariat), Fax (0761) 203-3987
> sekretariat@ub.uni-freiburg.de, direktion@ub.uni-freiburg.de
> https://www.ub.uni-freiburg.de/

Wissenschaftliche Universalbibliothek

3.332.696 Bde., 432.801 elektron. Publ. – lfd. Zss.: 1.511 gedr., 73.030 elektron. – Sonderbestand: 4.047 Handschriften und Autographen

1.750 Benutzerarbeitsplätze, davon 170 Computerarbeitsplätze, 2 Blindenarbeitsplätze, Sonderlesesaal mit 14 APl., Medienzentrum: 14 Multimediaarbeitsplätze, Videostudio, Tonstudio, 2 Radiostudios – Entleihungen 2020: 610.790

Direktorin: A. Kellersohn, Stellv.: F. Leithold – Wiss. Dienst: M. Becht, J. Collonges, C. Franke, N. Keßler, F. Leithold, R. Ohlhoff, O. Rau, M. Reifegerste, F. Reimers, S. Röckel, A. Scheiner, C. Schneider, M. Schröter, S. Semaan, M. Steinke, I. Teufel, W. Uhmann, J. Werner, H. Witteveen.

Stellenplan: 115.70 VZÄ (19.40 hD, 48.65 gD, 47.65 eD/mD)

Träger: Land Baden-Württemberg.

Gesamtausgaben 2020: 12.287.377.–, davon 4.945.214.– für Erwerbung

Bes. Sammelgeb.: Grenzgebiete der Psychologie u. Parapsychologie (SSG 5.21).

Veröff. der UB: http://www.ub.uni-freiburg.de/ihre-ub/veroeffentlichungen/

Register der Bibliotheken, die das Freiburger Bibliothekssystem bilden, unter: https://www.ub.uni-freiburg.de/footer/standorte/bibliotheken/

Bibliothek des Instituts für Grenzgebiete der Psychologie und Psychohygiene e. V.

Integriert in die Universitätsbibliothek Freiburg.

197 **Stadtbibliothek Freiburg** ⟨Frei 128⟩

> Münsterplatz 17, 79098 Freiburg i. Br., ☎ (0761) 201-2207, Fax (0761) 201-2299
> stadtbibliothek@stadt.freiburg.de, http://www.freiburg.de/stadtbibliothek

Öffentliche Bibliothek

275.039 Medieneinheiten, 21.741 elektron. Publ. – lfd. Zss.: 383 gedr., 100 elektron.

170 Benutzerarbeitsplätze, Internet, Bibliotheksportal – Entleihungen: 1.356.308

Dir.: E. Willnat

Stellenplan: 38.40 VZÄ

Gesamtausgaben 2020: 4.234.003.–, davon 551.670.– für Erwerbung

Hauptstelle, 2 Stadtteilbibliotheken, 1 Mediothek, 1 Fahrbibliothek, 40 Schulbibliotheken

Bibliothek des Bundesarchivs, Militärarchiv

siehe Koblenz (Nr. 314)

198 Erzbischöfliche Bibliothek Freiburg ⟨Frei 164⟩

Postanschrift: Schoferstr. 2, 79095 Freiburg i. Br.;
Hausanschrift: Schoferstr. 1, 79098 Freiburg i. Br., ☎ (0761) 2188-263, Fax 2188-599
bibliothek@ordinariat-freiburg.de, silvia-diana.tartaru@ordinariat-freiburg.de
https://www.ebfr.de/erzdioezese-freiburg/erzbischoefliches-ordinariat/dioezesanstelle-archive-bibliotheken-schriftgutverwaltung/erzbischoefliche-bibliothek-2/

Die Bibliothek ist entstanden aus der Zusammenlegung der Bibliotheken des Erzbischöflichen Ordinariats, des Geistlichen Zentrums St. Peter (ehemals Priesterseminar) und des Theologenkonvikts (Collegium Borromaeum).
Wiss. Bibliothek
Über 160.000 Bde. – lfd. Zss.: 800 gedr.
Dir: Chr. Schmider
Stellenplan: 2.5 Stellen
Träger: Erzdiözese Freiburg – Erwerbungsetat 2020: 150.000.–
Bes. Sammelgeb.: Theologie, Religionswiss., Religionsphilosophie.

199 * Bibliothek des Deutschen Caritasverbandes (Caritas-Bibliothek) ⟨Frei 26⟩

Postfach 420, 79004 Freiburg i. Br.; Karlstr. 40, 79104 Freiburg i. Br.
☎ (0761) 200-240, Fax (0761) 200-255
bibliothek@caritas.de, https://www.caritasbibliothek.de

Ausleihbibliothek
292.918 Medieneinheiten, davon 7.542 elektron. Publ. – lfd. Zss.: 628 gedr., 4.760 elektron.
25 Leseplätze, davon 9 Computer-APl. (OPAC/Ausleihe/Datenbankdienste) – Entleihungen (ohne Fernleihe): 25.711, Fernleihe (aktiv): 721
Leiterin: I. Feige
Stellenplan: 6.23
Träger: Deutscher Caritasverband e. V.
Bes. Sammelgeb.: Wohlfahrtspflege, Sozialarbeit/Sozialpädagogik, Sozialpolitik, Caritaswiss., Pflegewiss.

200 Bibliothek der Evangelischen Hochschule Freiburg ⟨Frei 160⟩

Bugginger Str. 38, 79114 Freiburg i. Br.
☎ (0761) 47812-460, Fax (0761) 47812-300, bibliothek@eh-freiburg.de
bib-leiterin@eh-freiburg.de, https://www.eh-freiburg.de/bibliothek/

Wissenschaftliche Hochschulbibliothek
59.549 Medieneinheiten – lfd. Zss.: 171 gedr., 3140 elektron.
16 Benutzerarbeitsplätze, darunter 8 Computerarbeitsplätze – Entleihungen: 27.401
Leiterin: S. Schneider
Träger: Evangelische Landeskirche in Baden

201 Bibliothek des Max-Planck-Instituts zur Erforschung von Kriminalität, Sicherheit und Recht (ehemals Max-Planck-Institut für ausländisches und internationales Strafrecht) ⟨Frei 85⟩

Günterstalstr. 73, 79100 Freiburg i. Br.
☎ (0761) 7081-1 (Zentr.)/ -333/ -255 (Ltg.), Fax (0761) 7081-417
bibinfo@csl.mpg.de, https://www.csl.mpg.de/de/bibliothek/

Präsenzbibliothek, Zulassung fremder Ben. auf Antr.
ca. 500.000 Bde. – lfd., überwiegend ausländische, Print-Zss.: 1.160, Losebl.-Ausg.: 250
2 LSS m. 40 Benutzerarbeitsplätzen
Leiterin: E. Martin. Stellenplan: 11 Beschäftigte
Träger: Max-Planck-Ges. z. Förderung d. Wiss. e. V.
Bes. Sammelgeb.: Dt., ausl. u. internat. Straf- u. Strafprozessrecht, Sicherheitsrecht, Kriminologie, Strafvollzug, Informationsstrafrecht.

202 Bibliothek der Pädagogischen Hochschule ⟨Frei 129⟩

Kunzenweg 21, 79117 Freiburg i. Br.
☎ (0761) 682-209 (Information), Fax (0761) 682-564
phb@ph-freiburg.de, http://www.ph-freiburg.de/bibliothek

Ausleih- u. Präsenzbibliothek für 4.930 Studierende, aktive Entleihende 6.712
239.771 Bde., 50.160 elektron. Publ. - lfd. Zss.: 437 gedr., 23.648 elektron.
310 Benutzerarbeitsplätze, davon 47 PC-Arbeitsplätze – Entleihungen: 344.432
Vollanzeige von digitalen Einzeldokumenten: 1.304.384
Leiter: R. Scheuble, Stellv.: A. Thiel. Stellenplan: 17.00 VZÄ
Träger: Baden-Württemberg – Gesamtausgaben 2020: 1.822.359,- davon 618.125.– für Erwerbung

203 Bibliothek des Zentrums für Populäre Kultur und Musik ⟨25/99⟩

Rosastraße 17–19, 79098 Freiburg i. Br., ☎ (0761) 70503-0, -24, Fax (0761) 70503-28
bibliothek@zpkm.uni-freiburg.de, http://www.zpkm.uni-freiburg.de/bib

Das Zentrum für Populäre Kultur und Musik ist eine Forschungseinrichtung der Albert-Ludwigs-Universität Freiburg. Es ist aus dem 1914 gegründeten Deutschen Volksliedarchiv hervorgegangen.
Präsenzbibliothek: rund 61.000 Druckschriften, 734 handschriftliche Liederbücher, 95 lfd. Periodica (incl. Fortsetzungsbestellungen mehrbändiger Werke u. Schriftenreihen), über 62.000 Noten sowie über 44.000 Tonträger und AV-Medien (CDs, Schallplatten, Tonbänder, Kassetten, Video, DVD u. a.).
6 Arbeitsplätze.
Geschäftsf. Direktor (ZPKM): M. Fischer, AP (Bibliothek): P. Huber und H. John. Stellenplan: 1.0 VZÄ
Träger: Albert-Ludwigs-Universität Freiburg
Bes. Sammelgeb.: Populäre Musik, traditionelle Musik, Song, Lied, Musical und populäres Musiktheater, Musikgeschichte, Musikethnologie, Europäische Ethnologie, Kultur- und Medienwiss., Germanistik.
Veröff. unter: http://www.zpkm.uni-freiburg.de/publikation

Freising

Zweigbibliothek Weihenstephan der UB Technische Universität München

siehe München (Nr. 398)

204 Dombibliothek Freising ⟨Freis 2⟩

Karmeliterstr. 1, 80333 München
☎ (089) 2137-1346, Fax (089) 2137-1702, 🖥 bibliothek@eomuc.de
http://www.erzbistum-muenchen.de/archiv-und-bibliothek

Die Dombibliothek Freising ist inzwischen, wie auch die Bibliothek des Metropolitankapitels München (Nr. 425), Teil von Archiv und Bibliothek des Erzbistums München und Freising (Diözesanbibliothek).
Bestand: 361.132 Medieneinheiten – lfd. Zss.: 151 – Sonderbestand: 3.215 Musikhss, 223 Inkun., 335 Hss.
Dir.: J. Merz
Träger: Erzdiözese München und Freising
Bes. Sammelgeb.: Kirchen- und Theologiegeschichte, Bavarica, Kunstgeschichte, Kirchenmusik.

205 * Bibliothek der Hochschule Weihenstephan-Triesdorf ⟨1028, 1029⟩

Am Hofgarten 2, 85354 Freising
☎ (08161) 71-3377, Fax (08161) 71-5245, 🖥 bibliothek@hswt.de
http://www.hswt.de/hochschule/zentrale-einrichtungen/bibliothek.html

Zentralbibliothek in Weihenstephan (Freising) und 3 Teilbibliotheken: TB in Triesdorf, TB Wald und Forstwirtschaft in Freising, TB Sprachenzentrum in Freising
Staatliche FH-Bibliothek: 142.000 Bde., 24.600 elektron. Publ. – lfd. Zss.: 600 gedr., 11.000 elektron.
Lesesäle mit insg. 102 Benutzerarbeitsplätzen, darunter 17 Computerarbeitsplätze, Internetzugang – Entleihungen: 66.000
Leitung: A. Beyer, Stellv.: S. Kaplan. Stellenplan: 8.5 VZÄ
Träger: Freistaat Bayern – Erwerbungsausgaben 2018: 220.665.–
Bes. Sammelgeb.: Agrarmarketing und -management, Biotechnologie, Bioinformatik, Land- und Forstwirtschaft, Gartenbau, Landschaftsarchitektur, Lebensmitteltechnologie, Ernährungs- und Versorgungsmanagement, Umweltsicherung, Landschaftsbau und -management, Regionalmanagement, Nachwachsende Rohstoffe, Erneuerbare Energien.

Zentralbibliothek Weihenstephan ⟨1028⟩
Am Hofgarten 2, 85354 Freising, ☎ (08161) 71-3377, Fax 71-5245
🖥 bibliothek@hswt.de

Teilbibliothek Triesdorf ⟨1029⟩
Markgrafenstr. 16, 91746 Weidenbach, ☎ (09826) 654-120, Fax 654-4121
🖥 bibliothek.triesdorf@hswt.de

Teilbibliothek Sprachenzentrum
- Weihenstephaner Berg 5, 85354 Freising, ☎ (08161) 71-2205, Fax 71-2204
- bibliothek.sprachenzentrum@hswt.de

Teilbibliothek Wald- und Forstwirtschaft
- Hans-Carl-von-Carlowitz-Platz 3, 85354 Freising, ☎ (08161) 71-5902, Fax 71-4526
- bibliothek.forst@hswt.de

Friedberg

Bibliothek Bereich Friedberg der Technischen Hochschule Mittelhessen

siehe Gießen (Nr. 215)

Fürth

206 **Bibliothek des Bayerischen Landesamts für Statistik ⟨M 158⟩**

- Postfach, 90725 Fürth, Nürnberger Str. 95, 90762 Fürth
- ☎ (0911) 98208-6497, -6689
- bibliothek@statistik.bayern.de, http://www.statistik.bayern.de/service/bibliothek

Wissenschaftliche Präsenzbibliothek
120.000 Medieneinheiten – lfd. Zss.: 120 gedr.
2 Benutzerarbeitsplätze.
Leitung: N.N.
Stellenplan: 1 Beamtin, 2 Beschäftigte.
Erwerbungsetat 2021: 50.000.–

Fulda

207 * **Hochschul- und Landesbibliothek ⟨66⟩**

- service@hlb.hs-fulda.de, http://www.hs-fulda.de/hlb

Standort Campus und Standort Heinrich-von-Bibra-Platz
Präsenz- und Ausleihbibliothek: 802.336 Bde. – lfd. Zss.: 1.855 gedr., 52.080 elektron. 456 Benutzerarbeitsplätze, davon 68 PC-Arbeitsplätze – Entleihungen: 243.731
Direktorin: Dr. M. Riethmüller, Stellv. Leiter: B. Weiß
Stellenplan: 46.5 VZÄ (5 hD, 18.32 gD, 22.6 mD/eD)
Träger: Hochschule Fulda / Land Hessen – Erwerbungsausgaben 2020: 1.175.624.–
Pflichtex.: Aus d. Großkr. Fulda.

Standort Campus

> Postfach 2254, 36012 Fulda, Leipziger Straße 123, 36037 Fulda
> ☎ (0661) 9640-9810, Fax (0661) 9640-9805
> service@hlb.hs-fulda.de, http://www.hs-fulda.de/hlb

267.144 Medieneinheiten, davon 256.815 Bde. – lfd. Print-Zss.: 535
363 Benutzerarbeitsplätze, 11 Einzelarbeitsräume, 11 Gruppenarbeitsräume, Ruhearbeitsraum, Lesecafé, DV-Schulungsraum mit 21 PCs, 1 Sehbehinderten-APl., insges. 50 PC-Benutzerarbeitsplätze, Europäisches Dokumentationszentrum. – Entleihungen: 89.009
Erwerbungsausgaben 2020: 849.014.–
Bes. Sammelgeb.: Angewandte Informatik, Elektrotechnik und Informationstechnik, Lebensmitteltechnologie, Oecotrophologie, Pflege und Gesundheit, Sozial- und Kulturwissenschaften, Sozialwesen, Wirtschaft.

Standort Heinrich-von-Bibra-Platz

> Postfach 1165, 36006 Fulda, Heinrich-von-Bibra-Platz 12, 36037 Fulda
> ☎ (0661) 9640-9850, Fax (0661) 9640-9804
> service@hlb.hs-fulda.de, http://www.hs-fulda.de/hlb

Angeschlossen ist eine in Kooperation mit der Stadt Fulda betriebene Stadtbibliothek.
535.192 Medieneinheiten, davon 501.083 Bde., 431 Inkunabeln, 3.934 Handschriften und Autographen – lfd. Print-Zss.: 1.320
LS m. 22 Arbeitsplätzen u. 5.600 Bdn.; Freihandbibliothek v. 111.500 Bdn. u. 87 Plätzen, darunter 16 PC-Arbeitsplätze, Multifunktionsraum mit 21 Arbeitsplätzen, darunter 5 PC-Arbeitsplätze, Lesecafé, Kat. der Hutten-Slg., Fuldensien-Kat. – Entleihungen: 154.722
Erwerbungsausgaben 2020: 326.610.–
Bes. Sammelgeb.: Fuldensien (inkl. Rhön), Ulrich v. Hutten, Athanasius Kircher, Georg Witzel.

208 * Bibliothek des Bischöflichen Priesterseminars ⟨Ful 2⟩

> Domdechanei 4, 36037 Fulda, ☎ (0661) 87-531 (Inf., Ausk.)/ -530 (Dir.), Fax 87-550
> info-bibliothek@thf-fulda.de, bibliotheksdirektion@thf-fulda.de
> https://www.thf-fulda.de/bib.html

Hauptbibliothek der Theologischen Fakultät Fulda. Wiss. Bibliothek, Spezialbibliothek
349.856 Medieneinheiten, davon 268.302 Bde., 252 elektron. Publ. – lfd. Zss.: 651 gedr.
– Sonderbestände: 494 Hss., 1.850 hss. Archivalien, 160 Inkun., 78.147 Mikromaterialien
2 LSS m. 30 Benutzerarbeitsplätzen
Dir.: A. Sorbello Staub
Stellenplan: 1 A15, 4.5 angestellte Mitarbeiterinnen und Mitarbeiter
Träger: Bischöfl. Generalvikariat Fulda – Erwerbungsetat 2020: 145.000.–
Bes. Sammelgeb.: Fuldensia, Georg Witzel, Athanasius Kircher.
Veröff. unter: https://www.thf-fulda.de/downloads-dokumente.html

Garching bei München

Teilbibliotheken der UB der Technischen Universität München
siehe München (Nr. 398)

209 **Bibliothek des Max-Planck-Instituts für Plasmaphysik ⟨M 359⟩**

> Boltzmannstr. 2, 85748 Garching
> (089) 3299-2182/ -2184/ -2185/ -2186, Fax (089) 3299-1181
> bibliothek@ipp.mpg.de, http://www.ipp.mpg.de/infodoc

Präsenz- und Ausleihbibliothek, ZB in Garching, Bereichsbibliothek im IPP-Teilinstitut Greifswald (Wendelsteinstr. 1, 17491 Greifswald).
45.000 Bde., außerdem ca. 650.000 ebooks (Grundversorgung der MPG), Reports, Diss. u. Patentschr., Mikrofilme – lfd. Zss.: 40 gedr., ca. 30.000 elektron. (Grundversorgung der MPG)
Lesebereich mit 2 PC-APl.
Gesamtleitung: G. M. Lucha, stellv. Leitung: M. Hielscher, Leitung Greifswald: A. Kleiber, 2 weitere Mitarbeiterinnen.
Bes. Sammelgeb.: Plasmaphysik, Kernfusion, Materialforschung, Informatik.
Veröff. unter: http://www.ipp.mpg.de/44892/publikationen

Geesthacht

210 **Bibliothek des Helmholtz-Zentrums Hereon ⟨Gt 1⟩**

> Postfach 1160, 21494 Geesthacht; Max-Planck-Str. 1, 21502 Geesthacht
> (04152) 87-1690, Fax (04152) 8- 41717,
> bibliothek@hereon.de, https://www.ipp.mpg.de/13297/bibliothek

Vormals Helmholtz-Zentrum Geesthacht, Zentrum für Material- und Küstenforschung
Vormals GKSS Forschungszentrum Geesthacht
Ausleih- und Präsenzbibliothek für Mitarbeiterinnen und Mitarbeiter, Präsenzbibliothek für Gäste des Hereons
43.036 Medieneinheiten, 41.600 Bde. – lfd. Zss.: 100 gedr., 4977 elektron.
7 Benutzerarbeitsplätze, darunter 2 PC-Arbeitsplätze
Träger: Bundesrepublik Deutschland: Land Brandenburg, Freie und Hansestadt Hamburg, Land Niedersachsen und Land Schleswig-Holstein
Bes. Sammelgeb.: Werkstoffforschung (Biomaterialien, Polymere, Magnesium, Korrosion), Küstenforschung (Ozeanographie, Klimawandel).
Veröff. unter: http://www.hereon.de/central_units/library/publications/index.php.de

Geisenheim

211 * **Bibliothek der Hochschule Geisenheim University** ⟨2083⟩

> ✉ Von-Lade-Str. 1, 65366 Geisenheim, ☎ (06722) 502-261, Fax (06722) 502-260
> 💻 Auskunft-Bibliothek@hs-gm.de
> http://www.hs-geisenheim.de/bibliothek

Wissenschaftliche Bibliothek. Ausleihbibliothek
166.000 Bde. – lfd. Zss.: 265 gedr.
50 Benutzerarbeitsplätze, darunter 23 Computer-APl., 2 Gruppenarbeitsräume.
Leiterin: S. Muth. Stellenplan: 7 Mitarbeiterinnen und Mitarbeiter, 1 Auszubildende.
Träger: Hochschule Geisenheim University / Land Hessen.

Gelsenkirchen

212 * **Bibliothek der Westfälischen Hochschule Gelsenkirchen • Bocholt • Recklinghausen** ⟨1010⟩

> ✉ Postfach, 45877 Gelsenkirchen; Neidenburger Straße 43, 45897 Gelsenkirchen
> ☎ (0209) 9596-214, Fax (0209) 9596-365
> 💻 bibliothek@w-hs.de, https://www.w-hs.de/bibliothek/

Ausleih- u. Präsenzbibliothek mit den Standorten Gelsenkirchen, Bocholt und Recklinghausen
183.508 Bde. – lfd. Zss.: ca. 300 gedr., 17.596 elektron. – DIN-Normen-Auslegestelle
366 Benutzerarbeitsplätze, darunter 84 PC-Arbeitsplätze – Entleihungen: 95.789
Leiter: C. Ostendarp
Stellenplan: 8 Beamtinnen und Beamte, 4.5 Angestellte
Träger: Land Nordrhein-Westfalen
Erwerbungsausgaben 2020: 680.212.–
Angeschl.: Bibliothek Campus Bocholt, Münsterstr. 265, 46397 Bocholt,
Bibliothek Campus Recklinghausen, August-Schmidt-Ring 10, 45665 Recklinghausen

Gengenbach

Bibliothek der Hochschule Offenburg. Standort Gengenbach

siehe Offenburg (Nr. 458)

Gera

213 * **Stadt- und Regionalbibliothek ⟨140⟩**

> ✉ Postfach 1552, 07505 Gera; Puschkinplatz 7a, 07545 Gera
> ☎ (0365) 838-3351, Fax (0365) 838-3355
> 💻 bibliothek@gera.de, http://www.biblio.gera.de

Öffentliche Bibliothek
147.461 Medieneinheiten, 101.000 Bde. – lfd. Zss.: 216 gedr.
263 Benutzerarbeitsplätze, davon 18 Computerarbeitsplätze, darunter 11 Internet-Arbeitsplätze – Entleihungen: 437.739
Leiter: R. Schmidt – Abt.-Leitung: K. Ebert (Benutzung)
Stellenplan: 21.2 VZÄ, davon 7.4 Fachbibliothekare, 12.9 Angestellte und 0.9 sonstiges Personal.
Träger: Stadt Gera
Erwerbungsetat 2020: 118.129.–
Bes. Sammelgeb.: Gera-Stadt u. Ostthüringen.

Gießen

214 * **Universitätsbibliothek ⟨26⟩**

> ✉ Postanschrift: 35386 Gießen; Otto-Behaghel-Str. 8, 35394 Gießen
> ☎ (0641) 99140-01 (Sekr.)/ -32 (Ausk.), Fax (0641) 99140-09
> 💻 auskunft@bibsys.uni-giessen.de, direktion@bibsys.uni-giessen.de
> https://www.uni-giessen.de/ub/de

Justus-Liebig-Universität Giessen. Seit 2002 einschichtiges Bibliothekssystem: Zentralbibliothek (Universitätsbibliothek) mit 4 Zweigbibliotheken und 7 dezentralen Fachbibliotheken
Ausleihbibliothek für 28.480 Studierende, 3.233 Wiss., 270.729 Einw. – 40.925 eingetr. Ben.
Bibliothekssystem: 3.759.597 Bde. – lfd. Zss.: 2.247 gedruckt, 61.677 elektronisch, 752 Datenbanken – Sonderbestand: 3 Papyrus-Slgn., 2.778 Hss., 112 Nachl., 883 Inkun., 70.000 Schulprogr., 5.085 kirchl. Gesangbücher.
1.960 Benutzerarbeitsplätze, darunter 218 Computerarbeitsplätze – Entleihungen Bibliothekssystem (ohne Fernleihen): 564.358
Dir.: P. Reuter, Stellv.: I. Kasperowski – Abt.-Ltr.: F. Ruckelshausen (Informationsmanagement), I. Kasperowski (Betriebsabt.), E. Glaser (Ben.-Abt.) – Wiss. D.: C. Barnikol, T. Buchkamp, A. Bück, W. Dees, M. Freiberg, R. Grimm, V. Grunewald, I. Hort, C. Krippes, A. Noack, A. Pietsch, O. Schneider, F. Waldschmidt-Dietz, B. Wilmer.
Bibliothekssystem: 111.75 Stellen Bibliothekspersonal, davon 33 Beamtenstellen
Träger: Land Hessen – Gesamtausgaben 2020: 4.607.796.–
Bes. Sammelgeb.: Romane d. 19. Jh., Schulprogr. 1820–1920, Schul-Lesebücher, Schul-Geschichts-Bücher, Schul-Physik-Bücher, Kirchengesangbücher.
Veröff. unter: https://www.uni-giessen.de/ub/ueber-uns/publikationen/publikationen

215 * **Technische Hochschule Mittelhessen, Hochschulbibliothek** ⟨974⟩

> Wiesenstr. 14, 35390 Gießen, ☎ (0641) 309-1230
> bibliothek@bib.thm.de, ingrid.sand@bib.thm.de, http://www.thm.de/bibliothek

Präsenz- u. Ausleihbibliothek für 18.711 Studierende (27.789 registrierte Ben.)
99.063 Bde, 139.300 eBooks – lfd. Zss.: 36 gedr., 41.589 elektron.
621 Benutzerarbeitsplätze, davon 45 Computerarbeitsplätze – Entleihungen: 23.720
BLeitung: I. Sand, Stellv.: S. Mallmann und A. Thiel, Stellenplan: 15 VZÄ
Träger: Land Hessen – Erwerbungsausgaben 2020: 713.500.–
2 Bibliotheksstandorte:

Bibliothek Bereich Gießen

> Wiesenstr. 14, 35390 Gießen, ☎ (0641) 309–1230, rechercheberatung@bib.thm.de

Bibliothek Bereich Friedberg

> Wilhelm-Leuschner-Straße 13, 61169 Friedberg, ☎ (06031) 604–150
> rechercheberatung@bib.thm.de

Leiterin vor Ort: A. Thiel

Görlitz

216 * **Oberlausitzische Bibliothek der Wissenschaften bei den Görlitzer Städtischen Sammlungen für Geschichte und Kultur** ⟨Gl 2⟩

> Richard-Jecht-Haus, Handwerk 2, 02826 Görlitz
> ☎ (03581) 67-1350, Fax (03581) 67-1375,
> olb@goerlitz.de, https://www.goerlitzer-sammlungen.de/olb/

Präsenzbibliothek: 140.000 Medieneinheiten – lfd. Zss.: 123 gedr. – LS mit 12 Arbeitsplätzen
Leiter: S. Menzel, Stellv.: K. Stichel
Träger: Stadt Görlitz
Bes. Sammelgeb.: Lusatica, Silesiaca, Jacob Böhme.

Göttingen

217 * **Niedersächsische Staats- und Universitätsbibliothek** ⟨7⟩

> Postfach, 37070 Göttingen; Platz der Göttinger Sieben 1, 37073 Göttingen
> ☎ (0551) 39-5231 (Ausk.), -5212 / -25307 (Sekr.), Fax (0551) 39-5222
> information@sub.uni-goettingen.de, http://www.sub.uni-goettingen.de

ZB d. Georg-August-Universität, Bibliothek der Akad. der Wiss. zu Göttingen, Ausleihbibliothek
f. 30.144 Studierende und 2.273 Wiss., 38.075 aktive Ben., 1.077.403 BBesuche
9.281.852 Medieneinheiten, davon 6.077.462 Bde., 1.367.416 elektron. Publ. – lfd. Zss.: 4.958 gedr., 77.313 elektron. – Sonderbestand: 3.115 Inkun., 14.364 Hss. u. Autogr., 424 Nachl., 332.885 Kt., 1.557.216 Mikroformen.
Entleihungen: 670.509

Dir: W. Horstmann, Stellv.: A. Müller-Dreier, K. Brannemann – Abt.-Ltr.: S. Glitsch (Benutzung), K. Hillenkötter / A. Timm (Informations- u. Literaturversorgung), F. Klaproth (Digitale Bibliothek), J. Brase (Forschung u. Entwicklung), C. Fieseler (Spezialslg. u. Bestandserhaltung) – Wiss. D.: S. Al-Eryani, N. Baueregger, K. Bertram, C. Bethge, A. Breitenbach, J. Calvo Tello, B. Dudensing, W. Enderle, M. Ernst, D. Härter, K. Habermann, W. Kartheus, B. Kunz, M. Mehner, J. Mimkes, D. Özkan, N. Pfurr, T. Qahiri, M. Raster, J. Reckel, M. Schatz, M. Schüler, D. Schuller, T. Stompor, B. Timmermann, S. Wille.
Stellenplan: 258.4 VZÄ (68.73 hD, 73.32 gD, 116.35 mD/eD)
Gesamtausgaben 2020: 26.526.489.–, davon 4.379.262.– für Erwerbung.
Bes. Sammelgeb.: Altaische u. paläoasiatische Sprachen, Literaturen u. Kulturen, Anglistik (Allg.), Astronomie, Astrophysik u. Weltraumforschung, Australien u. Neuseeland, Estnische Sprache, Literatur u. Volkskunde, Finnland, Finno-Ugristik, Forstwiss., Geographie, Geophysik, Großbritannien u. Irland, Keltologie, Mongolei, Nordamerika, Reine Mathematik, Thematische Karten, Ungarn, Zentralasien.

Zentralbibliothek

Platz der Göttinger Sieben 1, 37073 Göttingen, ☎ (0551) 39-5231, Fax (0551) 39-5222
information@sub.uni-goettingen.de, http://www.sub.uni-goettingen.de
160 Benutzer-APl., Großarbeitsraum f. 70 APl. mit 20 PCs und Multifunktionsgerät (Drucken, Kopieren, Scannen), 4 Gruppenarbeitsräume, Raum der Ruhe, Eltern-Kind-Raum, Arbeitskabine für Rollstuhlfahrerinnen und -fahrer, 92 Arbeitskabinen, Online-Raumreservierungssystem, WLAN im ges. öff. Bereich – Learning Resources Center (LRC) 20 PC-Einzel-APl., Blinden- u. Sehbehinderten-APl., Videokonferenzsystem, DIN A0 Posterdrucker.

Lern- und Studiengebäude

Platz der Göttinger Sieben 3a, 37073 Göttingen, ☎ (0151) 46100679
lsg-support@sub.uni-goettingen.de
251 vielfältig ausgestattete Arbeitsräume (Einzel-Arbeitsräume, Gruppenarbeitsräume, PC-Ausstattung, Whiteboards, interaktive Whiteboards), Multifunktionsgeräte (Drucken, Kopieren, Scannen), Beamer.

Historisches Gebäude

Papendiek 14, 37073 Göttingen, ☎ (0551) 39-25784
hg-info@sub.uni-goettingen.de, https://www.sub.uni-goettingen.de/standorte-raumangebote/standorte-mit-oeffnungszeiten/historisches-gebaeude/
Historische Forschungsbibliothek. Historische Bestände mit Handschriften, Nachlässen, Inkunabeln und Drucken bis 1900 und Spezialsammlungen der SUB Göttingen, Univ.archiv ca. 2.000 lfd. Meter, Kartenslg. mit ca. 320.000 Kt., davon 65.000 Altkarten, 11.000 Atlanten u. 20.000 Erläuterungen, B MPI-MMG (vormals MPI Geschichte): ca. 102.000 Bde.
LS Alte Drucke: 30 Einzel-APl und 21 Carrels, LS Hss. u. Seltene Drucke / Universitätsarchiv: 20 Einzel-APl, Buchscanner, Kartenslg.: 12 Einzel-APl, Bibliothek MPI-MMG (vormals MPI Geschichte): 10 Arbeitsplätze, Internet-/OPAC-Zugänge.

Bereichsbibliothek Forstwissenschaften ⟨7/1⟩

Büsgenweg 5, 37077 Göttingen
☎ (0551) 39-33407, Fax (0551) 39-12099
bbf@sub.uni-goettingen.de

https://www.sub.uni-goettingen.de/standorte-raumangebote/standorte-mit-oeffnungszeiten/bereichsbibliothek-forstwissenschaften/

Ausleihbibliothek, ca. 130.000 Bde., 80 APl. (davon 12 PC-APl.), PC-Arbeitsraum (7 PCs), 3D-Drucker, Buchscanner, Kopiergerät mit Scanfunktion.

Leitung: Chr. v. Schnehen-Ahrens, Fachref.: B. Timmermann.

Bereichsbibliothek Kulturwissenschaften ⟨7⟩

🖃 Heinrich-Düker-Weg 14, 37073 Göttingen

☎ (0551) 39-21250

💻 bbk@sub.uni-goettingen.de, https://www.sub.uni-goettingen.de/standorte-raumangebote/standorte-mit-oeffnungszeiten/bereichsbibliothek-kulturwissenschaften/

Freihandbibliothek mit überwiegend Präsenzbestand, ca. 600.000 Bde.

311 Arbeitsplätze (überw. mit Netzwerkanschl.), davon 220 Einzel-APl., 46 Gruppen-APl., 30 Einzelarbeitskabinen, Eltern-Kind-Raum, 42 PC-APl., WLAN, Diascanner, Druck-, Scan- und Kopiermöglichkeiten.

Leitung: P. Elbir, Fachref.: S. Al-Eryani, K. Bertram, C. Bethge, J. Calvo Tello, B. Dudensing, W. Enderle, M. Mehner, M. Raster, J. Reckel, S. Wille.

Bereichsbibliothek Medizin ⟨7/11⟩

🖃 Klinikum, Robert-Koch-Str. 40, 37075 Göttingen

☎ (0551) 39-19527 / 39-8395, Fax (0551) 39-8396

💻 bbmed@sub.uni-goettingen.de

Freihandbibliothek, ca. 127.950 Bde.

220 Einzel-Apl., 76 Einzel-APl. mit PC, 168 Gruppen-APl. (ausgestattet mit 25 PCs), 1 PC-APl mit Flachbettscanner, 36 Pl. im Lounge-Bereich, Buchscanner, 2 Multifunktionsgeräte (Drucken, Kopieren, Scannen), Spiralbindegerät, 3D Anatomie-Tisch, 3D Scanner, zwei 3D Drucker, DIN A0 Posterdrucker, Körpermodelle.

Leitung: D. Härter, Fachref.: D. Härter

Bereichsbibliothek Physik ⟨7/15⟩

🖃 Friedrich-Hund-Platz 1, 37077 Göttingen

☎ (0551) 39-26801, Fax (0551) 39-13146

💻 bbphys@sub.uni-goettingen.de
https://www.sub.uni-goettingen.de/standorte-raumangebote/standorte-mit-oeffnungszeiten/bereichsbibliothek-physik/

Freihandbibliothek, ca. 27.200 Bde., Lehrbuchsammlung Physik und Lehrbuchsammlung Chemie.

135 Benutzerarbeitsplätze (14 mit PCs), 4 Gruppen-Arbeitsräume, OPAC-PC, WLAN, 2 Multifunktionsgeräte (Drucken, Kopieren, Scannen), DIN A0 Posterdrucker, Buchscanner, 3D-Drucker.

Teamleitung: B. Senge, Fachref.: J. Mimkes

Bereichsbibliothek Wirtschafts- und Sozialwissenschaften ⟨7/148⟩

🖃 Platz der Göttinger Sieben 3, 37073 Göttingen

☎ (0551) 39-27256 / 39-27254

💻 bbwiso@sub.uni-goettingen.de

https://www.sub.uni-goettingen.de/standorte-raumangebote/standorte-mit-oeffnungszeiten/bereichsbibliothek-wirtschafts-und-sozialwissenschaften/
Freihandbibliothek mit überwiegend Präsenzbestand
ca. 496.000 Bde.
220 Einzel-APl., 140 Gruppen-APl., Internet- u. OPAC-APl., WLAN, Druck-, Scan- und Kopiermöglichkeiten, Eltern-Kind-Raum.
Teamleitung: B. Pfuhlmann-Witzel, Fachref.: N. Baueregger, M. Schüler.

Bibliothek Waldweg ⟨7⟩

🖃 Waldweg 26, 37073 Göttingen, ☎ (0551) 39-23176 / 39-29212
💻 bbw@sub.uni-goettingen.de
https://www.sub.uni-goettingen.de/standorte-raumangebote/standorte-mit-oeffnungszeiten/bibliothek-waldweg/

Überwiegend Ausleihbibliothek, ca. 345.000 Bde
Einzel-APl., Gruppen-APl., WLAN, Druck-, Scan- und Kopiermöglichkeiten, OPAC-PCs.
Teamleitung: E. Wenzel, Fachref.: B. Dudensing, B. Kunz

218 * **Bibliothek des Max-Planck-Instituts zur Erforschung multireligiöser und multiethnischer Gesellschaften** ⟨Gö 164⟩

🖃 Postfach 2833, 37018 Göttingen; Hermann-Föge-Weg 11, 37073 Göttingen
☎ (0551) 4956-0, Fax (0551) 4956-170
💻 library@mmg.mpg.de, https://www.mmg.mpg.de/bibliothek

Präsenzbibliothek f. d. wiss. Mitarb. d. Instituts u. Gäste, Zulass. auf Antrag
150.000 Medieneinheiten, davon 147.618 Bde., 571 elektron. Publ. – lfd. Zss.: 253 gedr., 96 elektron.
6 Benutzerarbeitsplätze
Leiter: N. Winnige, Stellv.: H. Funke
Stellenplan: 1 TVöD 14, 1 TVöD 9c, 1 TVöD 9b, 1 TVöD 8, 1 TVöD 6
Träger: Max-Planck-Gesellschaft – Gesamtausgaben 2020: 551.541.–, davon 153.700.– für Erwerbung
Bes. Sammelgeb.: Soziologie, Anthropologie, Religionswiss., Rechtswiss., Geschichte.

219 * **Otto-Hahn-Bibliothek des Max-Planck-Instituts für biophysikalische Chemie** ⟨Gö 116⟩

🖃 37070 Göttingen; Am Fassberg 11, 37077 Göttingen, ☎ (0551) 201-1349
💻 ohbmail@gwdg.de, https://www.mpibpc.mpg.de/de/ohb

Max-Planck-Campus Göttingen. Die Sammelgebiete ergeben sich aus den Arbeitsgebieten der Institute für biophysikalische Chemie und für Dynamik & Selbstorganisation.
Wiss. Spezialbibliothek, Ausleihbibliothek f. ca. 1.200 Institutsmitarbeiterinnen und -mitarbeiter, öffentlich zugängliche Präsenzbibliothek.
ca. 80.000 Bde. – lfd. Zss.: 30 gedr., 30.000 elektron.
26 Benutzerarbeitsplätze, darunter 8 PC-Arbeitsplätze – Entleihungen: 200
Leiter: B. Reuse. Stellenplan: 1 TVöD 10
Träger: Max-Planck-Gesellschaft zur Förderung der Wissenschaften e. V. – Erwerbungsetat 2020: 10.000.–

Gotha

220 * **Forschungsbibliothek Gotha der Universität Erfurt** ⟨39⟩

  Schloss Friedenstein, Schlossplatz 1, 99867 Gotha,
  (0361) 737-5530, Fax (0361) 737-5539
  bibliothek.gotha@uni-erfurt.de, https://www.uni-erfurt.de/forschungsbibliothek-gotha

Präsenz- u. Ausleihbibliothek: 719.262 Bde. – lfd. Zss.: 161 – Sonderbestand: Karten: 186.295 Blätter, Archivalien: 800 lfm., 1.087 Ink., 11.687 Hss.
4 LR mit 43 Benutzerarbeitsplätzen, davon 40 PC-APl. – Entleihungen: 34.308
Wiss. Dienst: K. Paasch (Dir.), H. Carius (stellv. Dir., Ltg Abt. Benutzung/Digitale Bibliothek), M. Müller (Ltg Abt. Sammlungen und Bestandserhaltung), D. Hakelberg (Ltg Abt. Bestandsentwicklung und Erschließung), D. Gehrt, F. Krimsti, S. Salatowsky, P. Weigel
Stellenplan: 35 VZÄ
Träger: Freistaat Thüringen – Gesamtausgaben 2020: 2.759.929.–, davon 392.877.– für Erwerbung
Bes. Sammelgeb.: Reformationshss., frühneuzeitliche Hss., orientalische Hss., Slg. Perthes.

Greifswald

221 * **Universitätsbibliothek** ⟨9⟩

  Briefadresse: 17487 Greifswald; Felix-Hausdorff-Str. 10, 17489 Greifswald
  (03834) 420-1502 (Sekr.), Fax (03834) 420-1501
  ub@uni-greifswald.de, http://www.ub.uni-greifswald.de

Wiss. Bibliothek, Ausleihbibliothek für 14.532 aktive Benutzer/innen. Ca. 3.2 Mio. Medieneinh., 2.498.940 Bde., 72.416 elektron. Publ. – lfd. Zss.: 933 gedr., 70.731 elektron.
Insgesamt 977 Benutzer-APl., davon 105 PC-APl. – Entleihungen: 162.805
Dir.: N.N., komm. St. Bollin, Stellv. (zugl. Ltg. Bibliotheksdatenverarbeitung): P. Helmchen, B. Blüggel – Wiss. Dienst; I. Asmus, B. Blüggel, St. Bollin, P. Helmchen, K. Steffen,
Stellenplan: 51.25 Stellen (Beamte/Beschäftigte: 6 hD, 19.75 gD, 25.50 mD).
Träger: Land Mecklenburg-Vorpommern.
Gesamtausgaben 2020: 7.061.827.–, davon 2.626.761.– für Erwerbung
Bes. Sammelgeb.: Pomeranica, Niederdt. Sprache u. Literatur. Pflichtex.: Schweden 1775–1815, Preußen 1891–1952.
Ab 2016: Zentrale UB, Alte UB, BereichsB und MagazinB.

Gummersbach

Abteilungsbibliothek Gummersbach der Hochschulbibliothek FH Köln

siehe Köln (Nr. 323)

Hagen

222 * Universitätsbibliothek der FernUniversität in Hagen ⟨708⟩

Universitätsstr. 23, 58097 Hagen, ☎ (02331) 987-2924, Fax (02331) 987-346
sekretariat.ub@fernuni-hagen.de, http://www.ub.fernuni-hagen.de

Einschichtiges Bibliothekssystem. Wiss. Bibliothek
857.805 Bde., 99.047 elektron. Publ. – lfd. Zss.: 1.088 gedr., 87.517 elektron.
125 Benutzerarbeitsplätze, davon 9 PC-Arbeitsplätze – Entleihungen: 377.309
Dir.: E. Steinhauer (komm.), Stellv. C. Schneider – Dez./Leiter E. Steinhauer (komm.) (Zentrale Dienste), Dez./Leiterin C. Schneider (Benutzung), Dez./Leiter E. Steinhauer (Medienbearbeitung) – Wiss. D: A. Baecker, S. Caviola, M. Roos, J. Tuschling-Langewand, S. Planka.
Stellenplan: 49 VZÄ. Träger: Land Nordrhein-Westfalen.
Gesamtausgaben 2020: 4.553.195.–, davon 2.065.803.– für Erwerbung
Bes. Sammelgeb.: Deutsche Fernstudiendokumentation (DFSD).
Veröff. unter: http://eleed.campussource.de

223 * Hochschulbibliothek der Fachhochschule Südwestfalen ⟨Hag 4⟩

Bibliotheksdirektion, Postfach 4161, 58590 Hagen; Haldener Str. 182, 58095 Hagen
☎ (02331) 9330-600, Fax 9330-608,
bibliotheksdirektion@listen.fh-swf.de, https://www.fh-swf.de/de/studierende/rund_ums_studium/bibliothek_1/bibliothek_startseite.php

Ausleih- u. Präsenzbibliothek für rund 14.500 Hochschulangehörige (Studierende und Beschäftigte) sowie externe Nutzende. Einschichtiges Bibliothekssystem mit einer Bibliothekszentrale in Hagen, die vier Fachbibliotheken an den Standorten Hagen, Iserlohn, Meschede und Soest sowie den Studienort Lüdenscheid unterstützt.
ca. 150.000 gedr. Bde. und 60.000 E-Books. – lfd. Zss.: etwa 500 gedr., 16.000 elektron.
Entleihungen: ca. 400.500 und 1.200.000 elektron. Zugriffe
Leitung: C. Dabrowski, Stellv.: S. Lange-Mauriège
Stellenplan: 23.75 VZÄ. Träger: Land NRW – Gesamtetat 2020: 2.165.083.–

Fachbibliothek Hagen und Bibliothekszentrale

Haldener Str. 182, 58095 Hagen, ☎ (02331) 9330-605, Fax 9330-608
hagen-bib@fh-swf.de

Fachbibliothek Iserlohn

Frauenstuhlweg 31, 58644 Iserlohn, ☎ (02371) 566-156, Fax (02371) 566-484
iserlohn-bib@fh-swf.de

Fachbibliothek Meschede

Lindenstr. 53, 59872 Meschede, ☎ (0291) 9910-120, Fax (0291) 9910-121
meschede-bib@fh-swf.de

Fachbibliothek Soest

Lübecker Ring 2, 59494 Soest, ☎ (02921) 378-3303, Fax (02921) 378-351
soest-bib@fh-swf.de

Halle (Saale)

224 * **Universitäts- und Landesbibliothek Sachsen-Anhalt ⟨3⟩**

✉ Postfach, 06098 Halle (Saale); August-Bebel-Str. 13 u. 50, 06108 Halle (S.)
☎ (0345) 5522-001 (Sekr.)/ -166 (Ausk.)/ -209 (LS), Fax (0345) 5527-140
🖥 direktion@bibliothek.uni-halle.de, http://bibliothek.uni-halle.de

Ausleih- und Präsenzbibliothek für 21.443 Studierende, 1.566 Lehrende und ca. 237.557 Einw., 30.241 aktive Ben.
Bibliothekssystem: 4.821.039 Medieneinheiten, davon 4.792.597 Bde., 265.908 elektron. Publ. – lfd. Zss.: 3.744 gedr. 24.698 elektron. – Sonderbestand: 114.531 Hss. u. Autographen, 1.616 Inkunabeln, 108.850 Karten und Pläne.
1.362 Benutzerarbeitsplätze, darunter 117 Computerarbeitsplätze – Entleihungen: 490.066
Dir.: A. Berghaus-Sprengel – Abt.-Ltr.: J. Knödler (Hist. Sammlungen.), E. Reihl (Benutzung/ Stellv. Dir.), A. Mettin (Verwaltung), S. Özüyaman (Integr. Medienbearbeitung), D. Horn (Controlling), T. Hoffmann (IT/Digitale Dienste).
Wiss. D.: V. Adam, A. Bauer, A.-K. Bernsdorf, D. Brenn, R. Cozatl, C. Frank, H. Gerlach, G. Grenzebach, L. Guhlmann, U. Hartwig, T. Hoffmann, Chr. Kämpf, P. Kampa, R. Klappstein, M. Kant, S. Naumann, A. Piller, S. Reich, M. Scheuplein, M. Schmidt-Bonacker, C. Schmiljun, M. Werner, B. Wiese, J. Wintermann, G.-O. Wolff, R. Zanganeh.
Stellenplan: 24 Beamtinnen und Beamte (1 B2, 4 A15, 1 A14, 9 A13, 1 A12, 4 A11, 3 A10, 1 A9) – 101 Tarifbeschäftigte (1 E15, 2 E14, 12 E13, 1 E10, 36 E9, 4 E8, 26 E6, 13 E5, 1 E4, 5 E3) – 5 DFG, 6 Auszubildende, 2 Volontäre.
Träger: Martin-Luther-Universität Halle-Wittenberg.
Gesamtausgaben 2020: 15.327.650.–, davon 6.351.391.– für Erwerbung
Bes. Sammelgeb.: Landeskunde u. Territorialgeschichte Sachsen-Anhalts, durch die Deutsche Morgenländische Gesellschaft vertretene Fächer sowie die im Sammelprofil des Fachinformationsdienstes Nahost-, Nordafrika- und Islamstudien erwähnten Schwerpunkte.
Pflichtex.: Sachsen-Anhalt, vormals Prov. Sachsen seit 1825.
Veröff. unter: http://www.bibliothek.uni-halle.de/shop/
12 Zweigbibliotheken: siehe http://www.bibliothek.uni-halle.de/zweigbib/

Zweigbibliothek Altklinikum (mit Außenstellen) ⟨Ha 6⟩
✉ Magdeburger Str. 16, 06112 Halle (S.), ☎ (0345) 557-1250, Fax (0345) 557-4428
🖥 ha6@bibliothek.uni-halle.de, http://bibliothek.uni-halle.de/zweigbib/ha6/
Ausleihbibliothek: 38.244 Medieneinheiten – lfd. Print-Zss.: 9
LS mit 13 Benutzerarbeitsplätzen – Entleihungen: 7.258
Fachreferent: G. Grenzebach

Zweigbibliothek Erziehungswissenschaften/Theologie/Medien-u. Kommunikationswiss./Jüdische Studien ⟨Ha 10⟩
✉ Franckeplatz 1, Haus 31, 06110 Halle (S.), ☎ (0345) 5522-080, Fax (0345) 5527-172
🖥 ha10@bibliothek.uni-halle.de, http://bibliothek.uni-halle.de/zweigbib/ha10/
Ausleihbibliothek: 408.177 Medieneinheiten – lfd. Print-Zss.: 349
LS mit 168 Benutzerarbeitsplätzen – Entleihungen: 55.540
Leitung: G.-O. Wolff

Zweigbibliothek Geowissenschaften ⟨Ha 19⟩
- Von-Seckendorff-Platz 3, 06108 Halle (S.), ☎ (0345) 5522-069
- ha19@bibliothek.uni-halle.de, http://bibliothek.uni-halle.de/zweigbib/ha19/
Ausleihbibliothek: 107.897 Medieneinheiten – lfd. Print-Zss.: 120
LS mit 26 Benutzerarbeitsplätzen – Entleihungen: 5.359
Leitung: M. Scheuplein

Zweigbibliothek Klassische Altertumswissenschaften ⟨Ha 26⟩
- Universitätsplatz 12, 06108 Halle (S.), ☎ (0345) 5522-044
- ha26@bibliothek.uni-halle.de, http://bibliothek.uni-halle.de/zweigbib/ha26/
Präsenzbibliothek: 54.192 Medieneinheiten – lfd. Print-Zss.: 72
LS mit 13 Benutzerarbeitsplätzen – Entleihungen: 1.085
Leitung: C. Frank

Zweigbibliothek Klinikum Kröllwitz ⟨Ha 150⟩
- Ernst-Grube-Str. 40, 06120 Halle (S.), ☎ (0345) 5572-348, Fax (0345) 5575-817
- ha150@bibliothek.uni-halle.de, http://bibliothek.uni-halle.de/zweigbib/ha150/
Ausleihbibliothek: 92.380 Medieneinheiten – lfd. Print-Zss.: 14
LS mit 65 Benutzerarbeitsplätzen – Entleihungen: 4.859
Fachreferent: G. Grenzebach

Zweigbibliothek Heide-Süd ⟨Ha 4⟩
- Von-Danckelmann-Platz 1, 06120 Halle (S.)
- ☎ (0345) 5522-065, Fax (0345) 5527-224
- ha4@bibliothek.uni-halle.de, http://bibliothek.uni-halle.de/zweigbib/ha4/
Agrar- und Ernährungswissenschaften, Biochemie/Biotechnologie, Biologie, Chemie, Informatik, Ingenieurwissenschaften, Mathematik, Pharmazie, Physik, Sport.
Ausleihbibliothek: 310.560 Medieneinheiten – lfd. Print-Zss.: 244
LS mit 214 Benutzerarbeitsplätzen – Entleihungen: 24.770
Leitung: M. Kant

Zweigbibliothek Musik ⟨Ha 38⟩
- Kleine Marktstr. 7, 06108 Halle (S.), ☎ (0345) 5522-078
- ha38@bibliothek.uni-halle.de, http://bibliothek.uni-halle.de/zweigbib/ha38/
Präsenzbibliothek: 73.975 Medieneinheiten – lfd. Print-Zss.: 75
LS mit 34 Benutzerarbeitsplätzen – Entleihungen: 2.726
Fachreferent: Chr. Kämpf

Zweigbibliothek Rechtswissenschaft ⟨Ha 11⟩
- Universitätsplatz 5 – Juridicum, 06108 Halle (S.)
- ☎ (0345) 5522-046, Fax (0345) 5527-273
- ha11@bibliothek.uni-halle.de, http://bibliothek.uni-halle.de/zweigbib/ha11/
Ausleih- und Präsenzbibliothek: 226.513 Medieneinh. – lfd. Print-Zss.: 202
LS mit 407 Benutzerarbeitsplätzen – Entleihungen: 7.719
Leitung: M. Werner

Zweigbibliothek Vorderer Orient, Ethnologie ⟨Ha 1⟩

Mühlweg 15, 06114 Halle (S.)

(0345) 5522-097, Fax (0345) 5527-320

ha1@bibliothek.uni-halle.de, http://bibliothek.uni-halle.de/zweigbib/ha1/

Islamwissenschaft, Christlicher Orient, Arabistik, Iranistik, Turkologie, Semitistik, Armenistik, Allgemeine Orientalistik, andere durch Mitglieder der Deutschen Morgenländischen Gesellschaft vertretene Fächer sowie die im Sammelprofil des Fachinformationsdienstes Nahost-, Nordafrika- und Islamstudien erwähnten Schwerpunkte, Ethnologie.

Ausleih- und Präsenzbibliothek: 302.477 Medieneinh. – lfd. Print-Zss.: 499

LS mit 18 Benutzerarbeitsplätzen – Entleihungen: 5.675

Leitung: V. Adam

Zweigbibliothek Wirtschaftswissenschaften ⟨Ha 27⟩

Große Steinstr. 73, 06108 Halle (S.)

(0345) 5522-054, Fax (0345) 5527-246

ha27@bibliothek.uni-halle.de, http://bibliothek.uni-halle.de/zweigbib/ha27/

Ausleih- und Präsenzbibliothek: 61.164 Medieneinheiten- lfd. Print-Zss.: 59

LS mit 107 Benutzerarbeitsplätzen – Entleihungen: 5.401

Leitung: M. Schmidt-Bonacker

Zweigbibliothek Steintor-Campus <Ha 18>

Emil-Abderhalden-Straße 25, 06108 Halle (S.)

(0345) 5522-031/ -032 Fax (0345) 5527-242

ha18@bibliothek.uni-halle.de, http://bibliothek.uni-halle.de/zweigbib/ha18/

Anglistik/Amerikanistik, Fremdsprachen, Germanistik, Geschichte, Indogermanistik, Japanologie, Kunstgeschichte, Orientarchäologie, Philosophie, Politikwissenschaft, Prähistorische Archäologie, Psychologie, Romanistik, Slavistik, Soziologie, Sprechwissenschaft, Südasien

Ausleih- und Präsenzbibliothek: 760.068 Medieneinheiten- lfd. Print-Zss.: 551

LS mit 177 Benutzerarbeitsplätzen – Entleihungen: 39.286

Fachreferenten: Chr. Kämpf, P. Kampa

225 Stadtbibliothek ⟨196⟩

Salzgrafenstraße 2, 06108 Halle (S.), (0345) 221-4707 (Ltg.), Fax (0345) 221-4716

stadtbibliothek@halle.de, http://www.stadtbibliothek-halle.de

Ausleihbibliothek. ZB, Musikbibliothek, 3 Stadtteilbibliotheken, 1 Fahrbibliothek

213.565 Medieneinheiten, 163.823 Bde. – lfd. Zss.: 363 gedr., 32 elektron.

278 Benutzerarbeitsplätze, darunter 56 Computer-Arbeitsplätze, davon 23 Internet-APl.

Leiterin: Lesche

Stellenplan: 44 Beschäftigte

Erwerbungsausgaben 2018: 235.041.–

Angeschl.: Musikbibliothek, 3 Stadtteilbibliotheken, 1 Fahrbibliothek.

226 * Bibliothek der Deutschen Akademie der Naturforscher – Nationale Akademie der Wissenschaften ⟨Ha 2⟩

🖃 Jägerberg 1, 06108 Halle/S.; Emil-Abderhalden-Straße 36, 06108 Halle/S.
☎ (0345) 47239-147, Fax (0345) 47239-149
📧 bibliothek@leopoldina.org, https://www.leopoldina.org/ueber-uns/bibliothek/

Wissenschaftliche Spezialbibliothek, öffentlich zugänglich
285.000 Medieneinheiten – lfd. Zss.: 900
LS mit 15 Benutzerarbeitsplätzen – Entleihungen: 2.000
Leiter: D. Weber
Stellenplan: 3.6 Angestellte
Träger: Dt. Akademie der Naturforscher Leopoldina – Nationale Akademie der Wissenschaften
Bes. Sammelgeb.: Veröff. d. Akademie-Mitgl., Ges.-Schriften, Geschichte d. Mathematik, Naturwiss. u. Medizin.

227 * Bibliothek der Franckeschen Stiftungen ⟨Ha 33⟩

🖃 Franckeplatz 1 / Haus 22–24, 06110 Halle/S.
☎ (0345) 2127-412, Fax (0345) 2127-484
📧 bibliothek@francke-halle.de, https://www.francke-halle.de/de/studienzentrum/

Präsenzbibliothek: 170.069 Medieneinheiten – lfd. Zss.: 96 – Sonderbestand: 115 Inkun., Verl.-B d. Waisenhausbuchverl. (4.892 Bde.), Cansteinsche Bibel-Slg. 2.166 Bde.), Missions-B (5.857 Bde.), Lehrer-B (11.781 Bde.), B Keferstein (2.041 Bde.), Gesangbuchslg. (906 Bde.), Tholuck-B (14.071 Bde.), B Sellheim (7.381 Bde.), B Beltz (1.814 Bde.), Slg. Uniondruckerei (939 Bde.), Portr.-Slg. (12.958 Bll.)
LS mit 24 Benutzerarbeitsplätzen – Entleihungen: 2.396
Leiterin: B. Klosterberg
Stellenplan: 4.5 Ang.
Träger: Franckesche Stiftungen – Erwerbungsetat 2020: 60.000.–
Bes. Sammelgeb.: Pietismus, Frühaufklärung, Kirchen- und Bildungsgeschichte der frühen Neuzeit.

228 * Bibliothek der Stiftung Händel-Haus ⟨Ha 101⟩

🖃 Postanschrift: Große Nikolaistr. 5, 06108 Halle/S.;
    Besucheranschrift: Kleine Marktstr. 5, 06108 Halle/S.
☎ (0345) 50090-253/ -254, Fax (0345) 50090-416
📧 bibliothek@haendelhaus.de, https://haendelhaus.de/de/hh/forschung/bibliothek

Präsenzbibliothek
28.665 Medieneinheiten, davon 11.558 Bde – lfd. Zss.: 16 gedr. – Sonderbestand: 3.408 Noten, 9.751 Tonträger, 989 Handschriften, 174 DVDs.
LS mit 4 Benutzerarbeitsplätzen – Entleihungen 2020: 591
Leiterin: K. Musketa
Stellenplan: 1.25 Ang.
Träger: Stiftung Händel-Haus

Bes. Sammelgeb.: Händel, hallische Musikgeschichte, Musikinstrumentenkunde.
Veröff. unter: https://haendelhaus.de/de/hh/forschung/veröffentlichungen, Digitalisate unter: https://haendelhaus.de/de/hh/forschung/sammlungen

229 Marienbibliothek Halle ⟨Ha 32⟩

An der Marienkirche 1, 06108 Halle/S., ☏ (0345) 5170-893
info@marienbibliothek-halle.de, http://www.marienbibliothek-halle.de

Abgeschlossene Bibliothek (keine Neuerwerbung, Zugang: Schenkungen und Belegexemplare).
Histor. wiss. Kirchenbibliothek, Präsenzbibliothek
ca. 36.000 Bde. – Sonderbestand: 611 Inkun., 306 Hss., ca. 6.000 Gesangbücher, 230 Urkunden.
6 Benutzerarbeitsplätze
Leiterin: A. Fiebiger. Stellenplan: 1 hauptamtlicher MA.
Träger: Marktkirchengemeinde Halle

Hamburg

	Nr.
Ärztliche Zentralbibliothek Univ.-Klinikum Eppendorf	231
Behörde für Stadtentwicklung und Umwelt	241
Bernhard-Nocht-Institut	242
Biozentrum Klein Flottbek und Botanischer Garten	232
Bucerius Bibliothek	248
Bundesamt f. Seeschifffahrt und Hydrographie	244
Bundesforsch.-Anst. f. Fischerei	110
Bundesforsch.-Anst. f. Forst u. Holzwirtsch.	110
Commerzbibliothek	245
DESY Central Library	246
Fachhochschule Hamburg	251
Fak. Erziehungswiss. / Univ.	235
Fak. Wirtsch.- u. Sozialwiss./Univ.	235
Führungsakad. d. Bundeswehr	247
HafenCity Universität	237
Hamburger Kunsthalle	249
Hamburger Lehrerbibliothek	250
Hamburger Öffentl. Bücherhallen	240
Handelskammer Hamburg	245
Historisches Seminar d. Univ.	234
Hochschule f. Angewandte. Wiss.	251
Hochschule f. Musik u. Theater	252
HÖB	240
HWWA-Institut, *siehe* ZBW Kiel	308
Inst. f. Angew. Botanik d. Univ.	232
Inst. f. d. Geschichte d. dt. Juden	253
Inst. f. Tropenmedizin	242
Kunsthalle	249
Lehrerbibliothek	250
Martha-Muchow-Bibliothek	233
MPI f. ausl. u. internat. Privatrecht	254
Museum f. Völkerkunde	255
Nordelbische Kirchenbibliothek	243
Nordkirche	243
Staatsarchiv	256
Staats- u. Universitätsbibliothek	230
Stiftung HÖB	240
Technische Universität	238
Thünen-Institut (Fischerei/Wald), *siehe* Braunschweig	110
Universität d. Bundeswehr	239
Universitätsbibliothek HH	230
UB d. Helmut-Schmidt-Univ.	239
Universitätsklinikum Eppendorf	231
ZB Philosophie, Geschichte und Klass. Philologie	234
Zentralbibliothek Recht	236
ZBW, siehe Kiel ZBW	308

230 * Staats- und Universitätsbibliothek Hamburg Carl von Ossietzky ⟨18⟩

- Von-Melle-Park 3, 20146 Hamburg
- (040) 42838-2213 (Sekr.)/ -2233 (Ausk.), Fax (040) 42838-3352
- auskunft@sub.uni-hamburg.de, http://www.sub.uni-hamburg.de

Wissenschaftliche Allgemeinbibliothek, Universitätsbibliothek (44.185 Studierende, 667 Prof.), Landesbibliothek für Hamburg
6.516.347 Medieneinheiten, 4.303.129 Bde., 1.174.699 elektron. Publ. – lfd. Zss.: 5.227 gedr., 9.926 elektron. – Sonderbestand: 88.752 Hss. u. Autogr. (einschl. 990 Papyri), 409 Nachl., 284 Inkunabeln, 67.811 Rara, 69.169 Karten u. Pläne, 30.622 Noten
8 LSS mit 924 Benutzerarbeitsplätzen, 148 PC-Arbeitsplätze mit Internetzugang, 111.847 Bde, 2 Freihandmag. mit 200.000 Bdn. – Entleihungen: 855.997
Dir.: R. Zepf, Stellv.: J. Adler, O. Eigenbrodt, Abt.-Ltr.: J. Adler (Akq.), P. Blödorn-Meyer (Cat.), O. Eigenbrodt (Ben.), J. Wonke-Stehle (IT FuE), C. Schwill (Fachl. Leitst. LBS HH) – Wiss. D.: M. E. Amtstätter, T. Buck, W. von Deylen, C. Herkt-Januschek, A.-K. Hohlfeld, K. Janz-Wenig, I. Kaulen, N. Leiner, A. Liewert, J. Maas, D. Maus, I. Meinecke, G. Müller-Kopton, T. Ostmann, J. Neubacher, H. Seng, M. Thoms, M. Trapp, P. Tu, E. Wawers, G. Wohlleben.
Stellenplan: 56 Beamtinnen und Beamte (4 A15, 5 A14, 5 A13, 6 A12, 10 A11, 21 A10, 5 A9) – 150 Beschäftigte (1 E15, 1 E14, 10 E13, 1 E12, 6 E11, 7 E10, 38 E9, 22 E8, 30 E6, 29 E5, 5 E3), 5 Drittmittel (4 E13, 1 E9), 7 Auszub.
Träger: Freie u. Hansestadt Hamburg – Gesamtausgaben 2020: 26.343.226, davon 4.469.165 für Erwerbung
Bes. Sammelgeb.: Hamburgensien – DFG: Beteiligung am FID Romanistik (Hispanistik, Lusitanistik, Katalanistik und Galicisch).
Pflichtex.: Scit 1696 v. Hamburger Verlagen.
Veröff. unter: http://www.sub.uni-hamburg.de/bibliotheken/ueber-uns/publikationen.html

Linga-Bibliothek

- Von-Melle-Park 3, 20146 Hamburg
- (040) 42838–6273, Fax (040) 42838–3352
- linga-bibliothek@sub.uni-hamburg.de, http://www.sub.uni-hamburg.de/linga/

Spezialbibliothek für Lateinamerika-Forschung
Präsenz- u. Ausleihbibliothek
49.000 Medieneinheiten
1 LS mit 9 Benutzerarbeitsplätzen, GBV.
Bes. Sammelgeb.: Lateinamerika, vornehml. Geschichte u. Landeskunde.

Arbeitsstelle der Hamburger Klopstock-Ausgabe

- Von-Melle-Park 3, 20146 Hamburg
- (040) 42838–2767, Fax (040) 42838–3352
- mark.emanuel.amtstaetter@sub.uni-hamburg.de

http://www.sub.uni-hamburg.de/sammlungen/nachlass-und-autographensammlung/klopstock-arbeitsstelle.html
Kontakt: M. E. Amtstätter

Selbständige Fachbereichs- und Institutsbibliotheken der Universität

231 Ärztliche Zentralbibliothek des Universitätsklinikums Hamburg-Eppendorf ⟨H 18/64⟩

Martinistr. 52, 20246 Hamburg, ☎ (040) 7410-53012/ -59552, Fax (040) 7410-55493
aezb@uke.de, https://www.uke.de/organisationsstruktur/zentrale-bereiche/%C3%A4rztliche-zentralbibliothek-(%C3%A4zb)/index.html

Ausleihbibliothek für Monogr. und LBS (größtenteils Freihandb.) und Präsenzbibliothek für Zss. (ab Jg. 2000 im Freihandb.) für 3.300 Stud. u. 14.000 UKE-Mitarbeiter
281.628 Medieneinheiten, 51.350 elektron. Publ. – lfd. Zss.: 109 (gedr.), 4.587 (elektron.)
255 Benutzerarbeitsplätze, darunter 64 Internet-APl., 4 Gruppenarbeitsräume – Entleihungen: 38.155
Leiter: A. Soulos, Stellv.: F. Wille – Wiss. D.: F. Wille
Stellenplan (nur besetzte Stellen): 19.53 Stellen (1.4 E13–15, 8.89 E9–12, 8.24 E5–8), 1 Ausbildungsplatz), 8.200 Stunden stud. Hilfskräfte.
Träger: Universitätsklinikum Hamburg-Eppendorf, Körperschaft öffentlichen Rechts. – Gesamtausgaben 2020: 2.778.552.– davon 1.548.552.– für Erwerbung
Bes. Sammelgeb.: Medizin, Zahnmedizin, Gesundheitswesen, Biowiss., Habil.-Schriften u. Diss. d. Medizinischen Fakultät.
Veröff. unter: http://www.sub.uni-hamburg.de/bibliotheken/hamburger-bibliotheksfuehrer/details-zur-bibliothek/bib-id/347.html

232 Fachbereichsbibliothek Biologie Standort Klein Flottbek ⟨18/305⟩

Ohnhorststr. 18, 22609 Hamburg
☎ (040) 42816-228 (Leitung) / -255 (Auskunft), Fax (040) 42816-254
bibliothek.biologie@uni-hamburg.de, https://www.biologie.uni-hamburg.de/service/bibliotheken/ueber-uns.html

Hervorgegangen aus der Bibl. des Instituts für Allgemeine Botanik und Botanischer Garten und d. Bibl. des Instituts für Angewandte Botanik. 136.000 Bde., 70 elektron. Publ. – lfd. Zss.: 335 LS mit 36 Benutzerarbeitsplätzen, 5 OPAC-APl.
Leiterin: M. Axnick. Stellenplan: 3 Beschäftigte (VZÄ).
Träger: Freie u. Hansestadt Hamburg, Universität Hamburg
Bes. Sammelgeb.: Pflanzenphysiologie, Molekularbiologie, Angewandte Botanik, Floren, Mikrobiologie, Ökologie.

233 Martha-Muchow-Bibliothek ⟨18/307⟩

Binderstraße 40, 20146 Hamburg, ☎ (040) 42838-4752
mmb.ew@lists.uni-hamburg.de, https://www.ew.uni-hamburg.de/mmb

Zentrale Serviceeinrichtung für die Literaturversorgung der Fachbereiche Erziehungswiss., Psychologie und Bewegungswiss.
288.216 Medieneinheiten – lfd. Zss.: 371 gedr., keine eigenen elektron. Zss., Zugriff auf den Bestand des Bibliothekssystems der Univ. HH – Sonderbestand: Kunstdidaktik, Kinder- u. Jugendbuchsammlung, 10 Ordner Materialien Martha Muchow
251 Benutzerarbeitsplätze, davon 19 Recherchepl. – Entleihungen: 16.826

Leiter: J. Trottenberg, Stellv.: N.N. Stellenplan: 3.5 Stellen E9–E12, 6.5 Stellen E1–E8
Träger: Univ. Hamburg – Gesamtausgaben 2020: 508.943.–, davon 101.090.– für Erwerbung.
Angeschl.: Testbibliothek (Sedanstr. 19, Tel.: 040 42838-6789, E-Mail: testbibliothek@uni-hamburg.de).

234 Zentralbibliothek Philosophie, Geschichte und Klassische Philologie ⟨18/309⟩

🖃 Von-Melle-Park 6, 20146 Hamburg, ☎ (040) 42838-4717 (Ltg.)
💻 bibliothek.philgesch@uni-hamburg.de, https://www.gwiss.uni-hamburg.de/zentralbibliothek.html

Präsenzbibliothek, eingeschränkte Ausleihe f. Studierende und wiss. Mitarbeiter/innen.
ca. 300.000 Bde. – lfd. Zss.: 323 gedr.
Leiter: J. Wiebers

235 Bibliothek der Fakultäten für Wirtschafts- und Sozialwissenschaften sowie für Betriebswirtschaft der Universität Hamburg

☎ (040) 42838-5600 (Leitung)
💻 Michael.Eiden@uni-hamburg.de
https://www.wiso.uni-hamburg.de/bibliothek

Die Bibliothek verfügt über zwei Standorte (Fachbibliothek Wirtschaftswiss., Fachbibliothek Sozialwiss.) und zwei Sonderstandorte (Bibliothek des Interdisziplinären Zentrums für Internationales Finanz- und Steuerwesen, Curt-Eisfeld-Nachlassbibliothek).
Präsenz- und Ausleihbibliothek: 301.877 Bde. – lfd. Zss.: 316 gedr., zahlreiche elektronische Medien.
964 Benutzerarbeitsplätze, darunter 34 Computer-APl. – Entleihungen: 130.823
Leiter: M. Eiden. Stellenplan: 25.65 VZÄ
Träger: Freie und Hansestadt Hamburg – Erwerbungsausgaben 2019: 791.565.–

Fachbibliothek Sozialwissenschaften ⟨18/76⟩

🖃 Allende-Platz 1, 20146 Hamburg
☎ (040) 42838-3550 (Auskunft, Ausleihe)
💻 sowibib.wiso@uni-hamburg.de

Ausleihbibliothek: ca. 96.892 Bde. – lfd. Zss. und Ztgn.: 94 gedr.
140 Benutzerarbeitsplätze, darunter 4 Computerarbeitsplätze

Fachbibliothek Wirtschaftswissenschaften ⟨18/261⟩

🖃 Von-Melle-Park 5, 20146 Hamburg
☎ (040) 42838-5600 (Leitung), -5596, -5720 (Auskunft, Ausleihe)
💻 wiwi-benutzung.wiso@uni-hamburg.de

Ausleihbibliothek: ca. 164.665 Bde., davon ca. 20.000 Bde. in der LBS – lfd. Zss.: 194 gedr.
808 Benutzerarbeitsplätze, darunter 28 Computerarbeitsplätze.

236 Zentralbibliothek Recht ⟨18/304⟩

Rothenbaumchaussee 33, 20148 Hamburg, ☎ (040) 42838-7171
ZBR-Service@uni-hamburg.de, https://www.jura.uni-hamburg.de/die-fakultaet/zbr.html

391.489 Bde., 852 lfd. Zss.
1.055 Benutzerarbeitsplätze, 24 OPAC-PC, 2 Gruppenarbeitszonen, 4 Gruppenarbeitsräume, Rechtsdatenbanken – Entleihungen 2020: 7.976
Dir.: T. Repgen, Leitung B-Verw.: K. Eck, Fachref.: A. Knobelsdorf
Stellenplan: 25 Ang.
Träger: Univ. Hamburg – Erwerbungsausgaben 2020: 658.038.–

237 * Bibliothek der HafenCity Universität Hamburg ⟨1373⟩

Henning-Voscherau-Platz 1, 20457 Hamburg, ☎ (040) 42827-5675
bibliothek@hcu-hamburg.de, http://www.hcu-hamburg.de/bibliothek/

Die HafenCity Universität Hamburg (HCU) wurde von der Freien und Hansestadt Hamburg zum 1.1.2006 als Universität für Baukunst und Raumentwicklung durch die Zusammenführung von vier Fachbereichen aus drei Hamburger Hochschulen gegründet. Die Bibliothek übernahm die Bestände der Fachbereiche Architektur, Bauingenieurwesen, Geomatik und Stadtplanung der jeweiligen Vorgängerinstitutionen, hat die Sammlung weiter ausgebaut und um die Themenbereiche wie Digitale Stadt, Nachhaltigkeit und soziokulturelle Aspekte der Stadt- und Metropolenentwicklung erweitert.
Wissenschaftliche Ausleihbibliothek.
173.164 Medieneinheiten, 76.776 Bde., 78.802 elektron. Publ. – lfd. Zss.: 154 gedr., 17.623 elektron.
20 Benutzerarbeitsplätze, darunter 17 Computer-APl. – Entleihungen: 58.797
Leiterin: S. Lehnard-Bruch
Stellenplan: 1 A13, 1 E13, 6 EG9, 1 EG8, 1 EG6, 1,5 EG5
Träger: Freie und Hansestadt Hamburg – Gesamtausgaben 2020: 1.036.231.–, davon 336.104.– für Erwerbung.
Bes. Sammelgeb.: Architektur, Bauingenieurwesen, Geodäsie und Geoinformatik, Stadtplanung, Fach-Zss. d. 19. Jh.

238 * Universitätsbibliothek der Technischen Universität Hamburg-Harburg ⟨830⟩

Denickestr. 22, 21073 Hamburg, ☎ (040) 42878-2845
bibliothek@tuhh.de, https://www.tub.tuhh.de

Ausleihbibliothek f. 11.772 Ben., davon 3.939 externe Ben.
470.884 Medieneinheiten, 213.186 elektron. Publ. – lfd. Zss.: 181 gedr., 49.608 elektron. – Sonderbestand: 27.548 Normen
2 LSS mit 92 (352) Benutzerarbeitsplätzen, 49.639 Bde., 0 (40) Computer-Arbeitsplätze – Entleihungen: 98.742
Dir.: I. Feldsien-Sudhaus, Stellv.: B. Rajski, H. Weier – Wiss. D.: D. Bieler, F. Hagen, B. Rajski, G. Weidt, H. Weier.
Stellenplan: 33.00 VZÄ (8.00 hD, 15.00 gD, 10 eD/mD + 1 Auszubildende mD)
Träger: Freie u. Hansestadt Hamburg – Gesamtausgaben 2020: 4.041.205.–, davon 1.358.206.– für Erwerbung

239 * **Universitätsbibliothek der Helmut-Schmidt-Universität/ Universität der Bundeswehr Hamburg** ⟨705⟩

> 📧 Postfach 700822, 22008 Hamburg; Holstenhofweg 85, 22043 Hamburg
> ☎ (040) 6541-2626, Fax (040) 6541-2784
> 💻 biblio@hsu-hh.de, https://ub.hsu-hh.de

Ausleihbibliothek für 2.678 Studierende, 310 Wiss. und 6.328 Privatpersonen
1.050.822 Medieneinheiten, 683.367 Bde., 368.455 elektron. Publ. – lfd. Zss.: 688 gedr., 24.545 elektron.
325 Benutzerarbeitsplätze – Entleihungen: 29.477
Dir.: J.-J. Fast, Stellv.: F. J. Nober. – Abt.-Ltr.: K. Lubig (Benutzung), A. Groneberg (Digitale Bibliothek), F. J. Nober (Erwerbung) – Wiss. D.: J.-J. Fast, A. Groneberg, U. Hahn, K. Lubig, F. J. Nober, S. Szott
Stellenplan: 1 A16, 1 A15, 4 A13/14, 1 A12, 4 A11, 8 A9/10 bzw. E8/E9, 14 E6/E5
Träger: Bundesrepublik Deutschland – Gesamtausgaben 2020: 4.706.779.–, davon 2.786.779.– für Erwerbung

240 * **Stiftung Hamburger Öffentliche Bücherhallen** ⟨H 10⟩

> 📧 Hühnerposten 1, 20097 Hamburg, ☎ (040) 42606-0
> 💻 info@buecherhallen.de, http://www.buecherhallen.de

Ausleihbibliothek für 214.849 aktive Entleiher, Bibliothekssystem mit ZB, Digitale Bibliothek, 32 Stadtteil-BB, 2 FahrBB.
1.716.664 Medien, davon 152.904 eMedien.
349 Computer-APl., davon 230 Internet-APl. – Entleihungen (alle Bibliotheken): 11.600.000
Vorstand: F. Untiedt (Bibl.-Dir.), M. Studt (Kaufm. GF).
Stellenplan: 421 Beschäftigte auf 333 VZÄ, 23 Auszubildende.
Träger: Stiftung Hamburger Öffentliche Bücherhallen – Gesamtetat 2020: 37 Mio., davon 3.42 Mio. Erwerbungsetat

241 **Bibliothek Stadtentwicklung, Umwelt und Geologie der Behörde für Stadtentwicklung und Wohnen** ⟨H 184⟩

> 📧 Neuenfelder Str. 19, 21109 Hamburg, ☎ (040) 42840-2088 (Info)
> 💻 bibliothek@bsw.hamburg.de, https://www.hamburg.de/bsw/
> https://www.hamburg.de/behoerdenfinder/hamburg/11335202/

Wiss. Spezialbibliothek, Präsenzbibliothek (Ausl. nur f. Mitarb.)
ca. 130.000 Bde. – lfd. Print-Zss.: ca. 300 – Sonderbestand: ca. 11.000 DIN-Blätter
LS mit 8 Benutzerarbeitsplätzen, 1 Internetarbeitsplatz.
Leitung: A. Mankowski
Träger: Freie u. Hansestadt Hamburg
Bes. Sammelgeb.: Stadtentwicklung, Wohnungswesen, Landesplanung, Städtebau, Umweltschutz, Energie, Landschaftsplanung, Gartenbaukunst, Wasser- und Abfallwirtschaft, Immissionsschutz, Geologie von Hamburg und Umgebung, Rechtswissenschaften und Technik.

242 Bibliothek des Bernhard-Nocht-Instituts für Tropenmedizin ⟨H 11⟩

Bernhard-Nocht-Str. 74, 20359 Hamburg
☎ (040) 42818-404/ -545, Fax (040) 42818-409, ✉ bib@bnitm.de, http://www.bnitm.de

Präsenzbibliothek
ca. 95.000 Medieneinheiten, davon 45.132 Bde., 120 elektron. Publ. – lfd. Zss.: 48 gedr., 56 elektron. – Sonderdrucksammlung
LS mit 12 Benutzerarbeitsplätzen, 4 Internetarbeitsplätze.
Leiterin: M.-Chr. Koschwitz
Stellenplan: 0.6 VZÄ
Träger: Stiftung Bernhard-Nocht-Institut – Erwerbungsetat 2019: 72.000.–
Bes. Sammelgeb.: Tropenmedizin, Parasitologie, Virologie, Molekularbiologie.

243 Bibliotheks- und Medienzentrum der Nordkirche / Nordkirchenbibliothek ⟨H 99⟩

Königstr. 54, 22767 Hamburg, ☎ (040) 30620-1400/ -1401, Fax (040) 30620-1409
✉ info@nkb.nordkirche.de, https://nkb.nordkirche.de, https://bmz.nordkirche.de/

Nebenstandorte in Kiel (Pädagogisch-Theologisches Institut), Ludwigslust (Kirchliches Bildungshaus) und Greifswald (Pädagogisch-Theologisches Institut)
Wissenschaftliche Spezialbibliothek
430.000 Medieneinheiten, davon 217.000 Bde., 4.480 elektron. Publ. – lfd. Zss.: 175 gedr. –
Sonderbestand: 207.000 Noten, 51 Handschriften, 7 Inkunabeln.
18 Benutzerarbeitsplätze (8 Computer-APl. u. 10 Lese-APl.) – Entleihungen (mit Standort Kiel): 30.417
Dir.: J. Stüben
Kein eigener Stellenplan: 1 Leiter, 2.25 Dipl.-Bibl.,1 Magazinarb.
Träger: Evangelisch-Lutherische Kirche in Norddeutschland – Gesamtetat 2020 (ohne Personal): 101.000.–, davon 45.000.– Erwerbungsetat
Bes. Sammelgeb.: Kirchengeschichte Norddeutschlands (inkl. Kirchenmusikgeschichte), christliche Kunst, Homiletik, Hymnologie.
Seit 2011 ist die frühere Nordelbische Kirchenmusikbibliothek Abteilung der Nordkirchenbibliothek.

Bibliothek der Biologischen Anstalt Helgoland

siehe Bremerhaven (Nr. 121), B des Alfred-Wegener-Inst. f. Polar- u. Meeresforschung.

244 * Bibliothek im Bundesamt für Seeschifffahrt und Hydrographie ⟨H 2⟩

Postfach 301220, 20305 Hamburg; Bernhard-Nocht-Str. 78, 20359 Hamburg
☎ (040) 3190-2626, Fax (040) 3190-5000
✉ bibliothek@bsh.de, http://www.bsh.de/bibliothek

Vormals Bibliothek im Dt. Hydrographischen Institut, Bibliothek der Dt. Seewarte
Bibliothek im Bundesamt für Seeschifffahrt und Hydrographie in Rostock, Neptunallee 5, 18057 Rostock, Tel. (0381) 4563–601, E-Mail: bibliothek.rostock@bsh.de
Ausleihbibliothek, auch für die Öffentlichkeit.

179.000 Medieneinheiten, 5.700 elektron. Publ. – lfd. Zss.: 481 gedr., 69 elektron. – Sonderbestand: 50.000 Seekarten
9 Benutzerarbeitsplätze, 4 PC-Arbeitsplätze – Entleihungen: 3.317
Leiterin: M. Plettendorff
Stellenplan: 7 (1 A12, 2.5 EG9; 1 EG8; 2.5 EG6)
Träger: Bundesministerium für Verkehr und digitale Infrastruktur – Erwerbungsetat 2020: 160.000.–
Bes. Sammelgeb.: Geophysik d. Meeres, Meeresgeologie, Meereschemie, Meeresumwelt, Ozeanographie, Meteorologie, Seevermessung, Kartographie, Seeschifffahrt.

Bibliothek der Bundesforschungsanstalt für Fischerei /
Bibliothek des Instituts für Ostseefischerei

siehe Fachinformationszentrum des Johann Heinrich von Thünen-Instituts (Nr. 111)

Bibliothek der Bundesforschungsanstalt für Forst- und Holzwirtschaft

siehe Fachinformationszentrum des Johann Heinrich von Thünen-Instituts (Nr. 111)

245 * **Commerzbibliothek der Handelskammer Hamburg** ⟨205⟩

Adolphsplatz 1, 20457 Hamburg, ☎ (040) 36138-377, Fax (040) 36138-437
info@commerzbibliothek.de, http://www.commerzbibliothek.de

Präsenz- und Ausleihbibliothek, HochschulB für Hamburg School of Business Administration (HSBA)
ca. 200.000 Medieneinheiten – lfd. Zss.: ca. 160, Datenbanken – Sonderbestand: hist. Bestand (14.–19. Jh.): Hss., frühe Drucke, Kt.-Werke, Hamburgensien, Ztg. d. 18. u. 19. Jh.
34 Leseplätze, 7 Internetarbeitsplätze – Entleihungen: 36.000
Leitung: N.N.
Stellenplan: 4 VZÄ
Träger: Handelskammer Hamburg
Bes. Sammelgeb.: Wirtschafts- und Sozialwiss., Rechtswiss., Veröffentlichungen der deutschen Auslandskammern, Firmenfestschriften.

246 **DESY Central Library** ⟨H 253⟩

Notkestraße 85, 22607 Hamburg, ☎ (040) 8998-4630, Fax (040) 8998-4440
library@desy.de, http://library.desy.de

Wiss. Spezialbibliothek
ca. 70.000 Bde. – lfd. Zss.: ca. 1.400 elektron., Sonderbestand: mehr als 130.000 reports/preprints/theses.
Träger: Deutsches Elektronen-Synchrotron. Ein Forschungszentrum der Helmholtz-Gemeinschaft.
Veröff. unter: https://pubdb.desy.de

Bibliothek DESY Zeuthen ⟨B 524⟩
📠 Platanenallee 6, 15738 Zeuthen
☎ (033762) 77-253
💻 library.zeuthen@desy.de, http://library-zeuthen.desy.de/

Deutsche Zentralbibliothek für Wirtschaftswissenschaften (ZBW), Standort Hamburg
siehe Kiel (Nr. 308)

Bibliotheken der Fachhochschule Hamburg
siehe Bibliotheken der Hochschule für Angewandte Wissenschaften Hamburg (Nr. 251)

247 * **Fachinformationsstelle Führungsakademie der Bundeswehr/Bibliothek** ⟨H 256⟩

📠 Manteuffelstr. 20, 22587 Hamburg, ☎ (040) 8667-4755, Fax (040) 8667-4009
💻 FueakbwFistBibliothek@bundeswehr.org, http://www.fueakbw.de

Bundeswehrinternes Sigel: 10
Präsenz- und Ausleihbibliothek
136.034 Medieneinheiten, 130.000 Bde., 200 elektron. Publ. – lfd. Zss.: 234 gedr. – Sonderbestand: 5.600 Lehrgangsarbeiten.
2 LSS mit 24 Benutzerarbeitsplätzen, Freihandmagazin m. 33.000 Bdn. u. 6 Carrels, 2 OPACs – Entleihungen: 11.000
Leiterin: V. Schrader, Stellv.: B. Heinen
Stellenplan: 9 Beamtinnen u. Beamte (1 A14, 1 A12, 2 A10, 5 A8–A6) – 1 AN.
Träger: Bundesministerium der Verteidigung – Erwerbungsetat 2020: 150.000.–
Bes. Sammelgeb.: Int. Politikwiss., Sozialwiss., Rechtswiss., nationale und internationale Verteidigungs- und Sicherheitspolitik, Militär- und Kriegsgeschichte, Führungslehre Heer, Marine und Luftwaffe, Führung und Management, Betriebswirtschaft, Theologie, Philosophie.
Pflichtex.: Clausewitz-Prot., Clausewitz-Information, Beiträge zu Lehre und Forschung: Fachbereich PSGW.

248 * **Bucerius Bibliothek im Museum für Kunst und Gewerbe** ⟨H 22⟩

📠 Steintorplatz, 20099 Hamburg
☎ (040) 428134-203 (LS)/ -201, Fax (040) 428134-109
💻 bibliothek@mkg-hamburg.de, https://www.mkg-hamburg.de/de/besuch/bibliothek.html

Spezialbibliothek, öffentlich zugängl., Präsenzbestand
ca. 200.000 Bde. – lfd. Zss.: ca. 170 – Sonderbestand: Sammlung Buchkunst
LS m. 18 Benutzerarbeitsplätzen, 2 PC-Arbeitsplätze
Leiter: Th. Gilbhard
Stellenplan: 3 Beschäftigte.
Träger: Museum f. Kunst u. Gewerbe, Stiftung d. Öff. Rechts d. Freien u. Hansestadt Hamburg

Bes. Sammelgeb.: Europ. Kunstgeschichte v. d. Frühzeit bis z. Gegenwart mit Schwerpunkt auf den angewandten Künsten und Design, antike Kunst d. Mittelmeerraums, ostasiat. Kunst u. Islam, Buchkunst, Grafik, Fotografie, Mode, Musikinstrumentenkunde.

249 Bibliothek der Hamburger Kunsthalle ⟨H 13⟩

> Glockengießerwall, 20095 Hamburg
> (040) 428131-244/ -245, Fax (040) 428131-883
> bibliothek@hamburger-kunsthalle.de, https://www.hamburger-kunsthalle.de/die-bibliothek-der-hamburger-kunsthalle

Präsenzbibliothek
206.254 Medieneinheiten – lfd. Zss.: 295 gedr.
Studiensaal d. Kupferstichkabinetts und Bibliothek m. 24 Benutzerarbeitsplätzen (keine Benutzungsgeb.) – Entleihungen: 6.778
Leiterin: K. Th. Gietkowski. Stellenplan: 3 VZÄ
Träger: Stiftung Öffentl. Rechts Hamburger Kunsthalle – Erwerbungsausgaben 2021: 20.081.–
Bes. Sammelgeb.: Bildende Kunst vom 14.–21. Jh., Malerei, Graphik, Ausstellungs- und Sammlungskataloge, Auktions- und Lagerkataloge, Künstlerbücher 20.–21. Jahrhundert.

250 Hamburger Lehrerbibliothek ⟨H 155⟩

> Felix-Dahn-Str. 3, 20357 Hamburg, (040) 428842-842
> hlb@li-hamburg.de, http://www.li.hamburg.de/lehrerbibliothek/

Bibliothek des Landesinstituts für Lehrerbildung und Schulentwicklung
Spezialbibliothek f. Lehrkräfte, Lehrkräfte im Vorbereitungsdienst und Pädagogik-Studierende.
225.000 Medieneinheiten – lfd. Zss.: 300
20 Benutzerarbeitsplätze (Internetzugang für Notebooks), WLAN
Leiterin: G. Bekaan, Stellv.: K. Schulenburg
Stellenplan: 8.27 VZÄ
Träger: Behörde für Schule und Berufsbildung – Erwerbungsetat 2020: 78.000.–
Bes. Sammelgeb.: Pädagogik, Psychologie, Kinder- u. Jugendpsychologie u. -soziologie, Schulbücher.

251 Hochschulinformations- und Bibliotheksservice (HIBS) der Hochschule für Angewandte Wissenschaften Hamburg

> Stiftstraße 69, 20099 Hamburg, Fax (040) 42875-3677
> hibs-service@haw-hamburg.de, http://www.haw-hamburg.de/hibs

5 Fachbibliotheken, wiss. Bibliotheken, Ausleihbibliotheken
215.195 Bde., 50.959 elektron. Publ. – lfd. Zss.: 403 gedr., 11.972 elektron.
482 Benutzerarbeitsplätze, darunter 57 Computerarbeitsplätze – Entleihungen: 262.697
AP: H. Wendt, W. Dwenger. Stellenplan: 23.75 VZÄ
Träger: Freie u. Hansestadt Hamburg – Ausgaben 2018: 671.478.– für Erwerbung

Fachbibliothek Design Medien Information (DMI) ⟨18/285⟩

> Finkenau 35, 22081 Hamburg, (040) 42875-4631, Fax (040) 42875-4775

📧 fbdmi_info@haw-hamburg.de
41.206 Medieneinheiten, Benutzer-APl., 4 Gruppenräume, Kreativraum – Entleihungen: 14.582
AP: B. Schwarzer. Erwerbungsausgaben 2016: 53.896.–

Fachbibliothek Life Sciences ⟨18/284⟩

📧 Ulmenliet 20, 21033 Hamburg, ☎ (040) 42875-6468, Fax (040) 42875-6464
📧 fbls_info@haw-hamburg.de
44.457 Medieneinheiten, 110 Benutzerarbeitsplätze – Entleihungen: 22.832
AP: L. Grundtke. Erwerbungsausgaben 2016: 95.702.–

Fachbibliothek Soziale Arbeit und Pflege ⟨18/287⟩

📧 Alexanderstraße 1, 20099 Hamburg, ☎ (040) 42875-7021, Fax (040) 42875-7023
📧 fbsp_info@haw-hamburg.de
35.306 Medieneinheiten, 54 Benutzerarbeitsplätze – Entleihungen: 32.003
AP: K. Hauschild. Erwerbungsausgaben 2016: 59.224.–

Fachbibliothek Technik Wirtschaft Information 1 + 2 ⟨18/302, 18/302a⟩

📧 Berliner Tor 5 + 7, 20099 Hamburg, ☎ (040) 42875-3685, Fax (040) 42875-3682
📧 fbtwi_info@haw-hamburg.de, http://www.haw-hamburg.de/hibs/
Zwei Standorte: 91.432 Medieneinheiten – Sonderbestand: DIN-Normen online
226 Benutzerarbeitsplätze, TWI 2: Normbl.-Auslegestelle – Entleihungen: 52.114
AP: C. Wessendorf. Erwerbungsausgaben 2016: 158.735.–

252 Bibliothek der Hochschule für Musik und Theater ⟨18/258⟩

📧 Harvestehuder Weg 12, 20148 Hamburg, ☎ (040) 428482-596, Fax (040) 428482-666
📧 bibliothek@hfmt-hamburg.de, https://www.hfmt-hamburg.de/die-hfmt/bibliothek/

Hochschulbibliothek (Ausleihbibliothek f. Hochschulangeh., Präsenzbibliothek f. externe Nutzerinnen und Nutzer).
ca. 96.000 Medieneinheiten, davon 30.154 Bde., 49.880 Noten, 10.076 elektron. Publ. – lfd. Zss.: 62 gedr., 5 elektron.
19 Lesearbeitsplätze, 2 Hörplätze, 12 Internetarbeitsplätze – Entleihungen: 6.579
Leitung: M. Arnemann und S. Fönschau
Träger: Freie u. Hansestadt Hamburg, Behörde f. Wiss. u. Forschung

253 Bibliothek des Instituts für die Geschichte der deutschen Juden ⟨H 227⟩

📧 Beim Schlump 83, 20144 Hamburg, ☎ (040) 42838-2617, Fax (040) 448-0866
📧 susanne.kuether@igdj-hh.de, http://www.igdj-hh.de/

Wiss. Spezialbibliothek, Präsenzbibliothek (Zulassung per Personalausweis)
ca. 70.000 Bde. – lfd. Print-Zss.: ca. 150
LS m. 23 Benutzerarbeitsplätzen, 1 Mikroformen-Leseplatz.
Leiterin: S. Küther
Träger: Stiftung Institut f. d. Geschichte d. deutschen Juden, Freie u. Hansestadt Hamburg
Bes. Sammelgeb.: Geschichte der Juden in dtspr. Gebieten, Mikroformen-Slg. älterer jüd. Zss.

254 Bibliothek des Max-Planck-Instituts für ausländisches und internationales Privatrecht ⟨B 212⟩

Mittelweg 187, 20148 Hamburg, ☎ (040) 41900-0/ -212 (Ausk, Ben.), Fax 41900-288
holland@mpipriv.de, http://www.mpipriv.de

Präsenzbibliothek f. 100 Inst.-Mitarb. u. f. Gäste, Zulass. auf schriftl. Antrag
562.345 Medieneinheiten, 552.980 Bde., 14.031 elektron. Publ. – lfd. Zss.: 1.549 gedr., 5.556 elektr.
2 LSS m. 80 Benutzerarbeitsplätzen, 6 Computerarbeitsplätze – Entleihungen: 22.090
Dir.: C. Holland, Stellv.: N.N.
Stellenplan: 16.25 VZÄ
Erwerbungsausgaben 2020: 1.316.953.–
Bes. Sammelgeb.: Ausl. u. internationales Privat-, Wirtschafts- u. Zivilprozessrecht, Rechtsvergleichung, Rechtsvereinheitlichung.

Bibliothek des Museums für Kunst und Gewerbe
siehe Bucerius Bibliothek im Museum für Kunst und Gewerbe (Nr. 248)

255 * Bibliothek des Museums am Rothenbaum ⟨H 16⟩

Rothenbaumchaussee 64, 20148 Hamburg, ☎ (040) 428879-601, Fax (040) 428879-242
elisbeth.quenstedt@markk-hamburg.de, jantje.bruns@markk-hamburg.de
https://markk-hamburg.de/bibliothek/

Spezialbibliothek, Präsenzbibliothek mit Ausnahmen für die Ausleihe
90.000 Bde. – lfd. Zss.: ca. 100 gedr., 34 elektron.
10 Benutzerarbeitsplätze – Entleihungen: 600
Leiterinnen: E. Quenstedt und J. Bruns
Stellenplan: 2 x 0,5 E10, 0,5 E6, 4 student. Hilfskräfte, 1 Ehrenamtliche.
Träger: Hansestadt Hamburg, Stiftung öffentlichen Rechts.

Nordelbische Kirchenbibliothek
siehe Bibliotheks- und Medienzentrum Nordelbien (Nr. 243)

256 Bibliothek des Staatsarchivs der Freien und Hansestadt Hamburg ⟨H 46⟩

Kattunbleiche 19, 22041 Hamburg, ☎ (040) 42831-3200, Fax (040) 42831-3201
office-staatsarchiv@bkm.hamburg.de, http://www.staatsarchiv.hamburg.de

Präsenzbibliothek: 190.000 Bde. – lfd. Zss.: 600 gedr.
Archiv-Lesesaal mit 50 Benutzerarbeitsplätzen, 11 Computer-Arbeitsplätze, 4 Mikroscanner, 4 Mikrofilm- u. 1 Mikrofichelesegeräte – Entleihungen: 2.000
Ansprechpartnerin: A. Quauck
Bes. Sammelgeb.: Hamburg und angrenzende Gebiete, Archivwiss., Wappen- und Siegelkunde.
Pflichtex.: Pflichtexemplarrecht für Veröff. von Dienststellen der Freien und Hansestadt Hamburg sowie von deren Aufsicht unterstellten Körperschaften, Anstalten und Stiftungen öffentlichen Rechts – Belegexemplarrecht für alle Veröff., für die Archivmaterial zugänglich gemacht wurde.

Hannover

257 * Gottfried Wilhelm Leibniz Bibliothek – Niedersächsische Landesbibliothek ⟨35⟩

Waterloostraße 8, 30169 Hannover, ☎ (0511) 1267-399, Fax (0511) 1267-202
direktion@gwlb.de, information@gwlb.de, http://www.gwlb.de

Ausleih- und Präsenzbibliothek für 14.000 eingetragene Benutzerinnen und Benutzer: 1.800.000 Medieneinheiten, davon 1.708.754 Bde. – lfd. Zss.: 3.506 gedr., 10.288 elektron. – Sonderbestand: ca. 80.000 Autogr., ca. 215.000 Drucke vor 1815, 16.000 Leichenpred., 50.000 Wappen, 30.000 Kt.-Bl. (davon 2.650 aus d. 17. u. 18. Jh., z. T. handschriftl.), 15.000 Schulprogr., ca. 2.500 Bde. Einbd.-Slg., ca. 7.000 Portr. u. Ansichten, ca. 400 Malerbücher, 250 Alt-Atlanten, 670 Opernlibretti d. 17. u. 18. Jh., 1.850 Opernlibretti d. 19. u. 20. Jh., ca. 2.000 Bde. u. graph. Bl. Freimaurerlit., ca. 300 DP-Camp-Drucke, ca. 2.700 Bde. u. 4.800 Sonderdr. d. Leibniz-Forsch.-B.
Freihandbereich mit ca. 150.000 Bänden, Lesesaal mit 72 Arbeitsplätzen, Forschungslesesaal für Hss und alte Drucke mit 15 Arbeitsplätzen, 10 Studienkabinen, 2 Gruppenarbeitsräume. – Entleihungen: 215.000
Datenbanken: Niedersächsische Bibliographie, Niedersächsisches Online-Archiv (NOA), Niedersächsische Personen, Leibniz-Bibliographie, Handschriftendatenbank.
Weitere Aufgaben: Zentrum für Aus- und Fortbildung, Leibniz-Archiv, Akademie für Leseförderung Niedersachsen.
Dir.: A. May, Stellv.: A.-K. Henkel – wiss. D. (Abteilungsleitungen): M. Heisterkamp (EDV), F. Hülsmann (Zentrum f. Aus- und Fortbildung), M. Wehry (Handschriften u. Alte Drucke), D. Oehlmann (Benutzungsdienste), J. Reinbach (Niedersachsen-Informationssystem), B. Schreier, A. Steinsieck (Medienbearbeitung). – Leibniz-Archiv: M.-L. Babin, M. Kempe (Ltg.), U. Mayer, M. Meier, S. Probst, K. Reetz, E. Rinner, T. Stockinger, R. Stuber, A. Trunk, Ch. Wahl.,– Akademie für Leseförderung Niedersachsen (angegliedert): K. Bauer, I. Hanssen, M. Kaminski, F. Krug, A. Märk-Bürmann.
Stellenplan: 30 Beamtinnen und Beamte – 70 Beschäftigte, 0 ständig stdw. Beschäftigte – 15 BRef., 4 Auszubildende, 10 Projektmitarb.
Träger: Land Niedersachsen – Erwerbungsetat 2021: 720.000.–
Bes. Sammelgeb.: Geschichte, nieders. Landeskunde, Wissenschafts- und Kulturgeschichte, insbesondere 17. und 18. Jh., Philosophie und Leibnitiana.
Pflichtex.: 1737 Kurhannover, 1828 Kgr. Hannover, 1874 Prov. Hannover, 1950 Land Nds. (Nds. Pressegesetz 1965).
Veröffentlichungen: http://www.gwlb.de/ueber_uns/Veroeffentlichungen/index.htm

258 * Technische Informationsbibliothek (TIB), Leibniz-Informationszentrum für Technik und Naturwissenschaften und Universitätsbibliothek Hannover ⟨89⟩

Postfach 6080, 30060 Hannover; Welfengarten 1 B, 30167 Hannover
☎ (0511) 762-2268 (Ausk.)/ -2531 (Dir.)/ -8989 (Vertrieb Volltextversorgung)
Fax (0511) 762-2686
auskunft@tib.eu, kundenservice@tib.eu, http://www.tib.eu

Aufgabe: ZB d. Bundesrep. Deutschland f. Technik sowie Architektur, Chemie, Informatik, Mathematik und Physik

Aufgabe UB: Ausleihbibliothek f 30.200 Stud. u. 1.250 Doz. d. 9 Fakultäten sowie 16.900 Ortsben.
9.861.817 Medieneinheiten, davon 6.000.554 Bde und 422.782 digitale Bestände – lfd. Zss.: 9.400 gedr., 54.122 elektron.– Sonderbestand: 17.171.000 Patente, 1.600 Bde., 6.800 Einzelbl. und 6.000 Skizzen und Studienbl. d. Slg. Haupt (Architektur- u. Gartenbau-Geschichte), ca. 33.500 Medieneinheiten im AV-Portal
5 Standorte m. 1.828 Benutzerarbeitsplätzen, 118 PC-Arbeitsplätze – Entleihungen: 934.076, externe Dokumentlieferungen: 181.401
Dir.: S. Auer, Stellv.: I. Sens, E. Ehbrecht, Ltg. Bib.Betrieb: I. Sens, Kaufm.Ltg.: E. Ehbrecht; Abt-Ltg.: E. Ehbrecht (Wirtschaftsführung und Administration), T. Rademacher (EDV und Techn. Infrastruktur), I. Sens (Bestandsentwicklung und Metadaten), B. Tempel (Benutzungs- und Informationsdienste), S. Auer (Forschung und Entwicklung), – Wiss. D.: S. Arndt, M. Begoin, E. Brehm, E. Gabrys-Deutscher, A. Huesmann, L. Lu, E. Luz, P. Mensing, H. Minnermann, G. Mofakhamsanie M. Müller-Kammin, J. Neumann, S. Nicolai, B. Rubach M. Runnwerth, H. Saemann, E. Tobschall, C. Todt, D. Vosberg, Archiv der TIB / Universitätsarchiv: L. Nebelung
Stellenplan: 109 Beamtinnen und Beamte, 332 Beschäftigte, 6 Auszubildende
Träger: Land Niedersachsen (Finanzierung d. TIB nach d. Rahmenvereinb. Forsch.-Förd. zu 64% durch 16 Bundesländer u. zu 36% durch die Bundesrepublik Deutschland). – Gesamtetat 2020: 52.600.000.–, davon 15.800.000.– für Erwerbung
Bes. Sammelgeb.: Technik/Ingenieurwiss. im weitesten Sinne, einschl. Architektur und Bauwesen, Chemie, Informatik, Mathematik und Physik.

259 * **Stadtbibliothek ⟨115⟩**

Hildesheimer Str. 12, 30169 Hannover,
(0511) 168-42169 (Zentralinformation)/ -42167 (Dir.), Fax (0511) 168-46410
42Fachbereichsleitung@hannover-stadt.de (Dir.)
stadtbibliothek-zentralinformation@hannover-stadt.de
http://www.stadtbibliothek-hannover.de

Ausleihbibliothek f. 63.000 eingetragene Ben.: 1.071.671 Medieneinheiten, davon 565.512 Bde. – lfd. Zss.: 1.763 gedr., 16.032 elektron.
895 Benutzerarbeitsplätze, davon 120 Computer-APl. (55 mit Internet) – Entleihungen: 4.277.008
Dir.: T. Becker, Vertretung in Bibliotheksangelegenheiten: J. Rohde (Ltg. Betriebsbezogene Dienste), N.N (Ltg. Benutzungsdienste).
Stellenplan: 208 Beschäftigte auf 163.50 Stellen (VZÄ). 4 Beamtinnen und Beamte (1 A13, 1 A12, 1 A11, 1 A8) – 204 Beschäftigte (1 E15, 2 E14, 1 E13, 4 E11, 36.5 E10, 32.5 E9, 43.5 E8, 21 E07, 9 E6, 8 E05, 1 E03), 6 Azubis.
Träger: Stadt Hannover – Gesamtausgaben 2020: 15.292.151.–, davon 1.325.737.– Erwerbungsetat.
Bes. Sammelgeb.: Kurt-Schwitters-Archiv, Hermann-Löns-Archiv, Gerrit-Engelke-Archiv, Niedersächsisches Handschriftenarchiv, Sammlung für Niederdt. Sprache und Literatur – Börsmann, Sammlung Kestner, Musikhandschriften.
1 Zentralbibliothek, 17 Stadtteilbibliotheken, 1 Fahrbibliothek
Veröff. unter: http://www.stadtbibliothek-hannover.de

260 * Bibliothek der Bundesanstalt für Geowissenschaften und Rohstoffe und des Landesamtes für Bergbau, Energie und Geologie ⟨Hv 112⟩

Postfach 510153, 30631 Hannover; Stilleweg 2, 30655 Hannover, ☎ (0511) 643-2544
bibl.info@bgr.de, http://www.geozentrum-hannover.de

Präsenzbibliothek f. d. Öff., Ausleihbibliothek f. d. Angeh. d. Bundesanst. u. d. Landesamtes. 478.000 Medieneinheiten, davon 410.000 Bde., 6.300 elektron. Publ. – lfd. Zss.: 1.200 gedr., 700 elektron. – Sonderbestand: geowiss. Kartensammlung.
LS m. 12 Benutzerarbeitsplätzen
Leiter: N.N., Mitarb.: F. Förster. Stellenplan: 4 hD, 5.5 gD, 7 mD
Bes. Sammelgeb.: Geowiss. (ohne Geogr., Geodäsie) – DFG: Regionale Geologie.

261 * Bibliothek der Evangelisch-lutherischen Landeskirche Hannovers ⟨Hv 111⟩

Rote Reihe 6, 30169 Hannover, ☎ (0511) 1241-346, Fax (0511) 1241-960
bibliothek@evlka.de, http://www.landeskirche-hannovers.de/evlka-de/wir-ueber-uns/weitere-einrichtungen/bibliothek

Wiss. Spezialbibliothek, Ausleihbibliothek
167.168 Bde., 790 elektron. Publ. – lfd. Zss.: 439 gedr., 1017 elektron.
12 Benutzerarbeitsplätze – Entleihungen: 24.082
Leiterin: M. Rake, Stellv.: U. Göhring.
Stellenplan: 1 Beamtin A15, 4 Ang. TV-L (2 E9, 1 E8, 1 E6)
Träger: Evangelisch-lutherische Landeskirche Hannover
Bes. Sammelgeb.: Nds. Kirchengeschichte, Kirchenkampf, Kirchenrecht, Kirchliche Kunst.

262 * Bibliothek der Hochschule Hannover ⟨960⟩

Postfach 920251, 30441 Hannover; Ricklinger Stadtweg 118, 30459 Hannover
☎ (0511) 9296-1086, bibliothek@hs-hannover.de, https://hs-h.de/bibl

Wissenschaftliche Ausleihbibliothek für ca. 10.000 Studierende und ca. 500 Lehrende, ZB und drei Teilbibliotheken: 290.000 Medieneinheiten, davon 243.000 Bde., 45.000 elektron. Publ. – lfd. Zss.: 650 gedr., 14.100 elektron.
4 LSS mit 329 Benutzerarbeitsplätzen, davon 49 PC-APl. – Entleihungen: 49.700
Leiter: H. Nowak, stellv. Leiterin: R. Klömpken
Stellenplan: 17 Stellen, davon 3 Beamten- und 14 Angestelltenstellen
Träger: Land Niedersachsen – Gesamtetat 2020: 1.062.000.–, davon 536.000.– Erwerbungsetat
Zentralbibliothek der HS Hannover und drei Teilbibliotheken:

Teilbibliothek Bioverfahrenstechnik ⟨960/4⟩
Heisterbergallee 12, 30453 Hannover, ☎ (0511) 9296-2249
bibliothek-bv@hs-hannover.de, https://hs-h.de/bibl/bv
7.000 Bde., Erwerbungsetat 2020: 10.000.–

Teilbibliothek Diakonie, Gesundheit und Soziales ⟨960/7⟩
Blumhardtstr. 2, 30625 Hannover, ☎ (0511) 9296-3164
bibliothek-dgs@hs-hannover.de, https://hs-h.de/bibl/dgs

Wiss. Ausleihbibliothek für ca. 1.200 Studierende u. Lehrende d. Fak. 5 der Hochschule Hannover: 116.000 Medieneinheiten, LS mit 64 Benutzerarbeitsplätzen.
Leiter: A. Osterloh. Erwerbungsetat 2020: 92.640.–

Bibliothek im Kurt-Schwitters-Forum ⟨960/3⟩

🖃 Expo Plaza 12, 30539 Hannover, ☎ (0511) 9296-2640
🖳 ausleihe@ijk.hmtm-hannover.de, https://hs-h.de/bibl/ksf
Gemeinsame Bibliothek d. Hochschule f. Musik, Theater und Medien und der HS Hannover.
Wiss. Ausleihbibliothek: 80.000 Medieneinheiten, 65 Benutzerarbeitsplätze
Erwerbungsetat 2020: 62.150.–

263 Bibliothek der Hochschule für Musik, Theater und Medien Hannover (HMTMH) ⟨996⟩

🖃 Geschäftsstelle: Neues Haus 1, 30175 Hannover
☎ (0511) 3100-294 (Ltg.), Fax (0511) 3100-301, 🖳 bibliothek@hmtm-hannover.de
http://www.hmtm-hannover.de/de/studium/hochschulbibliothek/

Ausleihbibliothek f. ca. 1.500 Studierende u. ca. 400 Lehrende. Zentralbibliothek mit vier Teilbibliotheken: ca. 300.000 Medieneinheiten.
Leiterin: K. Talkner. Stellenplan: 9.21 Beschäftigte, davon 1.66 aus Drittmitteln bzw. Studienqualitätsmitteln finanziert (TV-L: 0.81 E13, 0.85 E9)
Gesamtausgaben 2018: 567.509.–, Träger: Land Niedersachsen

Zentralbibliothek

🖃 Neues Haus 1, 30175 Hannover
☎ (0511) 3100-279/ -259, Fax (0511) 3100-301, 🖳 bibliothek@hmtm-hannover.de
 http://www.hmtm-hannover.de/de/studium/hochschulbibliothek/emmichplatz/
Ausleihbibliothek für alle musikbezogenen Fachbereiche.

Bibliothek des Europäischen Zentrums für jüdische Musik

🖃 Villa Seligmann, Hohenzollernstraße 39, 30161 Hannover
☎ (0511) 3100-7123, 🖳 barbara.burghardt@hmtm-hannover.de
 https://www.ezjm.hmtm-hannover.de/de/bibliothek/
Präsenzbibliothek. Sammelgeb.: Jüdische Musik, Musikethnologie.

Bibliothek des Forschungszentrums Musik und Gender

🖃 Seelhorststraße 3, 30175 Hannover, ☎ (0511) 3100-7334
🖳 anne.fiebig@hmtm-hannover.de, http://www.fmg.hmtm-hannover.de/de/bibliothek
Präsenzbibliothek, Forschungsbibliothek. Bes. Sammelg.: Genderforschung in Musikwiss. und Kulturwiss., Materialien zu Komponistinnen und Interpretinnen.

Musikpädagogische Forschungsbibliothek

🖃 Seelhorststraße 3, 30175 Hannover,
☎ (0511) 3100-7607, 🖳 mfb@hmtm-hannover.de, http://www.hmtm-hannover.de/de/mfb
Ausleihbibliothek, Forschungsbibliothek
Bes. Sammelgeb.: musikpädagogische Literatur seit 1750, Unterrichtsmedien (Bücher, CDs, Arbeitsmaterialien, usw.), Musikpädagogik, musikpädagogische Nachlässe.

Bibliothek im Kurt-Schwitters-Forum

Expo-Plaza 12, 30539 Hannover,

(0511) 9296-2640, ausleihe@ijk.hmtm-hannover.de
https://www.hs-hannover.de/ueber-uns/organisation/bibliothek/standorte-und-oeffnungszeiten/#c26513

Gemeinsame Hochschulbibliothek des Instituts für Journalistik und Kommunikationsforschung und des Studiengangs Schauspiel der Hochschule für Musik, Theater und Medien Hannover sowie der Fakultät Medien, Information und Design der Hochschule Hannover.
Ausleihbibliothek für die Studienbereiche Medienwiss. und Schauspiel
ca. 75.000 Medieneinheiten – lfd. Print-Zss.: ca. 250 – Freihandbereich mit über 50 Benutzer-APl.

264 * Bibliothek der Medizinischen Hochschule ⟨354⟩

Carl-Neuberg-Straße 1, 30625 Hannover, (0511) 532-3326, Fax (0511) 532-6607,
information.bibliothek@mh-hannover.de, https://www.mhh.de/bibliothek

Öff. zugängliche Hochschulbibliothek f. ca. 3.600 Stud. u. ca. 10.000 HS-Angehörige, ca. 300.000 Besuche
ca. 200.000 Medieneinheiten – lfd. Zss.: 10.806 elektron.
438 Benutzerarbeitsplätze, darunter 54 PC-APl., 149 Gruppenarbeitsplätze u. 47 Arbeitskabinen
Leiterin: K. Hartmann, Stellv.: M. Schmiel. Stellenplan: 18 VZÄ, 2 Auszub.
Träger: Land Niedersachsen – Gesamtetat 2020: 2.872147.–, davon 1.553.234.– für Erwerbung

265 Bibliothek des Niedersächsischen Landtages ⟨Hv 14⟩

Postfach 4407, 30044 Hannover; Hannah-Arendt-Platz 1, 30159 Hannover
(0511) 3030-2065, Fax (0511) 3030-2893
bibliothek@lt.niedersachsen.de, https://www.landtag-niedersachsen.de/service/weitere-services/bibliotheks-und-informationsdienste/

Sachgebiet des Referats 4 (Bibliotheks- und Informationsdienste) des Landtages
Öffentlich zugängliches Informationszentrum des Landtages
149.000 Medieneinheiten, davon 148.481 Bde., 1176 elektron. Publ. – lfd. Zss.: 545 gedr., 680 elektron. – Sonderbestand: Stenograf. Sammlung
LS m. 18 Benutzerarbeitsplätzen, davon 4 mit OPAC – Entleihungen: 5358
Referatsleiterin: G. Felten, Bibliotheksleiterin.: S. Mehlich
Stellenplan: 3 Beamtinnen (1 A16, 1 A13, 1 A10) – 9 Beschäftigte (4 E11, 3 E9, 2 E8)
Träger: Land Niedersachsen – Erwerbungsetat 2021: 219 000.–
Bes. Sammelgeb.: Öffentl. Recht (insbes. Staats- und Verwaltungsrecht), Politik, (Zeit)geschichte, Landeskunde Niedersachsen, Parlamentaria.
Pflichtex.: seit 1.1.13, amtliche Veröffentlichungen des Landes Niedersachsen.

266 * **Bibliothek der Stiftung Tierärztliche Hochschule Hannover** ⟨95⟩

> 📧 Postfach 711180, 30545 Hannover; Bünteweg 2, Haus 262, 30559 Hannover
> ☎ (0511) 953-7100 (Ausl.)/ -7109 (Sekr.), -7119 (Fax)
> 💻 biblio@tiho-hannover.de, https://www.tiho-hannover.de/bibliothek

Ausleihbibliothek für 2.391 Studierende (1.931 aktive Ben.)
247.800 Bde. – lfd. Zss.: 375 gedr., ca. 10.500 elektron.
100 Benutzerarbeitsplätze, darunter 11 PC-Arbeitsplätze – Entleihungen: 35.838
Leiterin: S. Leonhard-Marek, Stellv.: J. Dickel
Stellenplan: 13.5 VZÄ (3 hD, 6 gD, 4.5 mD/eD)
Träger: Stiftung Tierärztliche Hochschule Hannover.

Heidelberg

267 * **Universitätsbibliothek** ⟨16⟩

> 📧 Postfach 105749, 69047 Heidelberg; Plöck 107–109, 69117 Heidelberg
> ☎ (06221) 54-2380, Fax (06221) 54-2623
> 💻 ub@ub.uni-heidelberg.de, http://www.ub.uni-heidelberg.de

Ausleihbibliothek f. ca. 29.000 Studierende, f. HS-Angehörige u. f. d. Öff., (rund 43.000 aktive Benutzerinnen und Benutzer)
3.200.000 Bde., rund 722.700 E-Books – lfd. Zss.: 3.152 gedr., 143.027 elektron. – Sonderbestand: 4.020 graph. Bl., Zeichn. u. Fotogr.
1.435 Benutzerarbeitsplätze, 166 PC-Arbeitsplätze – Entleihungen: 936.734
7.993.500 Seiten eigene Digitalisate; 158.400 Dokumente auf eigenen Open-Access-Servern
Leiter: V. Probst, Stellv.: R. Balzuweit – Wiss. D.: J. Apel (AL), S. Berberich, M. Effinger (AL), U. Fälsch (AL), N. Kloth, H. Lecher (AL/ZO), L. Maylein (AL), N. Merkel, M. Nissen (AL), U. Rothe, E. Schmitt (AL/SAI), G. Schwesinger, J. Simek, D. Wiltinger, T. Wolf (AL), K. Zimmermann (AL)
UB + Bibliothekssystem: 88 Beamtinnen und Beamte (1 A16, 5 A15, 6 A14, 5 A13, 4 A13gD, 9 A12, 20 A11, 8 A10, 11.5 A9, 2 A9mD, 4 A8, 4 A7, 4 A6, 4.5 A5) – 86 Ang. (6 E13, 7 E10, 22.5 E9, 2.5 E8, 6 E6, 17 E5, 24 E4, 1 E3) – DFG/sonstige Drittmittel: rund 13 Stellen
Gesamtausgaben 2020: 18.592.000,–, davon 8.178.000.– für Erwerbung
Bes. Sammelgeb.: Kurpfalz und Baden, DFG: „arthistoricum.net – FID Kunst, Fotografie, Design" (Sammelschwerpunkt „Mittlere und Neuere Kunstgeschichte bis 1945 und Allg. Kunstwissenschaft"), „Propylaeum – FID Altertumswissenschaften" (Sammelschwerpunkte Klassische Archäologie und Ägyptologie) sowie „CrossAsia – FID Asien" (Sammelschwerpunkt Südasien in Koop. mit Südasieninstitut).
Veröff. unter: http://www.ub.uni-heidelberg.de/service/publikationen/gedruckt.html

268 **Zentralbibliothek des Deutschen Krebsforschungszentrums** ⟨He 78⟩

> 📧 Im Neuenheimer Feld 280, 69120 Heidelberg, ☎ (06221) 42-2245
> 💻 d.sitek@dkfz.de, http://www.dkfz.de/de/zbib/

Präsenzbibliothek (mit hausinternen Ausnahmen)

22.500 Medieneinheiten, 2.550 elektron. Publ. – lfd. Zss.: ca. 3gedr., 1.500 elektron.
LS m. 20 Benutzerarbeitsplätzen (18 Internet-APl.) – Entleihungen (hausintern): 2.380
Leiterin: D. Sitek. Stellenplan: 7.3 VZÄ. Träger: Bundesrepublik Deutschland, Land BW (10 %).
Erwerbungsetat 2018: 900.000.–

269 **Bibliothek des Max-Planck-Instituts für ausländisches öffentliches Recht und Völkerrecht ⟨B 208⟩**

> Im Neuenheimer Feld 535, 69120 Heidelberg, ☎ (06221) 482-1, Fax (06221) 482-288
> bibinfo@mpil.de, http://www.mpil.de/de/pub/bibliothek.cfm

Präsenzbibliothek f. ca. 130 Mitarb., Zul. fremder Ben. gemäß Benutzungsordnung auf Antrag.
695.927 Bde. – lfd. Zss.: 1.695 gedr., 2.595 elektron. Zss., insgesamt > 29.000 Zss.
LS m. 74 Benutzerarbeitsplätzen – Entleihungen: ca. 23.000
Leiter: J. Mikuteit
Stellenplan: 15.0 VZÄ.
Träger: Max-Planck-Gesellschaft zur Förderung der Wissenschaften e. V.
Bes. Sammelgeb.: Ausl. Gesetz-Sammlungen, Entscheidungssammlungen, Parlamentaria, Depot-B d. UNO u. zahlr. UN-Sonderorg. sowie des Europarats und anderer internationaler Organisationen.

270 **Bibliothek des Max-Planck-Instituts für medizinische Forschung ⟨He 43⟩**

> Jahnstr. 29, 69120 Heidelberg, ☎ (06221) 486-201, Fax (06221) 486-213,
> lib@mpimf-heidelberg.mpg.de,
> http://www.mpimf-heidelberg.mpg.de/einrichtungen/bibliothek/

Wiss. Präsenz- und Spezialbibliothek im Bereich der Life Sciences, Chemie, Biologie und Physik. Nutzung der Bibliothek für Gäste nach Anmeldung.
ca. 62.000 Zeitschriften-Bde., 7.000 Monographien – lfd. Zss.: ca. 20 gedr., 34.000 elektron.
LS m. 26 Benutzerarbeitsplätzen, 4 Computer-APl., öffentl. WLAN (PCs und Macs).
Leiterin: T. Müller

271 **Bibliothek der Pädagogischen Hochschule Heidelberg ⟨He 76⟩**

> Keplerstr. 87, 69120 Heidelberg, ☎ (06221) 477-128
> infobib@vw.ph-heidelberg.de, http://www.ph-heidelberg.de/bibliothek.html

Ausleih- und Präsenzbibliothek (4.900 Stud., 200 Lehrende): 276.114 Medieneinheiten, 258.186 Bde., 38.492 elektron. Publ. – lfd. Zss.: 385 gedr., 36.320 elektron.
ZB mit 111 Benutzerarbeitsplätzen, davon 23 Computerarbeitsplätze, Zweigstelle mit 58 Arbeitsplätzen, davon 4 Computerarbeitsplätze – Entleihungen: 207.486
Leiter: C. Penshorn. Stellv.: M. Roßmann
Stellenplan: 6 Beamtinnen und Beamte (1 A14, 1 A11, 1 A10, 1 A9, 1 A8, 1 A6) – 7 Beschäftigte TV-L: 2 E9, 3 E6, 1 E5, 1 E4. Träger: Land Baden-Württemberg

Heilbronn

272 * **Bibliothek LIV** ⟨840⟩

> Bildungscampus 15, 74076 Heilbronn, ☎ (07131) 1237-277
> info@liv-bib.de, http://www.liv-bib.de

LIV – lernen. informieren. vernetzen. ist eine gemeinsame nichtrechtsfähige Einrichtung der Hochschule Heilbronn und der Dualen Hochschule Baden-Württemberg, in Kooperation mit der German Graduate School of Management and Law gGmbH und TUM Campus Heilbronn gGmbH.

Herne

273 * **Martin-Opitz-Bibliothek** ⟨364⟩

> Berliner Platz 5, 44623 Herne, ☎ (02323) 16-2805, Fax (02323) 16-2609
> information.mob@herne.de, https://www.martin-opitz-bibliothek.de

Ausleihbibliothek, öffentlich zugängliche wiss. Spezialbibliothek.
356.000 Medieneinheiten – lfd. Zss.: 583
LS mit 10 Benutzerarbeitsplätzen, ca. 2.000 Bde., 4 PC-APl. f. Kat-Rech., 1 Universal-Mikrofilmscanner, 1 Aufsichtscanner – Entleihungen: 8.107
Leiter: H.-J. Tebarth, Stellv.: A. Danszczyk – Wiss. D.: M. Polok
Stellenplan: 1 E15, 1 E14, 1 E13, 2 E11, 1 E10, 1 E9, 2,5 E6, 2 E5
Träger: Stiftung Martin-Opitz-Bibliothek – Erwerbungsetat 2020: 100.000.–
Bes. Sammelgeb.: Hist. Landeskunde, Kultur-, Literaturgeschichte d. hist. dt. Ost- und Siedlungsgebiete sowie d. hist. u. gegenw. Siedlungsgebiete der Dt. in Ost-, Ostmittel- und Südosteuropa.
Pflichtex.: Bereich der inst. Förderung der BKM (Beauftr. f. Kultur u. Medien)
Veröff. unter: https://www.martin-opitz-bibliothek.de/de/uber-die-mob/publikationen/publikationen-der-mob

Hildesheim

274 * **Universitätsbibliothek** ⟨Hil 2⟩

> Postfach 101363, 31113 Hildesheim; Universitätsplatz 1, 31141 Hildesheim
> ☎ (05121) 883-93000, Fax (05121) 883-93001
> ub_sekretariat@uni-hildesheim.de, http://www.uni-hildesheim.de/bibliothek/

Ausleihbibliothek f. 17.043 eingetr. Ben.
696.684 Medieneinheiten, 518.323 Bde., 30.241 elektron. Publ. – lfd. Zss.: 962 gedr., 65.174 elektron.
370 Benutzerarbeitsplätze, darunter 61 PC-Internet-APl., Freihandbereich m. ca. 330.000 Bde. – Entleihungen: 430.369
Leiter: E. Brahms, Stellv.: J. Schrader – Wiss. D.: N. Frank
Träger: Stiftung Universität Hildesheim

Bes. Sammelgeb.: Bildungs- u. Unterrichtsforschung, Kulturwissenschaft, europäische Integrationsgeschichte, Psychologie.
Veröff. unter: http://www.uni-hildesheim.de/bibliothek

275 * **Fachbereich Archiv und Bibliotheken der Stadt Hildesheim**

Am Steine 7, 31134 Hildesheim, ☎ (05121) 301-4100, Fax (05121) 301-4198
stadtarchiv@stadt-hildesheim.de, http://www.stadtarchiv-hildesheim.de

Das Stadtarchiv, die Wissenschaftliche Bibliothek des Stadtarchivs sowie die Bibliotheken des Roemer- und des Pelizaeus-Museums bilden zusammen mit der Stadtbibliothek als öffentlicher Bibliothek den Fachbereich 42 – Archiv und Bibliotheken – in der Stadtverwaltung Hildesheim. Leiter: M. Schütz, Bereichsleitung. 42.1 StArchiv u.Wiss. Bibliotheken: M. Libera, stellv. Fachbereichsleiterin u. Bereichsleiterin 42.2 StadtB: B. Lippertz – Sachgebietsleiterin Wiss. Bibliotheken: M. Zimmermann
Stellenplan: 3 Beamtinnen und Beamte im Archiv (1 A15, 1 A12, 1 A10) – 24.15 Beschäftigte im Archiv, StB. u. Museumsb. (1 E11, 2.5 E9c, 4.5 E 9b, 4 E7, 1 E6, 7.15 E5, 1 E4) – 2 Auszubildende.
Träger: Stadt Hildesheim
Veröff. unter: http://www.stadtarchiv-hildesheim.de

Stadtbibliothek ⟨116⟩

Scheelenstr. 26, 31141 Hildesheim
☎ (05121) 301-4142, Fax (05121) 301-4199
stadtbibliothek@stadt-hildesheim.de, http://www.stadtbibliothek-hildesheim.de,
https://de-de.facebook.com/StadtbibliothekHildesheim
Ausleihbibliothek, Öff. Bibliothek f. d. Stadt Hildesheim
114.033 Medieneinheiten – lfd. Print-Zss.: 95, eMedien im Onleihe-Verbund Onleihe Niedersachsen und Nordleihe 140 Arbeits- und Leseplätze, 6 Internetplätze, 6 EDV-APl. – Entleihungen 694.742
B. Lippertz (Stellvertretende Ltg. Fachbereich, Bereichsltg. StB), A. Gabbatsch (stellv. Bereichsltg. StB)
Erwerbungsausgaben 2019: 180.396.–

Wissenschaftliche Bibliothek des Stadtarchivs ⟨Hil7⟩

Am Steine 7, 31134 Hildesheim, ☎ (05121) 301-4100, Fax (05121) 301-4198
stadtarchiv@stadt-hildesheim.de, http://www.stadtarchiv-hildesheim.de
Präsenzbibliothek für 960 Archivben.: 99.081 Bde. – lfd. Print-Zss.: 190
ArchivLS m. 8–10 Benutzerarbeitsplätzen. Erwerbungsausgaben 2020: 14.00.–
Bes. Sammelgeb.: Stadt- u. Regionalgeschichte Hildesheims.

Museumsbibliotheken ⟨Hil 1⟩

Am Steine 7, 31134 Hildesheim, ☎ (05121) 301-4100, Fax (05121) 301-4198
stadtarchiv@stadt-hildesheim.de, http://www.stadtarchiv-hildesheim.de
Präsenzbibliothek f. Museumsmitarb. u. d. Öffentlichkeit: 65.500 Bde. – lfd. Print-Zss.: 73
ArchivLS m. 8–10 Benutzerarbeitsplätzen. Erwerbungsausgaben 2020: 9.900.–
Bes. Sammelgeb.: Ägyptologie, Ethnologie, Kunst, Naturwissenschaften.

276 * **Dombibliothek Hildesheim**

Postfach 100263, 31102 Hildesheim; Domhof 30, 31134 Hildesheim
(05121) 1383-0, Fax (05121) 1383-13
dombibliothek@bistum-hildesheim.de, http://www.dombibliothek-hildesheim.de

Öffentlich zugängliche, wissenschaftliche Altbestandsbibliothek und kulturwiss. Forschungseinrichtung: ca. 140.000 Bde., 110 elektron. Publ. – lfd. Zss.: ca. 140 gedr. – Sonderbestand: mittelalterliche und neuzeitliche Hss., 800 Inkunabeln
22 Benutzerarbeitsplätze u. 3 Studienräume
Dir.: M. Suchan. Stellenplan: 5 Stellen. Träger: Bistum Hildesheim
Bes. Sammelgeb.: Bistumsgeschichte, Kunstwissenschaft, Buchwesen.
Angeschl.: Museumsbibliothek des Dommuseums Hildesheim, Priesterseminar.

Hof

277 **Bibliothek der Hochschule Hof** ⟨1051⟩

Alfons-Goppel-Platz 1, 95028 Hof
(09281) 409-3444, Fax (09281) 409-55 3411, bibliothek@hof-university.de
http://www.hof-university.de/studierende/info-service/bibliothek.html

Ausleihbibliothek: 60.200 Bde., 46.885 elektron. Publ. – lfd. Zss.: 143 gedr., 15.468 elektron.
142 Benutzerarbeitsplätze, davon 18 PC-Arbeitsplätze, WLAN, 2 Gruppen-ARR, 4 Carrels, 2 LSS, PC-Raum – Entleihungen: 46.223
Leiterin: K. Sachs, Stellv.: C. Kneitz. Stellenplan: 6,5 VZÄ
Träger: Freistaat Bayern – Erwerbungsetat 2018: 209.389.–

Abteilungsbibliothek Münchberg

Kulmbacher Str. 76, 95213 Münchberg
(09281) 409-8444, bibliothek@hof-university.de
http://www.hof-university.de/studierende/info-service/bibliothek.html

278 * **Bibliothek des Bayerischen Landesamtes für Umwelt** ⟨M 490, Aug 7⟩

Bibliothek Hof ⟨M 490⟩
Hans-Högn-Straße 12, 95030 Hof / Saale,
(09281) 1800-4647 (Hof), Fax (09281) 1800-4519
bibliothek-ho@lfu.bayern.de, http://www.lfu.bayern.de/index.htm
Bibliothek Augsburg ⟨Aug 7⟩
Bürgermeister-Ulrich-Straße 160, 86179 Augsburg
(0821) 9071-5077 (Augsburg), Fax (0821) 9071-5627
bibliothek-a@lfu.bayern.de, http://www.lfu.bayern.de/index.htm

Bibliothek mit zwei Standorten, der Bestand wurde zusammengeführt aus den Bibliotheken des ehemaligen Bayerischen Geologischen Landesamtes (GLA), des ehemaligen Bayerischen Landesamtes für Umweltschutz (LfU) und des ehemaligen Bayerischen Landesamtes für Wasserwirtschaft (LfW) und für den gesamten Umweltbereich weiterentwickelt.

Umweltwiss. Spezialbibliothek, Behördenbibliothek, öffentlich zugängliche Präsenzbibliothek (vorwiegender Nutzerkreis sind die ca. 1.000 Mitarb. d. Bayer. Landesamtes für Umwelt).
Bestand Hof: ca. 80.000 Bde., ca. 130.000 Kt., Bestand Augsburg: ca. 50.000 Bde.
Leitung: H.-P. Spörl, E. Bayreuther, U. Anger
Stellenplan: Hof: 2 gD, 2 mD, 1 Hilfskraft (Teilzeit) Augsburg: 2 mD, 1 Hilfskraft (Teilzeit), 1 Hilfskraft (Vollzeit)
Träger: Freistaat Bayern – Erwerbungsetat jährlich: ca. 151.000.–
Bes. Sammelgeb.: Umweltwissenschaftl. Lit. u. Karten, insbes. über Bayern.
Veröff. unter: http://www.lfu.bayern.de/publikationen/doc/publikationskatalog_des_lfu.pdf

Homburg (Saar)

Bibliothek Campus Homburg (Medizinische Abt. der Universität des Saarlandes)

siehe Saarbrücken (Nr. 496)

Ilmenau

279 * **Universitätsbibliothek ⟨Ilm 1⟩**

Postfach 100565, 98684 Ilmenau; Langewiesener Str. 37, 98693 Ilmenau
(03677) 69-4701 und 69-4531, Fax (03677) 69-4700,
direktion.ub@tu-ilmenau.de auskunft.ub@tu-ilmenau.de, https://www.tu-ilmenau.de/ub/

Ausleihbibliothek f. 3.111 Ben., darunter 2.243 Stud., 386 Angeh. d. Univ. u. 482 Einw.
644.883 Medieneinheiten, davon 625.966 Bde., 87.329 elektron. Publ. – lfd. Zss.: 269 gedr., 43.076 elektron. – Digitale Normenauslegestelle
Arbeitsbereich mit 692 Benutzerarbeitsplätzen, darunter 74 PC-APl. – Entleihungen: 80.715
Dir.: G. Vogt, Stellv.: P. Blume – Wiss. D.: P. Blume (Dez. Medienbearbeitung), S. Einax, A. Meyer, M. Pfafferott, I. Steinbrecht, S. Trott (Dez. Benutzung), T. Tuschick, J. Wilken
Stellenplan: 18 Beamtinnen und Beamte (1 A16, 1 A15, 4 A14, 4 A13, 2 A11, 4 A10, 2 A9) – 25 Angestellte (1 E13, 6 E9, 4 E8, 1 E7, 9 E6, 4 E5) – 2 Auszubildende – 1 Volontärin
Gesamtausgaben 2020: 3.350.746.–, davon 861.916.– für Erwerbung

Ingolstadt

Wirtschaftswissenschaftliche Zweigbibliothek Ingolstadt

siehe Eichstätt, UB Eichstätt-Ingolstadt (Nr. 165)

280 * **Wissenschaftliche Stadtbibliothek Ingolstadt ⟨235⟩**

Auf der Schanz 45, 85049 Ingolstadt, (0841) 305-1891, Fax (0841) 305-1888
wissenschaftliche.bibliothek@ingolstadt.de, https://www.ingolstadt.de/Kultur/Bildung-Wissenschaft/Wissenschaftl-Bibliothek/

Ausleihbibliothek
ca. 100.000 Bde. – lfd. Zss.: 214 gedr.

LS m. 22 Benutzerarbeitsplätzen – Entleihungen: 1.042
Leitung: M. Eppelsheimer
Stellenplan: 1.38 3.QE, 0.62 2.QE
Träger: Stadt Ingolstadt
Bes. Sammelgeb.: Stadt und Region Ingolstadt, Ingolstädter Altdrucke, Bavarica, Geschichte mit Schwerpunkt Vor- und Früh- sowie Kunst- und Kulturgeschichte, auch Zeitgeschichte.

281 **Bayerische Armeebibliothek** ⟨209⟩

Postfach 21 02 55, 85017 Ingolstadt; Paradeplatz 4, 85049 Ingolstadt
☎ (0841) 9377-0, Fax (0841) 9377-200
info@armeemuseum.de, http://www.armeemuseum.de/bibliothek

Spezialbibliothek, Präsenz- und Ausleihbibliothek
135.000 Bde. – lfd. Zss.: 115 gedr. – Sonderbestand: ca. 5.000 militärische Vorschriften.
LS mit 6 Benutzerarbeitsplätzen – Präsenzbestand f. d. Museumsarbeit.
Dir.: A. Reiß, Abt.-Leiter: D. Hohrath
Träger: Freistaat Bayern (Bayer. Armeemus.)
Bes. Sammelgeb.: historische militärische Dienstvorschriften; Regimentsgeschichten; historische Kriegswissenschaften.

282 * **Bibliothek der Technischen Hochschule Ingolstadt** ⟨573⟩

Postfach 210454, 85019 Ingolstadt; Esplanade 10, 85049 Ingolstadt
☎ (0841) 9348-2160, Fax (0841) 9348-991340
bibliothek@thi.de, http://www.thi.de/service/bibliothek.html

Teaching Library. Öffentlich zugängliche Ausleihbibliothek (6.065 Studierende an der TH)
343.242 Medieneinheiten, davon 138.607 Bde., 204.635 elektron. Publ. – lfd. Zss: 167 gedr., 31.764 elektron.
343 Benutzerarbeitsplätze, darunter 41 Computer-APl., 24/7 Medienrückgabe – Entleihungen: 55.027
Leiterin: D. Schneider, stellv. Leiter: F. Hänel
Stellenplan: 13 VZÄ
Träger: Freistaat Bayern – Gesamtausgaben 2020: 1.386.338.–, davon 542.299.– für Erwerbung
Veröff. unter: https://www.thi.de/service/bibliothek/ueber-uns/veroeffentlichungen-der-bibliothek

Iserlohn

Fachbibliothek Informatik und Naturwissenschaften/Maschinenbau
siehe Hagen, HSB d. FH Südwestfalen (Nr. 223)

Jena

283 * **Thüringer Universitäts- und Landesbibliothek Jena** ⟨27⟩

Postfach, 07737 Jena; Bibliotheksplatz 2, 07743 Jena
(03641) 9-404000, Fax (03641) 9-404002
info_thulb@uni-jena.de, http://www.thulb.uni-jena.de

Ausleih- und Präsenzbibliothek, 57.346 Benutzerinnen und Benutzer – UB d. Friedrich-Schiller-Universität (einschichtig integriertes Bibliothekssystem), Landesbibliothek des Freistaates Thüringen

4.251.444 Medieneinheiten, davon 3.736.163 Bde., 64.706 elektron. Publ. – lfd. Zss.: 2.567 gedr., 58.503 elektron. – Sonderbestand: 44.967

1.878 Benutzerarbeitsplätze, darunter 351 Computer-APl. – Entleihungen: 448.499

Dir.: M. Lörzer, 1. Stellv.: K. Leydolph – Wiss. Dienst: C. Driesch, S. Dogunke, T. Gerlitz, K. Gerth, U. Glatz, I. Hoffmann, B. Hoge-Benteler, T. Mutschler, J. Ott (Handschriften und Sonderslg.), J. Ratka, I. Schmidt, E. Underberg, T. Witzgall

Stellenplan: 3 Beamtinnen und Beamte, 167.75 Beschäftigte in VZÄ

Träger: Freistaat Thüringen – Gesamtausgaben 2020: 15.715.092.– davon 5.605.654.– für Erwerbung

Bes. Sammelgeb.: Spez. Botanik, Thuringica, Reformationsgeschichte.

Pflichtex.: 1935–1952 aus dem Land Thüringen, 1952–1954 u. 1983–1990 aus den Bezirken Erfurt, Gera u. Suhl, seit 1990 aus dem Freistaat Thüringen.

Teilbibliothek Geisteswissenschaften
Bibliotheksplatz 2, 07743 Jena, (03641) 9-404100
info_thulb@uni-jena.de, http://www.thulb.uni-jena.de/tb_geist.html
Ausleih- und Präsenzbibliothek

Teilbibliothek Medizin
Am Klinikum 1, 07747 Jena, (03641) 9-320095
tbm_thulb@uni-jena.de, http://www.thulb.uni-jena.de/tb_medizin.html
Weitere dezentrale Standorte.
Ausleih- und Präsenzbibliothek

Teilbibliothek Naturwissenschaften
Ernst-Abbe-Platz 2, 07743 Jena, (03641) 9-404483
tbn_thulb@uni-jena.de, http://www.thulb.uni-jena.de/tb_natwi.html
Weitere dezentrale Standorte.
Ausleih- und Präsenzbibliothek

Teilbibliothek Rechts-, Wirtschafts- und Sozialwissenschaften
Carl-Zeiss-Straße 3, 07743 Jena, (03641) 9-404420
tbrws_thulb@uni-jena.de, http://www.thulb.uni-jena.de/tb_rewi.html
Ausleih- und Präsenzbibliothek

284 **Hochschulbibliothek der Ernst-Abbe-Hochschule Jena** ⟨J 59⟩

> Carl-Zeiss-Promenade 2, 07745 Jena, ☎ (03641) 205-270, Fax (03641) 205-271
> bibliothek@eah-jena.de, fernleihe@eah-jena.de, PIZ@eah-jena.de
> (Patentinformationszentrum) http://www.eah-jena.de/bibliothek

Ausleihbibliothek für 4.586 Studierende, 269 wiss. MA (davon 128 Prof.) u. für wiss. Arbeitende aus der Industrieregion u. and. wiss. Einrichtungen.
322.410 Bde., 14.586 elektron. Publ. – lfd. Zss.: 404 gedr., 15.992 elektron.
91 Benutzerarbeitsplätze, darunter 54 Computer-APl. – Patentinformationszentrum (PIZ), Erfinderberatung, DIN-Infopoint Hochschulverlag – Entleihungen: 60.886
Leiter: A. Heist
Stellenplan: 10 VZÄ
Träger: Freistaat Thüringen – Erwerbungsausgaben 2020: 303.699.–

Jülich

Bereichsbibliothek Jülich der Fachhochschule Aachen

siehe Aachen (Nr. 4)

285 * **Zentralbibliothek des Forschungszentrums Jülich GmbH** ⟨Jül 1⟩

> Postanschrift: 52425 Jülich; Frachtanschrift: Leo-Brandt-Str., 52428 Jülich
> ☎ (02461) 61-5368/ -3013, Fax (02461) 61-6103
> zb-sekretariat@fz-juelich.de, zb-auskunft@fz-juelich.de, http://www.fz-juelich.de/zb

Präsenz- u. Ausleihbibliothek, Wiss.-technische Spezialbibliothek
178.654 Bde., 128.833 elektron. Publ. – lfd. Zss.: 209 gedr., 6.435 elektron. – Sonderbestand: 500.000 Reports.
37 Benutzerarbeitsplätze – Entleihungen: 3.144
Leiter: B. Mittermaier, Stellv.: B. Scheidt – Leitung Fachbereiche: B. Scheidt (Wiss. Dienste), T. Bronger (Open Science), I. Barbers (Literaturerwerbung)
Träger: Forschungszentrum Jülich GmbH
Veröff. unter: http://www.fz-juelich.de/zb/publikationen
87 angeschl. Bibliotheken

Kaiserslautern

286 * **Universitätsbibliothek** ⟨386⟩

> Postfach 2040, 67608 Kaiserslautern; Paul-Ehrlich-Str., Geb. 32, 67663 Kaiserslautern
> ☎ (0631) 205-2241, Fax (0631) 205-2355
> unibib@ub.uni-kl.de, http://www.ub.uni-kl.de

Ausleihbibliothek
906.000 Medieneinheiten, davon 790.000 Bde., 118.000 elektron. Publ. – lfd. Zss.: 677 gedr., 24.900 elektron. – Sonderbestand: 83.500 Normen

8 LSS m. 711 Arbeitsplätzen, 41 PC-APl. – Entleihungen: 72.000 [stark reduzierte Öffnung in Corona-Pandemie]
Dir.: R. W. Wildermuth, Stellv.: K. Rauber – Wiss. D.: C. Heisel, J. Heitmann-Pletsch, F. Knoche, K. Niederprüm, A. Rosteck
Stellenplan: 53 VZÄ
Träger: Land Rheinland-Pfalz.
Gesamtausgaben 2020: 4.111.978.–, davon 1.454.996.– für Erwerbung
Angeschl.: 8 BereichsBB

287 **Hochschulbibliothek Kaiserslautern** ⟨1084, 1082a, 1082⟩

> Schoenstr. 9–11, 67659 Kaiserslautern, ☎ (0631) 3724-2131
> bibliothek-kl@hs-kl.de, https://www.hs-kl.de/hochschule/servicestellen/bibliothek/

Hochschule mit drei Studienorten: Kaiserslautern, Pirmasens und Zweibrücken
Wissenschaftliche Hochschulbibliothek (6.036 Studierende)
94.870 Bde., 20.887 elektron. Publ. – lfd. Zss.: 197 gedr., ca 5.000 elektron. – Sonderbestand: ausgew. DIN-Normen
120 Benutzerarbeitsplätze, darunter 12 Computer-APl., 3 Buchscanner – Entleihungen: 26.225
Leiterin: M. Straßer
Stellenplan: 8.5 (VZÄ)
Träger: Land Rheinland-Pfalz – Erwerbungsausgaben 2018: 156.800.–
Standorte:

Campus Kaiserslautern ⟨1084⟩
Schoenstr. 9–11, 67659 Kaiserslautern
☎ (0631) 3724-2131, bibliothek-kl@hs-kl.de

Campus Pirmasens ⟨1082a⟩
Carl-Schurz-Straße 10–16, 66953 Pirmasens
☎ (0631) 3724-7075, bibliothek-ps@hs-kl.de

Campus Zweibrucken ⟨1082⟩
Amerikastr. 1, 66482 Zweibrücken
☎ (0631) 3724-5133, bibliothek-zw@hs-kl.de

288 * **Pfalzbibliothek Kaiserslautern** ⟨Kai 1⟩

> Postfach 2860, 67653 Kaiserslautern; Bismarckstraße 17, 67655 Kaiserslautern
> ☎ (0631) 3647-114, Fax (0631) 3647-153
> info@pfalzbibliothek.bv-pfalz.de, http://www.pfalzbibliothek.de

Ausleihbibliothek, Spezialbibliothek für pfälz. Landeskunde, Kunst u. Handwerk, Autorenabende, Diskussionsforen, Ausstellungen.
90.000 Medieneinheiten, davon 88.000 Bde., 120 elektron. Publ. – lfd. Zss.: 100 gedr. – Sonderbestand: 14.000 histor. Fotos, 3.800 Mikrofilme, 300 historische Landkarten (davon 200 digitalisiert).

LS mit 24 Benutzerarbeitsplätzen, 3 Computer mit Internetzugang, WLAN – Entleihungen: 25.000
Organisatorisch angegliedert an das Institut für pfälzische Geschichte und Volkskunde (http://www.pfalzgeschichte.de).
Dir.: S. Klapp, Bibl.-Leiterin: C. Germann
Stellenplan: 4.5 VZÄ
Träger: Bezirksverband Pfalz – Gesamtetat 2020: 388.835.–, davon ca. 15.000.– Erwerbungsetat

Karlsruhe

289 * **Badische Landesbibliothek ⟨31⟩**

Postfach 1429, 76003 Karlsruhe; Erbprinzenstr. 15, 76133 Karlsruhe
(0721) 175-2222, Fax (0721) 175-2333
sekretariat@blb-karlsruhe.de, servicezentrum@blb-karlsruhe.de
http://www.blb-karlsruhe.de

Ausleihbibliothek, Regionalbibliothek f. d. Regierungsbez. Freiburg und Karlsruhe, Pflichtexemplarbibliothek, Landesbibliografie
2.839.010 Medieneinheiten, davon 2.316.285 Bde., 113.539 elektron. Publ. – lfd. Zss.: 6.180 gedr., 23.399 elektron. – Sonderbestand: 4.293 Hss., 5.494 Musik-Hss., 1.369 Inkunabeln, 69.719 Noten, 53.525 Karten u. Pläne.
550 Benutzerarbeitsplätze, darunter 44 Computer-APl. – Entleihungen: 539.490
Dir.: J. Freifrau Hiller von Gaertringen, Stellv.: V. Wittenauer (Benutzung) – Wiss. Dienst: M. Fischer, F. Geisler (Bestandsaufbau), S. Hallmann, B. Knödler-Kagoshima, M. Krähling, H. Lukas, U. Obhof, J. Schütte (Landesbibliothekarische Aufgaben), A. Stello.
Stellenplan: 66 Beamtinnen und Beamte (1 A16, 3 A15, 4 A14, 1 A13, 5 A13gD, 5 A12, 9 A11, 5 A10, 3 A9, 2 A9mD, 4 A8, 5 A7, 6 A6, 13 A5), Beschäftigte nach TV-L (1 E14, 2 E11, 5 E9, 4.5 E8, 3.5 E6, 3.5 E5, 2 E2).
Träger: Land Baden-Württemberg – Gesamtausgaben 2020: 7.510.159.– davon 1.475.101.– für Erwerbung
Bes. Sammelgeb.: Baden-Württemberg, Oberrhein, Text- und Musikhandschriften, Nibelungenlied, Alte Drucke (u. a. Buchkunstsammlungen), Historische Karten, historische Bibliotheken und Nachlässe (H. J. C. von Grimmelshausen, J. P. Hebel, Joseph von Laßberg, Reinhold Schneider, Alfred Mombert, Alexander von Bernus, Max Laeuger u. a.), Kinderbücher, Musikalien (Hofbibliotheksmusik u. a.). Weitere s. https://www.blb-karlsruhe.de/sammlungen/
Pflichtex.: Seit 1936 aus d. früheren Baden, seit 1.2.1964 aus Baden-Württemberg.
Veröff. unter: https://blb-karlsruhe.de/die-blb/publikationen/

290 * **KIT-Bibliothek ⟨90⟩**

Postfach 6920, 76049 Karlsruhe; Straße am Forum 2, 76131 Karlsruhe
☎ (0721) 608-43101, Fax (0721) 608-44886
🖥 infodesk@bibliothek.kit.edu, http://www.bibliothek.kit.edu

Karlsruher Institut für Technologie (KIT), Zentral- und Teilbibliotheken an den Standorten: KIT-Bibliothek Süd, KIT-Bibliothek Nord, Fachbibliothek Hochschule Karlsruhe (FBH) und Fachbibliothek der Dualen Hochschule Baden-Württemberg Karlsruhe (FBD)
2.061.609 Medieneinheiten, davon 1.221.086 Bde., 182.364 elektron. Publ. – lfd. Zss.: 1.089 gedr., 168.433 elektron.
5 FachLSS in der KIT-Bibliothek Süd mit 950 Arbeitsplätzen, insg. 1.679 Arbeitsplätze, darunter 50 Computer-APl. – Entleihungen: 219.115
Dir.: A. Upmeier, Stellv.: H.-J. Goebelbecker, M. Mönnich – Wiss. D.: U. Dierolf, P. Grünewald, D. Jaeger, L. Koszyk, C. Kramer, T. Kurze, M. Normann, C. Rohde, L. Sefrin, M. Skarupianski, R. Straub, D.-M. Tangen, R. Tobias, C. Tubach, R. Ulrich, A. Völter, K. Wedlich-Zachodin, U. Willke.
Stellenplan: 46 Beamtinnen und Beamte (1 A16, 2 A15, 5 A14, 1 A13hD, 3 A13gD, 5 A12, 11 A11, 5 A10, 5 A9gD, 1 A9mD, 2 A8, 4 A7, 1 A6) – 59.95 Ang. (1 Ia, 12 IIa/Ib, 5.85 IVb, 12.7 Vb/IVb, 4.4 Vc (mD), 14 VIb/Vc, 10 VII/VIb/VIII/VII,) –1 BRef. – 2 Auszub. (FaMI)
Träger: Bundesrepublik Deutschland, Land Baden-Württemberg. – Gesamtausgaben 2020: 12.317.105.–, davon 4.769.129.– für Erwerbung
Veröff. unter: http://www.bibliothek.kit.edu/cms/kitopen-services.php

KIT-Bibliothek Nord

Hermann-von-Helmholtz-Platz 1, Geb. 303, 76344 Eggenstein-Leopoldshafen
☎ (07247) 608–25800, Fax (07247) 608-25802,
🖥 infodesk@bibliothek.kit.de, https://www.bibliothek.kit.edu/bib-n.php
2 LSS m. 37 Benutzerarbeitsplätzen

Fachbibliothek Hochschule Karlsruhe (FBH)

Moltkestr. 30 – Geb A (1.OG), 76133 Karlsruhe, ☎ (0721) 925-2864, Fax (0721) 925-2865,
🖥 fbh@bibliothek.kit.edu, http://www.bibliothek.kit.edu/cms/fbh.php
Ausleihbibliothek mit 285 Benutzerarbeitsplätzen.

Fachbibliothek der Dualen Hochschule Baden-Württemberg Karlsruhe (FBD)

Erzbergerstraße 121, 76133 Karlsruhe, ☎ (0721) 9735-610, Fax (0721) 9735-613
🖥 fbd@bibliothek.kit.edu, http://www.bibliothek.kit.edu/cms/fbd.php
Ausleihbibliothek mit 38 Benutzerarbeitsplätzen.

291 **Stadtbibliothek**

Ständehausstraße 2, 76133 Karlsruhe, ☎ (0721) 133-4200, Fax (0721) 133-4209
🖥 stadtbibliothek@kultur.karlsruhe.de, http://www.stadtbibliothek-karlsruhe.de

Ausleihbibliothek, öffentliche Bibliothek: Zentralbibliothek, Kinder- und Jugendbibliothek, 5 Stadtteilbibliotheken, Amerikanische Bibliothek und Medienbus
333.199 Medieneinheiten, 38.573 virtuelle Medien – lfd. Zss.: 546 gedr., 76 elektron.
167 Benutzerarbeitsplätze, davon 70 Computerarbeitsplätze und 46 Internet-Arbeitsplätze. Coronabedingt nicht ständig alle Benutzerarbeitsplätze geöffnet. – Entleihungen: 1.615.677

Leiterin: A. Krieg, Stellv.: E. Nibbrig.
Stellenplan: 51.22 VZÄ, 70 Beschäftigte, 4 Auszubildende.
Träger: Stadt Karlsruhe – Gesamtausgaben 2020: 7.665.383.–, davon 539.100.– für Erwerbung

292 **Bibliothek des Badischen Landesmuseums Karlsruhe** ⟨Ka 23a⟩

> Schloss, Schlossbezirk 10, 76131 Karlsruhe, ☎ (0721) 926-6523, Fax (0721) 926-6537,
> biblio@landesmuseum.de, Birgit.Wendel@landesmuseum.de
> https://www.landesmuseum.de/museum/forschung-projekte/bibliothek

Präsenzbibliothek: 94.739 Bde. – lfd. Zss.: 252 gedr.
LS mit 6 Benutzerarbeitsplätzen, 2 Internetplätze
Leiterin: B. Wendel. Stellenplan: 2 VZÄ. Träger: Land Baden-Württemberg
Bes. Sammelgeb.: Archäologie, Vor- und Frühgeschichte, Numismatik, Kunstgewerbe, Europäische und außereuropäische Kunst- und Kulturgeschichte, Museums-, Ausstellungs- und Versteigerungskataloge.

293 * **Bibliothek des Bundesgerichtshofs** ⟨208⟩

> Postadresse: 76125 Karlsruhe; Hausadresse: Herrenstr. 45 a, 76133 Karlsruhe
> ☎ (0721) 159-5000 (Inform., Ausl.)/ -5248 (Dir.)/ -5135 (Stellv.), Fax (0721) 159-5612
> bibliothek@bgh.bund.de, bibliothek-information@bgh.bund.de
> https://www.bundesgerichtshof.de/DE/Bibliothek/bibliothek_node.html

Präsenzbibliothek f. 870 Richterinnen u. Richter, Staatsanwältinnen u. Staatsanwälte, Fremdben. werden zugelassen.
467.777 Medieneinheiten, davon 451.369 Bde., 4.709 elektron. Publ. – lfd. Zss.: 690 gedr., 818 elektron. – Sonderbestand: 11.694 Mikromaterialien
Interner LS m. 6.137 Bdn., zus. 15 Arbeitsplätze f. Nutzer im Freihandbereich, 7 Computerarbeitsplätze – Entleihungen: 11.825
Dir.: M. Obert, Stellv.: H. Söder
Stellenplan: 9.2 Beamtinnen und Beamte (1 A16, 1 A14, 3.25 A12, 1.95 A10, 1 A9 mD, 1 A8) – 13.2 Tarifbeschäftigte.
Träger: Bundesrepublik Deutschland – Erwerbungsausgaben 2018: 1.315.251.–
Bes. Sammelgeb.: Rechtswiss. mit Schwerpunkt Zivil- u. Strafrecht, ausländisches Recht.
Angeschlossene Bibl.: Bibliothek des Generalbundesanwalts beim Bundesgerichtshof.

294 **Bibliothek des Bundesverfassungsgerichts** ⟨Ka 26⟩

> Postfach 1771, 76006 Karlsruhe; Schlossbezirk 3, 76131 Karlsruhe
> ☎ (0721) 9101-297, Fax (0721) 9101-382
> bverfg@bundesverfassungsgericht.de
> http://www.bundesverfassungsgericht.de/DE/Das-Gericht/Bibliothek/bibliothek_node.html

Präsenzbibliothek f. d. Richterinnen u. Richter u. wiss. Mitarb. d. BVerfG.
432.000 Bde. – lfd. Zss.: 627 gedr. – Sonderbestand: Presseausschn.-Archiv m. ca. 1.2 Mio. Presseausschnitten

HauptLS m. 16 Arbeitsplätzen – Entleihungen: 12.000
Dir.: U. Mengels, Stellv.: L. Siemon
Stellenplan: 8 Beamtinnen u. Beamte (1 A16, 1 A15, 2 A13, 2 A12, 1 A11, 1 A10) – 10 Tarifbeschäftigte (2 E9, 2 E8, 1 E6, 3 E5, 2 E4)
Träger: Bundesrepublik Deutschland – Erwerbungsetat 2020: 1.150.000.–
Bes. Sammelgeb.: Öffentliches Recht mit Bezügen zu Politik, Gesellschaft und Zeitgeschichte.

295 **Bibliothek des Max Rubner-Instituts, Bundesforschungsinstitut für Ernährung und Lebensmittel**

Die Bibliothek des Max Rubner-Institut (MRI) versorgt Fachwissenschaftler und die Öffentlichkeit mit Fachliteratur und Informationen zum gesundheitlichen Verbraucherschutz in den Fachgebieten Ernährung und Lebensmittel. Sie ist Teil des Bereichs Forschungsleistungen & Informationsmanagement (FI) und unterhält Einrichtungen an allen Liegenschaften des MRI. Der Hauptsitz und die zentrale Verwaltung des MRI befinden sich in Karlsruhe.
Leiterin des Bereichs Forschungsleistungen und Informationsmanagement: A. Polly
Träger: Bundesministerium für Ernährung und Landwirtschaft (BMEL)

Bibliothek Detmold des Max Rubner-Instituts, Bundesforschungsinstitut für Ernährung und Lebensmittel ⟨Det 2⟩

Schützenberg 12, 32756 Detmold, ☎ (05231) 741-521
bibliothek@mri.bund.de, https://www.mri.bund.de/de/service/bibliothek/

Fachgebiete: Sicherheit und Qualität von Lebensmitteln aus Getreide, Kartoffeln, Ölpflanzen, Pseudocerealien und Leguminosen.
Präsenzbibliothek für die Wissenschaftler des MRI, externe Benutzer nach telefonischer Anmeldung.

Bibliothek Karlsruhe des Max Rubner-Instituts, Bundesforschungsinstitut für Ernährung und Lebensmittel ⟨Ka 51⟩

Haid-und-Neu-Str. 9, 76131 Karlsruhe, ☎ (0721) 6625-600
bibliothek@mri.bund.de, https://www.mri.bund.de/de/service/bibliothek/

Fachgebiete: Physiologie und Biochemie der Ernährung, Lebensmittelsicherheit und Bioverfahrenstechnik, Ernährungsverhalten, Sicherheit und Qualität von Obst und Gemüse, Lebensmittelauthentizität sowie Kinderernährung.
Präsenzbibliothek für die Wissenschaftler des MRI, externe Benutzer nach telefonischer Anmeldung.

Bibliothek Kiel des Max Rubner-Instituts, Bundesforschungsinstitut für Ernährung und Lebensmittel ⟨Ki 29⟩

Hermann-Weigmann-Str. 1, 24103 Kiel, ☎ (0431) 609-2446, Fax (0431) 609-2409
bibliothek@mri.bund.de, https://www.mri.bund.de/de/service/bibliothek/

Fachgebiete: Mikrobiologie und Biotechnologie von Lebensmitteln, Sicherheit und Qualität von Milch und Fisch
Präsenzbibliothek für die Wissenschaftler des MRI, externe Benutzer nach telefonischer Anmeldung.

Bibliothek Kulmbach des Max Rubner-Instituts, Bundesforschungsinstitut für Ernährung und Lebensmittel ⟨Ku 1⟩

📠 E.-C.-Baumann-Str. 20, 95326 Kulmbach, ☎ (09221) 803-246
💻 bibliothek@mri.bund.de, https://www.mri.bund.de/de/service/bibliothek/

Fachgebiete: Sicherheit und Qualität bei Fleisch; Nationales Referenzzentrum für authentische Lebensmittel
Präsenzbibliothek für die Wissenschaftler des MRI, externe Benutzer nach telefonischer Anmeldung.

296 Hochschulbibliothek der Pädagogischen Hochschule Karlsruhe ⟨751⟩

📠 Postfach 11 10 62, 76060 Karlsruhe; Bismarckstr. 10, 76133 Karlsruhe
☎ (0721) 925-5517, Fax (0721) 925-5519
💻 hsb@ph-karlsruhe.de, https://www.ph-karlsruhe.de/campus/serviceeinrichtungen/hochschulbibliothek

Ausleihbibliothek f. 4.400 aktive Benutzende
210.000 gedruckte, 110.000 digitale Einheiten. – lfd. Zss.: 285 gedr., 17.000 elektron.
141 Benutzerarbeitsplätze, darunter 20 Computer-APl. – Entleihungen: 217.000 phys. (2019), 400.000 digital. Vollanzeigen (2020)
Leiter: A. Ewald, Stellv.: S. Heider. Stellen: 13 VZÄ, darunter 7 Beamtinnen und Beamte (1 A14, 1 A11, 1 A10, 2 A9, 1 A8, 1 A7), 6 Angestellte (1 EG9, 1,5 EG6, 3,5 EG5)
Träger: Land Baden Württemberg – Gesamtausgaben 2020: 1.074.000.–, davon 375.000.– für Erwerbung

297 * Landeskirchliche Bibliothek Karlsruhe ⟨Ka 13⟩

📠 Postfach 2269, 76010 Karlsruhe; Blumenstr. 1–7, 76133 Karlsruhe
☎ (0721) 9175-793/ -791, Fax (0721) 9175-25791
💻 bibliothek@ekiba.de, http://www.ekiba.de/bibliothek, Katalog: https://ekiba-lkbib.bsz-bw.de/

Ausleihbibliothek: ca. 130.000 Medieneinheiten – lfd. Zss.: ca. 330 gedr.
Personal: R. Fieß, A. Großmann. Träger: Ev. Landeskirche in Baden
Bes. Sammelgeb.: Bad. Kirchengeschichte, Gesangbücher.
Pflichtex.: Publikationen a. d. Bereich d. Evang. Landeskirche Baden

298 Bibliothek der Staatlichen Hochschule für Musik ⟨Ka 84⟩

📠 Postfach 6040, 76040 Karlsruhe; Am Schloss Gottesaue 7, 76131 Karlsruhe
☎ (0721) 6629-210/ -212 (Leitung), 💻 marc.weisser@hfm-karlsruhe.de
https://www.hfm-karlsruhe.de/hochschule/einrichtungen/bibliothek, http://www.hfm.eu,

Nicht öff. Ausleih- u. Präsenzbibliothek f. Studierende und Lehrende – Nutzung vor Ort für Externe mit Sondergenehmigung
ca. 220.000 Bde., ca. 10.000 Schallplatten, ca. 9.500 CDs, ca. 700 DVD – lfd. Print-Zss.: ca. 20.
LS m. 40 Benutzerarbeitsplätzen, 4 PC- und 4 Audioarbeitsplätze
Leiter: M. Weisser. Stellenplan: 4 Beschäftigte, student. Hilfskräfte. Träger: Land BW

299 **Bibliothek der Staatlichen Kunsthalle Karlsruhe ⟨Ka 23⟩**

> ✉ Postfach 11 12 53, 76062 Karlsruhe; Hans-Thoma-Str. 2, 76133 Karlsruhe
> ☎ (0721) 926-3358, Fax (0721) 926-6788
> 💻 biblio@kunsthalle-karlsruhe.de,
> https://www.kunsthalle-karlsruhe.de/kunsthalle/bibliothek/

Ehemals Bibliothek der Staatlichen Kunstsammlungen Karlsruhe
Präsenzbibliothek: 171.300 Bde. – lfd. Zss.: 222 gedr., 39 elektron.
1 LS mit 10 Benutzerarbeitsplätzen, 6 Internet-APl.
Leiterin: C. Treimer. Stellenplan: 3.16 VZÄ
Träger: Land Baden-Württemberg – Erwerbungsausgaben 2020: 34.000.–
Bes. Sammelgeb.: Allg. kunstwiss. Literatur, bes. Malerei, Graphik, Plastik, Kunst-Zss., Mus.-, Ausstellungs- u. Versteigerungskataloge.

Bibliothek im Fachinformationszentrum Karlsruhe GmbH/ Literaturvermittlungsstelle

siehe Eggenstein-Leopoldshafen (Nr. 164)

Zentralbibliothek der Forschungszentrum Karlsruhe GmbH

siehe Karlsruher Institut für Technologie (KIT) (Nr. 290).

Kassel

300 * **Universitätsbibliothek Kassel – Landesbibliothek und Murhardsche Bibliothek der Stadt Kassel ⟨34⟩**

> ✉ Postfach, 34111 Kassel; Diagonale 10, 34127 Kassel
> ☎ (0561) 804-2117 (Sekr.), Fax (0561) 804-2125
> 💻 direktion@bibliothek.uni-kassel.de, oeffentlichkeitsarbeit@bibliothek.uni-kassel.de,
> http://www.uni-kassel.de/ub

Einschichtiges Bibliothekssystem mit Dienstleistungs- u. Beratungsbereich, 6 Standorte
1.733.819 Bde. – lfd. Zss.: 2.329 gedr., 153.158 elektron. – Sonderbestand: 18.561 Kt., 33.692 Noten, 30.369 Hss. u. Autographen.
1.205 Benutzerarbeitsplätze, davon 109 Computer-APl. – Entleihungen: 1.313.021
Leitung: C. Martin-Konle, Stellv.: M. Schulze – Personal: M. Reinhard – Wiss. D.: D. Behnke, S. Bräuning-Orth, A. Deppe, T. Bündgen, S. Jordan, S. Lüdemann, D. Müller-Wiegand, B. Pfeil, M. Plate, T. Pohlmann, M. Reymer, S. Rockenbach, M. Schulze, S. Stefani
Stellenplan: 104.75 VZÄ
Träger: Land Hessen – Gesamtausgaben 2020: 10.117.809.–, davon 2.613.839.– für Erwerbung
Bes. Sammelgeb.: Hassiaca, Schrifttum aus und über Kurhessen und Waldeck, Technikgeschichte, Rechts-, Staats- und Wirtschaftswiss.
Pflichtex.: Seit 1770 aus d. früheren Landgrafschaft Hessen-Kassel, seit 1949 aus d. Reg.-Bez. Kassel (ohne Stadt- u. Landkr. Fulda u. Hünfeld).
Angeschl.: Fürstl. Waldecksche HofB Arolsen

Campusbibliothek – Standort Holländischer Platz
☎ (0561) 804–7711, Fax (0561) 804–7162
💻 info@bibliothek.uni-kassel.de
Architektur-Planung-Technik, Sprach- und Literaturwiss., Wirtschaft, Recht, Verwaltung, Geistes- und Gesellschaftswissenschaften
763 Benutzerarbeitsplätze, 25 Einzelarbeitsräume.

Externe Standorte außerhalb des Haupt-Campus:

Standort Witzenhausen – Agrarwissenschaften
🖃 Nordbahnhofstr. 1 a, 37213 Witzenhausen, ☎ (05542) 98-1539, Fax (05542) 98-1711
💻 wiz@bibliothek.uni-kassel.de
Ausleihbibliothek
61.000 Bde.
109 Benutzerarbeitsplätze

Standort Oberzwehren – Berufspädagogik, Mathematik, Naturwissenschaften
🖃 Heinrich-Plett-Str. 40, 34132 Kassel, ☎ (0561) 804-4222, Fax (0561) 804-4011
💻 ozw@bibliothek.uni-kassel.de
Ausleihbibliothek
180.000 Bde.
146 Benutzerarbeitsplätze

Standort Wilhelmshöher Allee – Elektrotechnik, Informatik
🖃 Wilhelmshöher Allee 73, 34121 Kassel, ☎ (0561) 804-6317, Fax (0561) 804-6006
💻 wa@bibliothek.uni-kassel.de
Ausleihbibliothek: ca. 50.000 Bde.
41 Benutzerarbeitsplätze

Standort Kunsthochschule – Kunsthochschulbibliothek
🖃 Menzelstr. 13, 34121 Kassel, ☎ (0561) 804-5335, Fax (0561) 804-5003
💻 khs@bibliothek.uni-kassel.de
Ausleihbibliothek: ca. 63.000 Bde.
59 Benutzerarbeitsplätze

Standort Brüder-Grimm-Platz – Landesbibliothek und Murhardsche Bibliothek der Stadt Kassel
🖃 Brüder-Grimm-Platz 4 a, 34117 Kassel, ☎ (0561) 804-7316, Fax (0561) 804-7301
💻 bgp@bibliothek.uni-kassel.de,
ca. 450.000 Bde.
78 Benutzerarbeitsplätze

301 * **Bibliothek des Bundessozialgerichts** ⟨Ks 9⟩

✉ Postfach, 34114 Kassel; Graf-Bernadotte-Platz 5, 34119 Kassel
☎ (0561) 3107-408 und -357, Fax (0561) 3107-227
🖥 bibliothek@bsg.bund.de, https://www.bsg.bund.de/DE/Gericht/Bibliothek/bibliothek_node.html

Dienstbibliothek, für auswärtige Besucher – während der Öffnungszeiten – zugänglich. Juristische Spezialbibliothek, Gerichtsbibliothek, Präsenzbibliothek
205.846 Medieneinheiten, davon 181.582 Bde., 4.338 elektr. Publ. – lfd. Zss.: 531 gedr., 518 elektron.
32 Benutzerarbeitsplätze in 2 Lesesälen und 10 dezentrale Arbeitsplätze – Entleihungen: 16.143
Leitung: C. Hörr, Stellv.: S. Schäfer
Stellenplan: 3.1 Beamte (0.5 A15, 1 A13, 0.6 A12, 1 A9), 8 Tarifbeschäftigte (5 EG6, 3 EG5)
Träger: Bundesrepublik Deutschland – Erwerbungsausgaben 2020: 479.998.–

302 **Museumsbibliothek der Museumslandschaft Hessen Kassel** ⟨Ks 14⟩

✉ Postfach 410420, 34066 Kassel; Schloss Wilhelmshöhe, Schlosspark 1, 34131 Kassel
☎ (0561) 31680-144, Fax (0561) 31680-111
🖥 bibliothek@museum-kassel.de, s.naumer@museum-kassel.de
https://museum-kassel.de/de/besucher-information/bibliothek

Präsenzbibliothek, Zweigstelle im Hessischen Landesmuseum: Insgesamt 139.020 Medieneinheiten – lfd. Zss.: 460 gedr., 128 elektron. – Sonderbestand: Auktionskataloge
LS m. 8 Benutzerarbeitsplätzen
Leiterin: S. Naumer. Stellenplan: 0.6 E10, 0.6 E8 (und 1 ehrenamtliche Helferin).
Träger: Land Hessen – Erwerbungsetat 2020: 31.000.–
Bes. Sammelgeb.: Kunstgeschichte, Archäologie, Vor- u. Frühgeschichte, Kunstgewerbe, Volkskunde, Astronomie, Technikgeschichte, Tapeten.

Kempten

303 **Stadtbibliothek** ⟨145⟩

✉ Orangerieweg 20–22, 87439 Kempten, ☎ (0831) 2525-7755, Fax (0831) 2525-1760
🖥 stadtbibliothek@kempten.de, https://bibliothek.kempten.de/

Öffentliche Bibliothek, Ausleihbibliothek: 128.119 Medieneinheiten, davon 75.923 Bde., 44.108 elektron. Publ. – lfd. Zss.: 122 gedr., 25 elektron. – Sonderbestand: 10.321 SSG Allgäu, 28.486 Hist. Altbestand.
97 Benutzerarbeitsplätze, darunter 11 Computer-APl., davon 5 Internetplätze – Entleihungen: 530.835
Leiterin: A. Graf. Stellenplan: 11.8 VZÄ
Träger: Stadt Kempten (Allgäu) – Gesamtausgaben 2020: 736.754.–, davon 146.314.– für Erwerbung

304 * **Hochschulbibliothek Kempten** ⟨859⟩

> 📧 Postfach 1680, 87406 Kempten; Bahnhofstr. 61, 87435 Kempten
> ☎ (0831) 2523-128, Fax (0831) 2523-275,
> 💻 bibliothek@hs-kempten.de, https://www.hs-kempten.de/bibliothek

Hochschulbibliothek, Ausleihbibliothek für 5.800 Nutzer: 350.000 Medieneinheiten, 102.000 Bde., 364.000 elektron. Publ. – lfd. Zss.: 210 gedr., 13.000 elektron.
146 Benutzerarbeitsplätze – Entleihungen: 90.000
Leiter: E. Schwegele, Stellv.: M. Hantmann
Stellenplan: 5 Beamtinnen und Beamte (1 A13, 1 A12, 1 A10, 1 A9, 1 A8), 1 Ang. (E5).
Träger: Freistaat Bayern – Gesamtetat 2020: 717.161.–, davon 345.000.– für Erwerbung

Kiel

305 * **Schleswig-Holsteinische Landesbibliothek** ⟨68⟩

> 📧 Wall 47/51, 24103 Kiel, ☎ (0431) 69677-33, Fax (0431) 69677-11
> 💻 landesbibliothek@shlb.landsh.de, http://www.schleswig-holstein.de/shlb

Spezialbibliothek/Regionalbibliothek: 335.300 Medieneinheiten, davon 255.000 Bde. – lfd. Zss.: 1.380 – Sonderbestand: Autographen, Musikalien- u. Liederbuch-Slg., Bilder-Slg. schleswig-holsteinischer Persönlichkeiten u. Orte, Münz- u. Medaillen-Slg., Schachliteratur. Landesgeschichtliche Sammlung und Zentrum für Digitalisierung und Kultur
1 LS m. 15 Plätzen, Kat.-Z m. 8 Plätzen
Dir.: M. Lätzel – Wiss. D.: J. Buchholz (Landesgeschichtliche Sammlung), S. Grund (Bibliothekarische Dienste), B. Johannsen (Zentrum Digitalisierung und Kultur), W. Kriege-Weber (Sacherschließung), M. Manske (Handschriften), H. Unverhau (Bibliographie). Stellenplan: 4 Beamtinnen und Beamte, 16 Angestellte
Träger: Land Schleswig-Holstein – Gesamtetat 2021: 2.571.000.–, davon 95.000.– für Erwerbung.
Aufgaben: Sammlung und Vermittlung zu Geschichte und Kultur des Landes Schleswig-Holstein; Förderung und Beratung der digitalen Transformation in der kulturellen Infrastruktur in Schleswig-Holstein
Bes. Sammelgeb.: Schleswig-Holstein, Dänemark (bes. Landeskunde), Geneal. u. Volkskunde, Niederdt. u. Friesisch.
Pflichtex.: Seit 1963 Amtl. Drucks. d. Landes Schleswig-Holstein, seit 1964 alle in SH gedruckten und verlegten Veröffentlichungen. Seit 2018 nur die in SH gedruckten und verlegten Veröffentlichungen mit SH-Bezug.

306 * **Universitätsbibliothek Kiel** ⟨8⟩

> 📧 Postfach, 24098 Kiel; Leibnizstr. 9, 24118 Kiel
> ☎ (0431) 880-2701 (Sekr.)/ -2700 (Dir.)/ -4701 (Inf.), Fax (0431) 880-1596
> 💻 info@ub.uni-kiel.de, sekretariat@ub.uni-kiel.de, http://www.ub.uni-kiel.de

Zentralbibliothek: Ausleihbibliothek f. 27.754 Stud. u. 3.586 Beschäftigte, 13.811 aktive Ben. 2.925.245 Mio. Medieneinheiten, davon 2.524.197 Mio. Bde. (inkl. Diss.) – lfd. Zss.: 1.801 gedr., 28.492 elektron. – Sonderbestand: 2.941 Hss., 3.301 Autogr., 74 Nachl., 372 Inkunabeln.

7 LSS, 6 Gruppenarbeitsr., 50 Arbeitskab., 731 Benutzerarbeitsplätze, 103 Rechercheplätze – Entleihungen: 129.388 (ohne Verl.), 380.388 (mit Verl.).
Dir.: K. Helmkamp, Stellv.: S. Farrenkopf, R. Horrelt.
Wiss. D.: S. Bruck, A. Christ, K. Erdei, S. Farrenkopf, E. Hentschel, K. Henzel, M. Klemkow, U. Kurkowski, K. Lohsträter, F. Obermeier, F. Poschinger, F. Renno, S. Reisas, W. Reulecke, R. Schütt, R. Sindt.
Stellenplan: 18 Beamtinnen und Beamte (2 A15, 5 A14, 1 A13, 3 A11, 5 A10, 1 A7, 1 Ref.) – 82.5 Beschäftigte TV-L (1 E15, 3 E14, 7.5 E13, 2 E12, 5.5 E11, 6 E10, 3 E9a, 15 E9b, 1 E8, 1 E7, 12 E6, 18 E5, 3.5 E4, 4 E3).
Träger: Land Schleswig-Holstein.
Gesamtetat 2020: 9.273.420.– (inkl. Personalkosten), Erwerbungsausgaben 2020: 3.518.090.–
Bes. Sammelgeb.: FID Nordeuropa.
Pflichtex.: Seit 1724 aus d. Gottorfer Anteil d. Hzgt. Holstein, seit 1822 aus d. damaligen Hzgt. Schleswig u. Holstein, seit 1867 aus d. preuß. Prov. Schleswig-Holstein, seit 1946 aus d. Land Schleswig-Holstein; seit 2017 elektronische Pflichtexemplare aus d. Land Schleswig-Holstein.
44 FachBB mit 1.819.263 Bänden, von denen 5 einen Bestand von über 100.000 Bänden haben.

Fachbibliothek für Germanistik (Sprache / Literatur / Medien) ⟨8/52⟩

Leibnizstr. 8, 24118 Kiel, Tel.: (0431) 880-2326 / -2319/ -3186, Fax (0431) 880-7302
fb.germanistik@ub.uni-kiel.de
https://www.ub.uni-kiel.de/de/bibliotheken-standorte/fachbibliotheken/philosophische-fakultaet/fachbibliothek-germanistik-sprache-literatur-medien
Präsenzbibliothek
103.613 Medieneinheiten – lfd. Print-Zss.: 199
1 Gruppenarbeitsr., 110 Benutzerarbeitsplätze, 10 Recherchearbeitsplätze
Ansprechpartner: I. Hartleib, M. Skrzypek

Fachbibliothek Geschichte ⟨8/40⟩

Leibnizstr. 8, 24118 Kiel, (0431) 880–2285/ -3400, Fax (0431) 880–1524
fb.geschichte@ub.uni-kiel.de
https://www.ub.uni-kiel.de/de/bibliotheken-standorte/fachbibliotheken/philosophische-fakultaet/fachbibliothek-geschichte
Präsenzbibliothek
109.400 Medieneinheiten – lfd. Print-Zss.: 161
326 Benutzerarbeitsplätze, 10 Rechercheplätze
Ansprechpartner: H. Matzke, F. Remien

Fachbibliothek am Juristischen Seminar ⟨8/3⟩

Leibnizstr. 2, 24118 Kiel
(0431) 880-3508 (Servicetheke) /-3504 (B-Leitung), Fax (0431) 880-2616
fb.jur-sem@ub.uni-kiel.de
https://www.fachbib.jura.uni-kiel.de/de
Präsenzbibliothek
197.198 Medieneinheiten – lfd. Print-Zss.: 274
3 LSS, 315 Benutzerarbeitsplätze, 4 Rechercheplätze
Ansprechpartner: T. Krause

Fachbibliothek Theologie ⟨8/2⟩

📠 Leibnizstr. 4, 24118 Kiel, ☎ (0431) 880-2401/ -2353, Fax (0431) 880-2631
💻 fb.theologie@ub.uni-kiel.de
https://www.ub.uni-kiel.de/de/bibliotheken-standorte/fachbibliotheken/fachbibliotheken-der-theologischen-fakultaet

Präsenzbibliothek

110.773 Medieneinheiten – lfd. Print-Zss.: 167

72 Benutzerarbeitsplätze, 8 Rechercheplätze, 1 Buchscanner, Kopierer, WLAN

Ansprechpartner: E. Graupe

Bes. Sammelgeb.: Literatur von und über Friedrich D. E. Schleiermacher.

Fachbibliothek am Walther-Schücking-Institut für Internationales Recht ⟨8/4⟩

📠 Westring 400, 24118 Kiel
☎ (0431) 880-2367/ -2153/ -2154, Fax (0431) 880-1619
💻 fb.internat-recht@ub.uni-kiel.de
https://www.wsi.uni-kiel.de/de/bibliothek

Präsenzbibliothek

138.629 Medieneinheiten – lfd. Zss.: 119

2 LSS, 53 Benutzerarbeitsplätze, 4 Rechercheplätze

Ansprechpartnerin: C. Junga

Bes. Sammelgeb.: Völkerrecht (einschl. Seerecht), Europarecht, Staatsrecht, UNO-Depositary-Library.

307 Bibliothek des Helmholtz-Zentrums für Ozeanforschung (GEOMAR) ⟨Ki 109, Ki 130⟩

📠 Bibliothek Westufer, Düsternbrooker Weg 20, 24105 Kiel
☎ (0431) 600-1559/ -2508, Fax (0431) 600-1665
💻 bibliotheksleitung@geomar.de, bib-west@geomar.de
📠 Bibliothek Ostufer, Wischhofstr. 1–3, 24148 Kiel
☎ (0431) 600-2505, 💻 bib-ost@geomar.de

Präsenz- und Ausleihbibliothek.

140.000 Medieneinheiten – lfd. Zss.: 794 gedr., über 600 elektron.

Stellenplan: 3 Beschäftigte, 1 Auszubildende.

Träger: Bundesrepublik Deutschland und das Land Schleswig-Holstein

Bes. Sammelgebiete: Ozeanographie, Meeresbiologie. marine Biogeochemie, marine Ökologie, marine Geophysik, marine Geologie, Meteorologie, Klimawandel, Paläozeanographie, Vulkanologie.

Veröff. unter: http://oceanrep.geomar.de/

308 * **ZBW – Leibniz Informationszentrum Wirtschaft** ⟨206, 206 H⟩

> 🖃 Düsternbrooker Weg 120, 24105 Kiel, ☎ (0431) 8814-555, Fax (0431) 8814-520
>
> 🖥 info@zbw.eu, ZBW-Pressestelle@zbw.eu, http://www.zbw.eu
>
> 🖃 Standort Hamburg ⟨206 H⟩: Neuer Jungfernstieg 21, 20354 Hamburg
>
> ☎ (040) 42834-219, 🖥 info@zbw.eu, http://www.zbw.eu

Zentrale Fachbibliothek mit überregionalem Auftrag: EconBiz mit 11.000.000 Datensätzen, darunter 2.700.000 elektr. Dok. – lfd. Zss.: 4.360 gedr., 61.858 elektron.
Insgesamt 404 Benutzerarbeitsplätze. – Downloads von Volltexten überregional: 12.309.248
Direktion: K. Tochtermann (Direktor), T. Meyer (Stellv. Direktor), A. Braunisch (Administrative Leitung)
Forschungsgruppe: https://www.zbw.eu/de/forschung/forschergruppe/
Stellenplan: 229.70 VZÄ. Träger: Land Schleswig-Holstein über Rahmenvereinb. Forschungsförderung Bund/Länder nach Art. 91 b GG.
Gesamtetat 2020: 27.46 Mio., Erwerbungsetat: 4.2 Mio.
Bes. Sammelgeb.: VWL, BWL, Wirtschaftspraxis, Europäisches Dokumentationszentrum, Deutsche Depositarbibliothek der WTO (World Trade Organization).
Veröff. unter: http://www.zbw.eu/ueber_uns/publikationen_ma.htm

Bibliothek des Max Rubner-Instituts, Bundesforschungsinstitut für Ernährung und Lebensmittel

siehe Karlsruhe (Nr. 295)

Koblenz

309 * **Landesbibliothekszentrum Rheinland-Pfalz**

Gegründet 2004, bestehend aus: Pfälzische LB Speyer, Rheinische LB Koblenz, Bibliotheca Bipontina, Landesbüchereistellen Neustadt und Koblenz. Sitz von Direktion und Zentralabteilung ist Koblenz.

Standort Koblenz: Rheinische Landesbibliothek ⟨929⟩

🖃 Bahnhofplatz 14, 56068 Koblenz

☎ (0261) 91500-400 (Ausk.)

🖥 info.rlb@lbz-rlp.de, stl.rlb@lbz-rlp.de (Standortvertetung Koblenz), http://www.lbz.rlp.de

Standort Speyer: Pfälzische Landesbibliothek ⟨107⟩

🖃 Otto-Mayer-Str. 9, 67346 Speyer

☎ (06232) 9006-243

🖥 info.plb@lbz-rlp.de, stl.plb@lbz-rlp.de (Standortvertretung Speyer), http://www.lbz.rlp.de

Standort Zweibrücken: Bibliotheca Bipontina ⟨Zw 1⟩

🖃 Bleicherstr. 3, 66482 Zweibrücken

☎ (06332) 16403

🖥 bipontina@lbz-rlp.de, http://www.lbz.rlp.de

Standort Neustadt a. d. W.: Landesbüchereistelle Neustadt

Lindenstr. 7, 67433 Neustadt

(06321) 3915-0

info.landesbuechereistelle@lbz-rlp.de, http://www.lbz.rlp.de

Standort Koblenz: Landesbüchereistelle Koblenz

Bahnhofplatz 14, 56068 Koblenz

(0261) 91500-0

info.landesbuechereistelle@lbz-rlp.de, http://www.lbz.rlp.de

Präsenz- und Ausleihbibliothek, 10.630 eingetr. Ben.

2.108.735 Medieneinheiten insgesamt, davon 1.800.230 Bände, 63.768 elektronische Publ., lfd. Zss.: 6.280 gedr., 20.343 elektron.

304 Benutzerarbeitsplätze, darunter 57 Computerarbeitsplätze. Integriertes EDV-System mit Erw., Kat., Ausl. im hbz-Verbund, autom. Verbundfernleihe, OPAC, Digitale Bibliothek NRW, Rheinland-Pfälzische Bibliographie, Dilibri, edoweb, BiblioVino, Onleihe Rheinland-Pfalz, Entleihungen: 335.364

Leiterin: A. Gerlach, Stellv.: 1. G. Pflaum, 2. H.-G. Scheer – Zentrales Management: H.-G. Scheer – Standortvertetung: R. Anna (Bibliotheca Bipontina), U. Bahrs (Pfälzische LB), B. Merkler (Rheinische LB), G. Pflaum (Landesbüchereistelle). Wiss. D.: R. Anna, U. Bahrs (Service), S. Deubel, D. Fromme, A. Gerlach (Sammlungen) K. Heinrich, L. Jendral (Referent für Landeskunde), B. Koelges, Ch. Mayr (Bestand), B. Merkler (Betriebsabteilung), A. Schlechter, P. Zakrzewska.

Stellenplan: 39.5 Beamtenstellen (1 A16, 3 A15, 7 A14, 2 A13, 1 A13 3.EA, 4 A12, 7 A11, 8.5 A10, 1 A9, 4 A8, 1 A7), 5 Referendarstellen – 85 Beschäftigte (2 E14, 3 E13, 2 E11, 1 E10, 20.5 E9b, 5 E8, 29 E6, 12.5 E5, 2 F.4, 1.25 E 3, 0.75 E2), 6 Ausbildungsstellen

Träger: Land Rheinland-Pfalz – Gesamtetat 2020: 11.245.419.–, Erwerbungsausgaben: 741.738.–

Bes. Sammelgeb.: Klass. Sprachen u. Heimatgeschichte, Zweibrücker Drucke (Bibliotheca Bipontina), ehem. Reg.-Bez. Pfalz u. angrenz. Geb., Weinbau (Pfälzische LB), Geschichte u. Landeskunde d. Mittelrheingebietes u. angrenz. Regionen, Erziehung, Bildung, Unterricht (Rheinische LB).

Pflichtex.: seit 5.5.1947 aus d. ehem. Reg.-Bez. Pfalz (Pfälzische LB), seit 1992 ehem. Reg.-Bez. Koblenz, seit 1995 Amtsdruckschriften: Rhld.-Pf. (Rheinische LB). Bibliotheksgesetz seit 12.12.2014

Veröff. unter: https://lbz.rlp.de/de/ueber-uns/publikationen/

310 * **Universitätsbibliothek der Universität Koblenz-Landau ⟨Kob 7⟩**

Universitätsstr. 1, 56070 Koblenz, (0261) 287-1401 (Sekret.), Fax (0261) 287-1402
bibliothek@uni-koblenz.de,
https://www.uni-koblenz-landau.de/de/bibliothek/lernorte/lernort-koblenz

Einh. Bibliothekssystem m. Ausleih- u. Präsenzbibliothek f. 9101 Studierende, 409 Lehrende d. Universität am Campus Koblenz und sonstige wiss. Nutzer aus der Region.

310.413 Bde., 57065 E-Books – lfd. Zss.: 349 gedr.

LS mit 280 Benutzerarbeitsplätzen, darunter 26 Computer-APl. – Entleihungen: 169.086

Leiter: R. Grunder, Stellv.: K.-J. Ziegler

Stellenplan: 5 Beamte (1 A15, 1 A12, 1 A11, 1 A10, 1 A8) – 12.5 Angestellte
Träger: Land Rheinland-Pfalz – Erwerbungsetat 2020: 420.828.–
Veröff. unter: http://kola.opus.hbz-nrw.de

311 * **StadtBibliothek Koblenz** ⟨69⟩

> Forum Confluentes, Postfach 20 14 50, 56014 Koblenz; Zentralplatz 1, 56068 Koblenz
> (0261) 129-2626, Fax (0261) 129-2600
> stb@stadt.koblenz.de, https://www.koblenz.de/leben-in-koblenz/kultur/stadtbibliothek/

Öffentliche Bibliothek, 5 dezentrale Abteilungen (Fahrbibliothek, Schülerbücherbus, Stadtteilbüchereien)
233.575 Medieneinheiten, 16.915 elektron. Publ. – lfd. Zss.: 154 gedr., 27 elektron. – Sonderbestand: Koblenzer Ztgn. seit 1760, Historischer Buchbestand.
380 Benutzerarbeitsplätze – Entleihungen: 668.118
Direktion: S. Ott, Stellv. Leitung: Th. Koch, Verwaltung: J. Schneider
Stellenplan: 26.51 VZÄ, 7 Beamtinnen und Beamte, 24 Beschäftige, 2 Auszubildende
Träger: Stadt Koblenz – Gesamtetat 2020: 1.750.182.–, davon 197.373.– Erwerbungsetat
Bes. Sammelgeb.: Landeskunde Mittelrhein, Stadtgeschichte Koblenz.

312 **Bundesamt für Ausrüstung, Informationstechnik und Nutzung der Bundeswehr, Fachinformationsstelle (BAAINBw FISt)** ⟨Kob 3⟩

> Ferdinand-Sauerbruch-Str. 1, 56073 Koblenz
> (0261) 400-13750 (Leiter)/ -13775 (Ausk.), Fax (0261) 400-13786
> BAAINBwZA1.4@bundeswehr.org, https://www.bundeswehr.de/de/organisation/ausruestung-baainbw/organisation/fachinformationsstelle

Behördenbibliothek, Ausleihbibliothek f. alle Amtsangehörigen des BAAINBw und für alle Institutionen, die zum Bundeswehr- u. Dt. sowie Intern. Leihv. zugelassen sind.
227.067 Medieneinh., davon 34.156 Bde., 65.374 elektron. Publ. – lfd. Zss.: 377 gedr., 8 elektron.
1 LS mit 25 Benutzerarbeitsplätzen – Entleihungen: 15.989
Leiter d. Fachinformationsstelle BAAINBw: H. Hennerkes, Stellv.: M. Schnorpfeil und S. Hassel
Stellenplan: 10 Stellen
Träger: BAAINBw, Bundeswehr – Erwerbungsausgaben 2020: 299.164.–
Bes. Sammelgeb.: Wehrtechnik, Verteidigungs- u. Rüstungswirtschaft, Vergaberecht.

313 **Bibliothek der Bundesanstalt für Gewässerkunde** ⟨Kob 2⟩

> Am Mainzer Tor 1, 56068 Koblenz
> (0261) 1306-5334/ -5324, Fax (0261) 1306-5812, bibliothek@bafg.de
> http://www.bafg.de/DE/05_Wissen/05_Bibliothek/gwkdl_bib_node.html

Ausleihbibliothek: 95.630 Bde. – lfd. Zss.: 198 gedr., 62 elektron. LS, Internet-OPAC, PC-APl. m. Internetzugang
Leitung: I. Lazdovskaja
Träger: Bundesanstalt f. Gewässerkunde (BfG) – Erwerbungsetat 2020: 100.000.–

Bes. Sammelgeb.: Quantitative- u. qualitative Gewässerkunde, Gewässerökologie, Gewässerschutz, Wasserwirtschaft, Hydrogeologie, Hydrobiologie einschl. Fischereibiologie, Radioaktivität der Gewässer, Geodäsie.

314 * Bibliothek des Bundesarchivs

Potsdamer Str. 1, 56075 Koblenz, ☎ (0261) 505-334, Fax (0261) 505-226
koblenz@bundesarchiv.de, https://www.bundesarchiv.de/DE/Navigation/Benutzen/Hinweise-zur-Benutzung/Buecher/bibliothek.html

Hauptdienststelle des Bundesarchivs
Präsenzbibliothek m. beschr. Ausl.: 141.500 Bde. – lfd. Print-Zss.: 164
Leiterin: C. Wein-Stiewe
Träger: Bundesrepublik Deutschland
Bes. Sammelgeb.: Geschichte der Bundesrepublik, insbes. Verwaltungsgeschichte, politische Biographien, Quellenveröffentl., Archivwesen.

Bibliothek des Bundesarchivs, Freiburg
Wiesentalstr. 10, 79115 Freiburg i. Br., ☎ (0761) 47817-912, Fax (0761) 47817-900
militaerarchiv@bundesarchiv.de
Präsenzbibliothek m. beschr. Ausl.: 57.500 Bde. – lfd. Print-Zss.: 19
Leiter: D. Schuler
Bes. Sammelgeb.: Militärgeschichte, Militaria, Militärbiogr., Kriegsgefangenenwesen.

Bibliothek des Bundesarchivs, Bayreuth
Postfach 5025, 95424 Bayreuth, Dr. Franz-Str. 1, 95445 Bayreuth
☎ (0921) 4601–140, Fax (0921) 4601–111, laa@bundesarchiv.de
Präsenzbibliothek m. beschr. Ausl.: 41.500 Bde. – lfd. Print-Zss.: 71
Verantw.: Y. Kampa
Bes. Sammelgeb.: Ehem. dt. Ostgebiete, dt. Siedlungsgeschichte in Ost- u. Südosteuropa, Flucht u. Vertreibung, Aussiedler.

* *Stiftung Archiv der Parteien und Massenorganisationen der DDR im Bundesarchiv – Bibliothek* ⟨B 479⟩
Postfach 450 569, 12175 Berlin, Finckensteinallee 63, 12205 Berlin
☎ (030) 187770-1156, Fax (030) 187770-1810, berlin@bundesarchiv.de
Öff. zugängliche wiss. Spezialbibliothek u. Dienstbibliothek (aktive Ben.) 2020: 247
1.700.000 Bde., ca. 270.000 Mikromaterialien – lfd. Print-Zss.: 243
1 LS m. 40 Benutzerarbeitsplätzen, ca. 23.300 Bde., Web-OPAC, Lesegeräte, Anfertigung von Fotos u. Reprod. gegen Gebühr. – Entleihungen: 6.033
Wiss. D.: L. Mielke, S. Köpstein, U. Baumann
Erwerbungsausgaben 2020: 60.910.–
Bes. Sammelgeb.: Geschichte d. Parteien u. Massenorg. d. DDR, Geschichte u. Theorie sozialer Bewegungen, insbes. d. Arbeiter- u. Gewerkschaftsbewegung, amtliche Druckschriften Deutsches Reich, Nationalsozialismus, DDR, Archivwesen, Dt. Filmgeschichte.

Köln

315 * **Universitäts- und Stadtbibliothek ⟨38⟩**

> 🖃 Universitätsstr. 33, 50931 Köln
> ☏ (0221) 470-2214/ -2260 (Sekr./Dir.)/ -2374 (Ausk.), Fax (0221) 470-5166
> 🖳 sekretariat@ub.uni-koeln.de, http://www.ub.uni-koeln.de/

Ausleihbibliothek f. 51.256 Studierende, 3.335 Lehrende u. 1.088.400 Einw., 32.811 aktive Benutzerinnen und Benutzer
4.200.000 Medieneinheiten, davon 3.240.000 Bde., 546.000 elektron. Publ. – lfd. Zss.: 3.976 gedr., 87.549 elektron. – Sonderbestand: 1.723 Hss. und Autographen
7 LSS m. 830 Benutzerarbeitsplätzen, 92 Internet-APl., Sonderlesesaal m. 12 Plätzen – Entleihungen: 545.964
Dir.: H. Neuhausen, Stellv.: A. Weber. – Wiss. D.: C. Dembek-Jäger, R. Depping, J. Dierkes, A. Drost, O. Flimm, K. Halassy, K. Hinnenthal, C. Hoffrath, C. Linnartz, C. Maier, T. Mrowka, T. Rebholz, H. Sierck, C. Suthaus, R. Thiele, A. Welters, U. Wolter.
Stellenplan: 75 Beamtinnen und Beamte (6 A15, 6 A14, 5 A13, 3 A13 gD, 7 A12, 15 A11, 12 A10, 7 A9gD, 2 A9 mD, 3 A8, 6 A7, 3 A6) –75 Beschäftigte TV-L (1 HD fest, 3 E14, 3 E13, 2 E12, 3 E11, 12 E9, 12 E8, 31 E6, 7 E5, 1 E3) – Prakt.: 1–2 Bachelor Bibl.wesen FH, 1 Masterstud., FaMIs, Ausb.: 2 FaMIs, 2 Buchbinder/innen.
Gesamtausgaben 2020: 13.195.532.–, davon 4.462.468.– für Erwerbung
Bes. Sammelgeb.: Rhein. Geschichte u. Landeskunde, Island-Lit., Thomas a Kempis, Belgien, Luxemburg.

Gemeinsame Fachbibliotheken Archäologien ⟨38/427, 38/426 und 38/438⟩
Vier Standorte: https://www.ub.uni-koeln.de/lernen_arbeiten/bibliotheken/gfb/index_ger.html

Fachbibliothek Asien / China und Japanologie ⟨38/450 und 38/459⟩
Drei Standorte: https://www.ub.uni-koeln.de/lernen_arbeiten/bibliotheken/gfb/index_ger.html

Fachbibliothek Biowissenschaften ⟨38/503⟩
🖃 Zülpicher Str. 47b, 50674 Köln, ☏ (0221) 470-3134
🖳 karl@ub.uni-koeln.de
http://www.biologie.uni-koeln.de/fachbibliothek_biowissenschaften.html

Fachbibliothek Chemie (38/507)
🖃 Greinstr. 4, 50939 Köln, ☏ (0221) 470-3281
https://www.ub.uni-koeln.de/lernen_arbeiten/bibliotheken/38_507/index_ger.html

Humanwissenschaftliche Abteilung
🖃 Gronewaldstr. 2, 50931 Köln, ☏ (0221) 470-4671
https://www.ub.uni-koeln.de/ueber_uns/dach/hwa/index_ger.html
Testothek der Humanwiss. Fak.

Medienkultur und Theater /Institutsbibliothek Medienkultur und Theater ⟨38/448⟩
Drei Standorte: https://www.ub.uni-koeln.de/lernen_arbeiten/bibliotheken/gfb/index_ger.html

Fachbibliothek Rechtswissenschaft ⟨38/201⟩

🖃 Albertus-Magnus-Platz, 50923 Köln, ☎ (0221) 470-2287
http://www.hauptseminar.jura.uni-koeln.de/#akkordeon2-52976
Bes. Sammelgeb.: Stiftungsrecht, Urheberrecht.

Gemeinsame Fachbibliothek Slavistik ⟨38/418⟩

🖃 Weyertal 137, 50931 Köln, ☎ (0221) 470-2789
http://www.slavistik.phil-fak.uni-koeln.de/2085.html
Bes. Sammelgeb.: Geographische Karten und Atlanten.

Gemeinsame Fachbibliothek Soziologie ⟨38/132⟩

🖃 Universitätsstr. 24, 50937 Köln, ☎ (0221) 470-3377/ -2652 (Ausleihe)
http://www.iss-wiso.uni-koeln.de/de/bibliothek/fachbibliothek-fuer-soziologie/

Bibliothek der Theaterwissenschaftlichen Sammlung ⟨38/429⟩

🖃 Burg Allee 2, 51147 Köln, ☎ (02203) 60092-24
https://www.ub.uni-koeln.de/lernen_arbeiten/bibliotheken/gfb/index_ger.html
Bes. Sammelgeb.: Theatergeschichte einzelner Länder, Schauspieltexte, Opern- und Balettlibretti.

Fachbibliothek Versicherungswissenschaft ⟨38/123⟩

🖃 Kerpener Str. 30, 50937 Köln, ☎ (0221) 470-470-6970, -2234 oder-4252
http://www.fbv.uni-koeln.de/
Bes. Sammelgeb.: Archiv v. Geschäftsberichten deutscher Versicherungsunternehmen seit 1955, Aufsatzrecherchedatenbank (AssBib): versicherungswiss. Aufsätze.

Volkswirtschaftliche Bibliothek ⟨38/101⟩

🖃 Universitätsstr. 22a, 50923 Köln, ☎ (0221) 470-2736/ -2737/ -2622
http://www.vwlbibliothek.uni-koeln.de/

316 * **Stadtbibliothek Köln, Zentralbibliothek** ⟨380⟩

🖃 Josef-Haubrich-Hof 1, 50676 Köln, ☎ (0221) 221-23894, Fax (0221) 221-23933
💻 direktion@stbib-koeln.de, http://www.stbib-koeln.de

Öffentliche Bibliothek, Ausleihbibliothek für 1 Mio. Einw.
1 Zentralbibliothek, 11 Stadtteilbibliotheken, Blindenhör-Bibliothek, 1 Busbibliothek, minibib in Chorweiler und im Wasserturm, Heinrich-Böll-Archiv und Sammlung Literatur in Köln (LiK).
695.397 Medieneinheiten, davon 404.849 Bde., 78.458 elektron. Publ. – lfd. Zss.: 646 gedr., 98 elektron.
1.129 Benutzerarbeitsplätze, darunter 264 Computerarbeitsplätze
Dir.: H. Vogt, Stellv.: C. Schmid (zugl. Leiter d. Abt. EDV, Syst.-Analyse) und G. Overbeck (zugl. Leiterin d. Abt. Bestandsaufbau u. -erschließung) – Weitere Abteilungsleiter: F. Daniel (Digitale Dienste, Schulservice), G. Ewenz (Leiterin d. Literaturarchive), S. Galuschka (Zentr. B-Verw.), G. Kunze (Zentr. B-System), R. Höft (Dezentr. B-System), H. Schulze Neuhoff (Abt. f. Kommunikation), B. Scheurer (Projektmanagement)

Stellenplan: 10.5 Beamtinnen und Beamte (1 A14, 2 A11, 3 A10, 0.5 A9, 4 A7) – 148.9 Beschäftigte inkl. gew. techn. (1 BV, 4 EG14, 6 EG13, 2 EG12, 1 EG11, 22.3 EG10, 0.36 S11B, 6.5 EG9c, 21 EG9b, 4 EG9a, 4 EG8, 50.26 EG7, 3.34 EG6, 5 EG5, 4 EG4, 7 EG3, 7.5 EG2) – z.Zt. 12 Auszubildende.
Träger: Stadt Köln – Gesamtausgaben 2020: 17.651.551.–, davon 1.637.306.– für Erwerbung
Bes. Sammelgeb.: Heinrich Böll-Archiv und Sammlung Literatur in Köln (LiK), Coloniensien.
Veröff. unter https://www.stadt-koeln.de/mediaasset/content/pdf43/jahresbericht-2020-21_bfrei.pdf

317 * **Dokumentation und Archive des Westdeutschen Rundfunks** ⟨Kn 168⟩

Appellhofplatz 1, 50667 Köln, ☎ (0221) 220-3275
jutta.heselmann@wdr.de

Nicht öffentliche Bibliothek für feste und freie Mitarbeiter*innen von Hörfunk, Fernsehen und Internet
84.000 Medieneinheiten – lfd. Zss.: 40 gedr. – Sonderbestand: 4.400.000 Presseausschn. konventionell, 129 Mikroformen.
12 Benutzerarbeitsplätze
Abt.-Leitung: J. Heselmann. Stellenplan: 0.5 Stellen

318 **Deutscher Städtetag, Bibliothek** ⟨Kn 171⟩

Gereonstraße 18–32, 50670 Köln, ☎ (0221) 3771-261, Fax (0221) 3771-128
bibliothek@staedtetag.de, http://www.staedtetag.de

Spezialbibliothek, Präsenzbibliothek für 120 Mitarbeiterinnen und Mitarbeiter
19.000 Medieneinheiten
Leiter: N.N., Stellv.: S. Tronich
Bes. Sammelgeb.: Öffentliches Recht, Kommunalwiss.

319 * **Deutsche Zentralbibliothek für Medizin** ⟨38 M, 98 (B Bonn)⟩
Informationszentrum Lebenswissenschaften

Gleueler Str. 60, 50931 Köln, ☎ (0221) 478-5685, Fax (0221) 478-5697
info@zbmed.de, http://www.zbmed.de

Zentrale FachB für Medizin, Gesundheitswesen, Ernährungs-, Umwelt- und Agrarwiss. f. d. Bundesrepublik Dtld., am Ort Ausleihbibliothek f. 9.600 Nutzerinnen und Nutzer (insbes. Stud., wiss. Mitarb. u. Lehrende), org. verb. m. d. Med. Abt. d. UuStB Köln.
2.000.000 Medieneinheiten – E-Books 13.000 – Zss.: 30.000., davon ca. 3.000 lfd. Print-Zeitschriften, 1.100 E-Journals.
LS m. 230 Benutzungsarbeitsplätzen, PCs mit Internetzugang, zahlreiche Datenbanken.
Dir.: D. Rebholz-Schuhmann (Wiss.), G. Herrmann-Krotz (Kfm.), Stellv.: U. Zängl – Abt.-Ltr.: U. Zängl (Informationsversorgung – Dienste), D. Rebholz-Schuhmann (Informationsversorgung – Entwicklung), U. Arning (Open Science), K. Förstner (Data Science and Services), J. Fluck (Wissensmanagement), E. Roesner (Marketing), B. Brüggemann-Hasler (Lizenzen und Recht), E. M. Hackenberg (Lebenswissenschaftlicher Dienst), G. Herrmann-Krotz (Organisations- und Personalentwicklung) – Wiss. D.: F. M. Akinyemi, M. Albers, R. Baum, F. Gail, L. J. Garcia Castro, S. di Giorgio, T. Gübitz, A. Halder, B. Kullmer, M. Lackhoff,

L. Langnickel, B. Lindstädt, K. Lippert, K. Markus, B. Müller, E. Müller, T. Sauerwein, J. Schmitz, E. Seidlmayer, B. Wolff

Stellenplan: 19 Beamtinnen und Beamte, 111 Beschäftigte (einschl. überplanmäßige Kräfte) – Med. Abt. der UuStB Köln: 8 Beamte, 9 Beschäftigte – 3 Auszubildende.

Träger: Stiftung öffentlichen Rechts, Finanzierung durch das Ministerium für Kultur und Wissenschaft des Landes Nordrhein-Westfalen und das Bundesministerium für Gesundheit aufgrund eines Beschlusses des Deutschen Bundestages. – Gesamtetat 2020: 12.500.000.–

Bes. Sammelgeb.: Gesundheitswesen, Medizin, deren Grundlagenfächer u. Randgebiete, nat.-wiss. Anthropologie, Ernährungs-, Umwelt- und Agrarwiss.

Veröff. unter: https://www.zbmed.de/ueber-uns/

Standort Bonn ⟨98⟩

✉ Friedrich-Hirzebruch-Allee 4, 53115 Bonn,

☎ (0228) 73-3400, Fax (0228) 73-3281, verb. mit d. ULB Bonn

320 Deutsches Tanzarchiv Köln

✉ Im Mediapark 7, 50670 Köln, ☎ (0221) 888 95 400, Fax (0221) 888 95 401
🖥 tanzarchiv@sk-kultur.de, https://www.deutsches-tanzarchiv.de

Bibliothek, Archiv, Museum, Präsenzbibliothek

20.000 Bde. – lfd. Zss.: 78 – Sonderbestand: 600.000 Presseausschnitte u. Programme, 272.000 Fotos u. Negative/Dias, über 490 Personennachlässe, 2.500 Bl. Graphiken u. Plakate.

LS m. 17 Benutzerarbeitsplätzen, 2 Videosichtplätze

Leiter: F.-M. Peter, Stellv.: Th. Thorausch

Stellenplan: 8 Ang., 9 Hilfskr.

Träger: SK-Stiftung Kultur u. Stadt Köln, Kulturamt

Veröff. unter: https://www.deutsches-tanzarchiv.de/archiv/publikationen/

321 * Erzbischöfliche Diözesan- und Dombibliothek mit Bibliothek St. Albertus Magnus ⟨Kn 28⟩

✉ Postfach 101145, 50451 Köln; Kardinal-Frings-Str. 1–3, 50668 Köln
☎ (0221) 1642-3781 (Sekr.)/ -3721 (Ausk. u. Ausl.), Fax (0221) 1642-3783
🖥 sekretariat.bibliothek@erzbistum-koeln.de, https://dombibliothek-koeln.de

Kooperation mit den wiss. Bibl. im Collegium Albertinum Bonn, Depositum: Bibliothek St. Albertus Magnus (Walb 1)

Ausleih- und Präsenzbibliothek, Medienzentrale: 787.745 Bde., 29.023 elektron. Publ. – lfd. Zss.: 1.449 gedr., E-Zss.-Pakete – Sonderbestand: 890 Hss. (305 d. Diözesan-B, 425 d. Dom-B, 160 d. B St. Albertus Magnus), 700 Inkun.

LS m. 50 Benutzerarbeitsplätzen, 7 Internet-APl. – Entleihungen: 36.556

Dir.: M. Stark, Stellv.: S. Schmidt – Wiss. D.: H. Horst, W. Wessel

Stellenplan: 1 Dir., 4 Wiss. Ang., 6.05 Dipl.-Bibl., 4 Bibl.Ass., 1 Restaur., 7.2 Ang.

Träger: Erzbistum Köln – Erwerbungsetat 2020: 522.490.– (inkl. Einb.)

Bes. Sammelgeb.: Kath. Theologie und Grenzgebiete, Rheinische Geschichte, Geschichte des Dominikanerordens.

322 * Germania Judaica, Kölner Bibliothek zur Geschichte des deutschen Judentums, e. V. ⟨Kn 125⟩

Josef-Haubrich-Hof 1, 50676 Köln, ☎ (0221) 23 23 49
germaniajudaica@stbib-koeln.de, http://www.germaniajudaica.de

Wiss. Spezialbibliothek, Ausleihbibliothek: ca. 98.000 Bde. – lfd. Zss.: 142 gedr.
20 Benutzerarbeitsplätze – Entleihungen: 4.400
Geschäftsführerin (Leiterin): U. Reuter
Stellenplan: 2.75 Beschäftigte (TVöD 1 EG14, 1 EG9, 0.75 EG6)
Träger: Verein der Germania Judaica – Erwerbungsetat 2020: 10.000.–
Bes. Sammelgeb.: Geschichte des deutschsprachigen Judentums, Zionismus, Antisemitismus, Israel, Nahostkonflikt, christlich-jüdisches Verhältnis, Darstellung von Juden und Judentum in der dt. Literatur, jüdische Presse.

323 * Hochschulbibliothek der Technischen Hochschule Köln ⟨832⟩

Betzdorfer Str. 2, 50679 Köln, ☎ (0221) 8275-2094
margarete.busch@th-koeln.de, https://www.th-koeln.de/hochschulbibliothek/

Ausleih- u. Präsenzbibliothek f. 26.527 Studierende u. 1.067 Lehrende; Medienbestand: 340.215 Bände, 137.549 eBooks, lfd. Zss.: 637 gedr., 18.236 elektr.
569 Benutzerarbeitsplätze, darunter 73 Computerarbeitsplätze – Entleihungen: 279.107
Leiterin: M. Busch, Stellv.: K. Klein
Stellenplan: 6 Beamtinnen und Beamte, 37 Ang. TV-L
Träger: Land Nordrhein-Westfalen

Campusbibliothek Deutz

Betzdorfer Str. 2, 50679 Köln, ☎ (0221) 8275-2724
service-iwz@bibl.fh-koeln.de
2 LSS u. Arbeitsbereich mit 240 Benutzerarbeitsplätzen

Campusbibliothek Gummersbach

Steinmüllerallee 1, 51643 Gummersbach, ☎ (02261) 8196-6766
service-cgm@bibl.fh-koeln.de
LS und Arbeitsbereich mit 56 Benutzerarbeitsplätzen

Campusbibliothek Leverkusen

Kaiser-Wilhelm-Allee, CHEMPARK, Gebäude E39, 51368 Leverkusen
☎ (0214) 32831-4670, service-clev@bibl.fh-koeln.de
LS und Arbeitsbereich mit 14 Benutzerarbeitsplätzen

Campusbibliothek Südstadt

Ubierring 48, 50678 Köln, ☎ (0221) 8275-3265, service-gwz@bibl.fh-koeln.de
4 LSS und Arbeitsbereich mit 186 Benutzerarbeitsplätzen

324 * Bibliothek der Hochschule für Musik und Tanz Köln ⟨Kn 38⟩

Unter Krahnenbäumen 87, 50668 Köln, ☎ (0221) 28380-200
bibliothek@hfmt-koeln.de, https://www.hfmt-koeln.de/hochschule/bibliothek/

Ausleihbibliothek für ca. 1.200 Studierende u. ca. 300 Lehrende
Rund 160.000 Medieneinheiten; 15.000 digitale Bestände – lfd. Zss.: 80 gedr., 124 elektron.
LS m. 22 Benutzerarbeitsplätzen, Studio mit 6 Multimedia-Computer-APl., 2 Internet-Recherche-PCs, 4 OPAC-PCs – Entleihungen: 17.608
Leiter: N.N., Vertreterin: E. Schubert
Stellenplan: 5 Dipl.-Bibl. (3 VZÄ), 1 Bibliotheksangestellter (1 VZÄ)
Erwerbungsausgaben 2020: ca. 94.000,–
Angeschlossene Bibliotheken: Bibliotheken der Hochschule in Aachen u. Wuppertal, Bibliothek des Zentrums für Zeitgenössischen Tanz in Köln.

325 Information & Recherche des Instituts der deutschen Wirtschaft ⟨Kn 166⟩

Postfach 10 19 42, 50459 Köln; Konrad-Adenauer-Ufer 21, 50668 Köln
☎ (0221) 4981-685,, lesesaal@iwkoeln.de, http://www.iwkoeln.de

Präsenzbibliothek f. d. Angeh. d. Inst., Zulass. fremder Benutzer mit vorheriger Terminabsprache
156.000 Medieneinheiten, davon 125.000 Bde., über 30.000 elektron. Publ. – lfd. Zss.: ca. 300 gedr., 241 elektron.
4 Benutzerarbeitsplätze, davon 1 Computerarbeitsplatz.
Teamleiterin: E. Steinhausen
Stellenplan: 3.0 VZÄ
Träger: Institut der deutschen Wirtschaft Köln

326 * Hochschulbibliothek der Katholischen Hochschule Nordrhein-Westfalen ⟨1032⟩

Wörthstr. 10, 50668 Köln, ☎ (0221) 7757-149/ -141, Fax (0221) 7757-197
bibliothek@katho-nrw.de, p.gehrken@katho-nrw.de
http://www.katho-nrw.de/katho-nrw/studium-lehre/hochschulbibliothek/

Wissenschaftliche Ausleihbibliothek
296.137 Medieneinheiten, 25.000 elektron. Publ. – lfd. Zss.: 1.517 gedr., 1270 elektron.
120 Benutzerarbeitsplätze
Leiterin: P. Gehrken, Stellv. Leiterin: I. Winkelhausen
Stellenplan: 15.5 Beschäftigte
Träger: Alle Diözesen des Landes Nordrhein-Westfalen. – Erwerbungsetat 2018: 216.520,–
Die KatHO-NRW unterhält vier Abteilungsbibliotheken in Aachen, Köln, Münster und Paderborn.

Bibliothek Abteilung Aachen

Robert-Schuman-Str. 25, 52066 Aachen, ☎ (0241) 60003-47, Fax (0241) 60003-11
bibliothek.aachen@katho-nrw.de

Bibliothek Abteilung Münster

Piusallee 89, 48147 Münster, ☎ (0251) 41767-50, Fax (0251) 41767-52
bibliothek.muenster@katho-nrw.de

Bibliothek Abteilung Paderborn
- Leostraße 19, 33098 Paderborn, ☎ (05251) 1225-27, Fax (05251) 1225-67
- bibliothek.paderborn@katho-nrw.de

327 * **Kunst- und Museumsbibliothek der Stadt Köln** ⟨Kn 3⟩

- Kattenbug 18–24, 50667 Köln, ☎ (0221) 221-22438, Fax (0221) 221-24171
- kmb@stadt-koeln.de, http://www.kunst-und-museumsbibliothek.de

Öffentlich zugängliche Kunstbibliothek der Stadt Köln und Arbeitsbibliothek der Museen Köln mit Beständen zur Kunst vom Mittelalter bis zur Gegenwart. Benutzung kostenfrei.
Wiss. Spezialbibliothek, öffentlich zugängliche Präsenzbibliothek.
über 500.000 Medieneinheiten – lfd. Zss.: 500 gedr. – Sonderbestand: 5.000 Künstlerbücher, über 50.000 internat. Auktionskat., über 250.000 Kleinschriften (Einladungskarten, Zeitungsausschnitte u. Flyer zu Künstlern, Institutionen, Orten u. Ausstellungen)
LS im Museum Ludwig (Heinrich-Böll-Platz) m. 16 Pl., LS im Museum f. Angewandte Kunst (An der Rechtschule) mit 16 Pl.
Dir.: E. Purpus, Stellv.: T. Romándi
Stellenplan: 2 hD, 10 gD, 4.5 mD, 3 eD, 4 Azubi.
Träger: Stadt Köln
Bes. Sammelgeb.: Bildende Kunst vom 20. Jahrhundert bis zur Gegenwart, Bildleistungen der Fotografie, Kunst der BeNeLux-Länder, Kunstgewerbe/Design, Künstlerbücher, Kleinschriften zu Künstlern und Institutionen.
Veröff. unter: http://www.museenkoeln.de/kunst-und-museumsbibliothek/default.asp?s=1297

328 * **Zentralbibliothek der Sportwissenschaften der Deutschen Sporthochschule Köln** ⟨Kn 41⟩

- Postfach, 50927 Köln; Am Sportpark Müngersdorf 6, 50933 Köln
- ☎ (0221) 4982-3250, Fax (0221) 4982-8070
- zb.sportwiss@dshs-koeln.de, wilkowski@dshs-koeln.de, http://www.zbsport.de

Zentrale Fachbibliothek mit Ausleih- und Präsenzbestand für 6.208 eingetr. Benutzer, ZB als sportwiss. ZentralB zur überreg. Literaturversorgung
479.289 Medieneinheiten, davon 433.275 Bde., 46.014 elektron. Publ. – lfd. Zss.: 786 gedr., 14.813 elektron.
408 Benutzerarbeitsplätze, davon 60 PC-APl. – Entleihungen: 74.459
Leiterin: H. Ackermann, (Abt.-Ltg. Medienbearbeitung und EDV), Stellv.: E. Friedrich (Abt.-Ltg. Service)
Stellenplan: 4 hD, 8 gD, 11.5 mD, 2 FaMI
Träger: Deutsche Sporthochschule Köln – Gesamtausgaben 2020: 617.427.– (ohne Personal), davon 499.209.– für Erwerbung
Bes. Sammelgeb.: Lit. u. Archivalien zu Sport u. Sportwiss., Sportlehrfilme etc.
Veröff.unter: https://www.dshs-koeln.de/aktuelles/publikationen-und-berichte/schriftenreihe-der-zentralbibliothek-der-sportwissenschaften/
Angeschl.: 22 Instituts- bzw. Teilbibliotheken

329 * **Wirtschaftsbibliothek der IHK Köln** ⟨Kn 133⟩

> IHK Köln, Wirtschaftsbibliothek, Gereonstraße 5–11, 50670 Köln
> ☎ (0221) 1640-4820 (Leiterin)/ -4821, Fax (0221) 1640-4809
> wirtschaftsbibliothek@koeln.ihk.de, https://www.ihk-koeln.de/Bibliothek.AxCMS

Spezialbibliothek / Ausleihbibliothek
93.008 Medieneinheiten, davon 81.163 Bde. – lfd. Zss.: 320 gedr. – Sonderbestand: 4.600 Bde. Bibliothek Kuske, 9.900 Bde. Bibliothek Kellenbenz
5 Benutzerarbeitsplätze, 2 Katalog-APl. – Entleihungen: ohne Angabe
Leiterin: D. Tönnessen
Stellenplan: 2
Träger: Industrie- u. Handelskammer zu Köln
Bes. Sammelgeb.: Kölner und Rheinische Geschichte, insbesondere Wirtschaftsgeschichte.
Veröff. unter: http://www.ihk-koeln.de/Bibliothek.AxCMS

Köthen

330 * **Hochschulbibliothek. Hochschule Anhalt** ⟨Kt 1⟩

> Bernburger Str. 55, 06366 Köthen
> ☎ (03496) 67-5627, Fax (03496) 67-5699
> ausleihe.koet@hs-anhalt.de, http://www.hs-anhalt.de/hochschulbibliothek

Wiss. Bibliothek, Ausleihbibliothek für mehr als 7.000 Studierende
302.475 Bde., 145.835 elektron. Publ. – lfd. Zss.: 317 gedr., 77.156 ebooks
250 Benutzerarbeitsplätze (32 Online-Recherche) – Entleihungen: 70.106
Leiterin: C. Falk
Stellenplan: 10.9 VZÄ, 1 sonstige Mitarb.
Träger: Land Sachsen-Anhalt.

Standort Bernburg
> Strenzfelder Allee 28, 06406 Bernburg
> ☎ (03471-355-5690)
> ausleihe.bbg@hs-anhalt.de

Standort Dessau
> Gropiusallee 34, 06818 Dessau
> ☎ (0340-5197-5688)
> ausleihe.de@hs-anhalt.de

Konstanz

331 * **Kommunikations-, Informations-, Medienzentrum (KIM) der Universität Konstanz** ⟨352⟩

> 📧 Postfach, 78457 Konstanz; Universitätsstr. 10, 78464 Konstanz (Pakete)
> ☎ (07531) 88-2800 (Sekr.)/ -2871 (Beratung)/ -2824 (Dok.-lieferung), Fax (07531) 88-3082
> 💻 beratung.kim@uni-konstanz.de, dokumentlieferung.kim@uni-konstanz.de
> http://www.kim.uni-konstanz.de

Syst. aufgest. Freihandbibliothek m. Ausleihe f. 11.230 Stud., 2.390 Hochschulangehörige u. 2.867 aktive externe Ben.
2.215.502 Medieneinheiten, davon 1.973.757 Bde., 241.745 elektron. Publ. – lfd. Zss.: 1.813 gedr., 62.333 elektron.
Freihandbibliothek mit 1.697 Benutzerarbeitsplätzen, davon 204 PC-APl. – Entleihungen: 408.143
Dir.: P. Hätscher, Stellv.: O. Kohl-Frey (Ltg. Benutzung), B. Schelling (Ltg. IT) – Wiss. D.: A. Bätz, P. Brettschneider, R. Hafner, J. Heeg, U. Jochum, E. Kleiner, M. May, A. Oberländer, A. Otto (Ltg. Bearbeitung), C. Rimland, O. Trevisiol
Stellenplan: 28.32 Beamtinnen und Beamte, 54.95 Ang. – Die Ausb.-Stellen werden zentral b. MWK Baden-Württemberg geführt.
Gesamtausgaben 2020: 11.015.078.–, davon 3.740.315.– für Erwerbung
Bes. Sammelgeb.: Geschichte u. Landeskunde d. Bodenseegeb., Jan Hus.
Veröff. unter: https://www.kim.uni-konstanz.de/das-kim/ueber-das-kim/publikationen-vom-und-ueber-das-kim/
Angeschl.: Wessenberg-Bibliothek (https://www.kim.uni-konstanz.de/literatur/sondersammlungen-und-archive/), Leihg. an das KIM der Universität Konstanz, Lit. von u. über I. H. v. Wessenberg (1774–1860), Konstanzer Drucke.

332 * **Hochschulbibliothek der HTWG Konstanz** ⟨Kon 4⟩

> 📧 Alfred-Wachtel-Str. 8, 78462 Konstanz, ☎ (07531) 206-580, Fax (07531) 206-587
> 💻 bib-info@htwg-konstanz.de, http://www.bibliothek.htwg-konstanz.de

Wissenschaftliche Ausleihbibliothek
229.825 Medieneinheiten, davon 66.311 Bde., 163.514 elektron. Publ. – lfd. Zss.: 179 gedr., 24.555 elektron.
218 Benutzerarbeitsplätze – Entleihungen: 35.372
Leiter: B. Hannemann
Stellenplan: 5.7 VZÄ (3.2 gD, 2.5mD), stud. Hilfskräfte.
Träger: Land Baden-Württemberg – Gesamtetat 2020: 906.763.–, davon 556.131.– für Erwerbung

Wessenberg-Bibliothek

siehe Nr. 331 (Bestand als Dauerleihgabe in der UB Konstanz).

Krefeld

333 * **Mediothek Krefeld** ⟨72⟩

📫 Postfach 2740, 47727 Krefeld; Theaterplatz 2, 47798 Krefeld
☎ (02151) 86-2753, Fax (02151) 86-2770
💻 mediothek@krefeld.de, http://www.mediothek-krefeld.de

Öffentliche Bibliothek
172.014 Medieneinheiten, davon 18.817 elektron. Publ. – lfd. Zss.: 101 gedr., 26 elektron.
310 Benutzerarbeitsplätze, darunter 64 Computer-APl., davon 36 Internetplätze – Entleihungen: 648.616
Dir: E. Buchholtz, Stellv.: S. Hoffmann
Stellenplan: 30 VZÄ (1 A11, 1 A10, 1 EG15, 1 EG13, 5 EG10, 4 EG9, 2 EG8, 10 EG7, 1 EG6, 3 EG5, 1 EG2)
Träger: Stadt Krefeld – Gesamtausgaben 2020: 2.166.147.–, davon: 298.049.– für Erwerbung

Fachbibliothek Chemie / Design der Hochschule Niederrhein

siehe Mönchengladbach (Nr. 392)

Künzelsau

Bibliothek der Hochschule Heilbronn, Außenstelle Künzelsau

siehe Heilbronn (Nr. 272)

Kulmbach

Bibliothek des Max Rubner-Instituts, Bundesforschungsinstitut für Ernährung und Lebensmittel

siehe Karlsruhe (Nr. 295)

Landau

334 * **Universitätsbibliothek der Universität Koblenz-Landau** ⟨Lan 1⟩

📫 Fortstraße 7, 76829 Landau in der Pfalz
☎ (06341) 280-31-600 (Dir.)/ -602 (Stellv.), Fax (06341) 280-31-601
💻 bibliothek@uni-landau.de
https://www.uni-koblenz-landau.de/de/bibliothek/lernorte/lernort-landau

Einheitl. Bibliothekssystem mit Ausleih- u. Präsenzbibliothek f. 8.250 Studierende, 535 Lehrende der Univ. am Campus Landau und die fachlich interessierte Öffentlichkeit
400.000 Bde., ca. 65.000 E-Books – lfd. Zss.: 400 gedr., ca. 20.000 elektron.

250 Benutzerarbeitsplätze, Freihandaufstellung inkl. Präsenzbestand von ca. 15.000 Bde. – Entleihungen: 275.000
Dir.: M. Schefczik, Stellv. T. Wollschläger
Stellenplan: 6 Beamte (1 A16, 1 A14, 1 A12, 2 A9, 1 A6) – 18 Beschäftigte.
Träger: Land Rheinland-Pfalz – Erwerbungsausgaben 2020: 800.000.–
Veröff. unter: http://kola.opus.hbz-nrw.de/index.php

Landshut

335 * **Hochschulbibliothek Landshut** ⟨860⟩

Am Lurzenhof 1, 84036 Landshut, ☎ (0871) 506-160, Fax (0871) 506-9161
ausleihe@haw-landshut.de, http://www.haw-landshut.de/bibliothek

Ausleihbibliothek f. 5118 Studierende und Lehrende (6875 aktive Ben) – Literaturversorgung für die Region im Bereich Wirtschaft, Technik u. Soziales.
100.280 Bde., 229.813 elektron. Publ. – lfd. Zss.: 196 gedr., 13.770 elektron.
110 Benutzerarbeitsplätze, davon 18 Computer-APl., 2 Carrels, 2 Gruppenarbeitsräume – Entleihungen: 119.520
Leiterin: Th. Maier-Gilch, Stellv.: A. Zeiler. Stellenplan: 6.68 VZÄ
Träger: Land Bayern – Erwerbungsetat 2020: 455.374.–
24h-Bibliothek für Hochschulangehörige seit 2001

Langen

336 * **Bibliothek des Paul-Ehrlich-Instituts** ⟨F20⟩

Postfach 1740, 63207 Langen; Paul-Ehrlich-Str. 51–59, 63225 Langen
☎ (06103) 77-1085, bibliothek@pei.de, http://www.pei.de/bibliothek

Präsenzbibliothek, externe Besucherinnen und Besucher nach Voranmeldung
30.000 Medieneinheiten – lfd. Zss.: 30 gedr., 9.800 elektron.
Leiter: P. Stiebler, Stellvertr.: S. Ackermann, F. Vukovic. Stellenplan: 3 Beschäftigte.
Träger: Paul-Ehrlich-Institut, Bundesinstitut für Impfstoffe und biomedizinische Arzneimittel – Erwerbungsausgaben 2020: 157.268.–
Bes. Sammelgeb.: Allergologie, Bakteriologie, Biotechnologie, Immunologie, Hämatologie, Mikrobiologie, Transfusionsmedizin, Veterinärmedizin und Virologie.

Laubach

337 **Gräflich Solms-Laubach'sche Bibliothek** ⟨Lb 1⟩

Schloss, 35321 Laubach, ☎ (06405) 9104-16, Fax 9104-11
rentkammer@schloss-laubach.de, http://www.schloss-laubach.de/bibliothek.phtml

Präsenzbibliothek: ca. 120.000 Medieneinheiten, darunter ca. 1.000 Bde. Arnsburger KlosterB, ca. 60 Inkun., ca. 5000 Diss. d. 17. u. 18. Jh., ca. 13.000 Sonderdr. d. Biochemie.
Leiter: Graf K. G. zu Solms-Laubach

Träger: Graf-zu-Solms-Laubach'sche Verw.
Veröff.: Burkhard Wellenkötter: Die Schlossbibliothek zu Laubach, 2009; Bibliomania. Neues über alte Bücher. Aus der Schlossbibliothek zu Laubach, 2012; Aufbruch in die Gegenwart – Die Epoche der Aufklärung in der Schlossbibliothek zu Laubach, 2014; T. Wellenkötter: Laubach, Schloss und Stadt, 2014.

Leipzig

338 * **Deutsche Nationalbibliothek (Leipzig, Frankfurt am Main) ⟨101a⟩**

Deutscher Platz 1, 04103 Leipzig
(0341) 2271-0/ -331 (Sekr.)/ -453 (Information)/ -324 (Dt. Buch- und Schriftmuseum)/ -150 (Dt. Musikarchiv), Fax (0341) 2271-444
info-l@dnb.de, http://www.dnb.de

Zusätzliche Angaben zur Deutschen Nationalbibliothek in Frankfurt a. M., siehe Nr. 183. Archivbibliothek aller dt. u. im Ausl. ersch. dt.-sprach. Medienwerke inkl. aller dt. Musikalien u. Musiktonträger seit 1913, nationalbibliografisches Informationszentrum der Bundesrepublik Deutschland, Präsenzbibliothek, Teilnahme am Leihverkehr nur bedingt.
Gesamtbestand: 41.369.428 Medieneinheiten, 9.266.115 Online-Publikationen, 1.884.764 Musiktonträger, 1.037.274 Noten, 572.216 Normen, 435.524 Hss. – lfd. Zss.: 65.677
12 LSS m. 877 Pl. an zwei Standorten, darunter 174 Computerarbeitsplätze, 77.880 Bde. – Entleihungen: 217.155, Zugriffe auf digitalisierte Inhaltsverzeichnisse: 8.238.023, Zugriffe auf Volltexte: 9.281.392
Personal (Leipzig): Gen. Dir.: F. Scholze, Ständ. Vertr. u. Dir. d. Dt. NationalB in Leipzig: M. Fernau – Fachb.Ltr.: P. Leinen (Informationsinfrastruktur), R. Gömpel (Benutzung u. Bestandserhaltung), U. Junger (Erwerbung u. Erschließung), D. Zechmann (Zentralbereich Verwaltung) – Abt.Ltr.: V. Henze (Inhaltserschließung), C. Schumann (Erwerbung u. Formalerschließung), J. Räuber (Benutzung u. Bestandsverw.), K. Schneider (Digitale Dienste), S. Jacobs (Dt. Buch- und Schriftmuseum), R. Langer (Dt. Musikarchiv).
Wiss. Dienst: A. Binder, F. Döhl, B. Fischer, M. Horstkotte, Y. Jahns, E. Löffler, M. Manecke, P. Mann, C. Poley, R. Voges, A. Wendler, S. Wolter.
Stellenplan 2020 (gesamt): 349.7 Beamtinnen und Beamte (1 B6, 2 B3, 4 A16, 6 A15, 22 A14, 27 A13h, 13 A13g, 29 A12, 70.5 A11, 78.5 A10, 38.7 A9g, 3 A9m, 12 A8, 22 A7, 18 A6m, 2 A6e, 1 A4 – 224.8 Tarifliche Arbeitnehmerinnen und Arbeitnehmer (2 E15, 3 E14, 12 E13, 9 E12, 17 E11, 6 E10, 29.2 E9c, 9 E9a, 45.8 E8, 4.8 E7, 18 E6, 53.2 E5, 12.5 E4, 1.3 E.3, 2 E2).
Träger: Bundesunmittelb. Anstalt des öffentlichen Rechts.
Gesamtetat 2020: 55.971.000.–
Bes. Sammelgebiete: Leipzig: fremdspr. Germanica u. Übers. deutschspr. Werke (seit 1913), Veröff. zur Gesch. d. dt. Arbeiterbew. (Sozialistica, ersch. vor 1913), Anne-Frank-Shoah-B., Patentschriften (1877–1990), fremdspr. Depotschriften u. a. Veröff. intern. Org. (mit dt. Mitgliedschaft) (1945–2004), Plakatslg. (1914–1961), „Exillit. 1933–1945", buch- u. mediengeschichtl. Zeugnisse im Dt. Buch- u. Schriftmuseum, B d. Dt. Reichsversammlung, B des Börsenvereins der Dt. Buchhändler zu Leipzig (bis 1945), Archiv u. B d. Börsenvereins des Dt. Buchhandels e. V. Frankfurt a. M.: Lit. u. ungedr. Zeugnisse d. dt. Emigration 1933–1945 im Dt. Exilarchiv, fremdspr. Germanica u. Übers. dt. Autoren (1945–1996), ungedr. wiss. Schriften.

Pflichtexemplare: alle Veröff. d. Bundesrep. Dtld., Amtsdruckschr. d. Bundes u. d. Länder (ab 1990), Lizenzausgaben nach §14 (2) DNBG.

Leipzig: im Dt. Reich ersch. Veröff. (1935–1945), in Dtld. ersch. Musikalien (seit 1943), Musiktonträger (seit 1973), Druckwerke d. Sowj. Besatzungszone (1946–1949); alle Druckwerke d. DDR u. Amtsdruckschr. (1949–1990).

Frankfurt a. M.: alle Druckwerke aus d. Bundesrep. Dtld. u. Berlin (West) (1969–1990), Amtsdruckschr. d. Bundes u. – aufgrund d. Ländererlasse v. 1963–71 – Amtsdruckschr. aller Bundesländer (seit 1958).

Belegexemplare: Leipzig: freiw. Abgabe aller im Dt. Reich ersch. Veröff. u. Amtsdruckschr. (1913–1935, ab 1943 auch Musikalien u. Kunstbl.), freiw. Abgabe aus d. Bundesrep. Dtld. und Amtsdruckschr. d. Bundesländer in Ausw. (1949–1990), dt.-sprach. Schrifttum sowie Übers. dt.-sprach. Werke u. fremdsprach. Germanica weltweit (seit 1913), „Exillit. 1933–1945", Literatur zur Anne-Frank-Shoah-B, Medienwerke für das Dt. Buch- und Schriftmus., s. u. für das Dt. Musikarchiv.

Frankfurt a. M.: freiw. Abgabe aus den Besatzungszonen (1946–1949), freiw. Abgabe aus d. Bundesrep. Dtld. (1949–1968), freiw. Abgabe von Veröff. aus d. DDR (1949–1990), dt.-sprach. Veröff. aus Österr., d. Schweiz u. a. Ländern (1945–1996), Lit. d. dt. Emigration 1933–1945, Germanica, Übers. dt. Autoren (1945–1996), ungedr. wiss. Schriften.

Dt. Musikarchiv: freiw. Abgabe v. Tonträgern aus d. Bundesrep. Dtld. (1961–1972), freiw. Abgabe von Musikalien u. Musiktonträgern aus d. DDR (bis 1990), aus Österr. u. d. Schweiz (in Auswahl).

Veröff. unter: http://www.dnb.de

Deutsches Buch- u. Schriftmuseum <101d>

✉ Deutscher Platz 1, 04103 Leipzig

☎ (0341) 2271-324, 🖥 dbsm-info@dnb.de, http://www.dnb.de/dbsm

1.205 Hss u. Inkun., 93.462 Buchdrucke, 483.008 Wasserzeichen, 69.079 buchhandelsgeschichtl. Archivalien, 31.309 papiergeschichtl. Archivalien, 41.950 Antiquariats- und Verlagskataloge, 13.911 Papierproben, 29.655 Buntpapiere, 47.534 graf. Slg., 6.217 Kulturhist. Slg., 38 Vor- und Nachlässe, Fachbibliothek mit 112.735 Publikationen, international.

LS m. 24 Pl.

Dauerausstellung „Zeichen – Bücher – Netze: Von der Keilschrift zum Binärcode" und wechselnde Ausstellungen zur Buch- und Medienkultur

Deutsches Musikarchiv <101c>

✉ Deutscher Platz 1, 04103 Leipzig

☎ (0341) 2271-150, 🖥 info-dma@dnb.dc, http://www.dnb.de/dma

LS mit 18 Pl., Hörkabine

Ausstellung „Von der Edison-Walze zur Blu-ray"

Frankfurt a. M.: Deutsches Exilarchiv 1933–1945 <101e>

✉ Adickesallee 1, 60322 Frankfurt a. M., ☎ (069) 1525-1900, 🖥 http://www.dnb.de/exil

334 Archive, Vor- und Nachlässe, 508.308 Einh. (davon 435.524 ungedruckte Archivalien), 33.293 Exilpublikationen, 34.636 Exilzeitschriftenbände und -hefte, 3 Handbibliotheken (Exil-Literatur in Frankfurt a. M. und Leipzig, Anne-Frank-Shoah-Bibliothek in Leipzig) mit 25.473 Publikationen .

Handschriften-LS mit 8 Pl.

Dauerausstellung „Exil. Erfahrung und Zeugnis" und wechselnde Ausstellungen zu Themen des Exils.

339 * Universitätsbibliothek ⟨L 15⟩

Beethovenstr. 6, 04107 Leipzig
☎ (0341) 97-30500 (Dir.)/ -30577 (Service), Fax (0341) 97-31130500 (Dir.)
💻 direktion@ub.uni-leipzig.de, info@ub.uni-leipzig.de, https://www.ub.uni-leipzig.de/

26.109 aktive Ben.
5.067.195 Bde. – lfd. Zss.: 2.202 gedr. – Sonderbestand: 18.262 Handschriften und Autographen.
3.819 Benutzerarbeitsplätze, darunter 253 Computer-APl. – Entleihungen: 1.150.819
Dir.: U. J. Schneider, Stellv.: C. Bauer – Bereichsleiter: T. Fuchs, L. Hacker, L. Seige, H. Rösch – Wiss. D.: C. Brandenburger, M. Eifler, T. Fuchs, M. Görlitz, L. Hacker, St. Hoffmann, L. Künstling, A. Lahmann, C. Mackert, A. Märker, K. Malkawi, S. Manns-Süßbrich, D. Quandt, S. Reisinger, C. Reuß, A. Schröer, A. Slavcheva, K. Sturm, A. Vieler, C. Wöckel, S. Wünsche
Stellenplan: 159.1 VZÄ. Träger: Freistaat Sachsen
Gesamtetat: 17.649.104.–, davon Erwerbungsausgaben: 5.128.404.–
Bes. Sammelgeb.: FID Medien- und Kommunikationswissenschaft.
Veröff. unter: https://www.ub.uni-leipzig.de/forschungsbibliothek/publikationen/
12 Bibliotheksstandorte, siehe https://www.ub.uni-leipzig.de/standorte/

Bibliotheca Albertina
Beethovenstraße 6, 04107 Leipzig
☎ (0341) 97-30577
💻 info@ub.uni-leipzig.de
1.253 Arbeitsplätze, Selbstbedienungsterminals, Gruppenarbeitsräume, Eltern-Kindraum, Schulungsraum, Promovierendenarbeitsraum, Carrels, Dauerschließfächer, WLAN/LAN, Buchscanner, Forschungslesesaal, Sondersammlungen, Vortragsraum, eingeschränkt barrierefrei
Leitung Service/Benutzung: L. Hacker

Campus-Bibliothek
Universitätsstr. 3, 04109 Leipzig
☎ (0341) 97-30 811, Fax (0341) 97-39 239
💻 zbcb@ub.uni-leipzig.de
Lehrbuchsammlung, Informatik, Kommunikations- und Medienwiss., Mathematik, Psychologie, Wirtschaftswissenschaft.
24h-Bibliothek, 555 Arbeitsplätze, Selbstbedienungsterminals, Gruppenarbeitsräume, Carrels, Dauerschließfächer, Schulungsraum, WLAN/LAN, Buchscanner, barrierefrei.
Leitung: K. Malkawi
Bes. Sammelgeb.: FID Kommunikations- u. Medienwissenschaften.

Bibliothek Deutsches Literaturinstitut
Wächterstr. 34, 04107 Leipzig
☎ (0341) 97-30312,
💻 zbdll@ub.uni-leipzig.de

15 Arbeitsplätze, WLAN/LAN, nicht barrierefrei.
Leitung: B. Neumann

Bibliothek Erziehungs- und Sportwissenschaft

🖃 Marschnerstr. 29E, 04109 Leipzig

☎ (0341) 97-30663

💻 zberzsport@ub.uni-leipzig.de

374 Arbeitsplätze, Selbstbedienungsterminals, Gruppenarbeitsräume, Carrels, Eltern-Kind-Raum, Dauerschließfächer, Schulungsraum, Promovierendenarbeitsraum, WLAN/LAN, Buchscanner, barrierefrei.
Leitung: Y. Kluge

Bibliothek Klassische Archäologie und Ur- und Frühgeschichte

🖃 Ritterstr. 14, 04109 Leipzig

☎ (0341) 97-30707

💻 zbarch@ub.uni-leipzig.de

Präsenzbibliothek: 51 Arbeitsplätze WLAN/LAN, nicht barrierefrei.
Leitung: M. Zink

Bibliothek Kunst

🖃 Dittrichring 18-20, 04109 Leipzig

☎ (0341) 97-35547

💻 zbkunst@ub.uni-leipzig.de

Präsenzbibliothek: 63 Arbeitsplätze WLAN/LAN, nicht barrierefrei.
Leitung: A. Johannsen

Bibliothek Medizin/Naturwissenschaften

🖃 Liebigstraße 23/25, 04103 Leipzig

☎ (0341) 97-14012

💻 zbmednawi@ub.uni-leipzig.de

460 Arbeitsplätze, Gruppenarbeitsräume, Eltern-Kind-Raum, Schulungsraum, Promovierendenarbeitsraum, WLAN/LAN, Buchscanner, barrierefrei.
Leitung: A. Vieler

Bibliothek Musik

🖃 Neumarkt 9–19, 04109 Leipzig

☎ (0341) 97-30478, Fax (0341) 97-30479

💻 zbmus@ub.uni-leipzig.de

28 Arbeitsplätze, WLAN/LAN, E-Piano, Abspielgeräte für Tonträger, eingeschränkt barrierefrei.
Leitung: U. Endruschat

Bibliothek Regionalwissenschaften

🖃 Schillerstr. 6, 04109 Leipzig

☎ (0341) 97-37117, Fax (0341) 97-30698

💻 zbreg@ub.uni-leipzig.de

Präsenzbibliothek: 81 Arbeitsplätze, WLAN/LAN, Buchscanner, Multimediaarbeitsplatz, eingeschränkt barrierefrei.
Leitung: U. Endruschat

Bibliothek Rechtswissenschaften I
- Burgstr. 27, 04109 Leipzig
- (0341) 97-30655
- zbrewi@ub.uni-leipzig.de

Präsenzbibliothek: 469 Arbeitsplätze, Gruppenarbeitsräume, WLAN/LAN, Buchscanner, eingeschränkt barrierefrei.
Leitung: C. Brandenburger

Bibliothek Rechtswissenschaften II
- Burgstr. 21, 04109 Leipzig
- (0341) 97-30649
- zbrewi@ub.uni-leipzig.de

Präsenzbibliothek: 370 Arbeitsplätze, Gruppenarbeitsräume, Schulungsraum, WLAN/LAN, Buchscanner, eingeschränkt barrierefrei.
Leitung: C. Brandenburger

Bibliothek Veterinärmedizin
- An den Tierkliniken 5, 04103 Leipzig
- (0341) 97-38017, Fax (0341) 97-39246,
- zbvetmed@ub.uni-leipzig.de

101 Arbeitsplätze, Gruppenarbeitsräume, WLAN/LAN, Buchscanner, barrierefrei.
Leitung: K. Schmidt

340 * **Leipziger Städtische Bibliotheken** ⟨AJ 197⟩

- Postfach 100927, 04009 Leipzig; Wilhelm-Leuschner-Platz 10/11, 04107 Leipzig
- (0341) 123-5341, Fax (0341) 123-5305
- stadtbib@leipzig.de, http://www.stadtbibliothek.leipzig.de

Öffentliche Bibliothek: 770.000 Medieneinheiten – Sonderbestand: Musikbibliothek/Regionalkundliche Bibliothek.
Entleihungen: ca. 5.000.000
Direktorin: S. Metz. Stellenplan: 124,9 VZÄ
Träger: Stadt Leipzig
Angeschl.: 15 Stadtteilbibliotheken, 1 Fahrbibliothek.

341 * **Bach-Archiv Leipzig, Bibliothek** ⟨L 326⟩

- Postfach 101349, 04013 Leipzig; Thomaskirchhof 15/16, 04109 Leipzig
- (0341) 9137-220, Fax (0341) 9137-155
- bibliothek@bach-leipzig.de, https://www.bach-leipzig.de/de/bach-archiv/bibliothek

Präsenz- und Spezialbibliothek zu Leben u. Werk J. S. Bach u. seiner Familie
15.013 Monographien, 14.853 Musikdrucke, 9.133 Tonträger, 3.113 Rara./Autographen,

120.000 Blatt Quellenkopien, 19.000 Mikroformen – Sonderslg.: Münzen u. Medaillen, Graphik, Presseberichte, Nachlässe.
LS m. 8 Pl. – Spezialkat. Bach-Schrifttum, Musikalien-, Quellen-, Tontr.-Kat. – Lesegerät, Kopiermögl.
Leiterin: K. Funk-Kunath
Träger: Stadt Leipzig, die Bundesrepublik Deutschland und der Freistaat Sachsen

342 * **Bibliothek des Bundesverwaltungsgerichts** ⟨B 791⟩

> ✉ Postfach 100854, 04008 Leipzig; Simsonplatz 1, 04107 Leipzig
> ☎ (0341) 2007-1632, Fax (0341) 2007-1602
> 🖳 bibliothek@bverwg.bund.de, https://www.bverwg.de/das-gericht/bibliothek

Ausleihbibliothek f. d. Mitarb. d. BVerwG, Präsenzbibliothek m. beschr. Zulass. f. fremde Ben. (max. 3 Ben. gleichztg.), Teil d. Informationsdienste d. BVerwG.
240.000 Medieneinheiten, davon 230.000 Bde., 800 elektron. Publ. – lfd. Zss.: 275 gedr., 114 elektron. – Sonderbestand: 450 Hss., 243 Ink.
LS m. 14 Pl., davon 3 PC-APl. – Entleihungen: 5.445
Gesamtleitung d. Informationsdienste d. BVerwG: C. Butz, Bibliotheksleiterin: P. Willich
Stellenplan: 1 A14, 2 A11 – 8 Tarifbeschäftigte (mittl. Dienst)
Träger: Bundesrepublik Deutschland – Erwerbungsetat 2020: 480.000.–
Bes. Sammelgeb.: Öffentliches Recht, insbes. Verwaltungsrecht, Europarecht.

343 * **Geographische Zentralbibliothek** ⟨185⟩

> ✉ Schongauerstr. 9, 04328 Leipzig, ☎ (0341) 600 55-129, Fax (0341) 600 55-198
> 🖳 bibliothek@leibniz-ifl.de, https://leibniz-ifl.de/forschung/forschungsinfrastrukturen/geographische-zentralbibliothek/uebersicht

Spezialbibliothek, Ausleihbibliothek
340.000 Medieneinheiten, davon 289.552 Bde., ca. 50.000 Kt. – lfd. Zss.: 2.618 gedr.
20 Benutzerarbeitsplätze – Entleihungen: 2.581
Leiter: H. P. Brogiato
Stellenplan: 7 Angestellte
Träger: Leibniz-Institut für Länderkunde – Erwerbungsausgaben 2020: 80.000.–
Bes. Sammelgeb.: Geographie, Sachsen, Deutschland, Nationalatlanten, Regionale Geogr. d. Auslandes, Kartographie.

344 * **Bibliothek der Hochschule für Grafik und Buchkunst** ⟨L 242⟩

> ✉ Wächterstr. 11, 04107 Leipzig, ☎ (0341) 2135-156, Fax (0341) 2135-277
> 🖳 bibliothek@hgb-leipzig.de, http://www.hgb-leipzig.de/bibliothek

Ausleihbibliothek für Hochschulangehörige und die Öffentlichkeit, 884 aktive Benutzerinnen und Benutzer. 63.311 Bde., 2.332 elektron. Publ. – lfd. Zss.: 102 gedr., 10 elektron.
LS, 27 Benutzerarbeitsplätze, 8 Computer-APl., WebOPAC (LIBERO), Discovery-System „Finc"-Entleihungen: 18.520
Leiterin: Y. Schürer

Stellenplan: 2 VZÄ
Träger: Freistaat Sachsen – Erwerbungsetat 2018: 23.046.–
Bes. Sammelgeb.: Drucke d. Inst. f. Buchkunst an d. HGB, Geschichte d. Fotografie, Reichsdr.

345 * **Bibliothek der Hochschule für Musik und Theater „Felix Mendelssohn Bartholdy"** ⟨L 152⟩

Grassistraße 8, 04107 Leipzig, ☎ (0341) 2144-633, Fax (0341) 2144-634
bibliothek@hmt-leipzig.de, http://www.hmt-leipzig.de/bibliothek

Ausleihbibliothek: 63.000 Bde., 144.000 Noten, 20.000 elektron. Publ. – lfd. Zss.: 133 gedr., 303 elektron. – Sonderbestand: 226 Musik-Hss.
30 Benutzerarbeitsplätze, darunter 11 Computer-APl. – Entleihungen: 62.637
Leiterin: A. Hofmann, Stellv.: E. Schmalwasser. Stellenplan: 7.3 VZÄ
Gesamtetat 2018: 531.893.–, davon 154.406.– für Erwerbung
Bes. Sammelgeb.: Musik und Theaterwiss.

346 * **Hochschulbibliothek der Hochschule für Technik, Wirtschaft und Kultur** ⟨L 189⟩

Postanschrift:, Postfach Karl-Liebknecht-Str. 132, 04277 Leipzig; Besuchsanschrift: Gustav-Freitag-Str. 40, 04277 Leipzig, ☎ (0341) 3076-6593, Fax (0341) 3076-6478
astrid.schiemichen@htwk-leipzig.de (Ltg.), http://www.htwk-leipzig.de/de/biblio/

Ausleihbibliothek: 265.053 Bde., 79.036 elektron. Publ. – lfd. Zss.: 328 gedr., 26.527 elektron.
196 Benutzerarbeitsplätze, darunter 42 Computer-APl., 14 Carrels, 2 Gruppenarbeitsräume, DIN-Auslegestelle – Entleihungen: 103.047
Leiterin: A. Schiemichen. Stellenplan: 16 Beschäftigte (VZÄ, 1 hD, 6 gD, 9 mD/eD)
Träger: Freistaat Sachsen – Erwerbungsausgaben 2020: 482.096.–

347 **Bibliothek des MPI für Mathematik in den Naturwissenschaften** ⟨L 323⟩

Inselstr. 22, 04103 Leipzig, ☎ (0341) 9959-701, Fax (0341) 9959-703
library@mis.mpg.de, http://www.mis.mpg.de/de/biblio.html

Wiss. Spezialbibliothek, Ausleihbibliothek für die Wiss. des Instituts, Präsenzbibliothek für interessierte Besucherinnen und Benutzer
ca. 64.010 Bde. – lfd. Zss.: 101 gedr., ca. 44.500 elektron.
11 Internetarbeitsplätze
Leiter: I. Brüggemann. Stellenplan: 3 VZÄ.

Lemgo

348 * **Service Kommunikation Information Medien (Skim) – Bibliothek der Technischen Hochschule Ostwestfalen-Lippe** ⟨743⟩

Campusallee 12, 32657 Lemgo, ☎ (05261) 702-2222
support@th-owl.de, https://www.th-owl.de/skim

Präsenz- u. Ausleihbibliothek. 3 Bibliotheksstandorte: Lemgo, Detmold, Höxter.

112.009 Bde., 40.589 elektron. Publ. – lfd. Zss.: 318 gedr., 41.441 elektron.
Entleihungen 2020: 31.051
Leiter: L. Köller, Stellv. (Bibl.): A. Kruel, Stellv. (IT) C. Halm.
Träger: Land Nordrhein-Westfalen – Erwerbungsetat 2020: 421.563.–

Limburg

349 Diözesanbibliothek Limburg ⟨Li 2⟩

> Weilburger Str. 16, 65549 Limburg / Lahn, ☎ (06431) 295-806, Fax (06431) 295-892,
> bibliothek@bistumlimburg.de, fernleihe@bistumlimburg.de
> http://www.dioezesanbibliothek-limburg.de

Durch die Übernahme der Bibliothek des Priesterseminars 2 Teile:
1. Historische Spezialbibliothek: ca. 60.000 Bände – lfd. Zss.: 15 – Sonderbestand: Altbestand mit Erscheinungsjahr 1500–1900: ca. 30.000 Bde., 250 Inkunabeln. 2. Aktuelle vor allem praktisch-theologische Bestände, die aktuell gehalten und erweitert werden. Etwa 40.000 Bände in einem Freihand-Lesesaal mit nur kleinem Magazinbestand. 6 Arbeitsplätze
LS zs. m. d. Diözesanarchiv, insg. 12 Benutzerarbeitsplätze.
Leiterin: S. Hartmann. Stellenplan: 2 Ang. Träger: Bistum Limburg

Ludwigsburg

350 Bibliothek der Evangelischen Hochschule Ludwigsburg ⟨Rt 3⟩

> Paulusweg 6, 71638 Ludwigsburg, ☎ (07141) 9745-303, Fax (07141) 9745-304
> bibliothek@eh-ludwigsburg.de, http://www.eh-ludwigsburg.de/studium/bibliothek.html

Ausleihbibliothek. Leiterin: D. Bastian
Träger: Ev. Landeskirche in Württemberg

351 Bibliothek der Hochschule für öffentliche Verwaltung und Finanzen Ludwigsburg ⟨1147⟩

> Postfach 0489, 71604 Ludwigsburg; Reuteallee 36, 71634 Ludwigsburg
> ☎ (07141) 140-599, Fax (07141) 140-594
> bib@hs-ludwigsburg.de, http://www.hs-ludwigsburg.de/einrichtungen/bibliothek.html

Wiss. Bibliothek, Ausleihbibliothek f. HS-Angehörige, Präsenzbibliothek f. d. Öffentlichkeit, 2.875 Benutzerinnen und Benutzer.
109.051 Medieneinheiten, 76.051 Bde., 33.000 elektron. Publ. – lfd. Zss: 237 gedr., 10.108 elektron.
65 Benutzerarbeitsplätze, darunter 15 Computer-APl. – Entleihungen: 100.000
Leiter: M. Söffge, Stellv.: H. Lochner. Stellenplan: 3.45 Ang.
Träger: Land Baden-Württemberg – Erwerbungsausgaben 2020: 250.000.–

352 * **Pädagogische Hochschulbibliothek Ludwigsburg ⟨Lg 1⟩**

> ✉ Postfach 220, 71602 Ludwigsburg; Reuteallee 46, 71634 Ludwigsburg
> ☎ (07141) 140-667, Fax (07141) 140-434
> 🖥 hurth@ph-ludwigsburg.de (Assistenz), https://www.ph-ludwigsburg.de/hochschule/einrichtungen/hochschulbibliothek

Wiss. Hochschulbibliothek, Ausleihbibliothek für HS-Angehörige und für die Fachöffentlichkeit, ca. 6.000 Kund:innen

2020: 313.308 Bde., lfd. Zss.: 428 print

195 Benutzerarbeitsplätze, darunter 85 PC-APl. mit Internet, WLAN, 5 Hochleistungsscanner – Entleihungen: rd. 309.000

Direktorin: C. Spary, Stellvertreterin: J. Pfaff, Dipl.Bibl.

Stellenplan: 7 Beamtinnen und Beamte (1 A15, 1 A11, 2 A10, 2 A9, 1 A8) – 11 Beschäftigte, 2 Auszubildende.

Träger: Land Baden-Württemberg / PH Ludwigsburg – Gesamtausgaben 2020: 1.203.008.–, davon 293.359.– für Erwerbung

Bes. Sammelgeb.: Pädagogik, Fachdidaktik, Psychologie, Soziologie, Bildungswiss.

Geschäftsstelle Ludwigsburger Hochschulschriften: https://phbl-opus.phlb.de/home

Ludwigshafen

353 **Ernst-Bloch-Archiv**

> ✉ Walzmühlstr. 63, 67061 Ludwigshafen, ☎ (0621) 504-2592 / -3041, Fax (0621) 504-2450
> 🖥 matthias.mayer@ludwigshafen.de, https://www.bloch.de/wissenschaft/bibliothek

Präsenzbibliothek: ca. 6.000 Medieneinh. – lfd. Zss.: 10 – wiss. NL Ernst Bloch: ca. 10 lfd m, priv. Nl. Ernst u. Karola Bloch (in Bearb.): ca. 7.000 Medieneinheiten.

1 Arbeitsraum mit 5 Benutzerarbeitsplätzen.

Leiter: M. Mayer

Träger: Stadt Ludwigshafen

354 **Bibliothek der Hochschule für Wirtschaft und Gesellschaft Ludwigshafen am Rhein ⟨1116⟩**

> ✉ Ernst-Boehe-Str. 4, 67059 Ludwigshafen, ☎ (0621) 5203-141 (Ausk.)/ -140 (Ltg.)
> 🖥 bibliothek@hwg-lu.de, https://bib.hwg-lu.de

Ausleih- und Präsenzbibliothek

122.000 Bde., 49.700 elektron. Publ. – lfd. Zss.: 270 gedr., 42.000 elektron.

121 Benutzerarbeitsplätze, davon 28 Computer-APl.

Leiter: T. Haß

Bes. Sammelgeb.: Betriebswirtschaft (ZentralB).

Teilbibliothek FB IV, Sozial- und Gesundheitswesen

> ✉ Maxstr. 29, 67059 Ludwigshafen, ☎ (0621) 5203-511, Fax (0621) 5203-559
> 🖥 bibliothekfb4@hwg-lu.de

Ausleihbibliothek, Ansprechpartner: W. Prautsch.
Bes. Sammelgeb.: Sozialarbeit/Sozialpädagogik, Pflegemanagement/Pflegelehre, Medizin, Pädagogik, Psychologie, Recht, Soziologie.

Bibliothek des Ostasieninstituts

🖃 Rheinpromenade 12, 67061 Ludwigshafen, ☎ (0621) 5203-420
🖥 foerst@oai.de, https://ostasieninstitut.com/bibliothek
Präsenzbibliothek, Ansprechpartner: J. Först.
Bes. Sammelgeb.: Wirtschaft der Länder Ost- und Südostasiens.

Lübeck

355 * **Bibliothek der Hansestadt Lübeck ⟨48⟩**

🖃 Hundestraße 5–17, 23552 Lübeck
☎ (0451) 12241-14 (Ausk.)/ -10 (Sekr.)/ -11 (Dir.), Fax (0451) 12241-12
🖥 stadtbibliothek@luebeck.de, http://www.stadtbibliothek.luebeck.de

Ausleihbibliothek f. 220.000 Einw.
974.829 Medieneinheiten, 836.481 Bde., 132.459 elektron. Publ. – lfd. Zss.: 428 gedr. – Altbestand 11.–19. Jh.
162 Benutzerarbeitsplätze – Entleihungen: 978.232
Dir.: G. Schleiwies, Stellv.: A. Buske
Stellenplan: 6.92 Beamtinnen und Beamte (1 A9, 1 A8, 4.92 A7) – 44.82Ang. (1 EG15, 1 EG13, 1 EG11, 8.88 EG10, 4.44 EG9b, 2 EG8, 4.5 EG6, 8.5 EG5, 13.5 EG4)
Träger: Hansestadt Lübeck – Gesamtausgaben 2020: 5.116.432.–, davon 486.018.– für Erwerbung
Bes. Sammelgeb.: Lübeck, Hanse.
Pflichtex.: Seit 1756 aus d. ehem. Freistaat Lübeck, seit 1964 aus Schleswig-Holstein.
Veröff. unter: http://www.stadtbibliothek.luebeck.de/files/Veroeffentlichungen_Liste.pdf
Angeschl.: 4 Stadtteilbibliotheken mit 74.637 Medieneinheiten, Außenmagazin Lübeck Einsiedelstraße 6, Tel.: (0451) 122-4193, Fax (0451) 122-4198

356 **Bibliothek der Musikhochschule Lübeck ⟨Lü 12⟩**

🖃 Große Petersgrube 21, 23552 Lübeck, ☎ (0451) 1505-130 / -205, Fax (0451) 1505-200
🖥 bibliothek@mh-luebeck.de, http://www.mh-luebeck.de/hochschule/bibliothek/

Wiss. Spezial- und Ausleihbibliothek
ca. 89.400 Noten, 30.000 Bde., 31.000 Tonträger, 1.350 Bildtonträger – lfd. Print-Zss./Periodika: 70
4 Internet-APl. 4 OPACs, 1 Medienraum, 1 Gruppen-AR
Leiter: T. Senkbeil
Stellenplan: 4 Beschäftigte.
Träger: Land Schleswig-Holstein

357 * **Zentrale Hochschulbibliothek ⟨841⟩**

> Ratzeburger Allee 160, 23562 Lübeck, ☎ (0451) 3101-2201, Fax (0451) 3101-2204
> zhbmail@zhb.uni-luebeck.de, http://www.zhb.uni-luebeck.de

Freihand-Ausleihbibliothek
461.885 Medieneinheiten, davon 451.152 Bde., 48.057 elektron. Publ. – lfd. Zss.: 44 gedr., 4.858 elektron.
200 Benutzerarbeitsplätze, darunter 38 Computer-APl., 2 Gruppen-ARR u. 21 Arbeitskabinen – Entleihungen: 56.811
Leitung: S. Tiemann. Stellv.: I. Larres. Stellenplan: 14 VZÄ
Träger: Land Schleswig-Holstein

Lüneburg

358 * **Universitätsbibliothek ⟨Lün 4⟩**

> Postfach, 21332 Lüneburg; Universitätsallee 1, 21335 Lüneburg
> ☎ (04131) 677-1110, Fax (04131) 677-1111
> unibib@leuphana.de, https://www.leuphana.de/services/miz.html

Ausleih- und Präsenzbibliothek f. 13.420 eingetr. Ben.
1.048.999 Medieneinheiten, davon 615.437 Bde., 361.156 elektron. Publ. – lfd. Zss.: 425 gedr., 66.377 elektron.
LS, Freihandbereiche, geöffn. Magazin, 429 Benutzer-APl., darunter 78 Computer-APl., davon 78 mit Internetzugang, 4 Einzelarbeitsräume, 7 Gruppenarbeitsräume – Entleihungen: 195.553
Dir.: T. Ahlers, Stellv.: M. Bilz
Stellenplan: 21 Beamtinnen und Beamte (1 A16, 2 A14, 1 A13, 4 A11, 3 A10, 6 A9, 4 A8), 12.23 Beschäftigte (0.50 EG13, 1 EG9, 8.16 EG6, 2.57 EG 5).
Träger: Universität Lüneburg, Stiftung öffentlichen Rechts. – Gesamtausgaben 2020: 3.881.104.–, davon 1.947.459.– für Erwerbung
Bes. Sammelgeb.: Arno-Schmidt-Sammlung, Mikrofilmsammlung nordostniedersächsischer Tagespresse, Slg. überregionaler Ztgn u. ZSS (Schwerpunkt Arbeiterpresse) auf Mikrofilm.
Veröff.: Universitätsbibliographie unter http://fox.leuphana.de/portal/

359 * **Ratsbücherei ⟨118⟩**

> Postfach 2540, 21315 Lüneburg; Am Marienplatz 3, 21335 Lüneburg
> ☎ (04131) 309-3609/-3619
> ratsbuecherei@stadt.lueneburg.de, http://www.lueneburg.de/ratsbuecherei, https://rblg.stadt.lueneburg.de/webopac

Öffentliche Bibliothek: 140.000 Medieneinheiten – lfd. Zss.: 72 gedr., 384 elektron. – Sonderbestand: Handschriften, Inkunabeln; Artothek.
40 Benutzer-APl., darunter 25 Computer/Internet-APl. – Entleihungen: 411.700
Leiter: T. Lux, Stellv.: S. Kussin, A. Bechly (Leitung Kinder- u. Jugendbücherei), B. Lund (Leitung Zweigstelle Kaltenmoor). Stellenplan: 10.5 VZÄ
Träger: Hansestadt Lüneburg – Gesamtetat 2020: 909.300.–, davon 103.700.– für Erwerbung
Angeschl. Bibliotheken: 2, onleihe Niedersachsen

360 **Nordost-Bibliothek ⟨18/313⟩**

> 📧 Lindenstr. 31, 21335 Lüneburg, ☎ (04131) 40059-21 (LS), Fax (04131) 40059-59
> 💻 nob@ikgn.de, https://www.ikgn.de/cms/index.php/nordost-bibliothek

Bibliothek des Nordost-Instituts an der Universität Hamburg. Öffentlich zugängliche, wiss. Spezialbibliothek: ca. 118.000 Bde. – lfd. Print-Zss.: 140 – Sonderbestand: ca. 35.000 Ansichtspostkarten, ca. 10.000 Landkarten.
Lesesaal mit 12 Benutzerarbeitsplätzen
Leiterin: M. Bernhard, Stellv.: E. Habisch. Stellenplan: 3 Beschäftigte (VZÄ)
Träger: IKGN e. V. (Institut f. Kultur und Geschichte der Deutschen in Nordosteuropa e. V.)
Bes. Sammelgeb.: Kultur u. Geschichte der Deutschen im nördl. Ostmitteleuropa (Baltikum u. Polen), Russland u. d. GUS Staaten.

Magdeburg

361 * **Universitätsbibliothek Magdeburg ⟨Ma 9⟩**

> 📧 Postfach 4120, 39016 Magdeburg; Universitätsplatz 2, 39106 Magdeburg
> ☎ (0391) 67-58640, Fax (0391) 67-41135, 💻 bibliothek@ovgu.de, https://www.ub.ovgu.de/

Präsenz- u. Ausleihbibliothek
1.115.500 Bde., 483.710 E-Books. – lfd. Zss.: 964 gedr., 25.513 elektron. – Sonderbestand: 88.737 Normen
992 Benutzerarbeitsplätze, darunter 190 Computer-APl. – Entleihungen: 139.590
Dir.: L. Thomas, Stellv.: J. Heeg – Abt.-Ltr.: N.N. (Benutzungs- u. Informationsdienste), R. Regener (Medienbearbeitung), S. Lindner (IT-Anwendungen) – Wiss. D.: N.N., S. Bosse, P. Bürger, A. Matthes, P. Leisering, C. Lücke
Stellenplan: 2 Beamte (1 A16, 1 A15) – 70 Ang. (4 TV-L E14, 10 E13, 1 E 12, 1 E10, 29 E9, 25 E6,)
Träger: Land Sachsen-Anhalt.
Gesamtausgaben 2020: 6.238.850.– davon 3.185.509.– für Erwerbung
Veröff. unter: https://journals.ub.uni-magdeburg.de/index.php/UB-SR/issue/archive

Medizinische Zentralbibliothek der Otto-von-Guericke-Universität Magdeburg ⟨Ma 14⟩

> 📧 Leipziger Str. 44, 39120 Magdeburg
> ☎ (0391) 67–14300, Fax (0391) 67–14317
> 💻 mzb@ovgu.de, http://www.med.uni-magdeburg.de/mzb/

Präsenz- und Ausleihbibliothek
Leiterin: M. Röhner

362 * **Stadtbibliothek Magdeburg ⟨73⟩**

> 📧 Postfach 4025, 39015 Magdeburg; Breiter Weg 109, 39104 Magdeburg
> ☎ (0391) 540 4800, Fax (0391) 540 4803
> 💻 stadtbibliothek@magdeburg.de, http://www.magdeburg-stadtbibliothek.de

Öffentliche Bibliothek, Ausleihbibliothek, ZentralB mit 3 Zweigstellen und 1 FahrB.
345.758 Medieneinheiten – lfd. Zss.: 121 gedr.

287 Benutzerarbeitsplätze, davon 24 Computer-APl. – Entleihungen: 889.288 ME
Direktorin: C. Poenicke, Stellv.: I. Gonschoreck – Abt.-Ltr.: I. Gonschoreck, K. Helm
Stellenplan: 62 Stellen.
Träger: Landeshauptstadt Magdeburg – Erwerbungsausgaben 2020: 209.478.–
Bes. Sammelgeb.: Historische Kinderbücher, Regionalia.
Veröff.: Lfd. Jahresberichte, Magdeburger Schriften unter http://www.magdeburg-stadtbibliothek.de

363 Hochschulbibliothek der Hochschule Magdeburg-Stendal ⟨551, 552⟩

> Postfach 3655, 39011 Magdeburg; Breitscheidstr. 2, Haus 1, 39114 Magdeburg
> ☎ (0391) 886-4333, Fax (0391) 886-4185
> bibliothek@h2.de, bibliothek@stendal.h2.de
> https://www.hs-magdeburg.de/hochschule/einrichtungen/bibliothek.html

Ausleihbibliothek f. mehr als 7.500 Nutzerinnen und Nutzer
ca. 250.000 Medieneinheiten – lfd. Zss.: 183 gedr. (Magdeburg), ca. 74 gedr. (Stendal)
Präsenz- und Ausleihbibliothek für Studierende, HS-Angehörige und für Benutzer der Region, Magdeburg: 4 Gruppenarbeitsräume, Stendal: 1 Gruppenarbeitsraum.
Leitung: M. Kohrmann, Stellv.: U. Baierl, Bereichsleiterin Standort Stendal: P. Beier
Stellenplan: 9.74 Angestellte. Träger: Land Sachsen-Anhalt
Bes. Sammelgeb.: Bauwesen, Ingenieurwesen, Wasser- und Kreislaufwirtschaft, Fachkommunikation, Medien/Journalismus, Sozial- und Gesundheitswesen, Kindheitswiss., Wirtschaft.
Sondersammlung: ICAA Library – DATA Archer Tongue Collection – Gemeinschaftsprojekt zwischen dem International Council on Alcohol and Addictions und dem Deutschen Archiv für Temperenz- und Abstinenzliteratur.

Standort Stendal <552>

> Osterburgerstr. 25, 39576 Stendal,
> ☎ (03931) 2187-4880, bibliothek@stendal.h2.de

Bereichsleiterin (Stendal): P. Beier

364 Bibliothek des Landtages von Sachsen-Anhalt

> Postfach, 39094 Magdeburg; Domplatz 6–9, 39104 Magdeburg
> ☎ (0391) 560-1135 (Auskunft), Fax (0391) 560-1180
> bibliothek@lt.sachsen-anhalt.de, https://www.landtag.sachsen-anhalt.de/dokumente/bibliothek

Wiss. Spezialbibliothek für MdL, Fraktionsmitarbeiter, Mitarbeiterinnen u. Mitarbeiter der Landtagsverw. und den wiss. Dienst des Parlaments, öffentlich zugänglich
ca. 48.000 Bde. – lfd. Zss.: 350 gedr.
1 LS mit 17 Benutzerarbeitsplätzen, 2 Computer-APl.
Leiter: M. Rahmfeld, Stellv.: H. Stodtmeister
Stellenplan: 2 Beamte (1 A15, 1 A11) – 2.75 Tarifbeschäftigte
Träger: Land Sachsen-Anhalt. Gesamtetat 2020: 216.000.– (ohne Personalkosten)
Bes. Sammelgeb.: Parlamentaria, Parlamentsrecht, Recht, Politik, Sozialwiss., Landesgeschichte.

365 **Bibliothek des Leibniz-Institutes für Neurobiologie (LIN)** ⟨ Ma 45 ⟩

Brenneckestraße 6, 39118 Magdeburg, ☎ (0391) 6263-91421, Fax (0391) 6263-91429
bibliothek@lin-magdeburg.de, https://www.lin-magdeburg.de/service/bibliothek

Zugl.: Gemeinsame Bibliothek der theoretischen Institute der Medizinischen Fakultät der Otto-von-Guericke-Universität Magdeburg. Wiss. Spezial- und Ausleihbibliothek zum Forschungsschwerpunkt Neurowiss.: ca. 15.000 Bde. – lfd. Zss.: 20 gedr., 9.952 elektron.
LS mit 10 Plätzen, davon 3 Computerarbeitsplätze.
Leiterin: E. Behrends
Träger: Leibniz-Institut für Neurobiologie, Stiftung des öffentlichen Rechts.

Mainz

366 * **Universitätsbibliothek** ⟨77⟩

Postfach 4020, 55030 Mainz; Jakob-Welder-Weg 6, 55128 Mainz
☎ (06131) 39-22644 (Dir.), (06131) 39-22633 (Information.)
direktion@ub.uni-mainz.de, info@ub.uni-mainz.de, http://www.ub.uni-mainz.de

Bibliothekssystem mit Zentralbibliothek und 6 Bereichsbibliotheken
Ausleih- und Präsenzbibliothek f. 31.000 Studierende, 2.600 Lehrende u. d. Öffentlichkeit
3.569.200 Medieneinheiten, 1.224.000 E-Books – lfd. Zss.: 2.556 gedr., 31.000 elektron.
3.505 Benutzerarbeitsplätze, davon 298 Computerarbeitsplätze, Zentrum für audiovisuelle Produktion: TV-Studio, Tonstudio
Dir.: M. Hansen, Stellv.: M. Knepper – Wiss. D.: A. Ahanda, A. Brösing, U. Burkard, O. Eberlen, K. Eckert, J. Gammert, C. George, K. Grimm, M. Hagenmaier-Farnbauer, R. Heyen, M. Jantz, E. Kirchgässner, J. Kraus, N. Labitzke, S. Lauer, M. Lill, N. Oehler, W. Pullig, L. Roemer, T. Rotzal, P. Schollmeyer, K. Schreiner, D. Schulz, S. Schweizer, K. Stuckert, K. Weber, A. Weidmann, B. Weinzinger, A. Wenz, C. Wilke
Personal: 41.4 Beamtinnen und Beamte (1 A16, 2 A15, 5.8 A14, 1 A13, 2.9 A12, 8 A11, 12.9 A10, 1.3 A9gD, 1 A9 mD, 2.5 A8, 2 A7, 1 A6) – 117 Beschäftigte (2 E15, 5 E14, 12 E13, 2 E11, 2 E10, 18.4 E9B, 5.3 E9A, 7.8 E8, 27.7 E6, 18.3 E5, 15.7 E4, 0.8 E3)
Träger: Land Rheinland-Pfalz
Gesamtausgaben 2020: 15.055.954.–, davon 5.106.421.– Erwerbungsausgaben

Bereichsbibliothek Mathematik Informatik, Naturwissenschaften

Duesbergweg 10–14, 55128 Mainz, ☎ (06131) 39-20454, bbmin@ub.uni-mainz.de
Leitung: U. Burkard

Bereichsbibliothek Philosophicum

Jakob-Welder-Weg 18, 55128 Mainz, ☎ (06131) 39-27128, bbmin@ub.uni-mainz.de
Standort Musikwissenschaften: Jakob-Welder-Weg 18, 55128 Mainz, ☎ (06131) 39-24171
Standort Hochschule für Musik: Jakob-Welder-Weg 28, 55128 Mainz, ☎ (06131) 39-28002
Leitung: K. Stuckert

Bereichsbibliothek Rechts- und Wirtschaftswissenschaften

Jakob-Welder-Weg 9, 55128 Mainz, ☎ (06131) 39-23025, bbrewi@ub.uni-mainz.de
Leitung: W. Pullig

Bereichsbibliothek Theologie
  Wallstraße 7a, 55122 Mainz, ☎ (06131) 39-20235, 🖥 bbtheol@ub.uni-mainz.de
Leitung: M. Lill

Bereichsbibliothek Translations-, Sprach- und Kulturwissenschaft ⟨Mz 19⟩
  Postfach 1150, 76711 Germersheim, An der Hochschule 2, 76726 Germersheim,
☎ (07274) 50835-161, 🖥 bbtsk@ub.uni-mainz.de
Leitung: C. Wilke

Bereichsbibliothek Universitätsmedizin
  Postfach 3960, 55029 Mainz, Langenbeckstr. 1, 55131 Mainz, ☎ (06131) 17-2536,
🖥 bbum@ub.uni-mainz.de
  Standort Zahnmedizin: Augustusplatz 2, 55131 Mainz, ☎ (06131) 17-2210,
🖥 zahnmedizin@ub.uni-mainz.de
Leitung: S. Schweizer

367 * **Wissenschaftliche Stadtbibliothek der Stadt Mainz** ⟨36⟩

  Rheinallee 3 B, 55116 Mainz, ☎ (06131) 12-2649, Fax (06131) 12-3570
  🖥 stb.direktion@stadt.mainz.de, http://www.bibliothek.mainz.de

Wissenschaftliche Kommunal- und Regionalbibliothek, Ausleihbibliothek
711.817 Medieneinheiten, davon 683.899 Bde., 2.666 elektron. Publ. – lfd. Zss.: 1.067 gedr., 14.670 elektron. – Sonderbestand: 5.133 Handschriften und Autographen, 6 Nachlässe.
70 Benutzerarbeitsplätze, davon 17 PC-APl. – Entleihungen: 31.294
Dir.: S. Fliedner, Stellv.: I. Hartmann (Benutzung, Regionalbibliothek, EDV) – Wiss. D.: S. Geisler (Medienbearbeitung, Bestandserhaltung, Sondersammlungen), C. Richter (Forschungsbibliothek, Altbestand), E. Berninger-Rentz (Öffentlichkeitsarbeit)
Stellenplan: 8.275 Beamtinnen und Beamte (1 A16, 1 A12, 4.85 A11, 1.425 A10), 15.104 Beschäftigte (2.5 TVöD13, 0.5 TVöD9b, 3.718 TVöD9a, 0.5128 TVöD8, 3.757 TVöD7, 1 TVöD6, 3.116 TVöD5)
Träger: Stadt Mainz – Gesamtausgaben 2020: 1.198.472.–, davon 51.226.– für Erwerbung
Bes. Sammelgeb.: Moguntinen, (Mainzer Drucke u. auf Stadt, Kurstaat, Erzbist. u. Bist. bezogene Lit.), Rheno-Hassiaca (Lit. über d. Prov. u. d. ehem. Reg.-Bez. Rheinhessen sowie Drucke aus d. Pflichtex.-Ber. Rheinhessen), Kultur- und Wissenschaftsgeschichte, Buchkunde, Bibliotheksgeschichte, Peter-Cornelius-Archiv, Slg. Scholz.
Pflichtex.: Seit 1965 aus d. ehem. Reg.-Bez. Rheinhessen.
Veröff.: http://www.bibliothek.mainz.de/publikationen.php
Angeschl.: Öffentliche Bücherei – Anna Seghers – (eigener Etat).

368 Bibliothek der Akademie der Wissenschaften und der Literatur Mainz ⟨Mz 3⟩

  Geschwister-Scholl-Straße 2, 55131 Mainz, ☎ (06131) 577 110
  🖥 bibliothek@adwmainz.de, https://www.adwmainz.de/bibliothek.html

Wissenschaftliche Bibliothek. Ausleih- und Präsenzbibliothek
80.000 Bde. – lfd. Zss.: ca. 600 gedr. – Sonderbestand: Pali-Sammlung, Nossack-Bibliothek (Nachlass), Shakespeare-Archiv/ Nachlass H. Oppel.
1 Benutzerarbeitsplatz
AP: F. Luce, R. Zimmermann. Träger: Akademie der Wissenschaften und der Literatur Mainz.

369 Hochschulbibliothek der Hochschule Mainz ⟨1053⟩

Holzstr. 36, 55116 Mainz, ☎ (06131) 628-6210 (Ltg.), Fax (06131) 628-6209
bibliothek.holzstrasse@hs-mainz.de, bibliothek.campus@hs-mainz.de
https://www.hs-mainz.de/studium/services/fachbereichsuebergreifend/bibliothek/

Präsenz- und Ausleihbibliothek, 2 Standorte: Holzstraße und Campus (Lucy-Hillebrand-Str. 2).
ca. 35.000 Bde. – Sonderbestand: Normensammlung
Leiter: I. Teronic-Oruc, Stellv.: S. Klein. Stellenplan: 8 Beschäftigte

370 * Gutenberg-Bibliothek im Gutenberg-Museum ⟨36a⟩

Liebfrauenplatz 5, 55116 Mainz, ☎ (06131) 12-2623, Fax (06131) 12-3488
gutenberg-bibliothek@stadt.mainz.de, https://www.mainz.de/microsite/gutenberg-museum/Forschung_Sammlung_/gutenberg_bibliothek.php

Präsenzbibliothek, Spezialbibliothek für Buch-, Druck- und Schriftgeschichte
92.500 Medieneinheiten – lfd. Zss.: ca. 50 gedr. – Sonderbestand: Inkunabeln, Pressendrucke, Schriftproben.
LS mit 18 Benutzerarbeitsplätzen
Museumsdirektorin: A. Ludwig, Bibliotheksleiter: C. Maywald
Träger: Stadt Mainz
Bes. Sammelgeb.: Druckgeschichte, Leben und Werk von Johannes Gutenberg, Schrift und Typographie, Buchgeschichte.

371 * Bibliothek des Leibniz-Instituts für Europäische Geschichte ⟨Mz 5⟩

Alte Universitätsstr. 19, 55116 Mainz, ☎ (06131) 39-39344, Fax 39-30153
bibliothek@ieg-mainz.de, http://www.ieg-mainz.de/bibliothek/

Wiss. Spezialbibliothek, Präsenzbibliothek: 220.000 Bde. – lfd. Zss.: 350
10 Benutzerarbeitsplätze
Wiss. Leiterin: I. Grund. Stellenplan: 1 TVL13ü, 0,5 TVL9, 0,5 TVL9, 0,5 TVL6
Träger: Leibniz-Institut f. Europäische Geschichte, Stiftung d. bürgerl. Rechts d. Landes Rheinland-Pfalz
Bes. Sammelgeb.: Europäische und internationale Geschichte seit 1450, Kirchen-, Theologie- und Religionsgeschichte seit Humanismus und Reformation.

372 * Martinus-Bibliothek. Wissenschaftliche Diözesanbibliothek ⟨Mz 2⟩

Postanschrift:, Augustinerstraße 34, 55116 Mainz
Hausanschrift: Grebenstraße 8, 55116 Mainz
☎ (06131) 266-222, Fax (06131) 266-388
martinus.bibliothek@Bistum-Mainz.de, http://www.martinus-bibliothek.de

Hausanschrift: Grebenstraße 8, 55116 Mainz
Öffentlich zugängliche, wissenschaftliche Ausleihbibliothek

300.000 Bde. – lfd. Zss.: 200 gedr., 2 elektron. (+ div. Nationallizenzen) – Sonderbestand: 300 HSS, 1.000 Inkunabeln, 500 Graphiken, u. a. Gelehrtenbibliotheken von Johann Friedrich Heinrich Schlosser u. Weihbischof Stephan Alexander Würdtwein

LS m. 22 Benutzerarbeitsplätzen u. 10.000 Bänden, 4 WWW-OPACs mit Internetzugang, WLAN und 4 APl. in der Ausleihe

Dir.: H. Hinkel (geht zum 30. September 2021 in Ruhestand; Nachfolge steht noch nicht fest)

Träger: Bistum Mainz

Bes. Sammelgeb.: Theologie, Moguntinen.

Pflichtex.: Belegexemplarrecht für die Diözese Mainz f. kirchliche Veröffentlichungen.

Mannheim

373 * **Universitätsbibliothek** ⟨180⟩

> Schloss, Schneckenhof West, 68131 Mannheim
> ☎ (0621) 181-2940 (Sekr.)/ -2948, Fax (0621) 181-2939
> ub@bib.uni-mannheim.de, info@bib.uni-mannheim.de
> https://www.bib.uni-mannheim.de

UB gegliedert in Bibliotheksbereiche (1 Ausleihbibliothek, 4 Präsenzbibliotheken, 1 Learning Center) unter zentraler Verwaltung: 2.600.000 Medieneinheiten, davon 1.950.000 Bde., 472.000 elektron. Publ. – lfd. Zss.: 864 gedr., 35.000 elektron.

2.060 Benutzerarbeitsplätze, davon 180 Computer-APl., Freihandbereich mit 670.000 Medieneinheiten – Entleihungen: 177.500

Dir.: S. Gehrlein, Stellv.: A. Klein – Wiss. D.: V. Boecking, M. von Francken-Welz, J. Kaiser, A. Leichtweiß, J. Murcia Serra, R. Nink, H. Platte-Burghardt, I. Schumm, K. Selzer, L. Steeb, S. Weil, P. Zumstein.

Stellenplan: 57 Beamtinnen und Beamte – 24.5 Ang. – Außerdem wird zum FAMI und im höheren BDienst ausgebildet.

Träger: Land Baden-Württemberg – Gesamtetat 2020: 8.255.038.–, davon 3.217.527.– Erwerbungsetat.

Veröff. unter: https://www.bib.uni-mannheim.de/publikationen/

374 **Bibliothek der Medizinischen Fakultät Mannheim der Universität Heidelberg** ⟨16/300⟩

> Theodor-Kutzer-Ufer 1–3, 68167 Mannheim, ☎ (0621) 383-3700, Fax (0621) 383-2006
> bibliothek@medma.uni-heidelberg.de, https://www.umm.uni-heidelberg.de/bibliothek/

Ausleihbibliothek, Fakultätsbibliothek: 54.093 Bde. – lfd. Zss.: 75 gedr., 17.000 elektron.

200 Benutzer-APl., darunter 91 Computer-APl., 2 Gruppenarbeitsräume

Leiterin: M. Semmler-Schmetz, Stellv.: J. Matrisciano. Stellenplan: 11.1 VZÄ

Träger: Medizinische Fakultät Mannheim der Universität Heidelberg

Veröff. unter: https://www.umm.uni-heidelberg.de/bibliothek/ueber-uns/publikationen/

375 Bibliothek des Bildungszentrums der Bundeswehr (BiZ Bw) ⟨Mh 38⟩

Seckenheimer Landstr. 12, 68163 Mannheim,
☏ (0621) 4295-2350/ -2351, Fax (0621) 4295-1316
✉ BiZBwBibliothek@bundeswehr.org

Wiss. Spezialbibliothek, öffentl. zugängliche Ausleihbibliothek mit 2 Standorten (Freihand-bibliothek und Magazinbibliothek mit LS) für ca. 5.200 Lehrgangsteiln., ca. 600 Studierende u. ca. 95 Lehrende
192.000 Medieneinheiten – lfd. Zss.: 206 gedr.
95 Benutzerarbeitsplätze, darunter 19 Computer-APl. – Entleihungen: 22.200
Leiterin: G. Biedermann, Stellv.: F. Schreckenberger
Stellenplan: 1 A13/14, 3 A 9/11, 1 A9mD, 7 A6/8
Träger: Bundesrepublik Deutschland
Bes. Sammelgeb.: Technische Disziplinen (einschließl. Wehrtechnik), Militärwesen, Rechts-, Verwaltungs-, Sozial- und Wirtschaftswissenschaften.

376 Bibliothek der Hochschule der Bundesagentur für Arbeit (HdBA) ⟨1251⟩

Postfach 10 10 61, 68010 Mannheim; Seckenheimer Landstr. 16, 68163 Mannheim
☏ (0621) 4209-153 (Leiter)
✉ Hochschule.Mannheim-Bibliothek@arbeitsagentur.de, http://www.hdba.de/hochschule/zentrale-einrichtungen/bibliothek

Freihand- u. Ausleihbibliothek für die Angehörigen d. Hochschule
ca. 60.000 Bde., ca. 10.000 E-Books – lfd. Zss.: ca. 300 gedr., ca. 3.500 lizenzierte E-Journals
LS m. 110 Benutzerarbeitsplätzen, 3 Lesekabinen, Bibliotheks-Café mit Kino
Leiter: D. Funk
Träger: Bundesagentur für Arbeit, Nürnberg
Bes. Sammelgeb.: Veröff. d. Bundesagentur für Arbeit (BA) u. d. Instituts für Arbeitsmarkt- u. Berufsforschung d. BA (IAB), Geschichte d. Arbeitsverwaltung.

Angeschl.: Hochschule d. Bundesagentur f. Arbeit
Wismarsche Str. 405, 19055 Schwerin ☏ Tel.: (0385) 5408-493, ✉ Hochschule-Schwerin.Bibliothek@arbeitsagentur.de

377 Hochschulbibliothek Mannheim ⟨953⟩

Paul-Wittsack-Str. 10, 68163 Mannheim, ☏ (0621) 292-6141, Fax (0621) 292-6144
✉ bibliothek@hs-mannheim.de, http://www.bib.hs-mannheim.de

Ausleih- u. Präsenzbibliothek f. 5.409 Studierende, 167 Prof. u. 139 Lehrbeauftr.
107.660 Medieneinheiten, davon 104.500 Bde., 126.034 elektron. Publ. – lfd. Zss.: 154 gedr., 14.500 elektron. – DIN-Auslegestelle
112 Benutzerarbeitsplätze, darunter 10 Computer-APl. – Entleihungen: 69.400
Leiterin: M. Klein. Stellenplan: 1 A12, 1 A11, 1.75 E9, 3 E6
Träger: Land Baden-Württemberg – Gesamtausgaben 2020: 853.697.–, davon 411.475.– für Erwerbung

378 * **Bibliothek des Leibnitz-Instituts für deutsche Sprache** ⟨Mh 39⟩

Postfach 101621, 68016 Mannheim; R 5, 6–13, 68161 Mannheim
(0621) 1581-161, Fax (0621) 1581-200
bibliothek@ids-mannheim.de, pohlschmidt@ids-mannheim.de
https://www.ids-mannheim.de/bibliothek/

Spezial- und Forschungsbibliothek, Präsenzbibliothek, vorw. f. Wissenschaftler/innen d. Hauses. 118.855 Medieneinheiten, ca. 11.170 elektron. Publ. – lfd. Zss.: 174 gedr., Zugriff auf ca. 91.800 elektron. Zss.
44 Benutzerarbeitsplätze, 23 Computer-APl., OPAC/Internet
Leiterin: M. Pohlschmidt. Stellenplan: 1 wiss. Bibl., 1 Dipl.-Bibl., 2 BAss., 2 stud. Hilfskräfte
Träger: Finanzierung nach d. Rahmenvereinb. Forschungsförd.: je z. Hälfte v. BMBF u. v. Min. f. Wiss., Forschung und Kunst Baden-Württemberg – Erwerbungsetat 2020: 110.000.–
Bes. Sammelgeb.: Germansitische Linguistik, Allg. Sprachwiss., Sprachphilosophie, Sprachsoziologie.
Veröff. unter: http://pub.ids-mannheim.de

379 **Bibliothek des TECHNOSEUM in Mannheim** ⟨Mh 34⟩

Museumsstr. 1, 68165 Mannheim, (0621) 4298-760, Fax (0621) 4298-761
bibliothek@technoseum.de, http://www.technoseum.de/sammlungen/bibliothek/

Im Landesmuseum für Technik und Arbeit in Mannheim. Museumsbibliothek, Ausleihbibliothek: 116.000 Medieneinheiten., 486 elektron. Publ. - lfd. Zss.: 100 gedr.
30 Benutzerarbeitsplätze, WLAN – Entleihungen: 1.287
Leiterin: P. Memmer. Stellenplan: 1 Ang.
Träger: Stiftung des öff. Rechts. – Erwerbungsetat 2018: 14.400.–
Bes. Sammelgeb.: Technikgeschichte, Wirtschafts- u. Sozialgeschichte Südwestdeutschlands.

380 **Bibliothek der Reiss-Engelhorn-Museen mit Curt-Engelhorn-Zentrum** ⟨Mh 28⟩

B 4, 10a, 68030 Mannheim
(0621) 293-3157, dieter.duemas@mannheim.de

Öff. zugängl. Präsenzbibliothek: ca. 120.000 Bde. – lfd. Zss.: ca. 120
Leiter: D. Dümas
Träger: Stadt Mannheim
Bes. Sammelgeb.: Mannheimer Drucke, Mannheimensien, Regionalgeschichte Badens u. d. Pfalz, Theaterwiss., Völkerkunde, Archäologie, Naturkunde, Fotografie.

Marbach (Neckar)

381 * **Deutsches Literaturarchiv Marbach, Bibliothek** ⟨Mar 1⟩

> ✉ Postfach 1162, 71666 Marbach; Schillerhöhe 8–10, 71672 Marbach am Neckar
> ☎ (07144) 848-0 (Rezeption), -318 (Ausk.), Fax (07144) 848-299
> 🖳 bibliothek@dla-marbach.de, https://www.dla-marbach.de/bibliothek/

Öff. zugängl. Präsenzbibliothek – 390 eingetr. Benutzer (3.060 Lesesaal-Eintragungen, Rückgang der Benutzungszahlen wegen Pandemie-Situation)
1.534.000 Medieneinheiten, 1.121.600 Bde. – lfd. Zss.: 810 – Web-Archiv: 490 lit. Netz-Zss., Netzliteratur u. Weblogs. – 210 Schriftsteller-, Gelehrten-, Sammler- u. VerlagsarchivBB, Slg. Antiquariats-, Auktions-, Autogr.-Kat., 75.400 Buchumschläge, Verlagsprospekte – Mediendok.: Ztgs.-Ausschn. in 51.380 Mappen und Kästen, 115.930 Theatermaterialien, 49.240 Hörfunk- u. Fernseh-Mss., 56.270 Ton- u. Bildträger, Files, Slg. lit. Dokumente. 1.800 Nachlass-Slg. (Ztgs.-Ausschn. u. Ton- u. Bildträger-Slgn.) – Archiv [Hss.-Slg., Cotta-Archiv, Siegfried Unseld Archiv, Bilder u. Objekte]: mehr als 1.400 Nl. u. Slgn., Mus.-Abt.
2 LSS m. 83 Benutzerarbeitsplätzen, 6 Carrels, HandB 19.620 Bde, Digitale B: 740 lfd. liz. Zss., 17 Datenbanken (ohne Nat.liz.), 13 Benutzer-PCs, 3 AV-Benutzerkabinen – Entleihungen: 20.760 – Einbindung in ViFa Germanistik, Web-Opac https://www.dla-marbach.de/katalog-ng/
Dir.: S. Richter – Abt.-Ltr.: N. Maag (B), H. Gfrereis (Mus.-Abt.), R. Kamzelak (Abt. Entwicklung u. komm. Ltg. Verw.), U. von Bülow (Archiv) – Wiss. D.: S. Arnold, M. Brook, A. Hennemann, D. Jaegle, A. Kinder, S. Murr, X. Qiu, M. Schanz, L. Wesemann – B: C. Jessen, A. Kozlik – Archiv: J. Bürger, G. Eschenbach, N. Herweg, H. Mojem , M. Nottscheid – Museum: V. Hildenbrandt, Entwicklungsabt.: S. Fritz, E. Huhsmann (Ref. Bestandserh.), H. W. Kramski (Ref. Wiss. Datenverarb.), E. Huhsmann (Ref. Bestandserh.).
Stellenplan Bibliothek: 27.45 Beschäftigte (1 TV-L E15, 1 E14, 3.2 E13, 1 E11, 13.25 E9, 3 E8, 3 E6, 2 E5)
Träger: Dt. Schillerges. e. V. – Erwerbungsetat Bibliothek 2020: 242.500.–
Bes. Sammelgeb.: Deutsche Literatur und Literaturwiss. von der Aufklärung bis zur Gegenwart, Buch- u. Verlagswesen, Theater.

Marburg (Lahn)

382 * **Universitätsbibliothek** ⟨4⟩

> ✉ Postfach 1920, 35008 Marburg; Deutschhausstraße 9, 35037 Marburg
> ☎ (06421) 28-21321, Fax (06421) 28-26506
> 🖳 sekretariat@ub.uni-marburg.de, https://www.uni-marburg.de/de/ub

Funktional einschichtiges Bibliothekssystem mit Zentralbibliothek und Bereichsbibliotheken. Präsenz- u. Ausleihbibliothek f. 24.500 Studierende u. 81.000 Einwohnerinnen und Einwohner
4.181.231 Bde. – lfd. Zss.: 2.954 gedr., 73.668 elektron. – Sonderbestand: 3.093 Hss. und Autographen
2.688 Benutzerarbeitsplätze, davon 382 Computer-APl. – Entleihungen: 818.766
Dir.: A. Wolff-Wölk, Stellv.: R. Stegerhoff-Raab (Bereichsbibliotheken) – Abt.-Ltr.: H. Bergenthum (Medienbearbeitung), A. Brugmann (Zentrale Dienste), T. Müllerleile (Digitale Dienste),

L. Kaiser (Historische Bestände), I. Rohde (Benutzung) – Wiss. D.: B. Cordes, T. Glaser, M. L. Hartung, G. Hatop, K. Heitmann, S. Langwald, N. Magin, A. Maul, A. Metzler, M. Mosel, D. Müller, P. Münch, G. Plaeschke, G. Rosenberg, S. Saker, D. Strauer, A. Strüning, A. Vielhauer, S. Waldmann, M. Windrath, C. Wolf, K. Zeiß
Stellenplan: 124.91 VZÄ (23.39 hD, 42.56 gD, 58.96 mD/eD – Gesamtausgaben 2020: 13.030.187.–, davon 4.695.570.– für Erwerbung
Bes. Sammelgeb.: Hassiaca/Marburgensia, Savigny.
Veröff. unter: https://www.uni-marburg.de/de/ub/ueber-uns/oeffentlichkeitsarbeit/publikationen

383 Deutsche Blinden-Bibliothek in der Deutschen Blindenstudienanstalt e. V. (blista) ⟨Mb 74⟩

Am Schlag 2–12, 35037 Marburg/Lahn, ☎ (06421) 606-0, Fax (06421) 606-269
dbb@blista.de, https://www.blista.de/Deutsche-Blinden-Bibliothek

Wiss. Präsenzbibliothek des Blindenwesens, Ausleihbibliothek f. Blinde, Portofreier Direktversand. ca. 50.000 Bde. in Normalschrift, ca. 75.000 Bde. in Blindenschrift (Braille), ca. 50.500 Hörbücher.
Leiterin der Bibliothek: A. Katemann
Träger: Dt. Blindenstudienanstalt e. V.
Bes. Sammelgeb.: Blinden- u. Sehbehindertenwesen, wiss. Lit. in Schwarz- u. Punktschrift (Braille) sowie als Hörbücher.
1996 angeschl.: Emil-Krückmann-B, Dt. Blinden-Hörbücherei (DBH), Archiv und internationale Dokumentationsstelle für das Blinden- und Sehbehindertenwesen (AIDOS) u. bibliogr. Zentrum.

384 Dienstbibliothek des Hessischen Staatsarchivs Marburg ⟨Mb 29⟩

Friedrichsplatz 15, 35037 Marburg / Lahn, ☎ (06421) 9250-0, Fax (06421) 161125
marburg@hla.hessen.de, https://landesarchiv.hessen.de/bibliotheken-der-staatsarchive

Präsenzbibliothek: 169.910 Medieneinheiten – lfd. Zss.: 276 Lesesaal d. Staatsarchivs (30 Benutzerarbeitsplätze)
Ltd. Archivdirektor: J. Kistenich-Zerfaß, Stellv. Archivdirektorin: K. Marx-Jaskulski, Bibliotheksreferent: C. Sieger, Ansprechpartnerin: M. Oehme
Träger: Land Hessen
Bes. Sammelgeb.: Hessische Geschichte und Landeskunde, Historische Hilfswissenschaften, Archivwissenschaft.
Pflichtex.: Hessen (Hess. Archivgesetz v. 26.11.2012)
Veröff. unter: https://landesarchiv.hessen.de

385 * **Forschungsbibliothek des Herder-Instituts für historische Ostmitteleuropaforschung – Institut der Leibniz-Gemeinschaft** ⟨Mb 50⟩

Gisonenweg 5–7, 35037 Marburg, ☎ (06421) 184-161, Fax (06421) 184-139
bibliothek@herder-institut.de, http://www.herder-institut.de

Präsenz- und Ausleihbibliothek
520.000 Medieneinheiten, davon 490.000 Bde. – lfd. Print-Zss.: ca. 1.670 – Sonderbestand: Musikslg., Untergrundschrifttum, Zeitungsslg (geb. Ztgn und Ztgsausschn.)
LS m. 20 Benutzerarbeitsplätzen, 3 Carrels für Langzeitnutzer, 16 Computer-APl., OPAC, gesonderte Arbeitsräume f. Mikromat. u. Zeitungsslg., Bibliographieportal zur Geschichte Ostmitteleuropas.
Leiter: J. Warmbrunn, Stellv.: J. Lipinsky
Stellenplan: 18.0 Ang., 2 stud. oder wiss. Hilfskräfte
Träger: Herder-Institut f. historische Ostmitteleuropaforschung – Inst. d. Leibniz-Gemeinschaft.
Bes. Sammelgeb.: Graue Literatur u. Medien i. Minderheitensprachen z. Geschichte u. Kultur Ostmitteleuropas.

Maria Laach

386 **Bibliothek der Abtei Maria Laach** ⟨Mch 1⟩

56653 Maria Laach, ☎ (02652) 59-0/ -322, Fax (02652) 59-359
bibliothek@maria-laach.de, https://www.maria-laach.de/bibliothek/

Präsenzbibliothek f. d. Hausangeh. u. das Abt-Herwegen-Inst. f. liturg. u. monast. Forschung, Benutzung nach Voranmeldung: 271.000 Bde. – lfd. Print-Zss.: 205.
3 LSS mit insgesamt 8 Benutzerarbeitsplätzen, davon 2 Computer-APl.
Leiter: P. Peter Nowack OSB. Stellenplan: 1 Beschäftigte.
Träger: Vereinigung d. Benediktiner zu Maria Laach e. V. – Kein fester Etat.
Bes. Sammelgeb.: Liturgica, Monastica.

Markkleeberg

Fachbereichsbibliothek Maschinenbau, Energietechnik

siehe Leipzig, HTWK (Nr. 346)

Martinsried

387 Bibliothek der Max-Planck-Institute Martinsried ⟨M 411⟩

 Postfach, 82143 Martinsried; Am Klopferspitz 18, 82152 Martinsried
 ☎ (089) 8578-3800, Fax (089) 8578-2242
 library@biochem.mpg.de, http://www.biochem.mpg.de/bibliothek

Gemeinsame Bibliothek des MPI Biochemie und des MPI Neurobiologie (Campus Martinsried)
Präsenzbibliothek
ca. 45.000 Bde. – lfd. Zss.: 6 gedr., ca. 30.000 elektron.
16 Benutzerarbeitsplätze im LS, 3 Computer-APl., OPAC, WLAN
Leiterin: J. Deichsel
Stellenplan: 1 Stelle
Träger: Max-Planck-Gesellschaft

Merseburg

388 * Hochschulbibliothek der Hochschule Merseburg (FH) ⟨542⟩

 Eberhard-Leibniz-Str. 2, 06217 Merseburg
 ☎ (03461) 46-2269 (Ltg.), -2268 (Info), Fax (03461) 46-2270
 bibliothek@hs-merseburg.de, http://www.hs-merseburg.de/bibliothek

Ausleih- und Präsenzbibliothek (3.215 Studierende, 1.833 aktive Ben.), 1 Hauptbibliothek mit einer Verwaltungseinheit und eigenem EDV-Referat.
203.734 Bde., 9.519 elektron. Publ. – lfd. Zss.: 216 gedr., 19.399 elektron.
103 Benutzerarbeitsplätze, 64 Computer-APl., Lesebereiche mit Einzel-APl., 2 Gruppenarbeitsräume, PC-Pool, Kommunikations- und Entspannungsbereich, 6 Carrels. – Entleihungen: 41.860
Dir.: F. Baumann
Stellenplan: 2 hD, 2 gD, 3.43 mD/eD, 1.9 sonstiges Personal.
Träger: Bundesland Sachsen-Anhalt – Erwerbungsausgaben 2020: 396.783.–
Bes. Sammelgeb.: Wiss. Altbestand (Industrie-, Technik- und Chemiegeschichte).
Veröff. unter: http://www.hs-merseburg.de/bibliothek/hochschulbiografie/publikationen-zur-bibliothek/

Metten

389 * Bibliothek der Abtei Metten ⟨Met 1⟩

 Abteistraße 3, 94526 Metten, ☎ (0991) 9108-125, Fax (0991) 9108-178
 bibliothek@kloster-metten.de, http://www.kloster-metten.de

Ausleihbibliothek: ca. 285.000 Bde., 43 Hss., davon 25 liturg. Hss. u. 1 Haphtarot-Rolle, außerd. 80 Hss.-Fragm., 300 Bde. Autogr. u. Abschr. d. 16.–18. Jh., ca. 200 Inkun., 20.000 Schulprogr., ca. 3000 Schallplatten u. CDs – lfd. Zss.: 89 gedr.

LS mit 10 Benutzerarbeitsplätzen
Leiter (NA): Pater Erhard Hinrainer OSB, Bibliothekar (HA): M. Sailer
Träger: Benediktinerabtei Metten

Mittweida

390 * **Hochschulbibliothek der Hochschule Mittweida ⟨Mit 1⟩**

> Weststraße 11, 09648 Mittweida, ☏ (03727) 58-1261 (Leiter)/ -1474 (Ausleihe)
> hsb@hs-mittweida.de, http://www.hsb.hs-mittweida.de

Hochschule Mittweida, University of Applied Sciences. Wiss. Präsenz- u. Ausleihbibliothek f. Stud., Lehrende u. d. Region Mittweida: ca. 180.000 Bde. – lfd. Zss.: ca. 350 gedr.
Zss-LS, 70 Benutzerarbeitsplätze, 40 Internet-APl., 2 Carrels (mit PC und Internetzugang)
Leiter: J. Geske, Stellv. Leiterin: A. Trojahn
Träger: Freistaat Sachsen
Bes.Sammelgeb.: Angewandte Computertechnik, Biotechnologie, Bioinformatik, Elektrotechnik, Gebäudetechnik, Feinwerktechnik, Lasertechnik, Mathematik, Maschinenbau, Medienmanagement/Medientechnik, Physik, Sozialwesen, Wirtschaftswissenschaften.

Mönchengladbach

391 * **Stadtbibliothek Mönchengladbach ⟨260⟩**

> Pop-Up-Bibliothek im Vitus Center (Interim während der Sanierung und Erweiterung der Zentralbibliothek), 41061 Mönchengladbach
> ☏ (02161) 2563-45, Fax (02161) 2563-69,
> service-bibliothek@moenchengladbach.de, http://www.stadtbibliothek-mg.de

Ausleihbibliothek für 14.3271 aktive Benutzer/innen, ZB und 3 Stadtteilbibliotheken.
221.633 Medieneinheiten, 121.470 Printmedien, 44.301 elektron. Publ. – lfd. Zss.: 271 gedr., 119 elektron. – Sonderbestand: 91.759 Bde. Bibliothek des ehemaligen Volksvereins für das Katholische Deutschland, Franziskanerbibliothek (Bände vor 1800): 3.811, Archiv der Deutschen Exlibris Gesellschaft (Dauerleihgabe), Internationales Exlibris-Zentrum Mönchengladbach: 120.000 Exlibris,https://exlibrisportal.moenchengladbach.de/
287 Benutzerarbeitsplätze, davon 19 Computerarbeitsplätze – Entleihungen: 691.647
Leiter des Fachbereichs Bibliothek und Archiv: G. Weyer, Leiterin der Bibliothek: B. Behrendt
Stellenplan: 4 Beamtinnen und Beamte, 37 Beschäftigte. Träger: Stadt Mönchengladbach
Gesamtausgaben 2020: 3.186.508.– davon 514.532.– für Erwerbung

392 **Hochschulbibliothek der Hochschule Niederrhein ⟨829⟩**

> Richard-Wagner-Str. 140, 41065 Mönchengladbach, ☏ (02161) 186-6904
> bibliotheksauskunft@hs-niederrhein.de, http://www.hs-niederrhein.de/bib

Präsenz- u. Ausleihbibliothek f. ca. 14.000 Studierende u. 300 Lehrende, 3 Fachbibliotheken
182.000 Bde. – lfd. Zss.: 493 gedr., 6.000 elektron.
303 Benutzerarbeitsplätze, darunter 76 Computer-APl. – Entleihungen: 265.571

Leiter: F. Salmon
Stellenplan: 4 Beamte – 17.5 Angestellte.
Träger: Land NRW – Gesamtetat 2020: 2.433.694.–, davon 874.458.– Erwerbungsausgaben

Bibliothek Campus Mönchengladbach ⟨829⟩

 Richard-Wagner-Str. 140, 41065 Mönchengladbach, ☎ (02161) 186-3400
 ausleihe-mg@hs-niederrhein.de
 https://www.hs-niederrhein.de/bibliothek/#c18556
98.000 Bde. – lfd. Zss.: 310
140 Benutzerarbeitsplätze, 40 Internet-APl.

Bibliothek Campus Krefeld West

 Frankenring 20, 47798 Krefeld, ☎ (02151) 822-3400
 ausleihe-fr@hs-niederrhein.de
 https://www.hs-niederrhein.de/bibliothek/#c18556
34.000 Bde. – lfd. Zss.: 54
43 Benutzerarbeitsplätze, 6 Internet-APl.

Bibliothek Campus Krefeld Süd

 Reinarzstraße 49, 47805 Krefeld, ☎ (02151) 822-3400
 ausleihe-rz@hs-niederrhein.de
 https://www.hs-niederrhein.de/bibliothek/#c18556
51.000 Bde. – lfd. Zss.: 139
120 Benutzerarbeitsplätze, 30 Internet APl.

Mülheim (Ruhr)

393 * **Stadtbibliothek Mülheim an der Ruhr** ⟨168⟩

 Synagogenplatz 3, 45468 Mülheim an der Ruhr
 ☎ (0208) 455-4141, Fax (0208) 455-4125
 stadtbibliothek@muelheim-ruhr.de, claudia.vom.felde@muelheim-ruhr.de
 http://www.stadtbibliothek-muelheim-ruhr.de

Ausleihbibliothek: 245.865 Medieneinheiten, 142.219 Bände, 8307 elektron. Publ. – lfd Zss: 108 gedr.
102 Benutzerarbeitsplätze, darunter 33 Computer-APL, davon 18 Internet-APL – Entleihungen: 720.023 im Jahr 2019, 568.652 im Jahr 2020
Leiterin: C. vom Felde, Stellv.: E. Hoffmann. Stellenplan: 44.39 VZÄ
Träger: Stadt Mülheim an der Ruhr – Gesamtetat 2020: 3.413.808.–, davon 210.500.– für Erwerbung
Angeschl.: 4 Schul- und Stadtteilbibliotheken

394 * **Hochschulbibliothek der Hochschule Ruhr West** ⟨1393⟩

> Postfach 10 07 55, 45407 Mülheim an der Ruhr,
> Duisburger Str. 100, Gebäude 05, 45476 Mülheim an der Ruhr
> ☏ (0208) 88254-245, Fax (0208) 88254-249, 📧 bibliothek@hs-ruhrwest.de
> https://www.hochschule-ruhr-west.de/schnelleinstieg/bibliothek/

Ausleihbibliothek: Hauptbibliothek (Mülheim/Ruhr) und eine Teilbibliothek (Bottrop)
60.245 Gesamtbestand print.; 110.543 elektron. Publ. – lfd. Zss.: ca. 250 gedr., DEAL-Teilnehmer
164 Benutzerarbeitsplätze, davon 59 Computerarbeitsplätze, 2 Gruppenarbeitsräume; 3 Einzelarbeitskabinen
25 lizenzierte Datenbanken, schwerpunktmäßig aus den Ingenieur- und Wirtschaftswissenschaften
Leiter: S. Niehäuser, Stellv.: K. Wittmann
Stellenplan: 1 BR; 9 Tarifbeschäftigte VZ; 1 Azubi
Träger: Land Nordrhein-Westfalen

Teilbibliothek Bottrop, Hochschulbibliothek der Hochschule Ruhr West ⟨1393/BOT⟩

> Postfach 10 07 55, 45407 Mülheim an der Ruhr, Lützowstr. 5, 46236 Bottrop
> ☏ (0208) 88254-245, Fax (0208) 88254-249
> 📧 bibliothek@hs-ruhrwest.de, https://www.hochschule-ruhr-west.de/schnelleinstieg/bibliothek/

Müncheberg

395 **Senckenberg Deutsches Entomologisches Institut, Entomologische Bibliothek** ⟨B 15⟩

> Eberswalder Straße 90, 15374 Müncheberg
> ☏ (033432) 73698-3720, Fax (033432) 73698-3706
> 📧 bibliothek-sdei@senckenberg.de, ukaczinski@senckenberg.de
> https://www.senckenberg.de/de/institute/sdei/informationszentrum-entomologie/entomologische-bibliothek/

Wiss. Spezialbibliothek, Präsenzbibliothek
77.000 Bde., 118.000 Separata – lfd. Print-Zss.: 731 – Spezialsammlungen mit Bibliographien u. Biographien, Archivalien, Hss. u. Bildern.
LS mit 5 Benutzerarbeitsplätzen.
Wiss. Leiter: N.N., Bibliotheksleiterin: U. Kaczinski
Bes. Sammelgeb.: Entomologie.

München

	Nr.		Nr.
Abtei St. Bonifaz	429	Inst. f. Systemat. Botanik d. Univ.	405
Akad. d. Bild. Künste	400	Institut f. Zeitgeschichte	419
Bayer. Bibliotheksakademie	627	Internationale Jugendbibliothek	420
Bayer. Botanische Gesellschaft	405	Juristische B (in der StadtB)	399
Bayer. Geol. Landesamt, *siehe* Hof	278	Katholische Stiftungshochschule	421
Bayer. Hauptstaatsarchiv	401	Kinder-u. JugendB (in der StadtB)	399
Bayer. Landtag	402	Kommission f. Alte Geschichte und Epigraphik d. DAI	48
Bayer. Rundfunk	403	Literatur-Archiv (in der StadtB)	399
Bayer. Staatsbibliothek	396	Metropolitankapitel München	425
Bayer. Staatsgemäldesammlungen	404	Monacensia-B (in d. StadtB)	399
Botan. Staatssammlung	405	Monumenta Germaniae Historica	426
BSB	396	MPI f. Innovation u. Wettbewerb	422
Bundesfinanzhof	406	MPI f. Psychiatrie	423
B-Verbund Bayern (BVB)	608	MPI f. Sozialrecht u. Sozialpolitik	424
Dt. Archäol. Institut	48	MPI f. Steuerrecht u. Öff. Finanzen	422
Dt. Inst. f. Erforsch. d. Mittelalters	426	Münchner Entomol. Gesellschaft	432
Dt. Jugendinstitut	407	Münchner Stadtbibliothek	399
Dt. Museum	408	Musikbibliothek (in der StadtB)	399
Dt. Patent- und Markenamt	409	Ornitholog. Gesellschaft in Bayern	432
Dt. Theatermuseum	413	Osteuropa-Institut	485
Fachber. Archiv.- u. B-Wesen d. FH f. Öff. Verwaltung	628	Philatelistische B (in der StadtB)	399
Fachhochschule	415	St. Anna	411
Franziskanerkloster St. Anna	411	St. Bonifaz	429
Hanns-Seidel-Stiftung	427	Stadtarchiv	428
Hauptstaatsarchiv	401	Stadtbibliothek	399
Haus des Deutschen Ostens	412	Stiftsbibliothek Abtei St. Bonifaz	429
Historischer Verein v. Oberbayern	428	Sudetendeutsches Haus	430
Hochschule für Musik u. Theater	413	Südost-Institut	485
Hochschule f. Philosophie	414	Universität (LMU), Buchwiss.	630
Hochschule München – HS für Angewandte Wissenschaften	415	UB d. LMU	397
Ifo-Inst. f. Wirtschaftsforschung	416	UB d. TU	398
IKGS	418	UB d. Universität d. Bundeswehr *siehe* Neubiberg	442
Industrie- u. Handelskammer	417	Zentralinst. f. Kunstgeschichte	431
Inst. f. deutsche Kultur u. Geschichte		Zoologische Staatssammlung	432

396 * **Bayerische Staatsbibliothek ⟨12⟩**

Ludwigstr. 16, 80539 München, Postanschrift: 80328 München
☎ (089) 28638-0/ -2206 (Dir.)/ -2322 (Ausk.)/ -2451 (Dokument-Lfg.)/
-2256 (Hss. u. Alte Drucke)/ -2394 (Digitale B) / -2429 (Öffentlichkeitsarbeit)
Fax (089) 28638-2200 (Dir.)
direktion@bsb-muenchen.de,
http://www.bsb-muenchen.de, http://www.digitale-sammlungen.de,
http://www.bavarikon.de

Dem Bayerischen Staatsministerium für Wissenschaft und Kunst unmittelbar nachgeordnete Behörde der Mittelstufe. Zentrale Landes- und ArchivB des Freistaates Bayern und staatliche Fachbehörde für alle Angelegenheiten des bayer. BWesens. Planerische und koordinierende Aufgaben zur Gewährleistung der Funktions- und Leistungsfähigkeit des Gesamtsystems der Bibliotheken in Bayern, vorgesetzte Behörde der regionalen Staatlichen Bibliotheken, Betreuung des öffentlichen Bibliothekswesens in Bayern mittels einer Landesfachstelle als Abteilung der Bayerischen Staatsbibliothek, Administration des Bibliotheksverbundes Bayern, überregionale Ausbildung von Anwärtern des höheren BDienstes bzw. der QE4, zuständige Stelle gemäß BBiG für FaMIs der Fachrichtung Bibliothek.

Universalbibliothek m. Ausl.- und Präsenzbest., B d. Bayer. Akad. d. Wiss., Inst. f. Bestandserh. u. Restaur., Sitz d. Arb.-Stelle München d. Arb.-Gruppe Deutschland d. Répertoire Intern. des Sources Musicales (RISM) m. Répertoire Intern. d'Iconographie Musicale (RIdIM), Münchener Digitalisierungszentrum (MDZ), Verkündungsplattform Bayern, Zentrum für Elektronisches Publizieren (ZEP), Geschäftsstelle des Kulturportals bavarikon, Literaturportal Bayern, Historisches Lexikon Bayerns, digipress, 67.828 aktive Benutzer:innen.

34.467.000 Medien, davon 11.002.000 Bde. – lfd. Zss.: 53.700 gedr. und elektron. – Sonderbestand: 141.000 Hss., 21.000 Inkun., 920.000 Alte Drucke (1501–1800), 22.500 Künstlerbücher, 17.376.000 Bilder, 476.000 Noten.

1.000 Benutzerarbeitsplätze (2019) – Arbeitsstelle Normdateien, Zentrum f. Hss.-Katalogis. d. DFG, DFG-Projekt Inkunabel-Census f. Deutschland, Arbeitsstelle Verz. d. im dt. Sprachbereich ersch. Drucke d. 16. u. 17. Jh. – Elektron. Angebote: siehe Webseiten.

Entleihungen: 1.173.000 (2019)

Gen.-Dir.: K. Ceynowa – Stellv. Gen.-Dir.: D. Sommer – Abt.-Leiter: S. Schwarz (Zentr. Administration), M. Moravetz-Kuhlmann (Bestandsentwicklung und Erschließung I: Länder- und Fachreferate, Monographien, Medienetat), H. Schäffler (Bestandsentwicklung und Erschließung II: Periodika, Lizenzen, Elektronisches Publizieren), M. Brantl (Digitale Bibliothek und Bavarica), B. Gillitzer (Ben.), C. Fabian (Hss. und Alte Drucke), I. Ceynowa (Inst. für Bestandserhaltung und Restaur.), R. Nägele (Musik), G. Wirtz (Osteuropa), T. Tabery (Orient und Asien), R. Scheuerl (Verbundzentrale BVB), U. Palmer-Horn (Landesfachst. f. d. öff. BWesen), E. Michael (Bayer. BAkademie).

Stellenplan: 326 Beamtinnen u. Beamte, 187 Angestellte – Zahl d. Mitarbeiterinnen u. Mitarbeiter: 805 (davon befr. Beschäftigte: 189) – Ehrenamtlich: 10.

Träger: Freistaat Bayern – Gesamtetat 2020: 59.114.000.–, davon 10.951.000.– Erwerbungsetat. Die BSB sammelt intern. wiss. Lit. aller Fachr. (außer Technik u. Landw.) – vier DFG-unterstützte Fachinformationsdienste: Musikwissenschaft / Altertumswissenschaften – Propylaeum / Geschichtswissenschaft / Ost-, Ostmittel- und Südosteuropa.

Weitere Schwerp.: Bavarica, Bilder, dt. u. roman. Sprachen, Theol., Kunstgesch. Orientalia (Nah- u. Fernost), Judaica, Landkt. u. Reisewerke, Notendrucke, Musikkontr., Hss., Autogr. u. Nachl., Inkun., Slg. dt. Drucke 1450–1600, mod. Bibliophilie, biomed. u. naturwiss. Zss. – Amtsdrucks. d. Bundes u. d. Länder – Sammelstelle f. UN-, UNESCO- (bis 1999) u. EU-Publ. Pflichtex.: Seit 1663 aus d. damaligen, seit Anfang d. 19. Jh. aus d. heutigen Bayern.

397 * Universitätsbibliothek der Ludwig-Maximilians-Universität München ⟨19⟩

Geschwister-Scholl-Platz 1, 80539 München
☎ (089) 2180-2958 (Dir.)/ -2427 (Ausk.), Fax (089) 2180-3836
✉ direktion@ub.uni-muenchen.de, http://www.ub.uni-muenchen.de

Ausleihbibliothek f. ca. 55.000 HS-Angehörige
5.307.176 Medieneinheiten, 476.338 E-Books. – lfd. Zss.: 4.707 gedr., 93.154 elektron. – Sonderbestand: 3.405 Hss., 3.598 Inkun., 11 Blockbücher, 186 Nachl.
3.572 Benutzerarbeitsplätze, davon 355 Computerarbeitsplätze
Dir.: K.-R. Brintzinger, Stellv.: S. Kuttner
Wiss. D.: B. Auberer, L. Berg (Dezentrale Bibliotheken), N. Bollendorf, A. Geißelmann, A. Gräbitz, V. Kondziella, A. Kugler, S. Kuttner (Altes Buch), B. Rücker, V. Schallehn, J. Schweisthal, M. Spenger, T. Stöber (Benutzung), N. Trapp, A. Berg-Weiß (IT), A. Will, S. Xalter (Medienbearbeitung), C. Ziegler.
Gesamtetat 2020: 22.245.364.–, davon Erwerbungsetat: 7.037.584.–
Pflichtex.: Seit d. 1. Hälfte d. 19. Jh. aus Ober- u. Niederbayern, Oberpfalz u. Schwaben, seit 1987 aus Oberbayern.
Veröff. unter: http://epub.ub.uni-muenchen.de/, http://edoc.ub.uni-muenchen.de und http://data.ub.uni-muenchen.de
Große Fachbibliotheken der LMU: (http://www.ub.uni-muenchen.de/bibliotheken/)

Fachbibliothek Biologie und Biomedizin
Großhaderner Str. 4, 82152 Planegg-Martinsried
☎ (089) 2180-74436 (Ausleihe)/ -74435 (Leitung), ✉ biomed@ub.uni-muenchen.de
Leiterin: N. Trapp

Fachbibliothek Chemie und Pharmazie
Butenandtstr. 5–13, Haus F, 81377 München
☎ (089) 2180-77060 (Auskunft), -77065 (Leitung), Fax (089) 2180-77860
✉ cup@ub.uni-muenchen.de
Leiter: A. Will

Fachbibliothek Englischer Garten
Oettingenstr. 67, 80538 München, ☎ (089) 2180-9753 (Auskunft)
✉ beg@ub.uni-muenchen.de
Gemeinsame Bibliothek d. Geschwister-Scholl-Inst. f. Politische Wissenschaft, Inst. f. Kommunikationswiss., Inst. f. Ethnologie u. Afrikanistik, Inst. f. Informatik, Japan-Zentrum, Centrum f. Informations- u. Sprachverarbeitung, Lehrst. f. Biomolekulare Optik, Institut für Empirische Kulturwissenschaft und Europäische Ethnologie, Studiengang Interkulturelle Kommunikation.
Leitung: N.N.

Fachbibliothek Geowissenschaften

🖥 Luisenstr. 37, 80333 München, ☎ (089) 2180-6522 (Auskunft), -6685 (Leitung)
💻 geo@ub.uni-muenchen.de
Leiterin: A. Geißelmann

Fachbibliothek Historicum

🖥 Schellingstr. 12, 80799 München, ☎ (089) 2180/ -5455 (Leitung)/ -5454 (Verw.),
💻 historicum@ub.uni-muenchen.de
Leiterin: V. Kondziella
Bes. Sammelgeb.: Geschichte, Archäologie, Byzantinistik.

Fachbibliothek Kunstwissenschaften

🖥 Zentnerstr. 31, 80798 München, ☎ (089) 2180-5312 (Aufsicht)
Fax (089) 2180- 991380, 💻 kuwi@ub.uni-muenchen.de
Leitung: N.N.

Fachbibliothek Mathematik und Physik

🖥 Theresienstr. 37, 80333 München, ☎ (089) 2180-4501 (Auskunft)
💻 bmmp@ub.uni-muenchen.de
Leiterin: N. Trapp

Fachbibliothek Medizinische Lesehalle

🖥 Beethovenplatz 1, 80336 München, ☎ (089) 2180-73921 (Auskunft)
Fax (089) 2180-9973920, 💻 ml@ub.uni-muenchen.de
Leiter: A. Will

*Fachbibliothek **Philologicum***

🖥 Ludwigstraße 25, 80539 München, ☎ (089) 2180-1858 (Auskunft)/ -2976 (Leitung)
💻 philologicum@ub.uni-muenchen.de
Leiter: B. Rücker

Fachbibliothek Psychologie, Pädagogik und Soziologie

🖥 Leopoldstr. 13, 80802 München, ☎ (089) 2180-5292 (Ben., LS), -5270 (Leitung)
Fax (089) 2180-5269, 💻 pps@ub.uni-muenchen.de
Leiterin: N. Bollendorf

Fachbibliothek Theologie und Philosophie

🖥 Geschwister-Scholl-Platz 1, 80539 München, ☎ (089) 2180-3486 (Auskunft),
Fax (089) 2180-13548, 💻 theophil@ub.uni-muenchen.de
Leitung: N.N.

Fachbibliothek Tiermedizin

🖥 Königinstr. 10b, 80539 München, ☎ (089) 2180-2671 (Ausleihe), -2672 (Auskunft)
💻 tiermed@ub.uni-muenchen.de
Leiterin: A. Geißelmann

Fachbibliothek Wirtschaftswissenschaften und Statistik

🖥 Ludwigstr. 28, 80539 München, ☎ (089) 2180-2601
💻 wiwi@ub.uni-muenchen.de
Leitung: N.N.

Wissenschaftliche Bibliothek Klinikum Großhadern

- Marchioninistr. 15, 81377 München, ☎ (089) 4400-74590 (Leitung), 4400-74587 (Auskunft), Fax (089) 4400-74591
- kgh@ub.uni-muenchen.de

Leiter: A. Will

398 * Universitätsbibliothek Technische Universität München ⟨91⟩

- Postanschrift: Arcisstraße 21, 80333 München
- ☎ (089) 289-28601 (Dir.)/ (089) 189-659220 (Ausk.), Fax (089) 289-28622
- sekretariat@ub.tum.de, information@ub.tum.de, http://www.ub.tum.de

Bibliothekssystem mit 9 Teilbibliotheken. Ausleih- u. Präsenzbibliothek f. 56.625 HS-Angehörige, 15.151 aktive Ben., offiz. DIN-Auslegestelle

1.629.709 Bde., 449.879 elektron. Publ. – lfd. Zss.: 1.760 gedr., 74.553 elektron.

9 Teilbibliotheken mit 1.800 Benutzerarbeitsplätzen, darunter 81 Computerarbeitsplätze – Bibliotheksbesuche: 705.709, Entleihungen: 237.775

Dir.: R. Kallenborn – Abt.ltg.: C. Mitscherling (Ben.), S. Hanke (Medienbearb.), E. Pretz (Bibliothekstechnik), C. Leiß (Informationsdienste) – Wiss. D.: W. Boiger, V. Diem, T. Hohmann, M. Hora, K. Kessler, L. Laube, E. Lohner, K. Markgraf, G. Reiss, M. Rottmann, B. Schlindwein, K. Weinl, C. Wolter, M. Zehnder

Personalzahlen: 37 Beamtinnen und Beamte (1 A16, 2 A15, 2 A14, 5 A13, 3.7 A12, 5.5 A11, 2.2 A10, 4 A9, 4.3 A8, 2.7 A7) – 86 Angestellte (1.8 E15, 7.5 E13, 8 E11, 3 E10, 17.8 E9, 13.9 E8, 18.2 E6, 4 E5).

Träger: Freistaat Bayern

Gesamtausgaben 2020: 12.438.241.–, davon 4.122.271.– Erwerbungsausgaben

Pflichtex.: Zweitex. aus Bayern aus d. Bereich d. angew. Naturwiss., d. Ingenieurwiss. (einschl. Informationswiss. u. Architektur), d. Ernährung u. Landnutzung sowie d. Sports.

Teilbibliothek Stammgelände – Standort München ⟨91⟩

- Arcisstr. 21, 80333 München
- ☎ (089) 189-659220
- information@ub.tum.de

Teilbibliothek Medizin. Standort München

- Nigerstr. 3, 81675 München
- ☎ (089) 189-659220
- information@ub.tum.de

Teilbibliothek Sportwissenschaft. Standort München

- Georg-Brauchle-Ring 62, 80992 München
- ☎ (089) 189-659220
- information@ub.tum.de

Teilbibliothek Chemie. Standort Garching ⟨91 G⟩

- Lichtenbergstr. 4, 85748 Garching b. München
- ☎ (089) 189-659220
- information@ub.tum.de

Teilbibliothek Maschinenwesen. Standort Garching ⟨91 G⟩

🖳 Boltzmannstr. 15, 85748 Garching b. München

☎ (089) 189-659220

💻 information@ub.tum.de

Teilbibliothek Mathematik und Informatik. Standort Garching ⟨91 G⟩

🖳 Boltzmannstr. 3, 85748 Garching

☎ (089) 189-659220

💻 information@ub.tum.de

Teilbibliothek Physik. Standort Garching ⟨91 G⟩

🖳 James-Franck-Straße 1, 85748 Garching b. München

☎ (089) 189-659220

💻 information@ub.tum.de

Teilbibliothek Weihenstephan. Standort Freising ⟨M 49⟩

🖳 Maximus-von-Imhof-Forum 1, 85354 Freising

☎ (089) 189-659220

💻 information@ub.tum.de

Teilbibliothek Straubing. Standort Straubing ⟨91 S⟩

🖳 Petersgasse 18, 94315 Straubing

☎ (089) 189-659220

💻 information@ub.tum.de

399 * **Münchner Stadtbibliothek** ⟨M 36⟩

🖳 Am Gasteig, Rosenheimer Str. 5, 81667 München

☎ (089) 48098-3203 (Dir.)/ -3316 (Auskunft)

💻 stbdir.kult@muenchen.de, http://www.muenchner-stadtbibliothek.de

Ausleihbibliothek für 198.222 Benutzerinnen und Benutzer
2.578.158 Medieneinheiten, davon 73.504 virtuelle Medien
1.819 Benutzerarbeitsplätze, darunter 190 Computer-APl. – Entleihungen: 12.204.782, darunter 962.442 virtuell
Direktor: A. Ackermann, Geschäftsstellenleitung: P. Becker
Stellenplan: 554 Beschäftigte auf 457,32 Stellen, davon 15 Beamtinnen und Beamte, 539 Tarifbeschäftigte, 12 Auszubildende.
Träger: Landeshauptstadt München – Gesamtausgaben 2018: 42.837.001.–, davon 3.060.788.– für Erwerbung
1 Zentralbibliothek, Stadtbibliothek Am Gasteig, mit integrierter Kinder- und Jugendbibliothek, Musikbibliothek und Philatelistischer Bibliothek].
Weitere Abteilungen der Münchener Stadtbibliothek:
21 Stadtteilbibliotheken, Fahrbibliothek mit 5 Bücherbussen, Soziale Bibliotheksdienste (davon 7 Krankenhausbibliotheken und Mobiler Mediendienst), Juristische Bibliothek, Monacensia im Hildebrandhaus (Literaturarchiv und Bibliothek)

400 Bibliothek der Akademie der Bildenden Künste ⟨M 12⟩

Akademiestr. 2, 80799 München, ☎ (089) 3852-175 (Leitung), Fax (089) 3852-2923, muske@adbk.mhn.de, seuss@adbk.mhn.de, https://www.adbk.de/de/akademie/bibliothek.html

Präsenzbibliothek f. ca. 750 Stud. u. ca. 130 Lehrende
145.000 Bde. – lfd. Print-Zss.: ca. 70 – über 2.000 audiovisuelle Medien
LS mit 40 Benutzerarbeitsplätzen
Leitung: S. Muske-Klostermann und I. Sicklinger-Seuß
Träger: Freistaat Bayern
Bes. Sammelgeb.: Ausstellungskataloge, zeitgenöss. Kunst., europ. Kunstgeschichte.

Bibliothek des Bayerischen Geologischen Landesamtes

siehe Hof, Bibliothek des Bayerischen Landesamtes für Umwelt (Nr. 278)

401 Bibliothek des Bayerischen Hauptstaatsarchivs ⟨M 333⟩

Schönfeldstr. 5, 80539 München, ☎ (089) 28638-2572, Fax (089) 28638-2954
bibliothek@bayhsta.bayern.de, http://www.gda.bayern.de

Präsenzbibliothek f. d. Mitarb. u. nach bes. Erlaubnis f. Ben. d. Archivs
252.000 Bde., davon in d. Amtsbücherei Schönfeldstr. 220.000 Bde, ca. 12.000 in d. TeilB Abt. III (Geh. Hausarchiv: Ludwigsstr. 14), ca. 31.000 in d. TeilB Abt. IV (Kriegsarchiv: Leonrodstr. 57, 80636 München) – lfd. Zss.: 344
LS mit 32 Pl. u. 8 Arb.-Kab., 10.000 Bde. – Zss.-Dok. EDV-Netz im Archiv mit modifiziertem FAUST-Progr. f. d. B, Kat., Akzess., Teiln. am BVB und ZDB seit 2008
Referent: J. Moosdiele-Hitzler, BLeitung: A. Jaumann, Stellv.: S. Awesu, Mitarb.: D. Hähnlein
Träger: Freistaat Bayern
Bes. Sammelgeb.: Archivwesen, Bayer. u. Dt. Gesch., Quelleneditionen, Hist. Hilfswiss., Rechts- u. Verwaltungsgeschichte, Geschichte d. Hauses Wittelsbach, Militaria.
Angeschl.: TeilB in der Abt. III (Geh. Hausarchiv) u. TeilB in der Abt. IV (Kriegsarchiv)

402 Bibliothek des Bayerischen Landtags ⟨M 13⟩

Postfach, 81627 München; Max-Planck-Str. 1, 81675 München
☎ (089) 4126-2268, Fax (089) 4126-1770, bibliothek@bayern.landtag.de, https://www.bayern.landtag.de/parlament/verwaltung/bibliothek/

Die Bibliothek ist Teil des Referates Bibliothek, Archiv, Dokumentation
Präsenzbibliothek für die Mitglieder und Mitarbeiter/innen des Bayerischen Landtags und der Fraktionen.
59.000 Bde., 601 elektron. Publ. – lfd. Zss.: 275 gedr., 67 elektron., 17 Datenbanken.
10 Benutzerarbeitsplätze
Leiter: M. Nadler. Stellenplan: 0.2 B3, 0.8 A13, 1 A12, 0.7 A10, 1.7 A9, 1.1 E8, 0.2 E5
Träger: Freistaat Bayern
Bes. Sammelgeb.: Staatsrecht, Verfassungsrecht, Parlamentaria Bayerns, der Länder und des Bundes.
Pflichtex.: Seit 1990 Amtliche Druckschriften Bayerns.

403 Bibliothek des Bayerischen Rundfunks ⟨M 331⟩

Rundfunkplatz 1, 80300 München
☎ (089) 5900-42268/ -42168, Fax (089) 5900-23760, 🖥 bibliothek@br.de

Spezialbibliothek, Ausleihbibliothek für die Mitarbeiter/innen des Bayer. Rundfunks
116.243 Medieneinheiten, 66.500 Bde. Zss. im Ztgs.-Archiv (eig. Abt. d. BR) – lfd. Print-Zss.: 143
LR mit 4 Benutzerarbeitsplätzen
Leiter: T. Zunhammer
Stellenplan: 1.5 Beschäftigte
Bes. Sammelgeb.: Bavarica, München, Medien, Kulturgeschichte.

404 Bibliothek der Bayerischen Staatsgemäldesammlungen ⟨M 341⟩

Barer Str. 29, 80799 München, ☎ (089) 23805-126,
🖥 stephan.priddy@pinakothek.de

Präsenzbibliothek f. d. Angeh. u. Mitarb. d. Slgn., Zulass. fremder Ben. auf Antr.
ca. 131.000 Medieneinheiten – lfd. Print-Zss.: 143
LS mit 8 Benutzerarbeitsplätzen.
Erwerbungsleiter: H. Rott, Fachliche Leitung: S. Priddy
Bes. Sammelgeb.: Max-Beckmann-Archiv (öffentlich).

405 Bibliothek der Botanischen Staatssammlung ⟨M 38⟩

Menzinger Str. 67, 80638 München, ☎ (089) 17861-255, Fax (089) 17861-195
🖥 library@bsm.mwn.de,
http://www.botanischestaatssammlung.de/index/facilities_index.html

Mit integrierten Beständen der UB der Ludwig-Maximilians-Universität München (Fak. für Biologie, Bereich Biodiversitätsforschung: Systematische Botanik und Mykologie) und der Bayerischen Botanischen Gesellschaft. e. V. (Sigel: M 7)
Öffentl. zugängl. Präsenzbibliothek, Spezialbibliothek f. Biodiversitätsforschung innerhalb d. Systematischen Botanik.
ca. 42.000 Medieneinheiten – lfd. Print-Zss.: 2.256 – Sonderbestand: raristische Bestände seit Linné und vorlinneisch, Sonderdruck-Sammlung.
5 APl., 1 PC-APl.
Wiss. Leitung: H.-J. Esser, Bibliothek: I. Petrov
Stellenplan: 1 Planstelle, 2 Dipl.-Bibliothekarinnen.
Träger: Freistaat Bayern, Staatl. Naturwiss. Sammlungen Bayerns.
Bes. Sammelgeb.: Systematische Botanik und Mykologie, Floren, Pflanzengeographie, Taxon. Beschreibungen, Pflanzenmonographien, Molekularbiologie, Evolutionsforschung, Biodiversität.

406 Bibliothek des Bundesfinanzhofs ⟨M 124⟩

> Postfach 860240, 81629 München; Ismaninger Str. 109, 81675 München
> ☎ (089) 9231-228 (LS)/ -369 (Leitung)/ -227 (Stellv.), Fax (089) 9231-393
> bibliothek@bfh.bund.de

Präsenzbibliothek f. d. Angeh. d. Bundesfinanzhofs.
173.494 Medieneinheiten – lfd. Zss.: 623 gedr., 1097 elektron.
LS mit 9 Benutzerarbeitsplätzen, 2 Recherche-PCs (web-OPAC), 1 Recherche-PC (Datenbanken). – Entleihungen: 1.928
Leiterin: A. Seng, Stellv.: A. Klingelhöfer
Stellenplan: 5 Beamtinnen und Beamte (1 A15, 3 A13, 1 A5) – 8.6 Tarifbeschäftigte (1 E8, 3 E6, 2.95 E5, 1 E4, 0.65 E3).
Erwerbungsetat 2020: 450.000.–
Bes. Sammelgeb.: Steuer- u. Zollrecht, Finanzwissenschaften.

Bibliothek des Deutschen Archäologischen Instituts, Kommission für Alte Geschichte und Epigraphik München

siehe Berlin (Nr. 48)

Deutsches Bucharchiv München – Institut für Buchwissenschaften – Bibliothek, Dokumentation u. Information

Als eigener Bestand in die Kantonsbibliothek Vadiana St.Gallen integriert.

407 Bibliothek des Deutschen Jugendinstituts e. V.

> Nockherstr. 2, 81541 München, ☎ (089) 62306-135, Fax (089) 62306-162
> bibliothek@dji.de, https://www.dji.de/bib.html

Ausleihbibliothek für Beschäftigte des Instituts, öffentlich zugängliche Bibliothek für externe Benutzer
100.000 Medieneinheiten – lfd. Zss.: 250 gedr., 45 elektron.
1 Benutzerarbeitsplatz
Bibliothek Ansprechpartnerin: N.N.
Stellenplan: 2.5 Stellen
Bes. Sammelgeb.: Soziologie, Psychologie, Pädagogik.

408 Bibliothek des Deutschen Museums ⟨210⟩

> Postfach, 80306 München; Museumsinsel 1, 80538 München
> ☎ (089) 2179-224 (Ausk.), Fax (089) 2179-262
> bibliothek@deutsches-museum.de, https://www.deutsches-museum.de/bibliothek/

Öffentlich zugängliche Präsenzbibliothek, Forschungsbibliothek für Naturwissenschafts- und Technikgeschichte
991.004 Medieneinheiten – lfd. Zss.: 1.697 gedr., 52.011 elektron. – Sonderbestand: Libri Rari, Adressbücher, Kursbücher.

180 Benutzerarbeitsplätze, davon 4 Computer-APl. – Entleihungen: 18.648
Dir.: H. Hilz, Stellv.: E. Bunge
Stellenplan: 12 Beamtinnen und Beamte (1 A15, 1 A14, 2 A11, 2 A10, 2 A9, 4 A6), 13.5 Beschäftigte (1 E10, 3 E9, 9.5 E5–E8), 3 Sonstige (ehrenamtliche Mitarbeitende) – DFG/sonstige Drittmittel: 1 E13, 1.625 E9, 0.75 E5
Träger: Dt. Museum, Anstalt des öffentlichen Rechts. – Erwerbungsausgaben 2020: 261.818.–
Bes. Sammelgeb.: Naturwissenschafts- u. Technikgeschichte. FID: Geschichtswissenschaft, Teilbereich Technik-, Wissenschafts- und Umweltgeschichte (in Koop. m. d. Bayerischen Staatsbibliothek).
Veröff. unter: https://www.deutsches-museum.de/forschung/bibliothek/ueber-uns/literatur-ueber-uns

409 * **Deutsches Patent- und Markenamt, Bibliothek** ⟨201⟩

Postfach, 80297 München; Zweibrückenstr. 12, 80331 München
(089) 2195-3921, Fax (089) 2195-3153, bibliothek@dpma.de, http://www.dpma.de

Behördenbibliothek
992.663 Bde., 42.438 eBooks – lfd. Zss.: 761 gedr., 3578 elektron. – Sonderbestand: Patentdokumente, Normen, elektron. DIN-Auslegestelle.
25 Benutzerarbeitsplätze im öffentl. LS, 30 Plätze im Amts-LS – Entleihungen und Dauerleihgaben: 31854
Leiterin: U. Aderbauer – Wiss. D.: H. Lengelsen, M. Jackenkroll
Stellenplan: 17 Beamtinnen und Beamte (3 hD, 12 gD, 2 mD), 82 TB (3 gD, 74 mD, 5 eD)
Träger: Bundesrepublik Deutschland – Erwerbungsausgaben 2020: 2.109.060.–
Bes. Sammelgeb.: Technik, Naturwiss., gewerblicher Rechtsschutz.

410 **Bibliothek des Deutschen Theatermuseums** ⟨M 113⟩

Postfach 221 255, 80502 München; Galeriestr. 4 a, 80539 München
(089) 210691-13/ -16, Fax (089) 210691-91
bibliothek@deutschestheatermuseum.de, http://www.deutschestheatermuseum.de

Öff. zugängl. Präsenzbibliothek: ca. 130.000 Bde., 100 elektron. Publ. – lfd. Zss.: 40 gedr.
LS mit 10 Benutzerarbeitsplätzen – Entleihungen: 500
Katalog unter: https://bybtp20.bib-bvb.de/TouchPoint/start.do?View=dtm&SearchType=2&BaseURL=this
Leiterin: M. Weltmaier. Stellenplan: 1 Dipl.-Bibl.
Träger: Freistaat Bayern – Erwerbungsausgaben 2020: 2.500.–
Bes. Sammelgeb.: Alle Geb. d. Sprech-, Musik- u. Tanztheaters aller Länder (ausg. Figurentheater), Libretti, Bühnenmanuskripte, Stücktexte ab 1493, Sekundärlit. ab 16.Jh.
Veröff. unter: http://www.deutschestheatermuseum.de

411 **Bibliothek des Franziskanerklosters St. Anna ⟨M 4⟩**

St.-Anna-Str. 19, 80538 München
(089) 21126-0/ -135, Fax (089) 21126-141, geschichte@franziskaner.de
https://franziskaner.net/werke/provinzbibliothek/

Provinzbibliothek der Deutschen. Franziskanerprov., Zulass. fremder Benutzer nach Voranmeldung
ca. 130.000 Bde. – lfd. Print-Zss.: ca. 50
Bibliothekar: P. Damian Bieger OFM
Bes. Sammelgeb.: Geschichte d. Franziskanerordens.

412 * **Haus des Deutschen Ostens. Bibliothek ⟨M 497⟩**

Am Lilienberg 5, 81669 München, (089) 44 99 93-102, Fax (089) 44 99 93-150
bibliothek@hdo.bayern.de, http://www.hdo.bayern.de

Ausleihbibliothek: 80.000 Medieneinheiten – Bestand: http://hdomuenchen.internetopac.de
16 Benutzerarbeitsplätze
Dir. HDO: A. O. Weber, Stellv. Dir.: Th. Vollkommer, Dir. der Bibliothek: L. Antipow
Träger: Freistaat Bayern
Bes. Sammelgeb.: Landeskunde, Volkskunde u. Geschichte d. Deutschen in und aus Ostmittel- und Südosteuropa, Deutschlandpolitik, Flucht und Vertreibung, Aussiedler, Osteuropa, EU-Osterweiterung.

413 * **Bibliothek der Hochschule für Musik und Theater München ⟨M 29⟩**

Arcisstraße 12, 80333 München, (089) 289-27 460, Fax (089) 289-27 857
bibliothek@hmtm.de, https://bibliothek.hmtm.de

Musikhochschulbibliothek, Orchesterbibliothek.
97.000 Noten, 26.800 Bde., 15.000 AV-Medien, 900 Rara – Digitale Sammlung: http://digital.bib-bvb.de/
24 Benutzerarbeitsplätze, darunter 9 Computer-APl, 1 Aufsichtscanner
BLeiterin: S. Frintrop. Stellenplan: 6.32 VZÄ
Träger: Freistaat Bayern
Pflichtex.: Musikalien bayerischer Verlage (Zweitexemplare).

414 **Bibliothek der Hochschule für Philosophie ⟨M 468⟩**

Kaulbachstr. 33, 80539 München, (089) 2386-2343
bibliothek@hfph.de, http://www.hfph.de/bibliothek

Öffentl. zugängl. Bibliothek mit Präsenzbestand mit Ausleihe aus dem Magazin für Hochschulangehörige
230.000 Bde. – lfd. Print-Zss.: 102 gdr.
36 Benutzerarbeitsplätze im LS, 2 Computer-APl. – Entleihungen: ca. 3.000
Leiter: L. Jaskolla. Stellenplan: 1.5 gD
Träger: Deutsche Provinz der Jesuiten

415 Bibliothek der Hochschule München ⟨M 347⟩

Lothstr. 13d, 80335 München
☎ (089) 1265-1209 (Information)/ -1193 (Ltg.), Fax (089) 1265-1187
bib-ausleihe@hm.edu, http://www.hm.edu/bib

University of Applied Sciences Munich. ZB und 2 Teilbibliotheken (Karlstraße / Pasing).
Präsenz- u. Ausleihbibliothek (18.900 Studierende): 282.493 Bde., 181.076 elektron. Publ. (ohne Zss.) – lfd. Zss.: 621 gedr. – Sonderbestand: DIN-Auslegestelle
469 Benutzerarbeitsplätze, davon 27 Computer-APl., Freihandbestand
Leiterin: P. Hell, Stellv. Leiterin: K. Koralewski. Stellenplan: 26 VZÄ
Träger: Freistaat Bayern – Gesamtausgaben 2020: 734.949.– für Erwerbung
Bes. Sammelgeb.: Design, Tourismus.

416 Bibliothek des ifo Instituts ⟨M 158a⟩

Postfach 860460, 81631 München; Poschingerstr. 5, 81679 München
☎ (089) 9224-1350, Fax (089) 985369, iz@ifo.de, http://www.ifo.de

Wirtschaftswiss. Spezialbibliothek, Ausleihbibliothek für die Mitarbeiter, Präsenzbibliothek für Externe. 136.000 Medieneinheiten – lfd. Zss.: 400
2 Leseplätze, 1 PC-Platz
Leiterin: P. Braitacher. Stellenplan: 3 Ang., 1 techn. Hilfskraft. Träger: ifo Institut

417 Bibliothek der Industrie- und Handelskammer für München und Oberbayern ⟨M 27⟩

Postfach, 80323 München; Orleansstr. 10–12, 81669 München
☎ (089) 5116-1219, Fax (089) 5116-81230
ihkbibl@muenchen.ihk.de

Präsenzbibliothek: 19.225 Bde. – lfd. Zss.: 245 gedr.,87 elektron.
1 Besucherarbeitsplatz
Leiterin: L. Jahnke. Stellenplan: 2.0 Beschäftigte (eigenes Tarifsystem).
Träger: Industrie- und Handelskammer für München und Oberbayern
Bes. Sammelgeb.: Wirtschaft, Wirtschaftsrecht, Steuerwesen.

418 Bibliothek des Instituts für deutsche Kultur und Geschichte Südosteuropas an der Ludwig-Maximilians-Universität München ⟨M 496 ⟩

Halskestr. 15, 81379 München
☎ (089) 780609-13, Fax (089) 780609-22
bibliothek@ikgs.de, http://www.ikgs.de/bibliothek

Öff. zugängl., wiss. Spezialbibliothek, Ausleihbibliothek: ca. 30.000 Bde., 701 elektron. Publ. - lfd. Zss.: 132 gedr., 149 elektron., 2.000 Mikromaterialien
LS mit 12 Benutzerarbeitsplätzen, darunter 1 Internet-Arbeitsplatz – Entleihungen: 2.700
Leiterin: H. Dorfner, Stellenplan: 1 VZÄ: 0.3 E 13, 0.7 E 9c
Träger: Institut für deutsche Kultur und Geschichte Südosteuropas e. V. – Erwerbungsetat 2020: 30.000.–
Bes. Sammelgeb.: Dt. Siedlungsgeschichte in Südosteuropa, Flucht u. Vertreibung, Aussiedler.

419 * Bibliothek des Instituts für Zeitgeschichte ⟨M 352⟩

Leonrodstr. 46 b, 80636 München, ☎ (089) 12688-112, Fax (089) 12688-191
bibliothek@ifz-muenchen.de, http://www.ifz-muenchen.de/bibliothek/

Öffentlich zugängliche Präsenzbibliothek
ca. 250.000 Medieneinheiten, ca. 214.000 Bde. – lfd. Zss.: ca. 284
30 Benutzerarbeitsplätze (WLAN), – Entleihungen: ca. 11.000
Leiter: D. Schlögl, stellv. Leiterin: S. Lamey-Utku
Stellenplan: 1 E15, 1 E11, 3 E9, 1 E6, 1 E5 TV-L
Träger: Stiftung zur wiss. Erforschung der Zeitgeschichte, Stiftung d. bürgerlichen Rechts.
Bes. Sammelgeb.: Deutsche und europäische Geschichte ab dem Ersten Weltkrieg, mit dem besonderen Schwerpunkt Nationalsozialismus und NS-Diktatur.

420 * Internationale Jugendbibliothek ⟨M 336⟩

Schloss Blutenburg, Seldweg 15, 81247 München, ☎ (089) 891211-0, Fax (089) 891211-38
info@ijb.de, http://www.ijb.de

Wissenschaftliche Präsenzbibliothek und Ausleihbibliothek
664.379 Medieneinheiten, darunter ca. 630.000 Kinder- und Jugendbücher in über 240 Sprachen, ca. 42.000 Bde. Fachliteratur – lfd. Fachzeitschriften: ca. 150 – Sonderbestand: ca. 70.000 histor. Kinderbücher, Nachlässe, ca. 4.700 Plakate
LS mit 9 Benutzerarbeitsplätzen, 42.000 Bde. Sekundärliteratur, OPAC-Entleihungen: ca. 60.000
Direktorin: Ch. Raabe, Leiterin Bibliothekarische Dienste: J. Reusch, Leiter Lektorate: J. Weber
Stellenplan: 22.25 VZÄ, 1 Volontärin.
Träger: Stiftung Internationale Jugendbibliothek. – Gesamtausgaben 2020: 2.357.718.–
Bes. Sammelgeb.: Internationale Kinder- u. Jugendliteratur, Vor- und Nachlässe KJL-Autoren/Autorinnen und -Illustratorinnen, internationale Fachliteratur zur KJL.

421 * Katholische Stiftungshochschule München, Campus München ⟨1971⟩

Preysingstraße 95, 81667 München ☎ (089) 48092-9401 (Ausleihtheke)
bibliothek.muc@ksh-m.de,
https://www.ksh-muenchen.de/hochschule/zentrale-einrichtungen-dienste/bibliotheken/

Ausleihbibliothek. Hochschulbibliothek der Katholischen Stiftungshochschule München am Campus München
90.000 Medieneinheiten – 90 lfd. Zss.
15 Benutzerarbeitsplätze
Leiter: U. Hemmert; Stellenplan: 3.5 Beschäftigte
Träger: Stiftung „Katholische Bildungsstätten für Sozialberufe in Bayern"
Bes. Sammelgeb.: Sozialwissenschaften, Pflegewissenschaften, Religionspädagogik.

422 **Bibliothek des Max-Planck-Instituts für Innovation und Wettbewerb und Bibliothek des Max-Planck-Instituts für Steuerrecht und Öffentliche Finanzen** ⟨M 382⟩

Marstallplatz 1, 80539 München, ☎ (089) 24246-200, Fax (089) 24246-501
Bibliothek@ip.mpg.de, Bibliothek@tax.mpg.de,
https://www.ip.mpg.de/de/bibliothek.html (Innovation und Wettbewerb),
https://www.tax.mpg.de/de/bibliothek_tax.html (Steuerrecht und Öffentlichen Finanzen)

Präsenzbibliothek für die Wissenschaftler der Institute, Zulassung externer Benutzer auf schriftlichen Antrag.
Wiss. Spezialbibliothek
312.594 Medieneinheiten, 299.378 Bde., 13.216 elektron. Publ. – lfd. Zss.: 769 gedr., 13.756 elektron.
Innovation und Wettbewerb: LS mit 26 Benutzerarbeitsplätzen, 7 Recherche-PCs
Steuerrecht: LS m. 12 Benutzerarbeitsplätzen, 2 Recherche-PCs
Leitung: P. Weber. Stellenplan: 11 VZÄ
Erwerbungsausgaben 2019: 950.771.–, 2020: 1.024.082.–
Bes. Sammelgeb.: Geistiges Eigentum (Patent-, Marken-, Urheberrecht), Wettbewerbsrecht, Innovation und Entrepreneurship / Rechnungslegung, Steuerrecht, Öffentl. Finanzen.
Veröff. unter: http://www.ip.mpg.de und http://www.tax.mpg.de

423 * **Bibliothek des Max-Planck-Instituts für Psychiatrie** ⟨M 68⟩

Kraepelinstraße 2–10, 80804 München
☎ (089) 30622-333, biblio@psych.mpg.de

Präsenzbibliothek: 54.700 Bde. – lfd. Zss.: 17 gedr., 27 elektron. – Sonderbestand: 3.000 Bde. medizin.-histor. Sammlung (16.–19. Jh.) (Laehr-Sammlung)
LS mit 4 Computerarbeitsplätzen
Leiter: S. Alam
Träger: Max-Planck-Institut für Psychiatrie

424 **Bibliothek des Max-Planck-Instituts für Sozialrecht und Sozialpolitik** ⟨M 477⟩

Amalienstr. 33, 80799 München, ☎ (089) 38602-462, Fax (089) 38602-490
bibliothek@mpisoc.mpg.de, https://www.mpisoc.mpg.de/bibliothek/kontakt/

Präsenzbibliothek: 135.000 Bde. – lfd. Zss.: 240 gedr.
1 LS – Online-Kat. – IVS.
Leiter: H. Frankenberger
Bes. Sammelgeb.: Ausländ. u. internat. Sozialrecht, Sozialpolitik, Soziologie, Statistik.

425 * Bibliothek des Metropolitankapitels München ⟨M 111⟩

> Postfach 330 360, 80063 München; Karmeliterstr. 1 (Eingang Pacellistr.), 80333 München
> ☎ (089) 2137-1346, Fax (089) 2137-1702
> bibliothek@eomuc.de, http://www.erzbistum-muenchen.de/archiv-und-bibliothek

Die Bibliothek des Metropolitankapitels München ist inzwischen, wie auch die Dombibliothek Freising (Nr. 204), Teil von Archiv und Bibliothek des Erzbistums München und Freising (Diözesanbibliothek). Dort findet derzeit eine Neustrukturierung statt. Insofern ist aktuell nur eine eingeschränkte Nutzung auf Anfrage möglich.
Bestand: 82.243 Medieneinheiten – lfd. Zss.: ca. 60 gedr. – Sonderbestand: 60 Inkun., 200 Hss.
Dir.: J. Merz
Träger: Erzdiözese München und Freising

426 Bibliothek der Monumenta Germaniae Historica, Dt. Institut für Erforschung des Mittelalters ⟨B 220⟩

> Postfach 340223, 80099 München; Ludwigstr. 16, 80539 München
> ☎ (089) 28638-2382, Fax (089) 28638-2180
> bibliothek@mgh.de, http://www.mgh.de/bibliothek/

Präsenzbibliothek f. d. Mitarb. d. Inst., sonstige Benutzung n. V.
160.000 Bde. – lfd. Zss.: 204
LS mit 34 Benutzerarbeitsplätzen.
Leiterin: E. Tömösvári
Träger: Freistaat Bayern
Bes. Sammelgeb.: Mittelalt. europäische Geschichte bis ca. 1525, Hist. Hilfswiss.

427 * Politisch-historische Fachbibliothek der Hanns-Seidel-Stiftung e. V. ⟨M 481⟩

> Postfach 190846, 80608 München; Lazarettstr. 33, 80636 München
> ☎ (089) 1258-276, Fax (089) 1258-469
> hoepfinger@hss.de, wagner@hss.de, https://www.hss.de/archiv/bibliothek/

Präsenzbibliothek, Spezialbibliothek
ca. 37.000 Bde. – lfd. Zss.: ca. 200 gedr.
LS m. 3 Benutzerarbeitsplätzen, Benutzer-PC – Spezialkat. f. politisch-historische Lit.
Leiterin (Archiv, Bibliothek): R. Höpfinger
Stellenplan: 2 Ang.
Träger: Hanns-Seidel-Stiftung e. V., München
Bes. Sammelgeb.: Politik, Politikwiss., Politische Bildung, politische Parteien, insbes. Geschichte der Unionsparteien CSU/CDU, Parlamentarismus.

428 Bibliothek des Stadtarchivs München und des Historischen Vereins von Oberbayern ⟨M 54⟩

Winzererstr. 68, 80797 München, ☎ (089) 233-30805, Fax (089) 233-30831
stadtarchiv@muenchen.de, https://www.muenchen.de/rathaus/Stadtverwaltung/Direktorium/Stadtarchiv/, http://www.hv-oberbayern.de/sammlungen.php

Präsenzbibliothek, externe Ben. nach Anmeldung
200.000 Bde. – lfd. Zss.: 350 gedr.
LS mit 28 Plätzen, 11 PC-Arbeitsplätze
BLeitung: M. Schwarzenau
Stellenplan: 1 A12
Träger: Landeshauptstadt München, Historischer Verein von Oberbayern – Erwerbungsetat 2020: 24.500.–
Bes. Sammelgeb.: Monacensia, Bayerische Landesgeschichte, Vergleichende Städteforschung, Judaica, Archivwesen, Amtl. Druckschriften.
Pflichtex.: Veröffentlichungen der Landeshauptstadt München.
Veröff. unter: http://www.muenchen.de/rathaus/Stadtverwaltung/Direktorium/Stadtarchiv/Publikationen.html

429 Stiftsbibliothek Abtei St. Bonifaz ⟨M 31⟩

Karlstr. 34, 80333 München, ☎ (089) 55171-170, Fax (089) 55171-171,
abtei@sankt-bonifaz.de
http://www.sankt-bonifaz.de/abtei-sankt-bonifaz-geistliches-zentrum/bibliothek.html

Präsenzbibliothek ca. 250.000 Bde.
LS mit zurzeit 2 Benutzerarbeitsplätzen
Leiter: Pater S. Dorner
Bes. Sammelgeb.: Theologie, Bavarica, Monastica.

430 Wissenschaftliche Bibliothek im Sudetendeutschen Haus ⟨M 457⟩

Hochstr. 8/U1, 81669 München
☎ (089) 552606-27/ -31/ -33/ -34/ -35, Fax (089) 552606-44
biblio.cc@collegium-carolinum.de, jana.osterkamp@collegium-carolinum.de
https://www.collegium-carolinum.de/bibliothek

Die Bibliothek vereinigt d. Bibliotheken d. Collegium Carolinum e. V., d. Adalbert-Stifter-Vereins, d. Historischen Kommission f. d. Böhmischen Länder e. V., d. Sudetendeutschen Instituts e. V. und der Sudetendeutschen Stiftung.
Präsenzbibliothek m. beschr. Ausl., Spezialbibliothek: 170.000 Bde. – lfd. Zss.: 374 gedr.
1 LS m. 5 Benutzerarbeitsplätzen – Entleihungen: 1.620
Leiterin: J. Osterkamp, Stellv.: A. Maniero – Wiss. Dienst: S. Beyer-Thoma
Träger: Collegium Carolinum e. V., Forschungsinstitut f. d. Geschichte Tschechiens u. d. Slowakei. – Erwerbungsetat 2020: 30.000.–

Bes. Sammelgeb.: Wiss. Literatur über d. Tschech. u. Slowak. Republik, Quellenwerke u. Monogr. z. Geschichte d. böhmischen Länder u. d. sudetendeutschen Volksgruppe, Literatur zu Religions-, Umwelt-, Erinnerungs- und Migrationsgeschichte Ostmitteleuropas.

431 **Bibliothek des Zentralinstituts für Kunstgeschichte ⟨255⟩**

Katharina-von-Bora-Str. 10, 80333 München
(089) 289-27580/581, Fax (089) 289-27608
infobib@zikg.eu, r.hoyer@zikg.eu, https://www.zikg.eu/bibliothek

Wiss. Spezialbibliothek, Präsenzbibliothek
ca. 685.000 Medieneinheiten, ca. 641.000 Bde. – lfd. Print-Zss.: ca. 1.211
71 Benutzerarbeitsplätze
Dir.: R. Hoyer, Stellv.: A. Köppe. – Wiss. D.: C. Diehl, C. Elster, A. Klug, V. Schümmer.
Stellenplan: 3 Beamtinnen und Beamte (1 A15, 1 A11, 1 A10) und 15 Beschäftigte.
Träger: Freistaat Bayern – Erwerbungsetat 2020: 323.000.–
Bes. Sammelgeb.: Kunst Frankreichs einschl. Sondersammlung Graphzines, Kunst Osteuropas, Kunst des 20./21. Jahrhunderts, Kunsttheorie, Ikonographie.
Veröff. unter: www.kubikat.org, dort suchen mit: Zentralinstitut für Kunstgeschichte bibliothek

432 * **Bibliothek der Zoologischen Staatssammlung München ⟨M 71⟩**

Münchhausenstr. 21, 81247 München, (089) 8107-103/ -161/ -163, Fax (089) 8107-300
bibliothek.zsm@snsb.de, pillukat@snsb.de,
https://www.zsm.mwn.de/einrichtungen/bibliothek

Präsenzbibliothek: 108.430 Bde. – lfd. Zss.: 678 gedr., 1 elektron. – Sonderbestand: 133.369 Sonderdrucke
LS m. 5 Benutzerarbeitsplätzen und 2 Recherche-PC-Arbeitsplätze, OPAC.
Leiterin: A. Pillukat. Stellenplan: 2 VZÄ
Träger: Freistaat Bayern – Erwerbungsetat 2020: 16.000.–
Bes. Sammelgeb.: Zoologie (Systematik, Taxonomie, Faunistik, Entomologie u. Ornithologie). Angeschlossen sind die Vereinsbibliotheken der Münchner Entomologischen Gesellschaft e. V. und der Ornithologischen Gesellschaft in Bayern e. V.

Münster

433 * **Universitäts- und Landesbibliothek ⟨6⟩**

Postfach 8029, 48043 Münster; Krummer Timpen 3, 48143 Münster
(0251) 83-24021, Fax (0251) 83-28398
sekretariat.ulb@uni-muenster.de, http://www.uni-muenster.de/ULB

Ausleihbibliothek für ca. 45.041 Studierende u. 5.318 Lehrende d. Westf. Wilhelms-Universität, LB f. d. Landesteil Westfalen (m. Arbeitsstelle „Histor. Bestände in Westfalen" u. Redaktion „Nordrhein-Westf. Bibliographie").

5.724.097 Bde., 1.572.276 elektron. Publ. – lfd. Zss.: 7.395 gedr., 47.107 elektron. – Sonderbestand: 3.968 HSS + Autogr., 822 Inkun.
3 LSS, 1 HSS.LS mit insg. 5.468 Leseplätzen, davon 502 Computer-APl. – Entleihungen: 1.190.634
Dir.: B. Tröger, Stellv.: P. te Boekhorst und J. Lorenz – Wiss. D.: P. te Boekhorst (Medienbearbeitung), H. Dreyling (Hist. Bestände), H. Flachmann (Landesbibliothekarische Aufgaben), A. Gildhorn (Wiss. Bibliotheksdienste), S. Klötgen (Digitale Dienste), J. Lorenz (Wissenschaft und Innovation), O. Obst (Informationsdienste Medizin), B. Rosenberger (Benutzung), K.-H. Rydzik (Zentrale Dienste)
Stellenplan: 169.5 VZÄ (30.63 hD, 71.03 gD, 67.84 mD/eD), 18.18 student. Hilfskräfte.
Träger: Land Nordrhein-Westfalen – Gesamtausgaben 2020: 18.497.858.–, davon 7.692.978.– für Erwerbung
Bes. Sammelgeb.: Westfalen, Geschichte u. Landeskunde d. ehem. dt. Geb. in Ostmitteleuropa, insbes. Ost- u. Westpreußens u. Schlesiens – DFG: SSG Benelux, Niederländischer Kulturkreis.
Pflichtex.: Seit 1824 aus d. ehem. Prov. Westfalen, seit 1966 aus d. Reg.-Bez. Arnsberg, Detmold u. Münster.
Veröff. unter: http://www.ulb.uni-muenster.de/bibliothek/aktivitaeten/publikationen.html

434 * **Stadtbücherei ⟨447⟩**

Postfach 5945, 48135 Münster; Alter Steinweg 11, 48143 Münster
(0251) 492-4200, Fax (0251) 492-7724
buecherei@stadt-muenster.de, http://www.muenster.de/stadt/buecherei

Öffentliche Bibliothek
283.004 Medieneinheiten, davon 177.582 Bde., 47.115 (im Verbund) elektron. Publ. – lfd. Zss.: 521 gedr., 67 elektron.
494 Benutzerarbeitsplätze, 117 Computerarbeitsplätze – Entleihungen: 1.276.723
Leiterin: S. Dobberke, Stellv. Leiter: J. F. Schmees
Stellenplan: 61.54 Stellen
Träger: Stadt Münster
Gesamtausgaben 2020: 5.094.900 –, davon 546.873.– für Erwerbung
Bes. Sammelgeb.: Münster und Westfalen.
Angeschl.: 6 Bibliotheken.

435 * **Diözesanbibliothek ⟨Mü 73⟩**

Überwasserkirchplatz 2, 48143 Münster, (0251) 495-6380, Fax (0251) 495-76386
db-ms@bistum-muenster.de, http://www.dioezesanbibliothek-muenster.de

Ausleih- und Präsenzbibliothek für Studierende und Lehrende d. Münsteraner Hochschulen, für Behörden und wiss. Arbeitende.
ca. 750.000 Bde. – lfd. Print-Zss.: ca. 650. – Sonderbestand: Santini-Sammlung (insbes. ital. Sakralmusik des 16.–19. Jh.), ca. 4.500 Hss., ca. 1.200 Drucke; Studien- u. ZentralB der Franziskaner; histor. Pfarr- und KlosterBB Westfalens
2 LSS m. 34 Benutzerarbeitsplätzen.
Leiter: P. Behrenberg, Stellv.: K. Krumeich

Stellenplan: 13 Mitarbeiterinnen und Mitarbeiter.
Träger: Bistum Münster
Bes. Sammelgeb.: Theologie, mittelalt. Geistesgeschichte.

436 * Fachhochschulbibliothek Münster ⟨836⟩

Corrensstr. 25, 48149 Münster, ☎ (0251) 83-64850 (Leitung)/ -64851 (Stellv.)
bibliothek@fh-muenster.de, https://www.fh-muenster.de/bibliothek/

Ausleihbibliothek f. Studierende u. Hochschulangehörige
197.000 Bde. – lfd. Print-Zss.: 552
322 Benutzerarbeitsplätze, darunter 38 Computer-APl. – Entleihungen: 178.000
Leiter: B. Klotz-Berendes, Stellv.: J. Roschanski
Stellenplan: 15.73 VZÄ, student. Hilfskräfte.
Träger: Land Nordrhein-Westfalen – Erwerbungsetat 2020: 892.000.–

Bereichsbibliothek Fachhochschulzentrum (FHZ)

Corrensstr. 25, 48149 Münster
☎ (0251) 83-64855
bb_fhz@fh-muenster.de
Fachbereiche Bauingenieurwesen, Oecotrophologie ·Facility Management, Wirtschaft, Institut für Berufliche Lehrerbildung.

Bereichsbibliothek Hüfferstiftung

Hüfferstr. 27, 48149 Münster
☎ (0251) 83-64894
bb_huefferstiftung@fh-muenster.de
Fachbereich Sozialwesen, Gesundheit.

Bibliothek für Architektur, Design und Kunst

Leonardo-Campus 10, 48149 Münster
☎ (0251) 83-61340
bb_leo@fh-muenster.de
Kunstakademie, Fachbereiche Architektur und Design.

Bereichsbibliothek Steinfurt

Stegerwaldstr. 39, 48565 Steinfurt
☎ (02551) 962-212
bb_steinfurt@fh-muenster.de
Fachbereiche Chemieingenieurwesen, Elektrotechnik u. Informatik, Maschinenbau, Energie-Gebäude-Umwelt, Physikingenieurwesen, Institut f. Technische Betriebswirtschaft.

437 * **Bibliothek der Kapuziner** ⟨Mü 78⟩

✉ Kapuzinerstraße 27/29, 48149 Münster, ☎ (0251) 9276-134
🖳 bibliothek.muenster@kapuziner.org, https://www.kapuziner.de/bildung/bibliothek/

Ordensbibliothek des Deutschen Kapuzinerordens, zugleich Studienbibliothek der PTH Münster
Ausleihbibliothek, öffentlich zugänglich
130.000 Bde. – lfd. Print-Zss.: 126 – Altbestand: ca. 5000 Bände vor 1800 und ca. 100 Inkunabeln, die sich als Depositum in der Universitäts- und Landesbibliothek Münster befinden
4 Benutzerarbeitsplätze, Online-Katalog, systematische Freihandaufstellung
Leiterin: S. Bost
Stellenplan: 0.9 VZÄ
Träger: Deutsche Kapuzinerprovinz K.ö.R.
Bes. Sammelgeb.: Spiritualität, Kapuzinalia, Franziskalia, Systematische Theologie, Philosophie.

Katholische FH Nordrhein-Westfalen, Bibliothek der Abteilung Münster

siehe Köln (Nr. 326)

438 **Bibliothek des Landesarchivs Nordrhein-Westfalen, Abteilung Westfalen** ⟨Mü 79⟩

✉ Bohlweg 2, 48147 Münster, ☎ (0251) 4885-0/ -139, Fax (0251) 4885-100
🖳 westfalen@lav.nrw.de, http://www.archive.nrw.de/lav/

Vormals Staatsarchiv Münster. Präsenzbibliothek
225.000 Medieneinheiten – lfd. Zss.: ca. 100 – Sonderbestand: 45.000 Schulprogr.
LS mit 32 Benutzerarbeitsplätze.
Ansprechpartner: H.-J. Schroers
Träger: Land Nordrhein-Westfalen – Gesamtetat 2020 (ohne Personalkosten): 10.000.–
Bes. Sammelgeb.: Geschichte und Landeskunde Westfalens, Historische Hilfswiss., Schulprogr.

439 **Bibliothek des LWL-Museums für Kunst und Kultur – Westfälisches Landesmuseum Münster** ⟨Mü 27⟩

✉ Domplatz 10, 48143 Münster, ☎ (0251) 5907-233, Fax (0251) 5907-210
🖳 bibliothek.museumkunstkultur@lwl.org, https://www.lwl-museum-kunst-kultur.de/de/museum/bibliothek/

Präsenzbibliothek
155.000 Bde. – lfd. Zss.: ca. 500
AP: P. Marx, M. Zangl
Träger: Landschaftsverband Westfalen-Lippe.
Bes. Sammelgeb.: Westfälische Kunst, Landesgeschichte Nordwestdeutschland, Westfalen, Numismatik, Graph. Bildnisse, Zeitgenössische Kunst, Klassische Moderne, Kunst im öffentlichen Raum.
Veröff. unter: https://www.lwl-museum-kunst-kultur.de/de/museum/service/publikationen/

Münsterschwarzach

440 Bibliothek der Abtei Münsterschwarzach ⟨Mst 1⟩

> Schweinfurter Str. 40, 97359 Münsterschwarzach Abtei
> (09324) 20-245/ -545, Fax (09324) 20-444
> bibliothek@abtei-muensterschwarzach.de, http://www.abtei-muensterschwarzach.de

Kirchliche Bibliothek, Präsenzbibliothek, Benutzung nach Vereinbarung
308.000 Medieneinheiten – lfd. Zss.: 55 gedr. – Sonderbestand: Musiksammlung mit 48.000 Einheiten.
10 Benutzerarbeitsplätze
Leitung: P. Dr. A. Grün OSB, B. Fröschen, Stellv. u. Leiter d. Musikslg.: P. R. Erbacher OSB
Stellenplan: 1 Angestellte, 1 Klosterangehöriger.
Träger: Abtei Münsterschwarzach – Erwerbungsetat 2018: 31.700.–
Bes. Sammelgeb.: Franconica, Liturgica, Missiologica, Monastica, Schwarzachensia.

Neu-Ulm

441 Hochschulbibliothek Neu-Ulm ⟨1049⟩

> Postfach 1744, 89207 Neu-Ulm; Wileystr. 1, 89231 Neu-Ulm
> (0731) 9762-2706, Fax (0731) 9762-2799
> bibliothek@hnu.de, http://www.hnu.de/studium/bibliothek/

Hochschule für Angewandte Wissenschaften – Fachhochschule Neu-Ulm
Wiss. Bibliothek, Ausleihbibliothek
63.891 Bde., 60.658 elektron. Publ. – lfd. Zss.: 139 gedr., 10.763 elektron.
78 Benutzerarbeitsplätze, 9 Computerarbeitsplätze, 1 Schulungsraum (25 Pl.), 1 Gruppenarbeitsraum (8 Pl.), 6 Carrells, 12 Caddies – Entleihungen: 53.421
Leiterin: B. Mäule-Müller, Stellvertreter: T. Guter
Stellenplan: 4 Beamtinnen und Beamte, 3 Angestellte.
Träger: Freistaat Bayern
Gesamtausgaben 2020: ca. 650.000.–, davon ca. 268.000.– für Erwerbung
Bes. Sammelgeb.: Wirtschaftswiss., mit Spezialgebiet: Gesundheitsmanagement; Recht; EDV/Informatik; Sprachen.

Neubiberg

442 * Universitätsbibliothek der Universität der Bundeswehr München ⟨706⟩

> Postfach, 85577 Neubiberg; Werner-Heisenberg-Weg 39, 85577 Neubiberg
> (089) 6004-3301, Fax (089) 6004-3335
> UbDirektion@unibw.de, https://www.unibw.de/ub

Präsenz- und Ausleihbibliothek

1.353.481 Medieneinheiten, davon 1.075.972 Bde., 126.302 elektron. Publ. – lfd. Zss.: 686, gedr., 32.046 elektron.
2 LSS mit 318 Benutzerarbeitsplätzen, darunter 28 Computer-APl. für Zentralbibliothek und Sonderbestände. – Entleihungen: 68.788
Dir.: M. Mann-Kallenborn, Stellv.: T. Pieruschka (Benutzung und Digitale Dienste) – Wiss. D.: C. Janello (Bestandsentwicklung und Metadaten), S. Rupp (Informationsdienste)
Stellenplan: 25 Beamtinnen u. Beamte (1 A16, 1 A15, 2 A14, 3 A12, 7 A11, 2 A10, 1 A9, 6 A8, 2 A7) – 23 Beschäftigte inkl. FaMI (1 E11, 3 E9, 2 E6, 10 E5, 1 E4, 4 E3, 2 FaMI)
Träger: Bundesministerium der Verteidigung.
Gesamtausgaben 2018: 4.031.423.–, davon 1.474.428.– für Erwerbung
Bes. Sammelgeb.: Luftwaffe, Gebirgstruppe, wehrwiss. Lit. Österreichs, d. Schweiz u. Italiens.

Neubrandenburg

443 * **Hochschulbibliothek der Hochschule Neubrandenburg** ⟨519⟩

> Brodaer Str. 11, 17033 Neubrandenburg
> ☎ (0395) 5693-1510 (Auskunft) / -1500 (Ltg.), Fax (0395) 5693-1599
> hsb@hs-nb.de, https://www.hs-nb.de/bibliothek

Ausleih- und Präsenzbibliothek (2.190 Studierende)
147.625 Bde., 50.401 elektron. Publ. – lfd. Zss.: 135 gedr., 10.614 elektron. Zeitschriften und Zeitungen
136 Benutzerarbeitsplätze, darunter 37 Computer-APl. – Entleihungen: 120.426
Leitung: N.N., Stellv. Leiterin: H. Lebert
Stellenplan: 7 VZÄ (1 hD, 2 gD, 4 mD/eD), student. Hilfskräfte 6.
Träger: Land Mecklenburg-Vorpommern – Gesamtausgaben 2020: 333.732.– (Erwerbung insgesamt)

Neuburg an der Donau

444 * **Staatliche Bibliothek (Provinzialbibliothek)** ⟨150⟩

> PF 1769, 86633 Neuburg a. d. Donau; Karlsplatz A 17, 86633 Neuburg a. d. Donau
> ☎ (08431) 9106, Fax (08431) 9116, info@sbnd.de, http://www.sbnd.de

Wiss. Regionalbibliothek, öffentl. zugängliche Ausleihbibliothek für Stadt und Landkreis
64.000 Medieneinheiten, 58.994 Bde., 115.339 elektron. Publ. – lfd. Zss.: 139 gedr., 15.197 elektron. – Sonderbestand: Bibliothek des Humanisten Hieronymus Wolf.
10 Benutzerarbeitsplätze, davon 1 Computerarbeitsplatz – Entleihungen: 1.051
Leiter: G. Robold
Stellenplan: 1 A11, 2 E2
Gesamtausgaben 2020: 137.458.–, davon 24.692.– für Erwerbung
Bes. Sammelgeb.: Regionales in allen Publikationsformen.
Veröff.: https://www.sbnd.de/historische-sammlungen/kataloge-darstellungen-und-veroeffentlichungen/

Neuendettelsau

445 Bibliothek der Augustana-Hochschule ⟨Neud 1⟩

Waldstr. 15, 91564 Neuendettelsau, ☎ (09874) 509-300, Fax (09874) 509-555
bibliothek@augustana.de, https://augustana.de/bibliothek

Ausleihbibliothek f. Studierende, Lehrende u. d. Öffentlichkeit
170.000 Medieneinheiten – lfd. Zss.: ca. 300 gedr.
LS mit 40 Arbeitsplätzen, Computerarbeitsplätze, OPAC
Leiter: A. Stephan
Träger: Ev.-Luth. Kirche in Bayern – Erwerbungsetat 2021: 123.000.–
Bes. Sammelgeb.: Evangelische Theologie.

Nordhausen

446 Hochschulbibliothek der Hochschule Nordhausen ⟨564⟩

Weinberghof 4, 99734 Nordhausen
☎ (03631) 420-184 (Info)/ -185(Ausl.), Fax (03631) 420-815
bibliothek@hs-nordhausen.de, http://www.hs-nordhausen.de/service/bibliothek/

University of Applied Sciences. Ausleihbibliothek
111.564 Bde., 1.122 elektron. Publ. – lfd. Zss.: 117 gedr., 557 elektron.
91 Benutzerarbeitsplätze, darunter 40 Computer-APl., OPAC – Entleihungen: 130.086
Leiterin: S. Penzler. Stellenplan: 6.73 VZÄ
Träger: Freistaat Thüringen – Erwerbungsausgaben 2016: 142.548.–

Nürnberg

Erziehungswissenschaftliche, Wirtschafts- und Sozialwissenschaftliche Zweigbibliotheken der UB Erlangen-Nürnberg

siehe Erlangen (Nr. 172)

447 * Stadtbibliothek im Bildungscampus Nürnberg ⟨75⟩

Gewerbemuseumsplatz 4, 90403 Nürnberg, ☎ (0911) 231-2790, Fax (0911) 231-5476,
stadtbibliothek-nuernberg@stadt.nuernberg.de, http://www.stadtbibliothek.nuernberg.de

Ausleihbibliothek mit Zentralbibliothek (mit Handschriften/Alte Drucke, Orts- und Landeskunde, Musikbibliothek), 6 Stadtteil-, 2 Fahr- und 4 Schulbibliotheken.
844.138 Medieneinheiten, davon 323.499 Bde. – lfd. Zss.: 636 gedr., 69 elektron. – Sonderbestand: 2.000 Inkun., 3.100 Hss., 10.000 Autogr., ca. 77.000 Drucke (16.–19.Jh.) und 2.400 Karten.
526 Benutzerarbeitsplätze, 65 Computerarbeitsplätze, 30 Internetterminals – Entleihungen: 1.414.136
Dir.: E. Sträter, Stellv.: S. Reiß. – Wiss. D.: C. Sauer (Historisch-Wiss. Stadtbibliothek)
Stellenplan: 93.88 VZÄ, 110 Beschäftigte – 2 Auszubildende.

Gesamtausgaben 2020: 7.665.328.–, davon 780.881.– für Erwerbung
Bes. Sammelgeb.: Orts- u. Landeskunde (Nürnberg u. Franken), Werke fränk. Autoren.
Veröff. unter: http://www.nuernberg.de/internet/stadtbibliothek/veroeffentlichungen.html

Stadtbibliothek Zentrum

Gewerbemuseumsplatz 4, 90403 Nürnberg
(0911) 231–7565, Fax (0911) 231-5477
Stb-Zentrum@stadt.nuernberg.de
Ausleihbibliothek, Magazinbibliothek und Sammlungen.
Leitung: E. Deeg, C. Sauer

448 **Bibliothek der Evangelischen Hochschule Nürnberg ⟨1052⟩**

Bärenschanzstraße 4, 90429 Nürnberg, (0911) 27253-750 (Information)
bibliothek@evhn.de, http://www.evhn.de/bibliothek

Wissenschaftliche Ausleihbibliothek
60.400 Bde., 42.000 elektron. Publ. – lfd. Zss.: 142 gedr., 8.100 elektron.
47 Benutzerarbeitsplätze, darunter 7 Computerarbeitsplätze – Entleihungen: 51.000
Leitung: Chr. Mantsch
Stellenplan: 3.83 VZÄ (3.075 gD, 0.75 mD)
Träger: Evangelisch-Lutherische Kirche in Bayern – Erwerbungsetat 2020: 175.000.–
Bes. Sammelgeb.: Sozialwissenschaften, Sozial- und Gesundheitswirtschaft, Gesundheit und Pflege sowie Pädagogik und Theologie.

449 * **Bibliothek der Technischen Hochschule Nürnberg Georg Simon Ohm ⟨92⟩**

Postfach, 90121 Nürnberg; Keßlerplatz 12 (KL Gebäude), 90489 Nürnberg
(0911) 5880-4000, Fax (0911) 5880-8292
bibliothek@th-nuernberg.de, http://www.th-nuernberg.de/bibliothek/

Ausleihbibliothek (13.006 Studierende, ca. 1.500 Lehrende u. Hochschulangeh., ca. 2.400 Externe).
205.620 Bde., 489.406 elektron. Publ. – lfd. Zss.: 342 gedr., 16.168 elektron.
410 Benutzerarbeitsplätze, davon 64 Computer-APl. – Entleihungen: 105.999
Leiter: C. Knab, Stellv.: A. Margraf
Stellenplan: 19.11 VZÄ (8.93 gD, 10.19 mD/eD)
Träger: Freistaat Bayern – Gesamtausgaben 2020: 2.165.703.–, davon 925.630.– für Erwerbung
Bes. Sammelgeb.: Technik, Informatik, Kommunikationsdesign, Betriebswirtschaft, Sozialwissenschaften.

450 **Bibliothek des Germanischen Nationalmuseums ⟨N 1⟩**

Kornmarkt 1, 90402 Nürnberg, (0911) 1331-151, Fax (0911) 1331-351
bibliothek@gnm.de, https://www.gnm.de/museum/abteilungen-anlaufstellen/bibliothek/, http://webopac.gnm.de, dlib.gnm.de

Wiss. Spezialbibliothek, Präsenzbibliothek

über 700.000 Bde. – lfd. Zss.: 1.603 gedr. – Sonderbestand: 3.380 Hss., ca. 1.000 Inkunabeln, 3.000 Drucke des 16. Jh.
LS m. 40 Benutzerarbeitsplätzen, WLAN.
Leiter: J. Pommeranz, Stellv.: Ch. Lauterbach – Wiss. D: I. Wiwjorra
Stellenplan in VZÄ: 16.5
Träger: Germanisches Nationalmuseum – Erwerbungsetat 2021: 225.000.–
Bes. Sammelgeb.: Kunst- u. Kulturgeschichte dt.-sprachiger Geb., sächliche Volkskunde, Orts- u. Landeskunde dt.-sprachiger Geb., Heraldik, Musikinstrumentenkunde, Vor- u. Frühgeschichte Mitteleuropas.
Veröff. Unter https://www.gnm.de/museum/abteilungen-anlaufstellen/verlag/

451 Bibliothek des DB Museums ⟨N 31⟩

Lessingstraße 6, 90443 Nürnberg, ☎ (0911) 219-2839, Fax (0911) 219-49101
sammlungen@deutschebahnstiftung.de, https://dbmuseum.de/nuernberg/bibliothek

Spezialbibliothek, Museumsbibliothek, Präsenzbibliothek
über 150.000 Bde. – lfd. Zss.: ca. 70 gedr., ca. 250 abgeschlossene gedr. Zs.
LS m. 4 Benutzerarbeitsplätzen, WLAN.
Leiter: S. Ebenfeld, Stellv.: M. Schmidt
Stellenplan in VZÄ: 1
Träger: Deutsche Bahn Stiftung gGmbH
Bes. Sammelgeb.: Eisenbahnwesen; Eisenbahngeschichte (insbesondere deutsche); Eisenbahningenieurwesen/-technik: Fahrzeuge, Hochbau, Oberbau, Streckenbau; Kleinbahnen, Nebenbahnen; Modelleisenbahn; Eisenbahnpersonal; weitere Themen aus den Bereichen Verkehr, Wirtschaft, Recht und Politik mit Bezug zur Eisenbahn; Sozialgeschichte; Reisen; Nachschlagewerke; vereinzelt Postwesen, Schiffahrt; Museumskunde.

452 Bibliothek der Hochschule für Musik Nürnberg ⟨1259⟩

Veilhofstr. 34 (Haus 3), 90489 Nürnberg, ☎ (0911) 21522 180 (Ltg.),
hfm-bibliothek@hfm-nuernberg.de,
http://www.hfm-nuernberg.de/studium-und-lehre/bibliothek/

Ausleihbibliothek mit Präsenzbestand u. Archiv, Ausleihe nur f. Hochschulangehörige, Präsenzbibliothek für externe Personen.
ca. 54.000 Bände – lfd. Print-Zss.: 29 – ca. 8.700 CD, 3.000 Schallplatten, 80 DVD
10 Benutzerarbeitsplätze
Leiter: F. Hartwig. Stellenplan: 2.5 Beschäftigte.
Träger: Hochschule für Musik Nürnberg (Freistaat Bayern)

453 * Bibliothek des Landeskirchlichen Archivs der Evangelisch-Lutherischen Kirche in Bayern ⟨N 26⟩

Veilhofstraße 8, 90489 Nürnberg, ☎ (0911) 58869-0, Fax (0911) 58869-69
archiv@elkb.de, https://www.archiv-elkb.de/bibliothek

Archivbibliothek, öffentlich zugängliche Präsenz- und Ausleihbibliothek

250.000 Medieneinheiten, 150.000 Bde. – lfd. Zss.: 466 gedr., Sonderbestand: Gesangbuchsammlung, 2.410 Handschriften, 400 Inkunabeln.
LS m. 35 Benutzerarbeitsplätzen, davon 17 PC-Arbeitsplätze
Leiter: T. Liebe, Stellv. Leiter: F. Weber – S. Reichert (Fortlaufende Sammelwerke)
Stellenplan: 3 VZÄ
Träger: Evangelisch-Lutherische Kirche in Bayern
Bes. Sammelgeb.: Gesangbücher, Bayer. Kirchen-, Landes- und Ortsgeschichte, Frankonica, Theologie, Kirchenrecht, Ökumene, Landeskirchl. Schrifttum Kirchenkampf.
Veröff. unter: http://www.archiv-elkb.de/veröffentlichungen-von-mitgliedern-des-derzeitigen-archivteams

Oberwolfach

454 Bibliothek des Mathematischen Forschungsinstituts Oberwolfach gGmbH ⟨Frei 3c⟩

Schwarzwaldstr. 9–11, 77709 Oberwolfach, ☎ (07834) 979-36, Fax (07834) 979-38
library@mfo.de, http://www.mfo.de/library

Wiss. Spezialbibliothek, Präsenzbibliothek
99.000 Bde., 24.000 E-Books – lfd. Zss.: 150 gedr., 850 elektron., zzgl. Nationallizenzen – Sonderbestand: 22.000 Fotos
Leiterin: V. Franke
Stellenplan: 1 TV-L 10, 1 TV-L 8
Träger: Gesellschaft für Mathematische Forschung e. V.
Veröff. unter: https://publications.mfo.de/

Offenbach (Main)

455 Bibliothek der Hochschule für Gestaltung

Schlossstr. 31, 63065 Offenbach am Main, ☎ (069) 80059-295, Fax (069) 80059-109,
bibliothek@hfg-offenbach.de, https://www.hfg-offenbach.de/de/pages/bibliothek#ueber

Ausleihbibliothek für Hochschulangehörige, Präsenzbibliothek für Externe
57.800 Medieneinheiten – lfd. Print-Zss.: ca. 70
Leiterin: C. Scheld
Träger: Land Hessen

456 Bibliothek des Klingspor-Museums ⟨Of 2⟩

Herrnstr. 80, 63065 Offenbach a. M., ☎ (069) 8065-2066/ -2065, Fax 8065-2669
stephanie.ehret@offenbach.de, martina.weiss@offenbach.de
https://www.offenbach.de/microsite/klingspor_museum/rubrik-4/index.php

Öff. zugängl. Präsenzbibliothek, Spezialbibliothek f. Buch- u. Schriftkunst
80.000 Medieneinheiten – lfd. Zss.: 18
8 Benutzerarbeitsplätze, Spezialkat., seit 2002 erworbene Bestände im SWB-Online-Katalog des Südwestdeutschen Bibliotheksverbundes unter: https://swb.bsz-bw.de

Leiter: S. Soltek
Stellenplan: 1 A 14 (Museumsleitung), 2 TVöD 10, 1 TVöD 10 (Verwaltung)
Träger: Stadt Offenbach – Erwerbungsetat 2020: 7.300,-
Bes. Sammelgeb.: Neue Buch- u. Schriftkunst ab 1890.

457 * **Deutscher Wetterdienst, Deutsche Meteorologische Bibliothek** ⟨B 23⟩

> Postfach 100465, 63004 Offenbach; Frankfurter Str. 135, 63067 Offenbach
> ☎ (069) 8062-4276 (Leiterin)/ -4273 (Auskunft, Lesesaal), Fax (069) 8062-4123
> bibliothek@dwd.de, http://www.dwd.de/bibliothek, https://www.dwd.de/metlis
> (Online Katalog METLIS)

Präsenz- u. Ausleihbibliothek f. Mitarb. d. DWD u. beschr. Ausl. f. fremde Ben. (Leihverkehr)
191.000 Bde., 1.375 elektron. Publ. – lfd. Zss. und Reihen: 237 gedr., 5.426 (inkl. DEAL) elektron.
6 Benutzerarbeitsplätze, 5 Internet-APl. – Entleihungen: 558
Leiterin: B. Bolzmann
Stellenplan: 7.5 VZÄ
Träger: Bundesministerium für Verkehr und digitale Infrastruktur – Erwerbungsetat 2020: 232.460.– (Fachliteraturerwerbung plus Buchbinder)
Bes. Sammelgeb.: Meteorologie/Klimatologie. u. Grenzgeb. – DFG, ehemalige SSG: Meteorol., Meteorol. Kt.
Veröff. unter: http://www.dwd.de/bibliothek

Offenburg

458 * **Bibliothek der Hochschule Offenburg** ⟨Ofb 1⟩

> Badstraße 24, 77652 Offenburg, ☎ (0781) 205-240/ -194, Fax (0781) 205-45 240
> bibliothek@hs-offenburg.de, http://www.hs-offenburg.de/bibliothek

Ausleih- u. Präsenzbibliothek f. ca. 4.600 Hochschulangeh. u. ca. 200 externe Benutzerinnen und Benutzer
330.000 Medieneinheiten, davon 80.000 Bde., 250.000 elektron. Publ. – lfd. Zss.: 280 gedr., 45.000 elektron. – Sonderbestand: ca. 1.300 Normen
130 Benutzerarbeitsplätze, davon 8 Computer-APl. – Entleihungen: 35.000
Leiterin: P. Möhringer
Stellenplan: 1 E9, 4.5 E6
Träger: Ministerium für Wissenschaft, Forschung und Kunst Baden-Württemberg. Gesamtausgaben 2020: ca. 790.000.–, davon ca. 460.000.– für Erwerbung
Bes. Sammelgeb.: Elektrotechnik, Informatik, Maschinenbau, Verfahrens- u. Umwelttechnik, Medientechnik, Wirtschaftswiss.

Bibliothek der Hochschule Offenburg – Campus Gengenbach ⟨988⟩

> Klosterstraße 14, 77723 Gengenbach
> ☎ (07803) 9698-4413, Fax (07803) 9698-45 4413
> bib-gengenbach@hs-offenburg.de

Ausleih- u. Präsenzbibliothek

45 Benutzerarbeitsplätze, davon 5 Computer-APl.
Leiterin: P. Möhringer
Bes. Sammelgeb.: Betriebswirtschaftslehre, Wirtschaftswiss.

Oldenburg

459 * **Landesbibliothek ⟨45⟩**

Postfach 3480, 26024 Oldenburg; Pferdemarkt 15, 26121 Oldenburg
☏ (0441) 505018-0, Fax 505218-14
✉ lbo@lb-oldenburg.de, http://www.lb-oldenburg.de

Regionalbibliothek, Ausleihbibliothek f. Nordwest-Niedersachsen, am Ort 170.000 Einw. (darunter 16.000 Stud.)
948.200 Medieneinheiten, davon 839.685 Bde. – lfd. Zss.: 1.267 gedr., 18.579 elektron. – Sonderbestand: 1.135 Hss, ca. 140.000 Drucke vor 1815
Freihandbereich mit ca. 25.000 Bänden, 3 Gruppenarbeitsräume, 122 Benutzerarbeitsplätze im Lern- und Informationszentrum – Entleihungen: 378.075
Dir.: C. Roeder, Stellv.: R. Fietz – Wiss. D.: M. Bley, M. Klinkow
Stellenplan: Beamtinnen und Beamte (1 A16, 2 A14, 1 A13, 2 A12, 2 A11, 2 A10, 1 A9, 1 A8, 3 A7, 2 A6), Tarifbeschäftigte, insgesamt 39.34 VZÄ.
Träger: Land Niedersachsen – Gesamtausgaben 2020: 3.731.372.–, davon 667.115.– für Erwerbung
Bes. Sammelgeb.: Literatur aus und über Oldenburg, Ostfriesland und Hann. Emsland.
Veröff. unter: https://www.lb-oldenburg.de/benutzung/schriften.htm

460 * **Bibliotheks- und Informationssystem der Carl von Ossietzky Universität Oldenburg ⟨715⟩**

Postfach 2541, 26015 Oldenburg; Uhlhornsweg 49–55, 26129 Oldenburg
☏ (0441) 798-4001 (Sekretariat), Fax (0441) 798-4040
✉ bis-info@uol.de, https://uol.de/bis/

Die Bibliothek ist ein Teil der zentralen Einrichtung Bibliotheks- und Informationssystem (Informations- und Literaturversorgung, Druckdienste, Medientechnik und -produktion, Universitätsverlag, Hochschularchiv). Ausleih- u. Präsenzbibliothek für 60.619 eingetragene Benutzerinnen und Benutzer.
1.775.047 Medieneinheiten, davon 1.341.930 Bde., 295.124 elektron. Publ. – lfd. Zss.: 1.176 gedr., 30.511 elektron. – Sonderbestand: 106.306 sonstige Druckwerke.
Auf 14 Lesesäle, 42 Carrels, 12 Gruppenräume und 3 Schulungsräume verteilt: 1.427 Benutzerarbeitsplätze, davon 292 PC-Arbeitsplätze
Dir.: H. Andermann, Stellv.: B. Diekmann – Wiss. Dienst: A. Behrends (Abt.Ltg.), K. Bubke (Abt.Ltg.), B. Diekmann (Abt.Ltg.), A. Otten (komm. Abt.Ltg.), O. Schoenbeck (komm. Abt. Ltg.), J. Brand, P.-T. Haas, M. Janz, A. Kabelka, A. Kaiser, B. Schwarzer, M. Wurtscheid
Stellenplan (aktuell besetzte Stellen) 34 Beamtinnen und Beamte (2 A15, 2 A14, 4 A13, 2 A12, 6 A11, 7 A10, 3 A9, 1 A8, 7 A7), 77 Angestellte (5 E13, 1 E12, 19 E9, 22 E8, 10 E6, 4 E5, 1 E4, 13 E3, 2 E2), 2 Referendare.
Träger: Land Niedersachsen – Gesamtausgaben 2020: 8.911.195.–, davon 4.132.785.– für Erwerbung
Veröff. unter: https://uol.de/bis/forschen-und-publizieren/universitaetsverlag

Bereichsbibliothek Campus Wechloy ⟨715⟩

✉ Postfach 2541, 26015 Oldenburg, Carl von Ossietzky Straße 7–11, 26129 Oldenburg
☎ (0441) 798-4053, Fax (0411) 798-3905
💻 bis-info@uol.de
Naturwissenschaften, Mathematik, Medizin.
Präsenzbibliothek mit Kurzausleihe: 58.952 Bde., 68 lfd. Zeitschriften
LS, 4 Gruppenarbeitsräume, 1 Schulungsraum, 162 Benutzerarbeitsplätze, davon 42 PC-APl.

Osnabrück

461 * **Universitätsbibliothek ⟨700⟩**

✉ Postfach 4469, 49034 Osnabrück; Alte Münze 16, 49074 Osnabrück
☎ (0541) 969-4320 (Sekr.)/ -4488 (Ausk.), Fax (0541) 969-4482
💻 sekretariat@ub.uni-osnabrueck.de, http://www.ub.uni-osnabrueck.de

Bibliothekssystem für 15.830 Universitätsangehörige, 12.237 aktive Ben.
1.670.586 Bde. – lfd. Zss.: 1.923 gedr., rd. 34.600 elektron. (lizenz., inkl. Cross Access, AggregatorDBn) – lizenz. Datenbanken: 895
1.590 Benutzerarbeitsplätze – Entleihungen: 445.870
Dir.: F. Hundhausen, Stellv.: F. Dauer – Wiss. Dienst: S. Boccalini (E-Science), S. Fangmeier (Medienbearbeitung), M. Gronwald, J. Hindersmann, U. Homann, M. Laubenheimer (Benutzung), W. Meyer zu Westerhausen, J. Schmitz (IT-Services), M. Schwandt, K. Strotmann-Frehe, A. Thiel (Kommunikation u. Öffentlichkeitsarbeit)
Stellenplan: 38.5 Beamtinnen und Beamte (1 A16, 2 A15, 3 A14, 3 A13, 1 A12, 2 A11, 9 A10, 7.5 A9, 1 A8, 7 A7, 2 A6) – 42.125 Ang. (2.25 E13, 1 E10, 10.625 E9, 2 E8, 4 E6, 17 E5, 7.1 E3, 1.15 E2)
Träger: Land Niedersachsen
Ausgaben für Erwerbung 2020: 3.929.559.–
Bes. Sammelgeb.: Osnabrugensien, Frühe Neuzeit, Migration, Internat. u. Europ. Recht.
4 Bereichsbibliotheken und 1 forschungsorientierte juristische Institutsbibliothek.

Bibliothek Alte Münze, Bereichsbibliothek Philologien/Kulturwissenschaften

✉ Alte Münze 16 / Kamp, 49074 Osnabrück
☎ (0541) 969–4488 (Inf.)/ -4316 (Ausl.), Fax (0541) 969–4482
💻 info@ub.uni-osnabrueck.de

Bereichsbibliothek Naturwissenschaften/Mathematik

✉ Nelson-Mandela-Platz 1, 49076 Osnabrück
☎ (0541) 969–2543 (Inf.)/ -2544 (Ausl.)
💻 infon@ub.uni-osnabrueck.de

Bereichsbibliothek Rechts- u. Wirtschaftswissenschaften

✉ Heger-Tor-Wall 14, 49078 Osnabrück
☎ (0541) 969–6209 (Inf.)/ -6100 (Ausl.), Fax (0541) 969–6186
💻 infojw@ub.uni-osnabrueck.de

Bereichsbibliothek Sozialwissenschaften
🖃 Große Rosenstr. 20 / Seminarstr. 33, 49074 Osnabrück
☎ (0541) 969–4578 (Inf.)/ -4577 (Ausl.)
💻 infog@ub.uni-osnabrueck.de

Bibliothek des European Legal Studies Institute
🖃 Süsterstraße 28, 49074 Osnabrück
☎ (0541) 969–6229
💻 infoelsi@ub.uni-osnabrueck.de
Institut für europäische Rechtswissenschaft, Präsenzbibliothek.

462 * **Stadtbibliothek Osnabrück** ⟨153⟩

> 🖃 Markt 7, 49074 Osnabrück, ☎ (0541) 323 - 20 07, Fax (0541) 323 - 43 55
> 💻 info-stadtbibliothek@osnabrueck.de, http://www.osnabrueck.de/stadtbibliothek

Öffentliche Bibliothek (mit 1 Bücherbus).
216.548 Medieneinheiten, davon 174.213 Bde., 8.798 elektron. Publ. – lfd. Zss.: 206 gedr.
176 Benutzerarbeitsplätze, davon 10 PC-Arbeitsplätze und 7 Internet-Arbeitsplätze – Entleihungen: 840.783
Leiterin: M. Dannert, Stellv. Leiter: N.N. Stellenplan: 36 Personen auf 28.40 Stellen (VZÄ)
Träger: Stadt Osnabrück – Gesamtausgaben 2018: 2.458.843.–, davon 272.679.– für Erwerbung
Bes. Sammelgeb.: Literatur über Osnabrück und Umgebung.

Paderborn

463 * **Universitätsbibliothek Paderborn** ⟨466⟩

> 🖃 Postfach 1621, 33046 Paderborn; Warburger Straße 100, 33098 Paderborn
> ☎ (05251) 60-2047, Fax (05251) 60-3829
> 💻 direktion@ub.uni-paderborn.de, information@ub.uni-paderborn.de
> http://www.ub.uni-paderborn.de

Einschichtiges Bibliothekssystem, angegliedertes Universitätsarchiv, Ausleihbibliothek, systematisch aufgest. Freihandbibliothek für 23.214 Mitglieder u. Angehörige der Universität Paderborn u. 1.885 aktive externe Benutzerinnen und Benutzer
1.880.397 Medieneinheiten, davon 1.097.948 Bde, 549.170 elektron. Publ. – lfd. Zss.: 962 gedr., 70.523 elektron.
640 Benutzerarbeitsplätze, davon 47 Computer-APl. – Entleihungen: 1.913.747 (inkl. Verl.)
Dir.: D. Haubfleisch, Stellv.: U. Hesse. – Dez.: A. Nickel, (Erwerbung u. Bestandsentw.), G. Richter (Benutzung u. Service) – Wiss. D.: U. Hlubek, C. Lemmen, H. Quint, R. Sprotte, A. Szabó, J. Weidner
Stellenplan: 27.83 Beamtinnen und Beamte (1 A16, 1 A15, 3.61 A14, 0.95 A13, 0.88 A12, 6.54 A11, 3.59 A10, 1.51 A9, 1.75 A9 mD, 2.61 A8, 3.27 A7, 1.13 A6) – 28.56 Beschäftigte (1 E14, 1.5 E13, 5.0 E9gD, 2.8 E9mD, 16.46 E6, 1.8 E5) – 1 FaMI.
Träger: Universität Paderborn – Gesamtausgaben 2020: 6.544.478.–, davon 2.689.622.– für Erwerbung

464 * Erzbischöfliche Akademische Bibliothek Paderborn ⟨211⟩

Leostr. 21, 33098 Paderborn, ☎ (05251) 206-5800, Fax (05251) 2825-75
info@eab-paderborn.de, http://www.eab-paderborn.org

Spezialbibliothek, Ausleihbibliothek für die Angehörigen der Paderborner Hochschulen und die Öffentlichkeit
348.100 Medieneinheiten – lfd. Zss.: 500 gedr. – Sonderbestand: 6.000.
24 Benutzerarbeitsplätze im LS
Dir.: H.-W. Stork. Stellenplan: 8.5 Ang. (KAVO [entspr. etwa TVöD] 1 EG15, 2 EG9, 1 EG 6, 1.5 EG5, 1.5 EG3, 0.5 EG1).
Träger: Erzbistum Paderborn
Bes. Sammelgeb.: Katholische Theologie, Diözesangeschichte, Hagiographie, Westfalica.

465 * Bibliothek des Johann-Adam-Möhler-Instituts für Ökumenik ⟨Pa 4⟩

Leostr. 19 a, 33098 Paderborn, ☎ (05251) 8729-813, Fax 280-210
jam@moehlerinstitut.de, https://de.moehlerinstitut.de/bibliothek

Präsenzbibliothek: 155.889 Bde. – lfd. Print-Zss.: ca. 200 – LS m. 7 Benutzerarbeitsplätzen
Leiter: M. Hardt. Träger: Erzbistum Paderborn
Bes. Sammelgeb.: Quellen u. Literatur zur gesamten ökumen. Theologie, insbes. auf dem Gebiet der Ev. Theologie.

Bibliothek der Abt. Paderborn der Katholischen FH Nordrhein-Westfalen
siehe Köln (Nr. 326)

Paris

466 Bibliothek des Deutschen Historischen Instituts Paris

8, Rue du Parc Royal, F-75003 Paris, ☎ (0033-1) 4454 2380, Fax (0033-1) 4271-3643
bibliothek@dhi-paris.fr, http://www.dhi-paris.fr/bibliothek/ueberblick.html

Institut Historique Allemand. Präsenzbibliothek: 120.000 Medieneinheiten, davon 100.000 Bde., 1.800 elektron. Publ. – lfd. Zss.: 300 gedr., 50 elektron.
LS m. 50 Benutzerarbeitsplätzen, 5 Computer-APl.
Leiterin: M. König. Stellenplan: 1 A9, 3×1 Ortskraft
Träger: Max Weber Stiftung Deutsche Geisteswissenschaftliche Institute im Ausland
Bes. Sammelgeb.: Dt.-franz. Beziehungen, Deutsche Geschichte, Geschichte Frankreichs, Zss. z. dt. u. franz. Landesgeschichte.
Veröff. unter: http://www.dhi-paris.fr

Passau

467 * Universitätsbibliothek ⟨739⟩

📧 Postfach, 94030 Passau; Innstr. 29, 94032 Passau
☎ (0851) 509-1600 (Dir.)/ -1601 (Sekr.)/ - 1630 (Auskunft), Fax (0851) 509-1602
💻 ubinfo@uni-passau.de, https://www.ub.uni-passau.de

Präsenz- u. Ausleihbibliothek: 2.011.013 Medieneinheiten, davon 1.685.997 Bde., 140.047 elektron. Publ. – lfd. Zss.: 1.636 gedr., 54.277 elektron.
1.282 Benutzerarbeitsplätze, darunter 27 Computer-APl. – Entleihungen: 141.996
Dir.: St. Wawra, Stellv.: M. Zweier (Personal, Haushalt, IT-Services), M. Lemke (Benutzungsdienste), Dir.-Assistenz: A. Kellermann. – Wiss. Dienst: C. Bögel, M. Hochecker, M. Lemke (Benutzung), C. Meinel, T. Nachreiner, M. Zweier (Wiss. Dienste) – Sonst. Ref.-Ltr.: K. Krieg (Medienbearbeitung)
Stellenplan: 64.72 (33.12 eD und mD, 23.60 gD, 8.00 hD). Träger: Freistaat Bayern
Gesamtausgaben 2020: 6.139.387.–, davon 2.509.771.– für Erwerbung
Veröff. unter: https://www.opus4.kobv.de/opus4-uni-passau/home

468 Staatliche Bibliothek Passau ⟨154⟩

📧 Michaeligasse 11, 94032 Passau, ☎ (0851) 756440-0, Fax (0851) 756440-27
💻 sbp_info@staatliche-bibliothek-passau.de, http://www.staatliche-bibliothek-passau.de

Öffentlich zugängliche wiss. Ausleihbibliothek: 363.856 Medieneinheiten, davon 357.605 Bde., 1.810 elektron. Publ. – lfd. Zss.: 402 gedr. – Sonderbestand: 195 Hss., 328 Inkunabeln:
LS m. 60 Benutzer-APl., kl. LS m. 12 Plätzen, 2 Benutzer-PCs (OPAC) – Entleihungen: 9.640
Leiter: M. Wennerhold. Stellenplan: 1 QE4, 1 QE3, 1 QE2, 1 QE1, 3 Ang. (TV-L), 1 Arb.
Träger: Freistaat Bayern – Gesamtausgaben 2020 (ohne PE): 193.708.–, davon 36.527.– für Erwerbung
Bes. Sammelgeb.: Bayerische u. Österreichische Geschichte, ndb. Heimatgeschichte u. Literatur, Emblematik, Jesuitica, Bibliophilie, Buch- u. Druckgeschichte, Buchmalerei, Ndb. in der Druckgraphik (hist. Stadtansichten, Kt. u. a.).
Pflichtex.: Amtsbl. d. Reg.-Bez. Ndb., seit 1.1.1987 Veröff. aus Ndb.

Plauen

469 * Vogtlandbibliothek Plauen ⟨165⟩

📧 Neundorfer Straße 8, 08523 Plauen, ☎ (03741) 291-2422, Fax (03741) 149 727
💻 info@vogtlandbibliothek.de, http://www.vogtlandbibliothek.de

Öffentliche Bibliothek
144.709 Medieneinheiten, 108.307 Bde., 7.418 elektron. Publ. – lfd. Zss.: 128 gedr., 8 elektron.
74 Benutzerarbeitsplätze, darunter 5 Computer-APl., davon 2 Internet-APl., Online-OPAC-
Entleihungen: 273.507
Fachdir.: G. Güttler
Träger: Stadt Plauen – Gesamtausgaben 2018: 1.159.143.–, davon 72.834.– für Erwerbung
Bes. Sammelgeb.: Sammlung Vogtland.

Plön

470 * **Bibliothek des Max-Planck-Instituts für Evolutionsbiologie ⟨Pn 1⟩**

August-Thienemann-Str. 2, 24306 Plön, ☎ (04522) 763-356, Fax 763-351
martinsen@evolbio.mpg.de, bibl@evolbio.mpg.de
http://www.evolbio.mpg.de/7568/library

Wiss. Spezialbibliothek, Präsenzbibliothek f. Wiss. u. Doktoranden, externe Benutzer nach Vereinbarung. 11.053 Bde. (ohne Zeitschriften) – lfd. Zss.: 45 gedr., 33.713 elektron. – Sonderbestand: 40.000 Sonderdrucke.
Benutzerarbeitsplätze, darunter Computer-APl. – Entleihungen: 379
Leiter: I. Martinsen
Bes. Sammelgeb.: Evolutionsbiologie, Evolutionsgenetik, Evolutionstheorie, Evolutionsökologie, Mikrobielle Populationsbiologie.
Veröff. unter: http://www.evolbio.mpg.de/1308830/Max_Planck_Institute_for_Evolutionary_Biology

Potsdam

471 * **Universitätsbibliothek ⟨517⟩**

Am Neuen Palais 10, 14469 Potsdam, ☎ (0331) 977-2103 (Sekr.), Fax (0331) 977-2035
ubinfo@uni-potsdam.de, http://www.ub.uni-potsdam.de

Einschichtiges Bibliothekssystem m. 3 Bereichsbibliotheken – Ausleih- und Präsenzbibliothek f. ca. 21.000 Studierende, ca. 3.000 Univ.-Angeh. u. 3.000 externe Nutzerinnen und Nutzer, LeitB im ÜLV
1.300.000 Bde., 2 Mio E-M – Sonderbestand: Bibliothek der Dt. Geologischen Gesellschaft (als Dauerleihgabe).
950 Benutzerarbeitsplätze, darunter 200 Computer-APl. – Entleihungen: 250.000
Dir.: N.N., Stellv.: K. Schneider. – Dez.: T. Höhnow (Medienbearbeitung), M. Probst (Benutzungsdienste), R. Torsello (Digitale Dienste) – Wiss. D.: J. Hagedoorn, T. Höhnow, A. Kennecke, M. Kroehling, M. Probst, K. Schneider, H. Wolf, U. Ziler
Stellenplan: 1 Beamtenstelle (A16) – 87 Ang. TVL (Tarifgebiet Ost: 1 E15, 2 E14, 7 E13, 2 E11, 10 E10, 23 E9, 3 E8, 31 E6, 9 E5, 1 E4, 7 E3) – 3 Auszubildende.
Träger: Land Brandenburg – Gesamtausgaben 2020: 3.1 Mio.– davon 2.5 Mio.– für Erwerbung
Bes. Sammelgeb.: Hebraica und Judaica, DGG (Deutsche Gesellschaft f. Geowiss.).
Veröff. unter: http://info.ub.uni-potsdam.de/verlag.htm

472 * **Stadt- und Landesbibliothek im Bildungsforum Potsdam ⟨186⟩**

Postfach 601 464, 14414 Potsdam; Am Kanal 47, 14467 Potsdam
☎ (0331) 289-6401, Fax (0331) 289-6402
slb@bibliothek.potsdam.de, http://www.bibliothek.potsdam.de

Ausleih- und Präsenzbibliothek
602.069 Medieneinheiten. – lfd. Zss.: 941 gedr.

217 Benutzerarbeitsplätze, darunter 56 Computer-APl., davon 27 Internet-APl. – Entleihungen: 786.300
Direktorin: M. Mattekat – stellv. Direktor, Bereichsleiter Landesbibliothek: F. Hoppe, Bereichsleiterin Stadtbibliothek: C. Opalla, Bereichsleiter Erwerbung, Controlling und IT: n.b.
Stellenplan: 45 VZÄ.
Träger: Stadt Potsdam, Land Brandenburg – Gesamtausgaben 2020: 4.156.800.–, davon 420.100.– für Erwerbung
Bes. Sammelgeb.: Brandenburgica, Gottfried-Benn-Slg., DDR-Literatur, Musik.
Pflichtex.: seit 1924, 1945 Prov. Brandenburg, 1955 Bezirke Potsdam, Cottbus, Frankfurt/O, ab 1990 Land Brandenburg.
Angeschl.: 2 Zweigbibliotheken (ZweigB Am Stern, ZweigB Waldstadt)

Bibliothek des Alfred-Wegener-Instituts für Polar- und Meeresforschung, Forschungsstelle Potsdam

siehe Potsdam (Nr. 477), Bibliothek des Wissenschaftsparks Albert Einstein.

473 * **Brandenburgisches Landeshauptarchiv, Bibliothek ⟨Po 24⟩**

Postfach 600 449, 14404 Potsdam; Am Mühlenberg 3, 14476 Potsdam
☎ (0331) 5674-257, Fax (0331) 5674-212
Bibliothek@blha.brandenburg.de, http://www.blha.de

Präsenzbibliothek: 127.000 Bde – lfd. Zss.: 75 gedr.
10 Benutzerarbeitsplätze
Leiter: F. Seher
Träger: Land Brandenburg – Erwerbungsetat 2021: 17.400.–
Bes. Sammelgeb.: Brandenburgische Landesgeschichte.
Pflichtex.: seit 1994 Druckschriften der Landesbehörden Land Brandenburg.

474 * **Bibliothek der Fachhochschule Potsdam ⟨525⟩**

Kiepenheuerallee 5, 14469 Potsdam, ☎ (0331) 580-8941, Fax (0331) 580-2229
library@fh-potsdam.de, http://bibliothek.fh-potsdam.de

Wiss. Ausleihbibliothek
249.549 Medieneinheiten, 22.781 elektron. Publ. – lfd. Zss.: 199 gedr., 5.442 elektron.
126 Benutzerarbeitsplätze, davon 34 mit PC – Entleihungen: 67.944
Leiterin: K. Falke, Stellv.: K. Violet
Stellenplan: 8 Ang. (1 hD, 5 gD, 2 e/mD)
Träger: Land Brandenburg – Erwerbungsausgaben 2020: 227.855.–

475 * **Universitätsbibliothek der Filmuniversität Babelsberg Konrad Wolf** ⟨Po 75⟩

Marlene-Dietrich-Allee 11, 14482 Potsdam-Babelsberg
☎ (0331) 6202-410 (Leitung)/ -401 (Ausleihe)
k.krause@filmuniversitaet.de, ausleihe@filmuniversitaet.de
https://www.filmuniversitaet.de/filmuni/universitaetsbibliothek/

Ausleihbibliothek, Mediathek, Präsenzbestand, Pressedokumentation und Hochschulfilmarchiv: ca. 170.000 Medieneinheiten, 109.201 Bde., 37.859 audiovisuelle Medien- lfd. Print-Zss.: 83 – Sonderbestand: 4.000.000 Presseartikel, 20.102 Hochschulfilme
Leiterin: K. Krause, Stellv.: U. Figge
Stellenplan: 8.75 VZÄ (1.0 hD, 4.0 gD, 3.75 mD/eD)
Träger: Land Brandenburg – Gesamtausgaben 2020: ca. 680.000.–, davon 119.733.– für Erwerbung
Bes. Sammelgeb.: Film-, Fernseh- und Medienwiss., DEFA-Präsenzbestand., Pressedokumentation, Hochschulfilmarchiv.

476 **Bibliothek des Zentrums für Militärgeschichte und Sozialwissenschaften der Bundeswehr (ZMSBw)** ⟨Po 79⟩

Zeppelinstr. 127/128, 14471 Potsdam, ☎ (0331) 9714-490, Fax (0331) 9714-507
zmsbwbibliothek@bundeswehr.org, https://www.bundeswehr.de/de/organisation/weitere-bmvg-dienststellen/zentrum-militaergeschichte-sozialwissenschaften/zmsbw-bibliothek

Das ZMS gehört zur Fachinformationsunterstützung der Bundeswehr. Öffentliche, wissenschaftliche Spezialbibliothek.
250.000 Medieneinh., davon 210.000 Bde. – lfd. Zss.: 220 gedr. – Sonderbestand: 16.000 Bände Altbestand, darunter Bleckwenn-Sammlung zur preuß. Armee des 18. Jahrhunderts (10.000 Bände), historische militärische Dienstvorschriften (8.000 Stück); Ranglisten und Regimentsgeschichten
30 Benutzerarbeitsplätze, 6 PC-APl., 2 Internet-Rechercheplätze
Leiterin: G. Bosch, Stellv. Leiterin: A. Strohmeier. Stellenplan: 1 A13/14, 3 A11, 2 A 6/8, 1 E 8.
Träger: Bundeswehr – Erwerbungsetat 2020: 90.000.–
Bes. Sammelgeb.: Militärgeschichte (national und international), Sozialwissenschaften.

477 * **Bibliothek des Wissenschaftsparks Albert Einstein** ⟨B 103⟩

Telegrafenberg, 14473 Potsdam, ☎ (0331) 288 1673
bib@gfz-potsdam.de, https://bib.telegrafenberg.de/

Eine gemeinsame Bibliothek des Deutschen GeoForschungszentrums GFZ, des Potsdam-Instituts für Klimafolgenforschung (PIK), der Forschungsstelle Potsdam des Alfred-Wegener-Instituts für Polar- und Meeresforschung (AWI) und des IASS Institute for Advanced Sustainability Studies Potsdam. Präsenzbibliothek (ZB und 3 TeilB)
ca. 125.000 Bde., ca. 40.000 Kt. – lfd. Zss.: ca. 6.500 elektron.
Rechercheplätze an allen Standorten, Ruhearbeitsplätze
Leiter: M. Meistring (komm.). Stellenplan: 12 Beschäftigte, 2 Auszubildende.
Träger: Nutzergemeinschaft des Wissenschaftsparks Albert Einstein.
Veröff. unter: https://gfzpublic.gfz-potsdam.de/

Quedlinburg

478 **Bibliothek Quedlinburg des Julius Kühn-Instituts, Bundesforschungsinstitut für Kulturpflanzen ⟨Q 1⟩**

> 🖃 Erwin-Baur-Str. 27, 06484 Quedlinburg, ☎ (03946) 47-2203/-2204, Fax (03946) 47-1302
> 💻 grit.lautenbach@julius-kuehn.de, https://www.julius-kuehn.de/ib/bibliothek/

Das Julius Kühn-Institut (JKI – mit Sitz in Quedlinburg) versorgt Fachwiss. und die Öffentlichkeit an 3 Bibliotheksstandorten mit Fachliteratur und Informationen (Berlin: siehe Nr. 61, Braunschweig: siehe Nr. 115, Quedlinburg).
Präsenz- und Ausleihbibliothek: 104.631 Medieneinheiten – lfd. Zss.: 18 gedr., 7.503 elektron.
9 Benutzerarbeitsplätze, davon 1 Computerarbeitsplatz – Entleihungen: 350
Leiter: O. Hering, E-Mail olaf.hering@julius-kuehn.de
Dienststellenleiterin: G. Lautenbach. Träger: Bundesministerium für Ernährung und Landwirtschaft.

Rastatt

479 **Historische Bibliothek der Stadt Rastatt im Ludwig-Wilhelm-Gymnasium ⟨Ras 1⟩**

> 🖃 Lyzeumstr. 11, 76437 Rastatt, ☎ (07222) 972-8420, Fax (07222) 37 227
> 💻 historische-bibliothek@rastatt.de, http://www.rastatt.de/index.php?id=259

Spezialbibliothek, Präsenzbibliothek
80.000 Medieneinheiten – lfd. Zss.: 23 gedr. – Sonderbestand: Hss., Inkunabeln, Ordensliteratur der Jesuiten, Piaristen, Oblaten, Schulprogramme.
7 Benutzerarbeitsplätze
Leiterin / Bibl.: H. Endermann
Stellenplan: 2 gD, 1 sonstiger Mitarbeiter
Träger: Stadt Rastatt
Bes. Sammelgeb.: Alte Drucke, Literatur zu Rastatt und Baden, Ordensliteratur, Schulschriften, Publ. ehem. Lehrer/Schüler des LWG, Schulbücher.
Veröff. unter: http://www.rastatt.de/index.php?id=275

Recklinghausen

480 **Bibliothek Landesamtes für Natur, Umwelt und Verbraucherschutz Nordrhein-Westfalen**

> 🖃 Leibnizstr. 10, 45659 Recklinghausen, ☎ (02361) 305-3414, Fax (02361) 305-3215
> 💻 bibliothek@lanuv.nrw.de, http://www.lanuv.nrw.de

Verwaltungssitz ist Recklinghausen
Wiss. Spezialbibliothek, Präsenzbibliothek, externe Ben. nur nach Voranmeldung.
ca. 80.000 Medieneinheiten – lfd. Print-Zss.: ca. 280
LS m. 4 Benutzerarbeitsplätzen u. 1 Recherchepl.

AP: V. David-Van Briel
Träger: Land Nordrhein-Westfalen
Bes. Sammelgeb.: Ökologie, Naturschutz, Tierschutz, Verbraucherschutz, Lärm, Luft, Boden und Altlasten.

Bibliothek – Standort Essen

📠 Wallneyer Str. 6, 45133 Essen, ☎ (0201) 7995-1429, Fax (0201) 7995-1051
💻 bibliothek@lanuv.nrw.de, http://www.lanuv.nrw.de

Wiss. Spezialbibliothek. Präsenzbibliothek, externe Ben. nur nach Voranmeldung.
ca. 85.000 Bde. – lfd. Print-Zss.: ca. 280
LS m. 4 Benutzerarbeitsplätzen
AP: S. Sölle
Bes. Sammelgeb.: Technischer Umweltschutz, Umweltanalytik, Wasserwirtschaft, Verbraucherschutz, Lärm, Luft, Boden und Altlasten.

Regensburg

481 * **Staatliche Bibliothek ⟨155⟩**

📠 Gesandtenstr. 13, 93047 Regensburg, ☎ (0941) 630806-0, Fax (0941) 630806-28
💻 info@staatliche-bibliothek-regensburg.de, http://www.sb-regensburg.de

Ausleihbibliothek, Regionalbibliothek für Regensburg und die Oberpfalz
ca. 530.000 Medieneinheiten, davon 413.488 Bde., 70.776 elektron. Publ. – lfd. Zss. u. Ztgn.: 799 gedr., 15.092 liz. elektron. Zss. u. Ztgn. – Sonderbestand: 1.822 Handschriften, 1.135 Inkunabeln
48 Benutzerarbeitsplätze, 4 Computer-APl. – Entleihungen: 40.463
Leiter: B. Lübbers, stellv. Leiterin: N. Geiger
Stellenplan: 9.5 VZÄ (1 QE4, 2 QE3, 4 QE2, 2.5 QE1)
Träger: Freistaat Bayern – Gesamtausgaben 2020 (ohne Personal): 286.981.–, davon 177.434.– für Erwerbung
Bes. Sammelgeb.: Oberpfalz und Regensburg.
Pflichtex.: Seit 1.1.1987 für den Regierungsbezirk Oberpfalz, seit 1922 Amtsdrucksachen d. Regierungsbezirks Oberpfalz.

482 * **Universitätsbibliothek Regensburg ⟨355⟩**

📠 Postfach, 93042 Regensburg; Universitätsstr. 31, 93053 Regensburg
☎ (0941) 943-3901 (Sekr.)/ -3990 (Ausk.), Fax (0941) 943-3285
💻 direktion@bibliothek.uni-regensburg.de, http://www.uni-regensburg.de/bibliothek/

Präsenz- und Ausleihbibliothek für 21.207 Studierende, ca. 1.359 Lehrende und die Öffentlichkeit.
4.67 Mio. Medieneinheiten, davon 3.430.533 Bde., 909.518 elektron. Publ. – lfd. Zss.: 3.556 gedr., 56.281 elektron.
13 LSS m. 3.500 Benutzerarbeitsplätzen, darunter 200 Computer-APl. – Entleihungen: 430.943
Dir.: A. Schüller-Zwierlein, Stellv.: A. Schröder – Wiss. D.: R. Achenbach, S. Aufschnaiter, C. Dagleish, G. Deinzer (IT- und Publikationsdienste), B. Doß, G. Gerber, M. Gorski, I. Häusler, E. Hutzler (Benutzung), H. Knüttel, A. Kronenberg, B. Leiwesmeyer (Medienbearbeitung),

A. Schröder (Digitalisierung und Logistik), G. Schweikl (Fachreferate und Teilbibliotheken), A. Steinmaus-Pollak, S. Weisheit
Stellenplan: 170.0 VZÄ (16.5 QE4, 46 QE3, 107.5 QE2/1)
Träger: Freistaat Bayern – Gesamtausgaben 2020: 15.307.300.–, davon 4.790.772.– für Erwerbung
Bes. Sammelgeb.: Regensburger Archiv für Werbeforschung (RAW), Paul-Ernst-Archiv/ Sammlung Kutzbach, Regensburger Volksmusikportal/ Nachlass Hörburger, Bibl. Ortenburg-Tambach, Bibl. und Archiv der Regensburgischen Botanischen Gesellschaft, Bibl. des Naturwiss. Vereins Regensburg, Bienenbibliothek Bartholomäus Manger, Museum Moderne Handschriften (MMH), Sammlung Karl Heinz Remy, Bibliothek der Michaela-Riese-Stiftung.

483 * **Bischöfliche Zentralbibliothek Regensburg ⟨Re 5⟩**

St. Petersweg 11–13, 93047 Regensburg, ☎ (0941) 597-2514, Fax (0941) 597-2521
bibliothek@bistum-regensburg.de,
https://www.bistum-regensburg.de/kunst-kultur/dioezesanbibliothek/

Wiss. Spezialbibliothek, öff. zugängl. Ausleihbibliothek
346.861 Medieneinheiten – lfd. Zss.: 400 gedr. – Sonderbestand: ca. 350 Hss.-Fragmente, 265 Inkunabeln, 15.000 Musikhandschriften
68 Benutzerarbeitsplätze – Entleihungen 3.800
Leiterin: C. Weber – Wiss. D.: R. Dittrich. Stellenplan: 7.5 VZÄ
Träger: Bistum Regensburg
Bes. Sammelgeb.: Katholische Theologie, Liturgiewiss., Kirchenmusik und Bistumsgeschichte.
Bes. Altbestände: Proskesche Musikslg, Bibl. des ehem. Schottenklosters St. Jakob, Bibl. der Alten Kapelle.
Veröff. unter: https://www.bistum-regensburg.de/kunst-kultur/dioezesanbibliothek/veroeffentlichungen/

484 * **Hochschulbibliothek Regensburg (HBR) – Ostbayerische Technische Hochschule (OTH) ⟨898⟩**

Postfach 12 03 27, 93025 Regensburg; Seybothstraße 2, 93053 Regensburg
☎ (0941) 943-1038, Fax (0941) 943-1436
bibliothek@oth-regensburg.de, http://www.oth-regensburg.de/bibliothek/

Hauptbibliothek Seybothstraße, Teilbibliothek Prüfeningerstraße. Ausleihbibliothek für Studierende und Lehrende, 7.640 aktive Ben.
179.448 Bde., 108.475 elektron. Publ. – lfd. Zss.: 562 gedr., 56.717 elektron.
449 Benutzerarbeitsplätze, davon 62 Computerarbeitsplätze – Entleihungen: 85.915
Leiterin: R. Siegmüller; Stellv.: S. Klann, M. Lehnert
Stellenplan: 19 VZÄ (5 gD, 14 mD/eD)
Träger: Freistaat Bayern – Gesamtausgaben 2020: 1.907.636.–, davon 891.540.– für Erwerbung

485 Fürst Thurn und Taxis Hofbibliothek ⟨76⟩

✉ Emmeramsplatz 5, 93047 Regensburg, ☎ (0941) 5048-117
📧 hofbibliothek@thurnundtaxis.de, http://www.hofbibliothek.de

Präsenz- u. Ausleihbibliothek, wiss. Spezial- und Regionalbibliothek
ca. 260.000 Bde., elektron. Publ. – lfd. Zss.: 18 – Sonderbestand: 991 Notendrucke, 23.410 Kt., 1.300 Inkunabeln und Frühdrucke (bis 1520), 3.350 Hss. (inkl. 2.500 Musikhss.aus dem 18. Jh.)
24 Benutzerarbeitsplätze im LS, 5.500 Bde. Präsenz, WLAN, Internet-APl., Zettelkatalog, Verbundkatalog: http://www.regensburger-katalog.de
Leiter: P. Styra. Stellenplan: 4 Angestellte
Träger: S. D. Albert Fürst von Thurn und Taxis
Bes. Sammelgeb.: Taxiana, Allg. Quellenwerke z. Geschichte, Ältere intern. Post- u. Verkehrsgeschichte, Adelsgeschichte, Kunstgeschichte, Hist. Hilfswiss., Ratisbonensia, Oberpf., Verw.-Geschichte.

486 Bibliothek des Leibniz-Instituts für Ost- und Südosteuropaforschung ⟨Re 13⟩

✉ Landshuter Str. 4, 93047 Regensburg, ☎ (0941) 94354-10, Fax (0941) 94354-27
📧 bibliothek@ios-regensburg.de, info@ios-regensburg.de,
https://www.ios-regensburg.de/informationsinfrastruktur/bibliothek.html

Hervorgegangen aus den Bibliotheken des Osteuropa-Instituts (erloschenes Sigel: M 357) und des Südost-Instituts (erloschenes Sigel: M 135) – durch Fusion am 1.1.2012.
Wiss. Spezialbibliothek: 340.000 Medieneinheiten – lfd. Zss.: 880 gedr.
8 Benutzerarbeitsplätze – Entleihungen: 3.000 Ortsleihen, 800 Fernleihen
Leiter: T. Tegeler, Stellv.: B. Riedel
Träger: Stiftung zur Erforschung von Ost- und Südosteuropa
Bes. Sammelgeb.: Geschichte, Wirtschaft, Politik, Gesellschaft und Kultur aller Länder und Regionen Ost- und Südosteuropas.

Reutlingen

487 * Stadtbibliothek Reutlingen ⟨293⟩

✉ Spendhausstraße 2, 72764 Reutlingen, ☎ (07121) 303-2859, Fax (07121) 303-2821
📧 stadtbibliothek@reutlingen.de, http://www.stadtbibliothek-reutlingen.de

Hauptstelle mit Kinder-, Jugend- und Musikbibliothek, Historischer Stadtbibliothek und 10 Zweigstellen. Öffentliche Bibliothek: 269.229 Medieneinheiten, 156.131 Bde., 41.597 elektron. Publ. im Verbund eAusleihe Neckar-Alb. – lfd. Zss.: 336 gedr., 48 elektron. – Sonderbestand: 19.564 Noten, Grischkat-Bibliothek, Historische Stadtbibliothek mit Inkunabeln und Hss.
493 Benutzerarbeitsplätze, darunter 62 Computer-APl., davon 41 Internet-APl. – Entleihungen: 1.088.024
Leiterin: B. Meinck, Stellv. Leiterin: S. Hoffmann
Stellenplan: 45 Angestellte (1 E14, 3.5 E11, 7 E10, 4.5 E9c, 3.0 E9b, 2.5 E9a, 3 E8, 3 E7, 13 E6, 4.33 E5, 0.58 E4, VZÄ: 43.44)
Träger: Stadt Reutlingen – Gesamtausgaben 2020: 4.875.630.–, davon 450.332.– für Erwerbung

488 * **Hochschulbibliothek Reutlingen ⟨Rt 2⟩**

Alteburgstr. 150, 72762 Reutlingen, ☎ (07121) 271-1333
servicedesk@reutlingen-university.de
https://www.reutlingen-university.de/im-studium/lernzentrum/

Gemeinsame Bibliothek der Hochschule Reutlingen, des Seminars für Ausbildung und Fortbildung der Lehrkräfte Reutlingen (Werkreal-, Haupt- und Realschule) und des Seminars für Ausbildung und Fortbildung der Lehrkräfte Reutlingen (Fachseminar für Sonderpädagogik). Wissenschaftliche Bibliothek für 6.000 Studierende, Lehramtsanwärter und Lehrende, Ausleih- und Präsenzbibliothek: 170.000 Bde., 148.000 E-Books – lfd. Zss.: 140 gedr., 18.000 elektron. 2 LSS, 280 Benutzerarbeitsplätze, darunter 94 Computerarbeitsplätze, 6 Einzelarbeitskabinen und 6 Gruppenräume.
Leiterin: K. Ebrecht, Stellv.: E. Brügger. Stellenplan: 12.50 VZÄ (1 hD, 5 gD, 6.50 mD/eD)
Träger: Land Baden-Württemberg – Gesamtausgaben 2020: 1.411.000.–, davon 671.000.– für Erwerbung
Bes. Sammelgeb.: Textilwirtschaft, Textiltechnik, Textildesign.

489 **Bibliothek der Theologischen Hochschule Reutlingen ⟨F 130⟩**

Friedrich-Ebert-Straße 31, 72762 Reutlingen, ☎ (07121) 9259-0, Fax (07121) 9259-14
sekretariat@th-reutlingen.de, https://www.th-reutlingen.de/de/studium/bibliothek.html

Staatlich anerkannte Hochschule der Evangelisch-methodistischen Kirche
Präsenzbibliothek, 50.000 Medieneinheiten, 20 Benutzerarbeitsplätze
Nebenamtlicher Leiter: St. von Twardowski (Prof.)
Stellenplan: studentische Hilfskräfte.
Träger: Stiftung Theologische Hochschule der Evangelisch-methodistischen Kirche
Bes. Sammelgeb.: Theologie, Geschichte des Methodismus, Freikirchengeschichte, Hymnologie, Evangelistik, Soziale Arbeit.

Rom

Bibliothek der Abteilung Rom des Deutschen Archäologischen Instituts
siehe Berlin, BB d. Dt. Archäol. Inst. (Nr. 48)

490 * **Bibliothek des Deutschen Historischen Instituts in Rom mit Musikbibliothek ⟨2491⟩**

Via Aurelia Antica 391, I-00165 Roma
☎ (0039-06) 660-4921, (0039-06) 66049-233 (Musik)Fax (0039-06) 662-3838
bibliothek@dhi-roma.it, musikbibliothek@dhi-roma.it,
http://dhi-roma.it/index.php?id=bibliothek

Italienische Namensform: Istituto Storico Germanico di Roma / Biblioteca + Biblioteca Musica
Präsenzbibliothek für Historiker:innen und Musikhistoriker:innen
192.000 Medieneinheiten Geschichte – lfd. Zss.: 480 gedr., 105 elektron.; 70.000 Medieneinheiten Musik – lfd. Zss.: 135 gedr., 35 elektron. – Sonderbestand: 125 moderne Handschriften u. 2 Inkunabeln; Ital. Libretti ab dem 17. Jh.; E-Medien der Max-Weber-Stiftung

2 LS m. 40 Benutzerarbeitsplätzen, 8 OPACs m. Internetzugang, 2 Medienarbeitsplätze, Hörraum (Stereoanlage, Klaviere), 2 Mikrofiche-/-filmgeräte, Scanner
Leiterin: P. Kern
Stellenplan: 1 E14, 1x E11(Fachreferat), 2 E9, 3 E4
Träger: Max-Weber-Stiftung – Deutsche Geisteswissenschaftliche Institute im Ausland – Erwerbungsetat 2020: 60.000.– Musik, 110.000.– Geschichte
Bes. Sammelgeb.: Dt. u. Ital. Geschichte vom Mittelalter bis zur Neuzeit, vergleichende Faschismusstudien, Ital. Lokalgeschichte; Ital. Musikgeschichte.

491 * **Bibliotheca Hertziana Max-Planck-Institut für Kunstgeschichte ⟨Y 2⟩**

Via Gregoriana 28, I-00187 Roma, ☎ (0039-06) 69993-242, Fax (0039-06) 69993-333
info@biblhertz.it, https://www.biblhertz.it/de/home

Präsenzbibliothek f. d. Mitarb. d. Inst. u. f. promov. Fachwiss.
307.000 Bde. – lfd. Print-Zss.: 955
Onlinekatalog des Kunstbibliothekenfachverbundes Florenz-Paris-München:
http://www.kubikat.org, Lokal-OPAC
Leiter: G. Maurer, Stellv. Leiterin: S. Kobold – Wiss. D.: M. Eichberg, P. Helas, M. Schmitz, K. Werner
Stellenplan: 1 TVöD15, 4 IIa, 1 IVa, 2 IVb, 3 Vb, 1 Vc
Träger: Max-Planck-Gesellschaft zur Förderung der Wissenschaften e. V., München.
Bes. Sammelgeb.: Mittl. u. Neuere Kunstgeschichte Italiens.
Veröff. unter: http://www.biblhertz.it

Rosenheim

492 **Bibliothek der Technischen Hochschule Rosenheim ⟨861⟩**

Hochschulstraße 1, 83024 Rosenheim, ☎ (08031) 805-2178, Fax (08031) 805-2177
bibliothek@th-rosenheim.de
http://www.th-rosenheim.de/die-hochschule/einrichtungen/bibliothek/

Bibliothek für Hochschulangehörige und wissenschaftlich Interessierte
106.000 Bde., 152.000 elektron. Publ. – lfd. Zss.: 164 gedr., 16.554 elektron.
115 Benutzerarbeitsplätze, 20 Computer-APl. – Entleihungen: 57.000
Leiterin: S. Bayer
Stellenplan: 6.5 VZÄ
Träger: Freistaat Bayern
Erwerbungsausgaben 2020: 470.000.–

Rostock

493 * **Universitätsbibliothek** ⟨28⟩

Postfach, 18051 Rostock; Schwaansche Str. 3b, 18055 Rostock
(0381) 498-8601 (Sekr.)/-8640 (Info)/-8650 (Ausl.)/-8660 (Fernl.), Fax (0381) 498-8602
direktion.ub@uni-rostock.de, https://www.ub.uni-rostock.de/

Präsenz- u. Ausleihbibliothek f. 12.879 Stud., 983 Lehrende u. 423.999 Einw. d. Region, 27.085 eingetr. Ben. – (einschichtiges, integriertes Bibliothekssystem)
2.204.842 Bde., 900.549 elektron. Publ. – lfd. Zss.: 860 gedr. 54.697 elektron. – Sonderbestand: 4.402 Hss., 922 Musik-Hss., 690 Inkunabeln, 4.400 Karten, 11.342 Noten, 37 Nachlässe, 6.085.154 Patente, 2.121.991 Patente auf Mikromat., 51.013 Normen.
978 Benutzerarbeitsplätze, davon 175 Computer-APl. – Entleihungen: 763.858
Dir.: Antje Theise (zugl. Ltr. Zentralabt., Dez. Wiss. Dienste), Stellv.: R. Bähker (zugl. Dez. Benutzung und Information, Dez. Digitale Dienste) – M. Hexel (Dez. Erwerbung und Erschließung), S. Siebert (Ltr. Richard-Wossidlo-Zentrum) – Wiss. D.: A. Bostelmann, S. Eberhard, A. Hartwig (Universitätsarchiv), L. Krebes (Ltg. Campusbibliothek Innenstadt), J. Köwitz (Ltg. PNZ), K. Labahn (Digitale Bibliothek), S. Malo (Open Access), C. Michael, M. Paape (Elektron. Ressourcen), S. Schick (Forschungsdatenmanagement), K. Schmidt (Erschließung), E. Schreiber, J. Simanowski, N.N. (Ltg. Abt. Sondersammlungen), R. Stephan, C. Tholen, U. von der Ahe
Stellenplan: 19.08 hD, 36.17 gD, 34.25 eD/mD, 15.56 stud. Hilfskräfte.
Träger: Land Mecklenburg-Vorpommern – Gesamtausgaben 2020: 10.813.697.–, davon 3.803.554.– für Erwerbung
Bes. Sammelgeb.: Mecklenburgica, Niederdeutsche Sprache und Literatur, Richard-Wossidlo-Archiv, Kinder- und Jugendliteratur, Patente und Normen.
Veröff. unter https://www.ub.uni-rostock.de/universitaetsbibliothek/ueberblick/publikationen
Zentrale Organisationseinheit der Universität mit 8 Standorten (einschl. Patent- und Normenzentrum, Universitätsarchiv, Richard-Wossidlo-Archiv).

Bundesamt für Seeschifffahrt und Hydrographie, Bibliothek Rostock

siehe Hamburg (Nr. 244)

Institut für Ostseefischerei

siehe Bibliotheken des FIZ des Johann Heinrich von Thünen-Instituts (Nr. 111)

Rottenburg (Neckar)

494 **Diözesanbibliothek** ⟨Rot 2⟩

Karmeliterstr. 9, 72108 Rottenburg a. N., (07472) 922-191, Fax (07472) 922-197
info@bibliothek.drs.de, https://ha-xii.drs.de/dioezesanbibliothek-rottenburg.html

Wissenschaftl. Spezialbibliothek, Ausleihbibliothek, Behördenbibliothek
ca. 400.000 Bde. – lfd. Zss.: 180 gedr. – Sonderbestände: 42 mittelalterliche Hss., 85 Ink.
LS m. 12 Benutzerarbeitsplätzen, Zss.-Zimmer, Ges.-Kat. einschl. LandkapitelsBB.

Entleihungen: ca. 12.000
Leiterin: U. Stampfer
Stellenplan: 1 hD, 1 gD, 1 mD, 1,5 Hilfskräfte
Träger: Diözese Rottenburg-Stuttgart – Erwerbungsetat 2020: 42.000.–
Bes. Sammelgeb.: Diözesangeschichte, insbes. Frömmigkeitsgeschichte, Predigten, Pastoraltheologie, Kirchenrecht, Württembergica.
Sondersammlung: Kleine Andachtsbildchen.
Angeschl.: 22 Landkapitelsbibliotheken Diözese Rottenburg-Stuttgart.

Bibliothek des Priesterseminars Rottenburg (Rot 1)
Der Bestand der Bibliothek des Priesterseminars ist integrativer Bestandteil der Diözesanbibliothek.

Bibliothek des Katholischen Bibelwerks (Altbestand)
Das Katholische Bibelwerk Stuttgart hat den Altbestand seiner Bibliothek der Diözesanbibliothek Rottenburg als Depositum überlassen (ca. 5.000 Bde.)

Rudolstadt

495 **Historische Bibliothek der Stadt Rudolstadt** ⟨Ru 7⟩

Markt 7, 07407 Rudolstadt, ☎ (03672) 48 61 60, Fax (03672) 48 61 69
t.zober@rudolstadt.de, histbib@rudolstadt.de
http://www.historische-bibliothek.rudolstadt.de

Öffentliche, historisch-wiss. Bibliothek mit Präsenzcharakter
ca. 90.000 Bde. Medieneinheiten, ca. 80.000 Bde. – lfd. Zss.: 15 gedr., Sonderbestand: ca. 250 Hss., 125 Inkunabeln
LS m. 12 Benutzerarbeitsplätzen, PC-Anschlussmöglichkeiten
Leiter: T. Zober
Träger: Stadtverwaltung Rudolstadt – Gesamtausgaben 2016: 110.056.–
Bes. Sammelgeb.: Schwarzburgica, Thuringica, Rudolstädter Drucke.
Veröff. unter: http://www.historische-bibliothek.rudolstadt.de

Saarbrücken

496 * **Saarländische Universitäts- und Landesbibliothek** ⟨291⟩

Postfach 15 11 41, 66041 Saarbrücken; Campus: Gebäude B1 1, 66123 Saarbrücken
☎ (0681) 302-2070 (Sekr.), Fax (0681) 302-2796
sulb@sulb.uni-saarland.de, auskunft@sulb.uni-saarland.de
https://www.sulb.uni-saarland.de

Ausleihbibliothek f. 16.721 Stud. u. ca. 1.500 Lehrende d. Universität d. Saarlandes, LB f. 1.000.000 Einw.
1.464.804 Bde., 305.206 elektron. Publ. – lfd. Zss.: 1.030 gedr., 79.091 elektron.
285 Benutzerarbeitsplätze, darunter 44 Computer-APl. – Entleihungen: 484.139

Dir.: D. Griesemer, Stellv.: A. Schäpermeier. – Wiss. D.: C. Dupuis, H. Gätje (Lit.archiv), U. Herb (Open Access), Ch. Hohnschopp, D. Kiel (Techn. Dienste i.V.), E. Kopp, J. Krekeler, N. Magyar, A. Schäpermeier (Benutzung u. Information), S. Singh (Leiter Lit.archiv), P. Staab (Medienbearbeitung),
Stellenplan: 77 VZÄ (14 hD, 24 gD, 38 mD/eD).
Erwerbungsausgaben 2020: 2.546.126.–
Bes. Sammelgeb.: Saarland, Lothringen – DFG: Psychologie (bis 12/2014), Literaturarchiv Saar-Lor-Lux-Elsass.
Pflichtex.: Saarland (Anbietungspflicht seit 1965, seit 1967 f. Amtsdrucks. d. Landes, Novellierung des Mediengesetzes im Dez. 2015).
Veröff. zur/der SULB unter: https://www.sulb.uni-saarland.de/ueber/projekte-und-publikationen-der-zentralbibliothek/publikationen-der-sulb

Medizinische Abteilung Homburg/Saar ⟨291 M⟩

66424 Homburg/Saar, ☎ (06841) 16-26008, Fax (06841) 16-26033
madok@sulb.uni-saarland.de, http://www.uniklinik-saarland.de/bibliothek
Ausleihbibliothek
ca. 184.000 Bde.
1 LS, 55 Benutzerarbeitsplätze, davon 15 Computer-APl
Leitung: M. Kraemer, Stellv.: E. Schier

497 **Stadtbibliothek ⟨178⟩**

Postfach, 66104 Saarbrücken; Gustav-Regler-Platz 1, 66111 Saarbrücken
☎ (0681) 905-1344, Fax (0681) 905-1265
stadtbibliothek-sb@saarbruecken.de, http://www.stadtbibliothek.saarbruecken.de

Ausleihbibliothek mit wiss.-landeskundlicher Abteilung für 182.339 Einwohnerinnen und Einwohner
145.022 Medieneinheiten, davon 90.690 Bde. – lfd. Zss.: 176 gedr. – Landeskundliche Abt. (ca. 33.000 Bde.)
1 ZB, 1 Fahrbibliothek m. 1 Bus.
241 Benutzerarbeitsplätze., 1 Lesecafé m. 37 Plätzen, 1 Vortragsraum m. 120 Plätzen, 1 Stillearbeitsraum m. 24 Plätzen inkl. Strom- und Internetzugang, auch f. Schulungen u. Workshops – 3 PC-Kabinen, 11 Internet-APl., WLAN – Entleihungen: 443.598
Leiter: Ph. Braun
Stellenplan: VZÄ 23.57
Träger: LHS Saarbrücken – Gesamtausgaben 2020: 2.680.166.–, davon 135.051.– für Erwerbung

498 * **Bibliothek der Hochschule der Bildenden Künste Saar ⟨1252⟩**

Keplerstr. 3–5, 66117 Saarbrücken, ☎ (0681) 92652-106, Fax (0681) 92652-112
bibliothek@hbksaar.de, https://www.hbksaar.de/bibliothek
Ausleihbibliothek
15.000 Medieneinheiten – lfd. Print-Zss.: ca. 40
10 Benutzerarbeitsplätze, 2 Internet-APl.

AP: U. Kaufmann, S. Schallmo
Träger: Land Saarland
Bes. Sammelgeb.: Kunst u. Design, Architektur.

499 **Bibliothek der Hochschule für Musik Saar ⟨Sa 17⟩**

Bismarckstr. 1, 66111 Saarbrücken, ☎ (0681) 96731-18, Fax (0681) 96731-30
bibliothek@hfm.saarland.de, http://www.hfm.saarland.de/bibliothek/

Ausleihbibliothek für Studierende und Lehrende der Hochschule für Musik Saar. Ausleihe für Externe mit Sondergenehmigung.
ca. 40.000 Medieneinheiten, davon ca. 24.000 Noten
Bestand teilw. im Saarländischen Virtuellen Katalog recherchierbar.
Ansprechpartner: J. Abbing, C. Grzonka
Träger: Land Saarland

500 **Hochschulbibliothek der Hochschule für Technik und Wirtschaft des Saarlandes – htw saar ⟨Sa 16, Sa 16/1, Sa 19⟩**

Goebenstraße 40, 66117 Saarbrücken, ☎ (0681) 5867-120
zbib@htwsaar.de, https://www.htwsaar.de/service/bibliothek

3 Standorte: HSB Campus Alt-Saarbrücken (Sa 16) (Goebenstr. 40, Gebäude 10, 66117 Saarbrücken), Bibliothek Campus Rotenbühl (Sa 16/1) (Waldhausweg 14, 66123 Saarbrücken), Bibliothek Campus Göttelborn (Am Campus 5, 66287 Göttelborn).
Ausleihbibliothek (6.000 Studierende)
111.600 Bde. – lfd. Zss.: 253 gedr., ca. 27.140 elektron.
160 Benutzer-APl., davon 16 Computer-APl. – Entleihungen: 161.000
Wiss. Bibliotheksleiter: Chr. Conrad, Bibliothekarische Leiterin: I. Blandfort
Stellenplan: 8.5 VZÄ (4 gD, 4.5 mD/eD)
Träger: HTW/Saarland

St. Augustin

501 * **Hochschul- und Kreisbibliothek Bonn-Rhein-Sieg ⟨1044⟩**

Postfach, 53754 Sankt Augustin; Granthamallee 20, 53757 Sankt Augustin
☎ (02241) 865-680, Fax (02241) 865-8-680
bibliothek@h-brs.de, http://www.bib.hochschule-bonn-rhein-sieg.de

Ausleihbibliothek
138.793 Bde., 216.179 elektron. Publ. – lfd. Zss.: 346 gedr., 22.139 elektron.
426 Benutzerarbeitsplätze, davon 43 Computer-APl. – Entleihungen: 161.054
Leiter: A. Ehrhardt, Stellvertreterin: S. Kundmüller-Bianchini
Stellenplan: 23.3 VZÄ
Träger: Land Nordrhein-Westfalen, Rhein-Sieg-Kreis – Erwerbungsetat 2020: 761.355.-

502 **Bibliothek der Konrad-Adenauer-Stiftung e. V. ⟨918⟩**

> Rathausallee 12, 53757 St. Augustin, ☎ (02241) 246-2204, Fax (02241) 246-2288
> zentrale-bibliothek@kas.de,
> https://www.kas.de/de/web/wissenschaftliche-dienste-archiv/publikationen-bibliothek

Präsenzbibliothek
214.000 Medieneinheiten – lfd. Zss.: 400 gedr. + elektron. Zeitschriften
LS m. 8 Benutzerarbeitsplätzen, Notebook-Anschlüsse, Benutzer-OPAC, Internetzugang, überw. Freihandbest.
Leiter: W. Tischner
Stellenplan: 5 Ang. Dipl.-Bibl.
Bes. Sammelgeb.: Literatur zur Parteiengeschichte, insbesondere zur Geschichte d. CDU u. CSU, Ost-CDU, DBD, christl.-demokr. Bewegung.

503 * **Philosophisch-Theologische Hochschulbibliothek SVD ⟨Sie 1⟩**

> Arnold-Janssen-Str. 30, 53757 St. Augustin, ☎ (02241) 237225, Fax (02241) 237204
> bibliothek@pth-augustin.eu
> https://www.steyler.eu/pth/studium/bibliothek-info.php

Präsenzbibliothek f. externe Ben., Ausleihbibliothek f. Studierende, Dozenten u. Ordensmitglieder.
ca. 300.000 Bde. – lfd. Print-Zss.: ca. 160
LS mit 6 Benutzerarbeitsplätzen, 9 Arbeitsplätze im Magazinbereich
Leiter: G. Hackelbusch
Träger: Steyler Mission e. V.

St. Ottilien

504 **Bibliothek der Erzabtei ⟨Ott 1⟩**

> Eruabtei 1, 86941 St. Ottilien
> ☎ (08193) 71-385/ -213 oder 71-0 (Pforte), Fax (08193) 71-332
> bibliothek@ottilien.de, https://erzabtei.de/klosterbibliothek

Präsenzbibliothek f. 115 Klosterangehörige (für auswärtige Interessenten nach Absprache).
204.000 Bde. – lfd. Print-Zss.: 47
Leiter: P. Tobias Merkt OSB, 2 Ordensangehörige
Träger: Benediktinererzabtei Sankt Ottilien
Bes. Sammelgeb.: Theologie, christliche Philosophie, Ascese – Spiritualität, Missionswissenschaft.

Scheyern

505 Bibliothek der Abtei Scheyern

Schyrenplatz 1, 85297 Scheyern, ☎ (08441) 752-121/ -0 (Pforte), Fax 752-210 (Verw.)
bibliothek@kloster-scheyern.de
https://www.kloster-scheyern.de/

Präsenzbibliothek f. d. Angeh. d. Klosters, f. externe Ben. n. Vereinb.
ca. 145.000 Bde. – lfd. Print-Zss.: ca. 150 – Sonderbestand: ca. 100.000 Mikrofilm-Aufn., bes. v. Hss. d. Werke d. hl. Johannes v. Damaskus, SpezialB d. Byzant. Inst. Scheyern.
Leiter: Abt em. Engelbert Baumeister OSB
Bes. Sammelgeb.: Monastica, Byzant.

Schmalkalden

506 * Cellarius Bibliothek ⟨Shm 2⟩

Postfach 10 04 52, 98564 Schmalkalden; Blechhammer, 98574 Schmalkalden
☎ (03683) 688-1600, Fax (03683) 688-1923
bibliothek@hs-schmalkalden.de, http://www.hs-schmalkalden.de/bibliothek

Cellarius Bibliothek der Hochschule Schmalkalden
Ausleihbibliothek f. Hochschulangehörige sowie externe NutzerInnen.
128.655 Medieneinheiten, 10.770 elektron. Publ. – lfd. Zss.: 146 gedr., 56.978 elektron. – Sonderbestand: 1.579 Normen
Lesebereiche mit 272 Benutzerarbeitsplätzen, davon 38 Computer-APl. – Entleihungen: 19.860
Leitung: C. Gensler, Stellv.: C. Mäder. Stellenplan: 7 VZÄ (4 gD, 3 mD/eD)
Träger: Freistaat Thüringen – Gesamtausgaben 2020: 618.562.–, davon 137.182.– für Erwerbung

Schwäbisch Gmünd

507 * Bibliothek der Pädagogischen Hochschule ⟨752⟩

Oberbettringer Str. 200, 73525 Schwäbisch Gmünd
☎ (07171) 983-341, Fax (07171) 983-376
bibliothek@ph-gmuend.de, fernleihe@ph-gmuend.de
http://www.ph-gmuend.de/einrichtungen/bibliothek

Ausleih- u. Präsenzbibliothek: 280.000 Bde., ca. 24.200 E-Books – lfd. Zss.: 367 gedr., 18.700 elektron. – 82 Benutzerarbeitsplätze, 23 Computer-APl. – Entleihungen: ca. 99.000
Leiter: N. Weigand, Stellv.: C. Heger.
Stellenplan: 12.38 VZÄ (1 hD, 5 gD, 6 mD, 5 sonstige MA)
Träger: Land Baden-Württemberg – Erwerbungsausgaben 2020: 166.000.–
Bes. Sammelgeb.: Bildungswiss., Interkulturalität und Integration, Pädagogik, päd. Psychologie, Lehr- und Lernforschung, Diagnostik von Entwicklungs- und Lernstörungen, Kindheitspädagogik und Soziologie der Kindheit und Familie, Gesundheitserziehung und Pflegewissenschaft, Didaktik der Schulfächer, Berufspädagogik.

Schweinfurt

508 Stadtarchiv und Stadtbibliothek ⟨246⟩

> 🖃 Friedrich-Rückert-Bau, Martin-Luther-Platz 20, 97421 Schweinfurt
> ☎ (09721) 51-383, Fax (09721) 51-88 93 83
> 💻 stadtarchiv@schweinfurt.de, http://www.stadtarchiv-schweinfurt.de

Ausleihbibliothek f. 100.000 Einw. d. Region
ca. 78.000 Bde. – lfd. Print-Zss.: ca. 130 – Sonderbestand: historischer Buchbestand, 242 Hss., 90 Inkun.
LS mit Präsenzbibliothek, 4 Computerarbeitsplätze
Leiter: U. Müller
Stellenplan: 2 Beamte, 3.75 Ang.
Träger: Stadt Schweinfurt
Bes. Sammelgeb.: Suinfurtensia, Franconica, Rückertiana, Deutsche Akademie d. Naturforscher Leopoldina.

Hochschulbibliothek Würzburg-Schweinfurt

siehe Würzburg (Nr. 577)

Schwerin

509 * Landesbibliothek Mecklenburg-Vorpommern Günther Uecker ⟨33⟩

> 🖃 Postfach 11 12 52, 19010 Schwerin; Johannes-Stelling-Straße 29, 19053 Schwerin
> ☎ (0385) 58879-210, Fax (0385) 58879-224
> 💻 lb@lbmv.de, ausleihe@lbmv.de, landesbibliographie@lbmv.de
> http://www.lbmv.de, http://www.landesbibliographie-mv.de/

Wiss. Universalbibliothek, Regierungsbibliothek, Erstellung der Landesbibliographie Mecklenburg-Vorpommern
Ausleih- und Präsenzbibliothek mit 3.004 aktiven Benutzern.
805.000 Bde. – lfd. Zss: 1.987 gedr., 14.841 elektron. (EZB) – Sonderbestand: 10.519 Hss., ca. 73.000 Noten
115 Benutzerarbeitsplätze, darunter 31 Computer-APl. – Entleihungen: 177.360
Dir.: F. Pille, Stellv.: A. Roloff – Wiss. D.: G. Brosowski, B. Unterberger
Stellenplan: 17.5 VZÄ (4 hD, 5 gD, 8.5 mD/eD).
Träger: Land Mecklenburg-Vorpommern – Erwerbungsausgaben 2020: 741.405.–
Bes. Sammelgeb.: Mecklenburg-Vorpommern, Musikalien.
Pflichtex.: 1913–1945 aus dem Land Mecklenburg-Vorpommern, 1945–1990 aus d. Bez. Neubrandenburg, Rostock, Schwerin, seit 1991 aus dem Land Mecklenburg-Vorpommern.

Senftenberg

Hochschulbibliothek der Hochschule Lausitz (FH)

siehe Cottbus, BTU Cottbus-Senftenberg (Nr. 130).

Siegen

510 * **Universitätsbibliothek** ⟨467⟩

Adolf-Reichwein-Str. 2, 57068 Siegen, ☎ (0271) 740-4229 (Sekr.)/ -4203 (Ausk.)
sekretariat@ub.uni-siegen.de, http://www.ub.uni-siegen.de

Ausleih- und Präsenzbibliothek f. 20.000 Hochschulangeh. u. 3.000 externe Nutzerinnen und Nutzer, einschichtiges Bibliothekssystem mit Hauptbibliothek und 4 Teilbibliotheken
1.129.841 Bde., 144.995 e-Publikationen – lfd. Zss.: 1.482 gedr., 38.993 elektron.; 1.158 Benutzerarbeitsplätze, davon 118 PC-APl. – Entleihungen: 369.646
Dir: J. Johannsen, Stellv.: A. Jäger (Erwerbung, Bau) – Wiss. D.: S. Brandt (Lizenzen), K. Braun, Ch. Hausknecht (Benutzung), N. Korb (EDV), K. Lindner-Jarchow (Verlag), I. Schwarz (Bestandsmanagement), L. Vinnemann (Open Access), B. Weiss (Forschungsdaten)
Stellenplan: 69.0 VZÄ (hD 9.5, gD 18.5, mD 41.0), 3 Auszubildende.
Träger: Universität Siegen
Gesamtausgaben 2020: 6.400.378.–, davon 2.327.360.– für Erwerbung

Sigmaringen

511 **Fürstlich Hohenzollernsche Hofbibliothek** ⟨156⟩

Postfach 1245, 72481 Sigmaringen; Schloss, Karl Anton-Platz 2, 72488 Sigmaringen
☎ (07571) 729-160/ -162, Fax (07571) 729-105
haehnel@hohenzollern.com, schmittem@hohenzollern.com
http://www.hohenzollern.com

Öffentlich zugängliche Ausleihbibliothek: ca. 220.000 Bde., außerd. 3.172 Kt., 1.372 Hss., 234 Inkun. – lfd. Print-Zss.: 40
Leiterin: A. Hähnel. – AP: H. Boban, S. Schmittem. Träger: Karl Friedrich Fürst v. Hohenzollern.
Bes. Sammelgeb.: Kunst, Geschichte Hohenzollerns.

Soest

512 * **Stadtarchiv und Wissenschaftliche Stadtbibliothek** ⟨278⟩

Niederbergheimer Straße 24, 59494 Soest
☎ (02921) 103-1243/ -1244, Fax (02921) 103-81243/ -81244
stadtarchiv@soest.de, https://www.soest.de/bildung-kultur/stadtarchiv

Bibliothek f. d. Benutzer d. Stadtarchivs, Präsenzbibliothek
ca. 71.500 Bde. (wiss. StadtB) – Sonderbestand: 40 Hss., 81 Inkunabeln – LR m. 14 Benutzer-APl.

Leiter: N. Wex, Stellv.: D. Elbert. Träger: Stadt Soest
Bes. Sammelgeb.: Susatensia, Westfalica, Stadt- u. Landesgesch., bes. Norddtld., Hansegesch., Kükelhaus-Lit.

Speyer

* **Landesbibliothekszentrum Rheinland-Pfalz / Pfälzische Landesbibliothek**
siehe Koblenz (Nr. 309).

513 Bibliothek St. German ⟨Sp 2⟩

Postfach 1220, 67322 Speyer; Am Germansberg 60, 67346 Speyer
(06232) 6030-50, Fax (06232) 6030-30
bibliothek@sankt-german-speyer.de, http://www.Sankt-German-Speyer.de

Ausleihbibliothek, Bibliothek des Bischöflichen Priesterseminars, zugl. Diözesanbibliothek f. d. Diözese Speyer
220.000 Bde., außerd. ca. 50.000 unbearb. Bde. – lfd. Print-Zss.: 244 – Sonderbestand: Faksimile-Slg Prof. Dr. Johannes Rathofer.
6 Benutzerarbeitsplätze, 3 PC-APl. – Entleihungen: ca. 17.600
Leiter: J. Grassel-Hiltwein
Stellenplan: 2 gD, 1 mD, 2 1/2 eD, 1 Wiss. Mitarb. (2 x wöchentl.)
Träger: Bischöfliches Priesterseminar Speyer St. German – Gesamtetat 2020: 78.000.– (exkl. Personaletat, inkl. einmalige Investitionen), davon 38.000.– Erwerbungsetat
Bes. Sammelgeb.: Kath. Theologie u. angrenzende Gebiete, Diözesangeschichte, Edith Stein, Faksimilewerke.

514 Bibliothek der Deutschen Universität für Verwaltungswissenschaften Speyer ⟨Sp 3⟩

Postfach 1409, 67324 Speyer; Freiherr-vom-Stein-Str. 2, 67346 Speyer
(06232) 654-0/-243, Fax (06232) 654-307
bibliothek@uni-speyer.de,
https://www.uni-speyer.de/service/einrichtungen/bibliothek/begruessung

Präsenzbibliothek
324.232 Medieneinheiten, 321.951 Bde., 2.281 elektron. Publ. – lfd. Zss.: 636 gedr., 21.444 elektron. LS m. 206 Pl., 14 PC-APl. (mit Internetanschl.) – Entleihungen: 3.501
Dir. (NA): W. Weiß – Bibliotheksleiter: M. Latka
Stellenplan: 6 Beamtinnen und Beamte (1 A14, 1 A12, 4 A10) – 6 Beschäft. (0.75 E9, 3 E6, 2.25 E5 TV-L)
Träger: Land Rheinland-Pfalz, Kostenbeteiligung der übrigen Länder und des Bundes. – Gesamtausgaben 2020: 998.757.–, davon 405.966.– für Erwerbung
Bes. Sammelgeb.: Dt. u. ausl. Verwaltungswiss.
Pflichtex.: seit 1972, für Rheinland-Pf. (für Druckschr. u. sonst. Veröff., die von Behörden d. Landes Rheinland-Pf. hrsg. oder die von Dritten mit Mitteln oder mit Unterstützung des Landes Rheinland-Pf. hrsg. werden)

515 * **Bibliotheks- und Medienzentrale der Evangelischen Kirche der Pfalz (BMZ)** ⟨Sp 5⟩

> Postadresse: Domplatz 5, 67346 Speyer; Hausanschrift: Roßmarktstraße 4, 67346 Speyer
> ☎ (06232) 667-415, Fax (06232) 667-478
> bibliothek@evkirchepfalz.de
> www.kirchenbibliothek.de, www.medienzentralen.de/pfalz

Spezialbibliothek, Behördenbibliothek, Ausleihbibliothek, Medienzentrale
160.000 Bde., 550.000 Aufsätze, 15.000 audiovisuelle und digitale Medien – lfd. Zss.: 220 gedr., 100 elektron. – diverse Sondersammlungen, 100.000 Notenblätter
LS m. 9 Benutzerarbeitsplätzen, 4 Internet-/OPAC-Plätze – Entleihungen: 6.500
Leiterin: T. Himmighöfer
Stellenplan: 6 Mitarbeiter:innen
Träger: Evangelische Kirche der Pfalz (Protestantische Landeskirche)
Bes. Sammelgeb.: Evangelische Theologie u. Grenzgebiete.

Steinfurt

Bereichsbibliothek Steinfurt der FH Münster

siehe Münster (Nr. 436)

Stendal

516 **Bibliothek der Winckelmann-Gesellschaft e. V. und des Museums**

> Winckelmannstr. 36–38, 39576 Stendal, ☎ (03931) 689 92 42
> agnes.kunze@winckelmann-gesellschaft.com
> https://www.winckelmann-gesellschaft.com/bibliothek/

Spezialbibliothek, Präsenzbibliothek
20.000 Medieneinheiten, Sonderbestand: Erstausgaben zu Winckelmann, Fotokopie + Digital. aller Handschriften J. J. Winckelmanns.
10 Benutzerarbeitsplätze.
Leiterin: A. Kunze (wiss. Mitarbeiterin). Träger: Winckelmann-Gesellschaft e. V.
Bes. Sammelgeb.: Johann Joachim Winckelmann (1717–1768) u. seine Zeitgenossen, Archäologie, Kunstgeschichte, Germanistik, Antikerezeption.

Straelen

517 * **Europäisches Übersetzer-Kollegium – Bibliothek**

> Postfach 1162, 47628 Straelen; Kuhstraße 15–19, 47638 Straelen
> ☎ (02834) 10-68/ -69, Fax (02834) 7544
> euk@uebersetzerkollegium.com,
> https://www.euk-straelen.de/deutsch/das-kollegium/die-bibliothek

Präsenzbibliothek, Spezialbibliothek für Literatur- und Sachbuch-Übersetzer

150.000 Bde., 1.000 Kt, 500 Tontr., 1.000 elektron. Publ. – lfd. Print-Zss.: 30
LS m. 40 Pl., Kopier- u. Lesegeräte, 15 PCs f. Benutzer, CD-ROM – Geräte, Seminar- u. Konferenzräume.
Leiterin: R. Peeters. Stellenplan: 3 VZÄ.
Träger: Ministerium für Kultur und Wissenschaft des Landes Nordrhein-Westfalen
Bes. Sammelgeb.: Nachschlagewerke in 270 Sprachen u. Dialekten, Bibliothek der Übers.

Strausberg

518 * **Zentrum Informationsarbeit Bundeswehr** ⟨287⟩

> Prötzeler Chaussee 20, 15344 Strausberg, ☏ (03341) 58-2085, Fax (03341) 58-2089
> ZInfoABwBibliothek@bundeswehr.org, http://www.ZInfoABw.Bundeswehr.de

Wiss. Spezialbibliothek, Archiv- und Speicherbibliothek der Bundeswehr, öffentlich zugängliche Präsenz- u. Ausleihbibliothek
1.300.000 Medieneinheiten, 5.526 elektron. Publ. – lfd. Zss.: 261 gedr. – Sonderbestand: militärische Dienstvorschriften, Ranglisten, Regimentsgeschichten, verschiedene Corpsbibliotheken des 18./19. Jh., abgeschloss. Sammlungen der ehemal. Zentralbibliothek der Bundeswehr Düsseldorf und der Militärbibliothek der Nationalen Volksarmee Dresden, Abschlussarbeiten der Hochschulen der NVA.
2 Lesebereiche mit ca. 40 Benutzerarbeitsplätzen
Leitung: Ch. Lehmann
Stellenplan: 10 Dienstposten, 5 Beamte, 5 Angestellte.
Träger: Bundesrepublik Deutschland
Bes. Sammelgeb.: Militaria, Streitkräfte, Sicherheitspolitik, Geschichte, Politikwiss., Kommunikationswiss., Publizistik.

Stralsund

519 * **Hochschulbibliothek der Fachhochschule Stralsund** ⟨Sra 5⟩

> Zur Schwedenschanze 15, 18435 Stralsund, ☏ (03831) 45-6617/ -6616 (Ltg.)
> leiterin.hb@hochschule-stralsund.de (Ltg.), hb-leihstelle@hochschule-stralsund.de
> http://www.hb.hochschule-stralsund.de

Ausleihbibliothek f. ca. 3.700 Benutzerinnen und Benutzer
120.000 Medieneinheiten, davon 86.463 Bde., 34.272 elektron. Publ. – lfd. Zss.: 131 gedr., 7.718 elektron.
81 Arbeitsplätze, davon 23 PC-Terminals mit Internetzugang – Entleihungen: 21.978
Leiterin: C. Hagemeister (kommissarisch), Stellv. Leiterin: S. Wilhelm
Stellenplan: 1 Beamtin (1 A13) – 6 Ang. (3 EG9, 3 EG6)
Träger: Land Mecklenburg-Vorpommern – Erwerbungsetat 2020: 221.394.–

Stuttgart

520 * **Württembergische Landesbibliothek** ⟨24⟩

> Postfach 10 54 41, 70047 Stuttgart; Konrad-Adenauer-Str. 10, 70173 Stuttgart
> ☎ (0711) 212-4424 (Sekr.)/ -4454/ -4468 (Ausk.), Fax (0711) 212-4422
> direktion@wlb-stuttgart.de, information@wlb-stuttgart.de, https://www.wlb-stuttgart.de

Ausleihbibliothek f. 42.644 Ben.
6.237.900 Medieneinheiten, davon 4.167.275 Bde., 83.537 E-Books. – lfd. Zss. 8.673 gedr., 28.930 elektron. – Sonderbestand: 15.587 Hss., 7.093 Inkun., Bibelsammlung: 21.612 Einh. (793 Sprachen), 161.022 Flugbl., 156.114 Feldpostbriefe (Stand: 26.2.2021).
Insgesamt 386 Benutzerarbeitsplätze, Freihandbereich in RVK-Systematik mit 350.000 Bänden. – Entleihungen: 988.144
Dir.: R. Schaab, Stellv.: M. Lüll – Wiss. D.: S. Abele (Digitale Dienste), U. Becker, W. Dannehl, J. Ennen, Christian Herrmann (Sondersammlungen), Christine Herrmann (Leserservice), C. Kottmann, B. Lakeberg, K. Losert, D.-C. Lyall, J. Oberfell, B. Oberhausen, H.-C. Pust, A. Schütt-Hohenstein (Erwerbung und Katalogisierung), P. Steymans-Kurz (Bildung und Wissenschaft), A. Thalhofer, S. Waidmann, C. Westerhoff
Stellenplan: 78 Beamtinnen und Beamte (1 A16, 5 A15, 7 A14, 4 A13, 5 A13gD, 9 A12, 18 A11, 9 A10, 5 A9, 4 A9mD, 3 A8, 3 A7, 5 A6) – 50 Beschäftigte (1 E15Ü, 5 E10, 8 E9b, 6 E8, 4 E6, 1 E6-9, 14 E5, 2 E4, 3 E3) – DFG: 2.5 Beschäftigte (1.25 E13, 1.25 E9b).
Träger: Land Baden-Württemberg – Gesamtausgaben 2020: 13.852.500.–, davon 2.177.7002.– für Erwerbung
Bes. Sammelgeb.: Baden-Württemberg, Hss, Alte Drucke (Dante, Savonarola, Boccaccio, Petrarca), Bibeln, Hölderlin, Tanz u. Ballett, Klavierauszüge u. Gesangbücher, mod. Buchkunst, künstl. Glas, B. f. Zeitgeschichte in d. WLB: Geschichte u. Politik seit 1914, Nicht-konvent. Materialien.
Pflichtex.: Seit 1817 aus d. früheren Württ., seit 1953 aus d. Reg.-Bez. Nordwürtt. u. Südwürtt.-Hohenzollern, seit 1964 aus Baden-Württemberg.
Veröff. unter: https://www.wlb-stuttgart.de/die-wlb/kulturprogramm/veroeffentlichungen/

521 **Bibliothek für Zeitgeschichte in der Württembergischen Landesbibliothek** ⟨24⟩

> Postfach 10 54 41, 70047 Stuttgart; Konrad-Adenauer-Str. 8, 70173 Stuttgart
> ☎ (0711) 212-4516, Fax (0711) 212-4517
> bfz@wlb-stuttgart.de
> http://www.wlb-stuttgart.de/sammlungen/bibliothek-fuer-zeitgeschichte/

Ausleihbibliothek, Spezialbibliothek f. Geschichte u. Politik ab 1914, Sammlung Zeitalter der Weltkriege (Tageb., Feldpostbriefe, Plakate, Flugbl., Fotos), Sammlung Neue Soziale Bewegungen (Flugbl., Plakate, Brosch., Zss. 1965–2005), Sammlung Marine (marinegeschichtl. Slg., Fotoslg.).
1.392.000 Medieneinheiten, 412.000 Bde., 738 elektron. Publ. – lfd. Zss.: 424 gedr. – Sonderbestand: 156.000 Tagebücher, Feldpostbriefe u. ä., 564.000 Fotos, 161.000 Flugbl., 30.600 Plakate, 4.500 Postkarten.
LS m. 6 Plätzen (Slg. Zeit d. Weltkriege, Slg. Neue Soziale Bewegungen, Slg. Marine).

Leiter: C. Westerhoff
Träger: Land Baden-Württemberg – Erwerbungsausgaben 2020: 151.648.–, 2019: 148.580.–
Bes. Sammelgeb.: Dt. u. internationale Geschichte ab 1914, insbes. Geschichte d. Weltkriege, Kriege und Konflikte, Geschichte d. Völkermorde.
Veröff. unter: http://www.wlb-stuttgart.de/sammlungen/bibliothek-fuer-zeitgeschichte/publikationen/

522 * **IZUS / Universitätsbibliothek ⟨93⟩**

Postfach 10 49 41, 70043 Stuttgart; Holzgartenstr. 16, 70174 Stuttgart
☎ (0711) 685-8-2222, Fax (0711) 685-8-3502
sekretariat@ub.uni-stuttgart.de, http://www.ub.uni-stuttgart.de/

Universitätsbereich Stuttgart-Vaihingen:
Pfaffenwaldring 55, ☎ Tel. (0711) 685-6-4044, Fax 685-6-3502
Ausleihbibliothek f. ca. 25.178 Stud., 1.485 wiss. Personal, registrierte Benutzer: 52.197
1.652.502 Bde., 121.166 elektron. Publ. (E-Books)– lfd. Zss.: 1.002 gedr., 30.382 elektron. – Sonderbestand: Auslegestelle für Normen; ca. 6.000 Architekturzeichnungen.
LSS m. 1.307 Benutzerarbeitsplätzen, davon 79 Computer-APl. – Bibliotheksbesuche: 336.574 – Entleihende Benutzer: 21.649
Dir.: H. Steenweg, Stellv.: C. Mehl (Mediendienste), M. Malo (Benutzung) – Wiss. Dienst: S. Drößler, S. Hermann, I. Hinrichs, B.-Chr. Kämper, A. Maile, J. Müller, C. Rambach, M. Thoms
Stellenplan: 44 Beamtinnen und Beamte (1 A16, 2 A15, 3 A14, 4 A13, 3 A13S, 5 A12, 8 A11, 5 A10, 7 A9, 1 A9S, 2 A8, 2 A7, 1 A6) – 29.5 Beschäft. (2 E14, 1 E13, 1 E11, 1 E10, 7.5E9, 2 E8, 4.5 E6, 4.5 E5, 2 E4, 4 E3).
Träger: Land Baden-Württemberg – Gesamtausgaben: 7.512.614.–, davon 3.458.462.– für Erwerbung
Bes. Sammelgeb.: Naturwissenschaften und Technik (Schwerp. Vaihingen) – Architektur, Wirtschafts-, Sozial- und Geisteswissenschaften (Schwerp. Stadtmitte).
Veröff. unter: https://www.ub.uni-stuttgart.de/ubs/publikationen/
Angeschl.: 116 Fakultäts- u. Institutsbibliotheken des Bibliothekssystems d. Univ. Stuttgart.

523 * **Kommunikations-, Informations- und Medienzentrum (KIM) der Universität Hohenheim ⟨100⟩**

Postfach Postanschrift:, 70593 Stuttgart; Hausanschrift: Garbenstr. 15, 70599 Stuttgart
☎ (0711) 459-23500 (Sekr.)/ -22096 (Auskunft), Fax (0711) 459-23262 (Sekr.)
kim-bib@uni-hohenheim.de, https://kim.uni-hohenheim.de

Ausleihbibliothek f. 16.293 eingetr. Benutzer
638.000 Medieneinheiten, davon 350.000 Bde., 245.000 elektron. Publ. – lfd. Zss.: 350 gedr., 43.000 elektron.
615 Benutzerarbeitsplätze, darunter 73 Computer-APl. – Entleihungen: 66.000
Leiter: N.N., Stellv. Leiterin: C. Borkowski, Stellv. Leiter: S. Bücheler. Abt. IT-Infrastruktur: S. Förderer (Leiter), Abt. IT-Support, Client- und Identitätsmanagement: S. Büchler (Leiter), Abt. Kommunikation, E-Learning und Print: R. Mövius (Leiterin), Abt. Informationssysteme:

R. Reineke (Leiter), Abt. Benutzungsdienste: K.-P. Aiple (Leiter), Abt. Medienbearbeitung: A. Janßen (Leiter), Bereichsbibliothek: M. Broschard (Leiterin)
Träger: Land Baden-Württemberg – Gesamtetat 2020: 8.867.000.–, davon 1.519.000.– Erwerbungsetat
Bes. Sammelgeb.: Agrarwiss.

524 * Stadtbibliothek Stuttgart ⟨480⟩

Mailänder Platz 1, 70173 Stuttgart, ☎ (0711) 216-91100, Fax (0711) 216-96507
stadtbibliothek@stuttgart.de, http://www.stuttgart.de/stadtbibliothek/

ZB am Mailänder Platz, 18 Stadtteilbibliotheken, Fahrbibliothek, eBibliothek
1.126.138 Medieneinheiten, davon 833.592 Bde., 47.391 elektron. Publ. – lfd. Zss.: 1.589 gedr., 8.877 elektron.
1.312 Benutzerarbeitsplätze, davon 460 Computerarbeitsplätze, davon 392 Internetplätze – Entleihungen: 5.004.137
Dir.: K. Emminger, Stellv.: E. Brünle
Stellenplan: 200.35 VZÄ
Träger: Landeshauptstadt Stuttgart – Gesamtausgaben 2020: 24.434.703.– davon 1.842.808.– für Erwerbung; Gesamtausgaben 2019: 22.452.216.–, davon 1.393.300.– für Erwerbung

Bibliothek des Diakonischen Werkes der EKD am Standort Stuttgart

Die Bibliothek ist aufgegangen in die Bibliothek für Diakonie und Entwicklung in Berlin (siehe Nr. 52).

525 Bibliothek der Dualen Hochschule Baden-Württemberg (DHBW) ⟨Stg 259⟩

Kronenstr. 53 B (1. Stock), 70174 Stuttgart, ☎ (0711) 1849-835 (Info)/ -837 (Ltg.)
biblio@dhbw-stuttgart.de
https://www.dhbw-stuttgart.de/zielgruppen/studierende/bibliothek/

Ausleihbibliothek, 2 Standorte (Lerninsel Rotebühlstr. 131 mit Präsenzbestand Sozialwesen u. Int. Business)
62.905 Bde., ca. 380.000 E-Books – lfd. Print-Zss.: 176, zahlreiche Datenbanken
Einzel- und Gruppenarbeitsplätze, 13 PC-APl. – Entleihungen: 53.834
Wiss. Leitung: T. Scheel, Bibliotheksleiterin: E. Nehm

526 * Bibliothek des Hauptstaatsarchivs ⟨Stg 90⟩

Konrad-Adenauer-Str. 4, 70173 Stuttgart, ☎ (0711) 212-4335, Fax (0711) 212-4360,
hstastuttgart@la-bw.de, http://www.landesarchiv-bw.de/hstas

Präsenzbibliothek für ca. 40 Bedienstete und Benutzer/innen des Archivs
158.200 Medieneinheiten – lfd. Zss.: 150 gedr. – Sonderbestand: württ. Militärgeschichte. Alph. Kat., OPAC
Leiter (NA): W. Mährle – Sachbearb.: K. Stein, B. Deckert
Stellenplan: 1 A13, 1 E9 (40%), 1 E5 (60%)
Träger: Land Baden-Württemberg

Bes. Sammelgeb.: Geschichte u. Landeskunde Baden-Württembergs, Historische Hilfswiss., Militärgeschichte.
Angeschl.: Bibliothek der Kommission für geschichtliche Landeskunde in Baden-Württemberg.

527 **Bibliothek der Hochschule der Medien** ⟨958⟩

> 📧 Postadresse: Nobelstr. 10, 70569 Stuttgart, Hausadresse: Nobelstr. 8, 70569 Stuttgart
> ☎ (0711) 8923-2510, Fax (0711) 8923-2504
> 💻 bibliothek@hdm-stuttgart.de, http://www.hdm-stuttgart.de/bibliothek

Ausleihbibliothek, 5.200 Studierende: 62.561 Bde., 65.300 E-Books - lfd. Zss.: 133 gedr., 12.506 elektron.
180 Benutzerarbeitsplätze, darunter 14 Computer-APl., iPad-Ausleihe / Ausleihe von Laptops und Grafiktablets – Entleihungen: 124.535
Leiter: E. Friedling
Stellenplan: 6.9 VZÄ (3.5 gD, 3.4 mD/eD, 0.26 stud. Hilfskräfte)
Träger: Land Baden-Württemberg

528 **Bibliothek des Instituts für Auslandsbeziehungen** ⟨212⟩

> 📧 Postfach 10 24 63, 70020 Stuttgart; Charlottenplatz 17, 70173 Stuttgart
> ☎ (0711) 2225-147, Fax (0711) 2264-346
> 💻 bibliothek@ifa.de, fernleihe@ifa.de, https://www.ifa.de/forschung/bibliothek/

Wiss. Spezialbibliothek zur Auswärtigen Kultur- u. Bildungspolitik, Ausleihbibliothek
445.878 Medieneinheiten, 17.343 Mikrofilme – lfd. Zss.: 717 gedr.
LS mit 36 Benutzerarbeitsplätzen, Fachinf.-Verbund „Internationale Beziehungen und Länderkunde" – Entleihungen: 6.154
Leiterin: G. Czekalla, Stellv.: A. Galos
Stellenplan: 12 Ang. (1 TVÖD 13, 1.5 TVÖD 11, 5.25 TVÖD 9b, 2 TVÖD 5. 1 Projektstelle TVÖD 9b)
Träger: Auswärtiges Amt, Land Baden-Württemberg, Stadt Stuttgart. – Erwerbungsetat 2021: 320.000.–
Bes. Sammelgeb.: Auswärt. Kulturpolitik u. internat. Kulturbeziehungen, Austauschforsch., Interkulturelle Kommunikation, Kulturelle Länderkunde, Nationale Stereotypen, Deutschsprachige Presse des Auslands.

529 * **Landeskirchliche Zentralbibliothek** ⟨Stg 117⟩

> 📧 Balinger Str. 33/1, 70567 Stuttgart, ☎ (0711) 2149-442, Fax (0711) 2149-9442
> 💻 bibliothek@elk-wue.de, http://www.zentralbibliothek.elk-wue.de/

Bibliothek des Evangelischen Oberkirchenrats. Größte theologische Fachbibliothek innerhalb der ev. Kirche in Deutschland
Ausleihbibliothek, wiss. Spezialbibliothek.
250.000 Medieneinheiten – lfd. Zss.: 500 gedr.
Entleihungen: 41.000
Leiterin der ZB: S. Kreitmann, stellv. Leiterin: S. Maurer

Stellenplan mit 5 VZÄ.
Träger: Evangelische Landeskirche in Württemberg. – Erwerbungsetat 2020: 47.000.–
Bes. Sammelgeb.: Theologie, Württembergica, Traktatliteratur.
Angeschl. Zweigstellen: Bibliothek Haus Birkach und Bibliothek der Ev. Akademie Bad Boll.

Bibliothek des Hauses Birkach ⟨Stg 257⟩

🖃 Grüninger Str. 25, 70599 Stuttgart, ☎ (0711) 45804-27, Fax (0711) 45804-87
💻 bibliothek.birkach@elk-wue.de, http://www.hausbirkach.de/biblio
Ausleihbibliothek
80.000 Medieneinheiten
Leiterin: S. Wedemeier, Stellv. Leiterin: A. Schmid

Bibliothek der Evangelischen Akademie Bad Boll ⟨Bol 1⟩

🖃 Akademieweg 1, 73087 Bad Boll, ☎ (07164) 79-285
💻 armin.roether@ev-akademie-boll.de, http://www.ev-akademie-boll.de
Präsenzbibliothek
Betreuung: A. Roether

530 Bibliothek der Max-Planck-Institute Stuttgart ⟨Stg 113⟩

🖃 Heisenbergstraße 1, 70569 Stuttgart
☎ (0711) 689-1282 (Ltg.)/ -1281/ -1397, Fax (0711) 689-1292
💻 bib@mpis.mpg.de, https://www.is.mpg.de/de/bibliothek

Wiss. Präsenzbibliothek für das Max-Planck-Institut für Festkörperforschung und das Max-Planck-Institut für Intelligente Systeme
85.867 Bde. – lfd. Zss.: 77 gedr., 69.346 elektron. – Zugang zu 713.518 E-Books.
22 Benutzer-APl., darunter 10 Computer-APl. (4 OPAC, 6 Internet) – Entleihungen: 1.880
Leiterin: A. Graubner. Stellenplan: 2 VZÄ, 3 Beschäftigte.

Pädagogische Zentralbibliothek Baden-Württemberg

Die Medien der ehemaligen Pädagogischen Zentralbibliothek Stuttgart sind in den Bestand der Pädagogischen Hochschulbibliothek Ludwigsburg (Nr. 352) integriert worden.

531 Rathausbibliothek ⟨Stg 91⟩

🖃 Marktplatz 1, 70173 Stuttgart, ☎ (0711) 216-91212/ -91213/ -99870, Fax (0711) 216-91214
💻 rathausbibliothek@stuttgart.de, ute.kummler@stuttgart.de
http://www.stuttgart.de/rathausbibliothek

Ausleihbibliothek für Stadtrat, Verwaltung und die Öffentlichkeit. Juristische Fachbibliothek
ca. 140.000 Medieneinheiten - lfd. Print-Zss. und Ztgn: ca. 236 – Sonderslg. v. Erstdr. Stuttgarter Verl. d. 18. u. 19. Jh.
LS m. 7 Benutzerarbeitsplätzen, 1 Recherche-PC, 2 Internet-Arbeitsplätze.
Leitung: U. Kummler. Träger: Landeshauptstadt Stuttgart
Bes. Sammelgeb.: Recht, Staat, Verw., Kommunalschrifttum, Parlamentaria, NS-Lit., Stuttgardia, Württembergica.

532 * **Bibliothek der Staatlichen Hochschule für Musik und Darstellende Kunst ⟨Stg 111⟩**

> Urbanstr. 25, 70182 Stuttgart, ☎ (0711) 212-4665 (LS)/ -4664 (Ltg.), Fax 212-4663
> bibliothek@hmdk-stuttgart.de, http://www.hmdk-stuttgart.de/bibliothek/

Wiss. Spezialbibliothek/Hochschulbibliothek
Ausleihbibliothek für Hochschulangeh., Präsenzbibliothek für Externe
140.301 Medieneinheiten, davon 93.363 Noten, 24.082 Bücher, 18.080 AV-Medien, 3022 E-Books – lfd. Print-Zss.: 47 – Sonderbestand: Rara
50 Benutzerarbeitsplätze, zusätzlich 4 PC-Arbeitsplätze, 4 integrierte Medien-Arbeitsplätze (CD-, DVD-, MC-Nutzung), 1 LP-Gerät (im Umbau), 5 CD-Abhörplätze (Doppelnutzung möglich), 1 Aufsichtscanner, 1 Digitalpiano
Leiterinnen: C. Niebel u. C. Becker, Stellv.: M. Grashei. Stellenplan: 3.4 Planstellen
Träger: Land Baden-Württemberg. – Gesamtetat (ohne Personal) 2020: 60.000.–
Bes. Sammelgeb.: Musik französischer bzw. amerikan. Komponisten, Komponisten als Opfer der Gewalt (Music practica, Sekundärliteratur), Publ. Hochschulangehöriger (Kompositionen, CD-Einspielungen, wiss. Buchausgaben).

533 * **Bibliothek des Statistischen Landesamtes Baden-Württemberg ⟨Stg 12⟩**

> Postfach 10 60 33, 70049 Stuttgart; Böblinger Str. 68, 70199 Stuttgart
> ☎ (0711) 641-2133, Fax (0711) 641-2970
> bibliothek@stala.bwl.de, https://www.statistik-bw.de/Service/Bibliotheken/

Öffentlich zugängliche Präsenzbibliothek, wiss. Spezialbibliothek
30.000 Medieneinheiten – lfd. Zss.: 140 gedr., 33 elektron.
2 Benutzerarbeitsplätze – Entleihungen: 1.247 (2018 und 2019, Stand: 31.05.2019) 253 (Stand: 31.12.2020)
Leiter des Landesinformationssystems: D. Eisenreich. Stellenplan: 2 Stellen, 1 E8 und 1 E9.
Träger: Land Baden-Württemberg – Erwerbungsetat 2018: 17.000.–, 2019: 17.000.–, 2020: 17.000.–
Bes. Sammelgeb.: Statistiken des Bundes und der Bundesländer, Statistiken u. Analysen für Baden-Württemberg und Vorgänger dieses Bundeslandes.
Veröff. unter: https://www.statistik-bw.de/Suche-und-Bestellung/

Thurnau

Teilbibliothek Musiktheater der Universitätsbibliothek Bayreuth

siehe Bayreuth (Nr. 19)

Trier

534 * **Universitätsbibliothek** ⟨385⟩

> 54286 Trier; Universitätsring 15, 54296 Trier
> ☎ (0651) 201-2497 (Dir.)/ -2496 (Sekr.)/ -2420 (Ausk.), Fax 201-3977 (Dir.)/ -3937 (Erw.)
> bibliothek@uni-trier.de, http://www.ub.uni-trier.de

Einschichtiges Bibliothekssystem m. Ausleih- u. Präsenzbest. f. 11.953 Studierende, 477 Lehrende und die Öffentlichkeit
2.585.758 Medieneinheiten, davon 1.724.250 Bde., 699.293 elektron. Publ. – lfd. Zss.: 2.298 gedr., 55.757 elektron. – Sonderbestand: 803 Papyri, Nachlass Prof. Dr. Tenbruck, jap. + chin. Farbholzschnitte, Slg. Hellwig, Slg. Bushart, Slg. Langguth
An 2 Standorten: 7 LSS m. 1.465 Benutzerarbeitsplätzen, darunter 243 Computer-APl., Gruppenarbeitsräume und Einzelkabinen, syst. Aufstellung v. ca. 839.000 Bdn., offenes Mag. m. ca. 644.000 Bdn. – Entleihungen: 409.663
Dir.: D. Schirra, Stellv.: N.N. – Wiss. D.: K. Gottheiner, E. Grishina, T. Klöpfel, A. Koller-Weil, F. Lemmes, A. Neumann, H. Reinstein, J. Röpke, M. Schorer, G. Schwalbach, M. Werz
Stellenplan: 43 Beamtinnen und Beamte (1 A16, 4 A15, 6 A14, 2 A13gD, 1 A12, 9 A11, 15 A10, 2 A9, 1 A8, 1 A7, 1 A6) – 46 Ang. (1 TV-L 13, 1 TV-L 11, 1 TV-L 10, 4 TV-L 9, 4.5 TV-L 8, 2 TV-L 7, 5 TV-L 6, 27.5 TV-L 5).
Träger: Land Rheinland-Pfalz. – Gesamtausgaben 2020: 5.521.100.–, davon 1.290.202.– für Erwerbung.
Bes. Sammelgeb.: Papyrussammlung, japanische u. chinesische Farbholzschnitte, Lusitanica, Galicistik, Kanadiana, Nachlass Tenbruck, Europ. Dokumentationszentrum.
Veröff. unter: http://ub-dok.uni-trier.de/

535 * **Wissenschaftliche Bibliothek der Stadt Trier** ⟨121⟩

> Weberbach 25, 54290 Trier, ☎ (0651) 718-1429, Fax (0651) 718-1428
> stadtbibliothek-weberbach@trier.de, http://www.stadtbibliothek-weberbach.de

Wissenschaftliche Bibliothek. Ausleihbibliothek. Verwaltungsmäßig verbunden mit dem Stadtarchiv: 470.000 Medieneinheiten
44 Benutzer-APl., davon 8 Computer-APl., WLAN – Entleihungen: 8.517
Amtsleitung (WissB/Stadtarchiv): M. Embach – Abtl.-Leiterin WissB: E. Seidenfaden
Stellenplan: 7 Beamtinnen und Beamte (1 A16, 1 A14, 1 A13, 1 A12, 2 A10, 0.5 A10), 14 Beschäftigte (1 E11, 1 E9B, 0.63 E9B, 0.5 E9B, 1 E8, 1 E6, 0.5 E6, 6 E5, 0.5 E5)
Träger: Stadt Trier mit Landesunterstützung. – Gesamtausgaben 2020: 1.300.000,–, davon 61.000,– für Erwerbung
Pflichtex.: 1966–1990 aus d. Reg.-Bez. Koblenz u. Trier, 1991–1999 Reg.-Bez. Trier, seit 2000 ehem. Reg.-Bez. Trier.

536 * Bibliothek des Bischöflichen Priesterseminars ⟨Tr 2⟩

Jesuitenstr. 13, 54290 Trier, ☎ (0651) 9484-143
bibliothek@bps-trier.de, https://www.bps-trier.de

Ausl.–, Hochschul- u. Spezialbibliothek
ca. 530.000 Bde. – lfd. Zss.: 569 gedr. – Sonderbestand: ca. 435 Hss., 129 Inkun., ca. 700 Mikroformen und AVM, unbearb. wissensch. Nachlässe
LS u. Ausleihbereich mit 43 Arbeitsplätzen, davon 2 Computer-APl., WLAN, 1 Rara-APl., 1 Scan APl., EDV, Kat.: OPAC ab 1993, ältere Best. teilw. Image-Kat.; Teiln. am hbz-Verbund
Dir.: H.-J. Cristea
Stellen: 9 Ang.
Träger: Bischöfliches Priesterseminar Trier – Erwerbungs- und Sachetat 2020: 215.198.–
Sammelgeb.: Katholische Theologie, Religionswissenschaften, Philosophie, Bistums-, Orts- und Pfarreigeschichte (Bistum Trier), Christliche Kunst; Schwerpunkte: Friedrich von Spee, Hildegard von Bingen, Nikolaus von Kues, Johannes Trithemius, Trierer Heilig-Rock-Wallfahrt.
Angeschl.: Theol. PräsenzB im Univ.-Bereich

537 Bibliothek der Hochschule Trier – Trier University of Applied Sciences ⟨Tr 5⟩

Postfach 1826, 54208 Trier; Schneidershof, 54293 Trier
☎ (0651) 8103-376, Fax (0651) 8103-467
bibliothek@hochschule-trier.de, http://www.hochschule-trier.de/go/bibliothek

Wiss. Bibliothek, Ausleihbibliothek
ca. 100.000 Bde., über 30.000 E-Books – lfd. Zss.: 130 gedr., ca. 10.000 elektron.
81 Benutzerarbeitsplätze, darunter 14 Computerarbeitsplätze
Leiterin: A. Schmeier, Stellv.: R. Schäfer
Träger: Land Rheinland-Pfalz
Angeschl.: Bibliothek am Standort Birkenfeld (Umwelt-Campus), Bibliothek am Standort Idar-Oberstein (FB Gestaltung / Fachrichtung Edelstein und Schmuck)

Bibliothek der Hochschule Trier: Standort Umwelt-Campus Birkenfeld ⟨1042⟩

Postfach 1380, 55761 Birkenfeld,
    Gebäude 9922, Campusallee, 55768 Hoppstädten-Weiersbach
☎ (06782) 17-1473, Fax (06782) 17-1478,
bibliothek@umwelt-campus.de
    https://www.umwelt-campus.de/campus/organisation/verwaltung-service/bibliothek
Ausleihbibliothek
ca. 75.000 Medieneinheiten, ca. 55.000 Bde., ca. 20.000 E-Books – lfd. Zss.: 91 gedr., 2 elektron
Lesebereich, 75 Benutzerarbeitsplätze, darunter 25 Computer-APl., Gruppenarbeitsräume
Leiterin: H. Bayer, Stellv.: A. Bosnack

538 **Bibliothek des Instituts für Arbeitsrecht und Arbeitsbeziehungen in der Europäischen Union** ⟨Tr 19⟩

> Universität Trier / Campus II, Postfach, 54286 Trier; Behringstr. 21, 54296 Trier
> ☎ (0651) 201-4766, Fax (0651) 201-4768, 🖳 bib@iaaeu.de, http://www.iaaeu.de

Spezialbibliothek, öffentlich zugänglich, Präsenzbibliothek f. d. wiss. Mitarb. d. IAAEU u. externe Wiss.
84.546 Bde., 779 digitale Medien, 5.491 Mikromaterialien – lfd. Print-Zss.: 231 aus 25 Ländern – Zugang zu Online-Datenbanken u. elektron. Ressourcen
16 Benutzerarbeitsplätze, 3 Computer-APl., WWW-OPAC.
Bibliotheksleiterin: R. Pichler, Stellv.: A. Schrenk-Frohn
Stellenplan: 4 VZÄ
Träger: Stiftung des öffentlichen Rechts, Land Rheinland-Pfalz – Erwerbungsausgaben 2020: 124.179.–
Bes. Sammelgeb.: Internat. u. nat. Arbeitsrecht d. Mitgl.-Staaten d. EU, Arbeitsbeziehungen, Arbeitsökonomie u. Personalwirtschaft in den EU-Staaten u. USA.
Veröff. unter: http://www.iaaeu.de

539 **Bibliothek des Rheinischen Landesmuseums Trier** ⟨Tr 1⟩

> Weimarer Allee 1, 54290 Trier, ☎ (0651) 9774-0, Fax (0651) 9774-262
> 🖳 Bibliothek.RLMTrier@gdke.rlp.de
> http://www.landesmuseum-trier.de/de/home/ueber-uns/bibliothek/oeffnungszeiten-kontakt.html

Präsenzbibliothek
ca. 125.000 Bde. – lfd. Zss.: ca. 650
LS m. 8 Benutzerarbeitsplätzen, OPAC, SW- u. Ortskat. auch f. unselbst. Lit.
Leiter: J. Merten
Stellenplan: 1 A12, 1 TV-L6
Träger: Land Rheinland-Pfalz
Bes. Sammelgeb.: Klass. u. Provinzialröm. Archäologie, Alte Geschichte, Vor- u. Frühgeschichte, Kunstgeschichte, Numismatik, Trevirensia.

Tübingen

540 * **Universitätsbibliothek** ⟨21⟩

> Postfach 2620, 72016 Tübingen; Wilhelmstr. 32, 72074 Tübingen
> ☎ (07071) 29-72577 (Sekr.), Fax (07071) 29-3123
> 🖳 sekretariat@ub.uni-tuebingen.de, http://www.ub.uni-tuebingen.de

Ausleihbibliothek (Magazin, z. T. Freihand) f. 27.436 Studierende u. 21.583 andere eingetr. Ben., davon ca. 3.800 Angehörige d. Universität
3.738.847 Bde., 447.367 elektron. Publ. – lfd. Zss.: 2.034 gedr., 33.641 elektron.
1.701 Benutzerarbeitsplätze, darunter 115 Computer-APl., fächendeckend WLAN – Entleihungen: 1.174.396

Dir.: M. Dörr, Stellv.: S. Krauch – Wiss. Dienst: A. Aprile, T. Blocksdorf, O. Brandt, J. Dammeier, M. Faßnacht, L. Hüning, R. Keyler, J. Klein, T. Kim, D. Mader, C. Markowsky, H. Noell, J. Plieninger, P. Rempis, R. Siems, K. Stöbener, G. Zeller.
Stellenplan: 72 Beamtinnen und Beamte (1 A16, 6 A15, 7 A14, 3 A13, 4 A13gD, 7 A12, 12 A11, 5 A10, 7,5 A9, 3 A9mD, 3 A8, 7 A7, 5 A6, 1 A6 eD), 61.8 Angestellte (2 E13, 1 E10, 15 E9, 9 E8, 7.8 E6, 8,5 E5, 14.5 E4, 0,5 E3, 1,5 E2) – DFG: 4.45 E13, 1 E11, 1 E10, 1.7 E9, 1 E 9a, 4 E9b.
Träger: Land Baden-Württemberg – Gesamtausgaben 2020: 13.767.713.–, davon 4.862.554.– für Erwerbung
DFG: FID Kriminologie in Zsarb. mit d. Institut, FID Theologie, FID Religionswissenschaft
UB mit 5 Standorten und 41 Institutsbibliotheken im Bibliothekssystem der Universität.

Bereichsbibliothek Naturwissenschaften

Auf der Morgenstelle 16 (Hörsaalzentrum), 72076 Tübingen

(07071) 29-74229, Fax (07071) 29-4229

morgenstelle@ub.uni-tuebingen.de

Mit Abt. Chemie, Pharmazie und Biologie. Präsenz- u. Ausleihbibliothek.
23.949 Bde. – lfd. Zss.: 19 gedr. – Abt. Chemie u. Pharmazie: 37.525 Bde. – lfd. Zss.: 29 gedr.
209 Benutzerarbeitsplätze, 10 Computerarbeitsplätze, 6 Arbeitsräume in d. Abt. Chemie, Pharmazie, Biologie – Entleihungen: 3.352

541 **Bibliothek der Juristischen Fakultät (Juristisches Seminar) ⟨Tü 24⟩**

Geschwister-Scholl-Platz, 72074 Tübingen

(07071) 29-72550/ -72547, Fax (07071) 29-3304

js@jura.uni-tuebingen.de, http://www.jura.uni-tuebingen.de/einrichtungen/js

Präsenzbibliothek mit Wochenendausleihe für Studierende, Ausleihbibliothek für Lehrende, freier Zugang f. sonst. wiss. Arbeitende
260.000 Medieneinheiten – lfd. Print-Zss.: 370
550 Benutzerarbeitsplätze, darunter 40 Gruppenarbeitsplätze, WLAN
Leiter/in: N.N., Stellv.: B. Schmid, U. Ebinger

542 * **Brechtbau-Bibliothek der Philosophischen Fakultät ⟨21/108⟩**

Wilhelmstr. 50, 72074 Tübingen

(07071) 29-74329/ -74325/ -77967, Fax (07071) 29-5811

auskunft@bbb.uni-tuebingen.de, http://www.bbb.uni-tuebingen.de/

Präsenz- und Ausleihbibliothek des Fachbereichs Neuphilologie sowie der Fächer Medienwissenschaft und Rhetorik für Lehrende und Studierende, freier Zugang f. sonst. wiss. Arbeitende
380.000 Medieneinheiten – lfd. Zss.: 295
LS m. 750 Benutzerarbeitsplätzen, Gruppenarbeitsraum, 2 PC-Pools, WLAN
Leiter: J. Klein, Stellv.: R. Schmid.
Erwerbungsausgaben 2020: 161.000.–

543 Bibliothek der Theologischen Seminare ⟨21/31, 21/35⟩

- Liebermeisterstr. 12, 72076 Tübingen, ☎ (07071) 29-72884
- ukb-info@uni-tuebingen.de, https://uni-tuebingen.de/fakultaeten/evangelisch-theologische-fakultaet/fakultaet/bibliothek/

Präsenzbibliothek des Ev.-theol. und des Kath.-theol. Seminars
ca. 221.000 Bde. – lfd. Print-Zss.: ca. 450
290 Benutzerarbeitsplätze, WWW-OPAC
Leiter: F. Träger

544 Fachbibliothek Wirtschaftswissenschaft ⟨21/19⟩

- Mohlstr. 36, 72074 Tübingen, ☎ (07071) 29 - 7 25 65, Fax (07071) 29 - 39 26
- bibliothek@wiwi.uni-tuebingen.de, https://uni-tuebingen.de/fakultaeten/wirtschafts- und-sozialwissenschaftliche-fakultaet/faecher/fachbereich-wirtschaftswissenschaft/ wirtschaftswissenschaft/fb-wiwi/einrichtungen-wirtschaftswissenschaft/bibliothek/ bibliothek/

Die Fachbibiothek Wirtschaftswissenschaft ist bis ca. Ende 2021 geschlossen, da das Gebäude Mohlstr. 36 kernsaniert werden muss.

545 * Bibliothek des Evangelischen Stifts ⟨Tü 69⟩

- Klosterberg 2, 72070 Tübingen, ☎ (07071) 561-191/-192, Fax (07071) 561-200
- bibliothek@evstift.de, https://www.evstift.de/evangelisches-stift/bibliothek-und-archiv

Ausleihbibliothek f. d. Studierenden d. Stifts, eingeschränkte Benutzung f. Externe.
ca. 150.000 Bde. – lfd. Zss.: 78 gedr.
LS m. 38 Benutzerarbeitsplätzen mit Netzzugang, Online-Katalog – Entleihungen: ca. 4.000
Leiterin: B. Martin. Stellenplan: 1.5
Träger: Ev. Oberkirchenrat Stuttgart – Erwerbungsetat 2020: 46.000.– (davon 3.000.– Bindekosten)
Bestand: Theologie, Philosophie, Musik. Großer Altbestand

546 Konviktsbibliothek Wilhelmsstift ⟨Tü 59⟩

- Collegiumsgasse 5, 72070 Tübingen, ☎ (07071) 569-252/ -253
- wilhelmsstift@bibliothek.drs.de, https://wilhelmsstift.de/bibliothek/

Wissenschaftl. Spezialbibliothek, Hausbibliothek, Ausleihbibliothek
ca. 250.000 Bde. – lfd. Zss.: ca. 80 gedr. – Sonderbestand: ca. 1.500 Hss. (13.–20. Jh.), ca. 280 Ink.
1 LS mit 20 Benutzerarbeitsplätzen, Provenienz-Kat. f. Nachl.
Leiterin: U. Stampfer. Stellenplan: 1.3 VZÄ (0.3 hD, 1 mD)
Träger: Bistum Rottenburg-Stuttgart – Erwerbungsbudget 2020: 32.000.–
Bes. Sammelgeb.: Kath. Tübinger Schule, Theologie u. Philosophie des 19. Jhs., Vorlesungsmitschriften.

Ulm

547 * **Kommunikations- und Informationszentrum der Universität Ulm (kiz)** ⟨289⟩

> Albert-Einstein-Allee 37, 89081 Ulm
> ☎ (0731) 50-30000 (helpdesk)/ -30300 (Sekr.), Fax (0731) 50-31491 (Sekr.)
> 🖳 kiz@uni-ulm.de, helpdesk@uni-ulm.de, https://www.uni-ulm.de/einrichtungen/kiz

Das kiz integriert die früheren Einrichtungen UB, URZ und Fotozentrale. Ausleihbibliothek f. 28.532 eingetr. Ben.
748.799 Bde., 81.257 elektron. Publ. – lfd. Zss.: 244 gedr., 65.902 elektron.
2 LSS m. 580 Benutzerarbeitsplätzen, darunter 26 PC-Apl. – Entleihungen: 92.675
Leiter des kiz: S. Wesner, Stellv.: Th. Nau, Servicemanagement und Organisation: G. Hölting – Abt. Informationsversorgung (IV): W. Engel, Abt. Informationsmedien (IM): P. D. Schmücker
Stellenplan: 34.14 VZÄ innerhalb des kiz für beide Abteilungen IV und IM.
Träger: Land Baden-Württemberg – Erwerbungsausgaben 2020: 2.368.524.–

548 * **Stadtbibliothek Ulm** ⟨122⟩

> PF, 89070 Ulm; Vestgasse 1, 89073 Ulm, ☎ (0731) 161-4100 (Ltg.), Fax 161-4103
> 🖳 stadtbibliothek@ulm.de, http://www.stadtbibliothek.ulm.de

Ausleihbibliothek f. 17.243 Benutzerinnen u. Benutzer
589.481 Medieneinheiten, davon 277.879 Bde. – lfd. Zss.: 333 gedr., 80 Abos. elektron.
48 PC-Apl. (29 mit Internetzugang) – Entleihungen: 1.117.901
Dir.: M. Szlatki, Stellv.: A. Rosenstock
Stellenplan: 38.62 VZÄ
Träger: Stadt Ulm – Gesamtausgaben 2020: 5.027.041.–, davon 493.600.– Erwerbungsetat
Bes. Sammelgeb.: Geschichte, Wirtschaft u. Geographie v. Ulm u. Oberschwaben.
Veröff. unter: http://www.stadtbibliothek.ulm.de

549 **Bibliothek der Technischen Hochschule Ulm** ⟨943⟩

> Postfach 3860, 89028 Ulm; Prittwitzstr. 10, 89075 Ulm
> ☎ (0731) 50-28113, Fax (0731) 50-28270
> 🖳 bibliothek@thu.de, https://studium.hs-ulm.de/de/org/IMZ/Seiten/Bibliothek.aspx/

Ausleihbibliothek, öffentlich zugängliche wiss. Bibliothek
41.000 Bde., 156.000 eBooks – lfd. Zss.: 140 gedr., 14.000 elektron.
50 Leseplätze, 7 OPAC/Internet-Arbeitsplätze – Entleihungen: 19.000
Leiterin: G. Immler. Stellenplan: 1.5 E9, 2.5 E5
Träger: Land Baden-Württemberg – Erwerbungsetat 2020: 270.000,–
Angeschl.: 1 Zweigbibliothek

Vallendar

550 Bibliothek der Philosophisch-Theologischen Hochschule Vallendar ⟨Li 1⟩

Postfach 1406, 56174 Vallendar; Pallottistr. 3, 56179 Vallendar
(0261) 6402-272, Fax (0261) 6402-300
bgniffke@pthv.de, bibliothek@pthv.de, https://www.pthv.de/die-universitaet/bibliothek/

Wissenschaftliche Bibliothek: 170.000 Bde. – lfd. Zss.: 130 gedr., 25 elektron.
30 Benutzerarbeitsplätze im LS, davon 14 Computer-Arbeitsplätze
Mitarbeiter/innen: B. Gniffke-Koch, T. Schilling, J. Spitzlay
Träger: PTHVgGmbH
Bes. Sammelgeb.: Geschichte, Methode u. Praxis d. „Kath. Apostolates" (Pallottiner).
Veröff. unter: https://kidoks.bsz-bw.de/solrsearch/index/search/searchtype/collection/id/16250

Vechta

551 Bibliothek der Universität Vechta ⟨Va 1⟩

Postfach 1553, 49364 Vechta; Driverstr. 26, 49377 Vechta
(04441) 15-360 (Leitung)/ -190 (Information), Fax (04441) 15-447
bibliothek.ub@uni-vechta.de, http://www.bibliothek.uni-vechta.de

Ausleih- und Präsenzbibliothek für 11.175 eingetragene Benutzerinnen und Benutzer
193 Benutzerarbeitsplätze, davon 57 Computer-APl. – Entleihungen: 57.928
Leitung: C. Leppla
Stellenplan: 17.75 VZÄ, davon 5 hD, 6.5 gD, 6.25 mD
Träger: Land Niedersachsen – Gesamtzuweisung 2020: 763.450.–, davon 575.000.– für Erwerbung
Bes. Sammelgeb.: Rolf Dieter Brinkmann.

Vilshofen

552 Bibliothek der Benediktinerabtei Schweiklberg

Schweiklberg 1, 94474 Vilshofen, (08541) 209-132, Fax (08541) 209-174
br.ulrich@schweiklberg.de, http://www.Schweiklberg.de

AKThB 37, Arbeitsgemeinschaft Katholisch-theologischer Bibliotheken
Allgemeinwiss. u. theologische Bibliothek
ca. 150.000 Bde. – lfd. Zss.: ca. 30 – LS m. HB.
Leiter: U. Schrömges OSB

Warschau

553 * **Bibliothek des Deutschen Historischen Instituts**

> Aleje Ujazdowskie 39, PL 00-540 Warszawa
> +48-22-52583-06/ -07/ -08, Fax +48-22-52583-37,
> bibliothek@dhi.waw.pl, http://www.dhi.waw.pl

Niemiecki Instytut Historyczny w Warszawie Wiss. Spezialbibliothek
94.050 Bde., 4.225 elektron. Publ. – lfd. Zss.: 303 gedr., 1.045 elektron. (EZB/Geschichte)
20 Leseplätze, teilw. mit Laptopanschluss, 5 Computer-Arbeitsplätze
AP: I. Janas. Stellenplan: 1 EG9, 1 EG6, 1 Ortskraft.
Träger: Max Weber Stiftung Deutsche Geisteswissenschaftliche Institute im Ausland
Bes. Sammelgeb.: Geschichte Deutschlands und Polens, deutsch-polnische Beziehungsgeschichte.

Warnemünde

Fachbibliothek Seefahrt

siehe Wismar (Nr. 566)

Weihenstephan

Zweigbibliothek Weihenstephan der UB Technische Universität München

siehe München (Nr. 398)

Bibliothek der Fachhochschule Weihenstephan

siehe Freising (Nr. 205)

Weimar

554 * **Universitätsbibliothek der Bauhaus-Universität ⟨Wim 2⟩**

> Steubenstr. 6, 99423 Weimar
> (03643) 5828-01 (Sekr.) /-20 (Zentrale Information), Fax (03643) 5828-02
> sekretariat@ub.uni-weimar.de, https://www.uni-weimar.de/de/universitaet/struktur/zentrale-einrichtungen/universitaetsbibliothek/

Präsenz- u. Ausleihbibliothek für 3.039 entleihende Benutzerinnen und Benutzer
515.148 Medieneinheiten, 144.659 elektron. Publ. – lfd. Zss.: 838 gedr., 53.373 elektron. – Sonderbestand: 52.680 Normen u. TGLs
309 Benutzerarbeitsplätze, davon 65 PC-APl. – Entleihungen: 88.255
Dir.: F. Simon-Ritz, Stellv.: K. Richter (Abteilungsleiterin Benutzung u. Informationsdienstleistungen) – J. Schröder (Abteilungsleiterin Medienbearbeitung) – Wiss. D.: D. Horch, C. Kleffel, S. Rudolf, H. Traeger

Stellenplan: 33.23 Ang. und Beamtinnen und Beamte (1 A15, 1 A13, 1 E14, 3.9 E13, 4 E11, 1 E10, 8.05 E9, 0.88 E8, 12.40 E6), 1 Auszubildende, 1 Volontär.
Träger: Freistaat Thüringen – Gesamtausgaben 2020: 3.292.155.–, davon 677.757.– für Erwerbung
Bes. Sammelgeb.: Bauhaus, Architektur- u. Kunstgeschichte, Architekturtheorie, Design, Medien- u. Kulturwiss., Bauingenieurwesen, Bau- u. Werkstoffe, Künstlerbücher, Normen, TGL-Normen, Baukataloge der DDR.

555 * **Herzogin Anna Amalia Bibliothek** ⟨32⟩

Postfach 2012, 99401 Weimar; Platz der Demokratie 4, 99423 Weimar
(03643) 545-200, Fax (03643) 545-220
haab@klassik-stiftung.de, auskunft@klassik-stiftung.de
http://www.klassik-stiftung.de/haab und http://www.anna-amalia-bibliothek.de

Öffentl. zugängl. Präsenz- u. Ausleihbibliothek, Forschungsbibliothek f. Literatur- u. Kulturgeschichte
1.135.689 Bde. – lfd. Print-Zss.: 844 – Sonderbestand: 10.000 Kt, 2.810 Noten, 2.551 Schallpl., 2.461 Hss, 433 Inkunabeln, Fotothek m. 100.000 Bildmotiven
107 Benutzerarbeitsplätze, davon 45 Computer-APl. – Entleihungen: 74.626
Dir.: R. Laube, Stellv.: J. Weber (zugl. Abt.-Ltr. Bestandserhaltung u. Sondersammlungen), A. Jungbluth (Digitaler Service, Digitalisierungszentrum und Fotothek), A. Barnert (Erwerbung u. Erschließung), Ref.-Ltr.: K. Lorenz (Sondersammlungen), R. Bärwinkel (Informationsdienste), B. Becker-Ebenau (Medienbearbeitung), J. Kraemer (Bestandserhaltung/Präventive Konservierung), A. Hack (Bestandserhaltung/Restaurierung), K. Lehmann (Benutzung), W. Wojtecki (Bibliogr. u. Sacherschließung), S. Höppner (MWW)
Stellenplan: 54.5 Stellen (1 A16, 1 E15, 2 E14, 2 E13Ü, 2 E13, 2 E11, 1 E10, 19 E9, 7 E8, 6 E6, 9.5 E5, 1 E4, 1 E3), 36.5 sonstige Mitarb. außerhalb des Stellenplans (DFG, MWW). Träger: Klassik Stiftung Weimar.
Gesamtetat 2020: 5.400.000.–, davon 890.000.– Erwerbungsausgaben
Bes. Sammelgeb.: Europ. Literatur- und Kulturgeschichte 1750–1850, Liszt, Nietzsche, Shakespeare, Faust, Stammbücher u. Almanache.
Veröff. unter: https://www.klassik-stiftung.de/herzogin-anna-amalia-bibliothek/die-bibliothek/geschichte/

556 * **Bibliothek der Hochschule für Musik Franz Liszt** ⟨Wim 8⟩

Postfach 2552, 99406 Weimar; Platz der Demokratie 2/3, 99423 Weimar
(03643) 555-125, Fax (03643) 555-160
Katharina.Hofmann@hfm-weimar.de,
https://www.hfm-weimar.de/studierende/campus/bibliothek/#HfM

Ausleihbibliothek für alle musikbezogenen Fachbereiche und Präsenzbestand Musikwiss. für Studierende (825), Dozenten (ca. 100) und weitere HS-Angeh. (ca. 1.000 aktive Ben.)
152.527 Medieneinheiten, davon 47.486 Bde. – lfd. Zss.: 95 gedr., 23 elektron. – Sonderbestand: 73.385 Noten, 26.424 Tontr.
35 Benutzerarbeitsplätze, darunter 18 Computer-APl. – Entleihungen: 24.436
Leiterin: K. Hofmann. Stellenplan: 6.25 VZÄ (1 hD, 3.87 mD, 0.88 mD/eD), 1 Auszubildende.

Träger: Land Thüringen – Erwerbungsetat 2018: 82.014.–
Bes. Sammelgeb.: Musikwiss., Thüringer Musiker, F. Liszt.
Angeschl.: Teilbibliothek Musikwissenschaft (Carl-Alexander-Platz 1, 99423 Weimar).

Weingarten

Klosterbibliothek der Benediktinerabtei Weingarten

Das Benediktinerkloster in Weingarten hat seine Bibliothek der Diözese Rottenburg-Stuttgart (siehe Nr. 494) als Depositum überlassen.

557 Hochschulbibliothek Weingarten ⟨747⟩

> Kirchplatz 2, 88250 Weingarten, ☎ (0751) 501-8367 (Ltg.)/ -8410 (Auskunft)
> hsb@hs-weingarten.de, leitung@hs-weingarten.de
> http://bibliothek.ph-weingarten.de/start.html

Ausleih- und Präsenzbibliothek für zwei Hochschulen: PH Weingarten, HS Ravensburg-Weingarten (Technik – Wirtschaft – Sozialwesen)
ca. 220.000 Bde. – lfd. Zss.: ca. 300 gedr.
Leiter: S. Ackermann, Stellv.: R. Alt.
Träger: Land Baden-Württemberg

Wernigerode

558 Bibliothek der Hochschule Harz (FH) ⟨527⟩

> Postadresse: Friedrichstr. 57–59, 38855 Wernigerode
> Hausanschrift: Am Eichberg 1, 38855 Wernigerode
> ☎ (03943) 659-171, Fax (03943) 659-174
> speters@hs-harz.de, http://www.hs-harz.de/bibliothek.html

Ausleihbibliothek, 2 Standorte: Wernigerode und Halberstadt. 133.000 Bde.
Leiterin: S. Peters, Stellv.: K. Liebscher.
Standort Halberstadt: Domplatz 16, 38820 Halberstadt, ☎ (03943) 659176

Wetzlar

559 * Phantastische Bibliothek Wetzlar

> Turmstraße 20, 35578 Wetzlar, ☎ (06441) 4001-0/ -20 (Ltg.), Fax (06441) 4001-19
> mail@phantastik.eu, http://www.phantastik.eu/

Präsenzbibliothek m. Teilausl.
300.000 Medieneinheiten
Bibliothekarische Leiterin: M. Bonacker, Bibliotheksvorstand: Th. Le Blanc
Träger: Stiftung Phantastische Bibliothek Wetzlar
Bes. Sammelgeb.: Phantastische Literatur.

Wiesbaden

560 * **Hochschul- und Landesbibliothek RheinMain ⟨43⟩**

> Rheinstr. 55–57, 65185 Wiesbaden ⟨43⟩, ☎ (0611) 9495-1820
> information-hlb@hs-rm.de, http://www.hs-rm.de/hlb

Standorte: Bertramstraße, Kurt-Schumacher-Ring, Rheinstraße, Unter den Eichen, Rüsselsheim. Präsenz- und Ausleihbibliothek. 2020: 9.172 aktive Benutzerinnen und Benutzer
1.094.361 Bde, 40.009 eBooks – 1.616 . gedr. Zss., 19.210 elektron. Zss., 6.422 Hss. u. Autographen, 460 Inkunabeln – Entleihungen: 311.329
Leiterin: M. Grabka, Stellv.: B. Schwitzgebel
Stellenplan: 47.20 VZÄ (3.35 hD, 39 gD, 22.46 mD/eD)
Träger: Hochschule RheinMain / Land Hessen – Erwerbungsausgaben 2020: 688.978.–
Pflichtex.: Für die Landkreise Hochtaunus, Lahn-Dill, Limburg-Weilburg, Main-Kinzig, Main-Taunus, Rheingau-Taunus und die Stadt Wiesbaden.
Der Bibliothek ist die Fachstelle für Öffentliche Bibliotheken mit Sitz in Wiesbaden und Kassel angegliedert (fachstelle-hlb@hs-rm.de, http://www.hessenoebib.de).

Standort Rheinstraße ⟨43⟩

Rheinstraße 55–57, 65185 Wiesbaden, ☎ (0611) 9495-1820, Fax (0611) 9495-1809
information-hlb@hs-rm.de
155 Arbeitsplätze in Arbeitsräumen und einem Lesesaal.
Bes. Sammelgeb.: Regionalliteratur, Nassovica.

Standort Kurt-Schumacher-Ring ⟨43/0⟩

Kurt-Schumacher-Ring 18, 65197 Wiesbaden, ☎ (0611) 9495-1186, Fax (0611) 9495-1188
theke-ksr-hlb@hs-rm.de
110 Arbeitsplätze, 4 Gruppen- und 2 Einzelarbeitsräume.
Bes. Sammelgeb.: Architektur, Bauingenieurwesen, Immobilienmanagement, Mobilitätsmanagement und Sozialwesen.

Standort Bertramstraße ⟨43/1⟩

Bertramstraße 27, 65185 Wiesbaden, ☎ (0611) 9495-3133, Fax (0611) 9495-3158
theke-bbs-hlb@hs-rm.de
148 Arbeitsplätze, 7 Gruppenarbeitsräume, 1 PC-Arbeitsraum.
Bes. Sammelgeb.: Volkswirtschaftslehre, Betriebswirtschaftslehre, Versicherungswirtschaft, Wirtschaftsrecht und Gesundheitsökonomie.

Standort Rüsselsheim ⟨43/2⟩

Am Brückweg 26, 65428 Rüsselsheim, ☎ (06142) 898-4125, theke-rue-hlb@hs-rm.de
79 Arbeitsplätze, 5 Gruppenarbeitsräume.
Bes. Sammelgeb.: Elektrotechnik, Maschinenbau, Physik, Technik, Umwelttechnik, Mathematik, Wirtschaft und verwandte Gebiete.

Standort Unter den Eichen ⟨43/3⟩

▤ Unter den Eichen 5, 65195 Wiesbaden, ☎ (0611) 9495-2180, Fax (0611) 9495-2245
💻 theke-ude-hlb@hs-rm.de
60 Arbeitsplätze
Bes. Sammelgeb.: Design, Informatik, Innenarchitektur, Kunst, Medien und Wirtschaft.

561 * **Bibliothek des Hessischen Landesamtes für Naturschutz, Umwelt u. Geologie** ⟨Wi 6⟩

▤ Postfach 3209, 65022 Wiesbaden; Rheingaustr. 186, 65203 Wiesbaden
☎ (0611) 6939-575, Fax (0611) 6939-555, 💻 bibliothek@hlnug.hessen.de

Wissenschaftliche Spezialbibliothek, Ausleihbibliothek
233.200 Medieneinheiten, davon 232.750 Bde., 450 elektron. Publ. – lfd. Zss.: 273 gedr., 1 elektron. – Sonderbestand: 41.500 Karten.
5 Benutzerarbeitsplätze + 1 Computerarbeitsplatz
Leiterin: M. Reimer
Stellenplan: 2 Angestellte mit 1.9 Stellen.
Erwerbungsetat 2020: 132.500.–
Bes. Sammelgeb.: Umweltschutz, Geowissenschaften.
Pflichtex.: hauseigene Veröffentlichungen, Wiesbaden.

562 * **Bibliothek des Hessischen Landtages** ⟨Wi 16⟩

▤ Postfach 3240, 65022 Wiesbaden; Schloßplatz 1–3, 65183 Wiesbaden
☎ (0611) 350-383, Fax (0611) 327-601-383
💻 bibliothek@ltg.hessen.de, http://starweb.hessen.de/starweb/LIS/Bibliothek_Eingang.htm

Ausleihbibliothek für Mitglieder und Mitarbeiterinnen und Mitarbeiter des Hessischen Landtages.
32.000 Bde. – lfd. Print-Zss.: 67
LZ m. 8 Benutzerarbeitsplätzen
Leiter: J. Kaestner
Stellenplan: 1 A16, 1 E11, 0.5 E8
Bes. Sammelgeb.: Staatsrecht, Verwaltungsrecht, Parlamentaria.

563 **Bibliothek des Statistischen Bundesamtes** ⟨282⟩

▤ Postfach, 65180 Wiesbaden; Gustav-Stresemann-Ring 11, 65189 Wiesbaden
☎ (0611) 754 573, Fax (0611) 754 433
💻 bibliothek@destatis.de, https://www.destatis.de/DE/Service/Bibliothek/_inhalt.html

Bibliothekarische Verwaltung der Literaturbestände des Bundesinstituts für Bevölkerungsforschung in Wiesbaden
Präsenz- und Ausleihbibliothek für Amtsangehörige und für die ortsnahe Öffentlichkeit, regelmäßige Öffnungszeiten.
450.000 Medieneinheiten – lfd. Zss.: 572 gedr., 528 elektron.

LS m. 4 Benutzerarbeitsplätzen, 2 Recherche-PCs, zentrales Archiv für Online-Publikationen der statistischen Ämter des Bundes und der Länder.
Leiter: C. Bergmann, Stellv.: G. Hinkes
Träger: Bundesrepublik Deutschland
Bes. Sammelgeb.: Statistik, insbes. stat. Amtsdruckschriften des In- u. Auslandes, Wirtschafts- u. Sozialwiss., Demographie.

Wildau

564 * **Bibliothek der Technischen Hochschule Wildau** ⟨526⟩

Hochschulring 1, 15745 Wildau, ☎ (03375) 508-123, Fax (03375) 508-282
bibinfo@th-wildau.de, frank.seeliger@th-wildau.de, petra.keidel@th-wildau.de
http://www.th-wildau.de/bibliothek

Ausleihbibliothek
94.018 Medieneinheiten – lfd. Zss.: 98 gedr., ca. 16.240 elektron. – Sonderbestand: 14.888 Abschlussarbeiten
150 Benutzerarbeitsplätze, 4 Carrels, 1 Mediathek, 2 Gruppenarbeitsräume – Entleihungen: 19.049
Leiter: F. Seeliger, Stellv.: P. Keidel
Stellenplan: 5.9 Beschäftigte
Träger: Land Brandenburg – Gesamtausgaben 2020: 700.651.–, davon 240.729.– für Erwerbung

Wilhelmshaven

* **Hochschulbibliothek der Fachhochschule Oldenburg/Ostfriesland/Wilhelmshaven**

Die FH Oldenburg/Ostfriesland/Wilhelmshaven wurde zum 1.09.2009 in zwei Hochschulen aufgeteilt: Hochschule Emden/Leer (Nr. 166), Jade Hochschule Wilhelmshaven/Oldenburg/Elsfleth (Nr. 565).

565 * **Hochschulbibliothek der Jade Hochschule Wilhelmshaven/Oldenburg/Elsfleth** ⟨839, 897, 897/1⟩

Postfach 1465, 26354 Wilhelmshaven; Friedrich-Paffrath-Str. 101, 26389 Wilhelmshaven
☎ (04421) 985-2430 (Leitung), Fax (04421) 985-2236
walburgis.fehners@jade-hs.de, http://www.jade-hs.de/bib

Ausleihbibliothek für 7.043 Studierende, Lehrende und die Öffentlichkeit
ca. 430.000 Medieneinheiten, ca. 170.000 Bde., ca. 260.000 elektron. Publ. – lfd. Zss.: 370 gedr., 48.642 elektron.
231 Arbeitsplätze, davon 53 Computer-Arbeitsplätze, Internetzugang, WLAN, 181 Fachdatenbanken (DBIS) – Entleihungen: 36.024
Leiterin: W. Fehners, Stellv. Leiterin: N.N.
Stellenplan: 2 VZÄ Beamtinnen und Beamte (1 A12, 1 A10), 16.9 VZÄ Angestellte (1 hD, 10.2 gD, 5.7 mD)

Träger: Land Niedersachsen – Gesamtausgaben 2020: ca. 1.962.681.–, davon 684.444.– für Erwerbung

Jade Hochschule – Bibliothek Elsfleth ⟨897/1⟩

✉ Postfach 60, 26926 Elsfleth, An der Weinkaje 5, 26931 Elsfleth
☎ (04404) 9288-4271/ -4214 (Leitung), Fax (04404) 9288-4272
💻 ausleihe.els@jade-hs.de, http://www.jade-hs.de/bib
Ausleihbibliothek: ca. 20.000 Bde. – lfd. Print-Zss.: 56
58 Benutzerarbeitsplätze, davon 15 Internetarbeitsplätze, 1 Gruppenarbeitsraum, 1 PC-Raum, Lesebereich.
Leiter: F. Frank, Stellv. Leiterin: A. Hahnel
Bes. Sammelgeb.: Seefahrt, See- und Hafenwirtschaft, Transportmanagement.

Jade Hochschule – Bibliothek Oldenburg ⟨897⟩

✉ Ofener Str. 19, 26121 Oldenburg
☎ (0441) 7708-3141/ -3411 (Leitung), Fax (0441) 7708-3180
💻 ausleihe-ol@jade-hs.de, http://www.jade-hs.de/bib
Ausleihbibliothek: ca. 71.000 Bde. – lfd. Print-Zss.: 150
82 Benutzerarbeitsplätze, sowie 21 Internet-APl.
Leiterin: B. Gerdes, Stellv. Leiterin: A. Hunfeld
Bes. Sammelgeb.: Architektur, Bauwesen u. Geoinformation, Hörtechnik u. Audiologie, Assistive Technologien.

Jade Hochschule – Bibliothek Wilhelmshaven ⟨839⟩

✉ Postfach 1465, 26354 Wilhelmshaven, Friedrich-Paffrath-Str. 101, 26389 Wilhelmshaven,
☎ (04421) 985-2317 (Ausl.)/ -2602 (Leitung), Fax (04421) 985-2603
💻 ausleihe-whv@jade-hs.de, http://www.jade-hs.de/bib
Ausleihbibliothek: ca. 81.000 Bde. – lfd. Print-Zss.: 164
90 Benutzerarbeitsplätze, darunter 17 Internet-APl. im Lesesaal, 5 OPAC-PCs.
Leiterin: A. Lüpges, Stellv. Leiter_in: N.N.
Träger: Land Niedersachsen
Bes. Sammelgeb.: Elektrotechnik, Feinwerktechnik, Informatik, Maschinenbau u. Wirtschaft.

Wismar

566 * **Hochschulbibliothek der Hochschule Wismar. University of Applied Sciences: Technology, Business and Design** ⟨Wis 1⟩

✉ Postfach 1210, 23952 Wismar; Philipp-Müller-Straße 14, 23966 Wismar
☎ (03841) 753-7351, Fax (03841) 753-7143
💻 hochschulbibliothek@hs-wismar.de, ute.kindler@hs-wismar.de, https://www.hs-wismar.de/hochschule/einrichtungen/hsb/

Ausleih- u. Präsenzbibliothek f. 8.280 Studierende
428.893 Medieneinheiten, davon 233.468 Bde., 99.060 elektron. Publ. – lfd. Zss.: 386 gedr., 12.172 elektron. – Sonderbestand: 43.380 Normen
307 Benutzerarbeitsplätze, darunter 35 Computerarbeitsplätze – Entleihungen: 70.903

Leiterin: U. Kindler, Stellv.: A. Poeche
Stellenplan: 2 Beamtinnen (1 A13 gD, 1 A9 mD) –10 Ang. (4.5 E9, 1 E8, 3 E6, 1 E5)
Träger: Land Mecklenburg-Vorpommern – Gesamtetat 2020: 911.009.–, davon 233.167.– Erwerbungsetat

Fachbibliothek Seefahrt

- Richard-Wagner-Straße 31, 18119 Warnemünde, ☎ (0381) 498-5898
- fachbibliothek-sal@hs-wismar.de

Witten

567 Universitätsbibliothek Witten/Herdecke ⟨1018⟩

- UB Witten/Herdecke, 58448 Witten; Alfred-Herrhausen-Str. 50, 58455 Witten
- ☎ (02302) 926-832 (Sekr.)/ -833 (Ltg.)/ -836 (Infotheke)
- unibib@uni-wh.de, http://www.uni-wh.de/studium/bibliothek

Ausleihbibliothek f. 2.666 Stud. u. 640 Mitarbeiterinnen u. Mitarbeiter
ca. 90.000 Bde.
Leiterin: I. Koch
Träger: Private Univ. Witten/Herdecke gGmbH

Wittenberg

568 * Reformgeschichtliche Forschungsbibliothek ⟨Wb 1⟩

- Schlossplatz 1, 06886 Lutherstadt Wittenberg
- ☎ (03491) 5069-200 (Sekretariat), (03491) 5069-250 (Information/Lesesaal)
- info@rfb-wittenberg.de, https://www.rfb-wittenberg.de

Vormals Bibliothek des Ev. Predigerseminars Wittenberg und Bibliothek des Lutherhauses Wittenberg.
Ausleihbibliothek, z. T. Präsenzbestand: 220.000 Medieneinheiten – lfd. Print-Zss.: 80 – Sonderbestand: ca. 100.000 Medieneinheiten historischer Altbestand, 12 mittelalterliche Hss., Grafiksammlung, Gemäldesammlung, Nachlässe, Archiv des Predigerseminars Wittenberg
1 LS m. 12 Benutzerarbeitsplätzen und 2 Computerterminals für Recherchen
Leiter: M. Meinhardt – Mitarb.: N.N., D. Straach, P. Gröschl, C. Krol, S. Böttcher. Stellenplan: 4 KVO Ost und 2 TV-L Ost
Träger: Reformationsgeschichtliche Forschungsbibliothek GbR – Gesamtetat 2020: 500.000.–, davon Erwerbungsetat: 45.000.–
Bes. Sammelgeb.: Reformationsgeschichte, Lutherische Orthodoxie, Theologie, Universitätsgeschichte, Humanismus.

569 **Fachinformationsservice des Instituts für Hochschulforschung an der Martin-Luther-Universität Halle-Wittenberg** ⟨B 2044⟩

> ✉ Collegienstr. 62, 06886 Lutherstadt Wittenberg, ☎ (03491) 466251, Fax -466255
> 💻 kerstin.martin@hof.uni-halle.de, https://www.hof.uni-halle.de/fis/

Spezialbibliothek zu Fragen der Forschung über Hochschulen, Präsenzbibliothek
58.139 Medieneinheiten – lfd. Zss.: 81 gedr., 19 elektron.
Träger: Institut für Hochschulforschung (HoF) an der Martin-Luther-Univ. Halle-Wittenberg – Erwerbungsetat 2020: 1.300.–
Bes. Sammelgeb.: Hochschulbildung, Wissenschaftspolitik, Hochschulpolitik.

Witzenhausen

570 **Bibliothek des Deutschen Instituts für tropische und subtropische Landwirtschaft** ⟨Witz 1⟩

> ✉ Postfach 1652, 37206 Witzenhausen; Steinstr. 19, 37213 Witzenhausen
> ☎ (05542) 607-13, Fax (05542) 607-39,
> 💻 bibliothek@ditsl.org, https://www.ditsl.org/de/bibliothek-publikationen

Ausleihbibliothek, hauptsächlich für Studierende u. Angehörige des FB Ökologische Agrarwiss. der Univ. Kassel
67.480 Bde. – lfd. Zss.: 57 gedr.
16 Benutzerarbeitsplätze im LS. – Entleihungen: 581
Leiterin: C. Blaue
Bes. Sammelgeb.: Tropische u. subtropische Landwirtschaft, Länderkunde, Kolonialgeschichte und -politik, Entwicklungspolitik, Ethnologie, Sprachen.

Bereichsbibliothek Agrarwissenschaften der UB Kassel

siehe Kassel (Nr. 300)

Wolfenbüttel

571 * **Herzog August Bibliothek** ⟨23⟩

> ✉ Postfach 1364, 38299 Wolfenbüttel; Lessingplatz 1, 38304 Wolfenbüttel
> ☎ (05331) 808-100 (Dir.)/ -101 (Sekr.)/ -312 (Ausk.)
> Fax (05331) 808-134 (Dir.)/ -173 (Ausk.)
> 💻 direktor@hab.de, auskunft@hab.de, http://www.hab.de

Öffentlich zugängliche Präsenz- u. Ausleihbibliothek, außeruniversitäre Forschungs- u. Studienstätte zur europäischen Kulturgeschichte.
1.440.000 Medieneinheiten, davon 997.784 Bde., 56.196 elektron. Publ. – lfd. Zss.: 984 gedr., 12.742 elektron. – Sonderbestand: ca. 65.000 (Hss., Inkun., Porträtstiche, Künstlerbücher)
140 Benutzerarbeitsplätze, darunter 24 Computerarbeitsplätze – Entleihungen: 38.983

Dir.: P. Burschel, Stellv.: J. Mangei – Abt.-Ltr.: J. Mangei (Neuere Medien, Digitale Bibliothek), P. Feuerstein-Herz (Alte Drucke), Chr. Heitzmann (Hss. u. Sondersammlungen), U. Gleixner (Forschungsplanung u. Forschungsprojekte), V. Bauer (Stipendienprogramme, Wiss. Veranstaltungen u. Nachwuchsförderung), G. Schmidt (Publikationen), St. Loock (Verwaltung) – Wiss. Dienst: V. Bauer, H. Beyer, P. Burschel, P. Feuerstein-Herz, U. Gleixner, E. Harding, Chr. Heitzmann, S. Janke, S. Limbeck, J. Mangei, A. Opitz, H. Rößler, A. Serjogin, S. Simon, T. Schaßan – EDV: D. Parlitz, J. Busse-Hagen – Öffentlichkeitsarbeit: A. Dauer – Forschungsprojekte: M. Baumgarten, J. Blanke, J. Bunselmeier, P. Carmassi, P. Geißel, M. Görmar, M. de la Iglesia, J.-H. Hütten, T. Kahlert, L. Klaffki, B.-J. Kruse, St. Laube, B. Lesser, A. Lingnau, D. Merz, J. Münkner, N. Niedermeier, Chr. Rüth, K. Schnabel, D. Schulz, W. Seifert, G. Toussaint, J. Weis, M. Wenzel, S. Westphal, M. Wiegand, A. Zirr.
Stellenplan: 82 VZÄ.
Träger: Land Niedersachsen – Gesamtetat 2020: 14.219.327.–, davon 937.728.– Erwerbungsetat.
Bes. Sammelgeb.: Drucke des 17. Jhs. (SDD 17), Malerbücher.

572 Bibliothek der Ostfalia Hochschule für angewandte Wissenschaften (Bibliothek der Hochschule Braunschweig/Wolfenbüttel) ⟨916⟩

Am Exer 8b, 38302 Wolfenbüttel. ☎ (05331) 939-18000, Fax (05331) 939-18004
bibliothek@ostfalia.de, http://www.ostfalia.de/bib

Wiss. Hochschulbibliothek mit 4 Standorten
262.373 Bde., 77.860 elektron. Publ. – lfd. Zss.: 811 gedr., 11.912 elektron. – Sonderbestand: Europäisches Dokumentationszentrum.
262 Benutzerarbeitsplätze, davon 77 Computer-APl. – Entleihungen: 328.750
Leiterin: C. Steinbrück
Stellenplan: 22.77 VZÄ (4.75 gD, 18.02 mD/eD)
Träger: Land Niedersachsen
Gesamtausgaben 2018: 2.413.626.– davon 1.144.178.– für Erwerbung

Worms

573 * Stadtbibliothek Worms ⟨123⟩

Marktplatz 10, 67547 Worms, ☎ (06241) 853-4200, Fax (06241) 853-1799
stadtbibliothek@worms.de, http://www.stadtbibliothek-worms.de

Ausleihbibliothek f. 86.759 Einwohner: 383.457 Medieneinheiten – lfd. Zss.: 578 gedr., 588 elektron. – Sonderbestand (Wiss. Stadtbibliothek): 5.900 alte Noten, 5.500 Exlibris, Luther-Bibliothek, Kant-Bibliothek, 165 Inkunabeln.
39 Benutzerarbeitsplätze, 6 Internetarbeitsplätze, WLAN – Entleihungen: 23.352
Leiter: B. Diekamp, Stellv.: C. Schöning. Stellenplan: 7.7 VZÄ.
Träger: Stadt Worms – Gesamtausgaben 2020: 410.662.–, davon 51.717.– für Erwerbung
Bes. Sammelgeb.: Wormatiensia (Orts- u. Landeskde.), Reformation, Kant, Exillit. u. Bücher d. Nat.-Soz., Nibelungenlied, Hist. Kinderbücher.

574 * **Hochschulbibliothek Worms** ⟨1117⟩

> Erenburger Str. 19, 67549 Worms, ☎ (06241) 509-440, Fax (06241) 509-223
> bibliothek@hs-worms.de, bib-leitung@hs-worms.de, http://www.hs-worms.de/bibliothek

Ausleihbibliothek: 47.000 Bde., 21.000 elektron. Publ. (E-Books) – lfd. Zss.: 175 gedr., 146 elektron.
140 Benutzerarbeitsplätze, darunter 20 Computer-APl., 4 Gruppenräume – Besucher: 33.000, Entleihungen: 58.000 (Corona-bedingter Rückgang)
Leiter: St. Sabel, Stellv.: S. Bertram
Träger: Land Rheinland-Pfalz

Würzburg

575 * **Universitätsbibliothek** ⟨20⟩

> Am Hubland, 97074 Würzburg,
> ☎ (0931) 31-85942 (Dir)/ -85943 (Sekr.)/ -85906 (Ausk.)/ -85929 (Leihst.), Fax 31-85970
> direktion@bibliothek.uni-wuerzburg.de, http://www.bibliothek.uni-wuerzburg.de

Ausleih- u. Präsenzbibliothek mit ZB und Teilbibliotheken, Digitalisierungszentrum der Universität.
3.567.241 Medieneinheiten – lfd. Zss.: 4.588 gedr., 61.380 elektron. – Sonderbestand: 40.315 Kt., 21.219 Noten, 3.141 Inkunabeln, 3.070 Hss.
2.636 Benutzerarbeitsplätze, darunter 283 Computer-Arbeitsplätze, PC-APl. für Blinde/ Sehbehinderte – Entleihungen: 621.404
Dir.: H.-G. Schmidt, Stellv.: K. Diesing – Wiss. Dienst: F. Blümig, G. Blümig, K. Boll-Becht, K. Diesing, E. Fleuchaus, V. Hämmer, K. Hanig, D. Klein, C. Malzer, C. Schmauch, A. Schmid, O. Weinreich, B. Welge
Stellenplan: 72 Beamtinnen und Beamte (1 A16, 4 A15, 9 A14, 2 A13, 1 A13gD, 5 A12, 12 A11, 20 A10, 3 A9, 5 A8, 6 A7, 4 A6eD) – 46 Angestellte (2 E13, 1 E12, 4 E11, 3 E9, 3 E8, 18 E6, 5 E5, 1 E 4, 9 E3)
Gesamtausgaben 2020: 11.248.103.–, davon 5.064.936.– für Erwerbung
Pflichtex.: aus Unterfranken seit 1840, aus Oberfranken 1840–1986

576 **Stadtbücherei Würzburg** ⟨284⟩

> Haus zum Falken, Marktplatz 9, 97070 Würzburg, ☎ (0931) 37-3438, Fax (0931) 37-3638
> stadtbuecherei@stadt.wuerzburg.de, http://www.stadtbuecherei-wuerzburg.de

Ausleihbibliothek mit 4 Zweigstellen
232.652 Medieneinheiten, davon 101.499 Bde., 37.260 elektron. Publ. – lfd. Zss.: 340 gedr., 33 elektron.
171 Benutzerplätze, davon 27 Computer-APl., davon 17 Internet-APl. – Entleihungen: 942.197
Leiterin: A. Flicker
Stellenplan: 32 VZÄ, 42 Beschäftigte
Träger: Stadt Würzburg – Erwerbungsausgaben 2018: 232.652.–
Bes. Sammelgeb.: Leonhard Frank, Max Dauthendey.

577 * **Bibliothek der Hochschule für angewandte Wissenschaften Würzburg-Schweinfurt** ⟨863⟩

> ✉ Zentralbibliothek Würzburg, Münzstr. 12, 97070 Würzburg
> ☎ (0931) 3511-6242
> 🖥 bib-wue@fhws.de, leitung.bib@fhws.de, http://bibliothek.fhws.de/
> ✉ Zentralbibliothek Schweinfurt: Ignaz-Schön-Str. 11, 97421 Schweinfurt
> ☎ (09721) 940-6252
> 🖥 bib-sw@fhws.de, http://bibliothek.fhws.de/

Zentralbibliotheken in Würzburg und Schweinfurt, 3 Teilbibliotheken (2 in Würzburg, 1 in Schweinfurt)
Wiss. Hochschulbibliothek f. Studierende (9.176), 401 Lehrende u. 2580 externe Ben.
143.400 Bde., 153.391 elektron. Publ. – lfd. Zss: 323 gedr., 48.009 elektron.
177 Benutzerarbeitsplätze, davon 28 Computer-APl. – Entleihungen: 53.748
Leiter: J. Renner, Stellv. Leiterinnen: K. Seyerlein (Leiterin der Abteilungsbibliothek Schweinfurt), B. Hafermann (Stellv. Leitung Standort Würzburg).
Stellenplan: 15.30 VZÄ (4.80 gD, 10.50 mD/eD)
Träger: Freistaat Bayern – Gesamtausgaben 2020: 1.753.818.–, davon 830.104.– für Erwerbung

578 **Bibliothek der Hochschule für Musik Würzburg**

> ✉ Postadresse: Hofstallstr. 6–8, 97070 Würzburg
>   Ebracher Gasse 1 (Eingang Bibrastraße), 97070 Würzburg
> ☎ (0931) 32187-3071, Fax (0931) 32187-3803
> 🖥 bibliothek@hfm-wuerzburg.de
>   https://www.hfm-wuerzburg.de/einrichtungen/bibliothek

Wiss. Bibliothek: 79.800 Medieneinheiten, davon 17.300 Bücher und Zss.-Bde. – lfd. Zss.: ca. 50 – Sonderbestand: ca. 50.500 Noten, 12.000 AV-Material
41 Benutzerarbeitsplätze – Entleihungen: 22.200
Leiterin: B. Konrad. Stellenplan: 2.5
Erwerbungsausgaben 2020: 47.100.–

Wuppertal

579 * **Universitätsbibliothek** ⟨468⟩

> ✉ Postfach 10 01 27, 42001 Wuppertal; Gaußstraße 20, 42119 Wuppertal
> ☎ (0202) 439-2690 (Sekr., Dir.)/ -2705 (Zentr. Information), Fax (0202) 439-2695
> 🖥 ubwupper@bib.uni-wuppertal.de, http://www.bib.uni-wuppertal.de

Einheitl. Bibliothekssystem mit Ausleih- u. Präsenzbest., mit Bibliothekszentrale als Buchbearb.– Betrieb u. 7 Fachbibliotheken. 22.994 Studierende
1.207.037 Bde., 105.224 elektron. Publ. – lfd. Zss.: 1.504 gedr., 28.757 elektron.
Informationszentrum und 5 Fachbibliotheken mit insgesamt 747 Benutzerarbeitsplätzen, davon 160 Computer-APl. mit Internetzugang, Informationsstelle elektron. Dienste mit Schulungsraum (18 Multimedia-PCs) – Entleihungen: 960.225

Dir.: U. Stadler, Stellv.: J. Krepke / T. Schwarck – Wiss. Dienst: K. Frank, A. Jacobs, D. Kallwellis, J. Krepke, I. Petry, A. Platz-Schliebs, T. Rathmann, C. Schäffer, T. Schwarck, U. Stadler.
Stellenplan: 44 Beamtinnen und Beamte (1 A16, 2 A15, 1 A14, 3 A13, 6 A12, 5 A11, 13 A10, 3 A9, 4 A8, 6 A7), 29 Angestellte, 1 sonstiger Mitarbeiter; insgesamt 68.60 VZÄ
Träger: Bergische Universität Wuppertal.
Gesamtausgaben 2020: 6.444.364–, davon 2.125.769.– Erwerbungsetat

580 * **Stadtbibliothek Wuppertal ⟨62⟩**

Kolpingstraße 8, 42103 Wuppertal
☏ (0202) 563-6001 (Dir.)/ -2373 (Allg. Inf.), Fax (0202) 563-8489 (Dir.)
stadtbibliothek@stadt.wuppertal.de, http://www.stadtbibliothek-wuppertal.de

Ausleihbibliothek f. 15.703 aktive Ben.
Zentralbibliothek, Kinder- und Jugendbibliothek, 9 Stadtteilbibliotheken
481.631 Medieneinheiten, 27.914 elektron. Publ. – lfd. Zss. u. Ztgn.: 780 gedr., ca. 6.000 elektron. Ztgn. + Zs. (PressReader)
LS m. 72 Benutzerarbeitsplätzen, darunter 32 Computer-APl. – Nutzungen: 2.252.234
Dir.: C. Gladrow, Stellv.: K. Schneider
Stellenplan: 2 Beamtinnen und Beamte (1 A11, 1 A12) – 67 Ang. u. sonstige Mitarbeiter/innen (1 E15, 2 E12, 4 E11, 6 E10, 6 E9c, 7 E9b, 3 E9a, 9 E8, 13 E7, 11 E5, 1 E4) – insgesamt 57 VZÄ.
Träger: Stadt Wuppertal
Gesamtausgaben 2020: 4.592.085–, davon 335.355.– für Erwerbung
Bes. Sammelgeb.: Berg. Landeskunde, früher Sozialismus, Else-Lasker-Schüler-Archiv, Armin-T.-Wegner-Archiv, Bertram-Slg., Zech-Slg., Pörtner-Slg.

581 * **Hochschul- und Landeskirchenbibliothek Wuppertal ⟨Ba 4⟩**

Missionsstr. 11, 42285 Wuppertal, ☏ (0202) 2820-125, Fax (0202) 2820-130
bibliothek@hlb-wuppertal.de, https://www.hlb-wuppertal.de/

Entstanden 2005 durch Fusion der Bibliothek der Kirchlichen Hochschule Wuppertal und der Landeskirchlichen Bibliothek (Düsseldorf)
Ausleih- u. Präsenzbibliothek der Kirchlichen Hochschule Wuppertal / Bethel (Standort Wuppertal) und des Theologischen Zentrums Wuppertal, landeskirchliche Bibliothek der Evangelischen Kirche im Rheinland, Behördenbibliothek des Landeskirchenamts der Evangelischen Kirche im Rheinland.
188.518 Medieneinheiten – lfd. Zss.: 318 gedr., 610 elektron.
Wuppertal: FreihandB auf 5 Etagen, 5 ARR u. 43 Arbeitsplätze, darunter 7 Computerarbeitsplätze – Entleihungen: 47.858
Ansprechpartner: J. Waurisch
Stellenplan: 3.5 gD, 1.3 mD u. stud. Hilfskr.
Träger: Ev. Kirche im Rheinland – Erwerbungsetat 2021: 141.200.– f. Monogr., Zss. u. Einb.
Bes. Sammelgeb.: Evangelische Theologie, christlich-jüdischer Dialog, Gesangbücher.

Standort Düsseldorf (Zweigstelle) ⟨Dü 65⟩
- Hans-Böckler-Str. 7, 40476 Düsseldorf
- (0211) 4562-354, Fax (0211) 4562-444
- christiane.meyn@ekir.de, https://www.hlb-wuppertal.de/

Behördenbibliothek des Landeskirchenamts der Evangelischen Kirche im Rheinland.

Zittau

582 * **Bibliothek der Hochschule Zittau/Görlitz ⟨Zi 4⟩**

> Hochwaldstr. 12, 02763 Zittau, ☎ (03583) 612-3211/ -3212, Fax (03583) 612-3219
> hsb@hszg.de, http://hsb.hszg.de

2 Standorte: Zittau, Görlitz
Ausleih- und Präsenzbibliothek, öffentliche wiss. Bibliothek mit 4.000 aktiven Benutzern
300.000 Medieneinheiten, 150.000 Bde., 120.000 elektron. Publ. – lfd. Zss.: 360 gedr., 21.000 elektron.
304 Benutzerarbeitsplätze – Entleihungen: 230.000
Dir.: F.Ußler, Stellenplan: 10 Stellen
Träger: Freistaat Sachsen
Bes. Sammelgeb.: Maschinenwesen, Elektrotechnik/Informatik, Gerontologie, Wirtschaftswiss., Sozialwesen, Tourismus, Immobilienwirtschaft, Ökologie u. Umweltschutz.

Bibliothek der Hochschule Zittau/Görlitz – Standort Görlitz
- Furtstr. 1a, 02826 Görlitz
- (03581) 374-3221 (Ausleihe), Fax (03581) 374-3229
- hsb-gr@hszg.de

583 * **Christian Weise Bibliothek Zittau ⟨124⟩**

> Neustadt 47, 02763 Zittau, ☎ (03583) 5189-0, Fax (03583) 5189-22
> info@cwbz.de, http://www.cwbz.de

Verbundbibliothek mit gemeinsamer Nutzung aller Ressourcen (Technik, Daten, Medien, Personal etc.)
Öffentliche Bibliotheken der Städte Zittau und Reichenbach OL, Kreisbibliothek LK Görlitz mit Fahrbibliothek. Wiss. historischer Altbestand. Stadtbibliothek Löbau ⟨WB 393⟩
224.835 Medieneinheiten, 148.335 Bde. – lfd. Zss.: 150 gedr., elektron. Zss. im Verbund „Onleihe Oberlausitz" Munzinger, Brockhaus-Online, Filmfriend Sonderbestand: 76.500 Medieneinh. historischer Altbestand
134 Benutzerarbeitsplätze, darunter 24 PC-Arbeitsplätze (davon 12 Internet-APl.), W-Lan – Entleihungen: 396.010
Leitung CWB: C. Becker, V. Stabrey (Ltg. Abt. öffentl. Bibl. mit Zweigstelle), U. Kahl (Ltg. Abt. Wiss.-hist. Altbestand), G. Kontek (Ltg. Abt. Kreisarbeit mit KEB und Fahrbibliothek), J. Rasem (Bibliothek Löbau)
Stellenplan: 30 Mitarbeiter/innen (13 Bibliothekare, 9 Fachangestellte, 8 sonstiges Personal), 25,5 VZÄ, kein Tarifvertrag.

Träger: Kultur-und Weiterbildungsgesellschaft mbH (gemeinnützige Stiftung des Landkreises Görlitz) – Gesamtausgaben 2018: 1.371.633.–, davon 150.000.– für Erwerbung
Bes. Sammelgeb.: Christian-Weise Sammlung, Stammbuchsammlung, Leichenpredigten, Personalschriften, Regionalliteratur im Dreiländereck Polen, Tschechien, Deutschland (Oberlausitz/Böhmen), Nachlässe regionaler Persönlichkeiten.
Angeschl.: Stadt- und KreisB Reichenbach (mit Fahrbibliothek), Stadtbibliothek Löbau

Zweibrücken

* Landesbibliothekszentrum Rheinland-Pfalz /! Bibliotheca Bipontina
siehe Koblenz (Nr. 309).

Zwickau

584 * **Ratsschulbibliothek ⟨125⟩**

> Lessingstr. 1, 08058 Zwickau, ☎ (0375) 834-200, Fax (0375) 834-242
> ratsschulbibliothek@zwickau.de, http://www.ratsschulbibliothek.de

Wiss. Präsenz- u. Ausleihbibliothek
250.000 Medieneinheiten, davon 210.000 Bde. – lfd. Print-Zss.: 51 – Sonderbestand: ca. 200 Hss., 1.200 Inkun., 2.500 Musikhandschriften und -drucke (vor 1850), 34.000 Gelegenheitsdr.
LS m. 24 Pl. – Entleihungen: 1.200
Dir.: L. Mahnke
Stellenplan: 6 Ang.
Träger: Stadt Zwickau
Bes. Sammelgeb.: Reformationsgeschichte, Regionallit. Südwest-Sachsen, Genealogie.

585 * **Bibliothek der Westsächsischen Hochschule Zwickau ⟨Zwi 2⟩**

> Postfach 20 10 37, 08012 Zwickau, Kornmarkt 1, 08056 Zwickau
> ☎ (0375) 536-1255 (Auskunft/Sekretariat)/ -1251 (Ausl.)/ -1250 (Dir.), Fax (0375) 536-1252
> hochschulbibliothek@fh-zwickau.de, http://www.fh-zwickau.de/hsb

Verwaltungssitz: Klosterstr. 7, 08056 Zwickau
Wiss. Präsenz- und Ausleihbibliothek f. Studierende, Lehrende u. externe Ben. der Region Zwickau.
230.000 Bde., 42.700 elektron. Publ. – lfd. Zss.: 420 gedr., 30.200 elektron.
5 Bibliotheksstandorte mit 436 Benutzerarbeitsplätzen, davon 64 Computer-APl. mit Internetzugang, 5 Carrels, Gruppenarbeitsplätze, LS, Schulungsraum, Mediothek, WLAN, RFID-Technik – Entleihungen: 119.600, Vollanzeigen von digitalen Einzeldokumenten 345.000.
Dir.: R. Al-Hassan, Stellv.: J. Hermann
Stellenplan: 13.6 Ang. (1 hD, 7.33 gD, 5.28 mD/eD)
Träger: Freistaat Sachsen, Min. f. Wiss. u. Kunst.
Hauptbibliothek und 4 Zweigbibliotheken: ZweigB Campus Scheffelstr., ZweigB Schneeberg, ZweigB Reichenbach, ZweigB Markneukirchen

Teil B
Einrichtungen für das wissenschaftliche Bibliothekswesen in Deutschland

Deutsche Forschungsgemeinschaft (DFG)

Die Deutsche Forschungsgemeinschaft (DFG) ist die zentrale Selbstverwaltungseinrichtung der Wissenschaft zur Förderung der Forschung an Hochschulen und öffentlich finanzierten Forschungsinstituten in Deutschland. Die Gruppe „Wissenschaftliche Literaturversorgungs- und Informationssysteme" (LIS) der DFG fördert Maßnahmen an wissenschaftlichen Serviceeinrichtungen in öffentlich-rechtlicher Trägerschaft, die dazu dienen, ein abgestimmtes System von Informationsinfrastrukturen für die Wissenschaft nachhaltig zu gestalten. Ziel des Systems ist ein für Nutzerinnen und Nutzer freier und umfassender Zugang zu digitaler wissenschaftlicher Information sowie die Vernetzung von Wissen und Daten.

Die Fördermaßnahmen konzentrieren sich auf überregional ausgerichtete Maßnahmen in folgenden Bereichen:
- Fachinformationsdienste für die Wissenschaft
- Digitalisierung und Erschließung
- Infrastrukturen für wissenschaftliches Publizieren
- Open-Access-Publikationskosten
- E-Research-Technologien
- Informationsinfrastrukturen für Forschungsdaten

Gefördert werden Projekte zum Aufbau von Fachinformationsdiensten für die Wissenschaft; zur Digitalisierung und/oder Erschließung herausragender und für die Forschung überregional bedeutender Bestände; zur Open-Access-Transformation durch den Auf- und Ausbau geeigneter Informationsinfrastrukturen ebenso wie durch die (Weiter-)Entwicklung struktureller Rahmenbedingungen; zur finanziellen Bezuschussung von Kosten für Publizieren im Open Access; zur Sicherung, Aufarbeitung und Nachnutzung von Forschungsdaten sowie Technologien, Werkzeugen oder Verfahren sowie Organisationsformen oder Finanzierungsmodelle für digitale Informationsinfrastrukturen.

In den einzelnen Förderbereichen erfolgen zusätzlich zeitlich befristete Ausschreibungen. Zudem organisiert die DFG beim Aufbau einer nationalen Forschungsdateninfrastruktur (NFDI) das Auswahlverfahren und die turnusmäßige Begutachtung der einzurichtenden NFDI-Konsortien sowie deren Mittelbewirtschaftung.

Die Gruppe LIS ist Mitglied im europäischen Netzwerk ‚Knowledge Exchange'. Diese gemeinsame Initiative mit nationalen Fördereinrichtungen aus Großbritannien, den Niederlanden, Dänemark, Finnland und Frankreich dient dem Ausbau der Informations- und Kommunikationstechnologie für Forschung und Lehre über nationale Grenzen hinaus.

Weiterführende Informationen zu den oben genannten Themen finden Sie auf der Internetseite http://www.dfg.de/lis.

Gruppe Wissenschaftliche Literaturversorgungs- und Informationssysteme (DFG-LIS)

Kennedyallee 40, 53175 Bonn, ☎ (0228) 885-1/ -2417, Fax (0228) 885-2272
lis@dfg.de, http://www.dfg.de/lis

Leiterin: Dr. *Anne Lipp*
Wiss. Dienst: M. Bilic-Merdes, J. Crispin, J. Fournier, U. Hintze, A. Holzer, J. Kant, M. Kassube, M. Katerbow, F. Limbach, F. Mannseicher, S. Mewes, A. Sänger, K. Winkler, 24 Ang.

Kompetenznetzwerk für Bibliotheken (knb)

587 Das Kompetenznetzwerk für Bibliotheken erledigt überregionale Aufgaben des deutschen Bibliothekswesens in dezentraler Form. Es wurde 2004 gegründet, um unverzichtbare Dienstleistungen für das gesamte Bibliothekswesen zu sichern und wird von den Ländern über die KMK finanziert. Die Koordination des gesamten knb liegt beim dbv (Nr. 637).

Koordinationsstelle des knb: *Kathrin Hartmann*

> Deutscher Bibliotheksverband e. V. (dbv), Fritschestraße 27–28, 10585 Berlin
> (030) 6449899-15
> hartmann@bibliotheksverband.de https://www.bibliotheksverband.de/kompetenznetzwerk-fuer-bibliotheken

Die Arbeitsbereiche des knb und ihre Aufgabenträger:
- Koordination des Kompetenznetzwerks (dbv)
- Deutsche Bibliotheksstatistik (Hochschulbibliothekszentrum hbz)
- Internationale Kooperation (dbv)
- EU- und Drittmittelberatung (dbv)
- Normenausschuss Bibliotheks- und Dokumentationswesen NID (DIN-Institut e. V.)
- Bibliotheksportal: http://www.bibliotheksportal.de (dbv)

Ministerien

mit Zuständigkeit für das wissenschaftliche Bibliothekswesen bzw. die großen staatlichen Universalbibliotheken

588 Ständige Konferenz der Kultusminister der Länder in der Bundesrepublik Deutschland

> 🖃 Sekretariat Berliner Büro: Taubenstr. 10, 10117 Berlin
> ☎ (030) 25418-499, Fax (030) 25418-457
> 💻 info@kmk.org, http://www.kmk.org

Abteilung III – Hochschulen, Wissenschaft und Kultur: Bonner Büro: Graurheindorfer Str. 157, 53117 Bonn, Tel.: (0228) 501-0, Fax (0228) 501-777, E-Mail: hochschulen@kmk.org

589 Die Beauftragte der Bundesregierung für Kultur und Medien* (BKM)

> 🖃 Dienstsitz in Bonn: Graurheindorfer Str. 198, 53117 Bonn, ☎ (0228) 99681-3543
> Dienstsitz in Berlin: Willy-Brandt-Str. 1, 10557 Berlin, ☎ (030) 18681-3543
> 💻 Poststelle@bkm.bund.de, http://www.kulturstaatsminister.de

Referat K13 (Organisation, Informationsmanagement): Leitung MinR'n Maria Lüken, Tel. (0228) 99681-3653 – Referat K43 (Archiv- und Bibliothekswesen): Leitung MinR'n Dr. Susanne Olbertz , Tel. (0228) 99681-13622.
* Staatsministerin Prof. Monika Grütters, MdB

590 Baden-Württemberg. Ministerium für Wissenschaft, Forschung und Kunst

> 🖃 Königstraße 46, 70173 Stuttgart, ☎ (0711) 279-0, Fax (0711) 279-3080
> 💻 poststelle@mwk.bwl.de, http://www.mwk.baden-wuerttemberg.de

Abt. 4: Hochschulen und Klinika – Abt.-Leiter: Clemens Benz, Tel.: 0711/279-3160, Ref. 41: Universitäten – Ref.-Leiter: Dr. Justus Lentsch, Tel.: 0711/279-3197; Abt. 5: Kunst, Ref. 54: Medien und Film, Archive und Landesbibliotheken – Ref. Leiter: N.N., Tel.: (0711) 279-3087

591 Bayern. Staatsministerium für Wissenschaft und Kunst

> 🖃 Briefanschrift: 80327 München; Hauptgebäude: Salvatorstraße 2, 80333 München
> ☎ (089) 2186-0, Fax (089) 2186-2800
> 💻 poststelle@stmwk.bayern.de, https://www.stmwk.bayern.de/index.html

Abt. K, Ref. K.1: Bibliotheken, Archive, Literaturförderung, Digitalisierung: MR Dr. Dirk Wintzer, Tel. (089) 2186-2335

592 Berlin. Senatskanzlei – Wissenschaft und Forschung

> 🖃 Warschauer Straße 41/42, 10243 Berlin, ☎ (030) 9026-0
> 💻 post@senbjf.berlin.de, https://www.berlin.de/sen/wissenschaft/

Abt. V: Wissenschaft: Leiter: Christian Hingst, Tel.: (030) 9026-5050, E-Mail: christian.hingst@wissenschaft.berlin.de

593 Brandenburg. Ministerium für Wissenschaft, Forschung und Kultur

Dortustraße 36, 14467 Potsdam, ☎ (0331) 866-4999, Fax (0331) 866-4998
mwfk@mwfk.brandenburg.de, http://www.mwfk.brandenburg.de

Abt. 2 (Wissenschaft und Forschung), Ref. 23, Ref.-Leiterin (Ausbildungsförderung, Bibliotheken): Dr. Sonja Rademacher, Tel. (0331) 866-4760, E-Mail: sonja.rademacher@mwfk.brandenburg.de

594 Bremen. Die Senatorin für Wissenschaft und Häfen

Katharinenstr. 12–14, 28195 Bremen, ☎ (0421) 361-0
office@wissenschaft.bremen.de, https://www.wissenschaft-haefen.bremen.de/

Abteilung 2 (Hochschulen und Forschung): Leiter: Kay Wenzel, Tel.: (0421) 361-2430, E-Mail: kay.wenzel@swh.bremen.de – Referat 21: Hochschulen und Hochschulpolitik – Ref.-Leitung: N.N., Tel.: (0421) 361-6864

595 Bremen. Der Senator für Kultur

Altenwall 15/16, 28195 Bremen, ☎ (0421) 361-4658, Fax (0421) 361-4091
office@kultur.bremen.de, http://www.kultur.bremen.de

Literatur, Medien, Regional- und Minderheitensprachen (u. a. zuständig für öffentl. Bibliotheken und das Archivwesen)

596 Hamburg. Behörde für Wissenschaft, Forschung, Gleichstellung und Bezirke

Hamburger Str. 37, 22083 Hamburg, ☎ (040) 42863-0, Fax (040) 427-3-11119
info@bwfg.hamburg.de, http://www.wissenschaft.hamburg.de/bwf/

Abt. W: Hochschulen: Ref. W 13, Hochschulen I: Universität Hamburg, SUB Carl v. Ossietzky, TU Hamburg-Harburg, HafenCity Universität, Referatsleiter: Olaf Schubert, Tel.: (040) 42863-3479, E-Mail: olaf.schubert@bwfg.hamburg.de – Ref. W14, Hochschulen II: Hochschule für angewandte Wissenschaften (HAW), HS für bildende Künste, HS für Musik und Theater, staatlich anerkannte Hochschulen, Referatsleiterin: N.N. Tel.: (040) 428 63-4300

597 Hessen. Ministerium für Wissenschaft und Kunst

Postfach 3260, 65022 Wiesbaden; Rheinstraße 23–25, 65185 Wiesbaden
☎ (0611) 32-0, Fax (0611) 32-169000
poststelle@hmwk.hessen.de, https://hmwk.hessen.de

Abt. II: Hochschul- und Kulturbauentwicklung, Hochschulmedizin: Abt.-Ltr.: MinDirg'in Bauerfeind-Roßmann, Tel.: (0611) 32-162050 – Referat II 5: Digitalisierung, Bibliotheken, Statistik: RDir. Dr. Werner Nickel Tel. (0611) 32-162500, E-Mail: werner.nickel@hmwk.hessen.de

598 Mecklenburg-Vorpommern. Ministerium für Bildung, Wissenschaft und Kultur

Postanschrift: 19048 Schwerin, Hausanschrift: Werderstr. 124, 19055 Schwerin
(0385) 588-0, Fax (0385) 588-7082
poststelle@bm.mv-regierung.de, https://www.regierung-mv.de/Landesregierung/bm/

Abt. 3: Wissenschaft und Forschung, Hochschulen: Leiter: Woldemar Venohr, Tel.: (0385) 588-7030 – Referat 350 (EU-Forschungspolitik, Deutsche Forschungsgemeinschaft, Nachwuchsförderung, wissenschaftliche Bibliotheken), Referatsleiter N. N.

599 Niedersachsen. Ministerium für Wissenschaft und Kultur

Leibnizufer 9, 30169 Hannover, (0511) 120-0, Fax (0511) 120-2801
poststelle@mwk.niedersachsen.de, http://www.mwk.niedersachsen.de

Abt. 1: Forschung, Innovation, Europa – Referat 14: Lebens-, Geistes- und Gesellschaftswissenschaften, Wissenschaftliche Bibliotheken, Anna Teschner, Tel.: (0511) 120-2459

600 Nordrhein-Westfalen. Ministerium für Kultur und Wissenschaft

Postanschrift: 40190 Düsseldorf; Hausanschrift: Völklinger Straße 49, 40221 Düsseldorf
(0211) 896-04 (Zentrale), Fax (0211) 896-4555
poststelle@mkw.nrw.de, https://www.mkw.nrw/

Abt. 2 (Hochschulen und Planung / Hochschulmedizin): Gruppe 21 (Planung und Controlling), Leitung: LMR Dr. Zils, Tel. (0211) 896-4414 – Referat 214: Informationsinfrastrukturen, Informationssicherheit, Digitalisierung in Studium und Lehre. Referarsleitung: Dr. Drees, Tel. (0211) 896-4506 – Abt. 4, Kultur: Ref. 424 (Literatur, Archive, Bibliotheken, Erhalt des Kulturellen Erbes): Beate Möllers, Tel.: (0211) 896-4817, E-Mail: beate.moellers@mkw.nrw.de

601 Rheinland-Pfalz. Ministerium für Familie, Frauen, Kultur und Integration

Mittlere Bleiche 61, 55116 Mainz, (06131) 16-0, Fax 16-2644
poststelle@mffki.rlp.de, https://mffki.rlp.de

Abt. 76: Kultur: Abt.-Leiter: Christoph Kraus, Tel.: (06131) 16-2863 – Referat 762-3 (Archive, Bibliotheken, Museen, Landesgeschichte): Referatsleiter Dr. Kai-Michael Sprenger, Tel.: (06131) 16-2950, E-Mail: kai-michael.sprenger@mwwk.rlp.de

602 Saarland. Ministerium für Bildung und Kultur

Trierer Straße 33, 66111 Saarbrücken, (0681) 501-7404, Fax (0681) 501-7500
poststelle@bildung.saarland.de,
https://www.saarland.de/mbk/DE/home/home_node.html/

Abt. F, Kultur: Abt.-Leitung Nil Berber, Tel. (0681) 501-7463 – Referat F 6: Bibliotheken, Literatur, Bildende Kunst, Jörg Sämann, Tel.: (0681) 501-7458, E-Mail: j.saemann@kultur.saarland.de

603 Sachsen. Staatsministerium für Wissenschaft, Kultur und Tourismus

Postfach 10 09 20, 01079 Dresden; Wigardstr. 17, 01097 Dresden
(0351) 564-0, Fax (0351) 564-60 099
poststelle@smwk.sachsen.de, https://www.smwk.sachsen.de/

Abteilung 2 (Kunst), Leiter: Markus Franke, Tel.: (0351) 564-62000 – Referat 23: Kulturbetriebe, Dr. Edeltraud Haß, Tel.: (0351) 564-62300, edeltraud.hass@smwk.sachsen.de – Abteilung 3 (Hochschulen), Leiter: Dr. Ronald Werner, Tel.: (0351) 564-63000 – Referat 33: Wiss. Bibliotheken, Dr. Klaus Riedel, Tel.: (0351) 564-63300, klaus.riedel@smwk.sachsen.de

604 Sachsen-Anhalt. Staatskanzlei und Ministerium für Kultur des Landes Sachsen-Anhalt

Turmschanzenstraße 42, 39114 Magdeburg
(0391) 567-01 (Vermittlung), Fax (0391) 567-6565
poststelle@stk.sachsen-anhalt.de
https://stk.sachsen-anhalt.de/staatskanzlei-und-ministerium-fuer-kultur/

Abt. 6 (Kultur), Ref. 64 (Kultur, öffentliche Bibliotheken usw.).
Referatsleitung: Dr. Wiedemeyer, Tel.: (0391) 567-7676, Fax: (0391) 567-3855

605 Schleswig-Holstein. Ministerium für Bildung, Wissenschaft und Kultur

Brunswiker Straße 16–22, 24105 Kiel, (0431) 988-0, Fax (0431) 988-5903
pressestelle@bimi.landsh.de
http://www.schleswig-holstein.de/DE/Landesregierung/III/iii_node.html

Abteilung III 5: Wissenschaft, Leitung: Friederike Kampschulte, Tel.: (0431) 988-5702, E-Mail: friederike.kampschulte@bimi.landsh.de

606 Freistaat Thüringen. Staatskanzlei

Postfach 90 02 53, 99105 Erfurt; Regierungsstraße 73, 99084 Erfurt
(0361) 57 (Zentrale), Fax (0361) 57-321 1107
poststelle@tsk.thueringen.de, https://www.staatskanzlei-thueringen.de/

Abt. 4: Kultur und Kunst – Referat 43 (… Archive), Christina Halwas, Tel.: (0361) 57-3214 120, E-Mail: christina.halwas@tsk.thueringen.de – Referat 45 (… Bibliotheken), Anja Mau, Tel.: (0361) 57-3214 740, E-Mail: anja.mau@tsk.thueringen.de

Verbundzentralen

607 * **Bibliotheksservice-Zentrum Baden-Württemberg (BSZ)** ⟨576⟩

c/o Univ. Konstanz, PF, 78457 Konstanz; Felix-Wankel-Straße 4, 78467 Konstanz
☎ (07531) 88-2929, Fax (07531) 88-3703, zentrale@bsz-bw.de, http://www.bsz-bw.de

Unselbstständige Anstalt des öffentlichen Rechts.
Angeschl.: mehr als 800 Bibliotheken, insb. Staats-, Landes-, Universitäts- und Hochschulbibliotheken aus drei Bundesländern sowie außeruniversitäre Forschungseinrichtungen, Bundes-, Landes- und Arbeitsgerichte, kirchliche Einrichtungen, Museen, Kunst- und Denkmaleinrichtungen, Archive, Spezialbibliotheken etc.
Gemeinsame Verbunddatenbank BSZ-VZG (K10plus) mit ca. 230 Mio. Bestandsnachweisen.
Fremddatenangebot: DNB, GND, ZDB, LoC, Casalini Libri, Daten deutscher Bibliotheksverbünde (BVB, HeBIS), Indian Books, BL, BNF, BNE, BNB, FENIICA, WorldCat, NACIS, Abes, SBN, NEBIS.
Aufgaben: Online-Katalogisierung, Recherche, regionale und lokale Fachsichten, Unterstützung E-Books, Profildienste, Bibliografien, FID-Unterstützung, Fernleihe, Datendienste, Zentrale Redaktionsdienste, Kooperation GND, Teilnahme an der ZDB, Regelwerksarbeit. Produkte und Services: aDIS/BMS, Discovery (BOSS), E-Pflicht, Koha, Dokumentationssystem für Museen und Archive (MusIS), Repositorien (OPUS), SWB-Support, Webarchivierung
Direktor: Dr. R. Goebel, V. Conradt (Stv.). Abteilungen: SWB-Verbundsystem: V. Conradt, Bibliothekssysteme: J. Bung, Museen/Archive/Repositorien (MARE): C. Mainberger, IT-Stabstelle: G. Ratini, Stabstelle Personal/Öffentlichkeitsarbeit: A. Keller.
Stellenplan 2021: 14 Beamtinnen und Beamte (1 A16, 1 A15, 2 A14, 1 A13gD, 2 A12, 2 A11, 3 A10, 1 A9, 1 A8) – Stellenübersicht 2021: 35 Tariflich Beschäftigte / Ang. nach TV-L: 1 E15, 1 E14, 10 E13/E14, 3 E13, 6 E11, 7 E10, 6 E9b, 1 E6). Träger: Land Baden-Württemberg. Website: https://www.bsz-bw.de/

608 **Bibliotheks-Verbund Bayern (BVB)**

Bayerische StaatsB, Verbundzentrale, Leopoldstr. 240, 80807 München
☎ (089) 28638-4320 (Leiter)/ -4397 (Sekr.)/ -4253 (Stellv. Ltr.), Fax (089) 28638-4971
verbundzentrale@bsb-muenchen.de, https://www.bib-bvb.de/, http://gateway-bayern.de

Onlineverbundkatalog (AK, SWK, SyK)
Mitglieder des BVB: BSB / UBB / HBB / SBB / Spez.BB in Bayern. Nachgewiesen sind die Daten von fast 200 BB bzw. Bibliothekssystemen.
Verbunddatenbank, Betrieb und Betreuung lokaler Bibliothekssysteme, virtuelle Services, nachgewiesen mit Stand 01.05.2017: 27.000.000 Titelnachweise, 65.200.000 Bestandsnachweise, DNB (Reihen A, B, C, H, M, T, ND), LoC, Casalini libri, Harrassowitz, AMALIVRE, GND, ZDB – Online-Versorgung.
Leiter: E. Pretz, Stellv. R. Scheuerl: Stellenplan: im Stellenplan der BSB enthalten.

---

* Die mit Stern (*) gekennzeichneten Institutionen sind Mitglied im Deutschen Bibliotheksverband (dbv, Nr. 637)

609 **Gemeinsamer Bibliotheksverbund der Länder Bremen, Hamburg, Mecklenburg-Vorpommern, Niedersachsen, Sachsen-Anhalt, Schleswig-Holstein und Thüringen und der Stiftung Preußischer Kulturbesitz (GBV)**

siehe Verbundzentrale des Gemeinsamen Bibliotheksverbundes der Länder Bremen, Hamburg, Mecklenburg-Vorpommern, Niedersachsen, Sachsen-Anhalt, Schleswig-Holstein u. Thüringen und der Stiftung Preußischer Kulturbesitz (VZG) (Nr. 614)

610 **Hessisches Bibliotheksinformationssystem (hebis)**

über UB Frankfurt a. M., Bockenheimer Landstr. 134–138, 60325 Frankfurt a. M.
(069) 798-22782 (Dr. Risch), (069) 798-39227 (Albrecht), Fax (069) 798-39062
vz@ub.uni-frankfurt.de, http://www.hebis.de

Organisatorisch integriert in die Goethe-Universität Frankfurt am Main (UB/Abt. hebis-Verbundzentrale). Träger: Land Hessen – im Haushalt der Goethe-Universität Frankfurt am Main. Regionales Verbundsystem für Hessen und Rheinland-Pfalz/Rheinhessen, Verbundzentrale, Geschäftsstelle des hebis-Konsortiums, Geschäftsstelle für Aus- und Fortbildung, Hessische Bibliographie.

Nachweise hebis-Verbund-Datenbank (Stand 31.12.2020): insgesamt 76.1 Mio. Titel- und Normdatensätze, davon ca. 15.2 Mio. genutzte Titel mit ca. 49 Mio. Bestandsdatensätzen, 41 Mio. Aufsatznachweise, 3.1 Mio. Nachweise für Online-Ressourcen mit nationalen, regionalen oder kostenfreien Zugriffsrechten, zusätzlich 9 Mio. Retro-Nachweise (Image-Katalog/hebis-Retro). hebis-Datenbank im Non-Stop-Betrieb (24/7)

6 Lokalsysteme (Darmstadt, Frankfurt, Gießen, Kassel, Marburg, Rheinhessen/Mainz) mit 58 eigenständigen Bibliotheken und Bibliothekssystemen. Bestandsnachweise für 528 Bibliotheken inkl. Teil- und Bereichsbibliotheken.

Leistungen: Verbundsystem mit breitem Dienstleistungsspektrum. Zentrales Katalogisierungssystem auf Basis von OCLC CBS, Lokalsysteme auf Basis von OCLC LBS. Angebot von Fremddaten/Normdaten: DNB, GND, ZDB, BNB (Direktnachweise in Verbunddatenbank), BVB, hbz, K10plus, KOBV, OBV, SLSP, BL, NACSIS, Korean. Nat. B., WorldCat (via Z39.50). Zentralredaktion und Betrieb der Hessischen Bibliographie, Fernleihe (verbundintern und verbundübergreifend), Betrieb des Gemeinsamen Verbunde-Index (GVI), Betrieb und Entwicklung des hebis-Discovery Systems unter Einbindung von Ebsco Discovery Service EDS als Grundlage bibliotheks-individueller Recherchesysteme, zentraler Server für Kataloganreicherungen, zentrales Repositorium für elektronische Pflichtexemplare in Hessen, Repositorien zur Speicherung und Präsentation digitaler Sammlungen, Infrastruktur für Langzeitarchivierung, Nationaler Statistikserver für Nutzungszahlen zu elektronischen Ressourcen.

Das hebis-Konsortium als Teil des hebis-Verbundes erwirbt konsortial elektronische Ressourcen. Projekte im Bereich Forschungsdaten, Digitalisierung, Repositorien, innovative Recherchesysteme, Hosting elektronischer Ressourcen.

hebis-Verbundvorstand: D. Poth (Vorsitzende), M. Hansen, T. Stäcker
Leiter der hebis-Verbundzentrale: U. Risch

611 * **Hochschulbibliothekszentrum des Landes Nordrhein-Westfalen (hbz)** ⟨461/1⟩

Jülicher Str. 6, 50674 Köln, ☎ (0221) 40075-0, Fax (0221) 40075-180
info-hbz@hbz-nrw.de, http://www.hbz-nrw.de/

Das Hochschulbibliothekszentrum des Landes Nordrhein-Westfalen (hbz) ist eine zentrale Dienstleistungs-und Entwicklungseinrichtung für die Hochschulbibliotheken in Nordrhein-Westfalen und Rheinland-Pfalz. Auf Basis vertraglicher Vereinbarungen übernimmt das hbz Aufgaben für Bibliotheken und Einrichtungen innerhalb und außerhalb von Nordrhein-Westfalen.

Die hbz-Verbunddatenbank umfasst Nachweise von über 21 Millionen Titeln, die von den teilnehmenden Verbundbibliotheken erstellt bzw. durch maschinelle Verfahren importiert wurden. Hinzu kommen fast 50 Millionen Bestandsdaten der nordrhein-westfälischen und rheinland-pfälzischen Verbundbibliotheken. In der Verbunddatenbank werden zudem die Daten der Nordrhein-Westfälischen Bibliographie (NWBib) geführt. Sie wird in regelmäßigen Abständen mit den Daten der Zeitschriften-Datenbank (ZDB) aktualisiert. Die bibliographischen Metadaten der hbz-Verbunddatenbank werden durch über 2 Millionen digitale Objekte – insbesondere Inhaltsverzeichnisse und Volltexte – angereichert.

Weitere zentrale Produkte und Dienstleistungen umfassen: Bibliotheksmanagementsysteme, Digitale Bibliothek (DigiBib), Digital Peer Publishing (DiPP), Digitale Inhalte einschließlich der konsortialen Erwerbung, Deutsche und Österreichische Bibliotheksstatistik, Online-Fernleihe, Suchmaschinen, Digitalisierung, Speicherung und Verwaltung großer Mengen von digitalen Objekten aller Art, Hosting und Archivierung von Webseiten sowie Langzeitarchivierung elektronischer Pflichtexemplare, Hosting von Hochschulschriften und Dokumentenservern und Linked-Open-Data-Dienste.

Leitung: S. Schomburg – Stellv. Leitung: C. Baron – Gruppenleitungen: D. Büning (Bibliothekarisches), B. Burkhard, N. Döschner, V. Heydegger (Technik/Systembibliothekarisches), I. Foltin, M. Osters, A. Pohl, A. Quast, E. Schackmann, T. Schön, M. Selbach, U. Wank.

Veröffentlichungen: https://www.hbz-nrw.de/service/publikationen/veroeffentlichungen

612 * **Kooperativer Bibliotheksverbund Berlin-Brandenburg (KOBV)**

im Zuse-Institut Berlin (ZIB)
Takustr. 7, 14195 Berlin-Dahlem, ☎ (030) 84185-200 (Sekr.), Fax 84185-269
kobv-zt@zib.de, https://www.kobv.de

An die Verbundzentrale angegl.: Geschäftsstelle d. Friedrich-Althoff Konsortiums e. V. (FAK). Angeschlossene Bibliotheken: UB-Systeme: 9, HSB: 12, FHBB: 2, Spez.BB: LandesBB: 2, ÖBB: Sub-Verbünde Verbund d. öff. BB Berlins (12 Stadtbibliotheken m. 83 Mittelpunkt-, Stadtteil- u. weiteren BB), Verbund d. öff. BB im Land Brandenburg (140 hauptamtlich geleitete öff. BB). Leistungen: Regionale Recherche-Plattform KOBV-Portal, B3Kat/Verbundkatalog (mit BVB), Online-Fernleihe, Hosting u. Entwicklung OPUS 4, digitale Langzeitarchivierung, Hosting ALBERT – Library Search Engine, Online-Bibliothekenführer, Open-Linkingdienste (SFX), Hosting Verbundkataloge f. Virtuelle Fachverbünde, Hosting lokale Softwareapplikationen, Volltext- u. Archivserver, Digitalisierungsberatung (Kooperation m. digiS – Forschungs- und Kompetenzzentr. Digitalisierung Berlin am ZIB)

Leitung: T. Koch, Geschf. Leitung: B. Rusch – Wiss. D.: J. Boltze, V. Gerlach, N. Heidingsfelder, T. Hasler, O. Kant, S. Lohrum, E. Oltmanns, W. Peters-Kottig, J. Schwidder, A. Sharenkov, M. Weigelt.

Stellenplan (Daueraufgaben): 1 A11 (1 Gesch.-Stelle Fr.-Althoff-Kons.), 3 TV/L E14, 7 TV/L E13, 3 TV/L E11.

613 **Südwestdeutscher Bibliotheksverbund, Baden-Württ., Saarland, Sachsen (SWB)**

siehe Bibliotheksservice-Zentrum Baden-Württemberg (Nr. 607)

614 ***Verbundzentrale (VZG) des Gemeinsamen Bibliotheksverbundes der Länder Bremen, Hamburg, Mecklenburg-Vorpommern, Niedersachsen, Sachsen-Anhalt, Schleswig-Holstein u. Thüringen und der Stiftung Preußischer Kulturbesitz**

Platz der Göttinger Sieben 1, 37073 Göttingen, ☎ (0551) 39-31000
gbv@gbv.de, http://www.gbv.de/Verbundzentrale

Verbunddatenbank 2020: 76.9 Mio. Titelsätze, 73.8 Mio. Titel mit Besitz und 209.4 Mio. Besitznachweise. Budget: 2020: 9.9 Mio.

Angeschlossen: über 570 Bibliotheken mit allen Staats-, Landes-, Universitäts- und HS-Bibliotheken der sieben Bundesländer und der Stiftung Preußischer Kulturbesitz. Die zentralen Fachbibliotheken TIB Hannover und ZBW Kiel und Öffentliche Bibliotheken.

Aufgaben: Katalogisierungs- und Dienstleistungszentrum, zentrale Katalogisierungs- und Recherchedatenbank (GVK, K10plus), Verbundkatalog Öffentlicher Bibliotheken ÖVK, Aufsatzdatenbanken (OLC, OLC-Fachausschnitte und Fach-OPACs, Online-Fernleihe, Fremddatenangebot: DNB, GND, ZDB, LoC, Casalini. Datenbankhosting wie VD17, VD18 und VDLied, IKAR, EROMM, HPB, National- und Allianzlizenzen, BMS, BHL, IDZ18 etc.

Direktor: Reiner Diedrichs, Dr. Barbara Block (Stellvertreterin). Öffentlichkeitsarbeit und Marketing: Dr. Ute Sandholzer. Forschung und Lehre: Dr. Ulrike Reiner und Dr. Jakob Voß. Abteilungen: Bibliothekarische Dienste: Dr. Barbara Block, Verbundkatalogisierung, Datenimport und -export. Digitale Bibliothek: Frank Dührkohp, Repositorien und digitale Inhalte. Discovery-Systeme: Gerald Steilen, Discovery-Services, K10plus-Zentral, Infrastruktur Nationallizenzen und KfL. Lokale Bibliothekssysteme: Kirstin Kemner-Heek, Betreuung von ca. 210 lokalen Bibliothekssystemen mit LBS von OCLC. Anwendungsbetreuung: Dr. Christoph Grebe, Verbundsystem und zugehörige Anwendungen. Systembetreuung: Dennis Benndorf, IT-Infrastruktur, LBS-Host.

Hostingservices: Discovery-, K10plus-Zentral-, LBS-, CBS-, SFX-, DMS-, C-3 Periodika, MyBib, Reposis-Service.

Projekte: FOLIO, ERMS, GOKb, Coli conc, Digitaler Assistent (DA3), FID Pharmazie, kuniweb, LaZAR.

615 * **Zeitschriftendatenbank (ZDB)**

c/o Staatsbibliothek zu Berlin - Preußischer Kulturbesitz; Unter den Linden 8, 10117 Berlin
(030) 266 43 4001 (Sekr.) / -43 4444 (Nutzerservice)
abt.ueberreg.dienste@sbb.spk-berlin.de, zdb-hotline@sbb.spk-berlin.de
https://www.zeitschriftendatenbank.de, https://zdb-katalog.de
http://www.sigel.staatsbibliothek-berlin.de

Träger: Die Verantwortung tragen Staatsbibliothek zu Berlin – PK und Deutsche Nationalbibliothek als Partner gemeinsam.
Verbundkatalog deutscher und österreichischer Bibliotheken, Archive und verwandter Einrichtungen für den Nachweis von Zeitschriften, Zeitungen und Schriftenreihen in gedruckter und elektronischer Form. Alle Titel- und ein Großteil der Exemplardaten stehen unter der Lizenz CC0 1.0 kostenfrei zur Verfügung.
Kooperation von ca. 3.700 Einrichtungen, 2 Mio. Titel mit 18 Mio. Besitznachweisen. Leistungen: Katalog, Datendienste/Schnittstellen (OAI, SRU, JOP, Linked Data), Zentralredaktion Titel, Normdatenredaktion, Schulungen, Hotline.
Leiter: H.-J. Lieder, Stellv.: J. Rolschewski

Ausbildungseinrichtungen

616 Berlin. Humboldt-Universität – Institut für Bibliotheks- und Informationswissenschaft

> Postadresse: Unter den Linden 6, 10099 Berlin; Sitz: Dorotheenstr. 26, 10117 Berlin
> ☎ (030) 2093-4325/ -4249, Fax (030) 2093-4335
> office@ibi.hu-berlin.de, https://www.ibi.hu-berlin.de

Studiengänge: Direktstudium Bibliotheks- und Informationswissenschaft (Bachelor), Information Science (Master), postgraduales Fernstudium Bibliotheks- und Informationswissenschaft (Master), theoretische Ausbildung von Bibliotheksreferendar/innen
Studiendauer: 6 Sem. (Direktstudium Bachelor) bzw. 4 Sem. (Direktstudium Master, postgraduales Fernstudium, Referendarausbildung)
Studienbeginn: jährlich zum WS
Abschlüsse: Bachelor of Arts, Master of Arts, Laufbahnprüfung, Promotion, Habilitation
Stud.- u. Prüf.-Ord.: Fächerübergreifende Satzung z. Regelung v. Zulassung, Studium u. Prüfung d. HU v. 30.4.2013, zuletzt geändert 27.4.2021 (HU zu Berlin Amt. Mitt.-Bl. 15/2013, 19/2021 / Fachspez. Stud.-Ord. u. Prüf.-Ord. f. d. Bachelorstudium B- u. Inf.-Wissenschaft v. 10.5.2017 (HU zu Berlin Amtl. Mitt.-Bl. 42/2017; Lansky/Kesper*, Bibliotheksrechtliche Vorschriften, Nr. 1744 f.) / Fachspez. Stud.-Ord. u. Prüf.-Ord. f. d. Masterstudiengang Information Science v. 25.4.2018 (HU zu Berlin Amtl. Mitt.-Bl. 39/2018; Lansky/Kesper Nr. 1644 f.) / Fachspez. Stud.-Ord. u. Prüf.-Ord. f. d. weiterbildenden Masterstudiengang B- u. Inf.-Wissenschaft im Fernstudium v. 12.2.2014 (HU zu Berlin Amtl. Mitt.-Bl. 7/2014; Lansky/Kesper Nr. 1643 f.) / Fachspez. Stud.-Ord. f. d. theoret. Ausb. f. d. v. B.-Ref. v. 25.6.2014, geändert 22.10.2014 (HU zu Berlin Amtl. Mitt.-Bl. 84/2014 u. 133/2014, 15/2015; Lansky/Kesper Nr. 1642) / Fachspez. Prüf.-Ord. f. d. Laufbahnprüf. v. B.-Ref. v. 25.6.2014, zuletzt geändert 17.4.2019 (HU zu Berlin Amtl. Mitt.-Bl. 84/2014 u. 133/2014, 54/2019; Lansky/Kesper Nr. 1642a) / Prom.-Ord. d. Phil. Fak. v. 7.6.2017, geändert 12.6.2019 (HU zu Berlin Amtl. Mitt.-Bl. 15/2018, 2/2020) / Habil.-Ord. d. Phil. Fak. I v. 27.5.1998 (HU zu Berlin Amtl. Mitt.-Bl. 38/1998)
Gesch. Dir.: V. Petras, Stellv.: E. Greifeneder – HS-Lehrer: J. Dinneen, R. Frank, E. Greifeneder (Jun.-Prof.) , R. Jäschke, V. Petras, M. Reinhart, – Hon.-Prof.: W. Horstmann, H.-A. Koch, K.-D. Lehmann, N. Lossau, C. Lux, U. Naumann, K.G. Saur, E. Steinhauer – Wiss. Mitarbeiter/innen und Lehrbeauftragte: siehe Website
Träger: Land Berlin

* Lansky/Kesper, Bibliotheksrechtliche Vorschriften mit Bibliographie zum Bibliotheksrecht, 4. Auflage (Loseblattausgabe), Stand: 14 Ergänzungslieferung 2021, Frankfurt am Main: Klostermann Verlag

617 Darmstadt. Hochschule – Fachbereich Media

> Mediencampus, Max-Planck-Straße 2, 64807 Dieburg,
> ☎ (06151) 16-9411, Fax (06151) 16-9413, marion.Keller@h-da.de, https://sis.h-da.de/

Studiengänge: Bachelorstudiengang u. Masterstudiengang Information Science
Studiendauer: 6 Sem. (Bachelor) bzw. 4 Sem. (Master)
Studienbeginn: jährlich zum WS (Bachelor) bzw. halbjährlich (Master)

Abschlüsse: Bachelor of Science, Master of Science
Prüf.-Ord.: Allg. Best. f. Prüf.-Ordnungen v. 8.12.2005, zuletzt geändert 2.7.2019 (HsAnz. v. 10.9.2019) / Bes. Best. d. Prüf.-Ordnung f. d. Bachelorstudiengang Information Science v. 6.11.2018 (HsAnz. v. 10.1.2019; Lansky/Kesper Nr. 1760) / Bes. Best. d. Prüf.-Ordnung f. d. Masterstudiengang Information Science v. 6.11.2018 (HsAnz. v. 10.1.2019; Lansky/ Kesper Nr. 1660)
Studiengangskoordination: M. Siegel, K. Nazemi (BA + MA) – Prof. (HA): R. Ferber, G. E. Jakob, B. Jörs, E. Lang, B. Meier, M. Mieskes, K. Nazemi, M. Rittberger, S. Schmunk, M. Siegel, B. Thull
Stellenplan: 11 Beamte (2 C3, 3 C2, 4 W2, 1 W3)
Träger: Land Hessen

618 **Erlangen-Nürnberg. Friedrich-Alexander-Universität, Institut für Buchwissenschaft**

Katholischer Kirchenplatz 9, 91054 Erlangen, ☎ (09131) 85-24700, Fax (09131) 85-24727
buwi-sekretariat@fau.de, http://www.buchwissenschaft.phil.fau.de

Studiengänge: Bachelorstudiengang Buchwissenschaft, Masterstudiengang Buchwissenschaft
Studiendauer: 6 Sem. (Bachelor) bzw. 4 Sem. (Master)
Studienbeginn: jährlich. zum WS
Abschlüsse: Bachelor of Arts, Master of Arts, Promotion
Stud.- u. Prüf.-Ord.: Allg. Stud.- u. Prüf.-Ord. f. d. Bachelor- u. Masterstudiengänge der Phil. Fak u. FB Theologie v. 27.9.2007, zuletzt geändert 06.8.2020 / Fach-Stud.- u. Prüf.-Ord. f. d. Fach Buchwissenschaft im Zwei-Fach-Bachelorstudiengang v. 5.10.2007, zuletzt geändert 7.12.2018 / Fach-Stud.- u. Prüf.-Ord. f. d. Masterstudiengang Buchwissenschaft v. 8.6.2010, zuletzt geändert 11.6.2020 / (Rahmen-)Promotions-Ord. d. FAU Erlangen-Nürnberg v. 21.1.2013, zuletzt geändert 04.6.2019 / Fak.-Promotions-Ord. d. FAU Erlangen-Nürnberg f. d. Grad eines Dr. phil. v. 21.1.2013, zuletzt geändert 19.10.2020
Prof. Dr. D. Bellingradt, Prof. Dr. P. Gentzel, Prof. Dr. S. Hagenhoff, PD. Dr. A. Kuhn, Dr. S. Rühr, Dr. V. Titel
Träger: Freistaat Bayern

619 **Frankfurt a. M. HeBIS-Geschäftsstelle für Aus- und Fortbildung**

Bockenheimer Landstraße 134–138, 60325 Frankfurt a. M.
☎ (069) 798-39223, Fax (069) 798-39062
hessfort@hebis.de, https://www.hebis.de/aus-und-fortbildung/

Die Geschäftsstelle koordiniert die Ausbildung der hessischen Bibliotheksreferendar*innen und organisiert Fortbildungsveranstaltungen.
Ausbildungsbehörde für den höheren Dienst an wiss. Bibliotheken des Landes Hessen
Ausbildungsdauer: 2 Jahre (einschl. Fernstudium an der Humboldt-Univ. zu Berlin)
Ausbildungsbeginn: jährlich zum 1.10.
Abschluss: Laufbahnprüfung
Ausb.- u. Prüf.-Ord.: Ausb.- u. Prüf.-Ord. f. d. höh. wiss. Dienst an wiss. BB. v. 12.10.2019 (StAnz. Hessen, 2020, S. 14 ff.; Kesper/Lansky Nr. 1657)
Geschäftsführung: Bernhard Wirth, b.wirth@ub.uni-frankfurt.de
Träger: Land Hessen

620 Frankfurt a. M. Stauffenbergschule – Kaufmännische Berufs- u. Berufsfachschule

Arnsburger Str. 44, 60385 Frankfurt a. M., ☎ (069) 212-48340, Fax 212-40518
poststelle.stauffenbergschule@stadt-frankfurt.de
http://www.stauffenbergschule-frankfurt.de

Ausbildung zum/zur Fachangestellten für Medien- und Informationsdienste
Ausbildungsdauer: 3 Jahre
Ausbildungsbeginn: jährlich zum 1.8.
Ausb.- u. Prüf.-Ord.: VO ü. d. Berufsausb. zum/zur FaMI v. 3.6.1998, geändert 15.3.2000 (BGBl. I 1998 S. 1257 ff., 2000 S. 222 ff.; Lansky/Kesper Nr. 1805) / Grundsätze f. d. Durchführung v. Zwischenprüf. in d. Ausbildungsberuf FaMI v. 4.6.1999 (StAnz. S. 2127 f.; Lansky/Kesper Nr. 1857 / Prüf.-Ord. f. d. Durchführung d. Abschlussprüf. in d. Ausbildungsberuf FaMI v. 29.8.2012 (StAnz. S. 1061 ff.; Lansky/Kesper Nr. 1856)
Abteilungsleitung: M. Zeeh, Koordination: V. Bilello
Träger: Land Hessen

621 Frankfurt a. M. Hessischer Verwaltungsschulverband – Verwaltungsseminar Frankfurt a. M.

Kirschbaumweg 12, 60489 Frankfurt am Main
☎ (069) 978461-18, Fax: (069) 7894748
margrit.koelbach@hvsv.de, http://www.hvsv.de

Vorbereitungslehrgang f. Externenprüfung Fachangestellte/r für Medien- und Informationsdienste, Vorbereitungslehrgang f. Fortbildungsprüfung Fachwirt/in für Informationsdienste
Ausbildungsdauer: 320 Stunden (FaMI) bzw. 640 Stunden (Fachwirt/in)
Ausbildungsbeginn: bei genügender Zahl von Anmeldungen
Ausb.- u. Prüf.-Ord.: Richtlinien ü. d. Zulassung v. Externen zur Abschlussprüf. in d. Ausbildungsberuf FaMI v. 29.1.2007 (StAnz. S. 745; Lansky/Kesper Nr. 1859) / Prüf.-Ord. f. d. Durchführung v. Fortbildungsprüf. zum/zur Fachwirt/in f. Informationsdienste v. 16.1.2008, geändert 30.6.2009 (StAnz. 2008 S. 366 ff., 2009 S. 1758 f.; Lansky/Kesper Nr. 1861a)
Studienleiterin: Dr. M. Külbach

622 Hamburg. Hochschule für angewandte Wissenschaften – Fakultät Design – Medien – Information, Department Information

Finkenau 35, 22081 Hamburg, ☎ (040) 42875-3623/ -3657, Fax (040) 42875-3609
wolfgang.swoboda@haw-hamburg.de, https://www.haw-hamburg.de/hochschule/design-medien-und-information/departments/information/

Studiengänge: Bachelorstudiengang Bibliotheks- und Informationsmanagement, Studiengänge: Bachelorstudiengang Bibliotheks- und Informationsmanagement, Masterstudiengang Information, Medien, Bibliothek (auslaufend), Masterstudiengang Digitale Transformation d. Inf.- u. Medienwirtschaft (ab WS 2021/22)
Studiendauer: 6 Sem. (Bachelor) bzw. 4 Sem. (Master) Studienbeginn: jährlich zum WS (Bewerbung bis 15.7.)
Abschlüsse: Bachelor of Arts, Master of Arts

Stud.- u. Prüf.-Ord.: Allg. Prüf.- u. Stud.-Ord. d. Bachelor- u. Masterstudiengänge d. Dep. Information d. Fak. Design, Medien u. Inf. v. 8.8.2013, zuletzt geändert 27.5.2021 (HsAnz. Nr. 89 S. 20 ff., Nr. 169 S. 4 f.) / Fachspez. Prüf.- u. Stud.-Ord. f. d. Bachelorstudiengang B- u. Inf.-Management v. 25.3..2021 (HsAnz. Nr. 167 S. 2 ff.; Lansky/Kesper Nr. 1752) / Fachspez. Prüf.- u. Stud.-Ord. f. d. Masterstudiengang Inf., Medien, B v. 12.9.2013 (HsAnz. Nr. 90 S. 14 ff) / Studiengangsspezif. Prüf.- u. Stud.-Ord. f. d. Masterstudiengang Digitale Transformation d. Inf.- u. Medienwirtschaft v. 11.6.2020 (HsAnz Nr. 154 S. 105 ff. ; Lansky/Kesper Nr. 1653)
Leitung d. Departments: W. H. Swoboda – Prof.: S. Burkhardt, P. Düren, M. Gennis, C. Gläser, H. Gundlach, U. Hofmann, H. Klimpe, H.-D. Kübler, D. Lewandowski, F. Schade, U. Spree, C. Stöcker, W. H. Swoboda, U. Verch
Träger: Freie u. Hansestadt Hamburg

623 Hannover. Hochschule – Fakultät III, Medien, Information und Design, Abteilung Information und Kommunikation

Expo Plaza 12, 30539 Hannover, ☎ (0511) 9296-2601, Fax (0511) 9296-2603
f3-ik-dekanat@hs-hannover.de, https://f3.hs-hannover.de/

Studiengänge: Bachelorstudiengang Informationsmanagement, Bachelorstudiengang Informationsmanagement berufsbegleitend
Studiendauer: 7 Sem. (verlängert bei Teilzeitstudium)
Studienbeginn: jährlich zum WS
Abschlüsse: Bachelor of Arts
Stud.- u. Prüf.-Ord.: Allg. Teil der Prüf.-Ord. f. d. Bachelor- u. Masterstudiengänge i. d. F. v. 27.2.2015 (ATPO 2015, HS Hannover Verkünd.-Bl. 3/2015, S. 3 ff.) / Bes. Teil d. Prüf.-Ord. f. d. Bachelorstudiengang Inf.-Management i. d. F. v. 31.8.2018 (HS Hannover Verkünd.-Bl. 09/2018; Lansky/Kesper Nr. 1766) / Bes. Teil d. Prüf.-Ord. f. d. Bachelorstudiengang Inf.-Management berufsbegleitend i. d. F. v. 31.8.2018 (HS Hannover Verkünd.-Bl. 09/2018; Lansky/Kesper Nr. 1766a)
Dekanin: C. Frömke – Prof. (HA): J. Bertram, St. Elbeshausen, C. Frömke, K. Gantert, Th. Heermann, S. Lieberam-Schmidt, F. Schmieder, T. Schult, M. Steinberg, C. Wartena, P. Wübbelt – Lehrkr. f. bes. Aufg.: S. Clausing, A. Wittich – zahlreiche Lehrbeauftragte
Träger: Land Niedersachsen

624 Hannover. Zentrum für Aus- und Fortbildung der Gottfried Wilhelm Leibniz Bibliothek – Niedersächsische Landesbibliothek

Waterloostr. 8, 30169 Hannover, ☎ (0511) 1267-380/ -381, Fax (0511) 1267-208
friedrich.huelsmann@gwlb.de, http://www.gwlb.de

Ausbildungsbehörde für den Bibliotheksdienst im zweiten Einstiegsamt in der Laufbahn der Laufbahngruppe 2 der Fachrichtung Wissenschaftliche Dienste, Fortbildungsveranstaltungen, Zuständige Stelle gem. § 73 Abs. 2 BBiG f. d. Ausbildungsberuf Fachangestellte/r für Medien- und Informationsdienste
Ausbildungsdauer: 2 Jahre (Vorbereitungsdienst hD bzw. 3 Jahre (Ausbildungsberuf FaMI)
Ausbildungsbeginn: jährlich zum 1.10. (Vorbereitungsdienst hD) bzw. jährlich zum 1.8. (Ausbildungsberuf FaMI)

Ausb.- u. Prüf.-Ord.: VO ü. d. Ausb. u. Prüf. f. d. B-Dienst in d. Laufbahn d. Laufbahngruppe 2 der Fachrichtung Wiss. Dienste (APVO-WissD-BiblD) v. 25.9.2017 (Nds. GVBl. S. 373 ff..; Lansky/Kesper Nr. 1665) / Richtlinie zur VO ü. d. Ausb. u. Prüf. f. d. B-Dienst in d. Laufbahn d. Laufbahngruppe 2 der Fachrichtung Wiss. Dienste (Richtlinie-APVO-WissD-BiblD) v. 20.10.2017 (Nds. MinBl. S. 1398 f.) / VO ü. d. Berufsausb. zum/zur FaMI v. 3.6.1998, geändert durch VO v. 15.3.2000 (BGBl. I 1998 S. 1257 ff., 2000 S. 222 ff.; Lansky/Kesper Nr. 1805) / Prüf.-Ord. f. d. Zwischenprüf. d. Auszubildenden im Ausbildungsberuf FaMI v. 27.11.2008 (Nds. MBl. S. 30 f.; Lansky/Kesper Nr. 1865) / Prüf.-Ord. f. d. Abschlussprüf. d. Auszubildenden im Ausbildungsberuf FaMI v. 27.11.2008, geändert 13.4.2015 (Nds. MBl. 2009 S. 31 ff., 2015 S. 386; Lansky/Kesper Nr. 1864)
Dir.: A. May – Leiter d. Zentrums für Aus- und Fortbildung: F. Hülsmann
Träger: Land Niedersachsen

625 **Köln. Technische Hochschule – Fakultät für Informations- und Kommunikationswissenschaften – Institut für Informationswissenschaft**

> Postadresse: Gustav-Heinemann-Ufer 54, 50968 Köln
> Sitz: Claudiusstr. 1, 50678 Köln
> ☎ (0221) 8275-3376, Fax (0221) 8275-3351
> 💻 iws@f03.th-koeln.de, https://www.th-koeln.de/informations-und-kommunikationswissenschaften/institut-fuer-informationswissenschaft_4134.php

Studiengänge: Bachelorstudiengang Bibliothekswissenschaft(auslaufend), Bachelorstudiengang Bibliothek und digitale Information, Masterstudiengang Bibliotheks- u. Informationswissenschaft berufsbegleitend
Studiendauer: 7 Sem. (Bachelor) bzw. 4 Sem. (Master)
Studienbeginn: jährlich zum WS (Bachelor) bzw. jährlich zum SS (Master)
Abschlüsse: Bachelor of Arts, Master in Library and Information Science M. LIS
Prüf.-Ord.: Prüf.-Ord. f. d. Bachelorstudiengang B-Wiss. v. 26.6.2014 (FH Köln Amtl. Mitt. 21/2014) / Prüf.-Ord. f. d. Bachelorstudiengang B u. digitale Information v. 31.10.2018 (TH Köln Amtl. Mitt. 24/2018; Lansky/Kesper Nr. 1770) / Prüf.-Ord. f. d. Masterstudiengang B- u. Inf.-Wiss. v. 19.2.2015, berichtigt 18.7.2017 (FH Köln Amtl. Mitt. 07/2015, TH Köln Amtl. Mitt. 21/2017; Lansky/Kesper Nr. 1670)
Geschf. Dir.: T. Galliat, Stellv.: S. Fühles-Ubach – Doz. (HA): U. Arning, T. Becker, M. Blümm, A. Duckwitz, M. Fank, K. Förstner, C. Frick, S. Fühles-Ubach, T. Galliat, U. Georgy, M. Groß, G. Heisenberg, J. Hofer, K. Lepsky, F. Linde (Vors. d. Prüf.- Aussch.), H. Meinhardt, I. Preusser, P. Schaer, I. Scheffler, K. Scherfer, R. Seidler-de Alwis, S. Strahringer, I. Tappenbeck, P. Werner, – 32 Doz (NA)
Stellenplan: 20 Beamtinnen und Beamte (12 C3, 4 C2, 4 W2) – 11 Mitarb., 1 Inst.-Sekr.
Träger: Land Nordrhein-Westfalen

626 Köln. Technische Hochschule – Zentrum für Bibliotheks- und Informationswissenschaftliche Weiterbildung (ZBIW)

Claudiusstr. 1, 50678 Köln, ☎ (0221) 8275-3691, Fax (0221) 8275-3690
ursula.georgy@th-koeln.de, https://www.th-koeln.de/weiterbildung/zbiw_5865.php

Vorbereitungslehrgang f. Fortbildungsprüfung Fachwirt/in f. Medien- u. Informationsdienste
Ausbildungsdauer: 3 Jahre
Prüf.-Ord.: Prüf.-Ord. f. d. Durchführung v. Fortbildungsprüf. zum/zur Fachwirt/in f. Medien- u. Informationsdienste v. 9.3.2012, zuletzt geändert 4.5.2016 (GVBl. 2012 S. 389 ff., 2016 S. 673 f.; Lansky/Kesper Nr. 1872)
Leiterin des ZBIW: U. Georgy

627 Leipzig. Hochschule für Technik, Wirtschaft und Kultur – Fakultät Informatik und Medien

Postfach 301166, 04251 Leipzig; Karl-Liebknecht-Str. 145, 04277 Leipzig
☎ (0341) 3076-5428, Fax (0341) 3076-5455
dekanat.fim@htwk-leipzig.de, https://fim.htwk-leipzig.de/

Studiengänge: Bachelorstudiengang Bibliotheks- u. Informationswissenschaft, Bachelorstudiengang Medieninformatik mit der gesondert ausgewiesenen Studienrichtung Bibliotheksinformatik, Masterstudiengang Bibliotheks- u. Informationswissenschaft
Studiendauer Bibliotheks- u. Informationswissenschaft: 7 Sem. (Bachelor) bzw. 3 Sem. (Master); Bachelorstudiengang Medieninformatik: 6 Sem. (Bachelor)
Studienbeginn: jährlich zum WS (Bachelor) bzw. jährlich zum SS (Master)
Abschlüsse: Bachelor of Arts, Bachelor of Science, Master of Arts
Stud.- u. Prüf.-Ord.: Stud.-Ord. u. Prüf.-Ord. f. d. Bachelorstudiengang B- u. Inf.-Wissenschaft i. d. F. v. 4.9.2018 (Lansky/Kesper Nr. 1786 ff.) / Stud.-Ord. u. Prüf.-Ord. f. d. Bachelorstudiengang Medieninformatik Studienrichtung B-Informatik i. d. F. v. 22.9.2020 / Stud.-Ord. u. Prüf.-Ord. f. d. Masterstudiengang B- u. Inf.-Wissenschaft i. d. F. v. 27.3.2018 (Lansky/Kesper Nr. 1686 ff.)
Dekan: U. Kulisch, Prodekane: M. Hlawitschka, J. Tripps – Prof. (HA): J. Ackermann, U. Bellmann, E.-P. Biesalski, J. Bleymehl, R. Dieckmann, L. Engisch, F. Figge, M. Frank, S. Frank, A. Grossmann, M. Grüttmüller, G. Hacker, H. Hartmann, I. Heinze, K. Hering, E. Herzau, M. Hlawitschka, G. Hooffacker, C. Ide, G. Janssen, K. Keller-Loibl, H. Krämer, T. Kudraß, U. Kulisch, A. Lasarow, M. Liesching, T. Martin, J. Merker, J.-A. Müller, R. Müller, A. Nikolaizig, U. Nikolaus, M. Reiche, I. Reinhold, T. Riechert, U. Schmedes, S. Schwarz, J. Tripps, K. Varanasi, J. Wagner, J. Waldmann, M. Walz, K. Weicker, G. Weiß, H. Zellmer
Träger: Freistaat Sachsen

628 Mainz. Johannes Gutenberg-Universität – Institut für Buchwissenschaft

Philosophicum, Jakob-Welder-Weg 18, 55128 Mainz, ☎ (06131) 39-22580, Fax 39-25487
sekretariat-buchwissenschaft@uni-mainz.de
http://www.buchwissenschaft.uni-mainz.de/

Studiengänge: Bachelorstudiengang Buchwissenschaft, Masterstudiengang Buchwissenschaft, Masterstudiengang Kinder- und Jugendliteratur-/Buchwissenschaft (mit Goethe-Universität Frankfurt a. M.)
Studiendauer: 6 Sem. (Bachelor) bzw. 4 Sem. (Master)
Studienbeginn: halbjährlich
Abschlüsse: Bachelor of Arts, Master of Arts, Promotion, Habilitation
Stud.- u. Prüf.-Ord.: Ord. d. FBB 02, 05 und 07 f. d. Prüfung im Zwei-Fächer-Bachelorstudiengang v. 7.5.2009, zuletzt geändert 9.9.2020 (StAnz. 2009 S. 1516 ff., Univ. Mainz Veröff.-Bl. 2020 S.401 ff.) / Ord. d. FBB 02, 05 und 07 f. d. Prüfung in Masterstudiengängen v. 13.12.2011, zuletzt geändert 17.6.2021 (StAnz. 2012 S. 263 ff., Univ. Mainz Veröff.-Bl. 2021 S. 221 f.) / Ord. f. d. Masterstudiengang Kinder- und Jugendliteratur-/Buchwissenschaft v. 29.4.2019, geändert 29.9.2020, berichtigt 20.11.2020 (Univ. Mainz Veröff.-Bl. 2019 S. 255 ff., 2020 S.610 f., 2021 S.100) / Promotions-Ord. d. FBB 02, 05, 06, 07, 09, 10 v. 4.4.2016, geändert 26.1.2021 (Univ. Mainz Veröff.-Bl. 2016 S. 332 ff., 2021 S.45 ff.) / Habilitations-Ord. d. FBB 05, 06 und 07 v. 5.5.2009, zuletzt geändert 5.6.2018 (StAnz. 2009 S. 944 ff., Univ. Mainz Veröff.-Bl. 2018 S. 677 ff.)
HS-Lehrer (Prof.): St. Füssel (Dir.), Ch. Bläsi, C. Norrick-Rühl, U. Schneider – Wiss. Mitarbeiter/innen: A. Ernst, T. Helmle, S. Ohle, F. S. Pelgen, Ch. Reske, A. Vogel, N. Weichselbaumer – Lehrbeauftragte
Träger: Land Rheinland-Pfalz

629 München. Bayerische Staatsbibliothek – Bibliotheksakademie Bayern

80328 München; Ludwigstr. 16, 80539 München
☎ (089) 28638-2231 (Sekr.), Fax (089) 28638-2662
bibliotheksakademie@bsb-muenchen.de
www.bibliotheksakademie-bayern.de

Ausbildungsbehörde f. d. 4. Qualifikationsebene (früher: hD an wiss. BB), Ausbildungsbehörde f. d. 3. Qualifikationsebene (früher: gD an wiss. BB; s. hierzu Nr. 629), Zuständige Stelle gem. § 73 Abs. 2 BBiG f. d. Ausbildungsberuf Fachangestellte/r für Medien- und Informationsdienste, bayernweite Fortbildung, modulare Qualifizierung
Ausbildungsdauer: 2 Jahre (QE4, Vorbereitungsdienst hD), 3 Jahre (QE3, Vorbereitungsdienst gD), 3 Jahre (Ausbildungsberuf FaMI)
Ausbildungsbeginn: jährlich zum 1.10. (QE4, Vorbereitungsdienst hD / QE3, Vorbereitungsdienst gD) bzw. jährlich zum 1.9. (Ausbildungsberuf FaMI)
Ausb.- u. Prüf.-Ord.: VO ü. d. fachlichen Schwerpunkt Bibliothekswesen (FachV-Bibl) v. 1.9.2015 (GVBl. 2015, S. 330 ff.; Lansky/Kesper Nr. 1533) / VO ü. d. Berufsausb. zum/zur FaMI v. 3.6.1998, geändert durch VO v. 15.3.2000 (BGBl. I 1998 S. 1257 ff., 2000 S. 222 ff.; Lansky/Kesper Nr. 1805) / Grundsätze f. d. Durchführung d. Zwischenprüf. in d. anerkannten Ausbildungsberuf FaMI d. Fachrichtung B v. 15.12.2008 (Lansky/Kesper Nr. 1836) / Prüf.-Ord. f. d. Durchführung v. Abschlussprüf. u. Umschulungsprüf. in d. anerkannten Ausbildungsberuf

FaMI d. Fachrichtung B im öffentl. Dienst in Bayern v. 26.10.2011 (Lansky/Kesper Nr. 1835) / Konzept d. StMWFK z. Durchführung d. modularen Qualifizierung v. 17.02.2012, geändert 14.6.2013 (ABl. d. StMUK u. StMWFK 2012 S. 134 ff., 2013 S. 218 f.; Lansky/Kesper Nr. 1535)
Leiterin: E. Michael
Träger: Freistaat Bayern

630 **München. Hochschule für den öffentlichen Dienst (HföD) – Fachbereich Archiv- und Bibliothekswesen, Fachrichtung Bibliothek**

> Dessauerstraße 6, 80992 München
> (089) 2872467-10 (Sekr.), Fax (089) 2872467-20
> poststelle@aub.hfoed.de, https://www.fhvr-aub.bayern.de/de/startseite.html

Fachstudium für die 3. Qualifikationsebene (früher: gD an wiss. BB)
Ausbildungsdauer: 3 Jahre (einschl. berufsprakt. Stud.)
Ausbildungsbeginn: jährlich zum 1.10.
Abschluss: Laufbahnprüfung mit Bachelor of Arts
Ausb. u. Prüf.-Ord.: VO ü. d. fachlichen Schwerpunkt Bibliothekswesen (FachV-Bibl) v. 1.9.2015 (GVBl. 11/ 2015, S. 330 ff.; Lansky/Kesper Nr. 1533)
Fachbereichsleiter: N. Werr.
Doz. (HA): S. Kees, A. Kölbl, P. Bruckmeier, M. Schindler, A. Teichert, N. Werr – ca. 50 Doz. (NA)
Träger: Freistaat Bayern

631 **München. Ludwig-Maximilians-Universität – Fakultät für Sprach- und Literaturwissenschaften, Department I: Germanistik, Komparatistik, Nordistik, Deutsch als Fremdsprache – Zentrum für Buchwissenschaft**

> Schellingstr. 3 / Rückgebäude, 80799 München
> (089) 2180-2395 (Sekr., H. Tins), Fax (089) 2180-99-2395
> buchwissenschaft@germanistik.uni-muenchen.de
> http://www.zfb.uni-muenchen.de

Studiengänge: Bachelorstudiengang Buchwissenschaft, Masterstudiengang Buchwissenschaft: Verlagspraxis, Masterstudiengang Buchwissenschaft: Buch- und Medienforschung
Studiendauer: 6 Sem. (Bachelor) bzw. 4 Sem. (Master)
Studienbeginn: jährlich zum WS (Masterstudiengang Verlagspraxis auch zum SS) Abschlüsse: Bachelor of Arts, Master of Arts
Stud.- u. Prüf.-Ord.: Prüf.- u. Stud.-Ord. f. d. Bachelorstudiengang Buchwissenschaft v. 10.1.2012, zuletzt geändert 13.6.2016 (Amtl. Veröff. Nr. 798 u. 1158) / Prüf.- u. Stud.-Ord. f. d. Masterstudiengang Buchwissenschaft: Verlagspraxis v. 28.1.2013 (Amtl. Veröff. Nr. 918) / Prüf.- u. Stud.-Ord. f. d. Masterstudiengang Buchwissenschaft: Buch- u. Medienforschung v. 7.5.2014, geändert 16.3.2015 (Amtl. Veröff. Nr. 979 u. 1074)
Leiterin: Prof. C. Haug – PD: J. Frimmel – Wiss. Mitarb.: L. Mokrohs, H. Müller, F. Willbold – Dozenten: siehe Webpräsenz
Träger: Freistaat Bayern

632 **Potsdam. Fachhochschule – Fachbereich Informationswissenschaften**

Friedrich-Ebert-Str. 4, 14467 Potsdam, ☎ (0331) 580-1500/ -1501, Fax 580-1599
iw@fh-potsdam.de, https://www.fh-potsdam.de/studium-informationswissenschaften/

Studiengang: Bachelorstudiengang Bibliothekswissenschaft
Studiendauer: 7 Sem.
Studienbeginn: jährlich zum WS (Bewerbung bis 15. Juli)
Abschluss: Bachelor of Arts
Stud.- u. Prüf.-Ord.: Rahmen-Ord. f. Studium u. Prüfungen d. FH Potsdam v. 29.8.2016 (FH Potsdam Amtl. Bek. Nr. 293) / Stud.- u. Prüf.-Ord. f. d. Bachelorstudiengänge Archiv, B-Wissenschaft, Inf.- u. Datenmanagement v. 28.4.2020 (FH Potsdam Amtl. Bek. Nr. 386; Lansky/Kesper Nr. 1747) / Praktikums-Ord. f. d. Bachelorstudiengänge Archiv, B-Wissenschaft, Inf.- u. Datenmanagement v. 29.4.2020 (FH Potsdam Amtl. Bek. Nr. 390; Lansky/Kesper Nr. 1748).
Dekanin: E. Euler, Stellv. Dekan: G. Neher – Studiengangsleiterin: A. Michel – Prof.: R. Däßler, M. Dörk, S. Ernst, E. Euler, S. Freund, P. Heisig, H.-C. Hobohm, C. Keitel, A. Michel, G. Neher, H. Neuroth, A. Schreyer, M. Scholz, W. Schulz, K. Schwarz, J. M. Struß. – Hon.-Prof.: A. Degkwitz, M. Glauert, U. Schaper – Lehrbeauftragte (Zahl wechselnd)
Träger: Land Brandenburg

633 **Sondershausen. Staatliches Berufsschulzentrum Kyffhäuserkreis – Schulteil 1: Kaufmännisch-verwaltender Bereich**

Postfach 35, 99701 Sondershausen; A. Puschkin-Promenade 22, 99706 Sondershausen
☎ (03632) 597-33, Fax (03632) 597-34
schulteil1@sbz-kyffhaeuserkreis.de, http://www.sbz-kyffhaeuserkreis.de

Ausbildung zum/zur Fachangestellten- für Medien- und Informationsdienste
Ausbildungsdauer: 3 Jahre
Ausbildungsbeginn: jährlich zum 1.8.
Ausb.- u. Prüf.-Ord.: VO ü. d. Berufsausb. zum/zur FaMI v. 3.6.1998, geändert 15.3.2000 (BGBl. I 1998 S. 1257 ff., 2000 S. 222 ff.; Lansky/Kesper Nr. 1805) / Grundsätze f. d. Durchführung v. Zwischenprüf. in d. Ausbildungsberufen …, FaMI, … v. 26.4.2012 (StAnz. S. 666 f.; Lansky/Kesper Nr. 1897) / Prüf.-Ord. f. d. Durchführung v. Abschluss- u. Umschulungsprüf. im Ausbildungsberuf FaMI v. 26.11.2008, zuletzt geändert 27.11.2018 (StAnz. 2008 S. 2179 ff., 2018 S. 1784; Lansky/Kesper Nr. 1896)
Schulleitung: C. Lederer, Stellv. Schulleiter: J. Seidler – Abteilungsleiter Schulteil 1 (Kaufmännisch-verwaltender Bereich): N.N.
Träger: Freistaat Thüringen

634 Stuttgart. Hochschule der Medien, Fakultät Information und Kommunikation

📧 Nobelstr. 8, 70569 Stuttgart
☎ (0711) 8923-10 (Zentrale), Fax (0711) 8923-11
💻 f3-info@hdm-stuttgart.de, https://www.hdm-stuttgart.de/

Studiengänge: Bachelorstudiengang Informationswissenschaften mit Schwerpunkten Bibliotheks-, Kultur- und Bildungsmanagement (BKBM) und Daten- und Informationsmanagement (DIM), berufsbegleitender Masterstudiengang Bibliotheks- und Informationsmanagement, Kontaktstudium Bibliotheks- und Informationsmanagement

Studiendauer: 7 Sem. (Bachelor), 5 Sem. (Master), flexibel (Kontaktstudium)

Studienbeginn: halbjährlich (Bachelor, Bewerbung bis 15.7. bzw. 15.1.), jährlich zum WS (Master)

Abschlüsse: Bachelor of Arts, Master of Arts

Stud.- u. Prüf.-Ord.: Stud.- u. Prüf.-Ord. grundständiger Studiengänge, Ausg. SoSe 2021 (Lansky/Kesper Nr. 1728) / Stud.- u. Prüf.-Ord. berufsbegleitender weiterführender Studiengänge, Ausg. SoSe 2021 (Lansky/Kesper Nr, 1630) / Satzung ü. d. Zulassung u. Teilnahme an Kontaktstudienangeboten (Satzung f. Kontaktstudien) v. 18.10.2019

Studiengangsleitung: Prof. M. Pfeffer (BA), Prof. C. Vonhof (MA + Kontaktstudium)

Prof.: K. Eckert, M. Hennies, S. Mundt, M. Pfeffer, B. Schmid-Ruhe, R. Stang, C. Vonhof, H. Wiesenmüller

Träger: Land Baden-Württemberg

Teil C
VDB – Verein Deutscher Bibliothekarinnen und Bibliothekare e. V.

VDB – Verein Deutscher Bibliothekarinnen und Bibliothekare e. V.

Der VDB wurde am 28.06.1900 in Marburg gegründet und am 28.04.1948 in München wiedererrichtet. Ordentliches Mitglied kann werden, wer den Zielen des Vereins nahe steht und diese vertritt, insbesondere wer sich in einer bibliothekarischen Ausbildung befindet oder diese abgeschlossen hat oder in einer Bibliothek bzw. vergleichbaren Einrichtung beruflich tätig ist. Zweck des Vereins ist es, den Kontakt unter den Mitgliedern zu stärken, ihre Berufsinteressen wahrzunehmen, sich für die Erweiterung ihrer Fachkenntnisse einzusetzen und das wissenschaftliche Bibliothekswesen zu fördern. Laufend behandelt der VDB alle Angelegenheiten des Berufs, hält Fortbildungsveranstaltungen und Tagungen ab, gibt Publikationen heraus und arbeitet mit anderen Organisationen des Bibliotheks- und Informationswesens zusammen.

Der VDB ist Mitglied von Bibliothek und Information Deutschland – Bundesvereinigung Deutscher Bibliotheks- und Informationsverbände (BID, Nr. 636), der International Federation of Library Associations and Institutions (IFLA, Nr. 672), der Ligue des Bibliothèques Européennes de Recherche (LIBER, Nr. 673) und gehört dem European Bureau of Library, Information and Documentation Associations (EBLIDA, Nr. 669) an. Ferner wirkt er bei The Carpentries, einer internationalen Gemeinschaft zur Vermittlung von Software und Data Skills, und in der Arbeitsgemeinschaft höherer Dienst (AhD) mit. Laufend aktualisierte Informationen sind auf den Internetseiten des VDB zu erhalten, http://www.vdb-online.org.

VDB – Verein Deutscher Bibliothekarinnen und Bibliothekare e. V. Geschäftsstelle (1.8.2021–31.7.2024)

Verein Deutscher Bibliothekarinnen und Bibliothekare
Geschäftsstelle c/o Martin-Luther-Universität Halle-Wittenberg Universitäts- und Landesbibliothek Sachsen-Anhalt, August-Bebel-Str. 13, 06108 Halle (Saale)
☎ (0345)55-22000, ✉ vorsitzende@vdb-online.org

Vorstand (1.8.2021–31.7.2024)
Vorsitzende: *Anke Berghaus-Sprengel*, ULB Sachsen-Anhalt
Stellv. Vorsitzende: *Konstanze Söllner*, UB der FAU Erlangen-Nürnberg
Stellv. Vorsitzender: Dr. *Klaus-Rainer Brintzinger*, UB der LMU München
Schriftführer/in: *Katja Krause*, UB der Filmuniversität Babelsberg KONRAD WOLF
Schatzmeisterin: Dr. *Ulrike Golas*, UB der TU Berlin
Beisitzer: Dr. *Ewald Brahms*, UB Hildesheim
Beisitzer: *Burkard Rosenberger*, ULB Münster
Beisitzerin: *Nina Frank*, Zentral- und Landesbibliothek Berlin

Vereinsausschuss (1.8.2021–31.7.2024)
Der Vereinsausschuss besteht aus dem Vorstand (s. o.) und den Vorsitzenden der Kommissionen, Regional- und Landesverbände (s. u.).

Wahlausschuss
Dr. *Jana Kieselstein*, UB Augsburg, Vorsitzende
Christian Schmauch, UB Würzburg / *Ivo Vogel*, SBB PK Berlin

Vereinsarchiv

Der VDB unterhält ein Archiv, das die Geschichte des Vereins dokumentiert. Es wird als Depositum an der Universitätsbibliothek der LMU München von dem Vereinsarchivar Dr. *Sven Kuttner* betreut.

Kommissionen

Kommission für berufliche Qualifikation

Johannes Klein, UB Tübingen
Dr. *Sophia Manns-Süßbrich*, UB Leipzig (Vorsitzende)
Dr. *Martin Mehlberg*, SUB Bremen
Maria Nüchter, UB Johann Christian Senckenberg Frankfurt/M.
Sandra Simon, HAB Wolfenbüttel
Dr. *Andreas Walker*, SUB Göttingen
Britta Werner, SUB Bremen

Kommission für Fachreferatsarbeit

Dr. *Alessandro Aprile*, UB Tübingen
Dr. *Karolin Bubke*, BIS Oldenburg (stellvertr. Vorsitzende)
Johanna Hickmann, TUB Berlin
Janina Kühner, GWLB Hannover
Dr. *Jana Mersmann*, UB Braunschweig (Vorsitzende)
Thomas Nachreiner, UB Passau
Sonja Rosenberger, UB Bochum

Kommission für Rechtsfragen

Dr. *Sabrina Erkeling*, UB Johann Christian Senckenberg/HeBIS Frankfurt/M.
Anja Gräbitz, UB LMU München
Markus Lohmann, RUB Bonn, wiss. Mitarbeiter am juristischen Seminar/Bibliothek
Anette Müller, UB Johann Christian Senckenberg Frankfurt/M.
Marcus Werner, ULB Sachsen-Anhalt
Thomas Witzgall, ThULB Jena (Vorsitzender)

Kommission für forschungsnahe Dienste

Alexander Berg-Weiß, UB LMU München
Miriam Bernard, TUB Berlin
Sibylle Hermann, UB Stuttgart
Dr. *Caroline Leiß*, UB der TU München (Vorsitzende)
Dr. *Christoph Müller*, IAI Berlin
Annette Strauch-Davey, UB Hildesheim

Der VDB hat 2012 und 2015 gemeinsame Kommissionen mit dem Deutschen Bibliotheksverband (dbv) eingerichtet.

Gemeinsame Baukommission von VDB und dbv
Lena Berg, UB LMU München
Ulrike Brunenberg-Piel, ULB Düsseldorf
Tatjana Mrowka, USB Köln
Prof. Dr. *Michael Mönnich*, KIT-Bibliothek
Dr. *Alice Rabeler*, ULB Bonn
Ilona Rohde, UB Marburg

Gemeinsame Kommission Informationskompetenz von VDB und dbv
Sabine Rauchmann, SUB Hamburg
Christina Schmitz, Staatsbibliothek zu Berlin
Dr. *Oliver Schoenbeck*, BIS Oldenburg
Dr. *Marcus Schröter*, UB Freiburg
Erik Senst, Universitätsbibliothek Bielefeld
Timo Steyer, UB Braunschweig

Gemeinsame Managementkommission von VDB und dbv
Olaf Eigenbrodt, SUB Hamburg
Cordula Gladrow, StB Wuppertal
Martin Lee, UB der FU Berlin
Corinna Meinel, UB Passau
Dr. *Isabelle Tannous*, Informationsinfrastruktur SWP
Lucia Werder, StB Bremen

o-bib. Das offene Bibliotheksjournal

Herausgegeben vom VDB. Erscheint einmal im Jahr. Beiträge werden im Open Access unter einer Creative Commons Namensnennung-Lizenz (CC BY) veröffentlicht.
Herausgebende:
Dr. *Klaus-Rainer Brintzinger*, UB der LMU München
Dr. *Ulrich Hohoff*, UB Augsburg
Dr. *Thomas Stäcker*, ULB Darmstadt
Dr. *Helge Steenweg*, UB Stuttgart
Prof. *Heidrun Wiesenmüller*, Hochschule der Medien Stuttgart
Geschäftsführende Herausgebende
Prof. *Heidrun Wiesenmüller*, Hochschule der Medien Stuttgart
Prof. Dr. *Achim Oßwald*, Technische Hochschule Köln

Mitgliedschaft

Nach § 3 der Satzung können alle Personen, die den Zielen des Vereins nahe stehen und diese vertreten, insbesondere Personen, die sich in einer bibliothekarischen Ausbildung befinden oder diese abgeschlossen haben oder in einer Bibliothek bzw. vergleichbaren Einrichtung beruflich tätig sind, die ordentliche Mitgliedschaft erwerben. Die Anträge auf Mitgliedschaft sind an den/die Vorsitzende/n zu richten.

Mitgliedsbeitrag

Seit dem 1.1.2015 gilt folgende Beitragsregelung (vgl. § 12 Z. 2 der Satzung des VDB):
Jahresbeitrag für Berufstätige mit einem Beschäftigungsverhältnis von mehr als einer halben Stelle: 75 EUR
Jahresbeitrag für Berufstätige mit einem Beschäftigungsverhältnis bis zu einer halben Stelle sowie für in der Ausbildung befindliche oder aus dem aktiven Bibliotheksdienst ausgeschiedene Mitglieder: 45 EUR Bei Arbeitslosigkeit kann der Beitrag auf Antrag erlassen werden.
Bei Erteilen einer Einzugsermächtigung ermäßigt sich der Beitrag um 15 Euro.
Die Mitgliedsbeiträge sind als Werbungskosten (Mitgliedschaft in einem Berufsverband) steuerlich absetzbar; als Nachweis für das Finanzamt genügt eine Kopie des Überweisungsbelegs bzw. des Kontoauszugs. Rechnungen werden vom VDB nicht versandt.
Der Mitgliedsbeitrag kann entweder vom VDB mit Lastschrift eingezogen werden oder auf das nachfolgend genannte Konto überwiesen werden:

Verein Deutscher Bibliothekare und Bibliothekarinnen e. V., Konto-Nr. 2656201,
BLZ 64150020, Kreissparkasse Tübingen.
IBAN: DE86 6415 0020 0002 6562 01
Swift (BIC): SOLADES1TUB

Bei Überweisung des Mitgliedsbeitrags geben Sie als Verwendungszweck bitte „VDB [Jahr]" an.

Mitgliederverwaltung

Mitgliederverwaltung, c/o GRÜN Augustastr. 78, 52070 Aachen
E-Mail: mitgliederverwaltung@vdb-online.org

Mitgliederverzeichnis

Die Mitglieder des VDB sind im Personenverzeichnis (Teil F) mit Stern (*) gekennzeichnet.

Mitgliederstatistik (15.05.2021): Gesamtzahl 1.753

Baden-Württemberg	221	Hessen	168	Sachsen	67
Bayern	257	Mecklenburg-Vorpommern	18	Sachsen-Anhalt	29
Berlin	248	Niedersachsen	178	Schleswig-Holstein	35
Brandenburg	39	Nordrhein-Westfalen	279	Thüringen	44
Bremen	18	Rheinland-Pfalz	70		
Hamburg	44	Saarland	10	Ausland	50

Ehrenmitglieder

Dem VDB gehören folgende Personen als Ehrenmitglieder an:
Dr. *Dietrich Nelle* (seit 2019)
Prof. Dr. h. c. mult. *Klaus Gerhard Saur*, Senator e. h. (seit 1999)
Hofrätin Dr. *Sigrid Reinitzer* (seit 2003)
Prof. Dr. h. c. *Klaus-Dieter Lehmann* (seit 2010)

Mitgliederversammlungen (zugl. Bibliothekartage bzw. Bibliothekskongresse)

Die Mitgliederversammlungen des VDB finden auf den jährlichen Bibliothekartagen oder während der Bibliothekskongresse statt. Die Bibliothekartage sind die zentralen Fortbildungsveranstaltungen von VDB und BIB mit wechselndem Tagungsort.

1.–90. Versammlung: s. Verein Deutscher Bibliothekare 1900–2000 : Bibliographie und Dokumentation / zsgest. von Felicitas Hundhausen. Wiesbaden 2004

91. Bielefeld, 2.–5.4.2001
Referate in: Bibliotheken – Portale zum globalen Wissen / hrsg. von Margit Rützel-Banz. Frankfurt 2001. (ZfBB Sonderheft 81)

92. Augsburg, 9.–12.4.2002
Referate in: Die Bibliothek zwischen Autor und Leser / hrsg. von Hannelore Benkert, Burkard Rosenberger und Wolfgang Dittrich. Frankfurt 2003. (ZfBB Sonderheft 84)

ASpB-Tagung Stuttgart, 10.4.2003

93. Leipzig (2. Gemeinsamer Kongress von BDB und DGI), 23.–26.3.2004
Referate in: Information Macht Bildung / hrsg. von Georg Ruppelt und Gabriele Beger. Wiesbaden 2004.

94. Düsseldorf, 15.–18.3.2005
Referate in: „Geld ist rund und rollt weg, aber Bildung bleibt" / hrsg. von Daniela Lülfing und Irmgard Siebert. Bearb. von Kathrin Kessen. Frankfurt 2006. (ZfBB Sonderheft 84)

95. Dresden, 21.–24.3.2006
Referate in: Netzwerk Bibliothek / hrsg. von Daniela Lülfing. Bearb. von Hannelore Benkert und Stefan Siebert. Frankfurt 2007. (ZfBB Sonderband 92)

96. Leipzig (3. Leipziger Kongress für Information und Bibliothek), 19.–22.3.2007
Referate in: Information und Ethik / hrsg. von Barbara Lison. Wiesbaden, 2007.

97. Mannheim, 3.–6.6.2008
Referate in: Wissen bewegen – Bibliotheken in der Informationsgesellschaft / hrsg. von Ulrich Hohoff und Per Knudsen. Bearb. von Stefan Siebert. Frankfurt 2009. (ZfBB Sonderband 96)

98. Erfurt, 2.–5.6.2009
Referate in: Ein neuer Blick auf Bibliotheken / hrsg. von Ulrich Hohoff und Christiane Schmiedeknecht. Hildesheim 2010.

99. Leipzig, 15.–18.3.2010

100. Berlin, 7.–10.6.2011
Referate in: Bibliotheken für die Zukunft – Zukunft für die Bibliotheken / hrsg. von Ulrich Hohoff und Daniela Lülfing. Hildesheim 2012

101. Hamburg, 22.–25.5.2012
Referate in: Bibliotheken: Tore zur Welt / hrsg. von Klaus-Rainer Brintzinger und Ulrich Hohoff. Hildesheim 2013.

102. Leipzig (5. Kongress Bibliothek & Information Deutschland), 11.–14.3.2013

103. Bremen, 3.–6.6.2014

Referate in: Bibliotheken: Wir öffnen Welten / hrsg. von Klaus-Rainer Brintzinger, Ulrich Hohoff, Thomas Stäcker, Wilfried Sühl-Strohmenger, Heidrun Wiesenmüller. Münster 2015. DOI 10.5282/o-bib/2014H1.

104. Nürnberg, 26.–29.5.2015
Referate in: Bibliotheken: Von Anfang an Zukunft / hrsg. von Klaus-Rainer Brintzinger, Ulrich Hohoff, Thomas Stäcker, Helge Steenweg, Heidrun Wiesenmüller. Münster 2016. DOI 10.5282/o-bib/2015H4.

105. Leipzig, 14.–17.3.2016
Referate in: Bibliotheksräume – real und digital / hrsg. von Klaus-Rainer Brintzinger, Ulrich Hohoff, Thomas Stäcker, Helge Steenweg, Heidrun Wiesenmüller. Münster 2017. DOI 10.5282/o-bib/2016H4.

106. Frankfurt/M., 30.5.–2.6.2017
Referate in: Medien – Menschen – Märkte / hrsg. von Heidrun Wiesenmüller, Klaus-Rainer Brintzinger, Ulrich Hohoff, Thomas Stäcker, Helge Steenweg. Münster 2018.
https://doi.org/10.5282/o-bib/2017H4.

107. Berlin, 12.–15.6.2018
Referate in: offen & vernetzt / hrsg. von Heidrun Wiesenmüller, Klaus-Rainer Brintzinger, Ulrich Hohoff, Thomas Stäcker, Helge Steenweg. Münster 2019.
https://doi.org/10.5282/o-bib/2018H4.

108. Leipzig, 18.–21.3.2019
Referate in: Bibliotheken verändern : / hrsg. von Heidrun Wiesenmüller, Achim Oßwald, Klaus-Rainer Brintzinger, Ulrich Hohoff, Thomas Stäcker, Helge Steenweg. Münster 2020.
https://doi.org/10.5282/o-bib/2019H4.

109. Bremen, 16.-18.6.2021

Ausgewählte Vorträge der Bibliothekartage bzw. Bibliothekskongresse ab 2005 werden über den OPUS-Server des BIB (Berufsverband Information Bibliothek) bereitgestellt:
http://www.bib-info.de/verband/publikationen/opus.html

Regional- und Landesverbände

Die Regional- und Landesverbände nehmen in ihrem Bereich die Interessen des VDB in eigener Zuständigkeit wahr, halten regionale Bibliothekstage ab, führen Fort- und Weiterbildungsveranstaltungen durch, organisieren Studienfahrten, laden zu örtlichen Treffen und Stammtischen ein und arbeiten mit den anderen Organisationen des Bibliotheks-, Informations- und Dokumentationswesens zusammen. Zum Teil geben sie eigene Rundschreiben heraus.
Mitglieder im Bundesverband sind automatisch Mitglieder im entsprechenden Landes- bzw. Regionalverband.

Regionalverband Berlin-Brandenburg
Vors.: *Medea Seyder*, Universitätsbibliothek der Freien Universität Berlin
Stellv.: Dr. *phil. Christoph Müller*, Bibliothek des Ibero-Amerikanischen Instituts
Stellv.: Dr. *Julia Roeder*, Humboldt-Universität zu Berlin, Universitätsbibliothek
Schatzmeisterin: *Indra Heinrich*, Staatsbibliothek zu Berlin – Preußischer Kulturbesitz
Schriftführerin: *Martha Ganter*, Universitätsbibliothek der Technischen Universität Berlin

Regionalverband Nordwest (Bremen, Hamburg, Niedersachsen und Schleswig-Holstein)
Vors.: *Rainer Horrelt*, Kiel UB
Stellv.: Dr. *Jarmo Schrader*, Hildesheim UB
Schatzmeisterin: *Corinna Roeder*, Oldenburg LB
Schriftführerin: Dr. *Sandra Simon*, Herzog August Bibliothek Wolfenbüttel

Regionalverband Sachsen, Sachsen-Anhalt, Thüringen
Vors.: *Silke Berndsen*, Halle, ULB Sachsen-Anhalt
Schatzmeisterin: *Anika Richter*, Leipzig, Studentin der HTWK

Regionalverband Südwest (Baden-Württemberg, Rheinland-Pfalz, Saarland)
Vors.: Dr. *Robert Scheuble*, Freiburg PH B
Stellv.: *Paulina Zakrewska*, Koblenz/Landesbibliothekszentrum
Schatzmeister: *Carlheinz Straub*, Trier UB

Landesverband Bayern
Vors.: Dr. *Rainer Plappert*, Erlangen, UB der FAU
1. Stellv.: *Constanze Dittrich*, Eichstätt-Ingolstadt UB
2. Stellv.: *Lena Berg*, München, UB der LMU
Schatzmeister: *Axel Kronenberg*, Regensburg UB
Schriftführerin: Dr. *Andrea Voß*, Augsburg UB

Landesverband Hessen
Vors.: *Simon Streib,* Darmstadt ULB
Stellv.: Dr. *Julijana Nadj-Guttandin*, Frankfurt/M. Deutsche Nationalbibliothek
Kassenwart: Dr. *Roland Wagner*, Frankfurt/M. Universitätsbibliothek Johann Christian Senckenberg
Schriftführerin: *Agnes Brauer*, Frankfurt/M., Universitätsbibliothek Johann Christian Senckenberg

Landesverband Mecklenburg-Vorpommern
Vors.: *Renate Bähker*, Rostock UB
Stellv. Vors.: *Gritt Brosowski*, Schwerin LB

Landesverband Nordrhein-Westfalen
Der Landesverband Nordrhein-Westfalen ist zurzeit nicht aktiv.
Kontakt: *Burkard Rosenberger*, Münster ULB

Satzung des Vereins Deutscher Bibliothekarinnen und Bibliothekare e. V.

in der Fassung vom 28. Mai 2015

§ 1 Name, Sitz, Geschäftsjahr

1. Der Verein trägt den Namen: VDB – Verein Deutscher Bibliothekarinnen und Bibliothekare. Er ist in das Vereinsregister eingetragen worden.
2. Er hat seinen Sitz in München. Die Geschäftsstelle befindet sich am Sitz der/des jeweiligen Vereinsvorsitzenden.
3. Geschäftsjahr ist das Kalenderjahr.

§ 2 Zweck

1. Der Verein hat den Zweck, den Zusammenhang unter den deutschen Bibliothekarinnen und Bibliothekaren zu pflegen und ihre Berufsinteressen wahrzunehmen, dem Austausch und der Erweiterung ihrer Fachkenntnisse zu dienen und das wissenschaftliche Bibliothekswesen zu fördern. Damit leistet der Verein einen Beitrag zur Förderung von Bildung und Kultur.
2. Der Verein verfolgt ausschließlich und unmittelbar gemeinnützige Zwecke im Sinne des Abschnitts „Steuerbegünstigte Zwecke" der Abgabenordnung.
3. Der Verein ist selbstlos tätig; er verfolgt nicht in erster Linie eigenwirtschaftliche Zwecke.
4. Mittel des Vereins dürfen nur für die satzungsmäßigen Zwecke verwendet werden. Die Mitglieder erhalten keine Zuwendungen aus den Mitteln des Vereins.
5. Es darf keine Person durch Ausgaben, die dem Zweck des Vereins fremd sind, oder durch unverhältnismäßig hohe Vergütungen begünstigt werden.

§ 3 Ordentliche Mitgliedschaft

1. Ordentliches Mitglied kann werden, wer den Zielen des Vereins nahe steht und diese vertritt, insbesondere wer sich in einer bibliothekarischen Ausbildung befindet oder diese abgeschlossen hat oder in einer Bibliothek bzw. vergleichbaren Einrichtung beruflich tätig ist.
2. Nur eine natürliche Person kann ordentliches Mitglied werden. Wer ordentliches Mitglied des Vereins werden will, wendet sich schriftlich an die Vorsitzende/den Vorsitzenden. Über die Aufnahme entscheidet der Vorstand. Im Falle der Ablehnung ist Berufung an die Mitgliederversammlung zulässig; sie ist innerhalb eines Monats nach Eröffnung des Ablehnungsbescheids schriftlich bei der/dem Vorsitzenden einzulegen.
3. Die Mitglieder sind berechtigt, an den Mitgliederversammlungen mit Stimmrecht teilzunehmen.
4. Die Mitgliedschaft kann nur durch schriftliche Anzeige an die Vorsitzende/den Vorsitzenden zum Schluss eines Geschäftsjahres unter Einhaltung einer dreimonatigen Frist gekündigt werden.
5. Die Mitgliedschaft endet außerdem durch Tod oder Ausschluss.
6. Der Ausschluss kann vom Vorstand beschlossen werden, wenn das Verhalten eines Mitglieds den Interessen des Vereins widerspricht oder wenn das Mitglied unentschuldigt und trotz wiederholter schriftlicher Mahnung seinen Beitrag nicht leistet (§ 12 Z. 2). Gegen den Ausschluss ist Berufung an die Mitgliederversammlung zulässig; sie ist innerhalb eines Monats nach Eröffnung des Ausschlusses schriftlich bei der/dem Vorsitzenden einzulegen.

7. Mit Beendigung der Mitgliedschaft erlischt jeder Anspruch des bisherigen Mitglieds an den Verein.

§ 4 Ehrenmitglieder und fördernde Mitglieder

1. Personen, die sich um den Verein und seine Bestrebungen besondere Verdienste erworben haben, können zu Ehrenmitgliedern ernannt werden. Die Ernennung erfolgt durch den Vereinsausschuss, wenn zwei Drittel der Gesamtzahl seiner Mitglieder zustimmen. Ehrenmitglieder haben die gleichen Rechte wie die übrigen Mitglieder; sie sind nicht zur Zahlung von Beiträgen verpflichtet.
2. Natürliche oder juristische Personen, die, ohne selbst ordentliches Mitglied zu sein, den Verein bei der Erfüllung seiner Aufgaben mit einer Zuwendung von mindestens 500.– Euro pro Jahr regelmäßig unterstützen, können durch den Vereinsausschuss auf Vorschlag des Vorstands zu fördernden Mitgliedern ernannt werden. Fördernde Mitglieder sind berechtigt, als Gäste ohne Stimmrecht an der Mitgliederversammlung teilzunehmen. Sie erhalten die Publikationen und die sonstigen Vergünstigungen des Vereins. Die Mitgliedschaft der fördernden Mitglieder endet durch Kündigung, mit der Einstellung der Zuwendungen oder durch Ausschluss. Die Feststellung über den Wegfall der Eigenschaft als förderndes Mitglied nach Einstellung der Zuwendungen oder über den Ausschluss trifft der Vereinsausschuss. Eine Berufung an die Mitglieder-versammlung entsprechend dem in § 3 Z. 6 festgelegten Verfahren ist möglich.

§ 5 Vorstand

1. Der Vorstand besteht aus
   a. der/dem Vorsitzenden,
   b. zwei stellvertretenden Vorsitzenden,
   c. der Schriftführerin/dem Schriftführer,
   d. der Schatzmeisterin/dem Schatzmeister sowie
   e. bis zu drei Beisitzerinnen/Beisitzern.
   Der Vorstand führt die Geschäfte des Vereins. Er kann Fachressorts bilden.
2. Die/der Vorsitzende ist allein zur Vertretung des Vereins berechtigt; jedes weitere Vorstandsmitglied ist nur zusammen mit einem anderen Vorstandsmitglied zur Vertretung des Vereins berechtigt. Die/der Vorsitzende ist verpflichtet, die Beschlüsse der Mitgliederversammlung und des Vereinsausschusses auszuführen; ihre/seine Vertretungsbefugnis nach außen wird hierdurch nicht beschränkt.
3. Die Amtszeit des Vorstands beträgt drei Jahre. In der letzten ordentlichen Mitgliederversammlung (§ 7 Z. 3) vor dem Ende der Amtszeit wird der Vorstand nach der in § 8 festgelegten Wahlordnung neu gewählt. Der Vorstand beginnt sein Amt am 1. August des jeweiligen Wahljahres. Wiederwahl ist zulässig.
4. Lücken, die durch das Ausscheiden von Vorstandsmitgliedern während einer Wahlperiode entstehen, können vom Vereinsausschuss bis zur nächsten Mitgliederversammlung durch Zuwahl für die restliche Amtszeit ergänzt werden. Die Zuwahl bedarf der Bestätigung durch die nächste Mitgliederversammlung.
5. Der Vorstand kann Vereinsmitglieder benennen, die ihn bei der Erfüllung bestimmter Aufgaben unterstützen. Sie sind Mitglieder des Vorstands ohne Stimmrecht.

§ 6 Vereinsausschuss

1. Der Vereinsausschuss besteht aus dem Vorstand, den Vorsitzenden der Landes- und Regionalverbände sowie den Vorsitzenden der Kommissionen. Die Vorsitzenden gemeinsamer Kommissionen (§ 11 Z. 6) gehören dem Vereinsausschuss an, soweit sie Mitglied im VDB sind. Ist die/der Vorsitzende einer gemeinsamen Kommission nicht Mitglied im VDB, so vertritt ein von der Kommission bestimmtes Kommissionsmitglied, das Mitglied im VDB ist, die Kommission im Vereinsausschuss. Der Vereinsausschuss ist für die strategische Ausrichtung des Vereins und für die Koordinierung zwischen den Gremien des Vereins verantwortlich.
2. Die/der Vorsitzende beruft den Vereinsausschuss in der Regel einmal im Jahr ein oder wenn die Lage der Geschäfte es erfordert oder wenn vier Mitglieder des Vereinsausschusses schriftlich unter Angabe von Gründen die Einberufung beantragen. Die Einladung zu den Sitzungen erfolgt schriftlich mit Angabe einer Tagesordnung. Bei Verhinderung der/des Vorsitzenden eines Landes- oder Regionalverbands oder einer Kommission soll eine Vertretung entsandt werden.
3. Die Sitzungen des Vereinsausschusses leitet die/der Vorsitzende, bei deren/dessen Verhinderung eine stellvertretende Vorsitzende/ein stellvertretender Vorsitzender oder ein anderes vom Vereinsausschuss zu bestimmendes Ausschussmitglied. Zur Beschlussfähigkeit ist die Anwesenheit der Hälfte der Mitglieder erforderlich. Es entscheidet die Mehrheit der abgegebenen Stimmen, bei Stimmengleichheit gilt ein Antrag als abgelehnt.
4. Über die Sitzungen des Vereinsausschusses wird von der Schriftführerin/vom Schriftführer oder bei deren/dessen Verhinderung von einem anderen Ausschussmitglied ein Protokoll geführt, in welchem die anwesenden Mitglieder aufzuführen und die gefassten Beschlüsse, einschließlich der aufgrund des § 6 Z. 5 gefassten, zu beurkunden sind. Das Protokoll ist von der/dem Vorsitzenden und der Protokollführerin/dem Protokollführer zu unterzeichnen.
5. Ein Beschluss des Vereinsausschusses ist auch ohne Sitzung gültig, wenn zwei Drittel seiner Mitglieder schriftlich zustimmen und nicht gemäß § 6 Z. 2 von mindestens vier Mitgliedern eine mündliche Verhandlung beantragt wird.
6. Der Vereinsausschuss entscheidet über die Weitergabe von Mitgliederdaten an andere Berufs- oder Interessenvereinigungen. Eine Weitergabe von Daten darf nur erfolgen, wenn sie für den bibliothekarischen Berufsstand von Nutzen ist.

§ 7 Mitgliederversammlung

1. An der Mitgliederversammlung können nur Mitglieder des Vereins teilnehmen. Die/der Vorsitzende ist berechtigt, Gäste (ohne Stimmrecht) einzuladen.
2. Zu den Aufgaben der Mitgliederversammlung gehören insbesondere folgende Angelegenheiten:
    a. Entgegennahme des Jahresberichtes des Vorstands und der Rechnungslegung,
    b. Beschlussfassung über die dem Vorstand zu erteilende Entlastung für das abgelaufene Geschäftsjahr,
    c. Wahl des Vorstands,
    d. Beratung des Haushaltsplans für das kommende Geschäftsjahr,
    e. Satzungsänderungen,
    f. Entscheidung über Bildung und Auflösung von Kommissionen,
    g. Entscheidung in Berufungsfällen über Aufnahme und Ausschluss von ordentlichen Mitgliedern sowie über die Beendigung der Mitgliedschaft und den Ausschluss bei fördernden Mitgliedern,

h. Beschlussfassung über Auflösung des Vereins.
3. Alljährlich findet – in der Regel während des Deutschen Bibliothekartags – eine ordentliche Mitgliederversammlung statt. Der Vorstand bestimmt Ort, Zeit und Tagesordnung. Eine außerordentliche Mitgliederversammlung ist zu berufen,
   a. wenn das Interesse des Vereins es erfordert; hierüber bestimmt der Vereinsausschuss
   b. wenn 20 Prozent der Mitglieder die Einberufung schriftlich unter Angabe der Gründe beim Vereinsausschuss beantragen; in diesem Falle muss die Einberufung spätestens zwei Monate nach Eingang des Antrags erfolgen.
   Die Einladung zur Mitgliederversammlung soll vier Wochen vorher in Textform ergehen. Anträge auf Änderung der Satzung sind den Mitgliedern gleichzeitig mit der Einladung im Wortlaut mitzuteilen.
4. Anträge einzelner Mitglieder, über die in einer Mitgliederversammlung Beschluss gefasst werden soll, sind vier Wochen vor der Mitgliederversammlung beim Vorstand einzureichen, der gehalten ist, sie der Mitgliederversammlung zu unterbreiten. Anträge in der Mitgliederversammlung selbst müssen Bezug auf die Tagesordnung haben.
5. Die/der Vorsitzende, bei deren/dessen Verhinderung die/der stellvertretende Vorsitzende oder ein anderes Vorstandsmitglied, leitet die Mitgliederversammlung und ernennt nach deren Eröffnung zwei Stimmzähler/innen. Die Beschlussfähigkeit der Mitgliederversammlung ist von der Zahl der erschienenen Mitglieder nicht abhängig. Vertretung der Mitglieder in der Versammlung durch Bevollmächtigte ist unzulässig.
6. Bei der Beschlussfassung entscheidet die Mehrheit der abgegebenen Stimmen; bei Stimmengleichheit gilt ein Antrag als abgelehnt. Zu dem Beschluss über eine Satzungsänderung ist die Dreiviertelmehrheit der erschienenen Mitglieder erforderlich. Zur Änderung der Zweckbestimmung oder zur Auflösung des Vereins ist die Zustimmung der Dreiviertelmehrheit aller Vereinsmitglieder erforderlich; die nicht erschienenen Mitglieder müssen schriftlich befragt werden.
7. Über die Verhandlung der Mitgliederversammlung ist ein Protokoll aufzunehmen, das von der/dem Vorsitzenden und der Schriftführerin/dem Schriftführer unterzeichnet wird. Der Vorstand kann anordnen, dass ein Notar das Protokoll führen soll.
8. Bei Auflösung des Vereins oder Wegfall der steuerbegünstigten Zwecke fällt sein Vermögen an eine juristische Person des öffentlichen Rechts oder an eine andere steuerbegünstigte Körperschaft für den steuerbegünstigten Zweck der Förderung von Bildung und Kultur durch die Förderung des wissenschaftlichen Bibliothekswesens. Vorbehaltlich der Erfüllung der Voraussetzungen von Satz 1 wird hiermit die Organisation „Deutscher Bibliotheksverband" als Empfänger des Vereinsvermögens benannt. Vor Durchführung ist das Finanzamt zur Frage der Gemeinnützigkeit des Begünstigten zu hören.

§ 8 Wahl des Vorstandes

1. Zur Vorbereitung der Wahlen wird auf Vorschlag des Vorstands von der Mitgliederversammlung ein Wahlausschuss von mindestens drei Mitgliedern gebildet, dessen Vorsitzende/r die Wahlhandlungen leitet. Ausscheidende Mitglieder des Wahlausschusses werden vom Vorstand durch Zuwahl ersetzt. Die Zuwahl bedarf der Bestätigung durch die nächste Mitgliederversammlung.
2. Wahlvorschläge für das Amt der/des Vorsitzenden und der stellvertretenden Vorsitzenden sind spätestens acht Wochen vor der Wahl bei der/dem Vorsitzenden des Wahlausschusses einzureichen. Sie müssen von mindestens fünf Mitgliedern, die fünf verschiedenen Biblio-

theken angehören, unterzeichnet sein und die Versicherung der/des Vorgeschlagenen enthalten, dass sie/er zur Annahme der Wahl bereit ist. Jedes Mitglied kann nur jeweils einen Wahlvorschlag für die/den Vorsitzenden und die stellvertretenden Vorsitzenden unterstützen.
3. Die Wahl ist schriftlich und geheim. Es genügt relative Stimmenmehrheit. Bei Stimmengleichheit wird die Wahl wiederholt.
4. Schriftführer/in und Schatzmeister/in werden auf Vorschlag der/des Vorsitzenden durch Zuruf gewählt.
5. Die Wahl der Beisitzer/innen erfolgt schriftlich und geheim, wobei jedes Mitglied so viele Stimmen hat, wie Beisitzer/innen zu wählen sind. Wahlvorschläge sind bis spätestens vier Wochen vor dem Wahltag bei der/dem Vorsitzenden des Wahlausschusses einzureichen. Sie bedürfen der Unterstützung von mindestens fünf Mitgliedern oder des Vorstands eines Regional- bzw. Landesverbands und der Zusicherung der Vorgeschlagenen, dass sie die Wahl annehmen.

§ 9 Vereinsarbeit

Dem Vereinszweck sollen vornehmlich dienen:
1. Die Durchführung des jährlich stattfindenden Deutschen Bibliothekartags – ggf. kooperativ mit anderen Verbänden des Bibliotheks- und Informationswesens – als zentrale Arbeits- und Fortbildungsveranstaltung. Die Deutschen Bibliothekartage dienen der beruflichen Fortbildung und der Förderung der Zusammenarbeit der VDB-Mitglieder sowie der Fortentwicklung des Bibliothekswesens.
2. Die Durchführung von weiteren Fortbildungs- und Fachveranstaltungen.
3. Die Herausgabe des Jahrbuchs der Deutschen Bibliotheken und weiterer Fachpublikationen.
4. Die Arbeit der Kommissionen sowie der Landes- und Regionalverbände.

§ 10 Landes- und Regionalverbände

1. Zur Wahrnehmung der Vereinsaufgaben in Bundesländern können die Mitglieder des VDB Landesverbände bilden. Der Zusammenschluss zu Regionalverbänden, die mehr als ein Bundesland umfassen, ist möglich. In keinem Bundesland kann mehr als ein Landes- bzw. Regionalverband gebildet werden. Die Landes- und Regionalverbände sind im Rahmen der Richtlinien der Mitgliederversammlung des VDB und des Vereinsausschusses im jeweiligen Bundesland bzw. der jeweiligen Region tätig.
2. Jedes Mitglied mit Wohn- oder Arbeitsort in Deutschland ist Mitglied des jeweiligen Landes- bzw. Regionalverbands. Maßgeblich ist bei berufstätigen Mitgliedern der Arbeitsort, bei nicht berufstätigen Mitgliedern der Wohnort.
3. Der VDB weist im Rahmen seiner Mittel den Landes- bzw. Regionalverbänden für deren Arbeit einen jeweils von der Mitgliederversammlung festzusetzenden Betrag zu. Die Landes- und Regionalverbände erheben keine Beiträge. Die Mittel der Landes- und Regionalverbände sind ausschließlich für gemeinnützige Zwecke im Sinne von § 2 der Satzung des VDB zu verwenden. Mitglieder von Landes- und Regionalverbänden dürfen keine Zuwendungen aus Mitteln des Vereins erhalten. Es darf keine Person durch Ausgaben, die dem Zweck des Vereins fremd sind, oder durch unverhältnismäßig hohe Vergütungen begünstigt werden. Bei Auflösung eines Landes- oder Regionalverbands fällt dessen Vermögen an den VDB zurück, der es nur für gemeinnützige Zwecke verwenden darf.
4. Die Satzung eines Landes- bzw. Regionalverbands wird von dessen Mitgliedern beschlossen. Sie darf der Satzung des VDB nicht widersprechen und tritt in Kraft, sobald der Vereinsausschuss die Vereinbarkeit beider Satzungen festgestellt hat.

§ 11 Kommissionen

1. Zur Bearbeitung von Fragen aus den verschiedenen Bereichen der Vereinsarbeit sowie zur Beratung des Vorstands werden Kommissionen gebildet; darüber hinaus können im Rahmen von Z. 6 mit anderen Verbänden des Bibliotheks- und Informationswesens gemeinsame Kommissionen gebildet werden.
2. Die Bildung der Kommissionen erfolgt durch den Vereinsausschuss für die Amtszeit von drei Jahren. Neu gebildete Kommissionen werden erstmals, alle weiteren Kommissionen vor Ende der Amtszeit mitgliederöffentlich ausgeschrieben. Der Vereinsausschuss beruft aus den eingegangenen Bewerbungen geeignete Vereinsmitglieder. Lücken, die durch das Ausscheiden von Kommissionsmitgliedern während der Amtszeit entstehen, können vom Vereinsausschuss für die restliche Amtszeit ergänzt werden. Bildung und Zusammensetzung der Kommissionen bedürfen der Bestätigung durch die nächste Mitgliederversammlung.
3. Jede Kommission wählt aus ihrer Mitte für die gesamte Amtszeit eine Vorsitzende/einen Vorsitzenden, die/der ihre Geschäfte führt und ihre Mitglieder im Bedarfsfalle zusammenruft. Sie/er kann Vereinbarungen, die den Verein binden, nur mit Zustimmung der/des Vorsitzenden treffen. Scheidet die/der Kommissionsvorsitzende während ihrer/seiner Amtszeit aus, wählt die Kommission aus ihrer Mitte für die restliche Amtszeit eine Nachfolgerin/einen Nachfolger.
4. Die Kommissionsvorsitzenden berichten dem Vereinsvorstand über die Tätigkeit der Kommissionen. Die/der Vereinsvorsitzende sorgt für die Unterrichtung des Vereinsausschusses und der Mitgliederversammlung.
5. Die Auflösung einer Kommission erfolgt nach Anhörung der/des Kommissionsvorsitzenden durch den Vereinsausschuss. Der Auflösungsbeschluss bedarf der Bestätigung durch die nächste Mitgliederversammlung.
6. Mit anderen Verbänden des Bibliotheks- und Informationswesens können gemeinsame Kommissionen gebildet werden. Über die Bildung, Auflösung, Amtszeit und Geschäftsführung einer solchen Kommission sowie über die Anzahl der vom VDB zu entsendenden Mitglieder entscheidet der Vereinsausschuss im Einvernehmen mit dem/den betreffenden anderen Verband/Verbänden. Die Beschlüsse bedürfen der Bestätigung durch die nächste Mitgliederversammlung.

§ 12 Haushaltswesen, Mitgliedsbeitrag

1. Der Haushaltsplan für jedes Geschäftsjahr wird vom Vorstand auf Grund von Vorschlägen der Schatzmeisterin/des Schatzmeisters festgesetzt und der Mitgliederversammlung zur Billigung vorgelegt.
2. Der Jahresbeitrag, dessen Höhe die Mitgliederversammlung auf Vorschlag des Vorstands festsetzt, ist bis Ende Januar an die Schatzmeisterin/den Schatzmeister zu entrichten. In der Ausbildung befindlichen und aus dem aktiven Bibliotheksdienst ausgeschiedenen Mitgliedern kann eine Ermäßigung des Beitrags gewährt werden. Bei säumiger Zahlung erfolgt schriftliche Mahnung (vgl. § 3 Z. 6).
3. Die Schatzmeisterin/der Schatzmeister verwaltet das Vermögen des Vereins, das aus den Jahresbeiträgen der Mitglieder, aus dem Ertrag etwaiger Veröffentlichungen des Vereins und aus Zuwendungen gebildet wird, und führt die Vereinskasse. Sie/er nimmt alle Zahlungen für den Verein gegen ihre/seine alleinige Quittung in Empfang und leistet Zahlungen für den Verein auf Anweisung der/des Vorsitzenden innerhalb der Grenzen des Haushaltsplans. Zu Ende eines jeden Geschäftsjahres hat sie/er dem Vorstand einen Kassenabschluss und

eine Übersicht über das Vereinsvermögen unter Beifügung aller Belege über die Einnahmen und Ausgaben vorzulegen.
4. Verpflichtungen, die über das laufende Rechnungsjahr hinausgehen und außerhalb der gewöhnlichen Aufgaben des Vereins liegen, kann der Vorstand nur mit Einwilligung der Mitgliederversammlung übernehmen. Einer gleichen Einwilligung bedarf die Verfügung über das Kapitalvermögen des Vereins.
5. Die Mitgliederversammlung bestimmt zwei Rechnungsprüferinnen/Rechnungsprüfer, deren Prüfungsbericht der Mitgliederversammlung mit der Jahresrechnung vorzulegen ist.

§ 13 Bekanntmachungen

Alle durch die Satzung vorgeschriebenen Unterrichtungen an die Mitglieder sowie sonstige Berichte der Vereinsorgane veröffentlicht der Verein in den von ihm herausgegebenen Publikationen.

§ 14 Vereinsarchiv

Urkunden, Akten, Korrespondenzen und Sitzungsberichte des Vereins und des Vorstands werden im Vereinsarchiv aufbewahrt.

Teil D
Bibliothekarische Vereinigungen und
Zusammenschlüsse

Bibliothek & Information Deutschland (BID)

Bundesvereinigung Deutscher Bibliotheksverbände e. V.

Bibliothek & Information Deutschland – BID ist der Dachverband der Institutionen- und Personalverbände des Bibliothekswesens sowie weiterer Einrichtungen aus Bildung und Kultur in Deutschland. BID vertritt deren Gesamtinteressen auf nationaler und europäischer Ebene sowie in internationalen Gremien.

Mitglieder des Verbandes sind folgende fünf Einrichtungen und Verbände: Deutscher Bibliotheksverband (dbv, Nr. 637), Berufsverband Information Bibliothek e. V. (BIB, Nr. 638), Verein Deutscher Bibliothekarinnen und Bibliothekare (VDB, Nr. 635), ekz.bibliotheksservice GmbH (ekz), Goethe-Institut.

Der Dachverband bietet eine Plattform zum Austausch und zur gegenseitigen Beratung bei Themen, die seine Mitglieder gemeinsam betreffen. Er bringt die Positionen seiner Mitgliedsverbände in kulturpolitischen Gremien wie der Dt. Literaturkonferenz, dem Dt. Kulturrat, der Dt. UNESCO-Kommission oder dem Dt. Institut für Erwachsenenbildung ein. Zudem vertritt BID die deutschen Bibliotheksverbände im europäischen Dachverband EBLIDA (Nr. 669) und ist Mitglied im internationalen Verband der bibliothekarischen Vereine und Institutionen IFLA (Nr. 672).

Von besonderer Bedeutung für die Arbeit des Dachverbandes ist seine Ständige Kommission, BI-International (BII). Darüber hinaus verleiht BID jährlich die Karl-Preusker-Medaille an Personen oder Einrichtungen, die sich um das Bibliothekswesen verdient gemacht haben, und richtet alle drei Jahre den Bibliothekskongress in Leipzig aus.

Geschäftsstelle (*Dr. Monika Braß,* Geschäftsführerin)

Fritschestraße 27–28, 10585 Berlin, (030) 644 98 99-20, Fax: (030) 644 98 99-27
bid@bideutschland.de, http://www.bideutschland.de

Präsidentin
Dr. *Sabine Homilius*, Frankfurt am Main, Stadtbücherei
1. Stellv.: Prof. Dr. *Andreas Degkwitz*, Berlin, UB Humboldt-Universität

Vorstandsmitglieder

dbv	Prof. Dr. *Andreas Degkwitz* (Berlin, UB Humboldt-Universität), Dr. *Jochen Johannsen* (Siegen, UB), *Hella Klauser* (Berlin, dbv), *Marion Mattekat* (Potsdam, Stadt- und Landesbibliothek), *Barbara Schleihagen* (Berlin, dbv)
BIB	Prof. Dr. *Tom Becker* (Köln, TH), Dr. *Ute Engelkenmeier* (Dortmund, UB), *Sylvia Gladrow* (Siegen, Stadtbibliothek)
VDB	Dr. *Klaus-Rainer Brintzinger* (München, UB), *Anke Berghaus-Sprengel* (Universitäts-und Landesbibliothek Sachsen-Anhalt)
ekz	*Johannes Neuer* (Reutlingen, ekz)
GI	*Brigitte Döllgast* (München, Goethe-Institut)

Schatzmeister: Dr. *Heinz-Jürgen Lorenzen*

Ständige Kommission Bibliothek & Information International (BI-International)

Sprecherin: *Barbara Lison* (Bremen, Stadtbibliothek)

- Fritschestraße 27–28, 10585 Berlin
- (030) 6449899-21, Fax: (030) 6449899-27
- bii@bi-international, http://www.bi-international.de.

BI-International ist eine Ständige Kommission von BID, dessen Mitglieder Vertreter in diese Kommission entsenden. BI-International fördert den internationalen Dialog sowie eine europa- und weltweite Zusammenarbeit auf dem Gebiet des Bibliotheks- und Informationswesens. BI-International unterstützt projektbezogen die Kooperation und Kontaktpflege, den Erfahrungsaustausch und die persönliche Begegnung zwischen Bibliothekarinnen und Bibliothekaren des In- und Auslandes. Für Fachaufenthalte und Teilnahmen an internationalen Fachkonferenzen, Studienreisen und gezielten Förderprogrammen des Berufsfeldes werden Zuwendungen der Beauftragten der Bundesregierung für Kultur und Medien (Nr. 589) und des Auswärtigen Amtes eingesetzt.

Deutscher Bibliotheksverband e. V. (dbv)

Im Deutschen Bibliotheksverband sind die Bibliotheken aller Sparten und Größenklassen Deutschlands zusammengeschlossen. Gleichberechtigte Mitglieder sind große Staatsbibliotheken ebenso wie kleine Gemeindebibliotheken, wissenschaftliche Bibliotheken, Spezial- oder kirchliche Bibliotheken, Fachstellen für Öffentliche Bibliotheken und Ausbildungsstätten. Seit 1997 unterstützen auch fördernde Mitglieder aus Wissenschaft und Wirtschaft die Aufgaben des dbv. Zweck des gemeinnützigen Verbandes, der 1949 zunächst als Deutscher Büchereiverband gegründet wurde, ist die Förderung des Bibliothekswesens und der Information.

Der Verband vertritt die Interessen seiner Mitglieder auf allen politischen Ebenen. Sein Anliegen ist es, die Wirkung der Bibliotheken in Kultur und Bildung sichtbar zu machen und ihre Rolle in der Gesellschaft zu stärken. Er setzt sich für die spartenübergreifende und überregionale Zusammenarbeit der Bibliotheken ein. Fachliche Standards für Bibliotheken und gemeinschaftliche überregionale Abstimmung kennzeichnen die Sacharbeit. Die Satzung des dbv ist unter folgender Internetadresse abrufbar:
<http://www.bibliotheksverband.de/dbv/ueber-uns/rechtsgrundlagen-dbv.html>

Bundesgeschäftsstelle (Bundesgeschäftsführerin: *Barbara Schleihagen*)

Fritschestraße 27–28, 10585 Berlin,
(030) 6449899-10, Fax: (030) 6449899-29
dbv@bibliotheksverband.de, http://www.bibliotheksverband.de
http://www.bibliotheksportal.de, http://www.netzwerk-bibliothek.de
http://lesen-und-digitale-medien.de

Präsidium

Präsident: Dr. *Frank Mentrup* (Oberbürgermeister, Karlsruhe) – 14.06.2018-13.06.2022
Vizepräsident: Dr. *Jens-Peter Gaul* (Generalsekretär der Hochschulrektorenkonferenz, Bonn) – 01.11.2020-31.10.2024
Vizepräsidentin: *Inga Schäfer* (Generalsekretärin der Gemeinsamen Wissenschaftskonferenz, Bonn) – 01.06.2017-31.05.2021

Bundesvorstand (30. April 2019–April 2022)

Bundesvorsitzender: Prof. Dr. *Andreas Degkwitz* (Universitätsbibliothek der Humboldt Universität Berlin)
Bundesvorstandsmitglieder der Wissenschaftlichen Bibliotheken:
Petra Hätscher, Kommunikations-, Informations-, Medienzentrum (KIM) der Universität Konstanz
Dr. *Jochen Johannsen*, Universitätsbibliothek Siegen
Frank Scholze, Deutsche Nationalbibliothek
Bundesvorstandsmitglieder der Öffentlichen Bibliotheken:
Petra Büning, Bezirksregierung Düsseldorf, Fachstelle für ÖB NRW
Marion Mattekat, Stadt- und Landesbibliothek Potsdam
Elisabeth Sträter, Stadtbibliothek im Bildungscampus Nürnberg

Sektionen des Deutschen Bibliotheksverbandes

Sektion 1: Öffentliche Bibliothekssysteme und Bibliotheken für Versorgungsbereiche von über 400.000 Einwohnern

Vorsitz: *Volker Heller*, Stiftung Zentral- und Landesbibliothek Berlin, Breite Straße 30–36, 10178 Berlin, Tel. (030) 90226-350, Fax (030) 90226-420, E-Mail: volker.heller@zlb.de

Ansprechpartnerin im dbv-Vorstand für Sektion 1: *Elisabeth Sträter*

Sektion 2: Öffentliche Bibliothekssysteme und Bibliotheken für Versorgungsbereiche von 100.000 bis zu 400.000 Einwohnern

Vorsitz: *Silke Niermann*, Stadtbibliothek Gütersloh, Blessenstätte 1, 33330 Gütersloh, Tel. (05241) 2118051, Fax (05241) 2118052, E-Mail: silke.niermann@gt-net.de

Ansprechpartnerin im dbv-Bundesvorstand für Sektion 2: *Marion Mattekat*

Sektion 3A: Öffentliche Bibliothekssysteme und Bibliotheken für Versorgungsbereiche von 50.000 bis zu 100.000 Einwohnern und Landkreise mit bibliothekarischen Einrichtungen

Vorsitz: *Ute Bräuninger-Thaler*, Stadtbücherei Waiblingen, Marktdreieck, 71332 Waiblingen, Tel. (07151) 5001-1750, Fax (07151) 5001-1799, E-Mail: ute.braeuninger-thaler@waiblingen.de

Ansprechpartnerin im dbv-Bundesvorstand für Sektion 3a: *Petra Büning*

Sektion 3B: Öffentliche Bibliothekssysteme und Bibliotheken für Versorgungsbereiche bis zu 50.000 Einwohnern und Landkreise mit bibliothekarischen Einrichtungen

Vorsitz: *Christine Ambrosi*, Stadtbibliothek Bruchköbel, Hauptstraße 53, 63486 Bruchköbel, Tel. (061) 817-8337, Fax (061) 817-8137, E-Mail: cambrosi@stadtbibliothek-bruchkoebel.de

Ansprechpartnerin im dbv-Bundesvorstand für Sektion 3b: *Petra Büning*

Sektion 4: Wissenschaftliche Universalbibliotheken

Vorsitz: Dr. *Klaus-Rainer Brintzinger*, Universitätsbibliothek München, Ludwig-Maximilians-Universität, Geschwister-Scholl-Platz 1, 80539 München, Tel. (089) 218024-28/ -29, Fax (089) 21803836, E-Mail: sekt4@ub.uni-muenchen.de

Ansprechpartner im dbv-Bundesvorstand für Sektion 4: *Petra Hätscher* / Prof. Dr. *Andreas Degkwitz*

Arbeitsgruppen der Sektion 4:

Arbeitsgemeinschaft Kooperative Überlieferung (Ad-hoc-AG)

Leitung: Dr. *André Schüller-Zwierlein*, Universitätsbibliothek Regensburg, Universitätsstr. 31, 93053 Regensburg, Tel. (0941) 943-3902, Fax (0941) 943-3285, E-Mail: andre.schueller-zwierlein@ur.de

Arbeitsgemeinschaft Bibliotheken privater Hochschulen

Vorsitz: *Lene Moeller Jensen*, Kühne Logistics University (KLU), Library, Grosser Grasbrook 17, 20457 Hamburg, Tel. (040) 328707-170, Fax (040) 328707-109, E-Mail: lene.jensen@the-klu.org

Arbeitsgemeinschaft der Regionalbibliotheken

Vorsitz: Dr. *Ulrich Meyer-Doerpinghaus*, Universitäts- und Landesbibliothek Bonn, Postfach 2460, 53014 Bonn, Tel. (0228) 737350, E-Mail: direktion@ulb.uni-bonn.de

Arbeitsgemeinschaft Hochschulbibliotheken
Vorsitz: *Marcus Heinrich*, Technische Hochschule Brandenburg, Hochschulbibliothek, Magdeburger Straße 50, 14770 Brandenburg an der Havel, Tel. (03381) 355160, E-Mail: marcus.heinrich@th-brandenburg.de

Sektion 5: Wissenschaftliche Spezialbibliotheken und Kooperative Mitgliedschaft der Arbeitsgemeinschaft der Spezialbibliotheken e. V. (ASpB)

Vorsitz: *Kerstin Schoof*, Max-Planck-Institut für empirische Ästhetik, Grüneburgweg 14, 60322 Frankfurt a. M., Tel. (069) 8300479-640, E-Mail: sektion5dbv@aspb.de
Ansprechpartner im dbv-Bundesvorstand: *Petra Hätscher / Frank Scholze*

Sektion 6: Über- und regionale Institutionen des Bibliothekswesens und Landkreise ohne bibliothekarische Einrichtungen (Staatliche und kirchliche Fachstellen, Büchereiverbände)

Vorsitz: *Ute Palmer*, Landesfachstelle für das Öffentliche Bibliothekswesen Bayern, Bayerische Staatsbibliothek, Leopoldstr. 240, 80807 München, Tel. (089) 28638-4911, Fax. (089) 28638-4971, E-Mail: ute.palmer@bsb-muenchen.de
Ansprechpartnerin im dbv-Bundesvorstand: *Petra Büning*

Sektion 7: Konferenz der informations- und bibliothekswissenschaftlichen Ausbildungs- und Studiengänge (KIBA): Sektion 7 im dbv und Ausbildungssektion der Deutschen Gesellschaft für Informationswissenschaft und Informationspraxis (DGI)

Die Konferenz der Informatorischen und Bibliothekarischen Ausbildungseinrichtungen (KIBA) dient der Zusammenarbeit aller Einrichtungen, an denen bibliothekarische, dokumentarische und informatorische Studien- und Ausbildungsgänge angeboten werden.
Vorsitz: Prof. Dr. *Stefan Schmunk*, Hochschule Darmstadt – Medeincampus Dieburg, Fachbereich Media / Studienbereich Informationswissenschaft, Max-Planck-Straße 2, 64807 Dieburg, Tel. (06151) 16-39373, E-Mail: stefan.schmunk@h-da.de
Ansprechpartner im dbv-Bundesvorstand: Dr. *Jochen Johannsen*

Sektion 8: Werkbibliotheken, Patientenbibliotheken und Gefangenenbüchereien

Vorsitz: *Sigrid Audick*, Patientenbibliothek Universitätsklinikum Münster, Waldeyerstraße 12/14, 48149 Münster, Tel. (0251) 835-2084 oder 834-95, Fax (0251) 835-2085, E-Mail: audick-s@bistum-muenster.de
Ansprechpartnerin im dbv-Bundesvorstand: *Marion Mattekat*

Arbeitsgruppe der Sektion 8:

AG Gefangenenbüchereien
Sprecher: *Gerhard Peschers*, Fachstelle Gefangenenbüchereiwesen der Justizvollzugsanstalt Münster/NRW, Gartenstraße 26, 48147 Münster, Tel. (0251) 2374116, E-Mail: gerhard.peschers@jva-muenster.nrw.de

Weitere AGs

Arbeitsgemeinschaft Handschriften und Alte Drucke
Sprecher: Dr. *Armin Schlechter*, Landesbibliothekszentrum Rheinland-Pfalz, Otto-Mayer-Straße 9, 67346 Speyer, Tel. (062) 329006-242, Fax (062) 329006-200, E-Mail: schlechter@lbz-rlp.de

Kommissionen

Baukommission (gemeinsame Kommission von VDB und dbv)
Vorsitz: *Dr. Alice Rabeler.* Universitäts- und Landesbibliothek Bonn, E-Mail: alice.rabeler@ulb.uni-bonn.de
Ansprechpartnerin im dbv-Bundesvorstand: *Petra Büning*

Bestandserhaltung
Vorsitz: *Dr. Armin Schlechter.* Landesbibliothekszentrum Rheinland-Pfalz/Pfälzische Landesbibliothek, E-Mail: schlechter@lbz-rlp.de
Ansprechpartner im dbv-Bundesvorstand: Dr. *Jochen Johannsen*

Bibliothek und Schule
Vorsitz: *Frank Raumel.* Medien- und Informationszentrum Stadtbücherei Biberach, E-Mail: frank.raumel@biberach-riss.de
Portal zum Thema Schulmediothek: http://www.schulmediothek.de
Ansprechpartnerin im dbv-Bundesvorstand: *Elisabeth Sträter*

Bibliotheken und Diversität
Vorsitz: *Dr. Silke Schumann,* c/o Stadtbücherei Frankfurt am Main, Leitung Stadtteilbibliothek Gallus, Idsteiner Straße 65, 60326 Frankfurt am Main, Tel. (069) 212-347 44, E-Mail: silke.schumann@stadt-frankfurt.de
Ansprechpartnerin im dbv-Bundesvorstand: *Marion Mattekat*

Erwerbung und Bestandsentwicklung
Vorsitz: *Sascha Lauer.* Universitätsbibliothek Mainz, E-Mail: s.lauer@ub.uni-mainz.de
Ansprechpartnerin im dbv-Bundesvorstand: *Petra Hätscher*

Fahrbibliotheken
Vorsitz: *Ingrid Achilles.* Bücherhallen Hamburg, E-Mail: Ingrid.achilles@buecherhallen.de
Ansprechpartnerin im dbv-Bundesvorstand: *Marion Mattekat*

Informationskompetenz (gemeinsame Kommission von VDB und dbv)
Vorsitz: Dr. *Oliver Schoenbeck,* Bibliotheks- und Informationssystem der Carl von Ossietzky Universität Oldenburg, Postfach 25 41, 26129 Oldenburg, Tel. (0441) 798-4257, Fax (0441) 798 4040, E-Mail: oliver.schoenbeck@uni-oldenburg.de
Ansprechpartner im dbv-Bundesvorstand: Dr. *Jochen Johannsen*

Kinder- und Jugendbibliotheken
Vorsitz: *Michaela Gemkow,* Münchner Stadtbibliothek Am Gesteig, Leiterin Kinder- und Jugendbibliothek, Rosenheimer Straße 5, 81667 München, Tel.: (089) 480 98-3338, E-Mail: michaela.gemkow@muenchen.de
Ansprechpartnerin im dbv-Bundesvorstand: *Marion Mattekat*

Kundenorientierte und inklusive Services
Vorsitz: *Belinda Jopp,* Staatsbibliothek zu Berlin – Preußischer Kulturbesitz, Referatsleitung Benutzerservice, Potsdamer Straße 33, 10785 Berlin, Tel. (030) 266-433162, Fax (030) 266-333001, E-Mail: belinda.jopp@sbb.spk-berlin.de
Ansprechpartner im dbv-Bundesvorstand: *Elisabeth Sträter*

Management (gemeinsame Kommission von VDB und dbv)
Vorsitz: *Martin Lee*. Freie Universität Berlin Stellv. Direktor Universitätsbibliothek, Garystraße 39, 14195 Berlin, Tel: 030 / 838 52 952, E-Mail: martin.lee@fu-berlin.de
Ansprechpartnerin im dbv-Bundesvorstand: *Petra Büning*

Provenienzforschung und Provenienzerschließung
Vorsitz: *Michaela Scheibe*, Staatsbibliothek zu Berlin – Preußischer Kulturbesitz, stellv. Leiterin Abteilung Historische Drucke, Unter den Linden 8, 10117 Berlin, Tel. (030) 266-436551, Fax (030) 266-336501, E-Mail: michaela.scheibe@sbb.spk-berlin.de
Ansprechpartner im dbv-Bundesvorstand: Prof. Dr. *Andreas Degkwitz*

Recht
Vorsitz: Dr. *Marion von Francken-Welz*, Universitätsbibliothek Mannheim Stellvertretende Leiterin der Abteilung Medienbearbeitung, Fachreferentin für Rechtswissenschaft Stellvertretende Abteilungsleitung Medienbearbeitung, Schloss Mittelbau, 68131 Mannheim, Tel. (0621) 181-30 2
Ansprechpartnerin im dbv-Bundesvorstand: *Petra Hätscher*

Berufsverband Information Bibliothek e. V. (BIB)

638 Der BIB ist ein Personalverband für die Beschäftigten an Bibliotheken und Informationseinrichtungen sowie für die Studierenden und Auszubildenden der entsprechenden Fachrichtungen. Er entstand im Jahr 2000 durch Fusion von vba und VdDB und hat derzeit ca. 5.700 Mitglieder.

Geschäftsstelle: Postfach 1324, 72703 Reutlingen; Gartenstr. 18, 72764 Reutlingen
(07121) 3491-0, Fax (07121) 3004-33
mail@bib-info.de, http://www.bib-info.de

15 Regionalverbände.
7 Kommissionen:
Ausbildung und Berufsbilder (KAuB), E-Mail: kaub@bib-info.de
Eingruppierung und Besoldung (KEB), E-Mail: keb@bib-info.de
Fortbildung (FobiKom), E-Mail: fobikom@bib-info.de
One-Person Librarians (OPL), E-Mail: kopl@bib-info.de
Verbandsmarketing und -kommunikation (KVV), E-Mail: kvv@bib-info.de
Web-Kommission (Web-Komm), E-Mail: webredaktion@bib-info.de
Special Interest group „New Professionals", E-Mail: new-professionals@bib-info.de
Vorstand: Dr. *Ute Engelkenmeier* (Dortmund, Universitätsbibliothek, Tel.: (0231) 755-4003, E-Mail: engelkenmeier@bib-info.de). Stellv.: *Sylvia Gladrow* (Bonn, Stadtbibliothek), Dr. *Dirk Wissen* (Berlin), *Marie-Luise Forster* (Stuttgart)
Mitteilungsorgan: BuB – Forum Bibliothek und Information (http://www.b-u-b.de), Redaktion: *Bernd Schleh* (verantw.), *Steffen Heizereder*.
OPUS-Publikationsserver: http://www.bib-info.de/verband/publikationen/opus.html
Zentrales Archiv der auf den Deutschen Bibliothekartagen gehaltenen Vorträge.

Sonstige bibliothekarische Zusammenschlüsse

639 Arbeitsgemeinschaft für juristisches Bibliotheks- und Dokumentationswesen (AjBD)

> 📧 c/o Vorsitzende: Martina Kuth, CMS Hasche Sigle Partnerschaft von Rechtsanwälten und Steuerberatern mbB, Bibliothek, Neue Mainzer Str. 2-4, 60311 Frankfurt am Main
> ☎ (069) 71701100 (Leiter), Fax (069) 71701-40400
> 💻 http://www.ajbd.de

Die AjBD ist die Interessenvertretung für das juristische Bibliotheks-, Dokumentations- und Informationswesen in den deutschsprachigen Ländern.
Vorstand 2021–2023 (http://www.ajbd.de/vorstand/)
Vorsitzende: *Martina Kuth* (E-Mail: martina.kuth@cms-hs.com)
Stellv. Vorsitzender: *Ivo Vogel* (E-Mail: ivo.vogel@sbb.spk-berlin.de)
Veröff. unter: http://www.ajbd.de/publikationen/
Arbeitshefte der AjBD.

640 Arbeitsgemeinschaft Katholisch-Theologischer Bibliotheken (AKThB) e. V.

> 📧 Diözesanbibliothek Rottenburg, Karmeliterstr. 9, 72108 Rottenburg am Neckar
> ☎ (07472) 922-191, Fax (07472) 922-197
> 💻 info@bibliothek.drs.de, http://www.akthb.de/

Zusammenschluss von derzeit 141 wiss. Bibliotheken in katholischer Trägerschaft im deutschsprachigen Raum (Diözesan-, Hochschul- und Ordensbibliotheken, Bibliotheken verschiedener Katholischer Verbände und Einrichtungen).
Vorsitzender: *Georg Ott-Stelzner,* Stellv. Vorsitzender: *P. Oliver J. Kaftan* OSB
Veröff. unter: http://www.akthb.de/publikationen.html

641 Arbeitsgemeinschaft der Kunst- und Museumsbibliotheken (AKMB)

> 📧 Stiftung Galerie für Zeitgenössische Kunst Leipzig, Karl-Tauchnitz-Str. 9–11, 04107 Leipzig, ☎ (0314) 140 8112
> 💻 books@gfzk.de, http://www.akmb.de, http://www.arthistoricum.net/netzwerke/akmb/

Sitz ist der Dienstort der jeweiligen Vorsitzenden.
Ziel des AKMB ist es, die Leistungsfähigkeit der Kunst- und Museumsbibliotheken durch verstärkte Kooperation zu verbessern (Fortbildungsveranstaltungen, Fachtagungen, Interessenvertretung, Informationsaustausch für Kunst- und Museumsbibliotheken im deutschsprachigen Raum).
1. Vorsitzender (2021–2023): *Martin Zangl.* LWL-Museum für Kunst und Kultur. Bibliothek. Domplatz 10, 48143 Münster, Tel.: (0251) 5907-230, E-Mail: martin.zangl@lwl.org
2. Vorsitzende (2021–2023), *Anika Wilde.* Hochschule für Schauspielkunst Ernst Busch. Zinnowitzer Strass.11, 10115 Berlin, Tel.: (030) 755417126, E-Mail: a.wilde@hfs-berlin.de
Veröff.: AKMB-NEWS, Informationen zu Kunst, Museum und Bibliothek, 1. 1995–, siehe: http://www.arthistoricum.net/netzwerke/akmb/akmb-news/

642 Arbeitsgemeinschaft für Medizinisches Bibliothekswesen e. V. (AGMB e. V.)

c/o Vorsitzende: Dr. *Iris Reimann*, UB RWTH Aachen, Medizinische Bibliothek, Pauwelsstr. 30, 52074 Aachen, ☎ (0241) 80-88990, Fax (0241) 80-82493
reimann@ub.rwth-aachen.de, http://www.agmb.de

Förderung des medizinischen Bibliotheks- und Informationswesens. 450 Mitglieder. Vorsitzende 2019–2021: Dr. *Iris Reimann* (E-Mail: reimann@ub.rwth-aachen.de)
1. Stellv.: *Dagmar Härter* (E-Mail: dhaerter@sub.uni-goettingen.de)
2. Stellv.: Dr. *Martina Semmler-Schmetz* (E-Mail: Martina.Semmler-Schmetz@medma.uni-heidelberg.de)
Arbeitskreise: Krankenhausbibliotheken, Medizinbibliotheken an Hochschulen, Österreichische Medizinbibliothekarinnen und -bibliothekare.
Veröff.: GMS Medizin – Bibliothek – Information (ISSN 1865-066X)

643 Arbeitsgemeinschaft der Parlaments- und Behördenbibliotheken (APBB)

c/o Vorsitzende: Dr. *Christine Wellems*, Hamburgische Bürgerschaft, Bürgerschaftskanzlei, Informationsdienste, Rathausmarkt 1, 20009 Hamburg
☎ (040) 42831-1340, infodienste@bk.hamburg.de, http://www.apbb.de

Vorsitzende: Dr. *Christine Wellems*
Die APBB ist eine Interessenvertretung von parlaments- und behördeneigenen Bibliotheken und Dokumentationsstellen, die durch Zusammenarbeit und Beratung die Leistungsfähigkeit ihrer Mitgliedsbibliotheken fördert. Veröff.: APBB aktuell.

644 Arbeitsgemeinschaft der Spezialbibliotheken e. V. (ASpB)

Geschäftsstelle der ASpB, c/o Deutsches Zentrum für Altersfragen DZA, Manfred-von-Richthofen-Str. 2, 12101 Berlin
☎ (030) 260 740-80, Fax (030) 473 7291 33, info@aspb.de, http://www.aspb.de

Vorsitzende: *Kerstin Schoof* (B d. Max-Planck-Instituts für Empirische Ästhetik, E-Mail: kerstin.schoof@aesthetics.mpg.de), 1. Stellv. Vorsitzende: *Monika Sommerer* (B d. Gedenk- und Bildungsstätte Haus der Wannsee-Konferenz, E-Mail: sommerer@ghwk.de), 2. Stellv. Vorsitzender und Schatzmeister: *Thomas Arndt* (ZB d Forschungszentrums Jülich GmbH, E-Mail: t.arndt@fz-juelich.de)

645 Deutsche Gesellschaft für Information und Wissen e. V. (DGI)

Windmühlstraße 3, 60329 Frankfurt am Main, ☎ (069) 4303-13, Fax (069) 49090-96
mail@dgi-info.de, http://www.dgi-info.de

AP in der Geschäftsstelle: Frau Dr. *Reibel-Felten* und Frau *Buhlmann* (Di–Do: 9:30–14:30).
Präsidentin: *Marlies Ockenfeld*
Vizepräsident: Dr. *Luzian Weisel* (FIZ Karlsruhe)
Veröff.: Zeitschrift Information – Wissenschaft & Praxis, DGI-Jahresbericht, DGI-Newsletter, siehe Webpräsenz.

646 **Deutsche Initiative für Netzwerkinformationen e. V. (DINI)**

> 🖃 Geschäftsstelle: c/o SUB Göttingen, Platz der Göttinger Sieben 1, 37073 Göttingen
> ☎ (0551) 39-33857
> 🖳 gs@dini.de, http://www.dini.de

DINI fördert die Verbesserung der Informations- und Kommunikationsdienstleistungen und die dafür notwendige Entwicklung der Informationsinfrastrukturen an Hochschulen, Fachgesellschaften und anderen Forschungseinrichtungen.
DINI ist eine Initiative der drei Partnerorganisationen:
AMH (Arbeitsgemeinschaft der Medienzentren der deutschen Hochschulen e. V.)
dbv (Deutscher Bibliotheksverband e. V., Sektion 4: Wiss. Universalbibliotheken)
ZKI (Zentren für Kommunikation u. Informationsverarbeitung in Lehre u. Forschung e. V.)
Vorstandsvorsitz: Dr. *Helge Steenweg* (Vorsitzender), *Boguslaw Malys* (stellv. Vorsitzender)
Arbeitsgruppen: E-Learning, Elektronisches Publizieren, DINI/nestor-AG Forschungsdaten, Forschungsinformationssysteme, Kompetenzzentrum Interoperable Metadaten, Lernräume, Videokonferenztechnologie und ihre Anwendungsszenarien.

647 **GeSIG Netzwerk Fachinformation e. V.**

> 🖃 Geschäftsstelle: c/o Missing Link Versandbuchhandlung eG, Klaus Tapken,
>   Westerstr. 114–116, 28199 Bremen
> 🖳 kontakt@gesig.net, http://www.gesig.org

Die German Serials Interest Group (GeSIG) wurde 1999 gegründet. Der Verein beschäftigt sich u. a. mit Fragen zu gedruckten und elektronischen wiss. Fachinformationen, Urheberrecht, Open Access sowie Erwerbungs- und Lizenzmanagement. Die GeSIG bietet ein spartenübergreifendes Forum für den Informations- und Ideenaustausch zwischen Bibliotheken, Konsortien, Verlagen, Informationsanbietern, Agenturen, Library Supplier, Start Ups und Intermediären. Sie organisiert Fachtagungen und ist auf Veranstaltungen der Buch- und Informationsbranche präsent.
1. Vors.: Dr. *Thomas Mutschler-Herrmann*, Thüringer Universitäts- und Landesbibliothek (ThULB) Jena, E-Mail: thomas.mutschler@uni-jena.de
2. Vors.: *Sybille Geisenheyner*, American Chemical Society (ACS), E-Mail: sgeisenheyner@acs-i.org
Schatzmeister: *Klaus Tapken*, Missing Link, International Booksellers, E-Mail: klaus@missing-link.de

648 **Gesellschaft für Klassifikation e. V. (GfKl)**

> 🖃 Korrespondenz (Mitgliedschaft): Prof. Dr. Geyer-Schulz. Institut für
>   Informationswirtschaft und -management, KIT Karlsruhe, 76128 Karlsruhe
> 🖳 vorstand@gfkl.de, schatzmeister@gfkl.de, http://www.gfkl.de

Vorstand 2019–2022:
Vorsitzender: Prof. Dr. *A. Wilhelm* (Jacobs University Bremen), E-Mail: a.wilhelm@jacobs-university.de
1. Stellv.: Prof. Dr. *H. Kestler* (Universität Ulm)

2. Stellv.: PD Dr. *F. Paetz* (Universität Clausthal-Zellerfeld)
Schatzmeister: Prof. Dr. *A. Geyer-Schulz* (Karlsruhe Institut für Technologie)
Arbeitsgruppe der Bibliotheken: AG BIB (http://www.gfkl.org/arbeitsgruppen/bibliotheken/)

649 **International Association of Music Libraries, Archives and Documentation Centres (IAML), Ländergruppe Deutschland e. V.**

> ✉ Paul Tillmann Haas, Bibliotheks- und Informationssystem der Universität Oldenburg, Uhlhornsweg 49–55, 26129 Oldenburg
> ☎ (0441) 798-4023🖥 sekretaer@iaml-deutschland.info
> http://www.iaml-deutschland.info (national), http://www.iaml.info (international)

Die Vereinigung ist die nationale Organisation der IAML für die Bundesrepublik Deutschland.
Präsidentin: *Dr. Ann Kersting-Meuleman*, Universitätsbibliothek Johann Christian Senckenberg, Bockenheimer Landstr. 134-138, 60325 Frankfurt am Main, Tel.: (069) 798-39245, E-Mail: praesidentin@iaml-deutschland.info
Vizepräsidentin: *Cortina Wuthe*, Stadtbibliothek Steglitz-Zehlendorf, Grunewaldstr. 3, 12165 Berlin, Tel.: (030) 90299 – 2448, E-Mail: vizepraesidentin@iaml-deutschland.info
Sekretär: *Paul Tillmann Haas*, Adresse, Tel., E-Mail: s. o.
Schatzmeisterin: *Anne Fiebig*, Bibliothek des Forschungszentrums Musik und Gender, Neues Haus 1, 30175 Hannover, Tel.: 0511 / 3100-7334, Fax: 0511 / 3100-7330 , E-Mail: schatzmeisterin@iaml-deutschland.info
Mitteilungsorgan: Fontes Artis Musicae (internat.), Forum Musikbibliothek (national).

650 **Konferenz der Informatorischen und Bibliothekarischen Ausbildungsstätten (KIBA)**

siehe Deutscher Bibliotheksverband e. V. (Nr. 637, Sektion 7)

651 **Normenausschuss Information und Dokumentation (NID) im DIN e. V.**

> ✉ c/o Deutsches Institut für Normung e. V., Postanschrift: 10772 Berlin Hausanschrift: Saatwinkler Damm 42, 13627 Berlin
> ☎ (030) 2601-2006/ -2566 (Sekr.), 🖥 nid@din.de, http://www.din.de

Vorsitzender: Prof. Dr. *Mario Glauert*, Brandenburgisches Landeshauptarchiv, SUB Hamburg
Stellv. Vorsitzende: Dr. *Anna Haberditz*l, Landesarchiv BW.
NID-Geschäftsführung: *Volker Jacumeit*, ☎ (030) 2601-2186, 🖥 volker.jacumeit@din.de
Träger: Deutsches Institut für Normung e. V.

652 **Verband kirchlich-wissenschaftlicher Bibliotheken (VkwB) in der Arbeitsgemeinschaft der Archive und Bibliotheken in der evangelischen Kirche (AABevK)**

✉ Bibliothek d. Landeskirchenamtes, Ev. Kirche von Westfalen Altstädter Kirchplatz 5, 33602 Bielefeld
☎ (0521) 594-281, Fax (0521) 594-129
🖥 anja.emmerich@lka.ekvw.de, https://www.vkwb.de

Zusammenschluss von ca. 110 kirchlich-wissenschaftlichen Bibliotheken.
Leiterin: *Anja Emmerich* (Adresse, Tel., E-Mail.: siehe oben) – Stellv. Leiterinnen: Dr. *Mareike Rake*, Evangelisch-Lutherische Landeskirche Hannovers, Bibliothek und Archiv des Landeskirchenamts, Rote Reihe 6, 30169 Hannover, Tel.: (0511) 1241-755, E-Mail: mareike.rake@evlka.de – *Bettina Schmidt*, Landeskirchliche Zentralbibliothek, Balinger Straße 33/1, 70567 Stuttgart, Tel.: (0711) 2149-258, E-Mail: bettina.schmidt@elk-wue.de

Teil E
Ausländische und internationale Verbände und Vereinigungen

Einzelne Länder

653 **Belgien. Vlaamse Vereniging voor Bibliotheek-, Archief- en Documentatiewezen (VVBAD)**

> Statiestraat 179, B-2600 Berchem (Antwerpen), ☎ (0032-3) 281-4457
> vvbad@vvbad.be, http://www.vvbad.be

AP, VVBAD-Sekretariat: *Birgit Grootjans*, E-Mail: birgit.grootjans@vvbad.be
Zeitschrift für Bibliotheken und Archive: META.

654 **Dänemark. Danske Fag-, Forsknings- og Uddannelsesbiblioteker**

> Sekretariatet: Hanne Dahl, Statsbiblioteket, Tangen 2, DK-8000 Århus N
> ☎ (0045) 8946 2207, mobil: (0045) 4220 2177
> df@statsbiblioteket.dk, http://www.dfdf.dk/

Präs.: *Bertil Dorch*, E-Mail: bfd@bib.sdu.dk

655 **Frankreich. Association des Bibliothécaires Français (ABF)**

> 31 rue de Chabrol, F-75010 Paris, ☎ (0033-1) 55 33 10 30, Fax 55 33 10 31
> info@abf.asso.fr, http://www.abf.asso.fr

Présidente: *Alice Bernard*, Secrétaire générale: Chantal Ferreux
Bibliothèque(s), revue de l'association des bibliothécaires de France

656 **Großbritannien. Chartered Institute of Library and Information Professionals (CILIP)**

> 7 Ridgmount Street, London, WC1E 7AE, U. K.
> ☎ +44 (0) 20 7255 0500, Fax +44 (0) 20 7255 0501
> info@cilip.org.uk, http://www.cilip.org.uk

President: *Paul J. Corney*, E-Mail: paul.corney@knowledgeetal.com
Vice-President: *Kate Robinson*, E-Mail: liskmr@bath.ac.uk
Mitteilungsorgan: CILIP Update magazine.

657 **Italien. Associazione Italiana Biblioteche (AIB)**

> c/o Biblioteca Nazionale Centrale, Viale Castro Pretorio 105, Roma
>   Post: Casella Postale 2461, Ufficio Roma 158, I-00185 Roma
> ☎ (0039-06) 4463532, Fax 4441139, aib@aib.it, segreteria@aib.it, http://www.aib.it/

Presidente: *Rosa Maiello*, Vicepresidente: *Vittorio Ponzani*. Mitteilungsorgan: Bollettino AIB, AIB Notizie.

658 Italien. Bibliotheksverband Südtirol

Sebastian-Altmann-Str. 17, I-39100 Bozen,
+33 (0) 471 28 57 30, Fax +33 (0) 471 40 95 53
neuigkeiten@bvs.bz.it, https://www.bvs.bz.it/

Der BVS ist ein Verein mit 1.648 Mitgliedern, davon 1.263 Privatpersonen, 369 Bibliotheken, 16 Buchhandlungen und Verlage (Stand 31.12.2020)
Geschäftsführerin: *Irene Demetz*, E-Mail: irene.demetz@bvs.bz.it
Vorstand (2021–2024): Vors.: *Gerlinde Schmiedhofer*, Stellv. Vors.: *Karin Hochrainer*, Vorstandsmitglied: *Marion Mayr*

659 Luxemburg. Associatioun vun de Lëtzebuerger Bibliothekären, Archivisten an Dokumentalisten (ALBAD)

BP 295, L-2012 Luxembourg, +352 621 46 14 15
presidence@albad.lu, http://www.albad.lu

Präs.: *Estelle Beck*

660 Niederlande. Koninklijke Nederlandse Vereniging van Informatieprofessionals (KNVI)

NVB-Verenigingsbureau, Mariaplaats 3, NL-3511 LH Utrecht
+31 (0) 30 233 0050, Fax +31 (0) 30 238 0030
info@knvi.net, http://knvi.net

Bis Februar 2013 unter dem Namen: Nederlandse Vereniging voor Beroepsbeoefenaren in de Bibliotheek-, Informatie- en Kennissector.
Vors.: *Paul Baak*, Wouter Bronsgeest, Sekr.: *Sandra de Waart*
Mitteilungsorgan: KNVI Nieuwsbrief

661 Österreich. Büchereiverband Österreichs (BVÖ)

Museumstraße 3/B/12, A-1070 Wien, +43/ 1/ 406 97 22
bvoe@bvoe.at, https://www.bvoe.at

Vors.: *Christian Jahl*, Büchereien Wien

662 Österreich. Vereinigung Österreichischer Bibliothekarinnen und Bibliothekare (VÖB)

HR Dr. Schlacher, UB Graz, Universitätsplatz 3 A-8010 Graz
+43 (0)316 380-1419, werner.schlacher@uni-graz.at, voeb@ub.tuwien.ac.at
http://www.univie.ac.at/voeb/

2019–2020, Präs.: Mag. *Bruno Bauer*, UB der Medizinischen Universität Wien
2019–2021, 1. Vizepräs.: Mag.a *Pamela Stückler*, Universitätsbibliothek Graz
2. Vizepräs.: Mag.a *Eva Ramminger*, Universitäts- und Landesbibliothek Tirol
Sekr.: *Markus Lackner*, Graz UB, Kassier: *Dr. Martin Hekele*, OBV.SG
Mitteilungsorgan: VÖB-Mitteilungen, Redaktionsteam: voeb-mitt@uibk.ac.at

663 Schweiz. Bibliosuisse

Bleichemattstr. 42, CH-5000 Aarau
+41 62 823 19 38, Fax +41 62 823 19 39
info@bibliosuisse.ch, https://bibliosuisse.ch/

BIS war der nationale Fachverband der Bibliotheken, Informationszentren und ihrer Mitarbeitenden (über 1.300 Einzel- und 300 Kollektivmitglieder=Institutionen). 2019 Zusammenschluss der zwei Bibliotheksverbände BIS und SAB (Schweizerische Arbeitsgemeinschaft der allgemeinen öffentlichen Bibliotheken) zum neuen Verband Bibliosuisse.
Präsident: *Hans Ambühl*
Mitteilungsorgan: ARBIDO, Veröff. unter: http://www.arbido.ch

International

664 Arbeitsgemeinschaft Bibliotheca Baltica

> c/o J. Warmbrunn (Secretary), Forschungsbibliothek d. Herder-Instituts e. V. Gisonenweg 5–7, 35037 Marburg,
> ☎ (06421) 184-150
> 🖥 warmbrunn@herder-institut.de, http://baltica.lnb.lv

Internationale Vereinigung von Bibliotheken unterschiedl. Typus mit bedeutenden Sammlungen zum Ostseeraum.
President (2018–2022): *Robert Zepf*
Staats- und Universitätsbibliothek Hamburg, Von-Melle-Park 3, 20146 Hamburg
☎ (040) 42838-2211, Fax: (040) 42838-3352, 🖥 robert.zepf@sub.uni-hamburg.de
Secretary (2018–2022): *Jürgen Warmbrunn*
Herder-Institut e. V., Gisonenweg 5-7, 35037 Marburg
☎ (06421) 184-150, 🖥 warmbrunn@herder-institut.de

665 Arbeitsgruppe zu europäischen Angelegenheiten für Bibliotheken, Archive, Museen und Denkmalpflege (EUBAM)

> ✉ Geschäftsstelle für Bibliotheken: SBB-PK, Potsdamer Str. 33, 10785 Berlin
> ☎ Tel.: (030) 266-434000
> 🖥 https://www.preussischer-kulturbesitz.de/schwerpunkte/digitalisierung/netzwerke-und-portale/eubam.html

Geschäftsstelle von EUBAM ist die Hauptverwaltung der Stiftung Preußischer Kulturbesitz. Die interministerielle Bund-Länder-Arbeitsgruppe EUBAM (EUropäische Angelegenheiten für Bibliotheken, Archive, Museen und Denkmalpflege) ist ein Zusammenschluss von Vertretern der Kultusministerkonferenz (KMK), der Bundes- und Länderministerien, der Deutschen Forschungsgemeinschaft (DFG) sowie von Experten der Sparten Bibliothek, Archiv, Museum und Denkmalpflege.
Ansprechpartner für Bibliotheken:
Hans-Jörg Lieder, Staatsbibliothek zu Berlin – Preußischer Kulturbesitz, Potsdamerstr. 33, 10785 Berlin
☎ (030) 266-434000, 🖥 hans-joerg.lieder@sbb.spk-berlin.de
Ansprechpartner für Archive:
Dr. *Angelika Menne-Haritz*, Bundesarchiv, Finckensteinallee 63, 12205 Berlin
☎ (01888) 7770-100, Fax: (01888) 7770-111, 🖥 eubam@barch.bund.de
Ansprechpartner für Museen:
Prof. *Monika Hagedorn-Saupe*, Institut f. Museumsforschung SMB, In der Halde 1, 14195 Berlin
☎ (030) 8301-460, Fax: (030) 8301-504, 🖥 m.hagedorn@smb.spk-berlin.de
Ansprechpartner für Denkmalpflege:
Manfred Kühne, Senatsverwaltung f. Stadtentwicklung, Behrenstraße 42-45, 10117 Berlin
☎ (030) 9020-5510, Fax: (030) 9025-2308, 🖥 manfred.kuehne@senstadt.verwalt-berlin.de

666 Conference of European National Librarians (CENL)

CENL Secretary:
The British Library, 96 Euston Road, London, NW1 2DB, United Kingdom
✆ +44 (0) 7412 7981, 🖳 cenl@bl.uk, http://www.cenl.org

CENL ist die unabhängige Vereinigung der Direktoren der europäischen Nationalbibliotheken, in der z. Zt. 49 Nationalbibliotheken aus 46 Mitgliedsländern des Europarats vertreten sind. Ihr Ziel ist die Förderung der Zusammenarbeit der europäischen Nationalbibliotheken. CENL hat den gemeinsamen Webservice der Nationalbibliotheken im Internet „The European Library" aufgebaut und führt kooperative Projekte durch.
CENL President: *Roly Keating*, Chief Executive of the British Library
✆ +44 (0) 7412 7273, 🖳 roly.keating@bl.uk
Vice-Chair: *Katarína Krištofová*, Slovak National Library,
✆ +421 (43) 2451 131, 🖳 katarina.kristofova@snk.sk

667 European Association for Health Information and Libraries (EAHIL)

Lotta Haglund, EAHIL President, Swedish School of Sport and Health Sciences, Lidingövägen 1, 114 33 Stockholm, Sweden
🖳 eahil-secr@list.ecompass.nl, http://www.eahil.eu

EAHIL vertritt die Interessen und Ansichten der Bibliotheken aus dem Bereich des gesundheitlichen Informationswesens im gesamten europäischen Raum (ca. 1.900 Mitglieder aus 64 Ländern).
EAHIL President (2021–2022): *Lotta Haglund*, Head of Library and Archive at the Swedish School of Sport and Health Sciences in Stockholm
E-Mail: lotta.haglund@gih.se
Veröff.: Journal of the European Association for Health Information and Libraries.

668 European Association for Library and Information Education and Research (EUCLID)

Paavo Arvola, Faculty of Communication Sciences, University of Tampere, 33014 Tampere, Finland, ✆ Tel.: +358 40 559 7536
🖳 euclid.board@gmail.com, http://euclid-lis.eu

EUCLID fördert den Informationsaustausch und die Zusammenarbeit unter den europäischen Ausbildungsinstitutionen im BID-Bereich (Förderung des Austausches von Studierenden und Dozenten, Fragen der Anerkennung von Curricula und Studienabschlüssen, gemeinsame Forschungs- und Entwicklungsprojekte).
Chair 2017-2019: *Paavo Arvola*, University of Tampere, Finland
✆ +358 40 559 7536, 🖳 Paavo.Arvola@uta.fi
Ansprechpartner in Deutschland
Prof. *Magnus Pfeffer*, Stuttgart Media University, ✆ (0711) 8923-3169, E-Mail: pfeffer@hdm-stuttgart.de
Mitteilungsorgan: EUCLID Newsletter.

669 **European Bureau of Library, Information and Documentation Associations (EBLIDA)**

> EBLIDA Secretariat (Director: Giuseppe Vitiello): Koninklijke Bibliotheek (National Library of the Netherlands), Prins Willem-Alexanderhof 5, NL-2595 BE The Hague, Niederlande, ☎ +31 (0)70 31 40-136/ -137
> eblida@eblida.org, http://www.eblida.org/

EBLIDA ist eine Vereinigung europäischer Bibliotheksverbände. EBLIDA unterstützt die Interessen öffentlicher und wissenschaftlicher Bibliotheken in Administration und Kulturpolitik der Europäischen Union.
President (2021–2024): *Ton van Vlimmeren*, Public Library of Utrecht
Mitteilungsorgan: EBLIDA Newsletter.

670 **European Theological Libraries – Europäische Bibliotheken für Theologie – Bibliothèques européennes de théologie (BETH)**

> Secretary: Matina Ćurić
> matina.curic@gmail.com, http://theo.kuleuven.be/apps/press/beth/

Internationale Kooperation Theologisch-Kirchlicher Bibliotheken.
President: *Geert Harmanny*, E-Mail: gdharmanny@tukampen.nl
Vice-president: *Matti Myllykoski*, E-Mail: Myllykoski @mappi.helsinki.fi

671 **International Association of Scientific and Technological University Libraries (IATUL)**

> c/o Universitätsbibliothek der Technischen Universität München, Arcisstraße 21, 80333 München
> iatul@ub.tum.de, http://www.iatul.org

IATUL ist der Weltverband technischer und naturwissenschaftlicher Universitätsbibliotheken. IATUL bietet vor allem der Leitungsebene von Bibliotheken ein Kommunikationsforum zum Austausch von Ideen und Erfahrungen im Rahmen von Kongressen, Workshops, Partnerschaften und gemeinsamen Projekten.
Ansprechpartner für Deutschland: Dr. *Reiner Kallenborn*
Technische Universität München, Universitätsbibliothek, Arcisstraße 21, 80333 München
☎ +49 89 289 28600, Fax: +49 89 289 28622, kallenborn@ub.tum.de
President: Dr. *Charles Eckman*, University of Miami, Otto G. Richter Library, USA
ceckman@miami.edu
Secretary: Dr. *Anna Walek Lucille Webster*, Gdańsk University of Technology, GUT Library, Poland
anna.walek@pg.edu.pl
Treasurer: *Donna Bourne-Tyson*, Dalhousie University, Killam Library, Canada
donna.bourne-tyson@dal.ca
IATUL Special Interest Group for Information Literacy.
Veröff.: IATUL Conference and Workshop Proceedings, http://www.iatul.org/conferences/

672 International Federation of Library Associations and Institutions (IFLA)

> IFLA Headquarters, P. O. Box 95312, NL-2509 CH Den Haag, Niederlande
> Hausanschrift: Prins Willem-Alexanderhof 5, NL-2595 BE Den Haag, Niederlande
> ☎ +31 70 3140 884, Fax: +31 70 3834 827, 📧 ifla@ifla.org, http://www.ifla.org/hq

Weltorganisation des Bibliothekswesens.
President (2021–2023): *Barbara Lison*, Library Director, Stadtbibliothek Bremen,
📧 barbara.lison@stadtbibliothek.bremen.de
Secretary General: *Gerald Leitner*, 📧 ifla@ifla.org
Informationen zu IFLA in Deutschland: http://www.ifla-deutschland.de. Sekretariat des IFLA-Nationalkomitees:
Sekretariat, Deutscher Bibliotheksverband e. V., Fritschestraße 27–28, 10585 Berlin
☎ +49 (0)30-644 98 99 16, Fax: -644 98 99 29, 📧 international@bibliotheksverband.de
Vorsitzende des IFLA-NK: *Barbara Lison*, Stadtbibliothek Bremen
📧 barbara.lison@stadtbibliothek.bremen.de
Veröff.: IFLA Journal, IFLA Publications Series, IFLA Series on Bibliographic Control, IFLA Professional Reports.

673 Ligue des Bibliothèques Européennes de Recherche (LIBER)

> LIBER Secretariat, Koninklijke Bibliotheek, National Library of the Netherlands
> PO Box 90407, 2509 LK The Hague, The Netherlands
> ☎ +31 70 314 07 67, Fax: +31 70 314 01 97, 📧 liber@kb.nl, http://www.libereurope.eu

LIBER vertritt und fördert die Interessen der wissenschaftlichen Bibliotheken in Europa.
President: *Jeannette Frey*, E-Mail: jeannette.frey@bcu.unil.ch
Vice-President: *Julien Roche*, E-Mail: julien.roche@univ-lille1.fr
Secretary-General: Dr. *Anja Smit*, E-Mail: H.P.A.Smit@uu.nl
Mitteilungsorgan: LIBER Quarterly Open Access Journal, The Journal of European Research Libraries.

Teil F
Personenverzeichnis

Das folgende Verzeichnis enthält die Mitglieder des VDB - Vereins Deutscher Bibliothekarinnen und Bibliothekare und die Beschäftigten der im Jahrbuch verzeichneten Bibliotheken, soweit diese im Bibliothekseintrag genannt sind. Darunter befinden sich die wissenschaftlichen Bibliothekarinnen und Bibliothekare sowie das Leitungspersonal der Bibliotheken. Mit kurzen Angaben sind auch Mitglieder des VDB im Ruhestand aufgenommen. Am Ende des Personenverzeichnisses sind die Neumitglieder seit Erscheinen des letzten Jahrbuchs sowie die dort genannten und inzwischen verstorbenen Mitglieder des VDB verzeichnet.

*   Die mit Stern (*) gekennzeichneten Personen sind Mitglied des
     Vereins Deutscher Bibliothekarinnen und Bibliothekare (VDB, Nr. 646)
☏   Telefon, Fax
💻   Email

Anmerkungen, Kritik und Verbesserungsvorschläge sind stets willkommen.
E-Mail der Jahrbuchredaktion: jahrbuch@vdb-online.org

Personen im wissenschaftlichen Bibliotheksdienst

Abele, Stephan, Dipl.-Ing., Stuttgart, Württembergische Landesbibliothek, Leiter Digitale Dienste, stud. Elektrotechnik, ☎ (0711) 212-4455, 🖥 abele@wlb-stuttgart.de

* Achenbach, Henrich, Berlin, 17.09.1953, Celle, stud. Mathematik, Russ., Staatsex. 79, Bibl.-Ang. Göttingen SUB 82, BRZN, zuletzt: Leiter Systemtechnik in der VZG Göttingen, ATZ (50%) 08, im Ruhestand seit 30.09.2018, 🖥 hachenb@posteo.de

* Achenbach, Renate, Dr., Regensburg, Universitätsbibliothek, Leitung Aus- und Fortbildung, 15.02.1972, Landshut, stud. Klassische Philologie, Klassische Archäologie, Germanistik, Allgemeine u. vergleichende Literaturwiss., Allgemeine u. vergleichende Sprachwiss., ☎ (0941) 941-3679, 🖥 renate.achenbach@ur.de

* Ackermann, Arne, Dr., M.A., München, Münchner Stadtbibliothek, Direktor, ☎ (089) 480 98 - 3203, 🖥 stbdir.kult@muenchen.de

* Ackermann, Heike, Dr. Sportwiss., MLS, Köln, Zentralbibliothek der Sportwissenschaften der Deutschen Sporthochschule, Ltd. Dir., Fachref. f. Sportwiss., 14.01.1960, Essen, stud. Medizin, Sportwiss., Dipl. 94, Prom. 99, Bwiss., Wiss. Bib. (MLS) 99, SportHS Köln ZB d. Sportwiss., Wiss. Ang. 94-99, Stellv.-Dir. 97, BR z. A. 99, BR 00, Leiterin 00, OBR 02, BDir. 04, ☎ (0221) 4982-3250, 🖥 h.ackermann@dshs-koeln.de

* Adams, Bernhard, Bochum, Ltd. BDir. a.D., 11.10.1930, Wattenscheid jetzt Bochum, im BDienst 63-96, ☎ (0234) 594611, 🖥 bernhard.adams@t-online.de

* Aderbauer, Ute, München, Deutsches Patent- und Markenamt, Bibliothek, Bibliotheksleiterin, Fachref. f. Rechts-, Wirtschafts-, Bibliotheks-, Sozial- und Sprachwiss., Bau-, Energie- und Wehrtechnik, 23.05.1957, Grötzingen, stud. Rechtswiss., 1. Staatsex. 82, 2. Staatsex. 86, BRef. Freiburg UB 86, Köln FHBD 87, Fachpr. 88, BR z. A. München B d. Dt. Patentamts 89, BR 92, BOR 93, BDir. 94, ☎ (089) 2195-3928, 🖥 ute.aderbauer@dpma.de

* Adler, Claudia, Eberswalde, Hochschulbibliothek der Hochschule für nachhaltige Entwicklung, Leitung, ☎ (03334) 657-200, 🖥 claudia.adler@hnee.de

* Adler, Jennifer, Dipl.-Politol., Hamburg, Staats- und Universitätsbibliothek Hamburg Carl von Ossietzky, Stellv. Direktorin - Programmbereich Sammlungsentwicklung und Metadatenmanagement, Fachref. f. Politikwissenschaft, 22.09.1970, Hanau, Dipl. Bibl. 93, SuUB/Hebis Frankfurt a. M. 93-02, Stud. Politikwiss., Soziologie, Volkswirtschaft, Dipl. 01, BRef. Konstanz UB 02/03, Bayer. BSchule 03/04, SUB Hamburg seit 05, Fachref. Politikwissenschaft, Ltg. Hauptabt. Akquisition seit 10, Stellv. Direktorin seit 19, ☎ (040) 42838-2215, 🖥 jennifer.adler@sub.uni-hamburg.de

* Agethen, Matthias, Dr., Düsseldorf, Universitäts- und Landesbibliothek, Fachreferent, Fachref. f. Germanistik, Anglistik, Hispanistik, Darstellendes Spiel, matthias.agethen@tib.eu

* Ahanda, Albert, Dipl.-Inf., M.A. (LIS), Mainz, Universitätsbibliothek, Leitung der Abteilung Benutzungsdienste, 08.08.1961, 🖥 a.ahanda@ub.uni-mainz.de

Ahlers, Torsten, Dipl.-Biol., Lüneburg, Leuphana Universität, Medien- und Informationszentrum (MIZ), 28.05.1964, Oldenburg i.O., stud. Biologie, Mathematik, Diplom 91, BRef. Braunschweig UB 92, Köln FHBD 93, BR z.A. Hamburg SUB 94, BR 95, OBR 02, BDir. Lüneburg UB 05, Ltd. BDir. Medien- u. Informationszentrum 10, ☎ (04131) 677-1112/ -1110, 🖥 torsten.ahlers@leuphana.de

* Ahnert, Carolin, M.A., Chemnitz, Universitätsbibliothek der Technischen Universität, Fachreferentin, Fachref. f. Maschinenbau, Elektro- und Informationstechnik, 15.12.1989, stud. Anglistik / Amerikanistik an der TU Chemnitz, B.A.; Bibliotheks- und Informationswissenschaft HTWK Leipzig, M.A.; seit 2015 an der UB Chemnitz tätig als Fachreferentin, Mitglied Open-Science-Team, zuständig für Bibliometrie und Informationskompetenz, ☎ (0371) 53131989, 💻 carolin.ahnert@bibliothek.tu-chemnitz.de

* Aiple, Klaus-Peter, Dr. sc. agr., Dipl.-Ing. agr., Stuttgart, Kommunikations-, Informations- und Medienzentrum (KIM) der Universität Hohenheim, Leiter d. Benutzungsabteilung, Fachref. f. Agrarwiss., ☎ (0711) 459-23853, 💻 klaus-peter.aiple@uni-hohenheim.de

* Al-Hassan, Reingard, Dipl.-Ing., Dipl.-Bibl., Zwickau, Bibliothek der Westsächsischen Hochschule, Leiterin, 13.06.1957, Weida/Thüringen, stud. Allg. Masch.-Bau, Konstruktion, Diplom 80, postgrad. Stud. Dipl.-Bibl. 93, Fachinf. Dresden UB d. TU 89, Fachref. 91, Stellv. Abt.-Leiter 97, Ltr. BereichsBB 02-05, Dir. HSB Zwickau 11-, ☎ (0375) 536 1250, 💻 reingard.al-hassan@fh-zwickau.de

* Albers, Christoph, Dipl.-Bibl., Dipl.-Kaufm., Berlin, Staatsbibliothek zu Berlin - Preußischer Kulturbesitz, Fachreferent für Zeitungen, Fachref. f. Zeitungen, Psychologie, 06.12.1960, Arnsberg/Westf., stud. Wiss. B-Wesen, Diplom 85, Informationswiss. u. Betriebswirtschaftslehre, Dipl. 93, Wiss. Mitarb. Saarbrücken Univ. 93, Wiss. Ang. DBI Berlin 94, IFLA 2003 Berlin Sekr. 00, Berlin SBB-PK 04, ☎ (030) 266-436300, 💻 christoph.albers@sbb.spk-berlin.de

* Albinger, Manfred, Dipl.-Päd., Hummeltal, Bibl.Dir. i.R., 16.02.1955, Kaiserslautern, stud. Pädagogik, Psychologie, Neuere Geschichte, Diplom 78, BRef. München UB 86, München Bayer. BSchule 87, Fachpr. 88, Bayreuth UB 88-19, 💻 manfred.albinger@gmx.de

* Albrecht, Jörg, Dr., Dipl.-Biol., Bochum, Universitätsbibliothek, Stellv. Dir., Dezernent Benutzungs- und Informationsdienste, Fachref. f. Biologie, Medizin, 28.04.1967, Krefeld, stud. Biologie, Umweltwiss., Diplom 93, BRef. Karlsruhe UB 94, Köln FHBD 95, Fachpr. 96, BR z.A. Düsseldorf FHB 96, BR 98 Bochum UB 00, OBR 01, BDir. 11, ☎ (0234) 32-22260, 💻 joerg.albrecht@ruhr-uni-bochum.de

Alex, Heidrun, Dr. phil., Frankfurt am Main, Deutsche Nationalbibliothek (Leipzig, Frankfurt a. M.), Abt. Inhaltserschließung Ref.-Ltg. Geisteswissenschaften, DDC Deutsch, Fachref. f. Geschichte, 23.11.1965, stud. Dt. Sprache u. Literatur, Politikwiss., Geographie, M.A. 92, Prom. 96; BRef. UB Kassel 00, BSchule Frankfurt a.M. 01, Fachpr. 02; seit 2002 DNB, ☎ (069) 1525-1544, 💻 h.alex@dnb.de

* Allweiss, Werner, M.A., Konstanz, BOR i.R., 19.02.1946, Tübingen, im BDienst 1973-2011, ☎ (07533) 936282, 💻 allweiss@t-online.de

* Alpers, Uta-Johanna, Dortmund, 15.01.1982, 💻 uta-johanna.alpers@gmx.de

* Altekrüger, Peter, Dipl.-Lateinamerikawiss., Berlin, Bibliothek des Ibero-Amerikanischen Instituts Preußischer Kulturbesitz, Fachref. f. Politikwiss., Gesch., Länderref. Argentinien, Paraguay, Uruguay, USA, 20.11.1961, Lutherstadt Wittenberg, stud. Lat.-amerikawiss., Gesch., Span., Diplom 89, Ang. Ibero-Amerikan. Inst. Berlin SPK 90-93, BRef. Ibero-Amerikan. Inst. Berlin SPK, Köln FHBD 94, Fachpr. 95, wiss. Ang. Ibero-Amerikan. Inst. Berlin SPK 96, BR z. A. 99., BR 00, BOR 01, BDir. 03, ☎ (030) 266 45 2000, 💻 altekrueger@iai.spk-berlin.de

* Altenhöner, Reinhard, Berlin, Staatsbibliothek zu Berlin - Preußischer Kulturbesitz, Ständiger Vertreter der Generaldirektorin der Staatsbibliothek zu Berlin - Preußischer Kulturbesitz, 26.12.1963, Detmold, stud. Gesch., Germ., Politik, Päd., Sprecherz., Staatsex. 89, BRef. Bielefeld StB 90 u. Bielefeld UB 91, Köln FHBD 91, Fachpr. 92, Wiss. Mitarb. Bonn-Bad Godesberg B-Abt. d. DFG 93, BR z. A. FHB Münster 94, BR 96, OBR 98, BDir Mainz StB 00, Ltd. BDir. Frankfurt a. M. Die Dt. B 02, StV GD SB Berlin-PK 15, ☎ (030) 266-431400, 💻 reinhard.altenhoener@sbb.spk-berlin.de

Althaus, Bernd, M.A., Frankfurt am Main, Deutsche Nationalbibliothek (Leipzig, Frankfurt a. M.), Wiss. Ang., Leiter d. Sachgeb. Basisdienste, 18.03.1961, Bad Berleburg, stud. Germanistik, Linguistik, Publizistik, M.A. 89, seit 1992 in der IT der DNB mit dem Schwerpunkt zentrale bibliothekarische Anwendungen (CBS/ILTIS) beschäftigt, ☏ (069) 1525-1749, 🖥 b.althaus@dnb.de

* Amedick, Sigrid, Dr. phil., M.A., Frankfurt am Main, Bibliothek des Max-Planck-Instituts für Rechtsgeschichte und Rechtstheorie, BLeiterin, 04.04.1962, Krefeld, stud. Sozial- u. Wirtschaftsgesch., Neuere Geschichte, Volkskunde, M.A. 88, Prom. 94, Wiss. Mitarb. Sem. f. Sozial- u. Wirtschaftsgesch. Univ. München 88, Wiss. Ass. Lehrst. f. Sozialgesch. Univ. Bielefeld 90-92, BRef. USB Köln 95, StB Köln 96, FH Köln 96, Fachpr. 97, Wiss. Ang. USB Köln 97, Univ. Bochum, Komm. Leiterin d. B d. Ruhrgebiets 98-99, Frankfurt a. M. B d. MPI f. Rechtsgesch. u. Rechtstheorie Leiterin 99, 🖥 amedick@lhlt.mpg.de

* Ammon, Michael, Dipl.-Hist. (Univ.), M.A. (LIS), Erlangen, Universitätsbibliothek Erlangen-Nürnberg, Ltg. der TeilB f. Geschichte, Alte Sprachen, Kunst, Fachref. f. Geschichte, Kunstgeschichte, Klass. Philol., 05.10.1985, Haßfurt, stud. Geschichte, Politikwiss., Diplom 12, Braunschweig GEI 12-14, BRef. Darmstadt ULB 14-16, Fachpr. 16, M.A. (LIS) Berlin HU 16, Erlangen-Nürnberg UB 16-, BR 17, ☏ (09131) 85-22156, 🖥 michael.ammon@fau.de

* Amsinck, Ulrike, Dipl.-Bibl., Dipl.-Jur., Mainz, Universitätsbibliothek, Bereichsbibliothek Recht und Wirtschaft, Fachreferentin, Fachref. f. Wirtschaftswiss., 07.04.1957, Bremen, stud. Rechtswiss., 1. jur. Staatsex. 86, Bibl.-Diplom 79, Wiss. Ang. Uni Mainz, FBB 03: 87-00 (Rechtswiss.), wiss. Mitarb. BFH-B München 03, Uni Mainz, FBB 03: seit 04 (Wirtschaftswiss.), ☏ (06131) 39-22566, 🖥 amsinck@web.de, u.amsinck@ub.uni-mainz.de

* Amslinger, Tobias, Dr. phil., Zürich (Schweiz), ETH-Bibliothek, Leiter Max Frisch-Archiv, 15.11.1985, Stuttgart, ☏ (0041 44) 632 40 35, 🖥 tobias.amslinger@library.ethz.ch

* Andermann, Heike, Dipl.-Soz., Oldenburg, Bibliotheks- und Informationssystem der Carl von Ossietzky Universität, Kommissarische Leitung des Bibliotheks- und Informationssystems, 16.08.1967, Nienburg, stud. Soziol., Psychol., Publ., Dipl., Weiterb. Betriebswirtsch. 96-97, Leitende Ang. im Gesundheitsw., BRef. Berlin ZLB 00-01, Köln FH 02, wiss. Mitarb. DFG-Proj., UB Potsdam 02-04, Berlin B d. Berlin-Brandenburg. Akad. d. Wiss. 04-07, Hamburg Univ., Fakultät Wirtschafts- u. Sozialwiss. 08-11, Univ. Oldenburg BIS 11-, ☏ (0441) 798-4610, 🖥 andermannheike@freenet.de, heike.andermann@uni-oldenburg.de

* Andersen, Christian, Dr. phil., Dortmund, OBR a.D., 11.04.1949, Leck/Nordfriesl., im BDienst 78-14, ☏ (0231) 73 56 62, 🖥 christian2.andersen@udo.edu

* Antes, Carolin, Mainz, 04.12.1989, 🖥 carolinantes@gmx.de

* Apel, Jochen, Dr., Heidelberg, Universitätsbibliothek, Leiter der Zweigstelle für Medizin und Naturwissenschaften, Fachref. f. Chemie, Geografie, Geowissenschaften, Mathematik, Physik und Astronomie, Sportwissenschaft, Technik allgemein, Umweltwissenschaft, 19.09.1979, ☏ (06221) 54-4249, 🖥 apel@ub.uni-heidelberg.de

* Apergis, Jana, Fahrenzhausen

* Aprile, Alessandro, Dr., Tübingen, Universitätsbibliothek, Fachreferent (FID Theologie), Fachref. f. Theologie, 29.07.1985, Taranto, stud. Philosophie 10, Prom. Kirchengeschichte 15., BRef. GWLB Hannover/BSB München 15-17, GWLB Hannover 17-18, UB Tübingen seit 2018, 🖥 alessandro.aprile@uni-tuebingen.de

* Aretz, Beate, M.A., Berlin, Staatsbibliothek zu Berlin - Preußischer Kulturbesitz, Referentin für Bestandsaufbau, stud. Geschichte, Pädagogik, Politik, M.A. Köln, Grad.Dip. Inf. Management, RMIT, Melbourne, M.E. UNSW, ACT, 🖥 beate.aretz@sbb.spk-berlin.de

* Arndt, Thomas, Jülich, Zentralbibliothek des Forschungszentrums Jülich GmbH, Bibliotheksmarketing, ☏ (02461) 61-2907, 🖳 t.arndt@fz-juelich.de

* Arndt, Tracy, Leipzig, Deutsche Nationalbibliothek (Leipzig, Frankfurt a. M.)

* Arnhold, Christine, M.A. (LIS), Weimar, stud. Germ., Kunst, Päd., Dipl. 79, Fernstud. Roman., Abschl. 95, Fernstud. HU BIn., M.A. (LIS) 02, DOZ. 85, HAAB 92-02, Kunstpäd. Eisenach 04-05, ☏ (03643) 512120, 🖳 carnhold@gmx.de

* Arnold, Hubert, Dr., M.A., Aachen, Universitätsbibliothek der RWTH, Leiter der Abt. Integrierte Zeitschriftenbearbeitung, Fachref. f. Recht und Wirtschaftswiss., 01.08.1970, Tübingen, stud. Slaw. Philol., Allg. Sprachwiss., Rechtswiss., M.A. 98, Prom. 02, Fachref. SUB Göttingen 01-02, BRef. Berlin SBB-PK 02, München Bayer. BSchule 03, Fachprüf. 04, BR z.A. Aachen UB 05, BR 07, OBR 09, ☏ (0241) 80-94455, 🖳 arnold@ub.rwth-aachen.de

* Arnold, Werner, Dr. phil., Wolfenbüttel, Ltd. BDir. i.R., 28.09.1944, Klaffenbach, im BDienst 75-09, ☏ (05331) 32471, 🖳 guelferbytanus@gmx.de

* Ascher, Werner, Dipl.-Ing., Berlin, BDir. i. R., 25.01.1937, Berlin, im BDienst 69-02, ☏ (030) 82098101

* Asmus, Ivo, Greifswald

  Asmus, Sylvia, Dr., M.A., Frankfurt am Main, Deutsche Nationalbibliothek (Leipzig, Frankfurt a. M.), Leiterin des Dt. Exilarchivs 1933-1945 der Deutschen NationalB, 09.07.1966, Daun, stud. Germanistik, Kunstgeschichte, Kunstpädagogik, M.A. 92, Bibl. Fachpr. 98, Prom. in Bibliothekswiss. 09, ☏ (069) 1525-1900, 🖳 s.asmus@dnb.de

* Auberer, Benjamin, München, Universitätsbibliothek der LMU, Abteilungsreferent in der Zentralen Medienbearbeitung u. Fachreferent, Fachref. f. Politikwiss., Ethnologie, Europäische Ethnologie, Musikwiss., Kunstgeschichte, Theaterwiss., Kommunikationswiss. u. Pressemedien, 09.04.1987, Leutkirch im Allgäu, 🖳 benjamin.auberer@ub.uni-muenchen.de

* auf dem Kampe, Christiane, M.A., Münster, stud. Musikwiss., Mittl. Geschichte, Germ., M.A. 90, BRef. Osnabrück UB 92, Köln FHBD 93, Fachpr. 94

* Aust, Sonja, Berlin, Universitätsbibliothek der Technischen Universität

  Axnick, Margarete, M.A., Dipl.-Bibl., Hamburg, Fachbereichsbibliothek Biologie, MIN Fakultät, Universität, Bibliotheksleitung, ☏ (040) 42816-228, 🖳 margarete.axnick@uni-hamburg.de

  Babin, Malte-Ludolf, Dr. phil., Hannover, Gottfried Wilhelm Leibniz Bibliothek - Niedersächsische Landesbibliothek, Leibniz-Archiv, Wiss. Ang., 08.03.1961, Berlin, stud. Romanistik, Klass. Phil., Geschichte, Prom. 90. Seit 1993 Editor für Leibniz' allgemeinen, politischen u. historischen Briefwechsel im Rahmen der Leibniz-Akademieausgabe (Reihe I)., ☏ (0511) 1267-326, 🖳 malte.babin@gwlb.de

* Bacher, Rahel, Dr. phil., M.A., M.St. (Oxford), München, Bayerische Staatsbibliothek, 26.07.1978, München, stud. Germanistik, Geschichte, Philosopie, M. St. (Oxford) 03, M.A. 04, Dr. phil. 08, Wiss. Mitarb. der Bayerischen Akademie der Wissenschaften 04-05, BRef. Berlin SBB-PK 07, Bayer. BSchule München 08, Wiss. Ang. BSB 09, BR 13, ☏ (089) 28638-2068, 🖳 rahel.bacher@bsb-muenchen.de

* Bachofner, Peter, Dipl.-Soz.ökon., Dipl.-Soz.wirt, Kiel, ZBW - Leibniz-Informationszentrum Wirtschaft, Wiss. Ref., Fachref. f. BWL u. VWL, 12.12.1955, Hamburg, Buchdrucker 74, Schriftsetzer 82, stud. BWL, VWL, Rechtswiss., Soziologie, Dipl. 99, Stud. Sozialökonomie, Dipl. 02, Wiss. Mitarb. ZBW 02, ☏ (040) 42834-312, 🖳 p.bachofner@zbw.eu

* Bader, Bernd, Dr. phil., Solms, BOR i.R., 18.03.1945, Honau/Kr. Reutlingen, im BDienst 74-08, ✉ bernd.bader@web.de

* Bähker, Renate, Rostock, Universitätsbibliothek, Stellv. Dir., Dezernentin Digitale Dienste, Fachref. f. Mathematik, 13.06.1958, Kavelstorf, Direktstud., Mathematik, Physik, Diplom 81, Fernstud. B-Wiss., Fachbibl. Berlin IBI 85, Rostock UB 81, Stellv. Dir. 92, ☎ (0381) 498-8626, ✉ renate.baehker@uni-rostock.de

* Bahrs, Ute, M.A., Koblenz, Landesbibliothekszentrum Rheinland-Pfalz / Rheinische Landesbibliothek, Pfälzische Landesbibliothek Speyer, Abteilungsleitung Service LBZ, Standortvertretung PLB, Beauftragte für Öffentlichkeitsarbeit PLB, Fachref. f. Anglistik, 30.03.1965, Leeste, jetzt Weyhe, M.A. 98, Ass. a. B, Gem. u. SchulB Weyhe-Leeste 84-87, Hannover LB 88-99, BRef. Osnabrück UB 99, Köln FH 00, Fachpr. 01, Wiss. Ang. Paderborn UB 01, Speyer LB 01, Standortleitung 09, Abteilungsleitung Service LBZ 2015, Standortvertretung PLB 15, ☎ (06232) 9006-244, ✉ bahrs@lbz-rlp.de

* Bajarchuu, Mindshin, Berlin

* Balcerowski, Sebastian, Brandenburg an der Havel, 13.10.1986, Fürth, ✉ sebastian.balcerowski@gmx.de

* Ball, Rafael, Dr. rer. nat., Zürich (Schweiz), ETH-Bibliothek, Direktor, Leiter/Dir. der ETH-Bibliothek, 10.05.1964, Mainz, stud. Biologie, Russ., Poln., Philos., Staatsex. 92, Prom. 94, BRef. UB Freiburg 94, Frankfurt a. M. BSchule 95, Fachpr. 96, Jülich ZB d. Forsch.-Zentrums 96, Regensburg UB 08, Zürich ETH-Bibliothek 15, ☎ (0041 44) 632 21 25, ✉ rafael.ball@library.ethz.ch

* Balzuweit, Rike, M.A., Heidelberg, Universitätsbibliothek, Wiss. Ang., Stellv. Dir., Ltg. Abt. Dezentrale BB, Fachref. f. Allg., interdisziplinäre Literatur, Wissenschaft und Kultur, 01.11.1962, Bickenbach/Bergstr., stud. Philosophie, Germanistik, M.A. 89, CD-ROM-Projekt Heidelberg Springer-Verl. 90-91, Heidelberg Univ. Aufbau und Ltg. der FakultätsB Mathem. u. Informatik 92-04, Heidelberg UB Stellv. Ltg. Abt. Dezentrale BB 04-06, Stellv. Dir. 06, ☎ (06221) 54-2381, ✉ balzuweit@ub.uni-heidelberg.de

Barbian, Jan-Pieter, Dr. phil., Duisburg, Stadtbibliothek, Direktor, 20.07.1958, Saarbrücken, stud. Geschichte, Germanistik, Philosophie, M.A. 86, Prom. 91, ☎ (0203) 283 25 93, ✉ j.barbian@stadt-duisburg.de, stadtbibliothek@stadt-duisburg.de

* Barckow, Klaus, Paderborn, Ltd. BDir. a.D., 19.08.1936, Weimar, im BDienst 65-01, ☎ (05254) 6134, ✉ klaus.barckow@t-online.de

* Barnert, Arno, Dr. phil., Weimar, Herzogin Anna Amalia Bibliothek, Stellv. Direktor (komm.) und Leiter Abteilung Medienbearbeitung, 02.05.1973, Frankfurt a.M., stud. Dt. Philologie, Rechtswiss., Volkswirtschaftsl., M.A. 98, Prom. 05, BRef. Göttingen SUB 06-08, Dt. Literaturarchiv Marbach 09-15, HAAB Weimar 15-, ✉ arno.barnert@klassik-stiftung.de

* Baron, Günter, Dr. phil., Berlin, Dir. i. R., 18.05.1938, Neudeck/Schles., im BDienst 64-01, ☎ (030) 7854244, ✉ guenter.baron@gmx.de

* Baron, Susanne, Berlin, Stiftung Wissenschaft und Politik, Wiss. Dokumentarin, Referatsleiterin Fachinformationsverbund und Systemverwaltung, 08.04.1962, ☎ (030) 88007-343, ✉ susanne.baron@swp-berlin.org

* Bartel, Martina, M.A., Berlin, Goethe-Institut, stud. Germanistik, Italian., M.A. 97, BRef. ZLB Berlin 98, Köln FHBD 99, Fachpr. 00, New Delhi Goethe-Inst. 01-07, München Goethe Inst. 07-09, Mexiko City Goethe-Institut 09-13, München Goethe-Inst. 13-15, Buenos Aires Goethe Institut 15-16, Berlin Goethe-Institut 16-, ☎ (030) 25906-432, ✉ martina.bartel@goethe.de

* Bartelt, Frauke, Dr. phil., Düsseldorf, OBR a.D., 04.07.1941, Karlsruhe, im BDienst 74-04, ☎ (0211) 570 531

* Barth, Dirk, Dr. phil., Marburg, Ltd. BDir. a.D., 25.05.1944, Leer, im BDienst 69-05, ☎ (06420) 93030, 🖥 dirkbarth@gmx.net

* Bartsch, Marianne, Dr. rer. nat., Eppstein, BDir. i.R., im Bdienst 80-20, 17.10.1955, Gelsenkirchen, 🖥 marianne@bartsch-55.eu

* Bartsch, Suzie, Berlin, International University of Applied Sciences, Hans-Dieter Klingemann Library, Bibliotheksleiterin, 10.04.1965, São Paulo, 🖥 bartsch@berlin-international.de, library@berlin-international.de

* Bastian, Stefan, Dipl.-Ing., Aachen, Universitätsbibliothek der RWTH, Leiter Integrierte Medienbearbeitung, Fachref. f. Maschinen- u. Verkehrswesen, Regelungstechnik, Materialwiss. und Werkstofftechnik, 12.07.1964, Düren, stud. Maschinenbau, Diplom 93, BRef. Aachen BTH 94, Köln FHBD 96, Wiss. Ang. Aachen BTH 96, BR 99, OBR 02, BDir. 04, ☎ (0241) 80-94447, 🖥 bastian@ub.rwth-aachen.de

* Baudach, Frank, Dr. phil., Eutin, Landesbibliothek, Bibliotheksleiter, 22.02.1957, Kiel, stud. Germanistik, Philosophie, Musikwiss., M.A. 85, Prom. 90, ☎ (04521) 788-746, 🖥 f.baudach@lb-eutin.de

* Bauer, Bettina, Dipl.-Ling., Dipl.-Bibl., Stuttgart, Institut für Bildungsanalysen Baden-Württemberg (IBBW), 12.10.1963, Dettenhausen b. Tübingen, ☎ (0711) 970-1567, 🖥 bbauer.email@web.de

* Bauer, Charlotte, Leipzig, Universitätsbibliothek, Stellv. Direktorin, 26.06.1958, Görlitz, Diplom Sprachmittler Russisch/Polnisch, stud. Bibl.-Wiss., DHfK 80-91, UB Leipzig 91, stellv. Direktorin 99, ☎ (0341) 97-30512, 🖥 bauer@ub.uni-leipzig.de

* Bauer, Günther, Dr. theol., Bonstetten, BDir. i. R., 31.12.1932, Gleichamberg/Thür., im BDienst 64-94, ☎ (08293) 1816

* Bauer, Hans, Regensburg, Bibliothek des Leibniz-Instituts für Ost- und Südosteuropaforschung

* Bauer-Krupp, Delia Eva, M.A. (LIS), Duisburg, Universitätsbibliothek Duisburg-Essen, Fachref. f. Soziologie, Politikwissenschaft, 07.07.1973, Aachen, stud. Dt. Philol., Geschichte, Staatsex. 1999, BPrakt.Köln USB 01-02, Master of Library and Information Science (M.LIS) FH Köln 02-04, Prüfung 04, Wiss. Ang. UB Duisburg-Essen 03, BR z.A. Duisburg-Essen UB 05, BR 07, OBR 14, ☎ (0203) 379-2084, 🖥 delia.bauer-krupp@uni-due.de

* Baueregger, Nina, Dipl.-Kauffr., MBA (USA), Göttingen, Niedersächsische Staats- und Universitätsbibliothek, Fachreferentin, Fachref. f. Wirtschaftswiss., Politikwiss., Verwaltungswiss., Wehrwiss., Soziologie, 14.07.1979, Wiesbaden, BRef. am LBZ Rheinland-Pfalz/Rheinische LB Koblenz 10-12, BAssess. 12, BR an der Niedersächsischen SUB Göttingen 12, ☎ (0151) 414 20655, 🖥 baueregger@sub.uni-goettingen.de, nbaueregger@web.de

Baumann, Christian, Dr. phil. nat., Dipl.-Phys., Frankfurt am Main, Deutsche Nationalbibliothek (Leipzig, Frankfurt a. M.), Fachref. f. Naturwiss., Mathematik, Physik, Astronomie, Kartografie, Musik, Sport und Spiel, 22.08.1962, Hanau, stud. Physik, Mathematik, Chemie, Informatik, Musikwiss., Diplom 88, Prom., ☎ (069) 1525-1522, 🖥 c.baumann@dnb.de

* Baumann, Frank, Dr. rer. nat., Merseburg, Hochschulbibliothek der Hochschule, Wiss. Bibl., Bibliotheksdirektor, 19.11.1962, Radebeul, stud. Chemie 84-89, Leipzig-Grimma Dok. Chemieanlagenbau 89-91, wiss. Mitarb. Karl-Sudhoff-Inst. f. Gesch. d. Med. u. Naturwiss. 92-98, Büro f. Umweltschutz u. Arb.-Sicherheit 98-01, wiss. Bibl. ZentralB Med. d. Univ. Leipzig 02-07, Bibliotheksdir. HSB Merseburg 07-, ☎ (03461) 46-2269, 🖥 frank.baumann@hs-merseburg.de, frank.baumann1@t-online.de

* Baumgartner, Ferdinand, Dr. theol., Klosterneuburg (Österreich), Hofrat a.D., Dir. a.D., 01.05.1931, Wien

* Baur, Ursula, Düsseldorf, Stadtbüchereien

* Beberweil, Katharina, M.A., Essen, Leitung, 17.11.1980, Köln, 09/2006-10/2011 Subject and Senior Librarian for the School of Economics, Univ. Library, Free Univ. of Bozen-Bolzano, Italy, 11/2011-12/2013 Director of Information Resources, Information Resource Center, Jacobs Univ. Bremen, Deutschland, 02/2014-10/2014 Leitung Stadtbibliothek Achim, Deutschland, seit 11/2014 Manager IBFD Library and Information Centre, Amsterdam, The Netherlands, k.beberweil@web.de, kbeberweil@gmail.com

* Becher, Regine, Dipl.-Volksw., München, Bayerische Staatsbibliothek, 09.10.1979, Stuttgart, stud. Volksw., Dipl. 06, BRef. Osnabrück UB 06, München Bayer. BSchule 07, Fachpr. 08, Wiss. Ang. München BSB 08, BR 09, Mannheim UB 10, München BSB 11, BOR 16, ⌨ regine.becher@bsb-muenchen.de

* Becht, Michael, Dr. theol., Freiburg im Breisgau, Universitätsbibliothek, Fachreferent und kommiss. stellv. Leiter Dezernat Medienbearbeitung, Fachref. f. Theologie, Musikwissenschaft, stud. Kath. Theol., Gesch., Hist. Hilfswiss., Französisch, Staatsex. 94, Dipl. européen d'études médiévales 96, Prom. 99, BRef. UB Tübingen 98, BSchule Frankfurt a. M. 99, Fachpr. 00, Freiburg i Br. 00, BR 01, OBR 08 - Lehrauftr. f. Einführungswiss. Arb. Freiburg Univ., ⌨ becht@ub.uni-freiburg.de

* Beck, Stefan, Marburg, Universitätsbibliothek, 07.09.1985, ⌨ becks@ub.uni-marburg.de

* Becker, Carolin, Assess. jur., M.A. (LIS), München, Münchner Stadtbibliothek, Abteilungsleiterin, stud. Rechtswiss., 1. Staatsex. 01, 2. Staatsex. 03, BWiss. M.A. (LIS) 10, München UB der TU 07, München Stadtbibliothek 15, ☎ (089) 48098-3300, ⌨ carolin.becker@muenchen.de

* Becker, Hans Jürgen, Dipl.-Math., Göttingen, BDir. a.D., 02.06.1943, Siegburg, im BDienst 1975-2007, ☎ (0176) 549 192 08, ☎ (0176) 542 942 48

* Becker, Hans-Georg, Dipl.-Math., M.A. (LIS), Dortmund, Universitätsbibliothek, Abteilungsleiter Informationssysteme und Datenmanagement, 03.11.1975, Duisburg, stud. Mathematik, Informatik, Bibliotheks- und Informationswiss., ☎ (0231) 755-4036, ⌨ hans-georg.becker@tu-dortmund.de

* Beckerath, Melitta von, Dr. phil., Bonn, BDir. a.D., 24.08.1933, Köln, im BDienst 62-96, ☎ (0228) 32 10 25

* Beckmann, Regine, Berlin, Staatsbibliothek zu Berlin - Preußischer Kulturbesitz, Stabsstelle Sacherschließung, 25.08.1963, Kassel, stud. Kunstwiss., Neuere Geschichte, BWiss., M.A., Wiss. Ang. UB d. TU-Berlin Abt.BB Architektur u. Kunstwiss. 04-05, Wiss. Ang. Berlin SBB-PK 05-11, BR z.A. 11-12, BOR z.A. 12, BOR 14, Fachref. f. Kunst und Architektur 05-14, ☎ (030) 266-433132, ⌨ regine.beckmann@sbb.spk-berlin.de

* Bee, Guido, Dr. phil., Frankfurt am Main, Wiss. Ang., 28.01.1966, Waltrop, stud. Kath. Theologie, Germanistik, Philosophie, Pädagogik, Staatsex. 92, Prom 97, Wiss. Mitarb. Univ. Köln 98, Frankfurt DNB 05-, ☎ (069) 1525-1511, ⌨ guido.bee@t-online.de

* Beese, Nils, Dr. phil., Münster, Stadtbücherei, Abteilungsleiter, 03.11.1984, Duisburg, stud. Anglistik und Geschichte (Uni Köln), B.A. 09, Vergleichende Literaturwissenschaft (University of Rochester, NY, USA) M.A. 10, Irish Studies (Trinity College Dublin, Irland) M.Phil. 11, Promotion (LMU München) 16, BRef. Mainz UB 14-15, München Bibliotheksakademie Bayern 15-16, BR Bochum UB 16, BR Münster Stadtbücherei 19, ☎ (0251) 492-4254, ⌨ beese@stadt-muenster.de

* Beger, Gabriele, Prof. Dr., Hamburg, Ltd. BDir. i.R., 24.04.1952, Berlin, stud. Jura, 1. Staatsex. u. Diplom Berlin HU 90, Fernstud. B-Wesen, Diplom Berlin FS 76, Ang. Berlin StB 71, Wiss. Mitarb. 83, RA 90, Dir. 91, Dir. Berlin ZLB 96-05, Ltd. BDir. Hamburg SUB 05-18, Vors. d. DBV 07-10, ☎ (040) 42838-2211, 🖳 sekretariat@sub.uni-hamburg.de

* Behnke, Dorothea, Dr. phil., Kassel, Universitätsbibliothek Kassel - Landesbibliothek und Murhardsche Bibliothek der Stadt Kassel, Fachref. f. Anglistik, Romanistik, Allg. Sprach- u. Literaturwiss., Kunst, 30.04.1963, Düsseldorf, stud. Romanistik, Germanistik, Staatsex. 89, Prom. 94, Wiss. Mitarb. Düsseldorf Roman. Sem. d. Univ. 89, BRef. Heidelberg UB 93, Köln FHBD 94, Fachpr. 95, Wiss. Mitarb. (DFG) Wuppertal UB 96, Hamburg SuUB 98, BR z. A. Kassel UB/LB u. Murh. B 00, BR 01, BOR 03, ☎ (0561) 804-3424, 🖳 behnke@bibliothek.uni-kassel.de

* Behrends, Astrid, Dr. rer. nat., Dipl.-Biol., Oldenburg, Bibliotheks- und Informationssystem der Carl von Ossietzky Universität, Leitung Fachabt. Naturwiss., Mathematik und Medizin, Fachref. f. Biologie, Chemie, Geowiss. und Ozeanographie, 28.03.1968, Varel, stud. Biol., Dipl. 94, Prom. 99, wiss. Mitarb. MPI f. Marine Mikrobiol., BRef. Hannover UB/TIB 00-01, Köln FH 01-02, Fachprüf. 02, Wiss. Ref. Oldenburg BIS d. Univ. 03, ☎ (0441) 798-2352 /-4053, 🖳 astrid.behrends@uni-oldenburg.de

* Behrends, Elke, Dr. phil., Dipl.-Bibl. (Univ.), Magdeburg, Leibniz-Institut für Neurobiologie (LIN), 15.09.1963, Magdeburg, Direktstud. wiss. B-Wesen, Diplom Leipzig 85, Fernstud. B-Wiss., Diplom Berlin IBI 92, Prom. 94, Bibl. Magdeburg Fach-B d. Klinik f. Kinderheilkde. d. Univ. 85-05, Magdeburg Gemeinsame B theoret. Institute d. Med. Fak. d. Univ. 05-13, Leiterin d. Wiss. Bibliothek d. Leibniz-Instituts f. Neurobiologie Magdeburg 13-, ☎ (0391) 6263-91251, 🖳 elke.behrends@lin-magdeburg.de

* Beilfuß, Erika, Hamburg, BR i.R., 14.10.1943, Lahr, Wiss. Mitarb. Univ. Bremen 1996-2008, 🖳 erika.beilfuss@gmx.de

Belka, Ulrike, Dipl.-Bibl., Bochum, Hochschulbibliothek der Evangelischen Hochschule Rheinland-Westfalen-Lippe, Bibliotheksleiterin, ☎ (0234) 36901-240, 🖳 belka@evh-bochum.de

* Bendach, Bärbel, M.A., Berlin, VLR i.R., 26.09.1944, Berlin, im BDienst 1978-2009, ☎ (030) 70132845, 🖳 bg.bendach@web.de

* Bentele, Ida, Dr. phil., M.A. (LIS), Berlin, Stadtbibliothek Neukölln, Helene-Nathan-Bibliothek, Leitung Fachbereich Bibliotheken, 04.04.1981, Temeswar, studierte Iberoromanische Philologie und Pädagogik, M.A.; wiss. Mitarbeiterin an den Universitäten Hamburg, Hannover, LfbA in Erlangen und Halle; Prom. in span. Lit.wiss.; Bibliotheksreferendariat im IAI; BR an WLB Stuttgart 17-20, 🖳 ida.danciu@gmail.com

* Bentrup, Stefanie, Hamburg, Staats- und Universitätsbibliothek Hamburg Carl von Ossietzky

* Benz, Christian, Dipl.-Phys., Maxdorf, 24.06.1950, Aalen, stud. Physik, Diplom 77, BRef. Karlsruhe UB 78, Köln BLI 79, Fachpr. 80, BR z. A. Dortmund UB 80, BR 82, Köln FHB 83, OBR 84, BDir. 86, Ltd. BDir. Mannheim UB 95, i.R. 17

* Berg, Heinz-Peter, Dipl.-Ing., Düsseldorf, Universitäts- und Landesbibliothek, Mitarb. IT-Dez., Fachref. f. Biologie, Informatik, 30.09.1963, Bremervörde, stud. Elektrotechnik, Diplom 89, BRef. Darmstadt LuHB 95, Frankfurt a. M. BSchule 96, Fachpr. 97, BR z. A. Düsseldorf ULB 97, BR 99, OBR 02, ☎ (0211) 81-11486, 🖳 berg@ulb.hhu.de

* Berg, Lena, München, Universitätsbibliothek der LMU, Leitung Abteilung Dezentrale Bibliotheken, 2. stellv. Vorsitzende des VDB-Landesverbands Bayern, 01.05.1983, 🖳 lena.berg@ub.uni-muenchen.de

* Berg, Sabine, Dipl.-Bibl. (Univ.), Erlangen, Universitätsbibliothek Erlangen-Nürnberg, Geschäftsführung Monographienerwerbung incl. eBooks und Datenbanken, 15.11.1961, Potsdam, stud. Bibliothekswiss., Diplom 85, HAB Weimar, ZLB Berlin, seit 93 UB Erlangen-Nürnberg - Nebenamtl. Dozentin an der FHVR München, FB Archiv- u. Bibliothekswesen, sabine.berg@fau.de

* Bergenthum, Hartmut, Dr. phil., Marburg, Universitätsbibliothek, Abt.-Leiter Medienbearbeitung, Fachref. f. Geschichte, 24.06.1974, Marburg/Lahn, stud. Mittl. u. Neuere Geschichte, Politikwiss., Dt. Literaturwiss., M.A. 99, Wiss. Mitarb. Univ. Gießen 00, Prom. 04, BRef. Berlin SBB-PK 03, Bayer. BSchule 04, Fachpr. 05, BR z.A. Frankfurt a. M. UB 05, BR 07, BOR 10, Marburg UB 16, ☎ (06421) 28-25198, 🖳 hartmut@bergenthum.de, hartmut.bergenthum@ub.uni-marburg.de

* Bergerbusch, Eva-Maria, Witten, Witten/Annen Institut für Waldorf-Pädagogik e.V., ☎ (02302) 9673-232, 🖳 bibliothek@waldorfinstitut.de

* Berggötz, Oliver, Dr. phil., Berlin, Staatsbibliothek zu Berlin - Preußischer Kulturbesitz, Referatsleiter Lesesäle, Fachref. f. Klass. Philologie, Byzantinistik, Mittellatein, Altertumswiss., 14.05.1957, Karlsruhe-Durlach, stud. Klass. Philologie, Geschichte, Mittellatein, Staatsex. 84, Prom. 90, Wiss. Ang. Kiel Univ. 88, BRef. Göttingen SUB 90, Köln FHBD 91, Fachpr. 92, Wiss. Ang. Stuttgart LB 92, BR z. A. Berlin SBB-PK 93, BR Berlin SBB-PK 94, BOR 99, ☎ (030) 266-433 900, 🖳 oliver.berggoetz@sbb.spk-berlin.de

* Berghaus-Sprengel, Anke, M.A., Halle (Saale), Universitäts- und Landesbibliothek Sachsen-Anhalt, 19.04.1962, stud. Geschichte, Germanistik, Philosophie, M.A. 93, BRef. Berlin ZuLB, Köln FH 99-00, Fachpr. 00, EDV-Leitung der ZLB BAssess. ZLB 01, BR. 02, BOR 04, Leitung Verbund öffentl. Bibl. 04-05, EDV-Leitung ZLB bis 06, BDir. 06, UB d. HU Berlin 06-16, ULB Sachsen-Anhalt, Direktorin 16-, ☎ (030) 2093-99290, 🖳 anke.berghaus-sprengel@bibliothek.uni-halle.de

* Beringer, Constanze, Bonn, Universitäts- und Landesbibliothek

* Bernard, Miriam, Dr., Berlin, Universitätsbibliothek der Technischen Universität

* Berndsen, Silke, M.A., Halle (Saale), Universitäts- und Landesbibliothek Sachsen-Anhalt, Fachref. f. Anglistik, Amerikanistik und Keltologie, Indogermanistik, Slavistik, Sprechwiss. und Phonetik, Allg. Sprachwiss., Allg. Literaturwiss., Allg. Geisteswiss., stud. Osteurop. Geschichte, Slavistik, Geschichte, Germanistik, Sprachen d. Baltikums, M.A. 03, Staatsex. Lehramt 06, BRef SBB-PK 06-07, Bayer. BSchule München 07-08, Projektkoordination „OstDok", BSB München 09-10, ULB Halle 10-, 🖳 silke.berndsen@bibliothek.uni-halle.de

* Bernhard, Mechthild, M.A., Berlin, stud. Slavistik, Bibliothekswissenschaft M.A. 09, Staatsbibliothek zu Berlin - Preußischer Kulturbesitz 10-13, DHI Moskau 13--20, Nordost-Institut Lüneburg 20-, ☎ (04131) 40059-23, 🖳 m.bernhard@ikgn.de

* Bernsdorf, Anne-Kathrin, M.A., M.A. (LIS), Halle (Saale), Universitäts- und Landesbibliothek Sachsen-Anhalt, Fachreferentin, Fachref. f. Chemie, Informatik, Sortimentsbuchhändlerin 03, stud. Literaturwissenschaft u. Interkulturelle Wissenskommunikation, M.A. 11; Wiss. Mitarbeiterin an der Sächsischen Akademie der Wissenschaften Leipzig 11-12, Bibliothek u. Archiv des Kunstmuseums Moritzburg in Halle (Kulturstiftung Sachsen-Anhalt) 14-19, berufsbegleit. FS Bibliotheks- u. Informationswissenschaft HU Berlin 16-18, M.A. (LIS) 18, Projektmitarbeit in der IT-Abteilung d. ULB Sachsen-Anhalt 19-21, Fachreferentin 21-, ☎ (0345) 5522068, 🖳 anne-kathrin.bernsdorf@bibliothek.uni-halle.de

Berthold, Henrike, Dr., Dresden, Sächsische Landesbibliothek - Staats- und Universitätsbibliothek, Abteilungsleiterin IT, 🖳 henrike.berthold@slub-dresden.de

* Berthold, Renate, Frankfurt (Oder), Universitätsbibliothek der Europa-Universität Viadrina, Wiss. Ang., Leiterin d. Benutzungsabt., Fachref. f. Sozialwiss., Soziol., Politikwiss., Päd., Psychol., Geogr., Ethnol., Kunst, Musik, Kommunikationwiss., Sport, 23.05.1961, Gummersbach, stud. Sozialwiss., Germanistik, Erziehungswiss., Ev. Theologie, Staatsex. 86, BRef. Paderborn UB 87, Dortmund StuLB 88, Köln FHBD 88, Fachpr. 89, Wiss. Ang. Bamberg UB 90, BR z. A. 91, Ang. Oberhausen StB 93, Frankfurt (Oder) UB 93, ☎ (0335) 5534-3395, 🖥 berthold@europa-uni.de

* Beßlich, Siegfried, Dr. phil., Mainz, OBR i. R., 01.02.1935, Trier, im BDienst 65-00

  Beyer, Alexandra, Dipl.-Bibl. (FH), Freising, Bibliothek der Hochschule Weihenstephan, Leiterin, ☎ (08161) 71-3376, 🖥 leitung.bibliothek@hswt.de

* Beyer, Hartmut, Dr. phil., Wolfenbüttel, Herzog August Bibliothek, Stellv. Leiter der Abt. Alte Drucke, Fachref. f. Philosophie und Slawistik, 17.09.1976, Lippstadt, stud. Geschichte, Lateinische Philologie des Mittelalters Göttingen/Münster 97-03, Prom. 07, Wiss. Mit. WWU Münster 08-10, BRef. SBB-PK 10-12, Wiss. Ang. HAB Wolfenbüttel 12, BR 16, ☎ (05331) 808-372, 🖥 beyer@hab.de

* Beyrodt, Wolfgang, Dr. phil., Dipl.-Bibl., Berlin, Akad.OR. a.D., 29.10.1948, Enger/Kr. Herford, im BDienst 1978-2014, 🖥 rodty@zedat.fu-berlin.de, khibib@zedat.fu-berlin.de

  Biedermann, Gabriele, M.A. (LIS), M.A., Dipl.-Bibl., Mannheim, Bildungszentrum der Bundeswehr - Bundesakademie, Leiterin Bibliothek, 22.02.1961, ☎ (0621) 4295-2350, 🖥 gabrielebiedermann@bundeswehr.org

* Biehl, Andreas, Augsburg, Universitätsbibliothek, Fachref. f. Mathematik und Physik, 23.02.1976, Saarbrücken, stud. Elektrotechnik, Diplom 04, Wiss. Mitarb. Univ. Saarbrücken 05-07, BRef. Kaiserslautern UB u. München Bayer. BSchule 07-09, BR Augsburg UB 10, ☎ (0821) 598-2408, 🖥 andreas.biehl@bibliothek.uni-augsburg.de

  Bielke, Søren, B.Eng., Bielefeld, Stadtarchiv und Landesgeschichtliche Bibliothek, Leitung Landesgeschichtliche Bibliothek, 26.05.1987, Bielefeld, ☎ (0521) 51-6841, 🖥 soeren.bielke@bielefeld.de

* Bien, Doris, Dipl.-Biol., Neustadt an der Weinstraße, BAssess., 16.11.1959stud. Biologie, Diplom 85, BRef. Heidelberg UB 88, Frankfurt a. M. BSchule 89, Fachpr. 90, Wiss. Mitarb. Ludwigshafen Knoll AG/Abbott GmbH & Co. KG 90, Senior Research Information Scientist ABBVie Deutschland & Co. KG bis 12/2017

* Bierlein, Ulrike, Sistrans (Österreich)

* Bies, Werner, Dr. phil., Berlin, im Bdienst von 1985 bis 2017, 19.02.1952, Dinslaken, stud. Anglistik, Germanistik, Philosophie, M.A. 75, Prom. 79, Wiss. Mitarb. 79, Freiberufl. Übers. 84, BRef. Darmstadt LuHB 85, Frankfurt a. M. BSchule 86, Fachpr. 87, BAssess. Berlin UB d. FU 87, BR 90, Leiter Berlin B d. John-F.- Kennedy-Inst. 00, OBR 03

* Bilo, Albert, Essen, Ltd. Bibliotheksdirektor Duisburg-Essen a.D., 08.09.1953, Bergisch-Gladbach, im BDienst 86-19, Arnold-Gehlen-Gesamtausg. 80-86, Düsseldorf ULB 88-97, Duisburg-Essen UB Ltd. BDir. 97-19, 🖥 albert.bilo@uni-due.de

* Bilz, Martin, Dipl.-Wirt.ing., M.A. (LIS), Lüneburg, Leuphana Universität, Medien- und Informationszentrum (MIZ), Stellv. Leiter MIZ: Bibliothek, Dezernent f. Medienmanagement & E-Science (Bestandsentwicklung, Digitale Bibliothek, Publikationsservice, Open Access, Forschungsdatenmanagement, Forschungsinformationssystem), stud. Wirtschaftsingenieurwesen (Maschinenbau), Wiss. Mitarb. u. Doktorand Produktionstechnik, BRef. ULB Darmstadt, Fachpr. 12, M.A. (LIS) 12, BR 12, OBR 15, seit WS 16 Masterstudium Bibliotheksinformatik, Fachref. u. Erwerbungsleiter UB d. TU Hamburg 12-18, seit 18 MIZ Universität Lüneburg, ☎ (04131) 677-1113, 🖥 martin.bilz@leuphana.de

Binder, Andrea, Dipl.-Phys., Leipzig, Deutsche Nationalbibliothek (Leipzig, Frankfurt a. M.), Fachref. f. Mathematik, Physik, 06.05.1959, Ortrand, a.binder@dnb.de

* Binder, Wolfgang, Dipl.-Phys., Bielefeld, BDir. a.D., 06.09.1943, Iserlohn, im BDienst 1971-2008 UB Bielefeld

Bischoff, Beate, Köln, Museum Ludwig, Wiss. Dokumentarin, Grafische Sammlung, Zeitgenössische Kunst, 21.01.1963, Herne, stud. Geschichte, Hist. Hilfswiss., Germanistik, Pädagogik, Staatsex. 87, Wiss. Hilfskr. Marburg Univ. 89, BRef. Siegen UB 90, Köln FHBD 91, Fachpr. 92, Wiss. Mitarb. Siegen AV-Medienzentr. d. Univ. GHS 92, Leiterin d. Ausbildung, Lektorat f. Päd., Gesch., Geogr., Phil., Köln StB 93, Wiss. Dokumentarin, Köln Museum Ludwig 12-, ☎ (0221) 221-23399, 🖥 beate.bischoff@museum-ludwig.de

* Bittner, Regine, Bayreuth, Universitätsbibliothek

Blaue, Claudia, Dipl.-Bibl., Witzenhausen, Bibliothek des Deutschen Instituts für tropische und subtropische Landwirtschaft, 18.06.1960, Dörnberg, ☎ (05542) 607-13, 🖥 bibliothek@ditsl.org

* Blenkle, Martin, Dr. rer. nat., Dipl.-Chem., Bremen, Staats- und Universitätsbibliothek, Dezernent Digitale Dienste, 22.01.1962, Braunschweig, Dipl.-Chemiker 91, Prom. 94, Wiss. Referent TU Dresden 95-96, BRef. Braunschweig UB 96, Köln FHBD 97, Bremen SuUB BR 98, OBR 02, BDir 11, ☎ (0421) 218-59410, 🖥 blenkle@suub.uni-bremen.de, blenkle@web.de

* Bley, Matthias, Oldenburg, Landesbibliothek, 21.06.1980, 🖥 bley@lb-oldenburg.de

* Blinten, Benjamin, M.A., M.A. (LIS), Berlin, Bibliothek für Sozialwissenschaften und Osteuropastudien der Freien Universität, Bibliotheksleitung, stellv. Leitung Dezentrale Bibliotheken der FU, Fachref. f. Politikwiss., 16.05.1973, Langen, stud. Kulturanthropologie, Anglistik, M.A. 01, Bwiss., M.A. (LIS) 04, BRef. Berlin UB der HU 02-04, Wiss. Ang. Berlin B d. John-F.-Kennedy-Instituts f. Nordamerikastudien d. FU 04, BAssess. 08, BR 10, Berlin B f. Sozialwiss. u. Osteuropastudien der FU 12, OBR 13, BDir. 14, stellv. Leitung Dezentrale Bibl. d. FU 19, ☎ (030) 838-52307, 🖥 benjamin.blinten@fu-berlin.de

* Block, Barbara, Dr. phil., Göttingen, Verbundzentrale (VZG) des Gemeinsamen Bibliotheksverbundes, Wiss. Ang., stellv. Dir., Leiterin Bibliothekarische Dienste GBV-Verbundzentrale, 02.10.1956, Münster, stud. Gesch., Math., Staatsex. 82, Prom. 87, BRef. Münster UB 86, Köln FHBD 87, Fachpr. 88, Wiss. Ang. Paris Dt. Hist. Inst. 88, Wiss. Ang. Göttingen SUB 89, ☎ (0551) 39-31101, 🖥 block@gbv.de

Blockhaus, Brigitte, M.A., Dipl.-Bibl., Düsseldorf, Kunstakademie, Bibliothek und Archiv, Leiterin Bibliothek und Archiv, 23.08.1958, Essen, BLI Köln 77-80, stud. Anglistik, Publizistik, Neu-Germ., M.A. 87, ☎ (0211) 1396-461, 🖥 brigitte.blockhaus@kunstakademie-duesseldorf.de, bibliothek@kunstakademie-duesseldorf.de

* Blödorn-Meyer, Petra, Dr. phil., M.A., Hamburg, Staats- und Universitätsbibliothek Hamburg Carl von Ossietzky, Leiterin Hauptabteilung Collectionen, Fachref. f. Allg. Romanistik, Franz. u. Italien. Sprach- u. Literaturwiss., 25.03.1960, Kierspe, stud. Romanistik, Kunstgeschichte, M.A. 86, Prom. 90, BRef. Bonn UB 92, Köln FHBD 93, Fachpr. 94, Wiss. Ang. Hamburg SuUB 95, BR 96, OBR 04, BDir. 05, ☎ (040) 42838-2227, 🖥 petra.bloedorn@sub.uni-hamburg.de

Blome, Astrid, PD Dr., Dortmund, Institut für Zeitungsforschung, Direktorin, ☎ (0231) 5023216, 🖥 zeitungsforschung.dortmund@stadtdo.de

* Blomeyer, Antje, Dipl.-Math., Dortmund, Universitätsbibliothek, Medienbudget, Lizenz- und Bestandsmanagement, Fachref. f. Mathematik, Musik und Statistik, 13.08.1970, Herford, stud. Mathematik, Musik, BWL, 1. Staatsex. 96, 2. Staatsex. 99, Mathem. Dipl. 02, Wiss. Ang. Osnabrück UB 02-03, BRef. SUB Göttingen 04, München BSchule 05, München BSB 06, BR 07, Dortmund UB der TU 12-, OBR 12, ✉ antje.blomeyer@tu-dortmund.de

* Blüggel, Bruno, M.A., Greifswald, Universitätsbibliothek, Koordination Digitalisierungsprojekte, Fachref. f. Germanistik, Kommunikationswiss. und Rechtswiss., 23.03.1960, Bödefeld, stud. Germanistik, Bibliothekswiss., Geschichte, M.A. 90, Organisationsprogrammierer Siemens Bonn 90, Progr. Startext GmbH Bonn 91, BRef. Marburg UB 94, BSchule Frankfurt a. M. 95, Fachpr. 96, BR Greifswald UB 96, ☎ (03834) 420-1609, ✉ blueggel@uni-greifswald.de

* Blümig, Frank, Dipl.-Phys., Würzburg, Universitätsbibliothek, Leiter Abt. Benutzungsdienste, Fachref. f. Physik und Technik, 08.02.1965, Coburg, stud. Physik, Diplom 92, BRef. München Bayer. BSchule 93, Fachpr. 95, BAssess. Würzburg UB 95, BR 98, BOR 02, BDir. 09, ☎ (0931) 31-85946, ✉ frank.bluemig@bibliothek.uni-wuerzburg.de

* Blümig, Gabriele, Dr. phil., M.A., Würzburg, Universitätsbibliothek, Abteilungsleiterin Informationszentrum, Koordination Informationskompetenz, 20.05.1977, Karlstadt am Main, stud. Romanistik, Germanistik, M.A. 02, Prom. 06, BRef. Heidelberg UB 05, München Bayer. BSchule 06, Erziehungszeit 07-13, BAng. Würzburg UB Koordination Informationskompetenz 13-, Leitung Informationszentrum 17-, ☎ (0931) 31-85235, ✉ gabibluemig@hotmail.de, gabriele.bluemig@bibliothek.uni-wuerzburg.de

* Blume, Katja, Detmold, Stadtbibliothek

* Blume, Peter, Dr. phil., M.A. (LIS), Ilmenau, Universitätsbibliothek, Leitung Medienbearbeitung, stellv. Bibliotheksdirektor, ☎ (03677) 69-4776, ✉ peter.blume@tu-ilmenau.de

* Boccalini, Sabine Ilse, Dipl.-Biol., Osnabrück, Universitätsbibliothek, Open-Access-Beauftragte, Fachref. f. Physik, 21.02.1968, Düsseldorf, Frankfurt a. M. BSchule 90, stud. Biol., Diplom 95, Wiss. Ang. Marburg FB Zool. 95-96, BRef. Karlsruhe UB 96, Frankfurt a. M. BSchule 97, Fachpr. 98, Wiss. Ang. Frankfurt a. M. Senckenb. B 98, BR z. A. 99, BR 00, Geschäftsf. Leiterin 99-02, Leiterin Lok.-Syst. Frankfurt a. M. 99-01, Elternzeit 02, Osnabrück UB 11-, ☎ (0541) 969-4568/ -2718, ✉ sabine.boccalini@ub.uni-osnabrueck.de

* Bock, Gunter, Prof., Dipl.-Soz., Garbsen, Prof. Bibliothekswesen, Gründungsdekan FB Bibliothekswesen, Information, Dokumentation, 17.08.1939, Hannover, stud. Soziologie, Psychologie, Politikwiss., Diplom 68, BRef. Hannover TUB 68, Köln BLI 69, Fachpr. 70, BAssess. Hannover TUB 70, BR 71, Hannover LB 71, BOR 72, BDir. 78, Prof. Hannover FH, Fachber. BID 80, Rektor FH Hannover 85-90, ☎ (05031) 76472, ✉ gunter.bock@web.de

* Bode, Hermann, Dr. phil., Göttingen, BDir. a.D., 16.12.1927, Hildesheim, im BDienst 58-87, ☎ (0551) 792125, ✉ chbode39@kabelmail.de

* Bodem, Claudia, Bremen, Staats- und Universitätsbibliothek, Leiterin d. Dez. Ben., 26.06.1961, Münster, stud. Germ., Angl., Päd., Staatsex. 86, BRef. Münster StBü 87, Münster UB 88, Köln FHBD 88, Fachpr. 89, Wiss. Ang. Berlin HSB d. HS d. Künste 89, Wiss. Ang. Göttingen SUB 90, BR Bremen SuUB 91, OBR 97, BDir. 01, ☎ (0421) 218-3641, ✉ bodem@suub.uni-bremen.de

* Bögel, Cornelia, Dr., Passau, Universitätsbibliothek, Fachref. f. Slavistik, Osteuropäische Geschichte, Pädagogik, Pychologie, Philosophie und Kunst

* Boehm, Diemut Maria, Dr. phil., M.A., München, Bayerische Staatsbibliothek, Abt. BEE 1, Fachref. f. Sacherschließung, 06.07.1965, Münster/Westf., stud. Romanistik, Musikwiss., Germanistik, M.A. 90, Prom. 92, BRef. München BSB 91, München Bayer. BSchule 92, Fachpr. 93, Wiss. Ang. München BSB 93, BR z. A. 94, BR 99, Erz.-Url. 01, BOR 10, ☎ (089) 28638-2138, ✉ diemut.boehm@bsb-muenchen.de

* Böhme, Moritz, M.A., Berlin, Kunstbibliothek der Staatlichen Museen zu Berlin, Stiftung Preußischer Kulturbesitz, Archäologische Bibliothek, Leiter d. Archäologischen Bibliothek, 11.03.1977, Bonn, stud. Alte Geschichte, Latein, Vergl. Religionswiss., M.A. 04, Wiss. Hilfskraft Univ. Bonn 04-06, Wiss. MA Univ. Bremen 06-10, BRef. Berlin SBB-PK 10-12, Referent f. Bestandsaufbau 12-13, Wiss. Ang. Kompetenzzentrum f. Lizenzierung 14-20, Berlin KunstB: Archäologische B 20-, ☎ (030) 266-42 58 00, ✉ m.boehme@smb.spk-berlin.de

* Böhner, Dörte, M.A., Jena, Thüringer Universitäts- und Landesbibliothek, Sachgebietsleiterin Teilbibliothek Geisteswissenschaften, doerte.boehner@thulb.uni-jena.de

* Boekhorst, Peter te, Dr. phil., M.A., Münster, Universitäts- und Landesbibliothek, Stellv. Dir., Leiter d. Dez. Medienbearbeitung, 08.12.1957, Goch, stud. Anglistik, Mittl. u. Neue Geschichte, M.A. 83, Prom. 87, BRef. Siegen UB 87, Köln FHBD 88, Fachpr. 89, BR z. A. Münster UB 89, BR 91, OBR 95, BDir. 02, ☎ (0251) 83-24023, ✉ peter.te.boekhorst@uni-muenster.de

* Bösing, Laurenz, Dr. phil., Konstanz, Ltd. BDir. i. R., 05.08.1933, Haltern am See, im BDienst 65-98, ☎ (07531) 93 90 93, ✉ boesing@gmx.net

* Bötte, Gerd-J., Berlin, Staatsbibliothek zu Berlin - Preußischer Kulturbesitz, Stellv. Leiter d. Abt. Historische Drucke, 09.12.1958, Helmarshausen/Kr. Kassel, stud. Anglistik, Geschichte, Staatsex. 85, Wiss. Ang. Göttingen SUB 86, BRef. Hannover LB 88, Köln FHBD 89, Fachpr. 90, Wiss. Ang. Göttingen SUB 90, BR 96, BOR 99, Berlin SBB-PK 01, BDir. 02, ☎ (030) 266-43 6600, ✉ gerd-josef.boette@sbb.spk-berlin.de

* Böwe, Anke, Heidelberg, Deutsches Rechtswörterbuch, Forschungsstelle der Heidelberger Akademie der Wissenschaften

* Bogun, Volker Manfred, Dr. phil., Berlin, BOR a.D., 21.05.1937, Mahren/Kr. Marienwerder, im BDienst 66-02 - Ehrenamtl. Tätigkeit Berlin SBB-PK 02

Boigk, Peter, Berlin, AUMA e.V., Bibliotheksleiter, 05.02.1964, ✉ messebibliothek@auma.de

* Boll, Katharina, Dr. phil., Würzburg, Universitätsbibliothek, Referentin für Öffentlichkeitsarbeit, Abteilungsleiterin „Fränkische Landeskunde", Fachref. f. Germanistik, Europäische Ethnologie, Museologie, Allgemeines, stud. Germanistik, Kath. Theologie, Erziehungswissenschaft, Staatsex. 00, Wiss. Ang. Würzburg Univ. 01-05, Prom. 05, BRef. Freiburg i.Br. 05, München Bayer. BSchule 06, Fachpr. 07, BR z.A. Würzburg UB 07, BR 10, BOR 17, ☎ (0931) 31-85938, ✉ katharina.boll@bibliothek.uni-wuerzburg.de

* Bolle, Ruth, Dipl.-Bibl. (FH), Rottenburg, Stadtbibliothek, Leiterin, ☎ (07472) 165160, ✉ ruth.bolle@rottenburg.de

* Bollendorf, Nadine, Dr. phil., München, Universitätsbibliothek der LMU, Öffentlichkeitsarbeit, Aus- und Fortbildung, Fachbibliothek Psychologie, Pädagogik und Soziologie, Fachref. f. Psychologie, Pädagogik, Soziologie, stud. Erziehungswissenschaft, BWL und Psychologie, M.A. 06; Prom. (Psychologie) 16, Bibliotheksreferendariat in Heidelberg und München 16-18; UB der LMU 18-, ✉ nadine.bollendorf@ub.uni-muenchen.de

* Bollin, Stefanie, Greifswald, Universitätsbibliothek, Open-Access-Beauftragte der UB Greifswald, Bereich Lizenzen im Geschäftsgang, Fachref. f. Slawistik, Baltistik, 10.12.1971, Berlin, 🖥 bollin@uni-greifswald.de

* Bongartz, Elke C., Dr., Bonn, Deutsches Institut für Erwachsenenbildung, Leibniz-Zentrum für Lebenslanges Lernen e.V., Bibliothek

* Boni, Manfred, Dr. phil., Dipl.-Soz., Wuppertal, BDir. i.R., 08.06.1947, Düsseldorf, im BDienst 1977-2012, ☎ (0202) 437 511, 🖥 m-boni@gmx.de

* Bonte, Achim, Dr. phil., Dresden, Sächsische Landesbibliothek - Staats- und Universitätsbibliothek, Generaldirektor, 12.02.1964, Karlsruhe, stud. Geschichte, Germanistik, Staatsex. 90, Prom. 95, BRef. Heidelberg UB 94, BSchule Frankfurt a. M. 95, Fachpr. 96, Wiss. Ang. Heidelberg UB 96, BAssess. 98, BR 99, OBR 01, BDir. 03, Ltd. BDir. Dresden SLUB 06, Stellv. d. Generaldirektors 06, Generaldirektor 18, Generaldirektor SBB-PK 21, 🖥 achim.bonte@sbb.spk-berlin.de

* Borbach-Jaene, Johannes, Dr., Dortmund, Stadt- und Landesbibliothek, Geschäftsbereichsleiter Bibliotheken, Direktor der Stadt- und Landesbibliothek, 20.09.1968, Paderborn, stud. Biologie, Dipl. 96, Prom. 02, stud. BWiss., M.A. 04, UB Marburg 02-04, UB Paderborn 04-11, StLB Dortmund 11-, ☎ (0231) 50 23225, 🖥 jborbach@stadtdo.de

* Bosch, Gabriele, Dr. phil., Potsdam, Bibliothek des Zentrums für Militärgeschichte und Sozialwissenschaften der Bundeswehr (ZMSBw), Bibliotheksleiterin, 31.12.1965, Limburg/Lahn, stud. Philosophie, Neuere Geschichte, Politikwiss., M.A. 92, Prom. 98, wiss. Mitarb. in der Forschungsstelle für Personalschriften Univ. Marburg 97-07, ab 00 TU Dresden, postgraduales Fernstudium B- und Informationswiss. an der HU Berlin 04-06, M.A. (L.I.S.) 06, Leiterin der B des Militärgeschichtlichen Forschungsamtes in Potsdam 08, ☎ (0331) 9714-572, 🖥 gabrielebosch@bundeswehr.org, zmsbwbibliothek@bundeswehr.org

* Boß, Elke, Dipl.-Bibl., Darmstadt, Zentralbibliothek der Evangelischen Kirche in Hessen und Nassau (EKHN) 31.05.1967, 🖥 eeboss@web.de, elke.boss@ekhn.de

* Bossert, Barbara, Berlin

* Boßmeyer, Christine, Dr., Frankfurt am Main, Ltd. BDir. a.D., 21.12.1938, Gelsenkirchen, im BDienst 62-02, ☎ (069) 528720, 🖥 christine.bossmeyer@t-online.de

* Bost-Borzynski, Silke, Dipl.-Bibl. (FH), Münster, Bibliothek der Kapuziner, Leiterin der Bibliothek, Fachref. f. Theologie, 19.03.1973, Krefeld, ☎ (0251) 9276-134, 🖥 bibliothek.muenster@kapuziner.org

* Bouillon, Thomas, M.A., Erfurt, Universitätsbibliothek, Ref. Sonderslg., Koor. Sacherschl., Fachref. f. Religionswiss., Psychologie, 29.06.1959, Dudweiler, stud. Soziologie, Polit.-Wiss., Relig.-Wiss., Indol., Neuere Dt. Lit., M.A. 86, Ang. Hildesheim StArchiv u. StB 86, Wiss. Ang. Hannover StB 87, Ang. Hildesheim UB 89, BRef. Göttingen SUB 92, Köln FHBD 93, Fachpr. 94, BR z. A. Erfurt UB 94, BR 97, BOR 00, ☎ (0361) 737-5881, 🖥 thomas.bouillon@uni-erfurt.de

* Bove, Heinz-Jürgen, Dipl.-Verw.wiss., M.A. (LIS), Berlin, Staatsbibliothek zu Berlin - Preußischer Kulturbesitz, Fachref. f. Sozial- und Verwaltungswiss., Sport u. Spiele, 09.11.1971, Ulm, stud. Verwaltungswiss., Pol. u. Staatswiss., Dipl. 00, Fernstud. BWiss., M.A. 04, Wiss. Ang. Berlin SBB-PK 04, BR 10, BOR 12, ☎ (030) 266-433141, 🖥 heinz-juergen.bove@sbb.spk-berlin.de

* Bräuning-Orth, Stefanie, Dipl.-Biol., M.A. (LIS), Kassel, Universitätsbibliothek Kassel - Landesbibliothek und Murhardsche Bibliothek der Stadt Kassel, Fachref. f. Biologie, Chemie, Physik, Mathematik, Naturwiss., Agrarwiss. und Sport, ☎ (0561) 804-2130, 🖥 braeuning-orth@bibliothek.uni-kassel.de, steffi.braeuning@web.de

* Brahms, Ewald, Dr., Hildesheim, Universitätsbibliothek, Stiftung Universität Hildesheim, Direktor, ☎ (05121) 883-93002, ✉ brahms@uni-hildesheim.de, ub_sekretariat@uni-hildesheim.de

* Brand, Jan, Dipl.-Inf., Oldenburg, Bibliotheks- und Informationssystem der Carl von Ossietzky Universität, Digitale Bibliothek, Lokales Bibliothekssystem, ☎ (0441) 798-2201, ✉ jan.brand@uni-oldenburg.de

* Brand, Joachim Alexander, Dr. phil., M.A., Berlin, Kunstbibliothek der Staatlichen Museen zu Berlin, Stiftung Preußischer Kulturbesitz, Stellv. Direktor der Kunstbibliothek, 09.11.1960, Marburg, stud. Kunstgeschichte, europ. Ethnologie, Neuere Dt. Literatur, Prom. 94, Stip. 95-96, Wiss. Museumsass. in Fortb. b. d. Staatl. Mus. Berlin 96-98, BRef. Berlin SBB u. Köln FH 99-01, Fachpr. 01, Berlin KunstB 01, ☎ (030) 266-42-4107, ✉ j.brand@smb.spk-berlin.de

* Brandenburger, Christine, Dipl.-Volksw., Leipzig, Universitätsbibliothek, Bibliothek Rechtswissenschaft, Leiterin, Fachref. f. Recht und Wirtschaft, 27.09.1962, Dessau, stud. VWL, Territorialplanung, Dipl.1986, Tätigkeit in d. Industrie bis 99, Fachref. SLUB Dresden 02-18, Fachref. UBL 18-, ☎ (0341) 97-30650, ✉ brandenburger@ub.uni-leipzig.de

* Brandes, Dietmar, Prof. Dr. rer. nat. habil., Dipl.-Chem., Braunschweig, Ltd. BDir. a.D.; Mitglied des Kuratoriums der HAB Wolfenbüttel 2014-, 12.03.1948, Braunschweig, stud. Chemie, Botanik, Diplom 72, Prom. 75, Wiss. Ass. Braunschweig Inst. f. Anorgan. Chemie 73, BRef. Braunschweig UB 78, Köln BLI 79, Fachpr. 80, BR z. A. Braunschweig UB 80, BR 81, BOR 85, BDir. 86, Ltd. BDir. 88-13, Mitgl. d. Verbundleitung d. GBV 96-13, Stellv. Vors. d. Verbundleitung des GBV 99-00, 13, Apl. Prof. f. Botanik a. d. TU Braunschweig 90-, Vizepräsident d. Braunschweigischen Wiss. Gesellschaft (BWG) 13, Präsident d. Braunschweigischen Wiss. Gesellschaft (BWG) 14-16, Mitglied des Kuratoriums der Herzog August Bibliothek 14-, ☎ (0531) 338465, ✉ d.brandes@tu-braunschweig.de

* Brandt, Olaf, Tübingen, Universitätsbibliothek, Leiter IT-Abteilung / BD, 18.08.1971, Höxter, ✉ olafhatmail@aol.de

* Brandt, Sebastian, Siegen, Universitätsbibliothek, Fachreferent, Fachref. f. Soziologie, Politik, Pädagogik, Psychologie, 12.06.1984, ✉ brandt@ub.uni-siegen.de

* Brandtner, Andreas, Dr., Mag., M.Sc., MBA, Berlin, Universitätsbibliothek der Freien Universität, Dir., 22.05.1965, Linz, stud. Deutsche Philologie, Philosophie Univ. Wien, München, Paris, Mag. 94, Prom. 98, Grundausbildung Bibliotheks-, Informations- und Dokumentationsdienst UB Wien 04, stud. Library and Information Studies Univ. Wien, MSc 08, stud. International Arts Management Univ. Salzburg, MBA, Wiss. Mitarb. Linz Stifter-Institut 88-97, Wien Österreichische Nationalbibliothek 97-00, stv. Leiter Handschriftensammlung Wiener Stadt- und Landesbibliothek 00-05, stv. Leiter Wien UB 05-10, Dir. Mainz UB 10-18, Dir. UB der FU Berlin 18-, ☎ (030) 838454224, ✉ brandtner@ub.fu-berlin.de

* Braschoss, Katja, M.A., Berlin, Universitätsbibliothek der Humboldt-Universität zu Berlin, Wiss. Bibl., 05.07.1966, Berlin, Dipl.Bibl.90, Berlin UB der TU 90-03, stud. Gesch., Politol., M.A. 96, stud. BWiss., Wiss.Bibl. 99, Erw.-Leiterin der UB der HU Berlin 04-, ✉ katja.braschoss@ub.hu-berlin.de

* Braß, Monika, Dr. phil., Berlin, BR, beurl., 09.04.1965, Freising, stud. Anglistik, Germanistik, 1. Staatsex. LAGym. 91, M.A. 92, Prom. 97, BRef. ULB Bonn 98, Köln FH, Fachpr. 00, Wiss. Ang. Weimar HAAB 00, BAssess. Stuttgart LB 02, BR 03, BID-Geschäftsführerin 09, ✉ monika.brass@t-online.de

* Brauer, Agnes, Frankfurt am Main, Universitätsbibliothek Johann Christian Senckenberg, 20.09.1979, ✉ a.brauer@ub-uni-frankfurt.de

* Brauer, Julia, Jena, Thüringer Universitäts- und Landesbibliothek

* Brazda, Monika, Dr. phil., M.A., Oldenburg, OBR i.R., 28.06.1944, Sigmaringen, im BDienst 77-04, ☎ (0441) 4855704, ✉ brazda@t-online.de

* Breckheimer, Matthias, Leipzig, Leibniz-Institut für Geschichte und Kultur des östlichen Europa, Bibliotheksleiter, Fachref. f. Osteuropäische Geschichte, Literaturwissenschaft, Sprachwissenschaft, Kunstgeschichte, Archäologie

* Bredendiek, Britta, Köln, Cologne Business School (CBS)

* Brehm, Elke Renate, Assess. jur., LL.M., BAssess., Hannover, Technische Informationsbibliothek (TIB), Fachreferentin; stv. Justiziarin; Datenschutzbeauftragte, Fachref. f. Rechtswissenschaften, seit 2009 Technische Informationsbibliothek (TIB), ✉ elke.brehm@tib.eu

* Breitenbach, Almut, Dr., Göttingen, Niedersächsische Staats- und Universitätsbibliothek, Wiss. Mitarbeiterin, Handschriften und seltene Drucke, 03.02.1973, Siegen, stud. Englisch, Deutsch LA Sek. I/II Siegen/Dublin, Lektorin am Germanistischen Inst. d. Univ. Szeged/Ungarn 01-02, Prom. 08 in Germanistischer Mediävistik, Wiss. Mitarb. in DFG-Verbundprojekt „Schriftlichkeit in süddt. Frauenklöstern" 08-11, Referendariat 12-14, ✉ breitenbach@sub.uni-goettingen.de

* Brenn, Daniel, M.A., Halle (Saale), Universitäts- und Landesbibliothek Sachsen-Anhalt, IT-Mitarbeiter Digital Humanities, Open Science, Forschungsdaten, 24.04.1985, ✉ daniel.brenn@bibliothek.uni-halle.de

* Brenner, Reinhard, Dipl.-Volksw., Ratingen, Dir. a.D., 24.04.1944, Stuttgart, im BDienst 1972-2009, ☎ (02102) 148 98 16, ✉ post@reinhard.brenner.de

* Breslau, Ralf, Dr. phil., Berlin, Staatsbibliothek zu Berlin - Preußischer Kulturbesitz, 06.07.1957, Potsdam-Babelsberg, stud. Germanistik, Geschichte, Erziehungswiss., Philosophie, Staatsex. 83, Prom. 87, BRef. Berlin SBPK 87, Köln FHBD 88, Fachpr. 89, Wiss. Ang. Berlin SBPK 90, BR z. A. 93, BR 94, BOR 01, ☎ (030) 266-435 104, ✉ ralf.breslau@sbb.spk-berlin.de

* Brettschneider, Peter, Konstanz, Kommunikations-, Informations-, Medienzentrum (KIM) der Universität, Fachref. f. Rechtswiss.

* Brinkmann, Katrin, Berlin, Bibliothek des Deutschen Bundestages, Fachref. f. Rechtswiss., 09.05.1961, Berlin, ☎ (030) 227-35282, ✉ katrin.brinkmann@bundestag.de

* Brintzinger, Klaus Rainer, Dr. oec., Dipl.-Volksw., München, Universitätsbibliothek der LMU, Dir., 17.01.1961, Esslingen/N., stud. Volkswirtschaft, Diplom 88, Prom. 95, Wiss, Mitarb. Freiburg Univ. 89, Lehrbeauftr. Freiburg Univ. u. Lörrach Berufsakad. 90-92, BRef. Konstanz UB 92, Frankfurt a. M. BSchule 93, Fachpr. 94, BAssess. Jurist. Sem. d. Univ. Tübingen 94, BR 96, OBR 98, BDir. Tübingen UB 05, Ltd. BDir. München 08 - stv. Vorsitzender des VDB, ☎ (089) 2180-2420, ✉ brintzinger@ub.uni-muenchen.de

* Brockmann, Agnieszka, Dr. phil., Frankfurt (Oder), Universitätsbibliothek der Europa-Universität Viadrina, Leiterin der Bibliothek des Collegium Polonicum in Slubice, stud. Kulturwiss. (Schwerpunkt osteurop. Lit. u. Kulturen) Frankfurt (Oder) u. Moskau, Prom. in Literaturwiss., Studium BWiss. Berlin / Archivwiss. in Potsdam, wiss. Mitarbeiterin ZLB, wiss. Mitarbeiterin KOBV, Leiterin des Universitätsarchivs Frankfurt (Oder), ☎ (0335) 5534 16 6752, ✉ aswierszcz@yahoo.com, brockmann@europa-uni.de

* Brösing, Andrea, Dipl.-Biol., M.A. (LIS), Mainz, Universitätsbibliothek, Wiss. Bibl., Fachref. f. Biologie, Geographie & Geowissenschaften, ☎ (06131) 39-26059, ✉ broesing@uni-mainz.de

Brogiato, Heinz Peter, Dr. phil., M.A., Leipzig, Geographische Zentralbibliothek, Abt.-Leiter, BLeiter u. Leiter d. Archivs f. Geographie, 15.06.1958, Gerolstein, stud. Geographie u. Geschichte, Prom. 96, ☎ (0341) 600 55 126, 💻 h_brogiato@leibniz-ifl.de

* Broman, Per, Berlin

* Broschard, Monica, M.A., Stuttgart, Kommunikations-, Informations- und Medienzentrum (KIM) der Universität Hohenheim, Leiterin Bereichsbibliothek, Fachref. f. Wirtschafts- u. Sozialwiss., 10.04.1973, stud. Bibliotheks- u. Informationswiss., Politikwiss., Statistik u. Datenanalyse, Rechtswiss., M.A. 05, Bibl. des Zentrums für Europäische Wirtschaftsforschung 00-05, KIM Hohenheim 06-, ☎ (0711) 459 - 22101, 💻 m.broschard@uni-hohenheim.de

* Brosowski, Gritt, M.A., M.A. (LIS), Schwerin, Landesbibliothek Mecklenburg-Vorpommern, Dezernentin Landesbibliographie, Regionalliteratur, Information, Fachref. f. Allgemeines, Philosophie, Theologie, Geschichte, Sprach- und Literaturwissenschaften, Verwaltungswissenschaft, Politikwissenschaft, 30.05.1979, Cottbus, stud. Mittlere und Neuere Geschichte, Politikwiss., Osteurop. Geschichte, M.A. 06, wiss. Mitarb. Univ. Göttingen 07-09, BRef. LB Oldenburg 09-11, LBMV 11-, BR 14, ☎ (0385) 588 79 222, 💻 G.Brosowski@lakd-mv.de

* Brugbauer, Ralf, Dipl.-Biol., Bayreuth, Universitätsbibliothek, Ltd. Bibliotheksdirektor, 31.10.1961, Thuine (Ldkrs. Emsland), stud. Biol., Diplom 90, Wiss. Mitarb. UB Osnabrück 90-91, BRef. Gießen UB 91, Frankfurt a.M. BSchule 92, Fachpr. 93, BR z. A. UB Marburg 93, BR 96, BOR 99, BDir. 01, Ltd. BDir. UB Bayreuth 07-, ☎ (0921) 553400, 💻 ralf.brugbauer@uni-bayreuth.de

* Brunenberg-Piel, Ulrike, Dipl.-Bibl., M.A. (LIS), Düsseldorf, Universitäts- und Landesbibliothek, 04.11.1957, Krefeld, Dezernat Benutzung 79-02, Leitung Stabsstelle Büroleitung/Gebäudemanagement 02-16, Kommissarische Leitung Dezernat Benutzung 13-15, Dezernat Zentrale Dienste 17. Seit 2015 Mitglied der Baukommission des dbv/VDB., ☎ (0211) 8115803, 💻 Ulrike.Brunenberg-Piel@ulb.hhu.de

Bruns, Sabine, Berlin, Bundesministerium für Arbeit und Soziales, Bibliotheksleiterin, 19.03.1966, Göttingen, ☎ (030) 18 527-2222, 💻 sabine.bruns@bmas.bund.de

* Brzoska, Yvonne, M.A., M.A. (LIS), Aachen, Universitätsbibliothek der RWTH, Stellv. Dezernatsleitung Benutzung, Hauptabteilungsleitung Informationsdienste, Öffentlichkeitsarbeit, Fachref. f. Sprach- u. Literaturwiss., Anglistik und Amerikanistik, Germanistik, Romanistik und Pädagogik, stud. Germanistik und Politologie, M.A. 03, MA (LIS) 07, UB Bonn 07, UB Aachen 07-, ☎ (0241) 80 - 94453, 💻 brzoska@ub.rwth-aachen.de

Bubel, Elke, Dipl.-Bibl., M.A., Saarbrücken, INM - Leibniz-Institut für Neue Materialien gGmbH, Leiterin der NTNM-Bibliothek, 07.01.1967, Zweibrücken, ☎ (0681) 302-4651, 💻 elke.bubel@leibniz-inm.de

Bubenik, Claudia, Dr. phil., München, Bayerische Staatsbibliothek, Wiss. Ang., München BSB, Leiterin des Referats Alte und seltene Drucke, Erwerbung Antiquaria 1450-1950, Slg. dt. Drucke 1450-1600, VD 16, VD 17, VD 18, 16.02.1967, München, stud. Germanistik, Ethnologie, Sozialpsychologie, M.A. 97, Prom. 00, ☎ (089) 28638-2261, 💻 claudia.bubenik@bsb-muenchen.de

* Bubke, Karolin, Dr. phil., M.A., Oldenburg, Bibliotheks- und Informationssystem der Carl von Ossietzky Universität, Leitung Abteilung Benutzungs- und Informationsdienste, Leitung Universitätsarchiv, Fachref. f. Germanistik, Niederlandistik, Allg. und sonstige Sprach- und Literaturwiss., Klass. Philologie, Romanistik, Skandinavistik und spezielle Sprachen, 26.03.1976, Nordenham, stud. Geschichte, Kunstgeschichte, Angl., M.A. 01, Prom. 05, BRef. Oldenburg LB 05-06, München Bayer. BSchule 06-07, Bochum UB 07-14, Oldenburg BIS seit 2015, ☎ (0441) 798-4027, 💻 karolin.bubke@uni-oldenburg.de

Buchholtz, Evelyn, M.A., Krefeld, Mediothek, Leitung, Fachref. f. Kunst, 05.10.1958, Mönchengladbach, BWesen FH Stuttgart 80, stud. Kunstgeschichte, Germanistik, M.A. 97, ☎ (02151) 86-2760, 💻 evelyn.buchholtz@krefeld.de

* Buchholz, Petra, Dipl.-Bibl., Dipl.-Biol., M.A. (LIS), Berlin, Freie Universität, Campusbibliothek Natur-, Kultur- und Bildungswissenschaften, Mathematik, Informatik und Psychologie, Fachreferate, Forschungsdaten, Informationskompetenz, Fachref. f. Erziehungswissenschaften, Psychologie, Fachdidaktiken, Gender, Mathematik, Informatik, Naturwissenschaften, 24.02.1965, Berlin, Dipl.-Bibl. 87, stud. Biologie, Diplom 95, M.A. (LIS) 04, Dipl.-Bibl. UB und Bereichsbibliothek Biologie der FU Berlin 87-07, 08-10, Leitung Bibliotheksbereich 10.II (Chemie/Pharmazie, Mathematik/Informatik, Physik) FU Berlin, Fachref. f. Chemie, Informatik, Mathematik, Pharmazie und Physik 07/08, 10-15, UB der FU Berlin Forschungsdaten, Informationskompetenz Naturwissenschaften 15-21, FU Berlin Campusbibliothek Fachreferentin (kommissar.) 21-, ☎ (030) 8 38 54 791, 💻 p.buchholz@fu-berlin.de

* Buck, Herbert, Dr. phil., Neu-Isenburg, BDir. i.R., 13.03.1939, Heilbronn, im BDienst 66-04, ☎ (06102) 327001, 💻 buck-herbert@gmx.de

* Bück, Annette, Dipl.-Oecotroph., Gießen, Universitätsbibliothek, Ausbildungsleiterin, Leiterin der ZweigB Agrarwiss. u. Geographie, Fachref. f. Agrarwiss., Ökotrophologie, 18.12.1966, Gießen, stud. Oecotrophologie, Diplom 89, BRef. Gießen UB 90, Frankfurt a. M. BSchule 91, Fachpr. 92, Wiss. Ang. Gießen UB 94, BR z. A. 00, BR 01, BOR 10, ☎ (0641) 99-14010, 💻 annette.bueck@bibsys.uni-giessen.de

Bülow, Ulrich von, Dr., Marbach am Neckar, Deutsches Literaturarchiv Marbach, Wiss. Mitarb., Leiter d. Archivabteilung, 18.04.1963, Schwerin, stud. Germanistik, Staatsex. 88, ☎ (07144) 848-400, 💻 buelow@dla-marbach.de

* Bürger, Thomas, Prof. Dr. phil., Radebeul, Gen.Dir. a.D. SLUB Dresden, 24.07.1953, Arnsberg, stud. Germanistik, Geschichte, Philosophie, Staatsex. 78, Prom. 90, Wiss. Ang. (DFG) Wolfenbüttel HAB 81, BRef. Wolfenbüttel HAB 84, Köln FHBD 85, Fachpr. 86, Wiss. Ang. Wolfenbüttel HAB 86, BAssess. 90, BR 91, BOR 93, BDir. Dresden SLUB 98, Ltd. BDir. 99, Generaldir. 03-18, Hon.Prof. Fak. Sprach-, Literatur- u. Kulturwiss. der TU Dresden seit 09, ☎ (0351) 8306965, 💻 buerger.thomas1@gmx.de

* Bunge, Eva Christina, München, Bibliothek des Deutschen Museums, Stellv. Bibliotheksleitung, stud. Physik in Zürich M.S. 13, stud. Bibliothekswissenschaften in Berlin M.A. (LIS) 16, Bibliotheksreferendariat UB TU Berlin 16, stellv. Bibliotheksleitung der Bibliothek des Deutschen Museums 16-, 💻 e.bunge@deutsches-museum.de

* Burger, Christoph, Dr. theol., Tübingen, OBR a.D., 07.12.1937, im BDienst 73-92, ☎ (07071) 84782

* Burgschweiger, Carolin, Hamburg, Kuehne Logistics University - KLU

Burkard, Benjamin, Köln, Hochschulbibliothekszentrum des Landes Nordrhein-Westfalen (hbz), Wiss. Ang., Leitung der Gruppe Datenbankservices u. Verbunddienstleistungen, 15.04.1978, Oldenburg, stud. Historisch-kulturwiss. Informationsverarbeitung und u.a. Mittlere und Neue Geschichte, 99-05, Wiss. Mitarb. am Lehrstuhl für Historisch-kulturwiss. Informationsverarbeitung 05-06, BRef. Berlin TU 06-08, Ang. HBZ, Koordination u. techn. Weiterentwicklung vascoda 08-09, Leitung der Gruppe Datenbankservices u. Verbunddienstleistungen HBZ 09-, ☎ (0221) 40075-126, 💻 burkard@hbz-nrw.de

* Burkard, Ulrike, Dr., Dipl.-Math., Mainz, 10.05.1971, stud. Mathematik, Physik, Informatik, 1. Staatsex. 97, Diplom 00, BRef. Kaiserslautern UB 03, Bay. BSchule München Fachpr. 05, Fachinformationsmanagerin Forschungszentrum Jülich 05, BR Mainz UB 08, Prom. 09, 💻 u.burkard@ub.uni-mainz.de

* Busch, Margarete, Dr. phil., Köln, Bibliothek der Technischen Hochschule, Bibliotheksleiterin, 💻 margarete.busch@th-koeln.de

* Buschhart, Cliff, M.A., Brandenburg an der Havel, Hochschulbibliothek der Technischen Hochschule, 18.01.1989, Belzig, ☎ (03381) 355165, 💻 cliff.buschhart@th-brandenburg.de

* Butz, Cornelie, Dr., Leipzig, Bibliothek des Bundesverwaltungsgerichts, Leiterin Informationsdienste, 29.12.1957, Stuttgart, stud. Rechtswiss., 1. Staatsex. 82, 2. Staatsex. 85, BRef. Berlin Amerika-Gedenk-B/StBü Charlottenburg 86, Köln FHBD 87, Fachpr. 88, Ang. Bonn B d. Dt. Bundestages 88, BR z. A. Berlin B d. BVerwG 89, BR 90, BOR 92, BDir. 94, M.A. 99, ☎ (0341) 2007 1600, 💻 cornelie.butz@bverwg.bund.de

* Butz, Vera, Bayreuth, Universitätsbibliothek, Fachref. f. Afrikastudien, Allg. Sprach- u. Literaturwiss., Anglistik/Amerikanistik, Ethnologie, Klass. Philologie, Medien- und Theaterwiss., Kunst, 02.08.1984, stud. Englisch und Geschichte, Staatsex. 10, Sozialkunde, Staatsex. 11, Wiss. Mitarbeiterin Inst. f. Englische Philologie LMU München 11-12, BRef. UB Bayreuth und BAB 12-14, Fachreferentin UB Bayreuth seit 14, ☎ (0921) 55-3432, 💻 vera.butz@googlemail.com, vera.butz@uni-bayreuth.de

* Caemmerer, Christiane, Dr. phil., Berlin, stud. Germ., Angl., Päd., Philos., Staatsex. 80, Prom. 95, Wiss. Mitarb. Bern Lang-Verl. 83-85, Wiss. Mitarb. Fachber. Germ. Berlin FU 89-95, BRef. Berlin UB d. FU 96-97, BSchule Frankfurt a. M. 97-98, Fachpr. 98, BAng. Berlin SBB-PK 99-00, Wiss. Ang. 01, ☎ (030) 266-435 170, 💻 christiane.caemmerer@sbb.spk-berlin.de

   Camaiani, Elena, Dipl.-Bibl., Düsseldorf, Bibliothek des Heinrich-Heine-Instituts, Leiterin, ☎ (0211) 89-95572, 💻 heine-bibliothek@duesseldorf.de

* Carius, Hendrikje, Dr., Gotha, Forschungsbibliothek, Stellv. Direktorin, Leiterin der Abteilung Benutzung und Digitale Bibliothek, 08.10.1975, Stralsund, ☎ (0361) 737-5532, 💻 hendrikje.carius@uni-erfurt.de

* Caviola, Sandra, Dr. phil., M.A. (LIS), Hagen, Universitätsbibliothek der Fernuniversität, Fachreferentin, Fachref. f. Bildungswissenschaft, Psychologie, Soziologie, Politikwissenschaft, 31.08.1969, Hemer, stud. Publizistik und Kommunikationswissenschaft, Politikwissenschaft, Neuere Geschichte, Prom. 00, Studium Bibliotheks- und Informationswissenschaft, MA LIS 12, ☎ (02331) 987-2925, 💻 sandra.caviola@fernuni-hagen.de

* Cervantes, Raul, M.A. (LIS), Möckern-Friedensau, Bibliotheksleiter, 22.06.1972, Axocomanitla (Mexiko), 💻 raulcervantes@msn.com

* Cervelló-Margalef, Juan Antonio, Dr. phil., Köln, BDir. a.D., 25.12.1939, Tarragona/Span., im BDienst 73-01, ☎ (0221) 380062, 💻 jacerv@gmx.de

* Ceynowa, Irmhild, Dr. phil., M.A., München, Bayerische Staatsbibliothek, Leitung d. Inst. f. Bestandserhaltung und Restaurierung, 21.02.1963, Aschaffenburg, stud. Hist. Hilfswiss., Germanistik, Kunstgeschichte, M.A. 88, Prom. 94, BRef. München Bayer. BSchule 93, Fachpr. 95, BAssess. Bamberg UB 95, BR z. A. München UB 96, BR 98, München BSB BOR 03, BDir. 06, Ltd. BDir. 15, ☎ (089) 28638-2625, 💻 irmhild.ceynowa@bsb-muenchen.de

* Ceynowa, Klaus, Dr. phil., München, Bayerische Staatsbibliothek, Generaldirektor, 20.10.1959, Paderborn, stud. Philosophie, Germanistik, Geschichte, Erziehungswiss., Staatsex. 86, Prom. 91, BRef. Münster ULB 92, Paderborn StB 93, Köln FHBD 93, Fachpr. 94, BR z. A. Münster ULB 95, BR 96, OBR 98, BDir. 00, Ltd. BDir. Göttingen SUB 02, Stellv. Generaldir. München BSB 05, Generaldir. München BSB 15, ☎ (089) 28638-2201, 💻 ceynowa@bsb-muenchen.de

* Charles, Alexandra, M.A. (LIS), Dortmund, Universitätsbibliothek, ☎ (0231) 755-4023, 💻 alexandra.charles@tu-dortmund.de

* Christ, Andreas, Kiel, Universitätsbibliothek, Stabsbereich Digital Humanities & Forschungsdaten, Fachref. f. Geschichte, ☎ (0431) 880-5421, 🖥 christ@ub.uni-kiel.de

* Christensen, Anne, Dipl.-Bibl. (FH), M.A. (LIS), Lüneburg, 11.05.1974, 🖥 anne.christensen@uni.leuphana.de

* Christof, Jürgen, M.A., M.A. (LIS), Berlin, Universitätsbibliothek der Technischen Universität, Direktor, stud. Politikwiss., Philosophie, Soziologie, M.A. 96, stud. BWiss., MA (LIS) 04, ☎ (030) 314-76055, 🖥 juergen.christof@tu-berlin.de

* Cicek, Timucin, Stuttgart, Hochschule der Medien, Fakultät Information und Kommunikation

Claussen, Elke, Wuppertal, Hochschul- und Landeskirchenbibliothek, Bereiche Öffentlichkeitsarbeit, Elektronische Medien und Benutzerschulung, 03.07.1963, Aurich, ☎ (0202) 2820-123, 🖥 claussen@hlb-wuppertal.de

* Clemens, Gabriele, Dipl.-Math., Frankfurt am Main, BOR i.R., 29.08.1946, Frankfurt a. M., im BDienst 71-11, ☎ (069) 771116, 🖥 gabriele-clemens@t-online.de

* Clemens, Indra, Bad Friedrichshall, 🖥 indra.clemens@exitnode.net

* Coers, Birgitta, Dr., Sigmaringen, Staatsarchiv, Provenienzforschung, 27.02.1970, 🖥 birgitta.coers@uni-tuebingen.de

* Cole, Jim E., M.A., Ogden, Utah (USA), i.R., 14.05.1948, Fort Dodge/Iowa, im BDienst 1971-2010, ☎ (001) 385-289-8044 (USA), 🖥 jim@coleonline.us

* Colomb, Ann-Katrin, Dr., München, Bayerische Staatsbibliothek, Mitglied d. Red. ZfBB u. BFB, Fachref. f. Sprache, Literatur, Theater, Film, Wirtschaft (engl.), 26.01.1976, Düsseldorf, stud. Mittelalterl. u. Neuere Geschichte, Neuere Engl. Lit., M.A./Maîtrise 01, Wiss. Ang. Univ. Tübingen 02-04, Prom. 09, BRef. München BSB 06, München Bayer. BSchule 07, Fachpr. 08, Wiss. Ang. München BSB 08, BR 10, ☎ (089) 28638-2763, 🖥 ann-katrin.colomb@bsb-muenchen.de

* Comes, Angela, Wolfenbüttel, stud. Gesch., Latein, Staatsex. 87, 2. Staatsex. höh. Lehramt 96, Wiss. Hilfskr. Göttingen Akad. d. Wiss. 88, BRef. Freiburg UB 92, Frankfurt a. M. BSchule 93, Fachpr. 94, ☎ (05331) 71909

* Conradi, Györgyi, Dipl.-Chem., Leipzig, Wiss. Ang. i.R., 25.04.1944, Budapest, im BDienst 1969-2008, 🖥 gconradi@gmx.de

* Conradt, Volker, Dipl.-Math., Konstanz, Bibliotheksservice-Zentrum Baden-Württemberg (BSZ), Stellv. Leiter, 15.12.1957, Berlin, Diplom 75, ☎ (07531) 88-4169, 🖥 volker.conradt@bsz-bw.de

* Cordes, Birte, Dr., Marburg, Universitätsbibliothek, Referentin eScience-Services Natur- und Lebenswissenschaften, 28.07.1985, 🖥 birte.cordes@ub.uni-marburg.de

* Cordes, Eilhard, Dr. rer. nat., Dipl.-Geol., Osnabrück, Ltd. BDir. i.R., 14.07.1938, Hamburg, im BDienst 65-03, ☎ (0541) 443466, 🖥 eilhard.cordes@t-online.de

* Cramme, Stefan, Dr. phil., Berlin, Bibliothek für Bildungsgeschichtliche Forschung Abteilung des DIPF / Leibniz-Institut für Bildungsforschung und Bildungsinformation, Bibliotheksleiter, 08.04.1966, Goslar, stud. Geschichte, Latein, klass. Archäologie, M.A. 92, Prom. 96, BRef. Oldenburg LB 96, Köln FH 97, Fachpr. 98, Wiss. Ang. Göttingen SUB 99, Berlin BBF d. DIPF 01, Bibl.-Leiter 12, ☎ (030) 293360-657, 🖥 cramme@dipf.de

* Crass, Hanns Michael, Dr. phil., Dipl.-Bibl., Köln, BDir. i.R., 09.06.1944, Darmstadt, im BDienst 75-09, 🖥 h.m.crass@t-online.de

* Cremer, Christiane, M.A., Aachen, Bibliothek des Instituts für Textiltechnik der RWTH, Leiterin, 17.09.1959, stud. Mittlere u. Neuere Geschichte, Geographie, Polit. Wiss., M.A. 91, Aachen RWTH Inst. f. Textiltechnik 92, Fernstud. Wiss. Bib. 00, ☎ (0241) 80-23490, 🖥 christiane.cremer@ita.rwth-aachen.de

Cristea, Hans-Joachim, Dr., Trier, Bibliothek des Bischöflichen Priesterseminars, Direktor, Fachref. f. Theologie, Philosophie, Diözesankunde Bistum Trier, Grenzgebiete, stud. Kathol. Theol., Klass. Philologie, Pädag. u. Wiss. v. Christl. Orient, Dipl.-Theol. (Theol. Fak. Trier), Assess. d. Lehramts (Studiensem. Koblenz), Dr. phil. (Univ. Bonn), M.A. (LIS) (HU Berlin); Wiss. MA Univ. Eichstätt, Wiss. MA / Akad. OR für bibl. Sprachen Trier, seit 2014 Direktor der Bibl. des Bischöfl. Priesterseminars Trier, ☎ (0651) 9484-143, 🖥 cristea@bps-trier.de

* Crom, Wolfgang, Dipl.-Geogr., Berlin, Staatsbibliothek zu Berlin - Preußischer Kulturbesitz, Leiter d. Kartenabt., 20.07.1960, Kevelaer, stud. Geographie, Bodenkunde, Botanik, Völkerkunde, Diplom 86, BRef. Tübingen UB 90, Köln FHBD 91, Fachpr. 92, Wiss. Ang. Stuttgart LB 93, BAssess. Stuttgart LB 94, BR 94, BOR Berlin SBB-PK 00, BDir. 02, ☎ (030) 266-435400, 🖥 wolfgang.crom@sbb.spk-berlin.de

* Crusius, Gabriele, Dr. phil., Oldenburg, OBR i.R., 31.10.1938, Kiel, im BDienst 67-03, 2007 Promotion (Carl v. Ossietzky Univ. Oldenburg), ☎ (0441) 18 14 995, 🖥 gabriele.crusius@web.de

* Czaika, Susanne, Leipzig, Deutsche Nationalbibliothek (Leipzig, Frankfurt a. M.)

* Czekalla, Gudrun, Dipl.-Politol., Stuttgart, Bibliothek des Instituts für Auslandsbeziehungen, Leiterin, 09.06.1957, Oberhausen, stud. Sozialwiss., Politikwiss., Psychologie, Geschichte, Diplôme d'Études Approf. 83, BRef. Bochum UB 85, Duisburg StB 86, Köln FHBD 86, Fachpr. 87, Stuttgart B d. Inst. f. Auslandsbez. 88 , Leiterin 04, ☎ (0711) 2225-148, 🖥 czekalla@ifa.de

* Czolkoß-Hettwer, Michael, Dr. phil., Göttingen, Niedersächsische Staats- und Universitätsbibliothek, Fachreferent, Fachref. f. Wirtschaftswiss., Politikwiss., Soziologie (i. V.), 29.09.1986, Berlin, stud. Geschichte und Politikwiss. an der Universität Greifswald 13, Promotion im Fach Geschichte an der Universität Oldenburg 19, BRef. Berlin SBB-PK 20, Wiss. Mitarbeiter Berlin SBB-PK 20-21, Wiss. Ang. Göttingen SUB 21, 🖥 michael.czolkoss-hettwer@posteo.de

* da Silva Cardoso, Heike, Augsburg, Universitätsbibliothek, Leitung Referat IT, Fachref. f. Geographie, Allg. Sprachwissenschaft, 🖥 hcardoso@live.de

* Dabrowski, Christian, Hagen, Hochschulbibliothek der Fachhochschule Südwestfalen, Bibliotheksleiter, 🖥 dabrowski.christian@fh-swf.de

Dagleish, Christopher, Regensburg, Universitätsbibliothek, Fachreferent, Fachref. f. Anglistik/Amerikanistik, Slawistik, Musikwissenschaft, 14.04.1958, Newport, England, University of Glasgow, Scotland, MA (Hons) 82; DipLib, University College London, England 86; Nuffield College Library, Oxford (Assistant Librarian) 86-93; Universitätsbibliothek Regensburg 93-, ☎ (0941) 943-3435, 🖥 chris.dagleish@ur.de, chris.dagleish@gmx.de

* Dammeier, Johanna, Dr., Tübingen, Universitätsbibliothek, Abteilungsleiterin Akquisition und Metadaten, Fachref. f. Biochemie, Chemie, Pharmazie

* Danckwerts, Marion, Dipl.-Volksw., Hamburg, OBR a.D., 28.04.1939, im BDienst 63-81, ☎ (040) 60151-25

Daniel, Frank, Köln, Stadtbibliothek, Leiter Digitale Dienste und Schulservice, Fachref. f. Online-Quellen, Digit. B, 03.05.1962, Schwerte, ☎ (0221) 221-23882, 🖥 daniel@stbib-koeln.de

* Daniel, Silvia, Dr., M.A., München, Bayerische Staatsbibliothek, Stellv. Leitung Referat Zentrum für Elektronisches Publizieren / Fachinformation Geschichte, 23.04.1976, Neuwied, stud. Geschichte, Philos., Politol., Prom. 06, Wiss. Mitarb. u. Persönl. Ref. d. Präs. d. Univ. Mainz 05-06, BRef. 06-09 weg. EZ, seit 09 BSB München Direktionsreferat, seit 14 Ref. ZEP/Fachinformation Geschichte, seit 17 stellv. Ltg. ZEP/Fachinformation Geschichte, 🖥 silvia.daniel@bsb-muenchen.de

* Dannehl, Wiebke, M.A., M.A. (LIS), Stuttgart, Württembergische Landesbibliothek, Digitale Publikationen, stud. Kunstgeschichte, Geschichte, Geographie, M.A. 01, MLIS 05, Stuttgart WLB 07-, ☎ (0711) 212-4472, 🖥 dannehl@wlb-stuttgart.de

Dannert, Martina, Osnabrück, Stadtbibliothek, Bibliotheksleiterin, 12.04.1965, Osnabrück, ☎ (0541) 323-4426, 🖥 dannert@osnabrueck.de

* Danowski, Patrick, Dipl.-Inf., Wien (Österreich), wiss. Ang., Manager SSU Library, 21.03.1975, Delmenhorst, stud. Informatik Dipl. 03, Bibliotheks- und Informationswiss. (MA LIS) 06, BRef Berlin ZLB 04-06, wiss. Ang. Berlin SBB-PK 06-09, Fellow CERN 09-10, Senior Expert Information Service IST Austria 10, Manager SSU Library IST Austria 11-, ☎ (0043 2243) 9000 1013, 🖥 patrick.danowski@ist.ac.at

Danszczyk, Arkadiusz, Dr., Herne, Stiftung Martin-Opitz-Bibliothek, Stellv. Direktor, Fachref. f. Ostmittel- und Südosteuropa, 24.07.1979, Kattowitz, ☎ (02323) 16-2188, 🖥 arkadiusz.danszczyk@herne.de

Dauer, Friederike, Osnabrück, Universitätsbibliothek, Stellv. Dir., Dez. d. dezentralen Bereichs-B sowie Ausbildungsleiterin, Fachref. f. Rechtswiss., 15.02.1961, Bremerhaven, stud. Rechtswiss., Staatsex. 86, BRef. Osnabrück UB 90, Köln FHBD 91, Fachpr. 92, BAssess. Osnabrück UB 92, BR 93, BOR 97, BDir. 04, ☎ (0541) 969-4320, 🖥 friederike.dauer@ub.uni-osnabrueck.de

Davidts, Claudia, Soest, Stadtarchiv und Wissenschaftliche Stadtbibliothek, Leitung d. ArchivB, 25.07.1959, Hannover, Köln Bibliothekslehrinstitut (=FHBD) 77-80, Soest Stadtarchiv 80, ☎ (02921) 103-1244, 🖥 c.davidts@soest.de

* Decke-Cornill, Renate, Dr. phil., Bremen, BOR a.D., 15.04.1948, Soest, im BDienst 1984-2013, ☎ (0421) 244 92 12, 🖥 deckecor@uni-bremen.de

* Dees, Werner, Dr., Gießen, Universitätsbibliothek, 01.03.1976, 🖥 werner.dees@bibsys.uni-giessen.de

* Degkwitz, Andreas, Prof. Dr. phil., Berlin, Universitätsbibliothek der Humboldt-Universität zu Berlin, Direktor, 16.02.1956, Frankfurt a. M., stud. Griech., Latein, Mittellatein, Germanistik, Philosophie, Kunstgeschichte, Staatsex. 84, Wiss. Mitarb. Freiburg Sem. f. Mittellat. Philol. d. Univ. 84, Prom. 88, BRef. Heidelberg UB 87, Köln FHBD 88, Fachpr. 89, Wiss. Ang. (DFG) Karlsruhe LB 89, Wiss. Ang. (DFG) Frankfurt a. M. Dt.B 91, Wiss. Mitarb. Bonn-Bad Godesberg, B-Abt. d. DFG 91, Stellv. Dir. 98, komm. Leiter Potsdam UB 02, Leiter Cottbus IKMZ d. BTU 04, Dir. der UB der HU Berlin 11, Honorarprof. am FB Informationswiss. der FH Potsdam seit 14, ☎ (030) 2093-99300, 🖥 andreas.degkwitz@ub.hu-berlin.de

* Delasalle, Jenny, MA Librarianship, Berlin, Medizinische Bibliothek der Charité - Universitätsmedizin, Open Access

* Dellmann, Sarah, Dr., Kassel, Universitätsbibliothek Kassel - Landesbibliothek und Murhardsche Bibliothek der Stadt Kassel

* Demmer, Christoph, Dipl.-Phys., Berlin, Management-Assistent, 12.04.1962, Bochum, stud. Physik, Astronomie, Diplom 89, BRef. Dortmund UB 90 u. Dortmund StuLB 91, Köln FHBD 91, Fachpr. 92, BAssess. Berlin UB d. TU 93-99, Techn. Red. eemagine GmbH 03, ☎ (030) 859-2707, 🖳 demmerchr@web.de

* Deppe, Arvid, Kassel, Universitätsbibliothek Kassel - Landesbibliothek und Murhardsche Bibliothek der Stadt Kassel, 13.12.1980, 🖳 deppe@bibliothek.uni-kassel.de

* Depping, Ralf, M.A., Köln, Universitäts- und Stadtbibliothek, Dezernent für Forschungs- und Publikationsunterstützung, 07.09.1962, Minden/W., Buchhandelslehre, stud. Soziol., Publiz., Philos., Staatsex. 88, Verlagstätigkeit, BRef. Münster UB 90, Köln FHBD 91, Fachpr. 92, BR z. A. Köln USB 93, BR 95, OBR 00, BDir. 01, ☎ (0221) 470-2351, 🖳 depping@ub.uni-koeln.de

* Derdau, Jeannette, M.A., M.A. (LIS), Büttelborn, Bibliothekarin, 15.03.1976, Werne, stud. Gesch., Niederl. Philologie, M.A. 02, Prakt. Münster ULB 02, M.L.I.S. 04, Freiberufl. Informationswissenschaftlerin 04, Fachreferentin UB Mainz 10, Bibliothekarin Staatsarchiv Darmstadt 11, Bibliothekarin Hochschule Darmstadt 18, 🖳 jderdau@web.de

Derenthal, Ludger, Dr. phil., M.A., Berlin, Kunstbibliothek der Staatlichen Museen zu Berlin, Wiss. Ang., Leiter der Sammlung Fotografie, 13.01.1964, Köln, stud. Kunstgeschichte, Geschichte, Prom. 95, ☎ (030) 3186 4849, 🖳 l.derenthal@smb.spk-berlin.de

* Dickel, Julia, Dr. phil. nat., Hannover, Bibliothek der Stiftung Tierärztliche Hochschule, Stellv. Leitung, Benutzungsleitung, Open Access, Fachref. f. Veterinärmedizin, 20.03.1980, 🖳 julia.dickel@tiho-hannover.de

* Didszun, Peter, Weingarten, OBR i.R., 29.01.1945, Derenburg, im BDienst 1973-2010, ☎ (0751) 41103, 🖳 peter.didszun@web.de

* Diedrichs, Reiner, Dipl.-Kaufm., Göttingen, Verbundzentrale (VZG) des Gemeinsamen Bibliotheksverbundes, Wiss. Ang., Direktor der VZG, 20.10.1957, ☎ (0551) 39-31001, 🖳 reiner.diedrichs@gbv.de

Diehl, Charlotte, München, Bibliothek Zentralinstitut für Kunstgeschichte, Wiss. Mitarbeiterin, Sacherschließung, 20.09.1971, Heidelberg, 🖳 c.diehl@zikg.eu

* Diem, Veronika, Dr. phil., M.A., München, Universitätsbibliothek der Technischen Universität, Stellv. Abteilungsleiterin Medienbearbeitung, Fachref. f. Sozialwissenschaften und fächerübergreifende Literatur, 01.12.1975, Tegernsee, stud. Neuere und Neueste Geschichte, Sozial- und Wirtschaftsgeschichte, Soziologie, München, Venedig, M.A. 04, BSB, Historisches Lexikon Bayerns 07-11, Prom. 11, BRef. Mainz UB 11, München BAB 12, Fachpr. 13, Haus der Bayerischen Geschichte 13-14, München UB der TUM 15-, ☎ (089) 289-28219, 🖳 veronika.diem@ub.tum.de

Dierolf, Uwe, Dipl.-Inf., Karlsruhe, KIT-Bibliothek, Leitung IT-Dienste, stud. Informatik, ☎ (0721) 608-46076, 🖳 uwe.dierolf@kit.edu

* Diesing, Kerstin, Dipl.-Volksw., Würzburg, Universitätsbibliothek, 27.09.1967, ☎ (0931) 31-85949, 🖳 kerstin.diesing@bibliothek.uni-wuerzburg.de

* Diet, Jürgen, Dipl.-Wirt.ing., M.Sc., München, Bayerische Staatsbibliothek, Stellv. Leiter der Musikabteilung, 30.01.1961, Stuttgart, Wirtschaftsingenieurwesen-Studium an der Universität Karlsruhe (Abschluss Dipl.-Wirtsch.-Ing. 1985), Computer-Science-Studium an der University of Toronto (Abschluss M.Sc. 87), Software-Ingenieur bei SIEMENS (88-01), wiss. MA der Univ. Augsburg (01-03), wiss. MA der BSB München (seit 2005), seit 2015 stellv. Leiter der BSB-Musikabteilung, ☎ (089) 28638-2768, 🖳 diet@bsb-muenchen.de, jdiet@acm.org

* Dietrich, Elisabeth, Dr., Weimar, Herzogin Anna Amalia Bibliothek

* Dilger, Janet, Marbach am Neckar, Deutsches Literaturarchiv Marbach, Nachlasserschließung, Benutzungsbetreuung und Normdatenredaktion, ☎ (07144) 848 419, 💻 janet.dilger@dla-marbach.de

* Dittrich, Constance, M.A., Eichstätt, Universitätsbibliothek Eichstätt-Ingolstadt, Stellv. Direktorin, Leiterin Abteilung Bestandsentwicklung, Fachref. f. Anglistik/Amerikanistik, Journalistik, Klass. Philologie, Klass. Archäologie, Sprachwiss., 30.01.1975, Reichenbach, stud. Klass. Philologie, Altorientalistik, Mittlere und Neuere Geschichte, M.A. 99, Wiss. MA Uni Leipzig 99-06, BRef. UB Eichstätt-Ingolstadt u. Bayer. BSchule 06-08, BR UB Eichstätt-Ingolstadt 08, BOR 13, BDir 17, ☎ (08421) 93-21332, 💻 constance.dittrich@ku.de

   Dittrich, Raymond, Dr. phil., Regensburg, Bischöfliche Zentralbibliothek, Stellv. Bibliotheksleiter, Leitung d. Proskeschen Musikabteilung, 31.05.1961, Hamburg, stud. Hist. Musikwiss., Philosophie, M.A. 88, Prom. 92, BRef. München Bayer. BSchule 93, Fachpr. 94, ☎ (0941) 597-2510, 💻 raymond.dittrich@bistum-regensburg.de

* Dittrich, Wolfgang, Dr. phil., Lehrte, Ltd. BDir. i.R., 23.05.1938, Breslau, im Bdienst 67-02, ☎ (0151) 6150 3934, 💻 dittrich.wolfgang@t-online.de

* Djahangiri, Keyvan, Hannover, Gottfried Wilhelm Leibniz Bibliothek - Niedersächsische Landesbibliothek

   Döhl, Frédéric, Dr., Leipzig, Deutsche Nationalbibliothek (Leipzig, Frankfurt am Main), Strategiereferent Generaldirektion

* Dörpinghaus, Hermann Josef, Dr. phil., Freiburg im Breisgau, Ltd. BDir. a.D., 09.08.1937, Wipperfürth/Rhld., im BDienst 69-01, ☎ (0761) 6129866, 💻 h.j.doerpinghaus@gmx.de

* Dörr, Marianne, Dr. phil., Tübingen, Universitätsbibliothek, Direktorin der UB, 27.08.1960, Trier, stud. Romanistik, Germanistik, Staatsex. 86, M.A. 87, Prom. 90, BRef. München UB 91, München Bayer. BSchule 92, Fachpr. 93, BR z A. München BSB 93, BR 95, BOR 00, Wiesbaden HLB 02, Ltd. BDir. 02, Ltd. BDir. Tübingen UB 08, ☎ (07071) 29-72505, 💻 marianne.doerr@uni-tuebingen.de

* Doersing, Ruth, M.A., Marbach am Neckar, Deutsches Literaturarchiv Marbach, Nachlasserschließung und Benutzung Germanisten u. sonstige Wiss., 08.03.1967, Köln, stud. Skandinavistik, Vgl. Sprachwiss., Politikwiss., M.A. 95, wiss. Bib. 01, ☎ (07144) 848-409, 💻 ruth.doersing@dla-marbach.de

* Doleschal, Mareike, Badenweiler, 09.06.1976, 💻 mareikedoleschal@hotmail.com

* Dorfner, Helene, München, Institut für deutsche Kultur und Geschichte Südosteuropas e.V. an der Ludwig-Maximilians-Universität, Leitung, Fachref. f. Südosteuropa, Griechenland, Musik, 15.12.1982, München, stud. Musikwiss., Byzantinistik und Neugriech. Philologie, Klass. Archäologie, M.A. 08, BRef. LBZ Rheinland-Pfalz Speyer 12, BAB München 13, Fachpr. 14, Leiterin der Bibliothek der HS für Musik und Theater „Felix Mendelssohn Bartholdy" in Leipzig 15-16, Leiterin der Bibliothek und des Archivs des Instituts für deutsche Kultur und Geschichte Südosteuropas an der LMU München 16-, ☎ (089) 78060913, 💻 helene.dorfner@gmx.de, dorfner@ikgs.de

   Dornes, Markus, Dipl.-Kaufm., Dipl.-Bibl., Frankfurt am Main, Bibliothek der Deutschen Bundesbank, Leiter, ☎ (069) 9566-3670, 💻 markus.dornes@bundesbank.de

* Dorst, Greta, Pforzheim

* Doß, Brigitte, Dr., Regensburg, Universitätsbibliothek, Fachreferentin, Fachliche Leitung Datenbank-Infosystem DBIS, Fachref. f. Biologie und Vorklinische Medizin, 12.07.1981, ☎ (0941) 943-2989, 🖃 brigitte.doss@ur.de

* Drechsel, Kathrin, Dipl.-Slaw., Erfurt, Universitätsbibliothek, Ref. f. Ausbildung und Benutzerschulung, Fachref. f. Slawistik, Germanistik, Allg. u. Vergl. Sprach- u.Literaturwiss., Erziehungswiss., 11.07.1963, Mühlhausen/Th., stud. Slawistik, Päd. (Rußland), Diplom 87, Lektor f. russ. Sprache, Wiss. Mitarb. PH Erfurt-Mühlhausen 87-95, stud. Roman. 93-95, BRef. Marburg UB 95, Frankfurt a. M. BSchule 96, Fachpr. 97, BR Erfurt UB 97, ☎ (0361) 737-5514, 🖃 kathrin.drechsel@uni-erfurt.de

Drechsler, Andreas, M.A., Dr. phil., Bamberg, Universitätsbibliothek, Leiter der Teilbibliothek 1, Fachref. f. Orientalistik, Theologie, Recht, 08.03.1962, Ilshofen, stud. Islamwiss., Iranistik, Neuere Geschichte, M.A. 89, Prom. 96, BRef. Bamberg UB 91, München Bayer. BSchule 92, Fachpr. 93, ☎ (0951) 863-1530, 🖃 andreas.drechsler@uni-bamberg.de

* Drees, Bastian, Dr. rer. nat., Heidelberg, European Molecular Biology Laboratory (EMBL), Szilárd Library, Head of Library, 03.12.1982, Ibbenbüren, stud. Physik, Diplom 10 (WWU Münster), Prom. Biophysik 14 (Uni Heidelberg), BRef. TIB u. BAB 14-16, wiss. Mitarbeiter am KNM TIB 16-20, Head of Library EMBL seit 2020, ☎ (06221) 387-8215, 🖃 bastian.drees@embl.de

* Dreger, Anne, M.A., Berlin, Zentral- und Landesbibliothek, Referatsleitung Grundsatzreferat (komm.), 04.10.1977, Berlin, stud. BWiss., Germanistik, M.A. 04, ☎ (030) 90226-316, 🖃 anne.dreger@zlb.de

* Dreisbach, Elke, Dr. phil., Hamburg, Akademie der Wissenschaften zu Göttingen, Goethe-Wörterbuch, Arbeitsstelle Hamburg, 03.01.1962, Siegen, stud. Germ., Klass. Philol., Staatsex. 88, Prom. 92, Wiss. Hilfskr. Bonn Philolog. Sem. d. Univ. 89, BRef. Köln UuStB 93, Köln FHBD 94, Fachpr. 95, Wiss. Mitarb. Hamburg, Goethe-Wörterbuch 95, IFLA SC Reading Mitgl. 03-11, Komm. Arbeitsstellenleiterin Goethe-Wörterbuch Hamburg 20, ☎ (040) 42838-6213, 🖃 elke.dreisbach@uni-hamburg.de

* Dressel, Michael, M.A., Berlin, Staatsbibliothek zu Berlin - Preußischer Kulturbesitz, Sachgebietsleitung Fortsetzungen (IIA2.2), 16.09.1976, Weiden i.d.Opf, stud. Bibliothekswiss., Skandinavistik u. Neuere Deutsche Literatur (LMU München, Universität Bergen (Norwegen) und HU Berlin), Filmdistribution u. Videoformate (TCME, A-Company) 10-14, Projektarbeit Kurt-Tucholsky-Bibliothek Berlin-Mitte 14-16, Stellv. Leitung Bruno-Lösche-Bibliothek u. Lektorat Belletristik Stadtbibliothek Berlin-Mitte 16-20, 🖃 michaeldressel@web.de, michael.dressel@sbb.spk-berlin.de

* Dreßen, Angela, Dr. phil. habil., Firenze (Italien), Andrew W. Mellon Librarian, Villa I Tatti - The Harvard University Center for Italian Renaissance Studies, 29.05.1967, stud. Kunstgeschichte, Roman. Philol., Geographie, Prom. 05, M.A. (LIS) 06, Habilitation 19, ☎ (0039) 055-603251-430, 🖃 adressen@itatti.harvard.edu, angeladressen@gmx.de

* Drewes, Kai, Dr. phil., Erkner, Leibniz-Institut für Raumbezogene Sozialforschung e.V. (IRS), 22.06.1976, Dar es Salaam, stud. Politikwiss. 97-99, Neuere Geschichte, Dt. Literaturwiss. und Medienwiss. 99-05, TU und HBK Braunschweig, Prom. 11, Ang. UB Braunschweig 05-06, Stipendiat (Studienstiftung/Leo Baeck Inst. London) 06-07, Leibniz-Inst. f. Europ. Geschichte Mainz 08, wiss. Ang. UB Braunschweig, Abt. Universitätsarchiv 09-11, BRef. UB Osnabrück / Bibliotheksakademie Bayern 11-13, IRS Erkner 13, ☎ (03362) 793-143, 🖃 kai.drewes@leibniz-irs.de, k.drewes@tu-bs.de

* Drewniok-Wolf, Agnes, M.A., Haan, BAss., 17.05.1984, 🖃 a.drewniok@gmx.net

Drews, Joachim, Dr. phil., Bremen, Staats- und Universitätsbibliothek, Wiss. Ang., Fachref. f. Geschichte, Philosophie, Archäologie u. Klass. Philologie, 19.03.1966, Hannover, stud. Geschichte, Soziologie, M.A. 94, Wiss. B. 00, Prom. 01, Hannover LB 01-04, Bremen SuUB 04-, ☎ (0421) 218-59562, 🖃 drews@suub.uni-bremen.de

* Drößler, Stefan, M.A., Stuttgart, Universitätsbibliothek, Open-Access-Beauftragter, Referent für Öffentlichkeitsarbeit, Fachref. f. Politikwissenschaft, Soziologie, Philosophie, Psychologie, Religion, 06.07.1969, Leinefelde, ☏ (0711) 685-83509, 🖥 stefan.droessler@ub.uni-stuttgart.de

* Drucker, Michael, Dr. phil., Regensburg, BDir. a.D., 15.07.1943, Leipzig, im BDienst 1973-2008, ☏ (0941) 96027, 🖥 drucker@t-online.de

* Drude, Gerhard, Dr. agr., Berlin, OBR a.D., 07.11.1928, Helmstedt, im BDienst 67-91, ☏ (030) 77 32 66 233, 🖥 gerhard.drude@gmx.de

* Druschowitz, Natascha, Graz (Österreich), Universitätsbibliothek

* Dubberke, Ina, Berlin, Bibliothek der Beuth Hochschule für Technik, Stellv. Bibliotheksleitung

* Duda, Andreas, Dipl.-Phys., Bonn, 03.12.1953, Rostock, stud. Physik, Dipl. 83, Wiss. Mitarb. Berlin Inst. f. Kristallographie d. FU 84, BRef. Berlin UB d. FU 86, Köln FHBD 87, Fachpr. 88, Wiss. Ang. B d. Inst. f. Arzneimittel 89, BR z.A. 91, BR 93, BOR 02, BDir. 05-16, 🖥 roehe.duda@t-online.de

* Dudensing, Beatrix, Dr. phil., Göttingen, Niedersächsische Staats- und Universitätsbibliothek, Stellv. Koordinatorin Geisteswiss. Fachreferate, Fachref. f. Bibliothekswesen, Musik, Klass. Philologie, Pädagogik, Philosophie, Skandinavistik, Sport, 04.10.1960, Rheinfelden/Baden, stud. Anglistik, Geschichte, Latein, Staatsex. 86, Prom. 91, BRef. Trier UB 91, Frankfurt a. M. BSchule 92, Fachpr. 93, Wiss. Mitarb. (DFG-Projekt) Frankfurt a. M. StuUB 93, BAssess. Göttingen SUB 94, BR 96, OBR 13, Stellv. Leitung der Benutzungsabt. 09-12, Stellv. Koordinatorin Geisteswiss. Fachref. seit 09, ☏ (0551) 395247, 🖥 dudensing@sub.uni-goettingen.de

* Dühlmeyer, Katja, M.A., M.A. (LIS), Berlin, Bibliothek des Kammergerichts, Leiterin der Bibliothek, 01.05.1970, Langenhagen, stud. Völkerkunde, Islamwiss., Soziologie/Publ., VWL/ Wirtschaftspol., M.A. 97, Inform.-Broker f. Unternehmensber. 97, BRef. Köln UB 97, Düsseldorf StB 98, Wiss. Ang. UB d. HU Berlin 98, BRin z.A. 09, BRin 10, Leiterin/Ref.in ÖA SBB-PK 09-17, OBRin 18, B des Kammergerichts Berlin 17-, ☏ (030) 9015 2416, 🖥 katja.duehlmeyer@kg.berlin.de

Dührkohp, Frank, Göttingen, Verbundzentrale des GBV (VZG), Wiss. Ang., Abteilungsleitung Digitale Bibliothek, 11.09.1966, Helmarshausen, GF Duehrkohp & Radicke - Text- und Informationslogistik KG (05), stud. Archäologie und Geschichte (97), ☏ (0551) 39-31310, 🖥 duehrkohp@gbv.de

Düpow, Rainer, Dipl.-Bibl., Bonn, Bibliothek des Bundesministeriums der Verteidigung, Leiter, ☏ (0228) 12-15757, 🖥 rainerduepow@bmvg.bund.de

* Dufey, Alfons Karl, Dr. phil., München, BOR a.D., Ostasiat. Hss u. seltene Drucke, 03.07.1940, Neuburg a.d.D., stud. Philos., Sinol., Indol., Prom. 67, Wiss. Ang. München BSB 68, BRef. München BSB 69, Fachpr. 71, BR z. A. München BSB 71, BR 74, BOR 78 - Mitarb. d. DFG bei d. Katalogis. d. Oriental. Hss. (in Khmer-Schrift) in Dtld. (Research Libr. Inf. Network - Chinese Japanese Korean)

* Dugall, Berndt, Dr. h.c., Dipl.-Chem., Staufenberg, Dir. a.D., 22.07.1948, Mainzlar, stud. Chemie, Diplom 73, BRef. Gießen UB 74, Frankfurt a. M. BSchule 75, Fachpr. 76, BAssess. Gießen UB 76, Frankfurt a. M. Senckenb. B 77, BR 78, OBR 80, Marburg UB 83, BDir. 83, Ltd. BDir. Gießen UB 86, Dir. Frankfurt a. M. StuUB (seit 2005 UB JCS) 88-13, Vors. subito e.V. 05-13, Vors. Standardisierungsausschuss bei d. DNB 01-13, Vors. Digizeitschriften e.V. 09-13, Mitglied OCLC BOT 13-17, ☏ (06406) 73777, 🖥 b.dugall@ub.uni-frankfurt.de

* Dupuis, Caroline, Dr. phil., Saarbrücken, Saarländische Universitäts- und Landesbibliothek, Landesbibliothek, Saarländische Bibliographie, Fachref. f. Rechts- u. Verwaltungswiss., Geschichte, Altertumswissenschaften, Theologie, Religionswissenschaft, Geographie, Kulturwissenschaft, Großregion, 10.12.1965, Darmstadt, stud. Latein, Gesch., Germ. Staatsex. 93, Prom. 98, BRef. Freiburg i. Br. UB 97, Frankfurt a. M. BSchule 98, Fachpr. 99, Wiss. Ang. Speyer B. D. Hs. f. Verw.-Wiss. 99, BAssess. Saarbrücken UuLB 00, BR 01, BOR 04, ☏ (0681) 302-2080, ✉ c.dupuis@sulb.uni-saarland.de

* Durek, Elke, Berlin, 27.01.1965

* Dworzak, Angelika, Ottobrunn, Gemeindebibliothek, 21.02.1977, ✉ angelika.dworzak@uni-bielefeld.de

* Ebell, Kerstin, Dipl.-Biol., Berlin, Universitätsbibliothek der Technischen Universität, Leiterin d. Dt. Gartenbaubibliothek, Querschnittsreferat Bestandserhaltung, Fachref. f. Landschaftsarchitektur und Umweltplanung, Biologie, Gartenbau, Technischer Umweltschutz, Energietechnik, 21.04.1958, Hannover, stud. Biologie, Diplom 84, BRef. Hannover UB/TIB 85, Köln FHBD 86, Fachpr. 87, Potsdam-Sacrow Inst. f. Binnenfischerei 99-02, Berlin UB d.TU 03, BR z.A. 05, BR 07, BOR 17, ☏ (030) 314-76109, ✉ kerstin.ebell@tu-berlin.de

* Eberhardt, Joachim, Dr. phil., Detmold, Lippische Landesbibliothek / Theologische Bibliothek und Mediothek, Direktor, Fachref. f. Geisteswiss., 13.10.1972, stud. Dt. Philologie, Philosophie, Musikwiss., M.A. 97, Dr. phil. 01, BRef. Tübingen UB 03, BSchule München 04, UB Erlangen-Nürnberg 05, BR 08, Detmold LLB 09, BOR 10, BDir. 15, ☏ (05231) 92660-10, ✉ eberhardt@llb-detmold.de

* Ebrecht, Katharina, Dr., Reutlingen, Hochschulbibliothek, BLeiterin, 16.07.1970, München, stud. Gesch., Germ., Erz.-Wiss., 1. Staatsex. 97, Prom.00, BRef. Köln USB u. StB, Fachpr. 02, Paris Dt. Histor. Inst. 02, Berlin UB d. TU 03, BAssess. Reutlingen HSB 03, BR 05, BOR 07, ☏ (07121) 271-1350, ✉ katharina.ebrecht@reutlingen-university.de

* Eck, Katharina, Dr., Hamburg, Zentralbibliothek Recht

* Eck, Reimer, M.A., Göttingen, BDir. i.R., 22.07.1943, Meldorf/Holst., im BDienst 75-08

* Eckert, Brita, Dr. phil., Frankfurt am Main, BDir. i.R., 19.12.1947, Neuberg-Rüdigheim, im BDienst 1972-2011, ☏ (069) 72 17 44, ✉ brita.eckert@t-online.de

  Eckert, Karin, M.A., Mainz, Johannes Gutenberg-Universität, Universitätsbibliothek, Stellv. Leitung Digitale Bibliotheksdienste, Leitung Forschungsdaten- und Publikationsdienste, ☏ (06131) 39-22450, ✉ k.eckert@ub.uni-mainz.de

  Eden, Dennis, M.A. (LIS), Berlin, Informationszentrum der Deutschen Gesellschaft für Auswärtige Politik e.V., Leiter, ☏ (030) 254 231 201, ✉ iz@dgap.org

* Effinger, Maria, Dr. phil., Heidelberg, Universitätsbibliothek, Leiterin der Abt. Publikationsdienste, Kulturelles Erbe und Digital Humanities, Fachref. Kunstgeschichte, Zentrales Projektmanagement, Geschäftsführerin Heidelberg University Publishing, Open Access-Beauftrage Uni Heidelberg, Co-Sprecherin NFDI4Culture, Fachref. f. Kunstgeschichte, 04.05.1966, Bremerhaven, stud. klass. Archäologie, Kunstgeschichte, Alte Geschichte, Prom. 95, BRef. Heidelberg UB 96, Frankfurt a. M. BSchule 97, Fachpr. 98, BAssess., Heidelberg UB 98, BR 00, OBR 02, BDir 07, ☏ (06221) 54-3561, ✉ effinger@ub.uni-heidelberg.de

* Egidy, Berndt von, Dr. phil., Tübingen, Ltd. BDir. a.D., 19.07.1938, Dresden, im BDienst 69-03, ☏ (07071) 65500, ✉ berndt@egidy.de

* Ehrle, Peter Michael, Dr. phil., Waldbronn, Ltd. BDir. a.D., 23.03.1945, Chodau/Karlsbad, im BDienst 1972-2008 - Stellv. Vors. der Literarischen Gesellschaft Karlsruhe, ✉ ehrle@t-online.de

* Ehrstein, Bella, M.A., Berlin, Fachreferentin, Wiss. Diplombibliothekarin, 01.09.1976, Studium an der Humboldt-Universität zu Berlin 96-99, Abschluss als wiss. Diplombibliothekarin. Studium an der Universität Bremen, Hauptfächer Geschichte und Philosophie 99-06, Magisterabschluss. Praktika beim Bundesarchiv Berlin und der Bibliothek des Focke-Museums Bremen 07. Angestellte bei der Staatsbibliothek zu Berlin PK als wiss. Diplombibl. in einem DFG-finanzierten Digitalisierungsprojekt 08-12. Fachreferentin und Mitglied der Erwerbungsleitung an der Universitätsbibliothek der Humboldt-Universität zu Berlin 14-16.

Eich, Susanne, Berlin, Bibliothek des Deutschen Bundestages, Bereichsleiterin Erschließung und Dokumentation, Fachref. f. Verteidigungs- und Sicherheitspolitik, Länderkunde, 17.09.1960, Münster, stud. Geschichte, Sozialwiss., Staatsex. 88, BRef. Bonn UB 89 u. Bonn StB 90, Köln FHBD 90, Fachpr. 91, ☎ (030) 227-33064, 💻 susanne.eich@bundestag.de

* Eichenberger, Nicole, Dr., Berlin, Staatsbibliothek zu Berlin - Preußischer Kulturbesitz, Fachreferentin, stud. Germanistik, Romanistik, lic.phil. 07, Prom. 12, BRef. Berlin SBB-PK 16, Laufbahnprüfung 18, 💻 nicole.eichenberger@sbb.spk-berlin.de

Eiden, Michael, M.A., Hamburg, Bibliothek der Fakultäten für Wirtschafts- und Sozialwissenschaften sowie für Betriebswirtschaft der Universität, Leitung der Bibliothek der Fakultäten WISO und BWL, Fachref. f. Sozialwiss., 01.05.1973, Morbach, stud. Germanistik, Sozial- und Wirtschaftsgeschichte, Philosophie, ☎ (040) 42838-5600, 💻 michael.eiden@uni-hamburg.de

* Eigenbrodt, Olaf, M.A., MLS, Hamburg, Staats- und Universitätsbibliothek Hamburg Carl von Ossietzky, Stellvertretender Direktor Bibliothekssystem, Benutzungsdienste und Bau, Fachref. f. Pädagogik und Bildungswesen (kommissarisch), 10.07.1971, Bochum, stud. Dt. Philol., Kunstgeschichte, Geschichte, Philosophie, M.A. 00, Wiss. Hk. Münster Inst. f. Dt. Philol. 00, BRef. Berlin UB d. HU 02, Berlin Inst. f. B-Wiss. d. HU 02, Fachpr. 04, Berlin UB d. HU Leiter d. ZweigB. Kunstwiss., Fachref. f. Archit., Kunst, Musik 04, Bauref. 05, Hamburg Univ. Leiter FB-B. SLM 10, Hamburg SUB, Leiter Benutzungsdienste, Baubeauftr. 12, BibDir 17, Stellv. Dir. 19, ☎ (040) 42838-3344, 💻 olaf.eigenbrodt@sub.uni-hamburg.de

* Einax, Susan, Dipl.-Kauffr., M.A. (LIS), Ilmenau, Universitätsbibliothek, Direktionsreferentin, 27.07.1977, 💻 susan.einax@tu-ilmenau.de

Embach, Michael, Prof. Dr. phil., Trier, Wissenschaftliche Bibliothek der Stadt Trier, Amtsleitung Stadtbibliothek/Stadtarchiv, 09.07.1956, Trier, stud. Germ., Kath. Theologie, Staatsex. 80, BRef. Trier UB 80, Frankfurt a. M. BSchule 81, Fachpr. 82, Prom. 86, Habil. 00, ☎ (0651) 718-1429, 💻 michael.embach@trier.de

Emminger, Katinka, Stuttgart, Stadtbibliothek, Direktorin, ☎ (0711) 21 69 65 01, 💻 stadtbibliothek@stuttgart.de

* Emskötter, Inge, M.A., Hamburg, Stiftung Hamburger Öffentliche Bücherhallen, Leitung Bereich Zentral (Zentralbibliothek u. ZBD), stud. Dt. Philologie, Roman. Philologie, M.A. 95, Wiss. Dok. 96, Dok.-Stelle f. Roman. Bibliograph. 95-99, Pressearchiv Springer Verlag 99-01, BRef. Berlin ZLB / Frankfurt a. M. 01-03, Lektorin Bremen StB 04, Leitung BMI Medien 15, Leitung Bereich Zentral Bücherhallen Hamburg 2020, 💻 inge.emskoetter@buecherhallen.de

* Enderle, Wilfried, Dr. phil., Göttingen, Niedersächsische Staats- und Universitätsbibliothek, Fachreferent für Geschichtswissenschaften, Fachref. f. Geschichte, Ur- und Frühgeschichte, 24.03.1960, Göppingen, stud. Geschichte, Philosophie, Staatsex. 85, Prom. 88, BRef. Düsseldorf UB 89, Köln StB 90, Köln FHBD 90, Fachpr. 91, BR z. A. Bielefeld UB 91, BR 92, Göttingen SUB 94, BOR 94, ☎ (0551) 39-5200, 💻 enderle@sub.uni-goettingen.de

* Enders, Carina, Berlin, Universitätsbibliothek der Technischen Universität

* Engelbart, Elke, M.A., M.A. (LIS), Hannover, Gottfried Wilhelm Leibniz Bibliothek - Niedersächsische Landesbibliothek, Abteilung für Handschriften und Alte Drucke / Service und Beratung, 15.07.1967, Oldenburg, stud. Germanistik und Geschichte, M.A. Georg August Universität Göttingen; M.A. (LIS) HU Berlin; Staats- und Universitätsbibliothek Göttingen (SUB), Abteilung für Handschriften und Alte Drucke, Benutzung, Lesesaal; NZK Bibliothek des Deutschen Zentrums für Luft- und Raumfahrt; Gottfried Wilhelm Leibniz Bibliothek Hannover, ☎ (0511) 1267-236, 🖥 elke.engelbart@gwlb.de

* Engelhardt, Clemens, Dipl.-Phys., Bayreuth, Universitätsbibliothek, Fachref. f. Ingenieurwiss. und Geowiss., 11.06.1979, Bamberg, stud. Physik Universität Karlsruhe 02-09, Referendariat kiz Ulm 09-10, Bibliotheksschule München 10-11, UB Bayreuth 11-, ☎ (0921) 55-3429, 🖥 clemens.engelhardt@uni-bayreuth.de

* Engelkenmeier, Ute, Dr., Dortmund, Universitätsbibliothek, Geschäftsbereichsleitung Information und Lernort, ☎ (0231) 7554003, 🖥 ute.engelkenmeier@tu-dortmund.de

* Engels, Frauke, M.A., Berlin, Universitätsbibliothek der Humboldt-Universität zu Berlin, Leiterin der Abt. Benutzung, 17.05.1963, Düsseldorf, stud. Gesch., Roman., M.A. 93, Bibl. Ang. Köln Wirtschaftsarch. d. Univ. 93, BRef. Berlin SBB-PK 94, Köln FHBD 95, Ang. Bonn B d. Dt. Bundestages 96, Wiss. Ang. UB d. HU Berlin 00, BR z. A. 02, BR 03, BOR 04, BDir. 06, ☎ (030) 2093-99320, 🖥 frauke.engels@ub.hu-berlin.de

* Ennen, Jörg, Dr. phil., M.A., Stuttgart, Württembergische Landesbibliothek, Ref. f. Presse- und Öffentlichkeitsarbeit, Leiter des Hölderlin-Archivs, Fachref. f. Germanistik, Linguistik u. Medienwiss., 19.11.1965, Wilhelmshaven, stud. Germanistik, Neuere Geschichte, Phil., Edit.-Wiss., M.A. 92, Prom. 97, Wiss. Mitarb. Oldenburg Bundesinst. f. ostdt. Kultur u. Gesch. 97, IHK-Abschl. Buchhandel 99, BRef. Speyer LB 99, BSchule Frankfurt a. M., Fachpr. 01, Wiss. Mitarb. Münster FHB 01, BAssess. Stuttgart LB 02, BR 03, OBR 07, ☎ (0711) 212-4463, 🖥 ennen@wlb-stuttgart.de, jo.ennen@gmx.net

* Entorf, Enno, Dipl.-Jur., M.A. (LIS), St. Gallen (Schweiz), Universität St.Gallen, Fachref. f. Rechtswissenschaft, 26.01.1975, Wittingen, Erste juristische Staatsprüfung 02, Fachref. für Rechtswiss. und Politikwiss. an der Bibliothèque de l'Université du Luxembourg 16-21, erweitert um Volkswirtschaftslehre 18-19, erweitert um Finanzwirtschaft 19-21, M.A. (LIS) 18, Fachref. für Rechtswiss. an der Bibliothek der Universität St.Gallen 21-, ☎ (0041 71) 224 26 65, 🖥 e.entorf@gmx.de, enno.entorf@gmail.com

* Erfanian, Leili, Mannheim, ZEW - Leibniz-Zentrum für Europäische Wirtschaftsforschung GmbH, 🖥 leilie@live.com

* Erkeling, Sabrina, Dr., Frankfurt am Main, Universitätsbibliothek Johann Christian Senckenberg, Koordinatorin Hosting-Dienste für die digitale Medienversorgung, 28.08.1979, Bremen

* Eschenbach, Robert, Dr. agr., Dipl.-Ing. agr., Aachen, Universitätsbibliothek der RWTH, Dezernent Benutzung, Fachref. f. Chemie, 22.04.1956, Mönchengladbach, stud. Agrarwiss., Diplom 80, Prom. 84, Wiss. Mitarb. Ind. 84, BRef. Bonn UB, ZB d. Landbauwiss. 86, Köln FHBD 87, Fachpr. 88, BR z. A. Aachen BTH 88, BR 90, OBR 96, BDir. 06, ☎ (0241) 8094487, 🖥 eschenbach@ub.rwth-aachen.de

Evers, Matthias, Dipl.-Ing., Braunschweig, Universitätsbibliothek, Wiss. Ang., Netzwerkadmin., EDV-Softwareentwicklung, Systembetreuung Bibliothekssystem, stud. Maschinenbau, Diplom 90, ☎ (0531) 391-5032, 🖥 m.evers@tu-braunschweig.de

* Ewald, Alexander, Dipl.-Kaufm., Dipl.-Bibl., Karlsruhe, Hochschulbibliothek, Leiter d. Bibliothek, 20.03.1964, Heidelberg, Dipl.-Bibl. 87, Dipl.-Kfm 93, BRef. Mannheim UB 94-95, BSchule Frankfurt a. M. 95-96, Wiss. Ang. Düsseldorf ULB 96, BR z. A. Fachber.B Rechts- u. Wirtschaftswiss., Univ. Mainz 96, BR 98, Karlsruhe HSB 02, OBR 02, ☎ (0721) 925-55 00, 🖥 ewald@ph-karlsruhe.de

* Ewers, Stefan, Fürstenfeldbruck

* Fabian, Claudia, Dr. phil., Maître ès lettres, München, Bayerische Staatsbibliothek, Leiterin d. Abt. Hss u. Alte Drucke, 29.04.1958, Berlin, stud. Latein, Franz., Staatsex. 81, Stud.Ref. 82, 2. Staatsex. 84, Prom. 87, BRef. München UB 84, München Bayer. BSchule 85, Fachpr. 86, BR z. A. München BSB 86, BR 88, BOR 92, BDir. 98, Ltd. BDir. 03, ☎ (089) 28638-2255, 💻 claudia.fabian@bsb-muenchen.de

* Faden, Manfred, Dipl.-Soz.ökon., M.A. (LIS), Hamburg, Deutsche Zentralbibliothek für Wirtschaftswissenschaften - Leibniz Informationszentrum Wirtschaft (ZBW), Fachref. f. Wirtschaftswiss., 05.03.1961, Karlsruhe, ☎ (040) 42834-266, 💻 m.faden@zbw.eu

* Fälsch, Ulrike, LL.M., Heidelberg, Universitätsbibliothek, Abteilungsleiterin Medienbearbeitung IV und Bestandserhaltung, Ausbildungsleiterin (h.D.), Fachref. f. Rechtswissenschaften, 16.02.1976, Moers, stud. Rechtswiss., 1. jur. Staatsex. 01, stud. Europäische Integration, Master 03, BRef. Saarbrücken SULB 01, Bschule Frankfurt a.M. 02, Fachprüfung 03, Heidelberg UB 04, ☎ (06221) 54-2579, 💻 faelsch@ub.uni-heidelberg.de

* Falk, Carolin, Köthen (Anhalt), Hochschulbibliothek der Hochschule Anhalt, Leiterin der Hochschulbibliothek, 19.06.1989, Wippra, ☎ (03496) 67 5611, 💻 carolin.falk@hs-anhalt.de

* Fangmeier, Stefan, M.A., Osnabrück, Universitätsbibliothek, Dezern. Medienbearbeitung, Fachref. f. Archäologie, Geschichte und Osnabrugensien, 07.12.1964, Quakenbrück, stud. Geschichte, Politikwiss., M.A. 93, BRef. Hannover LB 94, Köln FHBD 95, Fachpr. 96, BR z. A. Lüneburg UB 96, BR 97, Osnabrück UB 00, BOR 08, ☎ (0541) 969-4494, 💻 stefan.fangmeier@ub.uni-osnabrueck.de

* Farrenkopf, Stefan, Dipl.-Geol., M.A. (LIS), Kiel, Universitätsbibliothek, Stellv. Direktor u. Abteilungsleiter IT, Fachref. f. Informatik, Mathematik, 11.09.1967, Bad Kissingen, wiss. Mitarbeiter, Fachreferent (u.a. SSG Forstwissenschaften), stellv. Abteilungsleiter der Abteilungen Forschung u. Entwicklung (08-09) sowie Digitale Bibliothek (09-12) an der SUB Göttingen insges. 01-12; Abteilungsleiter IT der UB Kiel seit Mai 12; stellv. Direktor der UB Kiel seit Januar 20, ☎ (0431) 880-2730, 💻 farrenkopf@ub.uni-kiel.de

* Faßnacht, Martin, Dr., Tübingen, Universitätsbibliothek, Leitung der Abt. Fachinformationsdienste (FID), Fachref. f. Theologie (FID), 10.09.1964, ☎ (07071) 29-74029, 💻 martin.fassnacht@ub.uni-tuebingen.de

Fast, Jan-Jasper, Dr. phil., Dipl.-Soz., Hamburg, Universitätsbibliothek der Helmut-Schmidt-Universität/Universität der Bundeswehr, Dir., Fachref. f. Geschichte, Rechts- und Wirtschaftswiss., 20.11.1969, Bremen, stud. Soziologie, Politikwiss., Mittlere u. Neuere Geschichte, Sozial- u. Wirtschafts.-Gesch., Dipl. 98, Prom. 99, BRef. Münster ULB 00, Münster StB 01, Köln FHBD 01, Fachpr. 02, BAssess. Göttingen SUB 02, BR 03, BOR 05, BDir. 11, Ltd. BDir. Hamburg UB der Helmut-Schmidt-Univ. 12, ☎ (040) 6541-2800, 💻 fast@hsu-hh.de

* Fauser, Winfried, SJ, Dr. phil., Lic. theol., Roquetas de Mar (Spanien), Wiss. Mitarb., 17.02.1931, Bochum, stud. Philos., Theol., Gesch., Hist. Hilfswiss., Lic. phil. 57, Lic. theol. 62, Prom. 68, Vol. München BSB 57, Fachpr. 58, Dir. Frankfurt a. M. B d. Phil.-Theol. HS St. Georgen 68, Wiss. Mitarb. Bonn Albertus-Magnus-Inst. 74-95, ☎ (0034-950) 33 37 07

Federbusch, Maria, Dipl.-Ing. (TU), Dipl.-Bibl. (FH), Berlin, Staatsbibliothek zu Berlin - Preußischer Kulturbesitz, Abt. Historische Drucke, Wiss. Ang., Wiss. Mitarb. f. IT- u. Wissenschaftsmanagement hist. Buchbestände, 27.11.1965, Zossen, stud. B-Wiss., Dipl. (FH) 87, Fernst. Elektrotechnik, Dipl. (TU) 95, ☎ (030) 266-436601, 💻 maria.federbusch@sbb.spk-berlin.de

Fehners, Walburgis, Dipl.-Bibl., Wilhelmshaven, Hochschulbibliothek der Jade Hochschule Wilhelmshaven/Oldenburg/Elsfleth, Leitung der Hochschulbibliothek, ☎ (04421) 985-2430, 💻 walburgis.fehners@jade-hs.de

* Feige, Ingeborg, Dr. theol., Freiburg im Breisgau, Bibliothek des Deutschen Caritasverbandes (Caritas-Bibliothek), Wiss. Ang., Leiterin, ☎ (0761) 200-252, 🖥 ingeborg.feige@caritas.de

* Feldmann, Reinhard, M.A., Münster, BDir i.R., 01.01.1954, Freienohl, ☎ (0251) 382670, 🖥 chorander@web.de

* Feldsien-Sudhaus, Inken, Dipl.-Ing., Hamburg, Universitätsbibliothek der Technischen Universität, stud. Architektur, Diplom 85, BRef. Hamburg-Harburg UB d. TU 86, Köln FHBD 87, Fachpr. 88, BAssess. Hannover UB/TIB 88, BR 89, BOR 91, BDir. Hamburg UB d. TU 95, ☎ (040) 42878-3004, 🖥 feldsien-sudhaus@tuhh.de

* Fellmann, Elke, Dr. rer. nat., Dipl.-Chem., Malterdingen, Gemeindebibliothek, Leiterin, 05.10.1964, Potsdam, stud. Chemie, Dipl.87, Prom. 91, BRef. UB Kaiserslautern 92, BSchule Frankfurt/M. 93, Fachprüf. 94, Freiburg i.Br. Pharmacia 95, Erlangen Pharmacia Upjohn 96 - 04, Kenzingen ehrenamtl. Mitarb. KÖB., Kenzingen Buchhändlerin seit 06, ☎ (07644) 929 72 84, 🖥 buecherei@malterdingen.de

* Fellmann, Ulrich, Dr. rer. nat., Aachen, Ltd. BDir. i.R., 12.05.1935, Lengenfeld unterm Stein/Thür., im BDienst von 61-00, ☎ (0241) 82990, 🖥 fellmann.u@gmx.de

* Felten, Gundula, Dr., Hannover, Bibliothek des Niedersächsischen Landtages, Leiterin Referat 4 Bibliotheks- und Informationsdienste, 18.05.1960, Sande, Dipl. Bibl., stud. Philosophie, Neuere Dt. Lit., Psychologie Fernuni Hagen 93-99, Prom. 02, BRef. Berlin SBB-PK 03, Inst. f. Bibl.-Wiss. d. HU Berlin 03, Fachpr. 05, Auswärtiges Amt Leg. R. 05, Leg. R. I. KL. 06, Hannover Nds. Landtag 10, BDir. 11, MinR. 13, ☎ (0511) 3030 2067, 🖥 gundula.felten@lt.niedersachsen.de

* Fender, Ann-Catrin, Dr., Dresden, Bibliothek der Hochschule für Technik und Wirtschaft, 25.02.1982, 🖥 ann-catrin.fender@htw-dresden.de

Fernau, Michael, Leipzig, Deutsche Nationalbibliothek (Leipzig, Frankfurt a. M.), Dir., Leiter Standort Leipzig, ständiger Vertreter d. Generaldir., standortübergreifender Direktionsbereich: IT, Benutzg. u. Bestandserhltg., DBSM u. DEA 1933-1945, stud. Rechts-, Politik-, Verwaltungs- u. Finanzwiss., 1987 Ass. jur., anschl. bis 2001 hessisch. Finanzverw., seitdem DNB, zunächst bis 2008 Leiter Zentralabt., 2010-2016 Leiter Deutsches Musikarchiv, seit 2008 Dir. u. ständiger Vertreter d. Generaldir., ☎ (0341) 2271-331, 🖥 direktion-leipzig@dnb.de

* Fesseler, Eugen, Dipl.-Theol., Dipl.-Bibl., Rottenburg am Neckar, i.R.

Feuerstein-Herz, Petra, Dr. rer. nat., Wolfenbüttel, Herzog August Bibliothek, Wiss. Ang., Leitung Abt. Alte Drucke, Slg. dt. Drucke 1601-1700, Geschäftsführung Wolfenbütteler Arbeitskreis für Buch-, Bibliotheks- und Mediengeschichte, Fachref. f. Medizingeschichte, Geschichte d. Pädagogik, Naturwiss., Technik, Wissenschaftsgeschichte, stud. Biologie, Geschichte, Pädagogik, 1. Staatsex. 82, 2. Staatsex. 84, Ang. Wolfenbüttel HAB 86, BRef. Braunschweig UB 88, Köln FHBD 89, Fachpr. 90, Wiss. Ang. Wolfenbüttel HAB 90, Prom. 04, ☎ (05331) 808-324, 🖥 feuerstein@hab.de

* Fietz, Rudolf, Dr. phil., Oldenburg, Landesbibliothek, Leiter d. Abt. Bestandsaufbau und Medienbearbeitung, Stellv. d. Direktorin, 27.07.1957, Castrop-Rauxel, stud. Germanistik, Philosophie, Pädagogik, Sprachwiss., Staatsex. 84, Prom. 91, BRef. Bonn UB 88, Köln FHBD 89, Fachpr. 90, BAssess. Oldenburg LB 90, BR 92, BOR 00, ☎ (0441) 50 50 18 12, 🖥 fietz@lb-oldenburg.de

* Figeac, Petra, Lic. phil., DEA, Berlin, Staatsbibliothek zu Berlin - Preußischer Kulturbesitz, Fachref. f. Hebraistik, Judaistik, Semitistik, Christlicher Orient und Ägyptologie, 13.03.1967, Kronach, stud. oriental. Sprachen, Religionsgeschichte, Philosophie, Lizenziat 93, M.A. 93, D. E. A. 94, Wiss. Ang. Paris Musée du Louvre 93-95, Wiss. Ang. Paris CD-ROM-Verl. 95-96, BRef. Berlin SBB-PK 97, Köln FHBD 98, Fachpr. 99, BR z. A. Berlin SBB-PK 99, BR 01, BOR 02, ☎ (030) 266-435 860, 🖥 petra.figeac@sbb.spk-berlin.de

* Finger, Heinz, Prof. Dr. phil., Neuss, 12.05.1948, Wuppertal, BDir. i.R., Köln Erzbischöfl. Diözesan-Bibliothek, im HS- u. BDienst 76-15, Mitglied des Forschungsinstituts für MA u. Renaissance Düsseldorf, ☎ (02137) 103318, 🖳 fingerheinz@web.de

Fingerle, Birgit, Dipl.-Ök., Kiel, Deutsche Zentralbibliothek für Wirtschaftswissenschaften, Open-Science-Transfer, ☎ (0431) 8814-483, 🖳 b.fingerle@zbw.eu

* Fink, Willibald, Dipl.-Sc.pol. (HS), München, B u. Dok.-Leiter a.D., 04.08.1936, Gaimersheim, ☎ (089) 8347372

* Finke, Pamela, Berlin, Universitätsbibliothek der Humboldt-Universität zu Berlin, Zweigbibliothek Naturwissenschaften, Fachref. f. Chemie und Geographie, 🖳 pamela.finke@ub.hu-berlin.de

Fischer, Barbara, Leipzig, Deutsche Nationalbibliothek (Leipzig, Frankfurt am Main), Projektleitung GND4C, Arbeitsstelle für Standardisierung, Kulturmanagerin. Arbeitet an der digitalen Transformation des GLAM-Sektors, zunächst für Wikimedia Deutschland (Coding da Vinci). Seit 2018 wirbt sie für die Anwendung standardisierter Normdaten in Metadaten unterschiedlicher Bereiche, um das Semantic Web zu stärken. Mitglied im Beirat der Europeana., ☎ (0341) 2271383

* Fischer, Michael, Dr. phil., Karlsruhe, Badische Landesbibliothek, Stellv. Abteilungsleiter Bestandsaufbau, Ausbildungsleitung, Fachref. f. Politik und Psychologie, stud. Neuere und Neueste Geschichte, Multimedia, M.A. 09, Promotion 14; BRef UB UB Erlangen-Nürnberg 15, BAkademie BSB München 16, wiss. Bibl. BLB Karlsruhe 16, BR 17, ☎ (0721) 175 2283, 🖳 fischer@blb-karlsruhe.de

* Flachmann, Holger, Dr. phil., M.A., Dipl.-Verw.wirt, Münster, Universitäts- und Landesbibliothek, Leiter d. Dezernates Landesbibliothekarische Aufgaben, Fachref. f. Westfalen, 12.06.1957, Bielefeld, Ausb. f. d. Allg. Verw.-D., Diplom 80, stud. Geschichte, Ev. Theologie, Philosophie, Erziehungswiss., Staatsex. 83/84, M.A. 84, Prom. 95, Assess. d. Lehramts 86, Gymn.-Lehrer 86/87, BRef. Bielefeld UB u. StB 87, Köln FHBD 88, Fachpr. 89, Wiss. Mitarb. Bielefeld Fak. f. Rechtswiss. d. Univ. 89/90, BR z. A. Münster UB 90, BR 91, OBR 96, BDir. 10, ☎ (0251) 83-24061, 🖳 flachma@uni-muenster.de

Fliedner, Stephan, Dr. phil., Mainz, Wissenschaftliche Stadtbibliothek der Stadt Mainz, Dir. u. Kulturamtsleiter, 05.12.1962, Rendsburg, stud. BWL, Arabistik, Turkologie, Romanistik, Prom. 90, BRef. Tübingen UB 91, Frankfurt a. M. BSchule 92, Fachpr. 93, ☎ (06131) 122649, 🖳 stephan.fliedner@stadt.mainz.de, stb.direktion@stadt.mainz.de

* Fligge, Jörg Rainer, Dr. phil., Lübeck, Ltd. BDir. a.D., 01.12.1940, Königsberg, im BDienst 74-05, ☎ (0451) 59 36 51, 🖳 jrfligge@t-online.de

* Flitner, Ursula, M.A., Berlin, Medizinische Bibliothek der Charité - Universitätsmedizin, Direktorin, 23.04.1962, Tübingen, stud. Amerikanistik, Germanistik, M.A. 91, BRef. Berlin AGB 93, Köln FHBD 94, Fachpr. 95, Leiterin Stralsund FHB 96, Leiterin Berlin B MPI f. Bildungsforschung 02, Direktorin der Medizinischen Bib d. Charité - Universitätsmedizin Berlin 17, ☎ (030) 450 576261, 🖳 ursula.flitner@charite.de

Flohr, Ralf, Dipl.-Volksw., M.A. (LIS), Kiel/Hamburg, ZBW - Leibniz-Informationszentrum Wirtschaft, Wiss. Angestellter, Publikationsdienste, 07.02.1970, Stuttgart, stud. Volkswirtschaftslehre (Regionalstud.), Dipl. 98, stud. BWiss., M.A. (LIS) 03, ☎ (040) 42834-317, 🖳 r.flohr@zbw.eu

* Foden-Lenahan, Erica, M.A., Karlsruhe, Staatliche Akademie der Bildenden Künste, Bibliotheksleiterin, 24.04.1967, Ottawa, Kanada, 🖳 erica.foden.lenahan@gmail.com

* Förster, Frank, M.A., M.A. (LIS), Hannover, Bibliothek der Bundesanstalt für Geowissenschaften und Rohstoffe und des Landesamtes für Bergbau, Energie und Geologie, Wiss. Mitarbeiter, 22.11.1978, Potsdam, stud. Germanistik, Anglistik, Journalistik, M.A. 06, Bibliotheks- u. Informationswiss., M.L.I.S. 08, Wiss. Mitarbeiter Kiel Univ. 09-12, ☎ (0511) 643-2258, 🖳 frank.foerster@bgr.de

* Foerster, Isolde von, M.A., München, Bayerische Staatsbibliothek, Referentin für Zeitschriften und Jahrbücher, Fachref. f. Englischsprachige Länder, Deutschland, Skandinavien, Griechenland, Benelux (außer frz.spr.); Bestandsevaluation; Titelauswahl Notendrucke Italien, Spanien, Portugal, 31.08.1976, stud. Musikwiss., Buchwiss. Univ. Mainz, M.A. 03, wiss. Ang. München BSB Musikabteilung 05, BRef. München BSB 06, München Bayer. BSchule 07, Fachpr. 08, wiss. Ang. München BSB 08, BR 10, ☎ (089) 28638-2468, 🖳 foerster@bsb-muenchen.de

* Folter, Wolfgang, Frankfurt am Main, Amtmann (Bibl.) i. R., 23.11.1950, UB Frankfurt a. M. 1976-2016, ☎ (069) 723372, 🖳 wolfgang.folter@gmail.com

* Forster, Nadine, Dipl.-Geogr., München, Münchner Stadtbibliothek, Stellv. Abteilungsleiterin, Ausbildung und Bau, 30.01.1977, stud. Geographie, Raumplanungsrecht und Bevölkerungswiss., BRef. 05-07 BLB Karlsruhe/Bayer. BSchule München, Laufbahnprüf. 07, Marburg UB 08, München Stadtbibliothek 12, ☎ (089) 48098-3192, 🖳 nadine.forster@muenchen.de

* Fournier, Johannes, Dr., Bonn, Deutsche Forschungsgemeinschaft (DFG) 14.06.1969, 🖳 johannes.fournier@dfg.de

* Francken-Welz, Marion von, Dr. jur., Mannheim, Universitätsbibliothek, Stellv. Abtlg. Medienbearbeitung, Fachref. f. Rechtswiss., 🖳 francken-welz@bib.uni-mannheim.de

* Franik, André, M.A., M.A. (LIS), Laufenburg

  Frank, Claudia, Halle (Saale), Universitäts- und Landesbibliothek Sachsen-Anhalt, Ltg. d. Zweigstelle Klass. Altertumswiss., Ltg. d. Restitutionsprojekts, Projektltg. VD18, Fachref. f. Klass. Philologie, Mittel- u. Neulat., Alte Geschichte, Klass. Archäologie, 02.03.1973, Berlin, stud. Latinistik, Kunstgeschichte, Klass. Sinologie, ☎ (0345) 55-22199 bzw. 22044, 🖳 claudia.frank@bibliothek.uni-halle.de

* Frank, Kristina, M.A. (LIS), Wuppertal, Universitätsbibliothek, Fachref. f. Geschichte, Philosophie, Anglistik, Kunst und Design, 25.03.1979, Nürnberg, 🖳 kfrank@uni-wuppertal.de

* Frank, Nina, Berlin, Zentral- und Landesbibliothek, Abteilungsleiterin Öffentliche Zentralbibliothek Ausbildungsleiterin Bibliotheksreferendariat, 14.04.1968, 🖳 ninafrank@web.de

* Frank, Ninon Franziska, Dr., Hildesheim, Universitätsbibliothek, Fachreferentin, Fachref. f. Erziehungs-, Sozial- und Wirtschaftswissenschaften

* Frank, Silke, M.A., Clausthal-Zellerfeld, Universitätsbibliothek TU Clausthal, Komm. Leitung, Fachref. f. Chemie, Verfahrenstechnik, Umweltwiss. und Geowiss., 04.06.1974, ☎ (05323) 72 2348, 🖳 silke.frank@tu-clausthal.de

* Frank, Stefan, Prof. Dr. rer. nat., Leipzig, Hochschule für Technik, Wirtschaft und Kultur - Fakultät Informatik und Medien, Hochschullehrer für Inhaltserschließung und Informationsvermittlung, stud. Chemie in Ulm und Tübingen 91-98, Promotion 03 in Chemie in Ulm, Fernstudium LIS, HU Berlin (M.A.) 09-11, Postdoc in Tallahassee (Florida), Ulm, Leiden (NL) 04-08, Fachreferent Deutsche Nationalbibliothek, Leipzig 09-14, seit 2014 Hochschullehrer HTWK Leipzig, ☎ (0341) 3076-5438, 🖳 stefan.frank@htwk-leipzig.de

* Franke, Christina, Freiburg im Breisgau, Universitätsbibliothek, Leiterin der Geschäftsstelle des Konsortiums Baden-Württemberg

* Franke, Fabian, Dr. rer. nat., Dipl.-Phys., Bamberg, Universitätsbibliothek, Dir., 17.05.1966, Bochum, stud. Physik, Dipl. 92, Prom. 95, Wiss. Ang. Würzburg Inst. f. Theoret. Physik, BRef. Würzburg UB 96, München Bayer. BSchule 97, Fachpr. 98, BR z. A. Würzburg UB 98, BR 01, BOR 03 , Bamberg UB 06, BDir 06, Ltd. BDir. 12, ☎ (0951) 863-1500, 💻 fabian.franke@uni-bamberg.de

* Franke, Verena, Oberwolfach, Bibliothek des Mathematischen Forschungsinstituts Oberwolfach gGmbH, Bibliotheksleitung, ☎ (07834) 979-36, 💻 franke@mfo.de

* Franke-Maier, Michael, M.A., M.A. (LIS), Berlin, Universitätsbibliothek der Freien Universität, Wiss. Ang., Stellv. Leitung Zugangsabt., Leitung Sacherschließung, Fachref. f. Sozialwiss. und Recht, 18.08.1972, Ludwigshafen/Rhein, stud. Germanistik, Soziologie, M.A., B u. Informationswiss. M.A. (LIS), ☎ (030) 838-563 92, 💻 franke@ub.fu-berlin.de

* Franken, Klaus, Dr. jur., Mannheim, Ltd. BDir. a.D., 01.10.1943, Posen, im BDienst 70-06, 💻 klausfranken-klaus@web.de

* Frankenberger, Henning, Assess. jur., M.A. (LIS), München, Max-Planck-Institut für Sozialrecht und Sozialpolitik, Leiter der Bibliothek, 12.09.1970, ☎ (089) 38 602 462, 💻 henning.frankenberger@web.de, frankenberger@mpisoc.mpg.de

* Frankenberger, Rudolf, Dr. rer. nat., Stadtbergen, Ltd. BDir. a.D., Dir., 12.12.1932, Stammbach/Oberfranken, im BDienst 59-98., ☎ (0821) 4324 94, 💻 rudolf.frankenberger@bibliothek.uni-augsburg.de

* Franz, Gunther, Prof. Dr. theol., Trier, Ltd. BDir. i.R., 05.02.1942, Straßburg/Elsaß, im BDienst 68-07. - Honorarprof. f. Kultur- u. Landesgeschichte an d. Univ. Trier., ☎ (0651) 10992, 💻 gum.franz@t-online.de

* Franzke, Cordula, Dr. phil., Dortmund, Bibliothek des Instituts für Zeitungsforschung der Stadt Dortmund

Freckmann, Anja, Dr. phil., München, Bayerische Staatsbibliothek, Abt. Hss. u. seltene Drucke, Wiss. Ang., Katalog. mittelalterl. lat. Hss, 30.09.1965, Bassum, stud. Geschichte, Germanistik, Pädagogik, Politikwiss., Staatsex. 91, Prom. 04, BRef. Marburg UB 97, Frankfurt a.M. BSchule 98, Fachprüf. 99, ☎ (089) 28638-2934, 💻 freckmann@bsb-muenchen.de

* Freiberg, Michael, M.A., M.A. (LIS), Gießen, Universitätsbibliothek, Projektmitarbeiter LZA, 23.09.1983, Trier, stud. Germanistik, Französische Philologie, Philosophie, M.A. 10, Fremdspr.-Ass. Paris 10-11, Wiss. Mitarb. Freies Deutsches Hochstift Frankfurt a.M. 11-14, Foto Marburg 14-17, Deutsches Filminstitut & Filmmuseum Frankfurt a.M, 17-18, BRef. Gießen UB u. Berlin IBI 18, Fachpr. u. M.A. (LIS) 20, BAssess. Gießen UB seit 20, ☎ (0641) 99-14101, 💻 michael.freiberg@bibsys.uni-giessen.de

Freiburger, Uta, Dipl.-Chinawiss., Berlin, Universitätsbibliothek der Humboldt-Universität zu Berlin, Wiss. Mitarb., Leiterin d. ZweigB Asien-/ Afrikawiss. u. Islamische Theologie, Fachref. f. Asien- und Afrikawiss., Islamische Theologie, 16.10.1961, Dresden, stud. Chinawiss., Diplom 85, postgrad. Fernstud. B-Wiss., ☎ (030) 2093-66091, 💻 uta.freiburger@ub.hu-berlin.de

* Freund, Jens, Darmstadt, Universitäts- und Landesbibliothek, ☎ (06151) 16-76410, 💻 jens.freund@tu-darmstadt.de

* Frewer-Sauvigny, Magdalene, Dipl.-Math., Cottbus, 09.01.1953, Herstelle, stud. Mathematik, Betriebsw., Diplom 78, BRef. Karlsruhe UB 78, Köln BLI 79, Fachpr. 80, BR z. A. Bayreuth UB 80, BR 83, BOR 88, BDir. Cottbus UB d. BTU 93, ☎ (0355) 69-2346, 💻 frewer@b-tu.de

* Frey, Hanna Sophie, München, Bibliothek der Hochschule für Musik und Theater, 10.09.1988, 💻 hannasophie.frey@gmail.com

* Freyschmidt, Ursula, Betriebsw. (grad.), Dipl.-Volksw., Niederkassel, MinRn. i. R., 13.08.1951, Gottesberg, im BDienst 79-16, ✉ gufreyschmidt@gmx.de

* Frick, Claudia, Prof. Dr., Köln, Bibliothek der Technischen Hochschule, Institut für Informationswissenschaft, ✉ claudia.frick@th-koeln.de

* Fricke, Fee-Saskia, Dipl.-Ing., M.Sc. (Columbia U.), Göttingen

* Friedmann, Bernhard, Dr. phil., Gießen, BDir. a.D., 20.04.1947, Hanau, im BDienst 1980-1982, 1983-2011, ☎ (0641) 45819, ✉ dr.bernhard.friedmann@t-online.de

* Friedrich, Tanja, Dr., Köln, Deutsches Zentrum für Luft- und Raumfahrt DLR-Bibliothek, Leiterin der Einrichtung Wissenschaftliche Information, 02.03.1977, stud. Germanistik, Politologie M.A. 04; BRef Staatsbibliothek zu Berlin 08-10; GESIS Datenarchiv für Sozialwissenschaften 10-20; 2020: Prom. am IBI HU Berlin; seit 2021 Leiterin Wissenschaftliche Information des DLR, ☎ (02203) 601-1025, ✉ tanja.friedrich@dlr.de

* Frincke, Sascha, M.A., Berlin, Stadtbibliothek Charlottenburg-Wilmersdorf, Hausleitung Ingeborg-Bachmann-Bibliothek, 01.09.1978, Berlin, stud. BWL TU Freiberg, Bibliotheks- und Informationswiss. & Philosophie HU Berlin, B.A.; Bibliotheks- und Informationswiss. HU Berlin, M.A.; CIO Ingenieurbüro Thielert, Hausleitung Johanna-Moosdorf-Bibliothek, Ingeborg-Bachmann-Bibliothek, ☎ (030) 9029-24315, ✉ sascha.frincke@charlottenburg-wilmersdorf.de

Frintrop, Susanne, München, Hochschule für Musik und Theater, Leitung der Hochschulbibliothek, 30.11.1965, ✉ susanne.frintrop@hmtm.de

* Fritz, Eva, Stuttgart, Landeskirchliche Zentralbibliothek

Fröschen, Beatrice, Schwarzach am Main, Bibliothek der Abtei Münsterschwarzach, Leiterin, ☎ (09324) 20245, ✉ bibliothek@abtei-muensterschwarzach.de

* Frohmann, Jakob, M.A., M.A. (LIS), Frankfurt am Main, Universitätsbibliothek Johann Christian Senckenberg, Referatsleiter Bestandserhaltung, 10.01.1983, Berlin, stud. Geschichte, Lateinische Philologie, Freie Universität Berlin M.A. 11; Wiss. Hilfskraft SBB-PK, Handschriftenabteilung 13-16; Bibliotheksreferendariat UB JCS Frankfurt/Main 17-19; BR 19; M.A. (LIS) Humboldt Universität zu Berlin 20, ✉ j.frohmann@ub.uni-frankfurt.de

* Fromme, Daniel, Dr. phil., M.A., Speyer, Landesbibliothekszentrum Rheinland-Pfalz / Pfälzische Landesbibliothek, Leitung Musiksammlung, Koordination Informationskompetenz, Fachref. f. Musik, Theologie, Religionswiss., Geographie, 13.12.1978, Lippstadt, stud. Musikwiss., Germanistik, M.A. 08, Prom. 15, BRef. Berlin SBB-PK 09, München Bayer. BSchule 10 Laufbahnprüfung 11, wiss. Ang. Berlin SBB-PK 12, Hannover StB 13, Speyer LBZ 14, BR 18, ☎ (06232) 9006 247, ✉ fromme@lbz-rlp.de

* Fuchs, Jenka, Hannover, Stadtbibliothek

* Führlich, Ursula, Dipl.-Bibl. (Univ.), Dresden, BR i. R., 15.05.1939, Bretnig, im BDienst 62-99, ☎ (0351) 203 7266, ✉ fuehrlich.dd@t-online.de

* Fülberth, Johannes, Dr., Berlin, Zentral- und Landesbibliothek, Leiter des Referats Berlin-Sammlungen an der Zentral- und Landesbibliothek Berlin, 10.01.1979, Marburg a.d. Lahn, stud. Geschichtswissenschaften, Politikwissenschaft, Soziologie M.A., Prom. 12, BRef. SBB Berlin und BAB München 12-14, ✉ johannes.fuelberth@zlb.de

* Fürste, Fabian, M.A., Berlin, Universitätsbibliothek der Technischen Universität, Webentwicklung, Forschungsdaten-Management, 21.08.1980, Königs Wusterhausen, ✉ fabian.fuerste@tu-berlin.de

Fuhrmans, Marc, Dr., Darmstadt, Universitäts- und Landesbibliothek, 🖥 marc.fuhrmans@ulb.tu-darmstadt.de

* Furrer, Max, Zürich (Schweiz), i.R., 13.10.1952, St. Gallen, 🖥 mf@maxfurrer.de

* Futterlieb, Kristin, Dr., Berlin, Medienforum im Medien- und Weiterbildungszentrum, BLeiterin, Fachref. f. Sozialwiss., Religionswiss., Rechtswiss., Asienwiss., stud. Sinologie, Religionswiss., Skandinavistik, M.A. Sinologie, Dr. phil Religionswiss., BRef. Berlin SBB-PK, ☏ (0551) 4956-143, 🖥 futterlieb@mmg.mpg.de

* Gabel, Gernot Uwe, Ph.D., MSLS, Hürth, BDir. i.R., 03.11.1941, Gotenhafen, im BDienst 74-06, ☏ (02233) 63550, 🖥 g-gabel@t-online.de

* Gabrys-Deutscher, Elzbieta, Dr.-Ing., Hannover, Technische Informationsbibliothek (TIB), Leitung wiss. Dienst, Sonderref. f. Dt. Forschungsber., Fachref. f. Chem. Technik und Medizintechnik, 23.07.1963, stud. Chemieingenieurw., Dipl. 87, Prom. 95, BRef. Hannover UB/TIB 96, Köln FHBD 97, Fachpr. 98, Wiss. Ang. ULB Düsseldorf 98, BAssess. UB/TIB Hannover 99, BR 00, BOR 02, BDir. 14, ☏ (0511) 762-3424, 🖥 elzbieta.gabrys@tib.eu

* Gärtner, Dagmar, Dipl.-Volksw., M.A., Frankfurt am Main, Universitätsbibliothek Johann Christian Senckenberg, Leiterin Bibliothek Recht und Wirtschaft, Fachref. f. Wirtschaft, 02.07.1966, Bonn, stud. Volkswirtschaft, Soziologie, Dipl. 95, stud. Wiss. Bib. 00-02, Wiss. Mitarb. Bonn Inst. f. Mittelstandsforsch. 96, Bonn Staatswiss. Sem. 98-02, Frankfurt a. M. Leitung d. B. Recht und Wirtschaft, ☏ (069) 798-34967, 🖥 d.gaertner@ub.uni-frankfurt.de

* Gärtner, Katrin, Würzburg, Hochschule für Musik

* Gahn, Philipp, Dr. theol., Benediktbeuern, Katholische Stiftungshochschule, Bibliothek, Leiter, Fachref. f. Theol., 02.02.1967, Nürnberg, Theol. Abschlusspr. 93, Dipl.-Bibl. 96, Leiter d. B 96, Prom. 06, ☏ (08857) 88-205/ -212, 🖥 gahn.pth@ksfh.de

* Galetz, Tobias, Bonn, Bibliothek des Bundesamtes für Naturschutz, Referatsleitung, Fachref. f. Bibliotheken, Literaturdokumentation, Schriftleitung

* Gall, Christine, Augsburg, Bibliothek der Hochschule, Stellvertretende Bibliotheksleitung, Vermittlung von Informationskompetenz, 27.08.1979, Weilheim, ☏ (0821) 5586-3291, 🖥 christine.gall@hs-augsburg.de

* Galle, Petra, Dr., Berlin, Stiftung Wissenschaft und Politik, 15.04.1959, 🖥 petra.galle@swp-berlin.org

* Gammert, Jonathan, Mainz, Universitätsbibliothek

* Gandak, Angelina, M.A., Frankfurt am Main, Frankfurter Forschungsbibliothek, DIPF / Leibniz-Institut für Bildungsforschung und Bildungsinformation, Wiss. Bibliothekarin, Stellv. Bibliotheksleiterin, Fachref. f. Pädagogik und Psychologie, 14.02.1978, Jurmala (Lettland), stud. Romanistik, Ostslavistik, Linguistik des Englischen - Univ. Tübingen, M.A.; Französisch, Russisch - Univ. Tübingen, L.A., BRef. - UB Trier 11-13, Wiss. Bibliothekarin - Frankfurter ForschungsB des DIPF seit 2014

* Ganter, Martha, Berlin, Universitätsbibliothek der Technischen Universität, Stabsstelle Innovationsmanagement und Kundenmonitoring, 27.01.1982, 🖥 martha_ganter@yahoo.com, m.ganter@tu-berlin.de

* Gantert, Klaus, Prof. Dr. phil., Hannover, Hochschule Hannover - Fakultät III, Medien, Information und Design, Abteilung Information und Kommunikation, 29.03.1968, St. Georgen/Schwarzwald, stud. Germanistik, Geschichte, Anglistik, Staatsex. 94, Prom. 97, Wiss. Assist. TU Dresden 97-98, BRef. Berlin SBB-PK 98, FHBD Köln 99, Berlin SBB-PK - Wiss. Ref. GK d. Wiegendr. 00, Fachref. Germ., Allg. u. Vergl. Sprach- u. Literaturwiss. 03, München HföD 06, Stellv. Fachbereichsleiter 06, Fachbereichsleiter 13, Professor für Bibliothekswissenschaft mit Schwerpunkt Informationssysteme an der Hochschule Hannover 19, ☎ (0511) 9296-2595, ✉ klaus.gantert@hs-hannover.de

Ganzlin, Elena, Frankfurt am Main, Bibliothek des Städelschen Kunstinstituts und der Städtischen Galerie, Leiterin, 16.02.1964, ✉ ganzlin@staedelmuseum.de

* Garrel, Gudrun von, Berlin, Universitätsbibliothek der Humboldt-Universität zu Berlin, Leiterin d. Verwaltung, 19.01.1956, Strasburg/Meckl., Fernstud. B.-Wiss., Diplom Berlin IBI 83, Wiss. Mitarb. Method. Zentr. f. Wiss. Bibl. 82, UB d. HU 89, BR 99, BOR 00, ☎ (030) 2093-99260, ✉ gudrun.von.garrel@ub.hu-berlin.de

* Gaschütz, Heide Maria, Dipl.-Bibl. (Univ.), Berlin, Wiss. Ang. i.R., 21.07.1942, Düsseldorf, Im BDienst 71-07

* Gebert, Björn, M.A., M.A. (LIS), Münster, Universitäts- und Landesbibliothek, Abteilungsleiter Geisteswissenschaften 1, Fachreferent, Fachref. f. Geschichte, Theologie, Kunst, Archäologie, Ethnologie, Musik, Klassische Philologie, Philosophie, 04.01.1979, Berlin, stud. Geschichte, Religionswissenschaft 04-10, M.A. 10, SHK Bibl. des Friedrich-Meinecke-Instituts, FU Berlin 07-10, wiss. Mitarb. Hugo von Sankt Viktor-Institut / PTH Sankt Georgen, Frankfurt a.M. 11-13, Institut für Geschichte, TU Darmstadt 13-14, BRef. ULB Darmstadt 14-16, BAssess. 16, stud. Bibliotheks- und Informationswissenschaft 14-16, M.A. (LIS) 16, wiss. Mitarb. ULB Darmstadt 16-17, HAAB Weimar 17, Fachref. ULB Münster 18, VR 19, OVR 08/21, ☎ (0251) 8324798, ✉ bjoern.gebert@uni-muenster.de

* Geck, Karl Wilhelm, Dr. phil., Dresden, Sächsische Landesbibliothek - Staats- und Universitätsbibliothek, Leiter des Referats Musikalien und Musikliteratur, stellv. Leiter der Musikabteilung, Fachref. f. Musik-Hss., 17.11.1955, Bonn, stud. Schulmusik, Musikwiss., Anglistik, Staatsex. 82, Prom. 91, BRef. Saarbrücken UB 85, Köln FHBD 86, Fachpr. 87, Ang. Saarbrücken UB 88, Wiss. Mitarb. Saarbrücken Musikwiss. Inst. d. Univ. 91, Fachref. Dresden LB 91, Ref.-Ltr. Dresden SLUB 98, Ltr. d. Ref. Musikalien u. Musiklit. sowie stellv. Ltr. d. Musikabt. 15, ✉ kw@geck-dd.de

* Gedrath, Ina, Dr. rer. nat., Dipl.-Chem., Düsseldorf, Universitäts- und Landesbibliothek, Stellv. Leiterin Dez. Benutzung, Fachref. f. Chemie, Medizin, Pharmazie, Psychologie, 19.04.1969, Hamm, stud. Chemie, Diplom 93, Prom. 96, BRef. Köln USB 99, Fachpr. 01, BR z. A. Aachen BTH 01, BR Düsseldorf ULB 02, OBR 04, ☎ (0211) 81-13528, ✉ ina.gedrath@ulb.hhu.de

* Geh, Hans-Peter, Prof. Dr. phil., Bad Homburg v. d. Höhe, Ltd. BDir. a.D., 11.02.1934, Frankfurt a. M., im BDienst 63-97 - Korr. Mitgl. d. Komm. f. Gesch. Landeskunde Baden-Württ., Ehrenpräs. d. IFLA, Mitgl. d. Board of Trustees d. Bibliotheca Alexandrina, ☎ (06172) 6816333, ✉ gehhp@t-online.de

* Gehring, Jens, Berlin, Stadtbibliothek Steglitz-Zehlendorf, Ingeborg-Drewitz-Bibliothek, Fachbereichsleitung Stadtbibliothek Steglitz-Zehlendorf, 13.06.1977, Berlin, ☎ (030) 902992402, ✉ jens.gehring@ba-sz.berlin.de

* Gehrlein, Sabine, Dr., Mannheim, Universitätsbibliothek, Bibliotheksleiterin, 20.11.1973, Marbach am Neckar, stud. Kunstgesch., Germanistik, M.A. 00, Prom. 06, Heidelberg UB 05, M.A. (LIS) HU Berlin 08, BR 10, OBR 13, Freiburg UB 15, Stv. Dir., BDir 16, Mannheim UB 17, Lt.BDir 18, ☎ (0621) 181-2940, ✉ sabine.gehrlein@bib.uni-mannheim.de

* Geisberg, Gertrud, München, BDir. a.D., 24.05.1949, Bamberg, im BDienst 75-14, ✉ geisberg@mnet-online.de

* Geisler, Felix, Dr. rer. nat., M.A. (LIS), Karlsruhe, Badische Landesbibliothek, Leiter der Abteilung Bestandsaufbau, Fachref. f. Naturwissenschaften und Geographie, 21.03.1977, Ludwigshafen/Rhein, stud. Chemie, Geographie und Mathematik Heidelberg/Madrid, Staatsex. 03, Prom. Chemie 06, Ind. Tätigkeit 07, BRef. ULB Darmstadt 07, Fachpr. 09, M.A. (LIS) HU Berlin 09, BR ULB Darmstadt 09, BOR 16, BLB Karlsruhe 16, BDir. 17, ☎ (0721) 175-2350, ✉ geisler.felix@web.de

* Geisler, Silja, M.A., MLIS, Mainz, Wissenschaftliche Stadtbibliothek der Stadt Mainz, Wiss. Bibl., Sondersammlungen, Autographen, Nachlässe, Ltg. Medienbearbeitung m. Bestandserhaltung u. Digitalisierung, 20.09.1975, Langen, stud. Musikwiss., Buchwiss., Allg. und Vergl. Literaturwiss., M.A. 02, Master of Library and Information Science, MLIS 05, Bonn ULB 06, Mainz StB 07, ☎ (06131) 122604, ✉ silja.geisler@stadt.mainz.de

* Geißelmann, Agnes, Dipl.-Ing., München, Universitätsbibliothek der LMU, Leitung der Fachbibliotheken Geowissenschaften und Tiermedizin, Fachref. f. Geographie, Geowissenschaften, Tiermedizin, 08.09.1976, stud. Landschaftsökologie und Umweltplanung, Ref. UB Konstanz 07/08, Bayer. BSchule 08/09, München UB der TU 09, München UB der LMU 17, ✉ agnes.geisselmann@ub.uni-muenchen.de

* Geißner, Andreas, Dr., Darmstadt, Universitäts- und Landesbibliothek, Referendar

* Genest, Annekathrin, Berlin, Medizinische Bibliothek der Charité - Universitätsmedizin

* Genge, Hans-Joachim, Dr. theol., Hamburg, Ltd. BDir. a.D., 01.03.1936, Kiel, im BDienst 67-99, ☎ (040) 57 204 666

Genthof, Ralf, Dipl.-Bibl., Eberswalde, Hochschulbibliothek der Hochschule für nachhaltige Entwicklung, EDV/Netzwerk Formalkatalogisierung Sacherschließung, 28.03.1960, Krefeld, ☎ (03334) 657-205, ✉ ralf.genthof@hnee.de

Georgi, Simone, M.A., Dresden, Sächsische Landesbibliothek - Staats- und Universitätsbibliothek, Abteilungsleiterin Bestandsentwicklung und Metadaten, Fachref. f. Kommunikationswissenschaft, stud. Kommunikationswiss., Amerikanistik, Wirtschaftswiss. 93-99, ☎ (0351) 4677-170, ✉ simone.georgi@slub-dresden.de

Georgy, Ursula, Prof., Dr. rer. nat., Köln, TH Köln, Institut für Informationswissenschaft, FH-Professorin, 29.05.1958, Köln, stud. Chemie, Diplom 83, Prom. 86, ☎ (0221) 8275-3922, ✉ ursula.georgy@th-koeln.de

Gerdes, Bärbel, Dipl.-Bibl., Oldenburg, Jade Hochschule Wilhelmshaven - Oldenburg - Elsfleth, Leitung der Bibliothek am Campus Oldenburg, 29.07.1960, FU Berlin, Dipl.-Bibl. WB 86-90, FU Berlin Bibl. für Neurologie, Neurochirurgie, Psychiatrie 90-94, Windenergie-Institut Wilhelmshaven (DEWI) 94-00, NLP-Master-Practitioner (DVNLP) 99-01, Landesbibl. Oldenburg: Information u. IK-Vermittlung 00-12, Bibl. d. Jade Hochschule in Oldenburg: Information u. IK-Vermittlung Okt. 12-, Leitung 17-, ☎ (0441) 7708-3411, ✉ baerbel.gerdes@jade-hs.de

* Gerdes, Gesche, Bern (Schweiz), Universitätsbibliothek Bern, Koordination Wissenschaftliche Dienstleistungen, Co-Leiterin Koordinationsstelle Informationskompetenz, Fachref. f. Theater- und Tanzwissenschaft, 24.04.1983, Fulda, ✉ gesche.gerdes@ub.unibe.ch

* Gerdes, Thomas, Dr., Berlin, Leibniz-Institut für Gewässerökologie und Binnenfischerei (IGB), Bibliotheksleiter, ☎ (030) 64181-655, ✉ thomas.gerdes@igb-berlin.de

Gerike, Inga, Dr. phil., Bamberg, Universitätsbibliothek, Stellvertretende Direktorin, Leiterin der Benutzungsabteilung, Fachref. f. Germanistik, Kommunikationswiss., Slavistik, 15.05.1972, Dresden, stud. Romanistik und DaF, M.A. 98, Prom. 02, BRef. UB Bamberg 02-03, BSchule München 03-04, ☎ (0951) 863-1596, 💻 inga.gerike@uni-bamberg.de

Gerlach, Annette, Dr. phil., Koblenz, Landesbibliothekszentrum Rheinland-Pfalz, Leiterin, 09.01.1962, Münster/Westf., stud. Geschichte, Germanistik, Ev. Theologie, Staatsex. 87, Prom. 91, BRef. Freiburg UB 91, Frankfurt a. M. BSchule 92, Fachpr. 93, Leiterin Wiss. B. Dessau LB 93, Stellv. Dir. LB Dessau 95, Berlin ZLB, BAssess. 99, BR 01, BOR 02, BDir. 04, Leiterin LBZ Rheinland-Pfalz 12, Ltd. BDir. 14, ☎ (0261) 91500-100, 💻 gerlach@lbz-rlp.de

* Gerlach, Harald, Dipl.-Phys., Darmstadt, Universitäts- und Landesbibliothek, Erwerbungsleiter, Fachref. f. Allgemeines, Physik, Naturwiss. und Technik (allg.), 05.07.1968, Nastätten/Ts., stud. Physik, Diplom 95, BRef. UB Kaiserslautern 95, Frankfurt a. M. BSchule 96, Fachpr. 97, Frankfurt DDB 97, BAssess. Heidelberg UB 98, BR 00, Darmstadt ULB 04, BOR 05, ☎ (06151) 16-76206, 💻 gerlach@ulb.tu-darmstadt.de

* Gerstner, Eckart, Dr. rer. soc., Dipl.-Soz., Erfurt-Salomonsborn, BDir. i.R., Erfurt/Gotha UFB, 04.08.1951, Freiburg, im BDienst 88-17, ☎ (036208) 70155, 💻 eckart.gerstner@gmail.com

Gerth, Kirsten, Dr. rer. nat., Jena, Thüringer Universitäts- und Landesbibliothek, Wiss. Mitarb., Fachref. f. Physik, Astronomie, Technik, Mathematik, Informatik und Ingenieurwissenschaften, 07.05.1963, Jena, ☎ (03641) 9-404040, 💻 kirsten.gerth@uni-jena.de

* Gertis, Livia, Konstanz, Universitätsbibliothek

* Getschmann, Katrin, Berlin

* Gey, Ronny, Leipzig

* Gick, Helmut, Dipl.-Phys., Hofgeismar, BOR i.R., 10.02.1952, Allendorf/L., stud. Physik, Diplom 77, im Bibliotheksdienst 1977-2017, 💻 gickh@netscape.net

* Giella, Wolfgang, Dr. phil., Gossau (Schweiz), Stadtpräsident Gossau, 05.03.1965, Männedorf, Schweiz, stud. Allg. Sprachwiss., Slawist., Indogerm. 91-92, Altaist., Turkol. u. Zentralasienkde, Iranistik 92-99, BRef. Göttingen SUB 00, Göttingen StB 01, Köln FH 01, Göttingen SUB 02-04, Dir. Graubünden KantonsB 04, Bibliotheksleiter HSB ZHAW 10, Stadtpräsident Stadt Gossau 18, ☎ (0041) 71 388 42 53, 💻 wolfgang.giella@stadtgossau.ch

* Gier, Helmut, Dr. phil., M.A., Augsburg, BDir. i.R., 21.07.1947, Augsburg, im BDienst 1978-2012, ☎ (0821) 86063, 💻 helmut.gier@hotmail.de

* Giesen, Winfried, Dr. phil., Frankfurt am Main, BOR i.R., 02.07.1945, Oberstdorf, im BDienst 77-08, 💻 winfried.giesen@web.de

* Gilles-Kircher, Susanne, Dr., Mainz, Archivarin / Bibliothekarin, 18.08.1979, 💻 susanne.gilles@gmail.com

* Glaab-Kühn, Friederike, M.A., Berlin, Staatsbibliothek zu Berlin - Preußischer Kulturbesitz, Projektpartner Kompetenzzentrum für Lizenzierung, Referentin für E-Ressourcen, 09.11.1980, Nürnberg, B.A. (Europäische Studien) 03, M.A. (Museum Studies) 05, M.A. (Europäische Studien) 06, Wiss. Mitarb. Univ. Oldenburg 05-06, BRef. Berlin SBB-PK 06-08, BR Berlin SBB-PK 08, BOR Berlin SBB-PK 18, ☎ (030) 266-432710, 💻 f.glaab-kuehn@gmx.de, friederike.glaab-kuehn@sbb.spk-berlin.de

* Glagla-Dietz, Stephanie, Frankfurt am Main, Deutsche Nationalbibliothek (Leipzig, Frankfurt a. M.), Wiss. Ang., Normdaten, 04.11.1967, Frankfurt am Main, stud. Geographie, Diplom 95, MA (LIS) 06, Wiss. Ang. Uni Frankfurt a.M. 95, Wiss. Ang. Uni Freiburg 97, Ltg. Informations- u. Bildungseinrichtung Nationalpark Harz 99, Wiss. Ang. Münster ULB 05, Frankfurt a.M. DNB 08, Frankfurt a.M. DIF 12, Göttingen SUB 15, Konstanz BSZ 16, 💻 glagla@web.de

* Glang-Süberkrüb, Annegret, Dr. phil., Bielefeld, Ltd. BDir. a.D., 09.04.1949, Kiel, im BDienst 74-99

* Glanzner, Peter, Dr. phil., Freiburg im Breisgau, BDir. a.D., 13.07.1943, Baden b. Wien, imBDienst 1968-2009, ☎ (0761) 484897, 💻 peter.gl1307@gmail.com

* Glaser, Eva Christina, Dr., Gießen, Universitätsbibliothek, Leiterin der Benutzungsabteilung, Fachref. f. Anglistik, Germanistik, Kunstgeschichte, Philosophie, Theaterwiss., 25.11.1977, Haiger, stud. Anglistik, Germanistik, Kunstgeschichte, Philosophie, M.A. 05, Prom. 09, BRef. HAB Wolfenbüttel 10-12, MA (LIS) 12, 💻 eva.c.glaser@bibsys.uni-giessen.de

* Glaser, Timo, Dr., Marburg, Universitätsbibliothek, BLeiter FB05 Theologie, Fachref. f. Theologie, 27.06.1976, Gladbeck, stud. Theologie, Philosophie, Religionswiss., Dipl. 03, Prom. 07, BRef. UB Marburg 08-10, MA (LIS) 10, ☎ (06421) 28-25112, 💻 timo.glaser@ub.uni-marburg.de

* Glass, Tabea, Oslo (Norwegen), UiO Universitetsbiblioteket Georg Sverdrups hus, HumSam-biblioteket / Humanities and Social Sciences Library (UHS), 💻 tabea.glass@ub.uio.no

* Glitsch, Silke, Dr., Göttingen, Niedersächsische Staats- und Universitätsbibliothek, Abteilungsleitung Benutzung, 💻 glitsch@sub.uni-goettingen.de

* Glockner, Matthias, Dipl.-Theol., M.A. (LIS), Stuttgart, Sachgebietsleiter Dokumentation, 10.02.1971, Kiel, stud. kath. Theologie, Philosophie, Psychologie, Bibliotheks- und Informationswiss., Dipl.-Theol. 01, Wiss.Dok. 04, M.A. (LIS) 09, Wiss. Mitarb. Bonn BISp 10-12, Stuttgart Landtag von BW 13, ☎ (0711) 2063-811, 💻 matthias.glockner@landtag-bw.de, mglockner@t-online.de

* Glorius, Lydia, M.A., MPA, Göttingen, Niedersächsische Staats- und Universitätsbibliothek, Ausbildungsleiterin hD, Abt. Informations- und Literaturversorgung Z - Zentrale Erwerbung und Erschließung: Überregionale Lizenzen, Kompetenzzentrum für Lizenzierung, 01.01.1985, Warendorf, stud. Latein, Griech., Indogerm., Public Administration, M.A. 11, MPA (DUV Speyer) 15, Wiss. Ang. München BSB 11-14, BRef. Göttingen SUB 14, München BAB 15, Fachpr. 16, Wiss. Ang. Göttingen SUB 16, BR 18, ☎ (0551) 39-25019, 💻 glorius@sub.uni-goettingen.de

Gniffke-Koch, Beate, Dipl.-Bibl. (FH), Vallendar, Bibliothek der Philosophisch-Theologischen Hochschule, Organisatorische Leitung der Bibliothek, 17.11.1962, Koblenz, ☎ (0261) 6402272, 💻 bgniffke@pthv.de

* Göhlert, Christian, Dr., Trier, Universitätsbibliothek

Gömpel, Renate, Frankfurt am Main, Deutsche Nationalbibliothek (Leipzig, Frankfurt a. M.), Leiterin Fachbereich Benutzung und Bestandserhaltung, 29.05.1961, Treysa, Dipl. Bibl., Bschule Frankfurt a. M., Fachpr. 00, ☎ (069) 1525-1300, 💻 r.goempel@dnb.de

* Göttker, Susanne, M.A. (LIS), Celle, Wiss. Bibliothekarin, ☎ (0177) 3810356, 💻 goettker@web.de

* Golas, Ulrike, Dr., Berlin, Universitätsbibliothek der Technischen Universität, Abteilungsleiterin Online-Dienste und IT-Entwicklung, Fachref. f. Informatik, 08.06.1980, Berlin, stud. Informatik, Dipl. 04, Mathematik, Dipl. 09, Prom. 10, HU Berlin M.A. (LIS) 18, ☎ (030) 31476316, 💻 ulrike.golas@tu-berlin.de

* Goldschmitt, Regina, M.A., Bonn, Max Planck Institute for Research on Collective Goods, Fachref. f. Rechts-, Politik-, Wirtschaftswiss., Soziol., Psychol., 31.07.1966, Erlangen, Ausb. zur Sortimentsbuchh. 86-89, Stud. Betriebsw., Sinol., Buch- u. Bibl.-Wiss. 89-95, BRef. Berlin 95-97, Berlin SBB-PK, Bonn B d. MPI Gem.-Güter, ☎ (0228) 91416-114, 🖥 goldschmitt@coll.mpg.de

* Golebiowski, Anja, Gießen, Universitätsbibliothek, Fachreferentin, Öffentlichkeitsarbeit, Bau-Team, Fachref. f. Slavistik, Osteuropäische Geschichte, Turkologie, Didaktik der Islamischen Theologie, 02.05.1979, Jülich, ☎ (0641) 9914063, 🖥 anja.golebiowski@bibsys.uni-giessen.de

* Goltz-Fellgiebel, Julia Alexandra, M.A. (Bibl.wiss.), Berlin, Zentral- und Landesbibliothek, VÖBB-Servicezentrum, 06.05.1981, Bernau, stud. Geschichte, Bibliothek- u. Informationswissenschaft, Humboldt-Universität zu Berlin, M.A. 07, Abendstudium: Kommunikationsmanagerin, depak Berlin 10; Praktika in Berlin: Bildarchiv Preußischer Kulturbesitz, Storyhouse Productions, Architekturhaus Braun; Praktika in Hamburg: Institut für Firmen- u. Wirtschaftsgeschichte, Spiegel Online, 01/04/07; stud. Hilfskraft, ZB Erziehungswissenschaften, HU Berlin 02-06; wiss. MA, Verbund der Öffentlichen Bibliotheken Berlin (VÖBB), Zentral- und Landesbibliothek Berlin (ZLB) 08; bibl. MA, Patientenbibliothek, Städtisches Klinikum Brandenburg adH 09-10; bibl. MA, Europäische Zentralbank, Frankfurt Main 11; wiss. MA, Kooperativer Bibliotheksverbund Berlin-Brandenburg, Zuse Institute Berlin 11-19; wiss. MA, VÖBB, ZLB,19-, ☎ (030) 90226-620, 🖥 julia.goltz-fellgiebel@zlb.de

* Golz, Bettina, Dipl.-Biol., Berlin, Universitätsbibliothek der Technischen Universität, Leiterin d. Hauptabt. Medienbearb., 24.07.1960, stud. Biol., Diplom 87, BRef. Berlin UB d. FU 90, BSchule Frankfurt a. M. 91, Fachpr. 92, BAng. UB d. TU 93-94, 97, BAssess. 00, BR 01, BOR 02, BDir. 05, ☎ (030) 314-76121, 🖥 bettina.golz@tu-berlin.de

* Goodspeed-Niklaus, Christina, Frankfurt am Main, Leibniz-Institut Hessische Stiftung Friedens- und Konfliktforschung, 🖥 goodspeed@hsfk.de

* Gorski, Martin, Dipl.-Kaufm., Dipl.-Volksw. (Univ.), Regensburg, Universitätsbibliothek, Strategisches Marketing, Projektmanagement, Fachref. f. Sport, 11.11.1977, Regensburg, stud. Betriebswirtsch., Dipl. 05, stud. Volkswirtsch., Dipl. 06, BRef. Regensburg UB 06/07, München Bayer. BSchule 07/08, BAssess. 08, Wiss. Ang. Passau UB, BR z.A. 09 Regensburg UB, ☎ (0941) 943-3901, 🖥 martin.gorski@bibliothek.uni-regensburg.de

* Gottheiner, Klaus, Dr. phil., Trier, Universitätsbibliothek, Leitung Ausstellungen, Öffentlichkeitsarbeit, Fachref. f. Sinologie, Japanologie, 31.01.1959, Frankfurt a. M., stud. Klass. u. Mod. Sinologie, Japanologie, Germanistik, Geschichte, Kunstgeschichte, M.A. 85, Prom. 89, Ass. Prof. f. dt. Spr. u. Lit. Taipei/Taiwan 90, Lehrbeauftr. Heidelberg Japanol. Sem. 94, BRef. Trier UB 96, Frankfurt a. M. BSchule 97, Fachpr. 98, BR z. A. Trier UB 98, BR 00, OBR 05, ☎ (0651) 201-2460, 🖥 gottheiner@uni-trier.de

* Grabka, Marion, Dr. phil., Wiesbaden, Hochschul- und Landesbibliothek RheinMain, Leiterin, 06.03.1961, Frankfurt a.M., stud. Germanistik, Inform., Musikwiss., M.A. 86, Prom. 89, BRef. Darmstadt LuHB 89, Frankfurt a. M. BSchule 90, Fachpr. 91, BR z. A. Darmstadt ULB 91, BR 93, BOR 95, BDir 05, Wiesbaden HLB RheinMain 11, Ltd. BDir. 13, ☎ (0611) 9495-1166/ -1801, 🖥 marion.grabka@hs-rm.de

* Grabow, Astrid, Detmold, Lippische Landesbibliothek / Theologische Bibliothek und Mediothek, Stellv. Dir., Leitung EDV u. Medienbearbeitung, Fachref. f. Mathematik, Technik, Naturwiss., angew. Wiss., 11.06.1959, Bochum, stud. Chemie, Philos., Erziehungswiss., Staatsex. 87, Ausb. zum EDV-Organisator 87-88, Berufstätigk. 88-90, Stud. Ref. 90, BRef. Paderborn UB 91, Köln FHBD 92, Fachpr. 93, Wiss. Ang. Düsseldorf ULB 94-00, Erziehungsurlaub 98-00, Wiss. Ang. Detmold LLB 00, ☎ (05231) 92660-15, 🖥 grabow@llb-detmold.de

Gradmann, Stefan, Prof. Dr., Leuven, KU Leuven, Literary Studies Research Unit, 22.09.1958, Marburg, stud. Germanistik, Griechisch, Philosophie, M.A. 83, Staatsex. 84, Prom. 86, BRef. Bonn UB 86, Köln FHBD 87, Fachpr. 88, Wiss. Ang. Hamburg SuUB 88, BR 89, OBR 91, Leiter NBV 92, Dienstort BRZN 94, Dir. VZ GBV 96, Prod.-Man. Pica 98, Wiss. Ang. Hamburg RRZ oo, Stellv. Dir. 04, Berlin HU-IBI Prof. 08, KU Leuven, Arts Faculty of Literacy Studies, ☎ (0032 472) 606236, 🖳 stefan.gradmann@kuleuven.be, stefan.gradmann@gmail.com

* Gräbitz, Anja, Dr., München, Universitätsbibliothek der LMU, Fachref. f. Rechtswiss., Wirtschaftswiss., 🖳 anja.graebitz@ub.uni-muenchen.de

Graf, Andrea, Dipl.-Bibl., Kempten, Stadtbibliothek, Leiterin, ☎ (0831) 2525-1750, 🖳 andrea.graf@kempten.de, stadtbibliothek@kempten.de

* Graf, Angela, Dr. phil., Dipl.-Bibl., Hamburg, BLeiterin i.R., 11.07.1947, Hamburg, im BDienst 1988-2012, ☎ (040) 85 97 17, 🖳 angela.graf@hamburg.de

* Graf, Dorothee, M.A., Duisburg, Universitätsbibliothek Duisburg-Essen, BMBF-Projekt AuROA: Autor:innen und Rechtssicherheit für Open Access-Publikationen, Mitglied der Task Force Open Access in der UB, Fachref. f. Germanistik, Deutsch als Zweitsprache, 16.08.1969, München, stud. Engl., Dt., Span., Staatsex. u. M.A. 96, Ang. 97-98, BRef. Düsseldorf ULB 98, Köln FH 99-00, BR z. A. Essen UB 00, BR 02, BOR 10, ☎ (0201) 18 33 721, 🖳 dorothee.graf@uni-due.de

* Gramenz, Friedrich, M.A., Dipl.-Bibl., Jülich, 06.12.1934, Rüdersdorf/Spree, im BDienst 63-99

* Grassl, Andreas, München, Bayerische Staatsbibliothek

* Grebe, Manfred, Bad Hersfeld, Rechtsanwalt, ☎ (06621) 78831, 🖳 aj.grebe@gmail.com

Grell, Jens-Peter, Dipl.-Geogr., Berlin, Staatsbibliothek zu Berlin - Preußischer Kulturbesitz, Wiss. Angest., Fachref. f. Geographie, Kartographie, Geodäsie, Fernerkundung und Raumordnung, 28.10.1963, Oldenburg i.O., stud. Geographie, Geologie, Forstl. Bodenkunde u. Standortlehre, Dipl. 93, ☎ (030) 266-435450, 🖳 jens-peter.grell@sbb.spk-berlin.de

* Grenzebach, Gerrit, Dr., Halle (Saale), Universitäts- und Landesbibliothek Sachsen-Anhalt, Fachref. f. Medizin, Mathematik, Physik, 🖳 gerrit.grenzebach@bibliothek.uni-halle.de

* Grethe, Alfred, Dr. jur., Friedland, BDir. i.R., 03.08.1944, Göttingen, stud. Rechts- u. Staatswiss., Prom. 74, Ang. Göttingen SUB 74, BRef. Göttingen SUB 78, Köln BLI 79, Fachpr. 80, BR Osnabrück UB 80, BOR 83, Göttingen SUB 83, Leiter Kassel B d. BSozG 87, BDir. 88

* Griebel, Rolf, Dr. phil., Hallstadt, Generaldirektor a.D., 15.09.1949, Ansbach, im BDienst 1978-2014, ☎ (0951) 700 365 48

* Griesemer, Désirée, Dr. rer. nat., Dipl.-Biol., Saarbrücken, Saarländische Universitäts- und Landesbibliothek, Fachref. f. Biologie und Chemie, stud. Biologie, Dipl. 98, Prom. 03, M.A. (LIS) 17, ☎ (0631) 205-2418 oder -3191, 🖳 griesemer@ub.uni-kl.de

* Grim, Karolina, Dipl.-Inf.wiss., M.A., Trier, 🖳 karolina.grim@gmail.com

* Grimm, Steffi, Berlin

* Grishina, Evgenia, Dr., Trier, Universitätsbibliothek, Fachreferentin, Open-Access-Beauftragte, Fachref. f. Germanistik, Allgemeine und vergleichende Sprach- und Literaturwissenschaft, Medienwissenschaft, Computerlinguistik/Digital Humanities, 🖳 evgenia.grishina@gmail.com, grishina@uni-trier.de

* Gröpler, Johanna, Berlin

* Groneberg, Antje, M.A., M.A. (LIS), Hamburg, Universitätsbibliothek der Helmut-Schmidt-Universität / Universität der Bundeswehr, Abteilungsleiterin Digitale Bibliothek, Fachref. f. Erziehungswissenschaft, Soziologie, stud. Soziologie und Germanistik Univ. Heidelberg, Magister 11, BRef. ULB Darmstadt 11-13, Bibl. Staatspr. 13, M.A. (LIS) HU Berlin 13, BR 18, OBR 19, ☏ (040) 6541-3096, 📧 groneberg@hsu-hh.de

* Gronemeyer, Horst, Prof. Dr. phil., Hamburg, Ltd. BDir. a.D., 16.12.1933, Hamburg, im BDienst 63-98, ☏ (040) 6039 856, 📧 gronemeyer-horst@t-online.de

* Gronwald, Marco, Dr., Osnabrück, Universitätsbibliothek, Referent für eScience, Fachreferent, Fachref. f. Geographie & Geowissenschaften, 24.08.1984, Hannover, stud. Geographie/Geowissenschaften in Hannover & Göttingen 07-12, Wissenschaftlicher Mitarbeiter am Thünen-Institut, Braunschweig 13-16, Externer Doktorand an der Univ. Hannover 15-16, Promotion zum Dr. rer. nat., Bibliotheksreferendar an der UB Osnabrück 16-18, BR UB Osnabrück 18, 📧 m_gronwald@gmx.de

* Groschke, Annette, Berlin

  Groß, Matthias, Dipl.-Math., München, Bayerische Staatsbibliothek, Leiter d. Referats Virtuelle Bibliothek Bayern i. d. Verbundzentr. des BVerb. Bayern, 04.01.1973, Kulmbach, stud. Mathematik, Dipl. 99, BRef. BSB München 01, BSchule München, Fachpr. 03, BR z.A. München BSB 03, BR 04, BOR 06, BDir. 13, ☏ (089) 28638-4937, 📧 matthias.gross@bsb-muenchen.de, grossmatthias@web.de

* Grote-Hesse, Dagmar, Dipl.-Volksw., Berlin, Bibliothek des Deutschen Bundestages, Bereichsleiterin Erw. I und IT-Management, Fachref. f. Wirtschaftspolitik, 09.12.1961, Detmold, stud. Volksw., Diplom 89, Wiss. Hilfskr. Hagen Univ. 89, Wiss. Ang. Hagen UB 90, BRef. Bielefeld UB 91, Köln FHBD 92, Fachpr. 93, BR z. A. Bonn B d. Dt. Bundestages 93, BR 94, BOR 96, BDir 00, MRn 07, ☏ (030) 227-34253, 📧 dagmar.grote-hesse@bundestag.de

* Grün, Martina, M.A., M.A. (LIS), Berlin, Zentral- und Landesbibliothek, Wiss. Mitarbeiterin, Projektteam ZLB-Neubau (3IN1), ☏ (030) 90226 405, 📧 martina.gruen@zlb.de

* Grüninger, Gerhart, Dr. phil., Maria Laach, BDir. i.R., 10.09.1943, Lengerich/Westf., im BDienst 75-08, ☏ (02652) 52 75 75, 📧 grueningerlaach@t-online.de

* Grüter, Doris, Dr. phil., Bonn, Universitäts- und Landesbibliothek, Wiss. Ang., Fachref. f. Romanistik (SSG), 13.12.1960, Nordhorn, stud. Roman., Germ., Staatsex. 87, Prom. 93, BRef. Osnabrück UB 93 u. Osnabrück StB, Köln FHBD 94, Fachpr. 95, Wiss. Ang. Potsdam UB 95, Bonn ULB 08, ☏ (0228) 737545, 📧 grueter@ulb.uni-bonn.de

* Grützner, Agnes, M.Sc., Stuttgart, Baufachbibliothek Fraunhofer-Informationszentrum Raum und Bau, Inkubator Transferforschung, Projektmanagerin (inter)nationale Forschungsprojekte im Bereich Open Science, 28.09.1987, 📧 agnes.gruetzner@irb.fraunhofer.de

* Grund, Ines, Dr., Mainz, Bibliothek des Leibniz-Instituts für Europäische Geschichte, Leiterin, 27.02.1967, stud. Mittlere u. Neuere Geschichte, Anglistik, Slaw., Inform., M.A. 93, Prom. 07, BRef. Marburg UB 99, Frankfurt a. M. BSchule 00, Fachpr. 01, Leiterin Mainz B d. Inst. f. Europ. Geschichte 01, ☏ (06131) 39-39366, 📧 grund@ieg-mainz.de

* Grund, Sonja, Dr., Kiel, Schleswig-Holsteinische Landesbibliothek, Dezernatsleiterin Landesbibliothek, stud. Kunstgeschichte, Klassische Archäologie, Italienische Philologie., M.A. 01, Stip. Rom, Bibliotheca Hertziana 02-04, Prom. 06, BRef. Berlin SBB-PK 06, München Bayer. BSchule 07, Fachpr. 08, Wiss. Mitarbeiterin Florenz Bibliothek des Kunsthistorischen Inst.- MPI 08, BLeiterin Berlin Wissenschaftskolleg 09 - Vorstand ASpB und Sektion 5 des dbv 12-17, Dezernatsleitung SHLB Kiel 20, ☏ (030) 89 001 144, 📧 sonja.grund@wiko-berlin.de

* Grunder, Ralf, Dr. rer. nat., Koblenz, Universitätsbibliothek der Universität Koblenz-Landau, Leiter der UB in Koblenz, 17.08.1963, Pirmasens, stud. Chemie, Diplom 90, Prom. 93, BRef. Karlsruhe UB 93, Köln FHBD 94, Fachpr. 95, Wiss. Ang. IBK Karlsruhe 95, Aachen BTH 96, BR z. A. 96, BR 97, Köln HBZ 00, München TUB 01, BOR 02, Berlin UB der HU 09, Koblenz B d. Univ. Koblenz-Landau 11, BDir. 13, ☏ (0261) 287-1403, ✉ grunder@uni-koblenz.de

* Grunewald, Verena, Gießen, Universitätsbibliothek, Fachref. f. Theologie, Erziehungswissenschaft, Psychologie, Musikwissenschaft, 24.01.1981, stud. Ev. Theologie u. Dt. Literaturwiss., Staatsex. 06 & M.A. 09; Wiss. Mitarb. Ev. Theol. 09-14; BRef. UB Gießen 14-16; ThULB Jena 16-19, BR UB Gießen 19-, ✉ verena.grunewald@bibsys.uni-giessen.de

* Gückel, Christina, M.A., M.A. (LIS), BAssess., Frankfurt am Main, Bibliothek des Max-Planck-Instituts für Rechtsgeschichte und Rechtstheorie, Wiss. Ang., 26.07.1985, Freudenstadt, stud. Germanistik, Geschichte, M.A. 12, Wiss. Ang. Marbach DLA 13-14, BRef. Hannover GWLB-NLB und Berlin HU IBI 14, Fachpr. 16, Wiss. Ang. Kassel UB/LB u. Murh. B. 16-19, Wiss. Ang. Frankfurt a. M. Bibliothek des MPI für Rechtsgeschichte und Rechtstheorie 19, ☏ (069) 78978-274, ✉ gueckel@rg.mpg.de

* Günther, Johannes, Dr. phil., Stuttgart, OBR a.D., 29.08.1936, Freiburg, im BDienst 66-01

Gürle, Meheddiz, Dipl.-Bibl., Bochum, Stadtbücherei, Bibliotheksdirektor, 15.09.1976, Werne (NRW), Studium Dipl. Bibl. (FH Hamburg) 98-02, OGS Hamm 02-13, Lektorat/Interkulturelle Bibliotheksarbeit Stadt- und Landesbibliothek Dortmund 13-18, stellv. Direktor der Stadtbücherei Bochum 19, Direktor der Stadtbücherei Bochum 20, ☏ (0234) 910-2480, ✉ mguerle@bochum.de, meheddiz.guerle@gmx.de

Guhling, Ortwin, Dr. rer. nat., München, Bayerische Staatsbibliothek, Referent für Zeitschriften und Elektronische Medien, 19.10.1974, Münnerstadt, stud. Biologie, Dipl. 02, Prom. 07, Bref. Stuttgart UB 05, München Bayer. BSchule 06, Laufbahnpr. 07, Wiss. Ang. München BSB 07, BR 09, BOR 13, ☏ (089) 28638 2681, ✉ ortwin.guhling@bsb-muenchen.de

Gumbrecht, Cordula, Dr., Berlin, Staatsbibliothek zu Berlin - Preußischer Kulturbesitz, Fachreferentin, Fachref. f. Sinologie, stud. Sinol., Japan., Diplom 89, Wiss. Ang. DSB 89, Ref. SBPK Berlin 91, Köln FHBD 92, Fachpr. 93, Prom. 02, ☏ (030) 266-436 056, ✉ cordula.gumbrecht@sbb.spk-berlin.de

Gutsche-Borck, Kerstin, Berlin, Abgeordnetenhaus, Leiterin des Referats Bibliothek und Dokumentation, 15.10.1962, Berlin, Studium an der FU Berlin 81-84, Bibliothekarin in der Bibliothek des Kammergerichts 86 90, seit 1990 in der Bibliothek des Abgeordnetenhauses beschäftigt, ☏ (030) 2325 1240, ✉ kerstin.gutsche@parlament-berlin.de, bibliothek@parlament-berlin.de

Haake, Elmar, Dr., Bremen, Staats- und Universitätsbibliothek, Wiss. Mitarbeiter, IT-Infrastruktur, Fachref. f. Chemie, 24.08.1969, stud. Chemie, Diplom 95, Prom. 98, SuUB Bremen 98-, IT, Fachreferat Chemie, Facharbeitsgruppe GBV, ☏ (0421) 218-59412, ✉ haake@suub.uni-bremen.de

* Haas, Paul Tillmann, Oldenburg, Bibliotheks- und Informationssystem der Carl von Ossietzky Universität, Fachreferent, Fachref. f. Musik, Kunst, Slavistik, Materielle Kultur, 05.12.1986, Schwetzingen, stud. Musikwissenschaft und Slavistik, M.A. 14; Referendariat BIS Oldenburg/IBI Berlin 15-17; Fachreferent am BIS Oldenburg 17-; BR 18; Referent zur Einführung eines Forschungsinformationssystems an der Universität Oldenburg 20-, ☏ (0441) 7984023, ✉ paulhaas@live.de

Haas-Betzwieser, Eva, Berlin, Staatsbibliothek zu Berlin - Preußischer Kulturbesitz, Leiterin Stab Projektmanagement und Controlling, ✉ eva.haas-betzwieser@freenet.de, eva.haas-betzwieser@sbb.spk-berlin.de

* Haase, Jana, Karlsruhe, Bundesanstalt für Wasserbau Karlsruhe, Infozentrum Wasserbau (IZW)

* Habermann, Alexandra, Dipl.-Soz., Berlin, BDir. a.D., 31.10.1937, Berlin, im BDienst 66-01, ☎ (030) 854 53 77, 🖂 ag.habermann@t-online.de

* Habermann, Johanna, Dr. phil., M.A., München, Bayerische Staatsbibliothek, Sacherschl., Erw., Fachref. f. Russica u. Bulgarica, 13.06.1959, Regensburg, stud. Slawistik, Latein, M.A. 85, Prom. 89, Wiss. Ass. Regensburg Univ. 85-89, BRef. Regensburg UB 91, München Bayer. BSchule 92, Fachpr. 93, München BSB 93, BR 98, BOR 00, ☎ (089) 28638 2360/-1, 🖂 johanna.habermann@bsb-muenchen.de

* Habermann, Moritz, Dipl.-Ing., Frankfurt am Main, Universitätsbibliothek Johann Christian Senckenberg, Service Center Westend (HRZ Service Center), 03.02.1965, Berlin, stud. Dipl.-Ing. Masch.-Bau, Diplom 91, Entwicklungsing. Reutlingen 91, BRef. Stuttgart UB 94, Frankfurt a. M. BSchule 95, Fachpr. 96, Wiss. Ang. Bielefeld UB 96, BR z. A. Frankfurt a. M. BzG 99, BR 00, ☎ (069) 798-33454, 🖂 m.habermann@rz.uni-frankfurt.de

* Hackenberg, Eva Maria, Dr. agr., Köln, Deutsche Zentralbibliothek für Medizin (ZB MED) - Informationszentrum Lebenswissenschaften, Drittmittelprojektmanagement, 02.05.1963, Friedberg/Hess., stud. Agrarwiss., Diplom 89, Prom. 94, Wiss. Ang. Gießen Inst. f. Pflanzenzücht. 89, BRef. Gießen UB 92, Frankfurt a. M. BSchule 93, Fachpr. 94, Wiss. Ang. Gießen UB 95, Bonn Dt. ZB f. Landbauwiss. BR z. A. 96, BR 97, Abt.B MNL d. ULB Bonn 01, ZB MED 03, BOR 06, ☎ (0228) 73 3404, 🖂 hackenberg@zbmed.de

* Hacker, Gerhard, Prof., Dr. phil., Leipzig, Hochschule für Technik, Wirtschaft und Kultur - Fakultät Informatik und Medien, HS-Lehrer; B u. Informationswiss., 24.06.1963, Karlsruhe, stud. Slaw., Hispan., B-Wiss, M.A. 89, Prom. 95, Doz. (NA) Köln Univ. 90-91, Doz. (NA) Köln FHBD 91-95, wiss. Mitarb. (Werkvertr.) 92-95, Berlin Inst. f. B-Wiss. HU 96, Berlin UB d. HU ZweigB Fremdspr. Philol., Leiter 00-01, Prof. Leipzig HTWK FB Buch u. Museum 01, Studiendek. B u. Informationswiss. Leipzig HTWK Fakultät Medien 06-09, Prodekan Fakultät Medien 09-11, Prorektor Bildung 11-14, Studiendek. B u. Informationswiss. 16-20, ☎ (0341) 3076-5418, 🖂 gerhard.hacker@htwk-leipzig.de

* Hacker, Lucia, M.A., M.A. (LIS), Leipzig, Universitätsbibliothek, Bereichsleiterin Benutzung, 🖂 hacker@ub.uni-leipzig.de

* Haendschke, Susanne, M.A., Bonn, Bibliothek des LVR-LandesMuseums, Bibliotheksleitung, 17.01.1966, Bensberg, stud. Germanistik und Musikwissenschaft, M.A. 95, Bibliothekswissenschaft (M.A.L.S. 01); Berufstätigkeit: Habelt-Verlag 95-96, Rheinisches Landesmuseum, Bibliothek 96-01, Deutsches Referenzzentrum für Ethik in den Biowissenschaften DRZE 01-05, LVR-LandesMuseum Bonn, Bibliothek 05-, ☎ (0228) 2070-201, 🖂 susanne.haendschke@lvr.de

* Hänger, Christian, Dr. phil., Koblenz, Bundesarchiv, Leiter Abt. Archivtechnik, 07.06.1967, Nördlingen, stud. Geschichte, Latein, Staatsex. 95, Prom. 98, Postdok. Univ. Paderborn 98-99, BRef. Bielefeld UB 99, Paderborn StB 00, Köln FHFB 00-01, BR z. A. Lüneburg UB 01, BR 02, Mannheim UB 03, BDir. 09, Bundesarchiv 20, Ltd.BDir. 20, ☎ (0261) 505217, 🖂 c.haenger@bundesarchiv.de

* Härtel, Helmar, Dr. phil., Wolfenbüttel, BDir. a.D., 28.05.1942, Breslau, im BDienst 70-07, ☎ (05331) 41240, 🖂 helmar.haertel@web.de

* Häseker, Helga, Dipl.-Geophys., Bremen, BOR i.R., 12.04.1949, Bremen, im BDienst 1975-2012, 🖂 helga.haeseker@gmx.de

* Hätscher, Petra, Dipl.-Politol., Konstanz, Kommunikations-, Informations-, Medienzentrum (KIM) der Universität, Direktorin Kommunikations-, Informations-, Medienzentrum (KIM), 08.12.1959, Göttingen, Ausb. Bibl., Diplom 81, stud. Sozialwiss., Politikwiss., Diplom 88, BRef. Berlin AGB 90, Köln FHBD 91, Fachpr. 92, BR z. A. Berlin-Kreuzberg 92, BR 94, OBR 95, Konstanz UB 96, BDir. 99, Ltd. BDir. 07, Direktorin des KIM 14, ☎ (07531) 88-2800, 🖂 petra.haetscher@uni-konstanz.de

Häusler, Michael, Dr., Berlin, Bibliothek für Diakonie und Entwicklung, Leiter Archiv und Bibliothek, 07.06.1961, Herford, stud. Neuere Geschichte u. Ev. Theologie, 2. Staatsex. f. d. Höheren Archivdienst 1995, ☎ (030) 65211-1139, 🖳 bibliothek@ewde.de, michael.haeusler@diakonie.de

* Haffner, Thomas, M.A., Dr. phil., Dresden, Sächsische Landesbibliothek - Staats- und Universitätsbibliothek, Wiss. Ang., Mitarbeiter im Referat Handschriften / Seltene Drucke / Kartensammlung, 05.04.1963, Ludwigsburg, stud. Kunstgesch., Archäol., Latein, M.A. 91, Prom. 95, BRef. Heidelberg UB 95, Frankfurt a. M. BSchule 96, Fachpr. 97, Dresden SLUB 97, ☎ (0351) 4677-513, 🖳 thomas.haffner@slub-dresden.de

* Hafner, Ralph, M.A., M.A. (LIS), Konstanz, Kommunikations-, Informations-, Medienzentrum (KIM) der Universität, Fachreferent, Sacherschließungsreferent, Fachref. f. Romanistik, Slavistik, Linguistik, Fremdsprachenlernen und Medienwissenschaft, stud. Französisch, Russisch, Dt., Staatsex. 98/99, Konstanz UB/KIM 99, M.A. (LIS) HU Berlin 04, ☎ (07531) 88-2836, 🖳 ralph.hafner@uni-konstanz.de

* Hagedoorn, Jan M., Dr.-Ing., Potsdam, Universitätsbibliothek, Fachreferent, Fachref. f. Geowissenschaften, Informatik, Mathematik, Physik und Astronomie, 14.06.1972, Wanne-Eickel, ☎ (0331) 977 2036, 🖳 jhagedoorn@uni-potsdam.de

* Hagel, Michael Dominik, Dr., Berlin, Wissenschaftskolleg zu Berlin, Bibliothek, Leiter der Bibliothek, 03.04.1981, stud. Germanistik, Mag. phil. Univ. Wien 05, Prom. Univ. Neuchâtel 14, BRef. FU Berlin 17, UB FU 19-21, Leiter der Bibliothek des Wissenschaftskollegs zu Berlin 21, ☎ (030) 89 001-144, 🖳 dominik.hagel@wiko-berlin.de

Hagemeyer, Kerstin, Dipl.-Musikwiss., Dresden, Sächsische Landesbibliothek - Staats- und Universitätsbibliothek, Fachref. f. Musikalien, 11.11.1961, Oppach, stud. Musikwiss., Staatsex. u. Diplom 86, Wiss. Mitarb. SLB Dresden 90, Fachref. 91, ☎ (0351) 4677-551, 🖳 kerstin.hagemeyer@slub-dresden.de

* Hagen, Katrin H. von dem, Dipl.-Jur., M.A., Siegburg, 11.05.1976, Kamp-Lintfort, stud. Rechtswiss., Politikwiss. u. Soziologie, M.A. in Würzburg u. Innsbruck, BRef. UB Giessen 07-09, Fachpr. 09, Leitung d. Bibliothek d. MPI für ausl. u. internat. Strafrecht, Freiburg i. Br. 10-11, ULB Düsseldorf 12-14, Elternzeit 15-, ☎ (02241) 8661608, 🖳 khvondemhagen@gmx.de

* Hagenah, Ulrich, M.A., Seeshaupt, Historiker und wiss. Bibliothekar, OBR i.R. seit, 01.01.2020, 17.06.1956, Lüneburg, stud. Geschichte, Publizistik, Germanistik, Politikwiss., M.A. 83, BRef. Köln UuStB 88, Köln StB 89, Köln FHBD 89, Fachpr. 90, Wiss. Ang. in d. Tätigk. e. BR z. A. Hamburg SuUB 90, BR z. A. 91, BR 92, OBR 96, Ruhestand 20, 🖳 u.hagenah@t-online.de

* Hagenmaier-Farnbauer, Monika, Dr. phil., Mainz, Universitätsbibliothek, Leiterin der Abteilung Bereichsbibliotheken und Fachreferate, Fachref. f. Anglistik, Amerikanistik und USA, 02.02.1956, Dettingen, stud. Geschichte, Anglistik, Amerikanistik, Staatsex. 83, Prom. 88, BRef. Tübingen UB 86, Köln FHBD 87, Fachpr. 88, Wiss. Ang. Tübingen UB 88, Wiss. Ang. Mainz UB 90, BR 90, OBR 93, BDir 18, ☎ (06131) 39-25603, 🖳 hagenmaier@ub.uni-mainz.de

* Hahn, Uli, M.A., M.A. (LIS), Ulm, Kommunikations- und Informationszentrum der Universität Ulm (kiz), Abt. Informationsmedien, Teamleiter Akquisition & Metadaten, 02.07.1985, stud. Anglistik, Universität Bayreuth B.A. 09, Literatur und Medien M.A. 12; Humboldt-Universität zu Berlin Bibliotheks- und Informationswissenschaft M.A. (LIS) 17, BR 19, ☎ (0731) 50-31485, 🖳 uli.hahn@uni-ulm.de

* Hakelberg, Dietrich, Dr. phil., M.A. (LIS), Gotha, Forschungsbibliothek, Leiter der Abt. Bestandsentwicklung und Erschließung, 05.01.1969, Tettnang, ☎ (0361) 737-5551, 🖳 dietrich.hakelberg@uni-erfurt.de

* Hall, Cornelia, Wiesbaden, Hochschul- und Landesbibliothek RheinMain, Stellv. Leiterin, Fachref. f. Recht, Wirtschaft, Soziologie, Psychol., 08.09.1968, Dortmund, stud. Jura, 1. Jur. Staatspr. 93, 2. Jur. Staatspr. 95, BRef. UB Tübingen 96, BSchule Frankfurt a. M. 97, Fachpr. 98, Würzburg UB 98, Tübingen B. d. Jurist. Sem. d. Univ. 05, Wiesbaden HLB 07, ☎ (0611) 9495-1850, ✉ cornelia.hall@hs-rm.de

* Halle, Axel, Dr. rer. pol., Göttingen, 27.03.1955, Detmold, im BDienst 1985-2020

Hallmann, Maximilian, Berlin, Landesarchiv, Betreuung der Bibliothek des Landesarchivs Berlin

* Hallmann, Saskia, Dipl.-Jur., Karlsruhe, Badische Landesbibliothek, Fachreferentin, Fachref. f. Wirtschaft

* Hamann, Olaf, Dipl.-Staatswiss., Berlin, Staatsbibliothek zu Berlin - Preußischer Kulturbesitz, Leiter der Osteuropa-Abt., 20.07.1962, Waren/Müritz, stud. Intern. Politikwiss., Skandin., Diplom 88, postgrad. Fernstud. B-Wiss., Examen Berlin IBI 93, Wiss. Mitarb. Berlin SBB 90, BR 96 , BOR 02, VDB-Schriftführer 03-07, BDir. 08, ☎ (030) 266-435600, ✉ olaf.hamann@sbb.spk-berlin.de

* Hammer, Angela, M.A., M.A. (LIS), Darmstadt, Universitäts- und Landesbibliothek, Leitung Abteilung Bestandsentwicklung und Erschließung; 2. stellv. Direktorin, stud. Geschichte, Politikwissenschaft, Soziologie und Europ. Ethnologie, B.A. 07, M.A. 09; BRef UB HU Berlin 10-12; UB Würzburg 12-13; ThULB Jena 13-18; ULB Darmstadt 19-, ☎ (06151) 16-76204, ✉ angela.hammer@ulb.tu-darmstadt.de

* Hammer, Bettina, Dipl.-Roman., Darmstadt, Universitäts- und Landesbibliothek, Stellv. Abteilungsleitung Bestandsentwicklung und Erschließung, Leitung Team Lizenzen und Rechte, Fachref. f. Wirtschaft, Recht, 18.12.1966, stud. Romanistik, Anglistik, Betriebsw., Diplom 92, BRef. Marburg UB 93, Frankfurt a. M. BSchule 94, Fachpr. 95, BR z. A. Darmstadt LuHB 95, BR 98, BOR 00, ☎ (06151) 16-76281, ✉ bettina.hammer@ulb.tu-darmstadt.de

* Hammerl, Michaela, Dr., München, Bayerische Staatsbibliothek, Ref. Bayern-Konsortium, Lizenzierungszentrum, BRef. BSB München 02-04, BR z.A. 04, BOR 11, ☎ (089) 28638-2054, ✉ michaela.hammerl@bsb-muenchen.de

* Hampl, Martin, M.A., M.A. (LIS), Berlin, Universitätsbibliothek der Freien Universität, Elektronische Dienste, 11.08.1975, Nürnberg, ☎ (030) 838 64891, ✉ hampl@ub.fu-berlin.de

* Hanig, Kristina, Dipl.-Math., Würzburg, Universitätsbibliothek, Ltg. Publikationsservices, Fachref. f. Mathematik und Informatik, 15.01.1979, Greifswald, stud. Mathematik, Dipl. 02, BRef. UB Trier 04, Bayer.BSchule München 05, Fachpr. 06, Ang. Berlin UB d. HU 07, Würzburg UB 08-, ✉ kristina.hanig@bibliothek.uni-wuerzburg.de

* Hanisch, Peggy, Assess. jur., BAssess., Wiesbaden, Universitätsbibliothek der EBS Universität für Wirtschaft und Recht, Leiterin, Fachref. f. Rechtswiss., ☎ (0611) 7102-1656, ✉ peggy.hanisch@ebs.edu

* Hank, Manfred, Dr. phil., München, BDir. a.D., 17.07.1942, München, im BDienst 74-07, ☎ (089) 396748, ✉ m.hank@t-online.de

* Hanke, Mirko, Dr., Austin, TX (USA), University of Texas Libraries, Digital Asset Management System Coordinator, 03.11.1979, Hanau, stud. Allg. Sprachwiss., Anglistik, M.A. 07, BRef. Berlin SBB-PK 12, München BAB 13, Laufbahnpr. 14, Prom. 14, Halle/S Dt. Akad. Naturf. 15-18, Librarian Austin US-TxU 19-, ☎ (001 512) 495 4128, ✉ mirko.hanke@utexas.edu

* Hanke, Sabine, Dr. rer. pol., Dipl.-Volksw., München, Universitätsbibliothek der Technischen Universität, Leiterin d. Abt. Medienbearb., 20.07.1967, stud. Volkswirtsch., Prom. 97, BRef. Erlangen UB 98, München Bayr. BSchule 99, Fachpr. 00, München UB d. TUM 01 - Doz. (NA) an d. Bibl. Akademie Bayern, ☎ (089) 289-28602, ✉ hanke@ub.tum.de

Hanke, Stephanie, Dr., Florenz (Italien), Kunsthistorisches Institut - Max-Planck-Institut, Wiss. Mitarbeiterin, 08.07.1971, ✉ hanke@khi.fi.it

Hannemann, Bernd, Konstanz, Hochschulbibliothek der HTWG, Leiter der Hochschulbibliothek, ☎ (07531) 206588, ✉ hannemann@htwg-konstanz.de

* Hans, Jann-Gerd, Dipl.-Math., Wittmund, BDir. i. R., 08.05.1948, Sillenstede, im BDienst 1978-2013, ✉ jghans@t-online.de

* Hansche, Dorothea, Potsdam, Bibliothek des Wissenschaftsparks Albert Einstein

* Hansen, Michael, Dr., Mainz, Universitätsbibliothek, Direktor, 22.06.1972, stud. Geschichte, Politik, Staatsex. 98, Prom 04, BRef. Gießen UB 01, Frankfurt a. M. BSchule 02, BAssess. Mannheim UB 03, Br 05, OBR 09, Mainz UB 09, BDir. 11, Ltd. BDir. 19, ☎ (06131) 39-22644, ✉ m.hansen@ub.uni-mainz.de

Hansing, Hildegard, Düsseldorf, Staatskanzlei Nordrhein-Westfalen, Leitung der Bibliothek der Landesregierung Nordrhein-Westfalen, ☎ (0211) 837-1247, ✉ hildegard.hansing@stk.nrw.de

Hanstein, Lisa, Dr., Florenz (Italien), Kunsthistorisches Institut - Max-Planck-Institut, Wissenschaftliche Assistentin, ☎ (0039 055) 24911-60, ✉ hanstein@khi.fi.it

* Hapke, Thomas, Lüneburg, OBR i.R., 08.06.1957, Berlin, im BDienst 86-21, ✉ thomas.hapke@tuhh.de

* Happel, Hans-Gerd, Dr. phil., M.A., Frankfurt (Oder), Universitätsbibliothek der Europa-Universität Viadrina, Leitender Direktor der UB, Fachref. f. Allg., 09.01.1959, Marburg/L., stud. Geschichte, Anglo-Amerik. Geschichte, B-Wiss., M.A. 84, Prom. 88, Wiss. Mitarb. Wuppertal StB, Hb d. hist. Buchbest. in Dtschl. (VW) 89, BRef. Marburg UB 89, Frankfurt a. M. BSchule 90, Fachpr. 91, Wiss. Ang. Marburg UB 91, Leiter Witten/Herdecke UB 92, Stellv. BDir. Frankfurt (Oder) UB 95, Komm. Leiter 00, Ltd. BDir. 01, Vors. d. DBV-Landesverb. Brandenburg 03-05, Ltd. Dir. BIZ (Bibliotheks- u. Informationszentrum) 06-09, Vors. d. Kuratoriums d. KOBV 10-18, Vors. Karl Dedecius Stift. 13-, ☎ (0335) 5534-3250, ✉ happel@europa-uni.de

* Harbeck, Matthias, M.A., Berlin, Universitätsbibliothek der Humboldt-Universität zu Berlin, Ausbildungsleiter höherer Dienst ab 2018, Fachref. f. Ethnologie (inkl. Europäische Ethnologie), Leiter FID Sozial- und Kulturanthropologie, 18.02.1976, Hamburg, stud. Geschichte, Ethnologie u. Politik, M.A. 03, BRef. 06-08, stud. B u. Informationswiss. 06-08, wiss. Bibliothekar FU Berlin 08-09, Berlin UB d. HU 09, Leiter d. ZweigB Europäische Ethnologie bis Aug. 09, ☎ (030) 2093-99223, ✉ matthias.harbeck@ub.hu-berlin.de

* Hardeck, Erwin, Dr. phil., Bonn, BDir. a.D., 24.10.1940, Eudenbach/Siegkr., im BDienst 67-05, ✉ erwin.hardeck@t-online.de

* Hark, Christine, Dipl.-Bibl. (FH), Tübingen, Brechtbau-Bibliothek der Philosophischen Fakultät der Universität, 23.07.1977, Homburg/Saar, 1997-2000 Ausbildung gehobener Dienst Rheinland-Pfalz, ab 2000 Universität Tübingen, ✉ christine.hark@uni-tuebingen.de

* Harnisch, Franziska, Berlin, Universitätsbibliothek der Freien Universität

* Harthausen, Hartmut, Dr. phil., Dudenhofen, Ltd. BDir. a.D., 17.07.1938, Celle, im BDienst 1967-2003, ☎ (06232) 93503, ✉ hartmutharthausen@t-online.de

* Hartmann, Annika, Dr., Berlin, Bibliothek des Ibero-Amerikanischen Instituts Preußischer Kulturbesitz, Projektkoordinatorin und Öffentlichkeitsbeauftragte des Fachinformationsdiensts Lateinamerika, Karibik und Latino Studies

* Hartmann, Kristina, Dr. phil. nat., Hannover, Bibliothek der Medizinischen Hochschule, Bibliotheksleiterin, 08.02.1978, Schwelm, stud. Biologie, Dipl. 02, Prom. 05, Museumspädagogin 05-11, BRef. UB Braunschweig/Bibliotheksakademie Bayern 11-13, BMHH 13, BDir. 19, ☏ (0511) 532-3970, 🖳 hartmann.kristina@mh-hannover.de

* Hartmann, Niklas, Hamburg, Staats- und Universitätsbibliothek Hamburg Carl von Ossietzky, Abteilungsleitung Bibliothekssystem und Serviceentwicklung

* Hartmann, Stephanie, Dr., Limburg a. d. Lahn, Diözesanbibliothek, Leiterin, 28.10.1965, St. Wendel, stud. kath. Theologie, Geschichte, Germanistik, Staatsex. 91, Prom. 97, Wiss. Ang. Trier 95, BRef. Stuttgart LB 97, Frankfurt a. M. BSchule 98, Fachpr. 99, Wiss. Ang. Theol. Fak. Trier Univ., Wiss. Ang. Erfurt/Gotha UFB 00-02, Limburg Diözesanbibl. 03, ☏ (06431) 295-806, 🖳 s.hartmann@bistumlimburg.de

Hartung, Manuela, M.A. (LIS), Weimar, Landesamt für Denkmalpflege und Archäologie, Sachgebietsleitung Bibliothek Archäologie, Fachref. f. Ur- und Frühgeschichte, 21.11.1970, Meiningen, ☏ (0361) 57 322-3304, 🖳 manuela.hartung@tlda.thueringen.de, manuela.hartung@hotmail.de

* Hartung, Margit L., Dipl.-Biol., Marburg, Universitätsbibliothek, Wiss. Angestellte, Leiterin der B Biologie, Leiterin B Chemie, Open-Access-Beauftragte, Fachref. f. Biologie, Chemie, Geografie, 21.01.1970, Paderborn, stud. Biologie 89-96, Diplom 96, stud. Bibliothekswesen 96-99, Diplom 1999, Dipl.-Bibl. UB Marburg 99-2006, seit 2007 Fachref. UB Marburg, ☏ (06421) 28-251 19, 🖳 hartung@ub.uni-marburg.de

* Hartung, Sascha Mark, Freiburg im Breisgau, Universitätsbibliothek, Bibliotheksreferendar, Fachref. f. Politik, Soziologie, Wirtschaftswissenschaften

Hartwieg, Ursula, Dr. phil., Berlin, Staatsbibliothek zu Berlin - Preußischer Kulturbesitz, Leitung der Koordinierungsstelle für die Erhaltung des schriftlichen Kulturguts (KEK), stud. Anglistik, Geschichte, Philosophie, M.A. 91, Prom. 96, Wiss. Mitarb. Münster Engl. Sem. d. Univ. 92, BRef. Wolfenbüttel HAB 97, Köln FHBD 98, Fachpr. 99, wiss. Ang. Berlin SBB-PK 99, BR z.A. 00, BR 02, BOR 04, ☏ (030) 266-431454, 🖳 ursula.hartwieg@sbb.spk-berlin.de

* Hartwig, Marion, Kiel, Universitätsbibliothek

* Hase, Tobias, M.A., München, Manager Projects Team, OCLC, 05.09.1976, 🖳 t.hase@gmx.de

* Hasemann, Christine, Hamburg, BDir. i.R., 24.03.1948, Hamburg, im Bdienst 1974-2013, 🖳 ckhasemann@web.de

* Hasenclever, Jörn, Dr., M.A. (LIS), M.A., Frankfurt am Main, Deutsche Nationalbibliothek (Leipzig, Frankfurt a. M.), Deutsches Exilarchiv 1933-1945, 30.08.1971, Berlin, stud. Geschichte, Politik, AKulW., BRef. Berlin SenWFK, ZLB 02-04, KOBV 05-06, Stadtbücherei Frankfurt 06-12, seit 2012 Deutsches Exilarchiv 1933-1945, ☏ (069) 1525-1901, 🖳 j.hasenclever@dnb.de

Hasenöhrl, Ute, Dr. phil., Innsbruck (Österreich), Universität, Assistenzprofessorin im Fach Wirtschafts- und Sozialgeschichte, 10.07.1974, Bayreuth, stud. Geschichte, Germanistik, M.A. 00, BRef. Wiesbaden LB 07, M.A. HU Berlin 07, Geschichte Prom. 08, 🖳 ute.hasenoehrl@uibk.ac.at

Hasselhuhn, Gisa, Bamberg, Bibliothek des Priesterseminars, Leiterin, 25.01.1965, Freital, Dipl.Bibl. (FH), Aufbaustud. Kathol. Theologie, ☏ (0951) 8681140, 🖳 gisa.hasselhuhn@erzbistum-bamberg.de, bibliothek.priesterseminar@erzbistum-bamberg.de

* Hastedt, Pedro Guillermo, Dr. rer. pol., Dipl.-Soz.wiss., Korntal-Münchingen, BDir. i. R., 31.12.1933, Guatemala Stadt, im BDienst 69-97, ☏ (0711) 38 050 48, 🖳 pedro.hastedt@t-online.de

* Haubfleisch, Dietmar, Dr., Paderborn, Universitätsbibliothek, Ltd. Bibliotheksdirektor, stud. Geschichte, Germanistik, Erziehungswiss., Staatsex. 86, Wiss. Hilfskr. Marburg Hess. Landesamt f. Gesch. Landeskde. 86, Wiss. Mitarb. Marburg Inst. f. Erz.-Wiss. d. Univ. 87, BRef. Marburg UB 92, BSchule Frankfurt a. M. 93, Fachpr. 94, Wiss. Ang. Marburg UB 94, BR z. A. 95, BR 96, BOR 99. Paderborn UB, Ltd. BDir. 02, ☏ (05251) 60-2048, 🖳 d.haubfleisch@ub.uni-paderborn.de

* Haubold, Hans-Joachim G., Dr. phil., Darmstadt, OBR i.R., 15.03.1942, Wolfen (Kr. Bitterfeld), im BDienst 79-07, ☏ (06151) 497677, 🖳 achimhaubold@t-online.de

* Haucap-Naß, Anette, Dr. phil., Braunschweig, Stadtbibliothek, 02.02.1958, Osnabrück, stud. Geschichte, Germanistik, Staatsex. 85, Prom. 90, Wiss. Ang. Wolfenbüttel HAB 90, BRef. Wolfenbüttel HAB 91, Köln FHBD 92, Fachpr. 93, BAsess. Braunschweig StB 93, BR 94, BOR 95, BDir. 00, ☏ (0531) 470-6800, 🖳 stadtbibliothek@braunschweig.de

* Hauer, Manfred, Dipl.-Inf.wiss., M.A., Neustadt an der Weinstraße, 07.11.1953, Ettenheim, Master in Soziologie, Politikwissenschaft; Diplom in Informationswissenschaft. 1983 Gründung von AGI - Information Management Consultants. Inhaber, Consultant, Entwickler. Nebenbei einige Jahre Hochschullehre. Betreiber von dandelon.com. Produkt intelligentCAPTURE für Digitalisierung, multilinguale Indexierung, Suchapplikationen. RFID-Konvertierungen., ☏ (06321) 9635 10, 🖳 manfred.hauer@agi-imc.de

* Haug, Jochen, Dr. phil., Berlin, Staatsbibliothek zu Berlin - Preußischer Kulturbesitz, Referatsleiter Wiss. Dienste, stellv. Leiter Benutzungsabteilung, Fachref. f. Anglistik, Amerikanistik und Keltologie, stud. Anglistik, Geographie, Pädagogik, Keltologie, Hispanistik, M.A. (Anglistik, Geographie) 99, Prom. 03, BRef. UB Braunschweig 03, Bayer. BSchule München 04, Laufbahnprüfung 05, Wiss. Ang. ULB Bonn 05, Wiss. Ang. Berlin SBB-PK 06, BR z.A. 08, BR 09, BOR 11, BDir. 15, ☏ (030) 266-433100, 🖳 jochen.haug@sbb.spk-berlin.de

* Hauke, Petra, Dr. phil., Berlin, Freiberufl. Autorin, Hrsg., Dozentin für B- und Informationswiss., 13.11.1946, Berlin, Dipl.-Bibl. 73, BWiss., Kunstgesch., M.A. 00, Prom. 07, Berlin Kinderbücherei Ev. Zentr. 73-76, Göttingen DVEB 76-79, Berlin B Herold 79-85, Berlin Archiv der MPG 86-06 - Lehrbeauftr. f. BWiss. Potsdam FH 98-03, Hannover FH 00-03, Berlin HU 02-, Wien BVÖ 17- (BManagement, Publikationswesen, Auslandsexkursionen, Workshops) - Mitgl. BIB 73-, Mitgl. IFLA Education & Training Section 07-, Standing Committee IFLA Education & Training Section 05-13, Standing Committee IFLA Library Theory & Research Section 13-17, Mitgl. IFLA ENSULIB 13-, Standing Committee ENSULIB 21-, Vorst.Mitgl. Netzwerk Grüne Bibliothek 18-, ☏ (030) 741-5903, 🖳 petra.hauke@hu-berlin.de

Hauschild, Kerstin, Dipl.-Bibl., Hamburg, Hochschulinformations- und Bibliotheksservice (HIBS) der Hochschule für Angewandte Wissenschaften, Leiterin der Fachbibliothek Soziale Arbeit und Pflege, ☏ (040) 42875-7023, 🖳 kerstin.hauschild@haw-hamburg.de

* Hausinger, Angela, Dr., Frankfurt am Main, Universitätsbibliothek Johann Christian Senckenberg, Stellv. Direktorin und Leiterin der Benutzungsabteilung, 05.06.1967, Nürnberg, stud. Biologie, Dipl., Prom., 86-96, Geschichte, Staatsex. 93-98, BRef. Karlsruhe UB, Frankfurt a.M. BSchule 98-00, BR z.A. Frankfurt a. M. Senckenb. B 00, BR 02, Frankfurt a. M. UB BOR 05, BDir. 14, ☏ (069) 798-39229, 🖳 a.hausinger@ub.uni-frankfurt.de

* Hausknecht, Christian, Dipl.-Kaufm., Siegen, Universitätsbibliothek, Dez. Benutzung, wiss. Betr. d. EDZ, 13.06.1967, Homburg/Saar, stud. Wirtschafts- u. Org.-Wiss., Dipl. 93, BRef. UB Trier 98-99, BSchule Frankfurt a. M. 99, Fachpr. 00, BAssess. Trier UB 00, BR z. A. Siegen UB 01, BR 02, OBR 04, BDir. 06, ☏ (0271) 740-4254, 🖳 hausknecht@ub.uni-siegen.de

Hecht, Nadine, Dr., M.A., M.A. (LIS), BAssess., Fulda, Hochschul- und Landesbibliothek, Leiterin der Abt. Handschriften & Alte Drucke, Referentin für landesbibliothekarische Aufgaben, 21.05.1986, stud. Frühneuzeitliche Geschichte, Mittelalterliche Geschichte/Historische Hilfswissenschaften u. Europäische Ethnologie, M.A. 11, Kunstgeschichte/Kulturgutsicherung, M.A. 14, BRef. HAB Wolfenbüttel 14-16, HU Berlin M.A. (LIS) 16, Staatsex./Laufbahnprüfung 16, Prom. 19, 🖥 nadine.hecht@hlb.hs-fulda.de

* Hecht, Ulrich, M.A., Esslingen am Neckar, 23.06.1954, Stuttgart, stud. Germanistik, Geschichte, M.A. 82, Wiss. Ang. Wolfenbüttel HAB 80, BRef. Wolfenbüttel HAB 85, Köln FHBD 86, Fachpr. 87, Wiss. Ang. Wolfenbüttel HAB 88, Leiter Hamburg Nordelb. KirchenB 89, Kirchen-BR z. A. 89, Wiss. Ang. Dessau Anhalt. LB Leiter wiss. B 91, Dessau StArchiv 93, Stuttgart LB 94, ☎ (0711) 212-4386, 🖥 hecht@wlb-stuttgart.de

* Heeg, Judith, M.A., M.A. (LIS), Konstanz, Kommunikations-, Informations-, Medienzentrum (KIM) der Universität, Fachref. f. Politik- und Verwaltungswissenschaft, Zeitgeschichte, Soziologie, Ethnologie, Allgemeine Sozialwissenschaften, stud. Politikwiss., Geschichte, Soziologie, Germanistik, ☎ (07531) 88-2835, 🖥 judith.heeg@uni-konstanz.de

* Heidel, Nicole, Hannover, 24.02.1984

Heiler, Franz, Dr., Eichstätt, Universitätsbibliothek Eichstätt-Ingolstadt, Wiss. Ang., Fachref. f. Regionalschrifttum, 28.02.1961, Sollngriesbach, stud. Geschichte, Romanistik, Hispanistik-Lateinamerikanistik, M.A. 89, Prom. 95, ☎ (08421) 93-21323, 🖥 franz.heiler@ku.de

* Heilmann, Christiane, Dipl.-Gärtn., München, BDir. i. R., 21.12.1936, Leipzig, im BDienst 64-01, ☎ (089) 7141527

* Heim, Gerrit, Frankfurt am Main, Universitätsbibliothek Johann Christian Senckenberg

Heinen, Birgitt, Dipl.-Bibl., Hamburg, Führungsakademie der Bundeswehr, Recherche, stellv. Leitung, 01.05.1967, Mechernich, ☎ (040) 8667-4792, 🖥 birgittheinen@bundeswehr.org

* Heinrich, Andreas, Berlin, Universitätsbibliothek der Humboldt-Universität zu Berlin, 28.04.1983, 🖥 andreas.heinrich@posteo.de

* Heinrich, Indra, M.A., Berlin, Staatsbibliothek zu Berlin - Preußischer Kulturbesitz, Sachgebietsleitung Fernleihe und Dokumentenlieferung, Fachref. f. Kunst, Theater, Tanz und Film, 19.07.1985, stud. Allg. und Vergl. Literaturwiss., Theaterwiss. B.A. 08, M.A. 11, BRef. SBB-PK 12, BAkademie Bayern 13, Laufbahnprüfung 14, ☎ (030) 266-433 133, 🖥 indra.heinrich@sbb.spk-berlin.de

* Heinrich, Marcus, Brandenburg an der Havel, Hochschulbibliothek der Technischen Hochschule, Leiter, 04.11.1986, Brandenburg an der Havel, Bibliotheksmanagement, B.A. Potsdam 15; Informationswissenschaften, M.A. Potsdam 16; Leiter der Hochschulbibliothek der TH Brandenburg 17-, 🖥 marcus.heinrich@th-brandenburg.de

* Heinritz, Mareike, M.A., Tübingen, Universitätsbibliothek, Projektmitarbeiterin FID Religionswissenschaft / RelBib, ☎ (07071) 2974030, 🖥 m.heinritz@uni-tuebingen.de

* Heischmann, Günter, Dr. phil., Tutzing, Ltd. BDir. i.R., 14.04.1943, Fürth, stud. Hist. Hilfswiss., Gesch., Germ., Sozialkde., Philos., Prom. 73, BRef. München Bayer. BSchule 73, Fachpr. 75, BR z. A. München UB 75, BR 78, BOR 81, BDir. 86, München BSB 98, Ltd. BDir. 99, München UB 00, 🖥 heischmann.guenter@gmx.de

Heise, Miriam, Halle (Saale), Universitäts- und Landesbibliothek Sachsen-Anhalt, Leitung Zweigbibliothek Musik, stellv. Leitung Zweigbibliothek Steintor-Campus, Fachref. f. Germanistik, Romanistik, Musik, ☎ (0345) 55-22015, 🖥 miriam.heise@bibliothek.uni-halle.de

Heist, Andrea, Dipl.-Ing., M.A., Jena, Bibliothek der Ernst-Abbe-Hochschule, Leiterin Hochschulbibliothek, Hochschularchiv, Patentinformationszentrum, 12.01.1963, Gotha, stud. Physik u. Techn. elektron. Bauelemente, Dipl. 87, stud. BWiss., Fachpr. 01

* Heitmann, Katja, Dr., Marburg, Universitätsbibliothek, Fachreferentin, Fachref. f. Philosophie, Wirtschaftswissenschaften, 04.09.1971, ☎ (06421) 28 23195, -28 25131, 🖥 katja.heitmann@ub.uni-marburg.de

Heitzmann, Christian, Dr. phil., Wolfenbüttel, Herzog August Bibliothek, Leiter d. Abt. Hss, Inkun., Sonderslgn, Fachref. f. Hss-Kde, Theologie, Klass. Philologie, 21.03.1965, Kappelrodeck, stud. Klass. Philol., Gesch., Latein. Philol. des MA., Staatsex. 93, Prom. 97, ☎ (05331) 808-129, 🖥 heitzmann@hab.de

Hell, Petra, Dipl.-Bibl., München, Bibliothek der Hochschule, Bibliotheksleitung, ☎ (089) 1265 1193, 🖥 bibliotheksleitung@hm.edu

* Heller, Jutta, Dipl.-Biol., Rheinbreitbach, BDir. i.R., 14.06.1950, Duisburg, stud. Biol., Diplom 74, BRef. Aachen BTH 74, Köln BLI 75, Fachpr. 76, stud. Med. Librarianship Boston/Mass. 80, BR z. A. Aachen BTH 81, BR 84, OBR 86, Bonn UB 89, BDir. 94, Bonn ZentralB f. Landbauwiss. 92, Bonn ULB 01, Ruhestand 15, 🖥 jutta_heller@yahoo.de

* Heller, Lambert, M.A., M.A. (LIS), Hannover, Technische Informationsbibliothek (TIB), Leiter Open Science Lab, 26.02.1972, Bonn, stud. Soziologie, Politikwiss., Philosophie, M.A. 04, Wiss. Ang. ULB Münster 04-05, BRef. UB FU Berlin 05-07, Wiss. Ang. UB FU Berlin 07-08, BAssess. Technische Informationsbibliothek (TIB) 08, BR 09, OBR 10, Fachref. f. Wirtschaftswiss. und Wirtschaftsinformatik 08-12, Open Science Lab 13, ☎ (0170) 4733069, 🖥 lambert.heller@tib.eu

Heller, Volker, Berlin, Stiftung Zentral- und Landesbibliothek Berlin (ZLB), Vorstand und Generaldirektor der Stiftung Zentral- und Landesbibliothek Berlin, stud. Musik, Politologie, Kulturmanagement, freiberuflicher Musiker, Komponist und Ensembleleiter, Projektleiter Unternehmensberatung, Städt. Kulturreferent und Geschäftsführer der Kulturbetriebe Frankfurt (Oder), Geschäftsführer Kulturmanagement Bremen GmbH, Leiter Kulturabteilung Berliner Senat, Stiftung Zentral- und Landesbibliothek Berlin, ☎ (030) 90226-351, 🖥 vorstand@zlb.de

* Hellfaier, Detlev, M.A., Detmold, Ltd. BDir. a.D., 15.05.1948, Quedlinburg, im BDienst 1977-2013, ☎ (05231) 23139, 🖥 d_hellfaier@web.de

* Helmkamp, Kerstin, Dr., Kiel, Universitätsbibliothek, 25.12.1964, Berlin, stud. Germanistik, Geschichtswissenschaften; Wiss. Mitarbeiterin und Prom. an der FU-Berlin; Koordinatorin des Projektes Internationalisierung der deutschen Standards: Umstieg auf MARC 21, Frankfurt a.M., DNB 06-08; Mitglied der komm Geschäftsführung und Stabsstelle der Abteilungsleitung Überregionale Bibliographische Dienste an der Staatsbibliothek zu Berlin-PK 08-10; Leiterin der Benutzungsabteilung und Fachreferentin für Anglistik/Amerikanistik, Germanistik/Niederlandistik/Skandinavistik sowie allgemeine und vergleichende Sprach- und Literaturwissenschaft an der ThULB Jena 10-12; Leiterin der Benutzungsabteilung und stellvertretende Leiterin der Stabsstelle für Öffentlichkeitsarbeit an der Niedersächsischen SUB Göttingen 12-17; ab Mai 17 ltd. Direktorin der UB Kiel, 🖥 kerstin@helmkamp.net

* Helmkamp, Ursula, M.A., M.A. (LIS), Dortmund, Universitätsbibliothek, Fachref. f. Wirtschaftswiss. und Raumplanung, stud. Anglistik, Romanistik, Geschichte, M.A. 08, MLIS 11, UB Dortmund 09-11, hbz 12-14, UB Dortmund 15-, ☎ (0231) 755-4037, 🖥 ursula.helmkamp@ub.tu-dortmund.de, ursula.helmkamp@gmx.de

* Hemieda, Ranija, Berlin

* Hemme, Felix, Kiel, ZBW - Leibniz-Informationszentrum Wirtschaft

* Hendrix, Imma, M.A., Berlin, Universitätsbibliothek der Humboldt-Universität zu Berlin, Leiterin d. Abt. Medienerwerbung und -erschließung, stellv. BDir., 28.12.1964, Düsseldorf, Dipl.-Bibl. 87, stud. Germ., B-Wiss., M.A. 90, BRef. Rendsburg Bü-Zentrale 90, Frankfurt a. M. BSchule 91, Fachpr. 92, Ref. Potsdam MWFK 92, Berlin UB d. HU 99, ☏ (030) 2093 99 200, 🖥 imma.hendrix@ub.hu-berlin.de

* Henkel, Anne-Katrin, Dr. phil., Hannover, Gottfried Wilhelm Leibniz Bibliothek - Niedersächsische Landesbibliothek, Stellvertretende Bibliotheksdirektorin, Fachref. f. Geschichtswiss., 09.02.1964, Heide/Holstein, stud. Gesch., Germ., Polit., Päd., 1. Staatsex. 90, Wiss. Ang. HAB Wolfenbüttel 90-94, Prom. 95, BRef. Hannover LB 95, Köln FH 96, Fachpr. 97, Wiss. Ang. Hannover LB 97, BAssess. 98, BR 99, OBR 00, Ltg. d. Abt. Niedersächs. Informationssys. 98-06, Leiterin der Stabsstelle Publikationen 08-16, Projektleitung Strategieprojekt 17-19, seit 02/2018 stellv. Bibliotheksleiterin, ☏ (0511) 1267-369, 🖥 katrin.henkel@gwlb.de

* Hennecke, Joachim, Dr. rer. pol., Dipl.-Volksw., Erlangen, Universitätsbibliothek Erlangen-Nürnberg, Stellv. Dir., Leiter der Abt. Dezentrale Bibliotheken, 16.07.1962, Göttingen, stud. Volkswirtschaftslehre, Diplom 91, PA Wirtschaftsprüfungsges. 91, Wiss. Mitarb. Trier Univ. 92-96, Prom. 98, BRef. Trier UB 96, Frankfurt a. M. BSchule 97, Fachpr. 98, Wiss. Ang. Frankfurt a. M. Die Dt. B/Dt. B 99, BR z. A. 99, BR 00, Erlangen UB 01 , BOR 03, BDir. 09, ☏ (09131) 85-22167, 🖥 joachim.hennecke@fau.de

* Henschke, Ekkehard, Dr. phil., Oxford (Vereinigtes Königreich), Ltd. BDir. a.D., 31.03.1940, Berlin, im BDienst 73-05, 0177/302 53 37, 🖥 ekkehardhenschke@yahoo.de

Hentschel, Eike, Dr. rer. nat., Dipl.-Biol., Dipl.-Forstw., Kiel, Universitätsbibliothek, Leiter Erwerbungsabteilung, Fachref. f. Medizin und Pharmazie, ☏ (0431) 880-2737, 🖥 hentschel@ub.uni-kiel.de

Henze, Volker, Dr. phil., M.A., Frankfurt am Main, Deutsche Nationalbibliothek (Leipzig, Frankfurt a. M.), Abt.-Leiter Inhaltserschließung, 01.05.1958, Berlin, stud. Germanistik, Geschichte, M.A. 83, Prom. 87, BRef. Köln StB 89 u. UuStB 90, Köln FHBD 90, Fachpr. 91, ☏ (069) 1525-1600, 🖥 v.henze@dnb.de

Hepprich, Beate, Dipl.-Dok., Bochum, Bibliothek des Ruhrgebiets, Stellv. Bibliotheksleiterin, ☏ (0234) 32 22 415, 🖥 beate.hepprich@rub.de

Herb, Silvia, Dr., Bielefeld, Universitätsbibliothek, Dezernatsleiterin Medienbearbeitung, Fachref. f. Soziologie, Politologie, Informationswissenschaften, 08.07.1966, Kaiserslautern, stud. Psychologie, Sozialwiss., Jura, M.A. 00, Promotion Soziologie 11, BRef Giessen UB 00-02, Frankfurt a.M. BSchule Fachpr. 02, BR z.A. Mainz FBB Recht u. Wirtsch. 03, Gießen UB 03-05, BR 04, Bielefeld UB 05-, BOR 11, BD 15, ☏ (0521) 106-4012, 🖥 silvia.herb@uni-bielefeld.de

Hering, Jürgen, Prof., Stuttgart, Gen.Dir. a.D., 15.09.1937, Chemnitz, im BDienst 66-03 - Hon. Prof. HTWK Leipzig, ☏ (0711) 47 39 44, 🖥 juergen.k.hering@googlemail.com

* Herkenhoff, Michael, Dr. phil., Bonn, Universitäts- und Landesbibliothek, Dez. f. Hss u. Altbest., Fachref. f. Gesch., Volkskde., Völkerkde., Klass. Archäologie, 27.02.1963, Hagen a. T.W., stud. Gesch., Hist. Hilfswiss., Archäol. d. Mittelalters, Diplom 89, Prom. 94, OBR 01, BDir. 05, ☏ (0228) 73-7548, 🖥 michael.herkenhoff@ulb.uni-bonn.de

* Herkt-Januschek, Claudius, Hamburg, Staats- und Universitätsbibliothek Hamburg Carl von Ossietzky, Akquisition, Statistik, Fachref. f. Mathematik, Physik, Chemie, Allg. Naturwiss. und Landwirtschaft, 30.09.1980, Hamburg, stud. Physik und Geschichte der Naturwiss. in Hamburg, ☎ (040) 42838-5877, 💻 claudius.herkt-januschek@sub.uni-hamburg.de

Herm, Antonia Paula, Dr. jur., LL.M., Maître en droit, M.A. (LIS), Berlin, Staatsbibliothek zu Berlin - Preußischer Kulturbesitz, Wiss. Mitarbeiterin im Fachinformationsdienst für internationale und interdisziplinäre Rechtsforschung, stud. Rechtswissenschaften an der Universität Potsdam, der Université Paris X (Ouest Nanterre La Défense) und der University of Aberdeen sowie der Bibliotheks- und Informationswissenschaften an der Humboldt-Universität zu Berlin; Tätigkeit als akademische Referentin und als Dozentin am Institut d'Etudes Politiques (SciencesPo) Paris, ☎ (030) 266433250, 💻 antonia-paula.herm@sbb.spk-berlin.de

* Hermann, Martin, Dr., München, Bayerische Staatsbibliothek, Referatsleiter Digitale Bibliothek/ Münchener Digitalisierungszentrum (MDZ)/Langzeitarchivierung, 19.11.1979, Villingen-Schwenningen, stud. Englisch, Politikwiss. (Lehramt), 1. Staatsexamen 06, Prom. Anglistik 13, BRef. BLB Karlsruhe 10-11, Bibliotheksakademie Bayern 11-12, BR z. A. BSB München 12, BR 13, BOR 17, ☎ (089) 28638-2333, 💻 martin.hermann@bsb-muenchen.de

* Hermann, Sibylle, Stuttgart, Universitätsbibliothek, Referentin für Forschungsdatenmanagement, Fachref. f. Energietechnik, Maschinenbau, 02.05.1980, 💻 sibylle.hermann@ub.uni-stuttgart.de

Hermes-Wladarsch, Maria, Dr., Bremen, Staats- und Universitätsbibliothek, Leiterin der Abteilung für Historische Sammlungen, Handschriften und Rara, Fachref. f. Bremensien/Regionalia, Buch- und Bibliothekswesen, Germanistik, Ethnologie/Volkskunde, Historikerin, Leiterin der Abteilung Historische Sammlungen, Handschriften und Rara der Staats- und Universitätsbibliothek Bremen. Wissenschaftliche Arbeitsschwerpunkte liegen auf Themen der bremischen Kultur- und Geistesgeschichte des 18.-20. Jahrhunderts., ☎ (0421) 218 59571, 💻 hermes@suub.uni-bremen.de

* Herrmann, Christian, Dr. theol., Stuttgart, Württembergische Landesbibliothek, Leiter Abt. Sondersammlungen, Leiter Sammlung Alte u. Wertvolle Drucke/Bibeln, Leiter Bestandserhaltung, Fachref. f. Theologie, Philosophie, Grenzwiss., Buch- und Verlagswesen, 13.12.1966, Mannheim, stud. Ev. Theologie, 1. Theol. Ex. 93, Wiss. Hilfskr. Lehrst. Syst. Theolog. II Erlangen 93 - 95, Prom. 96, wiss. Mitarb. Johann-Gerhard-Forschungsstelle Heidelberg 96, BRef. UB Tübingen 96, BSchule Frankfurt a. M. 97, Fachpr. 98, Wiss. Ang. UB Tübingen 98, BAssess. 01, BR 02, Stuttgart LB 11, OBR 11, BDir. 15. Lehrauftrag HdM Stuttgart 15, ☎ (0711) 212-4456, 💻 herrmannc@wlb-stuttgart.de

* Herrmann, Christine, Dipl.-Volksw., Stuttgart, Württembergische Landesbibliothek, Leiterin d. Informationsabt., Fachref. f. Wirtschaftswiss., Land- u. Forstwirtschaft, Gartenbau, Hauswirtschaft, Allg. Nachschlagewerke, 08.02.1962, Hundheim/Pf., stud. Betriebsw., Volksw., Diplom 88, BRef. Stuttgart LB 89, Frankfurt a. M. BSchule 90, Fachpr. 91, Stuttgart LB 91, BAssess. 91, BR 93, OBR 97, BDir. 03-, ☎ (0711) 212-4438, 💻 herrmannchristine@wlb-stuttgart.de, scholz@wlb-stuttgart.de

* Hertling, Anke, Dr., Braunschweig, Bibliothek des Georg-Eckert-Institut - Leibniz-Institut für internationale Schulbuchforschung, Wiss. Mitarbeiterin, Leiterin, stud. Germanistik, Kulturwiss., Kommunikations- und Medienwiss., wiss. Mitarbeiterin Univ. Kassel 03-08, Prom. Univ. Kassel, Referendariat SBB-PK 09-11, wiss. Mitarbeiterin Theodor-Fontane-Archiv Potsdam 12-15, ☎ (0531) 590 99-240, 💻 hertling@gei.de

* Herwig, Anja, Dipl.-Math., M.A. (LIS), Berlin, Universitätsbibliothek der Humboldt-Universität zu Berlin, Stellv. Leiterin der ZwB Naturwiss., Fachref. f. Mathematik und Informatik, ☎ (030) 2093-99707, 💻 anja.herwig@ub.hu-berlin.de

* Herzog, Stephanie, Bayreuth, Universitätsbibliothek, Stellv. Bibliotheksleitung, Abteilungsleitung Digitale Dienste, Fachref. f. Chemie, 11.04.1980, München, stud. Biologie und Chemie 99-05, 1. Staatsexamen 05, Diplom-Bibl. (FH) 04-07, Dipl.-Bibl. 07, BRef. UB Bayreuth 07/08, Bayer. BSchule 08/09, UB Bayreuth 09, ☎ (0921) 55-3401, 🖥 stephanie.herzog@uni-bayreuth.de

* Heß, Dina, Essen, Folkwang Universität der Künste

* Hesse, Ulrike, Dr., Dipl.-Chem., Paderborn, Universitätsbibliothek, Stellv. Bibl.-Direktorin, Ref. Fortbildung, Fachref. f. Chemie, allgemeine u. fachübergreifende Literatur, Buch- u. Bibliothekswesen, stud. Chemie, Diplom 93, Prom. 96, BRef. Paderborn UB 96, Bielefeld StB 97, Köln FH 97, Fachpr. 98, Paderborn UB 98 -, ☎ (05251) 60-2050, 🖥 u.hesse@ub.uni-paderborn.de

* Heuser, Sandra, Dr. rer. nat., M.A. (LIS), Erlangen, Universitätsbibliothek Erlangen-Nürnberg, Leiterin d. Abt. II (Benutzungsdienste, Digitalisierung und Dokumentlieferung) und Leiterin d. Ref. Arbeitsschutz sowie Bau und Erhalt, 02.01.1974, Hamm, stud. Biologie, Dipl. 99, Prom. 04, BRef. Marburg UB 05, BR z.A. Erlangen-Nürnberg UB 08, BR 11, BOR 13, BDir 16, ☎ (09131) 85-23960, 🖥 sandra.heuser@fau.de

  Heyen, Rudolf, Dipl.-Inf., Mainz, Universitätsbibliothek, Digitale Bibliotheksdienste, ☎ (06131) 39-23497, 🖥 r.heyen@ub.uni-mainz.de

* Heyser, Katja, München

* Hickmann, Johanna, Dipl.-Ing., Braunschweig, Universitätsbibliothek, Ref. f. Forschungsdaten und Bibliometrie, Fachref. f. Maschinenbau, Elektrotechnik und Mathematik, 07.07.1982, stud. Maschinenbau, Diplom 13, BRef. Braunschweig UB 13, ☎ (0531) 391-5019, 🖥 johanna.hickmann@gmx.de

* Hilberer, Thomas, Dr. phil., Tübingen, 14.09.1952, Karlsruhe, stud. Romanistik, Germanistik, Staatsex. 79, Wiss. Hilfskr., Verw. e. Wiss. Ass.-Stelle u. Lehrbeauftr. Freiburg Roman. Sem. d. Univ. 79-85, Prom. 86, BRef. Tübingen UB 87, Frankfurt a. M. BSchule 88, Fachpr. 89, BR z. A. Düsseldorf UB 89, BR 91, OBR 95, Tübingen Brechtbau-Bibliothek 01, BDir. 02 - Lehrbeauftr. a. Romanischen Seminar d. Univ. Tübingen, ☎ (0173) 919377, 🖥 thomas@hilberer.de

* Hilbrich, Romy, Dipl.-Soz.wiss., Berlin, Staatsbibliothek zu Berlin - Preußischer Kulturbesitz, 13.05.1977, 🖥 romy.hilbrich@sbb.spk-berlin.de

* Hilgemann, Klaus, Dr. phil., Senden, Bibliotheksdirektor a.D., 25.06.1945, Münster, im BDienst 1979-2010, Vorsitzender des VDB von 1977-1999, zuletzt stellv. Dir. der ULB Münster, ☎ (02597) 7543, 🖥 klaus@hilgemann.net

* Hillen, Wolfgang, Dr. phil., Bonn, BDir. i.R., 20.05.1945, Bad Honnef, im BDienst 1974-2008, Projektmitarbeiter ViFaRom ULB Bonn 08, ☎ (0228) 310 961, 🖥 jwhillen@t-online.de

* Hillenkötter, Kristine, M.A., Göttingen, Niedersächsische Staats- und Universitätsbibliothek, Wiss. Mitarb., Leiterin Abt. Informations- und Literaturversorgung Z - Zentrale Erwerbung und Erschließung (IZ), 21.08.1962, Stade, stud. B-Wesen (WB), Dipl. 86, stud. Germanistik, Volkskunde, Musikwiss., M.A. 92, Dipl.-Bibl. Göttingen SUB 92-94, BRef. Darmstadt LuUB 94, Frankfurt a. M. BSchule 96, Fachpr. 97, Wiss. Ang. Göttingen SUB 98, ☎ (0551) 39-33882, 🖥 hillenkoetter@sub.uni-goettingen.de

* Hiller, Dörte, Altenburg, 28.04.1972, 🖥 doerte.hiller@freenet.de

* Hiller von Gaertringen, Julia Freifrau, Dr. phil., Karlsruhe, Badische Landesbibliothek, Dir., Fachref. f. Allgemeines, Buch- und Bibliothekswesen, Wissenschaft und Publizistik, Kunst und Architektur, 27.05.1963, Wolfenbüttel, stud. Dt. Philol., Klass. Archäologie, Volkskunde, Prom. 92, Wiss. Ang. Wolfenbüttel HAB 93, BRef. Düsseldorf ULB 93, Düsseldorf StBü, Köln FHBD 94, Fachpr. 95, Wiss. Ang. Cottbus UB 96, Wiss. Ang. Detmold LLB 96, Stellv. Dir. 01, BR z. A. 01, BR 02, BOR 04, BDir. Karlsruhe BLB 09, Ltd. BDir. 10, ☎ (0721) 175-2201, 💻 hiller@blb-karlsruhe.de

Hillesheim, Jürgen, Prof. Dr. Prof. h.c., Augsburg, Staats- und Stadtbibliothek, Kulturreferat der Stadt Augsburg, Brechtforschungsstätte (Leiter) in der SuStB Augsburg, 30.10.1961, Koblenz, stud. Germanistik, Kathol. Theologie, Philosophie, Päd., Staatsex. (Germ., Theol.) 86, Staatsex. (Philos.) 88, Prom. 89, BRef. Stuttgart LB 89, Frankfurt a. M. BSchule 90, Fachpr. 91, Habil. 10, PD der Univ. Augsburg 11, Prof. der Univ. Augsburg 15, Prof. h.c. der Staatl. Univ. Zhytomyr, UA 15, ☎ (0821) 324-2741, 💻 juergen.hillesheim@augsburg.de

* Hilliger, Kirsten, M.A. (LIS), Clausthal-Zellerfeld, Universitätsbibliothek TU Clausthal, Benutzungsleiterin, Fachref. f. Geowissenschaften, Bergbau, Hüttenwesen, Technik, 💻 kirsten.hilliger@tu-clausthal.de

Hillscher, Bianca, Dipl.-Bibl. (FH), Erfurt, Stadtverwaltung, Amt für Bildung, Stadt- und Regionalbibliothek, Sachgebietsleiterin Hauptbibliothek, ☎ (0361) 655-1553, 💻 bianca.hillscher@erfurt.de

Hilpert, Anya, Berlin, Bibliothek des Deutschen Bundestages, Fachref., Fachref. f. Rechtswiss., 26.03.1959, Lissabon, BDir, 💻 anya.hilpert@bundestag.de

Hilse, Claudia, Berlin, Universitätsbibliothek der Humboldt-Universität zu Berlin, Universitätsarchiv, Wiss. Ang., 04.08.1963, Berlin, Berlin AkademieB 82, Direktstud. Bibl.-Wiss. 84, Dipl.-Bibl. / Univ. 88, ☎ (030) 2093-99734, 💻 claudia.hilse@ub.hu-berlin.de

* Hilz, Helmut, Dr. rer. pol., M.A., München, Bibliothek des Deutschen Museums, Dir., 09.10.1962, Passau, stud. Gesch., Volksw., M.A. 88, Prom. 92, Wiss. Ang. München Univ. 88, Wiss. Mitarb. München TU 90, BRef. München Bayer. BSchule 93, Fachpr. 95, BR z.A. München UB 95, BR 97, BOR B d. Dt. Mus. 98, BDir. 02 - Doz. (NA) an d. HföD u. d. Bibliotheksakademie Bayern, ☎ (089) 2179-214, 💻 h.hilz@deutsches-museum.de

* Himmighöfer, Traudel, Dr. theol., Speyer, Bibliothek und Medienzentrale der Evangelischen Kirche der Pfalz (BMZ), Leiterin, 21.06.1960, Ludwigshafen, stud. Ev. Theologie, Germanistik, Pädagogik, Philosophie, Famula Ev. Kirche d. Pfalz (Protestant. Landeskirche) 83-86, Staatsex. 86, Prom. 93, Stip. d. Inst. f. Europ. Gesch. (Mainz) 87-90, BRef, Heidelberg UB 90, Frankfurt a. M. BSchule 91, Fachpr. 92, BAssess. i. K. Speyer B d. Ev. Kirche d. Pfalz (Protestant. Landeskirche) 92, BR i K. z, A. 93, BR i. K. 94, OBR i. K. 97, ☎ (06232) 667-409, 💻 traudel.himmighoefer@evkirchepfalz.de

* Hindersmann, Jost, Dr. phil., M.A., Osnabrück, Universitätsbibliothek, Wiss. Ang., Stabsst. Elektron. Informationsdienste, Fachref. f. Anglistik, Amerikanistik, Medienwiss., Publizistik, Psychologie, 21.04.1965, Osnabrück, stud. Anglistik, Literaturwiss., Geschichte, M.A. 91, Prom. 94, BRef. Münster ULB 95/96, Münster StB 96, Köln FH 96/97, Fachpr. 97 - Freiberufl. Lektoratstät. f. Verl. 95-96, wiss. Ang. Osnabrück UB 97, ☎ (0541) 969-4335, 💻 jost.hindersmann@ub.uni-osnabrueck.de

* Hinnenthal, Kendra, Köln, Universitäts- und Stadtbibliothek, Leiterin Stabsstelle Organisations- und Personalentwicklung, Stellv. Dezernentin Medienbeschaffung/-bearbeitung, 22.05.1972, Bielefeld, stud. Biologie, Pädagogik, Grafik-Design, Dipl.-Biol. 01, BRef. Osnabrück UB 01, Frankfurt a. M. BSchule 02, Wiss. Ang. Köln Dt. ZB f. Med. 03, BR 04, OBR 10, USB Köln 15-, 💻 hinnenthal@ub.uni-koeln.de

* Hinrichs, Imma, Dr. rer. nat., Stuttgart, Universitätsbibliothek, Ausbildungsleitung, Fachref. f. Chemie und Biologie, 31.07.1960, stud. Biol., Diplom 85, Prom. 93, BRef. Osnabrück UB 95, Köln FH, FB Bibliotheks- u. Informationswesen 96, Fachpr. 97, Ulm UB 97, Stuttgart UB 02, ☎ (0711) 685-83532, 🖥 imma.hinrichs@ub.uni-stuttgart.de

* Hinte, Oliver, Assess. jur., Köln, Universitäts- und Stadtbibliothek, Geschäftsführer der Gemeinsamen Fachbibliothek Jura Uni Köln, Rechtsberater des Vorstands des vbnw, Mitglied von EBLIDA EGIL, Fachref. f. Rechtswissenschaft, Diplom Verwaltungswirt 1991, 1. jur. Staatsex. 1998, 2. jur. Staatsex. 2001, ☎ (0221) 470 4236, 🖥 ohinte@uni-koeln.de

* Hinz, Carola, Dipl.-Bibl. (Univ.), Berlin, Universitätsbibliothek der Humboldt-Universität zu Berlin, Fachref. f. Erziehungswiss. und Rehabilitationswiss., 10.12.1965, Berlin, Direktstudium B-Wiss., Diplom IBI 88, ☎ (030) 2093-99 224, 🖥 carola.hinz.2@ub.hu-berlin.de

Hlubek, Ursula, M.A., M.A. (LIS), Paderborn, Universitätsbibliothek, Fachref. f. Germanistik und Vergl. Literaturwiss., Romanistik, Medienwiss., ☎ (05251) 60-4924, 🖥 u.hlubek@ub.uni-paderborn.de

* Hobohm, Hans-Christoph, Prof. Dr., Potsdam-Golm, Hochschullehrer i.R., 12.05.1955, Bitterfeld, stud. Romanistik, Germanistik, B-Wiss., Staatsex. 82, Prom. 90, Leiter Köln B d. Inst. f. angewandte Sozialforsch. 87, Wiss. Mitarb. Stuttgart Univ. 89, AL IZ Sozialwiss. Bonn 90, Prof. FH Potsdam 95-21, Dekan 09-11; Stg-Ltg. MA InfWiss. 09-21; - Wiss. Beirat: IFLA 99-01, ZPID 06-14, BBF 14-22, DIPF 15-23; - Vorstandsmitgl. KIBA 98-07, Red.-Beirat IWP; - Vorstandsmitgl.: Hochschulverb. Info. wiss. 13-19, Berlin-Brbg. Stiftung Bibliotheksforschung 16-, Vors. Potsdamer B-Gesellsch. 19-; - Mit-Hg. v. Erfolgreiches Management von Bibliotheken und Informationseinrichtungen 02-16, Mit-Hg. Handbuch Forschungsdatenmanagement 11, Hg. D.Lankes: Erwarten Sie mehr 17, ☎ (0331) 50574390, 🖥 hans-christoph.hobohm@fh-potsdam.de

* Hochecker, Maria, Dipl.-Kauffr. (Univ.), Passau, Universitätsbibliothek, Fachref. f. Wirtschaftswissenschaften, 07.10.1982, Passau, stud. Betriebswirtschaft, BRef. UB Bayreuth, BAB München 11-13, ☎ (0851) 509-1606, 🖥 maria.hochecker@uni-passau.de

* Höhner, Kathrin, Dr. rer. nat., M.Sc. Biochemie, Dortmund, Universitätsbibliothek, Leitung Geschäftsbereich Digitales Publizieren und Informationskompetenz, Fachref. f. Architektur und Bauingenieurwesen, Physik, 13.05.1983, Hattingen/Ruhr, ☎ (0231) 755-5061, 🖥 kathrin.hoehner@tu-dortmund.de

* Hölscher, Steffen, M.A., Göttingen, Niedersächsische Staats- und Universitätsbibliothek, Abteilung Spezialsammlungen und Bestandserhaltung, Wiss. Mitarbeiter, ☎ (0551) 39-25821, 🖥 hoelscher@sub.uni-goettingen.de

* Hönscheid, Geesche, Dipl.-Bibl., Mainz, Ltd.BDir. a.D., 25.01.1940, Hamburg, im BDienst 68-00, 🖥 g.hoenscheid@t-online.de

* Hönscheid, Jürgen, Prof. Dr. phil., Mainz, HS-Lehrer a.D., 16.04.1939, Remscheid, im BDienst 69-80 - Lehrbeauftr. f. Klass. Philol. an d. Univ. Köln 75-15, ☎ (06131) 632848

Höpfinger, Renate, Dr. phil., M.A., München, Politisch-historische Fachbibliothek der Hanns-Seidel-Stiftung, Leiterin, ☎ (089) 1258-279, 🖥 hoepfinger@hss.de

* Höppner, Michael, Dr. rer. nat., Dipl.-Math., Schloß Holte-Stukenbrock, Ltd. BDir. i.R., 05.07.1948, Berlin, im BDienst 1984-2013, ☎ (05207) 4779, 🖥 michael.hoeppner@t-online.de

Höppner, Stefan, Prof. Dr., Weimar, Klassik Stiftung Weimar, Herzogin Anna Amalia Bibliothek, Wiss. Projektmitarbeiter „Goethe Digital: Eine Autorenbibliothek als Sammlungsraum" im Forschungsverbund Marbach Weimar Wolfenbüttel (MWW): Erforschung und digitale Katalogisierung von Goethes Bibliothek; zuvor Projektleiter Autorenbibliotheken (15-19), 30.06.1969, Paderborn, stud. in Göttingen, Santa Barbara/Kalifornien, Freiburg und Basel 90-96, M.A. 96; Graduate Student, University of Oregon, USA 97-01; Prom. in Göttingen 05; Wiss. Mitarbeiter, Deutsches Seminar Univ. Freiburg 2005-12; DAAD-Professur, University of Calgary, Kanada 12-15, 14-20 Priv. Dozent, seit 2020 apl. Prof. der Germanistik in Freiburg, ☎ (03643) 545815, 💻 stefan.hoeppner@klassik-stiftung.de

Hörnemann, Pater Daniel, Dr. theol., OSB, Billerbeck, Bibliothek der Benediktinerabtei Gerleve, Leiter, 02.04.1955, Coesfeld (Westf.), 1974 Eintritt in Benediktinerabtei Gerleve, Studium in Salzburg, Rom, Würzburg, Freiburg, Promotion in AT/Pastoraltheologie, Einsatz in Seelsorge, Exerzitien, Seminaren u. Redaktion der Diözesanzeitung, ☎ (02541) 800-0, 💻 p.daniel@abtei-gerleve.de, dhgerleve@web.de

* Hörr, Christine, Kassel, Bibliothek des Bundessozialgerichts, Wiss. Leiterin Bibliothek und Dokumentationsstelle, 28.02.1973, Frankfurt/Main, stud. Rechtswiss., 1.jur. Staatsex. 97, 2.jur. Staatsex. 99, BRef. Trier UB 01, Frankfurt a.M. BSchule 02, Fachpr. 03, Ang. Kassel B u. Dok.-Stelle d. Bundessozialgerichts 04, BR z.A. 05, BR 06, BOR 07, BDin 11, ☎ (0561) 3107-564, 💻 christine.hoerr@bsg.bund.de

* Hoffert, Michael, Leipzig

Hoffmann, Daniela, Dipl.-Bibl., Braunschweig, Herzog Anton Ulrich-Museum, Leiterin der Bibliothek, 13.09.1974, stud. wiss. Bibliothekswesen HWTK Leipzig, 💻 d.hoffmann@3landesmuseen.de

Hoffmann, Elke, Dipl.-Bibl., Mülheim an der Ruhr, Stadtbibliothek, Stellvertretende Bibliotheksleitung, Leiterin Team C: Familie, Kind & Co., 05.01.1966, Mülheim an der Ruhr, ☎ (0208) 455-4186, 💻 elke.hoffmann@muelheim-ruhr.de

* Hoffmann, Gotthard, Dipl.-Volksw., Duisburg, OBR, 24.07.1949, Bahrendorf, im BDienst 1974-2014, 💻 gotthard_hoffmann@t-online.de

* Hoffmann, Heinz-Werner, Dipl.-Math., Köln, Dir. HBZ a.D., 03.08.1946, Oberhausen/Rhld., im BDienst 73-04, ☎ (02203) 24230, 💻 heinz-werner.hoffmann@gmx.de

Hoffmann, Isabel, Dr. rer. nat., Jena, Thüringer Universitäts- und Landesbibliothek, Wissenschaftlicher Dienst, Fachref. f. Chemie, Landwirtschaft, Medizin, Veterinärmedizin, 02.08.1983, ☎ (03641) 9404036, 💻 i.hoffmann@uni-jena.de

* Hoffmann, Katrin, Berlin, Zentrum für Osteuropa- und internationale Studien (ZOiS) gGmbH, Referentin für Drittmittel- und Forschungsmanagement, Fachref. f. Open Access, Forschungsdatenmanagement, 28.08.1972, Rathenow, ☎ (030) 200594944, 💻 katrin.hoffmann@zois-berlin.de

* Hoffmann, Peter, Dr.-Ing., Dipl.-Phys., Rostock, Ltd. BDir. i.R., 13.03.1940, Warin, im BDienst 72-05, ☎ (0381) 25714, 💻 dr.peterhoffmann1@alice-dsl.de

* Hoffmann, Thomas, Halle (Saale), Universitäts- und Landesbibliothek Sachsen-Anhalt, Komm. Abteilungsleiter IT und Digitale Dienste, ☎ (0345) 5522146, 💻 thomas.hoffmann@bibliothek.uni-halle.de

* Hoffmann, Ute, Dipl.-Bibl. (Univ.), Dresden, Wiss. Ang. i.R., 11.01.1944, Zwickau/Sachs., im BDienst -2009, 💻 uk.hoffmann@gmx.de

* Hoffrath, Christiane, Dr., Köln, Universitäts- und Stadtbibliothek, Dezernentin für Historische Bestände und Sammlungen, Bestandserhaltung und Digitalisierung, Fachref. f. Geschichte, Altes Buch, Rheinland, Island, 26.11.1964, Köln, Assist. an wiss. Bibl. 83, Dipl-Bibl. 99, Dipl. Verwaltungsbetriebswirtin 07 (VWA Köln), stud. Geschichte, Philosophie 03, Geschichte und Literatur 11 (Fernuniv. Hagen), Prom. 18, ☏ (0221) 470-2403, 🖳 hoffrath@ub.uni-koeln.de

* Hofmann, Anke, Dipl.-Bibl. (FH), Leipzig, Bibliothek der Hochschule für Musik und Theater „Felix Mendelssohn Bartholdy" Bibliotheksleiterin, 11.12.1976, 🖳 anke.hofmann@hmt-leipzig.de

* Hofmann, Katharina, M.A., Weimar, Bibliothek der Hochschule für Musik Franz Liszt, Leitung der Bibliothek, 09.10.1965, Kiel, stud. Musikwiss., Lit.-Wiss., Psychol., M.A. 92, BRef. Wolfenbüttel HAB 93, Köln FHBD 94, Fachpr. 95, Dresden LB 96, Leipzig B d. Musik-HS 98, Weimar HSB d. HS f. Musik Franz Liszt 01, Leitung der Bibliothek 03, BR 06, ☏ (03643) 555-125, 🖳 katharina.hofmann@hfm-weimar.de

* Hofmann, Marianne Verena, Dr. phil., Bonn, BR, 28.02.1952, Bonn, stud. Slaw., Roman., Staatsex. 78, Prom. 82, BRef. Gießen UB 83, Frankfurt a. M. BSchule 84, Fachpr. 85, Wiss. Ang. Gießen UB 85, BR 88, beurlaubt 95-17

Hofmann, Thomas, Dr. phil., M.A., Rom (Italien), Bibliothek des Deutschen Historischen Instituts, Wissenschaftl. Forschung Fachref., Fachref. f. Geschichte, 20.10.1962, Bamberg, stud. Latein, Griechisch, Geschichte, M.A. 89, Staatsex. 89, BRef. München Bayer. BSchule 93, Rigorosum 94, Fachpr. 95, ☏ (0039-06) 660-49222, 🖳 hofmann@dhi-roma.it

* Hofmann-Randall, Christina, Dr. phil., Erlangen, Universitätsbibliothek Erlangen-Nürnberg, Leiterin Abt. Handschriften und Graphische Sammlung, Fachref. f. Altbestandsergänzung, Romanistik, 30.08.1957, Tübingen, stud. Neuere Geschichte, Hispan., Slaw., M.A. 81, Prom. 82, Wiss. Hilfskr. Erlangen Inst. f. Geschichte d. Med., BRef. Erlangen UB 84, München Bayer. BSchule 85, Fachpr. 86, Wiss. Ang. München BSB 86, BR z. A. Eichstätt UB 89, BR 90, BOR 97, UB Erlangen 99, BDir. 02, ☏ (09131) 85-22158, 🖳 christina.hofmann-randall@fau.de

Hofmockel-Orth, Angelika, Dipl.-Bibl., Augsburg, Bibliothek der Hochschule, Leitung der Bibliothek, 01.03.1959, ☏ (0821) 5586 3289, 🖳 angelika.hofmockel@hs-augsburg.de

Hoge-Benteler, Boris, Dr., Jena, Thüringer Universitäts- und Landesbibliothek, Fachreferent, Fachref. f. Allgemeine und vergleichende Sprach- und Literaturwissenschaft, Anglistik / Amerikanistik, Germanistik, Indogermanistik, Romanistik, 07.06.1979, Marburg, stud. Neuere deutsche Literatur, Geschichte und Italianistik in Berlin und Wien 00-07, Doktorand der Grad. School Practices of Literature in Münster 08-12, Wiss. Bibliotheksvolontariat an der ThULB Jena 11-13, Fachreferent für Anglistik / Amerikanistik, Germanistik, Indogermanistik, Romanistik und Sprach- und Literaturwiss. (allg.) ThULB Jena 2013-, ☏ (03641) 9-404030, 🖳 boris.hoge@uni-jena.de

Hogg, P. Theodor, Beuron, Bibliothek der Erzabtei St. Martin, 16.08.1941, Kirchen-Hausen, stud. Philosophie, Theologie, München Bayer. BSchule 69, Leiter Beuron B d. Erzabtei 70, 🖳 bibliothek@erzabtei-beuron.de, thkhogg@t-online.de

* Hohmann, Tina, Dipl.-Ing., M.A. (LIS), MCLIP, München, Universitätsbibliothek der Technischen Universität, Team Bibliometrie, Informationskompetenz, Fachref. f. Architektur, 07.10.1968, Bamberg, stud. Architektur, Dipl. 98, B- u. Inform.-Wiss., M.A. (LIS) 05, MCLIP 09, Architekturbüros 98-02, Prakt. Darmstadt ULB 02-03, Subject Librarian Writtle College 05-11, ☏ (089) 289-28621, 🖳 tina.hohmann@tum.de

* Hohnschopp, Christine, Dr. phil., Saarbrücken, Saarländische Universitäts- und Landesbibliothek, Öffentlichkeitsarb., Fachref. f. Germanistik und Romanistik, 28.02.1960, Ellwangen/Jagst, stud. Deutsch, Sozialkunde, Romanistik, 1. Staatsex. 85, Prom. 93, Wiss. Ang. Frankfurt a. M. Die Dt. B/ Dt. B 93, BRef. Saarbrücken UuLB 94, BAssess. 96, BRätin 98, BORn 00, ☎ (0681) 302-2073, 💻 c. hohnschopp@sulb.uni-saarland.de

* Hohoff, Ulrich, Dr. phil., M.A., Augsburg, Universitätsbibliothek, Dir., 11.03.1956, München, stud. Neuere Dt. Literatur, Philosophie, Theaterwiss., M.A. 82, Prom. 85, BRef. Gießen UB 84, Frankfurt a. M. BSchule 85, Fachpr. 86, Wiss. Ang. (DFG) Stuttgart FHB 87, Wiss. Ang. Gießen UB 89, Wiss. Ang. (DFG) München BSB 89, Wiss. Ang. Augsburg UB 90, BR z. A. 90, BR 92, BOR Leipzig UB 93, BDir. 98, Augsburg UB 99, Ltd. BDir. 01, ☎ (0821) 598-5300, 💻 ulrich.hohoff@bibliothek.uni-augsburg.de

* Hoinkis, Gudrun, Dipl.-Bibl., Berlin, Bibliothek des Geheimen Staatsarchivs Preußischer Kulturbesitz, Bibliotheksleiterin, 28.12.1973, Berlin, Assistentin an wiss. Bibl. 92, SBB PK 90-99, Dipl.-Bibl. 99, DESY Zeuthen 99-00, UB der TU Berlin 00-03, SBB PK 03-06, GStA PK BLeiterin 06, ☎ (030) 266 44 1310, 💻 gudrun.hoinkis@gsta.spk-berlin.de

* Holbach, Werner, Dipl.-Ing., München, Bayerische Staatsbibliothek, Ref.-Leiter Länder- und Fachreferate; Sacherschließung, Erwerbung, Normdaten, Fachportale, 26.03.1959, stud. Elektrotechnik, Diplom, ☎ (089) 28638-2323, 💻 werner.holbach@bsb-muenchen.de

* Holland, Claudia, Hamburg, Bibliothek des Max-Planck-Instituts für ausländisches und internationales Privatrecht, Bibliotheksleiterin, Fachref. f. Dt., internat. u. ausländ. Rechtswissenschaft, 28.08.1962, Göttingen, stud. dt. u. franz. Rechtswiss., Span. f. Übers., 1. jur. Staatsex. 87, BRef. Saarbrücken UB 87, Köln FHBD 88, Fachpr. 89, Akad.R. Freiburg B f. Rechtswiss. d. Univ. 89, Leipzig UB 93, Erziehungsurlaub 96-01, Karlsruhe B d. BVerfG 98-99, Leipzig UB 02, Hamburg B MPI f.ausländ.u.internat. Privatrecht 16, ☎ (040) 41900-226, 💻 holland@mpipriv.de

* Hollender, Martin, Dr. phil., Berlin, Staatsbibliothek zu Berlin - Preußischer Kulturbesitz, Referent in der Generaldirektion, Red. d. ZfBB, 04.11.1965, Düsseldorf, stud. Germ., Gesch., M.A. 92, Prom. 96, BRef. Berlin SBB-PK 97, Köln FHBD 98, Fachpr. 99, BR z. A. Berlin SBB-PK 99, BR 01, ☎ (030) 266 431430, 💻 martin.hollender@sbb.spk-berlin.de

* Hollmann, Birgit, Dipl.-Oecotroph., Bad Salzuflen, OBR i.R., 16.03.1957, im BDienst 81-21

* Holtz, Christiane, Dr., Bonn, Universitäts- und Landesbibliothek, Wiss. Mitarb., Leitung Benutzung, stellv. Dir., Fachref. f. Biologie und Allg. Naturwiss., 24.02.1963, Helmstedt, stud. Biol., Lebensmitteltechnol., Diplom, 89, Prom. 92, Berlin Biochrom AG 92, BRef. StB Köln 94, ZBL Bonn 95, FH Köln 95, Fachpr. 96, Ang. StB Köln 96, wiss. Mitarb. Bonn ULB 01, ☎ (0228) 73-7359 oder -3282, 💻 holtz@ulb.uni-bonn.de

* Holzbauer, Hermann, Dr. phil., Eichstätt, Ltd. BDir. i.R., 21.04.1938, Monheim/Schwab., im BDienst 68-05, ☎ (08421) 6074856, 💻 hermann.holzbauer@gmx.de

* Holzer, Angela, Dr., Bonn, Deutsche Forschungsgemeinschaft (DFG), 08.01.1978, Freiburg i.Br., stud. Komparatistik, Nordamerikanistik, Germanistik in Berlin / Venedig / Bloomington / Princeton, Promotion Princeton University, BRef. SBB-PK, Praktika SLUB Dresden / HAAB Weimar, Referentin Bonn DFG 11-15, UB Bochum 15-16, DFG 16-, 💻 angela.holzer@dfg.de

* Homann, Benno, Kronau, wiss. Bibliothekar i.R., 20.10.1952, stud. Politikwiss., Germ., Gesch. Päd., 1. Staatsex. 79, wiss. Ang. Mannheim Univ. 79-82, 2. Staatsex. 84, wiss. Ang. Mannheim Univ. 85-90, wiss. Ang. Heidelberg UB 90, BR 92, OBR 99-18, 💻 homann@behom.de

* Homann, Ulrike, Dr. phil., M.A., Osnabrück, Universitätsbibliothek, Wiss. Ang., Fachref. f. Sozialwiss., Politikwiss., Erziehungswiss., Berufs- und Wirtschaftspädagogik, Musikwiss., Philosophie und Gender Studies, 04.04.1971, Langenhagen, stud. Politikwiss., Geschichte, Sozialpsychologie, Prom., BRef. Oldenburg IBIT 04, Bay.BSchule 05, Fachpr. 06, Wiss.Ang. UB Osnabrück 07-, ☎ (0541) 969-4353/ -4571, 🖥 ulrike.homann@ub.uni-osnabrueck.de

Homilius, Sabine, Dr. phil., Frankfurt am Main, Stadtbücherei, Leiterin, 21.12.1963, Eisenhüttenstadt, stud. Slawistik, Anglistik, Diplom u. Staatsex. 87, Prom. 91, BRef. Frankfurt a. M. StuUB 94, Frankfurt a. M. BSchule 95, Fachpr. 96, Marburg UB BR z. A. 96, BR 97, Frankfurt a. M. BZG 98, BOR 00, Frankfurt a.M. St.Bü, BDir. 04, Ltd. BDir. 06, ☎ (069) 212-3 44 82, 🖥 sabine.homilius@ stadt-frankfurt.de

* Hommes, Klaus Peter, M.A., Düsseldorf, Stadtbüchereien, Wiss. Ang., Abt.-Leiter Bestandsaufbau, Sacherschl. u. Fachinf., 24.07.1959, Düsseldorf, stud. Philosophie, Germanistik, M.A. 89, BRef. Berlin AGB 91, Berlin StB Wedding 92, Köln FHBD 92, Fachpr. 93, Wiss. Ang. Berlin Senatsverw. f. Kult. Angelegenh. 93, Wiss. Ang. Düsseldorf StBü 94, Geschf. VB NW 96-00, ☎ (0211) 89-94401, 🖥 klauspeter.hommes@duesseldorf.de

* Hora, Manuel, Dr. rer. nat., München, Universitätsbibliothek der Technischen Universität, Fachref. f. Chemie, 22.02.1988, München, stud. Biochemie, M. Sc. 12, Prom. 16, BRef UB Stuttgart 16-18, UB der TU München 18, 🖥 manuel.hora@ub.tum.de

Horn, Daniel, Halle (Saale), Universitäts- und Landesbibliothek Sachsen-Anhalt, Controlling

Horn, Dina, M.A., Düsseldorf, Stiftung Gerhart-Hauptmann-Haus. Deutsch-osteuropäisches Forum, BLeiterin, stud. Geschichte, Bibliothekswissenschaft, ☎ (0211) 16991-29, 🖥 bibliothek@g-h-h.de

* Horrelt, Rainer, Dipl.-Geol., Kiel, Universitätsbibliothek, Stellvertr. Dir., Fachref. f. Geographie, Geowiss., Physik, 18.06.1961, Gunzenhausen, stud. Geologie, Paläontologie, Chemie, Mineralogie, Zoologie, Diplom 87, BRef. Erlangen UB 88, München Bayer. BSchule 89, Fachpr. 90, BR z. A. Bayreuth UB 90, BR 93, BOR 01, BDir. 04, ☎ (0431) 880-2702, 🖥 horrelt@ub.uni-kiel.de

* Horst, Harald, Dr., Köln, Erzbischöfliche Diözesan- und Dombibliothek mit Bibliothek St. Albertus Magnus, Leitung Bereich Handschriften und Frühe Drucke, 04.08.1965, stud. Kath. Theologie in Salzburg, Rom und Münster 87-93; Bibl.wesen FH Köln 93-96; Prom. in Bibliothekswiss. Humboldt-Univ. Berlin 17. Dipl.-Bibl. ULB Düsseldorf 96-03, wiss. Bibl. Diözesanbibl. Köln 03. Seit 2010 Lehrbeauftragter der Univ. zu Köln. Mitgl. AK Historische Bestände in NRW und RLP seit 2007 (Vorsitz 16-18), Mitgl. Altbestandskommission AKThB/VkwB seit 2015, ☎ (0221) 1642-3796, 🖥 harald. horst@erzbistum-koeln.de

* Horstkemper, Gregor, München, Bayerische Staatsbibliothek

* Horstkotte, Martin, Dr. phil., Leipzig, Deutsche Nationalbibliothek (Leipzig, Frankfurt a. M.), Wiss. Ang., Fachref. f. Sprach- und Literaturwiss., Theater, Film, Fernsehen, 26.07.1974, Hamburg, stud. Anglistik, Ostslawistik, Geschichte, M.A. 00, Prom. 04, BRef. Osnabrück UB 04, Bayer. BSchule München 05, Fachprüf. 06, Wiss. Ang. München BSB 06, Wiss. Ang. Leipzig NationalB 07, ☎ (0341) 2271-276, 🖥 m.horstkotte@dnb.de

* Hort, Irmgard, Dr. med., Gießen, Universitätsbibliothek, Fachinform.-Beauftr., Leiterin d. ZweigB Natur- und Lebenswissenschaften, Fachref. f. Medizin, Veterinärmedizin und Chemie, 09.10.1959, Marburg, stud. Medizin, Geschichte, Philosophie, Staatsex. 84, Prom. 87, BRef. Gießen UB 93, Frankfurt a. M. BSchule 94, Fachpr. 95, Wiss. Ang. Gießen UB 95, BR z. A. 98, BR 99, BOR 01, ☎ (0641) 99-14015/ - 34713, 🖥 irmgard.hort@bibsys.uni-giessen.de

Hoyer, Rüdiger, Dr. phil., M.A., München, Bibliothek des Zentralinstituts für Kunstgeschichte, Leiter, 06.09.1958, Düsseldorf, stud. Kunstgeschichte, Franz. Philol., Philos., M.A. 83, Prom. 89, BRef. Bonn UB 89, Köln FHBD 90, Fachpr. 91, Wiss. Ang. München B d. Zentralinst. f. Kunstgesch. 92, BR z. A. 92, BR 93, BOR 98, BDir. 00, ☏ (089) 289-27577, 🖳 r.hoyer@zikg.eu

* Hubrich, Jessica, M.A., M.A. (LIS), Frankfurt am Main, Deutsche Nationalbibliothek (Leipzig, Frankfurt a. M.), Wiss. Mitarbeiterin, 🖳 j.hubrich@dnb.de

* Huckstorf, Axel, Berlin, Stiftung Wissenschaft und Politik, Fachreferent Osteuropa und Eurasien, Fachref. f. Osteuropa, 🖳 axel.huckstorf@swp-berlin.org

* Hüfner, Isabelle, M.A., Berlin, Senatsverwaltung für Kultur und Europa, Referentin für das Bibliotheks- und Archivwesen, stud. Erziehungswiss., Soziologie, Psychologie, M.A. 11, BRef. Berlin SBB-PK 12/13, München BAB 13/14, 🖳 isabelle.huefner@kultur.berlin.de

* Hüning, Ludger, Dr. phil., Tübingen, Universitätsbibliothek, Fachref. f. Allgemeines, Allg. u. Vgl. Sprach- u. Literaturwiss., Anglistik/Amerikanistik, Germanistik/Skandinavistik, Geographie, Kunstgeschichte, Medienwiss., Musikwiss., Philosophie, Sportwiss., 30.07.1961, Gelsenkirchen, stud. Roman., Germ., Päd., Staatsex. 88, Prom. 91, BRef. Mainz UB 91, Frankfurt a. M. BSchule 92, Fachpr. 93, Wiss. Ang. Tübingen UB 93, BAssess. 94, BR 94, OBR 01, BDir. 03, ☏ (07071) 29-72841, 🖳 ludger.huening@uni-tuebingen.de

* Huesmann, Anna-Maria, Dr. phil., Dipl.-Bibl., Dipl.-Päd., Hannover, Technische Informationsbibliothek (TIB), Fachref. f. Erziehungswiss., Sport u. Berufsdidaktik, 05.07.1956, Groß Strehlitz, Dipl. Hannover FH 87, UB/TIB Hannover 87-95, stud. Erw.-Bildung, Psychol., Soziol., Erziehungswiss., Philos., Medienpäd., Dipl. 95, Prom. 00, selbst. Personaltrainerin 95-00, Hannover NLB 01-02, Hannover TIB/UB 03 - VDB Komm. Management und betriebliche Steuerung 03-11, ☏ (0511) 762-17801, 🖳 anna.huesmann@tib.eu

* Huesmann, Silke, Dipl.-Geogr., Bremen, Staats- und Universitätsbibliothek, Wiss. Mitarb., Leiterin d. Fachabt. Wirtschafts-, Sozial-, Naturwiss., Fachref. f. Geographie, Geowiss., Ozeanographieund Allg. Naturwiss., 22.03.1962, Menden, stud. Geographie, Geologie, Botanik, Diplom 89, Ang. Münster UB 87, Wiss. Mitarb. Bremen SuUB 92, ☏ (0421) 218-59550, 🖳 huesmann@suub.uni-bremen.de

* Hütte, Mario, Dipl.-Geogr., M.A. (LIS), Dortmund, Hochschulbibliothek der Fachhochschule, Ltd. Bibliotheksdirektor, stud. Geographie, Städtebau sowie Agrarpolitik, Marktforschung und Wirtschaftssoziologie (Diplom, Univ. Bonn 01), Search Editor bei Microsoft Deutschland 01-03, stud. Bibliotheks- und Informationswiss. (Master FH Köln 06), Wiss. Mitarb. ULB Düsseldorf 05, BR Dortmund FHB 06, OBR 14, BD 17, ☏ (0231) 9112-4047, 🖳 huette@fh-dortmund.de

* Huff, Markus, Prof. Dr., Tübingen, Leibniz-Institut für Wissensmedien, ☏ (07071) 979-215, 🖳 m.huff@iwm-tuebingen.de

* Hundhammer, Katharina, M.A., M.A. (LIS), München, Bayerische Staatsbibliothek, Wiss. Ang., Fachref. f. Erwerbung: Deutschland, Österreich, Schweiz, Großbritannien, USA, englischsprachige Welt (Geschichte, Altertum, Politik, Militär, Geographie, Ethnologie, Medizin, Technik, Naturwissenschaften); Länderreferat Erwerbung: Belgien, 05.12.1979, München, stud. Neuere u. Neueste Geschichte, Alte Geschichte, Interkulturelle Kommunikation, M.A. 07, Dozentin WHS Geneva (New York) 08, Wiss. Ang. IfZ München 08-09, Wiss. Ang. Bibliothek der KZ-Gedenkstätte Dachau 09-10, Referentin BSB München 10-, Bibliotheks- und Informationswiss. M.A. (LIS) an der HU-Berlin 11-13, ☏ (089) 28638-2106, 🖳 katharina.hundhammer@bsb-muenchen.de

* Hundhausen, Felicitas, Osnabrück, Universitätsbibliothek, Dir., 12.09.1961, Windeck-Dattenfeld, stud. Geschichte, Germanistik, Staatsex. 89, BRef. Wolfenbüttel HAB 90, Köln FHBD 91, Fachpr. 92, Geschf. Köln Germania Judaica 92, BR z. A. Koblenz LB 92, BR 93, OBR 95, BDir. Hannover LB 00, Osnabrück UB 03, Ltd. BDir. 04, ☎ (0541) 969-4319, 🖳 felicitas.hundhausen@ub.uni-osnabrueck.de

* Hundsberger, Stefanie, Lübeck, Bibliothek der Hansestadt Lübeck, 🖳 stefanie.hundsberger@luebeck.de

* Huth, Anna-Katharina, M.A., M.A. (LIS), Berlin, Universitätsbibliothek der Humboldt-Universität zu Berlin, Leiterin Öffentlichkeitsarbeit, Fachref. f. Bibliotheks- und Informationswiss., 16.03.1979, Stuttgart, stud. Neuere und Neueste Geschichte, Kunstgeschichte, M.A., BRef. UB d. HU Berlin 08-10, Theorieausbildung MALIS (HU Berlin), UB der HU Berlin 10-, ☎ (030) 2093-99305, 🖳 anna-katharina.huth@ub.hu-berlin.de

* Hutzler, Evelinde, Dr. phil., Dipl.-Päd., Regensburg, Universitätsbibliothek, Leiterin d. Abt. Benutzung, stud. Päd., Soziologie, Psychologie, Diplom 88, Prom. 93, Wiss. Mitarb. Regensburg Univ. 88, BRef. München Bayer. BSchule 93, Fachpr. 95, Regensburg UB 95, BR, BOR, BDir., ☎ (0941) 943-4411, 🖳 evelinde.hutzler@bibliothek.uni-regensburg.de

* Ikas, Wolfgang-Valentin, Dr. phil., München, Bayerische Staatsbibliothek, Leitung Ref. Hss. u. Benutzung, Stellvertretende Leitung Abt. Hss. u. Alte Drucke, 09.11.1974, Würzburg, stud. Geschichte, Latein, Anglistik, Sozialkunde, Erziehungswiss., Staatsex. 00, Prom. 01, Staatsex. Latein 02, Stud.Ref. 02-03, BRef. München BSB 03, München Bayer. BSchule 04, Fachpr. 05, BR z.A. München BSB 05, BR 07, BOR 10, BDir. 13 - Mitgl. d. Centre International de Codicologie (CIC), Doz. (NA) an d. BAkademie Bayern u. d. Hochschule f. d. öffentl. Dienst i. Bayern, Fachbereich Archiv- u. Bibliothekswesen, Mitgl. d. CERL Security Network Working Group, ☎ (089) 28638-2265, 🖳 ikas@bsb-muenchen.de, graduslupi@hotmail.com

* Ilg, Jens, Dresden, Sächsische Landesbibliothek - Staats- und Universitätsbibliothek, Leiter Abteilung Benutzung und Information, stud. Philosophie, Theaterwiss., Ref. 06-07 Göttingen SUB, Fachprüf. 07 Inst. für Bibl.- und Informationswiss. HU Berlin, Würzburg UB 08-12, Rostock UB 12-17, Magdeburg UB 17-21, ☎ (0391) 67 58388, 🖳 jens.ilg@ovgu.de

* Ilg, Karin, Dr. phil., M.A. (LIS), Bielefeld, Hochschulbibliothek der Fachhochschule, Leiterin der Hochschulbibliothek, Leitungsteam Medien- und Informationsdienste MIND, 29.01.1972, stud. Mathematik, Philosophie, Erziehungswiss. Staatsex. 97, Prom. 03, Wiss. Mitarb. Bamberg Univ. 01-03, Wiss. Mitarb. Bielefeld Univ. 03-04, Wiss. Mitarb. IZEA Halle Univ. 04-05, BRef Hannover GWLB 05-07, Projektmanagement/Fachref. Hannover GWLB 07-08, Fachref./Projekt open-access.net UB Bielefeld 08, HSB der FH Bielefeld 2010, 🖳 karin.ilg@fh-bielefeld.de, k_hartbecke@yahoo.com

* Illig, Steffen, Dipl.-Hdl. (WI), Bamberg, Universitätsbibliothek, Leiter der Abteilung Informationstechnik, Fachref. f. Wirtschaftsinformatik und Angewandte Informatik, 10.12.1977, Bad Neustadt/S., ☎ (0951) 863-1537, 🖳 steffen.illig@uni-bamberg.de

* Imeri, Sabine, Dr., Berlin, Universitätsbibliothek der Humboldt-Universität zu Berlin, FID Sozial- und Kulturanthropologie

   Immega, Hanke, Dipl.-Bibl. (FH), Aurich, Landschaftsbibliothek, Stellv. Leiter, Katalogisierung, ☎ (04941) 1799 40, 🖳 immega@ostfriesischelandschaft.de

   Immler, Gisela, Dipl.-Bibl. (FH), Ulm, Technische Hochschule Ulm, Hochschulbibliothek, Bibliotheksleiterin, 23.09.1962, Augsburg, ☎ (0731) 50-28076, 🖳 Gisela.Immler@thu.de

* Jackenkroll, Martina, Chemnitz, Universitätsbibliothek der Technischen Universität

* Jackenkroll, Melanie, M.A. (LIS), München, Deutsches Patent- und Markenamt, Bibliothek, Fachreferentin, Fachref. f. Mathematik, Physik, Feinwerktechnik, Elektrotechnik, Regelungstechnik, Datenverarbeitung, Kerntechnik, ☎ (089) 21954057, 🖳 melanie.jackenkroll@dpma.de

Jacobs, Stephanie, Dr., Leipzig, Deutsche Nationalbibliothek (Leipzig, Frankfurt a. M.), Wissenschaftliche Direktorin, Ltg d. Dt. Buch- u. Schriftmuseums, 21.02.1963, Unna, stud. Kunstgeschichte, Philosophie, Psychologie, ☎ (0341) 2271-575, 🖳 s.jacobs@dnb.de

* Jäcker, Ursula E., M.A., Berlin, Staatsbibliothek zu Berlin - Preußischer Kulturbesitz, Leitung E.T.A. Hoffmann-Archiv, Fachref. f. Germanistik und Niederlandistik, 09.06.1973, Offenbach, stud. Germanistik, evang. Theologie, Buchwiss., M.A. 01, BRef. Wolfenbüttel HAB 01, BSchule Frankfurt a. M. 02, Fachpr. 03, Bibliogramma/Südtirol 03, BR z.A. Berlin SBB-PK 05, BR 07, BOR 08, ☎ (030) 266-433154, 🖳 ursula.jaecker@sbb.spk-berlin.de

* Jädicke, Christian, Dipl.-Phil., Berlin, 11.12.1951, Luckenwalde, stud. Klass. Philologie, Diplom (externer HS-Abschl.) 91, Fern stud. wiss. B-Wesen, Diplom Leipzig 84, postgrad. Fern stud. B-Wiss., Abschl. Berlin IBI 93, BAng. Berlin DSB 74, Bibl. Berlin B d. Zentr.-Inst. f. Alte Gesch. u. Archäol. 87, Wiss. Mitarb. 91, Wiss. Mitarb. Berlin B d. AdW 92, B d. Berlin-Brandenburg. Akad. d. Wiss. 94, 🖳 jaedicke@bbaw.de

* Jäger, Berthold, Dr. phil., Fulda, BDir. i.R., 04.07.1948, Roßbach/Hünfeld, im BDienst 1983-2011, ☎ (0661) 56215, 🖳 bertholdjaeger@gmail.com

* Jäger, Jan, Hildesheim, Universitätsbibliothek

* Jäger-Dengler-Harles, Ingeborg, Frankfurt am Main, DIPF / Leibniz-Institut für Bildungsforschung und Bildungsinformation, 🖳 i.jaeger@dipf.de

* Jagusch, Gerald, Dipl.-Phys., Darmstadt, Universitäts- und Landesbibliothek, Abteilungleiter IT, Forschung & Entwicklung, 26.06.1986, Detmold, stud. Physik und Mathematik Heidelberg/Stockholm 06-12, BRef. ULB Darmstadt 13-15, BR ULB Darmstadt 15, BOR 21, ☎ (06151) 16-76417, 🖳 gerald.jagusch@tu-darmstadt.de

* Jahn, Cornelia, Dr. phil., M.A., München, Bayerische Staatsbibliothek, Leiterin Abteilung Karten und Bilder, 23.04.1962, München, stud. Neuere Geschichte, Bayer. Geschichte, Kunstgeschichte, M.A. 88, Prom. 92, Archivang. 88, Wiss. Ass. München Inst. f. Neuere Gesch. d. LMU 90, BRef. München BSB 91, München Bayer. BSchule 92, Fachpr. 93, Wiss. Ang. München BSB 93, BR z. A. 97, BR 98, BOR 05, BDir. 15, ☎ (089) 28638 2287, 🖳 cornelia.jahn@bsb-muenchen.de

Jahns, Yvonne, Dipl.-Jur., Leipzig, Deutsche Nationalbibliothek (Leipzig, Frankfurt a. M.), Abt. Inhaltserschließung, Fachref. f. Recht u. Politik, ☎ (0341) 2271-263, 🖳 y.jahns@dnb.de

* Janello, Christoph, Dr., Neubiberg, Universitätsbibliothek der Universität der Bundeswehr München, Leiter des Dezernates für Bestandsentwicklung und Metadaten, Fachref. f. Wirtschaftswiss., 18.01.1982, München, stud. BWL, Diplom 06, MBR 08, Prom. 10, BRef. München BSB 11, München BAkademie 12, Fachpr. 13, wiss. Ang. BSB München 13, BR UB UniBW München 14, BOR UB UniBW München 16, ☎ (089) 6004-3302, 🖳 christoph@janello.net

* Janowsky, Tim, Hannover, Gottfried Wilhelm Leibniz Bibliothek - Niedersächsische Landesbibliothek

* Janßen, Andreas, Dr. rer. nat., Dipl.-Biol., Stuttgart, Kommunikations-, Informations- und Medienzentrum (KIM) der Universität Hohenheim, Leiter der Abt. Medienbearbeitung, Fachref. f. Naturwissenschaften, 13.11.1977, Kleve (NW), OBR, ☎ (0711) 459-23217, 🖳 a.janssen@uni-hohenheim.de

* Jantz, Martina, Dr. phil., M.A., Mainz, Universitätsbibliothek, Fachref. f. Ägyptol., Afrikanistik, Alte Gesch., Altorientalistik, Byzantinistik, Ethnol., Filmwiss., Gesch., Indol., Klass. Archäologie, Klass. Philologie, Kulturanthropologie, Osteurop. Gesch., Slavistik, Theaterwiss., Turkologie, Vor- und Frühgesch., 12.06.1959, Hannover, stud. Alte Geschichte, Geschichte d. Mittelalters u. d. Neuzeit, Politikwiss., Soziologie, Anglistik, M.A. 87, Prom. 93, BRef. Hannover StB 94, Köln FHBD 95, Fachpr. 96, BAssess. i. K. Karlsruhe Landeskirchl. B 96, BR i. K. 98, BR z. A. Mainz UB 98, BR 99, OBR 02, Geschäftsführung BereichsB Philosophicum 05-15, ☎ (06131) 39-24390, 🖂 m.jantz@ub.uni-mainz.de

* Janz, Mariska, Oldenburg, Bibliotheks- und Informationssystem der Carl von Ossietzky Universität, Fachref. f. Wirtschaftswiss., Politikwiss., Rechtswiss., mariska.janz@uni-oldenburg.de

Jaskolla, Ludwig Josef, Dr., München, Hochschule für Philosophie, Abteilungsleiter Kommunikation und Medien, Bibliotheksleiter, ☎ (089) 2386 2341, 🖂 ludwig.jaskolla@hfph.de

* Jendral, Lars, M.A., Koblenz, Landesbibliothekszentrum Rheinland-Pfalz / Rheinische Landesbibliothek, Referent der Direktion, Fachref. f. Geschichte, Archäologie, Militär, Politik, Film, Theater und Tanz, Allgemeines, Architektur, Landeskunde, stud. Geschichte, Literaturwiss., M.A. 96, BRef Braunschweig UB 98, Köln FH 99, Fachpr. 00, BR z. A. Koblenz LB 00, BR 00, OBR 04; Standortleitung LBZ / RLB Koblenz 04 bis 15, ☎ (0261) 91500-450, 🖂 jendral@lbz-rlp.de

* Jilek, Katrin, M.A., Wien (Österreich), Sammlung v. Handschriften u. alten Drucken, stud. Historische Hilfswiss., Mittelalterl. Geschichte u. kath. Theologie in München und Rom, Magister 07, BRef. 08-10, UB Tübingen 08, Bayer. BSchule 09, Fachpr. 10, Österreichische NationalB 11, 🖂 katrin.jilek@gmx.de

* Joachim, Markus Wolfgang, Dipl.-Ing. arch., M.A. (LIS), Zürich (Schweiz), Bibliothek der ETH, Sektionsleitung Information und Lernumgebungen, Leitung ETH Material Hub, Fachref. f. Architektur, Städtebau und Raumplanung, 21.10.1970, ☎ (0041 44) 633 29 05, 🖂 markus.joachim@library.ethz.ch

* Jobmann, Peter, Buxtehude, Stadtbibliothek, Leiter, 13.03.1981, ☎ (04161) 999060, 🖂 peter.jobmann@t-online.de

Jochum, Uwe, Dr. phil., Konstanz, Universitätsbibliothek (KIM), Fachref. f. Germanistik, Anglistik, Amerikanistik, allgem. Literaturwiss., Philosophie, Musik und Theologie, 16.01.1959, Heidelberg, stud. Germ., Politikwiss., Staatsex. 83, Prom. 87, BRef. Heidelberg UB 87, Köln FHBD 88, Fachpr. 89, BAssess. Konstanz UB 89, BR 91 - Lehrbeauftr. an d. Univ. Konstanz, BOR 99, ☎ (07531) 88-2842, 🖂 uwe.jochum@uni-konstanz.de

Jockel, Stephan, Dipl.-Kaufm., Frankfurt am Main, Deutsche Nationalbibliothek (Leipzig, Frankfurt a. M.), Pressesprecher, Social Media Manager, 06.01.1960, Frankfurt a.M., Sortimentsbuchhändler, stud. BWL, Dipl. 90, ☎ (069) 1525-1005, 🖂 s.jockel@dnb.de

* Johannes, Uwe, Berlin, Universitätsbibliothek der Humboldt-Universität zu Berlin, 09.08.1961, Dessau, ☎ (030) 2093 99335, 🖂 uwe.johannes@ub.hu-berlin.de

* Johannsen, Jochen, Dr. phil., Siegen, Universitätsbibliothek, Bibliotheksleiter, 21.04.1967, Freiburg i.Br., stud. Geschichte, Germanistik u. Osteurop. Geschichte, Prom. 04, BWiss., M.A. (LIS) 05, ZB Sport Köln 04/05, UB TU Berlin 05, hbz Köln 06-11, BLB Karlsruhe 12-15, Leiter UB Siegen 15-, ☎ (0271) 740-4228, 🖂 johannsen@ub.uni-siegen.de

* Johannsen, Nina, Dr. phil., Berlin, Universitätsbibliothek der Freien Universität, Stellv. Bibliotheksleiterin Campusbibliothek, 24.06.1973, Kiel, stud. Klass. Philologie, Geschichte, Staatsex. 01, Prom. 05, Wiss. Mitarb. Univ. Kiel 04-05, BRef Berlin UB d. FU 05-07, Wiss. Ang. Berlin UB d. FU 07, BR Berlin UB der FU 11, OBR 16, ☎ (030) 838 56380, 🖂 n.johannsen@fu-berlin.de

* John, Ada, Dipl.-Gärtn., Köln, BDir. a.D., 22.06.1931, im BDienst bis 1996, Universitäts- und Stadtbibliothek Köln, ☎ (0221) 438262

* Jorzenuk, Saskia, Wolfenbüttel, Herzog August Bibliothek

* Josch, Marcel, M.A., Waltrop, 06.08.1980, Koblenz

* Josenhans, Veronika, Dipl.-Theol., M.A. (LIS), Bochum, Universitätsbibliothek, Leitung Team Hochschulbibliographie, Fachref. f. Orientalistik, Islamwiss., Theologie und Religionswiss., 02.12.1974, Backnang, stud. Evang. Theologie, Dipl. 2003, ☎ (0234) 3228560, 🖳 veronika.josenhans@rub.de

* Jungbluth, Anja, Weimar, Klassik Stiftung Weimar, Herzogin Anna Amalia Bibliothek, Abteilungsleiterin, 04.01.1980, 🖳 anja.jungbluth@klassik-stiftung.de

* Junger, Ulrike, Dipl.-Theol., Dipl.-Psych., Frankfurt am Main, Deutsche Nationalbibliothek (Leipzig, Frankfurt a. M.), Leiterin Fachbereich Erwerbung und Erschließung, stud. Ev. Theologie, Psychologie, 1. kirchl. Ex. 89, Dipl. 91, Wiss. Ang. Tübingen Univ. Klinikum 91-92, BRef. Konstanz UB 92, Frankfurt a. M. BSchule, Fachpr. 94, Wiss. Ang. Göttingen SUB 95, GBV-Verbundzentrale 99, Berlin SBB-PK 01, BR z.A., BR 02, BOR 03, BDir. 05, Frankfurt a. M./Leipzig Dt. Nationalbibl. 09, LBDir 10, ☎ (069) 1525-1500, 🖳 u.junger@dnb.de

* Junginger, Fritz, Dr. phil., Marktoberdorf, Ltd. BDir. i. R., 10.02.1936, Kaufbeuren, im BDienst 62-00, ☎ (08377) 1070, 🖳 hf.junginger@t-online.de

* Jurcic, Hrvoje, Dr. phil., M.A., Eichstätt, BDir. a.D., 25.04.1943, Bjelovar, im BDienst 73-08, ☎ (08421) 6607, 🖳 hrvoje.jurcic@ku-eichstaett.de, hjurcic@gmx.de

* Jurst-Görlach, Richard, Trebur, Gemeindebücherei, 24.10.1969, Wien

Kaczinski, Ute, Müncheberg, Senckenberg Deutsches Entomologisches Institut, Entomologische Bibliothek, Bibliotheksleiterin, ☎ (033432) 73698-3720, 🖳 ukaczinski@senckenberg.de

* Kaegbein, Paul, Prof. Dr. phil., Bergisch Gladbach, em. Univ.-Prof. f. B-Wiss., 26.06.1925, Dorpat, im BDienst 49-75, ☎ (02204) 68471, 🖳 alb01@uni-koeln.de

* Kämper, Bernd-Christoph, Dipl.-Phys., Stuttgart, Universitätsbibliothek, Informationsverm., Datenbankdienste, Koord. elektron. Ressourcen, Fachref. f. Phys., Astronomie, Navigation, 11.04.1961, Bielefeld, stud. Physik, Astron., Diplom 91, BRef. Braunschweig UB 93, Köln FHBD 94, Fachpr. 95, Wiss. Ang. Stuttgart UB 95, BAssess. 99, BR 00, ☎ (0711) 685-4780, 🖳 kaemper@ub.uni stuttgart.de

* Kändler, Ulrike, Dr., Hannover, Technische Informationsbibliothek (TIB) 27.07.1975, 🖳 ulrike.kaendler@tib.eu

Kaepke, Regina, Brandenburg an der Havel, Hochschulbibliothek der Technischen Hochschule, Stellvertretende Leiterin der Hochschulbibliothek, ☎ (03381) 355161, 🖳 regina.kaepke@th-brandenburg.de

* Kahl, Andreas, M.A., München, Bayerische Staatsbibliothek, 09.04.1981, München, stud. Geschichte, Computerlinguistik, ☎ (0176) 20052373, 🖳 andreas_kahl@gmx.net

* Kahlfuß, Hans-Jürgen Wilhelm, Dr. rer. nat., Baunatal, Ltd. BDir. i.R., 27.08.1936, Königsberg/Ostpr., im BDienst 64-99, ☎ (0561) 496684, 🖳 kahlfuss@vhghessen.de

* Kahnwald, Brigitte, Unterschleißheim, Berufsschullehrerin für Fachangestellte für Medien- und Informationsdienste, 16.05.1961, ☎ (089) 23385525, 🖳 bkahnwald@aol.com

Kaindl, Annemarie, Dipl.-Bibl., M.A., M.A. (LIS), München, Bayerische Staatsbibliothek, Referat f. Nachlässe und Autographen, Fachref. f. Bibliotheksamtsrätin, Referat f. Nachlässe und Autographen, 18.01.1969, Dachau, Dipl.-Bibl. 97, stud. Bayer. u. allg. Landesgeschichte, mittelalterliche Geschichte, kath. Theologie, histor. Hilfswiss., M.A. 07, Bibliotheks- und Informationswiss., Master 13, BSB München 97-, ☎ (089) 28638-2452, 🖥 kaindl@bsb-muenchen.de

* Kaiser, Andreas, M.A., Dipl.-Bibl. (FH), München, Bibliothek des Deutschen Alpenvereins e.V., Stellv. Leiter Kultur des Deutschen Alpenvereins e.V., 20.02.1972, Mannheim, Archivar und Bibliothekar im Archiv Grünes Gedächtnis der Heinrich-Böll-Stiftung, Berlin 01-05; Resource Centre Manager am Khanya College, Johannesburg, Südafrika (entsendet vom Evangelischen Entwicklungsdienst) 06-09; Fachreferent im Fachbereich Information & Bibliothek in der Zentrale des Goethe-Instituts, München 09-12; Ressortleiter Archiv/Bibliothek im Alpinen Museum des Deutschen Alpenvereins, München 12-16; seit 2017 Stellv. Leiter Kultur des Deutschen Alpenvereins, München, ☎ (089) 211 224-29, 🖥 andreas.kaiser@alpenverein.de

* Kaiser, Anna, M.A., Oldenburg, Bibliotheks- und Informationssystem der Carl von Ossietzky Universität, Direktionsreferentin, Fachreferentin, Fachref. f. Anglistik, Amerikanistik, 20.07.1985, stud. Anglistik, Germanistik, M.A. 10, BRef. FU Berlin 13-15, M.A. (LIS) 15, UB FU Berlin 15-16, UB Universität Vechta (Leitung Information u. Publikationsdienste) 16-19, UB Universität Vechta (Stellv. Bibliotheksleitung) 19-20, BIS Oldenburg (Direktionsreferentin, Fachref. Anglistik/Amerikanistik) 21-, 🖥 anna.kaiser@uni-vechta.de

* Kaiser, Jessica, M.A., Mannheim, Universitätsbibliothek, Benutzungsleitung, 14.05.1974, Seesen, stud. Germanistik, Neuere Geschichte, Rechtswiss., M.A. 99, BRef. Düsseldorf ULB 00, Düsseldorf StB 00, Köln FH 01, Fachpr. 02, Wiss. Ang. Mannheim UB 02, BAssess. 04, BR 05, OBR 09, BDir 17, ☎ (0621) 181-2920, 🖥 jessica.kaiser@bib.uni-mannheim.de

* Kaiser, Lydia, Dr. phil., Marburg, Universitätsbibliothek, Leiterin B Forschungszentrum Dt.Sprachatlas (DSA), Ltg. Stabsstelle Öffentlichkeitsarbeit, Fachref. f. Germanistik, Medienwiss., 03.02.1962, Koblenz, stud. Germanistik, Romanistik, D.E.A.-Ex. 86, Prom. 91, Lektorin f. Dt. Sprache u. Lit. Univ. Paris IV 91-93, BRef. Konstanz UB 94, Frankfurt a. M. BSchule 95, Fachpr. 96, Univ. Marburg 96, Wiss. Mitarb. BLeiterin FB09 Germ. Bibl., BR Marburg UB 03, BOR 05 - Lehrbeauftr. f. Fachinf., Germanistik u. Medienwiss., ☎ (06421) 28-24661, 🖥 lydia.kaiser@ub.uni-marburg.de

* Kaiser, Sabine, Dipl.-Sprachm., Berlin, Staatsbibliothek zu Berlin - Preußischer Kulturbesitz, Fachref. f. Russland, Ungarn, 20.06.1965, Dresden, stud. Hungarol., Russ., Staatsex. 88, Diplom 91, postgr. Fernstud. B-Wiss., Examen Berlin IBI 93, Wiss. Mitarb. Berlin DSB 88, BR 97, BOR 15, ☎ (030) 266-435630, 🖥 sabine.kaiser@sbb.spk-berlin.de

Kalkhoff, Werner, Augsburg, Universitätsbibliothek, Leiter Teilbibliothek Naturwiss., Fachref. f. Informatik, Chemie und Allg. Naturwiss., 02.09.1965, Augsburg, Informatik mit NF Elektrotechnik, ☎ (0821) 598-2400, 🖥 werner.kalkhoff@bibliothek.uni-augsburg.de

* Kallenborn, Reiner, Dr. rer. nat., München, Universitätsbibliothek der Technischen Universität, Bibliotheksleiter, 07.03.1957, Dießlen/Saar, stud. Mathematik, Diplom 82, Wiss. Mitarb. Saarbrücken Univ. 82, Wiss. Mitarb. Kaiserslautern Univ. 84, Prom. 87, BRef. Kaiserslautern UB 89, Frankfurt a. M. BSchule 90, Fachpr. 91, BR z. A. München TUB 91, BR 93, BOR 99, BDir. 02, BLeiter 02, Ltd. BDir. 05, Präs. Internat. Association of University Libraries (IATUL) 13-18, ☎ (089) 289-28600, 🖥 reiner.kallenborn@ub.tum.de

* Kallwellis, Dietmar, MLIS, Wuppertal, Universitätsbibliothek, Fachreferent, Fachref. f. Klassische Philologie, Pädagogik, School of Education, Theologie, 🖥 kallwellis@uni-wuppertal.de

* Kaltenborn, Helmut, Moringen, 🖥 offka@t-online.de

* Kalugin, Annemarie, Dipl.-Phys., Callenberg, 💻 annemarie.kalugin@bibliothek.tu-chemnitz.de

* Kaminsky, Uta, Dipl.-Bibl., Berlin, Zuse-Institute, 22.05.1959, 💻 kaminsky@zib.de

* Kamolz, Sara, Leipzig

* Kamp, Norbert, Dr. phil., Düsseldorf, Stadtbüchereien, Leiter, 12.12.1959, Oberhausen, stud. Germ., Gesch., Staatsex. 85, Prom. 88, BRef. Essen StB 88, Köln FHBD 89, Fachpr. 90, Wiss. Mitarb. Landkreistag NW, Düsseldorf StBü 91, Witten-Herdecke UB 91, BR z. A. u. Dir. Düsseldorf StBü 91, BR 92, OBR 93, BDir. 95, Ltd. BDir. 98, ☎ (0211) 89-93541, 💻 norbert.kamp@duesseldorf.de

Kamzelak, Roland S., Prof. Dr., Marbach am Neckar, Deutsches Literaturarchiv Marbach (DLA), Wiss. Mitarb., Leiter Entwicklung, Stellv. Direktor, Fachref. f. Editionen und Digital Humanities, 23.10.1961, Subiaco (Australien), stud. Dt., Engl., Staatsex. 94, Prom. 04, ☎ (07144) 848-111, 💻 roland.kamzelak@dla-marbach.de

* Kandler, Susanne, Freiberg/Sachs., Universitätsbibliothek „Georgius Agricola" der TU Bergakademie, 26.09.1975, 💻 susanne.kandler@ub.tu-freiberg.de

* Kandolf, Ulrich, Dipl.-Staatswiss. (Univ.), M.A. (LIS), Hannover, Stadtbibliothek, Wissenschaftliche Sachbearbeitung, 18.07.1966, Rotenburg (Wümme), stud. Staats- und Sozialwiss., Dipl. 95, Master of Arts (Library and Information Science) 03, Wiss. Ang. Hannover NLB 04, Bereichsleiter Benutzungsdienste (OE 41.9) 13, Wiss. Sachbearbeitung 21, 💻 ulrich.kandolf@hannover-stadt.de

* Kant, Mirjam, Dr., Halle (Saale), Universitäts- und Landesbibliothek Sachsen-Anhalt, Fachref. f. Biologie, Biochemie, Pharmazie

Kappes, Viktoria, Berlin, Bibliothek des Julius Kühn-Instituts, Bundesforschungsinstitut für Kulturpflanzen, 10.09.1986, ☎ (030) 8304-2114, 💻 viktoria.kappes@julius-kuehn.de

Karg, Helga, Frankfurt am Main, Deutsche Nationalbibliothek (Leipzig, Frankfurt a. M.), Fachref. f. Rechtswiss., stud. Rechtswiss., 1. Staatsex. 87, 2. Staatsex. 90, ☎ (069) 1525-1530, 💻 h.karg@dnb.de

Karkossa, Jörg, Dipl.-Bibl., Bonn, Bibliothek des Bundesministeriums für Bildung und Forschung (BMBF), Leiter, ☎ (0228) 9957-2361, 💻 joerg.karkossa@bmbf.bund.de

* Karpp, Gerhard, Dr., Leipzig, BDir. i. R., 03.11.1937, Bonn, im BDienst 74-02, ☎ (034298) 68238, 💻 karpp.gerhard@gmx.de

* Karsten, Adienne, M.A., M.A. (LIS), Münster, LWL-Archäologie für Westfalen, Bibliotheksleitung, 13.12.1982, Detmold, stud. Allgemeine und Vergleichende Literaturwiss., Buchwiss., Französische Philologie, M.A. 07, Johannes Gutenberg-Universität Mainz; Bibliotheks- und Informationswiss. M.A. (LIS) 20, TH Köln; Berufstätigkeit: Lektorin/Redakteurin in div. Verlagen 07 bis 17, Bibliothek 17-

* Kasperek, Gerwin, Dr. rer. nat., Frankfurt am Main, Universitätsbibliothek Johann Christian Senckenberg, Wiss. Mitarb., Sammlung Biologie, FID Biodiversitätsforsch., 22.02.1965, Frankfurt a. M., stud. Biologie, Geographie, Dipl. 93, Prom. 97, stud. B u. Informationswiss., M.A. (LIS) 07, ☎ (069) 798 39365, 💻 g.kasperek@ub.uni-frankfurt.de

* Kasperowski, Ira, Dr. phil., Gießen, Universitätsbibliothek, Leiterin d. Betriebsabt., Stellv. d. Dir., Fachref. f. Roman., 18.01.1962, Heiligenhafen, stud. Neuere Dt. Lit.wiss., Ältere Dt. Lit.-wiss./Dt. Sprachwiss., Roman., M.A. 88, Prom. 91, BRef. Landesbüchereistelle Flensburg 92, Frankfurt a. M. BSchule 93, Fachpr. 94, Gießen UB 95, BR z. A. 97, BR 98, BOR 01, BDir. 03, ☎ (0641) 99140-02, 💻 ira.kasperowski@bibsys.uni-giessen.de, direktion@bibsys.uni-giessen.de

* Kasprzik, Anna, Dr. rer. nat., Hamburg, Deutsche Zentralbibliothek für Wirtschaftswissenschaften - Leibniz Informationszentrum Wirtschaft (ZBW), Wiss. Mitarbeiterin, 11.02.1982, Tübingen, stud. Computerlinguistik, Informatik, Psychologie, Prom. im Bereich der Theoretischen Informatik, Laufbahnbefähigung für die vierte Qualifikationsebene, ☎ (040) 42834-425, 🖥 anna.kasprzik@gmx.de

* Kastelianou, Zoi, Hamm

* Kathke, Cindy, Dipl.-Ing. agr., Wiesbaden, Hochschul- und Landesbibliothek RheinMain, Elektronische Informationsdienste, Fachref. f. Naturwiss., 22.05.1986, Leipzig, stud. Agrarwiss. 05-11 / Dipl.-Ing. agr., BRef. 11-13 / M.A. (LIS), BR 13, ☎ (0611) 9495-1810, 🖥 cindy.kathke@hs-rm.de

* Katzenberger-Schmelcher, Ruth, Dr., Eichstätt, Universitätsbibliothek Eichstätt-Ingolstadt, Leiterin der Zweigbibliothek Wirtschaftswiss. Ingolstadt, stellvertretende Leitung Abteilung Bestandsentwicklung, Ausbildungsleitung, Fachref. f. Wirtschaftswissenschachaften, Recht und Mathematik, 12.04.1984, stud. Rechtswiss., 1. Staatsex. 08, wiss. Mit. Univ. Augsburg 08-09, BRef. Passau UB 09-10, München Bayer. BSchule 10-11, BR UB Passau 11, Prom. 13, Bibliotheksoberrätin UB Eichstätt-Ingolstadt 14, ☎ (0841) 937-21806, 🖥 ruth.katzenberger@ku.de

Kauer, Uta, Brühl, Bibliothek der Hochschule des Bundes für öffentliche Verwaltung

* Kaufmann, Andrea, Ahrensfelde, Stud. BWiss., Berlin HU, Inst. f. B und Informationswiss., 20.12.1971, 🖥 kaufmann12205@yahoo.de

* Kees, Thomas, M.A., Saarbrücken, Saarländische Universitäts- und Landesbibliothek, Leiter der Abt. Techn. Dienste (IT, Reprostelle, Buchbinderei), 26.03.1965, Trier, stud. Osteurop. Geschichte, Politikwiss., Neuere Dt. Lit.-Wiss., M.A. 94, Wiss. Mitarb. Hist. Inst. d. Univ. Saarl., BRef. UuLB u. München BSchule 02-04, Fachpr. 04, BAssess. UuLB 04, BR 06, BOR 08, BDir. 11, ☎ (0681) 302-58031, 🖥 t.kees@sulb.uni-saarland.de

* Keidel, Petra, Mag. art., Wildau, Bibliothek der Technischen Hochschule, Wiss. Bibliothekarin, Stellv. Leiterin, Management elektronische Ressourcen, 23.03.1969, Berlin, 🖥 keidel@th-wildau.de

* Keilholz, Constanze, Bonn, Kunsthistorisches Institut der Universität, Bibliotheksleitung

* Keller, Andreas, Dipl.-Verw.wirt (FH), Dipl.-Verw.wiss., Konstanz, Bibliotheksservice-Zentrum Baden-Württemberg (BSZ), Ausb. zum gehob. nichttechn. Verw.-D, Staatspr. (Diplom) 86, in der öffentl. Verwaltung -90, stud. Verw.-Wiss. Dipl. 95, BSchule Frankfurt a. M. 96-97, BRef. Konstanz UB, BR Konstanz BSZ 97, OBR 03, ☎ (07531) 88-4175, 🖥 andreas.keller@bsz-bw.de

Keller-Loibl, Kerstin, Prof. Dr. phil., Leipzig, Hochschule für Technik, Wirtschaft und Kultur (HTWK), Professorin, Fak. Informatik u. Medien, Module: Deutschspr. Gegenwartsliteratur, Vermittlung v. Lese- u. Informationskompetenz, Bibl.-Arbeit m. Kindern u. Jugendlichen, Bibliothekspädagogik, 29.08.1964, Reichenbach/V., stud. Germanistik, Geschichte, Pädagogik, Dipl.-Lehrerin 88, Prom. Literaturwiss. 95, Doz. Univ. Leipzig, Geschäftsf. Literaturrat, StadtB Leipzig, Haus des Buches, Prof. HTWK 00, ☎ (0341) 3076-5432, 🖥 kerstin.keller-loibl@htwk-leipzig.de

* Kellermann, Mechthild, Dr. phil., Tübingen, 07.08.1935, im BDienst 75-00

* Kellersohn, Antje, Dr. rer. nat., Freiburg im Breisgau, Universitätsbibliothek, Direktorin, 27.07.1966, Marburg a.d. Lahn, stud. Chemie, Diplom 90, Prom. 94, BRef. Heidelberg UB 93 Frankfurt a. M. BSchule 94, Fachpr. 95, BR z. A. FHB Münster (BB. Steinfurt) 95, BR 97, FHB Bielefeld 98, OBR 99, BDir. 05, UB Freiburg Ltd. BDir. 08, ☎ (0761) 203-3900, 🖥 kellersohn@ub.uni-freiburg.de

* Kelly, William Ashford, Dr. phil., M.A., FCILIP, Peebles (Vereinigtes Königreich), 03.01.1943, Glasgow, stud. Klass. Philol., Geogr., Archäol., M.A. 65, A.L.A. 68, M.A. (by thesis) 75, F.L.A. 83, Ph.D. 92, Glasgow UB 65, Leeds 68, National Library of Scotland 70, ☎ (0044-01721) 722 482

Kemner-Heek, Kirstin, Göttingen, Verbundzentrale (VZG) des Gemeinsamen Bibliotheksverbundes, Wiss. Ang., Abteilungsleitung Bibliotheksmanagementsysteme, 04.05.1970, Hannover, Dipl.-Bibl. 93, M.A. (LIS) 12, ☎ (0551) 39-30201, 🖥 kirstin.kemner@gbv.de

* Kempf, Andreas Oskar, Dr. phil., M.A. (LIS), Hamburg, Deutsche Zentralbibliothek für Wirtschaftswissenschaften - Leibniz Informationszentrum Wirtschaft (ZBW), Wiss. Mitarbeiter, Taxonomie- und Thesaurus-Management, 27.12.1979, Fulda, stud. Kulturwiss., B.A. 04, M.A. 06, Wiss. Hilfskraft Frankfurt (Oder) 06-07, Lehrbeauftr., Wiss. Hilfskraft Frankfurt a. M. 08-11, Prom. Soziologie 11, HU Berlin M.A. (LIS) 11, Wiss. Mitarbeiter GESIS Köln 11-15, ☎ (040) 42834-459, 🖥 a.kempf@zbw.eu

* Kende, Jiri, Dipl.-Volksw., Berlin, 11.08.1951, Prag, stud. Volksw., Diplom 79, BRef. Berlin UB d. FU 82, Köln FHBD 83, Fachpr. 84, Wiss. Ang. Berlin UB d. FU 84, Leiter Mannheim B d. Fak. f. Volksw. u. Stat. d. Univ. 84, BAssess. Berlin UB d. FU 85, BR 87, BOR 89, BDir. 05, Ltd. BDir. 13, Ruhestand 18, ☎ (030) 3238373, 🖥 Jiri.Kende@fu-berlin.de

* Kenter, Jan, Bonn, Universitäts- und Landesbibliothek, Dezernatsleitung „Forschungsnahe Dienste"

* Kern, Laurenz, Berlin, Staatsbibliothek zu Berlin - Preußischer Kulturbesitz

* Kernchen, Hans-Jürgen, M.A., Magdeburg, BOR a.D., 21.06.1937, Berlin, im BDienst 68-01

* Kersting, Uwe, Dr. rer. nat., Dipl.-Biol., Lemgo, BDir. a.D., 30.09.1950, Osnabrück, 🖥 ukerst@t-online.de

* Kersting-Meuleman, Ann Barbara, Dr. phil., Frankfurt am Main, Universitätsbibliothek Johann Christian Senckenberg, Leiterin d. Spezialslg. Musik und Theater, Fachref. f. Musik, Film u. Theater, 21.06.1958, Höxter, stud. Musikwiss., Romanistik, Kath. Theologie, Prom. 86, Wiss. Hilfskr. Köln Dt. Sport-HS 87, BRef. Marburg UB 87, Frankfurt a. M. BSchule 88, Fachpr. 89, Wiss. Ang. Marburg UB 89, BR z. A. Bremen SuUB 90, Frankfurt a. M. StuUB 91, BR 92, BOR 95 - Doz. (NA) a. d. BSchule Frankfurt a. M. 96-03, Präs. der IAML Deutschland 18-, ☎ (069) 79 83 92 45, 🖥 a.b.kersting-meuleman@ub.uni-frankfurt.de

* Kesper, Carl Erich, Assess. jur., Bonn, Universitäts- und Landesbibliothek, Leiter d. B d. Juristischen Seminars, Fachref. f. Rechtswiss., 29.12.1962, Leer/Ostfriesland, stud. Rechtswiss., 1 Staatsex. 91, 2. Staatsex. 96, BRef. Hannover NLB 97, Köln FH 98, Fachpr. 99, Wiss. Ang. Bonn 99, ☎ (0228) 73-9144, 🖥 ckesper@jura.uni-bonn.de, kesper@ulb.uni-bonn.de

* Kessen, Kathrin, M.A., M.A. (LIS), Düsseldorf, Universitäts- und Landesbibliothek, Leitende Direktorin, 10.08.1974, Walsrode, stud. Anglistik, Germanistik, Vgl. Literaturwiss., M.A. 03, Wiss. Hilfskr. Univ. Köln 03-04, B.Prakt. ULB Düsseldorf 04-05, M.LIS FH Köln 05-07, Wiss. Ang. ULB Düsseldorf 05, BR z.A. 09, Leiterin des Dezernates Medienbearbeitung u. Digitale Dienste 08-10, Leiterin des Dezernates Digitale Dienste 10-14, Programmdirektorin DFG 14-19; Ltd. Direktorin ULB Düsseldorf 19-, ☎ (0211) 12030, 🖥 Kathrin.Kessen@ulb.hhu.de

* Keßler, Nadine, M.A., Freiburg im Breisgau, Universitätsbibliothek, Stellv. Leiterin Dezernat Medienbearbeitung, Fachref. f. Slavistik, Osteuropäische Geschichte, stud. Slavistik, Osteuropäische Geschichte, wiss. Mitarbeiterin Uni Jena 08-11, BRef. UB Freiburg/ BAB München 11-13, Fachref. UB Passau 13-16; UB Freiburg 16-, ☎ (0761) 2033974, 🖥 nadine.kessler@ub.uni-freiburg.de

* Keßling, Anette, Dipl.-Bibl., Hamburg, Staats- und Universitätsbibliothek Hamburg Carl von Ossietzky, Leiterin der TB Anglistik/Amerikanistik, 15.07.1965, ☎ (040) 42838-4862, 🖥 anette.kessling@uni-hamburg.de

* Kibler, Simone, Dr., Braunschweig, Universitätsbibliothek, Abteilungsleiterin Benutzung, Fachref. f. Erziehungswissenschaft, Psychologie, ⌨ s.kibler@tu-braunschweig.de

* Kieselstein, Jana, Dr., Augsburg, Universitätsbibliothek, Leitung Medienbearbeitung; stellv. Leitung TB Sozialwiss., Fachref. f. Recht, stud. Rechtswiss. 1. Staatsex. 01, 2. Staatsex. 04, wiss. Ass. Univ. Passau 04-07, Prom 08, BRef. UB Augsburg 07-09, UB Augsburg 09, ☎ (0821) 598-4370, ⌨ jana.kieselstein@bibliothek.uni-augsburg.de

* Kieser, Harro, Bad Homburg v. d. Höhe, BOR i.R., 05.03.1939, Riesa, im BDienst 66-03, ☎ (06172) 451790

* Kijas, Sylvia Maria, M.A., M.A. (LIS), Detmold, 15.01.1971, Gleiwitz, stud. Sozialpsychologie und Religionswissenschaft, Magister 03, Bibliotheks- und Informationswiss., Master LIS 06, Praxisteil MLIS: 04/05 in der Lippischen LB Detmold, Fachref. im Medienforum des Bistums Essen 08-15, ⌨ sylviamariakijas@yahoo.de

* Kilian-Schnatterer, Hendrikje, Dr. phil., M.A., Gärtringen, OBR, 05.07.1957, Kassel, im BDienst 1988-2020

* Kim, Timotheus Chang Whae, Tübingen, Universitätsbibliothek, 26.08.1981, ⌨ timotheus.kim@uni-tuebingen.de

* Kindler, Kirsten, Köln, Universität zu Köln, Fachbibliothek ausländisches und internationales Strafrecht

  Kindler, Ute, Dipl.-Bibl. (FH), Wismar, Hochschulbibliothek, Leiterin, ☎ (03841) 753-7351, ⌨ ute.kindler@hs-wismar.de

* Kirsch, Christian, Dortmund, Universitätsbibliothek, Gedruckte Medien und Normdaten, Leitung, 02.08.1966, Münster, Köln FHBD 86-89: Ausbildung zum Dipl.-Bibl. (FH), seit 1989 UB Dortmund, ⌨ christian.kirsch@tu-dortmund.de

* Kirsch, Mona, Dr., Göttingen, Niedersächsische Staats- und Universitätsbibliothek

* Kirschberger, Timo, Dr., Kassel, Bereichsbibliothek Landesbibliothek und Murhardsche Bibliothek der Stadt Kassel, Wiss. Mitarbeiter, Fachref. f. Theologie, Religionswissenschaft, Kunstgeschichte, 07.12.1981, Kassel, stud. Mittlere und Neuere Geschichte und Englische Philologie in Göttingen und Reading (UK), Magister 02-09. Prom. 13 in Mittlerer und Neuerer Geschichte in Göttingen, ⌨ timokirschberger@gmail.com

  Kissling, Ute, Dipl.-Bibl., Ansbach, Staatliche Bibliothek (Schlossbibliothek), Leitung, 02.11.1958, Frankfurt/M., ☎ (0981) 95385-12, ⌨ kissling@schlossbibliothek-ansbach.de

* Klaes, Christiane, Braunschweig, Universitätsbibliothek, Teamleiterin Metadaten

* Klages, Dieter, Dr. rer. nat., Dipl.-Phys., Bremen, Staats- und Universitätsbibliothek, Wiss. Mitarb., Ausbildungsleiter höherer und gehobener Dienst, Fachref. f. Mathematik, Physik, Biologie, Medizin, Agrarwiss., 10.03.1960, Stadtoldendorf, stud. Physik, Meteorol., Diplom 86, Zivil-D. 87, Wiss. Mitarb. Hannover Inst. f. Plasmaphysik 88, stud. BWL 88, Prom. 93 mit Nebenfach BWL, Fortb. Referent f. Projektmanagement 94, wiss. Mitarb. Hannover Inst. f. Verkehrswesen, Eisenbahnbau u. -betrieb 95, BRef. Hannover UB/TIB 96, Köln FHBD 97, Fachpr. 98, Wiss. Mitarb. Bremen SuUB 98, Ref. f. betr. Steuer. 02, Ausbildungsleiter f. d. Höheren Dienst 10, ☎ (0421) 218-59552, ⌨ klages@suub.uni-bremen.de

* Klapp-Lehrmann, Astrid, Stuttgart, BAssess., 28.10.1957, Marburg/Lahn, stud. Italien., Franz., Latein, Staatsex. 83, Erweit.-Prüf. Latein 83, Wiss. Mitarb. Saarbrücken Roman. Inst. d. Univ. 83, BRef. Saarbrücken UB 84, Köln FHBD 85, Fachpr. 86 - Bearb. d. Bibliogr. d. franz. Lit.-Wiss., ☎ (0711) 47 48 48, 💻 bib.klapp@web.de, a.klapp-lehrmann@t-online.de

    Klauser, Hella, M.A., Dipl.-Bibl., Berlin, Bundesgeschäftsstelle des Deutschen Bibliotheksverbands e.V. / Kompetenznetzwerk für Bibliotheken, Wiss. Ang., Internationale Kooperation, seit 2005 zuständig für den Arbeitsbereich internationale Kooperation im Kompetenznetzwerk für Bibliotheken (knb) im Deutschen Bibliotheksverband in Berlin. Bereichsleiterin ‚Bibliotheken' in der Zentrale des Goethe-Instituts in München Zwischen 13-16; Leitung der Bibliotheken der Goethe-Institute in Tokyo und Paris 91-03., ☎ (030) 644 989 916, 💻 klauser@bibliotheksverband.de

* Klauß, Henning, Dr. rer. pol., Frankfurt (Oder), Universitätsbibliothek der Europa-Universität Viadrina, Stellv. Dir. UB, Fachref. f. Wirtschaftswiss., Mathematik, Informatik, Medizin, Technik, Naturwiss., 08.02.1960, Uelzen, stud. Chemie, Sozialwiss., Diplom 85, Prom. 89, Wiss. Ang. Oldenburg Univ. 87, Wiss. Ang. Oldenburg LB 90, BRef. Bielefeld UB 91 u. Köln StB 92, Köln FHBD 92, Fachpr. 93, Wiss. Ang. Frankfurt (O.) UB 93, Stellv. Dir. UB 02, ☎ (0335) 5534-3397, 💻 klauss@europa-uni.de

* Kleffel, Christina, Dipl.-Ing., Weimar, Universitätsbibliothek der Bauhaus-Universität, 07.02.1970, 💻 christina.kleffel@uni-weimar.de

* Klein, Annette, Dr. phil., Mannheim, Universitätsbibliothek, Stellv. BDir., Abtltg. Medienbearbeitung, 05.04.1971, Dillingen (Saar), stud. Romanistik, Philologie, Philosophie, M.A. 97, Prom. 03, Wiss. Ang. ULB Düsseldorf 03, UB Mannheim 04, BR 08, BOR 11, BDir. 12, ☎ (0621) 181-2975, 💻 annette.klein@bib.uni-mannheim.de

* Klein, Diana, Dr. rer. nat., Würzburg, Universitätsbibliothek, Fachref. f. Medizin und Chemie, 24.09.1968, Ulm, stud. Biologie, Diplom 95, Prom. 99, BRef. Düsseldorf ULB 98, Köln FH 99, Fachpr. 00, Jülich ZB d. Forsch.-Zentr. 00, Würzburg UB, BR z. A. 02, BR 05, BOR 09, ☎ (0931) 31-85910, 💻 diana.klein@bibliothek.uni-wuerzburg.de

* Klein, Elisabeth, Mannheim, 20.11.1979, Trier, stud. Germanistik, Linguistik, Allg. Linguistik, Philosophie Univ. Mannheim, Promovendin im Fach Germanistische Linguistik, ☎ (06131) 39-23917, 💻 e.klein@ub.uni-mainz.de

* Klein, Johannes, Dr. phil., Tübingen, Universitätsbibliothek, Brechtbau-Bibliothek der Philosophischen Fakultät der Universität Tübingen, Leiter Brechtbau-Bibliothek (Neuphilologie - Medienwissenschaft - Rhetorik), Ausbildungsleiter Universitätsbibliothek, Fachref. f. Romanistik, Digital Humanities, 15.05.1988, Simbach am Inn, stud. Romanistik, Sozialwissenschaften, Digital Humanities, ☎ (07071) 2974325, 💻 johannes.klein@uni-tuebingen.de

* Klein, Kerstin, Köln, Bibliothek der Technischen Hochschule

    Klein, Maria, Mannheim, Hochschulbibliothek, Bibliotheksleitung, 31.07.1959, Dossenheim, ☎ (0621) 292-6141, 💻 m.klein@hs-mannheim.de

* Klein-Onnen, Dorothea, Neustrelitz, Kulturquartier Mecklenburg-Strelitz, 23.03.1976

* Kleiner, Eike, M.Sc., Dipl.-Bibl. (FH), Konstanz, Kommunikations-, Informations-, Medienzentrum (KIM) der Universität, Fachreferent, Fachref. f. Informatik, Physik, Mathematik, stud. Bibliotheks- und Medienmanagement (HdM Stuttgart, abgeschlossen 2007), Museen Würth, Bibliotheksservice-Zentrum Baden-Württemberg, Studium Information Engineering (Universität Konstanz, abgeschlossen 2013), Universität Konstanz, Zürcher Hochschule für angewandte Wissenschaften, ☎ (07531) 88-4361, 💻 eike.kleiner@uni-konstanz.de

* Kling, Frauke, Düsseldorf, Universitäts- und Landesbibliothek

* Klingenberg, Andreas, Dipl.-Inf.wirt (FH), Detmold, Bibliothek der Hochschule für Musik, Leiter der Bibliothek, 11.02.1978, stud. Informationsmanagement, Dipl. 05, Bibliothek der Hochschule Ostwestfalen-Lippe 05-12, Bibliothek der Hochschule für Musik Detmold (Leiter) seit 2012, ☎ (05231) 975-725, 🖥 andreas.klingenberg@hfm-detmold.de

* Klinkow, Michaela, M.A., Dipl.-Bibl., Oldenburg, Landesbibliothek, Leiterin d. Abt. Benutzung und Vermittlung, Beauftr. f. Kultur- und Öffentlichkeitsarbeit, Ausbildungsleiterin, 25.01.1967, Braunschweig, stud. Bibliothekswesen, Diplom 90, Dipl.-Bibl. Hannover LB 92-93, stud. Angl., Germ., M.A. 95, BRef. Bonn ULB 96, Köln FH 97, Fachpr. 98, Hannover LB 98-00, BR z. A. Oldenburg LB 00, BR 01, BOR 20, ☎ (0441) 505018-80, 🖥 klinkow@lb-oldenburg.de

* Klöpfel, Tanja, Dipl.-Bibl., M.A., Trier, Universitätsbibliothek, Leitung Bereich Informationskompetenz, stellv. Benutzungsleiterin, stellv. Leiterin d. Einbandst. u. Bestandserhaltung, Fachref. f. Geschichte, Kunstgeschichte und Papyrologie, 08.07.1974, Bad Hersfeld, Ausb. Bankkauffrau 96, stud. Neuere Geschichte, Neuere dt. Literaturwiss., Archäologie d. Mittelalters u. d. Neuzeit, M.A. 01, Ausb. Bibl. UB-LMB Kassel u. FH f. Bwesen Frankfurt/M., Dipl. 02, Angest. UB-LMB Kassel 02-04, BRef Konstanz UB u. Bayer. BSchule München 04-06, BR Trier UB 06, BOR Trier UB 13, ☎ (0651) 201-2459, 🖥 kloepfel@uni-trier.de

* Klötgen, Stephanie, Dr. rer. nat., Münster, Universitäts- und Landesbibliothek, Leiterin des Dezernats Digitale Dienste, 05.11.1968, Borken/Westf., stud. Chemie, Dipl. 93, Prom. 97, Postdok. Frankreich 97-98, BRef. Münster ULB 99, Köln FH 00, Fachpr. 01, BAssess. Oldenburg BIS 01, BR z. A. Münster ULB 02, BR 03, OBR 06, VDir 17, ☎ (0251) 83-25528, 🖥 stephanie.kloetgen@uni-muenster.de

* Kloock, Katharina, Köln, Universitäts- und Stadtbibliothek, Abteilungen für Nordamerikanische und Iberische und Lateinamerikanische Geschichte, 21.11.1970, 🖥 kkloock@uni-koeln.de

* Kloppenborg, Peter-Paul, M.A., Hannover, Gottfried Wilhelm Leibniz Bibliothek - Niedersächsische Landesbibliothek, Referendar, Fachref. f. Sozialwiss., Politologie, Wirtschaftswiss., 07.09.1990, Berlin, 🖥 peter-paul.kloppenborg@gwlb.de

* Klosterberg, Britta, Dr. phil., Halle (Saale), Bibliothek der Franckeschen Stiftungen, Leiterin, 24.09.1960, Düsseldorf, stud. Geschichte, Germanistik, Staatsex. 86/87, Prom. 93, BRef. Hannover LB 93, Köln FHBD 94, Fachpr. 95, Wiss. Ang. Köln FHB 95, Halle/S. B d. Franckeschen Stiftungen 97, Leiterin d. Studienzentrums August Hermann-Franke 03, ☎ (0345) 2127-412, 🖥 klosterberg@francke-halle.de

* Klotz-Berendes, Bruno, Dr., Münster, Fachhochschulbibliothek, Leiter, 19.12.1965, Stolberg/Rhld., stud. Chemie, Dipl. 91, Prom. 95, Wiss. Ang. Inst. WWU Münster 91-94, Postdok.-Stip. Hüls AG 95-96, BRef. Dortmund UB 96, Köln FHBD 98, Fachpr. 98, Wiss. Ang. Dortmund UB 98, BR 00, Münster FHB 03, OBR 03, BDir. 05, ☎ (0251) 8364850, 🖥 klotz-berendes@fh-muenster.de

* Klotzbücher, Alois, Dr. phil., Dortmund, Ltd. BDir. a.D., 06.06.1930, Tübingen, im BDienst 65-86, ☎ (0231) 751189, 🖥 alois.klotzbuecher@t-online.de

* Klug, Nicole, M.A., München, Bayerische Staatsbibliothek

  Kluge, Annemarie, Duisburg, Bibliothek des Landesarchivs Nordrhein-Westfalen, Abt. Rheinland, 20.12.1969, Oberhausen, ☎ (0203) 98721-224, 🖥 annemarie.kluge@lav.nrw.de

* Knaf, Karin, Assess. jur., München, Bayerische Staatsbibliothek, Abt.-Leitung Wiss. BWesen, seit, 01.07.1015 Leitung Justiziariat, stud. Rechtswiss., 1. Staatsex. 92, 2. Staatsex. 94, RAin, BRef. Regensburg UB 98, München Bayer. BSchule 99, München BSB 00, ☎ (089) 28638-2411, 🖥 karin.knaf@bsb-muenchen.de

* Knaus, Thomas Eberhard, Osnabrück, Vortragender Legationsrat i.R., 26.12.1948, Düsseldorf, stud. Rechtswiss., Klass. Archäol., Alte Gesch., Kunstgesch., Staatsex. 74, BRef. Freiburg UB 79, Köln BLI 80, Fachpr. 81, B-Referent Hamburg Behörde f. Wiss. u. Forsch. 82, BAssess. Osnabrück UB 85, BR 86, OBR 87, Bonn Ausw. Amt 92, Leg. R. I. Kl. 92, Vortr. Leg.R. 93, Berlin Ausw. Amt, Berlin Dt. Archäol. Inst. 01, Reg.Dir. 01, Berlin Ausw. Amt 05, Vortr. Leg. R., ✉ knaus.th@gmail.com

* Knepper, Marko, Dipl.-Phys., Mainz, Universitätsbibliothek, Stellv. Dir., Leiter der Abt. Digitale Bibliotheksdienste, 18.03.1966, Recklinghausen, stud. Physik, Informatik, Dipl. 93, Berlin MBI 93, Berlin TU 95, Wiesbaden LB 00, Frankfurt UB 09, Mainz UB 16, ☎ (06131) 39-32895, ✉ m.knepper@ub.uni-mainz.de

* Knobelsdorf, Andreas, Hamburg, Zentralbibliothek Recht, Fachref. f. Rechtswiss., 16.06.1962, Minden/Westf., stud. Rechtswiss., 1. Staatsex. 95, Fernst. Bibliothekswiss., Wiss. Bibl. 01, ☎ (040) 42838-3573, ✉ andreas.knobelsdorf@uni-hamburg.de

* Knoch, Stefan, Dr., Bamberg, Staatsbibliothek, Stellvertreter der Bibliotheksdirektorin, 07.10.1974, ☎ (0951) 95 503-114, ✉ stefan.knoch@staatsbibliothek-bamberg.de

* Knoche, Franka, Dipl.-Ing., Kaiserslautern, Universitätsbibliothek, Fachref. f. Architektur, Raum- und Umweltplanung, Bauingenieurwesen, ☎ (0631) 205 2915, ✉ knoche@ub.uni-kl.de

* Knoche, Michael, Dr. phil., Weimar, 26.04.1951, Werdohl/Westf., Direktor a.D., Weimar Herzogin Anna Amalia B, im BDienst 1978-2016, ☎ (03643) 4 576 616, ✉ michael.knoche@hotmail.de

* Knödler-Kagoshima, Brigitte, Dipl.-Inf., Karlsruhe, Badische Landesbibliothek, Wiss. BiblBesch., Fachref. f. Mathematik, Informatik, Medizin, Technik allg., Maschinenbau, Elektrotechnik, Bauingenieurwesen, Musik, Theater, Tanz, Film, 05.08.1958, Schwäbisch Gmünd, stud. Inform., biomed. Messtechnik, Diplom 84, Wiss. Ang. Karlsruhe Univ. u. Forsch.-Zentrum Inform. d. Univ. 84, Bundesbahnang. Frankfurt a. M. Dt. Bundesbahn 90, Wiss. Ang. Karlsruhe LB 91, ☎ (0721) 175-2264, ✉ knoedler@blb-karlsruhe.de

* Knoop, Christian, Braunschweig, Universitätsbibliothek, Leiter Abteilung Bestandsentwicklung und Metadaten, Fachref. f. Ev. Theologie, Musik, Philosophie, Sport, 07.08.1976, stud. Neuere Geschichte, Politikwiss., Philosophie, Magister 07, BRef. SBB-PK 07, Bayer. BSchule 08, Fachpr. 09, Wiss. Mitarb. Bibl. Dt. Museum 09, BR 11, UB Braunschweig 16, BOR 16, ✉ christian.knoop@tu-braunschweig.de

* Knop, Katja, M.A., Chemnitz, Universitätsbibliothek der Technischen Universität, Sacherschließungs-Verantw., Fachref. f. Germanistik, Anglistik, Interkulturelle Kommunikation, Medienwissenschaften, Angewandte Bewegungswissenschaften und Psychologie, 19.01.1965, Überlingen am Bodensee, stud. Anglistik und Germanistik, M.A. 91, BRef. Berlin AGB 92, Berlin StB Spandau 93, Köln FHBD Fachpr. 95, Referentin f. Modellprojekt/Berufsbildung beim Verband d. Filmproduzenten NRW 95-97, GESIS Köln Univ. 97-99, Chemnitz UB 99-, ☎ (0371) 531-31705, ✉ katja.knop@bibliothek.tu-chemnitz.de

* Knops, Sylvia, Dr. phil., M.A., Aachen, stud. Germanistik, polit. Wiss., Philos., M.A. 93, Prom. 98, Angest. Aachen ACCESS e. V. 94-98, Aachen Germ. Inst. d. RWTH 96-97, BRef. Aachen BTH 98, Köln FHBD 99, Fachpr. 00, Lehrkr. Berufskoll. Düsseldorf 01

* Knorn, Barbara, M.A., Bielefeld, Universitätsbibliothek, Leitende Bibliotheksdirektorin, 15.02.1964, Hildesheim, stud. Germanistik, Soziologie, M.A. 93, BAss. UB/TIB Hannover 85-98, BRef. Hannover LB 98, FH Köln 99, NA Lehrkr. 94-98, Bielefeld UB 00, Projektmitarbeiterin, seit 01 Fachref. f. Wirtschaftswiss. und Geografie, seit 04 Dezernentin für Bibliotheksbenutzung, komm. Direktorin in 2013 und 2014, seit 15 ltd. Bibliotheksdirektorin, ☎ (0521) 106-4050, ✉ barbara.knorn@uni-bielefeld.de

* Knudsen, Per, Dipl.-Kaufm., Gönnheim, BDir. i.R., 30.08.1947, Bergen/Norw., im BDienst 1974-2013, ☎ (06322) 987 88 68, ⌨ per.knudsen@absolventum.uni-mannheim.de

* Kobold, Sonja, Dr., Rom (Italien), Bibliotheca Hertziana, Max-Planck-Institut für Kunstgeschichte, Komm. Bibliotheksleiterin, 31.05.1975, ⌨ sonjakobold@web.de

* Koch, Hermann, Aachen, OBR a.D., 30.05.1940, Allenstein/Olsztyn, im BDienst 73-05, ☎ (0241) 161 233, ⌨ hermann.otto.koch@gmail.com

 Koch, Rainer, Dipl.-Bibl. (FH), Bonn, Bundesamt für Naturschutz, Stellv. Referatsleiter, Referat Z 4: Literaturdokumentation / Bibliotheken / Schriftleitung, 01.08.1962, Borken (Hessen), Studium WB FH-Hannover; 1988-89 Bibliothek des Deutschen Bundestages; seit 1989 Bundesamt für Naturschutz, Bonn, ☎ (0228) 8491-1262, ⌨ rainer.koch@bfn.de

* Koch, Simona, Freising, 07.08.1987, ⌨ simona.koch@haw-hamburg.de

* Kocourek, Jana, Dresden, Sächsische Landesbibliothek - Staats- und Universitätsbibliothek, Leitung der Abteilung Handschriften, Alte Drucke und Landeskunde, 25.05.1971, stud. Germanistik (Mediävistik) und Geographie, M.A., stud. Bibliotheks- und Informationswissenschaften M.A. (LIS), ⌨ jana.kocourek@slub-dresden.de

* Kögler, Claudia, M.A., Berlin, Bibliothek des Evangelischen Werkes für Diakonie und Entwicklung, Sachbearbeiterin Archiv/Bibliothek, 06.04.1978, ⌨ bibliothek@ewde.de

* Köhler, Ralph, Halle (Saale), Landesfachstelle für öffentliche Bibliotheken Sachsen-Anhalt, stud. Theologie, Wiss. Bibl. (HU Berlin, 1997), im Vorstand d. DBV-Landesverb. Sachsen-Anhalt 1999-2013, ☎ (0345) 514 35 44, ⌨ ralph.koehler@lvwa.sachsen-anhalt.de

 Köhn, Karen Kristina, Dipl.-Chem., Frankfurt am Main, Deutsche Nationalbibliothek (Leipzig, Frankfurt a. M.), Fachreferentin, Fachref. f. Chemie, Biowissenschaften, Landwirtschaft, Tiermedizin und Medizin, 28.01.1962, Bremen, stud. Chemie, Biochemie, Dipl. 89, ☎ (069) 1525-1537, ⌨ k.koehn@dnb.de

* Kölbl, Bernhard, Dr., Halle (Saale), Bibliothek der Deutschen Akademie der Naturforscher - Nationale Akademie der Wissenschaften

* Koelges, Barbara, Dr. phil., M.A., Dipl.-Bibl., Koblenz, Landesbibliothekszentrum Rheinland-Pfalz / Rheinische Landesbibliothek, Fachreferentin, Ref. für Handschriften u. alte Drucke, Beauftr. d. Geschäftsstelle zur Durchführung d. Landesverordnungen über die Ausbildung u. Prüf. für die bibl. Dienste in Rheinland-Pfalz, Fachref. f. Wirtschaftswiss., Sozialwiss., Geographie, Geologie, Philosophie, 07.05.1964, Oberwesel, stud. Sozialwiss., Neuere Geschichte, Neure dt. Literaturwiss., Dipl. Bibl. Frankfurt a.M. BSchule 86, M.A. 96, Prom. 01, BRef Koblenz LB 02, Frankfurt a.M. BSchule 02, Fachpr. 03, BR Koblenz LB 05, OBR Koblenz LBZ 07, ☎ (0261) 91500-474, ⌨ koelges@lbz-rlp.de

* König, Mareike, Dr. phil., Paris (Frankreich), Bibliothek des Deutschen Historischen Instituts, Leiterin, 24.05.1970, Böblingen, stud. Geschichte, Germanistik, Politik, M.A. 96, Prom. 99, BWiss., MA (LIS) 06, ☎ (00331) 44 54 51 62, ⌨ mkoenig@dhi-paris.fr

* Koeper, Bettina, M.A., Bielefeld, Universitätsbibliothek, Dez. f. Bibliotheksverwaltung, 27.03.1966, Dortmund, stud. Kunstgesch., Roman./Italien. Philol., Klass. Archäol. M.A. 93, BRef. Bonn ULB 94, Köln FH 95, Fachpr. 96, Wiss. Ang. Bielefeld UB 96, BR z. A. 00, BR 01, OBR 07, ☎ (0521) 106-4057, ⌨ bettina.koeper@uni-bielefeld.de

* Köppl, Sebastian, Dr. phil., Gundelsheim, BOR a.D., 08.07.1944, Haag/Kr. Schwandorf, im BDienst 76-08, ☎ (0951) 42180, ⌨ koeppl_sebastian@gmx.de

* Körner, Evelyn, Freiburg im Breisgau, Universitätsbibliothek

* Koglin, Lydia, M.A., M.A. (LIS), Berlin, Universitätsbibliothek der Universität der Künste, Fachreferentin, Fachref. f. Kunst, Architektur, 04.09.1982, Frankfurt a. M., stud. Kunstgeschichte und Kulturanthropologie Magister 02-08, Wiss. Ang. Universität der Künste Berlin (UdK) 08-12, Bibliotheksvolontariat UB Weimar 12-14, M.A. (LIS) 14, Wiss. Mitarb. Uni Weimar 14-15, Wiss. Mitarb. Klassik Stiftung Weimar 15-16, Leiterin Bibliothek Leibniz-Institut für Gewässerökologie und Binnenfischerei Berlin 16--20, Fachreferentin u. Leitung Bestandserhaltung Universität der Künste Berlin (UdK) Berlin 20-, ☏ (030) 31476496, 🖳 lydia.koglin@intra.udk-berlin.de

* Kohl, Ernst, Dr. phil., Bonn, MinR. a.D., Deutscher Bundestag, Parlamentsdokumentation, Leiter, 20.11.1935, Elbing, im BDienst 66-00 - München BSB 66, Dt. Bundestag Wiss. D. 80, ☏ (0178) 9136327

* Kohl-Frey, Oliver, M.A., Konstanz, Kommunikations-, Informations-, Medienzentrum (KIM) der Universität, Stellv. Dir. des KIM, BDir, Leiter der Benutzungsabt., 10.06.1969, Karlsruhe, stud. Volkswirtschaft, Politikwiss., M.A. 97, BRef. Konstanz UB 97, BSchule Frankfurt a. M. 98, Fachpr. 99, Zürich ZB 00, Konstanz UB 01, BR 03, OBR 06, BDir. 08, ☏ (07531) 88-2802, 🖳 oliver.kohl@uni-konstanz.de

* Kolbe, Stephanie, M.A., Erlangen, Universitätsbibliothek Erlangen-Nürnberg, Leitung der Wirtschafts- und Sozialwiss. Zweigbibliothek, Fachref. f. Wirtschaftswiss., 25.02.1982, Schleiz, stud. Anglistik/Amerikanistik, Wirtschaftswiss., Medienwiss., Bibliotheksref. am kiz der Univ. Ulm 09/10, Bayer. BSchule 10/11, UB Erlangen-Nürnberg 11, ☏ (0911) 5302-495, 🖳 stephanie.kolbe@fau.de

* Koller, Elisabeth, Berlin

  Koller-Weil, Andrea, Dipl.-Volksw., Trier, Universitätsbibliothek, Fachreferentin, Fachref. f. Wirtschaftswissenschaften (Fächer BWL und VWL) 04.01.1980, stud. Volkswirtschaftslehre, Diplom 2004, ☏ (0651) 201-2470, 🖳 kollerweil@uni-trier.de

* Komorowski, Manfred, Dr. phil., Bochum, OBR a.D., 23.02.1948, Wattenscheid, im BDienst 74-13, Mitglied der Historischen Kommission für Ost- und Westpreußische Landesforschung, ☏ (02327) 73486, 🖳 manfred.komorowski@gmx.de

* Kondziella, Verena, Dr. phil., München, Universitätsbibliothek der LMU, Ltg. Fachbibliothek Historicum, Fachref. f. Geschichte, 28.04.1973, Essen, stud. Neuere u. Neueste Gesch., wiss. Pol., Öff. Recht, M.A. 97, Prom. 02 BRef. München UB 02-03, Bayr. BSchule München 03-04, Fachprüf. 04, wiss. Ang. Stuttgart WLB 04, BR z.A. München UB 05, BR 07, ☏ (089) 2180-5455, 🖳 verena.kondziella@ub.uni-muenchen.de

* Konopka, Anja, Heidelberg, Universitätsbibliothek, 🖳 anja.konopka@arcor.de

* Kontek, Gabriele Maria, Dipl.-Bibl. (FH), Zittau, Christian-Weise-Bibliothek

* Kopp-Weber, Eva Elisabeth, Dipl.-Soz., Saarbrücken, Saarländische Universitäts- und Landesbibliothek, SSG Psychologie (bis Ende 2014), Mitglied VDB Kommission für Fachreferatsarbeit, Fachref. f. Psychologie, Soziologie, Philosophie, Bildungswissenschaften, Sozialarbeit, 28.03.1974, Saarbrücken, stud. Soziologie, Psychologie, Pädagogik, Dipl. 99, BRef.UuLB Saarbrücken von 00-02, BAssess. UuLB Saarbrücken 03, BR 06, BOR 08, ☏ (0681) 302-2069, 🖳 e.kopp@sulb.uni-saarland.de

* Korb, Nikola, Dr., Siegen, Universitätsbibliothek, Dezernentin IT, Fachref. f. Mathematik, Physik, Chemie, Biologie, Astronomie, Naturwiss. allg., Informatik und Elektrotechnik, 28.09.1970, Leipzig, Diplom-Physik, Chemie, Informatik, Mathematik, BRef., UB Kaiserslautern, BSchule Frankfurt, 99/00, Dt. NationalB Abt. IT Frankfurt 00, Ltg. Koordinierungsstelle Dissonline, BR, Siegen UB 09, BOR Siegen 14, VD 19, ☏ (0271) 740-4265, 🖳 korb@ub.uni-siegen.de

* Korotkaya, Natalia, Neuss, Stadtarchiv

* Korwitz, Ulrich, Leitender Bibl.dir. i.R., ✉ ulrich.korwitz@t-online.de

* Kosche, Rosemarie, Dr., Duisburg, Universitätsbibliothek Duisburg-Essen, Stellv. Dezernentin, Baureferentin, Fachref. f. Geschichte, Theologie, Kommunikationswiss., 16.05.1968, Osnabrück, stud. Mittl. u. Neuere Gesch., Jiddistik, Mittellat., Hist. Hilfswiss., Archivkunde, M.A. 94, Prom., Bonn Haus d. Gesch. 94, wiss. Mitarb. Trier Univ. 95-01, BRef. Oldenburg LB 00-01, Frankfurt a. M. BSchule 02-03, Wiss. Ang. Essen UB 03, Beamtin 10, ☎ (0201) 183 4213, ✉ rosemarie.kosche@uni-due.de

Koschwitz, Martina-Christine, Dipl.-Bibl., Hamburg, Bernhard-Nocht-Institut für Tropenmedizin, Bibliothek, Leiterin, 26.09.1956, Berlin, ☎ (040) 42818-545, ✉ koschwitz@bnitm.de

* Kossack, Simone, Dipl.-Ing., Cottbus, Universitätsbibliothek im IKMZ der Brandenburgischen Technischen Universität Cottbus-Senftenberg, Leiterin Benutzung, Stellvertretende Bibliotheksleiterin, Fachref. f. Architektur, Städtebau und Bauingenieurwesen, Kunst, 30.08.1965, Jessen, ☎ (0355) 69-2369, ✉ simone.kossack@b-tu.de

* Koßmann, Bernhard, Dr. phil., Langen, Leiter i. R., 14.03.1938, Oppeln OS, im BDienst 65-88, Hess. Rundfunk 89-01, ☎ (06103) 71415, ✉ post@bkossmann.de

* Kosuch, Andreas, Dr. phil., M.A. (LIS), Augsburg, Universitätsbibliothek, Leitung Abt. Handschriften, Alte Drucke, Sondersammlungen, Fachref. f. Kommunikationswiss., Philosophie, Sport und Psychologie, 20.06.1974, Coburg, ☎ (0821) 598-5361, ✉ andreas.kosuch@bibliothek.uni-augsburg.de

* Kottmann, Carsten, Dr. phil., Stuttgart, Württembergische Landesbibliothek, Landesbibliographie Baden-Württemberg, 10.04.1976, Waiblingen, Tätigkeiten im Verlag und freiberuflich 06-12; Handschriftenkatalogisierung WLB Stuttgart 12-18; Landesbibliographie Baden-Württemberg, WLB Stuttgart 18, stellvertretende Leitung der Landesbibliographie Baden-Württemberg und Leitung der Publikationsdienste der WLB Stuttgart 20, ☎ (0711) 212-4386, ✉ kottmann@wlb-stuttgart.de

Kowalak, Mario, M.A., M.A. (LIS), Dipl.-Bibl., Berlin, Universitätsbibliothek der Freien Universität, Leiter der Zugangsabteilung (Erwerbung, Erschließung, E-Ressourcen), 23.09.1963, Berlin, stud. Geschichte, Germanistik, Theaterwiss., M.A. 91, Dipl.-Bibl. 94, M.A. (LIS) 05, Berlin UB d. FU 91-, ☎ (030) 838-54227, ✉ kowalak@ub.fu-berlin.de

Kozlik, Andreas, M.A., Dipl.-Bibl., Marbach am Neckar, Bibliothek des Deutschen Literaturarchivs Marbach, Wiss. Mitarb., Leiter der Mediendokumentation, 27.02.1967, Schwäbisch Hall, stud. BWesen, Dipl. 94, stud. Geschichte, Neuere Dt. Literaturwiss., Politikwiss., M.A. 05, Dipl. Bibl., ☎ (07144) 848-360, ✉ andreas.kozlik@dla-marbach.de

* Krähling, Maren, M.A., Karlsruhe, Badische Landesbibliothek, Leitung Teaching Library, Fachref. f. Soziologie, Pädagogik, 18.12.1980, Böblingen, stud. Soziologie, Gender Studies, Neuere Deutsche Literaturgeschichte, M.A. 07, BRef. Konstanz UB 08, München Bayer. BSchule 09, Wiss. Ang. Karlsruhe LB 10, BR Karlsruhe LB 11, OBR Karlsruhe LB 13, ☎ (0721) 175-2262, ✉ maren@kraehling-online.de, kraehling@blb-karlsruhe.de

* Krätzsch, Christine, Dipl.-Soz., M.A. (LIS), Berlin, Universitätsbibliothek der Humboldt-Universität zu Berlin, Referat Erwerbung, 25.12.1976, stud. Soziol., Politikwiss., ☎ (030) 2093-99225, ✉ christine.kraetzsch@ub.hu-berlin.de

* Kramer, Friederike, Berlin, Universitätsbibliothek der Universität der Künste, Stellvertretende Bibliotheksleiterin, Fachref. f. Erziehungswissenschaften, Kommunikation, Theater / Tanz

* Kramer, Stefan, M. Librarianship, Washington, DC (USA), American University Library, Associate Director for Research Data Services, stud. Politologie an der California State University, Fullerton; danach Bibliotheks- & Informationswissenschaft an der University of Washington, Seattle. Seit 2007 tätig im Bereich Forschungsdaten(management), an der Yale University, Cornell University und dem DIW Berlin. Seit 2013 an der American University in Washington, DC., ☏ (001 202) 885 3844, 💻 skramer@american.edu

Kramski, Heinz Werner, Marbach am Neckar, Deutsches Literaturarchiv Marbach, Wiss. Mitarb., Referent Wiss. Datenverarb., 15.10.1960, Lüdenscheid, stud. Germanistik, Geschichte, Pädagogik, Staatsex. 90, ☏ (07144) 848-140, 💻 heinz.werner.kramski@dla-marbach.de

* Kratz, Gottfried, Dr. phil., M.A., Münster, OBR i.R., 30.03.1947, Cramberg, im BDienst 1978-2012, 💻 kratz@mail.ru

* Kratz-Lucas, Karl-Heinz, M.A., Ing. grad., Darmstadt, Ruhestand seit, 01.11.2018, 01.04.1953, Offenbach, Chemielaborantenlehre, stud. Chemieing., Ing. grad. 75, stud. f. d. Lehramt an berufl. Schulen, Staatsex. 79, stud. Germ., Gesch., Päd., M.A. 81, Mitarb. an e. IuD-Projekt 78, BRef. Darmstadt LuHB 82, Frankfurt a. M. BSchule 83, Fachpr. 84, Wiss. Ang. (DFG) Kassel GHB/LB u. Murh. B 84, Wiss. Ang. Eggenstein-Leopoldshafen FIZ Energie, Physik, Math. GmbH 86, BR z. A. Darmstadt LuHB 87, BR 89, BOR 93, BDir. 96 bis Okt. 18

Kratzer, Mathias, Dr. rer. nat., München, Bayerische Staatsbibliothek, Verbundzentrale des BVB, Leiter des Referats Verbundnahe Dienste, 16.12.1972, München, stud. Mathematik (TU München, Diplom 1998), Prom. in Mathematik (Univ. Essen, 2001), Post-Doc Univ. Essen bis Ende 2002, seit 2003 BSB München, ☏ (089) 28638-4797, 💻 kratzer@bsb-muenchen.de

* Krauch, Sabine, Assess. jur., Dipl.-Bibl., Tübingen, Universitätsbibliothek, Stellv. Bibl.Dir., 01.05.1962, Dipl.-Bibl. 84, Tübingen UB 84-93, stud. Rechtswiss., 1. Jur. Staatsex. 98, 2. Jur. Staatsex. 02, Rechtsanw. 02, Wiss. Mitarb. Tübingen Univ. Jurist. Fak. 04-08, Tübingen Leitung Jurist. Fak.B 08, Tübingen UB Stellv. Dir. 19, ☏ (07071) 29-72550, 💻 sabine.krauch@uni-tuebingen.de

* Kraus, Eva, Dr. phil., München, Bayerische Staatsbibliothek, Abt. Karten u. Bilder/STERN-Fotoarchiv, Wiss. Bibliothekarin, 31.08.1976, Wasserburg/Inn, Ausbildung zur Buchhändlerin 98, stud. Angewandte Sprachen, Wirtschafts- u. Kulturraumstudien, Universität Passau, Dipl.-Kulturwirtin 04, Prom. in Geschichte an der Universität Paderborn 12, M.A. (LIS) HU Berlin 19, seit 2010 wiss. Angestellte/Bibliothekarin BSB, ☏ (089) 28638-2274, 💻 eva.kraus@bsb-muenchen.de

* Krause, Evamaria, Dr., Augsburg, Universitätsbibliothek, Fachref. f. Medizin, 💻 evamaria.krause@bibliothek.uni-augsburg.de

* Krause, Falko, M.A., Berlin, BSP Business School Berlin - Hochschule für Management, Leitung Bibliothek, 11.02.1975, Lauffen am Neckar, ☏ (030) 766 837 53 180, 💻 krausefalko@gmail.com

* Krause, Katja, M.A. (LIS), Potsdam-Babelsberg, Filmuniversität Babelsberg KONRAD WOLF, Leitung der Universitätsbibliothek, 25.12.1977, Hanau, ☏ (0331) 6202 410, 💻 k.krause@filmuniversitaet.de

* Krause, Thomas, Dr. jur., Kiel, Fachbibliothek am Juristischen Seminar der Christian-Albrechts-Universität zu Kiel, Bibl. Leitung, 02.09.1956, Bevensen, stud. Rechtswiss., Staatsex. 81, Wiss. Hilfskr. Göttingen Jur. Sem. d. Univ. 81-84, stud. Gesch., Dip Hist Stud 86, Prom. 88, Wiss. Mitarb. Göttingen SUB 87, BRef. Osnabrück UB 88, Hannover StB 88, Köln FHBD 88, Fachpr. 89, BR Trier UB 89, Kiel UB B d. Jur. Sem. 91 , OBR 07, ☏ (0431) 880-3504, 💻 tkrause@ub.uni-kiel.de

* Krauß-Leichert, Ute, Prof. Dr. phil., Dipl.-Soz., Dipl.-Bibl., Bad Oldesloe, HS-Lehrerin i.R., 03.02.1954, Berlin, nw. gD 73, Diplom Stuttgart FHB 75, Mannheim Leiterin B d. Zentralinst. f. Seel. Gesundh. 75-78, stud. Soziol., Politikwiss., Diplom 84, Prom. 89, Mannheim Europa-Inst. d. Univ. 84-87, Barcelona 87-91, Mannheim u. Schwerin Leiterin d. B u. Zentr. Dok.-Stelle d. FH d. Bundes f. öffentl. Verw., FB Arbeitsverw. 91-95, Prof. Hamburg Hochschule für Angewandte Wissenschaften 95-19, Prodekanin 96-98, Vors. d. Komm. Aus- u. Fortbildung d. BIB 97-07, Vors. d. BDB/DGI „Gemeinsames Berufsbild" 96-00, Stellv. KIBA-Vors. 06-14. Leiterin d. Dept. Information, Prodek. d. Fak. Design, Medien u.Information 05-14, ✉ ute.krauss-leichert@haw-hamburg.de

Kreißler, Martine, Dessau-Roßlau, Stadtarchiv Dessau-Roßlau / Anhaltische Landesbücherei (Wissenschaftliche Bibliothek), Leiterin der Wissenschaftlichen Bibliothek der Anhaltischen Landesbücherei, Fachref. f. Regionalliteratur, 30.03.1970, ☏ (0340) 204 2448, ✉ martine.kreissler@dessau-rosslau.de

Kreitmann, Sabine Susanne, Dipl.-Bibl., Stuttgart, Landeskirchliche Zentralbibliothek, Leiterin, ☏ (0711) 2149 254, ✉ sabine.kreitmann@elk-wue.de

* Krekeler, Jutta, M.A., Saarbrücken, Saarländische Universitäts- und Landesbibliothek, Ausbildungsleiterin, Fachref. f. Allg. u. vergl. Sprach- u. Lit.-Wiss., Hochschul-, Buch- und Bibliothekswesen, Kunst, Medien, Musikwiss., sonst. Philologien, Sport und Theater, 31.08.1966, München, Buchhandelslehre, stud. Kunstgeschichte, Geschichte, Germanistik, M.A. 96, Wiss. Hilfskr. Bochum Inst. f. TFFW 97, BREf. Halle UuLB 97, Köln FHBD 98, Fachpr. 99, Köln u. Dortmund Dok. u. Arch. d. WDR 00, BAssess. Saarbrücken UuLB 00, BR 01, BOR 04, ☏ (0681) 302-4645, ✉ j.krekeler@sulb.uni-saarland.de

* Krempe, Christoph, M.A., Berlin, Universitätsbibliothek der Freien Universität, Systemadmin. (DV), 08.05.1964, Erlangen, stud. Philos., Soziol., Religionswiss., M.A. 92, Fortb. Systemprogr. 92-94, wiss. Bibl. 02, Berlin UB d. FU 94-, ☏ (030) 838-54583, ✉ krempe@ub.fu-berlin.de

* Krepke, Jörn, Wuppertal, Universitätsbibliothek, Leiter d. Dez. Haushalt und Interne Dienste, Fachref. f. Mathematik, Physik, 05.06.1964, Berlin, stud. Physik, Diplom 94, BRef. Berlin 95, Köln FH B- u. Informationswesen 96, BRef. SB zu Berlin-PK, Wuppertal UB 98, BR 00, OBR 04, BDir. 05, ☏ (0202) 439-2689, ✉ krepke@bib.uni-wuppertal.de

* Kreß, Berthold, Dr., Augsburg, Staats- und Stadtbibliothek, Stellvertreter des Bibliotheksleiters, 07.02.1977, München, stud. Kunstgeschichte, Lateinische Philologie des Mittelalters und Historische Hilfswissenschaften an der LMU München, Prom. in Kunstgeschichte an der Universität Cambridge, danach research fellowships an Churchill und Corpus Christi College, Cambridge, wiss. Mitarbeiter an der Photothek des Warburg Institute, London 11-17, Volontariat an der UB Erfurt, seit 2020 an der Staats- und Stadtbibliothek Augsburg

* Kretz, Hans-Joachim, Dr. jur. utr., München, MR i.R., 13.06.1944, Simmerberg/Allg., im BDienst 73-09, ☏ (089) 229133, ✉ hans-joachim.kretz@gmx.de

* Kristen, Herbert, Dr. rer. nat., Karlsruhe, BDir. a.D., 15.03.1949, Münchberg, stud. Chemie, Physik, Staatsex. 75, Prom. 78, Wiss. Ang. Freiburg 75, BRef. Hannover UB/TIB 79, Köln BLI 80, Fachpr. 81, BAssess. Karlsruhe UB 81, BR 84, OBR 87, BDir. 90

* Kroehling, Andreas Maximilian, M.A., M.A. (LIS), Potsdam, Universitätsbibliothek, Fachreferent, Fachref. f. Rechts-, Wirtschafts- und Sozialwissenschaften, 10.05.1985, stud. Soziologie, Politikwissenschaften, Volkswirtschaftslehre, M.A. 14, BRef UB Gießen 15-17, SUB Göttingen 18, UB Potsdam 18-, ✉ max.kroehling@googlemail.com

* Krohn, Jacqueline, Saarbrücken, 21.02.1972, ✉ j.krohn@gmx.de

* Kroll, Sabine, Dipl.-Bibl., M.A., MLIS, Bonn, Streitkräfteamt, Fachinformationszentrum der Bundeswehr (FIZBw), Sachgebietsleiterin 1(2) Methodik und Qualitätsmanagement Sacherschließung, 18.08.1969, Essen, Dipl.-Bibl. ÖB (FH) 92, 95-00 Dipl.-Bibl. FES Bonn, stud. Geographie, Psychologie, Soziologie, M.A. 00, Wiss. Mitarb. Bonn Univ. 00-05, 11-12, Köln M.L.I.S. 05, Wiss. Ang. Fachref. Sozial- und Wirtschaftswiss. UB Mainz 06-19, UB Mainz BB ReWi 15-19, SgLtr'in 1(2) FIZBw Bonn 20-, ☎ (0228) 5504-6163, 🖥 sabinekroll@bundeswehr.org

* Kronenberg, Axel, Dipl.-Kaufm. (Univ.), Regensburg, Universitätsbibliothek, Fachreferent, Baubeauftragter der Universitätsbibliothek, Fachref. f. Wirtschaftswiss., Politikwiss., Vgl. Kulturwiss., Geographie, 27.09.1973, Minden/Westf., stud. Betriebswirtschaft, Dipl. 00, Ang. Bielefeld UB 00-01, BRef. Darmstadt LuHB 01-02, Frankfurt a. M. BSchule 02-03, Bassess. 03, Ang. Regensburg UB 03, BR z.A. Regensburg 04, BR 06, BOR 10; Baubeauftr. 18, ☎ (0941) 943-2258, 🖥 axel.kronenberg@bibliothek.uni-regensburg.de

* Krüger, Marion, Heidelberg, Universitätsbibliothek

* Krüll, Nadja, Dr., Berlin, Universitätsbibliothek der Humboldt-Universität zu Berlin, 🖥 nadja.kruell@ub.hu-berlin.de

* Krumeich, Kirsten, Dr. phil., M.A., Dipl.-Bibl., Münster, Diözesanbibliothek, Stellv. Leiterin, Historische Bestände und Sammlungen, Bestandserhaltung, Digitalisierung, Drittmittelprojekte, 25.10.1966, Bochum, stud. FHBD Köln, Dipl. 88, stud. Christl. u. Klass. Arch., M.A. 94, Prom. 00, Wiss. Mitarb. Univ. Tübingen u. Univ. Halle-Wittenberg 01-08, Freie Mitarb. DNB Leipzig 09, Wiss. Mitarb. u. Projektleiterin HAAB Weimar 10-15, stellv. Leiterin DiözesanB Münster 15-, Vorsitzende AK Hist. Bestände NRW u. RLP 20-, ☎ (0251) 495-6381, 🖥 krumeich@bistum-muenster.de

* Krzonkalla, Peter, Dipl.-Ing., Berlin, OBR a.D., 19.05.1937, Gleiwitz, im BDienst 64-00, ☎ (030) 712 7944, 🖥 peter.krzonkalla@freenet.de

* Kubalek, Peter, Mag. Dr. theol., Baden (Österreich), Hofrat, Ltd. BDir. i.R., 26.08.1945, Wien, im BDienst 1972-2009, ☎ (0043-2252) 47562, 🖥 peter@kubalek.at

* Kuberek, Monika, M.A., Berlin, Universitätsbibliothek der Technischen Universität, Leiterin Hauptabteilung Elektronische Dienste, Buchh. 81, stud. Kunstwiss., Germanistik, Politikwiss., M.A. 88, Berlin MPI f. Bildungsforsch. 88-89, BRef. Berlin AGB 89, Köln FHBD 90, Fachpr. 91, Wiss. Ang. Göttingen SUB 91, Wiss. Ang. Berlin DBI 94, Wiss. Ang. Berlin Konrad-Zuse-Zentrum f. Informationstechnik 97, Berlin UB der TU 2010, ☎ (030) 314-76399, 🖥 monika.kuberek@tu-berlin.de

  Kubina, Sylvia, M.A., Berlin, Bundesstiftung zur Aufarbeitung der SED-Diktatur, BLeiterin, 19.09.1961, Berlin, stud. Slaw., Osteurop. Gesch., BWiss., M.A. 91, BRef. Berlin SBB-PK 92, ☎ (030) 319895-302, 🖥 s.kubina@bundesstiftung-aufarbeitung.de

* Kudella, Christoph, Göttingen, Niedersächsische Staats- und Universitätsbibliothek, Historisches Gebäude

* Kudorfer, Dieter, Dr. phil., Passau, BDir. i.R., 11.04.1940, Hutthurm, im BDienst 72-05, ☎ (0851) 7568700, 🖥 spoerer-kudorfer@t-online.de

* Kühn, Friederike, Berlin, Universitätsbibliothek der Freien Universität

* Kühne, Tobias, M.A., Bonn, Bibliothek der Friedrich-Ebert-Stiftung, 🖥 tokuehne@web.de

* Kühner, Janina Theresa, M.A., Wolfenbüttel, Herzog August Bibliothek, Bibliotheksreferendarin

* Küppers, Bernd, Dipl.-Ing., Simpelveld (Niederlande), BDir. a.D., 30.07.1938, Duisburg, im BDienst 63-03, ☎ (0031-45) 544 26 52

Kuhn, Karin L., Dipl.-Bibl., Aschaffenburg, Hofbibliothek, Leitung, ☎ (06021) 44 63 99-12, ✉ k.kuhn@hofbibliothek-ab.de

Kuhn, Karl-Heinz, Dr. phil., Cottbus, Universitätsbibliothek im IKMZ der Brandenburgischen Technischen Universität Cottbus-Senftenberg, Fachref. f. Sprach- u. Literaturwiss., Philosophie, Sozialwiss., Geschichte und Technik, 08.09.1958, Mettlach, stud. Klass. Philol., Romanistik, Päd., Fremdsprachenass. Paris 82-83, Staatsex. 87, Prom. 90, BRef. Trier UB 90, Frankfurt a. M. BSchule 91, Fachpr. 92, ☎ (0355) 69-2368, ✉ kuhn@b-tu.de

* Kuhnert, Dana, Dr., Freiberg/Sachs., Universitätsbibliothek „Georgius Agricola" der TU Bergakademie

* Kullik, Andrea, M.A., Berlin, Universitätsbibliothek der Humboldt-Universität zu Berlin, FID Erziehungswiss. u. Bildungsforschung, Fachref. f. Kunst- und Bildgeschichte, Hochschulwesen, 04.08.1961, Witzenhausen, stud. Kunstgesch., Franz., Gesch., M.A. 91, BRef. SBB-PK 91, Köln FHBD 92, Fachpr. 93, Köln UuStB 94, Wiss. Ang. Mainz UB 98, BR z. A. Berlin UB d. HU 00, BR 01, OBR 02, Paris B d. Dt. Histor. Inst. 04, Berlin UB d. HU 06, ☎ (030) 2093-99310, ✉ andrea.kullik@ub.hu-berlin.de

* Kullmer, Bettina, Dipl.-Biol., Köln, Deutsche Zentralbibliothek für Medizin (ZB MED) - Informationszentrum Lebenswissenschaften, Daten- und Informationskompetenz-Training. Gleichstellungsbeauftragte, 29.12.1959, Frankfurt a. M., stud. Zool., Anatom., Anthropol., Botanik, Inform., Mikrobiol., Pharmakol., Diplom 87, BAng. Frankfurt a. M. Dt. B 87, Wiss. Ang. Göttingen SUB 88-92, BRef. Bonn UB 92, Köln FHBD 93, Fachpr. 94, ZB MED 94, ☎ (0221) 478-98815, ✉ bettina.kullmer@zbmed.de

Kummler, Ute, Stuttgart, Rathausbibliothek, ☎ (0711) 91212, ✉ rathausbibliothek@stuttgart.de, ute.kummler@stuttgart.de

Kunz, Bettina, M.A., Göttingen, Niedersächsische Staats- und Universitätsbibliothek, Wiss. Ang., Leiterin Zentralred. Sacherschließung d. GBV, Fachref. f. Psychologie, Biologie, 15.08.1964, stud. Germanistik, Volkskunde, Publ. u. Kommunikationswiss., M.A. 94, BRef., Marburg UB 95, Frankfurt a. M. BSchule, Fachpr. 97, ✉ kunz@sub.uni-goettingen.de

* Kunz, Norbert, Dr. phil., München, Bayerische Staatsbibliothek, Stellv. Leiter der Osteuropaabt., 10.01.1971, Wiesbaden, stud. Osteurop. Gesch., Mittlere u. Neuere Gesch., Slawist., Angl., M.A. 97, Prom. 03, Wiss. Mitarb. Hamburger Stift. zur Förd. von Wiss. u. Kultur 00, BRef. Osnabrück UB und Studium BWiss. M.A. (LIS) 03, Fachprüf. 05, Ed. Judenverfolgung 05, Frankfurt a.M. DIPF/ IZ Bildung 06, BLeiter Dt. Hist. Mus. Berlin 07, München BSB 08, ☎ (089) 28638-2376, ✉ norbertkunz@gmx.de, norbert.kunz@bsb-muenchen.de

* Kunze, Agnes, M.A., Stendal, Bibliothek der Winckelmann-Gesellschaft und des Winckelmann-Museums, Wiss. Bibliothekarin, 08.12.1972, ☎ (03931) 493246, ✉ agnes.kunze@t-online.de, agnes.kunze@winckelmann-gesellschaft.com

Kunzelmann, Maria, Dipl.-Bibl., Bamberg, Bibliothek des Metropolitankapitels, Leiterin, ☎ (0951) 502-2571, -2572, ✉ maria.kunzelmann@erzbistum-bamberg.de

* Kupke, Judith, Dipl.-Ing., M.A. (LIS), Berlin, Universitätsbibliothek der Humboldt-Universität zu Berlin, Fachref. f. Agrar- und Gartenbauwiss., Sportwiss., 20.09.1968, stud. Gartenbauwiss., Dipl. 1999, Fernstudium LIS, Master 2006, ✉ judith.kupke@ub.hu-berlin.de

* Kurkowski, Ute, Assess. jur., Kiel, Universitätsbibliothek, Wiss. Ang., Fachref. f. Jura und Psychologie, stud. Rechtswiss., 1. jur. Staatsex. 95, 2. jur. Staatsex. 98, ☎ (0431) 880-5408, ✉ kurkowski@ub.uni-kiel.de

* Kurth, Iris, Dipl.-Päd., Potsdam, im Ruhestand, 11.01.1954, Eisenach, Dipl. 76, postgrad. Fernstudium Informationswiss. 87, ✉ iriskurth2020@gmail.com

  Kurz, Siglinde, Dipl.-Bibl., Amberg, Staatliche Bibliothek (Provinzialbibliothek), Leitung, 14.07.1967, ☎ (09621) 6028-0, ✉ siglinde.kurz@provinzialbibliothek-amberg.de

* Kusber, Eberhard, Dr. phil., Dipl.-Bibl. (FH), Erfurt, Stadt- und Regionalbibliothek, Dir., BLeiter, ☎ (0361) 655-1591, ✉ eberhard.kusber@erfurt.de

* Kussek, Sigune, Dr., Münster, Stadtbücherei

* Kuth, Martina, M.A. (LIS), Neu-Anspach, Coordinator Library and Information Services | Librarian, 02.09.1964, Düsseldorf, M.A. (LIS), Dipl.-Bibl. (ÖB), CMS Hasche Sigle, Partnergesellschaft von Rechtsanwälten und Steuerberatern mbB, davor Bruckhaus Kreifels Winkhaus Lieberknecht, Rechtsanwälte - Vorstandsmitglied der AjBD, Freie Mitarbeit beim b.i.t.verlag, Freiberufliche Autorin und Referentin, ☎ (069) 717 011 00, ✉ martina.kuth@cms-hs.com

* Kuttner, Sven, Dr. phil., München, Universitätsbibliothek der LMU, Leiter d. Abt. Altes Buch, Stellv. Dir., Fachref. f. Buch- und Bibliothekswesen, Ludovico-Maximilianea, 02.04.1969, Lindenberg, Allg., stud. Geschichte, Klass. Philologie, Staatsex. 96, Prom. 97, Wiss. Ang. Mannheim Univ. Sem. f. Neuere Gesch. 96-99, BRef. Marburg UB 99, Frankfurt a. M. BSchule 00, Fachpr. 01, BAssess. München UB 01, BR z. A. 02, BR 04, BOR 07, BDir. 12, Vorsitzender des Wolfenbütteler Arbeitskreises für Bibliotheks-, Buch- und Mediengeschichte 14, ☎ (089) 2180-3439, ✉ sven.kuttner@ub.uni-muenchen.de

* Labahn, Karsten, M.A., M.A. (LIS), Rostock, Universitätsbibliothek, Koordinator Digitale Bibliothek - Publikationsdienste, Digital Humanities, Retrodigitalisierung, Fachref. f. Geschichte, Philosophie, 17.09.1979, ☎ (0381) 498-8691,-8776, ✉ karsten.labahn@uni-rostock.de

* Laczny, Joachim, Dr. phil., Berlin, Staatsbibliothek zu Berlin - Preußischer Kulturbesitz

* Lambrecht, Jutta, Dr. phil., Köln, Dokumentation und Archive des Westdeutschen Rundfunks, Archivleiterin; Ltg. Notenarchiv, 30.04.1958, Trier, stud. Musikwiss., Geschichte, Kunstgeschichte, Prom. 86, BRef. Berlin SBPK 87, Köln FHBD 88, Fachpr. 89, Wiss. Ang. Berlin SBPK 89, Köln Dok. u. Archive d. WDR 91 - Doz. (NA) an d. FHöB Bonn, Redakteurin der Fachzeitschr. Forum Musikbibliothek 99-10, Chair d. IAML Broadcasting a. Orchestra Libr. Branch 02-14, Vice President der IAML 07-13, Associate Language Editor RIPM 2012-, Red. Webseite info-netz-musik 2011-, ☎ (0221) 220-3376, ✉ jutta.lambrecht@wdr.de, info-netz-musik@email.de

  Lamey-Utku, Caroline, München, Institut für Zeitgeschichte München - Berlin, Stellv. Leiterin, 24.08.1961, Ulm/Donau, Diplom-Bibliothekarin seit 1983; seit 1988 beschäftigt in der Bibliothek des Instituts für Zeitgeschichte, seit 2011 als deren Stellvertretende Leiterin, ☎ (089) 12688-147, ✉ lamey@ifz-muenchen.de

* Landes, Christopher, Dr., Berlin, Hertie School gGmbH, Bibliotheksleiter, 27.07.1984, ✉ landes@hertie-school.org

* Landsberg, Julia, M.A., Dresden, Sächsische Landesbibliothek - Staats- und Universitätsbibliothek, FID BBI, Leitung des Deutschen Komponistenarchivs (Dresden) 09-16, Bibliothekarische Mitarbeiterin an der SLUB Dresden 16-17, Bibliothekarische Mitarbeiterin HAB Wolfenbüttel 17-20, seit 2020 SLUB, ✉ j.landsberg@posteo.de

* Lange, Gisela, Dr., Köln

* Lange, Stephan Rudolf, Dipl.-Theol., Lutherstadt Wittenberg, 05.04.1962, Riesa, stud. Theol., Diplom 85, postgrad. Fernstud. B-Wiss., Berlin IBI 93, Leiter B d. Ev. Predigersem. 97, ✉ sr.lange@gmx.net

* Lange-Mauriège, Sabine, Dr., Hagen, Hochschulbibliothek der Fachhochschule Südwestfalen, Stellv. Bibliotheksleiterin, 📧 lange-mauriege.sabine@fh-swf.de

* Langefeld, Jörg, Dipl.-Ing., Mönchengladbach, BDir. i. R., 18.10.1954, Hannover, im BDienst 83-20, 📧 ft451@posteo.de

Langer, Ruprecht, Leipzig, Deutsche Nationalbibliothek (Leipzig, Frankfurt am Main), Leiter Deutsches Musikarchiv der Deutschen Nationalbibliothek

* Langmeier, Julia, Würzburg, Archiv und Bibliothek des Bistums, 18.04.1981, 📧 julia.langmeier@gmx.net

* Langner, Ekkehard P., Dipl.-Bibl., Halle (Saale), a.D., 09.12.1942, Görlitz, im BDienst 72-08, ☎ (0345) 13252927, 📧 langner.e@web.de

* Langwald, Sylvia, Dr. phil., Marburg, Universitätsbibliothek, Leiterin Sachgebiet Lernzentrum, Fachref. f. Anglistik/Amerikanistik, Romanistik, Klassische Philologie, stud. Anglistik, Kanadistik, Germanistik, M.A. 07, Prom. 14 in Anglistik/Kanadistik, Wiss. Mitarb. Institut für Anglistik und Amerikanistik (Philipps-Universität Marburg) 08-15, BRef. UB Marburg 15-17, M.A. (LIS) Berlin HU 17, UB Marburg 17-, 📧 sylvia.langwald@ub.uni-marburg.de

* Lansky, Ralph, Dr. jur., Pfungstadt, Dir. a.D., 18.07.1931, Riga, im BDienst 60-93, ☎ (06157) 9811429, 📧 ralph.lansky@arcor.de

* Lapp, Erdmute, Dr. phil., M.A., Bochum, Universitätsbibliothek, Dir., Fachref. f. Slawistik, stud. Slawistik, Anglistik, Master of Arts 78, Staatsex. 80, Prom. 83, BRef. Heidelberg UB 83, Frankfurt a. M. BSchule 84, Fachpr. 85, Wiss. Ang. Frankfurt a. M. StuUB 86, Saarbrücken UB 86, München BSB 87, Jülich ZB d. Forsch.-Zentrums 89, Dir. Bochum UB 96, ☎ (0234) 32-22350, 📧 erda.lapp@ruhr-uni-bochum.de

* Laspe, Ernst, Wiesbaden, BDir. i. R., 04.11.1936, Wiesbaden, im BDienst 64-99, ☎ (0611) 843617

* Latka, Markus, Dr. phil., Speyer, Bibliothek der Deutschen Universität für Verwaltungswissenschaften, 13.06.1969, Wiesbaden, stud. Verwaltungswiss., Dipl. 94, Umweltsicherung, Dipl. 97, Sportwiss., Betriebsw., Natursch., Prom. 01, B-Wiss. M.A. (LIS) 03, Wiss. Vol. Erfurt/Gotha UFB 01-03, Wiss. Ang. Speyer B d. HS f. Verwaltungswiss. 04, BR 09, ☎ (06232) 654-274, 📧 latka@uni-speyer.de, markus.latka@web.de

* Laube, Lorenz, München, Universitätsbibliothek der Technischen Universität

* Laube, Reinhard, Dr., Weimar, Herzogin Anna Amalia Bibliothek, Staatsex. Geschichte, Germanistik, Philosophie, Prom., Stip. der MPG 95-98, Wiss. Mitarb. Göttingen MPI für Geschichte 98-02, Junior Fellow Collegium Budapest 01, Wiss. Mitarb. Univ. Bielefeld 02-04, BRef. Hannover GWLB 04/05, München Bayer. BSchule 05/06, Fachprüf. 06, Wiss. Mitarb. DLA Marbach 06, stellv. BLeiter DLA Marbach 07-08, BR Hannover GWLB 09, BOR 10, BDir. 12, Dir. Staats- und Stadtbibliothek Augsburg 13, Dir. Herzogin Anna Amalia Bibliothek, Weimar 16, Ltd. BDir. 17, ☎ (03643) 545-200, 📧 reinhard.laube@klassik-stiftung.de

* Laubenheimer, Mathias, Osnabrück, Universitätsbibliothek, Dezernent Benutzung Alte Münze und Benutzungskoordination Gesamthaus, Fachref. f. Klass. Philologie, Theologie, Kunst, Kunstgeschichte und Architektur, 18.10.1970, 📧 mathias.laubenheimer@ub.uni-osnabrueck.de

* Lauber-Reymann, Margrit, Dipl.-Bibl., M.A., München, BR i.R., 11.09.1948, Tengen, Dipl.-Bibl. 71, stud. Ethnologie, Amerikanistik und Soziologie, M.A. 92, Bad. LB Karlsruhe 71, UB München 76, Bibliotheksakademie Bayern (BSB) München 92, Hochschullehrerin HS für den Öffentl. Dienst in Bayern, FB Archiv- u. Bibliothekswesen, München 05, RST 14, 📧 m.reymann@bayern-mail.de

* Lauer, Sascha, M.A., Mainz, Universitätsbibliothek, Zentralbibliothek, Abteilungsleiter Akquisition und Metadatenmanagement, Leitung der Geschäftsstelle des Konsortiums der baden-württembergischen Hochschulbibliotheken 14-20, 💻 s.lauer@ub.uni-mainz.de

* Lausberg, Gisela, Leipzig, 26.05.1956, 💻 g.lausberg@gmx.net

  Lazdovskaja, Irena, M.A., Koblenz, Bibliothek der Bundesanstalt für Gewässerkunde, Leiterin, ☎ (0261) 1306-5334, 💻 lazdovskaja@bafg.de, bibliothek@bafg.de

* Lechte, Jost, Assess. jur., LL.M., Bielefeld, Universitätsbibliothek, Stellv. Benutzungsdezernent, Öffentlichkeitsarbeit, Fachref. f. Rechtswiss., 02.01.1976, Rheine, stud. Rechtswiss., 1. jur. Staatsexamen 02, jur. Ref. Waldshut-Tiengen 02-04, 2. jur. Staatsexamen 04, Magister Legum (LL.M.) 05, Rechtsanwalt 05-07, BRef. UB Osnabrück 07-09, BR UB Bielefeld 09, OVR 16, ☎ (0521) 106-3806, 💻 jost.lechte@uni-bielefeld.de

* Lederer-Brüchner, Ingeborg, Dr., M.A., Heidelberg, 💻 inge@bruechner.de

* Lee, Martin, Berlin, Universitätsbibliothek der Freien Universität, Direktion, 23.11.1974, Mönchengladbach, stud. Geschichte, NDL, Philosophie, M.A. 02, Historical Research Institute Berlin 02, Lehrbeauftr. Lviv/Constanta 05, Projektleiter VIA gGmbH 08, BRef. UB FU Berlin 09, Projekt 24in1 11, Leitung Campusbib. 13, BDir. 14, Leitung Projekt Wandel@FU-Bib 18, ☎ (030) 838-52952, 💻 m.lee@fu-berlin.de

  Lehmann, Christina, Strausberg, Zentrum Informationsarbeit Bundeswehr, Leiterin der Archiv- und Speicherbibliothek der Bundeswehr, BOAR, 15.07.1958, Roßlau bei Dessau, ☎ (03341) 58 2070, 💻 zinfoabwbibliothek@bundeswehr.org, christinalehmann@bundeswehr.org

  Lehmann, Katrin, Weimar, Herzogin Anna Amalia Bibliothek, Referatsleiterin und kommiss. Abteilungsleiterin Benutzung, 28.07.1960, stud. wissenschaftliches Bibliothekswesen in Leipzig, ☎ (03643) 545216, 💻 katrin.lehmann@klassik-stiftung.de

* Lehmann, Klaus-Dieter, Prof. Dr. h.c., Berlin, Präsident des Goethe-Instituts i.R., 29.02.1940, Breslau, stud. Physik, Mathematik, Diplom 67, Wiss. Ass. Mainz MPI, BRef. Darmstadt LuHB 68, Frankfurt a. M. BSchule 69, Fachpr. 70, BAssess. Darmstadt LuHB 70, BR 72, OBR Frankfurt a. M. StuUB 73, BDir. 74, Ltd. BDir. 78, Gen.Dir. Frankfurt a. M. Dt. B 88, Gen.Dir. Frankfurt a. M. Die Dt. B 90, Präsident d. Stiftung Preuß. Kulturbes. Berlin 98, Präsident Goethe-Institut 08- 20, Hon.-Prof. d. Univ. Frankfurt a. M. u. d. HU Berlin, Vors. VR Germ. Nat. Museum, Vors. Kuratorium Kulturfonds Frankfurt Rhein-Main, Mitglied Ak. Wiss. u. Lit. Mainz, BBAW Berlin, Bayer. Ak. Schöne Künste, Kur. Dt. Ak. Sprache u. Dichtung, Mitarb. in div. nat. u. internat. Fach- und Beratergremien, 💻 cadet.lehmann@gmail.com

* Lehnard-Bruch, Susanne, M.A., M.A. (LIS), Hamburg, HafenCity Universität, Bibliothek, Leiterin der Bibliothek, ☎ (040) 42827-5683, 💻 susanne.lehnard-bruch@hcu-hamburg.de

* Lehrmann, Gerhard, Dr. rer. nat., Dipl.-Math., Stuttgart, Stellv. BDir. a.D., 30.08.1951, Erlangen, im BDienst 1984-2017, 💻 g.lehrmann@t-online.de

* Leichtweiß, Angela, Dipl.-Medienprakt., Mannheim, Universitätsbibliothek, Stellv. Benutzungsleitung, Leitung Aus- und Fortbildung, Fachref. f. Mediathek, ☎ (0621) 181 3335, 💻 leichtweiss@bib.uni-mannheim.de

* Lein, Renate, Dipl.-Lehr., Chemnitz, BR i. R., 05.01.1941, Naundorf, im BDienst 78-98

* Leiner, Nele, Dipl.-Umweltwiss., M.A. (LIS), Hamburg, Staats- und Universitätsbibliothek Hamburg Carl von Ossietzky, Arbeitsstelle Digitalisierung, Fachref. f. Geographie, Kartographie

* Leinweber, Luise, Dr. phil., M.A., Bonn, Universitäts- und Landesbibliothek, Leiterin, 31.10.1967, Kiel, stud. Kunstgeschichte, Germanistik, Romanistik, M.A. 93, Prom. 98, BRef. Göttingen SUB 99, Wiss. Mitarb. München B d. Zentralinst. f. Kunstgesch. 00, Leiterin Bonn B d. Kunsthistor. Inst. d Univ. 05, ☎ (0228) 737598, 🖥 l.leinweber@uni-bonn.de

* Leiß, Caroline, Dr., München, Universitätsbibliothek der Technischen Universität, Leitung der Abt. Informationsdienste, 04.12.1967, Hamburg, stud. Slawistik, Germanistik u. Geschichte, Staatsex. 95, Prom. 98, BRef. Konstanz UB, BSchule München 01-03, München UB d. TU 03, ☎ (089) 289-28653, 🖥 caroline.leiss@ub.tum.de

* Leithold, Franz-Josef, Prof. Dr. phil., M.A., Freiburg im Breisgau, Universitätsbibliothek, Stellv. Direktor der UB, Leiter des Medienzentrums, Fachref. f. Medienkulturwissenschaft, 06.08.1956, Wesel, stud. Slawistik, Germanistik, M.A. 83, Prom. 88, Honorarprof. 20, BRef. Freiburg UB 88, Köln FHBD 89, Fachpr. 90, Wiss. Ang. Freiburg UB 90, BAssess. 91, BR 93, OBR 95, BDir. 01, ☎ (0761) 203-3914, 🖥 franz.leithold@ub.uni-freiburg.de

  Leiverkus, Yvonne, Dr. phil., Bonn, Stadtarchiv und Stadthistorische Bibliothek, Stellvertretende Institutsleitung, St. ArchivOberrätin, 01.09.1975, Haan/Rhld., stud. Geschichte, Romanistik, M.A. 00, Promotion 04, Archivassessor Archivschule Marburg 09, ☎ (0228) 774688, 🖥 dr.yvonne.leiverkus@bonn.de

* Leiwesmeyer, Barbara, Assess. jur., Regensburg, Universitätsbibliothek, Leiterin Abt. Medienbearbeitung, 09.01.1969, stud. Rechtswiss., 1. Staatsex. 93, 2. Staatsex. 95, BRef. Regensburg UB 98-00, BAssess. 00, ☎ (0941) 943-2561/ -3925, 🖥 barbara.leiwesmeyer@bibliothek.uni-regensburg.de

* Lemanski, Thorsten, Düsseldorf, Universitäts- und Landesbibliothek

* Lemke, Karl-Heinz, Konstanz, BDir. i. R., 14.02.1937, Hamburg, im BDienst 67-00, ☎ (07531) 23419, 🖥 kh.lemke@onlinehome.de

* Lemke, Michael, Passau, Universitätsbibliothek, Leiter Benutzungsdienste, Fachref. f. Anglistik, Germanistik, Romanistik, Allg. Literatur- u. Sprachwiss., 30.03.1979, Schwäbisch Hall, stud. Deutsch u. Spanisch, Staatsex. 11, BRef. UB Passau u. BAB München 12-14, BR UB Passau 14, BOR 19, ☎ (0851) 509-1607, 🖥 michael.lemke@uni-passau.de

* Lemster, Christine, Kiel, Bibliothek des Helmholtz-Zentrums für Ozeanforschung (GEOMAR), Helmholtz Metadata Collaboration, Data Stewardess, 🖥 clemster@geomar.de

* Lengauer, Ulrike, Darmstadt, Universitäts- und Landesbibliothek, Wissenschaftliche Bibliothekarin, Teamleitung Informationskompetenz Öffentlichkeitsarbeit, 06.01.1987, Dresden, stud. Bibliotheks- und Informationswissenschaft an der HTWK Leipzig (Dipl.-Bibl.) 06-10, Bibliotheks- und Informationswissenschaft an der HU Berlin (M.A. LIS) 14-16, ☎ (06151) 16-76234, 🖥 ulrike.lengauer@ulb.tu-darmstadt.de

* Lengelsen, Frauke Heyka, Dr. rer. nat., Dipl.-Mineral., München, Deutsches Patent- und Markenamt, Bibliothek, Fachref. f. Chemie, Biochemie, Pharmazie, Medizin, Lebensmitteltechn., Bergbau- u. Hüttenwesen, Fertigungstechn., Verfahrenstechn., Metallbearbeitung und Maschinenbau, 11.12.1970, Freiburg i. Br., stud. Mineralogie, Dipl. 95, Prom. 99, BRef. Düsseldorf ULB 00, Düsseldorf StB 01, Köln FH 01, Fachpr. 02, BR z. A. Wuppertal UB 02, BR Mannheim B d. Bundesakad. f. Wehrverw. u. Wehrtechnik 05, DPMA München 07, ☎ (089) 2195-2751, 🖥 heyka.lengelsen@dpma.de

  Lenke-Beck, Stephie, Dipl.-Bibl., Berlin, Zentral- und Landesbibliothek, Fachref. f. Notenlektorat, 27.06.1963, Greiz, Direktstud. B-Wiss., wiss. Inf., Diplom Berlin IBI 86, Musikbibl. (Fernstud.) 92, ☎ (030) 90226-132, 🖥 lenkebeck@zlb.de

Lennard, Heike, Berlin, Wirtschaftswissenschaftliche Bibliothek der FU, Stellvertretende Leitung, Fachref. f. Wirtschaftswissenschaften, 05.10.1979, Berlin, ☎ (030) 838 50789, 💻 heike.lennard@fu-berlin.de

* Leonhard, Joachim-Felix, Prof. Dr. phil., Alsbach-Hähnlein, Staatssekretär a.D., Präsident der v. Behring-Röntgen-Stiftung (Marburg) a.D., 10.09.1946, Jünkerath/Eifel, stud. Geschichte, Hist. Hilfswiss., Latein, Staatsex. 73, Prom. 76, BRef. Würzburg UB 76, München Bayer. BSchule 77, Fachpr. 78, BR z. A. Bamberg GHB 78, Passau UB 80, BR Heidelberg UB 81, Bonn B-Abt. d. DFG 84, Ltd. BDir. Tübingen UB 87, Vorst. Frankfurt a. M. - Berlin Stift. Dt. Rundfunkarchiv 91 - 01 - Hon.-Prof. Humboldt Univ. zu Berlin 97, Vors. Dt. Nom. Komitee UNESCO-Programm Memory of the World 99, Vors. Beirat Dt. Musikinformationszentrum (MIZ) 98, Präs. Dt. Ges. f. Dok. (DGI) 97-99 - Generalsekr. Goethe-Institut 01-03, Staatssekr. Hess. Min. f. Wiss. u. Kunst 03-07, Präs. v. Behring-Röntgen-Stift. Marburg 07-11, ☎ (06257) 62111, mobil (0172) 6116023, 💻 jfleo@web.de

* Lieb, Andrea, Dipl.-Bibl., Leipzig, HHL-Bibliothek der Leipzig Graduate School of Management, Director, Leiterin der Bibliothek, 02.10.1968, Belzig, ☎ (0341) 985 1643, 💻 andrea.lieb@hhl.de

* Lieberknecht, Sabine, Erfurt, Bibliothek des Bundesarbeitsgerichts, Leiterin, 30.06.1961, Dresden, stud. Bibliothekswesen (FH), Diplom 85, stud. Rechtswiss., 1. Staatsex. 96, 2. Staatsex. 98, Wiss. Ang. Dresden SLUB 98, Erfurt B d. BAG 04, ☎ (0361) 2636-1701, 💻 sabine.lieberknecht@bundesarbeitsgericht.de

* Liewert, Anne, Dr., Hamburg, Staats- und Universitätsbibliothek Hamburg Carl von Ossietzky, Leitung Arbeitsstelle Digitalisierung, Stellv. Leitung Sondersammlungen, Referat Seltene und Alte Drucke, Fachref. f. Griech. u. Lat. Philologie, Archäologie und Alte Geschichte, 11.01.1983, Kiel, stud. Klass. Philologie, Ev. Theologie, M.A. 09, Prom. 13, BRef. HAB Wolfenbüttel 13, Bibliotheksakademie Bayern 14, BSB München 14, BR ULB Düsseldorf 15, SUB Hamburg 20, OBR 21, ☎ (040) 42838-3371, 💻 anne.liewert@sub.uni-hamburg.de

* Ligocki, Reinhard, Bremen, im Ruhestand seit 1. Mai 2019, 03.07.1955, Recklinghausen, stud. Englisch, Geschichte, Erziehungswiss., Staatsex. 81, BRef. Bochum UB 83, Köln FHBD 84, Fachpr. 85, Wiss. Ang. Lüneburg HSB 86, BAssess. Berlin HSB d. HS d. Künste 88, BR 90, Bremen SuUB 94-19, 💻 planeten@cityweb.de

* Limbach, Franziska, Dr. phil., Bonn, Deutsche Forschungsgemeinschaft (DFG), LIS, 25.11.1980, stud. Vergleichende Literaturwiss., Engl. Literaturwiss., Politikwiss., M.A. 05, Prom. 08, BRef. Berlin SBB-PK 08-10, Bayer. BSchule 09-10, DFG-LIS Bonn 10-14, ETH Bibliothek Zürich 14-17, Helmholtz-Gemeinschaft Deutscher Forschungszentren 17-18, DFG-LIS Bonn 19-, 💻 franziska.limbach@dfg.de

Limbeck, Sven, Dr. phil., Wolfenbüttel, Herzog August Bibliothek, Stellv. Leiter d. Abt. Hss und Sondersammlungen, Fachref. f. Mittel- u. Neulateinische Philologie, Romanistik und Musikwiss., 15.11.1968, Hockenheim, stud. Germanistik, Romanistik, Mittellatein, ☎ (05331) 808-123, 💻 limbeck@hab.de

* Limburg, Hans, Dr., Königswinter, Ltd. BDir. a.D., 27.05.1933, Millich/Kr. Erkelenz, im BDienst 1967-1998, ☎ (02244) 6875, 💻 hlimburg@web.de

* Linder, Monika, Dr. phil., Maître ès lettres, Berlin, Staatsbibliothek zu Berlin - Preußischer Kulturbesitz, Referatsleiterin Nachlässe und Autographen, 16.09.1961, Weingarten, stud. Griechisch, Latein, Romanistik, Maitr. ès-lettres 88, DEA 90, Prom. 92, BRef. München UB 91, München Bayer. BSchule 92, Fachpr. 93, Wiss. Ang. Bayreuth UB 93, BR z.A. 93, BR 96, Leipzig UB 96, BOR 00, BDir. 04, Berlin, Deutsches Archäologisches Institut 06 - Mitgl. d. Sekt. Rare Books and Manuscripts der IFLA, Mitglied der AG Hss/Alte Drucke (DBV Sekt. IV), Lehrauftr. an der jurist. Fak. der Univ. Leipzig 02-03, Ordentl. Mitgl. d. Deutschen Archäologischen Instituts, ☎ (030) 266 435100, 💻 monika.linder@sbb.spk-berlin.de

* Lingnau, Anna, Wolfenbüttel, Herzog August Bibliothek, Projektkoordinatorin FID Buch-, Bibliotheks- und Informationswissenschaft

Lison, Barbara, Bremen, Stadtbibliothek, Dir., 02.10.1956, Zbroslawice (Polen), stud. Slawistik, Geschichte, Erziehungswiss., 1. Staatsex. 81, 2. Staatsex. 83, BRef. Bochum UB 83, Oldenburg StB 84, Köln FHBD 84, Fachpr. 85, ☎ (0421) 361-4046, 🖥 direktion@stadtbibliothek.bremen.de

* Littger, Klaus Walter, Dr. phil., Eichstätt, BDir. i.R., 11.09.1944, Waldbröl, im BDienst 1973-2009, ☎ (08421) 1575, 🖥 klaus.littger@ku.de

Lochner, Heike, Dipl.-Bibl., Ludwigsburg, Bibliothek der Hochschule für öffentliche Verwaltung und Finanzen, Stellv. Bibliotheksltg., stellv. Bibliotheksleitung HVF Ludwigsburg 04-, Mitglied der Kommission für Eingruppierungsberatung des BIB e.V. 10-, stellv. Vorsitzende der Kommission für Eingruppierungsberatung des BIB e.V. 20-, ☎ (07141) 140 567, 🖥 heike.lochner@hs-ludwigsburg.de

Löffler, Emily, Dr., Leipzig, Deutsche Nationalbibliothek (Leipzig, Frankfurt am Main), Referentin für Provenienzforschung, stud. Geschichte und Französisch in Tübingen und Aix-en-Provence 05-11, Promotion an der Uni Tübingen 11-17. Provenienzforschung an der Generaldirektion Kulturelles Erbe Rheinland-Pfalz, Direktion Landesmuseum Mainz 16-19. Deutsche Nationalbibliothek 19, ☎ (0341) 2271-210

* Löffler, Maria, Dr. phil., M.A., MLS, Eichstätt, Universitätsbibliothek Eichstätt-Ingolstadt, Ltd. Bibl. dir., 05.10.1962, Hannover, stud. Geschichte, Pädagogik, Politik, M.A. 91, Prom. 95, Wiss. Ang. Eichstätt UB 95, BR 03, BOR 05, BDir. 14, Leitung UB 15, Ltd.BDir. 17, ☎ (08421) 9321330, 🖥 maria.loeffler@ku.de

* Lohmann, Hartmut, Berlin, Bibliothek des Deutschen Bundestages, Fachreferent, Stellv. Bereichsleiter Erwerbung II, Fachref. f. Staatsrecht, Völkerrecht, Europarecht, Parlaments- und Wahlrecht, 02.06.1966, Brilon, stud. Rechtswiss., 1. Staatsex. 1993, 2. Staatsex. 1995, Rechtsanwalt 96, BRef. Düsseldorf ULB 97, Köln FHBD 98, Fachpr. 99, Wiss. Ang. Bonn B. d. Dt. Bundestages 99, BR z. A. 00, BR 01, BOR 02, BDir 05, ☎ (030) 227-32823, 🖥 hartmut.lohmann@bundestag.de

* Lohmann, Markus, Dipl.-Jur., M.A. (LIS), Kassel, Universitätsbibliothek Kassel - Landesbibliothek und Murhardsche Bibliothek der Stadt Kassel, Leiter der Abteilung II: Benutzung, Fachref. f. Rechtswissenschaft, 24.08.1977, Bochum, stud. Rechtswiss., Staatsex. 06, Wiss. Mitarbeiter RUB Zentrales Rechtswissenschaftliches Seminar 08-16, stud. Bibliotheks- und Informationswiss., M.A. (LIS) 12, Fachref. UB Leipzig 16-17, Leiter Zentralbibliothek StLB Dortmund 17-20, Leiter Abteilung II Benutzung UB Kassel 21, ☎ (0561) 804-2132, 🖥 markus.lohmann@ruhr-uni-bochum.de, lohmann@bibliothek.uni-kassel.de

* Lohner, Elisabeth, Dipl.-Jur. (Univ.), München, Universitätsbibliothek der Technischen Universität, Stellv. Abteilungsleiterin Informationsdienste, Fachref. f. Bau Geo Umwelt, 04.09.1989, stud. Rechtswissenschaften, Staatsexamen 15; BRef. BSB München 15-17; UB der Technischen Universität München seit 2017, ☎ (089) 289-28155, 🖥 elisabeth.lohner@ub.tum.de

* Łopatka, Tomasz, Dr., Marburg, Forschungsbibliothek des Herder-Instituts für historische Ostmitteleuropaforschung Marburg - Institut der Leibniz-Gemeinschaft, Leitung Arbeitsbereich Katalogisierung, 10.05.1982, Wrocław (Polen), stud. Geschichte in Wrocław und Berlin 01-06, Prom. 13, Wiss. Mitarb. Forschungsbibliothek des Herder-Instituts Marburg 13-16, BRef. UB Gießen 16-18, M.A. (LIS) 18, Herder-Institut 19-, 🖥 tomasz.lopatka@herder-institut.de

* Lorenz, Bernd, Dr. phil., Lappersdorf, Fachbereichsleiter, Dir. i.R., 30.09.1948, Andernach/Rhein, im BDienst 76-13, ☎ (0179) 7470031, 🖥 berndwjlorenz@web.de

* Lorenz, Gernot, Dr. phil., Eichstätt, Universitätsbibliothek Eichstätt-Ingolstadt, Leitung Abteilung Benutzung u. Service, Öffentlichkeitsarbeit, Fachref. f. Romanistik, Kunstgeschichte u. -pädagogik, Naturwiss., 12.07.1963, Göttingen, stud. Kunstgesch., italien. Lit.-Wiss., christl. Arch./Byzantin., Germ., Prom. 00, BRef. Trier UB 00, Frankfurt a. M. BSchule 01, Fachpr. 02, BR z. A. Eichstätt UB 03, BR 05, BOR 08, ☎ (08421) 93-21478, 🖳 gernot.lorenz@ku.de

Lorenz, Jörg, Dipl.-Ing., Münster, Universitäts- und Landesbibliothek, Stellv. Direktor, stud. Elektrotech., Dipl. 95, ☎ (0251) 83-24050, 🖳 joerg.lorenz@uni-muenster.de

* Lorenz, Katja Marion, M.A., Weimar, Herzogin Anna Amalia Bibliothek, Leiterin d. Referats Sondersammlungen, 23.03.1971, Freiberg/Sa., stud. Kunstgeschichte, Russistik, M.A. 99, BRef. Berlin SBB-PK 02-04, München Bayer. BSchule Fachpr. 04, Berlin SBB-PK, Kinder- u. Jugendbuchabt. 04 (Werkvertrag), Weimar HAAB Wiss. Mitarb. Brandfolgenmanagement 05-17, Referatsleiterin Sondersammlungen 17-, ☎ (03643) 545-844, 🖳 katja.lorenz@klassik-stiftung.de

* Losert, Kerstin, Dr., Stuttgart, Württembergische Landesbibliothek, Leitung der Handschriftenabteilung, Fachref. f. Klass. Philologie, Mittel- und Neulatein, Handschriftenkunde u.Bibliothekswesen, 09.07.1973, stud. lateinische Philologie d. Mittelalters, Geschichte, Germanistik, ☎ (0711) 212-4434

* Lotz, Jutta, M.A. (LIS), Stuttgart, Deutsches Zentrum für Luft- und Raumfahrt (DLR), DLR Bibliothekswesen, Leiterin DLR-Bibliothek, 🖳 jutta.lotz@dlr.de

* Luca, Helena, M.A., Hannover, Technische Informationsbibliothek (TIB), Fachref. f. Sozialwissenschaften, 12.12.1985, Darmstadt, stud. Soziologie, Publizistik, Allg. u. Vergl. Literaturwiss., M.A. 10, BRef. Konstanz UB 10-11, München Bibliotheksakademie Bayern 11-12, Hannover TIB/UB 12-, ☎ (0511) 762-5993, 🖳 helena.luca@tib.eu

* Lucht-Roussel, Kathrin, M.A., M.A. (LIS), Bochum, Universitätsbibliothek, Fachreferentin, Leiterin Geschäftsbereich Publikationsdienste/Open Acccess, Open-Access-Beauftragte, Fachref. f. Kunstgeschichte, Archäologie, Ur- und Frühgeschichte, Germanistik, 05.03.1973, Köln, stud. Kunstgesch., Germ., Klass. Arch., M.A. 00, Wiss. Hilfskr. SFB (DFG) Univ. Köln 00-01, Vol. u. Ang. Online-Red. 01-08, B.Prakt. USB Köln 04-05, M.LIS FH Köln 05-07, Wiss. Ang. ULB Düsseldorf 08-11, UB Bochum 11-, ☎ (0234) 32-22053, 🖳 kathrin.lucht-roussel@rub.de

* Lübbers, Bernhard, Dr., Regensburg, Staatliche Bibliothek, Bibliotheksleiter, 09.06.1976, Rotthalmünster, stud. Geschichte, Historische Hilfswiss., Germanistik, Volkskunde in Regensburg, München, Dublin, M.A. 02, Wiss. Mitarb. / Ass. Inst. f. Geschichte d. Univ. Würzburg 02-06, Prom. 06, BRef. Regensburg UB 06, München Bayer. BSchule 07, Fachpr. 08, BR z.A. Regensburg Staatl. Bibl. 08, BR 09, BOR 12, BD 14, ☎ (0941) 630806-0, 🖳 b.luebbers@sb-regensburg.de

* Lüll, Martina, Assess. jur., Dipl.-Bibl., Stuttgart, Württembergische Landesbibliothek, Stellv. Dir., Fachref. f. Rechts- und Verwaltungswiss., 23.06.1965, Heidelberg, Dipl.-Bibl. 87, stud. Jura, 1. Staatsex. 97, 2. Staatsex. 99, Rechtsref. LG Heidelberg 97-99, Wiss. Ang. Stuttgart WLB 99-00, BR z. A. 00, BR 02, OBR 04, BDir. 07, ☎ (0711) 212-4421, 🖳 luell@wlb-stuttgart.de

Lüpges, Anke, Dipl.-Bibl., Wilhelmshaven, Hochschulbibliothek der Jade Hochschule, Leitung der Bibliothek am Campus Wilhelmshaven, Erwerbung, ☎ (04421) 985-2602, 🖳 luepges@jade-hs.de

* Lüth, Jan, Dipl.-Inf. (FH), M.A. (LIS), Hamburg, GIGA Informationszentrum, Leiter GIGA Informationszentrum, Deutsche Zentralbibliothek für Wirtschaftswissenschaften (ZBW) 03-11, GIGA 12-, ☎ (040) 42425 565, 🖳 lueth@giga-hamburg.de

* Lütjen, Andreas, Dr. phil., Hannover, Technische Informationsbibliothek (TIB), Bereichsleitung Erwerbung und Katalogisierung, 23.12.1974, Soltau, stud. Neuere u. Mittelalterl. Gesch., Dt. Literaturwiss., Politikwiss., M.A. 03, Ang. Braunschweig UB 03-04, UniA BS UB 04-07, BRef. BS UB u. München BSB/BSchule 07-09, BAssess. Stuttgart Landeskirchl. ZB 09, KirchenBR 11, Prom. 11, KirchenOBR 15, Hannover TIB BOR 15, ☎ (0511) 762-17768, ⌨ andreas.luetjen@tib.eu

Lukas, Heike Susanne, Karlsruhe, Badische Landesbibliothek, Direktionsreferentin, Baureferentin, Controlling, Fachref. f. Agrar- und Forstwiss., Haushalts- und Ernährungswiss., Lebensmitteltechnologie, Umweltschutz, Raumordnung, Landschaftsplanung, Sport, 29.06.1961, Dipl.Bibl. 1985, OBR 2017, ☎ (0721) 175-2297, ⌨ lukas@blb-karlsruhe.de

* Luta, Marius, Dipl.-Inf., Frankfurt am Main, Universitätsbibliothek Johann Christian Senckenberg, Mitglied der Abt. Elektron. Dienste, 15.07.1967, Hermannstadt, stud. Informatik, Diplom 92, BRef. München Bayer. BSchule 93, Fachpr. 95, Wiss. Ang. UB Erlangen-Nürnberg 95, Doz. Frankfurt a. M. BSchule 97, BR z. A. 97, BR 98, BOR 00, Frankfurt a. M. StuUB, Abt. Elektron. Dienste 03, ☎ (069) 798-39281, ⌨ m.luta@ub.uni-frankfurt.de

* Lux, Claudia, Prof. Dr., Dipl.-Soz.wiss., Berlin, Gen. Dir. i.R., Hon. Prof., Consultant, 24.03.1950, Gladbeck, stud. Sinol., Sozialwiss., Wirtsch.-Wiss., Publiz., Politikwiss., Philos., Diplom 73, Prom. 84, BRef. Berlin SBPK 84, Köln FHBD 85, Fachpr. 86, Wiss. Ang. Berlin SBPK 86, Berlin DBI 87, Wiss. Ang. Berlin SBPK 89, BR z. A. 90, BR 91, Berlin Senats-B 91, BOR 92, BDir. 93, Gen.Dir. (ZLB) 97-13, Project Director QNL Nationalbibliothek in Katar 13-17, Hon.Prof. Inst. f. Bibl.- und Informationswiss. d. HU Berlin seit 06, ⌨ claudia.lux@ibi.hu-berlin.de

* Maag, Natalie, Dr. phil., M.A., Marbach am Neckar, Deutsches Literaturarchiv Marbach, Leiterin der Bibliothek, 24.03.1982, Karlsruhe, stud. Mittellatein, Germanistik, Volkswirtschaftslehre Examen 11, akad. Mitarbeiter SFB 933, Prom. 13, Bibliotheksreferendariat UB Heidelberg 15, BAkademie Bayern 16, BDir. Frankfurt a.M. 16 - Lehrbeauftragte (NA) Univ. Heidelberg (Mittellatein), ☎ (07144) 848-300, ⌨ maag@dla-marbach.de

* Maas, Julia, Dr., Berlin, Staatsbibliothek zu Berlin - Preußischer Kulturbesitz, Leiterin der Benutzungsabteilung, 02.03.1985, Kempen, stud. Germanistik, Englische Philologie, M.A. 10, Prom. 16, M.LIS 20; Schweizerische Nationalbibliothek 15; Deutsches Literaturarchiv Marbach: Wiss. Ang. 16, Ltg. des Referats Bestand und Benutzung 17, komm. Ltg. der Bibliothek 20; Staatsbibliothek zu Berlin - Preußischer Kulturbesitz 21, ☎ (030) 266 433500, ⌨ julia.maas@sbb.spk-berlin.de

* Maaß, Philipp, M.A. (LIS), Troisdorf, Stadtbibliothek, Bibliotheksleitung, 20.09.1984, Filderstadt, Ausb. Fachang. StB Böblingen 06, stud. Bibliotheks- und Informationsmanagement HdM Stuttgart, B.A. 11, StB Brackenheim 12, Hochschule für Kunsttherapie Nürtingen BLeiter 13, TH Köln M.A. 16, Stadtbibliothek Amberg Stv. Leiter 16, Ltg. Abteilung StB Bayreuth 17, Ltg. StB Werdau 18, ⌨ philipp-maass@gmx.de

* Mäder, Ida-Maria, Dipl.-Math., Berlin, Universitätsbibliothek der Humboldt-Universität zu Berlin, Leiterin Zweigbibliothek Naturwissenschaften, Fachref. f. Physik, 05.03.1973, Zofingen (Schweiz), stud. Mathematik, Physik, Kirchengeschichte (Diplom 99), Ausb. zur Wiss. Bibliothekarin Basel UB/Medizinbibl. des Kantonspitals 99-01, Nottwil (Schweiz) Leiterin der Medizinbibl. (Schweizer Paraplegiker Zentrum) 01-06, Berlin IGAFA e.V. 06-11, UB Bern 11-12, UB der HU Berlin seit 12 (12-16 Fachref., seit Nov. 16 Leiterin Zweigbibl. Naturwissenschaften), ☎ (030) 2093 99700, ⌨ ida-maria.maeder@ub.hu-berlin.de, ida-maria.maeder@gmx.net

* Mälck, Andreas, Berlin, Staatsbibliothek zu Berlin - Preußischer Kulturbesitz, Leiter d. Abt. Bestandserhaltung u. Digitalisierung, 05.07.1958, Fernstud. B-Wiss., Diplom (Univ.) Berlin IBI 89, ☎ (030) 266 43 4500, ⌨ andreas.maelck@sbb.spk-berlin.de

* Magin, Felix, LL.M., Osnabrück, Universitätsbibliothek, Referendar, Fachref. f. Rechtswissenschaft (in Ausbildung)

* Magin, Nikolas, Marburg, Universitätsbibliothek

* Magyar, Natascha, Saarbrücken, Saarländische Universitäts- und Landesbibliothek, Fachref. f. Anglistik, Slavistik und Wirtschaftswiss., universaar, dbv Landesverband Saarland Geschäftsführung, 28.02.1969, Frankfurt/M., stud. Slaw., Angl., VWL, M.A. 97, BRef. Saarbrücken UuLB 97, Frankfurt a. M. BSchule 98, Fachpr. 99, BR z. A. Paderborn 00, BR Saarbrücken UuLB 01, Elternzeit 03-07, BOR 04, ☎ (0681) 302-3082, 💻 n.magyar@sulb.uni-saarland.de

Mahnke, Lutz, Dr. phil., Zwickau, Ratsschulbibliothek, Leiter, 22.12.1963, Raschau, stud. Germanistik, Musikwiss., Dipl. 89., Prom. 93, ☎ (0375) 834200, 💻 lutz.mahnke@zwickau.de, ratsschulbibliothek@zwickau.de

* Mai, Richard, Dr. phil., München, BDir. a.D., 16.01.1937, im BDienst 65-02, ☎ (089) 184918

* Maier, Gunter, Prof. Dr. phil., Fellbach, HS-Lehrer a.D., 21.07.1939, Stuttgart, im HS- u. BDienst 71-02, ☎ (0711) 578 3695, 💻 maier.gunter@t-online.de

* Maier, Susanne, M.A., Berlin, Staatsbibliothek zu Berlin - Preußischer Kulturbesitz, Referentin für Bestandsaufbau, Fachref. f. Amtliche Publikationen, 23.09.1975, Biberach, stud. Europäische Ethnologie, Soziologie, Gesch., Medienwiss., M.A. 02, Wiss. Ang. Berlin UB d. HU 04-05, BRef Berlin SBB-PK 05, München Bayr. BSchule 06, 💻 susmai@gmx.net

Maier-Gilch, Theresia, Landshut, Hochschulbibliothek, Leiterin, 12.02.1958, Moosburg, Dipl.-Bibl. 80, UB der TU München 80-10, ab 2010 Leiterin der Hochschulbibliothek Landshut, ☎ (0871) 506-161, 💻 theresia.maier-gilch@haw-landshut.de

* Malkawi, Katharina, Leipzig, Universitätsbibliothek, Abteilungsleiterin Geistes- und Sozialwissenschaftliche Bibliotheken, Fachref. f. Religionswiss., Ethnologie, Indologie, Zentralasienwiss., Arabistik, Japanologie und Sinologie, 19.03.1970, stud. Indologie, Religionswiss. M.A., M.A. (LIS), ☎ (0341) 97-30800, 💻 malkawi@ub.uni-leipzig.de

Mallmann, Stefan, Gießen, Technische Hochschule Mittelhessen, Hochschulbibliothek, Stellv. Leiter der Hochschulbibliothek, 29.11.1965, 💻 stefan.mallmann@bib.thm.de

* Mallmann-Biehler, Marion, Dr., Konstanz, Ltd. BDir. i.R., 12.02.1947, München, im BDienst 1977-2013, ☎ (07531) 69 88 70, 💻 marion.mallmann-biehler@uni-konstanz.de

Malo, Markus, Dr. phil., M.A., Stuttgart, Universitätsbibliothek, Leitung der Benutzungsabt., Ref. für Bauangelegenheiten u. Informationskompetenz, Fachref. f. Sprach- und Literaturwiss., 09.06.1971, Ludwigsburg, stud. Germanistik, Geschichte, Philosophie, Politikwiss., M.A. 98, Prom. 08, BRef. Stuttgart WLB 01-02, München Bayr. BSchule 02-03, Wiss. Ang. Berlin UB d. TU 03-04, Wiss. Ang. KOBV 04-05, Stuttgart UB 05-, BR 06, OBR 11, BDir 18, Red. H-Germanistik 05-, ☎ (0711) 685-83815, 💻 markus.malo@ub.uni-stuttgart.de

* Malz, Angela, Dipl.-Bibl. (Univ.), Chemnitz, Universitätsbibliothek der Technischen Universität, Direktorin d. UB, 02.02.1961, Frankenberg, ☎ (0371) 531-13100, 💻 angela.malz@bibliothek.tu-chemnitz.de

* Malzer, Christian, M.A., Würzburg, Universitätsbibliothek, Leiter des Digitalisierungszentrums, Leiter der Abteilung Handschriften und Alte Drucke, Fachref. f. Geschichte, 06.12.1983, 💻 Christian.Malzer@bibliothek.uni-wuerzburg.de

Manecke, Mathias, Leipzig, Deutsche Nationalbibliothek (Leipzig, Frankfurt a. M.), Arbeitstelle f. Standardisierung, 06.03.1963, Rostock, Direktstud. Bibliothekswiss., Dipl. (Univ.) Berlin IBI 88, ☎ (0341) 2271-336, 🖥 m.manecke@dnb.de

* Mangei, Johannes, Dr. phil., Wolfenbüttel, Herzog August Bibliothek, Stv. Direktor, Abteilungsleiter Neuere Medien, Digitale Bibliothek, BDir, 10.09.1968, Freiburg, stud. Mittelalterl. Gesch., Hist. Hilfswiss., Germ., M.A. 97, Prom. 00, BRef. Stuttgart LB 99, Frankfurt a. M. BSchule 01, Weimar HAAB 01, Göttingen SUB 15, Wolfenbüttel HAB 18, ☎ (05331) 808-303, 🖥 mangei@hab.de

* Mangold, Thomas, M.A., M.A. (LIS), Benediktbeuern, Katholische Stiftungshochschule, Bibliothek, Bibliotheksleiter, 🖥 Thomas.Mangold@ksh-m.de

* Mann-Kallenborn, Maria, Dr. sc. agr., Neubiberg, Universitätsbibliothek der Universität der Bundeswehr München, Bibliotheksleiterin, 02.02.1958, Simmern, stud. Agrarbiologie, Diplom 84, Prom. 89, BRef. Berlin UB d. FU 89, Ffm BSchule 90, Fachpr. 91, Wiss. Ang. (DFG) München BSB 92, Ang. Ulm UB 95, Wiss. Ang. München BSB 97, BR z. A. 02, UB UniBW München, BR 03, BOR 04, BDir. 06, Ltd. BDir. 12, ☎ (089) 6004-3300, 🖥 maria.mann-kallenborn@unibw.de

* Manns-Süßbrich, Sophia, Dr. phil., Leipzig, Universitätsbibliothek, Wiss. Mitarb., Referat Fortbildung, Volontärsausbildung (Ausbildung für den höheren Dienst), Fachref. f. Anglistik, Amerikanistik und Slavistik, stud. OstSlaw., Angl., Allg. u. Vergl. Lit.-Wiss., M.A. , Prom., MA (LIS), ☎ (0341) 9730-506, 🖥 manns@ub.uni-leipzig.de

Manske, Maike, Dr. phil., Kiel, Schleswig-Holsteinische Landesbibliothek, Wiss. Ang., Leiterin d. Handschriftenabteilung, stellv. Bibliotheksleitung, 08.05.1981, Hamburg, stud. Geschichte, Germanistik, M.A. 07, Prom. 13, ☎ (0431) 69677-25, 🖥 maike.manske@shlb.landsh.de

* Mantsch, Christian, Nürnberg, Bibliothek der Evangelischen Hochschule, Leiter der Bibliothek, 16.07.1982, ☎ (0911) 27253-754, 🖥 christian.mantsch@evhn.de

* Marckwardt, Wilhelm, Dr., Bremen

* Marmein, Peter, M.A., Hildesheim, BDir., Stellv. Dir., 19.07.1950, Ulm, stud. Geschichte, Slawistik, 1. Staatsex. 76, Mitarb. Konstanz Projekt Korruption in d. Antike, BRef. UB Konstanz UB 80, Köln BLI 81, Fachpr. 82, BR Hildesheim HSB 83, BOR 85, BDir. Hannover LB 99, ☎ (0511) 1267-341, 🖥 peter.marmein@htp-tel.de

* Marra, Stephanie, Dr. phil., M.A., Dortmund, Universitätsbibliothek, Leiterin der Abt. Archive und Sammlungen; Leiterin des Universitätsarchivs, Fachref. f. Geschichte, Kunst, Kulturanthropologie des Textilen, Philosophie, Politik, Ev. und Kath. Theologie, 19.01.1970, Hattingen/Ruhr, stud. Geschichtswiss., Rom. u. Prähist. Archäol., M.A. 98, Wiss. Mitarbeiterin Hist. Inst. d. Univ. Dortmund 98-02, Prom. 02, UB Dortmund ab 02, ☎ (0231) 755-5066, 🖥 stephanie.marra@tu-dortmund.de

Martens, Frank, Dipl.-Inf., Bayreuth, Universitätsbibliothek, Leiter der Abt. Benutzungsdienste, Fachref. f. Mathematik, Informatik, 09.06.1965, Herford, stud. Inform., Dipl. 90, Wiss. Ang. Erlangen Univ. 91, BRef. München Bayer. BSchule 93, Fachpr. 95, BR z. A. Bayreuth UB 95, BR 98, BOR 05, BDir. 16, ☎ (0921) 55-3435, 🖥 frank.martens@uni-bayreuth.de

Martin, Beate, M.A., Dipl.-Bibl., Tübingen, Bibliothek des Evangelischen Stifts, Leiterin, 29.12.1957, Heiligenberg, ☎ (07071) 561-191, 🖥 beate.martin@evstift.de, bibliothek@evstift.de

* Martin-Konle, Claudia, M.A., Kassel, Universitätsbibliothek Kassel - Landesbibliothek und Murhardsche Bibliothek der Stadt Kassel, Ltd. Bibliotheksdirektorin, 23.10.1965, Fankfurt a.M. BSchule 90, Ang. Gießen UB 90-01, stud. Germanistik, Psychologie, BRef. Marburg UB 01-03, Frankfurt a.M. BSchule Fachpr. 03, Wiss. Ang. Gießen UB 03-06, BR 06, BOR 09, BDir. 12, Staatsbibl. zu Berlin Ltd. BDir. 19-20, UB/LMB Kassel, Ltd. BDir. 21, 💻 martin-konle@bibliothek.uni-kassel.de

* Marutschke, Christoph, Dr., Hannover, Bibliothek der Stiftung Tierärztliche Hochschule, 30.03.1986, 💻 christoph.marutschke@posteo.de

* Marzahn, Joachim, Dipl.-Ing., Berlin, im BDienst 1981-2015

* Maszner, Hanns-Jürgen, Dortmund

* Matalla, Ralf, Dipl.-Phys., Düsseldorf, Universitäts- und Landesbibliothek, Leitung Dez. Allg. Infrastruktur, 27.04.1961, Wolfsburg, Ausb. Galvanik, Galvaniseur 80, stud. Physik, Diplom 92, Wiss. Mitarb. Siegen Univ. 92, BRef. Siegen UB 93, Köln FHBD 94, Fachpr. 95, Wiss. Ang. Düsseldorf ULB 95, BR z. A. 95, BR 97, OBR 01, BDir. 06, ☎ (0211) 81-13527, 💻 ralf.matalla@ulb.hhu.de

* Mateo Decabo, Eva Maria, Dr. phil., Berlin, Staatsbibliothek zu Berlin - Preußischer Kulturbesitz, Wiss. Referentin Bestandsaufbau, 05.11.1981, Berlin, stud. Allg. u. Vergl. Literaturwiss., Französisch, Latein M.A. 09, Gräzistik M.A. 15, Prom. (Klass. Philol.) 17, Wiss. Mitarb. FU Berlin 09, Wiss. Mitarb. HU Berlin 12, BRef. Berlin SBB-PK 18, Laufbahnprüfung 20, ☎ (030) 266-432714, 💻 evamaria.mateodecabo@sbb.spk-berlin.de

* Mathieu, Christian, Dr., Berlin, Staatsbibliothek zu Berlin - Preußischer Kulturbesitz, 09.06.1975, stud. Geschichte, Kunstgeschichte, M.A. 00, Prom. 06, BRef. HAB Wolfenbüttel 08, München Bayer. BSchule, christian.mathieu@sbb.spk-berlin.de

* Matiasch, Christiane, M.A., Dipl.-Arch., Griesheim, Leiterin der ZB der evangelischen Kirche in Hessen und Nassau, 04.07.1966, Günzburg, stud. Germanistik, Geschichte u. Philosophie, M.A. 95, 95-98 Archivschule Marburg, Leiterin der ZB der ev. Kirche Hessen/Nassau 02, ☎ (06151) 405 668, 💻 christiane.matiasch@ekhn-kv.de

* Matschkal, Leo, Dipl.-Biol., Moosburg, BDir. a.D., 27.10.1948, Krefeld-Traar, im BDienst 1981-2013

* Mattes, Verena, Dipl.-Bibl. (FH), BA (Hons) Hum (Open), Bayreuth, Universitätsbibliothek, Digitale Dienste, 08.07.1967

* May, Anne, M.A., Hannover, Gottfried Wilhelm Leibniz Bibliothek - Niedersächsische Landesbibliothek, 11.11.1961, stud. Literaturwiss., Erziehungswiss., M.A. 88, Wiss. Ang. Oldenburg BIS 90, BRef. Hannover LB 92, Köln FHBD 93, Fachpr. 94, BR z. A. Paderborn UB 94, BR 96, Hannover Min. f. Wiss. u. Kultur 99, BDir 00, Hannover TIB/UB 02, Hannover GWLB-NLB 16, ☎ (0511) 1267-303, 💻 direktion@gwlb.de

* Mayer, Martin, Dr. phil., Wiesbaden, Hochschul- und Landesbibliothek RheinMain, Leiter Abteilungen Historische Sammlungen, Regionalbibliothekarische Aufgaben, Fachref. f. Geschichte, Regionales, Philologien, Philosophie, Theologie, Musik, Politik, Theater und Sport, 07.03.1971, Aschaffenburg, stud. Mittlere u. Neuere Geschichte, Anglistik, Alte Geschichte, M.A. 97, Prom. 00, BRef. Mainz UB 01, Frankfurt BSchule 02, Fachpr. 03, Freiburg UB 03, BR 05, Wiesbaden HLB 08, BOR 09, ☎ (0611) 9495-1890, 💻 martin.mayer@hs-rm.de

* Mayr, Christoph, M.A., M.A. (LIS), Speyer, Landesbibliothekszentrum Rheinland-Pfalz / Pfälzische Landesbibliothek, Fachbereichsleiter Wissenschaftliche Bibliotheken, Abteilungsleiter Bestand, Stellv. Standortleiter, Fachref. f. Allgemeines und Geschichte, 17.08.1975, stud. Geschichte und Politische Wiss., M.A. 01, Volontariat Munzinger-Archiv GmbH 02-03, BRef. ULB Darmstadt 03-05, Fachpr. 05, M.A. (LIS) HU Berlin 05, Wiss. Ang. Göttingen SUB 06-07, Wiss. Ang. Fulda HLB 06-07, BR z.A. Speyer LBZ/PLB 08, BR 09, OBR 11, BDir. 20, ☎ (06232) 9006-219, 🖳 mayr@lbz-rlp.de

Meckelnborg, Christina, Prof. Dr. phil., Osnabrück, Universität, Univ.-Prof., Fachber. Sprach- u. Literaturwiss., 17.06.1956, Berlin, stud. Latein, Griechisch, Geschichte, Philosophie, Pädagogik, Staatsex. 79, Prom. 82, Wiss. Mitarb. Berlin Sem. f. Klass. Philol. d. FU 79, Wiss. Mitarb. Münster Inst. f. Altertumskde. d. Univ. 83, BRef. Berlin SBB 85, Köln FHBD 86, Fachpr. 87, Wiss. Ang. Berlin SBB 87, Wiss. Ang. Koblenz Landeshauptarchiv 88, Univ.-Prof. 91-16, 🖳 christina.meckelnborg@uni-osnabrueck.de

* Mehl, Cristina, Dipl.-Inf., Stuttgart, Universitätsbibliothek, Stellv. Direktorin, Abteilungsleitung Mediendienste, Fachref. f. Allgemeines, Buch- u. Bibl.-wesen, Information u. Dokumentation, Publizistik, Komm.-wiss., Medien, 24.12.1968, Bukarest, stud. Informatik u. BWL, Dipl. 96, stud. WB 97, BRef. Stuttgart UB 97-98, Frankfurt a. M. BSchule 98-99, Fachpr. 99, Wiss. Ang. Gießen UB 99-00, Wiss. Ang. München TUB 00-01, BR 01, Stuttgart UB 02-, OBR 05, Bibl.-Dir. 15-, ☎ (0711) 685-83625, 🖳 cristina.mehl@ub.uni-stuttgart.de, cristina.mehl@t-online.de

* Mehlberg, Martin, Dr., Bremen, Staats- und Universitätsbibliothek, Fachref. f. Romanistik, Anglistik, Allgemeine Sprach- und Literaturwissenschaft, 16.07.1974, 🖳 martin.mehlberg@suub.uni-bremen.de

Mehlich, Susanne, Hannover, Bibliothek des Niedersächsischen Landtages, Sachgebietsleitung Bibliothek, ☎ (0511) 3030-2018, 🖳 susanne.mehlich@lt.niedersachsen.de

* Mehrwald, Silke, Dipl.-Soz.päd., Kassel, Stiftung Archiv der deutschen Frauenbewegung, Fachref. f. Frauen- und Geschlechtergesch., 19.06.1964, ☎ (0561) 989 36 70, 🖳 mehrwald@addf-kassel.de, info@addf-kassel.de

* Meier, Joachim, Dr.-Ing., Braunschweig, Bibliothek der Physikalisch-Technischen Bundesanstalt, Leiter des Referats Wiss. Bibliotheken der PTB, 30.08.1959, Hermeskeil, stud. Elektrotechnik, Dipl. 87, Prom. 94, Projekt-Ing. 87-90, Wiss. Mitarb. Kaiserslautern Univ. 90-93, BRef. Kaiserslautern UB 93, Frankfurt a. M. BSchule 94, Fachpr. 95, Entwicklungsing. ADVA GmbH Meiningen 95-96, Wiss. Bibl. Phys.-Techn. Bundesanst. Braunschweig 96, Ref.-Leiter Wiss. Bibl. 97, BR z. A. 98, BR 99, BOR 01, BDir 07, ☎ (0531) 592-8131, 🖳 joachim.meier@ptb.de

* Meinel, Corinna, Passau, Universitätsbibliothek

* Meinhardt, Haike, Prof., Dr. phil., Köln, Technische Hochschule Köln - Fakultät für Informations- und Kommunikationswissenschaften, Institut für Informationswissenschaft, FHS-Prof., 26.11.1961, Dresden, stud. Germ. u. Angl., Prom., stellv. Leiterin StadtB Apolda, Red. b. BuB, Prof. Köln FH Inst. f. Inform.-Wiss., ☎ (0221) 8275-3408, 🖳 haike.meinhardt@th-koeln.de

Meinking-Schackmann, Heidrun, Bonn, Bundesministerium für Ernährung und Landwirtschaft, Leiterin, ☎ (0228) 99 529 4193, 🖳 heidrun.meinking-schackmann@bmel.bund.de

* Meißner, Martina, Großröhrsdorf, Regierungsdirektorin a.D., 16.09.1950, Großröhrsdorf, im BDienst 1973-2014, 🖳 ina.meissner@web.de

* Meixner, Charlotte, Cottbus, Brandenburgische Technische Universität Cottbus-Senftenberg, Fachref. f. Natur- und Umweltwissenschaften

* Melchior, Sara, Kassel, documenta archiv, Leitung der Bibliothek, Erwerbung, 12.06.1987, München

* Melchiorre, Barbara, M.A., Dipl.-Bibl., Bremen, OBR i. R., 22.06.1933, Frauenhain, im BDienst 65-98, ✉ melchi@uni-bremen.de

* Melloni, Karin, Dipl.-Bibl., M.A., Freiburg im Breisgau, Bibliothek der Pädagogischen Hochschule, Leitung Infoteam, Leitung Schulungsteam, 26.10.1959, ☎ (0761) 682-207, ✉ melloni@ph-freiburg.de

* Mengels, Ute, Karlsruhe, Bibliothek des Bundesverfassungsgerichts, Leiterin der Bibliothek des BVerfG, 28.03.1965, Hamm/Westf., stud. Rechtswiss., 1. Staatsex. 90, 2. Staatsex. 94, Wiss. Mitarb. Frankfurt a. M. Institut f. Intern. Päd. Forschung 94-96. BRef. Mannheim UB 96, Frankfurt a. M. BSchule 97, Fachpr. 98, Karlsruhe B d. Bundesverfassungsgerichts 98, BR z. A. Erlangen UB 01, BR 03, BOR 10, BDir. 13, Ltd. BDir 16, UB Erlangen-Nürnberg, Leiterin d. Benutzungsabt. 10-11, Bibl. d. BVerfG, Dir. 12-, ☎ (0721) 9101-297, ✉ umengels@bundesverfassungsgericht.de

* Menke, Elke, Bremen, Landesinstitut für Schule, Bibliotheksleitung

* Mensing, Petra, Dr. rer. hort., Hannover, Technische Informationsbibliothek (TIB), Fachreferentin, Ausbildungsleitung hD, Gesamtausbildungsleitung, Fachref. f. Biologie, Gartenbau, Umwelttechnologie und Wirtschaftswiss., 06.01.1974, stud. Gartenbau, Diplom 00, Prom. 06, BRef. 07-09 Hannover TIB/UB, stud.Bibliothekswiss. HU Berlin 07-09, wiss. Ang. TIB/UB 09-15, BR TIB 15-18, BOR TIB 18-, ☎ (0511) 762-17590, ✉ petra.mensing@tib.eu

* Menz, Astrid, Dr. phil., Hamburg, ☎ (040) 42838-3183, ✉ astrid.menz@uni-hamburg.de

* Menzel, Sina, Berlin, Universitätsbibliothek der Freien Universität, Benutzungsforschung, ☎ (030) 838 69963, ✉ menzel@ub.fu-berlin.de

* Merkel-Hilf, Nicole, M.A., M.A. (LIS), Heidelberg, Universitätsbibliothek, CATS Bibliothek / Abt. Südasien, Wiss. Ang., Projektkoordinatorin FID Asien / Südasien, Fachref. f. Neusprachliche Südasienstudien, Geschichte und Kunst Südasiens, ☎ (06221) 54 15047, ✉ merkel@sai.uni-heidelberg.de

* Merker, Kathrin, Cottbus, IKMZ der Brandenburgischen Technischen Universität Cottbus-Senftenberg

* Merkler, Benjamin, M.A., Koblenz, Landesbibliothekszentrum Rheinland-Pfalz / Rheinische Landesbibliothek, Standortvertreter Rheinische Landesbibliothek, Leiter Betriebsabteilung, Fachref. f. Naturwissenschaften allgemein, Umweltschutz, Raumordnung, Landschaft, Landwirtschaft, Biologie, Chemie, Medizin, Veterinärmedizin, Wein, 08.02.1982, Mayen, stud. Anglistik, Philosophie, öffentl. Recht, M.A. 10, BRef. Trier UB 13, Bibliotheksakademie Bayern 14, BR Trier UB 15, LBZ Koblenz Standortvertretung und Abteilungsleitung 17, OBR 20, ☎ (0261) 91500-477, ✉ merkler@lbz-rlp.de

* Mersmann, Jana, Dr., Braunschweig, Universitätsbibliothek, Fachref. f. Biologie, Biotechnologie, Geowissenschaften und Umweltschutz, 21.02.1976, ☎ (0531) 391-5071, ✉ j.mersmann@tu-braunschweig.de

* Merten, Berit, Hildesheim, Universitätsbibliothek

  Merten, Jürgen, Dipl.-Bibl., Trier, Bibliothek des Rheinischen Landesmuseums, Leiter, Fachref. f. Archäologie, Kunstgeschichte, Geschichtliche Landeskunde, ☎ (0651) 9774-118, ✉ bibliothek.rlmtrier@gdke.rlp.de

* Mescherowsky, Corinna, Dr.-Ing., M.A. (LIS), Lontzen (Belgien), 24.01.1972, Osnabrück, stud. Architektur, Diplom 00, Wiss. Ass. TU München LS Baugeschichte u. Bauforschung 01-05, Wiss. Ang. TU München UB 06-07, Wiss. Ang. DAI Berlin 08, postgrad. Fernstudium BWiss., M.A. (LIS) 08, Prom. 18, RWTH Aachen UB 09, BR 10, OBR 14-, ☎ (0241) 80-94478, ✉ mescherowsky@ub.rwth-aachen.de

* Meschke, Korinna, Hamburg, Staats- und Universitätsbibliothek Hamburg Carl von Ossietzky

Messal, Elke, Dipl.-Bibl., Düsseldorf, Bibliothek von Information und Technik Nordrhein-Westfalen, Leiterin, ☎ (0211) 9449-2324, 🖥 elke.messal@it.nrw.de

* Metz, Johannes, Dr. phil., Berlin, BDir. i.R., 19.11.1940, Potsdam, im BDienst 72-04, ☎ (030) 801 33 28, 🖥 johannes-metz@t-online.de

* Metz, Susanne, M.A., Berlin, Ltd. BDir., Direktorin Leipziger Städtische Bibliotheken, 11.06.1964, Duisburg, stud. Geschichte Chinas, Sprache u. Lit. Chinas, Allg. Geschichte, M.A. 91, BRef. Bochum UB 92, Köln FHBD 93, Fachpr. 94, Köln StB 95, Amtsleitung Berlin-Kreuzberg StB 99, Amtsl. Friedrichshain-Kreuzberg StB 01, Amtsl. Amt Weiterbildung u. Kultur Friedrichshain-Kreuzberg 09, Direktorin Leipziger Städt. Bibliotheken 13, ☎ (0341) 123-5300, 🖥 susanne.metz@leipzig.de, susannemetz97@gmail.com

* Meye, Antje, Berlin, Universitätsbibliothek der Freien Universität, Zugangsabt./Monographienbearbeitung, 🖥 meye@ub.fu-berlin.de

* Meyer, Anette, Dr., Ilmenau, Universitätsbibliothek, Geschäftsführender Fachreferent, Hochschulbibliographie, Fachref. f. Informatik, stud. Agrarbiologie, Diplom 88, Aufbaustud. Phytomedizin, Examen 90, Prom. 92, BRef. Stuttgart UB 92, Frankfurt a. M. BSchule 93, Fachpr. 94, Ilmenau UB 94, OBR 07, ☎ (03677) 69-4622, 🖥 anette.meyer@tu-ilmenau.de

* Meyer, Detlef, Wilhelmshaven, Hochschulbibliothek der Jade Hochschule Wilhelmshaven/Oldenburg/Elsfleth, 18.04.1966, Oldenburg (Oldb.)

* Meyer, Hans-Burkard, Dr. jur. utr., Diedorf, BDir. i.R., 04.08.1942, Posen, im BDienst 69-07, ☎ (08238) 3154, 🖥 burkard.meyer@t-online.de

* Meyer, Heidi, M.A., Berlin, Staatsbibliothek zu Berlin - Preußischer Kulturbesitz, Leiterin d. Ref. Literaturbereitstellung, 08.08.1960, Korbach, Ausb. z. Buchh., stud. Soziol., Publiz., M.A. 88, BRef. Berlin SBPK 90, Köln FHBD 91, Fachpr. 92, BR z. A. Berlin SBB-PK 92, BR 95, BOR 98, ☎ (030) 266-433 700, 🖥 heidi.meyer@sbb.spk-berlin.de

* Meyer, Helena, Dipl.-Wirtschaftsrussistin, Gießen, Universitätsbibliothek, Referendarin, 15.11.1985

* Meyer, Katharina, Dresden, Sächsische Landesbibliothek - Staats- und Universitätsbibliothek, Koordinierung Erschließung (Verbünde/Lokalsystem), 🖥 katharina.meyer@slub-dresden.de

* Meyer, Thorsten, Kiel, ZBW - Leibniz-Informationszentrum Wirtschaft, Bibliotheksdirektor, 12.03.1974, Lübbecke, stud. VWL, Europ. Wirtsch., Dipl. 03, stud. BWL, BoSS 00, stud. BWiss., M.A. (LIS) 08, ☎ (0431) 8814-354, 🖥 t.meyer@zbw.eu

* Meyer zu Westerhausen, Wibke, Dipl.-Volksw., Osnabrück, Universitätsbibliothek, Fachreferentin, Fachref. f. Mathematik, Wirtschaftswiss., 17.03.1979, ☎ (0541) 969-6156/ -2418, 🖥 wibke.meyer.zu.westerhausen@uni-osnabrueck.de

* Meyer-Doerpinghaus, Ulrich, Dr., Bonn, Universitäts- und Landesbibliothek, Direktor, 14.12.1967, ☎ (0228) 73-7350, 🖥 meyer-doerpinghaus@ulb.uni-bonn.de

Michael, Cordula, Dipl.-Ök., Rostock, Universitätsbibliothek, Wiss. Ang., Fachref. f. Wirtschaftswiss., Politikwiss., Soziologie, 12.10.1960, Neustrelitz, stud. Wirtschaftswiss., Diplom 83, Fernstud. B-Wiss., Fachbibl. Berlin IBI 87, ☎ (0381) 498-8680, 🖥 cordula.michael@uni-rostock.de

* Michael, Elisabeth, Dr. phil., München, Bayerische Staatsbibliothek / Bibliotheksakademie Bayern, Leiterin, 02.12.1961, Koblenz, stud. Germ., Kath. Theol., Philos., Geogr., Päd., Wirtsch.wiss., 1. Staatsex.: Germ., Kath. Theol. 86, Geogr. 87, Philos. 88, 2. Staatsex.: Germ., Kath. Theol., Geogr. 90, Prom. 93, Schulungsleiterin (Wirtschaft) 90-93, Ref. SBB-PK 93, Fachpr. 95, BR z. A. UB Univ. d. Bundesw. München 95, BR 98, BOR 99, Leiterin Bibliotheksakademie BSB 03, BDir. 04, ☏ (089) 28638-2233, 🖥 elisabeth.michael@bsb-muenchen.de

* Michalke, Karin, Hagen, Universitätsbibliothek der Fernuniversität, 23.02.1958, Bochum, stud. Rechtswiss., Germ., 1. Staatsex. 83, 2. Staatsex. 86, BRef. Bochum UB 87, Bochum StB 88, Köln FHBD 88, Fachpr. 89, Wiss. Mitarb. Bonn Verbund d. BB d. Obersten Bundesbehörden 89, Wiss. Mitarb. München UB d. Univ. d. Bundeswehr 91, BR z. A. 91, BR 93, Köln UuStb 94, OBR 97, BDir. 98, UB Hagen, Ltd. BDir. 06-, seit 05/21 in Altersteilzeit bis 02/24, ☏ (02331) 987-29 10, 🖥 karin.michalke@fernuni-hagen.de

* Michel, Antje, Prof. Dr. phil., Potsdam, Fachhochschule, Professorin für Informationsdidaktik und Wissenstransfer, 06.06.1974, Auetal, ☏ (0331) 580-1537, 🖥 michel@fh-potsdam.de

* Michel, Joachim Peter, Dipl.-Volksw., Kiel, ZBW - Leibniz-Informationszentrum Wirtschaft, Wiss. Ref., Fachref. f. Deutschland, Informationsdienste, 11.02.1964, Mannheim, stud. Volkswirtschaft, Diplom 91, ☏ (0431) 8814-433, 🖥 j.michel@zbw.eu

* Mikuteit, Johannes, Dr. phil., M.A., Heidelberg, Bibliothek des Max-Planck-Instituts für ausländisches öffentliches Recht und Völkerrecht, Bibliotheksleiter, stud. Neuere u. Neueste Geschichte, Öff. Recht, Politikwiss., M.A., Prom. 99, Wiss. Mitarb. Europa-Univ. Viadrina Frankfurt (Oder) 99-01, BRef. Hannover LB 01, BSchule Frankfurt a. M. 02, Fachpr. 03, BAssess Würzburg UB 04, BAssess. Kiel UB 04, BR z.A. 07, BR 08, Mitarbeit BMBF-Projekt DARiAH-DE SUB Göttingen 11-12, OR 15, Bibliotheksleiter Heidelberg B d. MPI f. ausl. öff. Recht u. Völkerrecht 15, ☏ (06221) 482-219, 🖥 mikuteit@mpil.de

* Miller, Matthias, Dr. phil., Berlin, Bibliothek des Deutschen Historischen Museums, Wiss. Ang., Leiter der Bibliothek, Fachref. f. Sammlungsleiter f. Handschriften / Alte und wertvolle Drucke, 12.04.1966, Tübingen, stud. Hist. Hilfswiss., Musikwiss., Romanistik, M.A. 94, Prom. 02, BRef. Stuttgart LB 97, Frankfurt a. M. BSchule 98, Fachpr. 99, Wiss. Ang. Heidelberg UB 00-08, Leiter der Bibliothek des DHM Berlin 08, ☏ (030) 20304-320, 🖥 miller@dhm.de

* Mimkes, Julika, Göttingen, Niedersächsische Staats- und Universitätsbibliothek, Fachref. f. Chemie, Physik, Technik, 🖥 mimkes@sub.uni-goettingen.de

* Minners-Knaup, Claudia, Wolfenbüttel, Herzog August Bibliothek

* Mitscherling, Christoph, Dr. rer. nat., Dipl.-Chem., München, Universitätsbibliothek der Technischen Universität, Leitung der Abt. Benutzungsdienste, 04.02.1981, Wilhelmshaven, stud. Chemie TU Braunschweig 01-06, Prom. 09, BRef. 09-11 UB der TU Braunschweig / Bayer. BSchule, Wiss. Bibl. UB der TUM 11-14, BR 14, BOR 17, BDir. 21, ☏ (089) 289 28603, 🖥 christoph.mitscherling@ub.tum.de

* Mittelbach, Jens, Dr. phil., Cottbus, IKMZ der BTU Cottbus-Senftenberg, Standort Cottbus-Sachsendorf, Leiter der Universitätsbibliothek, 05.03.1969, Halle/Saale, stud. Angl., Amerikanistik 90-96, Promotion 02, Referendariat Freie Univ. Berlin UB 03-05, Göttingen SUB 06-09, SLUB Dresden 10-19, UB der BTU Cottbus-Senftenberg 20, ☏ (0355) 69 2346, 🖥 jens.mittelbach@b-tu.de

* Mittermaier, Bernhard, Dipl.-Chem., Dr. rer. nat., M.A. (LIS), Jülich, Zentralbibliothek des Forschungszentrums Jülich GmbH, BLeiter, 13.12.1968, Dillingen/Donau, stud. Chemie, Dipl. 96, Prom. 01, stud. Bibliotheks- u. Informationswiss., M.A. (LIS) 06, wiss. Mitarb. FZ Jülich ICG II Troposphäre 02, Jülich ZB d. Forschungszentrums Benutzungsleiter 04, BLeiter 08, ☎ (02461) 61-3013, 🖳 b.mittermaier@fz-juelich.de

* Mitterrutzner, Benjamin, Dr., München, Bayerische Staatsbibliothek, Bibliotheksreferendar, 21.01.1990, Brixen

* Mittler, Elmar, Prof. Dr. Drs. h.c., Bovenden, Prof. f. Buch- und Bibliothekswiss. (em.), Altdirektor d. SUB Göttingen, 08.05.1940, Andernach, im BDienst 66-06 - Prof. für Buch- und Bibliothekswiss. Universität Göttingen (em.), Altdirektor d. Niedersächsischen Staats- und Universitätsbibliothek Göttingen, Honorarprofessor u. Research fellow der Johannes-Gutenberg-Univ. Mainz, ☎ (0551) 3925758, 🖳 mittler@uni-goettingen.de, elmar@mittler.de

* Moderow, Hans-Martin, Dr. phil., Greifswald, Historisches Institut Universität, Wiss. Mitarb. d. gesch.f. Direktors, 20.06.1970, Stralsund, stud. Geschichte, Volkswirtschaftslehre, Frankreichstudien, Öff. Recht, M.A. 98, Prom. 06, Bibliotheksvolontariat ThULB Jena 07, M.A. Bibl.-Wiss. IBI HU Berlin 09, Fachref. ThULB Jena 09, Abteilungsleiter Geschäftsgang UB Greifswald 16, wiss. Mitarb. Histor. Institut 20, ☎ (03834) 4203336, 🖳 hans-martin.moderow@arcor.de, hans-martin.moderow@uni-greifswald.de

* Möbius, Michael Uwe, Dipl.-Phys., Düsseldorf, Hochschule, Fachbereich Sozial- und Kulturwissenschaften, Embedded Librarian, 01.08.1963, Kaiserslautern, stud. Physik, Inform., Math., Diplom 91, BRef. Köln UuStB 92, Düsseldorf StBü 93, Köln FHBD 93, Fachpr. 94, BR z. A. Mönchengladbach FHB Niederrhein 94, BR 95, Düsseldorf FHB 99, OBR 99, BDir. 02, Düsseldorf HSD Fachber. Sozial- u. Kulturwiss. 20, ☎ (0211) 4351-9035, 🖳 michael.moebius@hs-duesseldorf.de

* Mödden, Elisabeth, Dipl.-Ing., Frankfurt am Main, Deutsche Nationalbibliothek (Leipzig, Frankfurt a. M.), Leitung Referat Automat. Erschließungsverfahren, Netzpublikationen, Fachref. f. Informatik und Medizin, 🖳 e.moedden@dnb.de

Möhringer, Petra, Offenburg, Hochschule, Fachliche Bibliotheksleitung, Vertretung der HAW-Bibliotheken im Konsortium Baden-Württemberg, ☎ (0781) 205-194, 🖳 moehringer@hs-offenburg.de

* Mönnich, Michael W., Prof. Dr. rer. nat., Karlsruhe, KIT-Bibliothek, Leitung Benutzung, stellv. Dir., Fachref. f. Chemie, Pharmazie, 06.03.1959, Tübingen, stud. Chemie, Pharmazie, Geschichte, Staatsex. 85, Prom. 89, BRef. Karlsruhe 89, Köln FHBD 90, Fachpr. 91, BAssess. Karlsruhe UB 91, BR 93, OBR 95, BDir. 01, ☎ (0721) 608-43108, 🖳 michael.moennich@kit.edu

* Moos, Katja, Dipl.-Bibl. (FH), Chapel Hill (USA), 01.05.1968, Rüsselsheim, Dipl. Bibl. WB FHB Stuttgart 90; stud. Information and Library Science (Master of Science), The University of North Carolina-Chapel Hill 91-93; VTLS Inc. USA, Manager, International Sales, Customer Service 93-01; Innovative Interfaces USA, Customer Sales Consultant 02-08; OCLC USA, Library Services Consultant 08-10; Duke University Press USA, Digital Collections Sales Manager seit 2017, ☎ (001) 919 384 7196, 🖳 katja.moos@duke.edu, katja.moos@gmail.com

Moravetz-Kuhlmann, Monika, Dr. phil., München, Bayerische Staatsbibliothek, Abteilungleitung Bestandsentwicklung und Erschließung 1: Länder- und Fachreferate, Monographien, Medienetat, 13.08.1958, Hermannstadt, stud. Romanistik, Dt. als Fremdsprache, Theaterwiss., M.A. 85, Prom. 88, BRef. München BSB 88, München Bayer. BSchule 89, Fachpr. 90, ☎ (089) 28638-2304, 🖳 monika.moravetz-kuhlmann@bsb-muenchen.de

* Moritz, Andrea, Winterthur (Schweiz), ZHAW Hochschulbibliothek, Open Access Beauftragte, 07.08.1985, stud. Politikwiss., Zeitgeschichte, Medien- und Kommunikationswiss. (Mag.) Halle 05-11, Referendariat an der Universitätsbibliothek Mannheim 12-13, Stellv. Abteilungsleitung Ausleihe/Magazin Zentralbibliothek Zürich 13-15, Standortleitung ZHAW Hochschulbibliothek Wädenswil 15-20, seit 2020 OA Beauftragte ZHAW Hochschulbibliothek, 🖥 andrea.moritz@yahoo.de, andrea.moritz@zhaw.ch

* Morvay, Karin, Dr. phil., Gerbrunn, BDir. i. R., 04.12.1936, Zwittau/Mähren, im BDienst 71-01, ☎ (0931) 706892

* Moser, Barbara, München, Universitätsbibliothek der LMU, 🖥 barbara.moser@ub.uni-muenchen.de

* Motadel, Iradj, Dr., Detmold

* Mrowka, Tatjana, M.A., Köln, Universitäts- und Stadtbibliothek, 23.01.1971, Marburg, stud. Germanistik, Anglistik, Geschichte, M.A. 97, BRef. Braunschweig UB 99, Köln FH 00, Fachpr. 01, Wiss. Ang. Köln HBZ 01, BR z. A. 02, BR 03, Köln USB 08, BOR 13, BDir. 17, ☎ (0221) 470 - 65 65, 🖥 mrowka@ub.uni-koeln.de

* Mühlbauer, Andreas, München, Bayerische Staatsbibliothek, 🖥 andimuehli@posteo.de

   Mühlschlegel, Ulrike, Dr., Berlin, Ibero-Amerikanisches Institut Preußischer Kulturbesitz, Referatsleiterin Benutzung und Fachreferentin, Fachref. f. Spanien, Uruguay, nicht-spanischsprachige Karibik, stud. Span. und Port. Philologie u. Politikwiss. an der Univ. Trier; Prom. 99 an der Univ. Göttingen mit einer Arbeit zur span.u. port. Lexikographie im 17. u. 18. Jh. Fachreferentin für Spanien, Uruguay u. die Karibik in der Bibliothek des Ibero-Amerik. Instituts 01-; Leiterin des Ref. Benutzung 07-; Lehrbeauftragte für span. und port. Sprachwiss., ☎ (030) 26645 2200, 🖥 muehlschlegel@iai.spk-berlin.de

* Müller, Anette, Frankfurt am Main, Universitätsbibliothek Johann Christian Senckenberg

* Müller, Anja, Werder (Havel)

* Müller, Christa, Mag., Wien (Österreich), Österreichische Nationalbibliothek, Leiterin der Hauptabteilung Bestandsaufbau und Bearbeitung, 19.01.1970, Wien, 🖥 christa.mueller@onb.ac.at

* Müller, Christoph, Dr. phil., Berlin, Bibliothek des Ibero-Amerikanischen Instituts Preußischer Kulturbesitz, Leiter des Referats Digitale Bibliothek und IT-Infrastruktur, stellv. Dir., Fachref. f. Zentralamerika, Venezuela, Kolumbien, spanischsprachige Karibik, 01.10.1975, ☎ (030) 266-45 23 00, 🖥 mueller@iai.spk-berlin.de, chmuellerberlin@t-online.de

* Müller, Diana, Dr., Marburg, Universitätsbibliothek, Leiterin Forschungsnahe E-Dienstleistungen, Fachref. f. Ethnologie, 30.04.1976, stud. Germanistik, Skandinavistik, Rechtsgeschichte in Frankfurt a.M. u. Stockholm, M.A. 05, Wiss. Mitarb. Inst. f. dt. Sprache u. Lit. II Goethe-Univ. Frankfurt a. M. 07-08, Rudolf und Ursula Schneider-Stip. HAB Wolfenbüttel 09, BRef UB Marburg 09-11, M.A. (LIS) 11, Prom. 11, BR 15, BOR 19, Mitglied d. Arbeitsgruppe Handschriftencensus 18-, 🖥 diana.mueller@ub.uni-marburg.de

* Müller, Elisabeth Charlotte, Dr. med., Dipl.-Inf.wiss., Köln, Deutsche Zentralbibliothek für Medizin (ZB MED) - Informationszentrum Lebenswissenschaften, 15.09.1959, Speyer, stud. Humanmedizin, Informationswiss., Ärztl. Prüf. 86, Prom. 89, Diplom 91, BRef. Tübingen UB 90, Frankfurt a. M. BSchule 91, Fachpr. 92, Wiss. Ang. Karlsruhe LB 92, BR z. A. Köln Dt. ZB f. Med. 94, BR 96, OBR 04, BDir 10, ☎ (0221) 478-5680, 🖥 mueller@zbmed.de

* Müller, Harald, Dr. jur., Lorsch, BDir. a.D., 20.06.1949, Pforzheim, im BDienst 1979-2015 - Lehrbeauftr. Bayer. BAkademie München, stellv. Sprecher Aktionsbündnis Urheberrecht f. Bildung u. Wissenschaft, ☎ (06251) 55356, ✉ hmueller.mpil@gmx.de

* Müller, Hildegard, Dr. phil., Wiltingen, im Ruhestand, 12.04.1954, Pforzheim, stud. Geschichte, Germanistik, Staatsex. 79, Prom. 84, Wiss. Mitarb. Tübingen Inst. f. Erz.-Wiss. d. Univ. 79, BRef. Heidelberg UB 84, Köln FHBD 85, Fachpr. 86, Assess. d. BDienstes Mainz StB 86, Wiss. Ang. Heidelberg UB 87, Wiss. Ang. Stuttgart B f. Zeitgesch. 88, Wiss. Ang. München UB 91, BR 92, Lüneburg UB 95, BOR 95, BDir. 97, Trier UB 98, Ltd. BDir. 99 - Mitgl. im DFG-BAussch. 01-05, Mitgl. im DFG-Unterausch. Informationsmangem. 02-04, DFG-UA überreg. Literaturvers. 04-06, Vertr. d. Landes RP im Sachverst.-Aussch. d. Bundes f. Kulturgut 05-09, Vorstandsmitglied DBV-LV Rh.-Pfalz 2011ff., 1.9.19 Ruhestand, ☎ (0651) 201-2497, ✉ muellerhil@uni-trier.de

* Müller, Jens, Stuttgart, Universitätsbibliothek, Fachref. f. Geschichte, Pädagogik, Wirtschaftswiss., 17.02.1984, ✉ jens.mueller@ub.uni-stuttgart.de

* Müller, Klaus-Peter, Dr. phil., Oldenburg, BOR i.R., 07.04.1954, Oldenburg i.O., im BDienst 1982-2009, ✉ kpmueller-ol@gmx.de

* Müller, Lars, M.A., Berlin, Bibliothek für Bildungsgeschichtliche Forschung Abteilung des DIPF / Leibniz-Institut für Bildungsforschung und Bildungsinformation, Digital Humanities u. Forschungsdatenmanagement, 03.02.1972, Lübeck, stud. Volkskunde/Europäische Ethnologie, Neuere und Neueste Geschichte, Wirtschafts- und Sozialgeschichte, M.A. 98, B- und Informationswiss., M.A. (LIS) 08, Wiss. Ang. Inst. f. Volkskunde Uni Freiburg 99, freiberufl. Dokumentationsprojekte 01, Wiss. Ang. UB der HU 07, Akad. Mitarb. FH Potsdam FB Informationswiss. 09, Wiss. Bibliothekar Berlin BBF 15, ☎ (030) 293360-641, ✉ l.mueller@dipf.de

* Müller, Maria Elisabeth, Dipl.-Soz.wiss., Bremen, Staats- und Universitätsbibliothek, Dir., 14.03.1963, stud. Soziol., Psych., Politikwiss., Jura, Dipl. 95, Mitarb. Hannover LB 85-97, BRef. Oldenburg BIS 97, StadtB 98, Köln FHBD 98, Fachpr. 99, Wiss. Ang. Göttingen SUB 99, Leiterin Hildesheim UB 00-06, Direktorin Bremen SuUB 06-, ☎ (0421) 218-59400, ✉ direktion@suub.uni-bremen.de

* Müller, Marion, M.A., Schwalmtal, im Ruhestand seit Okt. 2018, 22.06.1953, Düsseldorf, stud. Geschichte, Bibliotheks- u. Informationswiss., ✉ marion-mueller@ub.uni-duesseldorf.de

  Müller, Sabine, Dipl.-Bibl., Darmstadt, Bibliothek der Hochschule, ☎ (06151) 1638785, ✉ sabine.mueller@h-da.de

* Müller, Sophie, Dr., Darmstadt, Universitäts- und Landesbibliothek

* Müller, Uta, Dr. rer. pol., Bochum, Universitätsbibliothek, Leitung Abt. UB-Verwaltung, Controlling, Ausb.Ltg. HD, Fortbildungsbeauftragte, Fachref. f. Wirtschaftswiss., Medienwiss., Theaterwiss., Sportwiss., 21.11.1969, Neuss, Stud. Betriebsw.-Lehre, Dipl. 95, Combi-Projekt UuLB Düsseldorf 95-97, BRef. 97-99, Proj. Accelerate UuLB Düsseldorf 99-00, BR z. A. Bochum UB 00, OBR 08, ☎ (0234) 32-22383, ✉ uta.mueller@rub.de

  Müller, Uwe, Dr. phil., Schweinfurt, Stadtarchiv und Stadtbibliothek, Leiter, ☎ (09721) 51-383, ✉ uwe.mueller@schweinfurt.de

* Müller, Wolfgang, Dr. phil., München, BDir. i.R., 08.01.1940, Breslau, im BDienst 73-05 - Lehrbeauftr. f. Buch- u. B-Geschichte d. Univ. München, ☎ (089) 39 45 04

* Müller-Dreier, Armin, Dr. phil., Göttingen, Niedersächsische Staats- und Universitätsbibliothek, Stellv. Dir., 19.12.1959, Celle, stud. Geschichte, Ev. Theologie, Päd., Staatsex. 86, Prom. 97, BRef. Hannover LB 89 u. Hannover StB 90, Köln FHBD 90, Fachpr. 91, Wiss. Ang. Bayreuth UB 92, BR z. A. 92, BR Göttingen SUB 93, BOR 95, BDir. 05, Ltd. BDir 13, ☎ (0551) 39-22402, 🖳 mdreier@sub.uni-goettingen.de

* Müller-Kammin, Michael, Dipl.-Geogr., Hannover, Technische Informationsbibliothek (TIB), Fachref. f. Geowiss., 01.08.1959, Trier, stud. Geographie, Kartogr., Betriebsw., Soziol., Diplom 87, Wiss. Ang. Göttingen SUB 89, BRef. Hannover UB/TIB 92, Köln FHBD 93, Fachpr. 94, BAssess. Hannover UB/TIB 94, BR 95, BOR 00, ☎ (0511) 762-17853, 🖳 michael.mueller@tib.eu

* Müller-Kopton, Gernot, Dipl.-Biol., Hamburg, Staats- und Universitätsbibliothek Hamburg Carl von Ossietzky, Stellv. Leiter d. Hauptabt. Akquis., Fachref. f. Biologie, Medizin, Umweltforschung u. Naturschutz, 16.07.1958, Lüdenscheid, stud. Biologie, Diplom 85, BRef. Münster UB 86, Köln FHBD 87, Fachpr. 88, Wiss. Ang. Hamburg SuUB 88, BR 90, OBR 93, ☎ (040) 42838-5915, 🖳 gernot.mueller-kopton@sub.uni-hamburg.de

* Müller-Wiegand, Daniela, Dr. phil., Kassel, Universitätsbibliothek Kassel - Landesbibliothek und Murhardsche Bibliothek der Stadt Kassel, Leiterin Abt. Medienbearbeitung, Fachref. f. Geschichte, 14.04.1972, Homberg/Efze, stud. Geschichte, Germanistik, Pädagogik, Staatsex. 96, Prom. 03, Wiss. Mitarb. Uni Kassel FB Gesellschaftswiss. 98, BRef. Kassel UB/LB u. Murh. B. u. Berlin IBI 03, Fachpr. und M.A. (LIS) 06, Wiss. Ang. Gießen UB 06, BR z.A. Kassel UB/LB u. Murh B 07, BR 11, BOR 17, ☎ (0561) 804-2115, 🖳 mueller-wiegand@bibliothek.uni-kassel.de

Müllerleile, Tobias, Marburg, Universitätsbibliothek, Abteilungsleiter Digitale Dienste, ☎ (06421) 28-25210, 🖳 tobias.muellerleile@ub.uni-marburg.de

* Münster, Robert, Dr. Dr. h.c., München, Bibliotheksdirektor a.D., 03.03.1928, Düren, im BDienst 59-90, ☎ (089) 64228 98, 🖳 muenster@musicabavarica.de

* Münzing, Michael, Darmstadt, Bibliothek der Hochschule

* Mundt, Sebastian, Dipl.-Kaufm., Stuttgart, Hochschule der Medien, Fakultät Information und Kommunikation, Prof. f. Medienmanagement und Informationsdienstleistungen, 02.11.1965, Essen, stud. Wirtschafts- u. Org.-Wiss. 85-89, BRef. Münster ULB 97, Paderborn StB 98, Köln FHBD 98, Fachpr. 99, BR z. A. Münster ULB, BOR Hamburg UB d. Helmut-Schmidt-Univ. 02, Stuttgart HdM 05, ☎ (0711) 8923-3263, 🖳 mundt@hdm-stuttgart.de

* Munke, Martin, Dresden, Sächsische Landesbibliothek - Staats- und Universitätsbibliothek, 25.02.1984, 🖳 martin.munke@gmx.de

* Murcia Serra, Jorge, Dr., Mannheim, Universitätsbibliothek, Fachref. f. Romanistik, 09.10.1965, Cerdanyola del Vallès, stud. Deutsch als Fremdsprachenphilologie, Romanistik, Anglistik. M.A. 94, Prom. 01. wiss. Ang. Uni Heidelberg 95-01, wiss. Ang. Uni Saarland 01-03, wiss. Ang. UB Mannheim 03, 🖳 murcia@bib.uni-mannheim.de

* Murday, Daniel, Hamburg, Staats- und Universitätsbibliothek Hamburg Carl von Ossietzky

Muske-Klostermann, Sabine, Dipl.-Bibl., M.A., München, Bibliothek der Akademie der Bildenden Künste, Leitung, Bestandsaufbau, Fachref. f. Kunst des 20. Jahrhunderts, ☎ (089) 3852-175, 🖳 muske@adbk.mhn.de

* Musser, Ricarda, Dr. phil., Berlin, Bibliothek des Ibero-Amerikanischen Instituts Preußischer Kulturbesitz, Leiterin des Medienref., Fachref. f. Brasilien, Chile, Mexiko, Portugal, 12.07.1969, Borna, stud. Informationswiss., Portugies., Psychologie, M.A. 94, Prom. 01, BRef. Berlin IAI-PK 01, München Bayer. BSchule 02, Fachpr. 03, BR z.A. Ibero-Amerikan. Inst. Berlin PK 03, BR 05, BOR 07, ☎ (030) 266-452100, 🖳 musser@iai.spk-berlin.de

* Muth, Nicole, Hamburg, Behörde für Schule und Berufsbildung, Zentrale Bibliothek

Muth, Sabine, Geisenheim, Bibliothek der Hochschule Geisenheim University, Leiterin, 07.06.1962, Frankfurt am Main, OAR, ☎ (06722) 502-262, 🖳 sabine.muth@hs-gm.de

* Nachreiner, Thomas, Dr. phil., M.A., Passau, Universitätsbibliothek, Fachreferent, Lesesaal-Leiter, IT-Projektkoordinator, Fachref. f. Informatik & Mathematik, Digital Humanities, Musikwissenschaft

* Nadj-Guttandin, Julijana, Dr. phil., M.A., M.A. (LIS), Frankfurt am Main, Deutsche Nationalbibliothek (Leipzig, Frankfurt a. M.), Fachref. f. Sprach- und Literaturwiss., Pädagogik, Nachrichtenmedien, Journalismus und Verlagswesen, 23.09.1976, Groß-Gerau, stud. Anglistik, Russistik, Politikwiss. Gießen und Loughborough (UK), M.A. 02, Prom. 06, BRef. UB Marburg 06-08, Fachprüfung 08, M.A.(LIS) HU Berlin 08, wiss. Ang. Frankfurt DNB 08, BR z.A. 11, BR 12, BOR 20, ☎ (069) 1525-1554, 🖳 j.nadj@dnb.de

* Nadler, Markus, Dr., München, Bibliothek des Bayerischen Landtags, Ref.-Leiter Z I (B, Dok, Archiv), 26.10.1971, Neuburg/Donau, stud. Geschichte, Germanistik, Informatik, M.A. 98, Prom. 02, BRef. München UB/BSB 02-04, BR z.A. UB München 04, BR München Bayer. Landtag 06, BOR 09, BDir. 12, MinR 15, MinR B3 18, ☎ (089) 4126-2272, 🖳 markus.nadler@bayern.landtag.de

* Nagel, Beate, Dr. phil., Braunschweig, Bibl.dir. i.R., 20.06.1956, Düsseldorf, stud. Kunst- u. Baugeschichte, Architektur, Romanistik, Archäologie, Prom. 84, BRef. Braunschweig UB 85, Köln FHBD 86, Fachpr. 87, BAssess. Braunschweig UB 87, BR 89, BOR 98, BDir. 00, 🖳 beanagel@t-online.de

* Nagel, Stefanie, Dr., Freiberg/Sachs., Universitätsbibliothek „Georgius Agricola" der TU Bergakademie

* Nagelsmeier-Linke, Marlene, Bochum, Leiterin der UB der TU Dortmund a.D., 01.02.1952, Bochum, stud. Chemie, Math., Päd., Philos., Staatsex. 76, BRef. Bochum UB 77, Köln BLI 78, Fachpr. 79, BR z. A. Kassel GHB/LB u. Murh. B 79, BR 81, BOR 83, Konstanz UB 90, BDir. 91, Ltd. Dir. Dortmund UB 95-09, 1743753677, 🖳 marlene-nagelsmeier-linke@na-li.de

Narewski, Ringo, Berlin, Universitätsbibliothek der Freien Universität, Komm. Leitung Benutzungsabteilung, Leitung Arbeitsstelle Provenienzforschung, Digitalisierung, Magazine, Bestandserhaltung, ☎ (030) 838-574 70, 🖳 narewski@ub.fu-berlin.de

Naumer, Sabine, M.A., Kassel, Museumslandschaft Hessen Kassel, Museumsbibliothek, Dipl. Bibl., stud. Kunstgeschichte, Alte Geschichte, Germanistik, M.A., ☎ (0561) 31680-107, 🖳 s.naumer@museum-kassel.de

* Nelle, Dietrich, Dr., Berlin, Bundesministerium für Bildung und Forschung, 20.02.1957, Nordenham, Ministerialdirigent, ☎ (030) 1857-5055, 🖳 dietrich.nelle@bmbf.bund.de

* Nelson-Busch, Gudrun, M.A., M.A. (LIS), Berlin, Staatsbibliothek zu Berlin - Preußischer Kulturbesitz, Referentin für Öffentlichkeitsarbeit, 15.02.1961, stud. Anglistik, Informationswissenschaft M.A. 95, M.A. (LIS) 12, ☎ (030) 266431900, 🖳 gudrun.nelson-busch@sbb.spk-berlin.de

* Neu-Zuber, Horst, Dr. phil., Heidelberg, BDir. i.R., 22.05.1941, Lützellinden/Wetzlar, im BDienst 69-05

* Neubauer, Wolfram, Prof., Dr. rer. nat., Zürich (Schweiz), 15.09.1950, Rain/Lech, stud. Mineralogie, Chemie, Geologie, Diplom 79, Prom. 82, BRef. München Bayer. BSchule 81, München TUB 82, Fachpr. 83, Leiter ZB d. Boehringer Ingelheim KG 83, Leiter Jülich ZB d. Forschungszentrums 87, Dir. Bibliothek d. ETH Zürich 96-2015 - Assoc. Prof. f. B-Wiss. Univ. Klausenburg, Fak. f. Geschichte u. Philosophie, 💻 wolframn@retired.ethz.ch

* Neudeck, Franziska, Berlin, Deutscher Bibliotheksverband e.V.

* Neuhaus-Schreiber, Ulrike, Bürstadt

* Neuhausen, Hubertus, Dr. phil., Köln, Universitäts- und Stadtbibliothek, Ltd. Bibliotheksdirektor, 11.01.1966, Neuss, stud. Lat., Griech., 1. Staatsex. 94, Prom. 10, Wiss. Mitarb. Köln Univ. 95-98, BRef. Saarbrücken SuLB, Staatspr. Frankfurt a. M. Bschule 00, Düsseldorf UuLB 01, Dresden SLUB 01-03, Berlin UB d. HU 03-05, Hamburg, Ärztl. ZentralB 05-07, Ltd. BDir. Marburg UB 07-14, Köln USB 14-, ☎ (0221) 470-2260, 💻 direktor@ub.uni-koeln.de

* Neumann, Alexandra, Dipl.-Psych., Trier, Universitätsbibliothek, Ausbildungsleitung, Fachref. f. Allgemeines, Psychologie, Pflegewissenschaft, 16.04.1981, ☎ (0651) 201-2462, 💻 neumann@uni-trier.de

* Neumann, Janna, Dr. rer. nat., Dipl.-Chem., M.A. (LIS), Hannover, Technische Informationsbibliothek (TIB), Fachref. f. Chemie und Biotechnologie, 22.09.1978, Bonn, stud. Chemie, Dipl. 05, Prom. 09, Bwiss. MA (LIS) 11, BRef. TIB/UB Hannover 09-11, wiss. MA 11, BR 14, BOR 17, ☎ (0511) 762-3420, 💻 janna.neumann@tib.eu

* Neumann, Jens, Velbert, 12.06.1978, 💻 jens.neumann@gmx.de

* Neumann, Julia, M.A., M.A. (LIS), Berlin, Staatsbibliothek zu Berlin - Preußischer Kulturbesitz, Wiss. Angestellte, Referatsleitung, Fachref. f. AV-Medien, Projektkoordination, stud. Musikwissenschaft, Neuere Deutsche Literatur und Französische Philologie, M.A., Bibliotheks- und Informationswissenschaft, M.A. (LIS), seit 2015 wiss. Angestellte (Staatsbibliothek zu Berlin / Musikabteilung)., ☎ (030) 266 435280, 💻 julia.neumann@sbb.spk-berlin.de

* Neumann, Vladimir, Dr. phil., Berlin, Staatsbibliothek zu Berlin - Preußischer Kulturbesitz, Fachreferent für Slavistik, Fachref. f. Slavistik (Schwerpunkt Polen und Weißrussland), 05.11.1973, Sokuluk (Kirgisistan), stud. Slavistik, Südslav. Philologie, Osteurop. Geschichte Bonn Univ. 95-02, BRef. Berlin SBB-PK und Bayer. Bibliotheksschule München 03-05, Aufbau der Virtuellen FachB Slavistik 05-08, Fachref. Slavistik ab 08, ☎ (030) 266-435 640, 💻 vladimir.neumann@sbb.spk-berlin.de

* Neuroth, Heike, Prof. Dr. rer. nat., Dipl.-Geol., M.A. (LIS), Potsdam, Fachhochschule Potsdam - Fachbereich Informationswissenschaften, W3 Professorin Bibliothekswissenschaft im FB Informationswissenschaften, FH Potsdam, Leiterin der Abt. Forschung u. Entwicklung der SUB Göttingen 02-15, eHumanities Consultant, Max-Planck Gesellschaft / Max Planck Digital Library (MPG/MPDL) 08-12, ☎ (0331) 580-1501, 💻 neuroth@fh-potsdam.de

* Neute, Nadine, Erfurt, Universitätsbibliothek, Servicestelle Forschungsdatenmanagement, Fachref. f. Wirtschaftswissenschaften, 21.02.1980, ☎ (0361) 7375707, 💻 nadine.neute@uni-erfurt.de

* Newiak, Denis, M.A., Potsdam, Doktorand, 28.12.1988, Potsdam, ☎ (0331) 60053901, 💻 mail@denis-newiak.de

Nibbrig, Elke, Dipl.-Bibl., Karlsruhe, Stadtbibliothek

Nicke, Andreas, Dipl.-Bibl., Bielefeld, Bibliothek der Kirchlichen Hochschule Wuppertal/Bethel, Bibliotheksleiter, Fachref. f. Theologie, Diakoniewissenschaft, 06.07.1969, Duisburg, stud. Bibliothekswissenschaft an der Fachhochschule für Bibliotheks- und Dokumentationswesen in Köln 89-92, Angestellter der Universitätsbibliothek Duisburg 92-00, Leiter der Bibliothek der Kirchlichen Hochschule Bethel in Bielefeld (seit 2007 Wuppertal/Bethel) 00-, ☎ (0521) 144-2914, 🖥 nicke@diakoniewissenschaft-idm.de

* Nickel, Anna, Paderborn, Universitätsbibliothek, Dezernentin Erwerbung & Bestandsentwicklung, Fachref. f. Elektrotechnik und Informationstechnik, Informatik, Maschinenbau, Physik, ☎ (05251) 60-2020, 🖥 a.nickel@ub.uni-paderborn.de

* Nicolai, Susanne, Dr., Hannover, Technische Informationsbibliothek (TIB), Wiss. Ang., Fachref. f. Sozialwiss., Geschichte und Religionswiss., 30.08.1983, Offenburg, stud. Geschichte, Philosophie, Prom. 16, BRef Hannover GWLB 13-14, München Bibliotheksakademie Bayern 14-15, Hannover GWLB 15-16, Hannover TIB 16-, ☎ (0511) 762-5993, 🖥 susanne.nicolai@tib.eu

Niebel, Claudia, M.A., Dipl.-Bibl., Musikbibl. (postgr.), Stuttgart, Bibliothek der Staatlichen Hochschule für Musik und Darstellende Kunst, Leiterin, Fachref. f. Fachbuchlektorat (Musikwissenschaft, Pädagogik), Notenlektorat, 10.03.1961, Mengen-Sigmaringen, stud. Pädagogik TU Kaiserslautern, M.A.; stud. Bibliotheks- und Informationswiss. HDM Stuttgart, Dipl.-Bibl.; postgraduales Studium zum Musikbibliothekar, Ausbildereignungsprüfung ÖD (AEVÖD) an der VWA Stuttgart, Referententätigkeit für die Landesführungsakademie BW und weitere Bildungsträger, ☎ (0711) 212-4664, 🖥 claudia.niebel@hmdk-stuttgart.de, bibliothek@hmdk-stuttgart.de

* Niebuer, Meinhard, Dipl.-Phys., Darmstadt, Universitäts- und Landesbibliothek, Fachref. f. Mathematik, Informatik, Pädagogik, Psychologie und Sportwissenschaften, 16.05.1967, Cloppenburg, Dipl.-Physiker, MPI f. Strömungsforschung Göttingen, MPI f. Biophysikalische Chemie Göttingen, ULB Darmstadt (seit 2000), ☎ (06151) 16-76 271, 🖥 niebuer@ulb.tu-darmstadt.de

* Niedermair, Klaus, Hofrat Dr., Innsbruck (Österreich), Stellv. Bibliotheksdirektor, 01.11.1957, 🖥 klaus.niedermair@uibk.ac.at

* Niederprüm, Katharina, Dr., Kaiserslautern, Universitätsbibliothek, Fachref. f. Biologie und Chemie

* Niehäuser, Sören, M.A., M.A. (LIS), Mülheim an der Ruhr, Hochschulbibliothek der Hochschule Ruhr West, Leiter Bibliothek, 27.10.1978, Bottrop, stud. Politikwiss., Neuere u. neueste Gesch., Angew. Kulturwiss. Univ. Münster, M.A. 05, Prakt. FHB Münster 05-06, stud. Köln FH 06-08, M.L.I.S. 08, Leiter HSB Ruhr West 09, BR 11, stellv. Vorsitzender vbnw 21, ☎ (0208) 88254-240, 🖥 soeren.niehaeuser@hs-ruhrwest.de

* Niggemann, Elisabeth, Dr. rer. nat., Dipl.-Biol., Aldenhoven, 02.04.1954, Dortmund, stud. Biologie, Anglistik, Diplom 78, Prom. 82, Staatsex. 85, BRef. Düsseldorf UB 85, Köln FHBD 86, Fachpr. 87, BR z. A. Köln ZB d. Med. 87, BR 89, Düsseldorf UB 89, OBR 91, BDir. 93, Ltd. BDir. 95, Gen. Dir. Frankfurt a. M. Dt. NationalB 99, ☎ (069) 1525-1000, 🖥 e.niggemann@dnb.de

* Nikolaizig, Andrea, Prof. Dr. phil., Leipzig, Hochschule für Technik, Wirtschaft und Kultur - Fakultät Informatik und Medien, Fachber. Buch u. Mus., Bibl. 80, Fernstud. B-Wiss., Diplom (Univ.) Berlin IBI 88, postgrad. Fernstud. FS-Päd., Examen 89, Prom. 89, FS-Lehrerin Leipzig FS f. Wiss. B-Wesen 81, Prof. Leipzig HTWK Fachber. Buch u. Mus. 92, ☎ (0341) 3076 5428, 🖥 andrea.nikolaizig@htwk-leipzig.de

* Nilges, Annemarie, Dr. phil., Düsseldorf, Universitäts- und Landesbibliothek, Fachreferentin, Fachref. f. Anglistik, Allg. Sprachwiss., Jiddistik, Judaistik, Modernes Japan, Soziologie, 16.05.1956, Waldbröl, stud. Romanistik, Anglistik, Staatsex. 80, Prom. 86, BRef. Düsseldorf UB 81, Köln FHBD 82, Fachpr. 83, Wiss. Ang. Hamburg SuUB 83, Düsseldorf UB 85, BR z. A. 86, OBR 96, Leiter d. Dez. Ben. 08-13, beurl. 88-89, 92-95 - Lehrbeauftr. an der FH Hamburg, FB B u. Inf. 94-95, an d. Univ. Düsseldorf, ☎ (0211) 81-12034, ⌨ annemarie.nilges@ulb.hhu.de

* Nink, Hermann, Dr. phil., Dipl.-Kaufm., Ing. grad., Gückingen, BDir., im Ruhestand seit 2015, 13.03.1950, Gückingen, stud. Landbau, Betriebsw., Inf.-Wiss., Grad. 70, Diplom 77, Prom. 91, BRef. Köln UuStB 81, Köln FHBD 82, Fachpr. 83, IuD-Tätigkeit u. -Leitung in Beratungsuntern., Gruppenleiter Dortmund B u. Dok. Bundesanst. f. Arbeitsschutz, BR z. A. Bonn B d. Dt. Bundestages 91, BR 92, BOR 93, BDir. 97

* Nissen, Martin, Dr., Heidelberg, Universitätsbibliothek, Abteilungsleiter Informationsdienste, Lesesäle, Schulungen. Öffentlichkeitsarbeit und Kommunikation, Fachref. f. Geschichte, Musik, 27.05.1977, Mannheim, ☎ (06221) 54-2581, ⌨ nissen@ub.uni-heidelberg.de

* Nitzsche, Thomas, Dr., Jena, Thüringer Universitäts- und Landesbibliothek, Fachreferent, Fachref. f. Politikwissenschaft, Soziologie, Wirtschaftswissenschaften, 01.12.1975, ☎ (03641) 940430, ⌨ thomasnitzsche@gmx.net

Nitzschke, Katrin, Dipl.-Phil., Dresden, Sächsische Landesbibliothek - Staats- und Universitätsbibliothek, Wiss. Mitarb., Leiterin der Corty-Galerie und der Schatzkammer der SLUB, 22.11.1955, Dresden, stud. B-Wesen, Kulturwiss., ☎ (0351) 4677-580, ⌨ buchmuseum@slub-dresden.de

* Nix, Sebastian, M.A., M.A. (LIS), Berlin, Bibliothek und Wissenschaftliche Information des Max-Planck-Instituts für Bildungsforschung, Leitung Bibliothek und wissenschaftliche Information, 13.02.1976, Idar-Oberstein, stud. Publizistikwiss., Politologie, Romanistik Mainz/Bordeaux, Magister 02, Aufbaustudium Bibliotheks- und Informationswiss. Berlin (Master 09), Ltg. Frankreich-Bibliothek des Deutsch-Franz. Inst. Ludwigsburg 02-09, Ltg. Wiss. Information WZB Berlin 09-16, Ltg. Benutzungsabt. Staatsbibl. zu Berlin - Preuß. Kulturbesitz 16-17, Ltg. Bib.&wiss. Information MPI f. Bildungsforschung 17-, ☎ (030) 82406-229, ⌨ nix@mpib-berlin.mpg.de

Nober, Frank Josef, Dr., Hamburg, Universitätsbibliothek der Helmut-Schmidt-Universität / Universität der Bundeswehr, Stellv. Direktor Erwerbungsleitung, Fachref. f. Bauingenieurwesen, Elektrotechnik, Informatik, Maschinenbau, Psychologie, Philosophie, Theologie, 29.07.1973, ☎ (040) 6541-2714, ⌨ nober@hsu-hh.de

Noell, Hennecke, Dr. med., Tübingen, Universitätsbibliothek, Fachref. f. Medizin., Physik und Geowiss., stud. Med., ärztl. Prüf. 98, AiP Münster Univ. 98-99, Approb. 99, Prom. 99, BRef. Marburg UB 00, BSchule Frankfurt a. M. 01, Fachpr. 02, BAssess. Tübingen UB 02, BR 04, BOR 14, ☎ (07071) 29-72836, ⌨ hennecke.noell@ub.uni-tuebingen.de

* Nolte-Fischer, Hans-Georg, Dr. phil., Mühltal, 27.03.1952, Marburg, stud. Physik, Politikwiss., Erz.-Wiss., Staatsex. 77, Wiss. Ang. Marburg Inst. f. Erz.-Wiss. d. Univ. 84, Prom. 88, BRef. Marburg UB 86, Frankfurt a. M. BSchule 87, Fachpr. 88, Wiss. Ang. Marburg UB 88, BR z. A. 90, BR 91, BOR 94, BDir. 97, Ltd. BDir. Darmstadt HuLB 99, Ltd. BDir a.D. 17, ☎ (06151) 918838, ⌨ nolte-fischer@t-online.de

* Normann, Michael, Karlsruhe, KIT-Bibliothek, Leiter Medienbearbeitung, Fachref. f. Elektrotechnik und Geisteswiss., ☎ (0721) 608-43132, ⌨ normann@kit.edu

* Nowak, Kurt, Bad Homburg v. d. Höhe, Dir. i. R., 18.05.1934, Muldenau/Obschles., im BDienst 64-99, Ständiger Vertr. d. Gen.-Dir. 72-99, ☎ (06172) 450783

* Nowak, Sean, Dr., Berlin, Universitätsbibliothek der Freien Universität, 15.06.1965, 💻 nowak@ub.fu-berlin.de

* Nüchter, Maria, Frankfurt am Main, Universitätsbibliothek Johann Christian Senckenberg, Referendarin, 13.08.1987, 💻 m.nuechter@ub.uni-frankfurt.de

* Nunnenmacher, Lothar, Dr. rer. nat., Zürich (Schweiz), BLeiter Lib4RI - Library for the Research Institutes within the ETH Domain: Eawag, Empa, PSI & WSL, 02.07.1962, Ravensburg, stud. Gartenbauwiss., Dipl. 89, Geoökol., Prom. 98, Fortb. Biowiss. Infomanager (DGI) 99, Wiss. Ang. Berlin UB d. TU 99, Stellv. Leiter Med. B d. Charité- Univ.-Med. Berlin 01, Leiter 03, Bereichsleiter Bestandesentw. Zürich ETH-B 06-10, BLeiter Dübendorf Lib4RI 10-, ☎ (0041 58) 765 52 21, 💻 lothar.nunnenmacher@lib4ri.ch

* Oberfell, Jörg, Dipl.-Inf., Stuttgart, Württembergische Landesbibliothek, Fachreferent, Stellv. Abteilungsleiter Digitale Dienste, Fachref. f. Mathematik, Informatik, 15.08.1979

* Oberhausen, Birgit, Stuttgart, Württembergische Landesbibliothek, Stellv. Leitung Leserservice, Fachref. f. Romanistik, 24.06.1975, Saarbrücken, stud. Romanistik, Anglistik, 1. Staatsex.01, Wiss. Mitarb. Univ. des Saarlandes 01-03, BRef. Stuttgart LB 03, Bay. BSchule München, Fachpr. 05, BAssess. Stuttgart LB 05, BR 07, BOR 13, ☎ (0711) 212-4460, 💻 oberhausen@wlb-stuttgart.de

* Oberreuter, Annette, Dipl.-Bibl., Heidelberg, Universitätsbibliothek, IT-Abteilung

* Oberschelp, Reinhard, Dr. phil., Hannover, BDir. a.D., 09.03.1936, Herford, im B.Dienst 64-98, ☎ (0511) 526 493

* Obert, Marcus, Dr. jur., Karlsruhe, Bibliothek des Bundesgerichtshofs, Leiter der Abt. Informationsdienste, 23.02.1962, Freiburg i.Br., stud. Rechtswiss., Politikwiss., 1. jur. Staatsex. 88, Prom. 91, BRef. Berlin SBPK 90, Köln FHBD 91, Fachpr. 92, Wiss. Ang. Tübingen UB 92, Wiss. Ang. Berlin B d. Ibero-Amerik. Inst. Preuß. Kulturbes. 93, BR z. A. 93, BR 94, BOR 96, Karlsruhe B d Bundesgerichtshofs 97, BDir. 11, ☎ (0721) 159-5248, 💻 obert.marcus@bgh.bund.de

* Obhof, Ute, Dr. phil., M.A., Karlsruhe, Badische Landesbibliothek, Leiterin d. Abt. Sammlungen, Referentin für Bestandserhaltung, Fachref. f. Schrift- u. Buchwesen, Dt.Lit.-Wiss. bis 1600, Literarische Volkskde., 24.06.1960, Karlsruhe, stud. Germanistik, Romanistik, Staatsex. 87, M.A. 87, Prom. 90, BRef. Osnabrück UB 91, Köln FHBD 92, Fachpr. 93, Wiss. Ang. Freiburg UB 93, BAssess. 93, BR 95, Karlsruhe LB OBR 97, BDir. 00, ☎ (0721) 175-2260, 💻 obhof@blb-karlsruhe.de

Ochs, Heike, M.A., Bayreuth, Universitätsbibliothek, Leiterin Zentralref. Altes Buch, Fachref. f. Arabistik, Islamwiss., Romanistik, Philosophie, Religionswiss. und Theologie, 16.08.1959, Bebra, stud. Slawistik, Neuere Geschichte, Islamwiss., M.A. 85, ☎ (0921) 553449, 💻 heike.ochs@uni-bayreuth.de

* Odendahl, Heiko, M.A., Berlin, Bibliothek des Deutschen Bundestages, Wiss. Mitarb., Bereichsleiter Erwerbung II, Fachref. f. Wirtschaftswiss., Medien, 24.09.1969, Berlin, stud. B-Wiss., Volkswirtsch., M.A. 99, Wiss. Mitarb. UB Ilmenau 99, Berlin B d. Dt. Bundestages 02, ☎ (030) 227-37665, 💻 heiko.odendahl@bundestag.de

* Oechtering, Anne M. M., Drs., M.A., Amsterdam (Niederlande), Rijksmuseum, Abteilungsleitung Benutzungsdienste Research Library & Study Room Prints and Drawings, 15.06.1974, Werlte, stud. Germanistik, M.A. 00, drs. 01; Referendariat für den höheren Dienst an wiss. Bibliotheken 13, Fachreferentin für Literaturwissenschaften (Rijksuniversiteit Groningen), Fachreferentin für Germanistik und Philosophie (Yale University, New Haven), Referatsleiterin digitale Informationsdienste (Staatsbibliothek PK, Berlin), Referentin für Approval Pläne und Redakteurin (Erasmus Boekhandel BV, Amsterdam), Abteilungsleiterin Benutzungsdienste und Bestandserhaltung (IISG, Amsterdam), Abteilungsleiterin Benutzungsdienste (Rijksmuseum Research Library & Study Room Prints and Drawings), 🖳 anne.oechtering@gmail.com

* Oehling, Helmut, Dr. rer. nat., Berlin, BDir a.D., 26.05.1946, Hohenroda, im BDienst 76-06, ☎ (030) 84417988, 🖳 h.oehling@t-online.de

* Oehlmann, Doina, M.A., Hannover, Gottfried Wilhelm Leibniz Bibliothek - Niedersächsische Landesbibliothek, Abteilungsleitung Benutzungsdienste, Fachref. f. Geschichte, 23.10.1973, Wissen/Ww, stud. Neuere Gesch., Mittelalterl. Gesch., Angl., M.A. 99, BRef. Darmstadt Darmstadt LuHB 00, Berlin SBB-PK 03-10, Wolfenbüttel HAB 10-18, Hannover GWLB 18-, ☎ (0511) 1267-265, 🖳 doina.oehlmann@gwlb.de

* Oesterheld, Christian, Dr. phil., M.A., Zürich (Schweiz), Zentralbibliothek, Direktor, 20.01.1967, Langenhagen, stud. Klass. Philologie, Allg. u. Vergl. Religionswiss., Germanistik, Staatsex. 93, M.A. 93, Wiss. Ass. Zürich Univ. 93-94, Basel 94-97, Wiss. Mitarb. Schweiz. Nationalfonds 97-01, Prom. 01, BRef. Göttingen SUB 01, Oxford Bodleian Lib. 02, Frankfurt BSchule 02, Fachpr. 03, Wiss. Ang. Berlin ZIB/KOBV-Zentr. 03, Kiel UB 04, BR z. A. Berlin SBB-PK 05, BR 06, BOR 07, Zürich ZB 13, 0041-44-268 32 04, 🖳 christian.oesterheld@zb.uzh.ch

* Oestreich, Raimar, M.A., Berlin, Stadtbibliothek Berlin-Mitte, Hansabibliothek, Leitung, 09.04.1982, ☎ (030) 901832347, 🖳 raimar.oestreich@ba-mitte.berlin.de

* Oetjens, Lena, Dr., Zürich (Schweiz), lena.oetjens@ds.uzh.ch

* Özüyaman, Susann, Dr., Halle (Saale), Universitäts- und Landesbibliothek Sachsen-Anhalt, Abteilungsleiterin Medienbearbeitung, 24.08.1977, stud. Biologie, Diplom 01, Prom. 06, M.A. (LIS) 10, 🖳 susann.oezueyaman@bibliothek.uni-halle.de

* Ohlhoff, Ralf, Dr., Freiburg im Breisgau, Universitätsbibliothek, Leiter d. Dezernats Benutzung u. Informationsdienste, Fachref. f. Orientalistik, Religionswiss. u. Allgemeines, 09.10.1967, stud. Arabistik, Religionswiss., Geschichte, M.A. 94, Prom. 97, ☎ (0761) 203-3896/ -3153, 🖳 ohlhoff@ub.uni-freiburg.de

Olesch, Oliver, Dipl.-Bibl., Dessau-Roßlau / Berlin / Bad Elster, Umweltbundesamt, Leiter der Fachbibliothek Umwelt des Umweltbundesamtes, 01.05.1963, Berlin, ☎ (0340) 2103 2467, 🖳 oliver.olesch@uba.de, bibliothek@uba.de

* Olf, Jens, Dipl.-Meteorol., Hannover, Technische Informationsbibliothek (TIB), Leitung Volltextversorgung, 04.02.1961, Hannover, stud. Meteorol., Geophysik, Wasserwirtsch., Diplom 88, Wiss. Ang. Hannover Inst. f. Meteorol. u. Klimatol. d. Univ. 88, BRef. Hannover UB/TIB 92, Köln FHBD 93, Fachpr. 94, BAssess. Hannover UB/TIB 94, BR 97, BOR 01, BDir. 13, ☎ (0511) 762-3412, 🖳 jens.olf@tib.eu

* Olliges-Wieczorek, Ute, Dr. phil., Düsseldorf, Universitäts- und Landesbibliothek, Dezernentin für Landesbibliothek und Sonderbestände; Leitung Thomas-Mann-Sammlung, Fachref. f. Germanistik, Literaturwiss., Theaterwiss., Kulturwiss., Geschichte (kommissarisch.), Allgemeines, Volkskunde, Ethnologie, Literaturwiss., 14.04.1963, Friesoythe, stud. Geschichte, Germanistik, Pädagogik, Tätigk. Verl. Ascherdorff u. Dok. d. Westfälischen Nachr. Münster, Staatsex. 89, Prom. 93, BRef. Münster ULB 94 u. StBü Münster, Köln FHBD 95/6, Fachpr. 96, BR z. A. HS f. Musik u. Theater Rostock 96, BR ULB Düsseldorf 97, OBR 07, ☎ (0211) 81-13528, 🖳 olliges@ub.uni-duesseldorf.de

* Oltersdorf, Jenny, Dr., Berlin, Bibliothek und wissenschaftliche Information des Wissenschaftszentrums Berlin für Sozialforschung, Wiss. Mitarbeiterin, Abt. Forschung und Entwicklung, 29.09.1982, Hennigsdorf, 2008-13 HU Berlin, 2013-14 Wissenschaftszentrum Berlin für Sozialforschung, seit 2014 Niedersächsische SUB Göttingen, 🖳 oltersdorf.jen@gmail.com

* Opitz, Andrea, Dipl.-Politol., Wolfenbüttel, Herzog August Bibliothek, Wiss. Ang., Leitung der Wolfenbütteler Digitalen Bibliothek, Stellv. Leitung der Abt. Neuere Medien, Digitale Bibliothek, Fachref. f. Rechtswiss., Politikwiss., Geographie und Kartographie, 11.07.1958, Bremerhaven, stud. Politikwiss., Diplom 83, BRef. Bielefeld UB 84, Köln FHBD 85, Fachpr. 86, Wiss. Ang. Wolfenbüttel HAB 87, ☎ (05331) 808-314, 🖳 opitz@hab.de

* Orbeck, Ursula, Leipzig, Hochschule für Technik, Wirtschaft und Kultur - Fakultät Informatik und Medien, Lehrkraft für FE und SE, Mitarb. für Praktikums- und Projektverwaltung, 20.09.1963, Salzwedel, stud. Öffentl. B-Wesen, Diplom (FH) Leipzig 86, Fernstud. B-Wiss., Diplom (Univ.) Berlin IBI 92, Leipzig Bibl. der FS für Bibl. und Buchh. 86, FS-Lehrerin 87, Mitarbeiterin Lehre HTWK Leipzig 92-, ☎ (0341) 3076 5426, 🖳 ursula.orbeck@htwk-leipzig.de

* Oßwald, Achim, Prof. Dr., Köln, Professor i.R., 24.02.1956, Stuttgart, stud. Geschichte, Germanistik, Staatsex. 82, Alte u. Neuere sowie Neueste Geschichte M.A. 82, Inf.-Wiss., Diplom 86, Prom. 92, 🖳 achim.osswald@th-koeln.de

Osterkamp, Jana, Dr., München, Wissenschaftliche Bibliothek im Sudetendeutschen Haus

* Ostmann, Torsten, M.A., Hamburg, Staats- und Universitätsbibliothek Hamburg Carl von Ossietzky, Leitung Abteilung Informationsvermittlung und Lesesäle, Fachref. f. Slavistik, 16.01.1978, stud. Germanistik, Komparatistik, Kath. Theologie, BRef. Berlin SBB-PK 09, BSchule München 10, München UB der LMU 10-17, SUB Hamburg 18, ☎ (040) 428385868, 🖳 torsten.ostmann@sub.uni-hamburg.de

* Othman, Aisha, Dr. phil., Frankfurt am Main, Universitätsbibliothek Johann Christian Senckenberg, Leiterin FID Afrikastudien, 02.09.1983, stud. Literaturen in Afrikanischen Sprachen, Afrikanistik, Ethnologie, M.A. 07, Prom. 12, 🖳 a.othman@ub.uni-frankfurt.de

Ott, Joachim, Dr. phil., Jena, Thüringer Universitäts- und Landesbibliothek, Wiss. Ang., Leiter Abteilung Historische Sammlungen, Fachref. f. Kunst und Musik, 19.06.1965, Göttingen, stud. Kunstgeschichte, Mittl. u. Neuere Geschichte, Christl. Archäologie, Prom. 95, ☎ (03641) 9-404085, 🖳 joachim.ott@uni-jena.de

* Ott, Katrin, Dr., Erfurt, Universitätsbibliothek, Fachref. f. Theologie

* Ott, Susanne, M.A., Dipl.-Verw.wirt, Koblenz, Stadtbibliothek, Leiterin, Dipl.-Verw.-Wirtin 89, geh. nichttechn. Verw.-Dienst Bonn PP 89-99, RAfr 96, stud. Mittelalterl. u. Neuere Gesch., Rechtswiss., Rhein. Landeskde, M.A. 98, BRef. Darmstadt LuHB, BSchule Frankfurt a. M., Fachpr. 01, BR z. A. Köln StB, BR 03, Koblenz StB 07, BOR 08, BDir. 10, ☎ (0261) 129 26 01, 🖳 susanne.ott@stadt.koblenz.de

* Ott-Stelzner, Georg, Dipl.-Theol., Dipl.-Bibl., Rottenburg am Neckar, i. R. seit, 01.01.2021, 31.01.1953, Stuttgart, stud. Kath. Theologie, Wiss. Ang. Univ. Tübingen, Ang. bei d. Eugen-Bolz-Stiftung, Leiter der Diözesanbibliothek Rottenburg und der Bibliothek des Wilhelmsstifts Tübingen bis, 31.12.2020, von 2011-2021 (Sept.) Vorsitzender der Arbeitsgemeinschaft Kath.-Theol. Bibliotheken, ☎ (07472) 21506, 🖥 georg-ott-stelzner@t-online.de

* Otten, Alexandra, Oldenburg, Bibliotheks- und Informationssystem der Carl von Ossietzky Universität, Fachref. f. Archäologie und Geschichte, 27.03.1974, stud. Geschichte und Politikwiss., M.A. 11, BRef. Oldenburg BIS und Berlin IBI 13-15, M.A. (LIS) 15, 🖥 alexandra.otten@gmx.net

* Otto, Anja, Dr., Berlin, Universitätsbibliothek der Humboldt-Universität zu Berlin, Wiss. Ang., Leiterin d. ZweigB, Fachref. f. Slawistik und Hungarologie, 06.05.1966, Gießen, stud. d. Slawistik u. Geschichte, Prom. 00, BRef. Gießen UB 99, BSchule Frankfurt a. M. 00, Fachpr. 01, Wiss. Ang. Gießen UB 01, Wiss. Ang. Berlin UB d. HU, Leiterin d. Ref. Inform. u. Dok.-Lief. 02, Leiterin d. ZweigB 03, ☎ (030) 2093-12370, 🖥 anja.otto@ub.hu-berlin.de

Otto, Annemarie, Dipl.-Geophys., Konstanz, Bibliothek / Kommunikations-, Informations-, Medienzentrum (KIM) der Universität, Leiterin der Abteilung Medienbearbeitung, 11.04.1961, Waldkirch i. Br., Universität Karlsruhe, Dipl.-Geophysik 91, Inst. f. Information u. Dokumentation, FH Potsdam, Wiss. Dokumentarin 93, Geoforschungszentrum Potsdam 93-00, Forschungszentrum Jülich, Zentralbibliothek 00-09, Kantonsbibliothek Chur 09-12, seit 2012 Universität Konstanz, Kommunikations-, Informations-, Medienzentrum, IT- und Bibliotheksdienste, ☎ (07531) 882848, 🖥 annemarie.otto@uni-konstanz.de

* Otzen, Peter, Dr. rer. nat., Dipl.-Math., Köln, Ltd. BDir. im Ruhestand, 20.03.1951, Essen, stud. Elektrotechnik, Inform., Math., Diplom 76, Prom. 84, Wiss. Mitarb. Darmstadt Fachber. Math. d. TH 77, BRef. Darmstadt LuHB 79, Frankfurt a. M. BSchule 80, Fachpr. 81, BR z. A. Paderborn UB 81, BR 84, Marburg UB 86, BOR 86, Köln FHB BDir. 96, Ltd. BDir. 14, seit, 01.09.2016 im Ruhestand, ☎ (0221) 5501905, 🖥 peter.otzen.neu@gmail.com

Overbeck, Gabriele, M.A., Köln, Stadtbibliothek, Stellv. Dir., Leiterin d. Abt. Bestandsaufbau u. -erschl., 09.11.1963, Gelsenkirchen, stud. Gesch., Publiz., Neugerm., M.A. 89, BRef. Dortmund UB 89, Köln StB 90, Köln FHBD 90, Fachpr. 91, Wiss. Ang. Duisburg UB 91, Köln StB 92, Stellv. Dir. 96, ☎ (0221) 22123216, 🖥 overbeck@stbib-koeln.de

* Overgaauw, Everardus, Prof. Dr. phil., Berlin, Staatsbibliothek zu Berlin - Preußischer Kulturbesitz, Wiss. Ang., Leiter d. Hss.-Abt., 29.08.1957, Leidschendam (NL), stud. Niederl., Paläogr., Gesch., Prom. 90, Wiss. Ang. ULB Münster 90, Koblenz, Landeshauptarchiv 94, ULB Düsseldorf 98, Berlin SBB-PK 00 - Hon.-Prof. f. Paläogr. u. Kodikol. d. Mittelalters u. d. Früh. Neuzeit a.d. FU Berlin, ☎ (030) 266 435 000, 🖥 eef.overgaauw@sbb.spk-berlin.de, handschriftenabt@sbb.spk-berlin.de

Paasch, Kathrin, Dr. phil., Gotha, Schloss Friedenstein, Direktorin d. ForschungsB Gotha, stud. Germ., Angl., Dipl. 90, Fernstud. B-Wiss., Wiss. Mitarb. Erfurt WAB 91-01 (Abt.-Ltg. Sonderslg. 95-01), Ref. Sonderslg. Erfurt UB 02-04, Ltg. Abt. Alte Drucke Gotha FB 04-05, Ltg. Gotha FB 05-, ☎ (0361) 737-5530, 🖥 kathrin.paasch@uni-erfurt.de

* Palme, Anna, Potsdam, Universitätsbibliothek, 22.09.1989, 🖥 apalme@uni-potsdam.de

* Pannier, Dietrich, Bretten, Ltd. Reg.Dir. i.R., 24.06.1945, Brandenburg/Havel, im BDienst 1976-2010, 🖥 dietrich.p@nnier.net

* Pannier, Gertrud, Dr. phil., Berlin, Wiss. Mitarb., Lehrkr. IBI-HU Berlin 1973-2015, 11.08.1950, Berlin, stud. B-Wiss., Dipl.-Bibl. (Univ.) Berlin IBI 73, Prom. 85, Prakt. Leipzig SB 70, Prakt. Berlin DSB 71 u. 72, Prakt. UB d. HU 73, Fachprakt. Leipzig Dt. Büch. 75, Fachprakt. Leningrad Kulturinst. 77/78, Fachprakt. Berlin ILID/LZB 89, Fachprakt. Berlin Bauinf. /ZB Bauwesen 90, ✉ gertrud.pannier@alumni.hu-berlin.de

* Pappenberger, Karl Heinz, Dipl.-Volksw., M.A., Stuttgart, Baden-Württemberg. Ministerium für Wissenschaft, Forschung und Kunst, Fachref. f. Wirtschaftswiss. und Statistik, 12.05.1964, Weiden/Oberpfalz, stud. Volksw.-Lehre, Diplom 89, Politikwiss., M.A. 91, ✉ karlheinz.pappenberger@mwk.bwl.de

Parlitz, Dietrich, Dr., Wolfenbüttel, Herzog August Bibliothek, EDV-Leiter, 13.10.1964

* Paschek, Carl, Dr. phil., Frankfurt am Main, BOR a.D., 26.04.1938, Karlsbad, im BDienst 66-03, ☎ (069) 395161, ✉ epaschek@gmx.net

* Paschek, Günter Franz, Freiburg im Breisgau, Akad. Dir. i. R., 14.06.1947, Stockheim/Oberhess., stud. Rechtswiss., 1. Staatsex. 72, 2. Staatsex. 74, Rechtsanw. 75, BRef. Marburg UB 75, Frankfurt a. M. BSchule 76, Fachpr. 77, BR z. A. Trier UB 77, BR 79, OBR 81, Akad. Dir. Freiburg B f. Rechtswiss. d. Univ. 87

* Patel, Divyakumari, Dipl.-Math., Wesel, Stadtbücherei Wesel im Centrum, 30.03.1984

* Paul, Gerd, Dr. phil., Dipl.-Politol., Berlin, Wiss. Mitarb. i.R., Leiter, 24.09.1947, Wolfsburg, im BDienst 1977-2009, ☎ (030) 852 00 02, ✉ gerd.paul@alice.de

* Pauls, Christian, Oldenburg, Bibliotheks- und Informationssystem der Carl von Ossietzky Universität, Referent für Forschungsdatenmanagement, 17.01.1978, Bremen, ✉ c.pauls@outlook.de

Peeters, Regina, Dr., Straelen, Bibliothek des Europäischen Übersetzer-Kollegiums, Geschäftsführerin u. BLeiterin, 29.09.1964, Straelen, ☎ (02834) 1068

Pelka, Nina, Bayreuth, Universitätsbibliothek, Koordination der Ausbildung, Fachref. f. Rechtswissenschaft, Sport und Sportmedizin, 07.03.1982, Göttingen, stud. Rechtswiss., 1. Staatsex. 07, BRef. UB Bayreuth 09/10, München Bayer. BSchule 10/11, UB Bayreuth 11-, ☎ (0921) 553 430, ✉ nina.pelka@uni-bayreuth.de

* Pendorf, Gabriele, M.A., Bielefeld, Universitätsbibliothek, Fachreferentin, Fachref. f. AVLiteraturwissenschaft., Anglistik, Klassische Philologie, Philosophie, Romanistik, Slawistik

* Penshorn, Christoph, Heidelberg, Bibliothek der Pädagogischen Hochschule, Leiter, 16.07.1969, Lüneburg, stud. Germanistik, Ev. Theologie, Erziehungswiss., 1. Staatsex. 97, BRef. Hannover NLB 99, Köln FH 00, Fachpr. 01, Wiss. Mitarb. Marbach B d. Schiller-Nat.-Mus./Dt. Lit.-Archiv 01, Stellv. Leiter 03, Heidelberg B d. PH 06, BR 07, OBR 09, ☎ (06221) 477-134, ✉ penshorn@vw.ph-heidelberg.de

Peter, Frank-Manuel, Prof. Dr. phil., Köln, Deutsches Tanzarchiv, Wiss. Ang., Leiter, stud. Theaterwiss., Germanistik, Kunstgeschichte, B-Wiss., ☎ (0221) 88895-400, ✉ fmpeter2@sk-kultur.de

* Peters, Sophia, M.A. (LIS), Freiburg i. Br., Albert-Ludwigs-Universität Freiburg Zentrum für Populäre Kultur und Musik, 27.08.1984, ✉ sophia.peters@gmx.net

* Petigk, Ellinor, Dipl.-Ing., Weimar, im Ruhestand, 19.04.1946, Erfurt, im BDienst 1975-2011

* Petschenka, Anke, Dr., Duisburg, Universitätsbibliothek Duisburg-Essen, Fachref. f. Philosophie, Psychologie & Angewandte Kognitionswissenschaft, Kunst & Design, 03.09.1973, ☎ (0203) 379-1676, (0201) 183-4548, ✉ anke.petschenka@uni-due.de

Pfändtner, Karl-Georg, Dr. phil., M.A., Augsburg, Staats- und Stadtbibliothek, Bibliotheksleiter, 26.09.1965, Bamberg, stud. Kunstgeschichte, byzantin. Kunstgeschichte, kath. Theologie, Vor- und Frühgeschichte, Prom. 95 (LMU München), wiss. Ang. Städtische Sammlungen Bamberg 97-98, wiss. Ang. Erzdiöz. Bamberg 99-00, Österr. Akademie der Wissenschaften/ÖNB Wien 00-06, BSB München 06-16, Augsburg SuStB 17-, ☏ (0821) 71013 2737, 🖥 pfaendtner@sustb-augsburg.de

* Pfafferott, Milena, Dipl.-Phys., M.A. (LIS), Ilmenau, Universitätsbibliothek, Fachref. f. Automatisierung, Elektrotechnik, Maschinenbau, Technik allg. und Werkstoffwiss., 13.11.1980, Stuttgart, stud. Physik 01-06 Univ. Greifswald, Wiss. Mitarb. Univ. Greifswald 06-08, Volontariat UB Ilmenau / M.A. (LIS) HU Berlin 08-10, UB Ilmenau seit 10, ☏ (03677) 69-4605, 🖥 milena.pfafferott@tu-ilmenau.de

* Pfeil, Brigitte, Dr., Kassel, Universitätsbibliothek Kassel - Landesbibliothek und Murhardsche Bibliothek der Stadt Kassel, Leitung Abt. IV: Landesbibliothek, Fachref. f. Sondersammlungen, 13.12.1965, Andernach, stud. Germanistik, Geschichte, Staatsex. 91, Prom 97, Wiss. Mitarb. UB Leipzig 02, ULB Halle 06, UB Erfurt 06, UB Kassel 11, 🖥 pfeil@bibliothek.uni-kassel.de

* Pfister, Silvia, Dr. phil., Coburg, Landesbibliothek, Direktorin, 04.02.1958, Bamberg, stud. Germanistik, Geschichte, Psychologie, M.A. 84, Prom. 88, BAng. Bamberg UB 89, BRef. Oldenburg LB 90 u. Oldenburg StB 91, Köln FHBD 91, Fachpr. 92, Wiss. Ang. Bamberg UB 92, BR z. A. 93, BR 94, BOR 00, Leiterin Coburg LB 02, BDir. 04, ☏ (09561) 8538-200, 🖥 silvia.pfister@landesbibliothek-coburg.de

* Pfurr, Norbert, Dr. rer. nat., Dipl.-Geol., Göttingen, Niedersächsische Staats- und Universitätsbibliothek, Wiss. Mitarb., Projektkoordination FID GEO, Fachref. f. Astronomie, Astrophysik, Weltraumforschung, Forst- und Geowissenschaften, ☏ (0551) 39-5244, 🖥 pfurr@sub.uni-goettingen.de

* Pianos, Tamara, Dr. phil., Kiel, ZBW - Leibniz-Informationszentrum Wirtschaft, Wiss. Ang., Leitung Informationsvermittlung, 30.01.1969, Kiel, stud. Anglistik, Geographie, Staatsex. 95, Prom. 99, BRef. Osnabrück UB 00, Köln FHBD 01, vascoda-Geschäftsstelle Hannover TIB/UB 02, Kiel ZBW 05, ☏ (0431) 8814-365, 🖥 t.pianos@zbw.eu

Pichler, Renate, Dipl.-Bibl., Trier, Institut für Arbeitsrecht und Arbeitsbeziehungen in der Europäischen Union (IAAEU), BLeiterin, ☏ (0651) 201-4766, 🖥 pichler@uni-trier.de

* Piel, Mario, Berlin, Bibliothek des Deutschen Bundestages, Bereichsleiter Benutzung und Information, 04.07.1979, Eutin, ☏ (030) 227 32989, 🖥 mario.piel@bundestag.de

* Pieper, Julia, Münster, Universitäts- und Landesbibliothek, Abteilungsleiterin Medienbearbeitung, 16.05.1968, stud. Romanistik, Geschichte FU Berlin, WiMi Univ. Greifswald 97-99, BRef. SULB Saarbrücken 99, BSchule Frankfurt/M. 2000, Bib.Ang. UB Potsdam 01, BR z.A. ULB Münster 02, BR 07, OBR 10, ☏ (0251) 83-24041, 🖥 julia.pieper@uni-muenster.de

* Pieper-Bekierz, Renate, Dipl.-Biol., Osnabrück, Hochschule, Bibliothek Campus Westerberg, Bibliotheksleitung, 22.04.1958, Mainz, stud. Botanik, Mikrobiol., Bodenkde., Diplom 83, Mitarb. Inf.-Zentrum f. Biol. d. Forsch.-Inst. Senckenb. 82, BRef. Darmstadt LuHB 83, Frankfurt a. M. BSchule 84, Fachpr. 85, BAssess. Osnabrück UB 86, BR 88, Hochschulbibliothek Osnabrück Bibliotheksleitung, ☏ (0541) 969-3291, 🖥 renate.pieper-bekierz@hs-osnabrueck.de

* Pierer, Christian, Dr. phil., Bamberg, Universitätsbibliothek, Leiter der Medienbearbeitung, Leiter der TeilB Geschichts- und Geowiss., Fachref. f. Archäologie, Denkmalkunde, Kunstgeschichte, Geographie, Geschichte und Ethnologie, 23.12.1978, Freising, stud. Geschichte, Politikwiss. und Informatik, M.A. 05, Prom. 10, BRef. UB Bamberg 08-09, Bayer. BSchule München 09-10, BR Bamberg UB 10, BOR Bamberg UB 15, BD 19, ☏ (0951) 863-1525, 🖥 christian.pierer@uni-bamberg.de

* Piesche, Claudia, Köln, Universitäts- und Stadtbibliothek

Pille, Frank, Dr., Schwerin, Landesbibliothek Mecklenburg-Vorpommern Günther Uecker, Leitender Bibl. Dir., Fachref. f. Physik, Chemie, Mathematik, Naturwissenschaften Allgemeines, Sport, Tourismus, 25.12.1959, Leipzig, ☎ (0385) 588792-14, 🖳 f.pille@lakd-mv.de

* Piller, Anja, Halle (Saale), Universitäts- und Landesbibliothek Sachsen-Anhalt, 02.05.1985, 🖳 anjapiller@gmx.de

* Pinter, Matilde, Leipzig, Universität, Institut für Kommunikations- und Medienwissenschaft, Studienarchiv KMW

* Plaeschke, Gabriele, Marburg, Universitätsbibliothek, Wiss. Bib., Fachref. f. Erziehungswiss., Sportwiss., Soziol., Psychol., Klass. Archäol., Alte Geschichte, 03.06.1964, stud. Lat., Russ., Dipl., Aufbaustud. Indol., Geschichte Südasiens, Klass. Arch., Köln FH Fachpr. 99, Wiss. Bibl. Münster ULB 99-02, Wiss. B Marburg UB 02, ☎ (06421) 28-25112, 🖳 plaeschk@ub.uni-marburg.de

* Plappert, Rainer, Dr. phil., Erlangen, Universitätsbibliothek Erlangen-Nürnberg, Leiter d. Abt. I (Medienbearbeitung), Fachref. f. Geowiss., Allgemeines, 30.05.1963, Koblenz, stud. Neuere Geschichte, Mittlere Geschichte, Geographie, M.A. 90, Prom. 95, BRef. Göttingen SUB 97, Köln FHBD 98, Fachpr. 99. Wiss. Ang. Erlangen UB 99, BR z. A. 99, BR 02, BOR 09, BDir. 12, ☎ (09131) 85-22163, 🖳 rainer.plappert@fau.de

* Plassmann, Engelbert, Prof. Dr. jur., Bochum, HS-Lehrer i. R., 23.03.1935, Berlin, im BDienst 68-00 - Ehrenprof. d. Pädag. Univ. Sulchen-Saba Orbeliani in Tbilisi/Georgien, Träger d. Leupold-Medaille d. HTWK Leipzig, ☎ (0234) 701065, 🖳 plassmann.bochum@gmail.com

* Platz-Schliebs, Anja, Dr. phil., M.A., MLIS, Wuppertal, Universitätsbibliothek, Dezernentin für Bestands- und Metadatenmanagement, Ausbildungsleiterin, Fachref. f. Allg. Literaturwiss., Germanistik, Romanistik und Musik, 10.08.1968, Wuppertal, stud. Romanistik, Sprachwiss. d. Dt., Allg. Sprachwiss., M.A. 95, Wiss. Mitarb. Wuppertal Univ. 95-03, MLIS 05, Prom. 06, Aachen UB 06-07, Wuppertal UB 07, ☎ (0202) 439-2688, 🖳 aplatz@uni-wuppertal.de

Plönzke, Jörg, Dipl.-Phil., Berlin, Universitätsbibliothek der Humboldt-Universität zu Berlin, Leiter d. ZweigB Germanistik/Skandinavistik, Fachref. f. Romanistik, Germanistik, Allg. Sprach- u. Literaturwiss., 15.09.1958, Templin, stud. Roman. u. Slaw., Diplom 85, Fernstud. B-Wiss., Fachbibl. Berlin IBI 89, Bibl. Berlin UB d. HU 85, ☎ (030) 2093-9781, 🖳 joerg.ploenzke@ub.hu-berlin.de

* Podehl, Wolfgang, Dr. phil., Walluf, BDir. i.R., 23.01.1943, Königsberg, im BDienst 1972-2008, ☎ (06123) 73812, 🖳 w-podehl@t-online.de

Poeche, Angela, Dipl.-Bibl. (FH), Wismar, Hochschulbibliothek, Stellv. Leiterin, Sacherschließung, ☎ (03841) 753-7497, 🖳 angela.poeche@hs-wismar.de

* Pohle, Ingeborg, Dipl.-Ing., Berlin, Wiss. Ang. i. R., 23.09.1922, Berlin, im BDienst 56-83, ☎ (030) 7611-1024, 🖳 ingeborg.pohle@gmx.de

* Pohlmann, Tobias, Dr.-Ing., Kassel, Universitätsbibliothek Kassel - Landesbibliothek und Murhardsche Bibliothek der Stadt Kassel, OA-Beauftragter, Fachref. f. Architektur, Stadt- und Landschaftsplanung, Bauingenieurwesen und Maschinenbau, 07.06.1977, Mannheim, stud. Bauingenieurwesen, Diplom 05, wiss. Mitarb. Hannover LUH 05-07, Braunschweig TU 08-10, Prom. 10, BRef. Hannover TIB/UB u. München BSB 10-12, BR Kassel UB/LB u. Murh.B 12-, ☎ (0561) 804-2529, 🖳 pohlmann@bibliothek.uni-kassel.de

* Pohlschmidt, Monika, M.A., Dipl.-Bibl., Mannheim, Bibliothek des Leibniz-Instituts für deutsche Sprache, Bibliotheksleiterin, 28.03.1961, ☎ (0621) 1581-161, 🖳 pohlschmidt@ids-mannheim.de

* Pointner, Franz, Dr. phil., Puchheim, Ltd. BDir. a.D., 26.03.1938, Tirschenreuth, im BDienst 64-97, ☎ (089) 805681, 🖥 pointner.fr@t-online.de

Polak-Bennemann, Renate, Frankfurt am Main, Deutsche Nationalbibliothek (Leipzig, Frankfurt a. M.), Wiss. Ang., Leiterin d. Ref. IT.1 Anforderungen, Spezifikationen, Tests, 03.11.1957, Cosel, stud. Math., Wirtsch.- u. Sozialwiss., Staatsex. 86, ☎ (069) 1525-1714, 🖥 r.polak@dnb.de

Poley, Christoph, Dipl.-Inf., Leipzig, Deutsche Nationalbibliothek (Leipzig, Frankfurt a. M.), Leitung Sachgebiet AEN 1.1 (Automatische Erschließungsverfahren; Netzpublikationen Leipzig) 05.05.1980, stud. Angewandte Informatik, TU-Chemnitz, Dipl.-Inf. 06, UB Regensburg 06-08; SLUB Dresden 08-10; Stv. Leiter IT, ZB MED Köln 10-19, ab 2016 Leiter Abt. LIVIVO Entwicklung, seit 2019 DNB: Leitung SG Automatische Erschließungsverfahren 1.1, ☎ (0341) 2271-427, 🖥 c.poley@dnb.de

* Poll, Roswitha, Dr. phil., Münster, Ltd. BDir. a.D., 06.02.1939, Insterburg, im BDienst 64-04, ☎ (0251) 897 836, 🖥 pollr@uni-muenster.de

* Polly, Annette, Karlsruhe, Max Rubner-Institut, Leiterin Forschungsleistungen und Informationsmanagement, annette.polly@mri.bund.de

Polok, Margarete, Dipl.-Dok., Herne, Stiftung Martin-Opitz-Bibliothek, Wiss. Bibl., Leitung Informationsdienste, Fachref. f. Osteuropa, Schwerpunkt Polen und Tschechien, 15.05.1968, Lodz, stud. Geschichte, Klass. Philologie, Staatsex. 95, stud. Bibl.- u. Dokumentationswesen, Dipl. Dok. (FH), Dokumentarin Verl. Handelsblatt 00-05, Leiterin Bibliothek Stiftung Gerhart-Hauptmann-Haus Düsseldorf 06-20, 02323-162189, 🖥 margarete.polok@herne.de

* Pommeranz, Johannes, Dr., Nürnberg, Bibliothek des Germanischen Nationalmuseums, BLeitung, Erwerbung, Fachref. f. Dt. Kunst- und Kulturgeschichte, 06.03.1963, Wimbern (Westf.), stud. Kunstgeschichte, Klass. Archäologie, Roman. Phil., Prom. 94, BRef. Heidelberg UB 95, Frankfurt a. M. BSchule 96, Fachpr. 97, Ang. Frankfurt-Höchst Buchh. Bärsch 97, Volontär Nürnberg B d. Germ. Nat.-Mus. 98, Nürnberg B d. Germ. Nat.-Mus. 00, BR 00, BOR 08, BDir. 13, ☎ (0911) 1331-150, 🖥 j.pommeranz@gnm.de

Porzberg, Michael, Düsseldorf, Universitäts- und Landesbibliothek, Academic Support, Fachref. f. Rechtswiss., Wirtschaftswiss., Mathematik, Physik, Informationswiss., Bibliothekswiss., Geowiss., 25.12.1959, Bergisch-Gladbach, Dipl.-Informatiker (Universität des Saarlandes, 1986), MA LIS (TH Köln, 2014), Marketing-Management, Unternehmensberater für Bibliotheksmanagement, seit 2010 in der ULB Düsseldorf tätig, ☎ (0211) 81-12028, (0211) 81-10225, 🖥 michael.porzberg@ulb.hhu.de

* Poth, Daniela, Frankfurt am Main, Universitätsbibliothek Johann Christian Senckenberg, Ltd. Bibliotheksdirektorin, Dipl.-Ing. Architektur BTU Cottbus 05, Referendariat ULB Darmstadt 09-11, M.A. (LIS) HU Berlin, Umzugskoordination, Öffentlichkeitsarbeit ULB Darmstadt 11-12, Leitung Benutzung und Medienbearbeitung ULB Darmstadt 12-17, Abteilungsleitung Benutzung SUB Göttingen 17-20, Direktorin der UB JCS 20-, ☎ (069) 798-39230, 🖥 d.poth@ub.uni-frankfurt.de

* Präßler, Janin, Berlin, Stadtbibliothek Treptow-Köpenick, Direktorin, 🖥 janin.praessler@ba-tk.berlin.de

* Pramann, Bianca, M.A., M.A. (LIS), Braunschweig, 14.03.1979, Neubrandenburg, stud. Anglistik, Amerikanistik, Romanistik 97-03, Referandariat Braunschweig UB 04-06, Wiss. Mitarb. Braunschweig UB 06-11, Georg-Eckert-Institut 12-, 🖥 bianca.pramann@arcor.de

Prellwitz, Jens, Dr. phil., M.A., Berlin, Staatsbibliothek zu Berlin - Preußischer Kulturbesitz, Fachref. f. Geschichte und Militärwesen, 22.09.1967, Mannheim, stud. Mittlere u. Neuere Geschichte, Politikwiss., M.A. 93, Prom. 98, BRef. Köln USB 98-99, Köln FHBD 99-00, Fachpr. 00, ☎ (030) 266-433142, 🖥 jens.prellwitz@sbb.spk-berlin.de

* Pretz, Edwin, Dipl.-Ing., München, Universitätsbibliothek der Technischen Universität, Abteilungsleiter Bibliothekstechnik & IT-Services; Abteilungsleiter Systemanalyse & -implementierung, 10.03.1966, Neumünster, stud. Elektrotechnik, Diplom 93, Wiss. Ang. Braunschweig UB 93, BRef. Braunschweig UB 94, Köln FHBD 95, Fachpr. 96, BAssess. Hildesheim UB 96, BR 97, München TUB 02, BOR 03, BDir. 07, ☎ (089) 289-28636, 🖳 pretz@ub.tum.de

Priddy, Stephan Michael Barry, Dipl.-Bibl., München, Bibliothek der Bayerischen Staatsgemäldesammlungen, 19.01.1982, Münster, stud. Bibliothekswesen an der Fachhochschule Köln 02-07; Bibliothek des Deutschen Theatermuseums in München; Bibliothek der Botanischen Staatssammlung München 14; Bibliothek der Bayerischen Staatsgemäldesammlungen 17, Leiter der Bibliothek 18, BOI, ☎ (089) 23805 126, 🖳 bibliothek@pinakothek.de

* Probst, Michaela, M.A., Potsdam, Universitätsbibliothek, Dezernentin f. Benutzungsdienste, Fachref. f. Germanistik, Künste und Medien, stud. Kunstgeschichte, Neuere Dt. Lit., M.A. 99, BRref. Berlin UB d. FU 03-05, Wiss. Ang. Berlin UB d. FU 05-07, Leipzig Deutsche NationalB 07-08, Potsdam UB 08-, 🖳 michaela.probst@uni-potsdam.de

* Probst, Veit, Dr. phil., Heidelberg, Universitätsbibliothek, 09.10.1958, Heidelberg, stud. Geschichte, Klass. Philologie, Staatsex. 85, Prom. 89, BRef. Mannheim UB 88, Frankfurt a. M. BSchule 89, Fachpr. 90, Wiss. Ang. Heidelberg UB 90, BAssess. 92, BR 93, OBR 95, BDir. 98, Ltd. BDir. 02, ☎ (06221) 54-2580, 🖳 probst@ub.uni-heidelberg.de

* Proschitzki, Sibylla, Dr. rer. nat., Dipl.-Phys., Berlin, Universitätsbibliothek der Technischen Universität, Leiterin d. BB Physik, Querschnittsreferat Sacherschließung, Fachref. f. Allg. Naturwiss., Astronomie, Mathematik, Physik, 09.02.1959, Berlin, stud. Physik, Math., Chemie, Dipl. 87, Prom. 91, Wiss. Ang. HMI Berlin 87, CNRS-Stipendiatin IPN Orsay (F) 93, BRef. Berlin UB d. FU 95, Frankfurt a. M. BSchule 97, Fachpr. 98, Köln HBZ 98, Berlin UB d. TU 00, BOR, ☎ (030) 314-76114, 🖳 sibylla.proschitzki@tu-berlin.de

* Przeperski, Natalie, München, Internationale Jugendbibliothek

* Pust, Hans-Christian, Dr., Stuttgart, Württembergische Landesbibliothek, Leiter d. Abt. Karten und Graphik, wiss. Leiter Digitalisierung, Fachref. f. Geschichte, Alte Geschichte und Geographie, 22.04.1972, Flensburg, stud. Deutsch, Geschichte, Philosophie, Pädagogik, 1. Staatsex. 99, BRref. Stuttgart LB 03-05, München Bayer. BSchule, Fachpr. 05, Stuttgart LB 05-, ☎ (0711) 212-4518, 🖳 pust@wlb-stuttgart.de, hcpust@gmx.de

* Putjenter, Sigrun, M.A., Dipl.-Bibl., Berlin, Staatsbibliothek zu Berlin - Preußischer Kulturbesitz, Betreuung d. Bilderbogensammlung, Erschließung v. Originalillustrationen, stellv. Leitung d. Kinder- u.Jugendbuchabt., Fachref. f. Projektbearbeitung in der Kinder- und Jugendbuchabteilung, 20.07.1969, Braunschweig, Dipl.-Bibl. 92, stud. Anglistik, Geschichte, M.A. 96, BRef. Berlin SBB-PK 98, FH Köln 99, Fachpr. 00, Berlin SBB-PK 00, ☎ (030) 266-436451, 🖳 sigrun.putjenter@sbb.spk-berlin.de

* Putnings, Markus, Dipl.-Wirt.inf., Erlangen, Universitätsbibliothek Erlangen-Nürnberg, Leiter der Referate Open Access und FAU University Press, Stellv. Leiter der Abteilung I: Medienbearbeitung, Open Access, Fachinformationsdienst, der Technisch-naturwissenschaftlichen Zweigbibliothek (TNZB) und des Referats Forschungsdatenmanagement, Fachref. f. Mathematik, Informatik, ☎ (09131) 8527835 (Vormittag), 8524797 (Nachmittag), 🖳 markus.putnings@t-online.de

* Quast, Anke, Dr. phil., Berlin, Universitätsbibliothek der Technischen Universität, Kommiss. Leiterin Hauptabt. Benutzungsdienste, Ref. Öffentlichkeitsarbeit, Fachref. f. Psychologie, Soziologie, 13.04.1965, Lingen, stud. Soziologie, Geschichte, Germanistik, M.A. 94, Prom. 98, Wiss. Mitarb. Hannover Univ. 94-98, BRef. Berlin ZLB 00, Köln FHBD 01, Fachpr. 02, Berlin UB d. TU 02, BR 03, OBR 04, ☎ (030) 314-76115, 🖳 anke.quast@tu-berlin.de

* Quasten, Christoph, M.A., Paderborn, Abteilungsleiter, 19.03.1961, Mönchengladbach, stud. Geschichte, Politikwiss., B-Wiss., Kath. Theologie, M.A. 87, Wiss. Ass. Köln Lehrst. f. B-Wiss. d. Univ. 88, Wiss. Mitarb. Bornheim-Walberberg B St. Albert 90, Leiter Paderborn Medienzentr. f. d. Erzbistum 92, Referatsleiter Inst. f. Religionspäd. u. Medienarbeit 17, Abteilungsleiter, ☎ (05252) 3581, 💻 ch.quasten@t-online.de

* Queckbörner, Boris, Dr., Göttingen, Niedersächsische Staats- und Universitätsbibliothek, Stellv. Abteilungsleiter Benutzung, 💻 queckboerner@sub.uni-goettingen.de

* Rabeler, Alice, Dr. phil., Bonn, Universitäts- und Landesbibliothek, Wiss. Ang., Dezernentin für die dezentralne Bibliotheken, Stabsstelle Strategische Raumplanung, Fachref. f. Anglistik, Germanistik, Allg. Sprach- u. Literaturwiss., Psychologie, 10.01.1960, Kempen/Nrh., stud. Anglistik, Germanistik, Staatsex. 87, Prom. 91, Wiss. Mitarb. Münster Engl. Sem. d. Univ. 87, BRef. Köln UuStB 92, Köln FHBD 93, Fachpr. 94, Wiss. Ang. Köln FHB 94, Wiss. Ang. Bonn ULB 01, ☎ (0228) 73-7351, 💻 alice.rabeler@ulb.uni-bonn.de

* Radde, Wilfried, Dresden, Sächsische Landesbibliothek - Staats- und Universitätsbibliothek, ☎ (0351) 458-4845, 💻 wilfried.radde@slub-dresden.de

* Räbiger, Nadine, M.A., Göttingen, Niedersächsische Staats- und Universitätsbibliothek

* Räuber, Jörg, Leipzig, Deutsche Nationalbibliothek (Leipzig, Frankfurt a. M.), Abteilungsleiter Benutzung und Bestandsverwaltung, 10.01.1958, Zeitz, stud. wiss. B-Wesen, Diplom Leipzig 79, Fernstud. B-Wiss., Diplom (Univ.) Berlin IBI 84, Bibl. Leipzig Dt. Bü 74, ☎ (0341) 2271-309, 💻 j.raeuber@dnb.de

* Raffelt, Albert, Prof. Dr. theol., Freiburg im Breisgau, BDir. i.R., 22.09.1944, Groß Tinz, Krs. Breslau, stud. Kath. Theologie, Diplom 71, Prom. 78, BRef. Freiburg UB 77, Frankfurt a. M. BSchule 78, Fachpr. 79, Wiss. Ang. Freiburg UB 79, BR 81, BOR 89, BDir. 97, Stellv. Dir. 99, Hon. Prof. Freiburg Univ. 00, ☎ (0761) 43122, 💻 raffelt@ub.uni-freiburg.de

* Rahmfeld, Michael, M.A., Magdeburg, Bibliothek des Landtages von Sachsen-Anhalt, Referatsleiter Bibliothek, 28.06.1962, Watenbüttel, stud. Geschichte, Politikwiss., M.A. 89, BRef. Münster UB 89, Münster StB 90, Köln FHBD 90, Fachpr. 91, Wiss. Mitarb. Wiesbaden B d. Stat. Bundesamtes 91, BR z. A. 92, BR 94, Magdeburg Ref. Bibl., Dok., Archiv des Landtags von Sachsen-Anhalt 97, BOR 98, BDir 02, ☎ (0391) 560-1133, 💻 michael.rahmfeld@lt.sachsen-anhalt.de

* Rahmsdorf, Sabine, Dr. phil., Bielefeld, Universitätsbibliothek, Benutzungsdezernentin, Baubeauftragte, stud. Germanistik, Anglistik, Geschichte, M.A. 93, Prom. 97, BRef. Wolfenbüttel HAB 99, Köln FH 00, Wiss. Ang. Bielefeld UB 01, BR 05, OBR 08, VD 16, ☎ (0521) 106-3036, 💻 sabine.rahmsdorf@uni-bielefeld.de

* Rajski, Beate, Hamburg, Universitätsbibliothek der Technischen Universität, Stellvertreterin der Direktorin, Abteilungsleiterin Digitale Dienste, Referentin für Forschungsdaten, 12.04.1965, ☎ (040) 42878 3311, 💻 rajski@tuhh.de

* Rake, Mareike, Dr., Hannover, Landeskirchenamt der evangelisch-lutherischen Landeskirche Hannovers, Leitung Archiv und Bibliothek, 15.12.1972, Vechta, stud. ev. Theologie, Phil., Dipl.-Theol., Prom., M.A. (LIS), Wiss. Mitarb. Greifswald, Wiss. Mitarb. Göttingen, Wolfenbüttel HAB BRef 06, Berlin SBB-PK BR 08, BOR 12, Hannover Ev.-luth. Landeskirche BDir. 16, Ltd. BDir 20, ☎ (0511) 1241-755, 💻 mareike.rake@evlka.de

* Rambach, Christiane, Dr. phil., M.A., Stuttgart, Universitätsbibliothek, Bestandserhaltung und Digitalisierung, Fachref. f. Architektur u. Stadtplanung, Kunstgeschichte, 01.06.1977, München, stud. Kunstgeschichte, Geschichte, klass. Archäologie, M.A. 02, Prom. 06, BRef. Stuttgart WLB 06-07, München Bayr. BSchule 07-08, Fachpr. 08, Stuttgart UB 08, ☎ (0711) 685-82269, 🖳 christiane.rambach@ub.uni-stuttgart.de

* Rapp, Franziska, Ulm, Kommunikations- und Informationszentrum der Universität Ulm (kiz), Leitung Team Forschungsdatenmanagement, Institutionelles Repositorium / Open Access Repositorium der Universität Ulm, Universitätsbibliografie, Kurse, Assessorin des Lehramts 12, BRef. kiz Universität Ulm / Bibliotheksakademie Bayern 12-14, BAssess. 2014, BR 17

* Rappmann, Roland, Dr. phil., M.A., Aachen, Verw.Dir. i.R., 06.12.1954, Ludwigshafen/Rh., im BDienst 83-20

* Rath-Beckmann, Annette, Friedland-Reckershausen, Ltd. BDir. a.D., 01.08.1951, Bielefeld, im BDienst 83-03, ☎ (05504) 98138

* Ratz, Nadine, M.A., Wolfenbüttel, Herzog August Bibliothek, Fachref. f. Kunstgeschichte, 05.01.1978, Karlsruhe, 🖳 ratz@hab.de

* Rauber, Klaus, Kaiserslautern, Universitätsbibliothek, Stellv. Dir., Leiter Benutzung/Information, Fachref. f. Wirtschaftsingenieurwesen und Maschinenbau/Verfahrenstechnik, 20.02.1956, Alsweiler, stud. Germanistik, Anglistik, Staatsex. 83, BRef. Saarbrücken UB 83, Köln FHBD 84, Fachpr. 85, Wiss. Ang. Gießen B d. Jur. Fachber. d. Univ. 86, BR z. A. Frankfurt a. M. B d. Fachber. Wirtsch.-Wiss. d. Univ. 87, BR 89, Kaiserslautern UB 92, OBR 03, Bibl.-Dir. 2016, ☎ (0631) 205-2916, 🖳 rauber@ub.uni-kl.de

* Real, Michael, Mainz, OBR i.R., 29.04.1945, Hadamar, im BDienst 1974-2010, 🖳 mi.real@gmx.de

* Reblin, Eva, Dr., Berlin, Universitätsbibliothek der Technischen Universität, 19.10.1960, ☎ (030) 314-76 301, 🖳 eva.reblin@tu-berlin.de

* Rebmann, Martina, Dr., Berlin, Staatsbibliothek zu Berlin - Preußischer Kulturbesitz, Leiterin d. Musikabt., 19.12.1965, Böblingen, stud. Musikwiss., Mediäv., Neuere dt. Lit., Kunstgesch., M.A. 93, BRef. BLB Karlsruhe, BSchule Frankfurt a. M. 96-98, BLB Karlsruhe BAssess. 98, Prom. u. BR 00, Berlin SBB-PK 08, ☎ (030) 266-435200, 🖳 martina.rebmann@sbb.spk-berlin.de

* Rechenberger, Heiko, Berlin, Universitätsbibliothek der Humboldt-Universität zu Berlin

* Redlhammer, Sabine, Dr. sc. agr., Dipl.-Agr. Biol., Braunschweig, wiss. Bibliothekarin im Ruhestand, 11.05.1952, Hamburg, stud. Agrarbiologie, Diplom 75, Prom. 81, BRef. Konstanz UB 81, Köln FHBD 82, Fachpr. 83, Wiss. Mitarb. Braunschweig Bundesforsch.-Anst. f. Landw. 84, Wiss. Mitarb. Berlin B d. Biol. Bundesanst. f. Land- u. Forstw. 91, Wiss. Mitarb. d. Präs. d. Biol. Bundesanst. f. Land- u. Forstw. Braunschweig 92, wiss. Leiterin d. B Braunschweig d.Julius Kühn-Inst. (JKI), Bundesforschungsinst. f. Kulturpflanzen, 🖳 ohn-red@t-online.de

* Redlich, Beate, Dipl.-Bibl., M.A., Berlin, Bibliothek des Auswärtigen Amtes, 13.12.1965, 🖳 beate.redlich@privat.diplo.de

Reeder-Dertnig, Waltraud, Dipl.-Math., Köln, Stadtbibliothek, Lektorin, Fachref. f. Kinder- und Jugendlit., Mathem., Naturwissenschaften, Technik, Informatik, stud. Math., Wirtschaftswiss., Dipl. 94, BRef. Saarbrücken SUuLB 94, BSchule Frankfurt a. M. 95, Fachpr. 96, ☎ (0221) 221-23989, 🖳 reeder@stbib-koeln.de

* Reese, Karin, Dipl.-Volksw., Berlin, Wirtschaftswissenschaftliche Bibliothek der FU, Wiss. Ang., Leiterin d. Wirtschaftswiss. B der FU, Fachref. f. Wirtschaftswiss., 15.11.1962, Elmshorn, stud. Volkswirtschaftslehre, Dipl. 92, wiss. Mitarb. Inst. f. Finanzwiss. an d. Univ. Hamburg 92-96, BRef. Mainz UB 96, Frankfurt a. M. BSchule 97, Prüf. 98, wiss. Ang. Siegen UB 98, Wirtschaftswiss. B d. Fachber. Wirtschaftswiss. Berlin FU 01, ☎ (030) 83852-115, 🖥 karin.reese@fu-berlin.de

* Regier, Heike, Dipl.-Ing., Düsseldorf, Stadtbüchereien, Stellv. Insitutsleiterin, Leiterin Dez. Ben.Dienste, 22.02.1958, Hannover, stud. Garten- u. Landschaftsgestaltung, Diplom 84, BRef. Bonn UB, ZB d. Landbauwiss. 85, Köln FHBD 86, Fachpr. 87, StBR z. A. Düsseldorf StBü 88, StBR 90, StOBR 93, StBDir. 94, ☎ (0211) 89-94405, 🖥 heike.regier@duesseldorf.de

* Regulski, Katharina, Düsseldorf, Hochschulbibliothek

* Reher, Elke, Dipl.-Ing., Düsseldorf, Hochschulbibliothek, Stellv. Leiterin, Leiterin d. Abt. Informations- und technische Dienste, 24.10.1964, Köln, stud. Metallurgie, Werkstofftechnik, Dipl. 93, BRef. Wuppertal UB 94 u. Düsseldorf StB 95, Köln FHBD 96, Düsseldorf FHB, ☎ (0211) 4351-9241, 🖥 elke.reher@hs-duesseldorf.de

* Reich, Angelika, Dr. phil., Regensburg, Ltd. BDir. i.R., 19.09.1949, Regensburg, im BDienst 1976-2012, ☎ (0941) 307421-33 oder -34

Reich, Susanne, Halle (Saale), Universitäts- und Landesbibliothek Sachsen-Anhalt, Fachref. f. Arabistik, Semitistik, Islamwissenschaft, Jüdische Studien, 🖥 susanne.reich@bibliothek.uni-halle.de

* Reif, Matthias, Dr., München, Bayerische Staatsbibliothek

* Reifegerste, E. Matthias, Dr. phil., M.A., Freiburg im Breisgau, Universitätsbibliothek, Koordinator d. Sachkatalogisierung, Sammlungsbeauftragter der Historischen Sammlungen, Fachref. f. Allg. und Vergl. Sprach- und Literaturwiss., Anglistik und Germanistik, 14.12.1957, Jeßnitz (Kr. Bitterfeld), stud. Nordistik, Germanistik, Anglistik, M.A. 86, Prom. 89, BRef. Köln UuStB 89 u. Düsseldorf StB, Köln FHBD 89, Fachpr. 90, Red. „Germanistik" Tübingen 91, Freiburg UB 99, ☎ (0761) 203-3961, 🖥 reifegerste@ub.uni-freiburg.de

* Reifenberg, Bernd, Dr. phil., Marburg, BOR i. R., 30.08.1955, Nienburg/Weser, stud. Biologie, Germanistik, Staatsex. 85, Prom. 89, Wiss. Ang. Wolfenbüttel HAB 89, BRef. Braunschweig UB 90, Köln FHBD 91, Fachpr. 92, Wiss. Ang. Göttingen Sem. f. Dt. Philol. d. Univ. 92, Schwerin LB M-V 95, BR z. A. Marburg UB 98, BR 00, BOR 05, Ruhestand 21, 🖥 bernd.reifenberg@ub.uni-marburg.de

* Reihl, Ellen, Dipl.-Biol., Halle (Saale), Universitäts- und Landesbibliothek Sachsen-Anhalt, Stellv. Dir., Leitung Abt. Benutzung, 06.03.1980, Detmold, stud. Biologie u. Geographie, Diplom 06, BRef. UB Osnabrück 08, Bayer. BSchule München 09, Fachpr. 10, BR ULB Sachsen-Anhalt 10, BOR 15; BDir. 17, ☎ (0345) 55 22 145, 🖥 ellen.reihl@bibliothek.uni-halle.de

* Reimann, Iris, Dr. rer. nat., Aachen, Universitätsbibliothek der RWTH, Ltg. d. Medizinischen Bibliothek, Fachref. f. Medizin, Zahnmedizin, Psychologie, stud. Chemie, Dipl. 94, Prom. 00, M.A. (LIS) 05, Aachen BTH 06, ☎ (0241) 8088990, 🖥 reimann@ub.rwth-aachen.de

Reimer, Monika, Wiesbaden, Hessisches Landesamt für Naturschutz, Umwelt und Geologie, Leiterin der Fachbibliothek des HLNUG, Fachref. f. Organisation, 06.11.1961, Wiesbaden, ☎ (0611) 6939-575, 🖥 bibliothek@hlnug.hessen.de, monika.reimer@hlnug.hessen.de

* Reimers, Frank, Dr. rer. nat., Dipl.-Geogr., Freiburg im Breisgau, Universitätsbibliothek, Koordinator Interne Fortbildung, Notfallbeauftragter, DBS-Koordinator, Fachref. f. Geowissenschaften, Biologie, Chemie, Medizin, Pharmazie, Psychologie, Pädagogik, Ethnologie, Allgem. Naturwissenschaften, Technik u. Sport, 20.08.1956, Berlin, stud. Geographie, Geologie, Botanik, Diplom 84, Prom. 92, Wiss. Mitarb. Berlin Inst. f. Geogr. TU 85-90, Berlin Hist. Komm. 91-93, BRef. Berlin UB d. TU 93, Frankfurt a. M. BSchule 94, Fachpr. 95, BAssess. Freiburg UB 96, BR 97, OBR 01, ☎ (0761) 203-3949, 🖥 reimers@ub.uni-freiburg.de

Reinbach, Jens, Dr. rer. nat., Dipl.-Phys., Hannover, Gottfried Wilhelm Leibniz Bibliothek - Niedersächsische Landesbibliothek, Leiter d. Abt. Niedersachsen-Informationssystem, Fachref. f. Nds. Landeskunde, Psychologie, ☎ (0511) 1267-319, 🖥 jens.reinbach@gwlb.de

* Reineke, Henning, Dr. rer. nat., Stuttgart, Kommunikations-, Informations- und Medienzentrum (KIM) der Universität Hohenheim, Wiss. Ang., Leiter d. Abteilung Informationssysteme, Fachref. f. Informatik, 27.11.1962, Bremen, stud. Informatik, Diplom 89, Wiss. Mitarb. 90, Prom. 95, BRef. UB d. FU Berlin 96, StaatsB zu Berlin 96, UB Freiburg 97, Wiss. Ang. UB Ulm 97, Stuttgart UB 99, Stuttgart-Hohenheim UB 99, Stuttgart-Hohenheim KIM 11, ☎ (0711) 459-23167, 🖥 henning.reineke@uni-hohenheim.de

* Reinfeld, Karen, Solingen

* Reinhardt, Werner, Dipl.-Math., Kreuztal, Ltd. BDir. a.D., 14.08.1949, Büttstedt, im BDienst 1974-2015, 🖥 werner.reinhardt@uni-siegen.de

* Reinitzer, Sigrid, Dr. phil., Graz (Österreich), Hofrätin, BDir. i.R., Pensionistin, 11.02.1941, Graz, stud. Geogr., Germ., Volkskde., Prom. 68, Chem. Techn. Ing. 72, Graz UB 71, Ausb. f. d. höh. ADienst 72-74, Leitung EDV u. IVS 78, Stellv. BDir. 84, BDir. 89-06, Content Co-ordinator bei AIT-Europeana Local, connecting cultural heritage, Mitglied des UNESCO-Fachbeirats Memory of the World (MoW), Ehrenmitgl. d. VDB, Präs. d. VÖB 98-02, 1.stellv. Präs. 94-98 u. 02-04, seit 2010 Vortragende bei EuroMachs, einem europäischen Projekt von 5 europäischen Universitäten, (Nebentätigkeit) Vorsitzende der Gesellschaft zur Förderung der Steiermärkischen Landesbibliothek (Ehrenamt; 2014-2017), Mitglied der Freunde der Österreichischen Nationalbibliothek; Member of International Editorial Board of Library, Journal of Library and Information Science of the Slovenian Library Association, ☎ (0043) 664 2325145, 🖥 sigrid.reinitzer@uni-graz.at

* Reisinger, Silvio, M.A., M.A. (LIS), Leipzig, Universitätsbibliothek, Fachref. f. Erziehungs- und Sportwiss., Klass. Archäologie und Geschichte, 30.12.1969, Bautzen, stud. Geschichte, Politik, M.A. 99, BWiss., M.A. (LIS) 04, Wiss. Mitarb. Leipzig UB 02, Fachref. 05, ☎ (0341) 97-30540/-30676, 🖥 reisinger@ub.uni-leipzig.de

* Reiss, Gregor, Dipl.-Phys., München, Universitätsbibliothek der Technischen Universität, Open-Access-Koordinator, Qualitätsmanagementbeauftragter, Fachref. f. Physik, gregor.reiss@ub.tum.de

* Remmer, Imke, Dipl.-Bibl. (FH), Wolfenbüttel, Herzog August Bibliothek, 24.03.1981, Hildesheim, 🖥 remmer@hab.de

* Rempis, Peter, M.A., Tübingen, Universitätsbibliothek, Referent für Publikations- und eLearningdienste, Klassische Altertumswissenschaften, Alte Geschichte; stv. Leiter d. IT-Abteilung, Fachref. f. Publikations- und eLearningdienste, Klassische Altertumswiss., Alte Geschichte, Klass. Archäologie, Ur- und Frühgeschichte, Mittelalterliche Archäologie, 14.08.1962, Tübingen, stud. Altertumswiss. (Latein, Alte Geschichte) Tübingen, stud. Bibliotheks- und Informationsmanagement Stuttgart, Wiss. Ang. Tübingen Rechenzentrum d. Univ., OBR UB Tübingen., ☎ (07071) 29-73450, 🖥 peter.rempis@uni-tuebingen.de

* Renner-Westermann, Heike, Frankfurt am Main, Universitätsbibliothek Johann Christian Senckenberg, Fachref. f. Linguistik, Anglistik, Romanistik, Skandinavistik, Hrsg. d. Bibl. Ling. Lit., Lin|gu|is|tik-Portal, FID Linguistik, 30.11.1964, stud. Linguistik, Inform., Philos., M.A. 91, Bearb. d. Bibliogr. Ling. Lit. 93, BRef. Frankfurt a. M. BSchule 99, Fachpr. 00, BR z. A. Frankfurt a. M. UB 00, BR 03, ☎ (069) 798 - 39 235, 💻 h.renner-westermann@ub.uni-frankfurt.de

* Renno, Frédérique, Kiel, Universitätsbibliothek

* Rettelbach, Simon, Dr. phil., Frankfurt am Main, Frankfurter Forschungsbibliothek, DIPF / Leibniz-Institut für Bildungsforschung und Bildungsinformation, Bibliotheksleiter, 18.02.1972, Erlangen, stud. Musikwiss., Musikpädagogik, Romanistik, Prom. 06, M.A. (LIS) 09, WiMi Archiv Frau und Musik 05-07, WiMi UB JCS Frankfurt 07-09, WiMi Uni Trier 09-10, seit 10 BLeiter der Frankfurter Forschungsbibliothek am DIPF, ☎ (069) 24708-430, 💻 rettelbach@dipf.de

* Retter, Regina, München, Bayerische Staatsbibliothek

* Retzar, Ariane, Dr., Gießen, Universitätsbibliothek

Reulecke, Walter, Dr. rer. nat., Dipl.-Biol., Kiel, Universitätsbibliothek, Fachref. f. Biologie, Chemie und Pädagogik, ☎ (0431) 880-5405, 💻 reulecke@ub.uni-kiel.de

* Reusch, Jutta, M.A., M.A. (LIS), München, Internationale Jugendbibliothek, Abteilungsleitung Bibliothekarische Dienste (wiss. Bibl.), Fachref. f. Historische Kinder- und Jugendliteratur, Sekundärlit. zur KJL, kinder- und jugendliterarische Nachlässe, 04.10.1962, stud. Neuere Deutsche Literaturwiss., Sprachwiss., Musikwiss., Geschichte Univ. Freiburg, M.A. 1990, Library and Information Sciences Berlin HU, M.A. (LIS) 2006, ☎ (089) 891211-41, 💻 juttareusch@ijb.de

Reuse, Bernhard, Dipl.-Bibl., Göttingen-Nikolausberg, Otto-Hahn-Bibliothek des Max-Planck-Instituts für biophysikalische Chemie und MPI für Dynamik und Selbstorganisation, Campus Göttingen, Leiter, 14.12.1956, Göttingen, ☎ (0551) 201-1349, 💻 breuse@gwdg.de

Reuß, Cordula, Leipzig, Universitätsbibliothek, Stellv. Bereichsleiter Bestandsentwicklung und Metadaten, Provenienzforschung, Fachref. f. Philosophie, Kulturwissenschaften, Afrikanistik, Allgemeines, Global Studies, ☎ (0341) 9730515, 💻 reuss@ub.uni-leipzig.de

* Reuter, Jutta, Dipl.-Inf., M.A. (LIS), Marburg, 07.08.1957, 💻 reuterj@hrz.uni-marburg.de

* Reuter, Peter, Dr. phil., M.A., Gießen, Universitätsbibliothek, Dir., 24.11.1959, Duisburg, stud. Philosophie, Germanistik, Soziologie, M.A. 86, Prom. 88, BRef. Marburg UB 88, Frankfurt a. M. BSchule 89, Fachpr. 90, Wiss. Ang. Gießen UB 90, BR 94, BOR 97, BDir. 99, Ltd. BDir. 02, ☎ (0641) 99140-00, 💻 peter.reuter@bibsys.uni-giessen.de, direktion@bibsys.uni-giessen.de

* Reuter, Ulrike, Dr. phil., Berlin, Staatsbibliothek zu Berlin - Preußischer Kulturbesitz, Ausbildungsleiterin Bibliotheksreferendariat, Fachref. f. Romanistik, 07.08.1968, Düsseldorf, stud. Romanistik, Mittelalt. Geschichte, M.A. 96, Prom. 00, BRef. Berlin SBB-PK 99, Köln FHBD 00, Fachpr. 01, ☎ (030) 266-433151, 💻 ulrike.reuter@sbb.spk-berlin.de

Reuter, Ursula, Dr., Köln, Germania Judaica. Bibliothek zur Geschichte des deutschsprachigen Judentums e.V., Geschäftsführerin, 23.06.1964, stud. Geschichte, Jüdische Studien und Germanistik, Prom. 02, u.a. Universität Düsseldorf 03-09, selbständig 10-13, S.L. Steinheim-Institut 13-18, seit 2018 Germania Judaica, ☎ (0221) 232349, 💻 germaniajudaica@stbib-koeln.de

* Rex, Joachim, Dr. phil., Berlin, BDir. i. R., 19.01.1933, Leipzig, im BDienst 54-98, ☎ (030) 6773539

* Rhodius, Wolfgang, Darmstadt, BOR i.R., 09.09.1943, Dresden, im BDienst 73-08, ☎ (06151) 31 21 06, 🖥 wolfgang.rhodius@gmx.de

* Richartz-Malmede, Waltraud, Dipl.-Bibl., Dipl.-Päd., Bochum, i.R., 24.07.1956, Sevenig/Our, Köln BLI 75, Diplom 78, stud. Pädagogik, Soziologie, Psychologie, Diplom 86, BAng. Köln UuStB 86, BRef. Köln UuStB 87, Köln FHBD 88, Fachpr. 89, Wiss. Ang. (DFG) Köln Lehrst. f. B-Wiss. d. Univ. 89, Lektorin Bochum StB 90, Stellv. Leiterin 01, Leiterin 12-19, 🖥 wrichartz-malmede@t-online.de

* Richter, Andreas, Assess., Berlin, Staatsbibliothek zu Berlin - Preußischer Kulturbesitz, Leiter der Abt. Bestandsaufbau, 17.07.1969, Berlin, stud. Rechtswiss., 1. jur. Staatsex. 93, 2. jur. Staatsex. 96, BRef. Berlin UB d. FU 96/97, BSchule Frankfurt a. M. 97/98, Fachpr. 98, ☎ (030) 266-432 500, 🖥 andreas.richter@sbb.spk-berlin.de

* Richter, Anika, Leipzig, 14.03.1991, stud. Bibliotheks- und Informationswissenschaft seit 2014 an der HTWK Leipzig, 🖥 richteranika@aol.com, anika.richter@stud.htwk-leipzig.de

* Richter, Christian, M.A. (LIS), Mainz, Wissenschaftliche Stadtbibliothek der Stadt Mainz, Wiss. Angestellter, Bereichsleiter Altbestand und Lesesaal, Fachref. f. Bibliotheks- u. Informationswissenschaft, Handschriften, Altes Buch, Kulturgeschichte Mittelalter und Frühe Neuzeit, 29.09.1971, Mainz, stud. Klass. Philol., Geschichte, Pädagogik, Staatsex. 01, Master of Library- and Information Science 04, ☎ (06131) 12-2606, 🖥 christian.richter@stadt.mainz.de

* Richter, Gerd, M.A., Paderborn, Universitätsbibliothek, Dezernent Benutzung und Service, Fachref. f. Soziologie, 22.12.1970, Langen/Hessen, stud. Germanistik, Linguistik u. Lit. d. Mittelalters, Politikwiss., Computerlinguistik, Päd., M.A. 99, wiss. Mitarb. Inst. für Germanistik (Arbeitsber. Sprache), Hessisches Flurnamenarchiv u. Zentrum f. Medien u. Interaktivität (ZMI) d. Univ. Gießen 99-05, (zul. DFG-Projekt „Web-Usability des Informations- und Interaktionsangebots von HochschulBB", BRef Göttingen SUB 06-08, Fachpr. 08, Wiss. Ang. Kassel UB/LB u. Murh. B 08-10, BR Hochschul- u. LB RheinMain/LB Wiesbaden 10-12, Paderborn UB 12-, OBR 13, ☎ (05251) 60-2010, 🖥 g.richter@ub.uni-paderborn.de

* Richter, Katrin, Dr., Weimar, Universitätsbibliothek der Bauhaus-Universität, Wiss. Ang., Stellv. Direktorin, Abteilungsleiterin Benutzung u. Informationsdienstleistungen, Fachref. f. Kultur- u. Medienwiss., Philosophie, Soziologie, 06.02.1971, Forst, stud. Medienkult., Dipl. 01, stud. BWiss., M.A. (LIS) 04, Weimar UB 04, Prom. 20, ☎ (03643) 582803, 🖥 katrin.richter@uni-weimar.de

* Richter, Kornelia, Prof. Dr. phil., Leipzig, im Ruhestand, 30.05.1956, Merseburg, Bibl. 79, Fernstud. B-Wiss., Diplom (Univ.) Berlin IBI 87, postgrad. Fernstud. FS-Päd., Examen 89, Prom. 92, Bibl. Leipzig FS f. Wiss. B-Wesen 79, FS-Lehrerin 80, FS-Doz. 90, Prof. Leipzig HTWK Fachber. Buch u. Mus. (jetzt Fakultät Informatik und Medien) 92, Ruhestand 2021, ☎ (0341) 2511165, 🖥 kornelia.richter@htwk-leipzig.de

* Rickum, Boryano, Dr., Berlin, 05.04.1978, 🖥 nanorickum@googlemail.com

* Riecke, Anne-Beate, M.A., Berlin, Staatsbibliothek zu Berlin - Preußischer Kulturbesitz, Handschriftenabteilung, Wiss. Mitarbeiterin, 11.06.1959, 🖥 anne-beate.riecke@sbb.spk-berlin.de

* Riedel-Bierschwale, Heike, Dr. phil., Eichstätt, Universitätsbibliothek Eichstätt-Ingolstadt, Leitung Abtlg. Historische Bestände, Ltg. TB Ulmer Hof, Fachref. f. Germanistik, Musikwiss., Theologie, Religionspädagogik und Philosophie, 26.06.1973, Kassel, stud. Germanistik, Kath. Theologie, Erziehungswiss., Staatsex., Prom. 07, Wiss. Ang. WWU Münster SFB 496 01-06, BRef Hannover GWLB-NLB 06, München Bayer. BSchule 07, Fachpr. 08, Wiss. Ang. München BSB 09, BR Eichstätt UB 10, BOR Eichstätt UB 14, ☎ (08421) 93-21411, 🖥 heike.riedel@ku.de

* Rieder, Annika, Dr. rer. nat., Dipl.-Biol., Zürich (Schweiz), Hauptbibliothek der Universität / Medizin Careum, Abteilungsleiterin Hauptbibliothek - Medizin Careum, stud. Biologie, Prom. 12, BRef. Heidelberg UB 12, BSchule München 13, Fachpr. 14, BAssess. Heidelberg UB 14, Abteilungsleitung HBZ - Medizin Careum 16, ☎ (0041 44) 634 5053, 🖳 annika.rieder@hbz.uzh.ch

* Rieger, Heike, Quedlinburg, Bibliothek des Julius Kühn-Instituts, Bundesforschungsinstitut für Kulturpflanzen

* Rieger, Sigrun, Dipl.-Bibl., München, Bayerisches Nationalmuseum, Bibliothek, Leitung Bibliothek, 08.04.1961, Schongau, ☎ (089) 21124-213, 🖳 sigrun.rieger@bnm.mwn.de

   Riehm, Hanne, M.A. (LIS), München, Münchner Stadtbibliothek, Leiterin d. Juristischen Bibliothek, 22.01.1968, Frankfurt a.M., stud. Rechtswiss., 1. Staatsex. 93, 2. Staatsex. 96, Rechtsanw. 97, BRef. mit Stud. Bibl.-Wiss. Berlin ZLB 02-04, Münchner StB 04, ☎ (089) 233-92707, 🖳 hanne.riehm@muenchen.de

* Riek, Ilona, M.A., M.A. (LIS), Münster, Universitäts- und Landesbibliothek, Wiss. Bibliothekarin, Referatsleitung Fachinformationsdienst Benelux / Low Countries Studies, Leitung der Bibliothek im Haus der Niederlande, Fachref. f. Benelux / Low Countries Studies, 28.05.1965, Aurich, stud. Niederlandistik, Anglistik Univ. Oldenburg / Rijksuniversiteit Groningen, postgraduales Fernstudium Library and Information Science HU Berlin (Abschluss 07), wiss. Mitarbeiterin am Zentrum f. Niederlande-Studien d. WWU Münster, wiss. Mitarbeiterin ULB Münster 04-, ☎ (0251) 83-240 71, 🖳 riek@uni-muenster.de

* Riese, Reimar, Prof., Leipzig, HS-Lehrer i.R., 16.05.1937, Wernigerode, im BDienst/Hs-Lehrer 67-03, ☎ (0341) 870 85 50, 🖳 reimar.riese@gmx.de

* Riethmüller, Marianne, Dr. phil., Fulda, Hochschul- und Landesbibliothek, BLeiterin, 16.07.1961, Euskirchen, stud. Geschichte, Biologie, Pädagogik, Soziologie, Staatsex. 87, Prom. 92, Wiss. Ang.e Univ. Düsseldorf 88, Wiss. Ang.e Düsseldorf ULB 89-00, Wiss. Ang.e Fulda HLB 00-06, BORin Fulda HLB 06-09, BDir.in Fulda HLB 09-, ☎ (0661) 9640-9800, 🖳 marianne.riethmueller@hlb.hs-fulda.de

* Ringshausen, Harald, Dr. phil., Reinbek, Doz. a.D., BDir. i. R., 28.04.1936, Frankfurt a. M., im BDienst 67-98., ☎ (040) 722 7140

* Rinn, Reinhard, Frankfurt am Main, BDir. a.D., 19.09.1945, Gießen, im BDienst 74-10, ☎ (069) 95 202 535, 🖳 rein.rinn@gmx.de

   Risse, Thomas, Dr., Frankfurt am Main, Universitätsbibliothek Johann Christian Senckenberg, Leiter Elektronische Dienste

   Robold, Gerhard, Dipl.-Bibl., Neuburg an der Donau, Staatliche Bibliothek (Provinzialbibliothek), Bibliotheksleiter, 10.09.1959, Regensburg, München BayBFH 81, Diplom 84, Ingolstadt BayArmeeB 85, BI 85, Neuburg a.d.D. SB 92, BOI 95, BA 05, ☎ (08431) 9106, 🖳 robold@sbnd.de

* Rockenbach, Susanne, M.A., Kassel, Universitätsbibliothek Kassel - Landesbibliothek und Murhardsche Bibliothek der Stadt Kassel, Fachreferat, Fachref. f. Germanistik, Publizistik, Theaterwiss., Politikwiss., Sozialwiss., Wirtschaftswiss., 17.03.1963, Ludwigshafen, stud. Germanistik, Geschichte, Philosophie, M.A. 90, Wiss. Mitarb. Hamburg SuUB, Arb.-Stelle f. Exillit. 90, BRef. Berlin AGB 92, Köln FHBD 93, Fachpr. 94, UB Osnabrück 95, UB/LB u. Murh. B Kassel 01, Leiterin d. LB u. Murh.B 04-15, FR 15-, ☎ (0561) 804 2127, 🖳 rockenbach@bibliothek.uni-kassel.de

* Roeder, Corinna, M.A., Oldenburg, Landesbibliothek, Dir., 18.05.1968, Konstanz, stud. Kunstgeschichte, Germanistik, Mittl. u. Neuere Geschichte, M.A. 95, Wiss. Mitarb. Univ. zu Köln 95, BRef. UStB Köln, FHBD Köln 96-98, WDR 98, Emden Johannes a Lasco B wiss. Bibl. 98, Dir. 00, Oldenburg LB BOR 03, BDir. 04, Ltd. BDir. 15, ☎ (0441) 505018-11, 🖳 roeder@lb-oldenburg.de

* Roeder, Julia, Dr., Berlin, Universitätsbibliothek der Humboldt-Universität zu Berlin, Fachreferentin, Fachref. f. Wirtschaftswissenschaft

* Roëll, Barbara von, M.A., Berlin, BA. i.R., 09.08.1944, Berlin, im BDienst 71-09, 🖳 roell@jfki.fu-berlin.de

* Rösch, Henriette, Dr., Leipzig, Universitätsbibliothek, Bereichsleiterin Bestandsentwicklung und Metadaten, ☎ (0341) 9730511, 🖳 roesch@ub.uni-leipzig.de

* Rösch, Hermann, Prof. Dr. phil., Bonn, Hochschullehrer im Ruhestand, 28.02.1954, Bonn, 🖳 hermann.roesch@th-koeln.de

Roesner, Elke, M.A., M.A. (LIS), Köln, Deutsche Zentralbibliothek für Medizin (ZB MED) - Informationszentrum Lebenswissenschaften, Leiterin Querschnittsbereiche Marketing, 20.05.1968, Ausbildung zur Fachbuchhändlerin, stud. Neuere Dt. Literatur, Betriebswirtschaftslehre, FU Berlin, M.A. (Schwerpunkt Marketing, Management); Buchhandelsmarketing in einem Fachverlag, Library and Information Science HU Berlin, MLIS, Personalentwicklung an Hochschulen, Systemische Organisationsentwicklung, Transaktionsanalyseberaterin, ☎ (0221) 478 71 21, 🖳 roesner@zbmed.de

Rößler, Hole, Dr., Wolfenbüttel, Herzog August Bibliothek, Stellv. Leiter der Abteilung Forschungsplanung und Forschungsprojekte, Fachref. f. Kunstgeschichte, 16.09.1975, ☎ (05331) 808 202, 🖳 roessler@hab.de

Rötlich, Elke, Dipl.-Math., Frankfurt am Main, Deutsche Nationalbibliothek (Leipzig, Frankfurt a. M.), Sachgebiet.-Leiterin: Client-Server-Infrastruktur Frankfurt a.M., 17.03.1963, Lampertheim, stud. Mathematik, Dipl. 89, ☎ (069) 1525-1732, 🖳 e.roetlich@dnb.de

* Rohde, Christine, Dipl.-Ing., Karlsruhe, KIT-Bibliothek, Fachreferentin, Fachref. f. Bauingenieurwesen, Architektur und Kunst, 12.06.1974, Darmstadt, stud. Bauingenieurwesen, Dipl. 03, BRef. Karlsruhe UB 04, München Bayer. BSchule 05-06, Karlsruhe UB 08, BR'in 09, KIT 09, OBR 12, ☎ (0721) 608-43112, 🖳 christine.rohde@kit.edu

* Rohde, Ilona, Dr. rer. nat., Dipl.-Biol., Marburg, Universitätsbibliothek, Leitung Benutzungsabteilung, 29.10.1969, Wuppertal, stud. Biologie, Dipl. 94, Prom. 98, BRef. Köln UB 98, Fachpr. 00, BAssess. Tübingen UB 00, BR z. A. Marburg UB 01, BR 01, BOR 05, BDir. 10, ☎ (06421) 28-25125, 🖳 rohde@ub.uni-marburg.de

* Rohlfing, Helmut, Dr. phil., Göttingen, BDir. a.D., 08.01.1949, Minden/West., im BDienst 83-14, ☎ (0551) 706 638, 🖳 rohlfing@sub.uni-goettingen.de

* Rohrwild, Jürgen, Dr. rer. nat., München, Bayerische Staatsbibliothek, 18.05.1981, 🖳 juergen.rohrwild@web.de

* Rommel, Birgit, München, Kommission für Alte Geschichte und Epigraphik

* Roscher, Mieke, Prof. Dr. phil., Bremen, Juniorprofessorin, Prof. für Sozial- und Kulturgeschichte (Human-Animal Studies) Universität Kassel, 06.07.1973, Göttingen, stud. Anglistik, Gemeinschaftskunde, Erziehungswiss., Staatsex. 01, Lehrbeauftr. Bremen Inst. für Kulturwiss. 08, PostDoc DHI London 10, BRef. LB Oldenburg 11, Wiss. Bibl. ULB Düsseldorf 14, ☎ (0561) 804-7989, 🖳 mroscher@uni-bremen.de

* Rosenberger, Burkard, Dipl.-Math., Münster, Universitäts- und Landesbibliothek, Leiter des Dez. Benutzung, Referent für die Musiksammlung, 19.10.1965, Würzburg, stud. Mathematik, Physik, Staatsex. 94, Diplom (Math.) 95, BRef. Münster StB/ULB 95, Köln FH 96, BR z.A. Hagen UB 97, BR 98, Münster ULB 00, OBR 02, BDir 07, ☎ (0251) 83-25521, 💻 rosenberger@uni-muenster.de

* Rosenberger, Sonja, M.A., M.A. (LIS), Bochum, Universitätsbibliothek, 💻 sonja.rosenberger@ruhr-uni-bochum.de

* Rosenke, Stephan, M.A., M.A. (LIS), Darmstadt, Universitäts- und Landesbibliothek, Stellv. Leiter d. Abt. Elektronische Informationsdienste, 14.07.1979, ☎ (06151) 16-76221, 💻 stephan.rosenke@ulb.tu-darmstadt.de, stephan@rosenke.org

  Rosenstock, Alexander, Ulm, Stadtbibliothek, Leitung der Zentralbibliothek, Stellv. Leitung der Stadtbibliothek, Fachref. f. Geschichte, Philosophie, Volkskunde, historischer Buchbestand, 20.05.1957, Erkelenz-Lövenich, ☎ (0731) 161-4110, 💻 a.rosenstock@ulm.de

* Rospert, Helmut, Dipl.-Ing., Kaiserslautern, BDir. a.D., 13.05.1948, Berus, im BDienst 1980-2014, ☎ (0631) 56145, 💻 rospert@rhrk.uni-kl.de

* Roßteuscher, Stefan, München, Universitätsbibliothek der Technischen Universität, 29.01.1981, Fürstenfeldbruck, 0173-4611224, 💻 rossteuscher_ar@mail.de

* Rosteck, Andreas, Dr. rer. nat., Kaiserslautern, Universitätsbibliothek, Abteilungsleiter Medienbearbeitung, Fachref. f. Informatik, 31.05.1983, ☎ (0631) 205-2399, 💻 rosteck@ub.uni-kl.de

  Roth, Oliver, M.A. (LIS), Dipl.-Inf. (FH), Berlin, Alice Salomon Hochschulbibliothek, Leitung der Hochschulbibliothek, 💻 oliver.roth@ash-berlin.eu

* Roth-Plettenberg, Volker, Dipl.-Verw.wiss., Greifswald, Ltd. BDir. i.R., Bibliothek des Bundesverfassungsgerichts, Karlsruhe, 31.01.1948, Freiburg i. Brsg., im BDienst 1978-2012, 💻 vrothple@web.de

* Rothe, Ulrike, Lic. d'études franco-allemandes, Dr. phil., Heidelberg, Universitätsbibliothek, Leiterin d. Medienbearb. I - III (Mon., Zss., Online-Ress.), Fachref. f. Anglistik, 23.02.1968, Mainz, stud. Anglistik, Romanistik, Erziehungswiss., Lic. d'études franco-allem. 90, Staatsex. 94, Lehrbeauftr. Augsburg Univ. 97, BRef. UB Heidelberg 97, Frankfurt a. M. BSchule 98, Wiss. Ang. Heidelberg UB 99, BAssess. 00, BR 02 , OBR 04, BDir. 07, ☎ (06221) 54-3529, 💻 rothe@ub.uni-heidelberg.de

* Rothenburger, Waltraud, Dipl.-Phys., Bonn, BOR a.D., 22.07.1936, Lauban, im BDienst 68-01

* Rother, Eva-Lotte, Berlin, Staatsbibliothek zu Berlin - Preußischer Kulturbesitz

* Rothert, Hans-Friedrich, Dr. phil., Kiel, BDir. a.D., 07.04.1936, Pr. Eylau/Ostpr., im BDienst 68-01, ☎ (0431) 312083, 💻 hfrothert@t-online.de

  Ruckelshausen, Florian, Gießen, Universitätsbibliothek, 07.11.1979, 💻 florian.ruckelshausen@bibsys.uni-giessen.de

* Rudeloff, Michelle, Dr., Braunschweig, Universitätsbibliothek

* Rudlof, Sabine, Dipl.-Biol., Papendorf, Wiss. Ang., 30.11.1950, Schwerin, stud. Biologie, Diplom 73, postgr. Fernstud. B-Wiss., Fachbibl. Berlin IBI 81, Wiss. Sekr. d. Dir. Rostock UB, Fachref. 91, 💻 sabine.rudlof@gmail.com

* Rudolf, Daniel Thomas, Dr., Bonn, Universitäts- und Landesbibliothek, Mitarbeiter im Dezernat Forschungsnahe Dienste (FDM, OA), Fachref. f. Chemie, Pharmazie, Medizin, Landbau- und Ernährungswissenschaften, 21.11.1978, 💻 daniel.rudolf78@gmx.de, rudolf@ulb.uni-bonn.de

* Rudolf, Sylvelin, Dipl.-Ing., Weimar, Universitätsbibliothek der Bauhaus-Universität, Baureferentin, Fachref. f. Kunst, Produktgestaltung, Visuelle Kommunikation, 19.01.1958, Weimar, stud. Architektur, Diplom 82, Weimar UB d. Bauhaus-Univ. 88, Stellv. Dir. 92-01, ☎ (03643) 58 2888, 🖥 sylvelin.rudolf@uni-weimar.de

* Rudzick, Oliver, Dr. rer. nat., Bonn, Streitkräfteamt, Fachinformationszentrum der Bundeswehr (FIZBw), Fachdezernent, 12.04.1967, Berlin, stud. Physik, Dipl. 94, Prom. 98, Wiss. Mitarb. Potsdam Univ., Postdoc. Madrid Univ. 99, BRef. Mainz UB, BSchule Frankfurt a. M. 00, Fachpr. 01, Wiss. Mitarb. ZIB Berlin 01, Wiss. Mitarb. Florenz Univ. 02, Wiss. Mitarb. Fritz-Haber-Inst. d. MPG 03-10, BOR, 🖥 OliverRudzick@bundeswehr.org

* Rücker, Benjamin, München, Universitätsbibliothek der LMU, Leitung Fachbibliothek Philologicum, Direktionsreferat, Fachref. f. Anglistik und Amerikanistik, Germanistik, Klassische Philologie, Romanistik, Slavistik, Allg. Sprach- und Literaturwiss., 13.02.1982, Gießen, stud. Germanistik, Anglistik und Philosophie, Gießen/London, BRef. 09-11 UB Regensburg, UB der LMU seit 2011, BOR 17, ☎ (089) 2180-2976, 🖥 benjamin.ruecker@ub.uni-muenchen.de

* Rückert, Ingrid, Dr., Nürnberg, 18.02.1954, Nürnberg, stud. Anglistik, Romanistik, Staatsex. 79, Prom. 80-82, BRef. UB Erlangen 82-83, München Bayer. BSchule 83-84, Fachpr. 84, BR München BSB 84, BOR 96, BDir. 11, Ruhestand 19

* Rückl, Steffen, Prof. Dr. sc. phil., Berlin, HS-Lehrer, 20.01.1949, Leipzig, B-Facharb. 67, Direktstud. Inf.- u. Dok.-Wiss., Psychol., Abschl. Inform m. H. 72, Prom. A 74, Prom. B (habil.) 87, Wiss. Mitarb. Berlin Inst f. B-Wiss. d. HU 72, HS-Doz. 89, ordentl. Prof. 90 - Vors. IFLA Sekt. Education and Training, Redaktionsbeirat Libr. and Inf. Sc. Research 93, Vors. Abt. Ausb. u. Forschung d. IFLA 95, im Ruhestand seit 2015, 🖥 steffen.rueckl@freenet.de, steffen.rueckl@rz.hu-berlin.de

* Rüffer, Ute, M.A., M.A. (LIS), Dipl.-Bibl., Bonn, Streitkräfteamt, Fachinformationszentrum der Bundeswehr (FIZBw), Dezernatsleiterin Grundsatz, Fachaufsicht, 01.10.1964, stud. Slawistik, Romanistik, Vergl. Literaturwissenschaft, M.A. (LIS), Verwendungen in Spezialbibl. der Bundeswehr, ☎ (0228) 845200, 🖥 uterueffer@bundeswehr.org

* Rühling, Christine, Dr., Detmold, Lippische Landesbibliothek / Theologische Bibliothek und Mediothek, Leitung Publikumsservice, Handschriften und Alte Drucke, Regionaldokumentation, 23.02.1981

* Rüter, Christian, Berlin, Universitätsbibliothek der Humboldt-Universität zu Berlin, Wiss. Bibliothekar, Referatsleiter, 08.03.1966, Lüneburg, ☎ (030) 2093-99202, 🖥 christian.rueter@ub.hu-berlin.de

* Rüth, Christine, Wolfenbüttel, Herzog August Bibliothek, Wiss. Mitarbeiterin, stud. Gemanistik, Latinistik, Gräzistik, Staatsex. 16, Wiss. Mitarb. Tübingen Univ. 16, BRef. Wolfenbüttel HAB 18, München Bibliotheksakademie Bayern 19, Laufbahnprüfung 20, Wiss. Mitarb. Wolfenbüttel HAB 20, ☎ (05331) 808-307, 🖥 rueth@hab.de

* Ruffert, Susanne, Dr. rer. nat., Dipl.-Biol., Aachen, Universitätsbibliothek der RWTH, Wiss. Ang., Leiterin Patent- und Normenzentrum, Fachref. f. Biologie, Naturwiss. allgemein, 19.04.1967, Dortmund, stud. Biologie, Dipl. 94, Prom. 98, Wiss. Dok. 01, Jülich ZB d. Forschungszentrums 99, Wiss. Ang. Aachen BTH 02, ☎ (0241) 80-94452, 🖥 ruffert@ub.rwth-aachen.de

* Ruhland, Florian, Basel (Schweiz), Universitätsbibliothek, 25.03.1976, Schongau, Wiss. Vol. Kassel B d. Museumslandschaft Hessen Kassel 09-10, M.A. (LIS) HU Berlin 13, Wiss. Bibl. Schlatt TG (Schweiz) Eisenb. Stift. d. Georg Fischer AG 13, Basel (Schweiz) UB 19

Rumpf, Louise, M.A., Bamberg, Universitätsbibliothek, Leiterin der Teilbibliothek Sozial- und Wirtschaftswiss., stellv. Leiterin Publikationswesen, Fachref. f. Politikwiss. und Soziologie, 21.02.1985, Hamburg, stud. Politikwiss. und Soziologie, B.A. 06, Vergl. Politikwiss., M.A. 09, Wiss. Mitarb. Uni Würzburg 09-10, BRef. (UB Bamberg, Bibliotheksakademie Bayern) 10-12, seit 10/2012 UB Bamberg, ☎ (0951) 863-1506, 🖥 louise.rumpf@uni-bamberg.de

Runschke, Wolfgang, Dr., Wiesbaden, Stadtbibliotheken, Leitung, 22.11.1967, Geislingen a. d. Steige, stud. Geschichte, Mediäv., M.A. 96, LB Karlsruhe 01-07, M.A. (LIS) 07, Prom. 07, FB Gotha 08, SB Wiesbaden 19, ☎ (0611) 312576, 🖥 wolfgang.runschke@wiesbaden.de

* Runte, Sonja, Borkum, 16.12.1953, UB Augsburg 72-74, Bayerische Staatsbibliothek Ausleihamt 74-79, BDienst Borkum 81-01, Literatur-Präsentationsarbeit 05-, 🖥 info@biblio-sonja.de

* Rupp, Stephan, Dr. phil., Neubiberg, Universitätsbibliothek der Universität der Bundeswehr München, Lehrbeauftragter für Informationskompetenz an der Univ. d. Bundeswehr München, Leiter Dez. Informationsdienste, Fachref. f. Human- und Sozialwissenschaften, 21.01.1969, Nürnberg, stud. Engl., Franz. Ital., Staatsex. 99, Prom. 03, BRef. Oldenburg LB 03-04, BRef. BSchule München 04-05, BR z.A. München UB d. Univ. d. Bundeswehr 06, BR 08, BOR 10, ☎ (089) 6004 3303, 🖥 stephan.rupp@unibw.de

* Ruppelt, Georg, Dr. phil., Wolfenbüttel, Ltd. BDir. a.D. (ab 11/2015), 03.10.1947, Salzgitter, stud. Germanistik, Geschichte, Pädagogik, Philosophie, Staatsex. 74, Prom. 78, BRef. Wolfenbüttel HAB 77, Köln BLI 78, Fachpr. 79, BR z. A. Hamburg SuUB 79, BR 81, OBR 86, BDir. Wolfenbüttel HAB 87, Ltd. BDir. 89, Dir. NLB Hannover (seit 05 Gottlieb Wilhelm Leibniz B) 02 - 15, (NA) Vors. VDB-LV Hamburg 79-87, VDB-Ausschuß 80-91, DBV-Vorstand 89-98, DBV-Vors. 95-98, Stellv. BDB-Sprecher seit 97, BDB-Spr. 00-06, Stiftung Lesen Vorstand 97, Stellv. Vors. 00, Vors. 01-05, Spr. Dt. Literaturkonf. 00, Stellv. Vors. Dt. Kulturrat 01-03 und 07-11, Dt. UNESCO Komm. 04-06, Beirat Zentrum Kulturgutverluste Magdeburg 15-, ☎ (0170) 81 90 444, 🖥 georgruppelt@t-online.de

* Rusch, Beate, M.A., Berlin, Zuse-Institute, 09.07.1962, Leer, stud. Germanistik, Sinologie, M.A. 89, BRef. Berlin AGB 93, Köln FHBD 94, Fachpr. 95, Wiss. Ang. Berlin Konrad-Zuse-Zentrum f. Informationstechnik 97, Stellv. Leiterin KOBV-Zentrale 10, Geschäftsführende Leiterin KOBV-Zentrale 14, Stellv. Leiterin Abt. Digitale Daten u. Informationen für Gesellschaft, Wissenschaft u. Kultur 14, ☎ (030) 84185-298, 🖥 rusch@zib.de

* Rutz, Reinhard, Bonn, Programmdirektor DFG a.D., 08.05.1948, Straß/Neu-Ulm, im BDienst bis 2010, zuletzt Programmdirektor LIS DFG, Bonn, 2005-2007 Dir. des Chinesisch-Deutschen Zentrums für Wissensföderung, Beijing, ☎ (0228) 35 34 85, 🖥 reinhard@familie-rutz.de

* Saemann, Hedda, Dr. phil., Dipl.-Ing., M.A. (LIS), Hannover, Technische Informationsbibliothek (TIB), Koordinierung Sacherschließung, Sammlung Albrecht Haupt, Fachref. f. Bauwesen, 10.10.1979, Hannover, stud. Architektur, Diplom 06, wiss. MA u. Lehrbeauftragte Leibniz Univ. Hannover, Prom. 12, BRef. TIB/UB Hannover 12-14, M.A. (LIS) HU Berlin 14, wiss. MA TIB 14, BR 19, ☎ (0511) 762-3460, 🖥 hedda.saemann@tib.eu

Salmon, Frank, Dipl.-Phys., Krefeld, Hochschule Niederrhein, Leiter, 10.10.1969, Herford, stud. Physik, Dipl. 95, BRef. Münster UB 96, Köln FH, Fachpr. 98, FH Köln wiss. MA 98, Hochschule Niederrhein stellv. Leiter 99, Leiter 05, ☎ (02161) 186-3411, 🖥 frank.salmon@hs-niederrhein.de

* Samulski, Roland, M.A., M.A. (LIS), Münster, 10.07.1973, Münster, ☎ (0251) 5395481, 🖥 rolandsamulski@aol.com

Sand, Ingrid, Gießen, Technische Hochschule Mittelhessen, Hochschulbibliothek, Bibliotheksleiterin, ☎ (0641) 309-1230, 🖥 ingrid.sand@bib.thm.de

Sander, Georg, Bochum, Universitätsbibliothek, 05.08.1958, Herten, stud. Geographie, Mathematik, Staatsex. 84, BRef. Düsseldorf UB 86, Düsseldorf StBü 87, Köln FHBD 87, Fachpr. 88, StBR z. A. Bielefeld StB 88, StBR 89, BR Düsseldorf FHB 91, OBR 92. Bochum UB 98, BDir. 00, 🖥 georg.sander@ruhr-uni-bochum.de

* Sanders, Luise, Dr. phil., Hamburg, Universitätsbibliothek der Helmut-Schmidt-Universität / Universität der Bundeswehr, Persönliche Referentin der Vizepräsidentin der Univ., 28.06.1957, Brühl/Erftkreis, stud. Anglistik, Politikwiss., Päd., Psychologie, Staatsex. 83, Prom. 89, BRef. Gießen UB 88, Frankfurt a. M. BSchule 89, Fachpr. 90, BAssess. Hamburg SuUB 90, BR z. A. 91, BR 92, Hamburg UB d. Univ. d. Bundeswehr 94, BOR 95, PersRef VPL 13, ☎ (040) 6541 2833, 🖥 luise.sanders@hsu-hh.de

Sandholzer, Ute, Dr. rer. nat., Göttingen, Verbundzentrale (VZG) des Gemeinsamen Bibliotheksverbundes, Wiss. Ang., Öffentlichkeitsarbeit u. Marketing, 07.11.1960, Göppingen, stud. Biologie, Diplom 88, Prom. 91, ☎ (0551) 39-31003, 🖥 sandholzer@gbv.de

* Satzinger, Lea, Jena, Thüringer Universitäts- und Landesbibliothek, Fachreferentin, Fachref. f. Naturwissenschaften (allg.), ☎ (03641) 9-404 038, 🖥 lea.satzinger@uni-jena.de

* Sauer, Christine, Dr. phil., Nürnberg, Stadtbibliothek im Bildungscampus, Leiterin Historisch-Wissenschaftliche Stadtbibliothek, 22.05.1961, Frankfurt/M., stud. Kunstgeschichte, Byzant. Kunstgeschichte, Mittelalterl. Geschichte, Prom. 90, Wiss. Ang. Stuttgart LB 91, BRef. Trier UB 95, Frankfurt a. M. BSchule 96, BR Nürnberg StB 98, ☎ (0911) 231-2832, 🖥 christine.sauer@stadt.nuernberg.de

* Sauer, Christine-Dorothea, Dipl.-Bibl., Groß Kreutz (Havel), BDir. i.R., 23.09.1946, Berlin, Diplom 70, div. Funktionen in d. öff. BB Berliner Bezirke, zul. B-Amtsleiterin in Berlin-Kreuzberg -91, Projektleiterin „Stift. Weiterbildung" 92, Berlin Amerika-GedenkB 94, Berlin Zentral- u. LandesB 95-09, 🖥 c-d.sauer@t-online.de

* Saur, Klaus Gerhard, Prof. Dr. h.c. mult., München, Verleger i. R., 27.07.1941, Pullach i. Isartal, buchhändl. u. verlegerische Ausb. 59-63, seit 63 Geschäftsführer Verl. Dokumentation, umgewandelt 78 in K. G. Saur Verl. GmbH., Vors. d. Beirats 04, Geschäftsführer des Verlages Walter de Gruyter 05--09, Vors. d. Hist. Komm. d. Börsenvereins f.d.Dt.Buchhandl 96, Präs. der Ges. d. Freunde u. Förderer d. Buchwissenschaften Leipzig 06, Mitgl. d Goethe-Instituts, Ehrenmitgl. des VDB seit 99, Ehrenmitgl. d. VÖB 98, Mitarb., Vis.Hon.Prof. Univ. of Glasgow 96, Honorarprof. f. Bibl.-Wiss. HU Berlin 99, Ehrenprof. der Russ. Akad. d. Wiss. St. Petersburg 08, Ehrenmitglied der IFLA International Federation of Library Ass. 09, Träger des Helmut Sontag-Preises des DBV 99, ☎ (089) 74 97 95 85, 0171-652 56 50, 🖥 kgsaur@googlemail.com

* Sawatzki, Robert, Zwickau, Bibliothek der Westsächsischen Hochschule, Leiter Zweigbibliothek Scheffelstraße, 19.04.1979, ☎ (0375) 536 3641, 🖥 robert.sawatzki@fh-zwickau.de

* Schaab, Rupert, Dr., Stuttgart, Württembergische Landesbibliothek, Leitender BDir., 20.06.1962, Heidelberg, stud. Gesch., Germ., Philos., Hist. Hilfswiss., Staatsex. 90, Prom 98, BRef. Tübingen UB 93, Köln FHBD 94, BR z.A. UB Erfurt 96, Leiter FB Gotha 99, OBR 01, Stellv. Dir. SUB Göttingen 05, BD 06, Ltd. BD 07, ☎ (0711) 212-4423, 🖥 schaab@wlb-stuttgart.de

* Schad, Simone, Cottbus, Brandenburgische Technische Universität Cottbus-Senftenberg

* Schade, Monika, M.A., M.A. (LIS), Berlin, Philologische Bibliothek der Freien Universität, Stellv. Leiterin, Fachref. f. Philologien, 25.07.1967, Erlangen, stud. Germanistik, Romanistik, M.A. 94, Leiterin d. B d. Inst. Français Heidelberg 95-00, stud. BWiss. 97, Wiss. Bib. 99, Wiss. Mitarb. Paderborn UB 00, Wiss. Mitarb. Marburg UB 00, Stellv. Leiterin Berlin Philol. B. d. FU 02, Leiterin Berlin Philol. B der FU 07, Stellv. Leiterin Berlin Philol. B d. FU 11, ☎ (030) 838-58803, 🖥 m.schade@fu-berlin.de

* Schäfer, Karen, Dr. phil., M.A., Hamburg, Führungsakademie der Bundeswehr, Regionalstudien, Sicherheitspolitische Analysen, Fachref. f. International Relation, Sicherheitspolitik, Military Science, Strategie, Geschichte, 20.04.1963, Frankfurt am Main, stud. Philosophie, Geschichte, Germanistik, M.A., BWiss., Dr. phil. (Internationale Politik, Militärstrategie, Militärgeschichte), ☎ (040) 8667-6712, 💻 karenschaefer@bundeswehr.org

* Schäfer, Rütger, Dr. phil., Paderborn, BDir. a.D., 25.10.1940, Königsberg, im BDienst 73-05, ☎ (05251) 63730, 💻 fs-rs@t-online.de

Schäfer, Simone, Kassel, Bibliothek des Bundessozialgerichts, Stellv. Leiterin, ☎ (0561) 3107-356, 💻 simone.schaefer@bsg.bund.de

* Schäfer-Klar, Ute, Dipl.-Bibl., Bonn, Universitäts- und Landesbibliothek, Aus- und Fortbildung, 25.06.1956, Frankfurt a.M., Dipl. Bibl. 79, Berlin Senator f. Wiss. u. Forsch. 79, Berlin UB d. TU 84, Berlin SenatsB 86, Köln HBZ 88, BR 02, Bonn ULB 05, 💻 ute.schaefer-klar@ulb.uni-bonn.de

* Schäfers, Susanne, Dipl.-Volksw., M.Econ.Sc., Kiel, ZBW - Leibniz-Informationszentrum Wirtschaft, Wiss. Referentin, Inhaltserschließung und Wissensorganisation, stud. Volksw., Politikwiss., Dipl. 94, Europ. Studies M. Econ. Sc. 95, BRef. Köln USB 97, Köln FH 98, Fachpr. 99, Wiss. Ang. Bonn DFG 99, Wiss. Ang. Kiel ZBW 00, ☎ (0431) 8814-343, 💻 s.schaefers@zbw.eu

* Schäffer, Christian, Dr. rer. nat., Dipl.-Chem., M.A. (LIS), Wuppertal, Universitätsbibliothek, Fachref. f. Angew. Informatik, Architektur, Bauingenieurwesen, Chemie, Lebensmittelchemie, Biologie, Maschinenbau, 07.09.1979, Bielefeld, 💻 schaeffer@uni-wuppertal.de

* Schäffler, Hildegard, Dr. phil., München, Bayerische Staatsbibliothek, Leitung d. Abt. Bestandsentwicklung u. Erschließung 2, 06.05.1968, Immenstadt/Allgäu, stud. Anglistik, Geschichte, 1. Staatsex. 93, Wiss. Mitarb. Anglistik 93-96, BRef. München Bayer. BSchule 96, Prom 97, BAng. München BSB 98, BR z. A. 98, BR 00, BOR 03, BDir. 06, Ltd. BDir. 11 - Doz. (NA) an d. Bibliotheksakademie, ☎ (089) 28638-2216, 💻 hildegard.schaeffler@bsb-muenchen.de

* Schalberger, Mareike, Freiburg im Breisgau, Bibliothek der Pädagogischen Hochschule

Schallmo, Sonja, Dipl.-Bibl., Saarbrücken, Bibliothek der Hochschule der Bildenden Künste Saar, Leiterin, ☎ (0681) 92652-106, 💻 bibliothek@hbksaar.de

* Schank, Kristy, M.A., Berlin, Universitätsbibliothek der Humboldt-Universität zu Berlin, Fachref. f. Soziologie, Politikwissenschaft, Gender Studies, BRef. IAI 11-13, FR Ethnologie UB HU Berlin 13-14, Referats- und Projektleitung ZLB 14 18, FR Sozialwissenschaften OA UB HU Berlin seit 18, 💻 kristyschank@hotmail.com, kristy.schank@ub.hu-berlin.de

* Schaper, Christiane, Dipl.-Bibl. (Univ.), Frankfurt am Main, Universitätsbibliothek Johann Christian Senckenberg, Leiterin d. Bibliothekszentrums Geisteswiss., 18.10.1966, Halle/S., Direktstud. B-Wiss., Diplom Berlin IBI 90, Frankfurt a. M. B d. Hist. Mus. 91, Frankfurt a. M. StuUB, Abt. Kunst- u. Musik B 01, Frankfurt a.M. UB/BzG 05, ☎ (069) 798-32837, 💻 c.schaper@ub.uni-frankfurt.de

* Schapka, Ulrich, Prof. Dr., Kusterdingen-Jettenburg, Ltd. BDir. a.D., 02.01.1942, Hanau, im BDienst 78-08 - Hon.-Prof. an der Univ. Tübingen, ☎ (07071) 34539, 💻 u.schapka@googlemail.com

* Scharrenberg, Anke, Dr., Eutin, Landesbibliothek, Wiss. Mitarbeiterin, Fachref. f. Schleswig-Holstein, 25.04.1959, Ludwigshafen, stud. Germanistik, Anglistik, 1. Staatsex. 86, BRef. Flensburg Bü-Zentr. 90, Bschule Frankfurt a. M. 91, Fachpr. 92, Kiel Univ. 92, Hildesheim FH 94, BR Eutin KreisB u. LB 00, OBR 02, ☎ (04521) 788-745, 💻 a.scharrenberg@lb-eutin.de

Schaßan, Torsten, M.A., Wolfenbüttel, Herzog August Bibliothek, Wiss. Mitarbeiter, Digitale Editionen, Fachref. f. Digital Humanities, Informationsverarbeitung, stud. Mittl. u. Neuere Geschichte, Germanistik, Philosophie, Histor.-Kulturwiss. Informationsverarbeitung, ☎ (05331) 808-130, 🖥 schassan@hab.de

* Scheerer, Holger, M.A., Berlin, Bibliothek des Deutschen Bundestages, Leiter, 27.08.1960, Wuppertal, stud. Geschichte, Germanistik, Staatsex. u. M.A. 84, BRef. Göttingen SUB 86, Hannover StB 87, Köln FHBD 87, Fachpr. 88, Geschf. Köln Germania Judaica 88, Wiss. Ang Bonn Verbund d. BB d. obersten Bundesbehörden 89, BR z. A. 90, BR Bonn B d. Dt. Bundestages 91, BOR 93, BDir. 96, Leiter Berlin Wiss. D. d. BVerwG 96, Bereichsleiter Berlin B d. Dt. Bundestages 00, MinR 02, Leiter Hotline W (Zentr. Auftragsannahme Fachinf.) 13, Leiter B d. Dt. Bundestages 17, Mitglied IFLA Standing Committee Parlamentsbibliotheken, ☎ (030) 227-32312, 🖥 holger.scheerer@bundestag.de

* Schefczik, Michael, Dipl.-Inf., Landau in der Pfalz, Universitätsbibliothek der Universität Koblenz-Landau, 11.01.1966, Ludwigshafen am Rhein, stud. Inform., Diplom 94, BRef. Berlin UB d. TU 94, Frankfurt a. M. BSchule 95, Fachpr. 96, Wiss. Ang. Frankfurt a. M. Die Dt. B/Dt. B Frankfurt a. M. 96, BR z. A. Landau B d. Univ. Koblenz-Landau 97, BR 99, OBR 02, BDir. 05, Ltd. BDir. 08, ☎ (06341) 280-31600, 🖥 schefczik@uni-landau.de

* Scheider, Gesine, Dr. phil., Krefeld, BDir. i.R., im BDienst 67-05, ☎ (02151) 54 42 14, 🖥 g.s.scheider@arcor.de

* Scheidt, Barbara, M.A. (LIS), Jülich, Zentralbibliothek des Forschungszentrums Jülich GmbH, Leitung Fachbereich Wissenschaftliche Dienste, Fachinformationsmanagement, Bibliometrie, Fachref. f. Wirtschaft, Recht und Soziales, 25.10.1968, Jülich, stud. Geschichte, Philosophie, Geographie, M.A. 97, wiss. Mitarb. Museum Zitadelle Jülich 97-10, ZB Forschungszentrum Jülich seit 2010, M.A. (LIS) 13, 🖥 b.scheidt@fz-juelich.de

* Scheiner, Annette, Dr. rer. nat., Freiburg im Breisgau, Universitätsbibliothek, 07.02.1979, Marktheidenfeld, stud. Biologie, Diplom Univ. Würzburg 03, Post-Doc Univ. Würzburg 06, Post-Doc Univ. Turku (Finnland) 07-09, BRef. Kassel UB 09, Fachpr. u. MA (LIS) 11, wiss. Bibl. Freiburg UB 11, BRin 12, OBRin 15, 🖥 annette.scheiner@ub.uni-freiburg.de

* Schelle-Wolff, Carola, Dr. phil., Hannover, Stadtbibliothek, Dir., Direktorin, 23.06.1955, Berlin, Dipl. Bibl. 78, stud. Germ., Gesch., Staatsex. 85, Prom. 94, Hannover StB 78-95, Dir. Freiburg StB 95-03, Hannover StB u. Fachber.-Leiterin B u. Schule Hannover 04, Fachber.-Leiterin Kultur 09 - Bundesvorst. d. BIB 99-05, Hrsg. d. Fachzss. BuB 99-2018, dbv-Vorstand 06-10, ☎ (0511) 168-42167, 🖥 carola.schelle-wolff@hannover-stadt.de, 41stadtbibliothek@hannover-stadt.de

* Schemmel, Bernhard, Prof. Dr. phil., Bamberg, BDir. a.D., 04.08.1940, Obernigk, im BDienst 73-05, 🖥 bernhard@schemmel.eu

* Schenk, Ulrike, Dipl.-Bibl., M.A., Dr. phil., Berlin, Universitätsbibliothek der Humboldt-Universität zu Berlin, Wiss. Ang., Leitung Ref. Information u. Webredaktion, 15.07.1971, Münster/Westf., Dipl.-Bibl. 97, M.A. Anglistik, Mittelalterl. Geschichte, Bibliothekswiss. 2001, Dr. phil. 11, Dipl.-Bibl. Berlin SBB-PK 01-04 u. 10-11, 03-10 Wiss. Ang. TU Dresden, 11-12 Dipl.-Bibl. Dt. Inst. für Menschenrechte, seit 2012 UB der HU Berlin, 🖥 ulrike.schenk@ub.hu-berlin.de

Schenker, Ingrid, Dipl.-Ing., Erlangen, Universitätsbibliothek Erlangen-Nürnberg, Leiterin Abt. IV - Informationstechnik, stud. Maschinenbau, Diplom 85, Tätigk. in d. Ind., BRef. Karlsruhe UB 90, Frankfurt a. M. BSchule 91, Fachpr. 92, Wiss. Ang. Erlangen UB 92, BR z. A. Erlangen UB 93, BR 95, BOR 01, BDir. 06, ☎ (09131) 85-29325, 🖥 ingrid.schenker@fau.de

* Scheuble, Robert, Dr. phil., Freiburg im Breisgau, Bibliothek der Pädagogischen Hochschule, Bibliotheksleiter, 29.07.1969, Bad Kissingen, stud. Germanistik, Orientalistik, M.A. 99, Prom. 04, BRef Stuttgart WLB 02, München Bayer. BSchule 03, Laufbahnpr. 04, Wiss. Ang. Erlangen-Nürnberg UB 05, BR z.A. Leiter der B der PH Schwäbisch Gmünd 05, BR 08, OBR 09, Leiter der B der PH Freiburg 09, BDir. 11 - Vors. VDB RV Südwest, ☎ (0761) 682-205, 🖳 scheuble@ph-freiburg.de

Scheuerl, Robert, München, Bayerische Staatsbibliothek, Stellv. Leiter der Abteilung BibliotheksVerbund Bayern (BVB), 13.01.1964, Freising, Seit, 01.04.1984 in der Verbundzentrale des BibliotheksVerbund Bayern tätig, die seit, 01.07.1999 ein Abteilung der Bayerischen Staatsbibliothek ist., ☎ (089) 28638-4253, 🖳 robert.scheuerl@bsb-muenchen.de

Scheuplein, Martin, Halle (Saale), Universitäts- und Landesbibliothek Sachsen-Anhalt, Leiter der Zweigbibliothek Geowiss., Leiter der Kartensammlung, Fachref. f. Geowiss. , Agrarwiss., Sport, Technik und Allg. Naturwiss., 09.06.1973, München, stud. Diplom-Geographie, Nebenfächer: Geobotanik, Landschaftsökologie, Raumplanung u. Bodenkunde München/Salzburg, Postgraduales Fernstudium Bibliotheks- u. Informationswiss. HU Berlin, 🖳 martin.scheuplein@bibliothek.uni-halle.de

* Scheurer, Bettina, Köln, Stadtbibliothek Köln, Zentralbibliothek, Projektmanagement, Fachref. f. Kunst, 30.03.1954, Düsseldorf, stud. Soz.Wiss., Germ., Staatsex. 79, BRef. Köln UB, Köln FHBD 81, Fachpr. 82, Köln Dok. u. Arch. d. WDR 82-83, Köln StB 84, ☎ (0221) 22121334, 🖳 scheurer@stbib-koeln.de

* Scheven, Esther, Dipl.-Geol., Dipl.-Biol., Dipl.-Bibl., Frankfurt am Main, Deutsche Nationalbibliothek (Leipzig, Frankfurt a. M.), Stellv. Abt.-Ltg., Ref.-Ltg. Naturwiss. u. Technik, Fachref. f. Geowiss., 29.04.1964, Ndolage, Bukoba District, Tansania, Dipl.-Bibl. 86, stud. Geologie, Paläontologie, Dipl. 92, stud. Botanik, Zool., Dipl. 93, BRef. StuUB Frankfurt a. M. 92-94, ☎ (069) 1525-1547, 🖳 e.scheven@dnb.de

* Schiele, Heike, Dipl.-Bibl., Friedrichshafen, Zeppelin Universität gemeinnützige GmbH, Leitung Bibliothek, ☎ (07541) 6009-1181, 🖳 heike.schiele@zu.de

Schiemichen, Astrid, M.A., Leipzig, Hochschule für Technik, Wirtschaft und Kultur, Hochschulbibliothek, Bibliotheksleiterin, ☎ (0341) 3076-6477, 🖳 astrid.schiemichen@htwk-leipzig.de

Schirdewahn, Christine, Dipl.-Bibl., Berlin, Bibliothek des Bundesministeriums der Finanzen, BLeiterin, 12.02.1957, Lahr, ☎ (03018) 682 4213, 🖳 christine.schirdewahn@bmf.bund.de

* Schirra, Doris, M.A., Trier, Universitätsbibliothek, Bibliotheksdirektorin, 28.05.1971, Hermeskeil, stud. Gesch., ital. Philol., M.A. 98, 1. Staatsex. 98, BRef. Köln USB 99, Düsseldorf StB 00, Köln FHBD 00, Fachpr. 01, BR z. A. Siegen UB 01, BR 03, OBR 05, BDir. 09, 🖳 schirra@uni trier.de

* Schirra, Lyn-Rouven, München

* Schlechter, Armin, Dr. phil., Speyer, Landesbibliothekszentrum Rheinland-Pfalz / Pfälzische Landesbibliothek, Leiter der Abteilung Sammlungen im LBZ, Fachref. f. Buch- und Bibliothekswesen, Germanistik, Klass. Philologien, Kulinaristik, 11.04.1960, Heidelberg, stud. Germanistik, Mittellatein, Mittl. u. Neuere Geschichte, Prom. 91, Wiss. Ang. Karlsruhe LB 91, BRef. Heidelberg UB 94, Frankfurt a. M. BSchule 95, Fachpr. 96, BAssess. Heidelberg UB 96, BR 98, OBR 00, Speyer LBZ 08 - Lehrbeauftr. am Institut für Kunstgeschichte der Univ. Mainz, ☎ (06232) 9006-242, 🖳 schlechter@lbz-rlp.de

* Schleifenbaum, Peter, Dipl.-Ing., Stuttgart, OBR i. R., 05.10.1936, Siegen, im BDienst 70-02, ☎ (0711) 528 2230, 🖳 pschleifenbaum@yahoo.de

* Schleiwies, Gerald, Dipl.-Bibl., M.A. (LIS), Lübeck, Bibliothek der Hansestadt Lübeck, Bibliotheksdirektor, 04.05.1973, Bad Godesberg, Verwaltungsangestellter, Dipl.-Bibliothekar (öB), M.A. (LIS), Bibliotheken in Reinbek, Einbeck, Bottrop und Waldkraiburg 99-06, Leiter der Stadtbücherei Frechen 06-11, Fachgebietsleiter Stadtbibliothek Salzgitter 11-16, Amtsleiter der Stadtbibliothek Saarbücken 16-20, Bibliotheksdirektor der Bibliothek der Hansestadt Lübeck 21-, ☎ (0451) 122-4111, 🖥 gerald.schleiwies@luebeck.de

* Schlieter, Hilmar, Dr., Springe, Fachreferent für Neuphilologie, i.R., ☎ (05041) 2654, 🖥 lipsiensis@web.de

* Schlögl, Daniel, Dr. phil., M.A., M.A. (LIS), München, Bibliothek des Instituts für Zeitgeschichte, Wiss. Ang., Leiter d. Bibliothek, 18.02.1969, München, stud. Gesch. u. Germ., Prom. 01, wiss. Mitarb. München Univ. 96/97, Mitarb. München Bayer. Akad. d. Wiss. 97-00, Wiss. BAng. München BSB 01-03, Studium BWiss. 03-05, Arb.-Stellenleiter Berlin Akad.-Vorh. Jahresberichte für deutsche Geschichte d. Berlin-Brandenburg. Akad. d. Wiss. 04-08, Leiter d. Bibliothek d. Instituts für Zeitgeschichte 08, ☎ (089) 12688-145, 🖥 schloegl@ifz-muenchen.de

Schloßmacher, Norbert, Dr. phil., Bonn, Stadtarchiv und Stadthistorische Bibliothek, Leiter, 05.04.1956, Düsseldorf, stud. Geschichte, Anglistik, 1. Staatsex. 80, Prom. 84, Archivref. Marburg Inst. f. Archivwiss. 84, 2. Staatsex. 86, ☎ (0228) 77-2530, 🖥 dr.norbert.schlossmacher@bonn.de

* Schmädel, Stephanie von, Berlin, Universitätsbibliothek der Humboldt-Universität zu Berlin, Fachref. f. Anglistik/Amerikanistik, Psychologie, ☎ (030) 209399622, 🖥 stephanie.schmaedel@ub.hu-berlin.de

* Schmalholz, Michael, M.A. (LIS), Zürich (Schweiz), FIFA World Football Museum Library, Team Leader Heritage, 25.02.1976, Karlsruhe, ☎ (0041 43) 388 25 81, 🖥 m.schmalholz@gmx.de

* Schmall, Sabine, Dr., Bonn, Universitäts- und Landesbibliothek, Leitung Dezernat Medien- und Lizenzmanagement, 22.09.1976, ☎ (0228) 73 73 57, 🖥 sabine.schmall@ulb.uni-bonn.de

* Schmalor, Hermann-Josef, Prof. Dr. theol., Paderborn, im Bibliotheksdienst 1974-2016, 10.02.1951, Sundern-Hagen, ☎ (05251) 237 63, 🖥 hermann-josef.schmalor@eab-paderborn.de

* Schmauch, Christian, Würzburg, Universitätsbibliothek, 04.05.1979, 🖥 christian.schmauch@bibliothek.uni-wuerzburg.de

* Schmauß, Dieter, Dipl.-Bibl., Gevelsberg-Berge, Ltd. BDir. a.D., 18.03.1941, Rinteln, im BDienst 66-07, ☎ (02332) 62943, 🖥 dieter.schmauss@t-online.de

* Schmeing, Kerstin, M.A., Berlin, Bibliothekarin, 14.06.1974, Berlin, ☎ (030) 2639509-800, 🖥 kschmeing@msn.com

* Schmid, Anne, Dr. phil., Würzburg, Universitätsbibliothek, ☎ (0931) 31-85916, 🖥 anne.schmid@bibliothek.uni-wuerzburg.de

* Schmid, Larissa, Berlin, Staatsbibliothek zu Berlin - Preußischer Kulturbesitz, Fachref. f. Kulturgeschichte und Ethnologie

Schmider, Christoph, Dr., Freiburg im Breisgau, Erzbischöfliche Bibliothek, Erzbischöflicher Oberarchivdirektor, Kanzler der Erzbischöflichen Kurie Freiburg, Fachref. f. Leiter der Diözesanstelle Archive, Bibliotheken, Schriftgutverwaltung im Erzbischöflichen Ordinariat Freiburg, 17.07.1960, ☎ (0761) 2188 430, 🖥 christoph.schmider@ordinariat-freiburg.de

* Schmidt, Birgit, Dr. math., Dipl.-Math., M.A., Göttingen, Niedersächsische Staats- und Universitätsbibliothek, 12.05.1968, Werther/Westf., Verw.angestellte 84-88, stud. Math., Phil., Diplom 97, wiss. Mitarb. Uni Bielefeld 97-03, Prom. 03, BRef. Göttingen SUB u. stud. BWiss. MA (LIS) 03, Fachpr. 05, Wiss. Ang. Göttingen SUB, Univ.-Verl., Projektkoordination/-Management Elektronisches Publizieren 05-, ☎ (0551) 39-5242, 💻 bschmidt@sub.uni-goettingen.de

* Schmidt, Dagmar, Dipl.-Bibl., M.A., Frankfurt am Main, Bibliothek der Frankfurt University of Applied Sciences, Leiterin, 18.07.1968, ☎ (069) 1533-2466, 💻 dschmidt@bibl.fra-uas.de

Schmidt, Gudrun, Dr., Wolfenbüttel, Herzog August Bibliothek, Leiterin der Abt. Veröffentlichungen, Fachref. f. Klassische Archäologie, Alte Geschichte, 28.03.1968, Günzburg, stud. Klass. Archäologie, Latein. Philologie und Alte Geschichte in Augsburg und Würzburg 87-98 (Magister 93, Promotion 98); Wiss. Hilfskraft in der Redaktion des Augustinus-Lexikons 94-97; Lektorin beim Dr. Ludwig Reichert Verlag in Wiesbaden 99-09; seit 2010 Leitung der Abteilung Veröffentlichungen an der Herzog August Bibliothek, ☎ (05331) 808 209, 💻 gudrun.schmidt@hab.de, gschmidt@hab.de

* Schmidt, Karin, Rostock, Universitätsbibliothek, Wiss. Ang., Stellv. Dezernentin Erwerbung und Erschließung, Fachref. f. Allg. u. Vergl. Sprach- und Literaturwissenschaft, Anglistik, Germanistik, Slawistik, 30.01.1958, Rostock, stud. Germanistik, Diplom 82, Fernstud. B-Wiss., Fachbibl. Berlin IBI 87, Wiss. Ang. Rostock UB 82, ☎ (0381) 498-8703, 💻 karin.schmidt@uni-rostock.de

* Schmidt, Kathrin, Dipl.-Bibl., Berlin, Bibliothek der Hochschule für Technik und Wirtschaft, Stellv. Leiterin; Leitung d. Bibl. Wilhelminenhof u. Abt. Erw./Kat., ☎ (030) 50192234, 💻 Kathrin.Schmidt@htw-berlin.de

* Schmidt, Ronald Michael, Dr. phil., Bornheim, BDir., Leiter d. Dt. BStatist. (DBS), 13.02.1951, Haan/Rhld., stud. Germ., Päd., Staatsex. 76, Verw. e. Wiss. Ass.-Stelle 77, Prom. 80, Wiss. Ang. 80, BRef. Bonn UB 81, Köln FHBD 82, Fachpr. 83, Wiss. Ang. Bonn UB 83, Heidelberg UB 84, BAssess. 85, BR 86, Köln HBZ 90, OBR 90, BDir. 92, ☎ (0221) 40075-132, 💻 schmidt@hbz-nrw.de

* Schmidt, Rüdiger, Dr. phil., Karlsruhe, BDir. i.R., 30.07.1945, Großburschla/Thür., im BDienst 1977-2010, ☎ (0721) 986 34 99, 💻 schmidt.ruedi@t-online.de

* Schmidt, Siegfried, Prof. Dr. rer. nat., Köln, Erzbischöfliche Diözesan- und Dombibliothek mit Bibliothek St. Albertus Magnus, Stellv. Leiter, 24.05.1956, Köln, stud. Geogr., Biol., Staatsex. 79, Prom. 81, BRef. Bonn UB 82, Köln FHBD 83, Fachpr. 84, Köln Pressearchiv d. Westdt. Rundf. 84, Bonn FHöB 86, Prof. 93, Abt. Aus- u. Fortbildung d. Borromäusvereins 96, Köln Erzbischöfl. Diözesan-B 01 - Dozent (NA) KathHO NW, Köln, ☎ (0221) 1642-3782, 💻 siegfried.schmidt@erzbistum-koeln.de

Schmidt-Bonacker, Marcel, Dipl.-Ök., Halle (Saale), Universitäts- und Landesbibliothek Sachsen-Anhalt, Stellv. Leiter Medienbearbeitung, Fachref. f. Wirtschaftswiss., stud. Wirtschaftswiss., ☎ (0345) 55 22 045

* Schmidt-Hensel, Roland, Dr. phil., Berlin, Staatsbibliothek zu Berlin - Preußischer Kulturbesitz, Stellv. Leiter der Musikabt., 30.07.1970, Bad Mergentheim, stud. Musikwiss. u. Geschichte, M.A. 97, Prom. 04, BRef. Berlin SBB-PK 01, München BSchule 02, Prüf. 03, BR z.A. Berlin SBB-PK 03, BR 05, BOR 07, ☎ (030) 266-435300, 💻 roland.schmidt-hensel@sbb.spk-berlin.de

* Schmiedeknecht, Christiane, Erfurt, Ltd. BDir. i.R., 26.12.1949, Herschdorf, im BDienst bis 2015, ☎ (0361) 643 55 16, 💻 c.schmiedeknecht@gmx.de

* Schmieder-Jappe, Thomas, M.A. (LIS), Berlin, Staatsbibliothek zu Berlin - Preußischer Kulturbesitz, Ltr. Auskunftsdienste, 03.03.1958, Bremen, stud. Islamwiss., Ethnologie, Publiz., BAss 90, Diplom 00, stud. B.-Wiss. Ex. 03, ☎ (030) 266-433 960, 💻 thomas.schmieder-jappe@sbb.spk-berlin.de

* Schmigalle, Günther, Dr. phil., Karlsruhe, OBR i.R., 23.04.1946, im BDienst 81-11, ☎ (0721) 33126, 🖥 schmigalle2000@yahoo.de

* Schmiljun, Christian, Dipl.-Inf., Halle (Saale), Universitäts- und Landesbibliothek Sachsen-Anhalt, 07.11.1982, Halle (Saale), ☎ (0345) 5522020, 🖥 christian.schmiljun@bibliothek.uni-halle.de

* Schmitt, Eleonore, Dr. phil., Heidelberg, Universitätsbibliothek, Fachref. f. Sozialwiss. Südasiens, Slawistik und Ethnologie, 15.09.1959, Mannheim, stud. Ethnologie, Slawistik, Päd., Theol., M.A. 86, Prom. 91, BRef Trier 92, Frankfurt a. M BSchule 93, Fachpr. 94, Wiss. Mitarb. Frobenius-Inst. 96, BAssess. Heidelberg UB 00, BR 02, OBR 09, ☎ (06221) 54-15051, 🖥 schmitt_eleonore@ub.uni-heidelberg.de

  Schmitt, Michael, Coburg, Hochschule Coburg, Hochschulbibliothek, Leiter, ☎ (09561) 317-517, 🖥 michael.schmitt@hs-coburg.de

* Schmitz, Christina, Berlin, Staatsbibliothek zu Berlin - Preußischer Kulturbesitz, 01.07.1983, 🖥 christina.schmitz@sbb.spk-berlin.de

  Schmitz, Jörg, Dipl.-Inf., Osnabrück, Universitätsbibliothek, Dezernent IT-Services, Fachref. f. Informatik, 06.10.1967, 🖥 joerg.schmitz@ub.uni-osnabrueck.de

* Schmitz, Vanessa N., Dipl.-Bibl., Köln, Kölnisches Stadtmuseum, Bibliothek, 05.01.1979, Mülheim a.d.R., ☎ (0221) 221-23729, 🖥 vanessa.schmitz@stadt-koeln.de

* Schmitz, Wolfgang, Prof. Dr., Köln, Ltd. Bibliotheksdirektor i.R., 06.05.1949, Köln, im BDienst 1975-2014, Mithrsg. Bibliothek und Wissenschaft, Marginalien, Buchwiss. Beiträge, Adv. Board Quaerendo, korr. Mitglied Historische Komm. d. Börsenvereins

* Schmohl, Karen, M.A., Berlin, Bibliothek des Auswärtigen Amtes, Referatsleiterin Bibliothek und Informationsvermittlung, 09.11.1967, Neuss, stud. Neuere dt. Literatur, Linguistik, Soziologie, M.A., BRef. Berlin u. Frankfurt a.M., BAssess., Leitung VöBB 05-11, seit 2011 Auswärtiges Amt, 🖥 karen.schmohl@auswaertiges-amt.de, karen.schmohl@diplo.de

* Schmücker, Pia Daniela, Dr. med., Ulm, Kommunikations- und Informationszentrum der Universität Ulm (kiz), Leiterin der Abt. Informationsmedien, Ausb.-Leiterin, Fachref. f. Koordination alle Fachbereiche, 25.03.1959, Mainz, stud. Germ., Phil., Medizin, Staatsex. 85, Prom. 88, BRef. Tübingen UB 86, Frankfurt a. M. BSchule 87, Fachpr. 88, BAssess. Ulm UB 88, BR 90, OBR 93, ☎ (0731) 50-31403, 🖥 pia.schmuecker@uni-ulm.de

* Schmunk, Stefan, Prof. Dr., Dieburg, Hochschule Darmstadt - Fachbereich Media, ☎ (06151) 16-39373, 🖥 stefan.schmunk@h-da.de

* Schnabl, Ilka, München, BDir. a.D., 12.02.1952, Ludwigshafen/ Rhein, im BDienst 1977-2017, 🖥 ilka.schnabl@t-online.de

* Schneider, Christine, Dipl.-Volksw., Freiburg im Breisgau, Universitätsbibliothek, Ausbildungsleitung, stellv. Leitung des Dezernats Bibliothekssystem, Fachref. f. Wirtschaftswiss., Pol., Soz., 05.11.1966, stud. Volkswirtschaftslehre m. Schwerpunkt Regionalstudien, Region Ostasiat. Raum, Dipl. 95, BRef. Tübingen UB 95, Frankfurt a. M. BSchule 96, Freiburg UB BAssess. 97, BR 99, OBR 11, ☎ (0761) 203-2407, 🖥 schneider@ub.uni-freiburg.de

* Schneider, Claudia, Hagen, Universitätsbibliothek der Fernuniversität, Bibliotheksleitung, Stellv. Direktorin; Leitung Dezernat Benutzung, Fachref. f. Schlüsselqualifikationen, 08.02.1986, ☎ (02331) 987-2918, 🖥 claudia.schneider@fernuni-hagen.de

* Schneider, Corinna, M.A., Hannover, Technische Informationsbibliothek (TIB), Repository Managerin, 04.11.1981, Gifhorn, ✉ corinna.schneider@tib.eu

* Schneider, Elisabeth, Dr. phil., Mainz, 15.06.1925, im BDienst 61-88, ☎ (02461) 54273

* Schneider, Katrin, Dipl.-Bibl., Dipl.-Ing., Potsdam, Universitätsbibliothek, Stellv. Direktorin, Fachref. f. Geschichte, klass. Philologie, Philosophie, 18.07.1964, Helmstedt, Dipl. Bibl. 91, Architektur Dipl. Ing. 97, Wolfenbüttel HAB 91-92, Ltg. Spezialslg. Restaurierung Köln FHB 00-01, Aachen BTH 01-08 Fachref. Bau, Potsdam 08 stellv. Direktorin, ☎ (0331) 977-2104, ✉ kat.schneider@uni-potsdam.de

* Schneider, Kurt, Dr. phil., Frankfurt am Main, Deutsche Nationalbibliothek (Leipzig, Frankfurt a. M.), Abteilungsleiter Digitale Dienste, 14.04.1959, Balingen, Buchhändler 81, stud. Soziol., Geogr., Pol., M.A. 88, Prom. 93, Wiss. Ang. Frankreich-Zentr. u. Inst. f. Soziol. Univ. Freiburg, BRef. Mainz UB 94, Frankfurt a. M. BSchule 95, Fachpr. 96, BR z. A. Erfurt UB 96, BR 99, OBR 01, Dt. NationalB 08, BDir. 13, ✉ k.schneider@dnb.de

* Schneider, Michael, Dipl.-Verw.wiss., Frankfurt am Main, Johann Wolfgang Goethe-Universität, 01.02.1963, Ludwigsburg, stud. Rechtswiss., Verwaltungswiss., Diplom 95, Gießen UB 96, Fachref. BRef. Gießen UB 97, Frankfurt/M BSchule 98, Fachpr. 99, Bibl. der Europ. Zentralbank 99, Bibl. d. Schweizerischen Bundesgerichts 07, DG-Administration d. Europ. Zentralbank 08, Europ. Ausschuss für Systemrisiken (ESRB) 10, ☎ (069) 1344-5319, ✉ michael.schneider2@ecb.europa.eu, michael.schneider@esrb.europa.eu

* Schneider, Olaf, Dr. phil., M.A. (LIS), Gießen, Universitätsbibliothek, Leiter d. Sondersammlungen, Fachref. f. Geschichte, Klass. Altertum und Ethnologie, 02.05.1972, Siegen-Weidenau, stud. Geschichte, Germanistik, Pädagogik, Staatsex. 98, Prom. 06, Wiss. Mitarb. Hist. Sem. Univ. Frankfurt a.M. 99, Gerda Henkel-Stip. 04, BRef. Gießen UB u. Berlin IBI 05, Fachpr. u. MA (LIS) 07, Wiss. Ang. Gießen UB 07, BR z.A. 08, BR 09, BOR 10, ☎ (0641) 99-14052, ✉ olaf.schneider@bibsys.uni-giessen.de

    Schneider, Susanne, Freiburg im Breisgau, Evangelische Hochschule, Leiterin der Hochschulbibliothek, ☎ (0761) 47812-460, ✉ bib-leiterin@eh-freiburg.de

* Schneider, Ulrich Johannes, Prof. Dr. phil., Leipzig, Universitätsbibliothek, Dir., 04.05.1956, Gelnhausen, stud. Philosophie, Germanistik, Musikwiss., M.A. 80, Prom. 88, Habil. 98, Wiss. Mitarb. Berlin TU 83-88, Ass. Leipzig Univ. 92-99, Leiter Forschungsprojekte HAB Wolfenbüttel 99-05, ☎ (0341) 9730500, ✉ schneider@ub.uni-leipzig.de

* Schneider-Kempf, Barbara, Dr. h.c. (NUACA), Berlin, Staatsbibliothek zu Berlin - Preußischer Kulturbesitz, 15.04.1954, Trier, Generaldirektorin i.R., im BDienst 82 -21

* Schneiderheinze, Julia, Berlin

* Schnelling, Heiner, Dr. phil., Wetzlar, Ltd. BDir. a.D., 22.12.1954, Bottrop, im BDienst 80-20, ✉ heiner_wetzlar@gmx.de

* Schnieders, Klaus, Dr. jur., Berlin, BDir. a.D., 19.12.1937, Berlin, im BDienst 69-00, ☎ (030) 774 58 09, ✉ kschnied@zedat.fu-berlin.de

* Schnöpf, Markus, M.A., M.A. (LIS), Berlin, Wiss. Mitarb. IT, 10.07.1968, München, stud. Geschichte, Med.Gesch., Politik, M.A. 01, Wiss. Mitarb. MPIWG 01, Wiss. Mitarb. B d. Berlin-Brandenburg. Akad. d. Wiss. 05, IT, Wiss. Mitarb. TELOTA BBAW 07, Wiss. Bibl. 08, ☎ (030) 20370-504, ✉ markus@schnoepf.de

* Schober, Claudia, Würzburg, Universitätsbibliothek

* Schobert, Dagmar, Dipl.-Ing., Berlin, Universitätsbibliothek der Technischen Universität, Leitung d. Abt. Universitätsverlag / Hochschulschriften / Open Access, 21.08.1959, Guteborn, stud. Arbeitswiss., Maschinenbau, Dipl. 84, stud. BWiss., Examen 93, Potsdam SLB 89-92, Postdam UB 92-13, TU Berlin UB 2013-, ☏ (030) 31476127, ✉ dagmar.schobert@tu-berlin.de

* Schoch, Gisela, Prof. Dr., Kiel, FH-Prof. i. R., ☏ (0431) 237 51 76

* Schoch, Regine, M.A., Bonn, Bibliothek der Friedrich-Ebert-Stiftung, Wiss. Bibl., 06.04.1960, Ravensburg, Dipl.-Bibl. 82, stud. Geschichtswiss., Politikwiss., M.A. 95, ☏ (0228) 883-8223, ✉ regine.schoch@fes.de

* Schön, Tiziane, Köln, Hochschulbibliothekszentrum des Landes Nordrhein-Westfalen (hbz), Leiterin Marketing und Öffentlichkeitsarbeit, stud. Kunstgeschichte und Neuere Deutsche Literatur in Münster, Gent und Berlin (Magistra Artium), stud. Bibliotheks- und Informationswissenschaft, Fernstudium/ Berlin (Master of Library and Information Science), ☏ (0221) 40075 138, ✉ schoen@hbz-nrw.de

* Schoenbeck, Oliver, Dr. phil., Oldenburg, Bibliotheks- und Informationssystem der Carl von Ossietzky Universität, Stellv. Leitung Nutzerdienste, Fachref. f. Pädagogik, Psychologie, Philosophie, Buch- u. Bibliothekswesen, 12.07.1969, Braunschweig, stud. Engl., Dt., Pädagogik, Philosophie, 1. Staatsex. 96, Prom. 99, BRef. Oldenburg BIS 01-02, Frankfurt a. M. BSchule 02-03, Bremen IUB IRC 04, Univ. Oldenburg 04, IBIT Univ. Oldenburg 05, BIS Univ. Oldenburg 09, BAss. 08, BR 10, ☏ (0441) 7984257, ✉ oliver.schoenbeck@uol.de

* Schönfelder, Gabriele, Dipl.-Phys., Dortmund, Wiss. Ang. i.R., 09.03.1949, Neheim-Hüsten, im BDienst 1974-2014, ✉ gabriele.schoenfelder@dokom.net

* Schoft, Hans, Dr. phil., Augsburg, 14.05.1952, Eger, stud. Germanistik, Anglistik, Slawistik, Staatsex. 75, Prom. 78, Wiss. Mitarb. Prag Tschechosl. Akad. d. Wiss. 76-79, BRef. München Bayer. BSchule 81, Augsburg UB 82, Fachpr. 83, Wiss. Angch. München BSB 83, BR z. A. Augsburg UB 85, BR 86, BOR 94, BDir. 09

Schoger, Astrid Ulrike, Dr. rer. nat., Dipl.-Math., München, Bayerische Staatsbibliothek, Sachbereichsleitung des SBs Digitale Langzeitarchivierung und Data Curation im Referat Digitale Bibliothek; Münchener Digitalisierungszentrum; Langzeitarchivierung. Nebenamtliche Dozentin an der HfÖD, Fachbereich Archiv- und Bibliothekswesen, 18.04.1964, Kronstadt, stud. Mathem., Inform., Dipl. 90, Prom. 94, BRef. München TUB u. Bayer. BSchule 96, Fachpr. 98, BR, BOR, ☏ (089) 28638-2600, ✉ astrid.schoger@bsb-muenchen.de

* Scholle, Ulrike, M.A., Duisburg, Universitätsbibliothek Duisburg-Essen, Dezernat Qualitätsmanagement und Öffentlichkeitsarbeit, Fachref. f. Erziehungswiss., 02.02.1965, Marsberg, stud. Germanistik, Sozialwiss., Sek. II- u. Magisterex. 93, BRef. 95-97 Köln UB, Köln StB, BR z. A. Münster ULB 97, BR 99, OBR 01, UB Duisburg-Essen BDir. 05, ☏ (0203) 379-2033, ✉ ulrike.scholle@uni-due.de

Schollmeyer, Patrick, Dr., Mainz, Universitätsbibliothek, Kurator der Schule des Sehens (Schaufenster von Wissenschaft und Kunst der Universität Mainz), 23.03.1965, Mainz, stud. Klassische Archäologie, Alte Geschichte, Ägyptologie und Kunstgeschichte an den Universitäten Mainz, Bonn und Heidelberg ab 84; Prom. 97 an der Universität Heidelberg; Hochschulassistent Universität Heidelberg 97/98; Mitarbeiter des Instituts für Klassische Archäologie der Universität Mainz 98-; zusätzlich seit 2014 Mitarbeiter der UB Mainz, ☏ (06131) 39-25239, ✉ schollme@uni-mainz.de

* Scholz, Reiner, Hofheim am Taunus, BOR i.R., 08.05.1940, Großdorf/Sud., im BDienst 70-05, ✉ r.scholz@ub.uni-frankfurt.de

* Scholze, Frank, M.A., Dipl.-Bibl. (FH), Frankfurt am Main, Deutsche Nationalbibliothek (Leipzig, Frankfurt a. M.), Generaldirektor, 06.03.1968, Stuttgart, stud. B-Wesen, Dipl. 92, stud. Kunstgeschichte, Anglistik, M.A. 97, Wiss. Ang. Stuttgart UB 97, BAssess. 01, BR 03, OBR 05, MWK 08, Dir. KIT 10, GDir. DNB 20, ☎ (069) 1525-1000, 🖳 f.scholze@dnb.de

* Schomburg, Silke, Dr. phil., Köln, Hochschulbibliothekszentrum des Landes Nordrhein-Westfalen (hbz), Leitung, 01.07.1966, Hannover, stud. Kunstgeschichte, Baugeschichte, Anglistik, Germanistik, Prom. 98, BRef. Berlin ZLB 99, HU 99, Köln FH 00, Fachpr. 01, Köln hbz 01, Gruppenleitung Konsortiale Erwerbung 05, stellv. Leiterin 07, Leitung komm. 09/10, Leitung 11, ☎ (0221) 40075-444, 🖳 schomburg@hbz-nrw.de

* Schoof, Kerstin, M.A., M.A. (LIS), Frankfurt am Main, Max-Planck-Institut für empirische Ästhetik, Leiterin der Bibliothek, 19.08.1976, 🖳 kerstin.schoof@aesthetics.mpg.de

Schoone, Beate, Dipl.-Bibl., Frankfurt am Main, Bibliothek für Jugendbuchforschung, Leiterin, 11.08.1959, ☎ (069) 798-32968, 🖳 schoone@bzg.uni-frankfurt.de

* Schopper, Werner, Dr. phil., Weiden in der Oberpfalz, BDir. a.D., 27.12.1946, Weiden, 1974/1975 im kirchlichen, 1975-2011 im staatlichen BDienst, ☎ (0961) 391 61 955, 🖳 we-schopper@t-online.de

* Schorer, Marcell, Dr. rer. nat., Trier, Universitätsbibliothek, Abteilungsleiter Benutzung u. Information, Fachref. f. Raum- u. Umweltwissenschaften, Soziologie, Ethnologie, 21.11.1964, Pforzheim, stud. Geographie, Geowiss., Dipl. 93, Prom. 98, Wiss. Mitarb., Uni Trier Abt. Hydrolog. 93-98, BRef. Trier UB, BSchule 99, Fachpr. 00, BR z. A. Trier UB 00, BR 03, OBR 08, BDir. 13, ☎ (0651) 201-2450, 🖳 schorer@uni-trier.de

* Schrader, Jarmo, Dr. (Ph.D.), Hildesheim, Universitätsbibliothek, Stellv. Dir., Leiter Benutzung u. EDV, Fachref. f. Naturwiss., Technik, Mathematik, 03.04.1974, 🖳 jarmo.schrader@uni-hildesheim.de

* Schramm, Hans-Peter, Prof. Dr. phil., Hannover, HS-Lehrer i.R., 15.03.1938, Konstanz, im BDienst 1972-1985, ☎ (0511) 411 578, 🖳 hans-peter.schramm@gmx.net

* Schramm, Martin, Berlin, Freie Universität, Fachbereich Rechtswissenschaft, Bibliothek, Univ.-Verw. Dir., Leiter, Fachref. f. Rechtswiss., ☎ (030) 838-52163, 🖳 martin.schramm@fu-berlin.de

Schreckenberger, Frank, Mannheim, Bildungszentrum der Bundeswehr - Bundesakademie, Stellv. Leiter; Leiter Erwerbungsabteilung, Formal- und Sacherschließung, 18.07.1963, Mannheim, ☎ (0621) 4295-2356, 🖳 frankschreckenberger@bundeswehr.org

* Schreiber, Anja, Dipl.-Psych., Tübingen, Universitätsbibliothek, 07.10.1980, stud. Psychologie, Diplom 08, wiss. Mitarbeiterin Uniklinik Ulm 09-14, BRef. kiz Ulm 14-15, Bibliotheks-Akademie München 15-16, HSB & RMZ Reutlingen 17-19

* Schreiber, Carolin, Dr., München, Bayerische Staatsbibliothek, Fachref. f. Lt. d. Hss-Erschließungszentrums, 05.05.1971, Neumarkt i.d.OPf., stud. Anglistik, Romanistik, Erziehungswiss., 1. Staatsex. 97, Prom. 02, Wiss. Mitarb. Univ. München 97-00, wiss. Mitarb./Ass. Univ. Göttingen 00-02; BRef. München BSB 02, München Bayer. BSchule 03, Fachpr. 04; BR z.A. München BSB 04, BR 06, BOR 10, BDir. 17, Redaktion Manuscripta Mediaevalia 08, ☎ (089) 28638-2259, 🖳 carolin.schreiber@bsb-muenchen.de

* Schreiber, Klaus-Dieter, Dr. phil., Stuttgart, BDir. a.D., 12.04.1940, Trautenau, im BDienst 67-05 - Hrsg. von Informationsmittel (IFB), digitales Rezensionsorgan für Bibliothek und Wissenschaft, ☎ (0711) 24 44 09, 🖳 schreiber.ifb@t-online.de

* Schreiber, Maximilian, Dr. phil., München, Bayerische Staatsbibliothek, Leiter des Referates für Nachlässe und Autographen, 20.08.1976, München, stud. Geschichte, Germanistik, Archäologie, Magister 02, Prom. 06, Referendariat 07, München bayer. BSchule 08, Fachpr. 09, Wiss. Mitarb. BSB 09, BR 10, BOR 20, ✉ maximilian.schreiber@bsb-muenchen.de

* Schreiber, Stefanie, Dr. rer. oec., Cottbus, IKMZ der Brandenburgischen Technischen Universität Cottbus-Senftenberg, Fachref. f. Wirtschaft und Recht, 17.03.1983, ☎ (0355) 69-2362, ✉ stefanie.schreiber@b-tu.de

* Schreier, Björn, M.A., M.A. (LIS), Hannover, Gottfried Wilhelm Leibniz Bibliothek - Niedersächsische Landesbibliothek, Wiss. Ang., Referent für Karten, Ausbildungsleitung hD, Fachref. f. Allg., Wissenschaftsgeschichte, Buch- und Bibliothekswesen, Geographie, 05.06.1978, Münster/Westf., stud. Geographie, Mittl. u. Neuere Geschichte, Romanistik, M.A. 07, BRef. Hannover GWLB 08-10, M.A. (LIS) 10, ☎ (0511) 1267-218, ✉ bjoern.schreier@gwlb.de

* Schrepf, Eva, Berlin, Bibliothek für Bildungsgeschichtliche Forschung Abteilung des DIPF / Leibniz-Institut für Bildungsforschung und Bildungsinformation, Wiss. Ang., Öffentlichkeitsarbeit, 07.08.1963, stud. Geschichte, Sinol., M.A. 90, Bib-Ang. München BSB 90-91, BRef. Aachen BTH 93, Köln FHBD 94, Fachpr. 95, Bibliotheks- u. Archivleiterin Düsseldorf FachB f. Frauendiakonie u. Fliednerarchiv 95-04, BLeiterin Frankfurter Forschungsbibliothek des DIPF 05-10, seit 2011 Öffentlichkeitsarbeit Bibliothek f. Bildungsgeschichtl. Forschung des DIPF Berlin, ☎ (030) 293360-672, ✉ schrepf@dipf.de

* Schröder, Jana, Dipl.-Ing., M.A. (LIS), Weimar, Universitätsbibliothek der Bauhaus-Universität, Leiterin der Medienbearbeitung, Fachref. f. Architektur, Raumplan. Städtebau, Techn. Ausbau, 18.11.1978, Strausberg, stud. Architektur., Dipl. 04, Volont. Weimar UB 04-06, MA (LIS) 06, Weimar UB 06, ☎ (03643) 582833, ✉ jana.schroeder@uni-weimar.de

 Schroers, Hermann-Josef, Dipl.-Bibl., Münster, Landesarchiv NRW Münster (Abt. Westfalen, Bibliothek), ☎ (0251) 4885-139, ✉ hermann-josef.schroers@lav.nrw.de

* Schröter, Marcus, Dr. phil., Freiburg im Breisgau, Universitätsbibliothek, Abteilungsleiter (komm.) Digitalisierungszentrum, Fachref. f. Geschichte, Buchwesen, 08.02.1969, Rotenburg/Fulda, stud. Germanistik, Klass. Philol., Klass. Archäologie, Geschichte, 1. Staatsex. 95/97, BRef Karlsruhe LB 01, München, Bibliotheksakademie Bayern 02-03, BAssess Rostock UB 03, BR Freiburg UB 08, Lehraufträge Inst. f. Germ. d. Univ. Rostock, Deutsches Sem. d. Univ. Freiburg, Bibliotheksakademie Bayern, Mitglied Netzwerk Informationskompetenz Baden-Württemberg, Gemeinsame Kommission Informationskompetenz dbv/VDB, ☎ (0761) 203-3942, ✉ schroeter@ub.uni-freiburg.de

* Schubert, Hans-Jürgen, Dr. phil., Neubiberg, Dir. i.R., 05.05.1940, Gleiwitz/OS, im BDienst 68-05, ☎ (089) 6013646, ✉ schuberthj@gmail.com

* Schuegraf, Wolf-Dieter, Dipl.-Kaufm., Braunschweig, BDir. a.D., 28.11.1940, München, im BDienst 69-05, ☎ (0531) 69 30 82, ✉ bw.schuegraf@arcor.de

* Schüller-Zwierlein, André, Dr. phil., Regensburg, Universitätsbibliothek, Direktor, 08.07.1972, Münster, stud. Anglistik, Romanistik, Publizistik, M.A. 97, Prom. 01, Red. ‚Handbuch der historischen Buchbestände' 98-01, BRef. Speyer 01, Frankfurt a. M. BSchule 02-03, Fachpr. 03, Mitarb. ‚e-teaching@university' (Bertelsmann Stift.) 02-03, Wiss. Ang. München UB 03, BR z.A. 04, BR 06, BOR 09, BDir. 13, Regensburg UB 16, Ltd. BDir 18, ☎ (0941) 943-3901, ✉ asz@ur.de, andre.schueller-zwierlein@bibliothek.uni-regensburg.de

* Schümmer, Volker, Dr. phil., M.A., München, Bibliothek des Zentralinstituts für Kunstgeschichte, Wiss. Ang., stud. Neuere Dt. Literaturgeschichte, Dt. Philologie, Kunstgeschichte, M.A. 92, Prom. 96, BRef. Freiburg UB 96, Frankfurt a. M. BSchule 97, Fachpr. 98, Wiss. Ang. Düsseldorf ULB 98, Wiss. Ang. München B. d. Zentralinst. f. Kunstgesch. 99, ☏ (089) 289-27582, 🖳 v.schuemmer@zikg.eu

* Schürmann, Astrid, Dipl.-Übers., M.A. (LIS), Essen, RWI - Leibniz-Institut für Wirtschaftsforschung e.V., Leiterin Serviceabteilung Bibliothek und Fachinformation, ☏ (0201) 8149-290, 🖳 astrid.schuermann@rwi-essen.de

 Schütt, Rüdiger, Dr. phil., Kiel, Universitätsbibliothek, Leitung Stabsstelle Öffentlichkeitsarbeit, Fachref. f. Germanistik, Politikwiss., Soziologie, 06.10.1966, Hamburg, stud. Germ., Philos., M.A. 97, Prom. 01, BRef. Bielefeld UB, Bielefeld StB, Wolfenbüttel HAB 99-00, Köln FHBD 01, Fachpr. 01, BR z. A. Kiel UB 01, BR 04, ☏ (0431) 880-5419, 🖳 schuett@ub.uni-kiel.de

* Schütt-Hohenstein, Angelika, Dr. phil., Stuttgart, Württembergische Landesbibliothek, Abteilungsleiterin Medienbearb., Fachref. f. Theater, Film, Tanz, 25.05.1957, stud. Gesch., Germ., Päd., Staatsex. 82, Prom. 88, Wiss. Mitarb. Göttingen Univ. 83-88, Verl.-Vol. Berlin 89, BRef. Berlin AGB 89, Köln FHBD 90, Fachpr. 91, Stuttgart B f. Zeitgesch. 91, Stuttgart WLB 00, ☏ (0711) 212-4462, 🖳 schuett@wlb-stuttgart.de

* Schütte, Christoph-Hubert, Prof. Dipl.-Ing., Karlsruhe, Ltd. BDir. a.D., 14.12.1944, Hildesheim, im BDienst 75-09, ☏ (0721) 68 38 77, 🖳 schuette.karlsruhe@t-online.de

* Schütte, Jana Madlen, Dr., Karlsruhe, Badische Landesbibliothek, Abteilungsleiterin Landesbibliothekarische Aufgaben, 18.09.1984, Göttingen, stud. Geschichte und Germanistik, M.A. 09, Prom. 15, BRef. Berlin SBB-PK 16-18, wiss. Referentin der Bibliothek der Berlin-Brandenburgischen Akademie der Wissenschaften 18-19, ☏ (0721) 175-2270, 🖳 schuette@blb-karlsruhe.de

* Schütte, Merle Marie, Bayreuth, Universitätsbibliothek, Fachref. f. Germanistik, Geschichte und Wirtschaftswissenschaften, 19.11.1982, Hannover, stud. Germanistik u. Geschichte, 1. Staatsex. 07, Wiss. Mitarbeiterin Exzellenzcluster „Religion und Politik in den Kulturen der Vormoderne und der Moderne" WWU Münster 09-12, BRef. UB Bayreuth 13-14, Bibliotheksakademie Bayern 14-15, UB Bayreuth 15-, ☏ (0921) 55-3431, 🖳 merle-marie.schuette@uni-bayreuth.de

* Schütte, Michael, M.A., Bochum, Universitätsbibliothek, Wiss. Ang., BLeiter, Fachref. f. Ostasienwiss., 05.08.1965, Lippstadt, stud. Sinologie (Sprache u. Literatur Chinas, Politik Ostasiens) u. Rechtswiss. (Strafrecht, Kriminologie, Strafvollzug) Bochum/Taibei, ☏ (0234) 32-28092, 🖳 michael.schuette@rub.de, bib-oaw@rub.de

 Schütz, Michael, Prof. Dr. phil., Hildesheim, Fachbereich Archiv und Bibliotheken der Stadt Hildesheim, Leiter d. FB Archiv u. BB d. Stadt Hildesheim, 08.09.1958, Stade, stud. Gesch., Deutsch, 1. Staatsex. 85, Wiss. Ang. Hamburg Univ. Hist. Sem. 89, Wiss. Ang. Hamburg Staatsarchiv 93, Prom. 94, Archivref. Hamburg Staatsarchiv 94, Archivarische Staatsprüf. 96, Hildesheim StArchiv 96, Hildesheim FB Archiv u. BB 15, Hon.-Prof. Hildesheim HAWK 17, ☏ (05121) 301-4100, 🖳 m.schuetz@stadt-hildesheim.de

* Schuller, Dorothea, M.A., Dipl.-Bibl. (FH), Göttingen, Niedersächsische Staats- und Universitätsbibliothek, Fachref. f. Anglistik, Amerikanistik und Keltologie (DFG-gef. SSG) 06.07.1973, ☏ (0551) 393494, 🖳 schuller@sub.uni-goettingen.de

* Schulte, Birgit A., M.A., Dipl.-Bibl., M.A. (LIS), Bonn, Streitkräfteamt, Fachinformationszentrum der Bundeswehr (FIZBw), Leiterin, 23.09.1966, Enniger, stud. Germanistik, Geographie/Geowiss., Kath. Theologie, BR 08, BOR 11, BDir. 12, LBDir 18, ☏ (0228) 845-100, 🖳 birgitschulte@bundeswehr.org

* Schultze, Bernd-Friedemann, Dr. phil., Schopp, OBR i.R., 16.03.1950, Karlsruhe, im BDienst 1982-2015, ☎ (06307) 1529, 🖳 schultze@ub.uni-kl.de

* Schulz, Dörthe, Wilhelmshaven

* Schulze, Matthias, Dr. phil., Kassel, Universitätsbibliothek Kassel - Landesbibliothek und Murhardsche Bibliothek der Stadt Kassel, Leitung der Abt. Digitale Bibliotheksdienste, 07.05.1968, Möhnesee-Körbecke, stud. Mittlere u. Neuere Geschichte, Politikwiss., Publizistik und Kommunikationswiss., M.A. 95, Prom. 00, Wiss. Dokumentar 04, M.A. (LIS) Berlin HU 07, wiss. Ang. Göttingen SUB, Abt. Forschung und Entw. 04-07, Fachref. Hamburg UB der HSU 07-08, Fachref. und Projektkoordinator Stuttgart UB 09-14, Abteilungsleiter Digitale Bibliotheksdienste UB/LB u. Murhardsche B Kassel 14-, seit 2017 stellv. Leiter, ☎ (0561) 804-3821, 🖳 schulze@bibliothek.uni-kassel.de

Schumann, Constanze, Leipzig und Frankfurt am Main, Deutsche Nationalbibliothek (Leipzig, Frankfurt a. M.), Abteilungsleitung Bestandsaufbau und Formalerschließung, 05.06.1976, Berlin, ☎ (0341) 2271416, (069) 15251315, 🖳 c.schumann@dnb.de

* Schumann, Natascha, Frankfurt am Main, Hessisches Bibliotheks-Informationssystem (HeBIS)

* Schumm, Irene, Dr. rer. pol., M.A. (LIS), Mannheim, Universitätsbibliothek, Leitung Forschungsdatenzentrum, 21.05.1981, stud. Volksw., Dipl. 06, Prom. 10, BRef. Göttingen SUB 09-10, stud. LIS Berlin HU 09-11, Mannheim UB 10- (Fachref. BWL 10-20, Stv. Abt.-ltg. Medienbearbeitung 12-18, Stv. Abt-ltg. Digitalisierung und Forschungsdaten 18-20, Ltg. Forschungsdatenzentrum 19-), ☎ (0621) 181-2754, 🖳 irene.schumm@gmail.com, irene.schumm@bib.uni-mannheim.de

* Schwärzel, Kathrin, LL.M., Berlin, Bibliothek des Bundesministeriums der Justiz und für Verbraucherschutz, Bibliotheksleitung, stud. Rechtswiss. mit Abschlüssen im deutschen und polnischen Recht, BRef. SBB-PK Berlin und BSB 11-13, TIB und Frankfurter Forschungsbibliothek 13, UB Duisburg-Essen 14-16, UB der LMU München 16-19

Schwalbach, Gabriele, Dr. rer. pol., Trier, Universitätsbibliothek, Leitung „Erwerbung und Erschließung" Fachref. f. Wirtschaftswiss., 14.03.1966, Koblenz, Dipl. Volkswirt. 91, Prom. 95, BRef. Trier UB, Frankfurt Fachpr. 97, ☎ (0651) 201-2470, 🖳 schwalbach@uni-trier.de

* Schwan-Michels, Roswitha, Köln, OBR i.R., 11.04.1942, Bübingen, im BDienst 72-07, ☎ (0221) 466 546, 🖳 schwan-michels@t-online.de

* Schwandt, Magda, Dr., Osnabrück, Universitätsbibliothek, Fachreferentin, Fachref. f. Rechtswiss. European Legal Studies Institute

* Schwarck, Tobias, Dipl.-Ing., Wuppertal, Universitätsbibliothek, Leitung Dez. 3 Benutzungsdienste, 09.06.1968, Wuppertal, stud. Sicherheitstechnik, Diplom 95, BRef. Aachen BTH 96, Köln FH 97, Fachpr. 98, Wiss. Ang. Aachen BTH 98, Dortmund FHB 00, BR 01, OBR Wuppertal UB 06, BDir. 07, ☎ (0202) 439-2681, 🖳 schwarck@uni-wuppertal.de

* Schwartz, Dieter, Dr., Münster, Fachhochschulbibliothek, Referent IT-Kommission / Präsidium, 🖳 schwartz@fh-muenster.de

* Schwartz, Werner, Dr. phil., M.A., Göttingen, BDir. i.R., 01.07.1950, Düsseldorf, im BDienst 1984-2015, ☎ (0551) 7700120, 🖳 werner.schwartz@gmail.com

* Schwarz, Gudrun, Assess. jur., Konstanz, Universitätsbibliothek, Wiss. Ang., Fachref. f. Rechtswiss., 10.06.1964, Stuttgart, stud. Rechtswiss., 1. Staatsex. 91, 2. Staatsex. 95, Konstanz UB 95, ☎ (07531) 88-2845, 🖳 gudrun.schwarz@uni-konstanz.de

Schwarz, Ingrid, Dr. phil., M.A., Siegen, Universitätsbibliothek, Wiss. Ang., Fachref. f. Anglistik, Germanistik, Romanistik, Allg. Sprach- u. Literaturwiss., Allgemeines, 30.07.1956, Siegen, stud. Romanistik, Anglistik, Hispanistik, M.A. 80, Prom. 86, ☎ (0271) 740-4253, 🖥 schwarz@ub.uni-siegen.de

* Schwarz, Stephan, Dr. theol., MPA, München, Bayerische Staatsbibliothek, Ltg. Abt. Zentrale Administration, 05.01.1973, Langen, stud. kath. Theologie, Germanistik, Philosophie, Erziehungswiss., Kirchen- und Staatskirchenrecht, Dipl. 99, Staatsex. 00, Prom. 03, berufsbegl. rechts- u. verw.-wiss. Studieng. Master of Public Administration (Univ. Kassel) 13-16, Junior Consultant (Unternehmens- & Personalber. Consultaris GmbH/München) 01-02, BRef. München BSB 03, München Bayer. BSchule 04, Fachpr. 05, Wiss. Ang. München BSB 05, BR 08, BOR 12, BDir 18, ☎ (089) 28638-2017, 🖥 stephan.schwarz@bsb-muenchen.de

Schwarzenau, Meinolf, Dipl.-Bibl., München, Bibliothek des Stadtarchivs und des Historischen Vereins von Oberbayern, Bibliotheksleiter, 28.04.1958, Dortmund, stud. Germanistik, Kath. Theologie, Staatsex. 83, Dipl.-Bibl. 89, BiblAR, ☎ (089) 233-30805, 🖥 meinolf.schwarzenau@muenchen.de

* Schwarzer, Bettina, Dr., Oldenburg, Bibliotheks- und Informationssystem der Carl von Ossietzky Universität, Fachref. f. Soziologie, Ethnologie und Raumplanung, 🖥 bettina.schwarzer@uol.de

Schwegele, Engelbert, Kempten, Hochschulbibliothek, Leitung der Bibliothek, 15.01.1964, Legau, ☎ (0831) 2523-129, 🖥 engelbert.schwegele@hs-kempten.de

* Schweikl, Gabriele, Dr. rer. nat., Dipl.-Biol., Regensburg, Universitätsbibliothek, Bibliothek der Regensburgischen Botanischen Gesellschaft, Abteilungsleitung Fachreferate und Teilbibliotheken, 25.08.1962, Gräfelfing, stud. Biol., Diplom 87, Prom. 91, Wiss. Mitarb. München Univ. 87, BRef. München Bayer. BSchule 91, Fachpr. 93, BR z. A. Regensburg UB 93, BR 95, BOR 02, BDir. 07, ☎ (0941) 943-3930, 🖥 gabriele.schweikl@bibliothek.uni-regensburg.de

* Schweisthal, Julia, München, Universitätsbibliothek der LMU

* Schweitzer, Robert, Dr. phil., Lübeck, OBR i.R., 20.12.1947, Kassel, im BDienst 79-07, ☎ (0451) 53373, 🖥 robschweitzer@yahoo.com

Schwens, Ute, Dipl.-Bibl., Frankfurt am Main, Deutsche Nationalbibliothek (Leipzig, Frankfurt a. M.), Dir., Leiterin Standort Frankfurt a. M., ständige Vertreterin d. Generaldir., standortübergreifender Direktionsbereich: Erwerbung u. Erschließung, Zentralbereich Verwaltung, Stabsstelle Strateg. Entwicklungen u. Kommunikation, 05.01.1959, Offenbach/M, Dipl.-Bibl. 80, BSchule Frankfurt a. M., Fachpr. 96, ☎ (069) 1525-1100, 🖥 u.schwens@dnb.de

* Schwesinger, Georg, Dr., Heidelberg, Universitätsbibliothek

* Schwitzgebel, Bärbel, Dr. phil., Wiesbaden, Hochschul- und Landesbibliothek RheinMain, Stellv. Leiterin der Hochschul- und Landesbibliothek RheinMain, 04.09.1961, Speyer, stud. Germanistik, Buchwiss., Volkskunde, M.A. 86, Prom. 92, post. Fernst. Wiss. B 00, ☎ (0611) 9495-1160, 🖥 baerbel.schwitzgebel@hs-rm.de

* Sczech, Sebastian, Dipl.-Phys., Stuttgart, 09.07.1954, Lötzen, stud. Physik, Diplom 86, BRef. Göttingen SUB 87, Köln FHBD 88, Fachpr. 89, BR z. A. Hamburg-Harburg UB d. TU 89, BR 91, Stuttgart UB 93, ☎ (0711) 685-83505, 🖥 sebastian.sczech@ub.uni-stuttgart.de

* Sdunnus, Ursula, M.A. (LIS), Hamburg, 01.06.1956, 🖥 usdunnus@gmx.de

* Sebastiani, Valentina, Zürich (Schweiz)

* Seeger, Miriam Daniela, Dr., Berlin, Staatsbibliothek zu Berlin - Preußischer Kulturbesitz, Fachref. f. Sinologie, Projektkoord. FID Asien, 24.02.1981, Göttingen, stud. Sinol. mod. u. klass., Phil., Heidelberg, M.A. 08, Prom. 12; BRef SBB-PK 15, M.A. (LIS) HU Berlin 15, ☎ (030) 266 436 055, 🖳 miriam.seeger@sbb.spk-berlin.de

* Seemann, Dominik, Ulm, Kommunikations- und Informationszentrum der Universität Ulm (kiz), 01.09.1988, Schorndorf, 🖳 d.seemann@gmx.de

* Seewald-Renner, Ingo, Dr. jur. utr., Bielefeld, OBR a.D., 11.11.1941, Prachatitz, im BDienst 74-06, ☎ (0521) 103485, 🖳 ingo_seewald-renner@web.de

* Sefrin, Linda, Karlsruhe, KIT-Bibliothek, Wiss. Ang., Fachref. f. Rechtswiss., Politikwiss., Soziologie, Buch- und Bibliothekswesen, 10.10.1964, Saarbrücken, stud. Rechtswiss., 1. Staatsex. 90, Verw. Hoch Sp. 93, 2. Staatsex. 95, Bref. Saarbrücken UuLB 95, BSchule Frankfurt a. M. 97, Fachpr. 98, Wiss. Ang. Karlsruhe B d. Bundesverfassungsgerichts 01 und 10, Wiss. Ang. Karlsruhe KIT-Bibliothek 10-, ☎ (0721) 608-43106, 🖳 linda.sefrin@kit.edu

Seidel, Thomas, Dipl.-Inf., Frankfurt am Main, Deutsche Nationalbibliothek (Leipzig, Frankfurt a. M.), Sachgebietsleiter Softwarearchitektur und -entwicklung, 10.11.1967, Frankfurt am Main, stud. Informatik, Diplom 1995, ☎ (069) 1525-1733, 🖳 t.seidel@dnb.de

Seidenfaden, Eva, Dr. phil., Trier, Wissenschaftliche Bibliothek der Stadt Trier, Abteilungsleiterin, stellv. Amtsleiterin, 26.04.1956, Gelsenkirchen-Buer, stud. Roman., Philos., Musikwiss., M.A. 82, Prom. 90, BRef. Marburg UB 91, Frankfurt a. M. BSchule 92, Fachpr. 93, ☎ (0651) 718-1421, 🖳 eva.seidenfaden@trier.de

* Seiderer, Birgit, M.A., München, Bayerische Staatsbibliothek, Ref. f. Zeitungen, Projektkoordination, 07.08.1975, Regensburg, stud. Geschichte, Politikwiss., M.A. 02, wiss. Mitarb. Hist. Sem. LMU München 02-07, BRef. München Bayer. BSchule 07-09, BAng. München BSB 09, BR 10, BOR 17, ☎ (089) 28628-2627, 🖳 birgit.seiderer@bsb-muenchen.de

Seidler-de Alwis, Ragna, Prof., MBA, Köln, TH Köln, Institut für Informationswissenschaft / Fakultät 03, Professorin für Wirtschaftsinformationen und Market Intelligence & Studiengangsleitung und Studienberatung für den Studiengang Data & Information Science, Mitglied im Institutsvorstand und verschiedenen Beiräten, ☎ (0221) 8275 3387, 🖳 ragna.seidler@th-koeln.de

* Seifert, Wolf Christoph, Dr. phil., Hannover, Gottfried Wilhelm Leibniz Bibliothek - Niedersächsische Landesbibliothek

* Seifert, Wolfgang, M.A., M.A. (LIS), Wolfenbüttel, Herzog August Bibliothek, Wissenschaftlicher Mitarbeiter, 21.03.1979, Selb, stud. Germanistik, Anglistik, Soziologie, Editionswissenschaft in Berlin, Cornell, Auckland, Magister 10; Aufbaustudium Bibliotheks- und Informationswissenschaft HU Berlin, M.A.16, 🖳 wolfseif@gmx.de

* Seissl, Maria, Hofrätin Mag. phil., Wien (Österreich), Universität - DLE Bibliotheks- und Archivwesen, Leiterin, 01.03.1959, Schwoich/Tirol, stud. Anglistik, Amerikanistik, Sprachwiss., DAF, Mag. phil. 91, Inst. f. Sprachwiss. d. Univ. Innsbruck 83-85, Lektorin am German Dept. d. Univ. of Leeds England 85-88, Inst. f. Angl. Univ. Innsbruck 88-91, UB Innsbruck 91-99, Vizedir. Wien UB 00-03, Leiterin B- und Archivwesen der Univ. Wien 04 - Vizepräs. d. Vereinig. Österr. Bibliothekarinnen u. Bibliothekare 02-13, 17-19, ☎ (0043-1) 4277-15012, 🖳 maria.seissl@univie.ac.at

* Seitenbecher, Manuel, Dr. phil., Berlin, Zentral- und Landesbibliothek, Abteilungsleiter Bestandsentwicklung (i.V.), Leiter Grundsatzreferat, 24.01.1982, stud. Neuere Geschichte, Öffentliches Recht u. Alte Geschichte in Berlin/Bergen (Norwegen), M.A. 07, Promotion 12 (Neuere Geschichte/Potsdam), BRef. ZLB 11-13, 🖳 seitenbecher@googlemail.com, seitenbecher@zlb.de

* Selbach, Michaela, M.A., M.A. (LIS), Köln, Hochschulbibliothekszentrum des Landes Nordrhein-Westfalen (hbz), Leiterin Digitale Inhalte, Konsortiale Erwerbung E-Ressourcen, 12.06.1979, Bergisch Gladbach, stud. Germanistik, Geschichte u. Allg. Litwiss., M.A. 05, Library and Information Science, MLIS 07, Wiss.Ang. hbz Köln 08-11, BR hbz Köln 12, OBR hbz Köln 15, BD 19 hbz Köln, ☎ (0221) 40075-275, 🖳 selbach@hbz-nrw.de

* Selmikeit, Katja, Berlin, Universitätsbibliothek der Technischen Universität, Querschnittsreferat Digitalisierung, Fachref. f. Geistes- und Sozialwissenschaften, 08.06.1979, Mainz, stud. Lateinamerikanistik, Kommunikationswiss., M.A. 08, BRef. Ibero-Amerikanisches Institut PK 12, Bibliotheksakademie Bayern 13, Fachpr. 14, Wiss. Ang. WLB Stuttgart 14-17, Wiss. Ang. UB TU Berlin 17, BR 17-, ☎ (030) 314-76117, 🖳 katja.selmikeit@tu-berlin.de

* Selzer, Katharina, Dipl.-Volksw., Dipl.-Bibl., Mannheim, Universitätsbibliothek, Abteilungsleiterin Verwaltung, Haushalt, Technik, Fachref. f. Volkswirtschaftslehre, 12.06.1980, Münster/Westf., Dipl.-Bibl. (FH), Frankfurt a.M. BSchule 03, stud. Volksw., Dipl. 08, BRef. Stuttgart UB 09-10, München Bayer. BSchule 10-11, Wiss. Ang. Mannheim UB 11, BR 12, OBR 18, ☎ (0621) 181-2943, 🖳 katharina.selzer@bib.uni-mannheim.de

* Sembritzki, Laura, Bielefeld, Universitätsbibliothek

* Semsch, Rolf, Dipl.-Ing., Aachen, BDir. a.D., 10.10.1939, Böhm. Leipa/Sud., im BDienst 67-02, ☎ (02402) 81133, 🖳 rolf.semsch@web.de

* Seng, Astrid, M.A. (LIS), München, Bibliothek des Bundesfinanzhofs, Leiterin der Bibliothek, 14.07.1972, Dipl.-Bibl. (FH) 94, BSB Abt. Sacherschließung 94, stud. Romanistik, Kunstgeschichte M.A. 00, München B d. Bundesfinanzhofs 02, Fernstudium Library and Information Science HU Berlin, M.A. (LIS) 09, ☎ (089) 9231-369, 🖳 astrid.seng@bfh.bund.de

* Senkovic, Carolin, Berlin, Stadtbibliothek Spandau

* Sens, Irina, Dr. rer. nat., Hannover, Technische Informationsbibliothek (TIB), Stellvertretende Direktorin, Leitung Bibliotheksbetrieb, AL Bestandsentwicklung und Metadaten, 05.06.1965, Marburg, stud. Chemie, Math., Inform., Staatsex. 90, Prom. 93, Wiss. Mitarb. Marburg Univ. 91, BRef. Göttingen SUB 93, FHBD Köln, Fachpr. 95, Wiss. Mitarb. Göttingen SUB 95, BAssess 96, BR 97, BOR 99, Hannover UB/TIB 99, BDir. 00, LBD 07, ☎ (0511) 762-3426, 🖳 irina.sens@tib.eu

* Senst, Erik, Dipl.-Päd., Lüneburg, Leuphana Universität, Dezernent für Informationsdienste, 28.09.1974, Delmenhorst, stud. Dipl.-Päd. 96-02; Wiss. Mitarbeiter im BMBF-Projekt Notebook University Bielefeld 02-03; Wiss. Mitarbeiter im Projekt Integriertes Informationsmanagement der Universität Bielefeld 03-04; Wiss. Mitarbeiter im DFG-Projekt ProSeBiCA 04-06; Mediendidaktik-Team des Service Center Medien der Universität Bielefeld 07-14; Fachreferent an der Universitätsbibliothek Bielefeld 06-20, ab 2020 Dezernent für Informationsdienste am Medien- und Informationszentrum der Leuphana Universität Lüneburg, ☎ (0521) 106 4277, 🖳 erik.senst@uni-bielefeld.de

* Senst, Henriette, Berlin, Deutsches Archäologisches Institut, Bibliotheksdirektorin Ko-Direktorin der Zentralen Wissenschaftlichen Dienste

* Seusing, Ekkehart, Dipl.-Volksw., Bordesholm, Wiss. Ang. i.R., Stellv. d. Dir., Europ. Dokumentationszentr. (EDZ), 29.08.1947, Rotenburg i.H., stud. Volksw., Diplom 72, Wiss. Ang. Kiel IfW 74, Wiss. Ref. Kiel ZBW 75, ☎ (0431) 8814-436, 🖳 e.seusing@zbw.eu

* Sewing, Silke, M.A., M.A. (LIS), Berlin, Staatsbibliothek zu Berlin - Preußischer Kulturbesitz, Leiterin der Bibliothekarischen Dienste der Zeitschriftendatenbank (ZDB), 31.03.1967, Kamen/Westf., stud. Wiss. B-Wesen Köln FHBD, Diplom 89, Library and Information Science Fernstud. Humboldt-Univ. Berlin 01-03, M.A. Lis 03, Geschichte u. Neuere deutsche und europ. Literaturwiss. FernUniv. Hagen 01-10, M.A. 10; Deutsche Bibliothek Frankfurt am Main 89-90, Deutsches Musikarchiv Berlin (DMA) 90-10, 04-10 stellvertr. Leitern DMA, Berlin SBB - ZDB 10-, ☎ (030) 266-434200, 💻 silke.sewing@sbb.spk-berlin.de

* Seyder, Medea, Dipl.-Politol., M.A., Berlin, Bibliothek des John-F.-Kennedy-Instituts für Nordamerikastudien, Fachbibliotheksleiterin, Fachref. f. Nordamerikastudien (Politikwissenschaft, Soziologie, VWL, Kulturwissenschaft, Literatur); FID Anglo-American Culture, 20.10.1973, Berlin, Dipl.-Pol., M.A. Middle East Studies; B.Sc. Psychologie, M.A. Psychologie, BRef Berlin SBB-PK 05, München Bayerische Bibliotheksakademie 06, Hochschulbibliothek der Hochschule München, UB der LMU München/Fachbibliothek Englischer Garten, Zentral- und Landesbibliothek Berlin, Bibliothek des John-F.-Kennedy-Instituts für Nordamerikastudien, UB der Freien Universität Berlin, 💻 medeaseyder@gmail.com

Siebeky, Uta, M.A., Dipl.-Bibl., Berlin, Bibliothek des Fritz-Haber-Instuts der Max-Planck-Gesellschaft, Leiterin, 21.12.1966, Berlin, ☎ (030) 8413-3180, 💻 siebeky@fhi-berlin.mpg.de

* Sieber, Ulrich, Dr. phil., Leonberg, BDir. i.R., 20.10.1938, Tsingtau, im BDienst 65-03, ☎ (07152) 47881

* Siebert, Irmgard, Dr. phil., Salzkotten, im Ruhestand, stud. Germ., Gesch., BRef. Marburg UB 90, Fachpr. 92, Marburg UB BR z. A. 92, BR 94, BOR 97, Essen UB BDir. 98, Düsseldorf ULB Ltd. BDir. 00, ☎ (02173) 3992383, 💻 irmgard.siebert@gmx.de

* Siebert, Stefan, Rostock, Universitätsbibliothek, Ltr. Richard-Wossidlo-Zentrum, Fachref. f. Allg., Buch- u. Bibliothekswesen, Medienwiss., Mecklenburgica, Volkskunde, 22.06.1959, Berlin, ☎ (0381) 498 8701, 💻 stefan.siebert@uni-rostock.de

Siegert, Olaf, Dipl.-Ök., Hamburg, Deutsche Zentralbibliothek für Wirtschaftswissenschaften, Wiss. Ang., Leiter der Abt. Publikationsdienste, Open-Access-Beauftragter, 17.08.1967, Delmenhorst, stud. Wirtsch.-Wiss., Sozialwiss., Diplom 95, Wiss. Mitarb. ZBW Kiel 96, BRef. BIS Oldenburg 97, FH Köln 98, Fachpr. 99, Wiss. Ang. Kiel ZBW 99, Leitung Drittmittelprojekte 07, Leitung Publikationsdienste 12, ☎ (040) 42834-290, 💻 o.siegert@zbw.eu

* Siems, Renke, Dr. phil., Tübingen, Universitätsbibliothek, Leiter der Abt. Benutzung, Fachref. f. Soziologie, Erziehungswiss, Psychologie, 💻 renke.siems@ub.uni-tuebingen.de

* Sierck, Helga, Köln, Universitäts- und Stadtbibliothek, Dezernentin Medienbeschaffung/-bearbeitung USB Köln, 02.01.1959, **stud.** Biologie, Kath. Theologie, Staatsex. 85, BRef. Bochum UB 87, Köln FHBD 88, Erz.-Url., Fachpr. 90, BR z. A. Köln Med. Abt. d. USB 90, BDir., ☎ (0221) 470-7904, 💻 sierck@ub.uni-koeln.de

* Silwanowitsch, Viktoria, Moskau (Russland), Deutsches Historisches Institut Moskau

* Simane, Jan, Dr. phil., Florenz (Italien), Bibliothek des Kunsthistorischen Instituts, Max-Planck-Institut, Wiss. Dir., Leiter, 09.03.1959, **stud.** Kunstgeschichte, Klass. Archäol., Philos., Prom. 91, Wiss. Mitarb., Hess. Landesmuseum Darmstadt 91-94, BRef. Göttingen SUB 94, Frankfurt a. M. BSchule 94-95, BRef. Göttingen SUB 95-96, Florenz B Kunsthist. Inst., Leiter 96, ☎ (0039-055) 24911-31, 💻 simane@khi.fi.it

* Simon, Sandra, Dr., Wolfenbüttel, Herzog August Bibliothek, Leitung Integrierte Medienbearbeitung, Ausbildungsbeauftragte, Fachref. f. Germanistik, Allg. Literaturwissenschaft, 26.05.1982, BR, stud. USA- und Lateinamerikastudien, B.A. 05, Book Studies, M.A. 07, Prom. 15, BRef TIB Hannover 15-17, HU Berlin M.A. (LIS) 17, HAB 17, ☎ (05331) 808-333, 💻 simon@hab.de

Simon, Stephanie, Dipl.-Bibl., Bonn, Bibliothek des Bundesinstituts für Bau-, Stadt- und Raumforschung (BBSR) im Bundesamt für Bauwesen und Raumordnung (BBR), Fachliche Leiterin der Bibliothek, ☎ (0228) 99 401-2251, 💻 stephanie.simon@bbr.bund.de

* Simon, Verena, Bonn, Universitäts- und Landesbibliothek, Stabsstelle Rechtsangelegenheiten, Fachref. f. Rechtswiss. und Klass. Phil., Erstes Juristisches Staatsex. 1991, BRef. UB Konstanz und BSchule Frankfurt am Main 1991-93, BR'in ULB Bonn 1993, Erziehungszeit 1998-05, Mitglied der Kommission für Rechtsfragen des VDB seit 2008, ☎ (0228) 73-9517, 💻 verena.simon@ulb.uni-bonn.de

* Simon-Ritz, Frank, Dr. phil., Weimar, Universitätsbibliothek der Bauhaus-Universität, DIR., 02.04.1962, Letmathe, stud. Geschichte, Germanistik, Staatsex. 90, Prom. 95, BRef. Mannheim UB 93, Frankfurt a. M. BSchule 94, Fachpr. 95, Wiss. Mitarb. Weimar HAAB 95, Wiss. Ang. Weimar UB 99, OBR 00, BDir. 03 - 03-09 Vors. des DBV-LV Thüringen, 06-08 Sprecher des Thüringer Literaturrats, seit 10 Mitglied des Vorstands des DBV, 13-16 dbv-Vorsitzender, ☎ (03643) 582800, 💻 frank.simon-ritz@uni-weimar.de

Simpson, Simone, Dr. phil., Pirna, StadtBibliothek, Bibliotheksleiterin, 11.10.1963, Dresden, stud. Bibliothekswesen, Fachsch. für wiss. Bibliothekswesen Leipzig 84-87; stud. Kunstgeschichte, Geschichte u. Slavistik, TUD 92-97; Prom. im Fach Geschichte, TUD 06; Bibliothekarin, SLUB Dresden 87-92, 99-07; Wiss. Assistentin u. Bibliothekarin, SKD, Kunstbibl., 08-09, 11-14; Bibliotheksleitg. DHI Warschau 14-20; Leitg. StadtBibliothek Pirna 21-, ☎ (03501) 556 280, 💻 simone.simpson@pirna.de, simonesimpson@gmx.de

* Sindt, Ruth, Dr., Kiel, Universitätsbibliothek, Dezernentin FID Nordeuropa, 24.05.1971, stud. Geschichte, Nordistik, Osteuropäische Geschichte, M.A. 99; Prom. in Nordeuropäischer Geschichte 05: Bibliotheksreferendariat 04-06, 💻 sindt@ub.uni-kiel.de

* Sirek, Sabrina, München, Bibliothek des Max-Planck-Instituts für Innovation und Wettbewerb und des Max-Planck-Instituts für Steuerrecht und Öffentliche Finanzen

* Skowronski, Alexandra, Stuttgart, 26.09.1984, 💻 alexa.skowronski@gmail.com

* Slenczka, Eberhard, Dr. phil., Nürnberg, BDir. a.D., 12.12.1942, Kassel, im BDienst 76-07, 💻 eslenczka@aol.com

* Sobel, Ariella, Mag., M.A., Wien (Österreich), Universitätsbibliothek, Leiterin der FB Bildungswiss., Sprachwiss. u. Vergl. Literaturwiss., Fachref. f. Pädagogik/Bildungswiss., Vergl.Literaturwiss., Sprachwiss., 21.02.1971, Wien, stud. Anglistik/Amerikanistik, Judaistik Univ. Wien, Library and Information Studies, Masterstudium Bibl.- u. Informationswiss. HU Berlin, Zertifikationslehrgang Bibliotheksmanagement an der FU Berlin, Zertifikatskurs Teaching Librarian TH Köln, B d. Jüdischen Museums Wien 94/95, Stv. Ref.-Leiterin Wien Tourismus 95-98, Wiss. Mitarb. TU Wien 99/00, Projekt Management Österr. Akad. d. Wiss. 01/06, UB Wien 07-, ☎ (0043 1) 4277 168 00, 💻 ariella.sobel@univie.ac.at

* Sobiech, Sylvia, Rostock, Universitätsbibliothek, Leiterin der Abt. Sondersammlungen, Referentin f. Presse- und Öffentlichkeitsarbeit, Fachref. f. Altertumswiss., Musikwiss., Theologie u. Religionswiss., ☎ (0381) 498-8700, 💻 sylvia.sobiech@uni-rostock.de

* Söllner, Konstanze, Dipl.-Math., Dipl.-Theol., Erlangen, Universitätsbibliothek Erlangen-Nürnberg, Dir., 21.02.1967, Plauen, stud. Mathematik, Computerling., Russ., Dipl. 91, Ev. Theol., Dipl. 98, BRef. Erlangen-Nürnberg UB 98-00, BR z. A. München LMU UB 00, BR 02, BOR 05, BDir. 08, Erlangen-Nürnberg UB 10, Ltd. BDir. 11, VDB-Vors. 15-21, ☎ (09131) 85 - 2 21 50, 🖳 konstanze.soellner@fau.de

* Söring, Sibylle, M.A., Berlin, Universitätsbibliothek der Freien Universität, Wiss. Mitarbeiterin, ☎ (030) 83863199, 🖳 ssoering@cedis.fu-berlin.de

* Solle, Regine, Erfurt, Universitätsbibliothek, Leiterin d. Abt. Benutzung, Fachref. f. Musik und Klass. Philologie, 02.04.1963, stud. Germanistik, Griechisch, BRef. Hannover LB 90, Köln FHBD 91, BAng. Köln ZB d. Med. 92, Ref. Bonn KMK 93, Erfurt UB 94, ☎ (0361) 737-5801, 🖳 regine.solle@uni-erfurt.de

Sollmann, Anett, M.A., Bonn, Bundesinstitut für Arzneimittel und Medizinprodukte (BfArM), Leiterin der wissenschaftlichen Bibliothek des BfArM, Fachref. f. Organisation, Wissensmanagement, 16.01.1972, Chemnitz, stud. Skandinavistik, Germanistik, Philosophie in Bonn und Bergen/NOR, Journalistik, MALIS, verschiedene Aufgaben in europäischen & internationalen Bereichen des BfArM 03-16, ab 10/2016 Leitung der Bibliothek, ☎ (0228) 99 307 3465, 🖳 anett.sollmann@bfarm.de

* Sommer, Dorothea, Dr. phil., M.Sc. Econ. MLIS, München, Bayerische Staatsbibliothek, Dir., Stellv. Generaldirektorin, 20.07.1962, Halle (Saale), stud. Anglistik, Slawistik, Pädagogik, Staatsex. u. Diplom 86, Prom. 91, M.Sc.Econ MLIS 00, wiss. Mitarb. ULB Halle 90 (Fachref.), Stellv. Dir. 97, BR z.A. 02, BR 04, OBR 06, BDir 08, Amt. Dir. ULB Halle 13, Ltd. BDir, Stellvertreterin des Generaldirektors BSB München 15, Dir., Stellv. Generaldirektorin BSB München 18-, ☎ (089) 286 38 2205, 🖳 sommer@bsb-muenchen.de

* Sommer, Loreen, München, Bayerische Staatsbibliothek

* Sona, Zoe, Dresden, Sächsische Landesbibliothek - Staats- und Universitätsbibliothek

* Sorbello Staub, Alessandra, Dott., Dr. phil., Fulda, Bibliothek des Bischöflichen Priesterseminars, Theologische Fakultät, Hauptbibliothek, Bibliotheksdirektorin, 04.12.1967, Catania/I, stud. Germanistik, Anglistik, Franz., Ital., Mittellat., Geschichte, hist. Hilfswiss., Laurea 91, it. päd. Ex. 93, Stip. Bonn Univ. 93-95, it. Staatsex. 95, Prom 98, Post-Doc German Dept. Univ. of Pennsylvania 99, BRef. Frankfurt StUB 99, BSchule Frankfurt a. M. 00, Fachpr. 01, BR z. A. Frankfurt a. M. StuUB 01, BR München BSB 03, OBR 06, Stuttgart WLB 07-11, BDir. Fulda 11 - Sprecherin d. AKThB-Landesgruppe Hessen/Rheinland-Pfalz und der gemeinsamen Altbestandskommission von AKThB und VkwB, ☎ (0661) 87-530, 🖳 sorbello@thf-fulda.de, bibliotheksdirektion@thf-fulda.de

* Spary, Christiane, Dr. phil., Ludwigsburg, Pädagogische Hochschulbibliothek, Bibliotheksleitung, Fachref. f. Pädagogik, Soziologie, Psychologie, 06.10.1960, Friedberg/Hessen, stud. Europ. Ethnologie, Germanistik, Publizistik, Prom. 94, BRef. UuLB Halle 95, Köln FH 96, UB Magdeburg 97-99, Hochschul- u. KreisB Bonn-Rhein-Sieg (FH) 99-03, Ludwigsburg Pädagogische HSB 03-, 2. Vors. VDB-Südwest 04-08, Sprecherin AG PH-BB Baden Württ. 07-10, Mitglied Fachbeirat HdM Stuttgart seit 2010, abgeordnete Referentin MWK Baden Württ. 10/11, ☎ (07141) 140-661, 🖳 spary@ph-ludwigsburg.de

Spatz-Straube, Birgit, Berlin, Evangelisches Werk für Diakonie und Entwicklung e.V., Bibliothek, Stellv. Leiterin, 22.12.1960, Berlin, stud. Informations-/Dokumentationswissenschaft und Anglistik 80-82, Ausbildung zur Diplom-Bibliothekarin am Institut für Bibliotekarausbildung der Freien Universität Berlin 82-85, Bibliothek des Diakonischen Werkes der EKD in Berlin 85-12, Bibliothek des Evangelischen Werkes für Diakonie und Entwicklung e.V. in Berlin ab Oktober 2012, ☎ (030) 65211-1138, 🖳 bibliothek@ewde.de

* Specht, Annette, Dr. phil., Bonn, Universitäts- und Landesbibliothek, Leiterin d. Dez. Digitale Dienste, Fachref. f. Orient- und Asienwissenschaften, 06.06.1966, Hamburg, stud. Sinologie, Mittellat., Philosophie, Prom. 97, BAng. Heidelberg, Sinol. Sem. d. Univ. Heidelberg 95-97, BRef. Bonn ULB 97, Köln FHBD 98, Fachpr. 99, Wiss. Ang. Weimar HAAB 00, Bonn ULB 01, ☎ (0228) 73-7358, 🖥 annette.specht@ulb.uni-bonn.de

* Spenger, Martin, Dr. phil., M.A. (LIS), München, Universitätsbibliothek der LMU, Abteilung Informationstechnologie, Projekt Forschungsdatenmanagement, 19.09.1987, ☎ (089) 2180-5916, 🖥 martin.spenger@ub.uni-muenchen.de

* Sperling, Johannes, Dresden, Sächsische Landesbibliothek - Staats- und Universitätsbibliothek

* Sprengel, Rainer, Dr. phil., Berlin, 02.06.1960, Hannover, stud. Soziol. Politol., Romanist., Licence de Sociol. 98, 1. Staatsex. 88, Prom. 94, Ref. Hannover Niedersächs. LB 93-95, Wiss. Mitarb. Univ. Paris-Nanterre 96-97, Leiter d. Informationszentr. Berlin Maecenata Inst. 98-05, Stellv. Dir. Berlin Maecenata Inst. für Philanthropie und Zivilgesellschaft 03-05, Wiss. Mitarb. Berlin VÖBB-Servicezentrum 06-07 u. 08-09, Leitung. Inform. u. Komm. Bundesnetzwerk Bürgerschaftliches Engagement 15, 🖥 drrainersprengel@gmail.com

* Sprick, Andreas, Dr. rer. nat., Dipl.-Chem., Duisburg, Universitätsbibliothek Duisburg-Essen, Stellv. Dir., Dez. Benutzung, Fachref. f. Chemie, 21.08.1965, Paderborn, stud. Chemie, Diplom 92, Prom. 95, BRef. UB Paderborn 95, Köln FH 96, Essen UB 97, ☎ (0201) 183-3725, 🖥 andreas.sprick@uni-due.de

* Springer, Viola, Köln, Hochschulbibliothek der Katholischen Hochschule Nordrhein-Westfalen

* Stadler, Uwe, Dipl.-Soz.wiss., Wuppertal, Universitätsbibliothek, Ltd. Bibliotheksdirektor, 19.07.1961, Fürth/Bay., stud. Sozialwiss., Geschichte, Psychologie, Diplom 89, BRef. Bielefeld UB 90, Köln FHBD 91, Fachpr. 92, BAssess. Hannover UB/TIB 92, BR 93, BR Wuppertal UB 94, BOR 97, BDir. 99, Ltd. BDir. 06, ☎ (0202) 439-2691, 🖥 stadler@uni-wuppertal.de

* Stäcker, Thomas, Prof. Dr. phil., Darmstadt, Universitäts- und Landesbibliothek, Direktor, 22.01.1963, Mainz, stud. Phil., Latein, dt Literaturwiss., M.A. 91, Prom. 94, wiss. Hilfskr. Osnabrück Inst. f. intern. Privatrecht 95, BRef. Wolfenbüttel 95, FHBD Köln 96, Wiss. Ang. Emden 97, BAss. Wolfenbüttel HAB 98, BR 00, OBR 01, BDir. 03, Ltd. BDir. 09, Nebenamtl. Prof. für Digital Humanities an der FH Potsdam 17, Direktor der ULB Darmstadt 17, ☎ (06151) 16-76200, 🖥 direktion@ulb.tu-darmstadt.de

* Stäglich, Dieter, Dr. phil., Wuppertal, Ltd. BDir. a.D., 08.02.1941, Leipzig, im BDienst 67-06, ☎ (0202) 47 12 94, 🖥 dieter.staeglich@t-online.de

* Stahr, Maik, Herzberg (Elster)

* Stamm, Heinz-Meinolf, OFM, Dr. jur. can., Lic. jur., Paderborn, BR Dipl.-Archiv., 26.08.1938, Paderborn, stud. Philos., Kath. Theol., Kirchenrecht, Altröm. Recht, Paläogr., Diplomatik, Archivistik, kirchl. Abschlussex. 65, Prom. 77, Lic. 80, Fachpr. in Paläogr., Diplomatik, Archivistik 82, a.o. Seelsorge Dortmund 65, Kaplan Bochum 66-68, BRef. Münster UB 69, Köln BLI 69, Fachpr. 70, BAssess. Münster Studien- u. ZB d. Franziskaner 70, BR 72, Rom UB u. ZB d. ganz. Franziskanerordens (NA u. EA) 81, ☎ (05251) 20190, 🖥 hmstamm@yahoo.com

* Stanek, Ursula, Dr. phil., Berlin, Staatsbibliothek zu Berlin - Preußischer Kulturbesitz, Referentin und Referatsleiterin in der Abt. Bestandsaufbau, 17.11.1972, Trostberg, stud. Gesch., Angl., Amerikan., Abschl. 96, Prom. 03, BRef. Berlin SBB-PK 03-05, Referentin für Amtsdruckschriften 05-07, Referentin für kooperativen Bestandsaufbau seit 07, Leiterin Ref. Erwerbungskoordination u. Bestellwesen seit 08, BOR 09, 🖥 ursula.stanek@sbb.spk-berlin.de

* Stanzel, Franziska, Ulm, Kommunikations- und Informationszentrum der Universität Ulm (kiz)

* Stark, Marcus, Köln, Erzbischöfliche Diözesan- und Dombibliothek mit Bibliothek St. Albertus Magnus, Dir., 20.05.1966, Neuss, stud. Theol., Germ., Staatsex. 94, Wiss. Hilfskr, Bonn Univ. 95, Wiss. Mitarb. Köln Univ. 97, BRef. Halle UuLB 98, Köln FH 99, Fachpr. 00, Dir. Frankfurt a. M. B d. Phil.-Theol. HS St.-Georgen 01, Dir. Köln Erzbischöfl. Diözesan- u. DomB 16, ☎ (0221) 1642-3680, 💻 marcus.stark@erzbistum-koeln.de

* Starke, Wolfgang, Dipl.-Phys., Halle (Saale), Wiss. Bibl. a.D., 10.02.1945, Halle/S., im BDienst 73-10, ☎ (0345) 2901038, 💻 wo.starke@sachsen-anhalt.net

* Staroske, Uwe, Dr., Dipl.-Ök., Bremen, Staats- und Universitätsbibliothek, Wiss. Mitarb., Fachref. f. Wirtschaftswiss., 05.04.1966, Bremen, stud. Wirtschaftswiss., Dipl. 94, Wiss. Mitarb. Bremen Univ. Fachber. Wirtschaftswiss., 94, Wiss. Mitarb. Bremen SuUB 99, ☎ (0421) 218-59554, 💻 ustar@suub.uni-bremen.de

* Stauffer, Ina, Hannover, Bibliothek der Leibniz-Fachhochschule

* Steenweg, Helge, Dr. phil., Stuttgart, Universitätsbibliothek, Direktor der UB, 26.08.1958, Schüttorf, stud. Geschichte, Germanistik, Staatsex. 85, Prom. 90, Wiss. Mitarb. Geschichtsverein Einbeck 87-89, Wiss. Mitarbeiter Ges. f. wiss. Datenverarbeitung (GWDG) 89-95, Stellv. Gruppenleiter Nichtnumerische Anwendungen GWDG 91, Abt.-Leiter Informationsmanagement UB Kassel 95, Stellv. Bibl.Dir. UB Kassel 06, Dir. UB Stuttgart 14, ☎ (0711) 685-82222, 💻 helge.steenweg@ub.uni-stuttgart.de

* Steffen, Kai, M.A., Greifswald, Universitätsbibliothek, Zust. Sacherschließung, Normdaten, Forschungsdaten, Fachref. f. Geschichte, Soziologie, Politikwiss., Anglistik, Kunst, 31.08.1964, Langenhagen/Hannover, stud. Geschichte, Anglistik, Kunstgeschichte, M.A. 89, wiss. Mitarb. Univ. Göttingen 94, BRef. Halle/S. ULB 96, Köln FHBD 97, Fachpr. 98, Greifswald UB 98, BR 98, BOR, ☎ (03834) 420 1686, 💻 ksteffen@uni-greifswald.de

* Stegemann, Jessica, Dr. phil., Duisburg, Universitätsbibliothek Duisburg-Essen, Referentin für Forschungsdatenmanagement, 01.05.1974, Neumünster, stud. Literaturwiss., Kunstgeschichte, Medien- und Editionswiss., M.A. 01, Prom. 10, BRef. 10-12 UB Osnabrück, M.A. (LIS) (HU Berlin) 12, UB Osnabrück 12-14, BR 14, UB Siegen 14-20, UB Duisburg-Essen 20-, ☎ (0201) 183-4904, 💻 jessica.stegemann@uni-due.de

* Stegerhoff-Raab, Renate, M.A., Marburg, Universitätsbibliothek, Stellv. Bibliotheksdirektorin, Leiterin der Abteilung Bereichsbibliotheken, Fachref. f. Religionswiss., 27.02.1960, stud. Religionswiss., M.A. 90, Wiss. Ang. Marburg UB 91, BRef. Marburg UB 92, Frankfurt a. M. BSchule 93, Fachpr. 94, Marburg UB 94, BDir. 07, ☎ (06421) 282-5174/ -5974, 💻 stegerho@ub.uni-marburg.de

Steierwald, Ulrike, Prof. Dr. phil., Lüneburg, Leuphana Universität, Lehrstuhl für Deutsche Literaturwissenschaft, 07.08.1965, Aachen, stud. Germanistik, Theaterwiss., Geschichte, M.A. 89, Prom. 92, BRef. Freiburg UB 92, Stellv. Dir. Weimar HAAB 94, Stellv. Dir München StBAG 01, Prof. f. Informationswiss., Leiterin d. Editions- und Forschungsstelle Frank Wedekind Darmstadt HS 04, Prof. Lüneburg Univ. 11, ☎ (04131) 677-2622/2747, 💻 ulrike.steierwald@leuphana.de

Steilen, Gerald, Göttingen, Verbundzentrale des GBV (VZG), Abteilungsleitung Discovery Systeme, ☎ (0551) 39-31401, 💻 steilen@gbv.de, gerald.steilen@gbv.de

* Steinbrecht, Imke, M.A., Ilmenau, Universitätsbibliothek, 22.11.1968, Grossburgwedel, Roman., M.A. 95, zusätzl. Vordiplom Betriebsw. 93, BRef. Gießen UB 95, Frankfurt a. M. BSchule 96, Ilmenau UB 99, BR 04, 💻 imke.steinbrecht@gmx.de

Steindl, Barbara, Dr. phil., Florenz (Italien), Bibliothek des Kunsthistorischen Instituts, Wiss. Mitarb., 04.10.1954, **stud.** Kunstgesch., ital. Philol., Volkskde. Prom., ☎ (0039-055) 24911-25, 💻 steindl@khi.fi.it

* Steinhauer, Eric Wilhelm, Prof. Dr. jur., Hagen, Universitätsbibliothek der Fernuniversität, Kommissarischer Leiter, Fachref. f. Rechtswiss. und Allgemeines, 18.11.1971, Unna, stud. Rechtswiss., kath. Theologie, Politik- u. Erziehungswiss., 1. Staatsex. 97, Prom. 06, BRef. Freiburg UB 01, München Bayr. BSchule 02-03, BAssess. Ilmenau UB 03, BR z.A. 04, BR 05, stellv. Dir. Magdeburg UB 08, BOR 08, Hagen UB 09, BDir. 12, Honorarprofessor am Inst. f. Bibliotheks- u. Informationswiss. d. HU Berlin 14 - Doz. (NA) an d. BAkademie Bayern, Lehrauftrag f. Rechtsfragen d. Editionswiss. Wuppertal Bergische Univ., ☏ (02331) 987-2890, 🖳 eric.steinhauer@web.de

Steinhausen, Elke, Köln, Bibliothek des Instituts der deutschen Wirtschaft, Leiterin, ☏ (0221) 4981-683, 🖳 steinhausen@iwkoeln.de

Steinkamp, Vera, Dipl.-Bibl., Essen, Medienforum des Bistums, Leitung des Medienforums des Bistums Essen, stud. Bibliothekswesen an der Fachhochschule für Bibliotheks- und Dokumentationswesen in Köln 80-83, Abschluss: Diplom; Leitung Zentralbücherei des Bistums Essen 84; Leitung der Fachstelle für die Katholischen Öffentlichen Büchereien im Bistum Essen 95; seit 2006 Leitung des Medienforums des Bistums Essen, ☏ (0201) 2204-275, 🖳 vera.steinkamp@bistum-essen.de, medienforum@bistum-essen.de

* Steinke, Britta, Berlin, Universitätsbibliothek der Technischen Universität, Forschungsdatenmanagement, 01.03.1988, Itzehoe, stud. Spanische und Lateinische Philologie 08-14, Promotion im Fach Romanische Philologie 13-20, Bref. am Ibero-Amerikanischen Institut (Stiftung Preußischer Kulturbesitz) in Berlin 17-19, 🖳 b.steinke@tu-berlin.de

* Steinke, Manuel, Assess. jur., LL.M., M.A. (LIS), Freiburg im Breisgau, Universitätsbibliothek, Stellv. Leiter der Benutzungsabteilung, Beauftragter für Barrierefreiheit, Fachref. f. Rechtswiss., 07.01.1979, ☏ (0761) 203-3965, 🖳 manuel.steinke@ub.uni-freiburg.de

* Steinsieck, Andreas, Hannover, Gottfried Wilhelm Leibniz Bibliothek - Niedersächsische Landesbibliothek, Leitung Medienbearbeitung, Fachref. f. Germanistik, Allg. und Vergl. Sprach- und Literaturwissenschaft, Rechtswissenschaften, 14.03.1972, Warstein, stud. Geschichte, Wissenschaftsgeschichte, Germanistik, Wirtschaftsingenieurwesen/Elektrotechnik, BRef. SBB-PK 11-13, Fachref. UB Würzburg 13, BR GWLB Hannover 14, BOR 18, ☏ (0511) 1267-266, 🖳 andreas.steinsieck@gwlb.de, asteinsieck@yahoo.de

* Stello, Annika, Dr. phil., M.A., Karlsruhe, Badische Landesbibliothek, Referatsleitung Historische Bestände, Fachref. f. Theologie, Philosophie, Allg. u. Vergl. Sprach- u. Literaturwiss., Klass. Philologie, Anglistik, Romanistik, Slawistik, Sonstige Sprachen u. Lit., ☏ (0721) 175-2340, 🖳 stello@blb-karlsruhe.de

Stephan, Armin, Dipl.-Bibl., Neuendettelsau, Bibliothek der Augustana-Hochschule, Bibliotheksleiter, 08.06.1958, Heilbronn, stud. evang. Theologie 78-81; Ausbildung in Tübingen und Stuttgart 81-84; Württembergische Landesbibliothek 84-85; Bibliothek der Augustana-Hochschule Neuendettelsau 85 (seit 1998 Leiter der Bibliothek); Langjährige Mitarbeit im Verband kirchlich-wissenschaftlicher Bibliotheken, ☏ (09874) 509-300, 🖳 armin.stephan@augustana.de

* Stephan, Werner, M.A., Tamm, Ltd. BDir. a.D., 28.12.1947, Eschwege, im BDienst 1978-2014, ☏ (07141) 4874136, 🖳 stephan-stuttgart@t-online.de

Stern, Thomas, Dresden, Sächsische Landesbibliothek - Staats- und Universitätsbibliothek, Referatsleiter Handschriften, Seltene Druck und Kartensammlung, Fachref. f. Frühe Neuzeit, Neuzeit, Nachlässe, 15.10.1972, Eisenach, 🖳 thomas.stern@slub-dresden.de

* Steyer, Timo, Braunschweig, Universitätsbibliothek

* Stiebler, Philipp, Dr., Langen, Bibliothek des Paul-Ehrlich-Instituts, Bibliotheksdirektor, 13.06.1987, Villingen-Schwenningen, stud. Biologie in Trier, B.Sc. 10; Biologie in Rostock, M.Sc. 13; Prom. in Marburg 17; Bibref. am KIT und der BSB München 20, ✉ philipp.stiebler@pei.de

* Stille, Wolfgang, Dr. rer. nat., Darmstadt, Universitäts- und Landesbibliothek, Stellv. Direktor, Leitung Informationstechnologie, Forschung und Entwicklung, 11.07.1974, **stud.** Mathematik und Informatik, Diplom, Prom. Informatik, ☎ (06151) 16-76220, ✉ stille@ulb.tu-darmstadt.de

* Stiller, Frauke, Dr. phil., Braunschweig, Bibliothek der Hochschule für Bildende Künste, Leiterin der Bibliothek, 21.05.1965, Berlin, ☎ (0531) 3919243, ✉ f.stiller@hbk-bs.de

* Stöbener, Kristina, Tübingen, Universitätsbibliothek, Leiterin d. Abt. Handschriften und Historische Drucke (mit Restaurierungswerkstatt und Digitalisierungszentrum), Referentin für Bestandserhaltung, Fachref. f. Geschichte und Buchwesen, stud. Geschichte, Germanistik, Politologie und Erziehungswissenschaft, 1. Staatsex., Wiss. Ang. Berlin SBB-PK 10-15, BRef. Wolfenbüttel HAB 16-18, München BAB 17, Laufbahnprüfung 18, Wiss. Ang. Bremen SuUB 18, BR Tübingen UB 19, ☎ (07071) 29-72834, ✉ kristina.stoebener@uni-tuebingen.de

* Stöber, Thomas, Dr., München, Universitätsbibliothek der LMU, Leitung der Abt. Benutzungsdienste, 08.05.1972, Stuttgart, stud. Romanistik, Komparatistik u. Philos., M.A. 98, Prom. 02, wiss. Ang. München LMU Inst. f. Roman. Philol. 02-04, BRef. Bayr. BSchule München / Augsburg UB 04-06, Augsburg UB: DFG-Projekt ITS 06, BR z.A. 07, BR 08, München UB: Leitung Benutzungsabt. 11, BOR 11, BDir. 17, ☎ (089) 2180-6815, ✉ thomas.stoeber@ub.uni-muenchen.de

* Stöhr, Matti, M.A., Hannover, Technische Informationsbibliothek (TIB), Lab Nicht-Textuelle Materialien, Wissenschaftlicher Mitarbeiter mit Schwerpunkt Wissenschaftskommunikation / Community Manager für das TIB AV-Portal, 04.09.1983, Rostock, stud. Bibliothekswissenschaft u. Neuere / Neueste Geschichte an der HU Berlin 03-10, wiss./wiss.-techn. Mitarbeiter an der BBAW (Akademienvorhaben Jahresberichte für deutsche Geschichte) 11-15, leitender Angestellter an der SLUB Dresden 16-20, seit Mai 2020 wiss. MA an der TIB Hannover, ☎ (0511) 762-19505, ✉ matti.stoehr@online.de, matti.stoehr@tib.eu

* Stompor, Tomasz, Dr., Göttingen, Niedersächsische Staats- und Universitätsbibliothek, Fachinformationsdienst Anglo-American Culture (FID AAC), Öffentlichkeitsarbeit, Open Access, Betreuung des Fachrepositoriums The Stacks, Fachreferat Politikwissenschaft des anglo-amerikanischen Kulturraums, ✉ stompor@sub.uni-goettingen.de

* Stork, Hans-Walter, Prof. Dr. phil., Dipl.-Theol., Paderborn, Erzbischöfliche Akademische Bibliothek, Bibliotheksdirektor, 25.06.1960, Mülheim/Ruhr, stud. kath. Theologie, Kunstgeschichte, histor. Hilfswiss., Dipl. 85, Prom. 86, HonProf. 15, ☎ (05251) 206-5800, ✉ hans-walter.stork@eab-paderborn.de

* Stoyanova, Tonka, M.A., Erlangen, Universitätsbibliothek Erlangen-Nürnberg, ☎ (0931) 85-23935, ✉ tonka.stoyanova@fau.de

Straßer, Marion, Dipl.-Bibl., Kaiserslautern, Hochschule, Leiterin der Hochschulbibliothek, 17.11.1968, Landstuhl, Studium zur Diplom-Bibliothekarin (FH), Fachhochschule für Bibliothekswesen Frankfurt am Main, Diplom FH 88-91; stud. Personalentwicklung (M.A.), postgraduierter Fernstudiengang, Technische Universität Kaiserslautern, M.A. 07-09; Bischöfliches Priesterseminar Mainz 91-94; Hochschule Kaiserslautern, Bibliotheksleitung 94-, ☎ (0631) 3724-2130 oder -5130, ✉ marion.strasser@hs-kl.de

Stratemeier, Claudia, Dipl.-Bibl., Detmold, Bibliothek der Hochschule für Musik, Stellv. Leiterin, ☎ (05231) 975-726, ✉ claudia.stratemeier@hfm-detmold.de

* Straub, Carlheinz, Trier, BDir. i. R., im BDienst 1991-2020

* Strauch-Davey, Annette, M.A., Hildesheim, Universitätsbibliothek, Forschungsdatenmanagement, „Data Steward" für 4 Fachbereiche der Stiftung Universität Hildesheim, 07.04.1971, Göttingen, stud. Europäische Ethnologie u. Anglistik; National Library of Wales im Bereich Digital Humanities; Kommunikations- und Informationszentrum (kiz) Ulm im Bereich Bereich der funktionalen Langzeitarchivierung komplexer Objekte (Projekt bwFLA), Sonderforschungsbereich 1187; Zentrum für Informations- und Medientechnologie (ZIMT) an der Universität Siegen im Bereich Forschungsdatenmanagement; Kommissionsmitglied in der Kommission für forschungsnahe Dienste, 🖳 annette.strauch@uni-hildesheim.de

* Strauß, Florian, Dr., Clausthal-Zellerfeld, Universitätsbibliothek TU Clausthal

* Streib, Simon, M.Eng., Dipl.-Inf.wirt, Dipl.-Bibl., Darmstadt, Universitäts- und Landesbibliothek, Stellv. Direktor; Leiter Abteilung Service, Information und Publizieren, kiz Universität Ulm 10-13, Medienzentrum Hochschule Darmstadt 13-18, Universitäts- und Landesbibliothek Darmstadt seit 2018, stv. Vorsitzender des VDB 15-18, Vorstandsmitglied VDB Landesverband Hessen seit 2018

* Streim, Claudia, Dr., Weimar, Herzogin Anna Amalia Bibliothek, Wiss. Mitarbeiterin, 🖳 claudia.streim@klassik-stiftung.de

* Strickert, Moritz, Berlin, Universitätsbibliothek der Humboldt-Universität zu Berlin, FID Sozial- und Kulturanthropologie Projekt GND, 🖳 moritz.strickert@ub.hu-berlin.de

* Strötgen, Robert, M.A., Dipl.-Inf.wiss., Braunschweig, Universitätsbibliothek, Stellv. Direktor der Universitätsbibliothek, Abteilungsleiter IT und forschungsnahe Services, Fachref. f. Informatik, 08.04.1969, Essen, stud. Sozial- und Wirtschaftsgeschichte, Soziologie, Volkskunde, M.A. 96, stud. Informationswissenschaft, Dipl. 98, Wiss. Mitarb. IZ Sozialwissenschaften/GESIS 99-02, Wiss. Mitarb. Hildesheim Univ. 03-07, Projektleiter Goportis TIB Hannover 07-08, Abt.-Leiter Georg-Eckert-Institut Braunschweig 08-14, Abt.-Leiter SWP Berlin 15-16, BDir. Braunschweig UB 16, Stellv. Direktor Braunschweig UB 19, ☎ (0531) 391-5012, 🖳 r.stroetgen@tu-braunschweig.de

* Strotmann, Vivian, Dr., M.A. (LIS), Bochum, Universitätsbibliothek, Communications and Networking Officer; Leiterin Referat Öffentlichkeitsarbeit & Presse; Fachreferentin Orientalistik; Fachreferentin Geschichte; Mitglied Team Publikationsdienste, Fachref. f. Orientalistik, Geschichte, 13.06.1982, Bochum, 🖳 vivian.strotmann@rub.de

* Strotmann-Frehe, Kerstin, M.A., Osnabrück, Universitätsbibliothek, Fachref. f. Islamische Theologie, 20.06.1980, Neuenkirchen / Münsterland, stud. Arabistik u. Islamwiss., Ethnologie, Soziologie, M.A. 09, BRef. UB Tübingen 11-12, München BAB 12-13, Fachpr. 13, BRin UB Tübingen 13 - Fachreferentin für Orient- und Islamwissenschaft, Islamische Theologie, Altorientalistik, Ägyptologie, Ausbildungsleiterin (beurlaubt wg. Elternzeiten), Fachreferentin für Islamische Theologie, UB Osnabrück 19 (für die Zeit der Beurlaubung), ☎ (0541) 969-4666, 🖳 kerstin.strotmann-frehe@uni-tuebingen.de, kerstin.strotmannfrehe@uni-osnabrueck.de

* Stuckas, Jennifer, B.A., Königs Wusterhausen, 12.02.1985, Eisenhüttenstadt

Stüben, Joachim, Dr. theol., Hamburg, Bibliotheks- und Medienzentrum der Nordkirche / Nordkirchenbibliothek, Leiter, 30.09.1959, Uetersen, stud. Theol., Latein. Philol., Päd., 1. theol. Prüf. 87, Prom. 90, Staatsex. 90, BRef. Göttingen SUB 91, Köln FHBD 92, Fachpr. 93, ☎ (040) 30620-1402, 🖳 joachim.stueben@nkb.nordkirche.de

Stühn, Andrea, Aachen, Hochschulbibliothek der Fachhochschule, Bibliotheksleiterin, 10.07.1962, Neheim-Hüsten, stud. Geschichte, Sozialwiss., Staatsex. 88, Wiss. Mitarb. Münster Sonderforsch.-Bereich 231 (DFG) d. Univ. 88, BRef. Münster UB u. Dortmund StuLB 91, Köln FHBD 92, Fachpr. 93, Wiss. Ang. Köln StB, Leitung d. StadtteilBB 93-96, Sankt Augustin FH Rhein-Sieg, BLeiterin 96-98, Aachen FH Komm. BLeiterin 98, BLeiterin 99, ☎ (0241) 6009-52066, 🖥 stuehn@fh-aachen.de

* Stumm, Birgit, M.A., Berlin, Universitätsbibliothek der Humboldt-Universität zu Berlin, Wiss. Ang., Referatsleitung Service, 26.02.1972, Karl-Marx-Stadt, stud. Skandinavistik, Neuere dt. Literatur, M.A. 02, BRef. Berlin SBB-PK 03-04, Bayer. BSchule München 04-05, Wiss. Ang. im Kompetenznetzwerk f. BB (KNB), Internat. Kooperation/ EU-Projektberatung 06-10, Wiss. Ang. UB der HU Berlin 10-, ☎ (030) 2093-99327, 🖥 birgit.stumm@ub.hu-berlin.de

* Stump, Katrin, M.A., Braunschweig, Universitätsbibliothek, Ltd. Bibliotheksdirektorin, stud. Klass. Archäol., Alte Gesch., M.A. 01, Wiss. Mitarb. Dt. Archäolog. Institut Rom 01-03, BRef. Wolfenbüttel HAB 03, München BSchule 04, Fachpr. 05, Wiss. Ang. Berlin UB d. TU 06, Leiterin FakB. Theologie Graz UB 06-09, Ltd. Dir. UB Freiberg 09-14, Ltd. BDir UB Braunschweig 14-, ☎ (0531) 391-5011, 🖥 k.stump@tu-braunschweig.de

* Stumpf, Gerhard, Dr. phil., Königsbrunn, Bibl.Dir i.R., 12.01.1953, Bad Kissingen, stud. Germanistik, Romanistik, Staatsex. 79, Prom. 84, Stud.Ref. 83, BRef. Würzburg UB 84, München Bayer. BSchule 85, Fachpr. 86, BR z. A. Augsburg UB 86, BR 89, BOR 97, BDir. 05, Augsburg UB bis 2018, 🖥 gerhard.stumpf1@gmail.com

* Sturm, Susanne, Passau, Universitätsbibliothek

Styra, Peter, Dr., Regensburg, Fürst Thurn und Taxis Hofbibliothek - Zentralarchiv - Museen, Leiter, 29.09.1966, **stud**. Germanistik, Geschichte, Historische Hilfswissenschaften und Kunstgeschichte an der Universität Regensburg; Promotion zu den Nobilitierungen des Hauses Thurn und Taxis; Leiter von Fürst Thurn und Taxis Zentralarchiv - Hofbibliothek - Museen - Kunstsammlungen

* Suckow, Ninon, Berlin, Ehem. Wiss. Ang., 11.06.1948, Berlin, ☎ (030) 541 47 51, 🖥 ninon-berlin@gmx.de

* Südekum, Karl, Dr. phil., Würzburg, Ltd. BDir., Dir. i.R., 11.05.1950, Bülten, im BDienst 1982-2016, 🖥 suedekum@web.de

* Sühl-Strohmenger, Wilfried, Dr. phil., Freiburg im Breisgau, BDir. i.R., Freier Dozent u. Lehrbeauftragter, 26.09.1950, St. Michaelisdonn, im BDienst 1984-2015, 🖥 willy.suehl-strohmenger@web.de

* Süle, Gisela, Dr. jur., Köln, 30.07.1944, Tangermünde, im BDienst 1970-2007

* Süselbeck, Kirsten, Dr., Augsburg, Universitätsbibliothek, Wiss. Bibliothekarin, Fachref. f. Romanistik, Europäische Ethnologie, Soziologie, 18.01.1977, ☎ (0821) 598-5392, 🖥 kirsten.sueselbeck@bibliothek.uni-augsburg.de

* Surkau, Melanie, M.A., M.A. (LIS), Berlin, Bibliothek für Sozialwissenschaften und Osteuropastudien der Freien Universität, Stellv. Bibliotheksleitung, Leiterin Benutzungsabteilung, Fachref. f. Publizistik und Kommunikationswissenschaft, Soziologie und Sozial- und Kulturanthropologie, 03.10.1977, Berlin, ☎ (030) 838-54244, 🖥 melanie.surkau@fu-berlin.de, melaniesurkau@gmx.de

* Suthaus, Christiane, Dr. rer. pol., Köln, Universitäts- und Stadtbibliothek, Dezernentin für Dezentrale Bibliotheken, Gemeinsame Fachbibliotheken, Fachref. f. Betriebswirtschaftslehre, 02.07.1962, Leverkusen, stud. BWL, M.B.A. (USA) 86, Dipl.-Kfm. 87, Prom. 96, Wiss. Mitarb. Univ. Mainz 88-93, BRef. Köln UB 94, Fachpr. 96, BR z. A. Siegen UB 96, BR Köln, USB 98, OBR 00, BDir. 02, ☎ (0221) 470-3309, 🖥 suthaus@ub.uni-koeln.de

* Syré, Ludger, Dr. phil., Pfinztal, im BDienst 1983-2020, 26.07.1953, Münster, stud. Gesch., Germ., Staatsex. 78, Prom. 83, BRef. Tübingen UB 83, Köln FHBD 84, Fachpr. 85, Wiss. Ang. Tübingen UB 85, Wiss. Ang. Stuttgart LB 87, BAssess. Karlsruhe LB 87, BR 88, OBR 91 - im BDienst 83-20, Lehrbeauftr. am House of Competence des KIT Karlsruhe und am Historischen Institut der Univ. Mannheim, ☎ (0721) 462760, 🖥 ludger.syre@mailbox.org

* Tabery, Thomas, Dr. phil., München, Bayerische Staatsbibliothek, Leiter der Orient- und Asienabteilung, 09.09.1975, Eschenbach, stud. Sinologie, Germanistik, Philos., M.A. 03, Prom. 08, BRef. UB Konstanz 06, München Bayer. BSchule 07, München BSB 08-, ☎ (089) 28638-2656, 🖥 thomas.tabery@bsb-muenchen.de

* Talkner, Katharina, Dr., Hannover, Bibliothek der Hochschule für Musik, Theater und Medien (HMTMH), Bibliotheksleiterin, 20.07.1982, stud. Histor. Musikwiss., Musikpädagogik, Medienwiss. 02-07, Prom. in Histor. Musikwiss. 07-12, BRef. Wolfenbüttel HAB und München BSB 11-13, ULB Düsseldorf 13-14, BHMTM 14-, ☎ (0511) 3100-294, 🖥 katharina.talkner@hmtm-hannover.de

* Tangen, Diana Maria, Dipl.-Biol., Karlsruhe, KIT-Bibliothek, Stellv. Ltg. d. Ben., Ltg. Informationskompetenz, Fachref. f. Biologie, Medizin, Land- u. Forstwirt., Nat. allg., stud. Biologie, Chemie, Diplom 91, Wiss. Ass. Freiburg Inst. f. molekul. Zellbiol. c/o Gödecke AG 91, BRef. Karlsruhe UB 91, Köln FHBD 92, Fachpr. 93, BR z. A. Speyer LB 93, BR 95, Karlsruhe UB 95, OBR 98, ☎ (0721) 60843107, 🖥 tangen@kit.edu

* Tannous, Isabelle, Dr., Berlin, Stiftung Wissenschaft und Politik, Koordinierende Leitung Informationsinfrastruktur, 🖥 isabelle.tannous@swp-berlin.org

* Tappenbeck, Inka, Prof. Dr. disc. pol., Köln, Technische Hochschule Köln - Fakultät für Informations- und Kommunikationswissenschaften, Institut für Informationswissenschaft, Prof., Lehrgeb.: Inform.-Ressourcen, Inform.-Dienstleistungen, Verm. v. Informationskompetenz, 26.06.1967, stud. Soziologie, Philosophie, Publizistik, M.A. 93, Wiss. Mitarb. an d. Univ. Göttingen 93-98, Prom. 98, BRef. Düsseldorf ULB 98, Köln FH 99, Fachpr. 00, Wiss. Ang. Göttingen 00, BR z. A. 01, BR 02, BOR 03, Prof. Köln FH 04, ☎ (0221) 8275-3390, 🖥 inka.tappenbeck@th-koeln.de

* Taubitz, Jan, Dr., Berlin, Medizinische Bibliothek der Charité - Universitätsmedizin, Leiter Benutzungsdienste, 01.04.1982, 🖥 jantaubitz@gmx.de

Tebarth, Hans-Jakob, Dr. phil., Herne, Martin-Opitz-Bibliothek, Direktor, Fachref. f. Ost- u. Nordosteuropa, Ost- u. Westpreußen, 29.11.1957, Schaephuysen, stud. osteurop., mittelalterl. u. neue Geschichte, Geographie, Staatsex., M.A., Prom., ☎ (02323) 16-2106, 🖥 hans-jakob.tebarth@herne.de, hans-jakob@tebarth.de

* Tegeler, Tillmann, M.A., Regensburg, Bibliothek des Leibniz-Instituts für Ost- und Südosteuropaforschung, Leiter des Arbeitsbereichs Bibliothek und elektron. Forschungsinfrastruktur, 01.02.1972, Gräfeling, stud. Geschichte Ost- u. Südosteuropas, Mittelalterliche Geschichte Slav., M.A. 00, ☎ (0941) 94354-82, 🖥 tegeler@ios-regensburg.de

* Teichert, Astrid, München, Hochschule für den öffentlichen Dienst in Bayern, Fachbereich Archiv- und Bibliothekswesen, 12.01.1978, stud. Mathematik, Wirtschaftswiss., Informatik, Referendariat 03-05, Augsburg UB 05-09, München UB d. TU 09-14, UB der LMU München 14-20, HfoeD FB AuB 20, ☎ (089) 2872467-13, 🖥 astrid.teichert@aub.hfoed.de

* Tempel, Bernhard, Dr. phil., Hannover, Technische Informationsbibliothek (TIB), Bereichsleitung Lokale Dienste, Programmbereichsleitung Benutzungs- und Informationsdienste, 06.04.1971, Bad Homburg, stud. Deutsch, Mathematik, Erziehungswiss., 1. Staatsex. 97, Prom. 09, Wiss. Ang. Berlin FU 97-99, BRef. Berlin SBB-PK 00, Köln FH 01, Fachpr. 02, Hannover TIB/UB 02, BR 03, BOR 05, BDir. 18, ☎ (0511) 762-2929, 🖳 bernhard.tempel@tib.eu

* Terzijska, Dzulia, Karlsruhe, KIT-Bibliothek, 15.08.1984, 🖳 dzulia.terzijska@kit.edu

* Tesch, Silke, Dr., Freiberg/Sachs., Universitätsbibliothek „Georgius Agricola" der TU Bergakademie, Fachref. f. Naturwiss., 04.06.1963, Meißen, stud. Verfahrenschemie, Dipl. 87, Prom. 93, Wiss. Mitarb. Inst. f. Analyt. Chemie Freiberg 87-96, Freiberg UB d. TU 99, ☎ (03731) 39-2281, 🖳 silke.tesch@chemie.tu-freiberg.de

* Teufel, Isolde, M.A., M.A. (LIS), Freiburg im Breisgau, Universitätsbibliothek, Fachref. f. Romanistik, Architektur- und Kunstgeschichte, 19.10.1974, Tübingen, stud. Romanistik, Germanistik, M.A. 02, Mitarbeit in Pariser Privatarchiv 03-13, stud. M.LIS FH Köln 05-06, Prüfung 06, Ang. Kassel B d. Museumslandschaft Hessen-Kassel 08, Ang. Limburg/Lahn Zentrales Provinzarchiv der Pallottiner 08-09, Fachref. f. Roman. SULB Saarbrücken 09-13, Fachref. f. Romanistik, Architektur- und Kunstgeschichte UB Freiburg 13, 🖳 isolde.teufel@ub.uni-freiburg.de

* Thalhofer, Anja, Dr. rer. nat., Stuttgart, Württembergische Landesbibliothek, Stellv. Abteilungsleitung Erwerbung und Katalogisierung, Leitung Landesbibliographie BW, Fachref. f. Baden-Württemberg, Koordination LEO-BW, 19.08.1974, Stralsund, stud. Biologie, Dipl. 99, Prom. 03, BRef. Ulm kiz 04-06, München Bayer. BSchule 05/06, Fachpr. 06, Wiss. Ang. LB Stuttgart 06, BR 13, ☎ (0711) 212-4399, 🖳 thalhofer@wlb-stuttgart.de

* Theise, Antje, M.A., M.A. (LIS), Rostock, Universitätsbibliothek, Stellv. Leitung Sondersammlungen, Referat Seltene und Alte Drucke, Arbeitsstelle Digitalisierung, Fachref. f. Griech. u. Lat. Philologie, Archäologie und Alte Geschichte, 25.10.1973, Rostock, stud. Latinistik, Klass. Archäologie, M.A. 99, stud. BWiss., M.A. LIS 04, Wiss. Hilfskr. 99-00 Univ. Greifswald, Wiss. Ang. LBMV Schwerin 00-02, Wiss. Ang. UFB Erfurt/Gotha 02-04, Wiss. Ang. HAB Wolfenbüttel 04-05, Wiss. Ang. SUB Hamburg 05, BR 14, 🖳 antje.theise@uni-rostock.de

* Theissen, Guy, Guelff (Belgien)

Theobald, Gudrun, Dipl.-Kauffr., Kiel, Deutsche Zentralbibliothek für Wirtschaftswissenschaften - Leibniz-Informationszentrum Wirtschaft, Wiss. Referentin, Bestandsmanagement, Fachref. f. Länderreferate UK, Irland, Österreich, Schweiz, Liechtenstein, Malta, Internationale Organisationen, 🖳 g.theobald@zbw.eu

* Theuerkauf, Jürgen, Erlangen, 27.05.1952, Goslar, im BDienst 79-17, ☎ (09131) 602174, 🖳 genthe@posteo.de

* Thiede, Doreen, M.A., Berlin, Mitarbeiterin (Anwendungsentwicklung), 16.05.1982, Nordhausen, ☎ (030) 617 939-33, 🖳 doreen.thiede@astec.de

* Thiel, Anneke, Dr., Osnabrück, Universitätsbibliothek, Öffentlichkeitsarbeit, Ausstellungen, Koordination IK, Fachref. f. Germanistik, Romanistik, Literaturwiss., Sprachwiss. und Theaterwiss., 09.01.1968, Bochum, stud. Dt. Philol., Neuere Geschichte, Philosophie, M.A. 92, Prom. 98, BRef. Wolfenbüttel HAB 99-00, Köln FH 00-01, Düsseldorf ULB 02-04, Osnabrück UB 05, ☎ (0541) 969-4314, 🖳 athiel@uos.de, anneke.thiel@ub.uni-osnabrueck.de

* Thiele, Raphael, M.A., Köln, Universitäts- und Stadtbibliothek, Stv. Dezernent Historische Bestände und Sammlungen, Bestandserhaltung und Digitalisierung, Fachref. f. Philosophie, Medienwissenschaft, Film-, Theaterwissenschaften, 08.04.1983, **stud**. Germanistik, Philosophie, Magister / 1. Staatsex. 11, BRef. HAB Wolfenbüttel 13, BAB München 14, Wiss. Mitarb. HAB Wolfenbüttel 15, BR UB Trier 17, BR USB Köln 18, ☎ (0221) 470-3310, 💻 rthiele@ub.uni-koeln.de

* Thier, Susanne, M.A., Berlin, Archiv der Akademie der Künste, Wiss. Ang., Leiterin d. Bibliothek, Fachref. f. Literatur, Darstellende Kunst und Film, 19.10.1962, Ludwigsburg, stud. Germanistik, Kunstgeschichte, Musikwiss., M.A. 89, BRef. Berlin AGB 91, Köln FHBD 92, Fachpr. 93, Berlin DBI Wiss. Ang. 94, Frankfurt(Oder) UB Leiterin Erw.-Abt. 99, Leiterin Berlin B d. Archivs d. Akademie d. Künste 05-, ☎ (030) 20057-1609, 💻 thier@adk.de, bibliothek@adk.de

* Thiesing, Lisa, M.Eng., Seeheim-Jugenheim, 25.04.1988

* Thomann, Christina, Frankfurt

* Thomas, Jessica, Dipl.-Biol., M.A. (LIS), Münster, Universitäts- und Landesbibliothek, Abteilungsleiterin, OBR, Fachref. f. Naturwissenschaftliche Fächer, Mathematik, Informatik, Technik, Psychologie, Sportwissenschaft, 12.01.1977, 💻 jessica.thomas@uni-muenster.de

* Thomas, Linda, M.A., M.A. (LIS), Magdeburg, Universitätsbibliothek, Ltd. Bibliotheksdirektorin, 20.02.1979, Potsdam, stud. Italienisch, BWL, Informatik, M.A., BRef. Berlin ZLB 05-07, Wiss. Ang. Berlin ZLB 07-10, Dez. Med.bearb. UBP 10-20, ☎ (0391) 67-58566, 💻 linda.thomas@ovgu.de, linda.tho@gmail.com

* Thomas, Michael J., Dr. med. vet., Göttingen, BOR a.D., 18.01.1939, München, im BDienst 73-02, ☎ (0551) 24419, 💻 thomasmj@web.de

* Thoms, Marcel, Stuttgart, Universitätsbibliothek, Stellv. Abteilungsleitung Mediendienste, Referatsleitung Medienbearbeitung, Fachref. f. Mathematik, Recht und Sportwissenschaften, 07.06.1983, **stud**. Physik, Mathematik, Dipl.-Phys. 09, Wiss. Ang. Univ. Stuttgart 10-11, BRef. Stuttgart UB 11-12, München BAkademie Bayern 12-13, Stuttgart UB 13-, BR 13, OBR 19, 💻 marcel.thoms@ub.uni-stuttgart.de

* Thoms, Monika, M.A., Hamburg, Staats- und Universitätsbibliothek Hamburg Carl von Ossietzky, Web-Redaktion, Fachref. f. Germanistik, Skandinavistik, Psychologie, 04.11.1960, Bad Hersfeld, stud. Dt. Philol., Psychol., Publiz.- u. Komm.-Wiss., M.A. 88, BAng. Göttingen SUB 88, BRef. Oldenburg BIS 91 u. Oldenburg StB 92, Köln FHBD 92, Fachpr. 93, Wiss. Ang. UB Osnabrück 93-94, BR z. A. Hamburg SuUB 95, BR 96, ☎ (040) 42838-2221, 💻 monika.thoms@sub.uni-hamburg.de

* Tiemann, Barbara, Dr. phil., Berlin, BDir. a.D., 19.01.1940, Hamburg, im BDienst 83-00, ☎ (030) 8117502, 💻 batie@t-online.de

* Tiemann, Sarah, Lübeck, Zentrale Hochschulbibliothek, Stellvertretende Leitung, Fachref. f. Informatik, Ingenieur- und Naturwissenschaften, Mathematik, Wirtschaftswissenschaft, Psychologie, 21.07.1979, Hannover, stud. Chemie, Diplom 07; Wiss. Mitarbeiterin Institut für Werkstoffkunde 07-11; Referendariat an der TIB Hannover 12-14; stud. Bibliotheks- und Informationswissenschaft 12-15 M.A., stellv. Leitung der ZHB Lübeck 14-18, seit 2019 Leitung der ZHB Lübeck, 💻 sarah.tiemann@googlemail.com

* Timm, Arnulf, Dr. rer. nat., Dipl.-Biol., Göttingen, Niedersächsische Staats- und Universitätsbibliothek, Leitung Abt. Informations- und Literaturversorgung Z - Zentrale Erwerbung und Erschließung (IZ), ☎ (0551) 39-5249, 💻 timm@sub.uni-goettingen.de

* Tobias, Regine, Dipl.-Volksw., Karlsruhe, KIT-Bibliothek, Ltg. Abt. Publikations- und Mediendienste, Ltg. KIT-Scientific Publishing, Fachref. f. Wirtsch.- u. Sozialwiss., ☎ (0721) 608-47940, ✉ regine.tobias@kit.edu

* Tobschall, Esther, Dr. rer. nat., Hannover, Technische Informationsbibliothek (TIB), Fachref. f. Physik, Nationale Kontaktstelle arXiv-DH, 28.03.1970, Mainz, stud. Chemie, Dipl. 95, Prom. 99, BRef. Hannover UB/TIB 00, Köln FH 01, Fachpr. 02, Wiss. Mitarb. Hannover TIB (Proj. ViFaPhys) 02, BR z.A. TIB 05, BR 06, BOR 10, ☎ (0511) 762-4192, ✉ esther.tobschall@tib.eu

* Tochtermann, Klaus, Prof. Dr., Kiel, ZBW - Leibniz-Informationszentrum Wirtschaft, Direktor der ZBW, Prof. für Medieninformatik, 22.08.1964, ✉ director@zbw.eu

 Todt, Claudia, Dipl.-Ing., M.A. (LIS), Patent-Ing., Hannover, Technische Informationsbibliothek (TIB), PIZ-Niedersachsen, Fachref. f. Maschinenbau, Grundlagen Technik, Werkstoffwissenschaften, 29.10.1973, Wernigerode, stud. Maschinenbau, Fachrichtung Luft- und Raumfahrttechnik, Schwerpunkt Flugzeugbau und Leichtbau an der TU Braunschweig, M.A. (LIS) HU Berlin, Patentingenieurin PATON TU Ilmenau, Bibliotheksreferendariat TIB Hannover, ☎ (0511) 762-3423, ✉ claudia.todt@tib.eu

* Tömösvári, Emese, M.A., M.A. (LIS), München, Bibliothek der Monumenta Germaniae Historica, Dt. Institut für Erforschung des Mittelalters, Bibliotheksleiterin, 21.08.1978, Eger (Ungarn), stud. Klassische Philologie und Ungarisch an der Katholischen Péter Pázmány Universität (Ungarn); Bibliotheks- und Informationswissenschaften, Humboldt Universität Berlin, ✉ emese.toemoesvari@mgh.de

 Tönnessen, Doris, Dipl.-Bibl., Köln, Wirtschaftsbibliothek der Industrie- und Handelskammer zu Köln, Leiterin, 31.03.1962, Bensberg, ☎ (0221) 1640-4820, ✉ doris.toennessen@koeln.ihk.de

* Tönnies, Bernhard, Dr. phil., Frankfurt am Main, Universitätsbibliothek Johann Christian Senckenberg, Leiter d. Handschriften- und Inkunabelabteilung, Fachref. f. Klass. Philologie, Geschichte, Archäologie, Philosophie und Theologie, 12.04.1960, Vechta, stud. Alte Geschichte, Latein, Mittellatein, Mittl. u. Neuere Geschichte, Staatsex. 85, Prom. 88, Wiss. Ang. Univ. Osnabrück, Abt. Vechta 85-86, Wiss. Ang. Wolfenbüttel HAB 89, BRef. Heidelberg UB 89, Frankfurt a. M. BSchule 90, Fachpr. 91, Wiss. Ang. Frankfurt a. M. StuUB 91, BR z. A. 98, BR 00, BOR 03, ☎ (069) 798-39-236, ✉ b.toennies@ub.uni-frankfurt.de

 Tomiak, Andreas, Dr. rer. nat., Berlin, Helmholtz-Zentrum für Materialien und Energie GmbH, Bibliotheksleiter, 15.02.1961, Berlin, stud. Chemie TU Berlin, Prom. 88, ☎ (030) 8062-42593, ✉ andreas.tomiak@helmholtz-berlin.de

* Toussaint, Ingo, Dr. phil., Bayreuth, BOR a.D., Bayreuth UB, 01.03.1950, Bad Dürkheim, stud. Geschichte, Germanistik, Staatsex. 74, Prom. 79, BRef. Freiburg UB 80, Köln BLI 81, Fachpr. 82, BR z. A. Bayreuth UB 82, BR 85, BOR 92, im BDienst 1980-2015 - Mitgl. d. Arb.-Gem. f. geschichtl. Landeskde. am Oberrhein, ✉ ingo.toussaint@ub.uni-bayreuth.de

 Trapp, Markus, M.A., M.A. (LIS), Hamburg, Staats- und Universitätsbibliothek Hamburg Carl von Ossietzky, Wiss. Mitarbeiter, Social Media, Fachinformationsdienst Romanistik, WEBIS, Fachref. f. Spanisch/Portugiesisch und Sportwissenschaft, 20.12.1965, Saarbrücken, Ausb. zum Bankkaufmann, Studium der Spanischen Sprach- u. Literaturwiss., Germanistik, Komparatistik an der Universität des Saarlandes, seit 2014 Absolvent des berufsbegleitenden postgradualen Studiums der Bibliotheks- und Informationswissenschaft an der Humboldt Universität Berlin, M.A. (LIS), ☎ (040) 42838-2269, ✉ markus.trapp@sub.uni-hamburg.de

Trapp, Nikola, Dipl.-Biol., München, Universitätsbibliothek der LMU, Leitung FachB Biologie und Biomedizin, Leitung FachB Mathematik und Physik, Fachref. f. Biologie, Physik, 03.05.1974, München, ☏ (089) 2180-74435/-4582, ✉ nikola.trapp@ub.uni-muenchen.de

* Trautmann, Patrick, Saarbrücken, Landtag des Saarlandes, Bibliothek, 27.04.1975, Mainz, stud. Neuere Geschichte, Lat. Philol., Mittelalt. Geschichte, M.A. 02, BRef. UB der HU zu Berlin 04-06, Fachpr. 06, B d. Bischöfl. Priesterseminars Trier, Fachreferent für Katholische Theologie 08-20, ab 2021 Bibliothek des Landtages des Saarlandes, ✉ p.trautmann@landtag-saar.de

* Treichler, Willi, Dr. phil., Gümligen (Schweiz), wiss. Adjunkt/Baureferent i.R., 24.12.1941, Wädenswil ZH (Schweiz), aktiv 1970-2009, weiterbeschäftigt bis 2010 mit einzelnen Mandaten für die Schweizerische Nationalbibliothek u. im Museumsbereich (Bundesamt f. Kultur), ☏ (0041 31) 951 22 92, ✉ willi.treichler@bluewin.ch

* Treimer, Cordula, Karlsruhe, Bibliothek der Staatlichen Kunsthalle

* Trevisiol, Oliver, Dr. phil., Konstanz, Kommunikations-, Informations-, Medienzentrum (KIM) der Universität, Fachref. f. Geschichte, Erziehungswissenschaft, 26.08.1972, Marburg, stud. Geschichte, Politikwiss., Philosophie, M.A. 00, Prom. 04, BRef. Konstanz UB 03, München BSchule 04, BR z.A. Hagen UB 05, BR 07, Konstanz UB 08, OBR 12, ☏ (07531) 88-2839, ✉ oliver.trevisiol@uni-konstanz.de, oliver.trevisiol@gmx.de

* Tröger, Beate, Dr. phil., Münster, Universitäts- und Landesbibliothek, Direktorin, 05.01.1961, Dinslaken, stud. Pädagogik, Philosophie, Germanistik, Kunstgeschichte, Staatsex. 90, Prom. 92, Lehrbeauftr. an d. Univ. Bochum bis 94, BRef. Dortmund UB 93, Köln FHBD 94, 2. Staatsex. 95, Wiss. Ang. Dortmund UB 95-98, Vertretungsprof. FH Köln 97-98, Essen UB 98-00, Frankfurt a. M. DIPF 00-04, Münster ULB 04-, ☏ (0251) 8324022, ✉ sekretariat.ulb@uni-muenster.de

* Trott, Sabine, Dr. rer. nat., Ilmenau, Universitätsbibliothek, Wiss. Mitarb., Dez. f. Benutzung, 01.05.1962, Frankenberg, stud. Physik, Mathematik, Diplom 86, Prom. 90, BWiss., M.A. (LIS) 04, Wiss. Mitarb. Ilmenau Inst. f. Physik d. TH 89, Wiss. Mitarb. Ilmenau UB 92, ☏ (03677) 69-4623, ✉ sabine.trott@tu-ilmenau.de

* Trudzinski, Reinhard Martin, Dr.-Ing., Hamburg, BOR i.R., 26.06.1947, Dortmund, im BDienst 80-12

* Tschander, Ladina, Lic. phil., Zürich (Schweiz), Universität, Hauptbibliothek, Stabsstelle Projekte, 13.09.1970, Lizentiat Germanistik, Biologie, Psychologie 97, wiss. Mitarbeiterin, Universität Hamburg 97-04, Master in Information Science 07, ✉ ladina.tschander@hbz.uzh.ch

* Tschenett, Kurt, M.A., Amsterdam (Niederlande), 20.08.1945, Greifswald, stud. Pädagogik, Publizistik, Philosophie, Examen 76, Dortmund PHB 76, Fachpr. 78, ✉ kusa@xs4all.nl

* Tschorn, Sabine, Berlin, Universitätsbibliothek der Humboldt-Universität zu Berlin

* Tu, Pascal Ngoc Phu, Dipl.-Bibl., M.A. (LIS), Hamburg, Staats- und Universitätsbibliothek Hamburg Carl von Ossietzky, Referent für Repositorien, ✉ pascal.ngoc.phu.tu@sub.uni-hamburg.de

* Tuschling-Langewand, Jeanine Katharina, Dr. phil., Hagen, Universitätsbibliothek der Fernuniversität, Fachref. f. Neuere deutsche Literatur und Medienwissenschaft, Geschichte, Philosophie; Organisation von Ausstellungen und Lesungen, 11.05.1977, Marburg/Lahn, Promotion Germanistik 2011, MA LIS HU Berlin 2014, Ausb. f. d. höheren BDienst HAAB Weimar 2012-14, Wiss. Mitarb. HAAB Weimar 2014-2015, Fachreferentin an der UB der Fernuniversität in Hagen seit 2015, ☏ (03643) 545 846, ✉ jeanine.tuschling@gmail.com, jeanine.tuschling@fernuni-hagen.de

* Ubbens, Wilbert, M.A., Dipl.-Bibl., Bremen, BR, 01.04.1943, Cottbus, im BDienst 74-06, ✉ ubbens@arcor.de, ubbens@uni-bremen.de

* Uerlichs, Astrid, M.A., M.A. (LIS), Neuherberg, Bibliothek des Helmholtz Zentrum München Deutsches Forschungszentrum für Gesundheit und Umwelt GmbH, Leiterin der Bibliothek, ☎ (089) 3187-1811, ✉ astrid.uerlichs@helmholtz-muenchen.de

* Uhl, Susanne, Dr., Zürich (Schweiz), Zentralbibliothek, Wiss. Mitarbeiterin, Direktion

* Uhlemann, Silvia, Dr., Darmstadt, Universitäts- und Landesbibliothek, Abteilungsleitung Historische Sammlungen, Ausstellungen, Fachref. f. Musik, Theater, Film, Tanz, 12.02.1964, Hamburg, stud. Musikwiss., Germanistik, Geschichte, M.A. 91, Prom. 98, BRef. Wolfenbüttel HAB 98, FH Köln 99, Fachpr. 00, BR z.A. Darmstadt LuHB 01, BR 03, BOR 05, ☎ (0178) 8259382, ✉ silvia.uhlemann@tu-darmstadt.de

* Underberg, Eugen, M.A., M.A. (LIS), Jena, Thüringer Universitäts- und Landesbibliothek, Fachref. f. Kommunikations- und Medienwissenschaft, Pädagogik, Psychologie, Slawistik und Sportwissenschaft, stud. Geschichtswiss., Slawistik, Politikwiss., M.A. 08, BRef. UB Gießen 09 u. HU Berlin IBI, fachpr. und M.A. (LIS) 11, Fachref. UB Gießen 11-13, Fachref UB Würzburg 13-16, Fachref. UB Mannheim 16-19, ☎ (03641) 9-404 046, ✉ eugen.underberg@uni-jena.de

* Unger, Helga, Dr. phil., München, Ltd. BDir. a.D., 15.03.1939, Brünn, im BDienst 68-04, ☎ (089) 65 21 64, ✉ helga.unger@gmx.de

* Unterberger, Barbara, Dr. phil., Schwerin, Landesbibliothek Mecklenburg-Vorpommern, Leitung Dezernat Erwerbung/Katalogisierung, Fachreferentin, Zuständigkeitsbereiche: Bestandserhaltung, Öffentlichkeitsarbeit, Führungen und Schulungen, Fachref. f. Wiss. u. Kultur allg., Kommunikationswiss., Medizin, Tiermedizin, Sozialwiss., Soziologie, Ethnologie, Psychologie, Sozialpädagogik/Sozialarbeit, Pädagogik und Bildungswesen, Volks- und Betriebswirtschaft, Rechtswiss., 04.07.1972, Bruneck, Provinz BZ/Italien, stud. Klass. Archäologie und Alte Geschichte, Mag. 00, Prom. 04, Library and Information Studies - Univ. Innsbruck 06, Bibliotheksmanagement f. Führungskräfte - FU Berlin 12, Bibliothekarin/akadem. Informationsspezialistin ULB Tirol, Innsbruck 00-07, Bibliothekarische Leiterin Fachbibl. Atrium, ULB Tirol, Innsbruck 07-13, ☎ (0385) 58879213, ✉ unterberger@lbmv.de

Untiedt, Frauke, Hamburg, Stiftung Hamburger Öffentliche Bücherhallen, Bibliotheksdirektorin

* Upmeier, Arne, Dr. phil., Dipl.-Jur., M.A., M.A. (LIS), Karlsruhe, KIT-Bibliothek, Direktor, 19.11.1972, Hamburg, stud. Rechtswiss., Staatsex. 98, stud. Philosophie, M.A. 01, Prom. 06, Wiss. Mitarb. Jur. Fak. Uni Hannover 01, BRef. Giessen 06, BR Ilmenau 08, OBR Ilmenau 16, BibDir Karlsruhe 20, ☎ (0721) 608-43100, ✉ arne.upmeier@kit.edu

* Urbansky, Dagmar, Dr.-Ing., Dresden, Sächsische Landesbibliothek - Staats- und Universitätsbibliothek, Fachref. f. Elektrotechnik, Ostasienzentrum, 23.07.1957, Görlitz, stud. Automat.-Technik, techn. Kybernetik, Russisch, Staatsex. 79, Diplom 81, Prom. 85, postgrad. Fernstud. B-Wiss., Examen Berlin IBI 91, Wiss. Ass. Dresden Elektroniktechnol. 84, Wiss. Ass. Dresden UB d. TU 87, Fachref. 91, ☎ (0351) 4677 904, ✉ dagmar.urbansky@slub-dresden.de

* Valentin, Christoph, Dr., Hannover, Gottfried Wilhelm Leibniz Bibliothek - Niedersächsische Landesbibliothek, Bibliotheksreferendar, 28.03.1986, Haldensleben, Bibliotheksreferendar 19-

Vauteck, Benjamin, Dr., Berlin, Bibliothek des Deutschen Bundestages, Fachref. f. Außenpolitik, Philosophie, Religion, 15.05.1975, Bad Säckingen, stud. Politikwiss., Philosophie, Thüringer Bibliotheks-Volontariat, ☎ (030) 227-35179, ✉ benjamin.vauteck@bundestag.de

Veit, Beatrix, Münster, Universitäts- und Landesbibliothek, 11.05.1958, Düsseldorf, stud. Geschichte, Romanistik, Staatsex. 84, BRef. Oldenburg LB 85, Köln FHBD 86, Fachpr. 87, Wiss. Hilfskr. Münster UB 87, Leiterin Osnabrück StB 87-88, Wiss. Mitarb. Projekt Rekonstr. d. Gladbacher Abtei-B 89-93, Coesfeld StB 93-95, Univ. Münster 96-, ☎ (0251) 83-24558, 🖳 veitb@uni-muenster.de

* Velbinger, Karsten, Dr. rer. nat., Berlin, Bibliothek des Deutschen Bundestages, Wiss. Ang., Fachref. f. Energie, Naturwiss., Raumordnung, Sport, Telekommunikation, Technik, Umwelt, 23.02.1966, Leer/Ostfriesland, stud. Pharmazie, Staatsex. 90, Approbation 91, Postgrad.-Stud. Toxikologie und Umweltschutz 92-94, Prom. 98, BRef. Braunschweig UB 00, Fh Köln 01, Laufbahnpr. 02, Wiss. Ang. Berlin SBB-PK 03, Wiss. Ang. Siegen UB 04, Berlin B d. Dt. Bundestages 09, ☎ (030) 227-32306, 🖳 karsten.velbinger@bundestag.de, karsten_velbinger@web.de

* Ventzke, Katharina, Berlin, Universitätsbibliothek der Humboldt-Universität zu Berlin, Zweigbibliothek Campus Nord, B.A. Bibliotheks- und Informationswissenschaft

* Vetter, Ivonne, Oldenburg, Bibliotheks- und Informationssystem der Carl von Ossietzky Universität, 01.01.1980, 🖳 ivonne.vetter@yahoo.de, ivonne.vetter@uni-oldenburg.de

* Vieler, Astrid, Leipzig, Universitätsbibliothek, 05.12.1977, 🖳 a.vieler@posteo.de

* Vinnemann, Lena, M.A. (LIS), Siegen, Universitätsbibliothek, Fachreferentin, Themenverantwortliche Open Access, Fachref. f. Kunstwissenschaft, Musikwissenschaft, 🖳 vinnemann@ub.uni-siegen.de

* Völkl, Martin, Dr., Augsburg, Universitätsbibliothek, Fachref. f. Geschichte, Politikwissenschaft, 30.01.1974, Landshut, ☎ (0821) 5985346, 🖳 martin.voelkl@bibliothek.uni-augsburg.de

* Vogel, Ivo, Assess. jur., Berlin, Staatsbibliothek zu Berlin - Preußischer Kulturbesitz, Leiter d. Fachinformationsdienstes für internationale und interdisziplinäre Rechtsforschung, stellv. Leiter d. Wissenschaftlichen Dienste an der Staatsbibliothek zu Berlin, Fachref. f. Recht, stud. Rechtswiss., 1. Staatsex. 95, Stud. u. Prakt. Columbus, Ohio (USA) 95-96, Rechtsref. Kammergericht Berlin 97-99 2. Staatsex. 99, Assess. u. Rechtsanw. 99-02, BRef. Berlin SBB-PK 02, München Bayr. BSchule 03-04, BR z.A. Berlin SBB-PK 04, BR 07, BOR 08, Leiter d. SSG Recht bis 2013, seit 2014 Leiter d. FID Recht (<intR>²), ☎ (030) 266-433210, 🖳 ivo.vogel@sbb.spk-berlin.de

* Vogel, Michael, Dr. rer. silv., Dresden, Sächsische Landesbibliothek - Staats- und Universitätsbibliothek, Landesbeauftragter f. Bestandserhaltung, Fachref. f. Forstwesen, 27.11.1960, ☎ (0351) 4677-700, 🖳 vogel@slub-dresden.de

* Vogeler, Hellmut, Prof. i.R., Eppelheim, 16.06.1931, im Dienst 66 96, ☎ (06221) 760468, 🖳 aucepa@gmx.de

Voges, Ramon Leon, Dr., Leipzig, Deutsche Nationalbibliothek (Leipzig, Frankfurt a. M.), Referatsleiter, zugleich stellv. Leiter des Deutschen Buch- und Schriftmuseums der Deutschen Nationalbibliothek, 08.06.1980, Berlin, ☎ (0341) 2271-315, 🖳 r.voges@dnb.de

* Vogl, Markus, M.A., Dr. phil., Eichstätt, Universitätsbibliothek Eichstätt-Ingolstadt, Fachref. f. Geschichte, Politologie, Volkskunde, Allg. Bibliogr.u. Nachschlagewerke, 04.10.1959, Augsburg, stud. Geschichte, Kunstgeschichte, Philosophie, M.A. 88, BRef. München Bayer. BSchule 91, Fachpr. 93, BAssess. Eichstätt UB 93, Prom. 93, BR z. A. 93, BR 96, BOR 00, ☎ (08421) 93-1493, 🖳 markus.vogl@ku.de

Vogt, Bernhard, Dipl.-Phys., Bayreuth, Universitätsbibliothek, Leiter d. Abt. Medienbearbeitung, Fachref. f. Physik, 17.07.1966, Neustadt/Aisch (Mfr.), stud. Physik, Dipl. 91, BRef. Hannover UB/TIB 93, Köln FHBD 94, Bayreuth UB 95, ☎ (0921) 55-3447, 🖳 bernhard.vogt@uni-bayreuth.de

* Vogt, Gerhard, Dipl.-Ing., Ilmenau, Universitätsbibliothek, Dir., 03.06.1966, Bielefeld, stud. Elektrotechnik, Diplom 94, Industrietät. 95, BRef. UB Paderborn 95, Köln FH 96, Fachpr. 97, Aachen BTH 97, Ilmenau UB 98, BR z. A. 99, BR 00, OBR 04, BDir. 08, ☎ (03677) 69-4701, 🖥 gerhard.vogt@tu-ilmenau.de

* Vogt, Wolfgang, Dipl.-Ing., Darmstadt, Universitäts- und Landesbibliothek, Fachref. f. Elektrotechnik, Bau- und Umweltingenieurwissenschaften, stud. Verfahrenstechnik, Maschinenbau, Diplom 88, Ind. Tätigk. 88, BRef. Darmstadt LuHB 93, Frankfurt a. M. BSchule 94, BR Darmstadt LuHB 95, BOR 00, ☎ (06151) 16-76440, 🖥 wolfgang.vogt@ulb.tu-darmstadt.de

* Voigt, Helmut, Kassel, Doz. a.D., Hamburg FH Fachber. B u. Inf., 28.12.1931, im BDienst 57-64, 69-93, ☎ (0561) 84094490, 🖥 vocatus@gmx.de

* Voigt, Rolf, M.A., Frankfurt am Main, BOR i.R., 11.04.1949, Bremen, im BDienst 1974-2014, 🖥 r.voigt@ub.uni-frankfurt.de

* Voigtschild, Fabian, München, Bayerische Staatsbibliothek, 20.01.1991, 🖥 fabian.voigtschild@posteo.de

* Vollers, Hinrich, Springe, Reg.Dir. a.D., 11.08.1934, Hannover, im BDienst 64-99, ☎ (05041) 620960

* vom Orde, Heike, München, Internationales Zentralinstitut für das Jugend- und Bildungsfernsehen (IZI), 🖥 heike.orde@br.de

* von der Krone, Kerstin, Dr., Frankfurt am Main, Universitätsbibliothek Johann Christian Senckenberg, Leiterin der Hebraica- und Judaica-Sammlung, Fachinformationsdienst Jüdische Studien, Fachref. f. Jüdische Studien, Israel-Studien, stud. Judaistik, Politikwissenschaft, Publizistik- und Kommunikationswissenschaft in Berlin und Tel Aviv 98-04, M.A. Freie Universität Berlin; Promotion an der Universität Erfurt, Dr. phil. in Religionswissenschaft / Judaistik 05-10; u.a. Wiss. Mitarbeiterin Georg-Eckert-Institut - Leibniz-Institut für internationale Schulbuchforschung 14-15, Deutsches Historisches Institut Washington DC 16-19

* Vonhof, Cornelia, Prof., Stuttgart, Hochschule der Medien, Fakultät Information und Kommunikation, Professorin, Studiengangleiterin Masterstudiengang, 19.08.1961, ☎ (0711) 8923 3165, 🖥 vonhof@hdm-stuttgart.de

* Vordermayer, Margaretha, Dr., Mering

* Vorholzer, Manfred, Dr. phil., Nürnberg, Ltd. BDir. i. R., 26.09.1935, Nürnberg, im BDienst 65-00, ☎ (0911) 487687

* Vosberg, Dana, Dr. rer. pol., Dipl.-Kauffr., M.A. (LIS), Hannover, Technische Informationsbibliothek (TIB), Referentin für Lizenzen, 21.09.1975, Leipzig, ☎ (0511) 76214461, 🖥 dana.vosberg@tib.eu

* Voß, Andrea, Dr. phil., Augsburg, Universitätsbibliothek, Öffentlichkeitsarbeit, Fachref. f. Germanistik, 27.03.1986, Berlin, stud. Deutsch und Kunst, Staatsex. 10, Prom. in Germanistik an der Univ. Greifswald 15, Redaktionsvolontariat in Hallbergmoos b. München 15-16, BRef. BAB München / UB Augsburg 16-18, BRätin UB Augsburg 18, ☎ (0821) 5985432, 🖥 andrea.voss@bibliothek.uni-augsburg.de

* Voß, Viola, Dr. phil., M.A., M.A. (LIS), Münster, Universitäts- und Landesbibliothek, Wiss. Bibliotheksdienste (Schwerpunkt Philologien), Open Access, Fachref. f. Allg. und Vgl. Sprach-/Literaturwiss., Anglistik, Bibliothekswiss., Buchwiss., Germanistik, Nordistik, Orientalistik, Romanistik, Slavistik, 06.06.1977, Münster, stud. Allg. Sprachwiss., Romanische Philologie (Schwerpunkt Französisch), Germanistik (Schwerpunkt Dt. Sprachwiss.), M.A. 03, Prom. 09, Bibliotheks- u. Informationswiss. MA LIS 12 - Münster UB 03, 🖥 voss.viola@uni-muenster.de

* Wachter, Mirja, München, Bayerische Staatsbibliothek, Fachreferentin für Turksprachen und Persisch, 03.05.1985, 🖥 mirja-dorothee.wachter@bsb-muenchen.de

Wädow, Gerd, Dr. phil., M.A., M.A. (LIS), Berlin, Staatsbibliothek zu Berlin - Preußischer Kulturbesitz, Ostasienabteilung, Wiss. Ang., Fachref. f. China, Hongkong und Taiwan, stud. Sinologie (Hauptfach), Ostasiatische Kunstgeschichte, Vergl. Religionswiss. in Bonn u. Taipei (Taiwan), Bibliotheks- u. Informationswiss. in Berlin (HU), ☎ (030) 266-436 062, 🖥 gerd.waedow@sbb.spk-berlin.de, waedow@mac.com

* Wagner, Alexander, Dipl.-Phys., Dr. rer. nat., M.A. (LIS), Hamburg, Deutsches Elektronen-Synchrotron (DESY), Zentralbibliothek, Fachref. f. Teilchenphysik, 26.01.1973, Würzburg, stud. Physik in Würzburg, Prom., Volontariat zur Ausbildung für den Höheren BDienst: UB Ilmenau, postgraduales Fernstudium: HU Berlin, ☎ (040) 8998 1758, 🖥 alexander.wagner@desy.de

* Wagner, Bettina, Prof. Dr. phil., M.A., Bamberg, Staatsbibliothek, Direktorin, 09.09.1964, Würzburg, stud. Germanistik, Romanistik, Mittellat., M.A. 88, Anglicum 91, Prom. 94, Assist. Librarian Bodleian Libr., Univ. of Oxford 92-96, BRef. München BSB, Bayr. BSchule 96-98, Fachpr. 98, Wiss. Ang. München BSB 98, BR z. A. 00, BR 01, abgeord. n. Bonn-Bad Godesberg B-Abt. d. DFG 02-03, BOR 04, BDir. 09, Direktorin Bamberg SB 16 - Übersetzerin u. Konferenzdolm. für IFLA 97-, Mitglied u. ab 07 Vorsitzende d. IFLA Standing Committee for Rare Books and Manuscripts 01-09, Doz. (NA) an d. Bayer. BAkad., Honorarprof. Univ. Bamberg 19-, ☎ (0951) 95503-112, 🖥 bettina.wagner@staatsbibliothek-bamberg.de

* Wagner, Cosima, Dr. phil., Berlin, Universitätsbibliothek der Freien Universität, Abteilung Dienste für Forschung, Forschungsbibliothekarin, Fachref. f. Ostasienwissenschaften, 08.09.1972, **stud.** Japanologie, Geschichte, Mag. phil. Freie Universität Berlin 01, Prom. Goethe Univ. Frankfurt 08, BRef. FU Berlin 17-19, ☎ (030) 83860307, 🖥 cosima.wagner@fu-berlin.de

* Wagner, Ewald, Prof. Dr. phil., Prof. em., Gießen, 08.08.1927, im BDienst 53-64, ☎ (0641) 41193, 🖥 idewwaggi@t-online.de

* Wagner, Gabriele, Dipl.-Biol., Bingen am Rhein, im Ruhestand, 03.11.1950, Bonn-Beuel, stud. Biologie, Diplom 74, BRef. Bonn UB 75, Köln StB 76, Köln BLI 76, Fachpr. 77, Wiss. Ang. Mainz StB 77, BR z. A. Mainz Präsidium d. FH Rhld.-Pf. 79, BR 81, BOR 88, UB Mainz 96-15, 🖥 gawa5019@gmail.com

* Wagner, Manfred, Dr. rer. nat., Dipl.-Chem., Münster, BDir. a.D., 04.11.1931, Bochum, im B-Dienst 73-96, ☎ (02506) 2630

* Wagner, Peter Christoph, Dr. phil., Konstanz, OBR i.R. , Konstanz UB, im BDienst 1985-2015, 20.08.1950, Frankfurt a. M., 🖥 pcwagnerkn@t-online.de

* Wagner, Renata, Dr. phil. OSB, München, Wiss. Ang. i. R., 20.04.1938, im BDienst 67-93, ☎ (089) 1795986, 🖥 wagner@venio-osb.org

* Wagner, Roland, Dr., Frankfurt am Main, Universitätsbibliothek Johann Christian Senckenberg, Frankfurt a. M. UB, Leiter Bibliothek Naturwissenschaften, Leiter Medizinische Hauptbibliothek, Leiter Stabsabteilung Open Access; Open-Access-Beauftragter der Goethe-Universität, 05.01.1978, Hamburg, stud. Forstwiss., Dipl. 04, Prom., BRef. UB der HU Berlin 10-12, Fachref. f. Forstwiss., Biologie SUB Göttingen 12-14, UB Frankfurt a.M. 14-, ☎ (069) 798-49101, 🖥 r.wagner@ub.uni-frankfurt.de

* Wagner, Sigrun, Bremen, BDir. i.R., 24.05.1941, Fürstenwalde, im BDienst 67-04, 🖥 wiwagner@uni-bremen.de

* Waidmann, Simone, M.A., Stuttgart, Württembergische Landesbibliothek, Fachref. f. Kunstgeschichte, Anglistik, sonstige Sprachen, Sport, 13.08.1983, **stud**. Geschichte, Englisch, Staatsex. 09, M.A. 10, Wiss. Mitarb. Stuttgart WLB 10, Wiss. Mitarb. Karlsruhe BLB 11, BRef. Karlsruhe BLB 12, BRef. München BAB 13, Deutsches Literaturarchiv Marbach 14-19, seit 2020 Stuttgart WLB, ✉ waidmann@wlb-stuttgart.de

* Waldmann, Susanne, Dipl.-Ing. agr., Marburg, Universitätsbibliothek, Fachref. f. Medizin, Pharmazie, Ref. f. Elektronische Medien, BRef. Karlsruhe UB 06, München Bayer. BSchule 07, Fachref. Jena 08, Marburg 11, ✉ susanne.waldmann@uni-marburg.de

* Waldschmidt-Dietz, Frank, Dipl.-Päd., Gießen, Universitätsbibliothek, 25.05.1969, ☎ (0641) 99-14016, ✉ frank.waldschmidt-dietz@bibsys.uni-giessen.de

  Walger, Nadine, Frankfurt am Main, Deutsche Nationalbibliothek (Leipzig, Frankfurt a. M.), 21.09.1975, Bad Hersfeld, stud. Neuere Philologien, Anglistik/Germanistik (Goethe Universität Frankfurt/Main), Magistra Artium 06; Master in Library and Information Science (TH Köln) 13; Berufliche Stationen: Universitätsbibliothek Frankfurt/Main; Deutsches Institut für Internationale Pädagogische Forschung (DIPF); Deutsche Nationalbibliothek in Frankfurt am Main, ✉ n.walger@dnb.de

* Walker, Andreas, Dr., Bremerhaven, Bibliothek des Alfred-Wegener-Instituts Helmholtz-Zentrum für Polar- und Meeresforschung - AWI-Bibliothek, Bibliotheksleitung, 01.03.1987, ☎ (0471) 4831-1587, ✉ andreas.walker@awi.de

* Walko, Martin, Dr. phil., M.A., München, BOR i. K., 29.07.1960, München, stud. Hist. Hilfswiss., Mittelalterl. Gesch., Alte Kirchengesch., M.A. 89, Prom. 93, Gastteiln. Ausb. hD München Bayer. BSchule 93, Fachpr. 95, BR i. K., Freising Dom-B 95, BOR 07, ☎ (089) 2137-1985, mobil (0151) 151 66 748, ✉ mwalko@eomuc.de

* Walter, Hans-Henning, Dr. rer. nat., Dr. sc. phil., Dipl.-Chem., Freiberg, Fachbibl., Chemiehist. u. Verleger, 07.10.1949, Thalheim /Erzgeb., stud. Chemie, Diplom 73, Prom. A 76, Prom. B 85, postgr. Fernst. B.-Wiss., Abschl. Berlin IBI 89, Lehrbeauftr. an d. Bergakad. Freiberg f. Gesch. d. Chemie 84-91, Stellv. Dir. B. Bergakad. 85-88, BDir. Freiberg Bergakad. 88-92, Mitgl. d. Fachgruppe Geschichte d. Chemie d. Ges. Dt. Chemiker 74 u. Mitgl. d. Leibniz-Sozietät d. Wiss. zu Berlin 09, Drei Birken Verlag, ☎ (03731) 21 37 62, ✉ drei.birken.verlag@gmx.de

* Walter, Manfred, Berlin, Bibliothek der Hochschule für Technik und Wirtschaft, Wiss. Dok., Dipl.-Politol., Leiter, 27.12.1955, Itzehoe, ☎ (030) 5019-2227, ☎ (0160) 9699 1833, ✉ manfred.walter@htw-berlin.de

* Walter, Raimund-Eckehard, Dr. jur., Berlin, BDir. a.D., 30.12.1939, Sonneberg, im BDienst 70-02, ☎ (030) 8029 321

* Walter, Rainer, M.A., Zürich (Schweiz), wiss. Ang., stellv. Leiter d. Handschriftenabteilung, 05.11.1973, Augsburg, stud. Ältere Germ., Mittellatein, Kunstgeschichte, M.A. 2000, Wiss. Mitarbeiter am Lehrstuhl f. Lat. Phil. d. MA u.d. Neuzeit Göttingen Univ. 02, BRef. Wolfenbüttel HAB 09, München Bayer. BSchule 10, Fachpr. 11, Düsseldorf ULB 11, Zürich ZB 12, ☎ (0041 44) 268 31 72, ✉ rainer.walter@ymail.com

* Wasner, Werner, Dr.-Ing., München, Bibliothek der Hochschule - University of Applied Sciences, Senior Referent, Datenbanken, elektron. Medien, 15.06.1961, Viechtach, stud. Werkstoffwiss., Diplom 87, Wiss. Ang. Erlangen-Nürnberg Univ. 87, Wiss. Ass. 90, BRef. München Bayer. BSchule 93, Prom. 94, Fachpr. 95, München TUB 95, München FHB 00, ☎ (089) 1265-1207, ✉ werner.wasner@hm.edu

* Wawra, Ernst, M.A., M.A. (LIS), Bamberg, Staatsbibliothek, ✉ ernst.wawra@staatsbibliothek-bamberg.de

* Wawra, Steffen, Dr. phil., Passau, Universitätsbibliothek, Ltd. Bibliotheksdirektor, 21.09.1960, Freiberg, stud. Philosophie, B-Wiss., Diplom 86, Prom. 90, Arb.-Gr.-Leiter u. Stellv. Abt.-Leiter Berlin Haupt-B d. AdW 86-90, Stellv. d. Dir. 90-91, Stellv. Dir., Dez., Abt.-Leiter EDV Potsdam UB 92-98, Leiter d. B d. Berlin-Brandenb. Akad. d. Wiss. 98-03, Ltd. BDir. Passau UB 03, ☎ (0851) 509-1600, 🖳 steffen.wawra@uni-passau.de

Weber, Camilla, Dr., Regensburg, Bischöfliche Zentralbibliothek, Leiterin von Archiv und Bibliothek, ☎ (0941) 597-2520, 🖳 bibliothek@bistum-regensburg.de

* Weber, Gisela, Kaiserslautern, BDir i.R., 05.10.1954, Homburg/Saar, stud. Math., Physik, Inform., Staatsex. 80, Stud.Ref. 80, Wiss. Mitarb. Saarbrücken Univ. 82, BRef. Saarbrücken UB 83, Köln FHBD 84, Fachpr. 85, BR z. A. Kaiserslautern UB 85, BR 87, OBR 90, BDir. 10, Ruhestand 20, 🖳 gisweber@web.de

* Weber, Harald, Dipl.-Ing., Kassel, Universitätsbibliothek Kassel - Landesbibliothek und Murhardsche Bibliothek der Stadt Kassel, Information, 26.11.1961, Hannover, ☎ (0561) 804-6507, 🖳 weber@bibliothek.uni-kassel.de

Weber, Jelka, Dr. phil., Berlin, Staatsbibliothek zu Berlin - Preußischer Kulturbesitz, Stellv. Leiterin d. Abteilung Bestandsaufbau und Leiterin d. Referates Periodische Ressourcen, 17.08.1969, Berlin, stud. Germanistik, Kommunikationswiss., M.A. 95, Prom. 98, BRef. Berlin SBB-PK 98, Köln FHBD 99, Fachpr. 00, BR z.A. 00, BR 02, BOR 04, BD 05, ☎ (030) 266-432900, 🖳 jelka.weber@sbb.spk-berlin.de

* Weber, Jürgen, Dr., Weimar, Herzogin Anna Amalia Bibliothek, Wiss. Ang., Abt.-Leiter Sondersammlungen u. Bestandserhaltung, 29.05.1961, Kassel, stud. Philos., Latein, Mittellatein, Prom. 95, BRef. Wolfenbüttel HAB 94, Köln FHBD 95, Fachpr. 96, Wiss. Ang. Weimar HAAB 96, ☎ (03643) 545-208, 🖳 juergen.weber@klassik-stiftung.de

* Weber, Martina, Karlsruhe, KIT-Bibliothek

* Weber, Peter, Assess. jur., M.A. (LIS), München, Bibliothek des Max-Planck-Instituts für Innovation und Wettbewerb und des Max-Planck-Instituts für Steuerrecht und Öffentliche Finanzen, Leiter der Bibliothek, 05.04.1969, Fulda, stud. Rechtswiss., 1. Staatsex. 94, 2. Staatsex. 96, Wiss. Ass. Würzburg TeilB f.d. Jurist. Fak. 96, B d. MPI für Geistiges Eigentum, Wettbewerbs- und Steuerrecht 02 (seit 2014: B. d. MPI f. Innovation u. Wettbewerb + MPI f. Steuerrecht u. Öffentl. Finanzen), Fernst. Bibliothekswiss. HU Berlin, M.A. (LIS) 04, ☎ (089) 24246 200, 🖳 peter.weber@ip.mpg.de

* Weber, Reinhold Werner, Dr. phil., Frankfurt am Main, BOR a.D., 02.04.1948, Gießen, im BDienst 1977-2013

* Wehry, Matthias, Hannover, Gottfried Wilhelm Leibniz Bibliothek - Niedersächsische Landesbibliothek, Abteilungsleiter Handschriften und Alte Drucke, Fachref. f. Philosophie, 15.03.1983, **stud.** Philosophie, Germanistik, Politische Wissenschaft, M.A. 08; wiss. Mitarb. Lehrstuhl Philosophie I, Uni. Mannheim 08-09, 10; Referent für Zus. von Nationaltheater und Uni. Mannheim 11; Referendariat (GWLB) 11-13; Projektkraft Umsignierung RVK (GWLB) 13-14; Abt.-Ltg. Handschriften und Alte Drucke (GWLB) 14-, 🖳 matthiaswehry@gmx.de, matthias.wehry@gwlb.de

* Weibel-Damal, Julia, M.A., M.A. (LIS), Duisburg, 10.05.1977, Dinslaken, stud. Mittelalterl. Geschichte, Alte Geschichte, Germanistik (Literaturwiss.) M.A. 03, Wiss. Mitarb. Univ. Duisburg-Essen Fach Gesch. 04, BPrakt. UB Duisburg-Essen, Campus Duisburg 04-05, UB Gent (Belgien) 05, MA L.I.S. FH Köln 05-06, Prüfung 07, GBI-Genios 07-17, Hochschulbibliothek Hochschule für Gesundheit, Bochum 18-19; Stadtteilbibliothek Osterfeld, Oberhausen 19-20; seit 2020 Bib. Flick Gocke Schaumburg Stb WP RAe Düsseldorf, j.weibel@web.de

* Weidner, Julia, M.A., Paderborn, Universitätsbibliothek, Stellv. Dezernentin Benutzung & Service, Fachref. f. Anglistik und Amerikanistik, Theologie, 20.09.1968, Gronau/Westf., stud. Anglistik, Ur- u. Frühgeschichte, Ethnologie, M.A. 94, Bibl. Ang. u. Wiss. Hilfskr. Münster UuLB 96-98, BRef. Münster UuLB 98, Köln FH 99, Fachpr. 00, Wiss. Ang. Bielefeld UB 00, BR z. A. Paderborn UB 01, BR 02, BOR 13, ☎ (05251) 60-2025, ✉ j.weidner@ub.uni-paderborn.de

* Weigand, Nicole, M.A., Schwäbisch Gmünd, Bibliothek der Pädagogischen Hochschule, Leitung der Bibliothek, 22.08.1962, M.A. Informations- und Wissensmanagement 09, Dipl.-Bibl. 1982, MPI f. Polymerforschung Mainz 85, UB Mainz (Katalogisierung u. Gesamtkatalog) 86-93, UB Mainz (Benutzungsabt., Ltg. Fernleihe) 93-01, Berlin SBB-PK (Abt. Informationstechnik) 01-07, Berlin SBB-PK (Abt. Informations- und Datenmanagement) 07-12, UB Koblenz-Landau (Ltg. Benutzung), 13-19, PH Schwäbisch Gmünd (Bib.-Leitung) 19-, ☎ (07171) 983-338, ✉ nicole.weigand@ph-gmuend.de

* Weigel, Harald, Dr. phil., Wangen im Allgäu, Dir. i.R., 30.10.1952, Bayreuth, stud. Germanistik, Sozialkunde, Geschichte, Staatsex. 80, Prom. 86, BRef. Tübingen UB 83, Köln FHBD 84, Fachpr. 85, Wiss. Ang. Tübingen UB 87, BR z. A. Hamburg SuUB 88, BR 90, OBR 92, Dir. Bregenz Vorarlberger LB 96, Pension 18 - Präs. d. Vereinig. Österr. Bibliothekarinnen u. Bibliothekare 02-13, Sprecher BAM-Austria 03-13, Präs. Verein d. Bibliotheken d. Regio Bodensee 06-18, ✉ harald@wghit.de

* Wein, Franziska, Dr. phil., Erfurt, Universitätsbibliothek, Stellv. Direktorin, Abteilungsleiterin Bestandsentwicklung und Elektronisches Publizieren, Fachref. f. Geschichte, Romanistik u. Rechtswiss., 19.12.1960, Wittlich, stud. Geschichte, Romanistik, Staatsex. 85, Prom. 91, Wiss. Hilfskr. Düsseldorf Roman. Sem. d. Univ. 86, Wiss. Ang. Düsseldorf UB 89, BRef. Düsseldorf UB 92 u. Essen StB 93, Köln FHBD 93, Fachpr. 94, Wiss. Ang. Eichstätt UB 94, BR z. A., Eichstätt UB 95, Erfurt UB 96, BR 97, OBR 00, ☎ (0361) 737-5704, ✉ franziska.wein@uni-erfurt.de

* Wein, Martina, München, Universitätsbibliothek der Technischen Universität, ☎ (089) 289-28614, ✉ martina.wein@ub.tum.de

* Weiner, Gunter, Dr. rer. nat., Ulm, BDir. i.R., 23.04.1944, Raeren/Kr. Eupen, im BDienst 77-07, ☎ (0731) 553587, ✉ gunter.weiner@t-online.de

* Weinl, Kerstin Alexandra, Dr. rer. nat., München, Universitätsbibliothek der Technischen Universität, Stellv. Abt.ltg Bibliothekstechnik und IT-Services, Fachref. f. Informatik, 18.11.1976, Augsburg, stud. Mathematik u. Informatik 96-02, Dipl.-Math. 02, wiss. Mitarb. Univ. Augsburg 02-07, Prom. 06, BRef. kiz d. Univ. Ulm 07/08, Bayer. BSchule 08/09, UB der TU München 09, ☎ (089) 289-25411, ✉ kerstin.weinl@ub.tum.de

* Weinreich, Oliver, Dr. theol., Würzburg, Universitätsbibliothek, Fachreferent, Fachref. f. Theologie, Philosophie, Soziologie, Politik, Musik, 09.05.1970, Konstanz, stud. Kath. Theologie, Philosophie, Rechtswiss., Dipl. 95, Prom. 98, kirchl. Dienst 98-01, BRef. Würzburg UB 01, Fachpr. München BSB 03, Elternzeit 07-10, ☎ (0931) 31 88307, ✉ oliver.weinreich@bibliothek.uni-wuerzburg.de

* Weippert, Otto, Dr. phil., Augsburg, BDir. a.D., 07.10.1941, Schweinfurt, im BDienst 70-06, ✉ otto.weippert@arcor.de

* Weis, Berit, Dresden, Palucca-Hochschule für Tanz Dresden - Bibliothek

* Weiser, Friederike, Karlsruhe, BAssess., Rechtsanw., 29.10.1933, Troppau, stud. Rechtswiss., 1. Staatsex. 58, 2. Staatsex. 64, BRef. Göttingen SUB 65, Köln BLI 66, Rechtsanw. b. OLG Düsseldorf 71, b. OLG Karlsruhe 78, b. BGH Karlsruhe 83, ☎ (0721) 88-6171

Weiß, Berthold, M.A., Fulda, Hochschul- und Landesbibliothek, Stellv. Leiter, 28.05.1970, Duisburg, stud. Buch- u. B-Wesen, Philos., Politikwiss., M.A. 95, Frankfurt a. M. Dt. Inst. f. Intern. Päd. Forsch. 96-98, Fortbildung zum. Wiss. Dokumentar 97, Frankfurt a. M. Dt. B 98-02, Fulda HLB 02, BR z.A. 05, BR 07, BOR 10, ☎ (0661) 9640-9802, 🖳 berthold.weiss@hlb.hs-fulda.de, direktion@hlb.hs-fulda.de

Weisser, Marc, Karlsruhe, Bibliothek der Hochschule für Musik, BLeiter, ☎ (0721) 6629-212, 🖳 marc.weisser@hfm-karlsruhe.de

* Weitz, Heide, Kassel, BR a.D., 29.12.1941, Kassel, im BDienst 69-06, ☎ (0561) 775691

* Welge, Barbara, Dipl.-Biol., Würzburg, Universitätsbibliothek, Leiterin Abt. Medienbearb., Fachref. f. Biologie, Sport, Geowissenschaften, 13.09.1964, Konstanz, stud. Biol., Diplom 89, BRef. Aachen BTH 90, Köln FHBD 91, Fachpr. 92, ☎ (0931) 31-85926, 🖳 barbara.welge@bibliothek.uni-wuerzburg.de

* Welters, André, M.A., M.A. (LIS), Köln, Universitäts- und Stadtbibliothek, Fachref. f. Anglistik, Geographie, Musikwissenschaft und Ethnologie, 28.05.1977, Grevenbroich, stud. Anglo-Amerikanische Geschichte, Mittlere und Neuere Geschichte, Anglistik, M.A. 04, Dt. Histor. Institut London 05, MA (LIS)-Praktikum USB Köln 05-06, Stud. FH Köln MA (LIS) 06-07, Köln USB Wiss. Ang. 08, BR z.A. 10, BR 13, ☎ (0221) 470-3326, 🖳 welters@ub.uni-koeln.de

Weltmaier, Marion, Dipl.-Bibl., München, Bibliothek des Deutschen Theatermuseums, Leiterin, ☎ (089) 210691-13, 🖳 bibliothek@deutschestheatermuseum.de

* Wemheuer, Bärbel, Dipl.-Ing., Gleichen, BOR i.R., 31.07.1957, Northeim

Wendel, Birgit, Dipl.-Bibl., Karlsruhe, Bibliothek des Badischen Landesmuseums, Leiterin, ☎ (0721) 926-6523, 🖳 birgit.wendel@landesmuseum.de

Wendler, André, Dr., Leipzig, Deutsche Nationalbibliothek (Leipzig, Frankfurt a. M.), Forschungsreferent im Deutschen Buch- und Schriftmuseum, 27.03.1981, Zwickau, stud. Medienwissenschaft an der Bauhaus-Universität in Weimar und der Universiteit Utrecht 00-06 (Diplom Kulturwissenschaftler), Promotion an der Bauhaus-Universität in Weimar 12, wiss. Mitarbeiter 07-16, wiss. Mitarbeiter in der Deutschen Nationalbibliothek 16-, 🖳 a.wendler@dnb.de

* Wendt, Harald, Dr. phil., München, BDir. a.D., 21.05.1936, Kiel, im BDienst 1966-2000, ☎ (089) 987474, 🖳 ha.wendt@web.de

* Weng, Anja, M.A., M.A. (LIS), Zürich (Schweiz), Zentralbibliothek, Leiterin Innovationsmanagement und Projektportfolio, Zentral- und Landesbibliothek Berlin; Bibliotheksreferendarin 07-09, Humboldt-Universität Berlin: M.A. (LIS); Zentral- und Landesbibliothek Berlin: Projektleiterin RFID-Einführung, Stabsstelle Strategische Planungen 09-12; Universität Konstanz: Projektkoordinatorin 12-14; seit 2014 Zentralbibliothek Zürich: Projektportfolio-Managerin; seit 2019 Leiterin Innovationsmanagement und Projektportfolio, ☎ (0041) 44 2683 227, 🖳 anja.weng@zb.uzh.ch

* Wening, Michael, M.A., M.A. (LIS), Bonn, Streitkräfteamt, Fachinformationszentrum der Bundeswehr (FIZBw), Fachdezernent, 06.08.1984, Mainz, Offizierlaufbahn 04-15, stud. Staats- und Sozialwiss. 08-12, Bibliotheks- und Informationswissenschaft (HU) 15-17, Leiter ÖB Remscheid 2018, BR 21, 🖳 michael1wening@bundeswehr.org

Wennemuth, Udo, Dr., Karlsruhe, Landeskirchliche Bibliothek, Leiter, ☎ (0721) 9175-790, 🖳 udo.wennemuth@ekiba.de

Wennerhold, Markus, Dr., Passau, Staatliche Bibliothek, BLeiter, 09.05.1973, Gießen, stud. Germanistik, Philosophie, BRef. München BSB 03, Fachpr. 05, SB Bamberg stellv. Leiter 06, SB Passau Leiter 08, ☎ (0851) 756440-15, 🖳 markus.wennerhold@staatliche-bibliothek-passau.de

* Went, Karl-Ernst, Oldenburg, im Ruhestand, 26.01.1952, Wuppertal, stud. Theologie, Schulmusik, Staatsex. 78 u. 80, BRef. Oldenburg BIS d. Univ. 81, Köln FHBD 82, Fachpr. 83, Wiss. Ang. Oldenburg BIS d. Univ. 83 - Lehrbeauftr. an d. Univ. Oldenburg f. Cembalo u. Generalbaß, Verrentung ab, 01.08.2017, ✉ karl.e.went@uni-oldenburg.de

Werder, Lucia, Bremen, Stadtbibliothek, 1. stellv. Direktorin, BDir., 05.11.1977, ☎ (0421) 361-59112, ✉ lucia.werder@stadtbibliothek.bremen.de

* Werkmeister, Walter, Dr., Tübingen, BDir. i.R., 20.07.1947, Frankfurt a. M., im BDienst 1977-2013, ✉ w.werkmeister47@gmx.de

* Werner, Britta, M.A., M.A. (LIS), Bremen, Staats- und Universitätsbibliothek, 13.11.1971, stud. Pädagogik und Sportwiss., M.A. 2006, post. Fernstudium HU Berlin, M.A.(LIS) 2011, ✉ britta.werner@suub.uni-bremen.de

* Werner, Jan C., Freiburg im Breisgau, Universitätsbibliothek, Direktionsreferent, Fachref. f. Philosophie, 27.03.1982, Kassel, ✉ jan.werner@ub.uni-freiburg.de

* Werner, Klaus Ulrich, Dr. phil., Berlin, 19.07.1956, Langenberg, stud. Germ., Gesch., Politikwiss., Staatsex. 82, Prom. 87, Lehrbeauftr. Freiburg Germ. Sem. d. Univ. 83, BRef. Freiburg UB 87, Köln FHBD 88, Fachpr. 89, Wiss.Mitarb. Referatenorgan Germanistik 90, BAssess. Berlin Fachber. Politikwiss. d. FU 91, BR 92, OBR 94, Berlin B d. John-F.-Kennedy-Inst. 98, BDir. 99, Berlin Philolog. B d. FU 00, Ruhestand 21, ✉ klaus.werner@posteo.de

* Werner, Marcus, Dipl.-Jur. (Univ.), Halle (Saale), Universitäts- und Landesbibliothek Sachsen-Anhalt, Leitung ZweigB Rechtswiss., Stellv. Leitung Abt. Zweigbibliotheken, Fachref. f. Rechtswiss., stud. Rechtswiss., Staatsex. 15, BRef. UB Tübingen 15, BAB München 16, Laufbahnpr. 17, Wiss. Mitarb. Univ. Vechta 17, Wiss. Bibl. ULB Sachsen-Anhalt 18, BR 20, ☎ (0345) 55-22100, ✉ marcus.werner@bibliothek.uni-halle.de

* Werr, Naoka, Dr. phil., M.A., München, Hochschule für den öffentlichen Dienst in Bayern, Fachbereich Archiv- und Bibliothekswesen, Hochschullehrerin, Fachbereichsleiterin, 18.07.1972, München, stud. Roman., Germ., M.A. 96, Promotion 00, BRef. München BSchule 01, Regensburg UB 03, BR z.A. 03, BR 06, BOR 10, BibDir. 14, Ltd. BibDir. 20, ☎ (089) 2872467-12, ✉ naoka.werr@aub.hfoed.de

* Werz, Markus, Trier, Universitätsbibliothek

* Wesolowski, Tilmann, Dr., Güstrow, Uwe Johnson-Bibliothek und Historische Bibliothek des Museums der Barlachstadt Güstrow, Bibliotheksleitung, Historiker, Dozent, 06.04.1974, Berlin, ✉ t.wesolowski@hotmail.de

* Wessel, Hans-Peter, Trier, OBR i.R., 30.08.1949, Delmenhorst, im BDienst 1979-2014, ✉ wesselhanspeter@t-online.de

Weßels, Paul, Dr., Aurich, Landschaftsbibliothek, Bibliotheksleiter, ☎ (04941) 1799-42, ✉ wessels@ostfriesischelandschaft.de

* Westerhoff, Christian, Dr., Stuttgart, Bibliothek für Zeitgeschichte in der Württembergischen Landesbibliothek, Leiter der Bibliothek für Zeitgeschichte, Fachref. f. Zeitgeschichte, 15.02.1978, Damme, stud. Geschichte u. Politikwiss., M.A. 04, Prom. 10, BRef. ZLB berlin 09-11, Koordinator des DFG-Projekts „1914-1918-online. International Encyclopedia of the First World War", Berlin 11-13, ☎ (0711) 212-4515, ✉ westerhoff@wlb-stuttgart.de

* Wiederkehr, Stefan, Dr., Zürich (Schweiz), Zentralbibliothek, Chefbibliothekar Spezialsammlungen / Digitalisierung, 02.09.1969, Zürich, stud. Allg. Geschichte, Russische Sprach- und Literaturwiss., Philosophie lic. phil. 96, Prom. 04, M.A. (LIS) 13, ☎ (0041 44) 268 31 80, 🖳 stefan.wiederkehr@zb.uzh.ch

* Wiegand, Günther, Dr. phil., Quarnbek / Flemhude, Ltd. BDir. a.D., UB Kiel, 25.06.1938, Brehme/Eichsfeld, im BDienst 66-03, 🖳 guenther.wiegand@gmx.de

* Wieland, Florian, Berlin, Universitätsbibliothek der Freien Universität

* Wiermann, Barbara, Dr., Dresden, Sächsische Landesbibliothek - Staats- und Universitätsbibliothek, Leiterin der Musikabteilung, 10.06.1970, Düsseldorf, stud. Musikwiss., Philosophie, Romanistik, wiss. Mitarbeiterin Bach-Archiv Leipzig 95-00, Prom. 02, BRef. Berlin SBB-PK/München Bayer. BSchule 01-03, Leiterin der HS f. Musik und Theater „Felix Mendelssohn Bartholdy" 03-14, SLUB Dresden 15- Vizepräsidentin AIBM Deutschland seit 06, Präsidentin AIBM Deutschland seit 09, ☎ (0351) 4677-561, 🖳 barbara.wiermann@slub-dresden.de

* Wiese, Eva, Konstanz, Kommunikations-, Informations-, Medienzentrum (KIM) der Universität

* Wiesemann, Bastian, M.A., Potsdam, Universitätsbibliothek, Dezernat Forschungs- und Publikationsunterstützung, Onlineredakteur

* Wiesenmüller, Heidrun, Prof., M.A., Stuttgart, Hochschule der Medien, Fakultät Information und Kommunikation, HS-Lehrerin, Fachref. f. Prof. f. Formal- und Sacherschl., Histor. Bestände, 20.12.1968, Nürnberg, stud. Mittl. Geschichte, Engl. Philol., Mittellat., Buch- u. B-Kunde, M.A. 94, Wiss. Mitarb. Univ. Erlangen-Nürnberg 94-98, BRef. Oldenburg LB 98, FH Köln 99, Fachpr. 00, BAssess. Stuttgart LB 00, BR 02, Stuttgart HdM 06, Prof. 07, ☎ (0711) 8923-3188, 🖳 wiesmueller@hdm-stuttgart.de

* Wiesner, Daniela, Hannover, Stadtbibliothek, 🖳 daniela.wiesner@hannover-stadt.de

* Wildermuth, Ralf Werner, Kaiserslautern, Universitätsbibliothek, 27.07.1955, Stuttgart, stud. Anglistik, Slawistik, Germanistik, Hispanistik, Staatsex. 81, Wiss. Hilfskr. Tübingen B d. Inst. f. Osteurop. Gesch. u. Landeskde. 79, BRef. Tübingen UB 82, Köln FHBD 83, Fachpr. 84, Stud.Ref. Stuttgart 84, Associate Librarian New York UN Libr. 85, Genf UN Libr. 86, BAssess. Heidelberg UB 88, BR 90, OBR 93, BDir. 95, Kaiserslautern UB 02, ☎ (0631) 205-2242, 🖳 ralf.wildermuth@web.de, wildermuth@ub.uni-kl.de

* Wilhelm, Christine, Dr., Düsseldorf, Universitäts- und Landesbibliothek, Leiterin des Dezernats Benutzung, 14.04.1980, Mülheim an der Ruhr, stud. Kulturwiss., Promotion in Vergleichender Literaturwiss., Referendariat SBB 09-11, Information Ressource Center der Jacobs University Bremen 11-13, TIB/UB Hannover 13-15, ULB Düsseldorf 15-, ☎ (0211) 81-13330, 🖳 christine.wilhelm@ulb.hhu.de, chr.wilhelm@yahoo.de

* Wilhelm, Julia, Dipl.-Bibl., Stuttgart, Universitätsbibliothek, Publikations- und Mediendienste, ☎ (0721) 608-46722, 🖳 juliawilhelm2@hotmail.de

* Wilk-Mincu, Barbara, Dr. phil., Berlin, BOR i.R., 29.10.1939, Berlin, im BDienst 69-04, ☎ (030) 46 99 38 23, 🖳 barbara.wilk-mincu@gmx.de

* Wilke, Christian, Dr., Mainz, Universitätsbibliothek, Leitung der Bereichsbibliothek Translations-, Sprach- und Kulturwissenschaften, Fachref. f. Wirtschaftswissenschaften, Soziologie

* Wilke, Sebastian, M.A., Berlin, Senior Information Services Librarian, Humanities, 05.09.1984, Berlin, stud. Bibliotheks- u. Informationswiss., Musikwiss. Magister Artium, HU Berlin 04-12, Committee Member - Advocacy Committee, Internat. Assoc. of Music Libraries, Archives, and Documentation Centres 16-, Information Services Librarian, Music - Qatar National Library 14-16, Convenor - New Professionals Interest Group, Internat. Federation of Library Assoc. and Institutions 09-14, Praktikant - Musikabt. d. New York Public Library for the Performing Arts u. d. Library of Congress 09, Mitinitiator u. Koordinator - LIS-Corner, Frankfurter Buchmesse 08-10, Mitarbeiter - Shop d. Philharmonie Berlin 07-14, ☎ (0097) 444 547 156, 🖥 wilke.sebastian@gmail.com

* Wilken, Johannes H., Dr. rer. nat., Dipl.-Chem., Ilmenau, Universitätsbibliothek, Wiss. Mitarb., ilmedia, Universitätsverlag Ilmenau, Fachref. f. Allg. Naturwiss., Biologie, Chemie, Mathematik, Medizin, Physik, Umweltwiss., Normen- u. Patentwesen, 02.04.1964, Meppen, stud. Chemie, Diplom 89, Prom. 92, Wiss. Mitarb. Marburg UB 93, BRef. Münster ULB 94, Köln FHBD 95, Fachpr. 96, Wiss. Mitarb. Ilmenau UB 97, ☎ (03677) 69-4594, 🖥 johannes.wilken@tu-ilmenau.de

* Wilkens, Karsten, Dr. phil., Konstanz, OBR i.R., 20.10.1939, Hannover, im BDienst 69-04 - Fachgeb.: Philosophie u. Klass. Philologie, ☎ (07531) 54954, 🖥 karsten_wilkens@hotmail.com

Will, Andreas, Dr. rer. nat., München, Universitätsbibliothek der LMU, Fachref. f. Medizin, Chemie und Pharmazie, 21.02.1967, Iserlohn, stud. Biologie, Diplom 93, Prom 97, BRef. Regensburg UB 98-00, ☎ (089) 2180-77065/ 4400-74590, 🖥 andreas.will@ub.uni-muenchen.de

Willich, Petra, Leipzig, Bibliothek des Bundesverwaltungsgerichts, Leiterin der Bibliothek, 02.05.1956, Alfred/Leine, stud. Geschichte, Theologie, 1. u. 2. Staatsex. 85, Bwiss. 98-00, Fremdspr.-Ass. Paris 85-86, Systemer. Siemens Berlin 88-96, Leiterin Berlin B d. Bundesverwaltungsgerichts 97, BR 03, OBR 15, ☎ (0341) 2007-1610, 🖥 petra.willich@bverwg.bund.de

Willke, Udo, Dr., Dipl.-Phys., Karlsruhe, KIT-Bibliothek, Wiss. Mitarb., EDV-Entw. u. techn. Infrastruktur, 31.10.1963, Lindenberg, stud. Physik, Diplom 89, Prom 94, ☎ (0721) 608-47939, 🖥 udo.willke@kit.edu

Willnat, Elisabeth, Dr. phil., Freiburg im Breisgau, Stadtbibliothek, Leiterin, 02.06.1957, Hildesheim, stud. Germanistik, Romanistik, 1. Staatsex. 84, Prom. 90, Frankfurt/M StadtBü Volontariat 90-91, Wiss. Mitarb. u. Abt.-Leiterin 91-98, Berlin Stiftung Archiv d. Akad. d. Künste Leiterin d. B 98, Leiterin Freiburg StadtB 04, ☎ (0761) 201-2201, 🖥 elisabeth.willnat@stadt.freiburg.de, stadtbibliothek@stadt.freiburg.de

* Willner, Nikola, M.A. (LIS), Würzburg, Archiv und Bibliothek des Bistums, Abteilungsleiterin Bibliotheksfachliche Aufgaben in Archiv und Bibliothek des Bistums Würzburg, 10.10.1973, Amberg, stud. Latein, Kath. Theologie, Staatsex. 02, stud. BWiss., M.A. (LIS) 07, ☎ (0931) 386-67 100, 🖥 nikola.willner@bistum-wuerzburg.de

* Wilmer, Bertram, Dipl.-Volksw., Gießen, Universitätsbibliothek, Fachref. f. Wirtschaft, 15.04.1958, Bayreuth, stud. Volksw., Diplom 85, Ang. Münster UB 86, BRef. Gießen UB 87, Frankfurt a. M. BSchule 88, Fachpr. 89, Gießen Wirtsch.-Wiss. Sem. d. Univ. 89, BR 90 z. A. 90, BR 92, ZweigB Recht u. Wirtsch. 04, BOR 16, Leitung der ZweigB Recht u. Wirtsch. 16, ☎ (0641) 99-22020, 🖥 bertram.wilmer@bibsys.uni-giessen.de

* Wimmer, Heinrich, Dr. phil., Neuburg a.Inn, Ltd. BDir. i.R., 12.10.1938, Niederbaierbach, im BDienst 63-02, ☎ (08507) 720, 🖥 heinrich.wimmer@freenet.de

* Wimmer, Stefan, Prof. Dr., München, Bayerische Staatsbibliothek, Fachref. f. Hebraica u. Alter Orient, Ägyptologie, ☎ (089) 28638-2880, 🖥 stefan.wimmer@bsb-muenchen.de

Windler, Gabriele, Dipl.-Bibl., Berlin, Bibliothek des Presse- und Informationsamtes der Bundesregierung, BLeiterin, 03018-272-2420, ☎ gabriele.windler@bpa.bund.de, bibliothek@bpa.bund.de

* Windschmitt-Herz, Irmgard, M.A. (LIS), Bad Honnef, stud. Gesch., Germ. u. Kunstgesch., Staatsex. 82, Ang. Haus der Gesch. Bonn 94, Projektarbeit in der Erwachsenenbildung ab 95-, Köln FH FBB-u. Inf.-Wesen 02, Fachprüf. 03, Zusatzqual. M. (LIS) 04, ☎ (02224) 5188, ☐ iwh.badhonnef@gmx.de

* Winkler, Alexander, Halle (Saale), Universitäts- und Landesbibliothek Sachsen-Anhalt, Volontär

* Winkler, Christian, Bochum, Bibliothek des Ruhrgebiets, Leiter, 15.07.1980, stud. Geschichtswissenschaft und Romanistik 01-08, Staatsexamen (Ruhr-Universität Bochum, Christian-Albrechts-Universität zu Kiel), Mitarbeit im DFG-Projekt Corpus Historique du Substandard Français am Romanischen Seminar der CAU Kiel 11-15, stellvertretende Assistenz am Lehrstuhl für Romanische Sprachwissenschaft der CAU Kiel 12-13, Bibliotheksreferendariat (UB Trier, Bayerische Bibliotheksakademie) 15-17, Fachreferent für Romanistik (UB Trier) 17-18, Leitung der Benutzungsdienste der Bibliothek des Deutschen Museums 18-21, seit Juli 2021: Leitung der Bibliothek des Ruhrgebiets, ☎ (0234) 32-22340, ☐ christian.winkler@rub.de

* Winter, Agnes, Dr. phil., Berlin, Universitätsbibliothek der Humboldt-Universität zu Berlin, Wiss. Ang., Leiterin ZweigB Theologie, Fachref. f. Theologie, Religionswiss., 21.09.1965, Berlin, Dipl.-Bibl. 87, Berlin UB der HU 87-91, stud. Geschichte, Ev.Theologie, 1. Staatsex. 99, wiss. Mitarb. HU, Stip. 99-03, Prom. 04, Wiss. Ang. Berlin UB der HU, FR Theologie u. Rel.wiss. Leiterin ZwB Theologie 04, ☎ (030) 2093 91802, ☐ agnes.winter@ub.hu-berlin.de

* Winter, Franz Xaver, Dr. rer. nat., München, BDir. i.R., 02.02.1946, München, im BDienst 75-07

* Winter, Ursula, M.A., Marburg, Universitätsbibliothek, 08.04.1991, Augsburg, stud. Europastudien, Romanistik, Erwachsenenbildung in Eichstätt, Modena, Québec u. Dijon, M.A. 15, Stip. d. Cusanuswerks 14-19, BRef. UB Marburg 19-21, ☐ ursula.winter@ub.uni-marburg.de

* Winterhalter, Christian, M.A., M.A. (LIS), DEA, Berlin, Universitätsbibliothek der Humboldt-Universität zu Berlin, Wiss. Ang., Leiter Abteilung Zweigbibliotheken, Innovationsmanagement und Controlling, 01.09.1976, Saarbrücken, stud. Allg. u. Vergl. Literaturwiss., Germanistik, Philosophie, Lettres et Arts, DEA 02, M.A. 04, Übers. 03-08, Wiss. Mitarb. Inst. für Allg. u. Vergl. Literaturwiss. d. Univ. d. Saarlandes 05-08, BRef. Berlin UB d. HU 08-10, Stud. Inst. f. B-Wiss. d. HU Berlin 08-10, Fachpr. 10, Berlin UB d. HU Fachref. Philosophie/Referat Erwerbung 10-11, Leiter ZwB Naturwiss./Referat Erwerbung 12-16, ☎ (030) 2093-99290, ☐ christian.winterhalter@ub.hu-berlin.de, christian.winterhalter@web.de

* Wirtz, Gudrun Tatjana, Dr. phil., M.A., München, Bayerische Staatsbibliothek, Leiterin d. Osteuropaabteilung, 30.12.1966, Freiburg i. Br., stud. slaw. Phil., Ostslawistik, Roman., Prom. 96, Wiss. Mitarb. Univ. Bonn u. Bamberg 92-97, BRef. 98, Fachpr. 00, München BSB 00, BR z.A. 01, BR 03, BOR 06, BDir. 09, ☎ (089) 28638-2992, ☐ gudrun.wirtz@bsb-muenchen.de

* Wischermann, Else Maria, Dr. phil., Köln, Ltd. BDir. a.D., 30.12.1955, Oberhausen/Rhld., stud. Geschichte, Romanistik, Staatsex. 80, Prom. 83, BRef. Kiel UB 83, Köln FHBD 84, Fachpr. 85, Wiss. Ang. Kiel UB 86, BR z. A. 86, BR 88, OBR 95, BDir. 01, Ltd. BDir. 03, außer Dienst seit, 13.06.2017, ☎ (0221) 739675, ☐ else.wischermann@gmail.com

Wissen, Dirk, Dr., Berlin, Amt für Weiterbildung und Kultur, Referent Digitalisierung / Smart City, Diplom zum Bibliothekar mit dem Thema »Virtuelle Bibliotheken«. Promotion zum Thema »Wikigrafien«. Dozent an diversen Hochschulen / Referent für aktuelle Fachthemen (insb. Bibliotheksarchitektur, Digitalisierung, Öffentlichkeitsarbeit, Robotik, Smart City, Zukunft der Bibliotheken). Mitglied im Bundesvorstand d. Berufsverband Information Bibliothek

* Wittenauer, Volker, Dr. phil., Karlsruhe, Badische Landesbibliothek, Stellv. Dir., Leiter der Benutzungsabteilung, 15.11.1972, Achern, stud. Geschichtswiss., Romanistik., Politikwiss., Staatsex. 99 (Univ. Freiburg / Université Tours), Prom. 04, Lektor f. deutsche Sprache u. Kultur (Ecole Normale Supérieure) 02-04, Wiss. Volontariat f. d. höheren BDienst Universitäts- und ForschungsB Erfurt/ Gotha 03-05, wiss. Ang. UB Heidelberg 06, BAssessor 07, Geschäftsführer E-Learning-Center 08, BR 09, Karlsruhe LB 10-, OBR 10, BDir. 13, ☎ (0721) 175-2210, 💻 wittenauer@blb-karlsruhe.de

* Witteveen, Hannah, M.A., Freiburg im Breisgau, Universitätsbibliothek, Fachref. f. Altertumswissenschaften, 09.06.1987, ☎ (0761) 203 3962

* Wittrock, Christa, Kassel, BOR i. R., 12.08.1949, Kassel, stud. Ev. Theologie, Fak.-Ex. 74, BRef. Göttingen SUB 76, Köln BLI 77, Fachpr. 78, BR z. A. Kassel GHB/LB u. Murh. B 78, BR 81, BOR 83, 💻 chriwi49@gmx.de

* Witzgall, Thomas, Assess. jur., M.A. (LIS), Jena, Thüringer Universitäts- und Landesbibliothek, Fachreferent, Open-Access-Beauftragter, Fachref. f. Rechtswissenschaft, 11.05.1981, Saalfeld, stud. Rechtswiss., 1. Staatsex. 05, 2. Staatsex. 08, Volont. UFB Erfurt/Gotha u. ThULB Jena 10, M.A. (LIS) 12, ThULB Jena 12, ☎ (03641) 940041, 💻 thomas.witzgall@thulb.uni-jena.de

* Wohlleben, Georgia, M.A., M.A. (LIS), Hamburg, Staats- und Universitätsbibliothek Hamburg Carl von Ossietzky, Direktionsreferentin/Referentin Landesbibliothek/Internationales Angelegenheiten, Fachref. f. Hamburg-Literatur, 18.05.1971, Freiburg i.Br., Ausb. Verlagsbuchhändlerin, stud. Anglistik, Germanistik, Rechtswiss., M.A. 00, Verlagsang. 00-04, BPrakt. USB Köln 04-05, MA.(LIS) FH Köln 05-06, Wiss. Ang. UB Dortmund 06-07, Wiss. Ang. Uni Hamburg Ltg. ZentralB Recht 07-20, Wiss. Ang. SUB Hamburg 20-, ☎ (040) 42838-3340, 💻 georgia.wohlleben@sub.uni-hamburg.de

* Woitas, Kathi, M.A., Bern (Schweiz), Universitätsbibliothek Bern, Digitale Dienste & Open Science, Digital Scholarship Specialist, 18.03.1981, stud. Bibliothekswissenschaft, Europäische Ethnologie an der HU Berlin, M.A. 10; VFI-Förderungspreis (Magisterarbeit: Bibliografische Daten, Normdaten und Metadaten im Semantic Web) 11; Deutscher Bundestag, Pressedokumentation 08-09; Max-Planck-Institut für Wissenschaftsgeschichte 03-08; ZHAW Hochschulbibliothek - Leitungsstab 11-14; ZHAW Hochschulbibliothek - Leitung Dienste & Entwicklung 14-20; ZHAW Hochschulbibliothek - Stv. Leitung Hochschulbibliothek 18-20; Zusatzqualifikationen: Grundlagen der Unternehmensführung (CAS, Universität Zürich) 15; Herbstschule Forschungsdatenmanagement (HEG Genève/HTW Chur) 16; Datenanalyse (CAS, ZHAW School of Engineering) 19; Statistical Modelling (CAS, ZHAW School of Engineering) 20, Practical Machine Learning (CAS, BFH Technik und Informatik) 21, 💻 kathi.woitas@ub.unibe.ch

Wojtecki, Wolfram Alexander, Dr. phil., M.A., Weimar, Herzogin Anna Amalia Bibliothek, Referatsleitung Bibliographie und Sacherschließung, 14.03.1968, Osnabrück, stud. Geschichte, Archäologie, Philosophie, Allgemeine Sprachwissenschaft in Münster (Westf.), M.A. 94. Promotion 97 über Kultur- und Geschichtstheorien im 19. und 20. Jahrhundert. Seit 99 bei der Klassik Stiftung Weimar., ☎ (03643) 545227, 💻 wolfram.wojtecki@klassik-stiftung.de

Woldering, Britta, Dr., Frankfurt am Main, Deutsche Nationalbibliothek (Leipzig, Frankfurt a. M.), Referentin für Webarchivierung, 29.03.1967, Frankfurt a. M., stud. Japanol., Sinol., Germ., Erz.-Wiss., M.A. 93, Prom. 97, BRef. Trier UB 97, BSchule Frankfurt a. M. 98, Fachpr. 99, Frankfurt a. M. Die Dt. B/Dt. B 00, BR 03, BOR 09, ☎ (069) 1525-1541, 💻 b.woldering@dnb.de

Wolf, Christian, Marburg, Universitätsbibliothek, Leiter der Bereichsbibliothek Rechtswissenschaften, Fachref. f. Rechtswiss., Politik, Allgemeines, 03.04.1978, Bamberg, stud. VWL, BWL, Rechtswiss., Kirchenrecht u. Erwachsenenbildung, Dipl.-VWL 02, Europajurist 02, B.A. (Law) 03, LLMEur 04, Dipl.-BWL 15, BRef München BSB 03, Bayer.BSchule 04, Fachpr. 05, UB Bamberg 05, UB Marburg 08, 💻 christian.wolf@ub.uni-marburg.de

* Wolf, Thomas, Dr.-Ing., Heidelberg, Universitätsbibliothek, Leiter d. Abt. Benutzung u. Digitalisierung, Baureferent, 09.09.1961, Werthhoven, stud. Maschinenbau, Energietechnik, Diplom 89, Prom. 94, Wiss. Ang. Aachen BTH 94-96, BRef. Darmstadt LuHB 96, Frankfurt/M BSchule 97, Fachpr. 98, Wiss. Ang. Paderborn UB 98, BR z. A. 99, Mannheim UB 99, BR 01, Heidelberg UB, OBR 04 , BDir. 07, ☎ (06221) 542798, 🖳 wolf@ub.uni-heidelberg.de

* Wolf-Dahm, Barbara, Lic. theol., Augsburg, Universitätsbibliothek, Wiss. Ang., stellv. Ltg. d. Abt. Medienbearbeitung, Ltg. d. Schlagwort-Verbundredaktion im BibliotheksVerbund Bayern, Fachref. f. Theologie, Klass. Philologie, Pädagogik, 07.08.1959, Kaiserslautern, stud. Kath. Theologie, Geschichte, Pädagogik, Staatsex. 83, Lizentiat Theol. 91, Wiss. Hilfskr. Mainz Sem. f. Geschichtl. Landeskde., Sem. f. Neues Testament, Sem. f. Kirchenrecht, Sem. f. Mittl. u. Neuere Kirchengesch. d. Univ. 78-90, Wiss. Ang. Frankfurt a. M. Dt. B 91-04, Wiss. Ang. Augsburg UB 04, Stellv. Ltg. d. Abt. Medienbearbeitung 18, Ltg. d. SW-Verbundred. im BVB 18, ☎ (0821) 598-5367, 🖳 barbara.wolf-dahm@bibliothek.uni-augsburg.de

* Wolfes, Thomas, M.A., Dipl.-Arch., Berlin, Bezirksamt Charlottenburg-Wilmersdorf, Presse- und Öffentlichkeitsarbeit, 19.11.1965, Buchholz in der Nordheide, ☎ (030) 9029-12420, 🖳 mail@viz.charlottenburg-wilmersdorf.de

* Wolff-Wölk, Andrea, Dr. phil., Marburg, Universitätsbibliothek, Ltd. Bibliotheksdirektorin, 29.08.1964, Lübbecke/Westf., stud. Anglistik, Slawistik, Wirtschaftswiss., M.A. 90, Prom 94, Wiss. Mitarb. Univ. Bielefeld 90, BRef. Göttingen SUB 96, Köln FHDB 97, Fachpr. 98, Wiss. Ang. UB Gießen 98, Marburg UB BR z. A. 98, BR 00, BOR 02, BDir. 07, Ltd. BDir. 15, 🖳 andrea.wolff-woelk@ub.uni-marburg.de

* Wollschläger, Thomas, Dr. phil., Landau in der Pfalz, Universitätsbibliothek der Universität Koblenz-Landau, Stellv. Leiter, Fachref. f. Politik, Sozialwiss., Philosophie, Geschichte, Theologie, 17.11.1970, Halle/Saale, stud. Mittl. u. Neuere Geschichte, Alte Geschichte, Dt. Literaturwiss., M.A. 95, Prom. 02, Dipl. Bibl. 00, BRef. Darmstadt ULB 00, Frankfurt BSchule 01, Fachpr. 02, Wiss. Ang. Frankfurt a. M. Dt. NationalB 03, BR 08, UB Koblenz-Landau 10, BOR 13, ☎ (06341) 280-31-602, 🖳 thowoll@uni-landau.de

Wolter, Christine, Dr. rer. nat., München, Universitätsbibliothek der Technischen Universität, Direktionsreferentin, stud. Biologie in Würzburg, Diplomarbeit Max-Planck-Institut München, Prom. in Neurobiologie 2014 an der Freien Universität Berlin, ☎ (089) 28928228, 🖳 christine.wolter@ub.tum.de

Woltering, Hubert, M.A., Bonn-Bad Godesberg, Archiv der sozialen Demokratie in der Friedrich-Ebert-Stiftung, Referent (DGB-Archiv), 21.09.1964, Horstmar/Westf., stud. Neuere u. Neueste Geschichte, Mittlere Geschichte, Politikwiss., Publiz., M.A. 95, Aufbaustud. B-Wiss. 99, Bonn, B d. Friedrich-Ebert-Stiftung 01, Archiv der sozialen Demokratie 14, ☎ (0228) 883-8039, 🖳 hubert.woltering@fes.de, hubert.woltering@gmx.de

* Wonke-Stehle, Jens, Dipl.-Soz.wiss., M.A. (LIS), Hamburg, Staats- und Universitätsbibliothek Hamburg Carl von Ossietzky, Hauptabteilungsleiter IT, Forschung und Entwicklung, Fachref. f. Sozialwissenschaften, Philosophie, 12.12.1980, Bremen, stud. Sozialwissenschaften, Dipl. 08, M.A. (LIS) 12, BR 14, OBR 18, ☎ (040) 42838-2224, 🖳 jens.wonke-stehle@sub.uni-hamburg.de

* Wortmann, Karin, Dipl.-Volksw., Kiel, ZBW - Leibniz-Informationszentrum Wirtschaft, Leitung Programmbereich Bestandsentwicklung und Metadaten, Leitung Abteilung Wissenschaftliche Dienste, 04.11.1959, Detmold, stud. Volksw., Dipl. 84, ☎ (0431) 8814-453, 🖳 k.wortmann@zbw.eu

* Woywod, Kathrin, M.Sc., M.A. (LIS), Cottbus, Universitätsbibliothek im IKMZ der Brandenburgischen Technischen Universität Cottbus-Senftenberg, Referentin für Forschungsdaten, Fachref. f. Mathematik, Physik, Informatik, Elektro- und Informationstechnik, Medizintechnologie, stud. Biowissenschaften, Molekulare Biomedizin, BRef. UB d. HU Berlin 14-16, ☎ (0355) 69-2004, 🖥 kathrin.woywod@b-tu.de

* Wucherer, Petra, Radolfzell-Markelfingen, Bibliotheksleitung, 15.03.1963, ☎ (07732) 81-380, 🖥 petra.wucherer@radolfzell.de

* Wucherpfennig, Gerd, Dipl.-Volksw., Dortmund, BDir. i.R., 09.06.1944, Fulda, im BDienst 72-04, ☎ (0231) 752032

 Wünsche, Stephan, Dr., Leipzig, Universitätsbibliothek, Open Science Office, Referent für Forschungsdaten und Forschungsinformation, Fachref. f. Musik, ☎ (0341) 97-30564, 🖥 wuensche@ub.uni-leipzig.de

* Würz, Bettina, M.A., Dipl.-Bibl., Bonn, Universität, Institut für Anglistik, Amerikanistik und Keltologie, 14.11.1973, ☎ (0228) 737368, 🖥 bwuerz@uni-bonn.de

* Wulle, Stefan, Braunschweig, Universitätsbibliothek, Fachref. f. Pharmazie, Chemie, 27.02.1961, Hagen, stud. Pharmazie, Staatsex. 85, Appr. 86, BRef. Braunschweig UB 87, Köln FHBD 88, Fachpr. 89, BAssess. Braunschweig UB 89, BR 91, BOR 08, ☎ (0531) 391-5003, 🖥 s.wulle@tu-braunschweig.de

* Wurst, Tilmann, Dipl.-Ing., Berlin, Universitätsbibliothek der Technischen Universität, Stellv. Leiter d. Hauptabt. Medienbearbeitung / Erwerbung, fachliche Leitung Fachreferate, Fachreferent, Fachref. f. Allg. Technik, Elektrotechnik, Werkstoffwiss., stud. Elektrotechnik, Dipl. 97, BRef. Dortmund UB 98, Dortmund StuLB 99, Köln FHBD 99, Fachpr. 00, BR z. A. Aachen FHB 00, BR 02, BOR Berlin UB d. TU 03, ☎ (030) 314-76112, 🖥 tilmann.wurst@tu-berlin.de

* Xalter, Simon, München, Universitätsbibliothek der LMU, Leitung d. Abt. Zentrale Medienbearbeitung, Fachref. f. Allgemeines, Naturwiss. (Allg.), 24.02.1975, Donauwörth, stud. Mathematik und Theologie, BRef. Tübingen UB/Bayer. BSchule München 04-06, BR z.A. Würzburg UB 06, München UB der LMU 07, BR 09, BOR 12, BDir. 17, ☎ (089) 2180-3401, 🖥 simon.xalter@ub.uni-muenchen.de

 Zabel, Daniela, Dresden, Sächsische Landesbibliothek - Staats- und Universitätsbibliothek, Fachreferentin, Fachref. f. Biologie, Chemie, Physik, Erziehungswissenschaften, 04.02.1972, ☎ (0351) 4677-175, 🖥 daniela.zabel@slub-dresden.de

* Zängl, Ursula, Dr., Köln, Deutsche Zentralbibliothek für Medizin (ZB MED) - Informationszentrum Lebenswissenschaften, Stellv. Dir., Leitung Programmbereich 3: Volltextversorgung, 21.11.1957, Nürnberg, stud. Biologie, Anthropologie, Chemie, Staatsex. 82, Prom. 89, BRef. Bonn UB 90, Köln FHBD 91, Fachpr. 92, Wiss. Mitarb. Bonn ULB 92, Wiss. Mitarb. Bonn ZBL 93, BR z. A. Bonn ZBL 94, BR 95, OBR 97, Köln Dt. ZB f. Medizin 03, ☎ (0221) 478-5601, 🖥 zaengl@zbmed.de

* Zäpke, Klaus, Berlin, Universitätsbibliothek der Humboldt-Universität zu Berlin, 20.11.1969, ☎ (030) 20 93-99227, 🖥 klaus.zaepke@ub.hu-berlin.de

* Zahn, Peter, Univ.-Prof. a.D. Dr. phil., München, BDir. a.D., HS-Lehrer i. R., 09.10.1936, Nürnberg, im BDienst 68-98, danach ehrenamtl. Tätigkeit: Edition von Nürnberger Inschriften des späten Mittelalters und der Frühen Neuzeit für die Bayer. Akademie der Wissenschaften. Mitglied der ehemals gleichnamigen Kommission. Veröffentlichungen z. frühneuzeitl. Epigraphik, Buch- und Bibliotheksgeschichte, lat. Paläographie., ☎ (089) 361024-96, 🖥 pfzahn@odontus.de

* Zakrzewska, Paulina, Dipl.-Chem., M.A. (LIS), Koblenz, Landesbibliothekszentrum Rheinland-Pfalz / Rheinische Landesbibliothek, Stellv. Abteilungsleitung Bestand, Fachreferentin, Fachref. f. MINT (Allgemeine Naturwissenschaften, Informatik, Mathematik, Physik, Chemie, Statistik, Technik, Bergbau, Nachrichten- und Verkehrswesen), 27.04.1978, Koszalin (Polen), stud. Chemie TU Berlin, stud. Beschäftigte der UB Berlin, selbständige Übersetzerin / wissenschaftliche Dienstleistungen, Bibliotheksvolontariat TU Ilmenau, weitere berufliche Stationen im Bibliotheksbereich: HTW Saar, HfM Saar, UB Chemnitz, Hochschule Mittweida, Landesbibliothekszentrum Rheinland-Pfalz, ☎ (0372) 7581466, 🖥 zakpaulina@gmail.com

Zarnitz, Monika, Dr., Kiel, ZBW - Leibniz-Informationszentrum Wirtschaft, Wiss. Ang., Leiterin des Programmbereichs Benutzungsdienste und Bestandserhaltung, Fachref. f. USA Zeitschriftenaufsätze, 08.05.1963, Aachen, stud. Volkswirtschaftslehre, Dipl.-Volkswirtin, Prom., ☎ (0431) 8814-431, 🖥 m.zarnitz@zbw.eu

* Zehnle, Rosa von, Leipzig, Gründer und Leiter des ROSA ARCHIV seit 1986, 01.02.1960, Rheinfelden, 1986: Gründung des ROSA ARCHIV in Leipzig, ☎ (034328) 34 10 64, 🖥 rosa-archiv@gmx.de, jojoschw@gmx.de

* Zehrer, Sabine, Berlin, Bibliotheksdirektorin a.D., 19.05.1947, Wolfenbüttel, im BDienst 1973-2012, ☎ (030) 8048 4747, 🖥 zehrer@zedat.fu-berlin.de, sabine@zepan.org

* Zeller, Gabriele, Dr. phil., Tübingen, Universitätsbibliothek, FID Religionswissenschaft, Fachref. f. Religionswiss., Indologie /Südasienwiss., Empir. Kulturwiss., Ethnologie. In Vertr. Altorientalistik, Ägyptologie, 14.06.1956, Freiburg, stud. Indologie, Ethnologie, Religionsgeschichte, Prom. 87, BRef. Freiburg UB 87, Köln FHBD 88, Fachpr. 89, BAssess. Tübingen UB 89, BR 93, OBR 00, ☎ (07071) 29-74030, 🖥 gabriele.zeller@ub.uni-tuebingen.de

* Zepf, Robert, M.St. (Oxon), Hamburg, Staats- und Universitätsbibliothek Hamburg Carl von Ossietzky, Prof., Dir., 28.05.1968, Stuttgart, stud. Geschichte, Anglistik, Erz.-Wiss., Politikwiss., M. St. (Oxon.) 91, Staatsex. 95-96, Wiss. Ass. Heidelberg Hist. Sem. d. Univ. 97, BRef. Berlin SBB-PK 99, Köln FHBD 00, Fachpr. 01, BR z. A. Berlin SBB-PK 01, BR 03, BOR 04, BDir. 08, Direktor Rostock UB 10, Ltd. BDir. 12, Prof. und Direktor Hamburg SUB 19, ☎ (040) 42838-2211, 🖥 robert.zepf@sub.uni-hamburg.de

* Zeyns, Andrea, Berlin, Universitätsbibliothek der Universität der Künste, Dir., 22.11.1960, Neuwied, stud. Mathematik, Kunst, Erz.-Ges.-Wiss., Staatsex. 86, stud. Inf.-Org., Prüf. 88, BAng. Kassel GHB/LB u. Murh. B 86, BRef. Kassel GHB/LB u. Murh. B 87, Frankfurt a. M. BSchule 88, Fachpr. 89, BAng. Frankfurt a. M. Goethe-Inst. 89, BAng. Frankfurt a. M. Dt. B 90, BAssess. HSB d. HS d. Künste 90, BR 93, OBR 94, BDir. 03, ☎ (030) 314-76497, 🖥 andrea.zeyns@udk-berlin.de

* Zick, Wolfgang, Dr. rer. nat., Berlin, Ltd. BDir. a.D., 08.01.1948, Hannover, im BDienst 1982-2014, 🖥 wolfgang.zick@me.com

* Ziebarth, Sabine, M.A., Erfurt, Universitätsbibliothek, Stellv. Abteilungsleitung Benutzung, Fachref. f. Anglistik/Amerikanistik, Politik- und Sozialwissenschaften, Philosophle, 12.01.1966, Würzburg, stud. Geschichte, Anglistik, M.A. 91, BRef. SBB-PK 92, Köln FHBD 93, Fachpr. 94, Buchh. 95-96, UB Erfurt 96, 🖥 sabine.ziebarth@uni-erfurt.de

* Ziegler, Barbara, Dipl.-Volksw., Bamberg, Universitätsbibliothek, Leiterin Publikationswesen, stellv. Abt.-Ltg. Informationstechnik, Fachref. f. Wirtschaftswiss., ☎ (0951) 863 1595, 🖥 barbara.ziegler@uni-bamberg.de

* Ziegler, Caroline, M.Sc., München, Universitätsbibliothek der LMU, Stellv. Leiterin des Referats Elektronisches Publizieren, Fachref. f. Mathematik, Informatik

* Ziegler, Hans-Peter, Dr. jur. utr., München, BDir. i.R., 30.08.1946, Rothenburg o.d.T., im BDienst 73-11

* Ziegler, Karl-Josef, Dr. rer. nat., Dipl.-Biol., Koblenz, Universitätsbibliothek der Universität Koblenz-Landau, Stellv. Leiter, Leiter des Ref. Bibliothekstechnik, EDV, Fachref. f. Päd., Didakt., Grundschuldidakt., Rechtswiss., Politikwiss., Psychol., Soziol., Biol., Med., Inf., 14.04.1960, Koblenz, stud. Biol., Diplom 86, Prom. 91, BRef. Bonn ULB 93, Köln FHBD 94, Fachpr. 95, Wiss. Ang. Magdeburg Med. ZB d. Univ. 95, Wiss. Ang., Koblenz B d. Univ. Koblenz-Landau 00, ☎ (0261) 287-1404, 🖥 kziegler@uni-koblenz.de

* Zielsdorf-Mittag, Sabine, Zeuthen

* Ziemann, Sybille, M.A., Geesthacht, Bibliothek Bibliothek des Helmholtz-Zentrum Hereon, stud. Angewandte Kulturwiss. (Umweltwiss.) M.A. 98, Bibliotheksangest. Geesthacht GKSS 99, Wiss. Mitarbeiterin 02, BLeitung GKSS/HZG/Hereon 05-, ☎ (04152) 87-1628, 🖥 sybille.ziemann@hereon.de

* Zierer, Andrea, M.A., Hamburg, Staats- und Universitätsbibliothek Hamburg Carl von Ossietzky, 🖥 andrea.zierer@sub.uni-hamburg.de

Zimmermann, Georg, Dr.-Ing., Dresden, Sächsische Landesbibliothek - Staats- und Universitätsbibliothek, Leiter d. Kartenslg., Fachref. f. Geographie, Kartographie und Raumordnung, 09.09.1955, Schwaan, stud. Kartogr., Staatsex. 83, Prom 86, ☎ (0351) 4677-530, 🖥 gezim@slub-dresden.de

* Zimmermann, Jan Timo, Hildesheim, Universitätsbibliothek, Lernmanagementsystem-Koordinator / Leitung Mediothek, 20.03.1981, ☎ (05121) 883-93082, 🖥 zimme001@uni-hildesheim.de

Zimmermann, Karin, Dr., Heidelberg, Universitätsbibliothek, Leiterin der Abteilung Historische Sammlungen, Fachref. f. Buch- und Bibliothekswesen / Handschriften- und Inkunabelkunde; Allg. Bibliographien und Enzyklopädien, 19.01.1964, Karlsruhe, ☎ (06221) 54 2592, 🖥 zimmermann@ub.uni-heidelberg.de

* Zimmermann-Nowak, Birgit, M.A., M.A. (LIS), Köln, Universität zu Köln, Fachbibliothek Heilpädagogik und Rehabilitation, 05.01.1967, stud. Mittelalterl. u. Neuere Gesch., Ethnol. u. Germ., Uni Köln, M.A. 98, stud. BWiss. BAng., HU Berlin, M.A.(LIS) 03, BAng. Köln, ZBMed 98, Köln USB/Humanwiss. Abt. 03, USB/HWA Fachbibl. Heilpädagogik u. Rehabilitation 15-, 🖥 zimmermann@ub.uni-koeln.de, birgitzimmermann@gmx.net

Zober, Tobias, M.A., Rudolstadt, Historische Bibliothek der Stadt Rudolstadt, Leiter, 22.07.1986, Altenburg/Thür., stud. Geschichts- und Staatswissenschaften in Erfurt 06-11, M.A., freiberuflicher Historiker 11-14. Mitarbeiter Historische Bibliothek Rudolstadt 14, Leiter der Historischen Bibliothek Rudolstadt 16, Fachdienstleiter Stadtarchiv und Historische Bibliothek 17, ☎ (03672) 486160, 🖥 t.zober@rudolstadt.de, histbib@rudolstadt.de

* Zörner, Gerd, Dr. phil., Berlin, BOR a.D., 02.12.1940, Bernburg/S., im BDienst 71-01, ☎ (030) 3040509

* Züchner, Insa, Dipl.-Ök., Duisburg, Universitätsbibliothek Duisburg-Essen, Leiterin Dez. Medienbearbeitung, 13.06.1969, Hoya, stud. Wirtschaftswiss., Diplom 94, BRef. Düsseldorf ULB 97, Köln FH 98, Fachpr. 99, Wiss. Ang. Düsseldorf ULB 99, BR z. A. Essen UB 00, BR 01, OBR 08, BDir. 14, ☎ (0201) 183-3695, 🖥 insa.zuechner@uni-due.de

* Zumstein, Philipp, Dr., Mannheim, Universitätsbibliothek, Leiter der Stabsstelle Publikationsservices und Forschungsunterstützung, Fachref. f. Informatik und Mathematik, 23.01.1981, ☎ (0621) 181-3006, 🖥 philipp.zumstein@bib.uni-mannheim.de

Zunhammer, Thomas, M.A., Dipl.-Bibl., München, Bibliothek des Bayerischen Rundfunks, Leiter, 15.06.1960, Rosenheim, stud. Geschichte, Politikwiss., Erw. Päd., M.A. 87, Dipl.-Bibl. 90, ☎ (089) 5900-42268, 🖥 thomas.zunhammer@br.de, bibliothek@br.de

* Zweier, Michael, Dipl.-Soz. (Univ.), Passau, Universitätsbibliothek, Leiter d. Abt. Wiss. Dienste, Fachref. f. Wirtschaftswiss., Politikwiss., Soziologie, Sport, Medien undKommunikationswiss., stud. Soziologie, Betriebswirtschaft, Verwaltungswiss., ☎ (0851) 509-1604, 🖳 michael.zweier@uni-passau.de

* Zwink, Eberhard, Dr. phil., Lorch-Waldhausen, BDir. i.R., 12.08.1946, Ludwigsburg, im BDienst 1973-2011, ☎ (07172) 21513, 🖳 e.zwink@gmx.net

Neue VDB-Mitglieder (Juli 2021)

Achenbach, Dr. Renate
Adler, Claudia
Apergis, Jana
Arndt, Thomas
Aust, Sonja
Bauer, Hans
Bergerbusch, Eva-Maria
Bierlein, Ulrike
Blume, Katja
Böwe, Anke
Bolle, Ruth
Borbach-Jaene, Dr. Johannes
Buschhart, Cliff
Cicek, Timucin
Dietrich, Dr. Elisabeth
Dorst, Greta
Druschowitz, Natascha
Engelbart, Elke
Fuchs, Jenka
Gärtner, Katrin
Geißner, Andreas
Gertis, Livia
Göhlert, Dr. Christian
Göttker, Susanne
Gräbitz, Dr. Anja
Gröpler, Johanna
Haase, Jana
Hartmann, Dr. Annika
Hartung, Sascha Mark
Heim, Gerrit
Heß, Dina
Hoffrath, Dr. Christiane
Huckstorf, Axel
Imeri, Sabine
Jackenkroll, Martina
Jäger, Jan
Janowsky, Tim
Jorzenuk, Saskia
Kastelianou, Zoi
Kern, Laurenz
Klein, Kerstin
Klein-Onnen, Dorothea
Kling, Frauke
Kloppenborg, Peter-Paul
Korotkaya, Natalia
Kramer, Friederike
Kreß, Dr. Berthold
Kussek, Dr. Sigune
Lehnard-Bruch, Susanne
Maas, Dr. Julia
Magin, Felix
Magin, Nikolas
Mattes, Verena
Menz, Astrid
Menzel, Sina
Merker, Kathrin
Meschke, Korinna
Meyer, Detlef
Meyer, Helena
Mitterrutzner, Dr. Benjamin
Müller, Anette
Münzing, Michael
Murday, Daniel
Nagel, Stefanie
Niederprüm, Dr. Katharina
Ott, Dr. Katrin
Piesche, Claudia
Pinter, Matilde
Przeperski, Natalie
Queckbörner, Dr. Boris
Räbiger, Nadine
Renno, Frédérique
Rieger, Heike
Roeder, Dr. Julia
Rommel, Birgit
Rother, Eva-Lotte
Rudeloff, Dr. Michelle
Schad, Simone
Schalberger, Mareike
Schiele, Heike
Schön, Tiziane
Schulz, Dörthe
Schwandt, Dr. Magda
Schwarzer, Dr. Bettina
Schweisthal, Julia
Silwanowitsch, Viktoria
Sommer, Loreen
Springer, Viola
Stauffer, Ina
Steinke, Britta
Steyer, Timo
Strauß, Dr. Florian
Tegeler, Tillmann
Theissen, Guy
Thomann, Christina
Tschorn, Sabine
Voigtschild, Fabian
von der Krone, Dr. Kerstin
Welge, Barbara
Wiesemann, Bastian
Winkler, Alexander
Wolfes, Thomas
Zierer, Andrea

Verstorbene VDB-Mitglieder

Amelung, Dr. Peter († 27.12.2020)

Birkner, Prof. Dr. Gerhard Kay († 10.02.2021)

Borchardt, Peter († 15.03.2021)

Broszinski, Prof. Dr. Hartmut († 23.12.2020)

Buch, Harald († 06.11.2020)

Dangelmayr, Dr. Siegfried († 09.04.2021)

Endermann, Heike († 15.03.2021)

Fort, Dr. Marron († 17.12.2019)

Franke, Siegfried († 10.12.2019)

Geißelmann, Dr. Friedrich († 17.11.2019)

Hobelmann, Thilo († 15.08.2020)

Kiefert, Dr. Hans-Joachim († 08.05.2020)

Leskien, Dr. Hermann († 19.04.2021)

Niebler, Dr. Klaus († 14.07.2021)

Powitz, Dr. Gerhardt († 24.06.2020)

Quaas, Malte († 03.02.2021)

Schochow, Dr. Werner († 23.09.2020)

Scholz, Dr. Hans-Jürgen († 06.04.2020)

Schulte-Tigges, Friedhelm († 15.11.2020)

Stephan, Ute († 04.04.2020)

Abkürzungsverzeichnis

ABM = Arbeitsbeschaffungsmaßnahme
Abt. = Abteilung
AfG = Arbeitsförderungsgesellschaft
Afrikan. = Afrikanistik
AK = Alphabetischer Katalog
Akad. = Akademie
Alph. Kat. = Alphabetischer Katalog
Amerik. = Amerikanistik
Ang. = Angestellte(r)
Angeh. = Angehörige
angew. = angewandt
Angl. = Anglistik
Anl. = Anlage
Anschr. = Anschrift
Anst. = Anstalt
Anw. = Anwärter(in)
apl. = außerplanmäßig
APl. = Arbeitsplatz/ -plätze
App. = Apparat
AR. = Amtsrat/ -rätin
AR(R) = Arbeitsraum/ -räume
Arab. = Arabistik
Arb. = Arbeit, Arbeiter(in)
Arb.-Gem. = Arbeitsgemeinschaft
Arb.-Kr. = Arbeitskreis
Archit. – Architektur
Ass.-Prof. = Assistenzprofessor
Assess. = Assessor(in)
Astron. = Astronomie
Aufs. = Aufsatz
Ausb. = Ausbildung
ausg. = ausgenommen
Ausg. = Ausgabe(n)
Ausk. = Auskunft
ausl. = ausländisch
Ausl. = Ausleih(e)
Ausst. = Ausstellung
ausw. = auswärtig
Auszub. = Auszubildende
Autogr. = Autographen
AV = audiovisuell,
B(B) = Bibliothek(en)
B.A. = Bachelor of Arts
BA. = Bibliotheksamtmann/ -frau
BAB = Bibliotheksakademie Bayern
BAng. = Bibliotheksangestellte(r)
BAR = Bibliotheksamtsrat/ -rätin
BAss. = Bibliotheksassistent(in)
BAssess. = Bibliotheksassessor(in)

BAT = Bundesangestelltentarif
Bde. = Bände
BDienst = Bibliotheksdienst
BDir. = Bibliotheksdirektor(in)
Ben. = Benutzung, Benutzer
bes. = besonders, besondere
Best. = Bestand, Bestände
Betriebsw. = Betriebswirtschaft
BFB = Bibliotheksforum Bayern
BI = Bibliotheksinspektor(in)
BIB = Berufsverband Information Bibliothek
bibl. = bibliothekarisch
Bibl. = Bibliothekar(in)
BID = Bibliothekswesen, Information u. Dokumentation
BIS = Bibliotheks- u. Informationssystem
BKG = Bundesamt f. Kartographie u. Geodäsie
Bl. = Blatt, Blätter
BLI = Bibliothekar-Lehrinstitut
BOA = Bibliotheksoberamtmann/ -amtfrau
BOAR = Bibliotheksoberamtsrat/ -rätin
BOI = Bibliotheksoberinspektor(in)
BOR = Bibliotheksoberrat/ -rätin
BR = Bibliotheksrat/-rätin
BRef. = Bibliotheksreferendar(in)
BRZN = Bibliotheksrechenzentrum Niedersachsen
BSchule = Bibliotheksschule
BSZ = Bibliotheksservice-Zentrum
BTH = Bibliothek der Technischen Hochschule
Buchh. = Buchhandel, Buchhändler(in)
Bü = Bücherei(en)
B-Wiss. = Bibliothekswissenschaft
BWL = Betriebswirtschaftslehre
Byzant. = Byzantinistik
D. = Dienst(e)
DBS = Deutsche Bibliotheksstatistik
DDC = Dewey-Dezimalklassifikation
DEA = Diplôme d'Études Approfondies
Dept. = Departement
Dez. = Dezernat, Dezernent(in)
Dienstst. = Dienststelle
Dipl. = Diplom
Dir. = Direktor(in)
Diss. = Dissertationen
Dok. = Dokumentation
Dokument. = Dokumentalist(in)
Drittm. = Drittmittel

DVEB = Deutscher Verband Evangelischer
  Büchereien
Doz. = Dozent(in)
DSB = Deutsche Staatsbibliothek Berlin (DDR)
dt., Dt. = deutsch, Deutsch
Dtld. = Deutschland
Dt. Mus. = Deutsches Museum
DV = Datenverarbeitung
eD = einfacher Dienst
EDBI = Ehemaliges Deutsches Bibliotheksinstitut
Einh. = Einheit(en)
einm. = einmalige
Einr. = Einrichtung(en)
Einw. = Einwohner
em. = emeritiert
Entw. = Entwicklung
Erg. = Ergänzung
EROMM = European Register of Microform
  Master
ersch. = erschienen
Erschl. = Erschließung
Erw. = Erwerbung
Erz. = Erziehung
ev. = evangelisch
Ev.-Luth. = Evangelisch-Lutherisch
Ex. = Examen
f. = für
F. = Folge
FachB = Fachbibliothek
Fachinform. = Fachinformatiker
Fachpr. = Fachprüfung
Fachr. = Fachrichtung
Fachref. = Fachreferent(in)
Fak. = Fakultät
FB = Fachbereich
Fernl. = Fernleihe
FH = Fachhochschule
FHB = Fachhochschulbibliothek, Fachhochschule
  für Bibliothekswesen
FHBD = Fachhochschule für Bibliotheks- und
  Dokumentationswesen
FID = Fachinformationsdienst
FIZ = Fachinformationszentrum
FLB = Forschungs- u. Landesbibliothek
Forstw. = Forstwirtschaft
Fortb. = Fortbildung
Franz. = Französisch
Freih. = Freihand
FS = Fachschule
FTE = Full Time Equivalent = VZÄ
GBV = Gemeinsamer Bibliotheksverbund
gD = gehobener Dienst

geb. = geboren(e)
Geb. = Gebühr(en)/ Gebiet(e)
geh. = gehobener
Gen.Dir. = Generaldirektor
Gen.-Dir. = Generaldirektion
Germ. = Germanistik
Ges. = Gesellschaft
Gesch. = Geschichte
geschf. = geschäftsführend
Geschf. = Geschäftsführer(in)
geschl. = geschlossen
GH = Gesamthochschule
GHB = Gesamthochschulbibliothek
GKD = Gemeinsame Körperschaftsdatei
GK(K) = Gesamtkatalog(e)
GKS = Gesamtverzeichnis der Kongreßschriften
H. = Heft
HBFG = Hochschulbauförderungsgesetz
HB(B) = Handbibliothek(en)
hD = höherer Dienst
HE = Haupteintragung(en)
HeBiS = Hessisches Bibliotheks-
  Informationssystem
Hebr. = Hebräisch
Hispan. = Hispanistik
hist. = historisch
Hon.-Prof. = Honorarprofessor
HS(S) = Hochschule(n)
Hs(s). = Handschrift(en)
HSB = Hochschulbibliothek
HS-Schr. = Hochschulschriften
HTW = Hochschule f. Technik u. Wirtschaft
HuLB = Hochschul u. LandesB
in d. F. v. = in der Fassung vom
i.K. = im Kirchendienst
IKMZ = Informations-, Kommunikations- und
  Medienzentrum
Ind. = Industrie
Inf. = Information
Inf.-D. = Informationsdienst(e)
Inform. = Informatik
Inf.-Verm. = Informationsvermittlung/ -vermittler
Inkun. = Inkunabel(n), Wiegendrucke
intern. = international
Inst. = Institut
Iran. = Iranistik
ital. = italienisch
Italian. = Italianistik
Italien. = Italienisch
IuD = Information u. Dokumentation
IVS = Informationsvermittlungsstelle
IZ = Informationszentrum

Jb(b). = Jahrbuch/ -bücher
Jg. = Jahrgang
Jh. = Jahrhundert
Journ. = Journalist(ik)
jur. = juristisch
Kab. = Kabine(n)
Kass. = Kassetten
Kat. = Katalog(e)
Katalogis. = Katalogisierung
kath. = katholisch
Kde. = Kunde
kfm. = kaufmännisch
Kfm. = Kaufmann
KIBA = Konferenz der Informatorischen und Bibliothekarischen Ausbildungseinrichtungen
Komm. = Kommission
komm. = kommissarisch
kommiss. = kommissarisch
Konf. = Konferenz
Koord. = Koordination
Korr. Mitgl. = Korrespondierendes Mitglied
Kr. = Kreis
KrB = Kreisbibliothek
KrBü = Kreisbücherei(en)
Kt. = Karte(n)
KVO = Kirchliche Vergütungsordnung
KZK = Konferenz der Zentralkataloge
Landw. = Landwirtschaft(lich)
LB = Landesbibliothek
LBS = Lehrbuchsammlung
Leg. R. I = Legationsrat/ -rätin Erster Klasse
Lehrg. = Lehrgang
Lehrst. = Lehrstuhl
Leihv. = Leihverkehr
LeseR = Leseraum
lfd. = laufend(e)
Libr. = Library
Lic.-ès-Sc. = Licencié-ès-Sciences
LID = Lehrinstitut f. Dokumentation
Linguist. = Linguistik
LIS = Library and Information Science
Lit. = Literatur
LL.M. = Master of Laws
LR(R) = Leseraum/ -räume
LS(S) = Lesesaal/ -säle
Ltd. = Leitende(r)
Ltg. = Leitung
Ltr. = Leiter
LuHB = Landes- und Hochschulbibliothek
LuUB = Landes- und Universitätsbibliothek
LZ = Lesezimmer
Mag. = Magazin(e)

M.A. = Magister Artium, Master
M.A. (LIS) = Master (Library and Information Science)
Mag. = Maganzin(e)
masch. = maschinell
Masch. = Maschine(n)
Mat. = Material(ien)
Math. = Mathematik
mD = mittlerer Dienst
Med. (med.) = Medizin(isch)
Min. = Ministerium
MinDir. = Ministerialdirektor(in)
MinDirig. = Ministerialdirigent(in)
MinR. = Ministerialrat/ -rätin
Mio. = Million(en)
Mitt. = Mitteilungen
Mittellat. = Mittellateinisch
MPI = Max-Planck-Institut
Ms(s). = Manuskript(e)
mtl. = monatlich
MTL = Manteltarifvertrag für Arbeiter der Länder
Mus. = Museum
NA = nebenamtlich
Nachr. = Nachrichten
Nachw. = Nachweis(e)
NB = Nationalbibliothek
Ndb. = Niederbayern
N.F. = Neue Folge
Nachl. = Nachlass, Nachlässe
Nieders. = Niedersachsen, Niedersächsisch
Nord. = Nordistik
Nordrh.- Westf. = Nordrhein-Westfalen
n.V. = nach Vereinbarung
OAI = Open Archives Initiative
OAR = Oberamtsrat/ -rätin
Obb. = Oberbayern
OBibl. = Oberbibliothekar(in)
OBR = Oberbibliotheksrat/ -rätin
ÖB(B) = Öffentliche Bibliothek(en)
OCLC = Online Computer Library Center
öff. = öffentlich
Öff. = Öffentlichkeit
Öff.-Arb. = Öffentlichkeitsarbeit
ÖNB = Österreichische Nationalbibliothek
OFM = ordo fratum minorum (Ordenskürzel der Franziskaner)
OLG = Oberlandesgericht
OPAC = Online Public Access Catalogue
OPUS = Online-Publikationsserver
OR = Oberrat/ -rätin
OReg.BR = Oberregierungsbibliotheksrat/ -rätin

OReg.R. = Oberregierungsrat/ -rätin
Org. = Organisation
OSB = Ordo Sancti Benedicti (Ordenskürzel der Benediktiner)
OStud.R. = Oberstudienrat/ -rätin
päd. = pädagogisch
Päd. = Pädagogik
Paläont. = Paläontologie
Parl. = Parlament
PE = Personaletat
Pers. = Person(en), Personal
Pflichtex. = Pflichtexemplare
PH = Pädagogische Hochschule
PHB(B) = Bibliothek(en) der Pädagogischen Hochschule
Pharm. = Pharmazie
PICA = Project of Integrated Catalogue Automation
Pl. = Platz, Plätze
PND = Personennormdatei
Politol. = Politologie
Portr. = Porträt
Präs. = Präsident(in)
Prakt. = Praktikum, Praktikant(in)
Prod. = Produktion
Progr. = Programm
Prom. = Promotion
Prov. = Provinz
PTH = Philosophisch-Theologische Hochschule
Publ. = Publikation(en)
Publiz. = Publizistik
QE = Qualifikationsebene
R(R) = Raum, Räume
R. = Rat, Rätin
RAK = Regeln f. die Alphabetische Katalogisierung
Rech. = Recherchen
Red. = Redaktion, Redakteur(in)
REDI = Regionale Datenbankinformation Baden-Württemberg
Ref. = Referat, Referent(in)
Reg. = Regierung
Reg.-Bez. = Regierungsbezirk
Reg.Dir. = Regierungsdirektor(in)
Restaur. = Restaurierung
Rhld.-Pf. = Rheinland-Pfalz
RISM = Répertoire Internationale des Sources Musicales
Roman. = Romanistik
Rundf. = Rundfunk
RZ = Rechenzentrum
Sacherschl. = Sacherschließung

SB(B) = Staatsbibliothek(en)
SBB-PK = Staatsbibliothek zu Berlin - Preußischer Kulturbesitz
Sc. = Science
Schallpl. = Schallplatten
Schl.-Holst. = Schleswig-Holstein
Sekt. = Sektion
Sem. = Seminar, Semester
Semit. = Semitistik
Sgl. = Sachgebietsleiter(in)
SJ = Societas Jesu (Ordenskürzel d. Jesuiten)
Skandin. = Skandinavistik
Slav. = Slavistik
SLB = Staats- und Landesbibliothek
Slg(n). = Sammlung(en)
Sonderm. = Sondermittel
sonst. = sonstig(en)
SS = Sommersemester
SSG = Sondersammelgebiet(e)
St. = Sankt
StArchiv = Stadtarchiv
Stat. = Statistik
StB = Stadtbibliothek
StBü = Stadtbücherei(en)
Stellv. = Stellvertreter(in), Stellvertretende(r)
Stift. = Stiftung
Stip. = Stipendium, Stipendiat(in)
stud. = studiert
Stud. = Student
Stud.Assess. = Studienassessor(in)
Stud.Dir. = Studiendirektor(in)
Stud.R. = Studienrat/ -rätin
Stud.Ref. = Studienreferendar(in)
StuKrB = Stadt- und Kreisbibliothek
StuLB = Stadt- und Landesbibliothek
StuRegB = Stadt- und Regionalbibliothek
StuUB = Stadt- und Universitätsbibliothek
SuLB = Staats- und Landesbibliothek
SuStB = Staats- und Stadtbibliothek
SuUB = Staats- und Universitätsbibliothek
SWD = Schlagwortnormdatei
SW-Kat. = Schlagwortkatalog
Syst. = System
Syst. Kat. = Systematischer Katalog
TH = Technische Hochschule
Tonbd. = Tonbänder
Tontr. = Tonträger
TU = Technische Universität
TUB(B) = Bibliothek(en) der Technischen Universität
TVL = Tarifvertrag der Länder
TVÖD = Tarifvertrag Öffentlicher Dienst

UB = Universitätsbibliothek
Übers. = Übersetzung(en), Übersetzer(in)
ÜLV = Überregionaler Leihverkehr
UFB = Universitäts- und Forschungsbibliothek
Univ. = Universität
Univ.OR = Universitätsoberrat/ -rätin
Univ.R. = Universitätsrat/ -rätin
Unterr. = Unterricht
UuLB = Universitäts- u. Landesbibliothek
UuStB = Universitäts- u. Stadtbibliothek
VE = Vermehrungsetat
Verb. = Verbuchung/Verband
Vereinb. = Vereinbarung
Vereinig. = Vereinigung(en)
Verl. = Verlag
Veröff. = Veröffentlichung(en)
Vers. = Versicherung
Verw. = Verwaltung
Verw.R. = Verwaltungsrat/ -rätin
Verz. = Verzeichnis
vgl. = vergleiche, vergleichend
VK = Verbundkatalog
VL = Vorlesung
Vol. = Volontär(in)
Volksw. = Volkswirtschaft
Vorb. = Vorbereitung
Vors. = Vorsitzende(r)
Vorst. = Vorstand / Vorsteher(in)

Vortr. Leg.R. = Vortragende(r) Legationsrat/
 -rätin
VZÄ = Vollzeitäquivalent(e)
Webis = Informationssystem
 (Sammelschwerpunkte
an deutschen Bibliotheken)
wiss. = wissenschaftlich
Wiss. = Wissenschaft(en), Wissenschaftler
Wiss. Ang. = Wissenschaftliche(r) Angestellte(r)
Wiss. Ass. = Wissenschaftliche(r) Assistent(in)
WS = Wintersemester
z. A. = zur Anstellung
ZB = Zentralbibliothek
ZDB = Zeitschriftendatenbank
Zentr. = zentral/Zentral-/ Zentrum
ZfBB = Zeitschrift f. Bibliothekswesen und
 Bibliographie
ZK(K) = Zentralkatalog(e)
ZLS = Zeitschriftenlesesaal
Zs(s). = Zeitschrift(en)
Ztg(n). = Zeitung(en)
zul. = zuletzt
ZuLB = Zentral- u. LandesB
ZVDD = Zentrales Verzeichnis Digitalisierter
 Drucke
ZweigB = Zweigbibliothek
ZweigBB = Zweigbibliotheken

Buchgeschichte bei WINTER

Universitätsverlag
WINTER
Heidelberg

Serapion
Zweijahresschrift für europäische Romantik
Herausgegeben von
KALTËRINA LATIFI
In Verbindung mit
PHILIPP HUBMANN und
ALEXANDER KNOPF
Band 1 • 2020
2020. 278 Seiten, 8 Abbildungen.
Geb. € 40,– (€ 32,– zur Fortsetzung)
ISBN 978-3-8253-4625-6

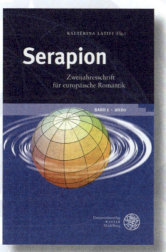

KORN, UWE MAXIMILIAN
Von der Textkritik zur Textologie
Geschichte der neugermanistischen Editionsphilologie bis 1970
2021. 315 Seiten. (Beihefte zum EUPHORION, Heft 114)
Geb. € 59,–
ISBN 978-3-8253-4823-6

Jahrbuch für Buch- und Bibliotheksgeschichte 6 | 2021
Herausgegeben von
UWE JOCHUM, BERNHARD LÜBBERS, ARMIN SCHLECHTER und BETTINA WAGNER
2021. ca. 230 Seiten.
Kart. € 48,– (€ 38,– zur Fortsetzung)
ISBN 978-3-8253-4868-7

ROTH, CHRISTOPH
Ein »Meister der Druckkunst« in Heidelberg
Das Heidelberger Publikationsprogramm des Inkunabeldruckers Heinrich Knoblochtzer 1485–1495/1500
2021. 147 Seiten, durchweg 4-farbig mit 145 Abbildungen.
Geb. € 36,–
ISBN 978-3-8253-4800-7

HÄFNER, RALPH (Hg.)
Meine Bücher
Herders Bibliotheksverzeichnis von 1776
2020. XII, 251 Seiten, 16 Abbildungen. (Myosotis. Forschungen zur europäischen Traditionsgeschichte, Band 6)
Geb. € 40,–
ISBN 978-3-8253-4775-8

Unsere E-Books finden Sie bei ProQuest Ebook Central, EBSCO und ciando.

www.winter-verlag.de

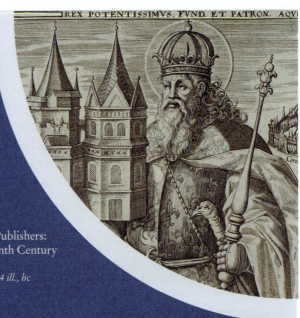

John Roger Paas

The Altzenbachs of Cologne

Early Modern German Print Publishers:
Popular Prints of the Seventeenth Century

2020. 2 parts, XLIX, 1047 pages, 1044 ill., hc
190x265 mm
ISBN 978-3-447-11487-5
€ 748,– / $ 1010,–

This richly illustrated catalog brings together for the first time all of the known popular prints published by the Altzenbach firm in Cologne from approximately 1609 to 1680. Over 550 prints plus models and copies are drawn from more than 120 collections in Europe and North America. Working in the bastion of Catholicism on the Lower Rhine, the Altzenbachs specialized in devotional prints for the local market as well as for the large number of pilgrims who visited the religious sites in Cologne, Trier, and Aachen. At the same time, however, they published prints for a broad market on a variety of secular subjects: local history, natural events, executions, architecture, allegories, and moral satires. Some of their prints are the work of well-known artists such as Wenceslaus Hollar and Matthäus Merian, but most were executed by anonymous artists who looked to Flemish and Dutch printmakers for inspiration. This visual material is a multi-faceted primary resource that offers unique and telling insights into the cultural world of the seventeenth century.

www.harrassowitz-verlag.de • verlag@harrassowitz.de

Codices Manuscripti & Impressi

ZEITSCHRIFT FÜR
BUCHGESCHICHTE

VERLAG
BRÜDER HOLLINEK
www.hollinek.at

In den 45 Jahren ihres Bestandes wurden zahlreiche Beiträge zur Paläographie, Kodikologie, Buchmalerei und der Buchgeschichte des Mittelalters in Deutsch, Englisch, Französisch, Italienisch und Spanisch publiziert.
Seit 2013 wurde der Titel in **Codices Manuscripti & Impressi** geändert, um auch Untersuchungen zur Buchgestaltung in der Epoche des Medienwandels von der Handschrift zum gedruckten Buch zu berücksichtigen.
Um Studien größeren Umfanges zu berücksichtigen, wurde 2009 das Fomat der **Supplementa** eingeführt, in dem nun auch Kongressakten, Monographien und Bestandskataloge publiziert werden können.

Sollten Sie die Zeitschrift oder Supplemente beziehen wollen oder Interesse an einer Veröffentlichung haben, senden Sie uns Ihr E-Mail an:
office@hollinek.at

NEUERSCHEINUNG

Hochschulbibliotheken auf dem Weg zu Lernzentren

Das Buch ist der erste Überblick zu Lernzentren in Hochschulbibliotheken mit 21 Beispielen umgesetzter Lernraumkonzepte aus Deutschland, Österreich und der Schweiz; es hat nicht den Anspruch einer systematischen und repräsentativen Erfassung aller realisierten Konzepte in den wissenschaftlichen Bibliotheken.

Das Buch zeigt die Vielfalt der verschiedenen Lernraumkonzepte in den drei Ländern; im Unterschied zu den angelsächsischen Bibliotheken hat sich im deutschsprachigen Raum nämlich keine einheitliche Auffassung einer Lernraumkonzeption durchgesetzt.

Die einzelnen Beiträge im Buch, so unterschiedlich sie letztlich von den Verfasserinnen und Verfassern geschrieben wurden, stellen die jeweiligen Lernzentrumsgestaltungen nicht ausschließlich unter bibliothekarischem Blickwinkel dar; sie betten sie darüber hinaus teilweise in innenarchitektonische und lerntheoretische, teilweise auch in raum- und gruppensoziologische Überlegungen ein.

Holländer | Sühl-Strohmenger | Syré

Hochschulbibliotheken auf dem Weg zu Lernzentren

Beispiele aus Deutschland, Österreich und der Schweiz

ISBN 978-3-9821824-3-8, 2021, Hardcover, ca. 300 S., € 69,00 incl. Versandkosten

Ihr bundesweiter Bibliotheken-Service für Aussonderungen:

- Ankauf von wertvollen Beständen und besonderen Einzelstücken

- Entsorgung ganzer LKW-Ladungen auf Paletten unter Verrechnung werthaltiger Anteile

- mit eigener Logistik und eigenem routinierten Personal

- fremdsprachige Literatur

- 20 Jahre Erfahrung und Vertrauen

Versand-Antiquariat Konrad von Agris e. K.
Kronenberg 29 / 52074 Aachen

0241-55972207 • info@ava-buch.de • www.ava-buch.de

mauser
möbel die mitdenken – seit 1896

Mehr Komfort, Raumgewinn, Übersicht und Sicherheit

„Bibliotheksregale für Freihandbereich und Magazin – natürlich von mauser"

mauser einrichtungssysteme GmbH & Co. KG · Nordring 25 · 34497 Korbach · phone +49 [0] 5631 562-545
info@mauser-archive.de · www.mauser-moebel.de

G I M D
Gesellschaft für Informations-Management und Dokumentation mbH

Musikalien **Systematisierung**
PICA **Datenkonvertierung** E-Books
Katalogisierung **Autopsie**
Aleph Zeitschriften
Projektmanagement Forschungsdaten
Klassifizierung
Retrokatalogisierung Individualsoftware

Wir selektieren, strukturieren und dokumentieren Informationen

▮ Unsere wissenschaftlichen Mitarbeiter gewährleisten Expertise in vielen Fachbereichen, z.B. Bibliothekswesen, Archive, Museen, Geistes- und Naturwissenschaften.

▮ Unser Leistungsspektrum umfasst:
- die autoptische Katalogisierung kompletter Bestände oder einzelner Konvolute (u.a. alte Drucke, handschriftliche Bestände) in Inhouse- oder Verbunddatenbanken (Aleph- und PICA-Systeme)
- Retrokonversion und Retrokatalogisierung
- die Arbeit mit biographischen und bio-bibliographischen Daten, deren Recherche, Auswertung, Strukturierung und Standardisierung
- alle Aspekte des Forschungsdatenmanagements sowie der Datenbearbeitung
- Publication Tracking
- Konvertierung von Daten aller Art
- (Teil-)automatische Datenverarbeitung
- Systematisierung und Verwaltung von eBooks
- Konzeption und Entwicklung von Software und Datenbanken

▮ Wir besitzen Erfahrung aus über 20 Jahren Projektarbeit.

▮ Mehr Informationen und Projektbeispiele unter: www.gimd.de

Leutfresserweg 14 · D-97082 Würzburg

DAS EINRICHTEN VON BIBLIOTHEKEN IST UNSERE LEIDENSCHAFT

Wir entwerfen preisgekrönte Einrichtungen für Bibliotheken – ob Stadt-, Universitäts-, Unternehmens- oder Fachbibliotheken. Jede von ihnen gestalten wir als Anziehungspunkt, an dem sich Einzelpersonen und Gemeinschaften wohlfühlen.

WE ARE LIBRARY PEOPLE®

WWW.SCHULZSPEYER.DE